我们天天与经济打交道，唯有了解经济学知识，善于应用一些经济学理论，才能让生活更加有声有色，有滋有味。生活处处是经济，懂经济学的人才懂生活，懂经济学才能创造更多财富。

经济学
一本通

栾振芳◎编著

北京联合出版公司
Beijing United Publishing Co.,Ltd.

图书在版编目（CIP）数据

经济学一本通 / 栾振芳编著 . — 北京：北京联合出版公司，2015.5（2024.10 重印）

ISBN 978-7-5502-4723-9

Ⅰ . ①经… Ⅱ . ①栾… Ⅲ . ①经济学 – 通俗读物 Ⅳ . ① F0-49

中国版本图书馆 CIP 数据核字（2015）第 031641 号

经济学一本通

编　　著：栾振芳
出 品 人：赵红仕
责任编辑：徐秀琴
封面设计：李艾红
美术编辑：刘欣梅

北京联合出版公司出版
（北京市西城区德外大街 83 号楼 9 层　100088）
河北松源印刷有限公司印刷　新华书店经销
字数 700 千字　720 毫米 ×1020 毫米　1/16　40 印张
2015 年 5 月第 1 版　2024 年 10 月第 3 次印刷
ISBN 978-7-5502-4723-9
定价：78.00 元

前 言

经济学是对人类各种经济活动和各种经济关系进行理论的、应用的、历史的以及有关方法的研究的各类学科的总称。随着市场经济的发展，人们的日常生活与经济学的关系已经越来越密不可分，经济大势的起伏，与每个人的生活息息相关，每个人对各种经济学现象已经不再陌生，人们正越来越切身感受到掌握经济学知识的重要性。与此同时，经济学的一些概念正在走进千家万户，经济生活中的每个参与者都能了解"CPI"、"成本"、"股票"等生活中的经济学词汇。

在现实中，我们的生活时刻被经济学的影子所萦绕，无论做什么都充满着经济的味道。蓦然回首之时，我们会发现经济学原来就在我们身边。经常关注各大门户网站的人，很容易就会总结出目前中国的热点问题，比如社会保障、住房、教育、医疗、物价、诚信、城建、就业、私有财产等问题，一口气就可以说上十来个，所有这些问题没有一个不与经济学密切相关，也没有一个不与老百姓的切身利益密切相关。而老百姓关注这些经济热点无非是想多积累点经验，以便自己面临利益博弈时，能更好地应对。

有心者也许还会注意到，我们的一举一动几乎都与经济学有着千丝万缕的联系。例如，商品价格起伏涨跌，口袋里的钞票价值增减，是买房还是炒股……而每个人的成长又何尝不充满了经济上的考虑：当我们是学生时，家长要替我们考虑是不是应该选择好一点的教育；大学毕业后，我们和家长一块儿考虑是继续读研，还是工作；工作后有了收入我们要决定该把多少用于支出，该把多少用于储蓄，该把多少用于投资；有一天有了自己的企业，我们还要考虑自己的产品该收取多高的利润；还有我们的终生大事，该娶一个什么样的老婆，该嫁一个什么样的老公，虽然感情很重要，但最终还是要综合考虑，感情和面包都需要，或者面包还更重要一点……每一件小事背后其实都有一定的经济学规律和法则可循，我们的生活已经离不开经济学。用经济学的原理来反观我们的生活，其实我们就是生活在一个经济学乐园里，人生时时皆经济，生活处处皆经济。

正当各种经济现象及经济规则在我们身边交错上演时，我们真正能全面了解经济学并能让经济学为己所用的人却为数不多。虽然作为普通老百姓不需要像经济学家那样把经济学研究作为职业，但是要更深刻地了解那些存在我们身边的、关乎我们幸福和成功的生活现象背后的本质和真相，以便让我们在面临某些问题时能够更加睿智，少投入一些沉没成本，也就是减少一些不必要的、没有任何意义和回报的浪费，不学经济学、不懂经济学是不行的。更重要的是，我们要构建起和经济学家一样的思维方式，才能游刃有余地应对庞杂生活中的一切问题，在充满复杂博弈的谈判、体力的角逐和智力的较量中获得最大的收益，成为更精明的消费者、业绩卓著的企业家乃至获得最终的人生成功。正如我国著名经济学家茅于轼先生所说的那样："经济学知识是一门每个做大事或做小事的人都需要懂得一点的学问，只有那些准备上荒岛去开荒且不与外界社会往来的人，学习经济学才会成为多余的事。"

总之，经济学所涉及的范畴既包括政策制定者如何"经国济世"的大谋略，也包括一家一户怎样打醋买盐的小计划。所以无论你是鲜衣华盖之辈，还是引车贩浆之人，经济学都与你息息相关。可以说，经济学是一门生活化的学问。懂得一些经济学知识，可以帮助你在生活中轻松地作出决策，过上有清晰思路的生活。我们天天与经济打交道，唯有了解经济学常识，善于应用一些经济学理论，才能让生活更加有声有色，有滋有味。生活处处是经济，懂经济学的人才懂生活，懂经济学才能创造更多财富。

为了帮助读者通过一本书轻松、愉快、高效地全面了解经济学知识，我们特编写了这本经济学通俗读物《经济学一本通》，全书从宏观经济学、微观经济学的不同侧面全面系统地讲述了经济学的基本理论知识及其在现实社会生活中的广泛应用。书中没有令人费解的图表和方程式，也没有艰深晦涩的经济学术语，而是以经济学的基本结构作为框架，以生活中的鲜活事例进行阐释，从边际效用递减、供求规律这些最基本的原理出发，全面介绍了与个人、家庭、企业、社会、世界密切相关的经济学知识，包括通货膨胀、货币与银行、利率与金融市场、经济增长、失业、国际经济学、政府与市场等经济学观点，为人们在经济学和现实生活之间搭建起一座桥梁。本书最大的特点在于，采用生活化的语言，将经济学内在的深刻原理与奥妙之处娓娓道来，让读者在快乐和享受中，迅速了解经济学的全貌，轻轻松松地获得经济学的知识，学会像经济学家一样思考，用经济学的视角和思维观察、剖析种种生活现象，指导自己的行为，解决生活中的各种难题，更快地走向成功。读过本书，你就会发现，经济学一点也不枯燥难懂，而是如此的贴近生活，如此的有趣，同时又是如此的实用。

目录

上卷

微观经济学

第一篇　自由市场如何运转

第二篇　供给与需求的神奇力量

第三篇　要素有限，生产无限

第七篇　要竞争不要垄断

第八篇　政府是市场先生的朋友

下　卷

宏观经济学

第九篇　宏观经济的全景综览

第十篇　经济发展是每个国家的梦想

第十一篇 经济周期的时间表

第十二篇　劳动是宏观经济的首要问题

第十三篇　谁在掌控银行和货币

第十四篇　金融市场的魔力

第十六篇　走赢国际贸易的棋局

上卷

微观经济学

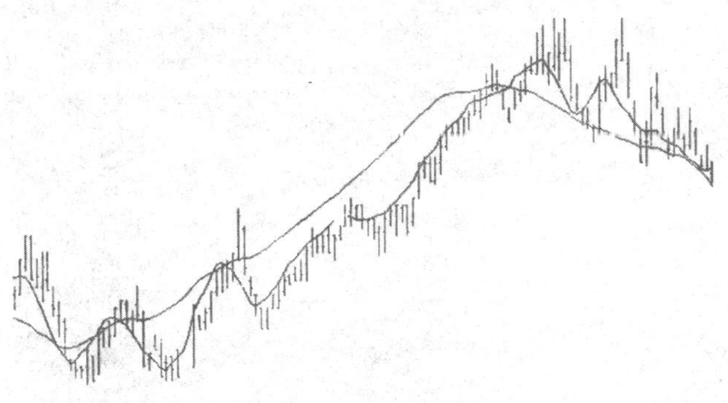

第一篇

自由市场如何运转

第一章　看不见的市场之手

可口可乐如何越过了柏林的市场墙

进行经营管理多年，令老年的道格拉斯·依维斯特津津乐道的不是在可口可乐公司多年来由默默无闻到首席执行官的奋斗史，也不是可口可乐在出现“中毒事件”后化解危机的巧妙举措，而是早年在民主德国打赢的一场漂亮的销售战役。

1989 年，柏林墙倒塌前夕，还是可口可乐公司欧洲总裁的道格拉斯·依维斯特突然作出了一个惊人的决定，他将销售队伍派遣到德国柏林，让销售人员免费向民主德国赠送可口可乐。有时能够看到可口可乐的销售代表们正通过柏林墙上的洞递送瓶装可乐。

道格拉斯回忆起德国发生剧变之际他在东柏林亚历山大广场散步，想看看可口可乐品牌是否得到了认可，“每到一处，我们都会问人们在喝什么饮料，他们是否喜欢可口可乐。事实上，我们甚至不用说出名字，只要比划瓶子的模样，人们便理解那是什么意思”。于是，道格拉斯决定以最快的速度向那里运送尽可能多的可乐——虽然，他们还不知道民主德国的商人将如何付款。

由于当时的东德还缺少冷藏设备，可口可乐公司给那些开始贮藏可口可乐的商人提供了免费的冰柜和冰箱，以保证可口可乐有一个良好的存储环境。通过这种方式，公司在民主德国迅速建起了业务。

考虑到民主德国当时发行的货币仍然一文不值，在世界上其他国家的相当于废纸的实际情况，从短期来看，道格拉斯·依维斯特的这个方案并不见得可以赚钱——光购买冷藏设备和支付销售人员的工资就已经是一笔较大的成本支出。然而，事实证明的他作出的这个商业决策绝对是正确的：到 1995 年的时候，原民主德国地区可口可乐的人均消费量已经上升到原联邦德国地区的水平，经过几年的发展，民主德国很快成长成为一个巨大的商业市场。

在 1989 年的前阶段，柏林墙还是坚固的屹立在民主德国和联邦德国的边界上，社会主义和资本主义并存在的社会形态使德国的氛围略显严肃。可口可乐却在不经意的瞬间，翻越了柏林墙坚固的墙身，进入民主德国市场。因此，从某种意义上说，正是亚当·斯密那只“看不见的手”将可口可乐送过柏林墙。当可口可乐的销售代表向民主德国递送饮料时，他们并没有摆出任何“人道主义”的姿态，也没有对那些居民的未来发表大胆宣言。他们只是在寻找商机获益——扩大全球市场、增加利润、取悦股东，这是市场经济中每个企业和个体所不停追求的。

可口可乐的这一事件显示了市场独特的运作方式：市场激励着个人为自己获取最大利益而努力，在个人努力的同时也促进了社会的发展，改善了大多数社会成员的生活水平。在对利益的追求下人们往民主德国派送可口可乐来扩展市场，通过读研深造增加个人价值，设计各种最新的发明以提高工作效率。在市场的引导下，人们变得更加积极主动，通过不断改变和对于利益最大化的不懈追求来获取属于自己的优越生活。

是什么养活了你所在的城市？有人常常会这么问。大量新鲜的金枪鱼从南太平洋的捕鱼船运往里你所在城市的高档餐厅；每天你可以选择乘坐汽车、公交或者地铁，甚至是骑自行车外出上班；身边的社区超市每天上午总陈列着顾客所需的任何东西，从燕麦到新鲜的木瓜——尽管这些产品可能来自 10 ~ 15 个不同的国家。这些看似烦琐复杂的事情充斥着我们每天的生活。而且不仅如此，我们的生活还在不断发生着改变：我们能在一天 24 个小时内的任意时间购买一台电视机，这足以令人惊叹！令人感到惊奇的是，在 1971 年，一台 25 英寸的彩电需要一个普通工人 174 个小时的工资，而在今天，一台 25 英寸的彩电——质量更可靠、频道更多、接收效果更好，仅需一个普通工人大约 23 个小时的工资。

一个复杂的经济体每天都涉及数十亿的交易，而绝大部分交易都不是在政府的直接干预下完成的。正是市场使我们生活有规律的存在和维系着，使我们的城市存在几十年甚至是再继续存在几百年也能够以固有的秩序灵活运转。

即使如果你认为更好、更便宜的电视机不是社会进步最好的衡量标准，那么你也许会被 20 世纪所发生的事情所震撼：中国人的平均寿命从 47 岁上升到 72 岁，婴儿死亡率下降了 93%。一些诸如小儿麻痹症、结核病、伤寒和百日咳这样在几十年前轻易就能够夺人性命的疾病，时至今日已经为人们所控制。

传说，在“冷战”前叶利钦到美国参观时，看到美国药店明亮的走廊两边摆满了从治疗呼吸困难到脚气的成千上方种药物，很是感叹。“这真是令人印象深刻，”叶利钦说，“不过美国是怎么做到让每个药店都储存了这些药物呢？”

与苏联不同，在美国，药店储存什么药品不是由美国政府决定。药店出售人们想要购买的产品，相应的，制药厂只生产药店想要储存的药品。苏联经济的失败在很大程度上是由于政府直接干预每件事情造成的，从伊尔库茨克工厂生产的肥皂数量到在莫斯科学习电气工程的大学生数量都得由政府决定。

最终事实证明，这种计划经济过于繁重。弗里德曼指出：“在一个自由贸易的世界里，任何交易的条件，都由参加各方协议。除非各方都相信他们能从交易中得到好处，否则就做不成交易。结果，各个方面的利益取得了协调。”所以，当一切运行正常时，自由市场能够让交易的双方都获益。

在自由竞争市场上不存在浪费或者无效率生产。因为，企业只生产那些能让世界变得更富足的产品，所以其生产出的产品成本将达到最低，并且有限的资源将被用来生产那些收益超过成本的产品。自由市场上收益远远大于成本。在自由市场下，资源能够得到最优配置，此时，市场能够将社会中有限的资源很好地转化为人们需要的产品和服务。市场不是万能的，不可否认的是市场经济也是存在诸多弊端，但事实证明，没有市场确实是万万不能的。

市场经济在过去一千年的成长

市场经济是一种广为人知的经济体系，在这种体系下产品和服务的生产及销售完全由自由市场的自由价格机制所引导，而不是像计划经济一般由国家所引导。在市场经济体制下，市场中的个人或者厂商都获得了更大的自由度——买卖选择的自由度。

在市场经济里并没有一个中央协调的体制来指引其运作，但是在理论上，市场将会透过产品和服务的供给和需求产生复杂的相互作用，进而达成自我组织的效果。市场经济的支持者通常主张，人们所追求的私利其实是一个社会最好的利益。

泰山不是一天垒成的，市场经济也不是在一天之内形成的，市场经济经历了极为漫长的成长和发展期。市场经济时代是以工业为主导的时代，但历史似乎总在与人类为难，从采集开始直到封建农业，在各个历史阶段无不渗透着市场经济的影子。

从本质上来讲，商品经济就是市场经济，而市场经济则必然导致以雇工经营和机器大生产为主要特征的资本主义经济制度。但商品经济的发展与自给自足的小农经济是对立的，它一方面刺激小农家庭增加消费，另一方面又在竞争中竭力排挤家庭手工业，减少小农家庭收入，同时还以种种胁迫利诱手段，吸引家庭劳动力外流。

一般地，工业是从农业中分化独立出来的，要揭开工业文明和市场经济的起源之谜，仍然只能从农业经济的发展中着手探索。早在奴隶农业时期，就已产生了最早的手工业和商品经济萌芽。到农业经济时代末期，即封建农业时期，以农具制作和农产品加工为主的手工业和商品经济，已经变得相当发达，出现了不少专门的手工业作坊和商店。为了满足不断扩大的市场需求，这些作坊和商店便不断扩大经营规模，其基本做法主要是实行雇工经营，通过不断改进工具提高生产效率，结果最终导致了资本主义机器大工业的形成。

在世界历史上，从农业时代向工业时代转变是从西欧开始的。从 14 世纪到 15 世纪，欧洲遇到了空前严重的危机，接连不断的饥荒、瘟疫和战争使整个欧洲经济和社会的发展几乎完全停滞，与当时古代中国和古代印度的繁荣形成强烈的反差与对照，促使不少欧洲人冒险探索前往东方的航线。1492 年哥伦布到达美洲，进一步扩大了欧洲的世界市场。随着市场的进一步扩大，英国工场手工业迅速发展起来。手工业的发展引发了对于土地的争夺战，圈地运动进一步发展的后果的是人们对于君主专制桎梏经济发展的反抗，终于在 1642 年的英国爆发了资产阶级革命。直到 1688 年，经过长时间斗争，历经三次反复，英国确立起了世界上第一个资产阶级制度，进而成为世界第一个资产阶级国家。

在英国资产阶级革命的指引下，各国纷纷以不同形式为本国资本主义的发展开辟新的土壤。较为典型的是，美国19世纪60年代推行的黑奴解放运动，进一步巩固了美国的国家制度。而亚洲的日本在1868年明治维新之后，也迅速完成了资本主义工业化。

资本主义制度的确立为市场经济的发展提供了更好的发展土壤。在亚当·斯密“看不见的市场之手”的指引下，各国的生产力有了极大的提高：两次的工业革命将先进的生产技术和生产机器带到这个世上来，带来生产效率几倍甚至是几十倍的增长。

对于欧洲和北美洲的大多数国家来说，19世纪是一个自由放任的时代。这种被翻译成“别管我们”的学说认为，政府应当尽可能少地干预经济，尽可能多地将经济决策留给市场供求机制去完成。19世纪中叶，许多政府都笃信这一经济信条。

有时候成长太快对与孩子并不是一件好事，短时间内长大就意味缺乏必要的涵养和文化，这对于市场经济也是同等道理，于是问题开始出现了。无政府主义的自由竞争进入到白热化的状态，其结果就是垄断公司的大量出现。19世纪末20世纪初，欧美主要资本主义国家相继由自由竞争资本主义阶段，进入垄断资本主义阶段，整个20世纪，资本主义各国经济的垄断程度越来越高，到目前，几乎各行各业都形成了一些规模巨大的垄断公司，寡头垄断已经成为占统治地位的市场结构。

在垄断经济的持续发展下，纯粹市场经济的弊端也开始一一显露：资本主义家为追求利润最大化到了无所不用其极的地步。工人在极其恶劣的劳动环境下工作，一个童工甚至需要在棉纺织机器上工作十几个小时。贫穷的人更加贫穷，富有的人愈发富有。以美国为代表的资本主义市场经济就像一个身患绝症却不自知的病人，“黑色星期四”的到来，宣布绝对自由的市场经济确实已经病入膏肓。

路易斯·V.阿姆斯特朗写的的《我们也是人》（We Too Are the People），描写了发生在1932年晚春的芝加哥的场景：

在那些黑暗的日子里，一个生动而可怕的瞬间，我们决不应该忘记。我们看到，一群人（大约50多人）正在疯抢一家餐馆后门外的一个垃圾桶。美国公民竟然像牲口一样为残羹剩菜而战！

美国的经济危机使人们认识到市场经济本身就有滞后性、盲目性、自发性的缺陷，罗斯福新政的展开表明了政府对于市场经济的态度：停止市场无尺度的自由，使“政府之手”在市场经济中发挥监管的作用。二战后30年内，在政府指导下，西欧和北美的市场经济蓬勃发展，经历了前所未有的持续增长和经济繁荣。此后到1980年前后，欧美经济再度出现高潮。保守主义在许多国家抬头，各国政府开始减税并放松经济管制。其中“里根革命”影响尤为深远，它改变了公众对于税收和政府的态度，扭转美国联邦政府的公共支出趋势。

战后至今60多年间，世界经济又发生了很大的变化。目前，一般来说，欧洲和北美绝大多数国家，以及亚洲的日本，已经步入成熟的资本主义市场经济阶段。而亚洲、非洲和拉丁美洲绝大多数发展中国家则依然处于传统封建小农经济阶段向现代市场经济过渡中，工业化水平远远落后于欧美日发达资本主义国家。

随后，中国也开始了市场经济道路的探索，从上世纪80年代起逐步完善自己的市场经济体制。

发达的市场经济是如何运转的

通俗地说，市场应被理解成买者和卖者决定价格并交换物品或劳务的机制。从艺术到污染，几乎每一样东西都存在相应的市场。市场可以是集中的，如股票市场；也可以是分散的，如房地产或劳动力市场。它甚至可以是电子化的，例如许多金融资产或服务是通过电脑进行交易的。市场的最关键特征是将买者和卖者汇集到一起，共同决定商品的价格和成交的数量。

市场经济是一部复杂而精良的机器，它通过价格和市场体系对个人和企业的各种经济活动进行协调。它也是一部传递信息的机器，能将成千上万的各不相同的个人的知识和活动汇集在一起。在没有集中的智慧或计算的情况下，它解决了一个连当今最快的超级计算机也无能为力的涉及亿万个未知变量或相关关系的生产和分配等问题。并没有人去刻意地加以管理，但是市场却一直相当成功地运行着。在市场经济中，没有一个单独的个人或组织专门负责生产、消费、分配和定价等问题。

我们通常想当然地认为经济会顺利进行。当你走进一家超级市场时，你想要的东西——面包、麦片粥、香蕉等通常都摆在货架上。你付款之后就可以将这些食品打包带走，然后美美地享用。世上还有什么事比这更简单呢？

如果稍稍想一想并仔细观察一下，你也许会对每天为你提供面包的市场机制赞叹不已。这些食物在提供给你之前可能已经经历了 5 个或 10 个环节，它们成年累月地穿越全球的每一个国家、每一个角落，先后经过农民、食品加工者、包装员、运货员、批发商及零售商等一整套链条。整个过程似乎是一个奇迹：适量的食品被生产出来，运送到合适的地点，并最终以美味可口的形式出现在餐桌上。

但真正的奇迹是：整个体系运行过程中，没有任何人进行统一指导或强制运作。成千上万的企业和消费者自发地进行交易，他们的活动和目的通过看不见的价格和市场机制得以协调。没有任何人决定生产多少鸡肉，货车运往哪里 . 以及超级市场何时开业。然而，最终当你需要之时，食品便会出现在商店里。

如果我们仔细地观察我们的经济，就可以很容易地发现市场无时不在我们周围创造类似的奇迹，成千上万的人无须统一指导或指令性计划，自愿地生产出许许多多产品。事实上，除了极个别的例外（如军队、政府和学校），我们的大部分经济生活都是在没有政府干预的情况下进行的。这才是人类社会真正的奇迹所在。

正如凯恩斯所强调的，政治经济学的基本课题之一就是确定政府同市场的合理界限。如果我们追溯现存的界限是如何发展起来的话，那么我们对这个问题也许会有进一步的理解。在中世纪，欧洲和亚洲的不是混乱而是经济秩序。那时的经济活动太多由贵族阶层和城镇行会来指导。然而，大约两个世纪以前，政府对价格和生产方法的控制力开始日渐减少。封建主义的枷锁逐渐让位于我们称之为“市场机制”或“竞争资本主义”的制度。

在既有的经济秩序下，市场经济一直在良好运转着。市场是买者与卖者们面对面讨价还价的实实在在的场所。农民们将他们的产品拿到集市上或城镇里出售，在那里，满目都是黄油、乳酪、活鱼、蔬菜等大家十分熟悉的东西。今天的美国仍然有许多交易者汇聚的重要的市场。例如，小麦和玉米在芝加哥期货交易所交易，石油和白金在纽约商品交易所交易，而宝石则在纽约市的钻石区进行交易。

市场经济相比于计划经济，在价格机制上的交易以灵活见长。在市场体系中，每样东西都在价值基础上确立价格。价格代表了消费者与厂商愿意交换各自商品的条件。如果我同意以4000元的价格购入一台冰箱，这就表明该冰箱对于我的价值高于4000元，而这一价格也高于交易商眼中该冰箱的价值。这样，二手冰箱市场就决定冰箱的价格，并通过自愿交易将冰箱分配给那些对其具有最高价值的人。

对于生产者和消费者来说，价格还是一种信号。如果消费者需要更多数量的某种物品，该物品的价格就会上升，从而向生产者传递出供给不足的信号。例如，每年夏天，由于许多家庭外出旅行，汽油的需求量会大幅度上升，从而价格也会上升。较高的价位一方面刺激石油公司增加产量，另一方面抑制旅行者延长行程的愿望。

混合效应使市场总剩余达到最大化

当经济学家提出应该主要依靠个人决策的论点时，他们的意思往往是，经济上的决策应该听任“市场支配”。市场的现代概念是买卖双方在一起交换物品这种传统村镇市场的延伸。这种传统的市场在许多发展中国家中还存在着，在大多数城市里农民还会把他们的产品带到农贸市场去出售。在现代经济中，某些交易在特定场所进行，比如股票，大多是在像纽约证券交易所、美国证券交易所和太平洋证券交易所这种场所的“股市”上进行交易。

今天，市场的概念包括任何进行交易的场合，尽管这些交易的方式与村镇市场未必相同。在百货商店和购物中心，顾客们很少讨价还价。当生产商购买所需要的原料时，他们用钱而不是其他物品进行交换。大多数物品——从照相机到布匹都不是从生产者手中直接卖给消费者，而是由生产者卖给批发商，批发商卖给零售商，零售商再卖给消费者。所有这些交易过程都包括在市场经济这个概念里。

简单说来，市场经济系通过个人（或家庭）之间和厂商之间的交易而运行，个人从厂商购买物品和服务，厂商取得投入品——各种用于生产的原料，生产产出品——它们

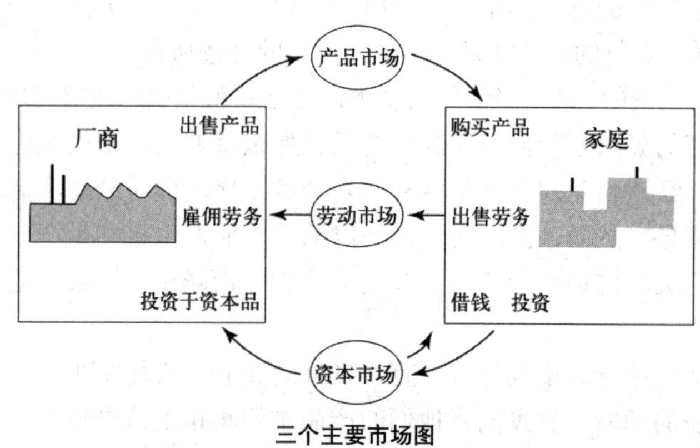

三个主要市场图

出售的物品和服务。在考虑市场经济时，经济学家关注的是个人与厂商之间相互起作用的三大类市场。厂商出售产出品给家庭的市场统称为产品市场，或物品市场。许多厂商也出售物品给其他厂商；在这种情况下，第一家厂商的产出品就成为第二家厂商的投入品。这种交易也被认为是发生在产品市场。

在投入方面，厂商需要（除了在产品市场购买的原料）某种劳动和机器的结合以生产它们的物品。它们在劳动市场上购买工人的劳务。它们在资本市场上取得资金用以购买投入品。传统上，经济学家还要强调第三种投入的重要性——土地，不过，在现代工业经济中土地的重要性已经是次要的。因此，为了大多数目的，我们把注意力集中在这三个主要市场上就足够了，本书也将遵循这一模式。

如图中所示，这三个主要市场都有个人的参与。当个人购买物品或服务时，他们在产品市场上起着消费者的作用。当他们作为劳动者时，经济学家就说他们是在劳动市场上“出售劳务”。当他们购买厂商的股份或者借钱给企业时，经济学家说他们是作为投资者参与资本市场。汽车工业为我们解释如何使以不同受众为主导的三种市场经济如何在相互协调中达到利益最大化，在其中或多或少存在政府行政职能的影子。

在竞争性的市场经济中，个人作出的决策反映他们自己的愿望；厂商的决策则以追求最大限度的利润为目的。为此，厂商必须生产消费者需要的产品，并且以低于其他厂商的价格进行生产。在厂商追求利润的相互竞争中，消费者在产品的种类上和价格上都得到好处。市场经济就是这样回答了如下三个问题：生产什么，以什么方式生产，以及决策是怎样作出的，而且总的说来，这些回答能够保证经济的效率。

在美国，由个人作出主要决策反映经济学家的信念，认为这种决策方式对于保持经济运行效率是适当的和必要的。但是经济学家同时也认为：政府进行某些干预也是需要的。找到公共部门与私人部门在经济上的适度平衡是经济分析的中心问题之一。

尽管市场总的来说回答了这些能够保证经济运行效率的基本经济学问题，但是在某些地方这些回答是不够的，或者说在许多人看来是不够的。当市场运行得不好的时候，或者说人们认为它运行得不好的时候，人们就转向政府。

政府在现代经济中承担着重要的角色，我们既需要理解这是一个什么样的角色，又需要理解政府为什么要从事它所从事的活动。在前面讲到汽车工业时，我们举出好几个政府采取行动的事例。在汽车发展的早期，乔治·塞尔登几乎可以利用政府制定的专利法改变汽车工业的发展进程。在70年代后期，政府的财政担保使克莱斯勒公司得以继续存在。政府限制日本汽车进口给汽车工业帮了大忙。但其他政府法规又可能使它受到损害，就像安全和污染方面的法规所起的作用那样。汽车工会之所以有力量在当时把工资提到高水平，其部分原因在于联邦的立法赋予它的权利。

一般说来，是美国政府建立了这样一种法律体系使私有厂商和个人能在此体系下运作。它对企业进行管理以便保证它们不实行种族歧视或性别歧视，不误导消费者，不忽视员工的安全问题，不污染空气或水源。在有些工业部门中，政府和私有企业一样运作：政府拥有的田纳西流域管理局（TVA）是美国最大的电力生产者；政府拥有的公立学校供许多孩子上学；政府拥有的邮局一直在发送大部分的邮件。在其他情况下，比如在国防支出、公路修筑、钞票印刷上，都是由政府而不是私人部门提供物品和劳务。

然而，你也可以想象出对经济施加更直接的控制的政府。在决策权集中于政府手中的国家里，政府官员可以决定一家工厂生产什么、生产多少，可以通过法律规定工资水平。

作为信号的价格使市场运行如此良好

明确的产权给了人们从事互惠交易的权利，而经济信号会告诉人们哪些交易是互惠的，进而成为运行良好的市场另一个重要特征。经济信号是帮助人们作出更好的经济决策的任何信息。在现实世界里企业面对着数以千计的信号。例如，商情预测者认为纸板箱的销售是一个好的工业生产变化的前期指标：如果企业买了许多纸板箱，你可以确定它们会很快提高产量。

但价格无疑是市场经济中最重要的信号，因为它传递了有关他人的成本和支付意愿的重要信息。如果一本书的均衡价格是30美元，这实质上是告诉每个人：存在愿意支付30美元或更高价格的消费者，也存在成本等于或低于30美元的生产者。

市场价格给出的信号通过告诉人们是否买书或卖书来保证总剩余的最大化。如果一本书的价格是30美元，任何不愿支付30美元的消费者都知道有其他消费者愿意支付更高的价格；任何成本高于30美元的生产者都知道有其他成本更低的生产者。而且愿意支付30美元或更高价格的消费者，和成本等于或低于30美元的生产者一样，实质上都在被告知由他们来消费和生产是合适的。

特定的商品或服务的价格可以为买方和卖方提供他们所需知道的信息，以使自己的行为和别人的行为及偏好保持一致。市场价格反映了无数生产者和原料供应商的选择。它可以反映出消费者的偏好、产品的成本等与时机、位置和环境相关的信息，这些信息完全超出了任何个人或中央计划机构的理解范围。生产者能够在市场价格机制的指引下，是生产的产品取得最大的价值，进而为自己获利。

有没有想过为什么你的社区里的超市总是储备刚好足量的牛奶、面包、蔬菜和其他食品，这些商品的数量几乎总是足够的但又不至于多到会出现变质和浪费？为什么你当地的市场上由世界各地生产的冰箱、汽车和CD机的供应量恰好就是消费者的需求量？市场价格这只看不见的手可以回答这些问题，因为它指引着追逐私利的个人相互合作并使他们的决策协调一致。在市场中，价格协调着生产者和消费者的决策。较高的价格趋于抑制消费者购买，同时刺激生产；较低的价格鼓励消费，同时抑制生产。价格在市场机制中起着平衡的作用。

经济学家大多假定，人和公司对与自身决策相关的成本及效益，都是依据物品的价格做出的。然而，在实践当中，即便是在作重要决策时，我们也往往信息不足。不过，对于以下各例，成本效益却暗示：在有限信息下采取行动的代价，比承担掌握充分信息所付出的代价更划算。

市场交易总发生在利益存在潜在冲突的若干参与方之间，与其说这种情况是例外，倒不如说它是规律。卖方希望买方说出自己愿意付多少钱，可买方却害怕卖方索价过高，于是尽量掩饰自己的真实意图。同样，买方希望了解自己正在考虑的产品够不够好，而知道真实情况的卖方，却不可能透露产品的缺陷。在如此局面下，决策人怎样才能掌握更多有关信息，通晓价格，作出适合自己的决策呢？

曾有这样的说法：市场上有两种买家，一种是不知道自己在做什么的人，一种是不知道自己不知道在做什么的人。头一种买家，因为考虑到自己缺乏知识，不明白价格与质量存在的可见联系暗示着什么，有时能够限制自己的损失。卖方对产品的质量，比潜在买家了解得更多。而买家的任务，是根据卖方可见的行为，推测产品质量到底好不好，进而估量所要购买的产品值不值这个价钱。一般来说会有两种情况：买者觉得卖家定价合理，因而欣然接受卖家给出的价格；或者是，买家觉得卖家给出的价格过高，在讨价还价的基础上与卖家共同制定更加符合商品价值的价格，当双方对于价格的协商没有达到一致时，交易终止。买家继续寻找具有合适价格的商品，卖家则等待对于自己的定价满意的顾客的出现。

在大多数情况下，市场上的贸易交换通过价格的协调有条不紊的进行。但是对于由于价格信息不明，也可能导致个人在进行选择时徘徊不定。但是决策者信息不足，这也就罢了；更叫人头痛的是，现有的信息往往并非“可用的信息”。如果根据现有的信息来看，在某些场合，产品质量比表面上看要高，而在另一些场合，质量又比表面上看要低。可还有的时候，现有的信息会营造出一幅系统化的误导图像。在以下两个例子中，只要意识到了既成偏见的倾向性，决策者大多能获得好处。

作为信号的价格使市场运行如此良好，那么有没有例外的出现呢？总剩余被证明是不能通过重新安排消费的方式增加的，也不能通过重新安排生产的方式增加。市场均衡时的生产水平也是使剩余最大化的适当生产水平。作为经济信号的价格是使一个竞争市场实现剩余最大化的关键因素。但在价格发出错误经济信号的情况下市场可能失灵。

当我们详细分析市场会出现怎样的情况时，我们应该记住竞争性市场的这个重要特征：作为经济信号的价格。

第一，当一个群体试图获得更多的资源而阻碍互惠交易发生时市场可能失灵；

第二，当一些行为对他人存在一些没能在市场上得到完全重视的负效应，如污染时市场可能失灵；

第三，因为一些商品在本质上不适合市场的高效经营而可能使市场失灵。

所有这三种情况都能看做是价格没有给出正确信号的例子，即价格没能帮助人们作出更好的经济决策。而且正如我们不久将会发现的，经济中某个特定市场的失灵暗示着整个经济运行的情况。

看不见的手有时候真的运转不灵

一个煤矿工人的儿子问妈妈说：“现在天气这样冷，你为什么不生火炉？”

妈妈答道：“因为我们没有煤，你爸爸现在失业，我们没有钱买煤。”

“妈妈，爸爸为什么失业？”

“因为煤生产太多了。”

据报道，在大危机期间，许多国家大量地炸毁炼铁高炉，美国毁掉 92 座，英国毁掉 28 座，法国毁掉 10 座。在资本主义国家发生经济危机的时候，一方面，大量商品堆积如山，卖不出去，为了维持农产品的价格，农业资本家和大量农场主叫喊生产过剩，大量销毁“过剩”的产品，用小麦和玉米代替煤炭做燃料，把牛奶倒入密西西比河，使这条河变成“银河”，把棉花、布匹烧掉；但另一方面，日益增多的失业工人家庭正在为得不到必要的食物而犯愁。

1973 的经济危机时期，英国单是伦敦一个城市，就有 10 万套新房空置而卖不出去，日本的汽车库存达到 100 万辆以上，电视机库存超过需求量的一倍以上。同时在美国的洛杉矶、加利福尼亚州的阿特西里牛奶公司，把 38000 多加仑的优质鲜牛奶倒入了臭水沟。而与此形成鲜明对照的是，大量的工人失业，在业工人的实际工资急剧下降，购买能力不断丧失，生活贫困。

由此，提出一个问题：煤和牛奶是不是真的过剩？牛奶过剩为什么一定得倒掉呢？因为此时牛奶的价格太低，而农场主为了维护较高的价格，他们宁愿倒掉牛奶，等待价格回升再重新生产。

“倒牛奶”是因为市场失灵。市场是一种资源配置的好办法，市场经济比计划经济更有效率。但市场机制不是万能的，它不可能有效地调节人们经济生活的所有领域，此时就有了市场失灵。

所谓市场失灵，是指市场本身不能有效配置资源的情况，或者说市场机制的某种障碍造成配置失误或生产要素浪费性使用。1929 ~ 1932 年经济大危机就是一次典型的市场失灵。1933 年，整个资本主义世界工业生产下降 40%，各国工业产量倒退到 19 世纪末的水平，世界贸易总额减少 2/3，美、德、法、英共有 29 万家企业破产。

这场经济危机宣告了古典经济学“市场神话”的终结，“市场失灵”这一经济术语在在西方经济学界被广泛使用。市场失灵是由于某些因素的存在使得价格机制在调节经济的同时也会带来许多副作用，使市场不能发挥其应有的作用，这些导致市场失灵的因素主要有：外部性、公共物品、收入分配不均等。

1. 市场不能保持经济的综合平衡和稳定协调的发展

市场调节实现的经济均衡是一种事后调节并通过分散决策而完成的均衡，它往往具有相当程度的自发性和盲目性，由此产生周期性的经济波动和经济总量的失衡。在粮食生产、牲畜养殖等生产周期较长的产业部门更会发生典型的“蛛网波动”。此外，市场经济中个人的理性选择在个别产业、个别市场中可以有效地调节供求关系，但个人的理性选择的综合效果却可能导致集体性的非理性行为，如当经济发生通货膨胀时，作为理性的个人自然会作出理性的选择——增加支出购买商品，而每个人的理性选择所产生的效果便是集体的非理性选择——维持乃至加剧通货膨胀；同样，经济萧条时，也会因每个个体的理性选择减少支出而导致集体的非理性行为——维持乃至加剧经济萧条。市场主体在激烈的竞争中，为了谋求最大的利润，往往把资金投向周期短、收效快、风险小的产业，导致产业结构不合理。

2. 自由放任的市场竞争最终必然会走向垄断

因为生产的边际成本决定市场价格，生产成本的水平使得市场主体在市场的竞争中处于不同地位，进而导致某些处于有利形势的企业逐渐占据垄断地位。同时为了获得规模经济效益，一些市场主体往往通过联合、合并、兼并的手段，形成对市场的垄断，从而导致对市场竞争机制的扭曲。

3. 市场机制无法补偿和纠正经济外部性

外在效应是独立于市场机制之外的客观存在，它不能通过市场机制自动削弱或消除，往往需要借助市场机制之外的力量予以校正和弥补。显然，经济外在效应意味着有些市场主体可以无偿地取得外部经济性，而有些当事人蒙受外部不经济性造成的损失却得不到补偿。前者常见于经济生活中的"搭便车"现象，即消费公共教育、公用基础设施、国防建设等公共产品而不分担其成本，后者如工厂排放污染物会对附近居民或者企业造成损失，对自然资源的掠夺性开采和对生态环境的严重破坏以及司空见惯的随处抽烟等。

4. 市场机制无力于组织与实现公共产品的供给

所谓公共产品，是指那些能够同时供许多人共同享用的产品和劳务，并且供给它的成本与享用它的效果，并不随享用它的人数规模的变化而变化，如公共设施、环境保护、文化科学教育、医药、卫生、外交、国防等。一个人对公共产品的消费不会导致别人对该产品的减少，于是只要有公共产品存在，大家都可以消费。这样一方面公共产品的供给固然需要成本，这种费用理应由受益者分摊，但另一方面，"它一旦被生产出来，生产者就无法决策谁来得到它"，即公共产品的供给一经形成，就无法排斥不为其付费的消费者，于是不可避免地会产生如前所述的经济外部性以及由此而出现的"搭便车者"。更严重的是，既然若此，人人都希望别人来提供公共产品，而自己坐享其成，其结果便很可能是大家都不提供公共产品。

5. 市场分配机制会造成收入分配不公和贫富两极分化

一般说来，市场能促进经济效益的提高和生产力的发展，但不能自动带来社会分配结构的均衡和公正。奉行等价交换、公平竞争原则的市场分配机制却由于各地区、各部门（行业）、各单位发展的不平衡以及各人的自然禀赋、教养素质及其所处社会条件的不同，造成其收入水平的差别，产生事实上的不平等，而竞争规律往往具有强者愈强，弱者愈弱，财富越来越集中的"马太效应"，导致收入在贫富之间、发达与落后地区之间的差距越来越大。

由于市场失灵的存在，要优化资源配置，必须由政府进行干预。正因为市场会失灵，才需要政府的干预或调节。市场规律和政府调控相结合，才能有效遏制"市场失灵"现象。

市场调节不是万能的。有些领域不能让市场来调节，有些领域不能依靠市场来调节。其次，即使在市场调节可以广泛发挥作用的领域，市场也存在着固有的弱点和缺陷，包括自发性、盲目性、滞后性。最后，宏观调控有利于帮助人们认识市场的弱点和缺陷，保证市场经济健康有序地发展。

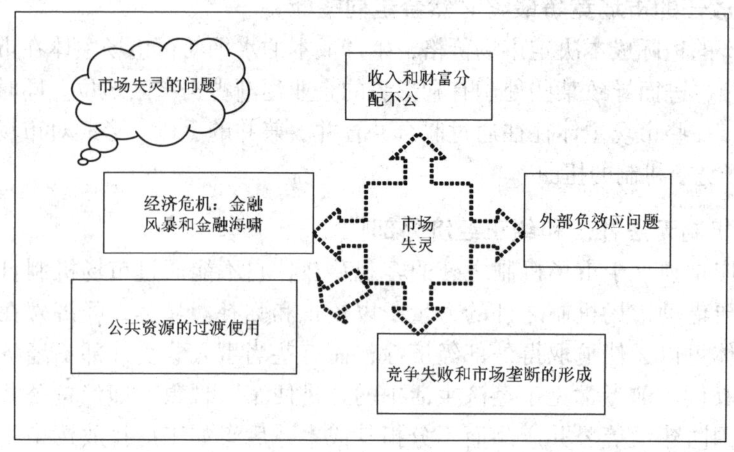

解决剩女问题的关键在于平衡市场

一女孩到了青岛之后，发现了一个很严重的问题：男同胞普遍质量不高，但都很抢手，一般工作稳定身高没有太大问题的男孩简直就是炙手可热。据说，青岛的相亲大会，去的80%都是未婚女孩。一个叫小美的女孩经朋友介绍与一男孩相亲，见面的时候发现那男孩无论是身高长相都实在太一般，也看不出他有什么其他闪光点，她压根没看上，就拒绝了。

半年之后，小美跟当时那个朋友一起吃饭，朋友透露："你知道他结婚了吗？刚结婚！娶的老婆可漂亮啦，家庭条件还非常好！"小美几乎背过去："不可能吧？就他？"她着实好几天想不通。

实际上，小美在青岛这座男少女多的城市就处于卖方市场，供给（男孩）太少，即使商品不太好（身高、相貌、财富）、价格很高（男孩子要求高），也不得不买。因为你不买（女追男）很快就会被其他女孩子给买走了。

在现实生活中，却出现了一个让人难以理解的问题：数量庞大的"剩女"异常焦灼却无法找到新郎，被迫女追男。而剩女的根本原因是因为婚姻市场中女多男少！如果这个现象用经济学来解释就是供求关系中的买方市场与卖方市场的失衡。

买方市场是交易由买方左右的市场，市场在具有压倒优势的买方控制下运行的。在买方市场上，商品供给过剩，卖方之间竞相抛售，价格呈下降趋势，买方在交易上处于主动地位，市场商品丰富，货源丰富，有任意选择商品的主动权。比如在深圳，男女比例为1 ∶ 7，所以男人都比较抢手，不愁娶不到老婆，男方处于买方市场的地位。

卖方市场是交易由卖方左右的市场，卖方在交易上处于有利地位的市场。在卖方市场上，商品供给量少，由于供不应求而不能满足市场的需求，即使商品很不好、价格很高，也能顺利销售出去，商品价格呈上涨趋势。某村处在崇山峻岭之中。村里几乎没有适龄未婚女孩，在册的60名其实早已"逃离"这里在外打工。相反，这个2249人、665户的山村有282条光棍，约占男性总数的1/5。30岁以上的光棍俯拾皆是。最大的光棍65岁。这里的男女比例（以女性为100，男性对女性的比例）是134.7。所以在这里，女性就比较珍贵，可以挑挑拣拣，婚姻就处于卖方市场，由女的决定。

据国家统计局网站的一张中国人口分布（年龄）调查表显示：在我国，男性比女性多了2.74%。超过70岁以上年龄段中，女性人口远远多于男性。但是令人吃惊的是，在22～46岁这个年龄阶段中，女性比例超过了男性。极端数据出现在27～31岁这个年龄阶段，女性人口数量比男性多出了6.21%。这个年龄段恰好是大龄剩女频发的阶段。

更令人叹息的是，女多男少的情况在22岁以下年龄阶段的人口中突然转变了，极端情况出现在7～11岁的年龄段中，此时男性竟然比女性多出了23%。这个相差二十多岁的年龄差距根本没法弥补现在男多女少的严峻现实。

看完这个，也许你就会明白为什么媒体天天嚷着说我国男多女少却有大量“剩女”的根本原因了。总体上我国人口是男多女少的，但在适婚年龄阶段却是女多男少的。男性处于有利的买方地位，可以挑挑拣拣。但女性却不幸处在非常被动的卖方地位，稍不注意就会被挤出局。由于供少于求，所以女追男成了一种流行趋势。

买方市场在市场经济发达的国家比较普遍。一般情况下，在产品过剩的情况下，买方有更多机会选择产品。比如，空调大战、VCD大战、彩电大战、微波炉大战，都为买方市场的形成创造了条件。对于卖方来讲，降价、打价格战或者服务战是通常的选择。因此可以说，买方市场是有利于消费者的。

而对于企业来说，当市场处于买方的时候，商家也应该转变经营策略。美国某钟表公司一直被公认为是美国最好的钟表制造商之一，但销售额和市场占有率不断下降。造成这种状况的主要原因是市场形势发生了变化：这一时期的许多消费者对名贵手表已经不感兴趣，而趋于购买那些经济、方便、新颖的手表。因此当买方市场出现时，企业必须积极推销和大力促销，以刺激消费者大量购买本企业产品。推销观念产生于“卖方市场”向“买方市场”过渡的阶段。许多企业家感到：即使有物美价廉的产品，也未必能卖得出去；企业要在日益激烈的市场竞争中求得生存和发展，就必须重视推销，转变经营策略。

市场运行依靠自由、法律还是道德

市场经济已有千年的历史，曲折的发展道路使它在经历重重磨难之后变得愈发强大，然而，当初那个一味强调市场绝对自由的亚当·斯密时代已经一去不复返，取而代之的是市场在政府监管之下的良性运转。只是人们都不禁思考一个问题：市场运行到底靠什么。自由、法律还是道德？

弗里德里克·哈耶克认为，经济的自由在公民和政治自由的创立和维持上是不可或缺的。他们相信这种经济自由只可能在以市场为主的经济里达成，尤其是在自由市场经济里。他们相信足够的经济自由可以透过市场的价格和财产权利机制来实现。他们认为一个社会若拥有更多的经济自由，也代表拥有更多的公民和政治自由。

弗里德曼说：“经济自由是政治自由所不可或缺的。借由授予人们与他人合作的权利，和免受强迫或中央引导的力量，个人的政治权利行使将不会遭受减弱。”

在市场经济中需要有公平竞争，要维护公平竞争，以保证交易秩序的正常，使每个交易人的预期不会因交易秩序的不正常而紊乱。怎样才能保证竞争的公平性，保证交易秩序的正常，以及使得交易人放心呢？要知道，市场调节是一种机制，在这种机制之下，供给的变化与需求的变化都会引起价格的上升或下降，价格水平的这种上下波动与道德无关，因为这是由客观的供求规律所引起的。但在市场上，某一具体交易行为的当事人是否具有商业道德，以及这种行为是否违背公平竞争原则，对价格的升降仍然是有影响的，市场上不乏交易人违背商业道德、欺骗对方、牟取暴利的现象。

市场的自由调节固然重要，但是事实证明在市场当中，纯粹的自由是行不通的，于1929年在美国爆发的资本主义市场的第一次大规模的经济危机是最好的印证。市场运行需要依靠市场自身的协调，也要依靠法律的强制力规范和市场个体的自我道德约束。自由、法律、道德对于经济市场的运行而言，三者缺一不可。

在现代社会中，存在着市场调节与政府调节，但两者都需要依据法律来进行。市场运行中，有法可依和有法必依是十分重要的。要知道，市场上有众多交易人，每个交易人都独立地作出选择，这些选择是分散的，因此交易人之间存在竞争。交易人就是市场主体，市场主体的行为必须规范化，他们之间的竞争必须在市场秩序正常的经济环境中进行。法律不完善，会使得每一个交易人无法作出判断，无法选择，也无法了解其他交易人可能作出的选择。法律不完善时尚且如此，那么在缺少法律（即无法可依），或法律不起作用（即有法不依，不按照法律办事）时，交易人难以作出决策就更可理解了。

法律既制止市场交易过程中一切企业和个人的非法经营与不正当竞争，又保护一切企业和个人的合法经营与正当竞争，于是企业和个人的合法权益受到保护，侵害企业和个人合法权益的行为将被追究。没有法律，市场交易一片混乱，谁都得不到好处。即使有的企业或有的个人在这场无规则的竞争中有可能占一些便宜，谁能保证他们在下一场无规则的竞争中不会输掉？在无规则的市场竞争中，赢家究竟在哪里，谁也说不清楚。所以市场调节必须依法。尽管某些法律还不完善，但只要有了法律，并依照法律，交易人就可以作出选择，交易也就能持续下去。

再以政府调节来说，政府对社会与经济的管理，政府所实行的宏观经济调节，同样需要有法律作为依据，政府行为也应当以法律作为准则。政府调节与法律的制定和实施不是对立的或可以彼此替代的。假定政府机构作为交易活动中的一方出现，如政府采购、政府雇用工作人员、政府出售资产等，政府机构必须守法，必须遵守合同的规定，并受合同的约束。政府尊重合同，就是尊重缔约的另一方的平等地位与合法权益。政府作为缔约的一方不应处于高于另一方的位置上。如果做到了这些，政府在市场经济中的行为也就规范化了。

应当指出，无论在市场调节之下还是在政府调节之下，个人道德原则（如公平原则、诚信原则）都是需要遵循的。在市场调节之下，一切竞争主体都依法平等地享有权利，平等地承担责任。各个交易人在进行交易时，都应当诚实，讲信用，守信用，杜绝欺诈行为。违背诚实信用的原则将受到法律的制裁。而在政府调节之下，当政府以社会与经济的管理者的身份出现时，政府仍然应当遵循诚实信用原则，应当取信于公众，这才能使政府的管理有效，否则公众会以种种方式来抵制政府不讲诚实信用的行为。这时，政府不能认为自己不是市场的交易者而违背诚实信用原则。至于政府机构在以合同当事人的身份出现时，政府机构作为交易的一方、合同的一方，同样应当遵循诚实信用原则，否则就会侵害其他交易人的权益。法律对于政府作为管理者与交易人都是具有约束力的。这是政府调节有效的重要保证。

在这里，特别需要指出在法律起作用的条件下加强个人道德自律的意义。在市场经济中，法律的作用在于维护市场的秩序和保障交易人或市场上每一个行为主体的合法权益。一个人，不管他从事什么工作，如果他能够时时处处以社会规范来约束自己，那么市场调节与政府调节的效应就会明显地表现出来，社会经济秩序也就能正常化。法律要求个人自律，个人自律使法律能更好地被执行。

道德自律作为行为准则表明一个人在社会上“应该做什么”、“怎么做”、“不应该做什么”和“不应该那么做”。个人行为不可能只受个人利益因素的影响，如果单纯追求个人利益最大化的话，个人的社会责任感、公益心和个人对公共利益、公共目标就得不到任何维护了。在市场经济条件下，加强个人的道德自律，实际上把个人对公共利益、公共目标的考虑和对个人利益、个人目标的考虑结合在一起。这是道德与法律所起作用的共通之处。

手段不是目的，法律也好，道德也好，都是维护市场良性运转的有效途径。如何协调法律规范、个人自律和市场自由运转三者之间的关系，使它们在和谐中共处发展是一个需要长期思考的问题。

第二章　交易成本的摩擦力

交易成本就是在小店买烟所多付的钱

小陈是一个爱抽烟的人，在他家附近有卖烟的小贩。小陈明明知道小贩卖的烟价钱比远处超市里的价格高，但小陈有时还是会在小贩这里买烟。如果要解释小陈为什么这样做，实际上就与什么叫做交易费用有关了。到小贩那里，只需走几步路；要去超市，则要坐车或骑车去。有时候，小陈不要说花车钱，就是时间也不愿浪费。

在楼下小商店里买香烟，虽然贵5毛钱，但你只需要下楼就能够买到香烟。倘若去商场，你要乘车，或要多走很长时间的路，其中所消耗的时间，是你并不愿意支付的。多花5毛钱，为自己节省了大段时间和精力，对于绝大多数人来说是很合算的。

大卖场卖的商品种类很多，应有尽有，而且价格便宜，但通常都不在家门口。便利店卖的基本都是些生活必需品，遍布居民区，有的甚至还是24小时营业，很方便。在小陈看来，多花一点钱，节约时间和精力是值得的。楼下小商店在定价的时候，已经将你的交易成本算进去了。

交易成本又称交易费用，是为了获得准确的市场信息所需要付出的成本，以及谈判和经常性契约的成本。最早由美国经济学家罗纳德·科斯提出。他在《企业的性质》一文中认为交易成本是通过价格机制组织产生的，最明显的成本就是所有发现相对价格的成本，市场上发生的每一笔交易的谈判和签约的费用，以及利用价格机制存在的其他方面的成本。交易成本是新制度经济学的核心范畴和理论基石之一，是科斯产权理论和企业理论的核心和基本支柱。也正是通过对"交易成本"概念的一般化，新制度经济学体系才得以逐渐形成。

交易成本理论的根本论点在于对企业的本质加以解释。由于经济体系中企业的专业分工与市场价格机能的运作，产生了专业分工的现象；但是使用市场的价格机能的成本相对偏高，而形成企业机制，它是人类追求经济运行效率所形成的组织体。由于交易成本泛指所有为促成交易发生而形成的成本，因此很难进行明确的界定与列举，不同的交易往往就涉及不同种类的交易成本。

交易成本的提出，具有非常重要的意义。经济学是研究稀缺资源配置的，而交易成本理论表明交易活动也是稀缺的。市场的不确定性导致交易是冒风险的，因此说交易活动是有代价的，从而有了如何配置交易活动的问题。至此，资源配置问题成为经济效益问题。所以，一定的制度必须提高经济效益，否则旧的制度将会被新的制度所取代。这样，制度分析真正纳入到经济分析当中来。

无论是企业内部交易，还是市场交易，都存在着不同的交易费用。但是，我们在购买商品的时候，往往忽视了购买商品的交易费用。《韩非子》里有一则"郑人买履"的故事。

有个郑国人，想要到集市上去买鞋子。早上在家里时量了自己的脚，把量好的尺码放在了他自己的座位上。到了集市的时候，却忘了带量好的尺码。当他拿起鞋子的时候，才想起自己忘了带尺码，于是对卖鞋子的人说："我忘记带量好的尺码了。"就返回家去取量好的尺码。等到他返回集市的时候，集市已经散了，最终没有买到鞋。有人问他说："你为什么不用你的脚试鞋呢？"他说："宁可相信量好的尺码，也不相信自己的脚。"

"郑人买履"的寓言意在讽刺那些固执己见、死守教条、不知变通、不懂得根据客观实际采取灵活对策的人。单从郑人买鞋的结果来看，他在集市与家之间往返两趟，浪费了大量时间和精力，最终还是没有买到鞋子。用经济学的话来说，他的交易费用实在是太高了。我们再看生活中的具体例子：

小李对他的女儿视若明珠，一天，女儿想吃饺子。于是，小李清早便去排队买饺子皮，没想到排队买饺子皮的人实在太多了。等了半天之后，终于轮到他了。等他买完饺子皮回家，再急急忙忙赶去上班，还是迟到了5分钟。如果直接能购买，不用排队，就不用承担迟到的损失了。

小李买饺子皮排队所花的时间和迟到所受到的损失，就是他的交易成本。

学术界一般认可交易成本可分为广义交易成本和狭义交易成本两种。广义交易成本即为了冲破一切阻碍，达成交易所需要的有形及无形的成本。狭义交易成本是指市场交易成本，即外生交易成本。包括：搜索费用，谈判费用以及履约费用。

总体而言，可将交易成本区分为以下几项：

商品信息与交易对象信息的搜集，在琳琅满目的商品种类中寻找到自己所需要的，必定要付出一定的时间和精力，这就是搜寻成本。

取得交易对象信息与和交易对象进行信息交换所需的成本，这就是信息成本。

交易成本还包括议价成本，针对契约、价格、品质讨价还价的成本。在讨价还价中，所耽误的时间应计算在内，当然还有双方调整适应不良的谈判成本。

此外，还有决策成本，即进行相关决策与签订契约所需的内部成本。交易发生后，当违约时也要付出一定的成本。

交易成本是人与人之间交易所必需的成本。对于每个不同的人来说，其自身的交易成本是不同的。在菜市场上可以看到不少老太太与小商贩为几毛钱的菜价而讨价还价。这是因为，老太太已经退休，她用来讨价还价的时间并不能作他用，如果能买到便宜的蔬菜，就是降低自己的生活成本了。但是如果放到年轻人身上，贵几毛钱就是贵几毛钱吧，有讨价还价的时间还不如抓紧时间多挣钱。

交易成本是为了获得更多的信息

国家鼓励人们之间的交易，个人也要与国家做交易。个人与国家之间的交易，充分体现了国家作为经济共同体，为生活在其中的人提供利益的特点。中国古代的贤哲们对这一点非常清楚，比如《周易》的《系辞传下》有云：“日中为市，致天下之民，聚天下之货，交易而退。各得其所。”汉语里的“交易”一词，就出自这句话。其中“市”是国家为交易者提供的一个场所。汉语里的“市场”一词，也是从这里引申出来的。同时，国家不仅为交易者提供场所，而且还会从中收取一些费用，以便更好地维持秩序。于是，人与国家之间的交易就产生了。

如果我们站在中性化的立场上来看“交易”，就不难发现：交易无所不在；交易是我们这个世界的本质。当然，交易也有质量高低之分。高质量的交易能够提高交易者的生活质量。高质量的交易不仅为交易者提供了良好的收益，还提升了交易者的个体品位。又是什么决定了交易质量呢？是信息质量。信息质量又不仅仅指交易者得到的信息的可利用程度如何，更指交易者把握信息的能力。

交易成本的付出根本上是为了获得更多的信息，从而在接下来的交易中获益。信息获取的过程是以中间人为主导完成的。

假设你手上有 10 股新浪股票要卖掉。你可以找找朋友，向他们推销，也可以在报纸上做广告。但如果你使用中间人（在这个例子中是股票经纪人），甚至在付了佣金之后，你仍然可能卖一个更好的价钱。毫无疑问，如果你的广告做得时间足够长、范围足够大，你也能找到一个买主，愿意出股票经纪人为你提供的价格。但是，你自己找买主的成本低于经纪人佣金的可能性微乎其微。此外，新技术普及后，出现了网络股票经纪人，他们正是通过大幅压低佣金来和传统的股票经纪人竞争的。

对很多自以为节约的人来说，“批发”是一项受欢迎的消遣。也可能真的是吧。如果他们以寻找便宜货为乐趣（很多人确实是这样），他们就能从其中得到收益。那是他们的选择。自由的市场允许这些购买策略的存在。但对于大多数人而言，零售商能给我们提供有用的信息，是一个重要的、低成本的信息来源。供应商和中间人之间的市场竞争促使他们寻找向潜在消费者传达信息的新渠道，同时降低交易成本。零售商的库存反映了某些可供选择的机会的范围，通常这一信息用其他任何手段都难以得到。

同样的道理也可以应用于职业介绍所。人们经常对私人职业介绍所收取的介绍费感到愤怒。除非他们预期职业介绍所提供的信息比介绍费更有价值，否则他们估计也不会去职业介绍所。但他们还是去了。一旦他们和用人单位建立联系，职业介绍所好像就没什么用了，当然，介绍费也就显得像是一种不正当的强迫征税。

通过给可用资源贴价格标签，供求关系（或称市场竞价过程）无意中为决策者创造了价值指数，这将是本书将反复讨论的话题之一。它有一个极重要但又极不为人重视的优点，就是市场参与者可以从中获取高质量、低价格的信息。中间人是这一过程中的重要角色。这个过程反映了他们的比较优势。

某些市场是“有组织的”，例如股票市场和期货市场，意思是说在一个广大的地域中，许多潜在的买方和卖方的报价被集合在一起，为某类相当单一的物品创造出单一的价格。另一些市场，例如给单身男女幽会的酒吧，即便是最没有经验的眼睛也能看出是缺乏组织的：对每一笔交易来说，待交换的商品和交换的条件都得经过协商，因此交易成本非常高。相对而言，二手家具市场也是没有组织的，因为买方和卖方没有广泛接触，所以交易的价格会有很大的变动。日用杂货的零售市场，与之相反，是最有组织的市场之一。所以，对某一个地区来说，牛肉的价格变动要远远小于二手家具的价格变动。

有的时候，股票市场和期货市场据说会比杂货市场和二手家具市场更接近“完美”。这种差异描述是一种误导，因为这个说法的言外之意就是杂货市场和二手家具市场应该被改变（完美比不完美好）。然而，只有在改善市场能降低交易成本，并且改善市场的收益超过改善市场的成本时，这种建议才有意义。可是我们不知道用什么方式才能改善一个特定的市场，有时交易成本太高，都不值得去改善市场了，事情往往就是这个样子。此外，某些政府为“改善”市场所做的努力看起来似乎是为了部分的特殊利益。

每一个价格都是一条具有潜在价值的信息，人们可以用它来判断有没有适合的机会。这样的价格越多，价格的表述就越清晰、越准确，知道的人就越多，可供人们选择的机会就越多。总之，人们的财富就越多。难道这不正是我们对财富增长的阐释吗？人们有更多机会可以选择，更能做自己想做的事。

信息不对称会增加市场交易成本

《周易》中传达的思想，是一个既定的信息，自古以来就有，不存在本身的质量问题。是否能够高质量地利用它，则在于交易者的把握能力。自称“易经大师”的人，甚至连古文都读不通，也搞不清《易经》与《易传》的关系，但愿意听他指导命运的人则稀里糊涂给了“易经大师”卦钱。因为他们根本就没能力检验所谓的“易经大师”是否懂古文、是否能把《易经》与《易传》的关系简要地讲出来。这种情况叫做信息不对称。在交易中，总是拥有相对充分、把握信息质量高一些的一方容易获利。“易经大师”，虽然不懂古文，也不知道《易经》和《易传》的关系，但总比普通求卦象者对《周易》了解得多，甚至时不时会冒出几句文言文来。

在经济活动中，信息是影响交易成本的最为关键的因素，通常当一个经济主体的行为能够清楚地被有关利益各方了解的时候，这个经济主体选择的行为与当其他经济主体不能清楚地了解他的情况时的行为是不同的。市场经济活动有大量经济主体在参与，这些大量经济主体的活动就构成整个市场经济的总体运动。

市场交易双方所掌握的信息如果出现一方多、一方少，或者一方有、一方无的情况，就出现了信息不对称的现象。当交易的主体不是两个而是多个时，只要有一方比其他各方知道得多，或者有一方比其他各方知道的少，这种情况就叫做非对称信息。例如，董事会和总经理之间就存在着信息不对称的情况。董事会聘用了总经理是希望总经理付出劳动和管理才能，使企业赢得最大的利润，但是关于总经理能力的大小、付出劳动的多少、工作努力程度的高低，董事会往往知道的非常有限，而总经理自己最清楚，这实际上是出现了信息不对称。

市场经济活动中，各类人员对有关信息的了解是有差异的；掌握信息比较充分的人员，往往处于比较有利的地位，而信息贫乏的人员，则处于比较不利的地位。在通常的情况下，卖方掌握了更多的产品信息，所以可以从市场中获益，但买方也在努力地获得信息，以避免交易中不必要的损失。

一个非完美的、充满纷繁复杂信息的经济现实使得搜集与获得信息需要花费成本，同时，信息的传递存在着时间上和空间上的差异，这两方面因素使投资者要优先获取信息，就必须付出时间成本和金钱成本的代价，从而导致不同实力的投资者获取信息多寡的不同。

交易双方的信息越对称，交易越可维持双赢的局面，这就是交易需要加大诚信因素的原因所在。特殊的情况也有，如赌博，越是信息不对称就越刺激，信息量少、质量低的一方越愿意投入，好像自愿往信息量大、质量高的一方白送钱似的。这是因为赌博的本质是效用超过利润的活动，人们愿在其中体现自己的决断力、胆量，即它与赚取利润一样，是一种个体价值的实现方式。

信息不对称只是一种相对而言的状态，相对于对方或者行业中的其他竞争者，在信息的获取上不够充足，因而导致交易判断的错误。其结果是在交易中，信息不对称往往可能使交易的其中一方受损，而另外一方可能借助信息不对称而获益。中国 TCL 收购汤姆逊就是典型的信息不对称的案例：

2004 年 1 月，TCL 与法国汤姆逊达成协议，7 月底成立合资公司 TTE。李东生认为，汤姆逊有品牌、技术和欧美渠道，而 TCL 可借之在欧美市场规避反倾销和专利费的困扰，并喊出“18 个月扭亏”口号。但并购后连续两年报亏，2006 年 10 月底，除 OEM（代工生产）外，TCL 不得不将其欧洲彩电业务砍掉。

由于当时信息的不对称，TCL 未能预测平板电视是未来的发展趋势，错误收购汤姆逊彩管业务，陷入投资黑洞。

经济学家设计了各种机制来解决信息不对称的问题，如激励双方披露真实信息的发信号和作出正确判断的信号筛选。这些机制可以减少信息不对称的不良后果，使市场经济正常运行，但并不能完全消除信息不对称。一来在许多情况下，获得对方私人信息代价太高，不值得。二来各方私人信息是动态的，总在变，难以预测。

在这个时代里，市场经济中的信息不对称现象比比皆是，问题的关键是各行各业的决策者怎样努力掌握与了解比较充分的信息，研究生产力发展的规律和趋势，把握住经济、技术和社会的发展动向。可以预见，在新经济时代，过去的“大鱼吃小鱼”将不再是一般规律，取而代之的将是“快鱼吃慢鱼”、“信息充分的吃信息不充分的”，速度是新经济的自然淘汰方式。只有及时掌握比较充分的信息，才能胸有成竹，变不确定为确定，认准方向，加快发展。

交易成本为零有利于达到帕累托最优

帕累托最优，也称为帕累托效率、帕雷托最佳配置，是博弈论中的重要概念，并且在经济学、工程学和社会科学中有着广泛的应用。帕累托最优是指资源分配的一种理想状态，即假定固有的一群人和可分配的资源，从一种分配状态到另一种状态的变化中，在没有使任何人境况变坏的前提下，不可能再使某些人的处境变好。换句话说，就是不可能再改善某些人的境况，而不使任何其他人受损。

最早深入分析这个问题的是意大利经济学家维尔弗雷多·帕累托，他最早观察到意大利 20% 的人口拥有 80% 的财产，而提出了著名的帕累托法则，这成为福利经济学的最高理想。

维尔弗雷多·帕累托是意大利伟大的经济、社会学家，21 岁获得工程学博士学位，担任过意大利铁路和重型工业公司的总裁，直到 40 岁，他才在洛桑大学开始了自己的经济学之旅，专职从事经济研究工作。人们把这位既独立又好斗的绅士称为“塞利尼的孤独思想家”，因为他的一生都在捍卫自己的福利经济学思想。

能否实现全体社会的最优呢？帕累托用数学方法对此作了逻辑严密的描述：如果可以找到一种资源配置方法，在其他人的境况没有变坏的情况下使一些人的境况变得好一些，那么这就是帕累托改进，如果不存在任何改进了，那就是帕累托最优。

一般认为，在交易成本为零的情况下，社会资源能够得到最大程度的有效配置，在信息完全对称的情况下，需求一方能够得到他所需要的资源，这种配置就是最优配置，无须进一步改进，从而达到帕累托最优。

那么，现实中如何才能达到最优呢？经济学家往往会搬出这个例子，比如保罗拥有一套城区的房子，交通方便但比较喧闹，而彼得拥有一套郊区的房子，风景不错但交通不便，如果双方交换一下，那么大家都能够获得满意，因此这样的交换能够使双方都获得好处而不损害他人的利益，这样的交换就是帕累托改进。

帕累托改进的核心在于，它能在不使任何人境况变坏的情况下，改进人们的处境。事实上，帕累托改进只有在理想条件下才能实现。有时候，人们提出的即便只是一个微小的改进方案，实现起来都是异常困难的。

航空公司总是希望上座率越多越好，然而他们也知道肯定会有一部分旅客常常定了机票却会临时取消航程，于是航空公司尝试超额售票制度，希望能够提高公司的运营效率。他们的做法是，在一个合理估计的基础上，让售票量大于航班实际座位数。但这样的改进措施会带来一个问题，如果办理登记手续的乘客多于座位数，那么就必须确定究竟取消谁的座位。理论上说，这并不是一个帕累托改进，可是航空公司还是愿意通过补偿的方式进行改进，因为如果飞机被迫带着空座位飞行，而恰巧急于出发的旅客也愿意购买这样的座位，结果航空公司和急于出发的旅客都能受益。

航空公司首先尝试了最简单的做法，仅仅取消最后到达机场的乘客，安排他们乘坐后面的班机，那些倒霉的乘客也不会因航程取消而获得补偿，但这样的做法很快带来了一个副产品，登机的过程演变成令人紧张的“登机比赛”，人人都担心会被取消航程。韩国经济学家郑甲泳就亲身经历过这样一个例子，当他准备从洛杉矶机场飞往芝加哥时，由于办理登机手续的人数超过预约登记的人数，郑甲泳只能改签下一班飞机，此时机场的广播为我们揭晓了答案：“各位旅客，很遗憾实际登机人数超出了预约登机人数，请几位乘客转到下一趟班机，如果您能转程两个小时后起飞的班机，我们将给予 80 美元的补偿，如果您能转乘今晚起飞的班机，我们将给予 150 美元的补偿……”这里，乘客排队的时间可以用美元来衡量了。

经济学家们又进一步提出了改进方案。1968 年，美国经济学家尤利安·西蒙提出了一种“超额售票术”的方案，航空公司需要改进的地方在于，在售票的同时交给顾客一个信封和一份投标书，让顾客填写他们能够接受的最低赔款金额，这样一旦出现超载，公司可以选择其中数目最低的旅客给予现金补偿，并优先给予下一班飞机的机票。实际上，这个方案的确有助于帕累托改进，那些对于时间要求不高的乘客得到了补偿，而航空公司也乐于接受这样的安排，他们能够实现飞机满员飞行。尽管费尽周折，但社会效率总算得到了改善。

可有的时候，帕累托改进根本无法进行，比如下面的水桶问题：

在我们的日常生活中，配置资源最常用的一种方式就是人们排队等候，也就是先到先得，这种排队方式在我们周围随处可见。让我们想象这样一种情形，几个人拎着水桶在一个水龙头前面排队打水，水桶有大有小，他们怎样排队，才能使得总的排队时间最短？

几乎不用思考，常识就告诉了我们，大桶接水的时间较长，小桶接水的时间较短，因此排队打水的最优方案是：人们按照水桶的大小，从小到大排队。这样安排，花在排队上面的总的时间将最短。

因为目标是节省总的排队成本时间，因此我们认为这样的方案能够达到最优。可你觉得这样的方案能实现吗？让大桶者换到后面去，虽然许多人能从中获益，但是大桶者本人排队的时间变长了，尽管这样的改进能够使全体总的排队时间缩短，并且大桶者也明白这个道理，可是以个人的损失带来集体的有效率，这样的做法不满足帕累托最优，因此也是无法实现的。这样的做法在提高效率的时候却忽略了公平，因为它与我们熟悉的“先到先得”的原则相冲突了。

交易成本造成的差价阻碍了公平原则的实现

相同的商品具有相同的价格，这叫做同物等价的原则。但在现实生活中，却存在着许多物同价不同的现象。

购买同样的商品时，大多数消费者都会尽可能挑选便宜的一方。只从这一点来看，想在动车上喝奶茶的乘客如果都能在站台上买到 6 元的奶茶，就不会在车上买 20 元一杯的奶茶了。那么动车上的奶茶不降到 6 元一杯，就没有销路。

但实际上，乘客在站台买奶茶的时候，需要负担商品价格以外的其他成本。这种成本的存在造成了同物不等价（差价）的原因。在买卖商品、服务的时候，价格以外的成本称之为交易成本（Transaction Costs）。具体说，这个例子中有以下几种交易成本：

（1）在站台排队买奶茶花费的时间；

（2）带上动车时花费的力气；

（3）调查价格信息时花费的工夫——时间成本和体力成本。

一般来说，我们在尽可能降低价格和交易成本的前提下，反复进行着日常生活中的消费活动。所以，乘客觉得在站台买奶茶的交易成本要比差价的 14 元小的时候，会选择在站台购买奶茶后带上动车。

但是，比如在着急赶车没时间或者行李过多的时候，交易成本将大幅度上升。这时，乘客就不会在站台上购买，他们会选择坐上动车后，买一杯 20 元的奶茶。还有，不愿调查价格的乘客，根本就无从知晓站台的奶茶便宜，所以也会在动车上购买。

由于交易成本的存在，有些乘客愿意花 20 元购买奶茶，所以动车上的奶茶没有必要降到 6 元一杯，它们之间的差价保持不变。如果交易成本为零的话，价格高的奶茶卖不出去就要降价，两种奶茶的价格也会变得完全相同。

综上所述，不存在交易成本的时候，同物等价的原则将会成立。但实际消费时总会出现某种交易成本，使我们到处见到同物不同价的现象。

2008 年 5 月，某银行上海分行推出了一项名为“业务办理加急”的服务项目，花 50 元加急费就可在 VIP 快速通道享受快捷服务，从而缩短排队等候时间。一时间，质疑声如潮水般涌来，该银行不得不出面澄清。

如果我们把排队的话题扩展到社会其他领域，事实上花钱排队的现象随处可见。但人们似乎很少质疑：凭什么最高水平的医生都去给明星们做美容、抽脂手术，而一般人只能在医院里等待？凭什么交了钱的司机就能从快速通道通过，而不必在普通道路上饱受煎熬？

固然，那些“花钱排队”的人支付了相对较高的交易成本，但是这与人们固有观念中“先到先得”的原则相违背。先到先得恰恰暗含了人们对公平的追求，但是，如果有人说，他愿意花钱购买排在前面人的权利，这样做可以吗？这个看似简单的问题拷问着我们每个人。这一次，我们又陷入了公平和效率的深渊，更难过的是，这似乎正在触碰我们那根脆弱的道德底线。

事实上，如果我们实施了严格的公平，保证交易成本的固定可能带来的问题会更多。要求健康是每个人的权利，因此人们在医疗问题上总是坚持公平的原则，人们往往倾向于排队提供的公平医疗。在英国，所有的医院都需要排队，但随之而来的另一个问题是，低收入者往往更愿意等候，因为他们有更多的时间，因此很多医院都出现了不成比例的医疗服务份额，最终带来整个医疗体系的低效率和资源浪费。交易成本的差额对于人们充分利用社会资源，使资源配置达到最佳发挥了重要的作用。

规模经济与不经济对生产成本的影响

早在金融危机前，关于珠三角台企可能另觅出路的传言已有不少，20 世纪 90 年代，中国台湾企业纷纷到印度、印尼、越南等地投资制造业，被人们形象地称为“南进策略”。金融危机后，很多海外学者预测，随着大陆经济、政策环境的变化，劳动密集型的电子企业“南进”将势不可挡。

但珠三角真正愿意动迁的企业并不多，综合考虑，珠三角还是制造企业发展最好的地方。“即使涨薪了，也不会轻易搬迁离开东莞，哪有那么容易，除了用工成本外，还要考虑产业链，东莞地区的制造业产业链是用20年的时间形成的，谁离了谁都活不了。”一位电子制造企业负责人说：“即使有涨薪潮，我们也不会轻易地搬走。”

台商不愿意离开的真正原因在于东莞已经用 20 年培植起来的规模经济产业链。

如果现在放弃东莞前往新的地方设厂，很可能会重复 20 年前东莞的一幕，“配套的原料、产业链不完备，会给企业带来很大的麻烦，成本会大大增加”。

在东莞方圆两公里之内，可以找到一台电脑的所有零部件，包括最低端的螺丝钉，换成在别的地方，光物流费用就不少。而且品牌商也青睐这样的地方，可以在短时间内采购到所有需要的商品，别处的零星企业难以与之竞争。

从经济学说史的角度看，亚当·斯密是规模经济理论的创始人，亚当·斯密在《国民财富的性质和原因的研究》（简称《国富论》）中指出：“劳动生产上最大的增进，以及运用劳动时所表现的更大的熟练、技巧和判断力，似乎都是分工的结果。”斯密以制针工场为例，从劳动分工和专业化的角度揭示了制针工序细化能提高生产率的原因在于：分工提高了每个工人的劳动技巧和熟练程度，节约了因为变换工作而浪费的时间，并且有利于机器的发明和应用。由于劳动分工的基础是一定规模的批量生产，因此，斯密的理论可以说是规模经济的一种古典解释。

规模经济实际上是指由于生产专业化水平提高等原因，使企业的单位成本下降，从而形成企业的长期平均成本随着产量的增加而递减的经济。规模经济产生规模效应：一定科技水平下生产能力的扩大，使长期平均成本呈下降的趋势，即长期费用曲线呈下降趋势。

经济学家们指出，生产要素的价格并不是一成不变的。圆珠笔是由米尔顿·雷诺在二战后发明的，当时每支笔能卖到 18 美元，但很快随着技术的改进和生产水平的提高，圆珠笔的价格直线下降，今天每支圆珠笔的价格不到 1 美元。显然，生产规模扩大以后，每件产品的成本将会下降，经济学家称之为规模经济效益。

如果在某些产量范围内平均成本是下降或上升的话，我们就认为存在着规模经济（或不经济）。同边际效益一样，在某一区域里才满足规模经济性。具体表现为“长期平均成本曲线”向下倾斜，从这种意义上说，长期平均成本曲线便是规模曲线，长期费用曲线的下降不是无限的，曲线最低点称为最小最终规模。

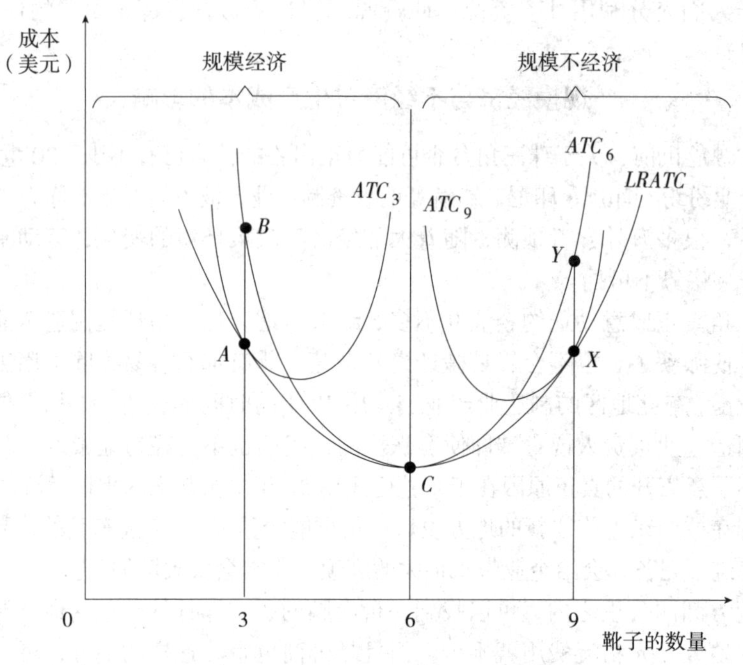

规模经济与规模不经济的长期总成本曲线图

假设我们做一个实验，公司可以选择各个产出量上的固定成本，计算出每个产出水平上公司可能的最低平均总成本水平。经济学家将此实验命名为“长期平均总成本曲线”。长期平均总成本曲线（LRATC）是描述当每个产出水平上的固定成本都可以调整到最小平均总成本水平时产出与平均总成本之间的关系的。如果有很多种固定成本可以选择，长期平均总成本曲线将是我们熟悉的光滑的 U 形，正如上图的 LRATC 所示。

如果靴子店选择了每天产出为 6 双时的最小平均总成本的固定成本水平，而实际也生产 6 双靴子，那么它将处于 LRATC 上的 C 点。但是如果它实际生产的过多或过少，在短期内它将处于短期平均总成本曲线 ATC_6 上而不是 LRATC 上。如果它每天只生产 3 双，平均总成本将处于 B 点，而不是 A 点。如果每天生产 9 双，平均总成本将处于 Y 点，而不是 X 点。当产出增加，长期平均总成本下降时，将存在规模经济，而当产出增加，长期平均总成本增加时，就存在规模不经济了。

究竟是什么决定了长期平均总成本曲线的形状呢？答案是规模，公司生产的规模往往是影响长期平均总成本的重要因素。有规模效应的公司的长期平均总成本往往决定于产出量的水平。当产出增加，而长期平均总成本不变时，就有规模经济存在。正如你在上图中看到的，靴子店在产出水平从 0 双变为 6 双时，产出水平处于长期平均总成本曲线的下降区域，经历了规模经济。而当产出增加，长期平均总成本也增加时，就有规模不经济。例如靴子店在产出为6双以上时，就会存在规模不经济，产出水平处于长期平均总成本曲线的上升区域。

尽管在图中没有显示，但其实在长期平均总成本和规模之间还有第三种关系：当产出增加，而长期平均总成本不变时，公司正处于规模收益不变阶段。在这种情况下，公司的长期平均总成本曲线与规模收益不变时的产出水平在同一水平线上。

怎么解释这种规模效应呢？答案其实是源于公司的生产技术。规模经济经常产生于专业化的深化使得更大的产出水平成为可能，更大的生产规模意味着单个工人更专业化的生产，技术水平更高，效率也更高。规模经济的另一个原因是更大的初始投入，在某些产业，例如自动化生产、发电或者石油精炼等等，都有较大的厂房和设备上的初始投入。

另一方面，规模不经济在大型公司中尤为典型，主要是由于合作和沟通的问题：当公司规模扩大时，公司的沟通和组织活动变得越来越困难，而且成本也越来越高。当规模经济导致公司规模扩大时，规模不经济促使规模缩小。当规模收益不变时，规模对公司的长期平均总成本没有影响：公司生产1000单位产品，还是100000单位产品，对长期平均总成本也没有影响。

随技术进步和生产工艺水平的提高，最终规模不断变化；不同产业因其生产技术特性不同，工厂及企业规模经济的利用途径和形式亦有所不同。现代消费需求的多样化与个性化，并没有使规模经济因此而丧失，而是通过产品的系列化和高度完整的标准化，实行“多品种、少批量、大量生产体制”，使规模经济依然深刻地影响着企业的生产经营和发展。对规模经济的研究，是地区工业合理布局和对某一产业在大范围进行调整的重要依据。

随着企业生产规模扩大，而边际效益却渐渐下降，甚至跌破零点，成为负值。造成此现象的原因，可能是内部结构因规模扩大而更趋复杂，这种复杂性会消耗内部资源，而此耗损使规模扩大本应带来的好处被冲抵消减，因此出现了规模不经济的现象。

第三章　不受干扰的市场机制

在完全竞争市场上没有友好的兄弟

美国费城西部的某条街上，有两家布料商店——纽约贸易商店和美洲贸易商店，这两家店相对而开。由于同样是卖布料的商店，两家的老板间常常出现争吵，而爆发“价格战”更是家常便饭。

比如，纽约贸易商店的窗口突然挂出一个木牌，上面写着：“出售爱尔兰亚麻被单，每床价格6美元。”这时，美洲贸易商店的窗口也挂出了一块木牌：“本店被单定价仅为5.9美元！”

两个老板互不相让，不断地降价，直到最后，他们其中有一个愿意认输。这时，输掉的老板一定会当街大骂，说获胜的老板是疯子。没多久，这两个老板“事迹”就被宣扬开去，越来越多的人开始跑到这一带来买东西。因为，每次在他们的“价格大战”结束时，人们就能买到各式各样物美价廉的商品。

这样的日子一直持续了30多年……

后来，两个老板中的一个突然去世了，一周后，另一位老板以年纪大为由也退休了。而此时，一个令人意想不到的真相浮出水面：这两个平日相互咒骂的老板竟然是同胞兄弟！

两兄弟的价格战争，就像是在演双簧一样，表面上互相竞争，实际上却是在演戏！最后无论是谁获得了胜利，都能将两家店铺的商品一同抛售出去。这样精明的骗局，实在难以让人识破，难怪人们被蒙蔽了30多年。

完全竞争是指一个市场完全靠一只看不见的手即价格来调节供求。完全竞争具备两个不可缺少的因素：所提供销售的物品是完全相同的，不存在产品差别；买者和卖者都很多且规模相当，以至于没有一个买者或卖者可以影响市场价格。

例如，小麦市场就是一个很典型的完全竞争市场，有成千上万出售小麦的农民和千百万使用小麦和小麦产品的消费者。由于没有一个买者或卖者能影响小麦价格，所以，每个人都把价格作为既定的。

因此，完全竞争具备以下几个特点：

第一，市场上有大量企业，而且每个企业的规模都很小，它们的产量在市场上占的比例几乎可以忽略不计。每一家企业无论增加或减少产量对市场价格都毫无影响。市场价格完全是由供求关系自发决定的，企业只能接受而无法施加任何影响。

第二，生产者所能提供的服务是无差别的。所有商品提供者的服务都是一样的，因而买什么样的商品对于消费者来说是没有差别的。对于有特色的产品，总有消费者愿意付出更高价格，从而产品差别影响价格。但完全竞争市场上的产品是同质产品，没有任何影响价格的特色。

第三，在这个市场上，各种资源能够自由流动。要想加入这个市场并无任何阻力，任何人都有资格进入该市场。另外，退出这一市场原则上也不存在任何障碍。只要这个行业有利润，其他企业就会迅速进入，直至供给增加，利润消失。只要这个行业有亏损，原有的企业就会迅速退出，直至供给减少，亏损消失。

第四，在完全竞争市场上，买者和卖者对市场的情况有充分的知识，不存在由于一方垄断信息而引起的信息不对称，以及由此产生的垄断。

如果个别企业提高了自己的效率，平均成本低于社会平均成本，这种差额就成为企业的经济利润。比如在鸡蛋市场上，养鸡行业生产每斤鸡蛋的平均成本是3.2元，而鸡蛋的价格也是3.3元。但如果个别企业找到一条提高母鸡下蛋率的方法，使自己的平均成本降为2.8元。市场价格并不受到这单个企业平均成本的影响，仍然卖3.3元。成本低的这家企业就能得到每斤0.5元的经济利润，而其他企业仍旧只能获得每斤0.1元的利润，这多出来的0.4元的利润就得益于其生产率的提高。

我们知道，完全竞争市场在现实生活前提条件的情况下，其实很难成立。因而，完全竞争市场的效率也必须在具备了严格前提条件的情况下才会出现。

一般来说，在现实经济生活中，只有农业生产等极少数行业比较接近完全竞争市场。因为在农业生产中农户的数量多而且每个农户的生产规模一般都不大，同时，每个农户生产的农产品产量及其在整个农产品总产量中所占的比例都极小，因而，每个农户的生产和销售行为都无法影响农产品的市场价格，只能接受农产品的市场价格。如果有的农户要提高其农产品的出售价格，农产品的市场价格不会因此而提高，其最 结果只能是自己的产品卖不出去。如果农户要降低自己农产品的出售价格，农产品的市场价格也不会因此而下降，虽然该农户的农产品能以比市场价格更低的价格较快地销售出去。但是，不可避免地要遭受相应的经济损失。这样，农户降低其农产品价格的行为就显得毫无实际意义了。

如果多逛逛农贸市场，你很快就会发现，作为生活必备食品，几乎家家户户都要提个袋子或篮子去买鸡蛋，而且，卖鸡蛋的摊位也实在是很多。如果我们“理想”一下，就可以认为鸡蛋市场上有无数的买者和卖者。每个摊点的鸡蛋都大同小异，只要不是碎的、坏的，一般没有人去较真，硬要比较不同摊位的鸡蛋有什么区别，否则，那就真成了“鸡蛋里挑骨头”了。所以，可以看做所有的鸡蛋完全同质。

至于完全竞争市场的其他两个特征，我们可以看到买方和卖方都能自由选择进入还是退出（也就是鸡蛋买卖完全自由），至于鸡蛋市场的信息，并没有多少值得掌握，所以也可以看做人们全部了解相关信息。在这个鸡蛋市场里，各个摊位的价格都一样，而且由供需决定均衡价格。通过鸡蛋市场，我们可以更形象地理解完全竞争市场——实际上，大多数农产品市场基本上都和完全竞争市场近似。

完全竞争市场要均衡

在单个市场活动中，竞争性供给和需求的作用决定了单个市场中的价格和数量；市场需求曲线是从不同商品的边际效用中得出的；不同商品的竞争性供给曲线是由其边际成本导出的；企业计算产品的边际成本和要素的边际收益产品，然后选择投入和产出的量，以实现利润最大化。各企业的边际收益产品派生了对生产要素的需求。这些对土地、劳动或资本品的派生需求与其市场供给相互作用，从而决定租金、工资及利息率等要素的价格。要素的价格和数量决定收入，进而帮助决定对多种不同商品的需求。

这些论述都是局部均衡分析的结果。局部均衡分析的是单个市场、居民户或 企业的行为，条件是将其他市场和经济的其他部分的行为视为既定的。

由于经济生活内部相互联系，因而错综复杂。1979 年伊朗的一项决议如何引起世界范围内的石油价格上升，降低了对汽车的需求从而使得数以千计的钢铁工人失去了他们的工作？ 1990 年德国的统一如何导致了德国的高利率，使得欧洲其他地区的经济产生滞胀，并导致通货危机和欧洲货币体系的破裂？这些以及其他无数的经济冲击都是来自各国经济一般均衡的相互作用。

请注意我们列出的步骤，其中每一步都合乎逻辑地推演。然而在实际生活中，究竟谁先发生呢？是否有这样一个顺序：星期一决定单个市场的价格，星期二衡量消费者偏好，星期三计算商业成本，星期四计算边际产品？显然不是。这些局部均衡过程是同时进行的。

但事情还远不仅如此。这些不同的活动并不是各自在其轨道内相互独立地进行，小心翼翼地不去妨碍其他活动。所有供给和需求、成本和偏好、要素生产率和需求的过程实际上都是一个巨大的、同时进行的、相互依赖的过程的不同方面。

循环流动。投入和产出的市场连接在一个相互依存的像一张看不见的网一样的系统之中，我们称之为一般均衡。每种商品或要素都在市场上交易，供给和需求的均衡决定该商品或要素的价格和数量。这种供给和需求的结合每天发生几百万次，包括从算盘到甜面包的所有商品。

那么消费者是如何需求产品和供给要素的？事实上，家庭用他们供应要素所得的收入购买消费品；同理，企业购买要素，供给产品，用出售产品的收入支付要素收入和利润。

这样我们就看到了在各个市场中决定价格和产出的逻辑结构：（1）家庭供给要素，购买产品以实现满意最大化；（2）厂商被利润的诱惑所牵引，将其从家庭处购得的要素转化为产品，再卖给家庭。一般均衡体系的逻辑结构是很完整的。

毫无疑问，分析一般均衡系统比只分析单个市场的局部均衡分析要复杂。一般均衡体系代表了一个完整的经济，而不仅仅是其一个组成部分。它可能包括许多不同种类的劳动、机器和土地，这些都作为投入来生产几十种不同的计算机、几百种不同的汽车、几千种不同的服装，等等。它既包括移动电话通讯、大学课程、迪士尼乐园的假期等服务，也包括像重型建筑设备、比萨饼和移动电话等商品。

我们怎样才能知道一个竞争性的市场经济是否有效率呢？在分析竞争经济时我们需要作哪些假定呢？我们假设所有市场都是完全竞争的，即它们都存在许多买者和卖者在激烈竞争。每种价格，不管是投人品还是产出品，都能够充分灵活地加以调整，使供给和需求在任何时点都能达到均衡。企业追求利润的最大化，而消费者选择最偏好的商品组合，每种商品都是在规模报酬不变或递减的条件下生产的。我们还假定没有污染、外部性，也没有限制进入等管制措施或破坏经济的垄断性工会等。消费者和生产者对于价格和经济机会有充分的了解。这些条件显然都是一种理想，但如果存在这样一种经济，那么它就是一种在没有任何外部性或不完全竞争阻碍的情况下，亚当·斯密的看不见的手可以充分发挥作用的那种经济。

对于这种经济，我们先讨论消费者行为和生产者行为，然后说明它们如何形成一个整体经济的均衡。首先，消费者将其收入在不同商品之间进行分配，以求获得最大程度的满足。他们所选择的商品使得所支出的每1美元的边际效用都相等。

生产者利润最大化的条件是什么？在产品市场上，每个企业将制定一个产出水平使得生产的边际成本等于该商品的价格。由于这适用于每种商品和每个企业，因此每种商品竞争性的市场价格就能反映该商品的社会边际成本。

将这两方面的分析放在一起就产生了竞争性均衡的条件。对每个消费者来说，每种商品的边际效用与该商品的边际成本成比例。于是花在各种商品上的最后1美元的边际效用对每一种商品都是相等的。

理解竞争性经济的一个基本点是竞争价格反映了社会成本或稀缺性。我们刚刚提到边际成本的比率告诉我们社会将一种产品转换为另一种产品的比率。但因边际成本比率等于价格比率，所以相对价格就反映了社会的这种转换比率。正是这一重要结果——竞争价格提供了各种商品相对稀缺性的准确信号——说明了完全竞争的市场如何为分配效率作出自己的贡献。

高速公路上的均衡恢复考量

1994 年，洛杉矶地区发生了一次威力巨大的地震，一些高速公路上的桥梁坍塌，对于数十万计的驾车者来说，正常的交通被完全打乱了。之后出现的一系列事件为相互影响的决策提供了一个特别典型的事例，因为当时的情况是：通勤者要决定如何赶到工作单位。

地震后带来的迫切问题是担心交通问题，因为乘车的人将要涌向其他的道路或者借助城市道路绕过不能通车的地方。政府官员和新闻节目警告说，通勤者的上班时间可能会大大延迟并且告诉他们不要做无谓的绕行，应当重新安排他们上班前后的日程，或换乘其他交通工具。

为什么市场通常能确保资源被用好？在我们学习了市场是如何运行后，我们可以给出最基本的理由：在市场经济中，在选择该消费什么和该生产什么上，每个个体有完全的自由，相互增益的机会通常会被抓住。如上例中，政府官员的警告的有效性出人意料。事实上，许多人注意到，地震之后的几天中，对于那些一直按惯常路线通勤的人来说，上班花费的时间比以前还要少。

当然，这一种情形持续了没有多久。当消息传来，道路损害实际上没有那么严重，人们纷纷放弃了并不便利的通勤方式又恢复到原来的驾车上班，交通又回到一贯的糟糕状态。在地震之后几个星期之内，出现了严重的交通堵塞；再过几个星期之后，情形稳定下来：比日常交通堵塞还要糟糕的现实足以吓怕驾车者，也防止了出现极端严重的全面交通瘫痪的噩梦成为现实。

洛杉矶交通在短时间内形成了一种新的均衡，每个通勤者在假定其他人作出选择时都作出自己能作的最好选择。

顺便说，故事到此尚未结束：由于害怕城市受到交通的严重窒息，地方政府以创纪录的速度修复了道路。在地震之后仅仅 18 个月内，所有的高速公路都恢复了常态，为应对下一次冲击做好准备。同样类似的情况还在超市中发生：

下午，在超市里的收银台前排起了长长的队伍，这时一个新的收银台开始使用，会发生什么呢？

第一件发生的事情当然是顾客赶快挤到新的收银台前。几分钟后，队伍平静下来。顾客作了重新调整，新的收银台前的队伍与原来收银台前的队伍一样长了。

我们怎样知道这一点？根据个人选择的原则，人们将利用机会改善自己的境遇。在排队而且拥挤的情况下，人们涌向新开设的收银台也不足为奇——这样，大大节省了时间。即使不是新开了一个收银口，当不同的队列出现人多人少的差异时，后面要排队付款的顾客会自动去人少的地方。当购物者不能通过调整队伍改善目前的状况时，情况就稳定下来了。

超市收银台前的排队问题似乎与经济中广泛的相互作用没有联系，但实际上它表明了一个重要的原则：当人们不能通过做其他事情使自己的状况变得更好时，就实现了经济学家们所谓的均衡，如：所有收银机前的队伍一样长。当人们做其他事情不能变得更好时的经济状况就是均衡状态。

回想一下神秘的吉菲·卢伯故事，他通过把车子放在汽车修理厂更换机油而得到停车机会，这样一来要比在停车场停车更便宜。如果这样的机会确实存在，而人们仍然付出30美元在停车场停车，这种状况就不是均衡。这其实也暴露了这个故事并不真实。

实际上，人们会找到便宜停车的所有机会，就像人们在收银机前为了省时间抓住机会一样。在这样做的时候，他们其实已经把机会填补了。既可能是约定一个更换机油的机会非常艰难，也可能是加油的价格将上涨到没有任何吸引力的水平（除非你真的需要加油）。正像我们将看到的那样，通过价格的变化市场通常会实现均衡。在人们可以改善自己福利的机会消失之前，价格一直会升升降降。

均衡是对理解经济的相互作用非常有帮助的一个概念，因为有的时候它为理清相互作用的复杂局面提供了一个思路。想了解超市启用一台新的收银机的时候会发生什么，如顾客会作出怎样的调整，谁将先行一步站到新的收银机前，我们不必担心预测准确与否。你需要知道的是每次作出这种变化时，总会达到一种均衡状态。

市场能够走上均衡的事实，也是我们能够据此作出预测的基础。事实上我们可以相信市场能够提供给我们最基本的生活用品。例如生活在大城市的人们知道超市的货架上总是货物充足。为什么呢？因为如果从事食品经营的商人无法把货物及时运到，就为其他的商人提供了一个大好的获利机会，就像人们纷纷拥向新的收银机前一样食品供应商也会马上涌来。所以市场总是能保证在城市的经销商中有食品供应。用我们前面的原则看，这也使得城市的经销商成为专门的经销商——只是专注于在城里的工作，而不是生活在农场种植他们经营的食物。

但是当市场出现失灵，即市场的不平衡出现时，政府会采取适当的手段，促进市场的均衡恢复。例如前面所说道的高速公路上的拥堵问题，一个开车去工作的通勤者不会想到在交通阻塞时由于他的行动加剧阻塞给他人带来的成本。对这种状况有几种可能的解决办法，如：征收道路通行费、对公共交通进行补贴、对出售给私人汽车的汽油征税。所有这些办法将会鼓励那些想驾车上班的人改用其他的办法。但是，这些措施有一个共同特征：每种办法都要依赖政府的干预。这样，我们就引出第五个也是最后一个原则：当市场无法实现有效率状态的时候，政府干涉能改善社会的福利。这就是：当市场作用不利的时候，一种设计恰当的政府政策通过改变社会资源的利用有时会把社会更进一步地推向有效率的均衡状态。

市场体制与人们生活密切相关

生活中，人们每天都与市场接触，是市场这只无形的手将人们日常生活中的经济活动组织起来。而正是有了这种组织才让人们的生活变得丰富多彩。为此，经济学家曼昆经过研究提出：市场是组织经济活动的一种有效方法。

近几年来，随着经济的不断发展和科技的日益进步，产品更新换代的速度越来越快，市场竞争也越来越激烈，几乎所有行业的所有产品都在降价，从彩电、冰箱到服装、手机、电脑等。降价对消费者来说无疑是好消息，因为消费者可以用更低的价格买到更优质的商品。对生产者而言，降价迫使生产者改善管理，改进生产技术，提高劳动生产率，从而使企业的竞争力增强，使其得以在激烈的竞争中立于不败之地。

从经济学角度讲，上述双赢的经济现象体现的正是“市场是组织经济活动的一种有效方法”这一重要的经济学原理，此原理其实解释的就是市场经济体制在经济活动的组织中的重要性。市场经济与人们生活是息息相关的，因此对于每个消费者来说，了解这一经济学原理都是至关重要的。人们的日常生活充满了市场经济的影子，国家经济的发展和进步更是离不开市场这一经济组织形式。

随着眼镜零售行业的竞争越来越激烈，曾经被媒体列为十大暴利行业之一的眼镜行业，其发展面临着重重阻碍。为了吸引更多的顾客，眼镜生产企业不得不改变传统的高价经营模式，开始想尽一切办法降低生产成本，通过“超市”销售的模式来减少销售渠道，同时更加注重眼镜的加工和服务质量。眼镜生产企业的这一策略使顾客得到了更多的实惠，同时也成功地实现了自身利益的最大化。

平价眼镜超市的低价经营策略，正是市场这只“看不见的手”指引和促进的结果，那么市场为什么能够对经济产生如此巨大的影响呢？这是因为市场是依据经济人理性原则而运行的。在市场经济体制中，消费者根据效用最大化原则自主选择购买何种商品，而生产者根据利润最大化原则自主选择生产和销售何种商品。市场根据价格的变动，促使生产者展开激烈的竞争，优胜劣汰，从而引导资源向最具效率的方面配置。

市场通过价格机制、竞争机制、供求机制等方式来调节经济活动，指引个体消费者在制定决策时作出正确的经济决策，从而实现对资源的最优配置，是一只调节经济的“无形的手”；另外，市场还会在实现资源优化配置的同时，增加社会整体消费者的利益。而市场经济则是市场在资源配置中起主导作用和基础作用的经济模式，是一种经济制度。了解市场经济这一重要概念，有利于人们在经济生活中作出更利于自己也更利于社会的选择。

市场经济原理告诉人们，物美价廉在生活中随处可见。作为消费者，人们不能片面地认为“便宜没好货，好货不便宜”，而是应该具体问题具体分析，在琳琅满目的商品中选择最实惠的商品，这样才不会错过市场经济带给自己的好处，合理分配自己的每一分钱。作为生产者，明白市场经济的原理之后，应该努力降低生产成本，提高产品质量，进而不断降低产品价格，向消费者提供最物美价廉的产品，在不断让利于消费者的同时，实现自身利益的最大化。

在市场经济的指导下，无论是消费者还是产品生产者，只要对各自的利益作出理性的考虑和选择，都会带来满意的市场结果，实现社会整体利益的最大化和国家的经济繁荣。

在每一时点，都有一些人正在购买，而另一些人正在出售；一些企业正在投资于新产品，而政府正在制定管制旧产品的法规；一些外国企业正在美国开设工厂，而美国的企业也正在将它们的产品销往海外。而在所有这些喧嚣混杂的活动之中，市场正在不断地解决生产什么、如何生产和为谁生产的问题。当市场平衡了所有影响经济的力量时，市场就达到了供给和需求的市场均衡。

市场均衡代表了所有不同的买者和卖者之间的一种平衡。个人和企业愿意购买或出售的数量取决于价格。市场找到了正好平衡买者和卖者的愿望的均衡价格。过高的价格导致产量急增从而产品过剩。太低的价格会引起排队和导致短缺。在某一价格水平上，买者愿意购买的数量正好等于卖者愿意出售的数量，这一价格就形成了供给和需求的均衡。

没有一个政府部门能被相信可以确保我们的市场经济实现一般意义上的经济效率，我们周围没有人能确切知道新奥尔良的农民愿不愿尝试种植甘蔗，华盛顿医院的外科医生是否敬业，未开发利用的海滩的产权是否已落入二手车交易商之手，是否存在浪费的宝贵教室资源。因为在大部分情形下，看不见的手已经发挥作用，所以政府不必试图去推动效率提升。

换句话说，市场经济内嵌的激励机制通常能确保资源被有效利用，使人们获取利润的机会不会被浪费。一些方法使人们改善福利的机会不被浪费，而使部分人的状况获得改善，人们通常会利用这样的机会。而且，这正是效率的定义所在：能使每个人的状况得到改善的所有机会已经利用殆尽。

市场是增进经济福利的好方法吗

为什么我的选择会和你的选择相互影响？一个家庭可能试图满足自己的所有需要：自己丰衣足食、自娱自乐甚至自己写经济学教科书等等。但是，如果试图这样生活的话，会非常艰难。对每个人来说，如果想极大地提高生活质量，关键是通过贸易，每个人有不同的任务，每个人都通过提供他人所需要的物品和劳务来换取他和她所需要的其他物品和劳务。

为什么我们有一个经济体而不是更多的自给自足的个人，原因就是贸易可以增进福利：通过分别从事不同的工作和贸易，两个人（或者说60亿人）每人得到的都比他们自己自给自足要多。特别要指出的是，贸易增进的福利来自于任务分工，经济学家们称之为专业化，这是一种不同的人参与不同的工作的情形。

专业化带来的好处，以及贸易带来的福利增进结果是亚当·斯密1776年巨著《国富论》的出发点，本书也被认为是现代经济学作为一门学科的开始。斯密的著作是从描述18世纪一家别针工厂开始的，在这家工厂中，10个工人并非完成制针从开始到最后的全过程，每个工人只完成其中的一道工序。

一个人抽铁线，一个人拉直，一个人切截，一个人削尖线的一端，一个人磨另一端，以便装上圆头。要做圆头，就需要有两三种不同的操作。装圆头，涂白色，乃至包装，都是专门的职业。这样，别针的制造分为18种操作……这10个工人每日就可制成针48000枚，即一人一日可制成针4800枚。如果他们各自独立工作，不专心于一种特殊业务，那么，他们不论是谁，绝对不能一日制造20枚针，说不定一天连一枚针也制造不出来。

这样的原则，在人们之间如何分配工作任务和进行贸易时也可以看到。当每个人专门从事一项工作并且相互之间进行贸易时，经济作为一个整体就可以生产得更多。

专业化利益是一个人选择一种职业的主要原因。成为一名医生之前要经过多年的学习和实践，成为商业性航行中的飞行员也要经过多年的学习和实践。许多医生可能成为非常出色的飞行员，许多飞行员也可能成为非常出色的医生。但是，相对于专门从事医生或飞行员的专业人士来说，任何人不可能决定同时在两个职业中都像从事一种那样优秀，所以当每个人专门从事自己专业领域的时候，每个人就获得了自己的优势。

市场使得医生和飞行员各自从事自己的专业成为可能。因为商业飞行员和医生服务都存在于市场之中，所以医生知道他能够得到飞行服务，而飞行员也知道自己能找到医生。一个人知道他们能够在市场中找到他们需要的产品和劳务，他们将愿意放弃自给自足并愿意从事专业工作。

在市场经济中，人们要参与贸易。他们向其他人提供产品和劳务，也从其他人那里获得产品和劳务。贸易可以增进福利：相对于自给自足情形，人们通过贸易得到更多。产出的增加源于专业化：每个人只专注于自己擅长的工作。

经济学家只钟情完全竞争市场的秘密

经济学家们热衷于自由竞争市场——市场中许许多多的消费者与许许多多的竞争性企业自由交易。确实，经济学家们坚信，当一切正常运转时，自由竞争市场可以很好地将社会中的有限资源转化为人们想要购买的产品和服务。

为什么经济学家们这么热衷于自由竞争市场呢？原因是供给和需求之间的相互作用能够产生这样一种结果：即自由竞争市场中生产出的每一单位产品都满足下面两个非常好的条件：第一，它的生产成本达到最低，说明不存在浪费或者无效率生产。第二，它的收益大于成本，也就是说，企业只生产那些能让世界变得更富足的产品。

经济学家们之所以热衷于自由竞争市场，还有一个原因是它们能提供可以用来评价其他经济制度的黄金标准。实际上，现实中有许多经济问题都被经济学家们称为市场失灵，因为当市场正常运行时，这些问题会马上消失。

自由竞争市场能够保证对于所有生产出来的产品，它们的收益都大于成本。自由竞争市场生产的是社会最优产量水平的产出——能够使社会从它的有限资源中得到收益最大的产出水平。竞争性行业将对供给和需求的变化作出调整，来保证它所有的产品都是以最低的社会成本生产的。

自由竞争市场的美妙之处在于它可以保证收益超过成本。我们的社会中只有有限数量的土地、劳动力和资本以供生产使用。因此，社会必须非常关注如何将有限的资源有效地转化为人们最想要的产品和服务。

经济学家们喜欢自由竞争市场的原因是：如果它们能够正常运行，我们就可以保证资源能够得到最优配置。尤其是，这种市场可以确保资源被用来生产那些收益超过成本的产品。

第一种类型的供给需求图形，就可以很容易地证明这一点。只有满足下面的条件时，自由市场才能保证生产最佳产出水平：对于我们讨论的某种产品或服务，买卖双方都能够掌握同样的充分信息。产权得到明晰界定，买者得到某种产品或服务的唯一办法就是向卖者购买。企业生产某种产品或服务产生的生产成本都能够通过供给曲线表示出来。人们从某种产品或服务中获得的收益都能够通过需求曲线表示出来。市场中有无数的买者和卖者，因此谁都不能影响市场价格。这种情况通常被称为价格接受假设，因为每个人都只能接受既定的价格。市场价格能够完全自由地调整，保证这种产品或服务的供给等于需求。

基本上，上述六个条件能够实现两个明朗的目标：它们保证人们愿意在市场环境中进行买卖交易。它们确保市场可以将生产和消费一定量产出带来的所有成本和收益考虑在内。

买卖双方都能够掌握充分信息，这个条件可以保证人们愿意参与到市场中来，保证他们都愿意进行谈判，而不必担心另一方是否掌握了某些可能对自己不利的私密信息。

产权界定必须明晰，买者必须向卖者购买才能得到产品或服务，这个条件保证市场中存在愿意提供产品的卖者。作为一个反例，考虑对一场露天的焰火表演售票，由于人们都知道自己可以免费观看，所以没有人愿意买票。但是反过来，由于卖方的票卖不出去，他们就没有激励来举办焰火表演。

第二篇

供给与需求的神奇力量

第一章　奇妙的供需

从卡恩退役看需求曲线

德国著名的足球门将，奥利弗·罗尔夫·卡恩突然宣布自己即将退役，而9月2日慕尼黑安联球场进行的拜仁慕尼黑和德国国家队的比赛将是他在德国的最后一场比赛。如果你作为他忠实的球迷，要想得到比赛的球票无非有两种方法：

（1）到售票处购买一张季度票或者单一比赛门票。

（2）从“黄牛”手中买到一张门票。

可是实际情况是，人们在知道这场比赛是卡恩的退役之战时，可能会蜂拥而至，很可能你会选择从“黄牛”手中购票。倒票并不总是合法的，但通常是有利可图的。“黄牛”们可能在售票处买票，然后把这些票以更高的价格卖给那些在最后一刻决定观看比赛的人。

有时候赛事出人意料地“冷门”的话，“黄牛”就会遭受损失；而当一场赛事会出人意料地“热门”，“黄牛”手里的票能卖个好价钱。很显然，卡恩的退役赛为囤积了不少票的“黄牛”们迎来了一个天赐良机。

你可以想象，几乎每一个还没买到票的球迷都想从去看卡恩的告别赛，但是其中多数人都不愿意为之花上相当于正常票价四五倍的钱。简言之，想要购买门票或者其他任何商品的人的数目取决于价格。价格越高，愿意购买的人越少；价格越低，愿意购买的人越多。

“有多少人想买票去看卡恩的告别球赛？”这个问题的答案取决于门票的价格。如果你还不知道价格，那么你可以先画一张表，列出不同价格上愿意买票的人数。这样的表叫做“需求表”。根据这个表可以画出一条需求曲线——供给和需求模型的关键组成部分之一。

需求表表示的是在不同价格水平上消费者对某种产品或服务愿意购买的数量。下图的右边部分是假设的足球比赛门票的需求表。

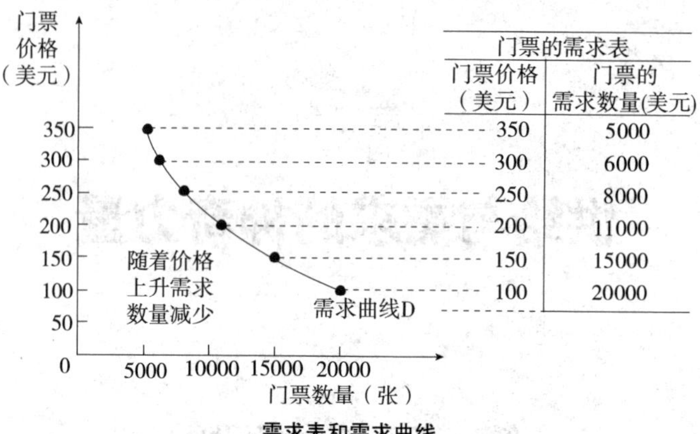

门票的需求表	
门票价格（美元）	门票的需求数量(美元)
350	5000
300	6000
250	8000
200	11000
150	15000
100	20000

需求表和需求曲线

根据门票的需求表中的条目可以画出相应的需求曲线，后者表示了一种商品的消费者在任一给定价格上愿意购买的数量。需求曲线和需求表都反映了需求规律：价格上升导致需求数量下降；类似的，价格下降导致需求数量上升。因此需求曲线向下倾斜。

根据这个表，如果“黄牛”要价和门票的面值差不多时（100 美元），那么将有 20000 个人愿意买；如果要 150 美元的话，有些球迷就会认定票价过高，那么就只有 15000 个人愿意买。如果价格进一步上升到 200 美元，想买票的人就更少了，依此类推。所以票价越高，想买票的人越少。换言之，随着价格上升，门票的需求量将下降。

上图中的曲线形象地展示了需求表里的信息，纵轴表示门票的价格，横轴表示门票的数量。曲线上的每个点都对应着表里的一个条目。把这些点连接起来的曲线就是一条需求曲线。需求曲线就是需求表的图形表达形式，也就是另一种表示在任意给定价格下消费者愿意购买的产品或服务的数量的方式。

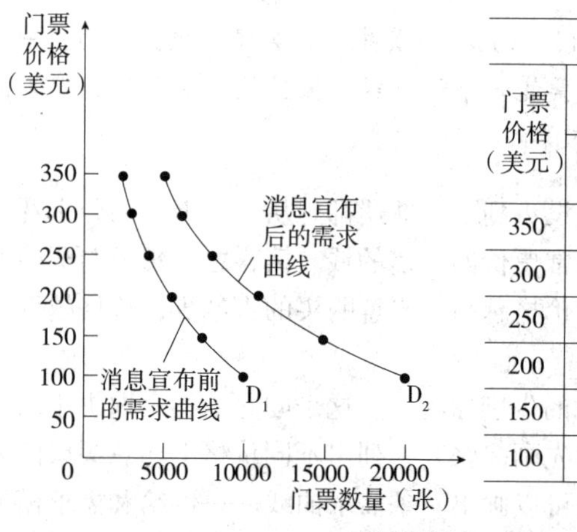

门票的需求表		
门票价格（美元）	门票的需求数量（张）	
	消息宣布前	消息宣布后
350	2500	5000
300	3000	6000
250	4000	8000
200	5500	11000
150	7500	15000
100	10000	20000

需求的增加

假设“黄牛”们每张票收取 250 美元。我们从上图可以看到有 8000 名球迷愿意支付这个价格，亦即 8000 就是 250 美元这个价格水平上的需求数量。

在真实的世界里，除了极少数例外情况，需求曲线几乎总是向下倾斜的。这些例外商品被称作“吉芬商品”。但是经济学家认为，这些例外非常罕见，以至于我们可以忽略不计。总之，在其他条件相同的情况下，商品的价格越高导致需求越少这个命题是如此可靠，以至于经济学家们更愿意将其称为一种“定律”——“需求定律”。

当卡恩退役的消息被公之于众时，马上产生的效果是在任一给定价格上都将有更多的人愿意购买 9 月 2 日的比赛的门票。就是说，在每一个价格水平上，由于这个消息的宣布，需求量上升了。下图中的需求表和需求曲线表明了这一现象。

上图给出了两个需求表。其中，第二个需求表表示的是消息宣布之后的情况，也就是“需求表和需求曲线图”中的那个需求表。但是第一个需求表表示的是消息公布之前对二手票的需求。正如你所看到的，消息宣布后愿意花 350 美元买票的人增加了，愿意花 300 美元买票的人也增加了，其他同此。所以，在每一个价格水平上，第二个需求表表示的需求量都较大。例如，在 200 美元这个价格上，球迷们愿意购买的门票数量从 5500 张上升到了 11000 张。

卡恩退役的消息催生了一个新的需求表，其中在任一给定价格上的需求量都要比原来的需求表里的大。上图里的两条曲线传达了同样的信息。消息宣布后，新的需求表对应于一条新的需求曲线 D_2，它位于消息宣布之前的需求曲线 D_1 的右方。需求曲线的移动表明了在任一给定价格上的需求量的变化，需求曲线移动到新的位置历代表的就是这样一个变化。

需求曲线的移动和沿着需求曲线的移动的区别是一个重要的问题，后者是只由于价格的变化所导致的商品需求量的变化。下图展示了二者的区别。

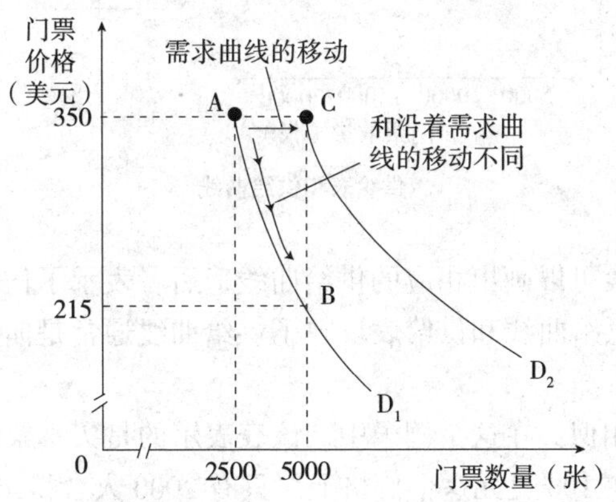

沿着需求曲线的移动 Vs 需求曲线的移动

从 A 点移动到 B 点是沿着需求曲线的移动：需求量的增加是由于价格下降，所以是沿着 D_1，向下移动。这里，价格从 350 美元下降到 215 美元导致需求量从 2500 上升到 5000。但是即使价格不发生变化，需求量也可能上升——这表现为需求曲线向右移动。

上图中需求曲线从D_1移动到D_2表示的就是这种变化。例如，价格仍然维持在350美元不变，需求量从D_1上A点的2500上升至D_2上C点的5000。

从倒卖的黄牛票认识供给曲线

有足够多的人买票，那么倒票的“黄牛”们必须设法弄到门票，这就牵扯到“黄牛”们票源供给的问题。“黄牛”手头中的票也不是无限的，随着客人需求的增多，他们就得想方设法获得更多的票以满足顾客的需求，于是他们得增加自己手头的供货量。“黄牛”从那些决定卖出手头的门票的人那里买到门票，而这些人是否将自己手里的门票卖给“黄牛”部分地取决于“黄牛”的出价：出价越高，你就越有可能把门票卖给他。

所以正如人们愿意购买的门票的数量取决于他们需要支付的价格一样，人们愿意出售的门票的供给量取决于对门票的出价。下图表示了卡恩最后一场比赛的供给曲线。

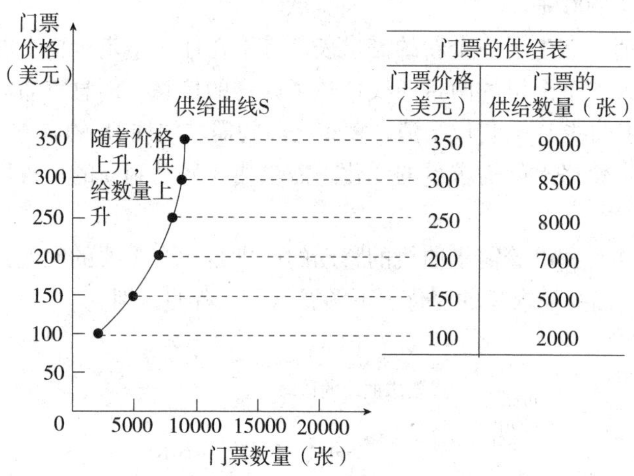

门票的供给表	
门票价格（美元）	门票的供给数量（张）
350	9000
300	8500
250	8000
200	7000
150	5000
100	2000

供给表和供给曲线

根据门票的供给表可以画出相应的供给曲线，后者表示了任一给定价格上人们愿意出售的门票的数量。供给曲线和供给表反映了供给曲线通常是向上倾斜的：价格上升导致供给数量上升。

供给表和需求表相似：在这个例子中，该表表示的是买季票的人在不同价格上愿意出售的门票的数量。在100美元这个价格上，只有2000人舍得出售自己的门票。在150美元的价格上，更多的人决定放弃看比赛而用卖门票的钱来干点别的事情，这样二手票的供给量达到了5000张。如果价格涨到200美元，这个数量又会进一步上升到7000张，依此类推。

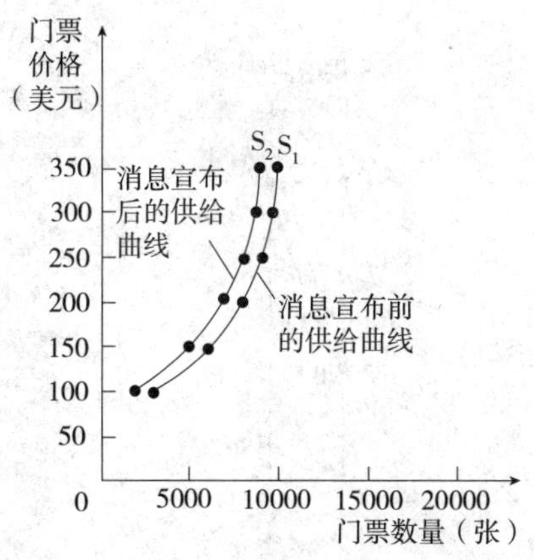

门票的供给表		
门票价格（美元）	门票的供给数量（张）	
	消息宣布前	消息宣布后
350	9800	9000
300	9500	8500
250	9000	8000
200	8800	7000
150	6000	5000
100	3000	2000

供给的减少

曲线上的每一点都代表着表里的一个条目，就像需求表能够通过需求曲线表达出来一样，供给表也能通过供给曲线来表示。在上图的显示中我们可以看出。假设“黄牛”把出价从150美元提高到200美元，人们愿意卖给他们的门票从5000张增加到了7000张。这是供给曲线的通常情况，它表明较高的价格会导致更多的供给量。此时的供给曲线通常是向右上倾斜的：出价越高，愿意把票卖给“黄牛”的人就越多，换成其他任何商品也是如此。

卡恩退役的消息一宣布，在任一价格水平上，人们将票出手的意愿立刻下降。所以在任何价格上门票的供应数量都减少了。例如在350美元这个价格上人们愿意出售的门票减少，当价格是300美元时也是如此，依此类推。上图用供给表和供给曲线的形式向我们表示了这种变化。

上图中有两条供给曲线，消息宣布后的供给表与上面“供给表和供给曲线”图中的供给表相同。第一条供给曲线表示的是消息宣布前二手票的供给。就像需求表的变化导致需求曲线移动一样，供给表的变化也会导致供给曲线的移动——在任一给定价格上供给数量的变化。如上图所示，供给曲线从消息宣布之前的S_1移动到了消息宣布之后的新位置S_2。注意S_2位于S_1的左边，这表明卡恩退役的消息宣布之后在任一给定价格上供给的数量都下降了。

卡恩退役消息的宣布导致了供给的减少，即在任一给定价格上的供给数量减少了。这一事件可以用两个供给表来表示，一个供给表是消息宣布之前的供给表，另一个供给表是消息宣布之后的供给表。供给的减少使供给曲线向左移动。

和分析需求时一样，关键的问题是区分供给曲线的移动和沿着供给曲线的移动，后者价格变化所导致的供给数量的变化。从下图中可以看出二者的不同。从A点到B点的移动是沿着供给曲线的移动：即由于价格的下降，供给数量沿着S_1减少。例如，价格从250美元下降到200美元，这导致供给数量从9000张减少到8000张。但是当价格不变时，供给也有可能减少，导致供给曲线向左移动。下图中供给曲线从S_1向左移动到了S_2。

供给曲线的移动是任一给定价格上某种产品或服务的供给数量的变化。它表现为最初的供给曲线移动到一个新的位置。

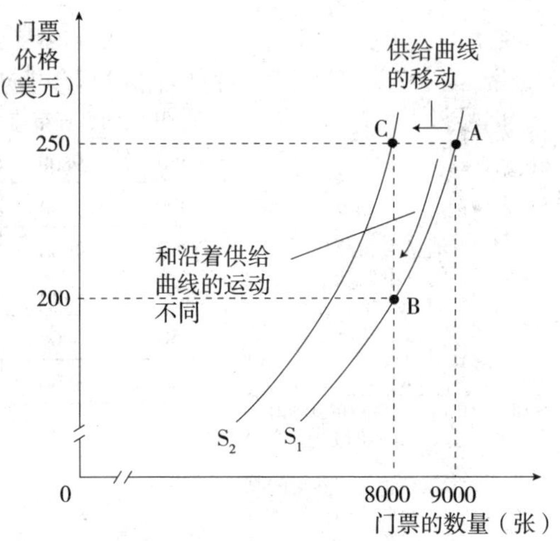

沿着供给曲线的移动和供给曲线的移动

从 A 点到 B 点的移动所导致的供给数量的下降反映的是沿着供给曲线的移动，它是商品价格下跌的结果。而从 A 点到 C 点的移动导致的供给数量的下降反映的是供给曲线的移动，它是在任一给定价格上供给数量减少的结果。

假设价格保持在 250 美元不变，供给数量会从 S_1 上 A 点的 9000 张减少为 S_2 上 C 点的 8000 张。

当经济学家们说"供给增加"时，他们是指供给曲线向右移动。在任一给定价格上，人们愿意比以前提供更多的数量。经济学家们相信供给曲线的移动主要是三种因素作用的结果。

为了进行生产，必须要有投入品，例如为了制造香草冰淇淋，你必须买香草豆、奶油、糖等。投入品就是用来生产另一种商品的任何商品。投入品和产出品一样都是有价格的。投入品价格的上升会导致生产最终产品的成本提高。一种投入品价格的下降会使最终产品的生产成本减少。所以卖方在任何价格上愿意供给的数量会增加，导致供给曲线向右移动。

任何增加供给的事件都会使供给曲线向右移动，即在任一给定价格上的供给数量增加。任何减少供给的事件都会使供给曲线向左移动，即在任一给定价格上的供给数量减少。

当经济学家谈到"技术"时，他们并不一定是说高新技术，他们的意思是人们将投入品变成有用的商品的所有方法。当更好的技术出现时，生产的成本减少——生产同样多的产品但是却花费更少的成本，供给会上升，供给曲线向右方移动。例如培育成功一种抗病能力更强的玉米会使农场主在任一给定价格水平上愿意供应更多的玉米。

想象一下，如果你有一张 9 月 2 日比赛的门票，但是因为某种原因不能去看。你可能会想把票卖给"黄牛"，但是如果你获得一个可靠的消息说卡恩即将退役，那么你肯定认为门票的价格会飙升。所以你会把票留在手上，直到这个消息正式公布。这个例子说明了预期是怎样改变供给的：预期一种商品的价格上升会导致现在的供给减少；反之，预期一种商品的价格下降则会导致现在的供给增加。

把钱用在刀刃上的需求更有效

经济学家使用需求概念说明家庭或厂商在一定价格上所选择购买的物品或劳务的数量。关于这一点，理解的重要之处是：经济学家所关心的不仅仅是人们所想要的，而是在他们的预算约束所限定的支出和各种商品价格已知的条件下所选择购买的。当然，对经济中某种商品的需求总量也取决于价格以外的其他因素。

在任何价格下，一种物品的需求都可能随着人口（较多的婴儿导致较高的婴儿尿布的需求）、时尚（迷你裙的需求逐年变化）或社会潮流趋向（美国人现在比几十年前喝较多的果酒，而喝较少的威斯忌）而变化。

如果需求分析意味着对所有产品的需求进行分析的话，那么经济学家的工作将变得极为复杂。经济学家处理这种复杂、多变因素的问题的方法，是在一次中把注意力集中于一种变量，同时使所有其他因素保持不变。他们特别把注意力集中于引起需求变动的最重要的因素。在这些因素中，最受关注的因素是价格。当其他变化，例如人民收入的变化或人口结构的变化是重要的时候，经济学家把这些变化以及这些变化对价格的影响考虑进来。

苏联的资源并不贫乏，事实上它即使不是世界上资源储量最多的国家，也是世界上资源储量最丰富的国家之一。它也不缺乏受过良好教育和培训的人才，它所缺的是一种能够有效利用资源的经济体制。

正如苏联经济学家们所说的一样，由于苏联的企业没有受到像资本主义企业所受到的那种财务约束，所以他们就会购买比实际需要更多的机器设备，然后再让其封尘于仓库中或放在露天任其生锈。

简而言之，苏联的企业没有任何迫使其进行节约的压力，即没有看到他们的资源在其他用途中的稀缺性和珍贵性，因为其他使用者没有像在市场经济中那样对这些资源进行投标购买。虽然这些浪费对于苏联企业的影响很小或没有任何影响，但对于苏联人民来说影响就大了，因为这将使他们只能过着比他们的技术和资源所允许的更差的生活。

如果购买这些投入需要与其他使用者进行竞争，而且企业也只有在成本低于销售收入的情况下才能存活，那么在这样的经济体中，这些经济学家所描述的这种对于投入的浪费现象就不可能持续下去。在这种以价格进行调节的资本主义体系中，对于投入的订购量就会基于实际所需，而不会取决于经理们说服上级政府官员让他们得到的量。这些上级官员不可能是其管辖的所有工业和产品方面的专家，因此他们就会在某种程度上依赖于那些拥有这方面专业知识的人。中央计划者可以对企业经理们告诉他们的进行怀疑，但怀疑并不等同于知识。如果资源不能得到保证，那么生产就会受阻，这就可能导致中央计划部门的人员更替。

其结果就是苏联经济学家们所描述的对资源的过度使用。在利用价格对资源进行配置和靠政治或是官僚控制的经济体制之间存在很多差别，苏联经济与日本、德国经济之间的差别仅仅是其中一例。在世界的其他地区以及其他政治制度中，利用价格来对产品和资源进行配置的地方与那些依赖于世袭统治者、选举出的官员或指定的计划委员会来实现这些配置的地方之间同样存在相似的差异。

在20世纪60年代，当很多非洲殖民地获得民族独立时，加纳总统和邻近的象牙海岸总统就未来几年哪一国会变得更富裕的问题打了一个有名的赌。当时，加纳不仅比象牙海岸更富有，而且自然资源也比他们多，所以这个赌对于象牙海岸的总统来说似乎是很欠考虑的。但是，他知道加纳将实施一个政府管理的经济，而象牙海岸将实施的是一个更加自由的市场。到1982年，象牙海岸在经济上就已经远远超过了加纳，其最穷的20%的人口的人均收入也比加纳的大多数人都要高。

这不应该归功于其国家或人民的任何优越性。事实上，当后来象牙海岸的新一届政治领导经不住诱惑最终让政府在其经济上拥有了更多的控制权，而加纳则从其错误中吸取了教训，并开始放松政府管制时，这两个国家经济就颠倒过来了。现在加纳的经济开始增长，而象牙海岸的经济则出现了下滑。

在拥有无数生产者和消费者的社会中，没有任何个人或围坐一桌的一群政府决策者可能了解到千百万的消费者各自的需求是什么，或是千百万的生产者到底要生产多少产品。在由价格调节的经济体中，没有人需要知道这些。每个生产者仅受其产品所售价格以及生产此种产品的投入的影响，而每个消费者也仅需要考虑与其自身的购买行为相关的相对较少的价格。

信息是最稀缺的资源之一，价格机制通过迫使那些对其本身特定情况最了解的人以其所具备的知识来对商品和资源进行竞价，而不是利用他们对于计划委员会、立法机关或贵族王宫中的其他人员的影响力。

需求和供应，两者同样很重要

著名经济学家萨缪尔森在其史上最畅销的教科书《经济学》上这样写道："你甚至可以把一只鹦鹉培养成一位训练有素的经济学家，只需教会它两个单词——"供给"和"需求"。萨缪尔森用夸张的语言说明了供给和需求这两个概念在经济学上多么重要，说明供求分析方法就是经济学上的根本方法。

在西方经济学里，一种商品的供给是指生产者在一定时期内在各种可能的价格水平愿意而且能够出售的该商品的数量，而一种商品的需求是指消费者在一定时期内在各种可能的价格水平愿意而且能够购买的该商品的数量。因此供给是站在商品的生产者的角度，而需求则是站在商品的消费者的角度，不过这种界限并不是绝对的，有时候一个商品的消费者也是该商品的供给者。在西方经济学中，无论是商品的供给还是需求都是自愿的且都是有能力实现的，因此供给和需求都是有效的，称为有效供给和有效需求。

供给是在一定的时期，在一既定的价格水平下，生产者愿意并且能够生产的商品数量。生产者又叫"企业"，是指能独立作出生产经营决策的经济单位。供给需要有两个要件：第一，企业愿意生产，在假定企业的行为是获取利润的条件下，供给的数量取决于利润的多少。这意味着企业总是愿意生产价格最高、成本最低的产品；第二，企业的生产能力，这大致取决于企业的技术装备和资源的稀缺程度。两个要件缺一不可，它们共同组成有效供给。

这一点和我们日常生活中的相关概念是有所区别的。我们日常生活中往往把需求称为需要，而且往往不考虑自己的支付能力，我们可以把这种需求称为潜在需求。比如，尽管你手头没有那么多现金，但是你确实需要一套房子，这种需要就是潜在需求。在一定条件下，潜在需求会转化为有效需求的，比如当你有了实力之后，你就把住房的潜在需求转化为了有效需求。但有些需要是永远不会实现的，比如“真的好想再活500年”、“但愿人长久，千里共婵娟”，等等，这种需求不切实际，我们通常称为奢求。

供给也是如此。我们生活中一般用“提供”或“供应”或其他更加感性的词汇而很少用干巴巴的“供给”，比如我们耳熟能详的《简爱》中的经典台词：“假如上帝赋予我财富与美貌，我一定会让你难以离开我，正如我此刻无法离开你一样。”我们需要财富和美丽，但是上帝并非向每个人都提供这份厚礼。还有痞子蔡《第一次亲密接触》中的台词：“如果我有一千万，我就能买一栋房子。我有一千万吗？没有。所以我仍然没有房子。”我们都想给自己的爱人提供一个温暖的家，但是在房价节节攀升的今天，谈何容易！所以我们日常说的供给往往是“我想给你”、“我一定给你”而不是“我能给你”的意思，这和经济学里“我能给你”的供给不一样。

作为生产者，我们在资金一定的情况下安排我们的生产供给以便得到最大的利润或收益，所以我们在生产商品时总是思前想后举棋不定；作为消费者，我们在收入一定的情况下安排我们的消费需求以便得到最大的享受或满足（经济学上称为最大效用），所以我们在购买商品时总是货比三家，寻找物美价廉的商品。

我们的一生总在需求着什么，同时也在供给着什么，所以需求和供给就构成了人类生活的主要内容，如此说来，经济学将需求和供给列为自己研究的主要内容和主要方法恰恰是它被视为社会科学皇冠上的明珠的原因所在。

实践表明，需求和供给不但对经济学家很重要，对我们普通老百姓来说也很重要，对商品提供者的企业家来说尤其重要。可以毫不夸张地说，谁把握住了消费者的需求（或潜在需求）并能适时提供满足该需求的产品，谁就能收获财富、荣誉和地位，当然谁能够牛到创造需求的地步，那他就是商界的国王。

美国苹果公司在2010年3月推出平板电脑iPad，上市仅仅80天就已经售出超过300万部，这一数字再次刷新了历史纪录。2010年5月底，苹果公司市值一跃超越微软而成为全球市值最大的科技企业。

苹果公司之所以取得如此辉煌的成功，乃是因为公司老板乔布斯抓住了消费者对平板电脑的潜在需求（这里的潜在需求是指消费者对某商品存在着强烈的需求但该商品还不存在）而且在别人之前率先生产并向消费者提供了该产品。曾被自己创办的公司扫地出门的乔布斯之所以东山再起大获成功，原因在于乔布斯深谙产品开发营销策略：激发消费者的内心欲望，不仅满足需求，更要创造需求；终极目标是超越“需求”，成为“想要”！

经济学中古诺模型的创造者是法国经济学家古诺，他最早把微积分引入到经济学中，他在1838年出版的《财富原理的数学原理研究》是最早运用微积分研究经济学的名著，但古诺的数理经济学的思想在他生前备受冷落，他的《财富原理的数学原理研究》只卖出去3本，其中2本还是他的朋友碍于情面买的，他的理论直到100年后才得到应有的重视。这个例子说明，当市场对某一商品（比如本例中的图书《财富原理的数学原理研究》）

的需求还很微弱的时候，你提前供给该商品就会面临兵败滑铁卢的危险。当然，当市场需求已被充分挖掘之后，你再供给该商品，也会面临同样的风险。

供需的变化与市场环境的变化也息息相关。例如：当“非典”袭击中国的时候，全国食醋、消毒液、药用口罩的价格都上升了，一些日用品也成了普通消费者的抢购对象，这主要是因为突如其来的“非典”病毒造成了消费者对这些物品需求的剧增。只要你带着需求和供给的眼镜去仔细观察身边的人和事，一切就会豁然开朗了。

均衡就是供给与需求的结合体

弗里德曼曾说：“均衡状态是这样一种状态，它一经确立，就将被维持下去。”这时市场上最稳定的价格形成了，卖苹果的和买苹果的都会以这个价格来提供或消费，所以他们最终共同决定了这个物品在市场上的价格。

当人们在购买东西杀价时，绝大多数商家都还是会和你讨价还价的。这是因为在双方的博弈中，卖衣服的商家处于为商品定价的优势地位，他通常愿意为自己的商品定个最高的价格。相反，消费者因为不知道进货价格而处于劣势。在这种情况下，消费者对商家逐利本性的怀疑，就会促使其不断地用砍价来测探商家的心理底线，进而摸清最贴近物品真实价值的价格。

均衡本来是物理学上的一个概念，指一个物体在大小相等方向相反的两个力的作用下，而暂时保持一种静止不动的状态。经济学把这个概念借用过来，作为自己分析问题的基本方法之一。

均衡理论的创始人是法国经济学家瓦尔拉斯。瓦尔拉斯的均衡理论中有一个拍卖喊价人又称“瓦尔拉斯拍卖者”通过对商品的竞卖，得到商品的均衡价格。在这一点上，供给量与需求量恰好相等。既不存在短缺的现象，也不存在供给过剩的现象，因此也就不存在使价格进一步变化的压力。均衡状态是买卖双方都满意并愿意接受和保持下去的状态，一种不再变动或没有必要再变动的状态。掌握均衡，目的是为了掌握价格变化的规律，商家可以依据供需均衡及时调整库存。

例如，当水果市场上存在超额供给时，水果商就会发现，他们的冷藏室中越来越装满了他们想卖而卖不出去的水果，他们对这种超额供给的反应是降低其价格，价格要一直下降到市场达到均衡时为止。

当水果市场出现超额需求时，买者不得不排长队等候购买水果，由于太多的买者抢购太少的物品，卖者可以作出的反应是提高自己的价格而不失去销售量。随着价格上升，市场又一次向均衡变动。

消费者对商品的需求以及生产者对商品的供给，其结果是消费者和生产者根据市场价格，决定愿意并且能够购买或者能够提供的商品数量，带着各自的盘算，一起进入市场。生产者与消费者在市场上共同作用，最终决定市场的均衡。

下图中，D 表示需求曲线，S 表示供给曲线。我们把供求相等的 E 点定义为均衡点，把与 E 点相对应的价格水平定义为均衡价格（P_E），即供求平衡时的价格；把与 E 点相对应的产量定义为均衡产量 Q_E，即供求平衡的产量。

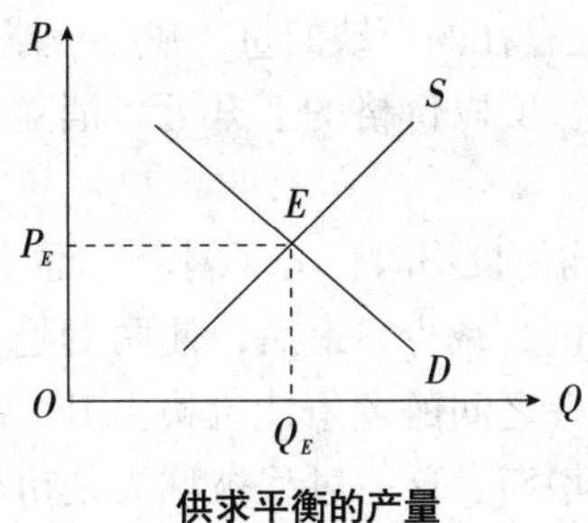

供求平衡的产量

均衡价格与均衡产量是经济学家做梦都想达到的价格和产量。因为在这一价格水平和产量条件下，市场上稀缺的资源可以达到最佳的配置，是一种理想的状态。但实际的市场价格总是与这一理想的价格相背离。当实际的市场价格与这一理想的价格相背离时，只要存在着竞争，价格就会发生变动。价格的变动会使供求关系发生变动，从而实现市场均衡。

1. 当市场价格 $P_1 > P_E$

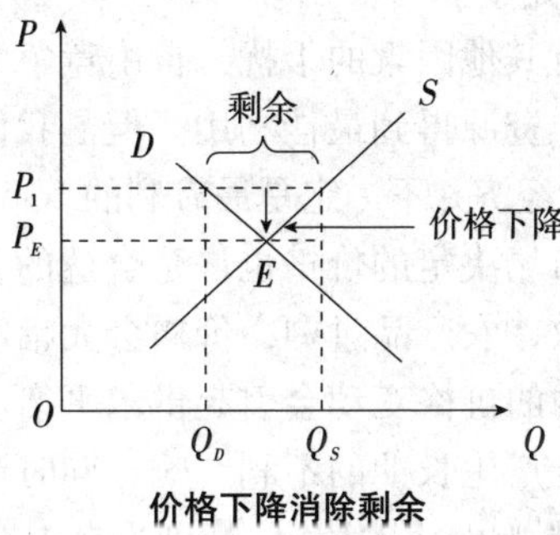

价格下降消除剩余

如图所示，此时，$Q_S > Q_D$，Q_D 与 Q_S 的距离为供大于求的产品数量，即剩余产品的数量，如果市场是充分竞争的，剩余产品的存在必然导致价格下降，随着价格下降，需求量扩大，供给量减少，最后达到 E 点，所以，价格的下降可以减少市场的产品的积压，使供求保持平衡。

2. 当市场价格 $P_2 < P_E$

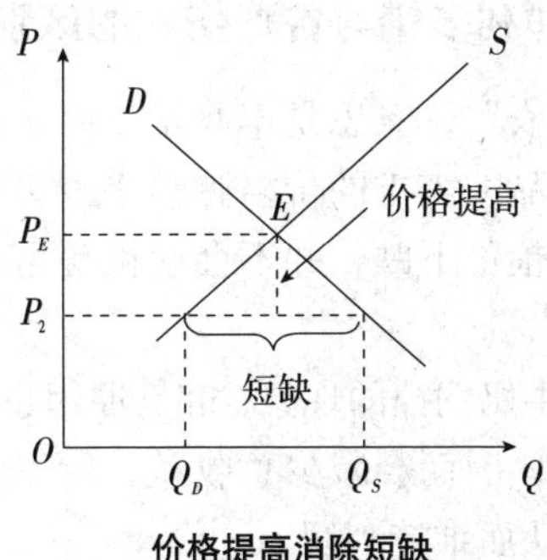

价格提高消除短缺

Q_D与Q_S的距离即为市场上存在的短缺的量（供不应求）。此时，价格的上升可以扩大生产的产量，同时抑制消费。所以价格的上升可以消除市场上的短缺现象，从而使供求保持一致。

如上图所示，当价格大于均衡价格时，出现剩余。此时企业之间的竞争使价格下降，随着价格的下降，需求增加，供给减少，最后，使两者趋于均衡。当市场价格低于均衡价格时，出现短缺，此时消费者之间的竞争使价格上升，随着价格的提高，需求减少，供给增加，最后，使两者趋于均衡。这一过程被称为是市场出清的过程，也就是经济学家经常说的价格机制。

3. 市场达到均衡的条件

第一，必须有充分的市场竞争。这就是说，当价格高于均衡价格时，企业之间的竞争导致价格下降，从而消除剩余；当价格低于均衡价格时，消费者之间的竞争导致价格提高，从而消除短缺。

第二，供给曲线和需求曲线的变动不能太频繁，即影响供求关系的非价格因素不能频繁变动，应有一个相对的稳定期。

经济学家相信，如果没有其他因素的干扰，自由竞争的状态会使价格机制调节生产和消费，有效地配置资源，让资源得到最佳利用。但是我们必须看到，在某些条件下，由供给和需求决定的价格，对经济并不一定是最有利的。

第一，从短期来看，由市场决定的价格也许是合适的，但是，从长期来看，对生产有不利的影响。如粮食大丰收，农产品过剩，价格会大幅度波动，这种波动会损害生产者的积极性。所以，短时间内的价格变动会引起供求平衡。但农产品的生产周期较长，农产品的低价将会对农业生产产生长期的不利影响，同时当农产品的需求增加后，农产品并不能迅速增加，这样就会影响经济的稳定。特别是在土地数量减少的条件下更是如此。因此，农业生产的稳定发展需要基本稳定的价格。

第二，由供给和需求决定的价格有时会产生一些不利的社会影响。如某产品严重短缺时，价格就会很高。收入水平较低的人，往往无法维持最低的生活水平。很多学者曾批评过这样的社会现象：当牛奶的价格很高时，富人可以用牛奶喂狗，而穷人却喝不上牛奶。“朱门酒肉臭，路有冻死骨”，正是对这种被称为不公平现实的生动描述。所以价格机制是中性而无人性的。

薄利多销与谷贱伤农的区别

中国有句古语叫“谷贱伤农”，意思是丰收了，由于粮价下跌，农民的收入减少。其原因就在于粮食是生活必需品，需求的价格弹性小。也就是说，人们不因为粮食便宜而多吃粮食，由于丰收而造成粮价下跌，并不会使粮食需求量同比例地增加，从而使总收入减少，农民蒙受损失。

市场经济中，出现诸如把牛奶倒掉的现象，究其原因也在于农产品的需求缺乏弹性，降价不会使需求量大幅度增加，因而会减少总收益，所以企业把过剩的农产品毁掉反而会因供给的减少而维持价格，从而维持利润。

事实上，关于过剩的解释，经济学上有“绝对过剩”和“相对过剩”这两个概念。绝对过剩是指，社会生产出来的东西，在让所有需要它的人的需求都得到最大的满足之后，还有所剩余。相对过剩是指该种商品的过剩是相对于一定的时间和空间而言的，是相对于人们的购买能力的过剩。也就是说，社会的供给超过了具有购买能力的人的需求，而与此同时，还存在许多买不起该种商品的人。我们说，绝对过剩是以社会生产力的极度发展为基础的，是一种很难达到的境界，而相对过剩则是时常出现的情况。无论是发达国家，还是发展中国家，都存在相对过剩的现象。牛奶的过剩，就属于相对过剩。

香烟是需求的价格弹性较小的商品，对于吸烟上瘾的人来说，价格上涨不会减少消费，对不吸烟的人来说，香烟的价格再低他也不会消费。吸烟对本人、对社会都是不利的，因此，为限制香烟的消费，政府对香烟征收重税，但是烟厂的利润依然相当可观，因为消费者对香烟有依赖，生产者因此可以将其税负转嫁给消费者，结果香烟的税主要由消费者来承担。

家用电器是需求的价格弹性较大的商品，价格上涨会减少消费，价格下跌会增加消费。在当前买方市场的情况下，各个家电企业竞争非常激烈，如果税负转嫁给消费者，就会使价格上涨，价格上涨会减少消费，不利于提高市场占有率，因此家电产品的税负主要由生产者负担。由此得出，需求富有弹性则税负主要由生产者负担，需求缺乏弹性则税负主要由消费者负担。

我们说，物品之所以成为商品，不一定在于它本身具有多大价值，而更主要是看它是否存在一定的需求和供给。没有供给的商品是没有意义的，同样，没有需求的东西是没有价格的，因为根本没有人去花钱买它。所以，商品的价格是由需求和供给两方面共同决定的。水的需求大，但是供给也是大的，这样，需求价格弹性和供给价格弹性共同作用，导致水的价格低廉。

钻石是一种奢侈性消费品，对人们正常的生活是可有可无的，所以它的需求价格弹性很大。价格提高一点，人们就有可能放弃这种需求。由于钻石在地球上的含量极少以及开采困难，钻石的供给也是十分困难的，供给的价格弹性很小。这样一来，很大的需求价格弹性和较小的供给价格弹性，共同作用的结果就是钻石市场价相对的十分高昂。

1962 年，沃尔顿在罗杰斯城创办了第一家沃尔玛折扣百货店，营业面积为 1500 平方米，第一年的营业额就达到 70 万美元，并最终于 1969 年 10 月 31 日成立沃尔玛百货有限公司。

沃尔顿曾经说过：“亨利卖女裤，1 条只卖 2 美元。我们从同一地点购进同样的裤子，1 条卖 2.5 美元。我们发现，如果按亨利的卖价，裤子的销量会猛增。于是我学到了一个看似非常简单的道理：如果我用单价 80 美分买进东西，以 1 美元的价格出售。其销量竟然是以 2 美元出售的 3 倍，单从一件商品上看，我少赚了一半的钱，但我卖出了 3 倍的商品，总利润实际上大多了。”“女裤理论”是沃尔玛营销策略的最好说明。沃尔玛的经典名言就是：“薄利多销，天天平价。”

对于烟台的果农来说，最残忍的就是“丰产不丰收”。2003 年，烟台苹果可以说是取得了大丰收，但果农们反而更加惆怅了。当时，烟台一等苹果的价格为每公斤 2.6 ~ 2.8 元，二等苹果的价格为每公斤 1.6 元，残次果的价格每公斤在 1 元以下；而 2002 年同期，对应的价格分别为每公斤 3.6 ~ 3.8 元、2.4 元和 2 元。

在烟台，有一半以上的农民从事果品种植业，60% 的乡镇以果品产业为主。2003 年烟台的苹果产量比前一年翻了一番，达到 400 多万吨。红沟村一个果农说，他家总共有 9 分 2 厘地，全部种了苹果，今年苹果共卖了 2500 元。在种植过程中，用掉苹果套袋 1.5 万个，每个 5 分钱，花费 750 元；用掉 6 袋化肥，花去 400 元；农药花费 200 元。扣除这些成本和每年 136 元的税钱，剩余 1014 元。这个果农一年买粮食需要 350 元，菜是自家门前种的，忽略不计，不算其他生活开销，他这一年仅能剩下 664 元。而这笔钱连明年的种植启动金都不够。

上述两个例子就是我们常说的“薄利多销”和“谷贱伤农”。为什么在市场上，同样是价格降低，有的商品在价格下降后，会吸引大批的消费者来购买，使商家的销售收入迅速增加，实现薄利多销；而有的商品，例如农产品，价格下降后，只吸引少量的消费者前来购买，使商家的销售收入减少？其根本原因就是两种商品的需求弹性不同。

回到开头的“谷贱伤农”，本来说，农业丰收了，农民的收入应该会更高些，应该高兴才对。可是，由于全体农业的丰收，造成了粮食产量的增加，供给急剧上升，超过了需求量，粮食市场处于供大于求的时，粮食的价格就会下降，农民的收入反而减少了。这是由农业生产周期性造成的。由于农产品的储存、加工、保鲜等特殊问题，农产品一般都不能存放太长时间，这样一来，在市场交易时，就给农民带来了天然的讨价还价的劣势。买方会想“反正你一定要急着卖出去，否则就会坏掉。那么你对交易的要求比我要迫切”，于是利用这种心理，拼命地压低价格。而在供给量相对过剩的情况下，农民达成交易的要求就会更迫切，价格就会被压得更低。

第二章　谁在决定一支铅笔的价格

价格是检测市场的磁针

今天，市场这一概念无论是外延还是内涵都大大扩展了。比如从外国引入了超市模式，其中，沃尔玛、家乐福是最有名的。劳动力市场，如大学生招聘会，交易的不是商品，而是要素，这就是要素市场。此外还有金融市场，如股票市场（如上海证券交易所和深圳证券交易所）、期货市场、外汇市场，是现代人熟悉的。有的金融市场并没有固定的交易场所，是无形的。如国际金融市场，24 小时运转不停，可它无影无形。

但是，所有这些，跟经济学家所说的市场，都不完全是一回事。

在经济学家看来，市场是一种价格形成的机制。只要价格存在，就认为市场存在。好比说，磁场是看不见的，但是，用磁针一试，就知道磁场是真正存在的。价格就像检测市场的磁针。

价格被定义为用来交换商品或劳务的尺度。当供给和需求的力量可以自由发挥作用时，价格可以衡量稀缺的程度。对经济学家来说，价格本身是非常美好的东西，因为它们传递关键性的经济信息。当一家厂商所使用的某一种资源的价格高的时候，它使厂商具有较大的积极性来节约这种资源的使用。当厂商生产的某种商品的价格高的时候，厂商愿意更多地生产这种商品，而消费者却具有积极性来减少这种商品的购买。价格以这样或那样的方式给我们的经济提供激励手段，以便有效率地使用稀缺性资源。

价格是经济参与者相互传递信息的方式。假设国家遭受了旱灾，谷物供给大幅度减少。人们必须因之而减少对谷物的消费。但是他们怎样才能了解这一点呢？假如在全国发行的报纸上刊登一篇报导，向人们报告他们不得不少吃一些谷物，它会被看到吗？如果它被看到，人们会重视它吗？人们为什么要重视它呢？人们会有重视它的积极性吗？每个家庭怎样才能知道必须减少多少消费呢？

作为代替报纸的办法，可以考虑谷物价格提高的影响。较高的价格会以既迅速又有效的方式来传递一切相关的信息。家庭不需要知道价格为什么高。他们不需要知道详细的灾情。所有他们需要知道的就是谷物较严重的短缺，而减少他们对谷物的消费是明智的。较高的价格告诉他们谷物短缺，同时，鼓励家庭节省谷物消费。

价格引起了有趣和值得思索的问题。在20世纪80年代初，洛杉矶一幢普通住房价格上涨了41%，而在密尔沃基、威斯康星一幢住房的价格仅上升了4%。这是为什么？在同一时期，洛杉矶计算机价格急剧下跌，而面包价格却上升了，只不过是以比住房价格慢得多的比率上升的。这又是为什么？

劳动的“价格”应是所支付的工资或薪金。大学教授和医生在一起读大学课程时，大学教授可能完成得更好，可是为什么医生的收入却是大学教授的3倍？对所有这些问题的简要回答是，在像美国这样的市场经济中：价格是由供给和需求决定的。价格的变化是由供给和需求的变化决定的。

经济学家以外的人在价格中所看到的东西远远超过非人性的供求力量的范围。促成法国革命的事件之一是面包价格的上涨，人们把它归咎于政府。

个人常从自身出发把他所支付的高价归罪于企业所有者。提高房租的是房东；提高汽油价格的是石油公司或加油站主；提高电影票价格的是电影院或电影制片厂的所有者。经济学家以外的人义愤填膺，认为是这些人和公司造成了提价。

经济学家则认为，这些人或公司提价是事实，但他们之所以在某一特定时间提高价格必然有其原因。无论如何，说房东、石油公司或电影院只是在某天灵机一动就决定多收费似乎是难以置信的。一定存在一些因素促使这些人和公司相信高价在昨天不是好主意，而在今天却是适宜的。

一个州所有的加油站或一个城市所有的房东在同一时间以同样数量多收费必定存在一种原因。经济学家指出，在不同时间，同样的非人为的力量常迫使同样的房东、石油公司和电影院削减他们的价格。因此经济学家把价格看做是真正原因的征兆，他们试图引导被高价激怒的人们把注意力集中在价格变动背后的供求力量上。

价格随时间而波动，时不时会出现陡升或陡降，这容易误导人们得出价格偏离了其“真实”价值的结论。但在极端条件下的极端价格也同样真实有效地反映了当时的供求关系，和一般条件下的正常价格一样。

当一个小社区的一个大雇主破产或是搬到了另一个地区或国家时，那么这个企业的很多员工就也可能决定搬走。当他们大量的房屋在同一个小地方同时出售，那些房屋的价格就很可能因为竞争而下降。但这并不意味着人们正以低于其“真实”价值的价格出售他们的房屋。就业机会的减少降低了在那个特定的社区生活的价值，而房屋的价格正是这一隐藏事实的反映。降低后的新价格反映新的实际情况正如以前的价格反映以前的情况一样。在对20世纪90年代纽约北部城市的一项调查发现，该州内其他地方以及整个国家的房价都在上涨时，被调查的那些社区的房价却在往下滑，因为那里的人口在减少。这是每个人都可以根据经济学的基本原理推测出来的。所以上升的价格并不比下降的价格更加“真实”。

不存在一个客观的或“真实”的价值的最根本原因是，如果存在这样一些东西，那么经济交易就没有了理性的基础。当你花50美分买一份报纸时，很明显，你这样做的唯一原因就是这份报纸对于你的价值大于50美分。同时，人们愿意以50美分把报纸卖给你的唯一原因就是对于他们来说50美分超过了这份报纸对于他们的价值。如果对于一份报纸或其他任何东西，存在一个“真实”或客观的价值的话，以与此客观价值相等的价格进行交易，无论是卖者还是买者都不可能从中受益，因为其得到的均不会比其所放弃的东西拥有更高的价值。

价格机制是市场经济中枢

价格的种类繁多，消费品的价格是最明显的例子。但劳动力也有价格，叫做工资或薪水，借来的钱也有价格，称为利息。除了有形商品有价格外，从理发到大脑手术、从占星术到对投机黄金或大豆的建议，这些服务也有价格。价格激励着人们节约，这就是为什么在对电力和食品进行收费后，以色列的集体农场成员对这些东西的消费会减少。

价格机制，就是价格上下波动，以让市场的供给量和需求量相等的过程。只要价格机制是灵活运转的，价格可以自由地上下运动，经济中就不会有卖不出去的东西，就不会有经济萧条和失业。因为只要东西过剩，价格就必然向下运动，100块没人要，1块钱总有人买吧。短缺了价格就上升。当社会上出现招工难的现象时，工人的工资就会上涨。问题就在于，价格经常运转不灵，价格凝滞不动，东西卖不出去。

比如当卖铅笔的人发现人们都蜂拥来买铅笔，愿意支付比原来更高的价格的时候，他不必知道为什么人们突然对铅笔情有独钟，他只要知道价格在上涨就够了，他的反应就是向生产铅笔的人多订购，这样他就能赚更多的钱。而生产铅笔的老板也不需要知道为什么零售商突然多订购，他只要知道订购价上涨就可以了，他的反应是向木材提供商订购更多的木头，于是伐木工人发现他们更忙碌了，工资也提高了。价格之所以重要，就是因为它关乎所有人的利益。所以，价格机制是市场的中枢。

不论是奶酪、冰淇淋还是酸奶的消费者，都渴望得到某些特定数量的产品，但随着该产品数量的增加，人们渐渐不再那么热衷，最后，当达到某一点时，就会变得无所谓，甚至在需求达到饱和后不再想要继续消费。

当更多的木质纸浆被用来生产纸张时，这个原则同样适用，因此家具和棒球拍的生产者和消费者就必须相应地进行渐进式价格调整。简而言之，价格调节着资源的使用，结果使得用于一种产品生产的资源价值等同于其在其他用途上对于他人的价值。这样，一个由价格进行调节的经济体就不会出现一方面奶酪多到让人厌恶，而另一方面其他人迫切地需要更多的冰淇淋或酸奶却买不到。

虽然此种情况的出现很荒唐，但是在价格没有被作为对稀缺资源进行配置的手段的经济体中却已经发生了很多次了。在苏联人排着长队想要获得其他紧缺商品的同时，毛皮并不是唯一堆积在其仓库中的滞销商品。拥有多种用途的稀缺资源的有效配置并不仅仅是经济学家头脑中的一个抽象概念，它决定着千百万人生活的好坏。

价格传递着一个隐藏的事实：从整个社会的角度来看，任何东西的“成本”就是其在其他用途上的价值。为了得到某种稀缺资源或其制成品，一个人愿意付出的价格就成为其他人不得不承担的成本，这种“成本”就反映在了市场上。但是，不管某一社会拥有的价格制度是资本主义、社会主义、封建主义还是其他的经济制度，任何东西的实际成本都等于其在其他用途上的价值。造一座桥的实际成本就是用同样多的劳动力和原材料可以建造的其他东西的价值。这在特定的个人层面上也是一样的，即使没有涉及钱财问题。看一部电视剧或肥皂剧的成本就是用同样的时间可以做的其他事情的价值。现那些投入的成本无法从消费者愿意支付的价格中得到回收。

毕竟，这个生产者要把那些资源从其他使用者的手中通过竞价买过来就必须比其他资源使用者支付更高的价格。一旦这些资源在生产者所投入的地方没有发挥出更大的价值，那么他就将面临亏损。生产者就只好停止用这些资源继续生产此种产品，因为如果那些生产者太过盲目或是太固执而不愿改变的话，持续的亏损将使他们濒于破产，这样一来，社会中资源浪费的现象就可以得到制止。那就是为什么从经济的角度来看亏损与获利同等重要，虽然在商场上亏损远没有获利受欢迎。

“今年夏季公寓的空房率上涨到了9.9%，这已达到了自1956年人口调查局有统计数据记录以来的最高水平。”把高价归咎于“贪欲”或把低价归功于慷慨都隐含着卖者可以根据其意志任意设定和维持价格的意思。但供求关系对价格变动的解释要比任何凭意志进行定价的行为要合理很多。当存在垄断或卡特尔时，出现比竞争市场更高的价格是可能的，但幸运的是，垄断和卡特尔仅仅是特例而非常规现象。竞争是导致价格通常不可以被维持在任意水平上的关键因素。那些不肯把成本的节约反映在价格上的厂商会发现他们正把自己的客户拱手让给那些因成本减少而降价的厂商。

竞争对于一个由价格进行调节的经济体来说至关重要。它不仅迫使价格均等化，同样的还会引起资本、劳动力和其他资源流向其收益率最高的地方，直到所有的收益率都因为竞争的原因而相等为止，就如水会自动达到水平状态一样。但会达到水平状态这一事实并不意味着大西洋的表面会如镜面一样的光滑。水之所以不会在其水平状态中被冻结，还因为波浪与潮汐也是水实现其水平状态的几种方式。同样的，在一个经济体中，价格与投资回报率的均等化趋势，仅仅意味着它们之间的相对波动，会使资源从回报率较低的地方流向回报率较高的地方。

价格就是成本在用途上的价值

价格可以用经济学家的不带感情色彩的语言，被定义为用以交换物品或劳务而支付的东西，即价格是由供求力量决定的。亚当·斯密把 我们上面所说的价格称作“交换价值”，并把它和“使用价值”的概念相区别：

“应当注意，价值一词有两个不同的意义。它有时表示特定物品的效用，有时又表示由于占有某物而取得的对他种货物的购买力。前者可以称为使用价值，后者可叫做交换价值。使用价值很大的东西，往往具有极小的交换价值，甚或没有；反之，交换价值很大的东西，往往具有极小的使用价值，甚或没有。例如，水的用途最大，但我们不能以水购买任何物品，也不会拿任何物品与水交换。反之，金刚钻虽几乎无使用价值可言，但需有大量其他货物才能与之交换。”

价格是由供需关系决定的，反过来又会影响供给和需求。当人们更想要一样物品时，会愿意出更高的价钱。于是这个物品价格看涨，其生产商的获利会增加。现在生产该物品会比做其他更赚钱，因此已经从事那一行的人开始扩大产量，同时更多人被吸引进入那一行。随后，供应增多又导致价格下降、利润率下滑，直至其利润率跌回到其他行业的平均利润水平（考虑了相对风险）。还有的是因为那种物品的需求减少，供过于求，导致价格下跌，利润低于生产其他的物品，甚至不赚反赔。当这种情况继续下去，勉强苦撑的边际生产者（也就是效率最低或成本最高的生产者）会被迫出局。只剩下成本较低、效率最高的制造商仍在生产。那种商品的供应也会减少，或是至少供应不再增加。

这一过程容易让人认为价格是由生产成本决定的，不过，生产成本决定价格这样的理论却是不对的。价格取决于供给和需求，而需求取决于人们想要拥有某种商品的渴求程度，以及由人们用来交换的东西所决定。认为供给有一部分取决于生产成本是对的。但一种商品已经发生的生产成本却不能决定商品的价值。商品价值取决于现在发生的供需关系。对于一种商品未来生产成本和市场价位的预期，将会决定那种商品未来的生产数量，这种预期会影响未来的供给。因此，一种商品的价格与其边际生产成本总是趋于彼此相等，但并不是边际生产成本直接决定价格。

为什么对生命必不可少的水比钻石或其他奢侈品，即那些大多数人缺少也能过得去的物品的价格低？供求规律能够帮助说明这个钻石与水的难解之谜，以及许多类似的事例。在这些事例中，“使用价值”似乎与“交换价值很不相同。在需求曲线的点 A 上，人们对于他们生命所必需的水愿意支付较高的价格。但在超过 B 点以后的数量上，人们对于所增加的水几乎不再愿意支付任何代价。

世界上大多数有人居住的地方，水是容易得到的，因此，能以较低价格得到水的充分的供给。在正常情况下，水的供给曲线与需求曲线在点 B 的右边相交，如下图所示；因此，得到的是较低的均衡价格。当然，在沙漠中，水的供给是极其有限的，水的价格也可能升到非常高的水平。但在点 B 右方，人们已经有大量的水，对于一个增量，人们不再愿意支付更多。水的价格由供给曲线和需求曲线的交点决定。

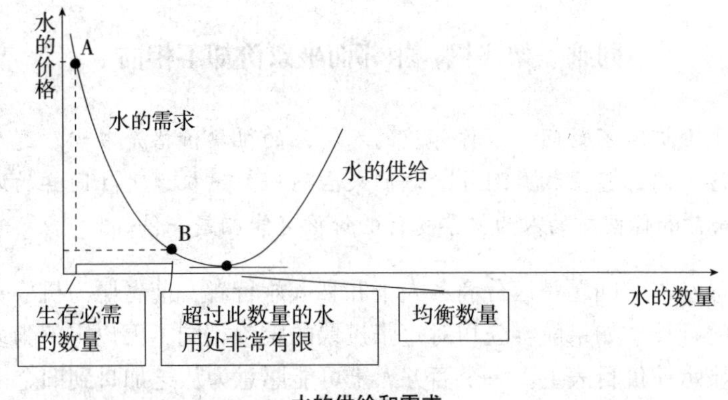

水的供给和需求

对于一个经济学家来说，钻石价格高和水的价格低的解释是对供求状况的解释，而不是钻石比水“更重要”或“更好”的深奥的哲学判断。它们不是关于使用价值的解释。与此类似，许多作家或艺术家挣不到钱，只有少数能发财，这不一定说明挣钱多的人“更好”，而只是说明供求的关系不一样。

价格与物品的边际价值即物品的一个增加单位的价值有关。水的价低不是因为水的总价值低，它显然是高的，因为没有水我们无法生存。而是因为水的边际价值，即我们对于一年中能喝到的更多一杯水所愿意支付的价值是很低的。

供给和需求分析给价格水平及其变化的研究提供了一种有系统的和合乎逻辑的框架。经济学家面对价格问题时，考虑的是需求曲线和供给曲线的形状，以及它们可能在哪儿相交。例如，为什么医生收入这样高，为什么他们的薪水相对于其他职业的人又在下降呢?

在短期中，医生的供给是相对固定的；即使培训更多的医生，它也只能是逐渐增加的。如果相对于需求来说供给是低的，那么，支付医疗服务的价格将是高的，医生的收入也将是高的。在许多年中，美国医疗协会通过控制被认可的医学院的数量，而使医生的供给量人为地限制在较低的水平。当这些约束被解除时，医学院得以扩张，高收入吸引了大量学生。近年来，医生的供给显著增加；如供求规律所指出的那样，医生的相对收入下降了。如现实生活中的其他事例一样，这里也存在一系列其他因素，可以部分地解释医生收入的变动。几乎所有这些因素都能被纳入供求的框架内加以分析、比较。

正像经济学家注意区分“价格”和“价值”这两个词一样，他们也把物品的价格（出售物品的所得）同它的成本（制造物品的费用）相区分。二者是不同的概念。生产某种物品的成本影响着厂商提供那种物品时所愿意接受的价格。生产成本的提高一般来说会引起价格的提高。虽然在一定的条件下，即在均衡时，物品的价格将等于它的生产成本，但这并不是唯一的情况。

一般来说，我们把土地当做是不能被生产的东西，因此，它的生产成本可以被认为是无限的（虽然我们也承认，也有土地被生产出来的情况，比如芝加哥把密歇根湖的一部分填上，从而扩大其湖岸面积）。但土地也有均衡价格，在均衡价格上，土地的需求与它的固定的供给相等。

同乘一架飞机，相邻而坐票价却不相同

下次你在坐飞机时不妨问一下你邻座的人，他的机票价格是多少。这个价格可能与你所支付的价格不同，甚至相差迥异。你们乘坐同一架飞机，飞往同样的地方，吃同样的食物——然而你和你同排的人为机票支付的价格可能相差一倍。

航空业中最基本的问题是区分商务人士和私人旅行者，前者愿为机票支付高价。而后者则有严格的预算。如果航空公司对每张机票的定价相同（无论定价为多少），那么机票价格将会显示在价目表上。一个商务人士可能愿意为从芝加哥到旧金山的往返机票支付1800美元，而私人旅行者则不愿意为参加凯文表兄的婚礼而支付超过250美元的机票。如果机票价格制定过高，航空公司将失去所有进行私人旅行的旅客。相反，如果要价太低，它将失去商务人士可能愿意支付高价而带来的利润。

假如航空公司下调票价，它们能向那些原本会开车去度假的人售出一些机票，把飞机上的空位填满。可是航空公司并不想对商务旅客下调票价，因为商务旅客想要节省时间，愿意支付更高的价钱。同样航空公司也不愿意对那些用旅行费用抵税的人下调价格。那么航空公司该如何区分两类不同的顾客，然后专门对那些没有折扣票价就不会乘飞机的人打折呢？一种方法是只对那些早早就购买回程票而且在外地待的时间超过一周或在外地度周末的人提供折扣票价。商务旅客往往无法在外地逗留那么久，他们常常临时收到出差通知。这显然不是万无一失的歧视定价方式，但它成本不高，而效果却出奇的好。

你愿意为橱窗里5只小狗付多少钱？基础经济学给出了非常简单的答案——市场价格，就是整个供需情况。当生产者愿意出售的小狗数量与消费者想购买的数量相等时，价格就被确定下来。如果潜在的宠物主人比可获得的小狗数量多，那么小狗的价格将上升。有些消费者将转而购买雪貂，而一些宠物商店则会提供更多的小狗以供销售。最终，小狗的供给与需求相等。

比如说，食品店常常向出示从报纸广告上剪下来的特惠券的顾客打折。食品店为什么要这样做呢？打折是为了吸引那些热衷于买便宜货的顾客，如果没有打折，他们是不会光顾这家店的。因此，那些付账时没有出示优惠券的顾客是对价格不敏感的人，他们对便宜货不太感兴趣，所以，他们会支付更高的价格。

各种娱乐活动通常都会对孩子、学生和老年人提供折扣价格。这是活动主办方慷慨大度的表现吗？更可能的是，他们希望在不对每个人都下调价格的情况下，吸引那些对价格更为敏感的人群，多做生意。如果销售者用低成本的方法将那些需求弹性较大的人群识别出来，而且能防止他们把商品转让给需求弹性较小的人群，那么，销售者提供特惠价格的主要对象就是对商品需求弹性更大的潜在客户。

天气晴朗时，你从任何一座都市的购物商厦出来，随意溜达到附近的咖啡连锁店中，点一杯卡布其诺或摩卡，然后躺在松软的沙发里，一边惬意地品尝咖啡，一边看着满目的游人如织……一切，都如此美好。

此时，如果一位经济学家过来跟你探讨咖啡屋的价格歧视，或许会让你暗暗不爽。

不过，静下心想一想，或许你会有所收获。要知道，在星巴克，30元左右的一杯咖啡可不算便宜，不过相对于它绝佳的地理位置和不错的口感，似乎物有所值。要知道，几乎所有星巴克的房租都让人跌破眼镜，而这一切，都要从咖啡中挣回来。如果提高单价，势必导致销量下降，但如果降低单价，又很可能达不到收益目标，那又该如何？

经济学定价中有一个重要的理论“价格歧视”，简而言之，就是几乎一样的商品，让富人掏更多的钱，而让贫穷的人少掏一些钱。似乎有些不可思议，但的确，很多商家都这样做。让我们以星巴克的部分价格为例：

拿铁咖啡：26元（大杯）
卡布其诺：26元（大杯）
摩卡咖啡：29元（大杯）
美式咖啡：23元（大杯）
焦糖马奇朵：30元（大杯）

由此可见，星巴克不但提供给顾客多种选择，还尽量创造机会让顾客忽视价格问题。其实购买大杯、添加特殊口味、添加奶油或巧克力粉的咖啡，这些都用不了多少成本。虽然价格相差不太大，但远远大于所增加的成本。

其实这样做的目的之一就是，将成本差不多的产品的价格档次拉开，将对价格不敏感的客户挑选出来，设个圈套，让他们自己往里钻。当然，不可以差别过高，硬生生将对价格敏感的客户赶到对手的咖啡店里。

将对价格不敏感的客户挑选出来后，就可以在此基础上进行其他相关服务，例如适时推荐干果、红茶、果汁等其他配餐，通过优质的服务让这部分的客户成为自己的忠实顾客，才能保证自己的收益。

这种温柔的“价格歧视”行为让星巴克形成了自己坚定的顾客群，另一种“价格歧视”行为可能就更明显，例如机票，总有人坐头等舱，也总有人甚至可以拿到一折机票。头等舱更舒适的座位、更多的饮料和餐点不足以支撑其多出的机票价格。但更便宜的机票就可以拉拢到本想坐其他交通工具出行的人们，由此可知，“价格歧视”行为让愿意支付的人付出了更多的价格，同时将自己的潜在客户也拉过来，从而实现收益最大化。

但更重要的概念在于，当你提高价格时，你的销量会下降多少？当你降低价格时，你的销量可以提高多少。把握住这个平衡，就可以实现完美定价，并将之变成一种艺术，表面看起来折扣似乎是商家的慷慨，实际上是让顾客心甘情愿地掉入商家的陷阱中。

成本加成理论：商家对定价的解释

价格不总是一成不变的，在不同的时间、地点、场合，需要对价格进行衡量和选择，只有这样才能够在市场交易中找到他们所心仪的价格。那么，觅价者如何找到他们正在寻找的价格？他们找到之后会发生什么？

觅价者首先估算边际成本和边际收益，然后试图制定价格，这个价格能让他们卖掉他们的所有产品且刚好卖掉这些产品，按照这个价格，边际收益立该超过边际成本。

企业追求利润，消费者寻求交易。议价过程的结果是，竞争过程使得边际成本与边际收益相等。边际成本和边际收益相等是市场竞争过程的结果，而不是在这个过程之前对行动者行为的假设。这听起来复杂吗？这就是净收益（即总收益减去总成本）最大化过程的逻辑。但商业企业在实际中会如此行动吗？这听起来太理论化了，像是经济学家空想出来的，现实世界的销售者对这些甚至可能不明所以。

大多数人并不认为价格是用这种方法制定的。简单的成本加成理论是对这个问题的一个常见解释。成本加成理论是指商业企业计算单位成本，再按比例加成。大多数觅价者会用成本加成理论解释各自制定价格的种种实践。他们的话值得重视，但这并非决定性的证据。很多人无法正确描述他们自己经常采用并成功实施的方式。

假设爱华德支付了1800美元的电影租赁费，电影票价定为5美元，卖500张票，每周挣300美元。一个周五的晚上，他查看了场地，对自己说："如果我把200个空座位填满，就能增加我的净收益。我要做的就是把票价降到3美元，但是这种降价只针对那些票价更高就不来看电影的人。我每周就能多挣600美元，还能多让200人欣赏到这些好电影。"

这是个好主意吗？第二周，爱华德在学校电影售票口挂出了一张新的标志牌，上面写着："票价5美元。"然后又加了一排小字，写着："不愿意付更多钱的人，票价3美元。"接着会发生什么呢？几乎所有购票者都会买3美元的票，因为如果他们花3美元就能买到票，他们都"不愿意付更多钱"。最后，爱华德只能得到2100美元的收入，这周的活动亏损100美元。这根本不是个好主意。

但是，这个主意在执行过程中的问题多于它本身的问题。如果爱华德想消除空座位的"浪费"，避免收入损失，他必须找到差别对待潜在购票者的办法，这个办法成本要够低。他必须能仅为那些只愿意付低价的人定低价票价，不向愿意付更高票价的购票者供应低价。

比如说，大多数骑自行车的人并不知道自己是如何保持自行车平衡的。假如有人问他们的看法，他们会总结说，每次在自行车往一旁倾斜的时候，他们会略微倾斜或晃动身体，以保证自行车不会翻倒。假如他们真的靠这种方式保持平衡，他们根本无法骑过一个街区。

实际上他们主要靠控制方向而不是倾斜来保持平衡。他们轻微地转动前轮，用离心力抵消倾斜的力量。他们是靠这种方式保持笔直骑行的。假如有人问他们是如何让自行车转向的，大多数人可能会回答说靠转动前轮，可是实际上，他们是靠倾斜身体让自行车转向的。（不然，双手撒把骑车的人怎么能转向呢？）他们不"知道"自己正在做的事情，但这一事实并不妨碍他们去做这些事情。他们只靠沿着一系列曲线绕弯就能成功地控制平衡，而这些曲线的曲率与他们前进速度的平方成反比，很多人不懂数学，但仍然是骑自行车的好手。

我们有足够理由质疑成本加成理论。其中一个理由就是我们无法从中得到关于规模的任何信息。为什么选择25%的加成而不是50%的加成？为什么不同的公司按照不同的比例加成？为什么同一家公司在不同时期，对于不同产品，在卖给不同买方的时候要改变加成比例，甚至有时候在卖给同一个买方不同数量的时候也要改变加成比例？为什么有时候销售者的定价低于其单位成本呢？

另外，如果企业总是在成本上升的时候按比例提高价格，那么为什么它们不在成本上升之前提高价格呢？为什么它们在能够获得更多赢利的前景下依旧满足于较少的净收益呢？众多价格制定者总是不停抱怨他们没有赚到足够多的利润，上面的说法与这种抱怨是不相符的。我们也都知道企业有时候因为成本提高而被迫停业：可是假如每个企业都能提高价格以抵消上升的成本的话，停业这种情况是不会发生的。流行的价格制定理论显然还不够。

觅价者任务的复杂性和不确定性说明了成本加成理论的流行性。每个寻觅都要从某个地方开始。那为什么不从一项商品的批发成本和按比例的加成开始呢？这个加成要足以支付管理成本并且产生合理的利润。假如成本提高，为什么不假设竞争者的成本也提高了，想要把更高的成本传递到顾客身上呢？未来会像过去一样，从前带来过好结果的办法继续带来好结果，为什么不从这样的假设开始呢？人们可以根据增加的成本粗略地按比例提高价格，人们最终会因为竞争而被迫根据降低的成本粗略地按比例降低价格。

成本加成的办法是觅价者的一种经验法则，为人们提供觅价的基础，在人们不断寻找难以琢磨、变化多端的目标的过程中，这只是最初的估计。觅价者只把成本加成定价法当成一种觅价的技巧使用，而且在他们发现犯了错误后就不再使用了。

从密集限价令看价格管制

随着通货膨胀的进一步加深，从日化品到电煤，各领域密集遭遇“限价令”。高价当然不是什么好事，但限价其实也好不到哪里去。

限价作为一种价格管制，存在其弊端。虽然价格管制常常被使用，虽然表面上对价格管制的呼吁是有逻辑可言的，但除非在短暂的紧急时期，大多数经济学家都反对价格管制。原因是价格管制扭曲了资源的分配。

用米尔顿·弗里德曼的话说，经济学家可能知道的不多，但他们确实知道如何制造过剩和短缺。用来防止价格高出某一特定水平的价格天花板，会造成短缺。而用来防止价格低于某一特定水平的价格地板，会造成过剩。假设对于汽车轮胎的供给和需求在现有的价格水平上达到平衡，政府却在这时设定了比现有价格更低的价格天花板。轮胎的供给量将会减少，但是轮胎的需求量却会上升。结果供不应求，货架被抢购一空。尽管一些消费者足够幸运能够以低价买到轮胎，但其他的很多人将被迫买不到轮胎。

价格管制使价格信号失灵，扭曲了资源配置，加剧了商品供不应求的局面。为解决高物价而施行的价格管制反而成了高物价的帮凶。原本当物价上涨时，就对商品的生产者发出了短缺的信号，鼓励生产者增加产出来谋取利润。于是市场的供给增多，物价会逐渐回落。所以说只有高物价才能解决高物价的问题。同理，一件商品价格的下降是因为供大于求，这就对商品的生产者发出了过剩的信号，这样市场上该商品的供给会减少，价格会回升。

从古至今，面对通胀的政府一直试图通过价格管制来限制物价。人类历史上最早的价格管制出现在罗马帝国，公元 301 年，罗马皇帝戴克里先为了遏制通胀颁布了《最高价格法》，对上千种商品（特别是食品）设立了最高售价。这项法令被刻在了石板上在帝国境内到处宣扬，规定凡是以高于最高限价出售商品的人一律处以死刑。

法令颁布后，由于限价让商人亏本，卖主纷纷退出市场关门大吉，商品出现了严重短缺，无论有钱没钱都无法买到商品。最终戴克里先撤销了《最高价格法》。由于法令起先被刻在石板上保存了上千年，这使不懂经济规律蛮干的戴克里先沦为了后人嘲笑的经典题材。

在价格管制上比戴克里先走得更远的，是法国大革命时期的雅各宾派领袖罗伯斯庇尔。罗伯斯庇尔上台后颁布“粮食最高限价法案”，这项法令对面包等粮食设定了最高限价。这项限价令施行后的结果和戴克里先的《最高价格法》相同，本来市场上起码还有货物供应，限价令颁布后卖主纷纷亏本关门，食品供应骤降。

但罗伯斯庇尔坚决要将限价令进行到底，他把价格管制失败的责任推到了农民头上，将士兵派到农村去，强行从那些“囤积居奇”的农民手中没收谷物。政府变成了从农民手中抢夺粮食的抢劫犯。

价格管制为何行不通呢？原因之一是很难确定，到底将价位定在什么地方才合适？于是，制定价格上限容易造成短缺，制定下限又会造成过剩。价格管制最可怕的后果还有，在通货膨胀期间，供给若得不到刺激则反而会因限价而受到抑制。有经济学常识的人都知道，价格是需求和成本的体现，如果卖房因为限价而无法获利，他们大多就只能不做生意了。

事实上，正如中央财经大学外汇储备研究中心主任李杰谈到，价格管制通常是无法对单一产业进行，而是“联动”的。如果只对粮油限价而不对大豆等原材料限价，压榨企业肯定是要亏本的，停产就是理性选择。停产了之后，市场供应减少，价格更高。要解决粮油高价又得对大豆等原材料也进行限价，大豆企业又得亏本，结果导致市场上没有大豆供应，粮油企业想开工都不行，结果是：限的越多，就有越多的企业停产，市场供应就越发减少，短缺经济就越严重。

1948 ~ 1949 年间出现在中国的通胀，堪称世界经济史上最严重的通胀之一，而这次通货膨胀就是价格管制而加剧通胀率的体现。1948 年 8 月，国民政府实施了“八一九”限价，上海的批发商在官定物价公布后便停止了营业，与此同时，是黑市物价上涨 3 ~ 10 倍。两个月后，严重的短缺使上海出现严重抢购潮，四大百货公司被抢购一空。

著名的“70 天临时价格管制”，根本维持不下去。到了 11 月，“国民政府”就被迫宣布放弃限价，于是又导致了物价决堤之水“一飞冲天”。再后来，就剩下所有读过那段历史的人耳熟能详的故事了：几亿元买一袋米，走路过一条街的时间就涨三次价，背一麻袋钱去买一盒火柴。

当价格管制让市场分配资源机制失灵，其他分配机制就会来代替市场机制，最常见的情况就是排长龙和配给制。价格管制虽然使商品便宜了，但也让它们短缺了。于是，为了买到商品，人们不得不排上很长时间的队，还不一定买得到。

比如，当猪肉的市价是10元每斤时，如果硬要把价格拉低到8元每斤，做猪肉生意的就会因为不能赚钱而减少供给，肉店前便会排起长龙；而为了确保更多的人能买到猪肉，政府又不得不规定每人或每家庭最多能买的猪肉量，也就是“凭票供应”。

低价买到商品的人，也被迫承担了时间、以次充好等“隐性成本”。在价格管制引发的供应短缺下，少数能买到猪肉的“幸运儿”其实也是受害者，因为时间也是有成本的。猪肉8元一斤的“限价令”表面上省下了2元，但计入价格指数的只不过是名义物价，产品质量降低、数量减少、以次充好、缺斤短两、取消服务项目、排队、走关系、为了配给行贿等等，其实也是“真实价格”的组成。

此外，价格管制增加了整个社会的配置资源成本，几乎让所有人都沦为受害者。如果这些“隐性成本”都能换算成价格的话，猪肉的实际价格远远超过了8元一斤。至于被限价消耗掉的价值，既没有进入商家的口袋，也没有进入消费者口袋，而是白白地被耗掉。

价格管制，不论出于何种好意，都会有副作用。换言之，无论价格管制的正面价值多么巨大，副作用不可能为零。有时，副作用还会很残酷。

第三章　盐价为什么没有弹性

消失的家庭农场和可替代的小货车

为什么会出现“谷贱伤农”的现象？

为什么墨西哥降低石油产量，而不是增加石油产量呢？

价格弹性与我们的生活存在密切关系，很多生活中的现象都可以用需求弹性或者是供给弹性加以解释。

一般来说，人们对农产品的需求是缺乏弹性的，由需求的价格弹性与销售总收入的上升之间的关系可知，此时农民的农业收入将随着均衡价格的上升而增加。因而在需求状况不因气候不好发生变化并且对农产品需求缺乏弹性的情况下，气候不好引致的农业歉收对农民增加收入是有利的。当然，若需求状况也同时发生变化，或者需求不是缺乏弹性，那么农民将不会因气候不好而得到更多的收入。

有多少美国人以农业为生？很遗憾，美国政府不再公布这个数字。1991年官方的统计是1.9%的农业人口，但是政府认为这个数字不能很准确地反映美国农业部门的人口，因为相当部分的农业人口还从事别的行业。美国独立初期，大部分的人口以农业为生，直到20世纪40年代仍然有大概17%的美国人从事农业。

为什么现在的农业人口变得很少，有以下与弹性有关的两个主要原因：

首先，对食品的需求，收入弹性小于1，也就是无收入弹性。消费者变得更富有时食品的花销没有收入增长快，所以当美国的经济增长时，其在食品的花费的收入份额减少从而农民的总收入降低了。

其次，在美国近150年里农业部门技术不断进步，产量不断增加。许多人认为对于农民来说是一件好事。但是由于农民间竞争的存在，技术进步的结果是粮食价格降低。

同时，由于粮食是需求无弹性的商品，价格降低也意味着收益的降低。事实上农业技术进步对消费者有利却损害了农民的利益。

以上因素揭示了农业地位为什么相对下降。即使农业部门不存在技术进步，粮食的低弹性也会使农民收入增长低于整个经济增长速度。加之技术进步增强这个趋势，农业收入增加更慢。总之，美国的农业是成功的牺牲品，不仅是整个美国经济成功（这样使粮食消费的份额减少）的牺牲品，还是其农业自身成功增产的牺牲品。

“盐的价格要翻番了，我还是要买这么多——所谓需求法则也不过如此。”在许多吃盐上瘾的消费者眼中，几乎没有什么东西可以替代盐。此外，很多买便宜货的消费者，比如盐、牙签、方便面，可能还有铅笔，他们对价格变化并不敏感。与其说是因为“便宜”使得这些商品的需求高度缺乏弹性，还不如说是因为人们的预算花在这些方面的比例太低。如果盐在你每年购买日用杂货的预算中只占一小部分，那么，盐在你每年购物的总预算中的地位就更不必说了。如果在你没有准备的情况下问你，你每年在盐上面花多少钱，你可能根本不知道。对于买盐这件事来说，你缺乏动机去成为一个细心、挑剔的顾客。但是，我们敢肯定，你心里一定很清楚你每年在学费或房租上花多少钱，因为它们可能在你的预算中占了相当大的比例。（当然，如果是你的父母在为你出这些钱，你可能就不知道了，但是他们一定知道！）

如果盐的价格从每磅0.5美元涨到每磅1美元，多数人还是会像以前一样买盐，他们不会有激烈的反应。但是，注意两件事情：（1）这并不违反需求法则，因为这也在整个价格空间中展示出了某种关系。如果盐的相对价格一直往上涨，比如说每磅5美元甚至10美元，家庭会不会仍然像往常一样买那么多盐呢？（2）其他使用盐的人，比如某些餐馆或是制作半成品的商家，盐在他们的预算中占的分量比较大，所以他们更可能在盐涨价的时候节约开支。美国东北部做“咸土豆”的企业会更加仔细地节省。

我们先来看对小货车的需求，来探讨已知替代品的可用性。你能举出一些东西来替代小货车吗？你列举的清单上可能会有大货车、敞篷车、小轿车、公共汽车、摩托车甚至自行车。如果小货车的价格普遍上涨，人们就会去寻求这样的替代品。

现在来看对福特小货车的需求。请注意，我们已经把产品范围从一般的小货车缩小到了福特小货车。如果只是福特小货车的价格上涨，会出现什么情况？人们会转向我们刚才在清单中列的那些替代品。但是，现在实际上有比刚才更多的替代品。我们现在可以在清单上增加道奇、克莱斯勒、丰田等等一大批非福特牌的小货车。很清楚，它们不是作为“小货车”这个产品集合的替代品，但它们是福特小货车的替代品。因为消费者有更广泛的替代品可供挑选，对福特小货车的需求就会比对小货车总体的需求更有弹性。

最后来看对红色福特小货车的需求。产品集合更狭窄了。但这就意味着替代品的数量必然更大了——现在我们可以在清单上增加绿色、蓝色、紫色、黑色以及其他不是红色的福特小货车。红色福特小货车的需求曲线会比对福特小货车的需求更有弹性，这就表明，如果只有红色福特小货车涨价，那么消费者对此会更加敏感。

需求的价格弹性及其度量

“价格变动时人们多买多少或是少买多少”这样的表述实在是很麻烦。但是，这的确是一种重要的关系，有很多种应用。所以经济学家就发明了一个特别的概念来总结这种关系。这个概念的正式名称是需求价格弹性，这个名称恰如其分。

弹性指的是敏感度。当用三号铁杆击球时，高尔夫球比大理石球有弹性。如果对于某种东西的较小的价格变化，人们买的数量有很大变化，就说这种东西的需求有弹性。而如果某种东西价格变化很大，但需求量却没有什么变化，就说这种东西的需求缺乏弹性。

李阿姨用积攒多年的钱开了一家粮油店，因为开在商业区，一个月过去了，顾客也没有多少，粮油当然也就没有卖出多少，光店面装修雇人就花去了不少钱。

“这是为什么呢？”看到对面店铺生意非常红火，李阿姨的心里很是着急。经过好几天的苦思冥想，她终于想出一个法子。第二天，李阿姨便在门口摆出了一张“打折促销”的广告牌。“9折促销”，但是光顾的人并没有增加多少。过了几天，她见九折行不通，心想“是不是折扣的力度不大？”就咬咬牙，挂出了“8折促销”的牌子。慢慢的人是比以前多了点，但是由于李阿姨店面刚开张，各种成本过高，到月底时一算账，粮油多多少少卖出去了一些，但是实际的销售额并没有增加太多。

经济学告诉我们，影响一种商品价格的因素有很多，除消费者的偏好和对该商品的预期价格外，主要有该商品的价格、其他相关商品的价格，以及消费者的收入等。需求弹性是用来测量一种商品的需求量对其影响因素变化的敏感程度，分为需求的价格弹性、需求的交叉弹性、需求的收入弹性、需求的预期弹性。其中需求的价格弹性反映的是在影响该商品的需求的其他因素既定不变的前提下，改变其价格，其需求发生变化大小的程度。而需求的交叉价格弹性和需求的收入弹性分别用来表示其他商品的价格变化和收入发生变化所引起的需求量变化的大小程度。

需求的价格弹性表示的是一种商品的需求对该商品本身的价格变化的反应程度，即等于百分之一的价格变化所引起的需求量的百分比变化。用公式表示就是：

需求价格弹性 =ED = 需求量变动的百分比 / 价格变动的百分比

当弹性大于1，需求是富有弹性的；小于1，需求是缺乏弹性的；等于1，需求是单位弹性；等于0，需求完全没有弹性。

如今，商品打折已经成了一种风气，无论大街小巷，总会看到“大甩卖”、“跳楼价”、“大放血”等字样。但我们很少看到粮食等商品打折销售，粮食缺乏弹性就是其主要原因！

在商业活动中，对于需求富有弹性的商品可以实行低定价或采用降价策略，这就是薄利多销。“薄利”是价格低，每一单位产品利润少，但销量大，利润也就不少。因此，降价策略适用于这类物品。但是对于需求缺乏弹性的商品不能实行低定价，也不能降价出售。降价反而使总收益减少，所以现实中很少有米面、食盐之类的商品降价促销。

那么，究竟是什么因素决定一种物品的需求富有弹性，还是缺乏弹性呢？由于任何一种物品的需求取决于消费者的偏好，所以，需求的价格弹性取决于许多形成个人欲望的经济、社会和心理因素。

从生活中，我们也能得到这样的体会，必需品倾向于需求缺乏弹性，而奢侈品倾向于需求富有弹性。例如，当价格上升时，小麦、大米这些生活必需品的需求量并不会因为价格的变动而起太大的改变。与此相反，当游艇价格上升时，游艇需求量会大幅度减少，原因是大多数人把小麦、大米作为必需品，而把游艇作为奢侈品。

另外，有相近替代品的物品往往较富有需求弹性，因为消费者从这种物品转向其他物品较为容易。此外，物品往往随着时间变长而需求更富有弹性。如汽油价格上升，最初的几个月中，需求量的减少是非常少的，但随着时间的推移，人们购买更省油的汽车，或者转向公共交通，或者迁移到离工作地距离较近的地方居住，若干年后，汽油的销售量会大幅度减少。所以物品往往随着时间的延长而变得更有弹性。

由于任何一种商品的需求取决于众多因素，所以，需求弹性也取决于许多因素，包括经济因素、社会因素和心理因素。根据经验，我们认为以下因素对需求弹性的影响较大。

（1）产品的性质。一般而言，生活必需品的需求弹性较小，奢侈品需求弹性大。当看病的价格上升时，尽管人们会比平常看病的次数少一些，但不会大幅度地改变看病的次数。同理，当粮食的价格上升时，人们可能会省吃俭用，但同样不可能大幅度地减少对粮食的购买。原因就是人们把看病和粮食看成是生活必需品。而与此相比，如果到某著名旅游胜地的旅游费用上升了，则到该地旅游的旅客可能会大量减少。原因是旅游活动是一种休闲活动，可以看成是奢侈品。

（2）商品代用品的多少。代用品越多，当一种商品价格提高时，消费者就越容易转向其他商品，所以弹性就越大；反之则越小。物品需求弹性的大小取决于替代性，替代性越高，则需求弹性就越高；反之，替代性越低，则需求弹性就越低。如装饰品的需求弹性较大，在很大程度上取决于其替代品的种类。

（3）商品用途的广泛性。如果一种商品的用途很广泛，当商品的价格提高之后，消费者在各种用途上可以适当地减少需求量，从而需求弹性越大；反之，则越小。

（4）商品消费支出在消费者预算支出中所占的比重。当一种商品在消费者预算支出中占很小的部分时，消费者并不太注意其价格的变化，如买一包口香糖，你可能不太会注意价格的变动。

（5）消费者调整需求量的时间。一般情况下，消费者调整需求量的时间越短，需求的价格弹性越小；相反调整时间越长，需求的价格弹性越大。

（6）不同的人由于收入不同，其需求的价格弹性也不相同。如：

①有些商品的价格，即使对穷人而言，价格也已经很低，如食盐等，这种商品的价格即使降低，也不会引起需求量大幅度的上升。

②对较高档的商品，如进口水果，价格如有变动，高收入人群可能不会影响其购买量，但低收入阶层可能会对这种产品的消费发生较大的变化。这就是说，这种产品对高收入阶层的需求缺乏弹性，但对中低收入阶层的消费者的需求却富有弹性。

③对那些温室里的水果、上等的鱼类以及其他颇为昂贵的奢侈品，价格下降，中等收入的消费者对这种产品的需求量会增加，因而需求富有弹性，而对富人和穷人，可能不会影响其需求量，因而对他们而言缺乏弹性。因为对富人来说，这种产品的消费已经

饱和；而对穷人来说，价格依然太贵。

④类似于名贵的酒类等产品，其现行的价格如此之高，以至于除了富人以外，其他人对它们几乎没有需要，但一旦有了需要，也往往具有很大的弹性。

供给的价格弹性及其度量

弹性的概念对于供给和对于需求来说是同样重要的。有的商品价格一个较小的变化，就能引起供给量一个较大的变化，就像充足气的皮球轻轻一拍，它就能弹得很高一样，我们说这种商品的供给富有弹性。有的商品价格一个较大的变化只能引起供给量一个较小的变化，就像气不够的皮球，使劲拍它只能弹起一点点，我们说这种商品的供给缺乏弹性。我们用供给弹性系数来表示供给弹性的大小。

供给价格弹性 =ES = 供给量变动的百分比 / 价格变动的百分比

当弹性大于 1，供给是富有弹性的，供给曲线比较倾斜；小于 1，供给是缺乏弹性的，供给曲线比较陡直；等于 1，供给是单位弹性，表明供给量变动的幅度等于价格变动的幅度，供给曲线是一条 45 度线；等于 0，供给完全没有弹性，表明无论价格怎样变化，供给量不变，供给曲线向下垂直。由于价格越高，生产者越愿意提供产品，价格与供给量存在同方向变动的关系，所以供给价格弹性一般是正数。

很容易看出，供给的价格弹性与需求的价格弹性定义完全相同。唯一的差别在于：对于供给而言，供给量与价格正向变动，而对于需求来说，需求量与价格反向变动。

供给规律表明，价格上升供给量增加。供给价格弹性衡量供给量对价格变动的反应程度。如果供给量对价格变动的反应很大，可以说这种物品的供给是富有弹性的，反之，供给是缺乏弹性的。供给价格弹性取决于卖者改变他们生产的物品产量的伸缩性，例如，海滩土地供给缺乏弹性是因为几乎不可能生产出土地，相反，书、汽车这类制成品供给富有弹性。

在美国加利福尼亚州，由于能源供应长期以来都比较紧张，所以从 20 世纪 70 年代以来政府就实施了一系列严格的能源控制计划。但是新自由主义经济学家们认为，如果加州真的能源紧张，那么价格就会上涨，这一方面会使人们减少使用能源，另一方面会使能源供应商增加供应，这样能源紧张局面就会扭转。在这些经济学家的鼓动下，里根政府放弃了对加州的能源管制，使能源使用量猛增，价格上涨，仅电价就翻了十几倍，可加州的能源供求关系不仅没有因市场调节而趋于缓和，反而愈发紧张。2000 年夏天，加州终于遭遇了前所未有的供电危机，最后，加州政府重新启用了严格的能源管制措施。

为什么自由主义经济学家的理论不灵了？原来能源生产专用性强，固定资产占用大，生产周期长，所以能源供给缺乏弹性。尽管能源价格的上涨会使供给增加，但增加幅度十分有限。与此同时，能源作为一种生活必需品，人们对其需求并不会因为价格上涨就会有大的减少，即其需求也缺乏弹性。这样就会造成能源供应进一步紧张，推动价格进一步提升。价格的上涨又使得很多用户无法及时交纳电费，使得能源公司不仅得不到高额利润，反而濒临破产，不得不求助于政府帮助和保护。

那么影响供给弹性的因素究竟有哪些呢？主要有如下几个方面：

（1）时间。这是影响供给弹性一个很重要的因素。当商品的价格发生变化时，供给方对产量的调整需要一定的时间。在较短的时间内，供给方若要根据商品的涨价及时地增加产量，或者若要根据商品的降价及时地缩减产量，都存在不同程度的困难，因而供给弹性较小；相反，在较长的时间内，生产规模的扩大与缩小，甚至转产，都是可以实现的，供给量可以对价格变动作出较充分的反应，因而供给弹性相应较大。

（2）单位产品的生产成本对产量的敏感程度。如果单位产品的生产成本对产量非常敏感，供给方就不会轻易调整产量，从而供给弹性较小；反之，则供给弹性较大。

（3）产品的生产周期。在一定的时期内，对于生产周期较短的产品，厂商可以根据市场价格的变化及时地调整产量，供给弹性就比较大，相反，生产周期较长的产品的供给弹性往往就小。另外，生产的难易程度、生产规模变化的难易程度、对未来价格的预期等也会影响供给弹性。

消费量并不是唯一受价格涨跌影响的变量。企业在制定其生产决策时也会受价格影响。大多数市场上，供给价格弹性关键的决定因素是所考虑的时间长短。在长期中的弹性通常都大于短期。在短期中，企业不能轻易地改变工厂规模来增加或减少一种物品的生产。在长期中，企业可以建立新工厂或关闭旧工厂，此外，新企业可以进入一个市场而旧企业可以关门，因此在长期供给中供给量可以对价格作出相当大的反应。

第四章　藏起来的金玉没有价值

是什么决定了商品的价格

价格是商品价值的货币表现，是商品的交换价值在流通过程中所取得的转化形式。商场里，每种物品的标价各不相同，例如香皂、卫生纸、洗衣粉等，虽然同是生活用品，价位却高低不一。那么，是什么决定了它们各自的价格？

经济学大师弗里德曼认为任何商品的价格都是由供给和需求共同决定的。弗里德曼在其文章中强调，既然谈到供给和需求，就不得不提到供给量和需求量。

（1）需求规律：在影响商品需求量的其他因素不变时，商品的需求量同其价格有反方向的依存关系。即商品价格上升，需求量减少；商品价格下降，需求量增加。

（2）供给规律：在影响供给量的其他因素既定的条件下，商品的供给量与其价格之间存在着正向的依存关系。商品价格上升，供给量增加；反之，则供给量减少。

在研究和运用这两个规律时，要清楚一点，这两个规律有一个假设前提，即“影响商品需求量（供给量）的其他因素不变”。因为现实中，影响需求量和供给量的因素很多，而需求规律和供给规律只研究价格与需求量、供给量之间的关系，所以为了屏蔽其他因素对研究的干扰，就必须先假设其他影响需求量（供给量）的因素都不变。

根据弗里德曼的分析，需求和供给共同决定商品在市场上的一般价格，也就是均衡价格。接下来，我们就来看需求和供给是如何相互作用并形成均衡价格的。他认为，在市场上，首先要了解需求和供给是如何变动的，然后才能研究两者对价格的决定作用。

所谓需求的变动，指的是某商品除价格变动的因素外，由于其他因素变动所引起的该商品的需求数量的变动。更具体地说，根据需求的定义，需求变动是指一定时期内，在其他条件不变，各种可能的价格下，消费者愿意且能够购买的该商品的数量有了变化。

一般来说，可以影响需求变动的因素有收入变动、相关商品的价格变动、消费者偏好的变化和消费者对商品的价格预期的变动等。

而供给的变动是指因为产品本身价格以外的因素而引起的供给量的变化。同样，也是根据供给的定义，供给变动是指一定时期内，在其他条件不变，各种可能的价格下，生产者愿意且能够提供的该商品的数量有了变化。

一般来说，影响供给变动的因素有生产成本的改变等。举个例子来说，2007 年，由于国际市场上部分地区因受灾几乎颗粒无收，而增加了对大米的需求（即在各个价格下，消费者需要的大米数量都增加），假设其他条件不变（即大米的供给不变），则将使得大米的数量供不应求。

将这些因素结合起来考虑，看它们是如何决定市场上一种物品的价格的。假定在完全竞争的市场中，商品的供给和需求的变动处于自发状态。在其他条件不变的情况下，现在以商品甲为例，在各种可能的价格下，消费者对商品甲有不同的需求量，而在各种可能的价格下，生产者有不同的愿意提供的商品甲的数量。

若在某一价格下，生产者愿意提供的产品数量多于消费者所要求的需求量，结果就会出现过剩，这些剩余的产品没人买；而在另一价格上，如消费者的需求量多于市场上生产者能提供的商品量，结果就会出现商品的短缺。这两种情况都会造成资源配置的不平衡，甚至浪费。

然而，在同一市场里，为了生产者和消费者都能够获得满意，商品甲的供给和需求将在消费者和生产者的行动下，自动地被推向供需均衡。直到商品甲在市场上的供给和需求在一定时期，在某个价格上，数量刚好达到平衡时，就形成了均衡价格。在这一情况下，供给和需求刚好都能满足，市场不存在剩余和短缺，此时，价格也不会再变动。

这时市场上最稳定的价格形成了，需求者和供给者都会以这个价格来提供或消费商品，结果，供给和需求最终共同决定了这个物品在市场上的价格。不过这种均衡状态会在需求和供给再次出现变动时被打破，然后均衡价格也将重新稳定。

在日常生活中，价格同我们息息相关，它的波动带动着我们消费金额的波动。当价格上涨的时候，我们手中的钱能买的东西就少了。当价格下跌的时候，我们所能买的东西就多了。在不同的情况下，我们可能会为价格的上涨抱怨，为价格的下跌欣喜，但大家是否仔细想过，价格具有哪些作用呢？

（1）价格是商品供求关系变化的指示器。价格的水平又决定着社会价值的实现程度，是市场上商品销售状况的重要标志。借助于价格，可以直接向企业传递市场供求的信息、不断地调整企业的生产经营决策，各企业根据市场价格信号组织生产经营。同时，价格可以调节资源的配置方向，促进社会总供给和社会总需求的平衡。

（2）价格水平与市场需求量的变化密切相关。一般来说，在消费水平一定的情况下，市场上某种商品的价格越高，消费者对这种商品的需求量就越小；反之，商品价格越低，消费者对它的需求量也就越大。而当市场上这种商品的价格过高时，消费者也就可能作出少买或不买这种商品，或者购买其他商品替代这种商品的决定。因此，价格水平的变动起着改变消费者需求量、需求方向，以及需求结构的作用。

（3）价格是实现国家宏观调控的一个重要手段。价格所显示的供求关系变化的信号系统，为国家宏观调控提供了信息。一般来说，当某种商品的价格变动幅度预示着这种商品有缺口时，国家就可以利用利率、工资、税收等经济杠杆，鼓励和诱导这种商品生产规模的增加或缩减，从而调节商品的供求平衡。

价值增值，克鲁斯选择继续去拍电影

位于巴黎的日本餐馆每天爆满，但是只要你去总是可以吃到新鲜的金枪鱼。他们是如何做到在每个夜晚都拥有适当数量的金枪鱼的？这都是因为价格。如果顾客开始订购更多的生鱼片开胃菜，餐馆老板就会和鲜鱼批发商签订一份更大数量的金枪鱼购货单。如果金枪鱼在其他餐馆也很受欢迎，那么它的批发价将一路飙升，这意味着在海里捕鱼的人从捕获金枪鱼中所获得的收入比以前更多。一些渔民认识到现在捕获金枪鱼比其他鱼类有更高的收益，所以他们会更多地捕捞金枪鱼而不是大马哈鱼。

同时，一些捕捞金枪鱼的渔民会延长打捞时间，或更换更昂贵的捕捞设备——这些设备现在可以从更高的捕捞价格中得到补偿。这些人并不关心巴黎餐馆规模的扩大，他们关心的只是金枪鱼的批发价格。

价格就像一个巨大的霓虹灯广告牌，它显示着厂商和个人重要的信息。厂商可以是卖热狗的小伙子，也可以是跨国公司管理者，他们都试图使其利润（销售总额减去生产成本）最大化。简言之，企业尽其所能赚取更多的钱。所以，我们得到另一个关于生活问题的答案：为什么企业家要走到路那边去？因为在路那边，他可以赚更多的钱。

企业投入资源，如土地、钢铁、知识或垒球场等，并以某种方式组合它们以增加价值。这一过程可以十分简单，但也能十分复杂。一个赢利的企业就如同一个厨师，将价值30美元的食材烹饪成价值100美元的佳肴，利用其天赋创造出的价值远远大于投入。这并不是一件容易的事。企业必须决定生产什么、如何生产、生产多少，以及以什么价格出售产品——所有这些都与消费者作出消费选择一样，面临着不确定性。

赢利机会对企业的吸引力就像血对鲨鱼的吸引力一样，尽管需要安装防弹玻璃。我们寻求大胆的赚钱新方式；如果失败了，我们转而投向为别人赚大钱的事情。每时每刻，我们都在利用价格估计消费者的需求。当然，并非所有的市场都容易进入。

企业要获得更大的市场竞争优势，必须通过资本投资实现增值。个人也是如此，短期目标可能还是以获得更高的市场价格为主，但是从长期来看，还是要把实现个人价值的保值和增值放在首位。

为什么汤姆·克鲁斯不去推销汽车保险？因为那是对他特有天赋价值的巨大浪费。作为一个魅力超凡的男人，他会比一般推销员销售更多的保单。但是，他也是世界上为数不多的、能为电影打开销路的巨星。这意味着，世界上数百万人会仅仅因为某部电影里面有汤姆·克鲁斯而愿意观看，在充满风险的好莱坞电影行业中，这也就意味着财富。所以，为了让汤姆·克鲁斯担任某部电影的主角，电影公司愿意慷慨地支付给他大约2000万美元的片酬。

保险代理商也愿意雇用颇具魅力的克鲁斯，但报酬很可能只有20000元。汤姆·克鲁斯肯定会利用自身的价值为代理商创造价值，但是商家给出的报酬显然要低于他所能创造的最大价值。相比之下，在好莱坞他不光可以获得最高的报酬，而且他能够使价值增值最多。

固然，对于汤姆·克鲁斯而言，代理商给出的价格远没有电影公司给他开出的价格高是造成克鲁斯选择电影业而不是做推销员的原因之一。但是即使在代理商出价更高的情况下，克鲁斯从自己的长远发展来看也应该选择后者。

中国品牌研究院发布了《中国个人品牌价值百强榜》。该榜单的评测对象为中国内地公众人物，范围包括企业家、运动员、演员、主持人、导演、作家、经济学家、社会活动家等。

排在这一榜单前30名的全部为企业家，平均个人品牌价值达7448万元。联想控股总裁柳传志、海尔CEO张瑞敏、国美董事长黄光裕、苏宁董事长张近东、网易创始人丁磊、TCL董事长李东生、盛大董事长陈天桥、百度CEO李彦宏等个人品牌价值过亿。

除了名人、企业家，其实“品牌价值”对于身在职场的每个人都有着非常重要的作用。它会体现在你的升迁、跳槽、人际关系等诸多方面。

对于职场人士来说，在职场发展，姓名不仅仅是一个代号，而是包含了知名度、美誉度、雇主满意度和忠诚度的品牌，是个人谋求职业生涯发展过程更大成功的通行证和开门密码。对于职场中人来说，自己的品牌价值就如同产品质量和产品品牌美誉度之对于产品一样至关重要。

如同产品一样，要形成知名品牌，提高品牌价值，就必须有过硬的质量作为基础。一方面是职业能力、个人业务技能上的高质量。超凡的工作技能是个人品牌的核心内容。在工作场所，能力不强的人想建立个人品牌是很困难的，就像一个产品，客户服务再好，如果三天两头出现问题，也会让客户下次避而远之。另一方面是指职业精神，这是可信度的保证。“酒香不怕巷子深”，这句老话在当今竞争激烈的职场早已不再适用。如同明星要增加知名度必须不断出席活动、在媒体曝光一样，要想在职场树立自己的个人品牌并提升其价值，要学会推销自己，把自己当做商品来主动宣传，把职业含金量表现出来。

第三篇

要素有限，生产无限

第一章　比尔·盖茨的劳动力

世界上只有一个比尔·盖茨

比尔·盖茨又开始打他们家房子的主意了。37000平方英尺的房子有一个20人座位的剧院、一个接待厅、一个可容纳28辆车的停车场和一个室内蹦床，以及各种由电脑控制的小家电，例如只有当打电话的人在房子附近时才会响的电话。他这栋在1997年就价值1亿美元的豪宅时至今日，显然不能满足他的需要——在他看来房子已经不够大。这位著名的世界富豪现在准备将它重新装修。根据华盛顿州梅迪纳市郊规划委员会的文件，盖茨和他的妻子想为他们的孩子再增加一间卧室和一些可供玩耍和学习的地方。

在很多人还过着蜗居生活，为自己的未来打拼的时候，钱对于这位已经拥有500亿美元家产的富豪而言根本不算什么。这对于盖茨这样的人而言是有好处的。因为当钱已经不能够满足这些富人们的需求的时候，他们就会渴求通过增加其他物质上的支出来满足自己的需要，如有人拥有千万豪宅、室内蹦床和私人飞机。相比于富人，一些美国人的境况却很艰难。在美国史上最长的经济繁荣期结束之时，许多美国人还缺乏生活必需品；一些买不起房子甚至租不起房子的人只能在车站的卫生间里过夜；大约有11%的美国人还处于贫困中，5个美国儿童中有一个（大约40%的黑人儿童）身处其中。当然，美国这种情况要比1993年的15%的贫困率有很大的改善，而且总体而言，美国还是富裕的。而相关数据显示，在第三个千禧年到来之时，世界上大多数人口（大约30亿人）将极度贫困。

富有与贫穷——极为鲜明的对比，不光美国如此，世界也是如此。为什么比尔·盖茨比睡在废弃水泥管道里的人富裕那么多?

以经济学家的眼光来看，造成这种情况的主要原因在于“人力资本”。人力资本是蕴藏在个体中的技能的总和：教育、智力、魅力、创造力、工作经历和创业精神，甚至是打垒球更快的能力。如果有人夺去了你所有的东西——你的工作、你的金钱、你的家、你的财产——仅留下你穿在身上的衣服，让你留宿街头，那么，人力资本就是你剩下的一切。即使微软破产了，盖茨的财富被没收了，其他公司仍会请他当顾问、董事、首席执行官、激情演讲者；当史蒂夫·乔布斯被他所创立的苹果电脑公司解雇之后，他创立了皮克斯公司，后来苹果电脑公司又聘请他做首席执行总裁的职位；就算老虎·伍兹突然变得身无分文，但是如果谁借给他高尔夫球杆，他在周末前就能赢得比赛。

劳动力市场与其他任何市场没有什么区别，对某些才智的需求要比其他多一些。技术越是独一无二，越能给他的主人带来回报。对于真正拥有技术（并不单指严格意义上的技术，也包括其他的个人能力）的人，无论在怎样的情况下，贫困或者富有，寄人篱下或者自己创业，总是能够在复杂的市场中获得机会。在美国，谁是富有的，至少是生活舒适的？软件程序员、外科医生、原子能工程师、作家、会计、银行家和教师。有时，这些人具备与生俱来的天赋，但通常情况下，他们是通过专门的培训和教育而获得技能。

正如市场经济的其他方面一样，某项技术的价格与它的社会价值并无必然联系，只与稀缺性有关。拥有人力资本的关键就在于把自己打造成为独一无二的存在。只有当你拥有了一门独特的技术，成为“稀有物种”，才能获得自己的个人价值，从而获得认可的社会价值。亚历克斯·罗德里格斯为得克萨斯游骑兵打10年垒球可以赚2.5亿美元，因为他的击球速度超过每小时90英里，比别人更有力，也更容易打出好成绩。一个罗德里格斯就可以帮助游骑兵赢得比赛，从而带来门票、商品销售和电视转播等收入。实际上，整个地球上没有人能和他媲美。

就少数幸运者而言，他们的名气使其收入达到天文数字。比尔·考斯比这样的娱乐明星、迈克尔·乔丹这样的篮球明星、惠特尼·休斯顿这样的歌星，甚至那些为总统做顾问的学者都从他们的服务中赚取了惊人的收入。

人力资本是职场的通行证，那么如何才能使自己获得较高的人力资本呢？像其他各种投资一样，从建立工厂到购买一张债券，今天用于人力资本的投资，在将来会产生回报——一个非常高的回报。学习就是一个很好的使人力资本增值的过程。调查显示，大学学费的回报率大约为10%，意思说如果你今天将钱投到大学学费中去，你有望赚回那笔钱，并且，你的年收入还会高出10%。通常而言，华尔街很少有人能作出比这更好的投资。为什么印度是世界上最穷的国家之一呢？主要是因为有35%的人口是文盲，而在10年前，这个数字是令人震惊的50%。

5亿个头脑是一笔巨大的财富

比起只能生产10碗牛肉拉面的国家，能做出100碗的国家才是富国；比起只能制造100辆汽车的国家，能制造出辆1000辆汽车的国家才是富国。对此任谁都无法否认。人们明白致富之路重要的是资本。所以开始很努力地储蓄，然后，再利用那些钱制造出顶尖高科技工业机器。

然而，要想吃到好吃的鲁菜，就得有厨艺高超的大厨；要收听到优美的音乐电台节目，需要有技艺精湛的制作收音机半导体的师傅；要想制造出具有流线感、反应良好的奥迪A6，就得有极富想象力的设计师。不论鲁菜、半导体，还是奥迪A6，这些东西背后都凝聚着无数的人的血汗。如果没有挥汗工作的劳动力，任何形态的物质性的富有都是不可能实现。因此，劳动力就是希望！

好的劳动力可以转化为人力资本，是个人深度价值的体现。人力资本的内涵比赚取更多的钱要丰富得多。它使我们成为更好的父母、更明智的投票人，对文化艺术有更高的鉴赏力，更能享受生活的成果。它使我们生活更健康，因为我们吃得更好，运动得更多（同时，好身体是人力资本的一个重要因素）。受过教育的父母更可能在他们的孩子上学之前将他们放在汽车座位上，教他们认识颜色和字母。在发展中国家，人力资本的影响更加深刻。经济学家发现，在低收入国家，如果妇女多上一年学，那么她的孩子在5岁前夭折的可能性会下降5% ~ 10%。

所有的资本形式——物质资本（例如机器、工厂、金融资本）和人力资本都是重要的，但人力资本最重要。事实上，在现代经济发展中，人力资本在创造财富和经济增长中是最重要的资本形式。一个社会中的人力资本总量，决定了我们整个社会的生活状况。经济学家加里·贝克尔因在人力资本方面的研究而获得诺贝尔奖，他认为教育、培训、技能，甚至个人健康为现代经济创造了75%的财富，财富创造来源并非钻石、高楼、石油或高档皮包，而是我们大脑中所有的东西。

一国的人力资本水平与该国的经济福利密切相关。同时，生活水平和自然资源之间缺乏显著的相关性。像日本和瑞士这样的国家，尽管相对缺乏自然资源，但它们却在世界富国之列。与之相反，像尼日利亚这样的国家，大量的石油财富却与这个国家的生活水平没有什么关系。在某些情况下，非洲的矿产资源还被用于为血腥的内战提供资金，如果不这样做的话，战争就会停息。在中东，沙特阿拉伯拥有最多的石油，但没有自然资源的以色列却有最高的人均收入。

美国之所以富裕，是因为美国生产率高。我们今天比人类文明史上任何时期都生活得更好，因为我们比过去更善于生产商品和服务，包括医疗保健和消遣娱乐这类东西。总而言之，我们工作更少而生产更多。1870年，一个普通家庭需要劳动1800个小时才能获得一年的食物供给；今天，这个家庭只要260个小时的工作。在走过20世纪的历程中，每年平均工作时间已经从3100个小时下降到1730个小时。即使与墨西哥开展自由贸易，美国的工人也不担心会因此失去饭碗。聪明的企业老板心中自有一笔清楚的人力资本账单：美国工人受的教育更好，美国工人更健康，美国工人更容易得到资本和技术，美国工人有更高效的政府机构和更好的公共基础设施。在很多情况下，美国工人比墨西哥工人生产得更多——美国工人具有极高的效率。当外国工人的工资只有美国工人的一半左右时，美国工人仍然能够通过较高的人力资本和他们竞争。因此，虽然普通墨西哥工厂的工人工资比美国工人的工资少很多时，一些企业仍然会选择留在美国而不到墨西哥去。

当然，在有些产业中，例如纺织和制鞋，美国工人的生产率相对于他们的工资还不够高。这些行业需要低技能的劳动力，这种劳动力在美国比在发展中国家更昂贵一些。越南农民能否缝制篮球鞋呢？能，而且工资比美国的最低工资低得多。

有个名词叫做潜在GDP，这个东西呈现的是一个国家的资本、劳动力，以及科学技术可能制造出来的最大物质财富。换句话说，它是一个国家的生产或供给的能力。如同"潜在"这个用词所象征的，潜在GDP并不是实际完成的东西，而是指未来能够生产的量。

如果印度有5亿人变得更有生产效率，而且逐步脱贫成为中产阶级，那么对美国有什么影响呢？美国将变得更富裕。当前仅靠每天1美元维持生活的贫困乡村居民，买不起软件、汽车、音乐、书和一些农产品。如果他们更富裕，他们就买得起。同时，那5亿人中，有些人的潜力由于缺乏教育而在目前被浪费了。他们如果能够生产出比美国更优质的产品和服务的话，那么美国人民的生活将变得更好。在这些接受教育的农民中，有人可能会发现艾滋病疫苗或逆转全球变暖的方案。用联合黑人学院基金会的话说，浪费5亿个头脑是一笔巨大的损失。

人力资本是企业最大的资本

为什么人力资本在现在变得如此重要？首先，人力资本与经济学中最重要的概念之一——生产率紧紧联系在一起。生产率是我们将投入转化为产出的效率。它表示在制造东西时，我们做得有多么出色。

底特律汽车工人制造一辆汽车要2000个小时，还是210个小时呢？山东的农民每亩土地上能产出3000斤玉米，还是5000斤玉米呢？生产率越高，我们就越富有。原因很简单：每天只有24个小时，在24个小时内，我们生产得越多，消费也就越多。生产率在一定程度上受到自然资源的限制——在山东青岛种小麦比在东北延边种小麦更容易——但是，在现代经济中，生产率更受科技、专业知识和技能的影响，这些都是人力资本的功能。

那么什么是人力资本投资？学生上大学时，她每年要交1万块钱的学费，所放弃的收入我们称为机会成本，每年为3万块钱。上大学真的划算吗？有证据表明它是划算的。作为这笔很大的投资的回报，一个大学毕业生每年的收入要比一个高中毕业生多10000美元或更多，而且在过去15年中，大学教育的回报上升的幅度很大。在20世纪70年代末，一个大学生比一个有相同背景的高中毕业生工资要高45%，10年之后，工资差异扩大为85%。在现今的服务经济中，各公司处理的越来越多的是信息而不是原材料。在经济中，大学学到的技能是得到一份高薪工作的先决条件，而一个高中没毕业的学生在职业市场中一般说来处于非常严峻的不利地位。

近期数据表明，在美国，一个大学毕业的18岁男子，到65岁时大约能挣450万元（1996年价格和收入水平计算），而他的一个仅高中毕业自同龄人大约只能挣270万元，没能读完高中的人一生，人均仅只能挣180万美元。

人们经常提到运气在决定经济环境中的作用。但正如路易斯·帕斯特所指出的，“机会只偏爱有准备的头脑”。在一个技术日新月异的世界，教育能教人理解新的环节并从中获利。可见，人力资本对于个人发展有着极为重要的影响。而对于企业来讲，人力资本就是企业最大的资本。

在对贫穷国家工厂员工过剩原因的分析中，我们似乎可以清楚发现，首要影响因素就是工人的生产率。但要解释低工资率国家为什么会在生产中雇用过多过剩的劳动力并不是一件容易的事。孟买棉纺厂的工人工作强度较小，且往往敷衍行事。在这种情况下，为了使投资资本产出最大化，工厂主往往不得不为每台机器配备更多工人。很快管理人员发现他们工厂的员工过剩了。在随后而来的激烈的行业竞争中，很多棉纺织厂都遭受了损失。

在一个竞争性的劳动力市场，工人会根据劳动量的大小选择相应工作。对劳动量要求较高的企业需要支付更高的工资。因此，考虑到孟买工人的能力和工作意愿，孟买的企业很可能基本都选择了最优的工资－工作量组合。如果企业希望工人工作更卖力，那么它们就得支付更高的工资。

制造商们很清楚，之所以给工人分配较小的工作量，主要是因为如果工人们照看更多机器，那么每台机器的产出会下降。事实上，在 1908 年，有个制造商在对工厂委员会的证词中说道："每台织布机只有一个人照看，这是因为，如果一个工人要照看两台织布机，那么织布机的生产能力就要损失 1/4。他们会将织布机停机而不是交给照看另一台织布机的工人。"

从 20 世纪 20 年代和 30 年代孟买棉纺织行业的大量的经验中我们可以清楚发现，劳动力雇佣问题是最大的困难。另外，从印度工厂雇工的情况可以看出，印度工人的态度和行为的确与高工资率国家的工人存在差异。

人力资本的价值在古典经济学中虽已受到注意，但直到 20 世纪 60 年代知识经济的兴起，美国经济学家、现代人力资本理论的奠基人舒尔茨才开始真正重视人力资本在经济发展中的意义。

曾获诺贝尔经济学奖的美国著名经济学家舒尔茨指出，在半个多世纪的美国经济增长中，物资资源投资增加 4.5 倍，收益增加 3.5 倍；人力资源投资增加 3.5 倍，收益却增加 17.5 倍。据我国经济学家统计，我国增加 1 亿元人力资本投资，可带来次年近 6 亿元的 GDP 增加额，而每年增加 1 亿元物质仅能带来 2 亿元的 GDP 增加额。舒尔茨曾说，人的知识、能力、健康等人力资本的提高对经济增长的贡献远比物质、劳动力数量的增加重要得多。

全美最受尊崇的通用公司 CEO 杰克 · 韦尔奇自 1981 年入主通用，在短短的 20 年时间里，通过实施一系列人力资本管理与竞争变革，使通用这个百年老企业重新焕发出新的活力，公司排名也从世界第 10 位上升到第 2 位，成为全球最具竞争力的跨国公司，这就是人力资本的价值。

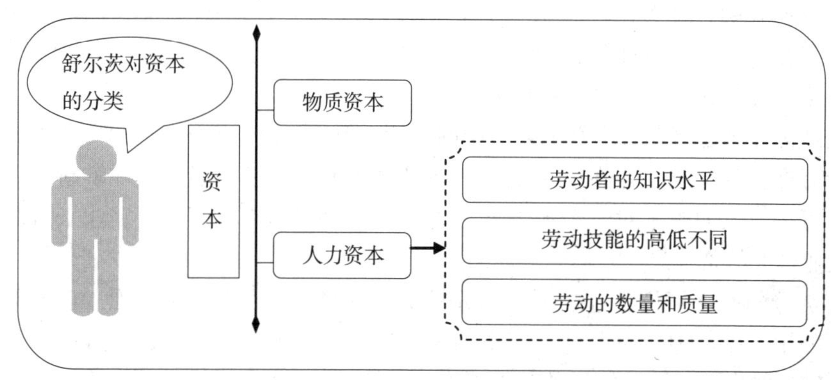

重视人力资本的管理，对一个企业来说至关重要。对于个人而言，注重人力资本的投资，才会有较高的回报。

人力资本对于个人来说十分重要：要找一份好工作，在很大程度上会受到你教育水平与经历的影响。受教育的程度越高、个人经历与阅历越丰富，在其他条件相同的情况下，你就会比别人更容易获得一份好工作。很多人都知道，在美国想要找一份好工作，在很大程度上会受到你教育水平与经历的影响。

当工作中缺乏专业知识时，就要求我们时时刻刻增值自己的人力资本。很多人在学校里学的是基础学科，应用性不强，专业知识的短缺直接影响到当前的工作；或者，随着工作的深入，自己在专业知识方面感觉越来越吃力。如果再不及时参加培训，就会影响自己的工作信心、业绩和职业发展前景。这个时候就应该选择一个与从事职业相关的专业，赶紧充电补课，以补充自己的专业技能，从而尽快提升自己的价值，增加自身的职场竞争力。当需要更新知识结构时，需要及时充电。

一般工资水平与劳动工资差异

辛迪·克劳馥，这个16岁还在路边卖玉米的小姑娘，经过自己的努力成为年收入650万美元的超级名模，《财富》杂志将她评选为20世纪收入最高的模特，但奇怪的是，对于同样的超级名模，如果是男的，不仅知名度低，而且收入也无法与女模特相比，这是为什么呢？

经济学家研究发现，就如同小麦和地租的关系一样，模特们的收入与时装的销售额密切相关。在全球任何一个地方，女人花在衣服上的钱远远高于男人，这也为女装公司带来了高额的利润，为了扩大他们的品牌，女装公司自然愿意向模特支付更高的工资。但是，男人们在选择服装时往往很少关注模特们的广告，因此男模特的收入就会低很多。

劳动的确是一种极为特殊的商品，因为人是有头脑、感觉和意识的动物，很多因素都能提高劳动的绩效。研究发现，如果公司将员工的工资设定到较高的水平，可以为公司带来了许多潜在的好处。

美国经济学家斯蒂格利茨曾指出，“工资等高线”能够影响劳动强度，如果人们认为他们得到了公平对待，他们不仅会有工作满足感，并且能够更卖力地为雇主工作。相反，当等高线被破坏的时候，员工就会感觉到不公平，出现离职和消极怠工的情况，低工资绝不等同于廉价劳动力。

劳动不是抽象的生产要素。经济，说道底，还是一种组织体现形式：为那些既是消费者又是工作者的人服务。正是由于这个原因，我们才关心人们工作的质量和数量，失业率也才成为社会所关注的中心话题。劳动市场，也叫“劳工市场”，往往是利益争端、社会冲突和政治骚动的源泉。过去的一个世纪世人目睹了劳资双方在工资水平、工作条件和组织权力等方面的长期而又激烈的斗争。现在，妇女和少数民族也在为更好的就业机会和更加公平的工资报酬而奋争。

在分析劳动的收入时，经济学家经常考查平均实际工资（real wage），它代表1小时工作所得的实际购买力，或是除以了生活费用（指数）的货币工资，这就是所谓的一般工资水平。用这个标准来看，现在大多数国家的工资水平要比100年前好很多。以美国为例：

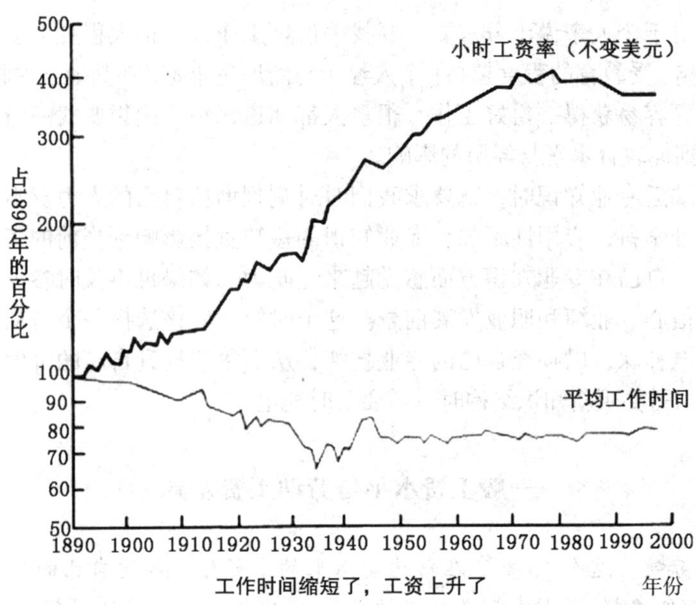

工作时间缩短了，工资上升了

图中显示的是作了通货膨胀调整之后的平均小时工资和每周平均的工作时间，可以明显看出美国劳工今天比100多年前生活得要好得多。随着技术进步和资本商品改善，美国工人的工作时间缩短，但工资却上升了。在过去20年中劳动生产率的增长放慢，实际工资的增长也放慢了。

劳工生活水平显著改善的成就几乎在每一个工业国都可以看到。西欧、日本和东亚新兴工业国的劳工在食品、服装、房屋等方面的购买力，还有健康水平和寿命等，长期以来都在稳步地提高。在欧洲和美国，这种增长始于19世纪初，它是工业革命和社会技术变革的伴随物。而在那以前，实际工资虽然不时升降，但长期看并无明显的增长。

西欧各国、日本和美国是高工资国家，而印度小时工资仅是美国的很小一部分。一般的工资水平是由供求决定的。在供求背后还有劳动、资本和资源的相对丰富程度和劳工技能以及技术等因素。所有这些因素都影响着边际生产率的高低。

地区	制造业的工资和福利（美元/每小时，1995）
联邦德国	31.88
日本	23.66
美国	17.20
意大利	16.48
英国	13.77
韩国	3.25
墨西哥	1.51
印度	0.71

各国的一般工资水平差异巨大

这个分析也可以帮助解释为什么像韩国和泰国这样的亚洲国家的工资上升得很快。

这些国家和地区将其产出的很大一部分用于教育、新资本品的投资和进口最先进的技术上。结果这些国家和地区的实际工资在过去20年中增加了1倍，而在那些投资和经济政策设计得不那么好的国家，工资水平就一直处于停滞状态。

讨论一般工资，对于比较不同国家和不同时期的工资水平很重要。不过我们还经常希望理解工资的差异问题。实际上人们的工资差别很大，普通工资就像普通人一样难以定义。汽车公司总裁一年挣400万美元，而办事员仅挣15000美元；农场工人挣12000美元；医生的收入是一个救生员的15～20倍，虽然两者的工作都是拯救生命。在同一工厂内，熟练技工每周挣500美元，而没有技术的门卫只挣200美元。妇女一周挣300美元，而同等能力的男子挣400美元。

工资差别悬殊还表现在各种不同的产业中。小型的非工会化部门，如农业、零售业中工资偏低，而在制造业中大企业支付的工资是前者的两倍。此外，在大的产业部门之间工资差异也很大，这取决于劳工的熟练程度和市场条件等因素。快餐工人的收入比医生少得多，虽然他们都提供服务。

造成工资差异的一个非常重要的原因是人力资本数量的差异。人力资本依靠教育和训练——在现代经济中至少与以厂房和机器形式体现的实物资本同样重要。不同的人“包含”人力资本的数量非常不同，具有更多数量人力资本的人一般会通过生产具有更高价格的产品来产生更大的边际产品价值。所以人力资本的差异解释了工资的实质差异。具备高水平人力资本的人，例如熟练的外科医生或工程师，通常都有很高的工资。

意识到正规教育并非人力资本的唯一来源也很重要；工作中的训练和经验也是非常重要的。这一点在1999年国家科学基金会关于男性和女性工程师收入差异的一份报告中得以证明。对男女收入差距的关注引发了这项研究：平均而言，获工程学学位的男性比获同等学位的女性收入高25%。研究发现，从事工程工作的女性年龄平均比男性小，而且她们的经验比男性同事少得多。根据研究，这种年龄和经验上的差异在很大程度上解释了收入的差异。工作年限和经验上的差异能够在一定程度上解释一个值得注意的问题：在所有的种族中，任一个特定教育水平上女性的收入中位数都少于男性。

但强调这一点也很重要，即由于人力资本差异而产生的收入差异不一定“公平”。在某个社会中，非白种人的小孩通常因为居住在没有经费的学区而受很少的教育，然后因为受教育少而继续赚取低工资，而在这样的社会中也许有充分符合边际生产率理论的劳动市场。但仍有许多人认为这种收入分配结果不公平。

第二章　微软的获利资本

即便称为资本，也各有千秋

在经济学意义上，资本指的是用于生产的基本生产要素，即资金、厂房、设备、材料等物质资源。广义上，资本也可作为人类创造物质和精神财富的各种社会经济资源的总称。资本按照不同的分类方式可以被分成许多种类：

分类方式	资本形式	
资本存在形式	货币资本	实物资本
资本来源	外国资本	国内资本
资本用途	直接生产资本	公司间接资本
……	……	……

资本的分类众多，现在我们将各种机器与设备统称为资本。最广泛的资本分类就是把资本分为货币资本和实物资本。货币资本是指生钱的钱。首先，我们来看货币资本：

假设在你的口袋里有10元钱，拿这笔钱去买个面包来吃，这10元就只不过是10元；把面包吃进肚子里，会因为感到饱足感而心情愉快，但是经过几个小时的消化，随着面包的排泄而出，这10元也就沦落到厕所的马桶里；如果拿着这10元钱去采购面粉，做成面包拿去卖，这10元就不再只是平凡的10元而是会生钱的钱，就变成了真正意义上的货币资本；用10元钱的面粉做成面包卖15元的话，扣除10元还多出5元，这5元就是通过资本流转而获得的利润。这时候所说的资本正是货币资本。

实物资本和货币资本一样都是用来生钱的资本。例如说，有一辆休闲旅游车在你眼前。如果你只是把它当做出去游玩时的代步工具，那么这部车就只是平凡的消费品，不过就是用来消费的东西；如果这部车子是用来载送客人赚钱的，那么这部车子就不再只是消费品，而是资本——因为它在赚钱。通过此过程达到生钱的目的。

一般来说，在经济学上所指的资本是实物资本，也就是生产资料。

资本依据它的主体是谁而分成国内资本和外国资本。国内资本指的是本国人的资本，而外国资本则是指外国人的资本。外国资本又称"外资"。改革开放招商引资引进的就是"外资"。具有代表性的外国资本有"借款"与"外国人直接投资"。

简单地说，借款是指向外国借来的钱。当今非洲一些发展中国家，在发展经济时的主要资金来源就是借款。他们通过向外国借钱买铁锤和铁钉来盖工厂，工厂盖好之后，接着购买各种机器，雇用劳工，制作鞋子和衣服再加以外销。等赚了钱就开始还债，再利用多余的钱采买生活上需要的各种农产品或进口石油，改善国民物质资源贫困的现状。借款是面双刃剑，通过借款，国家可以实践自己富国的战略计划，但同时借款又意味着给国家的经济发展带来了很大的风险——外债过多对于国家的政治决策会存在一定的影响，如"经济附属"问题。同时，外债过多对于自己国家经济方针的制定存在一定的干扰。

美国或日本绝不可能无条件借钱给他国，虽然他们并不等着收利息，但会一一干预这笔钱的去处和用途。有时甚至显示出愿意借钱给对方的温和姿态，暗地里却悄悄施压，要求购买该国的机器。多数国家的实践证明，外债不是发展本国经济十分行之有效的方式。南美各国通过借款致富的策略失败，反而受制于外债，就是最好的反面教材。

外国资本投资又可以分为直接投资和间接投资。外国人的直接投资基本上以投资固定资产（直接设立工厂），以及购买基本企业股参与经营的方式。外国人间接投资并不参与经营，而是以短期利润为目的投资股票或债券。

对于外国的资本投资，存在两种截然不同的意见。

一般而言，赞成者认为，一旦外国人在国内盖了工厂就会需要劳工，在他们雇用劳工之后，可以降低本国的国民失业率，进而可能提高国民收入，国家也就增加了富裕的机会。除此之外，向外国借款的情况之下，就必须是借了多少就得还多少本金；还要外加利息，但是让外国人在国内直接投资盖工厂，运转机器，根本不需要利息，更不用偿还本金。简直可以说是一石二鸟。还有，他们在国内设立工厂、引进尖端机器，那些在工厂工作的劳工，就能在不花半毛钱的情况之下，吸收国外尖端的技术。光看得来不易的尖端技术，让外国人直接投资就是稳赚的生意。

另一方面，也有很多人以否定眼光看待外国资本投资。根据这一群人的看法，外国人在国内盖工厂、引进高科技机器固然好，但是从长期的角度来看，这样的情形终归会让国内经济成为他国的附属。外国人在国内盖工厂，而工厂所需要或机器，不用说都是引进外国的产品。如果让这样的情形持续下去，国内的经济慢慢地将会附属于外国企业，等到回过头来想要抽身便为时已晚。不只是机器，连技术都是外国企业给予的，久而久之会失去自立的本能，难以靠自己生存的状态也就是变成了完全附属。

直接生产资本是指诸如铁锤或机器等对生产有直接助益的资本。例如：不管是制作年糕专用的机器，还是料理年糕用的瓦斯炉，都是有直接收益的资本。社会间接资本则是指对生产产生间接助益的资本，像电气设备、瓦斯设备、道路等，都属于社会间接资本。

想想看，要是没有电，就得靠人工转动制作年糕的机器。这么一来，明眼的人都看得出来，一天年糕的产量会快速缩水。还有如果连瓦斯也没了，还得烧炭火来煮年糕，如此一来客人会因为店里呛鼻的烧炭味而不再上门消费。不只如此，要是道路不通，导致原料无法及时送达，就只能坐着干着急。像这样，如果社会间接资本不健全，就会影响午糕的产量。

社会间接资本虽然并没有直接的影响性，但是对于增加国内物质方面的富裕却是不可或缺的资本。如果国内的电气、道路等社会间接资本健全，那么生产所花的费用一定会减少，因此所需基本设施的成本就可以大大降低。此外，随着生产费用的减少，国内商品在国际间的竞争力相对地会提高。产品的竞争力提升了，外销订单自然就会增加。如此，社会间接资本对于商品的供给与需求来说，扮演着非常重要的角色。

无所不在的资本市场

资本市场也称“长期金融市场”、“长期资金市场”，是期限在一年以上各种资金借贷和证券交易的场所。资本市场上的交易对象是一年以上的长期证券。因为在长期金融活动中，资金期限长、风险大，具有长期较稳定收入，类似于资本投入，故称之为资本市场。

本质上，资本就是财富，通常形式是金钱或者实物财产。资本市场上主要有两类人：寻找资本的人以及提供资本的人。寻找资本的人通常是工商企业和政府；提供资本的人则是希望通过借出或者购买资产进而获利的人。

资本市场只是市场形态之一。市场由卖方和买方构成，有时候在现实的空间里，例如农贸市场或者大型商场，有时候在电子化的环境里。金融市场就是交易金融产品的市场。例如，货币市场是给各国货币确立相互比价的，市场参与者通过交易各种货币满足需要或者进行投机。同样，商品期货市场和资金市场也是为了满足参与买卖的双方的不同金融需要。

资本市场从出生起就伴有极大的不确定性，因而资本价格在市场中的起伏波动便是极为正常的现象：

现今的花匠会对17世纪荷兰郁金香根的价格感到惊讶。每一次郁金香的价格上升到相当于今天的16000美元。然而，郁金香的黄金时代没有持续很久，到1637年，郁金香根价格下降了90%以上。这样急剧的价格波动绝不意味着是一次历史上的怪僻之事。在1973～1980年之间，黄金价格从98美元上升到613美元，上升了525.5%；然后，从1980～1985年，它下降到318美元。在1977～1980年之间，种植郁金香的农田价格上升40%，仅仅从1980～1987年，又下降了60%。

1987年10月19日，美国股票市场上价格骤然跌落。在那一天，美国公司股票总值下降了5万亿美元，差不多下降了25%。甚至一场重要战争都没能在一天内摧毁美国资本股票的1/4。但是，不论是战争或是任何外界的事件都不足以解释1987年的下跌。

某些资产（如股票、黄金、石油和农田）的价格在1965年和1990年间急剧变化。这些价格波动可以在下图中的四幅图形上看到，这些图显示了四种资产价格是怎样上升和下落的。如果你在较低点购买，并在较高点出卖，你可能会发财；但如果你在较高点购买，而在较低点出卖，你可能很容易就会破产。

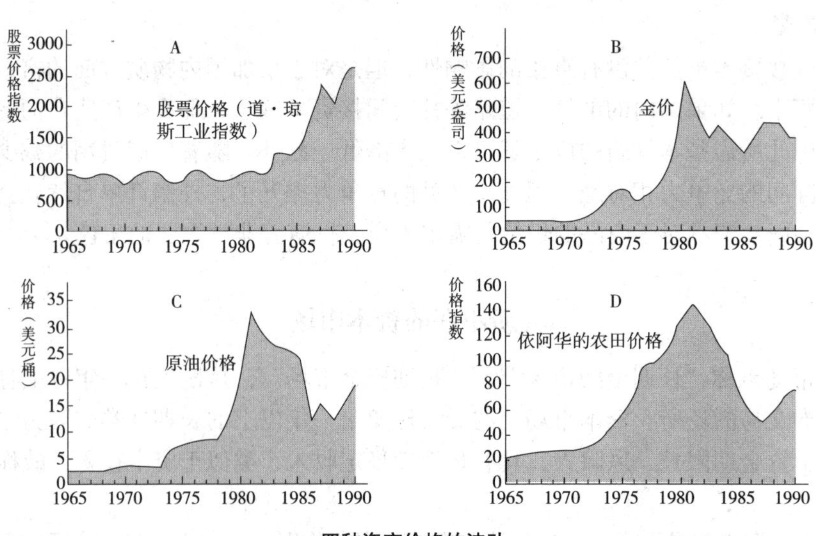

四种资产价格的波动

前面的需求和供给的模式如何解释这些巨大的价格波动呢？这些物品的供给曲线在这样短的间隔里肯定没有大的移动。这些物品的用途突然扩大，然后又收缩，从而使需求发生某些巨大变动，这种说法似乎也说不通。

上述事例中的物品不像蛋卷冰淇淋、报纸或任何其他主要由消费者当前的需求来决定价格的物品。黄金、土地、股票，甚至 17 世纪荷兰的郁金香根都是资产的代表物。资产具有长期的寿命，从而可以在某一日期被买来，而在另一日期被卖掉。正因为这个原因的存在，个人愿意在当前为它们支付的价格，不仅仅取决于今天的条件，即当前直接的收益或好处，而且还取决于对明天条件的某些预期。特别是，还取决于资产在未来会值多少钱，以及它们能够被卖掉的价钱。

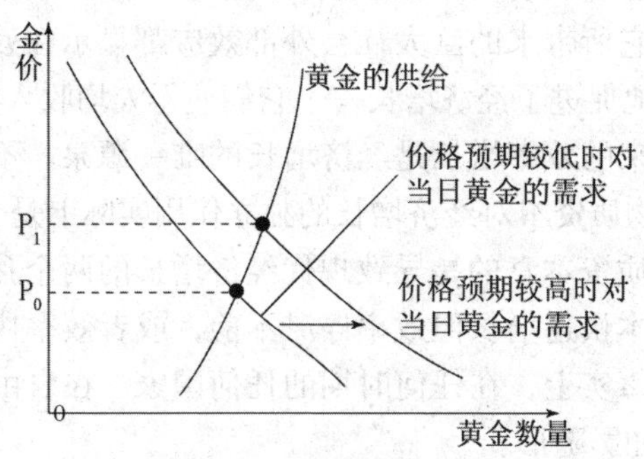

预期怎样使需求曲线移动

贴现值概念告诉我们，怎样衡量和比较所预期的将来的收益。因为某人今天愿意支付的钱的数额取决于他所相信的在将来能得到的收益的贴现值，所以，贴现值的变化会使需求曲线移动，如下图所示。贴现值的变化有两方面的原因。

第一，利率的变化。利率的提高会减少你所期望在将来得到的美元的贴现值。这可以在很大程度上解释近年来股票市场的剧烈波动（虽然并不是 1987 年 10 月崩溃的解释）。例如，利率提高经常伴随股票市场上股票价格的下跌，反过来也是同样。所以，精明的投资者都试图预测利率。

第二，因为对将来价格的预期是决定个人愿意在今天支付多少的一个重要因素，所以，当人们计划出售一项资产时，这项资产预期价格的变化将会改变贴现值。这又将导致需求曲线的移动。预期可以是剧烈波动的，而这种预期的剧烈波动在很大程度上可以说明资产价格的剧烈波动。

对一项资产的价格会在将来提高的预期可以引起需求曲线向右的移动，从而提高现行价格。为了解有关将来事件的预期如何影响现行价格，我们假设存在这么一个例子：

人们突然意识到，10 年后新的烟雾控制装置将使洛杉矶某些地区比现在更适于居住。结果，以未来为取向的人会认为，10 年后，这些地区的地价将升到远比现在为高的水平，比如说，每英亩（1 英亩等于 6.0720 市亩）100 万美元。但是，他们认为，9 年后，人们肯定会看出，在短短一年内，每英亩地就将值 100 万美元。因此，9 年后，投资者愿意为土地支付的数额将非常接近 100 万美元，即使在那时（9 年后）烟雾还并没有被完全消除。但是，同样的这些人也会认为，8 年后投资者就将认识到，在短短一年中价格将上升到几乎为 100 万美元的水平，并愿支付与此很接近的数额。如此向后类推，如果人们确信这些地区的土地价格在 10 年后会远比现在高，那么，现在它的价格上升显然是可以理解的。

因此，虽然今天人们的偏好、技术、收入和其他物品价格的变化不能说明资产价格的一些急剧变化，但是，有关将来任何这些变量的预期的变化都将在今天影响需求。资产市场是通过时间相互联系在一起的。因此，10 年或 15 年，甚至 50 年后将要发生的事件或预期要发生的事件可以对今天的资本市场有着直接的影响。

等待资本的不都是收益

工业革命以来的经济增长有两个相互独立的推动因素。其中最重要的就是知识资本投资导致的效率进步，它所带来的巨大社会外部效应都显示在残差中。但是物质资本和人力资本的投资也极大地促进了经济增长——它们使得人均收入实现了 30% ~ 50% 的增长。但事实上，创新带来的效率增长是经济增长的唯一源泉。不仅如此，它还促进了物质资本的增长。因此，物质资本对经济增长的独立作用实际上是个假象。

如果效率进步和物质资本真的是导致现代经济增长的两个独立因素，那么在有些国家就会出现人均物质资本快速增长但效率停滞不前，或者效率快速增长而人均物质资本几乎没有提高的现象。事实上，在任何时期的任何国家，在自由的市场经济中效率进步总是和资本存量的提高如影随形。

尽管资本存量很难衡量，但我们可以看到在这些国家，资本增长和效率进步之间具有很强的相关性。 当两个变量显著相关时，它们之间一定存在某种因果关系——效率进步一定是导致人均资本存量提高的原因。

在工业革命更早时期的狩猎社会，人们对土地以及资本品都没有所有权，在这种情况下劳动力所得就构成了全部收入来源。因此，人类历史发展的长期进程很可能呈现出库兹涅茨曲线的形态。带来稳定农业的新石器革命大大增加了各种资产在总收入来源中所占的比重，从而加剧了收入分配不均现象。但是，随着工业革命降低了土地这种资产的价值，劳动力这一要素成了收入的决定性源泉。因为劳动力这一要素对于每个人都是平均分配的且不会与人分离，它在现代社会中变得更为重要，这一趋势导致收入分配不均现象恶化。

难以想象，在工业革命中占有大量土地的地主并没有获利。事实上，土地的实际回报率在工业革命早期略微上升后就开始不断下降了。对此，可以从三个方面解释：

首先，很多土地密集型商品需求的收入弹性都很低。而现代社会中高收入消费者每天的消费量要比工业革命前工人的消费量低，因为卡路里消耗量与人们从事体力活动的强度成正比。在 19 世纪 60 年代，英国一些地区的男性农场工人（通常都比现代美国男性身材更小，体重更轻）每天要补充 4500 卡路里的能量。他们之所以要消耗这么多能量是因为一年中有 300 天他们都要每天从事 10 个小时的体力劳动。因此，尽管收入增加了，对于生产性用地的需求并没有相应扩大。

其次，农业生产率大幅提高了，尤其是节省用地的技术大大进步了。这样，尽管土地的供给基本是固定的，农业产出的增长速度还是比人口增长速度快。

另外，地下燃料（主要是煤和石油）的开采取代农业成了现代社会能源的主要供应源。通过开采在地下经历数千年形成并储藏的能源，我们的社会暂时可以大大增加土地的供给。比如，在19世纪60年代的英国，农场的年产出价值为1.14亿英镑。以当时消费者使用量衡量的年均煤产量价值6600万英镑，因此煤矿所提供的能量本身就已经极大地增加了农业部门的产出。

知识资本生产似乎在1800年前后开始增加，并给各国经济带来了大量的外部收益。它使得各国的效率提高了，而物质资本和人力资本也增加了。

工业革命以来发明家们往往很难从他们的发明所带来的生产率进步中获取收益。工业生产中所使用的资本的回报率通常都要超过资本收益的市场水平。但工业生产资本的收益率之所以更高似乎是因为各公司能够制造行业进入壁垒，而不是来源于该行业的生产率进步。而行业壁垒通常都与技术进步没有多大关系。影响行业壁垒的因素更多地在于规模报酬递增或者通过广告制造品牌效应的能力等因素。

1770 ~ 1870年间，棉纺业的效率增长要远远高于其他行业。但由于该行业较高的竞争性，以及当时的专利制度无法有效保护大多数科技进步，该行业的利润率较低，而新竞争者层出不穷。

尽管由于纺织业的竞争性，工业革命的第一次创新浪潮并没有带来超额的利润，而发生在铁路领域的第二次浪潮似乎带来了更多机遇。铁路是一种具有规模经济的技术。首先，必须用铁轨把两个城市连接起来，而一旦铁轨建好，想要进入该领域的竞争者就必须至少另外再建一条铁轨。由于大多数城市之间很难支撑多条铁路，排外性以及由此带来的利润似乎就不可能产生了。

1830年利物浦和曼彻斯特之间成功修建了一条铁路（到19世纪40年代该铁路的股票以相当于票面价值2倍的金额售卖），引发了长时间对铁路的投资风潮。

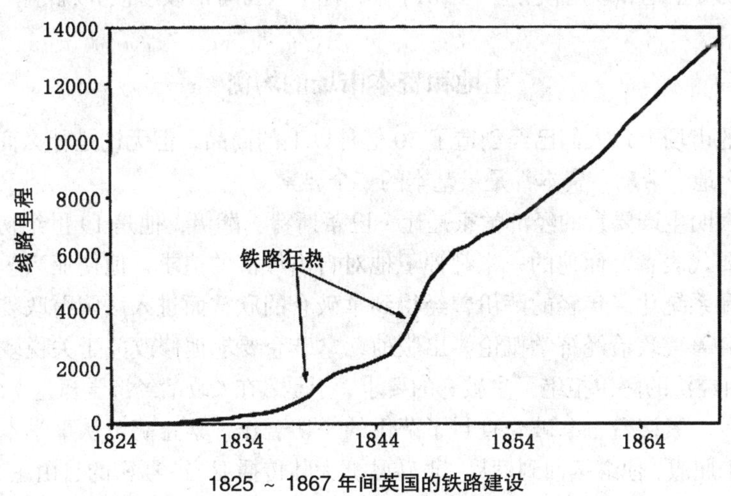

1825 ~ 1867年间英国的铁路建设

上图，显示了英国1825 ~ 1869年间铁路网的快速扩张情况。到1869年，在英国这个相对较小的国家建起了12000英里的铁路。铁路投资和兴建的速度如此之快，成就了1839年和1846年经济史上的“铁路狂热”时期，铁路行业吸引了英国大部分的固定投资。

时期	联合王国收益率（%）	大英帝国收益率（%）	外来收益率（%）
1830～1839年	3.9		–
1840～1849年	4.8	–	–
1850～1859年	3.8	–	–
1860～1869年	3.8	–	4.7
1870～1879年	3.2	–	8.0
1880～1889年	3.3	1.4	7.7
1890～1899年	3.0	2.5	4.9
1990～1909年	2.6	1.6	4.4
1910～1912年	2.6	3.1	6.6

投资在英国的收益表

但是，与棉纺织业相似的激烈竞争使铁路行业的利润率很快降到了较低的水平。即便在铁路开始兴建的前10年里，投资资本的利润率也很小。到19世纪年代，实际收益率（实际投资的资本的收益）并不比投资风险很小的政府债券或农业用地的利润率高。由于铁路线路具有地方垄断性，铁路行业最终陷入了依靠增加线路的持续竞争中。

这样一来，消费者成为了行业竞争的最大受益者，拥有棉纺织机的工厂主和已经控制铁路经营的资本家，只能选择在行业内狼狈脱身，在土地和政府银行债券中获利。工业革命期间最成功的棉纺织巨头理查德·阿克赖特在1792年去世时的身价为50万英镑，他的儿子小理查德继承了父亲的纺织厂。然而，尽管小理查德亲自管理工厂而且商业经验丰富，棉纺织业的生产率增长也仍然十分迅速，他最后还是将父亲大部分的工厂都变卖了，转而投资土地和政府债券。到1814年，他个人持有的政府债券就价值50万英镑。

土地和资本市场的均衡

在今天的市场上，人们已经创造了50亿种以上的商品，但无论是什么商品，在他们的生产中，土地、劳动、资本都是最基本的三个要素。

第一个声明生产要素的经济学家是让·巴蒂斯特·萨伊，他是19世纪初期法国古典经济学的主要代表者，而他的一生都捍卫他对自由经济的追求，他使亚当·斯密的经济学说通俗化和系统化。年轻的萨伊曾经得到拿破仑的欣赏而进入法国财政委员会工作，但就在他的名著《政治经济学概论》出版前，拿破仑要求他修改关于关税政策的某些章节，捍卫自由经济的萨伊拒绝了拿破仑的要求，于是，在《政治经济学概论》出版的同时，萨伊被解职了。紧接着，拿破仑查封了萨伊的一切著作，禁止萨伊从事学术研究，但倔强的萨伊并未屈服，他继续回到商界，辗转欧洲大陆传播亚当·斯密的自由主义经济思想。

在萨伊看来，劳动、资本、土地是一切社会生产所不可缺少的三个要素，他认为生产活动创造的不是物质，而是效用，无论是电视、飞机还是茶杯、饮料，都可以认为创造了满足我们需要的效用，而效用是评价产品价值的基础。效用决定了商品的价值，而价值决定了商品的成本，这些今天看来再普通不过的思想两百多年前却是人们争论的焦点。

土地、劳动、资本这些生产要素都是有成本的，地租是土地使用的费用，工资是劳动的费用，利润是资本的费用，企业家的工作就是将这些要素完美地组合起来。先研究土地市场，它是一种不能被生产出来的要素。然后我们将转向资本供求这个重要问题。资本既是经济的一种产出，也是一种投入。研究这两者将会加深我们对于市场经济的某些重要特征的了解。

劳动和土地这两个术语的含义是清楚的，但资本的定义有点棘手。经济学家用资本这个术语指生产中所用的设备与建筑物存量。经济中的资本代表现在正用于生产新物品和劳务的过去生产的物品的积累。就企业而言，资本存量包括用于爬树的梯子、用于运输苹果的卡车、用于贮藏苹果的建筑物，甚至树本身。

在劳动力资本之外，土地是实物资本中的另一巨头。对于土地，我们首先需要区分开两种价格：购买价格和租赁价格。土地或资本的购买价格是一个人为了无限期地拥有那些生产要素而支付的价格。租赁价格是一个人为了在一个有限时期内使用那些生产要素而支付的价格。这两种价格是由略有不同的经济力量决定的。

那么，是什么决定了土地与资本所有者由于他们对生产过程的贡献而赚到的回报呢？把我们对劳动市场提出的要素需求理论运用到土地和资本市场中。工资毕竟是简单的劳动租赁价格。因此，我们所知道的工资决定的许多内容可以用于土地和资本的租赁价格。

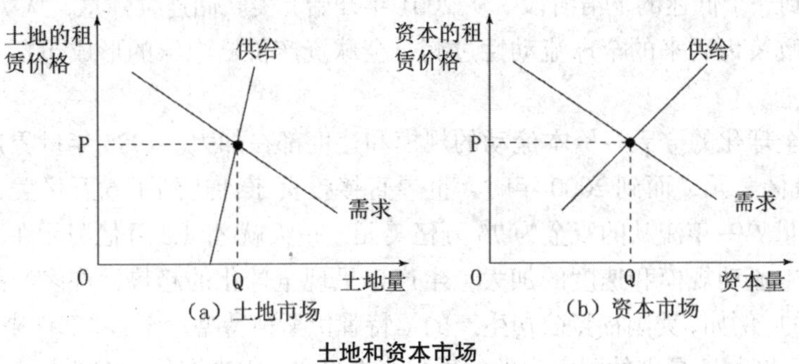

（a）土地市场　　（b）资本市场

土地和资本市场

供给和需求决定了对土地所有者支付的报酬，以及对资本所有者支付的报酬，如上图所示。每种要素的需求又取决于那种要素的边际产量值。在土地市场中，土地的租赁价格，如上方左图所示，以及资本的租赁价格，如上方右图所示，是由供给和需求决定的。

此外，土地和资本的需求决定也与劳动的需求一样。这就是说，当生产企业决定租用多少土地和资本时，也遵循决定雇佣多少劳动同样的逻辑。无论是土地还是资本，企业会一直增加对它们的租用量，直到要素的边际产量值等于要素的价格时为止。因此，每种要素的需求曲线反映了那种要素的边际生产率。

现在我们可以解释多少收入归工人，多少收入归地主，以及多少收入归资本所有者了。只要使用生产要素的企业是竞争性的和利润最大化的，每种要素的租赁价格就必须等于那种要素的边际产量值。劳动、土地和资本各自赚到了它们对生产过程边际贡献的价值。

现在考虑土地和资本的购买价格。租赁价格和购买价格显然是相关的：如果土地或资本能产生有价值的租赁收入流，买者就愿意花钱买一块土地或资本。而且，正如我们刚刚说明的，任何一个时点的均衡租赁收入等于要素的边际产量值。因此，一块土地或资本的均衡购买价格取决于边际产量的现值与预期未来会有的边际产量值。

穷国和富国的差距很大程度上来源于那种将大规模的储蓄流量以高回报资本的形式进行投资的能力。然而，一国的非人力资本远远不止工厂和设备，我们还应该计入土地、石油和矿藏等自然资源，以及像清新的空气和卫生的饮用水这样的环境资产。

美国是“资本主义”经济，这样说是指资本、土地和资产主要归私人所有。到 1995 年，美国的净资本存量是人均 70000 美元。其中 68% 由私人公司拥有，14% 由私人拥有，19% 属于政府。此外，美国财富的所有权主要是集中在那些最富的美国人手中。

在资本主义制度下，个人和私人企业拥有大部分的储蓄，拥有大部分的财富，同时也获取这些投资的大部分利润。

资本流动使产品难分国籍

从外部因素看，全球资本流动性泛滥早已是一个不争的事实。2001 年，美国发生了两件大事：第一件事，纳斯达克从 5000 点跌到 1000 点，这是一个典型的行业周期从热转冷，再演变到资本市场作出反应的故事。作为美国当时的支柱产业——IT 行业的不景气就意味着美国经济进入了一个下滑周期。第二件事，就是“9·11”事件，使美国经济从 2001 年开始进入到一个低迷的下滑阶段。从 2001 年开始，美联储连续降息，从 7.5% 降到 1%。宽松的货币政策为后来的全球流动性过剩、全球资产价格泡沫的形成包括人民币升值埋下了伏笔。

在经济全球化的今天，资本流动的规模和速度都在加大。1985 年世界对外投资的总额只有 6500 亿美元，而到 2000 年时，世界直接投资累计达到了 6 万亿美元。在上世纪 90 年代，全世界一年流动的资金为 75 万亿美元，一天就 有 1.3 万亿美元在流动。

随着资本流动规模和速度的加大，生产也呈现全球化的趋势，许多产品很难分清是哪一国生产的。例如，美国福特公司生产的福特牌伊斯柯特型汽车，零部件来自 15 个国家，你说它是美国产的还是别的国家产的？看看当今世界，很少有什么东西是由一国生产的，别说飞机、计算机这种复杂产品了，就连巨无霸汉堡包这种东西，也可能牛肉是欧洲的，面粉是加拿大的，番茄酱来自墨西哥，而生菜来自美国。也许有一天地球人会在月球或别的什么星球投资办厂，那时我们会无法分清某种产品是哪个星球生产的了。

20 世纪 80 年代后，随着全球金融自由化的深化，国际资本流动出现了一些新趋势，主要表现在以下方面：

（1）直接投资与间接投资的比例发生了变化，90 年代以来，间接投资已取代直接投资成为国际资本流动的主导形式。

（2）国际资本投资主体呈现为多样化趋势，资本雄厚、投资面广的西方工业国仍是投资主体。

（3）国际投机性资本活动频繁。目前全球至少有 7 万亿美元的游资，其中每天有 1 万多亿美元的游资在世界金融市场上寻找归宿。

（4）国际资本流动将日益趋向发达国家之间，并有进一步强化的倾向，发展中国家的资本仍感匮乏。

（5）国际资本流动导致的金融危机主要发生在发展中国家或地区。在间接投资不断增加的条件下，本国市场和外国市场的关联度增加，其他国家市场动荡对本国资本市场的影响加大。

（6）并购成为国际资本投资的新形式。近年来全球跨国并购重新进入了快速发展的轨道。2005年全球企业并购交易总额达到2.9万亿美元，比上年增长40%。此外，越来越多的发展中国家进入了跨国并购的行列。

外资的利用方式与经济发展阶段有密切关系。在经济发展的早期阶段存在着生产技术、管理经验及海外市场等瓶颈，而附带解决上述困难的直接投资便颇受发展中国家的欢迎，成为了利用外资的重点。随着经济发展水平的提高、工业的日趋成熟以及国内外市场的开拓，以单个企业为目标的直接投资便因规模小、灵活性差而暴露出局限性。相形之下，间接投资因不具有上述弱点而在经济发展的中后期阶段备受青睐。在直接投资领域，也会出现由绿地投资向绿地投资与并购并举的转变，有迹象表明，直接投资和间接投资两者将会更紧密地结合起来，形成你中有我、我中有你的格局。资本在全球流动的必然就结果，就是在多种资本来源控制下生产的产品不只是属于一个国家所有。

就中国利用外资的情况来看，上述规律基本得到了体现。近两年，外资并购中国企业出现了高潮，主要集中在以下几个领域：一是能源生产和供应领域，包括金属冶炼、化工、机械设备等重化工业及电力等产业；二是基础材料工业领域；三是具有巨大市场规模和长期增长潜力的消费品生产领域；四是新技术服务和正在逐步兑现“入世”承诺走向开放的商业、金融服务业领域。

在中国，银行体系中的流动性过剩是国内外多种因素共同作用的结果。从内部因素来看，有经济结构不平衡、储蓄和投资倾向强于消费倾向等。储蓄投资缺口，造成了贸易顺差和外汇储备的急剧增长。按目前的外汇管理制度，中国的外汇收入必须结售给中国人民银行，而央行为收购外汇必须增加货币发行。与此相关的是，贸易顺差的大量增加、人民币升值预期加大、国外资本的流入显著增加。

贸易和资本流动的双顺差，使中国的外汇储备急剧增加。2006年末，中国外汇储备达到了10663亿美元。而央行为收购这些外汇储备就需要发行货币超过8万亿元，这是中国流动性过剩的主要内部原因。

钱太多使全球资产价格不断攀升，2004年全球黄金价格直线上升到历史性高位就是全球的钱太多的典型反映。虽然“金本位”已不复存在，但是黄金仍然是各国保值的储备资产。

全球三大主要经济体长时间的宽松货币政策，加大了全球经济失衡。因此，当货币资本流动性过大，特别是美元呈现贬值趋势，货币资本贬值预期增高的时候，黄金的资产储备功能就有可能被大肆“炒作”，人们就会转而持有黄金，从而使黄金的价格上涨。所以黄金价格过度上涨是货币资本过剩的表现。

作为固定要素收入的租金

关于土地资本，威尔·罗杰斯曾有一句妙语："土地是一宗好投资，因为人们不可能再将它多创造那么一丁点。"除非你决定坐在气球上经营你的公司，否则土地对任何商业活动都是最基本的生产要素。土地的基本特征是，数量固定，对价格完全缺乏弹性。

租金是对使用供给固定的生产要素所支付的报酬。在一定时期内使用土地而支付的价格称为土地的租金，有时称纯经济租金。租金以单位时间的美元数计价。在我国古代，也把租金称为"租银"，是出租者所收或承租者所付的租赁田地房屋之类的代价。《管子·轻重乙》中就有关于租金的记载——"终年之租金四万二千金"。

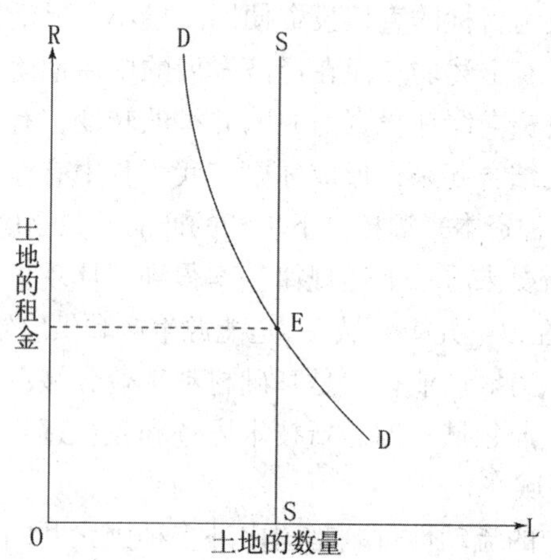

数量固定的土地无论得到多少租金都会同样发生作用

支付租金这一概念不仅适用于土地，同时也适用于任何一种供给固定的要素。例如达·芬神奇的肖像画《蒙娜丽莎》就独一无二，如果你想在一个展览中展示它，你就要为这种临时使用支付租金。

就少数幸运者而言，也能够获得独特的"个人租金"。就像惠特尼·休斯顿这样的歌星，他们可以凭借自身的价值技能在服务中赚取惊人的收入。

这些有才能的人都拥有一种在当今的经济中很有价值的技能。在其有特殊才能的领域之外，他们可能只能挣到其高收入的一小部分。而且，对于工资 20% 甚至 50% 的上升或下降，他们的劳动供给也不可能作出多大反应。经济学家将其工资高于他们在次优职业中取得的收入的部分称为纯经济租金。这些收入在逻辑上等于固定数量的土地获得的租金。

完全没有供给弹性是租金的特征。我们沿供给曲线往上移到与要素需求曲线相交处就可以决定租金。除土地外，我们可将租金分析运用到石油、黄金、7 英尺高的篮球运动员以及任何一种供给固定的物品中去。

土地的供给曲线完全没有弹性，即形状是垂直的，因为土地的供给是固定的。在上图中，需求和供给曲线相交于点 E，土地的租金必须趋近这个价。如果租金高于均衡价格，所有厂商需要的土地数量就会少于所能供给的现存土地数量。有些土地所有者就不能将其土地租出去；他们不得不以较低的租金出租自己的土地，于是土地租金就会降下来。同理，租金也不会长时间停留在均衡水平以下。如果租金低于均衡价格，不满足租地数量的厂商会迫使要素价格回到均衡水平，只有在土地的需求量等于固定供给的竞争性价格时，市场才会处于均衡。

假定土地只能被用来种植玉米，如果对玉米的需求上升了，玉米地的需求曲线就会向右移动，租金就会上升。这说明了土地的一个重要特征，土地价值高是因为玉米价格高。这也是要素需求作为一种派生需求的很好的例子——对要素的需求是由对要素所生产的产品的需求派生出来，所以土地的价值完全是由产品的价值派生而来，反之则不成立。

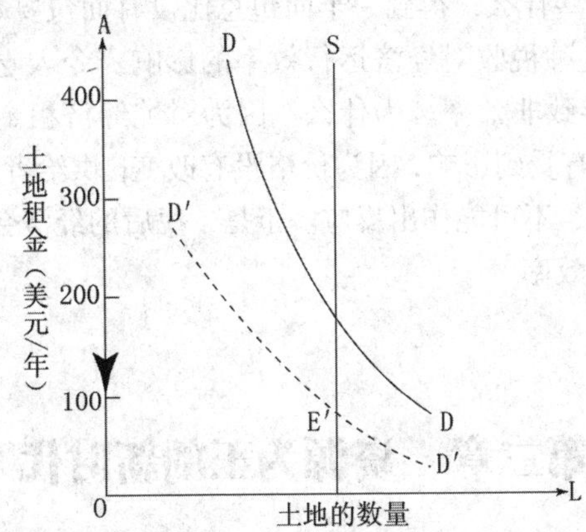

对固定数量的土地征税完全由土地所有者承担，政府取得纯经济租金

在 19 世纪后期，由于世界各地的人都向美国移民，美国的人口迅速增长。随着人口的增长和铁路延伸到美国西部，地租飞涨，为那些幸运的或有远见的人带来了丰厚的利润，因为他们预先购买了土地。但是美国政府却允许这些土地所有者获得非常高的非劳动所得的土地增值。占人口多数的没有土地的人对此十分不满，要求政府对土地进行征税。

一位对经济学进行了大量思考的记者亨利·乔治，在其畅销书《贫困和进步》（1879 年）里集中表达了这种情绪。他认为对土地征税能够在不损害经济生产效率的情况下，改善收入分配，并且建议应该主要通过对土地征税而为政府融资，同时削减或免除其他所有对资本、劳动以及土地改进的征税。这就是著名的纯经济租金理论。尽管美国经济显然没有向单一税理念的方向走得很远，但后来很多代经济学家都重视乔治的见解。纯经济租金理论后来成为 19 世纪后期单一税运动的思想基础。

国家在实施城市建设的同时，会尽量确保土地供给数量固定。而这就引出了土地税收这个概念。假设政府对所有的土地租金开始征收 50% 的税，但对于建筑或土地改良不征税，因为征税会影响建筑活动的规模。于是所征的税收系来自固定的农业和城市用地所带来的收入或租金。

那么，政府的征税行为给土地所有者的土地租金带来了什么样的影响呢？征税后人们对土地的总体需求并没有改变。在上图中，当含税在内的土地价格为 200 美元时，人们仍然需求土地的全部固定供给。于是，由于土地供给是固定的，土地服务的市场租金也就完全不会变动，仍在初始的市场均衡点 E。

由于需求和供给数量并没有变化，所以市场价格不会受税收影响，于是税收完全是从土地所有者的收入中支付的。我们可以在上图看到，农场主付出的款和土地所有者收到的钱现在是两件非常不同的事。对于农场主来说，当政府介入拿走 50% 的租金时，其效应与所有者的净需求从 DD 降到 D'D' 的影响一样。土地所有者税后的均衡收入现在只是 E'，仅相当于 E 的一半。税收完全由供给无弹性的要素所有者承担，这无疑增加了土地所有者的成本支出。

这对土地所有者而言的确不是一件好事，部分土地所有者肯定会抱怨。但是即使存在抱怨的心态，处在在完全竞争条件下，他们也无能为力。因为他不能改变土地的总供给，而且土地总得被用来获得些什么，得到一半面包总比没有面包要好。

对此你可能想了解这种税收对经济运行效率的影响。令人吃惊的结果是，对租金征税不会引起经济扭曲或导致非效率。为什么？因为对纯经济租金征收的税不会改变任何人的经济行为：需求者没有受到影响，因为价格没有改变；供给者的行为也没有受到影响，因为土地的供给是固定的，不可能作出反应。于是，税后的经济会同税前同样地运行——土地税没有带来扭曲或非效率。

第三章　资源为王的新时代

资源增长是一个发展过程

所谓资源是指用于生产其他商品的一切东西。经济中的资源通常应包括：土地、劳动（工人可提供的劳动时间）、资本（机器设备、厂房和其他制造用生产性设备）和人力资本（教育程度和工人劳动技能）。

社会经济的五个时代——游牧时代、农耕时代、工业时代、信息时代和后信息时代，反映的是人与自然的关系在不断推进。在资源增长的过程中，存在着进化与革命两种形式，在一个时代内部存在着进化，也就是量变，由一个时代更替到另一个时代称之为革命，也就是质变。

表现社会经济时代的主要特征是以资源配置的方式为线索的，其中包括资源配置的手段与范围。科学技术的发展加速了资源开发和利用的不断扩大，提供了资源配置手段的更新和进步，手段的更新促使了资源配置范围的扩大，资源配置范围的扩大又促进了社会分工的深入和细化，社会分工效率的提高又会创造出适应发展更新的手段。资源的不断增长，使资源配置的手段和范围相互促进，互为因果。

社会经济时代的发展，不是人类的经济状况自动发生变化，而是人类在不断开发和利用资源的发展过程中，创造的人类自己的历史。因此，资源配置的手段与范围，在资源的增长过程中具有重要意义。

当一种新的资源配置方式处在刚刚起步阶段的时候，往往得不到社会的认同和积极响应，甚至被责难。只有当某种资源配置手段进行了一段过程后，并显现了利大于弊，显示出对国民经济的发展起了积极的作用，人们才开始正视这种手段，并把它列为发展国民经济的重要领域加以倡导和发展。当新的资源配置手段与范围一旦成为主流，就显现了每一特定社会经济时代的性质和特征。

单个人甚至动物都具有配置资源的本能。游牧时代的资源配置首先从家庭、种群和部落开始，随着新资源不断地开发和利用，资源配置的范围不断扩大，原有的配置手段在家庭、种群和部落中变成生产发展的桎梏，影响甚至阻碍生产力的发展，取而代之的是资源在更大范围如庄园、城镇、国家之中进行配置。配置手段和范围的扩大、产生了生产方式的变革与进步，导致经济时代更替。资源从家庭、种群和部落中配置的游牧时代就过渡到在庄园、城镇、国家范围内配置的农耕时代。

在农耕时代，随着社会经济发展和生产力水平的提高，资源配置的流动性加快，范围不断扩大，出现了突破某一地域甚至国家的限制，特别是商品生产与商品交换的发展，作坊式企业的产品，工业时代的资源配置手段和方式就应运而生了。农耕时代的集市贸易让位于规模更大、分工更细的全球性现货市场。资源配置范围的扩大、手段的进步和更新，使人类资源配置的效率大幅度提高，人类进入了壮丽辉煌的工业时代。

工业时代的商品数量、品质都极大地增加和提高了，有形的现货市场资源配置效率明显无法适应，供给与需求的信息不对称，造成了一个甚至数十个国家的大规模生产过剩的经济危机。这种生产过剩的经济危机直接导致社会资源的极大浪费，这与人类对稀缺资源的合理配置的要求和愿望是相悖的，资源的配置模式又一次成为人类经济社会发展的桎梏。于是，人类社会资源配置的模式又开始了以信息技术为基础的资本、金融及衍生品市场，并以此为标志，人类社会已经从工业时代开始向信息时代过渡。

信息时代的资源配置渗透全球的每一个角落，无论哪个国家还是地区，无论穷国还是富国，无论是城市还是乡村，无论是个人财富还是社会的财富，都可以通过资本、金融及衍生品市场参与资源配置。人们利用互联网技术和不断发展的高科技作为资源配置的手段，使物流与配置产生了分离，促进了许多新兴产业和领域的诞生，使社会分工更加细化。金融及衍生品市场完成了资源配置的虚拟化，这种资源配置的方式构成了经济全球化的基础，从而大幅度提高了资源开发和利用效率。信息时代的金融危机虽然也冲击了社会的生产和生活，但金融衍生品市场的虚拟化，将逐步对实体经济实施有效的保护，遏制经济活动的大起大落，防止工业时代以生产过剩为特征的经济危机造成对资源的浪费。

随着经济全球化的深入，生产与经营的社会性和私人占有之间的矛盾更加尖锐，以私有制为特征的传统资本主义社会将越来越成为全球资源配置的桎梏。一旦资源配置的方式与经济社会的发展得以统一，人类社会将步入后信息时代。

在人类社会，资源的增长是一个发展过程。譬如能源的利用，游牧时代人类的能源直接来自自然界，使用的种类极少，并没有经过任何加工。农耕时代，人们对于能源的依赖主要是通过树木、粪肥、植物废料、木炭等实现的。工业时代，更有效的开采能源的技术出现了。

19 世纪早期，煤的开采和使用，使铁的熔化和铸造、蒸气驱动的火车和海洋运输成为现实，工业化成为可能。到了19世纪晚期，电力、内燃机、汽车、飞机、化学和冶金工业又发生了一次根本性的转换，石油作为主要的燃料开始出现。石油从遥远的地方被输送到城市，给工业、采热、照明、冷却、商业、运输、废物处理和其他服务以动力。能源是人类社会赖以生存的基础。在信息时代，化石燃料有可再生的替代物，全球能源短缺并不是必然的。

资源增长与社会形态密切相关

马克思说："如果我们回想一下马尔萨斯，那么现代政治经济学的全部秘密就暴露在我们面前了。这个秘密不过就在于把一个特定的历史时代独有的、适应当时物质生产水平的暂时的社会关系，变为永恒的、普遍的、不可动摇的规律，经济学家们称之为自然规律。社会关系的根本改造取决于物质生产过程中的革命和进化，而这种改造却被经济学家们认为是纯粹的空想。他们的眼光超不出当前时代的经济界限，因而不懂得这些界限本身具有局限性，它们是历史发展造成的，同样它们必然要在历史发展的进程中消失。"

马克思的这段话不仅指出了马尔萨斯的历史局限，更为我们讨论和研究历史及现实的社会经济问题指明了一个方向。不同的时代有不同的增长方式，在考察不同时代的增长方式之前，我们先简单回顾一下社会发展过程中的社会经济形态。

对人类社会发展过程的认识和研究，许多哲学家、经济学家、社会学家、历史学家、地质学家等，都从生产力和生产关系的角度作过精辟的论述。

恩格斯在《自然辩证法》中说："摩尔根是第一个具有专门知识而想给人类的史前史建立一个确定的系统的人；他所提出的分期法，直到大量增加的资料认为需要改变时为止，看来依旧是有效的。在三个主要时代——蒙昧时代、野蛮时代和文明时代中，不消说，他所研究的只是前两个时代以及向第三个时代的过渡。他根据生活资料生产的进步，又把这两个时代中的每一时代分为低级阶段、中级阶段和高级阶段，因为，他说这一生产上的技能，对于人类的优越程度和支配自然的程度具有决定性的意义；一切生物之中，只有人类达到了几乎绝对控制食物生产的地步。人类进步的一切伟大时代，是跟生存资源扩充的各时代多少直接相符合的。"

德国历史学派经济学家李斯特，也是较早对人类经济发展进行划分的人。他提出经济发展阶段理论，认为经济发展的整个过程经历了五个时期：原始未开发时期、畜牧时期、农业时期、农工业时期、工业时期。这几个时期前后相互联系，各时期具有不同的特点。李斯特是德国历史学派的先驱，以自然秩序解释人类的经济活动，开辟了划分历史发展阶段的先河。

美国经济学家库兹涅茨说："经济史的变化过程也许可被细分为几个经济时代，每个时代都带有它产生增长的显著特色，可以此作为划分时代的标志。"

美国地质学家哈伯特说，人类历史可以分成三个不同的连续阶段：第一个阶段，包括1800年之前的全部历史，以较少的人口规模、低水平的人均能量消费和缓慢的变化速度为特征。第二个阶段，以化石燃料和工业金属的开发为基础，是一个持续的、惊人的指数增长时期。然而，由于地球的化石燃料和金属矿石的资源有限，因此第二个阶段只能是暂时的。大多数的工业金属矿石将在21世纪被开采出来。因此，第三个阶段，必将再次成为一个增速缓慢的阶段，但是至少在起初有着大量的人口和高能量消费速度。也许当前人类面临的最重要问题是怎样尽可能以非灾难性的进步，实现从现在的指数增长阶段到近乎稳定的未来阶段的转变。

美国社会学家托夫勒在1980年发表了《第三次浪潮》，在这本书中，他将人类社会划分为三个阶段：第一次浪潮为农业阶段，从约一万年前开始；第二阶段为工业阶段，从17世纪末开始；第三阶段为信息化（或者服务业）阶段，从20世纪50年代后期开始。

还有一些国内外学者从只涉及时代特征而不涉及时代性质的角度，提出了划分时代的一些说法，如“蒸气革命时代”、“电力革命时代”、“知识经济时代”、“网络时代”、“数字化时代”、“虚拟时代”、“新经济时代”等等。

我们对人类社会发展历史的认识和研究，尤其是对社会经济时代各阶段的认识方面，一般是从生产力角度，按照人类制造使用工具和武器的材料，从两条线索来思考：一条是以人与资源之间关系的人类社会经济时代发展的线索，另一条是以人与人之间关系的人类社会经济制度发展的线索。

人们对社会经济形态的考察，首先是从生产力角度去描述人类社会经济时代，再从生产关系角度去描述人类的社会经济政治制度，进而将二者有机地统一起来，反映出人类社会经济形态的发展过程。

社会经济时代划分为：游牧时代、农耕时代、工业时代、信息时代、后信息时代。社会经济时代是以生产力为基础，以科技进步为先导，资源配置的手段与范围表现时代的基本性质与特征，每一个时代都是一个特殊的社会机体，不同的资源配置手段与范围形成了不同的资源增长模式，并且由低级向高级过渡，生产力的主要发展状况都反映在一定时期的社会经济时代的性质和特征中。

马克思主义政治经济学揭示了人类社会依次更替的社会经济制度是由低级到高级的发展过程，这就是：原始社会、奴隶社会、封建社会、资本主义社会、社会主义社会和共产主义社会。每一个阶段都是必然的，一种制度过渡到另一种制度都是由自己内部逐渐发展起来的，并将被新的、更高的条件所替代，让位于更高的阶段。

推动社会经济形态变革最根本的动力，是生产力与生产关系的矛盾，以表现生产力为特征的社会经济时代和以表现生产关系为特征的社会经济制度，是相互制约和相互促进的。对人类社会经济形态的认识和研究，有助于我们进一步分析不同社会经济形态下资源配置的方法和手段、资源配置的程度和范围等等。

全球即将步入资源为王的新时代

在纸币脱离黄金、白银和一切实物而变成代表财富的符号之后，货币与废纸之间的界限就变得不是那么容易区分。例如，非洲国家津巴布韦近来物价飞涨，2008年3月份的通货膨胀率达到令人吃惊的100500%，当地货币的纸面价值已经低于纸的价值。而到了

2008 年 6 月份，津巴布韦的通货膨胀率急剧攀升至 2200000%。但独立经济学家认为，官方通货膨胀率被严重低估。他们估计，实际通货膨胀率可能已经高达 10000000% ~ 15000000% 之间。津巴布韦中央银行决定在 2008 年 7 月 21 日发行单张面额 1000 元的钞票。

如果说货币霸权的掠夺性是导致金融危机越来越频繁地爆发的根本原因，那么金融衍生品规模的过度扩张及以此为依托的虚拟经济规模的膨胀，则是金融危机危害性越来越大的根本原因。那么，有没有一种财富储备方式可以不受金融危机的掠夺，不仅可以在危机中保值，在未来还能有数倍的增值呢？有。那就是资源，尤其是珍贵、稀缺资源的储备。

这里所指的资源储备包括两个部分：一是包括煤炭、石油和铟、稀土等在内的日渐稀缺的矿产资源；二是建立在高科技基础上的知识产品的研发、技术人才的培养和储备。后者也是一种重要的资源，但是却很容易就被忽略。日本在自然资源缺乏的情况下，通过以知识和技术为核心构筑起资源体系，同时通过在世界范围内采购、囤积稀缺资源或收购、入股此类公司来弥补自然资源的短缺，奠定了其大国基础。

在未来，纸币信誉的逐渐崩溃，是资源代表的财富成倍上涨的一个重要催化剂。津巴布韦的现状在暗示我们一种趋势，哪怕目前看起来尚且非常强势的货币，其强势状态只能是短暂的，而贬值趋势则是长期的和必然的。事实上，纸币的历史早已证明了这一点。纸币的发行者在最初的时候，就把基于纸币的这种掠夺性演绎得淋漓尽致。

纸币以及其衍生出来的电子货币，潜在的贬值源于货币掌控者的贪婪和不受抑制的欲望的膨胀，以及财政赤字下政府对通货膨胀税的偏好，这种状况正在给人们带来越来越大的不安全感。

实际上，在纸币贬值已是大势所趋的情况下，全球未来将逐渐步入资源为王的时代。什么是资源为王？就是以有色金属（包括黄金）、煤炭、森林等珍贵自然资源和以高科技人才与知识产品为核心，构筑起来的最安全的财富体系，这些资源既是重要的原料，又是最强势的最值得信任的货币。谁拥有的资源（尤其珍贵、稀有资源）越多，谁就拥有更多的财富和更强的购买力。

无论何时，资源都是最靠得住的、最货真价实的货币。事实上，人类使用货币的历史就始于物物交换的时代，人们采用以物易物的方式交换自己所需要的物资。在人类历史长河中，物物交换的历史是最漫长的。随后，作为货币使用的物品逐渐被金属取代，但仍然是建立在实物基础之上的。

全世界的稀缺资源由于消耗量增大正在快速减少，资源面临着枯竭的威胁，自然，其价值也会越来越大。英国石油公司（BP）在 2007 年 6 月 13 日公布的《世界能源统计评估》中称，如果按照现在的消费水平计算，世界上目前探明的石油储量还可供人类使用 40 年。但是，一些科学家却表示，统计数字中包含了许多政治因素，2011 年全球对于石油的需求就已超过产出，石油枯竭将提早来临。

另一方面，用以计算这些稀缺资源价值的货币（如美元）是在持续贬值的，反映到资源的价格上，自然是上涨的。国际大宗商品的价格大都是以美元计算的，以美元报价的商品价格与美元汇率之间有着较强的负相关性：美元贬值时，商品价格上涨；而当美元升值时，商品价格下跌。比如，2002 ~ 2004 年底，美元贬值 30%，黄金价格上涨

57%，原油价格上涨 112%，铜价格上涨 116%。

以珍贵资源（比如黄金）为核心建立起来的货币体系，由于规模不可以随意无限制扩大而受到制约，不易引发通货膨胀；而以国家信用为基础构建起来的货币制度则会因滥发纸币而引发通货膨胀。资源不是货币，但是未来人们将越来越清晰地认识到，资源的购买力将远远大于目前以纸币为核心的货币体系所代表的购买力，资源不仅具有货币所具有的功能，还具有货币没有的功能。比如，资源作为工业原料的功能就是纸币所缺乏的。

将来哪个国家拥有的资源最多，哪个国家的以资源为依托的纸币就能得到更大的信誉保障。一个国家拥有的资源越多，这个国家就越主动。美国、日本等西方国家，对在本国开采资源有着非常严格的规定，外国人根本别想染指。美国早在 1920 年颁布的《矿产租赁法》中就规定，除非通过持有某公司的股权，否则禁止外国人享有租赁物所有权。此后的一系列法律，进一步强化了其对资源的控制和保护。

按照人们的认识，像日本这样资源匮乏的国家（其铁矿石的 85% 依赖海外进口），更应该喜欢铁矿石价格下跌才对。问题在于，早在多年以前，日本企业就走出去进行资源参股、收购，单就铁矿石而言，日本专门挑选储量大、铁矿石品位高、开采条件好、交通方便的矿参股或收购。

自然资源没有你想象的那么重要

随着世界上自然资源的进一步减少，资源稀缺性的情况进一步凸显。因此无论个人还是国家，都把自然资源放在极为重要的位置。就个人而言，积极重视对于个人资源所有权的保护；国家更是在本国资源开发，外国资源开采上下足了工夫。但是自然资源，真的如你想的那样重要吗？

首先来说说什么是重要的自然资源？它们包括土地、水，还有大气。这个三重组合生产出了许多有用的商品和服务。大地肥沃的土壤为我们提供了食物和美酒，地表下蕴藏着石油矿石。水源为我们提供鱼、娱乐，以及非常经济的运输方案。宝贵的大气层不但有可供呼吸的空气、灿烂的阳光，还提供了飞机的活动空间。

自然资源和环境的含义一样，都是另一种形式的生产要素，就像劳动与资本一样。它们是为人类服务的，因为我们从自然资源的服务中获取了产出或满足。

	可再生的	不可再生的
可分拨的	木材、农用耕建、太阳能	石油、天然气、铜
不可分拨的	鱼群、空气质量、山麓美景	气候、放射性废物

资源的基本分类以及各类的代表

在分析自然资源时，经济学家们主要关注资源的两种不同的属性。首要的属性是看资源是否可分拨。如果是可分拨的资源，则意味着厂商或消费者获得商品的全部经济价值时，必须向商品的所有者购买。可分拨的自然资源包括土地（当农夫出售土地上生产的小麦和酒时，土壤的肥力为农夫所得）、像石油和天然气那样的矿产资源（所有者可以在市场上出售矿产品），以及森林（所有者可以向出价最高的人出售土地或森林）。在一个运行良好的竞争性市场，我们能够期望可分拨的自然资源将被有效地标价和分配。但我们必须谨慎小心，切勿滥用。

相对于可分拨的资源，还有一种一定会引发经济问题的资源，它对个人免费而具有社会成本，这就是不可分拨资源。不可分拨的资源是一种具有外部性的资源，具有外部性的物品可与普通的经济物品相比较。市场交换中人们通过自愿的价格交换物品和货币。当厂商使用稀缺的可分拨的资源（例如土地、石油、或者森林）时，它从物品的所有者那里购买，以补偿所有者因生产物品而导致的成本。

当资源是不可分拨的，具有外部性时，市场就不能提供正确的信号。一般说来，对于外部不经济的产品，市场会生产过度；而对于外部经济的产品，市场又会生产不足。

资源的另外一种属性是看是否可再生。运用资源的方式取决于资源本身属于可再生的。还是不可再生的。不可再生资源是指那些其供给量基本固定，不可能在短时期内经济地再生出足够的以满足需求的资源。一个明显的例子是矿物燃料，它们在几百万年前沉入地层，相对人类文明来说，可以将它们的数量视为固定的。另外还有非燃料矿物资源，例如铜、银、金、石头以及沙粒。第二类是可再生资源，它们的效用能够有规律地进行补充，只要管理得当，它们就能产生无穷无尽的效用。太阳能、耕地、河水、森林以及鱼群都是很重要的可再生资源。

高效率地运用这两种资源的原则表现为两种不同的方式。高效运用不可再生的资源，其着眼点在于数量有限的资源的使用时间上：是应该现在就使用低成本的天然气，还是保存起来以后再用呢？相反，对于可再生资源来说，明智的做法是保证能够不断地获得资源的效用，例如，适当地管理森林，保护生殖期的鱼群，或是监管河流湖泊的污染状况。

对不可再生的资源，例如石油和天然气来说，有关的经济问题就是如何对有限的资源进行空间和时间上的分配。对可再生的资源，例如木材或鱼群来说，关键的问题就是审慎地管理从而使资源的价值达到最大。

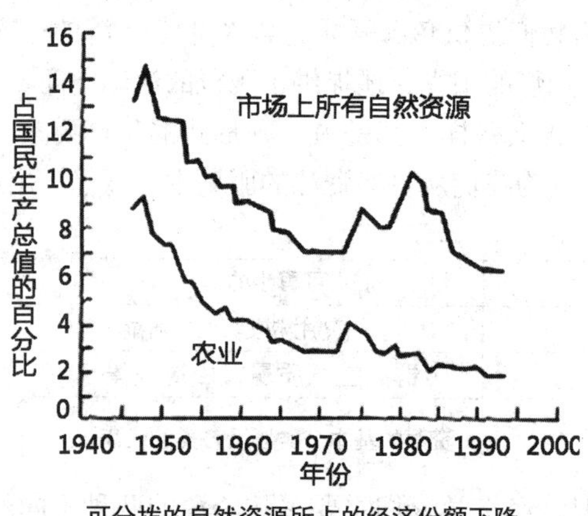

可分拨的自然资源所占的经济份额下降

虽然资源在总收入中所占的份额很低，但如果想当然地认为自然资源对经济增长并不重要的话，那将是十分愚蠢的。是否会有一天，我们耗尽了一些基本的自然资源（如能源），然后又去费劲地去寻找新的替代物呢？一旦原料耗尽了，没有什么能比耗费能源的物品（如内燃机、中央空调、电动马达以及其他电器）会更快地将现代工业经济推向混乱与贫穷。现实令人担忧，因为今天美国的能源消费有90%是来源于有限的、不可再生的自然资源，如石油、天然气和煤。我们是否应当逐步限制这些社会资本存量的使用，以便为我们的子孙后代也留下一些呢？

在其他投入不变的情况下为了在未来有足够的资源可供使用，我们可以制定保护政策减少今天的能源使用，为将来留下更多的石油和天然气以及相对较少的人力资本。

我们还可以从另一个有力的角度来观察。如果资源悲观论者是正确的，我们可以推出越来越多的国民产出是由资源耗费型产业提供的。事实上，资源产业在整个经济中所占比重确在不断下降。上图表明了农业、林业、渔业、采矿业和其他资源产业在整个经济中所占的比重。在上世纪40年代末期，这些产业曾占经济的14%，然而到了上世纪90年代初期，所占比例已下降到6%。大部分下降来自农业，上世纪70年代石油危机的影响在上图中表现为一个跳跃，石油和天然气的价格以及它们占国民经济的份额有一个飞升。

这一趋势意味着什么呢？实际上，技术变化和新发明带来的降价影响抵消了消耗带来的涨价影响。例如，铜制电话线已经被更便宜、原材料更丰富的光纤电缆所取代，这种变化发生在大多数的自然资源领域。

完全竞争条件下，厂商对要素的要求

为什么美国人的工资是墨西哥人的5倍？

为什么都市的地价大大高于沙漠地带？

为什么妇女的工资比男子平均工资低？

是什么东西在决定资本的利润率？

供给和需求只是经济学上理解问题的第一步，解决这些问题的关键是收入的边际生产率理论。我们应看到收入分配理论不过是一般价格理论的一种特例。当我们寻找劳动价格时，我们找的是工资；类似地，使用土地的价格是土地的租金。生产要素的价格是由不同要素的需求和供给之间的相互作用所决定的——就像商品的价格是由商品的供给和需求所决定的一样。这也解释了为什么不同人的收入差异如此之大？

要素需求与消费品需求还是存在差别，一般来说有两点：要素需求是派生需求；要素需求是相互依赖的需求。生产要素的需求可以用其边际产品的收入来表示。要素需求的这一重要性质，与要素的供给一起，决定了要素的价格和数量，以及由此推算的市场收入。

软件公司要为其编程人员、顾客代理和其他雇员租用办公室。同理，其他诸如比萨饼店或银行等也需要经营活动空间。在每个地区，都有一条斜率为负的办公面积的需求曲线，它将土地所有者所要求的租金与公司想要的办公面积的数量联系起来——价格越低，公司愿意租用的面积就越大。

但普通消费者的需求和企业作为投入品的需求之间却有本质差别：消费者需要计算机游戏和比萨饼等最终产品，是因为这些消费品都能直接提供快乐或效用。而像企业购买办公场地这类投入却并不是因为它们能直接提供满足；企业购买投入品是因为它用这些投入进行生产并能够从中获得收入。

在不同的消费阶段为获得满足所需要的投入组合会不相同。消费者从玩电子游戏中获得的满足决定了软件公司能卖出多少游戏软件，需要多少销售商，必须租用多少办公场地。该游戏软件越是成功，办公场地需求曲线就越向右移动。

因此，要准确地分析投入需求，必须认识到消费者需求最终决定了企业对办公场地的需求。认识这一点的意义不仅限于分析办公面积的需求。事实上，消费者需求决定所有的投入需求，包括耕地、石油、比萨饼烤炉，甚至大学教授也不外乎如此。

经济学家将生产要素需求称为派生需求。企业的投入需求由消费者对其最终产品的需求间接派生而来。这意味着当企业需要一种投入时，是因为那种投入使他们能生产一种消费者现在或将来想要的商品。

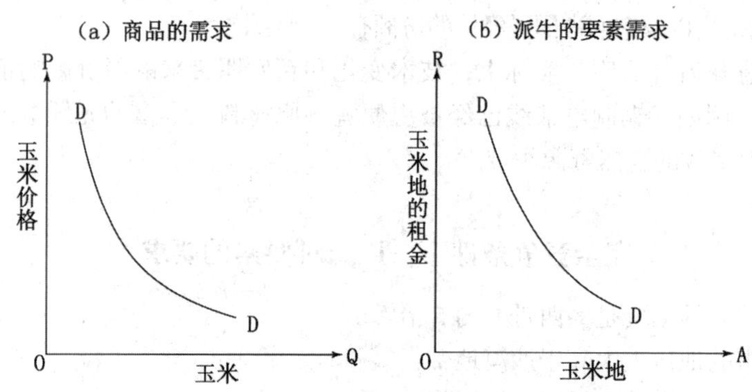

要素需求是从由它们生产的产品的需求中派生而来

对办公场地的需求也是由消费者对想要租办公室的计算机公司所生产的软件及其他产品和服务的需求派生而来。肥沃的玉米地，是由消费者对玉米的需求曲线派生而来。对玉米地的派生需求是从对玉米这种商品的需求中派生出来的。玉米的需求曲线移动，玉米地的需求曲线也移动。如果商品的需求曲线变得没有弹性，投入的需求曲线也变得没有弹性。

要素需求相互依赖，生产要靠集体努力。某种要素的生产率，如劳动，取决于能够与之相匹配的要素的数量。如果我想锯倒一棵树，只有一把锯子是没有用的，而两手空空的工人也同样不能生产价值。只有将锯子交给工人使用才能很容易地将树锯倒。

这意味着在一般情况下，我们不应该说某一种投入独自创造了产出，而应该说产出是由不同要素的相互作用所致。威廉·配第爵士曾用过这样一个形象而深刻的比喻：劳动是产品之父，而土地则是产品之母。我们不好说，生孩子是父亲重要还是母亲重要。同样，我们一般也不好说多种要素中究竟哪一种单独创造了多少产出。

由于土地、劳动和资本品在生产中的相互依赖性，使得收入的分配成为一个非常复杂的问题。设想我们不得不同时分配一个国家的所有产出，如果我们能够判定“土地”独立生产这么多，“劳动”独立生产那么多，而“机器”又单独生产了其余部分，那么分配就会很容易。在供给需求分析框架中，如果每种要素可以独自生产一定数量的产品，那么它当然能够独享自己的劳动果实。

当产品市场是完全竞争时，很容易计算出边际收益产品。在这种情况下，每一单位的工人生产的边际产品可以按产品的市场竞争价格出售。而且因为我们考虑的是完全竞争的情况，产品价格不受企业产出的影响，所以价格等于边际收益。如果我们的边际产品为10000蒲式耳，价格和边际收益为3美元，那么最后一个工人的产出的货币价值——劳动的边际收益产品——为30000美元（10000×3美元），于是在完全竞争条件下，每一工人对于企业的价值等于最后一个工人边际产品的价值；每英亩土地的价值等于土地的边际产品乘以产出的价格；对于其他各种要素可依此类推。

第四章　生产要素的整合

整合是为了更好地保护和培育市场

资本流动是市场经济前进的一个脚印，全国统一的商品市场、资本市场和劳动市场，则是比较发达的市场经济的必要条件。为什么这样说呢？因为整合的市场有利于社会资源的有效配置。在私营部门，市场会告诉我们如何分配资源，首先以商品市场上的鸡蛋和猪肉为例：

据广州报纸1998年7月30日报道：当年上半年广东省生猪生产持续发展。但是后来猪价急跌，造成全省性的养猪亏损。过去养猪是赢利的，现在养一头猪要亏损80元至200元。猪价下跌的主要原因，是外省廉价生猪大量流人广东省。

据同期广州报纸报道，广州“产蛋越多亏损越大”，主要原因也使外省廉价鸡蛋大量流入广东。北方鸡蛋在广州的批发价约为每千克5元，而广州自产鸡蛋的成本已经高达每千克7元多，但是广州市场鸡蛋价格平均却在每千克6元左右。因为成本高，广州本地的鸡蛋生产越多，亏损就越大。

众所周知，猪肉和鸡蛋与居民的日常生活息息相关。仅在10年前，广州的报纸上还出现过广东“鸡蛋产得越多亏得越多”和“养猪业陷入全省性亏损”这样的通栏大标题。问题是尖锐的，要紧的是分析清楚亏损是怎样产生的，我们应该怎样对待。

造成广东的养猪业和蛋鸡场全面亏损的原因有很多，而最重要的一点就是外地廉价鸡蛋的冲击。廉价在于低成本，低成本使得外地的鸡蛋和猪肉在广州有了更大的降价空间，因而也就有更大的竞争市场。根据市场供需规律，面对两种互为替代品在市场上出现，而一方价格明显偏低的情况时，消费者会选择售价低的那一款产品。市场规律不看好广州本地鸡蛋和猪肉，也就不足为奇。

市场整合主要包括空间市场的整合、营销阶段的整合、时间整合以及相关产品的整合等。从理论上讲，在完全竞争的假设下，处于不同区域的市场之间进行贸易时，某产品在输入区的单价等于该产品在输出区的价格加上单位运输成本，因而，输出区的价格变化会引起输入区价格的同样方向和同等程度的变化，如此则称为此两个市场是完全整合的。

空间市场整合通常可分为长期市场整合和短期市场整合两种。长期整合指两个市场的价格之间存在长期的、稳定的联系，即使这种长期均衡关系在短期内被打破，但最终也会恢复到原来的均衡状态。短期整合指某一市场该产品价格的变化，会立即在下一期引起另一市场上该产品价格的变化，他反映了市场之间产品价格传递的及时性和价格反映的敏感性。广州市场上出现的鸡蛋和猪肉滞销就是一种短期市场整合，受外地鸡蛋和猪肉冲击，本地的鸡蛋和猪肉不得不在亏损的状况下降价出售，但是这种亏损的状况不会维持太长时间。生产方不会任由亏本的买卖一直做下去，而会实行相应的措施改变成本过高的现状，从而实现成本、收益平衡，进而达到长期市场平衡。

市场经济的核心，就是让市场在配置社会资源方面发挥基础性的作用。市场的拿手好戏，就是优胜劣汰。舆论和主管部门一度都怪罪外地生猪和鸡蛋大量流入，这种看法是没有道理的，不符合市场经济的要求。

既然广东的生猪和鸡蛋没有优势，在市场上比不过人家，就没有什么可抱怨的。最好的办法是大力发展广东比较有优势的产业，增强自己的经济实力，而对于居民需要的生猪和鸡蛋，则主要以廉价从外省购入。既然广东养猪业、产蛋业比不过北方，就应该取北方养猪业、产蛋业之长，补广东这方面之短。这样，政府既不会背上沉重的财政包袱，市民又可以享受价格比较便宜的肉蛋，双赢境界，何乐而不为？

我国人均耕地 0.087 公顷，而老挝人均占有土地在 3.95 公顷以上，地广人稀，大片耕地闲置。由于热带气候特征，这里的大米等农产品品质较高，但农业的不发达使得老挝农产品大量依赖进口，市场消费空间很大。

中国人必须立足自身解决粮食问题。而在全球化背景下，寻求合理资源配置也是解决问题的方法之一。在老挝农业园区，按每亩生产杂交水稻种子 200 公斤计算，1000 公顷土地可以生产优良种子 3000 吨，可推广种植 300 万亩土地，生产出来的水稻除在老挝销售外，还可以满足国内对优质大米的需求，并出口越南、缅甸和泰国等国际市场。显然，通过输出劳动力和技术资源，与水、土地资源丰富的国家合作，最终就能形成双赢局面。

市场整合既包括地区间的市场整合，也包括国家间的市场整合。市场整合是一种市场自动自发的行为，也离不开政府的积极引导与参与。如果某个国家的任何两个市场之间都是整合的，则称这个国家的市场是整合的或一体化的。实际上，任何一个国家的市场都不可能完全整合，完全整合是一种理论上的状态。

大家似乎都明白国际经济市场中依靠分工发挥各自比较优势的好处，例如，中国在服装和玩具方面有比较优势，就多生产服装和玩具用于出口；中国在铁矿石方面没有比较优势，就宁愿从澳大利亚等地进口铁矿石。其实，一个国家的不同地区之间，讲究全国一体化，讲究取长补短，发挥每个地方的比较优势。中国的农业资源既丰富又短缺，劳动力、技术等资源丰富，土地、水等资源短缺，因此积极进行资源整合，开展国际合作不失为农业发展的一条出路。

“米袋子”和“菜篮子”问题，不一定都在自己所在省、市之内解决。和别的省、市签订购销合同，也是解决“米袋子”和“菜篮子”问题的有效途径。这方面，发达国家和地区为我们提供了很好的例子。

商品、资本、劳动三大市场需要整合，商品、资本和劳动的流动都比较容易了，我们才能建成比较发达的市场经济。

要素资源整合，并不是现在才有

中国传统市场的革命性变化至宋代已趋完成，同时开始了一个新的发展历程，即由分散趋向整合，由封闭趋向开放，由割据趋向统一。下面以 11 ~ 19 世纪中国传统市场的整合为例，来看一下那时的要素资源整合是如何有条不紊地进行的：

在古代，农业还是经济发展之首，对社会经济发展产生最为重要的影响，商业经济则相对次要很多。

唐代以前，全国农作物与手工业分布呈现强烈的自然均衡状态，各地的作物构成都具有较强的自给自足特征，远距离的物资交流很大一部分通过政府调拨手段来实现。商品流通在品种上多局限于名特产品，在时间上局限于丰歉调剂，在空间上地域延展度不大，尤其是大宗商品的远距离贸易稀疏。《史记·货殖列传》所记载的“百里不贩樵，千里不贩籴”，直到唐代仍为商人恪守不渝的准则，因为运输成本的巨大耗费会抵消商品地区差价所带来的商业利润。

宋代多种商品的远距离贸易有了长足发展，几个地区之间的商品粮流通突破了丰歉调剂的模式就是其显著的表征。最大的商品粮基地太湖平原米谷供给杭州、浙东以至福建，长江中游各地的商品粮顺江而下销江淮，两广米谷供给福建及浙东，北宋时南方米谷通过官府及私商运至汴京。同时与全国市场相配合的专业化商品生产在一些局部崭露头角。洞庭山等地的柑橘、福建的荔枝、四川遂宁的糖霜、江州的鱼苗等各地的特产，都形成专门化的商品生产，远销四方。

直到宋代，市场作用下的资源配置及其对全国范围内经济地理布局的影响相当微弱。这些变化在明清继续深化和扩大，在作物引种推广、产区重组优化的过程中，各地农作物的商品生产、手工业品的加工制作，经过优胜劣汰的市场竞争的作用，自然均衡分布状况被打破，全国范围内的区域性商品基地出现。这种变化以蚕桑丝织业、陶瓷业、稻米业最为突出。

唐宋以前全国各地都普遍存在蚕桑丝织业，是我国的传统产业，在明清则发生了深刻变化。历史最为悠久、产品质量上乘的华北蚕丝区已基本上退出商品生产领域，陕西、山西绝少存在，河北、河南及山东仅稀落残存于少数地区，如山东部分州县的山蚕。与蚕桑丝织业一同衰落的还有蚕桑的传统产区川西平原。珠江三角洲是明中叶以后新兴的蚕桑区，以其高效率的产出，在蚕桑市场上崭露头角。

在陶瓷业方面，唐末至两宋金元时全国各地名窑遍布，百花齐放，从元代开始至明清景德镇一枝独秀，逐渐垄断了全国市场，其他除了江苏宜兴紫砂、广东石湾瓷器等少数窑场外纷纷凋零，尤其是北方的窑址退化为低级陶窑，其产品仅在当地小范围内流通。

以稻谷为代表的粮食作物，虽然各大区域都有生产，但有的已不成为主业，几大商品粮基地形成。长江中上游的四川、湖南、江西及安徽大部分地区，珠江中上游的广西，华北的河南、山东等地，都成为重要的商品粮基地，河套、台湾、东北等新兴的商品粮基地崛起。此时的江南太湖平原，由宋代的最大商品粮基地一变而为明清全国最大的商品粮市场，珠江三角洲亦由商品粮的输出地转变为输入地。

清朝时，湖南和江南在水稻生产上各有利弊，双方在多方面展开竞争。

湖南自然条件宜于水稻种植，而人口密度远远低于江南，人均占地远多于江南。湖南相对粗放经营取得了明显的经济效益，水稻生产劳动生产率大大高于江南，每户可产米 40 ~ 90 石，比松江等地高出数倍。同时湖南等地生产投资少，生产成本较低，即使在湖南水稻生产集约化上升后，湖南米价仍大大低于江南，从而可以不远千里来到江南与当地的米展开竞争。

竞争的结果，使得江南水稻生产中劳动生产率最低而生产成本最高的松江、太仓等大批不适宜种稻的沙地、及太湖南部不适宜产稻的低洼地退出水稻种植。这些土地用于种棉植桑，则获得更好的经济效益。

经济地理布局的变动在很大程度上是市场资源配置的结果。在有限的土地上，如果以原有自然状态下的低效率生产，那么社会总产量无疑不能养活日益增多的人口，必须借助于市场手段进行全国范围内的资源配置。根据各地的自然条件，优先发展能够充分利用地力与自然资源的农业物与手工业，从而使各自的生产效率提高，社会总产量相应增加。这就形成湖南水稻种植区、江南桑棉种植区的劳动分工，而这种分工促进了各地劳动生产率与经济效益的共同提高。

市场对资源的配置发生导向作用，价格机制开始有效地调节全国商品的地区平衡，这在商品粮市场中较为明显。

苏州米运至浙西，无论在城市还是乡村，都形成了一个有机的销售网络，完成向最终消费者分散的功能。米谷贩运常年稳定，货源充足，因此行户能够“有恃无恐”。即使在偶然稀落的情况下，也不致造成价格的大变动。苏州米价深受长江中游米谷输入的影响，而米谷运输较稳定，米价的大起大落通常只是偶发现象。湖南产地的米价，决定性的因素主要不是自然丰歉原因，而是市场状况。

经济地理布局的优化，又促进了全国范围内的商品流通和资源配置。商品在全国范围内的周流，以苏杭等地棉布、丝绸及日用杂货等各种手工业制品最为显著。

市场是江南商品生产持续发展和进步的动力，推而广之，也是全国经济地理布局的诱因。商品粮产地、经济作物种植区、经济作物加工区、手工业品产区之间的商品对流，互为产品市场，彼此依赖，相互促进。当然，到传统时代末期，市场机制在社会经济中作用的局限性仍然是显而易见的，在此基础上的资源配置也没有成为全国经济地理布局的主导因素。

为了实现目标，资源应当尽可能地有效利用

假设你选修的公共课教室过小，许多学生被迫站立或者坐在地上，而旁边的教室不仅大而且空着，不耐烦的你将会说，这里的学校管理真不合理！可是如果这时有一位经济学家站在你旁边，他会静静地说，这种情形是对资源的非有效利用。

如果资源的非有效利用是人们所不愿意看到的，那么有效利用是什么意思呢？你可能想象资源的有效利用与钱有关，可能用货币形式来衡量是一种计算方法。但在经济学上，就像在生活中一样，金钱仅仅是一种实现目的的手段。经济学家们真正关心的衡量方法不是金钱而是人们的福利或幸福。经济学家们指出，当一个经济达到一切机会都被利用、不损害他人福利就无法改善一部分人的福利的时候，就实现了有效率的状态。

在我们前面关于教室的事例中，很显然有一个可以改善每个人福利的方法——把上课的班级移动到那个较大的教室，这不会对该所大学中其他任何人造成伤害，但改善了上课班级中学生的状况。把课堂安排到较小的教室是对大学资源的非有效使用，而把课堂安排到较大的教室则是一种对大学资源的有效率使用。

东芝集团从产品的设计到使用后废弃都采取措施对资源进行有效利用。在产品的开发阶段，除了考虑设计的产品重量轻、经久耐用外，也必须考虑到节省资源。东芝集团以节省资源为出发点，努力开发模块化产品，使得可以只更换、修理或升级产品的局部。另外，开发出的产品应能够较为容易地解体、回收，因而其部件数量应尽量少。

此外，东芝还推进在产品上尽量利用可再生资源。2006 年度，在洗衣机、数码复合机等产品上使用的塑料中约 1800 吨是可再生塑料。

当经济运行有效率的时候，在可被利用的资源数量给定的情况下，来自贸易的增益也可能是最大的。那么这是为什么呢？因为再也没有其他的方法通过重新配置资源在不损害其他人的情况下使其中一人的状况变好。当经济体制处在有效率状况的时候，重新配置资源使一个人状况变好只有在他人的状况变差的情况下才能实现。在关于教室的事例中，如果所有的大教室已经被使用，大学运行就处在有效率的状态。

经济政策制定者是否总是以达到应该有的经济效率为目标呢？这不一定，因为效率不是评判经济体制的唯一标准。人们也关心平等或公平的议题。所以，公平和效率之间存在着平衡取舍的问题：促进公平的政策通常以牺牲经济效率为代价，相反来说也是这样。

为了看清楚这点，考虑一下在公共停车场中为残疾人预留停车位的问题。许多人由于年龄偏大或身体残障而行走困难，因此，为他们具体地指定较近的停车位就是出于公平的考虑。然而你可能已经注意到，这中间有相当的非效率的成分。为了总能确保适当的停车位供残疾人使用，必须预留一定数量的停车位。因此，在任何时候，供残疾人使用的车位要比需要的多。人们想要的停车位则供应不足。虽然使用供残疾人专用车位对人们的诱惑非常大，但往往因为怕吃罚单而作罢。因此，在没有停车场工作人员分配车位时，公平和效率之间的冲突就出现了，公平是指残疾人的生活得到公平待遇；效率是

指确保能够改善人们福利的机会被挖掘殆尽，不能让停车场留有空位。

政策制定者应该如何处理好公平与效率之间的关系是一个难以回答的问题，同时也是政治程序的核心难题。同样的，这也不是经济学者能回答的一个疑问。对经济学家来说最重要的是：在追求社会目标的前提下总是寻求尽可能有效率使用经济资源的方法，无论那些目标是什么。

实现要素兼并整合，创造企业价值

企业要变得强大就需要通过一系列的公司兼并收购计划，使自己更加壮大。企业的生产要素并不是一成不变，在兼并过程中，无论对于兼并企业还是兼并的目标企业来说，兼并都是使生产要素内容在资本市场创造更大价值的有效途径。

企业的组织要素可以大致分为：管理能力、技术水平和投入资金资本。企业价值创造来源于生产要素进行有效整合后的生产、销售等过程的实现。而资金资本并没有专属性，作为一般等价物，可以进入任何行业，这使得不相关的混合兼并也成为可能。但在兼并中，管理能力与技术水平则在相当大的程度上具有一定的行业专属性，兼并公司除了资金外，还向目标公司投入其他生产要素。

管理能力和技术水平的行业专属性来源于企业发展过程中的日积月累，与企业发展形成的各项资产包括无形资产形成了紧密的联系，也是企业特殊的团队组合和企业精神共同作用的结果。这种专属的能力与水平在企业发展过程中起到了巨大的作用。但如果脱离了其由于历史原因造就的特定的企业环境，其价值就难以凸现出来。这种专属性的局限限制了拥有这些能力与技术的人才向外的发展空间，因为他们只有在原有的或类似的工作氛围下其自身的价值才能得以最大的体现。

而当一个企业成为行业的龙头企业时，长期的积累使得管理能力与技术水平过剩，这就决定了这些企业有向外扩张的动因与可向外转移生产要素的基础条件，而专属能力与技术的转移的局限性要求企业首先考虑的是兼并，其他兼并所倚重的不是专属的管理能力和技术力量。

2004年12月8日，联想集团正式宣布收购IBM公司PC事业部，收购范围为IBM全球的台式电脑和笔记本电脑的全部业务。联想获得IBM在个人电脑领域的全部知识产权，遍布全球160多个国家的销售网络、一万名员工，以及在为期5年内使用“IBM”和“Think”品牌的权利。新联想总部设在美国纽约，在北京和罗利（位于美国北卡罗来纳州）设立主要运营中心。交易后，新联想以中国为主要生产基地。

联想收购1BM公司PC事业部的支出总计为17.5亿美元。兼并重组以后，新联想的股东构成中，联想控股占有46.22%的股份，IBM占有18.91%的股份，公众股占有34.87%的股份。兼并重组交易完成后，新联想的年销售额将超过120亿美元，成为继DELL和HP之后全球第三大PC厂商，成为进入世界500强的高科技制造企业。联想此举在国际化的道路上迈出了非常关键的一步。

这一被称为“蛇吞象”的行为举措，实现了两家公司的要素互补融合，给联想带来了新的发展。

那些成为兼并目标的公司在一定程度上拥有一定的生产要素，但可能由于资源的配置不合理或者还缺乏某些“内核”的东西如企业文化、有效的企业管理等原因而导致效益欠佳。企业通过被其他的企业的兼并，学习借鉴管理能力，获得更多的技术、资金支持等，以弥补自己在资源配置上的缺失。

一般来说，兼并公司总是在积累了一定的核心优势后才可能进行企业兼并行为。不管公司的管理层如何来考虑，公司所有者更关注的应该是投资回报率的高低。一旦兼并公司发出兼并的信息，目标公司也确实会予以充分的考虑。如果可以有效地将兼并公司的专属能力与技术转移到目标公司，达到企业整体效益的提高，这与投资者追求高收益的偏好是一致的，这时，目标公司也会作出积极响应。

以联想兼并 IBM 公司 PC 事业部为例，IBM 必定存在一定的要素优势，才值得联想掏腰包。而事实确实如此，我们看到，IBM 的业务是在全世界范围的，而联想以前的业务主要集中在国内；IBM 最好的产品是高端笔记本，而联想是台式机；IBM 服务的多为高端客户，而联想拥有广大的中端和低端客户；IBM 在技术研发方面具有雄厚的实力，IBM 在 PC 上积累了大量相关知识产权、技术支持和良好的商誉，而联想具有大规模生产、制造管理能力，其成本控制管理比较好；联想在国内是以渠道见长，在国内市场上拥有客户和完善的市场销售体系，而 IBM 在国际市场上享有极高的 PC 销售网络。

兼并保证了这些专属能力与技术的转移是在相关的领域中进行的，通过生产要素合理配置，专属能力和技术的价值得以更好地实现的可能性就高得多。由于经营规模的扩大，兼并的效应还可能会因为财务协同效应和进一步的分工产生生产效率的提高，引起公司的生产要素的边际收益率上升。

根据麦肯锡公司对进行并购的一些公司的新增价值的来源分析发现，在新增价值中，有 60 % 是因为运营的改善，另外的收益增加主要有财务杠杆，占 5%，市场外产业收益占 11 %，来自市场的正常收益为 24 %。由此可见，通过生产要素的重新组合产生的收益增加构成了新增收益的主要来源。

核心竞争力是兼并的基础，兼并本身并不带来效益，但能够通过在兼并中增强自身核心竞争力，进而为兼并企业创造价值。兼并活动价值的创造来源于生产要素的边际效率的提高。作为兼并公司，当其各种市场要素出现剩余，只有将这些生产要素有效地进行转移到目标公司，最终达到这些生产要素的边际收益率提高才能产生价值的增长。

虽然这些生产要素在兼并公司属于过剩资源，但对目标公司却是稀缺资源，在目标公司可以发挥更大的作用。但仅仅这些还不够，因为这不能解释目标公司自身引进这些紧缺的生产要素依然效率低下。合理的解释是兼并行为在向目标公司投入生产要素的同时，还引入了一些“内在”的东西，如市场网络、企业文化等等，而这些都是基于兼并公司已经建立的核心竞争力。近年来，我国企业界的兼并活动越来越多。中国海运集装箱集团公司通过兼并取得了较好的成效。

企业合并要比好莱坞明星结合的失败率更高

企业并购自从19世纪在美国出现以来，已经历了5次并购浪潮，从“合并同类项”到“多项式相加”，再到“杠杆效应”，发展可谓是突飞猛进。近年来，伴随着全球经济一体化和信息化的趋势，企业并购浪潮更是风起云涌，呈现出范围大、数量大、力度强、巨额化、跨国化等系列全新特点。

企业合并，是指将两个或者两个以上单独的企业合并形成一个报告主体的交易或事项。企业合并分为同一控制下的企业合并和非同一控制下的企业合并。一个在并购过程中常被忽视的问题是整合时的整体规划，整合问题是最难解决的问题，尤其在资金、技术环境、市场变化非常剧烈的时代，整合就更加不容易了。

上周，美国时代华纳公司正式宣布分拆AOL，两者不再是一家人了。

这真是悲惨的结局。9年前合并的时候，AOL的市值还高达1640亿美元，如今只剩下了20多亿，整整缩水了98%！这桩当年被称为“世纪交易”、“史上最伟大的创举”的企业合并案，竟然是如此下场！

从叱咤风云的“巨无霸”，蜕变为无足轻重的“小虾米”，AOL只用了9年时间。我们看惯了互联网的造富神话，但是何尝想到，互联网消灭财富的速度竟也堪称光速。在这个网络高速发展的年代，“网络巨人”AOL为何会沦落至此？

但是，没有人料到，从宣布合并的那一刻起，AOL就开始走下坡路了，市场的领跑者变成了落伍者，因为它犯了一个不可原谅的愚蠢错误——忽视了宽带业务！AOL起家的法宝是拨号上网，最高网速一般不超过每秒10KB，这意味着打开一个100KB大小的普通网页，用户需要等待10秒以上，而下载一个5MB的MP3文件耗时超过10分钟，所以这种上网又称“窄带上网”。AOL本身是新技术的受益者，却对用户渴望高速上网的需求视而不见，对新兴的宽带技术无动于衷，顽固地坚守拨号上网阵地，这真是不可思议的事情啊，它最终遭到市场的惩罚。

——载2009年12月15日《21世纪经济报道》

企业的规模不断趋大能够增强企业抵御市场风险的能力，企业合并以后，可充分整合并利用两个企业现有的共同资源，以达到更具势力和扩张力。

然而，是否真能实现大幅度的竞争力提升和销售额的增长，得以市场来最终衡量和监督，同时，还要看企业高层对此次收购的重视是否是长期的。除了对当时的成功收购仪式的重视，还要将这一合并的资源有效运用，企业文化的统一更新，企业管理结构的优化调整，从而才能实现“硬件与软件”优化的结果，达到真正竞争力的提升和销售额的增长。

企业合并过程可以分为：合并选择、合并执行与合并后整合三个阶段。任何一个环节出现问题，都会给整个并购战略带来灾难性后果。

首先，目标明确，确立自己的企业合并战略。在合并过程中有一个明确可实行的目标，是合并战略实施成功的关键。此时，管理者要注意不要掉入自己挖掘的并购陷阱中。一些管理者天真地认为，花钱买回的资产一定是可以创造更大利润，且买得越多，回报越大。而事实远非如此。

其次，要防止整合过程中出现了管理系统的崩溃。这类系统性问题，是实施并购管理者的梦魇。每一个人都期望并购后出现累加或合成效应，但如果没有正确的认识和积极准备，并购后整合通常都会成为并购成功的最大障碍。

对公司合并整合而言，通常要考虑财务、战略和文化、运营与管理等几方面要素。首先是财务整合，在专业机构的参与下，对并购资产进行清查，对并购前的预设标准进行修正，并回馈给管理层与投资方真实信息，以便于作出进一步的决策。其次是战略与文化的整合，这是统一新老公司发展方向与各层级思想的工作，也是后续整合工作的基础。

眼看道指从14000点跌到8000点，仅从财务角度看，国外资产价格的确比过去便宜很多，“很多欧洲企业也快到了撑不住的地步”。同时在政策上，海外对中国企业并购不像过去那么排斥，“利润下滑和金融危机令越来越多陷入困境的公司和国家转向现金充沛的中国，以图拯救。”在这种背景下，无怪乎众多中国企业对于海外抄底跃跃欲试。

然而，事情并非如此美好，通过分析中国企业海外并购存在的人力成本“盲区”，如通用、福特的员工退休福利赤字远远超过其市值，在合并过程中我们很容易陷入企业合并的最大陷阱——人力和文化的整合。正如英国《经济学家》一个尖刻的比喻所言，“企业合并要比好莱坞明星结合的失败率更高。”

长期在相对封闭的环境下成长、运作的中国企业在并购方面或许还要历经一些痛苦的失败。早年，TCL收购法国汤姆逊，以及明基收购西门子手机，这在当时战略层面都曾被认为是可行的收购，最终都败在了“人”字上。包括联想收购IBM公司PC事业部，这一蛇吞象的壮举，目前也还处在艰难的文化整合之中。

中国企业不得不面对的一个基本事实是，全球60%～70%的合并案例是失败的。虽然中国企业大多数并购事件才刚刚发生，或者整合期间低调潜行，一时半会儿还无法算出中国企业海外并购的成败几率。但相对于经验丰富的欧美日企业，长期在相对封闭的环境下成长、运作的中国企业在并购方面可能要有一些很痛苦的失败过程，才能真正学到很有用的知识。有没有能力整合好，这是每个准备出手收购的中国企业必须考虑的问题。

第四篇

消费决策如何做到物超所值

第一章　一美元的消费享受

金窝银窝，不如自己的草窝

在现实生活中，我们经常在爷爷奶奶的家里发现来自各个年代的“文物”，从发不出声音的熊猫牌收音机，到几十年没转过的飞人牌缝纫机；从少了个门的破家具，到缺了个轱辘的飞鸽自行车，不一而足。虽然对于现代生活而言，这些东西早已丧失了它们原有的价值，但老年人仍旧十分乐于将这些东西保存着。

中国有个成语叫“敝帚自珍”，说的就是这个意思——对家里用旧的破扫帚都格外珍视，舍不得扔掉。后来，这种现象又多了个通俗化的说法，即“金窝银窝，不如自己的草窝”。可以说，敝帚自珍成了这一代人生活习惯的代名词。

那么，人们为什么会有敝帚自珍的心理呢？仅仅因为老年人抠门吗？

也不尽然，虽然老年人普遍不舍得扔掉自己用不到的甚至坏掉的老家当，但是看到街上如果有破家电、破家具等“破烂”时，没有几个人会将这些东西捡回家，即使这些废品比家里的还要新。

虽然每个人都渴望成为理性的“经济人”，但是依然存在“敝帚自珍”心理。为了证实这种心理的普遍存在，行为经济学家们曾经进行了一个实验：

实验的参加者被分为A、B两组。给A组每人发一个杯子，告诉他们这个杯子完全归他们所有，他们要做的就是在现场将杯子以某个价格卖掉或者将杯子带回家。B组的实验参与者，可以选择一个相同的杯子或者选择一笔钱。

实验结果非常有趣：A组中选择将杯子卖掉的人，平均卖价是7.22元；B组中选择要钱的人，对一个杯子平均要求的钱数仅为3.22元。这说明，自己的杯子是贵的，别人的杯子是便宜的。

损失厌恶是指人们面对同样数量的收益和损失时，感到损失的数量更加令他们难以忍受。损失厌恶反映了人们的风险偏好并不是一致的，当涉及的是收益时，人们表现为风险厌恶；当涉及的是损失时，人们则表现为风险寻求。这种现象称为影像效应，即受益时偏爱保守，而受损时偏爱冒险的相互转换效应。

行为经济学家们还以第三组充当比对组，把实验的参与者分为三组，进行了另外一个相近的实验：

第一组每个人都拥有实验组织者给他们的一个咖啡杯；

第二组每个人手中有一块400克的德芙巧克力；

第三组每个人都是“两手空空”。

第一组的实验参与者被告知，他们可以用手中的咖啡杯来交换400克的德芙巧克力，也可以不作任何交换，保持原有状态不变。第二组的实验参与者，可以用手中的德芙巧克换咖啡杯，或不作任何交换。第三组实验参与者的任务，则是从德芙巧克力和咖啡杯中作出自己的选择。

组别	最终手中持有的物品		
	咖啡杯	德芙巧克力	参与人数
第一组：用咖啡杯交换德芙巧克力	89%	11%	76
第二组：用德芙巧克力交换咖啡杯	10%	90%	87
第三组：从德芙巧克力和咖啡杯中作出选择	56%	44%	55

从第三组看出，在没有任何外加条件的情况下，有56%的人选择了咖啡杯，有44%的人选择了德芙巧克力。虽然有一定的差距，两者之间的差异相对较小，不会影响到后面比对实验的可信度。因此可以认为，选择咖啡杯和德芙巧克力作为实验物品是合适的，而最终的实验的结果显示：第 组中绝大多数人（89%）选择了继续持有咖啡杯，第二组中有90%的人继续持有德芙巧克力，继续维系了他们的初始物品持有状态。根据经典的偏好理论，即人们的偏好是一致稳定的，第一组和第二组的选择结果也应该接近56 ∶ 44这个比例。在决策过程中，赋予自己所拥有东西的权重（第一组是咖啡杯）和未来所可能得到东西的权重（对于第一组来说是德芙巧克力）并不相等，确切地说，他们现有的物品被赋予了更高的权重。这个行为经济学原理，就是在1980年由萨勒发现的“禀赋效应”。

禀赋效应是指当个人一旦拥有某项物品，那么他对该物品价值的评价要比未拥有之前大大增加。它是由泰白勒于1980年提出的。这一现象可以用行为金融学中的“损失厌恶”理论来解释，该理论认为一定量的损失给人们带来的效用降低要多过相同的收益给人们带来的效用增加。因此人们在决策过程中对利害的权衡是不均衡的，对“避害”的考虑远大于对“趋利”的考虑。出于对损失的畏惧，人们在出卖商品时往往索要过高的价格。

禀赋效应的发现具有重要的理论意义。在此之前，传统经济学认为人们为获得某商品愿意付出的价格和失去拥有的同样商品所要求的补偿没有区别，也就是说，个体作为买者或卖者的身份不会影响他对商品的价值评估，但禀赋效应理论否认了这一观点。

以前面的实验为例，我们就可以用损失厌恶这一原理对禀赋效应作出准确解释：A、B两组的差异就在于是够对杯子具备所有权。由于A组的成员已经获得了一个杯子，他们的参照点被设定在“我有一个杯子”上，B组实验者的“参照点”则是“我没有杯子”。如果将杯子卖掉，对A成员来说就意味着将要发生“损失”。而B组成员选择一只杯子意味着“获得”。虽然都是同等额度（一只杯子）的“损失”和“获得”，但在人们心中的“价值分量”却不同，很明显，A组成员“失去一只杯子”的价值分量要比B组“获得一直杯子”的价值分量要高，因此A、B两组成员所要求的“补偿金”的差距。这恰恰也说明了人们对于“损失”的心理感觉要比等量的“获得”更为强烈。

由此也就解释了，为什么对于很多人来讲，虽然自己住的是“草窝”，但是不会轻易地放弃而去选择“金窝银窝”——放弃即意味着损失，欣然接受损失对每个人来讲并不是一件舒服的事情。

最后一美元支出的边际效用

俗话说“好钢用在刀刃上，花钱花在关节上”，我们每个人口袋里的钱都是有数的，经济学上叫做预算约束，即使像比尔·盖茨或者沃伦·巴菲特这样的超级富豪也要受到金钱有限的约束，因此如何花好手中的每一元钱甚至每一分钱就成了我们生活中思索的一件大事，当然也是经济学关心的一件大事，只不过经济学上把这件事叫做消费者消费选择的效用最大化。

在经济学的发展史中，“效用”概念的出现无疑是一个突破。物品效用在于满足人的欲望和需求。一切物品能满足人类天生的肉体和精神欲望，才成为有用的东西，才有价值。在经济学中，效用是作为消费者从一组商品和服务之中获得的幸福或者满足的衡量尺度存在。有了这种衡量尺度，我们就可以在谈论效用的增加或者降低的时候有所参考，因此，我们也可以在解释一种经济行为是否带来好处时有了衡量标准。

在度量效用的问题上，西方经济学家先后提出了基数效用和序数效用的概念。在此基础上，形成了分析消费者行为的两种方法：基数效用论的边际效用分析法和序数效用论的无差异曲线分析法。

在19世纪和20世纪初，西方经济学中普遍使用基数效用概念。基数是指1、2、3……是可以加总求和的。基数效用论认为，效用可以具体衡量并加总求和，具体的效用量之间的比较是有意义的。表示效用大小的计量单位被称作效用单位。例如：对某消费者而言，看一场精彩的电影的效用为10效用单位，吃一顿麦当劳的效用为8效用单位，则这两种消费的效用之和为18效用单位。

序数效用论认为，效用无法具体衡量，也不能加总求和，效用之间的比较只能通过顺序或等级表示。自20世纪30年代至今，西方经济学中多使用序数效用概念。序数是指第一、第二、第三……序数只表示顺序或等级，是不能加总求和的。例如，消费者消费了巧克力与唱片，他从中得到的效用是无法衡量，也无法加总求和的，更不能用基数来表示，但他可以比较从消费这两种物品中所得到的效用。如果他认为消费一块巧克力所带来的效用大于消费唱片所带来的效用，那么就叫一块巧克力的效用是第一，唱片的效用是第二。

效用价值论强调物对人的满足程度，而满足程度完全是主观的感觉，主观价值是客观交换价值的基础。物品的有用性和稀缺性都是价值形成不可缺少的因素，都是主观价值的起源。经济学依赖一个基本的前提假定，即人们在作选择的时候倾向于选择在他们看来具有最高价值的那些物品和服务。效用是消费者的主观感觉，取决于消费者对这种物品的喜欢程度。消费者对某种物品越喜欢，这种物品带来的效用就越大，他就越愿意购买，需求就越高。比如有人喜欢抽烟，那么香烟对于他而言效用就很高，但对于一位不愿意闻烟味的女士来说，香烟就会是效用很低甚至是负效用的。很显然，在作决定的时候，烟民自然会把香烟视为至宝，而女士们可能更钟情于化妆品或者衣服之类的东西。

我们也可以通过红皮鸡蛋与白皮鸡蛋的变迁，来解读效用。根据科学研究，不管是鸡蛋的味道还是营养价值，都跟蛋壳的颜色毫无关系。那为什么以前满市场的白皮鸡蛋都不见了？这是因为，在我国很多地区，人们都喜欢红皮鸡蛋。红色给人一种吉利的象征，当它大量涌入市场，价钱与白皮鸡蛋差不多的时候，多数市民选择红皮鸡蛋，如此一来红皮鸡蛋便抢占了市场。正是因为人们对红皮鸡蛋有更大的满足感，所以才造成了今天的“市场尽是红皮鸡蛋”的状况。

现在人们买红皮鸡蛋还会达到以前的效用吗？答案又是否定的。红皮鸡蛋本来是很吸引人的，越稀少就越受到尊崇。当红皮鸡蛋充斥市场时，人们对于红皮鸡蛋的满足感是逐渐降低的，这就是边际效用递减。这也就解释了为什么现在的白皮鸡蛋反倒比红皮鸡蛋贵的原因了。

某种商品给消费者带来的效用因人而异，效用大小完全取决于个人主观感受，没有客观标准。比如有的消费者会认为购买胶卷相机带给他们的效用比购买数码相机更大，喝矿泉水比喝啤酒带给他们的效用更大，吃米饭比吃面更能带给人愉悦感。这些，需要由消费者的主观感受来决定。

实际上，一种商品对消费者是否具有效用，取决于消费者是否有购买这种商品的欲望，以及这种商品是否具有满足消费者欲望的能力。从这个意义上说，消费者购买商品就是为了从购买这种商品中得到物质或精神的满足。效用是消费者消费某物品时的感受，本身就是一个主观的、抽象的概念，因此没有一个客观的衡量尺度。

我们总是追求物美价廉的商品，但随着商品的丰富、营销手段的多样以及竞争的加剧，“物美”与否并非我们所能简单判断的。商家常常在商品上标明“原价 ××，现价 ××”，商家这样做无非是想通过所谓的“原价”增加商品的预期效用，即使“原价”从来没有出现过。较低的现价会使消费者认为用较低的支出会得到效用较高的商品，销售量自然增加。

如果在使用商品之前不清楚商品的效用，我们就会反过来，根据价格判断商品的效用。“便宜没好货”就是这个道理。事实上，我们需要某种商品，首先有了这种欲望后才去市场中搜寻。于是就会有价格越高，人们对它的评价就越高，购买的欲望就越强，购买的人就越多，这就形成了“越贵越买”现象。当然贵到一定程度，或者商品成了奢侈品，买的人就会少。

所以，有时候效用是无法衡量的，只能根据价格来判断对物品的效用。举例说，这类商品有药品、衣服、珠宝首饰等。患者一般对药品效用不清楚，所以常常觉得好药应该贵一些，并且价格不是病人考虑的主要因素，所以会有一段需求曲线是上升的。衣服有其特殊性，我们每次买的不一样，这时候经验不起作用，因此对其效用评估的一个重要标准是价格，况且很多人不是把衣服价格作为主要考虑的因素，甚至有人把衣服的价格作为炫耀的资本。珠宝首饰也是如此，特别对于玉器、玛瑙等需要专业鉴别知识的商品，我们判断它们的预期效用更依靠价格，所以常常有人高价买来假货。

偏好是消费者的购买欲望

根据经济学的假设，人都是有偏好的，所谓萝卜白菜各有所爱，所谓穿衣戴帽各好一套，说的就是这个道理。比如消费者对特定的商品、商店或商标产生特殊的信任，重复、习惯地前往一定的商店，或反复、习惯地购买同一商标或品牌的商品。属于这种类型的消费者，常在潜意识的支配下采取行动。

黎巴嫩的文学家纪伯伦曾经写过这样的故事：有个人在自家地里挖出一尊绝美的大理石雕像。一位艺术品收藏家高价买下了这尊雕像。卖主摸着大把的钱感叹：这钱会带来多少荣华富贵，居然有人用这么多钱换一块在地下埋了几千年、无人要的石头？收藏家端详着雕像想：多么巧夺天工的艺术品，居然有人拿它换几个臭钱。他们都为自己所交换来的东西而感到非常满意。

偏好实际上是潜藏在人们内心的一种情感和倾向，它是非直观的，引起偏好的感性因素多于理性因素。每个人的偏好不相同，这就会引起每个人行为选择的不同。消费偏好是指消费者对于所购买或消费的商品和劳务的爱好胜过其他商品或劳务，又称“消费者嗜好”。它是对商品或劳务优劣性所产生的主观的感觉或评价。

每个人的偏好不同，因此对同一种物品的评价往往不同，而这种评价直接影响该物品对自己的实际价值。卖主认为钱的价值大于雕像，买主认为雕像的价值大于钱，其实这和个人的偏好不无关系。

那么偏好究竟跟什么相关呢？有人认为和收入相关：比如我们买服装时，富人不喜欢在地摊前买衣，他们总是偏好去大型商场；也有人认为和前期偏好有关：比如我们考研时会买星火英语，因为大学考英语四级、六级时一直选择星火英语；也有人认为偏好和地理有关：如四川人偏好吃辣，江苏人偏好吃甜；也有人认为偏好跟熟悉程度有关：比如集中同质商品供自己选择，一般会选择做过广告的；还有人认为偏好与周围人的偏好有关：如你周围的人都买某件东西时，你一般也会买这件东西。

其实，影响人们消费偏好的因素是很复杂的。宏观看，国家和民族的历史传承、国家和区域的经济环境、福利和劳动保障条件等都会影响人们的消费行为。而作为个人，偏好主要受以下几方面影响：

（1）习惯。由于个人行为方式的定型化，比如经常消费某种商品或经常采取某种消费方式，就会使消费者心理产生一种定向的结果。这种动机几乎每个人都有，只是习惯的内容及稳定程度不同。

（2）方便。很多人把方便与否作为选择消费品和劳务以及消费方式的第一标准，以求在消费活动中尽可能地节约时间。

（3）求名。很多人把消费品的名气作为选择与否的前提条件。购买活动中，首先要求商品是名牌。只要是名牌，投入再多的金钱也甘愿。

一般来说，某种商品的需求量与消费者对该商品的偏好程度正相关：如果其他因素不变，对某种商品的偏好程度越高，消费者对该商品的需求量就越多。但现实中人们的偏好并不是连续的、稳定的，而是可变的。偏好颠倒的现象说明，人们并不拥有事先定义好的、连续稳定的偏好，偏好是在判断和选择的过程中体现出来的，并受判断和选择的背景、程序的影响。因此，偏好主要分为以下几种类型：

（1）如果消费者的偏好不稳定又含糊的话，要提供给他们一个满意的解决方案，以满足其偏好是不可能的。然而，因为他们对自己的偏好不了解，因此易被影响。

（2）消费者知道自己没有稳定、清晰的偏好，他们对供给的评估很有可能是建立在其外观的吸引力上，而不是其是否真的符合他们（不牢固）的偏好。例如，喜欢喝葡萄酒，但是又清楚知道自己没有这方面知识，可能会非常乐意接受有关葡萄酒方面的教育和消费建议。

（3）这类消费者有着稳定的消费偏好，这些偏好引导着他们的选择，但是他们却并没有清楚地意识到偏好对他们消费选择的驱动性。例如他们可能自认为选择是建立在理性、客观评判的基础上的，而实际上他们的选择主要考虑的是情感因素或审美因素。因此，这些消费者可能会错误地接受那些实际上并不符合他们偏好的定制化供给或选择标准，而最终导致不满意。

（4）这类消费者既有清晰的偏好，又对自己的偏好有足够的了解，这使他们能正确判断一种定制化供给是否真的符合他们的偏好。由于他们对自身偏好的了解，他们可能很少依赖营销者的建议。

事实上，每个人的消费偏好各有不同。比如2009年在各大电视台热播的电视剧《蜗居》引发了观众的热情。小艾听办公室同事说电视剧《蜗居》不错，很残酷，很写实。忍将不住，熬夜下载看了两天，终于把整部电视剧看完了。她认为，《蜗居》是一部绝好的国产片子，反映了现代房奴的辛酸史，是如此贴近自己的生活。看完之后，她对《蜗居》赞不绝口，四处向别人推荐。但是小艾尚在读幼儿园的女儿雯雯对她妈妈如此钟情于这部电视剧很不以为然，剧中故事对雯雯完全没有吸引力，相比较而言，她更喜欢看动画片中聪明的“喜羊羊”。

同样的一部电视剧，不同的人对此评价却各不相同？这就涉及个人的偏好问题。偏好表明一个人喜欢什么，不喜欢什么。偏好无所谓好坏，“萝卜青菜，各有所爱”，并不能说喜欢青菜的就要优于喜欢萝卜。爱好运动的人可能会经常说“生命在于运动”，而好静的人喜欢以“千年乌龟”的典故作为自己不好动的理由。

人人心里都有自己的小九九

上街或者在网上买东西我们一般不会只到一家商铺逛逛就出手，通常都要货比三家。到超市买牛奶，我们会在货架前踯躅徘徊，一会儿看看这个牌子的纯牛奶，一会儿瞧瞧那个牌子的酸牛奶，一会儿掂量掂量盒装的，一会儿又合计合计袋装的，我们在盘算着性能价格比或者效用价格比，看看哪一种商品能给我们带来最大的实惠，这就是经济学上所谓的消费者选择问题的效用最大化，就是我们常说的“花最少的钱买最满意的东西”。

张钰、王明新、李辉是同一家保险公司的业务员。公司为表彰他们的出色业绩，决定出资5000元让他们去风景名胜旅游一次，可供选择的旅游胜地有西安、黄山、九寨沟。他们可以在三个旅游胜地中选择两个。

张钰、王明新、李辉都没去过这三个地方，都很想去，但是只能选择两处。

张钰于是选择了黄山、九寨沟，王明新选了黄山、西安，李辉选择了西安和九寨沟。三人都觉得自己的决定很正确、很合理，一周之后，都带着旅游的兴奋心满意足地回到了公司。

对于张钰、王明新、李辉来说，虽然他们的选择各不相同，但都感到满意的原因就是自己的选择达到了最大效用。

在消费者的收入和商品的价格既定的条件下，当消费者选择商品组合获取了最大的效用满足，并将保持这种状态不变时，称消费者处于均衡状态，简称为消费者均衡。消费者的货币收入总是有限的，他要把有限的货币收入用于各种物品的购买，以满足自己的欲望。他应该如何把货币分配于各种物品的购买才能获得最大程度的满足，使得心理平衡呢？

如果我们用Px和Py分别表示X商品和Y商品的价格，再用MWx和MWy分别表示消费者对X商品和Y商品的边际欲望，那么，消费者均衡将由以下公式反映：

$$MWx/Px=MWy/Py$$

如果消费者认为X商品的边际欲望与价格之比大于Y商品的边际欲望与价格之比，那么，消费者就会增加X商品的购买量，减少Y商品的购买量，直至两个比值相等为止。虽然消费者均衡公式只有一个，但是，消费者均衡的比值却不计其数。因为每一个消费者的欲望尺度都有可能不相同。

消费者均衡的原则是：在消费者的货币收入固定和物品的价格已知的条件下，消费者总是想让自己购买的各种物品的边际欲望与各自价格的比值都相等，换句话说，消费者总是幻想自己的每一单位货币所获得的边际效用都相等。

同时，实现消费者均衡必须具备以下假设性条件：

（1）消费者的偏好既定。消费者对各种物品效用的评价是既定的，不会发生变动。也就是消费者在购买物品时，对各种物品购买因需要程度不同，排列的顺序是固定不变的。比如一个消费者到商店中去买盐、电池和点心，在去商店之前，对商品购买的排列顺序是盐、电池、点心，这一排列顺序到商店后也不会发生改变。这就是说在花第一元钱购买商品时，买盐在消费者心目中的边际效用最大，电池次之，点心排在最后。

（2）消费者的收入既定。由于货币收入是有限的，货币可以购买一切物品，所以货币的边际效用不存在递减问题。因为收入有限，需要用货币购买的物品很多，但不可能全部都买，只能买自己认为最重要的几种。因为每一元货币的功能都是一样的，在购买各种商品时最后多花的每一元钱都应该为自己增加同样的满足程度，否则消费者就会放弃不符合这一条件的购买量组合，而选择自己认为更合适的购买量组合。

（3）物品的价格既定。由于物品价格既定，消费者就要考虑如何把有限的收入分配于各种物品的购买与消费上，以获得最大效用。由于收入固定，物品价格相对不变，消费者用有限的收入能够购买的商品所带来的最大的满足程度也是可以计量的。因为满足程度可以比较，所以对于商品的不同购买量组合所带来的总效用可以进行主观上的分析评价。

如你准备购买 X 与 Y 两种商品，已知两种商品的价格分别为 Px=10，Py=20 元，你的收入为 100 元，并将其全部用于购买 X 和 Y 两种商品。两种商品的边际效用 MUx 和 MUy 表示，如表 1，为了达到总效用最大，就应该这样分析：

Q	1	2	3	4	5	6	7	8	9	10
MUx	5	4	3	2	1	0	−1	−2	−3	−4
MUy	6	5	4	3	2					

表 1　X 商品和 Y 商品的边际效用

根据收入约束条件：100=10X ＋ 20Y 的限制，你能够购买的 X 和 Y 这两种商品的所有整数的组合是有限的。依据给定的条件，该消费者购买这两种商品不同数量的组合，及相应的 MUx/Px 与 MUy/Py 和总效用，如表 2 所示。根据表 2 所列出的资料，运用实现消费均衡的限制条件，就可以确定你实现效用最大化的两种商品的购买量组合比例。

Q	1	2	3	4	5	6	7	8	9	10
MU_X/P_X	5/10	4/10	3/10	2/10	1/10	0/10	−1/10	−2/10	−3/10	−4/10
MU_Y/P_Y	6/20	5/20	4/20	3/20	2/20					

表 2　X 商品和 Y 商品单位货币边际效用表

由表 3 可以看出：只有在 Qx=4，Qy=3 的购买量组合时，才既符合收入条件的限制，又符合 MUx/Px=MUy/Py 的要求。此时，你购买 X 商品所带来的总效用为 14，购买 Y 商品所带来的总效用为 15，购买 X 商品与 Y 商品所带来的总效用为 14+15=29。也就是实现了消费均衡。

组合方式	MU_X 与 MU_Y	总效用
X=10，Y=0	$-1/4 \neq 0/20$	5
X=8，Y=1	$-2/10 \neq 6/20$	18
X=6，Y=2	$0/10 \neq 5/20$	26
X=4，Y=3	$2/10 \neq 4/20$	29
X=2，Y=4	$4/10 \neq 3/20$	27
X=0，Y=5	$0/10 \neq 2/20$	20

表 3　消费者购买 X 和 Y 商品数量组合表

经济学上的效用最大化原则在现实生活中并不适用，这也说明理性人的假设条件确实难以满足，但这并不妨碍该原则在经济学上的重要性，事实上，经济学上的很多问题都是效用最大化问题：如博弈论问题、宏观经济学上的跨期消费选择问题等。

消费者剩余和我们日常生活中讨价还价之后得到的那个差价非常接近。我们看中了一件商品后基本上愿意以较高的价格买下来，我们之所以讨价还价是因为我们想得到砍价后的某种满足感。

如此看来，现实生活中追求的砍价最大化就转换成了经济学上的追求消费者效用最大化，无疑也就转化成了追求消费者剩余最大化。

预算约束的是消费者的购买力

消费预期是消费主体在对市场和经济状况作出判断情况下的消费倾向，也就是消费者在购买产品之前对于厂商提供的产品和服务的价值判断。而消费者的预期价值和他们在实际消费过程中的感知价值所形成的差距直接影响了消费者的满意度。并且消费者的预期价值直接决定了顾客需求的现状和趋势，影响了他们的购买决策。

一般来说，消费者在使用商品（包括有形产品和服务）以后，会根据自己的消费经验，对商品作出一个自我评价，并在此评价的基础上形成对该产品的态度，即是否感到满意。生活中还存在着这样个公式：满意 = 实际效果 > 预期。对于我们来说，当在购买和接受服务之前，都会预先设想到我们应该会有怎样一个体会，也就是说有了一个期望值。

自然而然的，在体验产品的服务时，顾客就会产生一个实际的效果感受。倘若这些效果远远低于客户的期望值，那么客户心理就会亮出不满意的红灯。如果实际效果与期望值差不多，客户会感觉到一般满意；如果实际效果超过了期望值，甚至带来惊喜，客户就会非常满意。

举一个简单的例子。斯宾诺的西装里经常携带大量的发票及各式收据。一次洗衣服时，西装里有一张数额不菲的支票被洗了，等到发现时，支票已经残损不堪。这张支票足以让他破产。当他听说英国银行新提供了一种服务，能将破损的支票还原。尽管斯宾诺对这种服务并不抱太大期望，他还是走进了银行。经过一番鉴定后，果然，斯宾诺得到了全部的钱。当银行的服务员让他为自己的服务打分时，斯宾诺毫不犹豫地给出了非常满意！

在这个故事里，当斯宾诺听说银行有恢复残损支票的服务时，我们可以假定他对银行服务的预期评价为 30（假定顾客评价 100 时为满意），而当他得到全额的还款时，现实就远远超出了自己的预期，他不仅对此感到满意，甚至还很激动，则我们可以假定他的实际效果评价为 120。通过这样的数值表示，我们就能很清楚地看到斯宾诺的满意程度。

实际上，人总是根据预期来作出决策的，而这种预期往往并不一定就说的上是理性化的。比如我们在菜名前加一点异国情调、时髦的词语，如“墨西哥辣椒芒果酱”或“北美草原水牛肉”等，这些描述会引导我们抱有非常大的期望，我们往往会发现这些“芒果酱”和“牛肉”确实好于平常吃的芒果酱和牛肉。当然，预期的影响力并不局限于饮食。如果请朋友看电影，你事先告诉他评论家们对该片评价如何高，他们就会更喜欢这部影片。

预期是一种带有暗示性的软性指令。在现实生活中，人们的预期具有特殊的引导作用，能隐蔽地发射一种能量，让预期者朝着预期的方向行进或改变。

消费预期容易形成一种成见。在美国曾经有一则“百事挑战”的电视广告，广告里任意挑选顾客，请他们品尝可口可乐和百事可乐，然后让他们当场说明喜欢哪一种。结果当然是百事可乐超过可口可乐。同时，可口可乐的广告表明人们对可口可乐的偏爱超过百事可乐。事实上，两家公司对他们的产品采用了不同的评估方式。据说可口可乐公司采用的是让消费者根据偏好公开挑选，而百事可乐采取的挑战方式则是让参与者蒙起眼睛，在两种可乐中品尝打分。难道说百事可乐在“盲目”测试中味道较好，而可口可乐在“可见”测试中味道较优？实际上，多年来可口可乐在广告、品牌上已经占据了优势，人们对可口可乐的预期已经让人们产生了一种成见：可口可乐比百事可乐好喝。其实，这就如同我们看到老年人用电脑，就会想到他不会上 QQ，看到清华学生就想到他们一定很聪明的原因。成见为我们提供了特定的预期，也可能对我们的认识与行为有不利的影响。

预期具有非凡的作用，它能让人们在嘈杂的房间里聊天，虽然不时地有词听不清，但仍然可以正确理解对方说什么。有时收集信息上出现一些乱码，我们也照样读懂它的意思。尽管预期有时候让人显得很傻，但是用途多多。

从效用到需求，消费者要理性选择

当你在商场中看到一些比较便宜或者很讨你喜欢的一些东西，这些东西可能是你经常看到但从来没有使用过的。你猛然间觉得自己好像很需要它，于是将其买下。但是事后却发现你根本不需要它，或者它的作用很小。其实，这就是典型的冲动型消费。

冲动型消费指在某种急切的购买心理的支配下，仅凭直观感觉与情绪就决定购买商品。在冲动消费者身上，个人消费的情感因素超出认知与意志因素的制约，容易接受商品（特别是时尚潮流商品）的外观和广告宣传的影响。而冲动性消费一般分为以下几种类型：

（1）纯冲动型。顾客事先完全无购买愿望，没有经过正常的消费决策过程，临时决定购买。购买时完全背离对商品和商标的正常选择，是一种突发性的行为，出于心理反应或情感冲动而“一时兴起”或“心血来潮”，或是“图新奇”、“求变化”。

（2）刺激冲动型。顾客在购物现场见到某种产品或某些广告宣传、营业推广，提示或激起顾客尚未满足的消费需求，从而引起消费欲望，而决定购买，是购物现场刺激的结果。

（3）计划冲动型。顾客具有某种购买需求，但没有确定购买地点和时间。如得知某超市要让利销售，专门到该超市购物，但没有具体的购物清单，因而买“便宜货”是有计划的，买何种“便宜货”则是冲动的。

而女性无疑是冲动型消费的主力军。日本一个专门研究消费者形态的机构有一个统计，女性冲动性购买的比率为 34.9%。换句话说，每 3 个女性消费者里面，就有一个是冲动性购买者。女性的非理性消费彻底颠覆了经济学家所能预测的消费模式，常常你会看到这样的现象，她们在进入超市之前做了周密的购物计划，但在购物的时候却买回不少自己喜欢却并不实用甚至根本还用不上的商品。

有人说，女人钱是最好赚的。一个女人可以在冲动之下专程打“飞的”去扫荡名牌，也可以在一时兴起买下价格上万元的穿不上几次的衣服。经济学家说，女人们的这种消费轨迹无法琢磨，因为没有一丝规律可循。

所以，琢磨女人的消费动态，就成了难以完成的任务，她们消费的理由林林总总，总是不乏借口。困扰着经济学家们的是——女性为什么倾向于非理性消费？

英国心理学家研究发现，女性在月经周期最后 10 天左右更易产生购物冲动。女性所处月经周期越靠后，她们超支的可能性越大，在花钱方面更不节制、更冲动、超支金额更多。

“我被购物冲动抓住，如果不买东西，我就感觉焦虑，如同不能呼吸一般。这听起来荒唐，但这事每个月都在发生。”一位参与这项科学研究的女性这样说。

科学家认为，女性月经周期中体内荷尔蒙的变化容易引起不良情绪，如抑郁、压力感和生气。她们感到非常有压力或沮丧，容易选择购物这一方式，让自己高兴并调节情绪。对许多女性而言，购物成为一种“情感上的习惯”。她们不是因为需要而购买商品，而是享受购物带来的兴奋感。

研究同时发现，不少女性会为冲动购物感到懊恼。以大学生塞利娜·哈尔为例，她平素习惯穿平跟鞋，但一时兴起想买高跟鞋，于是一口气买下好几款颜色不同的高跟鞋。然而，没隔多久，她就不喜欢这些新鞋，不愿再穿。

科学家说，如果女性担心自己的购物行为，她们应该避免在月经周期后期购物。她们应考虑干点别的，而不是周末去商业街。

女性容易受到情绪因素的影响，是心理更不成熟，更为脆弱的群体。女性中最常见的就是情绪化消费。据统计有 50% 以上的女性在发了工资后会增加逛街的次数，40% 以上的女性在极端情绪下（心情不好或者心情非常好的情况），增加逛街次数。可见，购物消费是女性缓解压力、平衡情绪的方法，不论花了多少钱，只要能调整好心情，80% 左右的人都认为值得。这也可以佐证上文中科学家们的研究成果。

当然冲动型消费还容易受到人为气氛的影响。当消费者光顾的门店在进行商品促销的时候，往往能够激发消费者的购物冲动。对于某些商品来说，可能消费者处于可买可不买的边缘，但由于促销折扣往往能够引起消费者的冲动购物。

事实上，具有冲动消费的不仅仅是女性，其实我们每个人都有冲动消费的倾向。因此，冲动消费涵盖各类人群，其中属新婚夫妇最易冲动购物。因为这一部分的消费者往往更没有消费计划，消费冲动行为较多。在消费者最容易冲动购物的商品类别上，男女是有区别的，男性一般青睐高技术、新发明的产品，而女性在服装鞋帽上很难克制自己的购物欲望。

那么，避免冲动性消费有哪些好办法呢？

（1）让钱包喘口气。在挑选商品和付款之间暂停一下，这时你回到更加理性的状态。

（2）少用信用卡。接触到信用卡时，就像饥饿的人闻到烤面包的味道，让你感到不得不挥霍，以满足自己的欲望。

（3）忽略品牌。名牌煞费苦心的让人们认可它，使人相信，购买它非常值得，尽管这些商品的品质很普通。

（4）别和朋友一起购物。和朋友购物会改变自己的习惯，购买更贵的食物和衣服。最好和家人购物。

（5）警惕特别优惠的商品。当看到特别优惠的商品时，你会变得失去理性，认为自己非常幸运，于是买了一堆不需要的东西。

冲动型消费其实是一种感性消费，而作为理性人的我们，应该时刻谨记“冲动是魔鬼”，并能控制随兴而起的“购物冲动”，做到有计划、有目标地购物，只有这样才能尽量减少自己的购物“后悔感”，做一名真正的理性人！

第二章　解下惯性选择的眼罩

让所有的选择像选冰淇淋一样简单

出生于上海的旅美经济学家奚恺元曾经做过一个著名的冰淇淋实验：现在有两杯哈根达斯冰淇淋，一杯A有7盎司，装在5盎司的杯子里，看上去快要溢出来，另一杯冰淇淋B是8盎司，装在10盎司的杯子里，看上去还没装满，你愿意为哪一杯付更多的钱呢？

如果人们喜欢冰淇淋，那么8盎司要多于7盎司，如果人们喜欢杯子，那么10盎司的也要比7盎司的大。可是实验结果表明，人们反而会为少量的冰淇淋付更多的钱。这也契合了卡尼曼等心理学家所描述的：人的理性是有限的，人们在决策时，并不是考虑一个物品的真实价格，而是用某种比较评价的线索来判断。

在冰淇淋实验中，人们评价冰淇淋的标准往往不是其真实的重量，而是冰淇淋满不满的程度。实际生活中的例子更是比比皆是，麦当劳的蛋桶球冰淇淋、肯德基的薯条无不如此。商家总是利用人们的心理制造出“看上去很美”的视觉效果。

面对纷多杂乱的选择，很多人并不一定就能够很快在心中作出抉择，就是作出了选择也并非是理性的。而尤其是对于那些人们缺乏经验和相关知识的方面，因为不能很快获得反馈，他们便很难作出理想的选择，在水果和冰淇淋之间作出选择就算得上是一件难事儿了，更不用说是要他们在不同医疗方案或者不同投资方案之间作出选择。

在选择面前，很多人推崇自由主义，即便是在自己难以作出判断而别人可以很容易作出抉择的时候，他们也不喜欢别人对与自己的选择指手画脚，提出各种异议。对于选择自由的渴望，使许多崇尚自由选择的人都反对在自己进行选择时有任何形式的制度干预，他们希望相关制度能够允许自己进行自主选择。

正是基于自己存在的固有的这种想法，才会使有些人认为作为“理性经济人”的自己应当有足够而且充分的权利从尽量多选择中选出自己的最爱，相关制度应当尽量不予干涉。这种想法不单单是几个人有的观念，对于大多数的人都是如此。他这种观念的优势在于它为人们提供了一种解决诸多棘手问题的简单方法：尽量使可能的选择最多！这一点已在许多领域得到了应用，比如教育和医疗行业。

只要人们不能作出令人满意的选择，适当改变选择体系便能提高他们的生活品质。当你真正面对的是40种各不相同的处方药方案，那么在别人的建议或者帮助之下，你便可以更为轻松地作出选择。我们不仅能够通过设计相应正确合理的选择体系，还能简化选择的复杂性，使自己过得更好。事实证明，在很多情况下人们很容易便能实现这一点。

几乎所有人在几乎任何时候都会作出对自己最为有益的选择，或者说作出至少比别人的选择更好的选择。出于这种对于最有益选择的相信，很多人害怕“一失足成千古恨”，在选择中过于慎重，生怕选错，后悔终生。就拿下面的例子来说明：

假如有一名国际象棋的初学者要与一名久经沙场的老将对决，那么这名初学者会预计自己将大败，原因便是他作出了一个对自己不利的选择，因为这一选择很容易由一些暗示促成。

实际上，我们认为，即便人们经过再三思考，也不一定能够作出对自己最有利的选择。在许多情况下，普通消费者正是扮演了这名国际象棋初学者的角色，他们不得不整日面对那些绞尽脑汁要卖东西给自己的经验老到的商家。

简单说来，人们的选择是一个经验问题，不同领域内的人对这一问题的认识也不同。但是，我们可以说，人们在一个易获得经验和信息以及易得到反馈信息的环境下能够作出较好的选择，比方说选择合适的冰淇淋口味。人们都知道自己是否喜欢巧克力、香草、咖啡或其他东西的味道。

罗琳主管某大城市学校系统的餐饮服务工作，她的服务对象是数百家学校里的数十万名学生，他们每天都在罗琳设在学校的自助餐厅里就餐。

在自己朋友的建议下，罗琳要求学校餐厅的负责人按不同的方式摆放食品。对于甜点，有的学校将其放在前排，有的学校将其放在后排，还有的学校则将其单独放在一排；在与孩子们视线齐平的高度，有的学校摆放的是炸薯条，而有的学校则摆上了胡萝卜条。

通过餐厅食品的重新摆设，罗琳所经营的许多食品的销量都发生了很大的变化，有的销量上升，有的则明显下滑，上下波动幅度达到了20%。

像罗琳一类的人就被称为“选择设计者”。选择设计者的职责便是为人们缔造出一种决策环境。尽管罗琳只是一个典型个案，但实际生活中却不乏这样的选择设计者，只是许多人并没有意识到自己的这一身份。正如罗琳自助餐厅的例子所展示的，人们的选择会受到选择设计者们设计选定因素的极大影响。即便是无意识的推动也会起到很大的作用。想必大家都遇到过很多这样的例子。

很多人错误地认为，我们可以避免对人们的选择造成影响。但是其实不然，在许多情况下，一些组织或者单位必须作出某项选择以影响别人的行为。因此，便不可避免会用助推的方式，不管是有意还是无意，而这些助推行为将会影响到人们的选择结果。

在这一点上，有些人会欣然接受私人组织，但却极力反对政府部门对选择所施加的影响，尽管它的目标直指提高国民生活水平。政府部门的确时刻都在通过自己制定的政策对一些人的选择施加影响。这些制度并不全然是不好的，大多情况下都是有章可循甚至是令行禁止的。全部拒绝这种制度的帮助并不见得是一件好事。专制主义难免包含强制的因素。但是即便对于那些崇尚自由的选择人，某些形式的温和专制主义也是可以接受的。自由选择权的存在是防止出现拙劣选择体系的最好保障，适当的温和制度安排能够帮助人们在选择面前减少徘徊不定，尽快作出适合自己的个人选择。

用科学选择帮你摆脱偏见的束缚

美国普林斯顿大学心理学教授丹尼尔·卡尼曼经过深入研究发现，人们在作选择决策时，往往不是严格估计正确的收益，而是比较容易和快速评价它的优劣。卡尼曼教授曾经举了这样一个例子：

假设美国正在救治一种疾病，救治对象共有600人，为此人们提出了两种不同救治方案，分别通过下面两种方式描述：

描述一：现在有两种方案，方案A，可以救活600人中的200人；方案B有1/3的可能救活全部600人，2/3的可能一个也救不活。

实验结果是：人们不愿意冒风险，更愿意选择方案A。

描述二：现在存在两种方案，方案C，会使400人死亡；方案D，有1/3的可能无人死亡，有2/3的可能性600人全部死亡。

实验结果是：死亡是一种失去，人们更愿意去冒险选择有概率的事情，因此选择方案D。

事实上，A和C，B和D本质是一样的，不同的描述方法，结果却大相径庭，人们在面对收益和损失时采用的是截然不同的心态。经济学家认为，在可以计算的大多数情况下，人们对所损失的东西的价值估计要远远高出得到相同东西的价值估计。

人类的选择是一件可怕的事情，如果不是这样，那么所有人都会愿意去面对选择了。“经济人观点”认为人类的思考和选择是非常精密的行为，从而符合经济学家们心目中教科书式的人类形象。不管是否研究过经济学，许多人似乎都会不自觉地倾向于认同“经济人观点”。

如果你有机会浏览经济学方面的书籍，你会知道，经济人的思维如爱因斯坦般缜密，记忆力如IBM的深蓝计算机般强大，意志力如圣雄甘地般坚韧。然而，我们平日里见到的平头百姓却不是这样。我们经常看到，他们会在进行大的除法运算时因为手边没有计算器而犯难，他们甚至会忘掉自己爱人的生日。他们根本不是什么经济人，他们是社会人。目前正在兴起的选择科学，其中包括最近40年里社会科学家们所做的一项严谨的研究。这项研究对人类的许多判断和决策的合理性提出了严肃的质疑。

与经济人不同，社会人的预见经常会出现错误，比如说“计划谬误”——对于完成某些事情所耗费时间的不切实际的乐观估计的倾向。一个人很难成为一名无所不知的全能型人才，在进行个人选择时，我们不需要进行精确的预见，我们只需要做到在预见时不带任何个人偏见。也就是说，我们的预见可以出现错误，但绝不能以一种有意的方式出现系统性的错误。

如果你曾经雇用过装修工，他必定会承诺你在固定的时间内将工作又快又好地完成。可是最后的结果却往往不尽如人意。承包装修工程的那群人最后所有实际工作都远远落后于其初始计划的情况。生活中的大多数人都对此习以为常，似乎早已听说过“计划谬误”这一名词一样。

数百项研究都表明，人类的预见大都带有偏见而且不可靠。同样，人类的决策水平也并不怎么样。让我们再来看一个例子：作为惰性的代名词“现状偏见”。基于许多我们目前尚未弄清楚的原因，人类总是强烈倾向于迁就现状或者既定的现实。

当你买了一部新的手机时，你便会面对一系列的选择。手机越新潮，你就会面对越多的选择，从手机屏保到手机铃声再到响铃次数。在通常情况下，手机制造商都会为这些选项固定一套出厂默认设置。有研究表明，无论默认设置是什么样，许多人在实际使用中都情愿保持不变，甚至就连默认设置中噪音较大的来电铃声也懒得修改。

我们从这项研究中得出了两个结论。其一，永远不要低估惰性的作用；其二，惰性对于选择的影响是可以得到控制的。

面对个人选择的多样化，通过默认选项来影响个人选择是使选择者摆脱选择偏见，合理地作出个人选择的有效方式。精挑细选出来的默认选项只是帮助你进行选择的一种有效形式。如果企业或者政府官员们认为某项措施能够产生更好的效果，那么他们便可以将其设定为默认选项而对决策结果施加影响。例如，在去饭店吃饭时，饭店都会有固定的菜单以供顾客选择，而不是让顾客漫无边际地想象该选择吃啥。像这种修改菜单等方式以设定默认选项，便可以对结果产生极大的影响。

目前，在世界饱受贫困、饥饿困扰的同时，肥胖也成为困扰人们生活的一大难题。就拿美国来说，美国人的肥胖发生率接近20%，有超过60%的美国人超重。大量的证据证明，肥胖会增加心脏病和糖尿病的患病概率，甚至令许多人英年早逝。很明显，挑食的人极为看重食品的口味，而对健康却毫不在乎，在他们看来，吃就是为了享受。我们不能说每一名肥胖者都难以理智地控制自己的饮食，但我们可以肯定，几乎所有的美国人都不能为自己选择合理的饮食方案。每年全球都会有50万人因肥胖死亡，如同吸烟和饮酒等行为一样，不合理的饮食也会缩短寿命。人们目前对待饮食、吸烟和饮酒的做法难以使他们保持健康。

经济人只对动机刺激感兴趣，虽然目前也存在许多愿意花钱请人帮助自己采取节制措施的烟鬼、酒鬼和暴饮暴食者。但是这毕竟是少数，这就需要政府及相关的肥胖组织，在促进国民健康选择方面作出积极有益的促进，无论是在经济上开源节流还是在公益事业上促进国民健康方面都是如此。缩小肥胖人群的饮食选择，在经济和法律上加以控制——比如，对肥胖者进行征税，禁止向肥胖者销售过高热量的快餐食品等。这对于消除肥胖者的饮食偏见能够起到积极的作用。

如果我们将动机刺激和助推双管齐下，那么我们提高人们生活品质、帮助人们解决诸多社会问题的能力便会上一个大的台阶。并且，这也并不妨碍人们进行自由选择。

别让小概率事件误导了你的选择

关于小概率事件的典型案例莫过于康奈尔大学的心理学家汤姆·吉洛维奇在其1991年的作品中写到的“二战”时期德国人轰炸伦敦时伦敦市民经历的一件事。

在德国对于伦敦进行轰炸之后，伦敦报纸曾经刊登出几幅图，其中一幅如上图所示，它显示的是德国V-1和V-2导弹攻击伦敦市中心的具体位置。

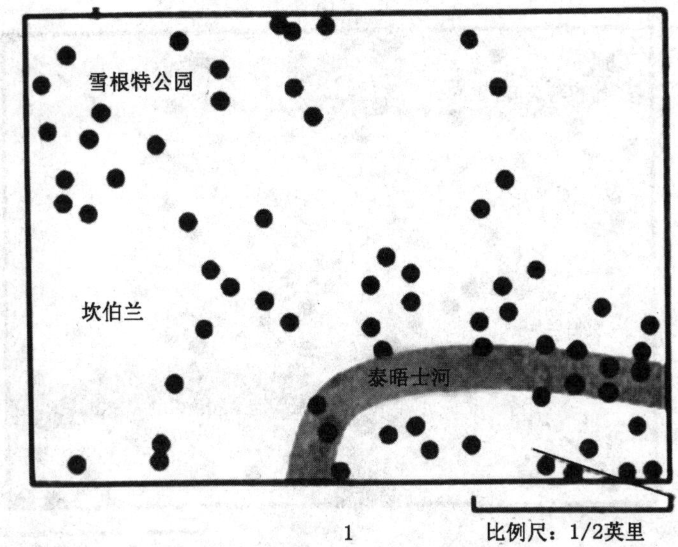

伦敦 V-1 炸弹轰炸示意图

通过图片上对于导弹着陆点的统计，你可以看到炸弹大部分都落到了泰晤士河的两岸以及图上的西北部。因此很多人得出，轰炸的地点并不是随机的，而是经过德国军方精心安排的。伦敦人因此认为德国人能够精准地控制他们导弹的落点。一些伦敦人甚至认为，图上空白的地方便是德国间谍的居住地。

实际上，伦敦人错了，德国人所能做到的只是将炸弹投到伦敦市区，至于具体炸到哪个位置便听天由命了。一项关于这些炸弹袭击分布的更为详细的统计研究表明。这些轰炸地点的确是随机分布的。的确，在内心中，我们将上图平均分成4部分，如下图所示，然后我们再进行一次统计，或者说不是为了统计而统计，而只是数一下每一部分遭到轰

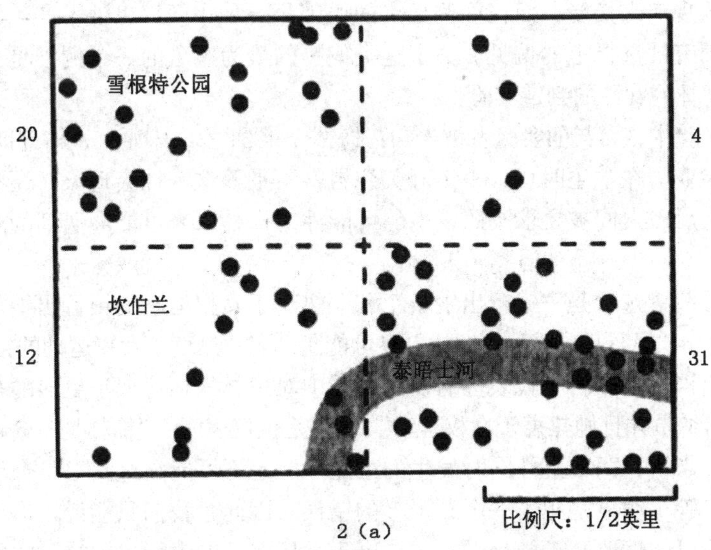

伦敦 V－1 炸弹轰炸分区图（横纵分割）

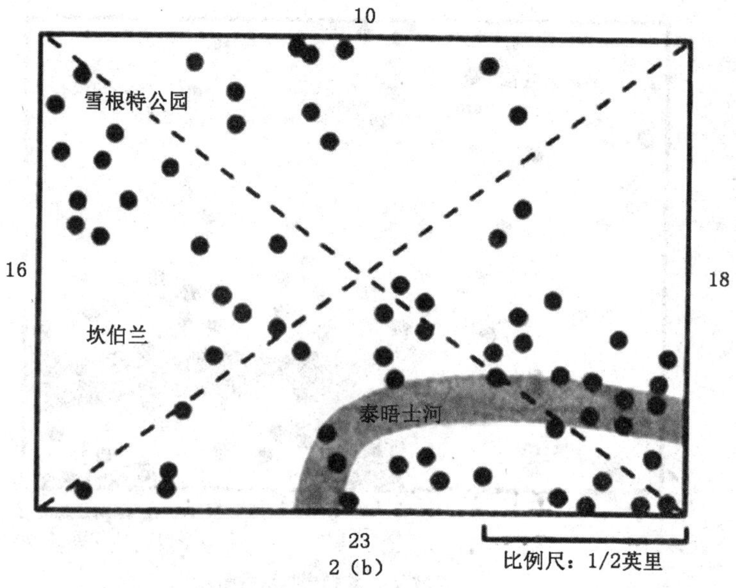

2（b）

伦敦V—1炸弹轰炸分区图（对角线分割）

炸的次数，我们的确会发现非随机性的证据。

但是，没有证据能够表明这种测试随机性的方法是正确的。

当我们按照图 2（b）的方式再次将图 1 平均分成 4 部分，我们便无法拒绝炸弹是随机抛下的假设了。不幸的是，我们往往不会通过这样苛刻的变换测试方式来挑战自己的认识。

当相似性和出现频率发生分歧时，人们往往会产生偏见。一些小概率事件往往在此时钻了空子，最后成功地误导了你的选择。就如同逻辑学中的因果分析，表面现象就是时间的最终呈现形式，人们会根据自己的逻辑进行由结果到原因的倒推，将推导出的原因作为正确的现实来接受，而往往倒推出的原因是一种小概率事件。产生错误推导的根源就在于你固有的选择上的偏见。关于这类偏见的最为有名的一个例子是关于我们假想的一名叫做梅林的女性的判定实验：

在一项实验中，参与的实验者被告知：梅林今年 31 岁，未婚，性格开朗，聪明伶俐。她主修哲学专业。在学生时代，她十分关注男女不平等这一社会现象，还参加过反利用核能游行。然后，人们被要求按照发生的可能性对梅林未来可能会遇到的八种情况进行排序。

其中两个关键选项是“银行出纳员”和“热衷于女权运动的银行出纳员”。大多数人认为，相对于“银行出纳员”。梅林更有可能是一名“热衷于女权运动的银行出纳员”。

人们的错误判断来自于代表性启发：题干中对梅林的描述似乎更多的是在说“梅林是一名银行出纳员并且她热衷于女权运动”，而不是仅仅表明了“梅林是一名银行出纳员”。

从逻辑上来讲，两个事件同时发生的可能性一定不可能高过其中一个事件发生的可能性。上述实验很明显是犯了一个逻辑上的错误。因此，我们只能说，梅林是一名“银行出纳员”的可能性要高于她是一名“热衷于女权运动的银行出纳员”的可能性，因为所有“热衷于女权运动的银行出纳员”都是“银行出纳员”。

人们在参加完实验后说，他们知道正确答案。但是，在他们总有个奇怪的思维念头在干扰着他们的选择。这种思维念头就是选择时的直觉思维系统的干扰。经验告诉我们，认知错觉有时候会很固执，以至于大部分人由于受其直觉思维系统的影响，根本不愿意去承认自己长期抱有的某种想法是错误的。

大部分篮球迷都会认为，如果一名篮球运动员刚刚投中了一个球，那么他的下一次投篮也具备了很高的命中率，如果他连续投中了多个球，那么他的下一次投篮命中率变得更高了。人们习惯于称连续命中篮筐或者最近多次投篮保持极高命中率的篮球运动员为“手热运动员”，这一点在许多体育解说员的评论中是一个好兆头。将球传给“手热运动员”已成为一项约定俗成的策略。

而事实是，“手热效应”是不存在的。连续得分的篮球运动员下一次投篮时的命中率并不会提高，的确是这样。即便人们了解了这一事实，他们也会立即想出“手热效应”的其他表现形式。他们会认为对方可能会调整防守，更加紧密地盯防这名“手热得发烫”的运动员，或者这名运动员将会调整策略，换一种方式投篮。然而，在看到这些数据之前，当球迷们被问及篮球运动员连续命中几次之后下一次投篮的命中率时，球迷们一般都会想起“手热效应”。许多研究人员都确信，吉洛维奇的初始结论是错误的，因为这些结论旨在寻找这一所谓的“手热效应”。截至目前，尚没有人发现这一效应的存在。

尽管如此，体育解说员们仍在不断解读着球员手掌温度的变化。然而，在解说员说这些话之前，球员的三分命中率还高达 84.5%，而话音刚落，其命中率便下降到了 50.7%，甚至低于他们正常比赛中 52.9% 的命中率。

当然，如果篮球迷们看不到自己关于“手热效应”的这一错误认识，倒也并无大碍。然而，在一些十分重要的领域，人们也会出现类似的认识偏见。比如说人们对“癌症扎堆”现象的认识，很多人在自己身边出现多起癌症病例时会担心是不是癌症扎堆，进而怀疑自己也会成为癌症大军中的一员。

实际上，在一个 13 亿人口的国家，某些局部人口在一年内出现较高的癌症发病率是一件不可避免的事情。所谓的“癌症扎堆”现象可能只不过是一种随机的波动而已。尽管如此，人们仍认为这不可能是随随便便就能发生的。因此，他们便开始变得恐惧，有时候甚至政府部门也起了推波助澜的作用。然而，在多数情况下，人们并没有担心的必要。

解下惯性选择眼罩，拒吃过期爆米花

害怕有所改变，害怕改变引起的波动，因此不敢作出与当前截然不同的选择，这正是导致不幸的主要原因。很多人正是因为选择了安于现状，因此一般意识不到是自己选择了不幸之路。他们总是说：“我什么都没做，但不幸总是跟着我！”而这些人的另外一个典型特征就是：总为自己的选择找各种理由合理化。这种“惯性”时常会披着“满足”的外衣，让一般人无法轻易察觉。“不管别人说什么，现在这样，我就已经满足了。”

星期六早上，当我们上街随便逛时，我们经常会突然发现自己走在上班的路上，而不是去目的地——杂货店的方向。星期天早上，我们会按照惯例喝一杯咖啡，看一看报纸，但我们会突然想起自己约了一个朋友吃饭，而这时距离约会时间仅有一小时了。吃似乎是我们最为漫不经心的一项活动了，许多人在吃东西时，只是将眼前的东西一股脑儿塞进嘴里而已。

在许多情况下，人们会把自己设置为“自动驾驶”模式，在这一模式下，人们不会主动意识到自己究竟在做什么。而当人们面对即便是过了期的爆米花时，也依然会在惯性选择的怂恿下继续大吃下去。

几年之前，布赖恩·文森克与几名同事在芝加哥的一家电影院进行了一次实验，他们向每位电影观众免费发了一桶过了期的爆米花。这些爆米花是5天前出炉的，但实验者将它们妥善保存，从而使这些爆米花在5天之后吃起来仍嘎吱作响。实验者没有告诉观众这些爆米花已经过期，但他们会感觉到爆米花不太对劲，有人说：“这简直是味同嚼蜡。”

在实验中，有一半观众拿到的是大桶包装的爆米花，而另一半观众拿到的则是小桶包装的爆米花。平均下来，拿到大桶的观众在看完电影后比拿到小桶的观众多吃掉53%的爆米花，尽管他们并不喜欢那些爆米花的口味。后来，文森克问那些拿到大桶爆米花的观众是否是因为自己的桶大才比别人吃得多时，他们大都不承认：“这种口味我根本没有兴趣。”但他们说错了。

在大嚼过期的爆米花的时候，人们已经意识到这些爆米花可能存在问题，可是选择性惯性使他们并没有放弃，而是选择继续吃下去。而最后大桶爆米花的获得者要比小桶爆米花的所有者多吃53%这一数据说明，当自己处于一种吃的较多的状况下，他们很难停下了——即使是觉得爆米花有问题。

自制力差与盲目选择交互作用，会使人们遇到一系列的麻烦。尽管有证据证明吸烟会对身体产生严重伤害，但是仍有数百万美国人吸烟，尽管他们之中大部分人都信誓旦旦地说要戒烟；几乎2/3的美国人超重或肥胖；许多人都没能加入公司的养老金计划，尽管这一计划能够给予个人很大的补助。

惯性思维指人习惯性地因循以前的思路思考问题，仿佛物体运动的惯性。惯性思维常会造成思考事情时有些盲点，且缺少创新或改变的可能性。人们在进行惯性选择的时候都受制于惯性思维的影响。

人们的日常生活也常常不在知不觉中，受惯性思维的干扰，陷入惯性选择的旋涡。

惯性不仅可能在瞬间形成，更可能在大尺度时空中形成，不但会在个体身上表现出来，更会在群体中形成和延续，就像漂移中的各大陆板块，虽然在常规经验中你看不出它的移动，但这种移动却是缓慢而坚定的。人们惯性思维的形成一方面是由于个人习惯性的偏好所导致，而另外一方面也受到相关制度的影响。

经济生活中，惯性选择对于投资决策的干扰和影响最为常见。投资决策惯性行为的理性选择假说认为，改变已有投资状况是有固定成本的，这些成本随时间的变化而随机变化，因此维持现状、等待低成本的改变时机是节省成本的理性选择。具体而言，这些改变已有投资状况的固定成本包括两部分：直接的改变已有投资状况的成本和间接的了解、评价各种投资选择的成本。尽管直接成本可能较低，但是如果间接成本超过了已有投资状况的改变所带来的短期收益，理性的个体会选择维持现状。

在银行存款、外汇、股票、债券、期货、基金、借出、做生意、保险金、收藏品、房地产、理财产品、彩票等广义投资项目中，个体当前和未来期望的选择都表现出了参与惯性，即倾向于维持他们过去的选择；这种惯性选择是行为偏见的结果，而不是理性选择所致。

投资决策惯性行为的行为偏见假说认为，个体可能是不完全理性或非理性的，决定其倾向于维持投资现状的因素是基于某些心理偏好所导致的行为偏见。具体而言，投资决策中的惯性行为可能来自两种个体行为偏见：禀赋效应和延迟决策。

理性选择和行为偏见两种理论假说解释的个体投资决策中的惯性行为包括两种：一种是参与惯性，即个体在决定是否选择特定投资方式时的惯性行为；另一种是调整惯性，即在已经选择了特定投资方式的情况下，个体调整具体投资比例时的惯性行为。不难看出，参与惯性与更为基础性的“是”、“否”选择相关，而调整惯性则是在参与选择基础上进一步的比例调整。

浪费的350美元比节省的350美元更多

20世纪70年代，信用卡在市面上开始出现，成为继借记卡之外的另一种银行新型支付方式。在当时情况下，信用卡公司会对每笔交易收取零售商1%交易额的费用。这显然增加了零售商的成本。一些零售商想对使用现金和使用信用卡支付的客户按不同价格收费，借此转嫁需要支付给银行1%的交易费用。信用卡公司为了避免这一现象，采取了一些防范措施。

当然，信用卡公司的这一举措威胁了零售商的利益。代表零售商利益的议会议员在国会提交了一项关于撤销信用卡公司这一做法的提案。之后，信用卡公司的游说人员便在他们的措辞上下了工夫。他们建议政府规定，如果一家公司对现金支付和信用卡支付收取不同的费用，那么信用卡支付应当被设定为“正常”（默认）模式，而不是像以前那样将现金支付认定为正常默认模式。

虽然，决议最后的决定看似是信用卡公司作出了让步，但是其实他们才是最大的赢家。通过将信用卡取代现金成为买卖交易的“正常”默认模式，信用卡公司获得了实际的益处：人们不能像以前那样采用现金支付，在多数情况下开始转变采用信用卡进行结算。因此，信用卡的持有量大大增加。

许多问题的关键在于阐述的方式，信用卡公司对心理学家所称的“措辞”有着深入的理解，依靠巧妙的措辞改变了顾客的默认选项，使顾客在结算方式的选择上趋向于使用信用卡。

就目前而言，低碳节能已是社会的大势所趋，让我们来看一下下面的两条关于节能的宣传语：

（1）如果你采取节能措施，你将会每年节约350美元；

（2）如果你不采取节能措施，你将会每年浪费350美元。

事实证明，第二项宣传语取得的效果远远好于第一条，原因是它是以损失为基本出发点的。“趋利避害”是人们在进行选择时普遍的心理状态，往往在一些情况下，“避害”的心态要大过“趋利”的心态。“你将会每年节约350美元”，这种描述并不能充分打动个人消费者，它具有一种抽象意义，并不会把350美元放到你的面前，因此缺乏鼓动。而“你将会每年浪费350美元”会使人们产生一种危机意识，时刻避免财产的减少。

措辞之所以会有效，是因为人们在作出决定时通常会怀有一种盲目和被动的心态，他们的理性思维系统往往懒得去变换一种说法，看是否会得出一个不同的结论。他们之所以不去这么做是因为他们不知道该如何去推翻这种矛盾。

“损失厌恶”并不是造成惰性的唯一原因，诸多原因使人们总体上更倾向于于保持现有的状况。这一现象在很多情况下都会发生，因此在1988年，威廉姆·萨缪尔森和理查德·济科豪瑟给它起了个“现状偏见”的名字。多数教师都知道，学生们上课时倾向于每次坐在同一个座位上，即便是在没有座次要求的情况下。

现状偏见是人们在进行选择决策时的重要因素之一，“现状偏见”很容易被利用。许多年以前，美国运通公司给桑斯坦写了一封措辞友好的信。信中告诉桑斯坦说它们能够连续3个月免费向他赠送他选中的5本杂志。免费赠送看上去是件不错的事情，不管这些杂志有没有阅读价值，因此桑斯坦欣然选出了5本杂志。但是，令他始料未及的是，他在3个月之后仍然每月收到杂志，并且必须照价付款。直到最终他设法取消了杂志预订。就这样，在大约10年时间里，桑斯坦不得不为那些自己几乎从来不看的杂志掏腰包。

“现状偏见”的原因之一是用心程度不够。许多人都会采取一种“既来之，则安之”的态度，一个很好的例子便是看电视时的延滞效应。网络公司会花费大量的时间考虑节目安排计划，因为他们知道，晚上打开NBC节目的观众会倾向于不换台而停在那里。遥控器已在这个国家普遍使用了数十年，要换台所做的只不过是用大拇指按一下而已。然而，当一个节目结束，下一个节目接踵而至时，多数观众会想：“既来之，则安之，还是继续看这个台吧。”

很多时候，人们总是忙于应酬各类事务，无暇对自己的选择进行深入思考，人们自以为是的经验法则会使他们误入歧途，他们由于太忙而忽略了一些事情，因此他们宁愿接受既有的现实而不去设法判断在此情况下是否会有不同的结果。

即使是事关重大的选择，人们也往往会被各种标准的经济伦理无法解释的原因所影响。巧妙的措辞可以对个人产生一种无形的引导，从而利用人们的“现状偏见”。假如你患有严重的心脏病，医生建议实施大手术，而你急于要知道手术的成功率。这名医生说：“100名接受这一手术的病人中5年之后有90人仍健在。”这样一来，恐怕你选择做的几率很大——听起来，手术的风险不算很大，多数人在手术后活得很舒服，“为什么不做呢？”

如果这名医生换了一种说法：“100名接受这一手术的病人中5年之后会有10人死亡。”大多数心脏病患者在听到医生这番听上去带有警告意味的话之后，会选择放弃手术。他们的直觉思维系统会这么想：“这么多人会死去，我很可能是其中之一！”

“100人中10人死亡”和“100人中90人生存下来”，尽管这两种表述的含义是完全相同的，但面对两种说法，即便是专家，人们也会有截然不同的反应。在许多实验中，我们发现都是如此。如果医生们被告知"这一手术的成功率为90%"，会比他听到"这一手术的失败率为10%"时更愿意推荐病人做手术。

第三章　消费陷阱如何欺骗我们

优惠卡背后暗藏陷阱

时下我们常常可以在一些商场附近、住宅小区、美容院、美发店的附近碰见一些商家发放优惠卡，"免费美容"、"免费足疗"、"免费理发"……花样繁多，身为消费者不禁窃喜：真有天上掉馅饼的好事！

一日，张女士在步行街逛街时，看到某美容院正在发放优惠卡，声称可以免费做一次基础皮肤护理，张女士便询问发放优惠卡的工作人员："真的不用交任何费用吗？""是的。"美容院的工作人员一边回答张女士的问题，一边把张女士请进了美容院。

张女士被让到一张美容床上，这时一名美容师说，"如果做的话，需要交7元钱的面扑费。""不是说不用交任何费用吗？"张女士问。"我们的服务是免费的，您使用我们的仪器也是免费的，但是面扑不是我们院自己生产的，需要您交一个成本费。"美容师解释说。

于是，美容便继续进行。一个半球形的仪器在张女士面部上方不断释放蒸汽，美容师一边按摩着，一边分析着张女士的皮肤，不断地建议张女士再花30元做一个细致毛孔的面膜。张女士说没有时间，美容师抛出杀手锏："那你做这个基础护理也是看不出效果的，只相当于深层次地洗了一次脸。"

在距离这家美容院不足200米处有一家精品店，面扑的售价为2～2.8元不等。

发放优惠卡是为了吸引更多的顾客，这是一种促销的方法。俗话说天下没有白吃的午餐，消费者承担一定的费用也是合适的。而有些商家却违背了这一初衷，硬性向顾客推销，强迫顾客消费，给消费者造成了精神和财产上的损失。

在名目繁多的商家促销策略诱人的承诺下，许多消费者都成为了具有特殊消费地位的"贵宾"，一打开钱包，美容美发卡、健身卡、洗衣卡、商场积分卡……可谓五花八门，无所不有。但你也许还没有想到，你的钱往往就是被这些优惠卡渐渐套牢的。这些五颜六色的优惠卡有时只是在充当某些商家的美丽诱饵，很多消费者在优惠卡的巨大"馅饼"下，往往会陷入商家早已设好的圈套之中。

其实，优惠卡林林总总无非两种：第一种是预付式消费，特点是先付费，后享受服务。商家往往先开出种种诱人的优惠条件，吸引顾客预先支出一定费用办理一张会员卡，以后分次提供有关服务。第二是会员消费，会员凭卡购物可以享受会员价或者参与积分兑奖活动，超市、商场常用此法促销。第一种消费风险最大，于商家而言，此法可以快速获取现金收益，而对于消费者来说，由于服务的滞后性，实际上是在无形中承担了商家的经营风险。

消费者在消费的过程中，不要随便相信优惠卡上的承诺，因为这种承诺往往是不靠谱的。

国庆节期间是北京旅游的旺季。李先生携一家老小到北京来旅游，在所住的旅馆附近，就接到了各种旅游优惠卡。其中有一张优惠卡颇有吸引之处，这张优惠卡提供了两天旅游线路：一条是恭亲王府、明清老北京、明皇宫、十三陵、八达岭长城五个景点；一条是大观园、电影旅游城、海底世界、亚运村、颐和园五个景点，并承诺免费接送看升国旗、免费导游、各景点门票自付，只付车费 20 元。

虽然李先生对优惠卡有些疑问，但他还是通过电话联系了“旅游接待处”。但是，接下来的一天，李先生一家人憋了一肚子气：这个所谓的旅行社，中间通过强制性统一购票，每人收取了 170 元的“团体优惠票”，各项承诺均没有完全兑现，更可气的是，在旅游结束后，他们以联系不到返程的车为由，每人退了 2 元钱的地铁票后，扬长而去。

商家推出的消费卡中很大一部分是按时间计费的，如月卡、季度卡、年卡等。从表面看，这些卡的优惠幅度往往都很大，但实际上，短期的消费卡往往会通过限制时间，使没有时间、来不及使用的消费者利益受损；长期的年卡则抓住了消费者喜新厌旧、不能坚持消费的心理特点，或利用消费者自身时间不充裕，工作、生活地点发生变动等因素，从中获取利益。

优惠卡的陷阱在其他行业也是随处可见。例如一些酒店利用节假日、店庆等机会，向消费者提供优惠卡等，但优惠卡上不标明有效期限或截止日期，等顾客消费完结账时却被告知“优惠期已过”。有的优惠卡上已经标明了可享受的折扣，但是当你结账时，商家才告诉你，优惠卡上只针对一般的菜点，并不包括海鲜、酒水等消费。

因此，消费者一定不要被优惠卡的“美丽诱惑”遮住双眼，在使用前向商家询问优惠卡上的模糊细节，防止陷入商家的美丽陷阱中。还是那句老话，天底下没有免费的午餐，碰上天上掉馅饼的好事时，可得掂量一下，因为这样的馅饼很有可能变成陷阱。

优惠卡的出现从根本上说是社会经济发展的产物，一方面体现了商家的竞争和营销手段的升级，另一方面也体现了消费者经济能力的增长和消费观念的改变。传统的“以现金进行单次消费”的消费模式已经不再是消费者的唯一选择，而“用消费卡进行非现金支付、并得到一定优惠”的消费方式正在得到人们的广泛认同。但它们存在的风险消费者不得不防。

作为消费者，应该要看清免费卡上的免费程序和免费项目及价格，以免掉进优惠卡的陷阱。对于自己不需要的服务或是超出了商家免费承诺以外服务的话，要勇于说不。如果商家有强迫消费行为，消费者也可以拨打“维权热线”来维护自己的权益。

高档商品的利润陷阱

据高盛投资银行统计，中国已成为全球第二大奢侈品消费国，其奢侈品消费总额已超过美国，仅低于日本。截至 2008 年，中国的奢侈品消费额的年增长率达 20% 左右，直到 2015 年其年增长率将约为 10%，到那时中国的奢侈品消费总额有望超过 115 亿美元，中国也将替代日本成为世界第一大奢侈品消费国。

戴一只几百元的上海手表和戴一只价值百万元的江诗丹顿手表，其使用功能是相同的，都可以显示时间。但戴一只用18K金做壳，镶满钻石的名牌江诗丹顿表能显示出主人与众不同的身份。

经济学家把消费这种价格极其昂贵的名牌商品称为炫耀性消费，其含义是这种消费的目的并不仅仅是为了获得直接的物质满足与享受，而在更大程度上是为了获得一种社会心理上的满足；这种消费行为的目的不在于其实用价值，而在于炫耀自己的身份——通常也称为“显摆”。有人这样调侃说：“哥戴的不是表，是记忆。”

1894年，美国工业发展的速度已超过其他资本主义国家，跃居世界第一位。经济的飞速发展造就了一大批暴发户，而这些暴发户的行为则成了凡勃伦关注的焦点。凡勃伦以其敏锐的洞察力亲眼目睹了“镀金时代”的暴发户们在曼哈顿大街购置豪宅，疯狂追逐时髦消费品。

追求利润最大化是所有商家经营时的必备信条，而很多商家正是看到消费者的这种炫耀性消费需求，迎合特定消费者对于奢侈物品的偏好，推出一些售价昂贵的奢侈品。

100多年来，世界经历了很多变化，人们的追求和审美观念也随之而改变，奢侈品LV不但声誉卓然，而且仍保持着无与伦比的魅力。人们不仅迷恋于它的时尚耐用，而且迷恋于它尊贵的历史，以及品牌背后所暗示的主人身份。虽然一件印有“LV”标志这一独特图案的交织字母帆布包动辄上万元，但丝毫不影响人们的购买兴趣。

奢侈品对富人具有炫耀性的效果，如购买高级轿车显示地位的高贵、收集名画显示雅致的爱好等，这类商品的价格定得越高，需求者反而越愿意购买，因为只有商品的高价，才能显示出购买者的富有和地位。这种消费随着社会发展有增长的趋势。

炫富心理其实在普通人的日常生活中也很常见。消费心理学研究也表明，商品的价格具有很好的排他作用，能够很好地显示出个人收入水平。利用收入优势，通过高价消费这种方式，高层次者常常能够有效地把自己与低层次者分开。这也正是消费者出手阔绰，常有“惊人之举”的原因所在。

20世纪90年代初手机刚出现时，天津街头出现过这样一个镜头：一位西装革履的年轻男士手拿一个“大哥大”，边走边大声冲它喊话。同一条路的另一侧，一位年轻女子手里也拿着一个“大哥大”，饶有兴致地聊天。因为这条路太窄，路人很快发现这一对男女分别是在跟对方通话，而二人相距只是一条路，不到10米的距离！也就是说，他们完全可以从耳边收起“大哥大”，直接用嘴聊。

有人讥讽说，这是北方人爱显摆，在用不上手机的情况下，他们故意掏出那玩意儿，让别人看到他是用“大哥大”的老大。因为那时手机刚兴起，买一部手机，再加上号码得一两万元。

不得不承认，很多时候我们买一样东西，看中的并不完全是它的使用价值，而是希望通过这样东西彰显自己的财富、地位或者其他。更常见者，以拥有动物皮制作的奢侈品最突出，比如鳄鱼皮的手包、紫貂皮围巾、水貂皮大衣……每一件都动辄数万元起价，甚至有人讲“哪天若能拥有一件紫貂皮大衣，则此生无憾”，人类与生俱来的喜新厌旧特性又迫使人们不停地追逐更多珍稀动物的皮毛。于是，大量的财富消费在这上面，而LV、蒂凡尼等品牌也成了东西方通知的奢侈之物。

对于人的消费而言，维持和延续人体基本生存的生活资料属于必需的消费品，如满足人体新陈代谢所需的食物、满足人们保暖的衣服和住房等。奢侈品在国际上被定义为“一种超出人们生存与发展需要范围的，具有独特、稀缺、珍奇等特点的消费品”，又称为非生活必需品。奢侈品在经济学上，指的是价值与品质的关系比值最高的产品。从另外一个角度上看，奢侈品又是指无形价值与有形价值的关系比值最高的产品。从经济意义上看，买奢侈品实质是一种高档消费行为，本身并无褒贬之分。因此，买生活必需品还是买奢侈品，永远只是不同的消费选择。

后来的经济学家们将这种用来炫耀财富的商品称之为凡勃伦物品，甚至画出了一条向右上方倾斜的需求曲线——价格越高，需求量越大。凡勃伦物品包含两种效用，一种是实际使用效用，另外一种是炫耀性消费效用，而后者由价格决定，价格越高，炫耀性消费效用就越高，凡勃伦物品在市场上也就越受欢迎。消费者往往花费了不菲的价钱，却很难消费相对应的使用价值。高档商品花费中的大部分都被商家获取了，成为了他们的利润。

买涨不买跌的经济陷阱

经济生活中的每个人都是理性人，只不过，这些理性人在市场运作中往往显得并不理性。让我们先来看这样的一则小故事：

某粮店开张，但顾客并没有老板所预想的那样多。当老板看到满街的商店降价促销的吆喝声不绝于耳，打折出售的招牌随处可见，而这确实招徕了许多顾客时，这些红红火火的顾客盈门的场面，让老板心想“薄利多销”是很有道理的。

于是，老板将贴在外面的价目表改了一下，在原来的“1.8元1斤”上用红笔划去了“1.8”换成了“1.7”，即“1.7元1斤”。价格便宜了1角，但是效果并不理想，并没有多吸引多少顾客。老板想，可能是因为降价的幅度不大，于是将“1.7”改为了“1.5”，变成了“1.5元1斤”，这已经是非常便宜的价格了。但老板奇怪地发现，吸引的顾客还是不多。等到晚上算账的时候，销售收入几乎没有增加。

这使粮店老板十分纳闷：为什么降价幅度如此之大了，销售收入却丝毫没有增加？第二日，店里来了一个经济学家买面，老板愁眉苦脸地和经济学家说了这事，并请教原因。这位经济学家笑着对这位老板说，想扭转局面？很简单，明天你再挂一块牌子，上面写上：今天面条每斤又涨了5分钱。

数天之后，经济学家再到这家粮店，粮店前已经排起了长龙。

为什么粮价便宜无人问津，而涨价却供不应求了？我们常听一句话“买涨不买跌”，这是市场上大多数人购买心理的写照。

不知道从什么时候开始“买涨不买跌”变成了一个规律，确切地来说应当是定律，这个定律来源于所谓的炫耀性消费心理，这种“心理”产生的原因是不甚严格的统计方法，当然也掺杂了部分主观上含糊的概念，本文的一个目的就是分析这些错误的概念根源，以及通过营销基础知识来对“买涨不买跌”重新梳理一遍，找到其在商业应用学科一个恰当的位置。现在我们暂且接受这么一个陈述：“所谓买涨不买跌就是产品价格越上涨，该产品购买者越多。”

经济学家写上涨5分钱的道理，这在于他摸透了消费者的心理预期——人们通常买涨不买跌。当粮店打出要涨5分钱时，就从心理上对消费者起到了某种暗示：面条涨价了。消费者预想“再不买还要涨”，于是就一窝蜂地涌到粮店了。

其实，“买涨不买跌”是随处可见的。2008年金融危机横行，我国一线城市房地产价格大多在打折促销，但多数人看到“跌跌不休”的房价，始终不肯出手；短暂的降价后，房价再次飙升，此时买房的人却多了起来。再比如说在股票市场上，某一种股票价格上扬的时候，人们都会疯狂抢购这种股票。而当一种股票的价格下跌的时候，购买这种股票的人反而很少，拥有的人也希望尽快抛出去。人们越高越买，是为了最大限度地获取利润，股票价格升高，说明投资者有利可图。

在今天，“买涨不买跌”的消费者购买心理也是造成房价现状的推手之一。房子价格下跌时，买房人观望等待，希望再跌一点，尽量减少购房费用。当房价飙升时，各个楼盘都非常热销，购房者一房难求，都匆匆出手。其实，这反映了普遍存在的“买涨不买跌”、“跟风”消费的心理误区。那些“买涨不买跌”、“跟风”消费的买房者，既有那些急需住房，必须购买的刚性需求者，又有那些想把自己的环境变得好一点的改善性购房者，也有一些不顾及个人的具体情况和实际条件，盲目购房的“跟风”者；还有的则是投资房产的人，他们把所有积蓄和多方筹措的资金、甚至还把老人的养老钱全都用在购买商品房上，孤注一掷，期待更大的升值空间。造成这种奇怪现象的原因是开发商的促销手段和放盘策略。

作为理性人，我们遇到大多数人“买涨不买跌”时，自己应该从成本收益的理性角度去分析和判断，最终做出理性的选择。

面对诱惑，堵住自己的耳朵

生活在不经意的瞬间会给你惊喜，让你在忙碌之余品味一下内心甜蜜的幸福。但是稍不留神，惊喜瞬间变成苹果一般的诱惑，快乐过后的清醒就是亚当、夏娃的悲剧。作为消费者的我们，在生活中需要时刻警惕这种包着糖衣炮弹的诱惑，避免落入花钱的陷阱。

某大酒店开业，在电视和报纸上做了一个广告，称开业当天全天免费。几个好友当天正好闲来无事，便相约去吃这顿免费的午餐。去吃饭之前大家都兴致勃勃的，吃完饭后却一个个闷闷不乐，为什么？原来酒店所说的全天免费，并不是让你随便吃，而是根据酒店的规定，每人免费供应一份午餐，所谓的午餐，不过是一碗米饭、一个小菜、一小碗鸡蛋汤而已。

免费是消费陷阱之一，因为其隐蔽性很难发现。往往是在消费者欢欢喜喜看着“免费”的牌匾自动送上门，很快又发现，免费并不是自己想的那么回事儿。如果想要吃其他的，则得自己掏腰包。看来，这全天免费只是酒店钓鱼的诱饵而已。再看酒店里前来消费的人群挤得人满为患，大家都是冲着这免费来的。虽然被骗了，但有火还没地方发，谁叫你来的，姜太公钓鱼，愿者上钩，人家广告上明明写着，解释权归酒店所有，虽然字很小，不太醒目。再说你也不好意思理论，为了吃人家的免费餐，还要人家管你吃个够？大庭广众之下，面子上也过不去呀。送的免费餐吃不饱，只好自己再点上些炒菜、酒水，一结账，几百块钱出去了。这顿免费餐吃得还真不便宜。

为了理解免费现象，我们需要引入两个词：诱惑和无意识。从亚当夏娃时代开始，人类便看到这个世界充满了诱惑。为了更好地理解助推的价值，我们需要对“诱惑”一词详细解释一下。怎样的事物才算具有诱惑力？

联邦最高法院大法官波特 · 斯图尔特关于色情作品有一句名言：“我知道自己在看些什么。”诱惑无处不在，但却很难对其下一个确切定义。我们要对某件事下一个定义，需要弄懂人们随时间变化而改变的心理状态。作为商家，追求的都是利润最大化，他们为什么要给你提供免费午餐呢？但现实生活中，总有一些人相信这样的事情。原因何在？因为虽然每一个人都是经济人，也追求自身利益的最大化，但是，经济人的理性是有限的，在利益尤其是能轻易获得的利益面前，人们就容易失去理性。

我们经常看到此类广告：本店清仓大甩卖，商品一律四折！其实商品的标签早已在打折前进行了修改，不过是将现在的价格提高为原来的两倍而已。说道底，没有谁会赔钱赚吆喝。

商家的目标是赢利，所以商场也好，酒店也罢，都不可能免费为你提供商品和服务，免费的午餐是不可能存在的。

也许有人会提出反对意见，很多酒吧里花生米是免费的。可是你注意到没有，花生米可随意索要，饮用品则贵得很，连一杯清水都要好几块钱。按常理，花生的生产成本要比水高，酒吧为什么要这么做呢？

理解这种做法的关键在于，弄明白水和花生米对这些酒吧的核心产品（酒精饮料）的需求量会造成什么样的影响。花生和酒是互补的，花生吃多了，会有干渴感，要点的酒和饮料也就多了。相对于酒和饮料的利润来说，花生是极其便宜的。多吃花生米能带动酒和饮料的消费，而酒吧主要靠酒和饮料来赚取高额利润，所以，免费供应花生米只是为了提高酒吧利润而已。

反之，水和酒是不相容的。水喝得多了，要点的酒类自然少了。所以，即使水的成本很低，酒吧也会给它定个高价，减弱顾客的消费积极性。

免费的花生米实际上是引导顾客多消费酒水而已。酒吧的做法正是应了那句话——世上没有免费的午餐。

去美国参观旅游过的大多数人都知道，位于华盛顿的国家美术馆是免费对游人开放的。这么说，是不是国外就有免费的午餐呢？其实不然，华盛顿的国家美术馆一楼是展览大厅，楼下是画廊，有出售画家作品的，还有出售美术期刊、画册、图书、工艺品的。最多的是出售世界名画仿制品和印刷品的，一楼每一幅展出的名画在楼下都能找到其仿制品和印刷品，两者的价格相差悬殊。例如，一楼展出的梵 · 高名画《向日葵》，其标价是几百万美元，而楼下出售的仿制品却只卖20美元，印刷品更是便宜，几美元就能买到。面对如此大的差价，人们对仿制品和印刷品的购买欲望怎能不强烈？

试想，如果国家美术馆收门票，前来参观的人肯定会少很多，楼下买仿制品和工艺品的人也将随之减少，售出的商品也会减少，楼下的铺位对外出租的价格就会降低。这样一来，门票收入可能还不及铺位对外租金的减少。所以，虽然从表面上看，国家美术馆没有收门票，是赔钱的买卖，其实暗地里他们早已通过高额的铺位租金费把比门票更多的钱赚到了口袋里。

如此看来，作为一个消费者、一个经济人，不能只片面地追求利益最大化，面对商家免费午餐的诱惑，我们应该清醒地提醒自己，精明的商家是不会让你轻易拣便宜的。

低价购买名牌产品是一种赌博

如今的市场促销手段中，最吸引人眼球的莫过于“打折”这两个字了。每逢节假日，商场的促销手段便纷至沓来，令人眼花缭乱。消费者平时工作忙，因此节假日成了商场血拼的最好时机。而商家也早就与消费者达成了假日促销的默契，知道消费者们最经不住的就是打折与让利，只要你要买的，他全都在打折，看似便宜了但是你发现自己的口袋被商家掏空了。

美国P & G公司曾经实行过“折扣券”制度，对积攒、保存、出示“折扣券”的顾客（往往都是收入较低的顾客）采用比较优惠的价格。1996年，该公司以区分消费者需求弹性成本太高之名要取消此种制度。结果，经常来光顾的顾客火了，一纸诉状将P & G公司告到了纽约州司法部。最后，P & G公司被强制要求继续执行“折扣券”制度。

在商场里，商家以种类繁多的商品吸引消费者，再用昂贵的价格获取利润，而为了能获得更多的交易机会，他们就会适当地给予消费者折扣。因为存在这些折扣，消费者多会感到心里舒服些。渐渐地，我们也就接受了这样的销售模式。这就是所谓的折扣效应。

所谓折扣效应，是指卖方按原价给予买方一定百分比的退让，即在价格上给予适当的优惠，从而诱使消费者再次消费。而折扣效应之所以能频频奏效，恰恰也是利用了消费者作为理性经济人的特点，即实现自己的利益最大化。即便你明知打折是商家给我们挖的坑，然而我们依然照跳不误。是商家得了便宜还卖乖的表演——“我已经赔了，看在老乡的分上就权当我给你捎一个了”——让我们心软了，还是我们天生就是上当的主？

事实上，消费者与商家都是理性的经济人，双方都在追求自身利益最大化的过程中，进行着“自利”的博弈。如今的市场促销手段中，打折花样繁多，最直接的就是在商品价格栏上贴上“五折优惠”的标签，此外还有“满200元立减100元”、“买一送一”、“满200送100”等等不计其数，外加“跳楼价”、“放血大甩卖”等惨烈的字眼，目的只有一个，让消费者一看里面全是实惠，赶紧去买吧。

当享尽“折扣”疯狂之后，“打折”的新鲜感逐渐退去，理性的消费者不免会心生疑问：商场打折广告接二连三，打折花样不断翻新，有时全场打折，有时部分商品打折，有时分楼层打折，有时按专柜打折，逢年过节打折，喜庆活动打折，某产品专项打折……

仿佛没有不打折的时候。商家什么时候变得如此大方，一年到头都在“让利”呢？商家把利润全给了消费者，难道他们不过日子了？

戴先生开了一间设计室，准备买一台激光打印机，他去过几趟办公用品市场，一直觉得价格不合理而把事情耽搁下来。一天，戴先生经过某品牌专卖店，其门前挂出“××激打全部特价，亏本销售”的广告。戴先生进入店铺，挑选了一款标明“原价1500元，现卖1199元”的激光打印机，满心欢喜掏出钱包付款后回到工作室。员工小黄发现那张1199元的标价签特别厚，试着剥下标签，竟然发现里面还有一张，标价仅1180元。戴先生马上赶往这家专卖店讨要说法，但营业员却称“两张标签不是同一款打印机”。后来戴先生决定向物价部门投诉。

虽然这个个案中商家的做法有点极端，但是，商家的确永远都不会做亏本的买卖。很多“降价”其实不是真降，商品的标价是由商家随时调整的。比如说一台打印机实际能卖的价格是1500元，很有可能商家把价格定在1800元，然后来个“某某打印机狂降300元”的宣传，这样的所谓“降价”对消费者而言还是很具吸引力的。因此，“降价”不降利润，商家自有他获利的“奥妙”。消费者稍不注意，就会落入商家“高价低折扣”的陷阱。

此外，有的经营者在搞打折活动时，以次充好，把商店里的品牌商品暂时放进仓库，把仓库里的滞销商品“打折”出售，欺骗消费者。因此，消费者在一些商店里看到打折促销活动，不可盲目乐观。

杭州一家知名品牌的商场搞店庆，全场低价促销。周小姐看中了一件原价2280元的风衣正在打1折，于是，她以228元的价格买下了这件衣服。但是，当周小姐回家后，发现了风衣的衣领上有气泡。第二天，周小姐再次来到这家商场，由于非常喜欢这件衣服的款式，所以希望换一件。但是，服务员回答只有这一件。无奈之下，周小姐只好退了钱，扫兴而回。

消费者期望的是名品折扣，而不是这样的“次品”折扣，因此消费者在购买品牌店中的商品时，也不应疏忽大意，应严把质量关，防止购买到价格质量都打折的商品。很多消费纠纷有一个共同点，就是商家在起劲打折叫卖的同时，质量与服务也打了折。

商家不会做赔本的买卖，其对利润的敏感犹如苍蝇嗜血的本性。每一个打折的背后都有一笔精明的小算盘。有的人偏偏经受不住打折的诱惑，一看见这两个字便血脉贲张，结果上了商家的当。在超低价格的诱惑下，不少消费者失去了理智，看见什么买什么。所以，消费者要不断提高自身的识别能力，面对促销商品不要盲目，要理性面对，不要一看到低至2折等字样的广告就乱了手脚，这样才不会吃大亏。别忘了经济学家弗里德曼的一再提醒：天底下没有免费的午餐。

手机的收费方式为何复杂难懂

李女士从一家手机专卖店买了一张手机卡，红红的条幅宣传“10元包月”，而且打国内长途低至每分钟1角多钱。等她买回家后，月初便收到一条又一条的收费短信，除了10元月租外，还有6元来电显示费、2元彩铃费等等。令她想不到的还有每天收取1元信息流量费。从来不懂手机上网的她发现充值50元,没到月底居然就被告知“余额不足”。

李女士最后才明白，原来“来电显示”收费是整个行业的惯例，低月租的陷阱一般都藏在这里。由于她多次投诉，终于取消了彩铃费，并退回33元信息流量费。

对于像李女士这样的消费者而言，因为手机复杂的收费方式遭受损失的不在少数。

目前话费套餐主要存在套餐水分多、侵犯用户知情权两方面的问题。运营商们的手段是只强调优惠的程度，而对各种苛刻的附加条件蓄意掩盖起来，对消费者只字不提，所以最后吃亏的还是广大的手机用户。

消费者在办理套餐业务时，运营商举着变相优惠的幌子欺骗消费者。如果不是拿着手机业务收费宣传单仔细斟酌，你确实很难在一时半刻弄懂这些复杂的套餐，什么业务包含在套餐之内，什么又是另行收费。对于那些不够仔细的顾客，一不小心就被套餐“套牢”了。

手机运营商们在制定相关手机套餐时，利用消费者无意识选择的特点，在一些不被消费者知晓的地方设置默认选项，除非有意识地更改，这些默认选项直接对消费者发挥作用。当然，这些默认选项在不知不觉中损害了消费者的利益，给供应商提供了更多的利润收益，这恰恰也是体现了利润最大化的经营原则。

套餐，原本是餐饮行业独有的营销方式，如今已在我们的生活中变得司空见惯。放眼望去，无论是洋快餐店，还是通信行业的营业大厅；无论是街头巷尾的美容美发店，还是建材家居装修公司。在我们吃穿住行、休闲娱乐的各个行业领域都有“套餐”的踪影，众多商家纷纷将“套餐”作为主打销售模式。可以说，我们的生活已经进入了“套餐时代”。

某些时候，套餐真是很好的消费方式，既节省了消费者自己搭配所花费的时间、精力，又节省了金钱，可谓是一举两得的馅饼。但是，这样的馅饼往往是陷阱最好的诱饵。

市场上各种“优惠套餐”让消费者眼花缭乱，可背后却往往隐藏着不少陷阱。虚假优惠、隐瞒附加条件等等，在很多垄断行业非常普遍。

赵先生搬新家后开通了数字电视，选择了新开通的一个套餐，除了机顶盒费用外，说是送半年的互动点播天天影院。结果，半年过后赵先生就把这个影院项目忘记了，但是拿到收费单后吃了一惊，除了28元月租外，居然多出了30多元点播费用。从来没看过什么点播电视的他打电话一问，原来是套餐过期，由于他没有明确取消，影院“自动开通”。赵先生不明白了，套餐从法理上讲是一份双方签订的合约，合约到期了就意味着中止，怎么没有对方的同意，而单方面续约呢?

商家在推销套餐活动时，有的都是请了精算师计算过的，不会做赔本买卖。如果实在没办法，消费者最好选择简单的、能够算得清楚的套餐，不要被其表面所蒙蔽。其实，陷阱在家装套餐中表现得尤为明显。

在家装领域，家装套餐以“省钱、省时、省力”受到一些消费者的喜爱。但是多数套餐的报价都只含有最基本的工艺，而像拆墙、打洞、加隔墙、做防水等必备工序，都得再加钱。有些套餐所含的橱柜、免漆门等均有数量限制，实际装修过程中，不少消费者都会感觉不够用，如果要求增加，自然也得加钱。还有的低价套餐不含水电改造等。对于含有两个卫生间的户型，套餐式装修则只包含一套卫浴设备，第二个卫生间仅含地砖、墙和顶面涂料等，虽然每一个套餐都可以升级，但升级部分所需的费用都得由客户埋单。此外，一些套餐式的装修方案对面积在60平方米以下的小户型设有保底价，全部按90平方米计算，而90～100平方米的，则全部按100平方米计算。由于诸多“不可控”因素，最终导致一些家装套餐“低开高走。”

然而，不少消费者在签订合同前，并不了解这些情况，而设计师通常也是“你不问，就算你知道”；同时，家装套餐很难满足个性化装修，其固定的主材品牌和款式，自由选择度不高。

实际上不少套餐看似“馅饼”，实为“陷阱”，它们的目的是为了把你圈住、套牢，难怪有人说，“套餐，套餐，就是套住你再慢慢吃”。那究竟套餐能不能吃呢？只要消费者深究每个套餐的利与弊，套餐还是可以吃的。

定价的秘密不是人人都知道

定价理论似乎没有国界之分，福特汉姆大学定价会议每年都会由两位福特汉姆大学的市场学教授组织，召集世界各地的专家齐聚一堂。与会人员彼此联系紧密，因此大家的谈话惊人地坦诚相见。他们根据汉堡的价值，找出汉堡的价格。每年各公司会花费数10亿美元在这种研究上，但是并不是所有这种研究都有很高的回报。

然而这种令人激动的研究仍在进行当中，并且由一家大型公司资助，这也证明价格或者更严格地说消费者寻找价格的方式，是一个十分重要的商业问题。而历史表明，这也是困扰着人类的问题。

中世纪哲学家圣·托马斯·阿奎那注意到这样有讽刺意味的情况：有生命的事物比那些没有生命的事物价值更高，但是在市场中，我们在一片面包上花的钱比在一只老鼠上要多。阿奎那认为，“自然价值”和“经济价值”之间存在差异。自然价值的基础是内在价值，而市场价值的基础则是供求关系。

对于市场价值的思考源自罗马人，他们十分敏感地注意到，“事物的价值就是其可以售卖的价格”。但是阿奎那的观点更为细微，他发现人们愿意支付的价格取决于他们对该买卖所知多少。他在著作中写道：“公开价格或降低价格会带来更多美德，但这样做却并非严格的公平所必需的。”要将价格看成一种诠释和解读。价格本身其实一点儿意义都没有。价格令人忧愁，因为价格的意义不在那张价格标签上，而在人们的头脑中。

价格是十分捉摸不定的，怎样解释都可以，也容易被操控。严格的公平允许商人将消费者蒙在鼓里，而正是这种不知情使得消费者难以知道商品的真正价值，今天也是如此。

通常来讲，价格倾向于尽量简单，容易让我们患有数字恐惧症的大脑记住。你买的商品有多少是价格 4.3 元或者 100.07 元呢？至今在很多超市当中仍有将物品的价格具体到分的定价。这种价格看上去十分古怪并且可疑。所有价格归根结底无非就是数字，但这些数字是绝对的，至少看起来是这样。数字所代表的意义超过了其本身的数字价值。在数学当中，数字 1、2 和 3 要比其他数字使用得更为频繁，但是作为价格的最后一位时却是个例外。几乎很少价格以数字 1、2、3 结尾，7 或者 8 也不常见。

法国国家健康与科学研究院知名的科学家斯坦尼斯拉斯 · 德阿纳，在他的作品《数字感》中，解释了为什么像 100.07 元这样“突兀”价格容易让我们感到紧张：“公制是一种十进制进位系统，我们的货币制度也是如此。这种制度同我们的数字感契合，因为它跟指数序列相近，只不过仅由小的圆润数字构成。”世界上所有的语言都选择了一套以 5 或者 10 的倍数的圆润数字，在定价时显示出这种偏好再自然不过了。

定价同理性并不矛盾，但有时候定价的确绕着理性走。例如，大约从 1880 年起，神奇的数字“9”开始在价格上占据一席之地。在那以前，几乎所有的数字都是“圆润”的，但是“9”这个数字似乎更能引起消费者的注意。

价格促销通过模拟表演来激发消费者的兴奋和内心深处孩子气的一面。例如，星巴克“第十杯免费”的会员卡，还有其他大商场诱惑消费者购买更多的商品以获得“积分”，再换取免费商品。你所购买的咖啡定价过高，而且你买的咖啡超过你的所需，这显然是不理智的，但是商家的目的就达到了。

一位女士在她的起居室里囤积的那些划算的商品——磨毛了边儿的塌陷了的沙发、掉了一块漆的仿古台灯、90 年代产的水晶灯……沙发是 1986 年或者 1987 年产的，她在打特价时将沙发买回家，对沙发的购买、拥有和使用仍旧给她带来满足感。作为一个聪明的消费者，买下一件划算的商品对她自尊心的满足意义重大。也许这听起来有些不合逻辑，而且对其他人也并不适用，但对她而言，这是实实在在的、真实不虚的。

作为消费者，我们一点也不了解自己的情感，实际上，一说到了解情感，我们就如同身处暗穴，找不到头绪，虽然倡导理性，但我们的行为常常并非如此（理性）。但我们知道的是，也最为迷人的是，当我们情绪高涨、积聚了头脑中所有能量时，价格就变得十分有影响力。我们对价格的关注是对待其他事物时所没有的。

最出色的价格定位者在增加利润时，总是将自己的努力与善行联系在一起。我们已经了解到，科斯达吹嘘其对公平贸易的支持，同时以此找出乐意多花钱的顾客。向老人和学生提供优惠价也是在做好事。除了愤世嫉俗者或经济学家，谁会反对这种值得表扬的行为？

目前盛行的游戏是以“天然”之名搞价格欺诈，搭天然食品的顺风车。天然食品的流行有多个原因，原因之一是，由于不断有食品危害身体健康的消息出现，很多人认为天然食品更好，至少天然食品不会要他们的命。所以超市采取应急措施，供应大批天然食品，而这些产品的价格远超出超市为此多付出的成本。在英国超市，这类产品经常堆放在一起，表面上是为购买天然食品的顾客提供方便，实际也为超市降低了风险，因为这样顾客就不会注意天然食品和普通食品的价格差异。

但是，高价的天然食品真是价格定位策略的一部分吗？天然食品的确应该更贵：它的生产成本更高，保质期更短，运输费用也比普通产品更高。然而，就像你的卡布其诺一样，对于超市货架上的多数食品而言，原料只占其价格的一小部分。例如，在英国，1 夸脱天然牛奶收取约 50 美分的溢价，但其中进入农民腰包的还不到 20 美分。我们不应感到奇怪，超市正是借着天然食品运动的东风，通过抬高价格来销售。如果你相信天然食品有好处，我提一个建议，不要让食品零售商破坏你的热情：用你的钱来投票，支持在天然食品和非天然食品方面定价接近的零售商，或直接找供应商购买。

第四章　挑战假设的行为经济学

相信数字胜过相信自己

我们的生活似乎一切都数字化了：过去用“羞花闭月”、“沉鱼落雁”、“国色天香”来形容美女，多有诗意，给人留下了多少想象空间；现在美女也开始使用数字化的方式来描述——身高多少，三围多少。人们也习惯于对一切都实行数字化管理了。从洛克菲勒规定儿女做家务的价格时起，家庭理财成为热门，对文物的最标准评价是值多少钱，甚至受工伤失去性能力也可以折合为多少钱。

现代人习惯对什么都用数字评价。过去讲“生命无价”，如今有人用数字表示生命值多少钱了。年薪 100 万，用经济学的贴现法，年利率 5% 时，那么一条命值 2000 万。

以数字衡量我们的生活，以数字衡量我们的工作，以数字衡量我们的经济发展。现在看来，似乎什么都可以通过数字来衡量。我们真是数字化生存了。很多人相信数字胜过相信自己。仿佛离开了数字，就无法作出合理的判断，全然依靠数字来说话是一种正确的行为吗？

经济学的确运用了大量数学，但那与数字化并无关系。经济学运用数学工具是为了表述、证明与发展经济理论，与用数字表示美女、生命毫无关系。而且，数学仅仅是经济学的工具，正如语言是思想的工具一样。经济学主要通过数字来表述成本—收益分析、价值、价格、变量等内容，可以说数字充满了我们的经济学教科书。但它更重要的意义不是教你如何计算成本和收益（要由会计去算），而是告诉你一种思维方法，给你一种思维的工具。

在 2011 年的全国两会上，“房价上涨 1.5%”成为媒体关注焦点，国家统计局局长马建堂几次被媒体围堵追问，坦言现行房价统计存在缺陷。

“在网络和通讯发达的时代，官方统计数字都被放在公众视野下反复审视，如果与公众感觉相差很远，将严重影响政府公信力。”全国人大代表、浙江工业大学经贸管理学院教授程慧芳说，统计数字影响政府决策，很多数字与百姓生活息息相关，确保统计数字真实的重要性不言而喻。

如何提高统计数字的公信力？有关专家认为，首先要改进统计方法。北京大学国民经济核算与经济增长研究中心副主任蔡志洲说，国外房价统计大多采用中位数，不像我国现在采取的是平均数，其中包含众多价格变化缓慢的政策，对此如果不加以改进，房价统计数字与民众感受恐怕总是会有偏差。

数字有时候也未必可靠，就算是官方给出的数据结论也是如此。数据也是通过人们计算得出来的，一方面不能完全保证人们在进行数字计算的时候不出现失误，导致数据结果错误；另一方面，数据的取样统计一般都是采取随机取样或者是抽样调查的方式进行，对部分人的取样调查并不能够代表样本全体。此外还有人为操作、弄虚作假的成分。这些原因都给数据调查的准确性蒙上了一层阴影。

经济学的核心是思想，不是数学游戏。如果你把经济学理解为用数字斤斤计较的工具，那就错了。经济学告诉我们要进行成本一收益分析，节约成本等等，是要你最有效地利用资源，提高效率的。如果你把这种思维方法理解为斤斤计较，像周扒皮那样克扣员工的工资来降低成本，那就背道而驰了。经济学讲有投入才有回报，至于有多少投入，多少回报不是用现成的公式算出来的。对员工往往不是多少钱的事，投入的不光是钱，还有你对他们的尊重和感情。

从本质上说，经济学不是以成本一收益核算为中心的学科，而是一种人生哲学，一门让你懂得如何幸福生活的学问。经济学是要转变人的观念，而不是教人如何计算的。人生固然应该计算，不要浪费自己的资源，尤其是最宝贵的生命，要在为社会奉献的同时，实现自己的人生理想——无论物质的，还是精神的。但这不同于旧式商人的精打细算。

经济学不以数字化计算为本质，人也不能数字化生存。经济学经常被人们所误解。或者认为它鼓吹“人不利己，天诛地灭”的腐朽思想，或者认为它是反动的意识形态，或者认为它是学会数字化生存，斤斤计较的工具。其实这些都不是，经济学和其他学科一样，都是为了建设一个和谐的社会。它着重于经济问题，因为这是和谐社会的物质基础。但它绝不仅仅告诉你经济上的成功如何计算，还要告诉你许多超越数字化计算的东西。没有这些更深刻的体现和谐的思想，那些具体计算方法就有百害而无一利。

经济学更深层次的内容是对和谐的追求——经济学家称之为“均衡”。人的本性是利己的，但仅仅是数字化的计算，连利己也实现不了。你总想算计别人，难道别人都那么傻？经济学的假设之一是你千万别认为别人比你智商低。经济学告诉你的是要双赢，而不是处处往自己这里算。

一朝被蛇咬，十年怕井绳

经济学教科书告诉我们，每个人都是理性的经济人，作出的一切决策和采取的一切行动都围绕着一个目的：实现自我利益最大化。然而现实生活并不总是可以准确计算的，凭估算或印象作出决定似乎更符合人类的本性。

沃伦·巴菲特将自己的巨额资产无偿捐献给需要帮助的人；银行设定了信用卡最低还款额，卡奴的卡债负担却越来越重；攒钱储蓄的决心常常被冲动购物的念头打垮；股票价格一跌再跌，股民们却选择继续持有而被套牢。是传统经济学的假定前提错了吗？为什么我们时时作出如此大跌眼镜的失误决策？什么东西影响和左右我们的判断呢？而我们又用怎样的方法去作出正确的判断呢?

每个人都渴望随时随地保持经济的理性，但结果并不是如此。人们在决策中受到各方面因素的影响——时间、地点、他人等等，但是影响我们正确决策的最重要的原因却是来自于我们自己——我们的行为。事实证明，我们并不是完美的“经济人”，有限理性、厌恶损失、有限意志力、有限自私、注重公平才是真实的人性。首先让我们来看一个故事:

《战国策·楚策四》记载了一个叫“惊弓之鸟”的故事，说的是一个名叫更羸的将军和魏国国王在一个高台之上，抬头看见一群飞鸟，更羸就对魏王说:“我可以为您表演拉空弓发虚箭就能使鸟掉下来。”

魏王说:“真的吗? 你瞎扯吧?”更羸说:“可以的”。一会儿，有一只大雁从东边飞过来，更羸虚发一箭，大雁就掉下来了。魏王说:“不得了，不得了，射箭的技术可以达到这种程度啊?”更羸说:“这鸟是受过箭伤的。”魏王说:“先生你怎么知道呢?”更羸回答说:“我观察了它一会儿，发现它飞得慢，并且鸣叫的声音悲凉。飞得慢的原因，是有旧伤;鸣叫悲凉的原因，是离群的时间很长了。老伤没好，那么它肯定对受伤的事儿还心存恐惧。听到弓弦的声音，它就吓得努力拍动翅膀往高处飞，一使劲儿，老伤发作，所以就掉下来了。”

这个我们耳熟能详的惊弓之鸟的故事，反映出在很长一段时间之内，鸟类对曾经受过的伤害都心存恐惧。而“一朝被蛇咬，十年怕井绳”的俗语，揭示出人类也有类似的心理。鸟受伤和人被蛇咬都会留下非常深刻的印象，再面对类似情景时，就很容易回忆起自己曾经的遭遇，从而倾向于作出回避。在行为经济学中，这种心理机制被称为“可用性启发法”。现代心理学大量的研究证实，这种现象确实存在。

事实上，能发出弓弦一样声音的物体有很多，来自一张真弓的可能性非常小，更何况是一张瞄向自己的弓? 和蛇类似的物体也有很多，这物体是一条真蛇的可能性也非常小，况且大多数的蛇是不咬人的。所以，鸟完全不必“惊弓”，人也完全不必“怕井绳”。但是，鸟和人为什么还是有恐惧的心理呢? 其中的原因可能是，过去的事给鸟和人留下的印象非常深刻，容易被记起来，并被用来判断类似的情况。

行为经济学家做了很多研究，证实了印象深刻、容易被记起来的事对人们的判断是有着很大影响的。

实验:

要求被调查者回答，英文词汇中是如 kiss 等以“k”字母为首字母的单词多，还是如 bike 一样以“k”字母为第三个字母的单词多。调查结果是，大多数的被调查者回答是以“k”为首字母的单词多。事实上，以“k”为第三个字母的单词数量大约是以“k”为首字母数量的两倍左右。

被调查者之所以作出这样的判断，是因为与第三个字母为“k”的单词相比，他们更容易想到以“k”为首字母的单词。

行为经济学家进行的实验更清楚地说明，人们是倾向于使用容易被记起的信息作出判断的：以“k”为首字母的单词容易被记起，就认为该类单词的数量多。

同样的行为偏差也发生在股票市场：股票市场存在着一种误区“好公司的股票就是好股票”，实际情况并非如此。

一方面，公司的业绩好，未必会使其股票价格上扬，谷歌公司股票就是一例。谷歌的业绩在过去几年内一直在持续增长，流量逐渐增加，海外拓展也在稳步推进，谷歌的市场领先地位并未改变。但是，2008 年谷歌公司的股票价格出现了大幅度下跌，其股价较历史最高点下降了一半。

另一方面，公司的业绩好，可能造成投资者对其股票价值的过高估计，从而产生价格泡沫，而当泡沫破裂之后，其股价就会大幅下跌。2007 年，当股神巴菲特开始减持当时如日中天的中石油股票时，国内国外舆论一片哗然，认为“股神老矣”的声音不绝于耳，可是事实却证明股神还是股神——中石油光彩的经营业绩导致了投资者对其股价过高的估计，当股市泡沫破裂时，中石油首当其冲，价格应声下跌。

孩子是自己的亲，太太是他人的好

作为家长你是否经常会觉得自己的孩子要比别人家的孩子好——更听话、更乖巧？作为丈夫，你是否会经常觉得还是别人家的老婆好——更温柔、更体贴？你难道不感觉奇怪吗，同样是在一个屋檐下生活，你对于自己孩子和自己老婆的态度竟然完全相反！

人的行为总是变化莫测，但是在经济学中还是能够找出相应的答案。

政府拆迁中，拆迁居民往往会觉得政府提供的补偿太少，而与政府发生补偿价格上的争执，这就是禀赋效应的体现——居民失去自己的房屋，会要求比购买同样房屋愿意支付的价格更多的赔偿才会觉得满意。这在公共物品的补偿要求中体现得更明显，一项调查表明，为种植行道树，当地居民平均愿意支付 10 ~ 12 美元；而如果要砍伐行道树，居民要求的赔偿平均为 56 美元。

由于害怕损失，股票的拥有者在承受股价下跌时，往往会变得风险偏好，即为了避免损失而愿意冒价格进一步下跌的风险继续持有股票，希望有朝一日股价能重新上涨。房地产市场也有这种情况。在这种心理机制的作用下，股票市场以及房地产市场产生一种奇怪的现象：股票或房地产的价格越低，其成交量反而越低。这与传统经济学的需求曲线是相悖的。行为经济学把人们这种心理称为“安于现状情结”。

安于现状情结是指由于禀赋效应，人们要避免失去所拥有的东西，害怕改变带来可能损失的一种心理。由于“安于现状情结”，人们往往不愿意改变环境，在谈判中不肯让步。现实生活中，一个非常典型的例子就是工资刚性，即人们宁可失业也不愿意降低工资。另一个例子是老公司往往比新公司存在更多低效率的规章制度，因为新公司能够在没有先例的情况下制定规则，老公司对原有的不合理规则进行修改时，员工会觉得难以接受，进行阻挠。因为这种心理，我国的国有企业改革遇到了很大的阻力——当公司改进管理模式、提高生产效率时，可能会遭到职工们的反对，必须充分考虑这种情况，并可给予职工适当补偿。

另外一个比较典型的例子是，当社会制度变革时，那些可能利益受损的群体为了避免损失带来的痛苦，必定会不惜付出很大代价来维持原有的制度，而社会的进步就必须克服这种惰性。

关于安于现状情结还有一个不能忽视的现象。经典贸易理论认为，两个差异国家之间有着强烈的贸易欲望。但通过大量的事实分析，这样的两个国家也有着不愿改变自己“禀赋”的想法。

美国新泽西州和宾夕法尼亚州实行着两种不同的汽车保险制度。新泽西州的汽车保险保护面比较广，但价格较高；宾夕法尼亚州的保险费则相对便宜，但保险的范围也比较窄。两种保险制度分别在两个州存在了很多年，即使某一年两州的州政府同时宣布两种不同的保险制度都可以在两州实行，两个州的居民也不为所动，大部分居民依然购买本州先前的那种保险。

这种现象也是人们心理规律导致的。人们对任何自己认为属于现状的东西都比那些认为不属于现状的东西有更高评价，行为经济学称之为现状偏见现象。

禀赋效应，其主要思想是人们对自己所拥有的东西有着一种珍惜的感情，让他们放弃所有品需要付出很大的代价。这一结论可以进一步延伸，人们拥有的不仅可以是具体的物品，也可以仅仅是某种已有的状态。换句话说，人们在某种程度上说是“安于现状”的，不愿改变他们的现状符合他们的心理习惯。

行为经济学中禀赋效应是指人们在出售属于自己某一物品时的要价通常会比购买同一属于别人的物品时价格高。现实生活中存在另一种“反禀赋效应”，比如，小孩子总是觉得别人的文具盒比自己的好看，虽然自己的也是刚刚买而且买的时候也是爱不释手；比如，自己在食堂点的菜好像总是不如坐在对面的朋友的那份儿看上去好吃……总的来说，人们倾向于认为别人的生活比自己的有意思。这些现象的本质是倾向于低评自己的物品，高评别人的物品，与禀赋效应正好相反。行为经济学把这种现象成为“反禀赋效应”，是和“敝帚自珍”的禀赋效应相反的心理规律。

首先，“反禀赋效应”中存在一个对自己拥有的物品的已有体验。如果该体验没有足够令人满意，甚至产生不愉快体验，集中体现在自己了解自己物品的缺点，那么相比于尚不属于自己、尚未有过体验的物品，人们倾向于低估自己的现有物品。其次，禀赋效应之所以会存在，一个重要原因是人们会厌恶损失，不愿意换出自己已有物品的同时就是高估该物品。这个原因忽视了一个前提：并不是所有换出自己已有物品的行为都是损失。在评估自己的物品时，必须要考虑损失是相对谁而言的。如果换出已有物品得来的是期望效用更大（当然实际也许不一定）的物品，这就并不是损失。由于存在信息不对称，人们反而会倾向高估别人的物品低估自己的物品，“反禀赋效应”于是产生。

那么，什么时候“反禀赋效应”出现，什么时候“禀赋效应”出现呢？有以下几个可能影响因素：一是人们对自己拥有物品的评价高低；二是拥有该物品的时间长短，这是考虑到使用惯性问题，时间越久越容易产生依赖情绪，也可能时间越久了解的缺点越多，或者产生审美疲劳。通过实验，我们可以知道，哪一个效应更强，与个人的“惯性指数”——即是否倾向于改变现状有关，当依赖情绪产生时为负，审美疲劳产生时为正；三是交换决策中存在着双重禀赋效应。例如，新产品的买方对旧产品的属性评价显著高于新产品的卖方，对新产品的属性评价显著低于新产品的卖方，这说明属性评价也存在禀赋效应的特征。双重禀赋效应的存在从消费者行为的角度解释了为什么消费者会出现“创新抵制行为”。

重病时医生开药，越是贵的越有效

你会觉得4000元的沙发肯定比400元的舒服吗？你会觉得设计师款的牛仔裤肯定比沃尔玛的普通货缝制得更好、穿着更舒服吗？你会觉得高级电动砂轮机肯定比低档货好用吗？你会觉得北京全聚德的烤鸭肯定比路边小店里卖的烤鸭强得多吗？

面对上述问题时，相信很多人要回答“是”。为什么存在这样的观点呢？

原因就在于消费者观念中存在的“价格偏见”。但这些暗含的质量差别会影响实际的体验吗？这种影响能进而延伸到客观体验诸如我们对药物的反应吗？

比如说，价格低廉的止痛片就不管用，价格高的就立竿见影吗？冬天感冒，折扣店买的感冒药就不见好，大药房的高价药吃了就觉得畅快吗？你患哮喘病，普通药品不见效，著名厂家刚上市的新药就能药到病除吗？换言之，药品也和中国菜、沙发、牛仔裤、工具一样吗？我们能够断定高价格等于高质量，我们的预期能被直接转换成产品的客观功效吗？

事实上，你可以买400元的沙发，穿低价牛仔裤，用低档的砂轮机，吃路边小店的烤鸭。只要有一点自制，我们也能对那些价格昂贵的名牌敬而远之。但是事关身体健康，你还能够讨价还价吗？普通感冒先放下不说，如果到了性命攸关的时刻，我们还有多少人锱铢必较呢？我们会为自己、为孩子、为亲人竭尽全力，花多少钱都在所不惜，一定要选择最好的药。如果我们想选择最好的，那我们会不会感觉价格高的药品比价格低的有效？价格的高低真的能让我们感觉不一样吗？在麻省理工学院的传媒实验室曾经做了这样一个有趣的实验：

在实验中找了大约100名波士顿成年志愿者测试一种名叫维拉多尼-RX的新止痛药的效力。志愿者提前在发放的药品简介里读到：“在实验者与被实验者双方都不知情的条件下，临床实验证明，服用维拉多尼的患者中，92%以上在服用10分钟内报告疼痛显著减轻，止痛效果可持续8个小时。”价钱为2.50美元一粒。

志愿者在遭受电击后服用该药物，然后再次进行电击，看这种止痛药能否发挥作用。最后，多数实验参与者都得出维拉多尼-RX有良好的镇痛效果的结论。

然而，当工作人员将简介里的药物介绍改为10美分/粒时，说该药物有良好止疼效果的人数降到先前的一半。

不仅如此，我们还发现价格与安慰疗效的关系因人而异，最近一段时间备受疼痛折磨的人，对价格与安慰疗效的关联有特别深刻的体会。换言之，人们受疼痛折磨越多，对止痛药品的依赖也越大，这种关联感也就越强烈：价格越低他们感觉受益就越少。在医药方面，我们发现的是，一分钱，一分货，你付多少钱，就有多大疗效，价格能够改变体验。说道底，这种非理性行为的背后其实蕴藏着心理预期的作用。

我们从另外一项实验里也同样得到了证实。一个严寒的冬天我们在艾奥瓦大学做实验。在这一实验中我们要求一部分学生跟踪调查，冬季里他们患了感冒，是花全价买药，还是到折扣商店买降价药，两处买的药效果怎样。到了学期末，13 个参与者说他们买的是全价药，16 个说是从折扣店买的。哪一些人买的药更有效？我认为你们应该猜到了：13 个花全价买药的学生认为他们比那些从折扣店买药的人痊愈得快多了。你们看，非处方的感冒药的疗效取决于你付多少钱。

通过这些价格实验，我们得出那些能够平静地考虑价格与质量关系的消费者，不大可能认为价格便宜的药物效果一定就差。这一结果不但给我们指出如何解决价格与安慰疗法的效果之间关系，还指出了“便宜没好货”的说法其实是对低价的一种无意识的反应。

到现在为止，我们看到了价格是怎样驱动安慰疗法安慰剂、止痛剂和能量饮料的功效。但是还有一点需要考虑：是否安慰疗法和安慰剂真的有用呢？

公元 800 年，教皇利奥三世为罗马帝国的查理曼大帝加冕，建立了神权与政权的直接联系。从那时起神圣罗马帝国的皇帝，以及后来欧洲各国的国王，都被笼罩上君权神授的光环。由此引申出所谓的“御手触摸”能治愈百病。整个中世纪，历朝历代的史学家都在编年史中记载，伟大的君主们经常驾临他的臣民中间，用触摸为他们治病。例如英王查理二世（1630—1685 年）在位期间曾为大约 100000 人实行触摸治疗；记录中甚至有名有姓地记载了几名美洲大陆的殖民者，不远万里从新大陆赶回欧洲，为的就是在查理二世经过的路上接受触摸，治愈疾病。

人们一想到诸如御手触摸一类的安慰疗法，一般会斥之为“仅仅是心理作用”。但是，安慰疗法的力量却不是“仅仅”两个字可以说明的，事实上它显示了我们大脑对身体的神奇控制方式。大脑是如何实行这神奇的控制，现在还不很清楚。当然，其中某些作用肯定与降低压力、改变荷尔蒙分泌、调节免疫系统等等有关。

现实中，医生一直都在使用安慰疗法和安慰剂。医生给患咽喉炎的病人使用抗生素，后来发现其中有三分之一的病例是病毒引起，抗生素对这些患者毫无作用。但是安慰疗法并没有相关的根据，在使用和宣传上颇受质疑。但是，如果停止安慰疗法的实验，同样令人难以接受。这种疗法可能让成千上万的人们接受无作用（有风险）的手术。我们应该对这种实验可能带来的好处与实验的成本与代价加以比较，因此，我们不能无休止地对安慰疗法一直实验下去。

第五篇

厂商如何才能获得利润

第一章 交易是源于比较优势

无论谁都拥有比较优势

比较优势原理大多通常用于解释为什么自由贸易使不同国家的人能生产出更大的产量并达到更高的生活水平。像国家一样，如果个人够专注，即如果他们集中精力去做他们最擅长的事情，那么他们也可以达到更高的收入水平。找到职业上或商业上你具有比较优势的地方，然后专注于这些方面将帮助你赚得更多的钱。

想得极端一些，假设你在任何一个生产活动上都比其他人更好，那是不是意味着你要把时间分配到各个活动上去？或者，考虑另一个极端，一个人可能在任何生产活动上都比其他人差，那这个人是否因为他不能在任何事情上竞争成功，就不能够通过专注于相对最擅长的事而获利呢？

其实，两个问题的答案都是否定的。不管你多么有天赋，你都有相对其他领域来说更有效的领域。同样的，不管你做事情的能力多差，你总有相对来说有优势方面，你可以在某个事情上竞争成功，并且通过专注于你的比较优势获得利益。比较优势概念的核心是，“无论谁都一定拥有某种比较优势”。也就是说，无论谁在工作上都能发挥自己的作用。

一些人可能觉得当他们与赚得比自己多很多的人交易时自己处于劣势，其实不然，交易使双方受益。一般来说，因为相对于那些不那么多才多艺、不那么有钱的人来说，你和越多才多艺、越有钱的人交易，你的情况就会更好，因为你的服务对他们更有价值。我们愿意当泰格·伍兹而不是其他职业高尔夫球员的球童，因为我们从他那能获得更多，这是由于他比其他高尔夫球员赢得更多联赛，而我们从他那里获得的更多的价值就体现在当他的球童时获得的更高的回报上。

假设员工甲在1小时之内可以预约4家客户，或者可以制作20页资料；而员工乙在

1小时之内可以预约1家客户，或者可以制作10页资料。

接下来，比较一下甲、乙两人进行各项工作时的机会成本。如果用牺牲的资料页数来表示预约1家客户的成本时：员工甲付出了5页的代价，员工乙付出了10页的代价。相反，用牺牲的预约件数来表示制作1页资料的成本时：员工甲付出了1/5件的代价，员工乙付出了1/10件的代价。

通过比较后可以得到，员工甲进行预约客户时牺牲的资料页数比员工乙少，而员工乙在进行制作资料时牺牲的预约件数又要比员工甲少。因此，我们可以说，“员工甲在工作上的比较优势是预约客户（销售），而员工乙在工作上的比较优势是制作资料”。另外，经济学中比较优势的概念还告诉我们，“专心致力于拥有比较优势的工作，可以提高整体的经济效益”。

让我们再进一步分析一下。按照上述的条件，员工甲在1小时之内可以预约4家客户，对于员工乙来说，这是需要花费4个小时的工作。如果员工乙用相同的时间进行资料制作的话，可以制作40页的资料。假设员工乙用其中的30页资料和员工甲的4件预约进行交换，那么会出现什么样的结果呢？员工甲在1个小时之内的工作成果变成了30页资料，而员工乙在4个小时之内的工作成果就变成了4件预约加上10页资料，从资料的页数上来看，都要比自己单独工作时多出10页。员工甲在和所有能力都比自己差的员工乙进行分工后，双方都比单独工作时获得了更多的利益。

不管是在知识上还是能力上有多大差距，每个人都会有自己的比较优势。即使对方水平有限，能力超群的员工甲也应该在工作时尽量选择和他人分工作业。在现实中还有许多类似的例子，比如说，某职业运动员在学生时代取得了一级会计证书，而自己的妻子只有二级会计证书。尽管如此，他也应该把经纪人的工作委托给妻子，自己去专心训练。这样更有利于两人充分发挥各自的比较优势，从而使两人发挥出自己的能力。

杨振宁曾在芝加哥大学做实验物理的研究，然而他的研究工作并不太顺利。虽然师长们对他的见识非常欣赏，但缺乏动手能力却成了杨振宁的死穴。

他自幼便是左撇子，好不容易才被母亲纠正过来。他小时候曾用泥捏了一只鸡，拿给父母看，父亲为了鼓励他，夸奖说:“这支藕做得真不错哦！”在芝加哥大学，盛传“哪里有爆炸，哪里就有杨振宁”的笑话。后来，杨振宁在导师、被称美国氢弹之父的特勒的建议下，转攻对动手能力要求不强的理论物理学。1957年，因和李政道合作提出了宇称不守恒理论，最终获得诺贝尔物理学奖，获得了成功。

实验物理并不是杨振宁的强项，继而他转攻理论物理，才在最大限度上发挥了他的比较优势。一些人起初跟别人相比处于劣势，因此不能通过自己的努力和积极主动去获得更多利益。但是，就像我们将看到的，如果能努力并合理地运用自己的能力，不管什么原因，甚至那些不那么有优势的人，都可以在金钱方面有很出色的表现。

你需要掌控自己的职业发展，想清楚你将如何最好地施展你的天赋，并且通过市场与合作去达到你的目标。没有谁会比你自己更在意你个人的成功，也没有谁比你更清楚自己的兴趣、技能和目标。不只包括去了解那些你能做得最好的事情，也包括发现那些符合你兴趣，给你最大满足感的事情，进而发现你具有比较优势的职业机会。

我们在工作时，即使没有绝对优势，即使不能成为职场之星也没有关系，只要能在自己身上找到具有比较优势的本领，无论谁都可以在工作中创造出辉煌的成绩。这一点也正是比较优势给我们的最大启示。然而为了找到自己的比较优势以及适合自己的工作，需要在实际中进行各种尝试，它并非一个简单的过程。

而且，我们在工作中的比较优势也不是一成不变的。刚才提到的技术进步、贸易模式以及消费者需求的变化，都会对判定什么是比较优势产生影响。因此，为了提高自己的工作价值，需要根据外界环境的变化灵活转换工作方法。有时，还要求我们敢于拿出更换工作和行业的勇气。另外，根据比较优势进行分工时，通过和同事交流来协调彼此的工作这一点也十分重要。因此，最近许多公司在招聘时，特别注重应聘者的交流能力，其中对能否在交流中进行逻辑思维这一项尤为看重。

企业经营与比较优势可变

经济活动中的利益来源有两个：一个是上述给大家介绍的“根据比较优势进行分工带来的利益”；另一个是“通过交换带来的利益”。比如说，有春乃、夏代、秋江三位老人，在定期会面时，春乃和夏代分别拿来了亲戚赠送的 3 个苹果和 3 串葡萄。她们两个人在拿其中的 1 个进行交换后，又分别给了秋江 1 个苹果和 1 串葡萄。

假设，春乃在消费第一个苹果时的满意度是 100，而在消费第二个苹果时的满意度只有 50。为什么这么设定呢？因为按照人之常情，在吃第一个的时候感觉最为美味可口；而在吃第二个的时候，就会稍有厌烦；等到了第三个就会没有一点食欲，即使勉强吃下去，也不会得到任何满足。

为了使问题简化，我们假设三个人的嗜好（获得的满意度）相同，除了刚才的苹果外，在吃葡萄时的满意度也都为：第一个 150，第二个 80，第三个 0。如果春乃和夏代不进行交换，自己一个人吃掉手中的苹果和葡萄的话，那么此时三个人的满意度分别为，春乃：150，夏代：230，秋江：0。

但是，按照上述的条件进行交换后，所有人都可以吃到 1 个苹果和 1 串葡萄，即三个人分别可以获得 250 的满意度。在交换前后消费总量没有变的情况下，无论是单个人还是三个人合计的满意度都有所增长，这就是交换带来的利益。

按照比较优势进行分工来提高双方利益原本是解释两国间贸易的理论。然而，只凭借比较优势的理论是不能完全说明实际的贸易模式的。日本在出口本国生产的汽车的同时，还从外国进口其他国家生产的汽车。除此以外，电器产品、农作物在现实中的贸易模式也都是如此。

过去，日本在从其他亚洲国家进口农作物和原材料的同时，曾向它们出口各种机械设备和电子产品。其中，汽车和电脑就是十分典型的商品。那么，现在又会有什么变化呢？

根据日本财务省（相当于中国的财政部）的统计，从 1988 年到 2007 年，日本进出口商品的贸易额发生了巨大的变化。我们以电脑产品为例，日本在 1988 年向其他亚洲国家的出口额达到了 1622 亿日元，而进口额只有 166 亿日元。然而，到了 20 年后的 2007

年却发生了相反的情况，日本的出口额只有2165亿日元，而从亚洲的进口额却高达1兆6218亿日元。现在你到日本的数码电器城去逛一下，就一定可以发现许多来自其他亚洲国家生产的电脑以及相关设备。

这个例子告诉我们，生产电脑产品的比较优势从过去的日本转到了现在的其他亚洲国家。同样，个人的比较优势也会随着时间的流逝而变化。因此，即使现在想从事的工作处于比较劣势也不要轻言放弃，只要坚持不懈地努力，将来这份工作就很有可能变成自己的比较优势。

比较优势会随时间发生变化，而且会经常变。只要某人专业领域中的成本和收益一变，比较优势就会随之变化。我们强调企业家的职能，并不是想要褒扬"企业家"，使之成为一种不受批评的特殊社会地位。我们强调的是企业家行为的作用，即促进和谐市场交易。游戏规则导致了自由进出，承认这一点很重要，这使得每个人都可以按照他们的愿望开展企业活动。当然，经济学家也没有特权，来指定某人将来会成为成功的企业家，或者某个当下成功的企业家将来还会成功。政府官员也没有这个特权。没有人掌握这一类的信息。相反，商业社会中的参与者依靠公开的市场过程来提供这一类信息，其形式为预期及实际的利润或亏损，其结果是个人财富的增减。

一个强劲而高效的市场的关键在于自由进出，这一点显而易见，却又没有受到足够的重视。自由进出使得那些认为自己在企业活动方面（比如套利和创新）有比较优势的人们能够进入市场，并按照他们认为合适的方式进行交易。如果他们的判断是正确的，他们就会赢利，这样，他们赚取的利润就会促使其他企业家也进入市场，模仿这些成功者。因此，消费者的需求就会得到更好的满足。但是，同样重要的是，如果那些在经商方面曾经有比较优势（或一度认为自己有）的人发现面临亏损的风险，这些游戏规则就允许他们退出市场，到别处去寻找机会。亏损也能够发现对稀缺资源的价值的误判。

企业家是社会变迁的动力。只有那些能感受到现状和可能状态之间的差距并能弥合这一差距，捕捉到获利机会的人才称得上企业家。通过整合别人的资源，企业家得以掌控资源，并以这些资源来弥合现状和可能状态之间的差距。其他的资源所有者把控制权交给了企业家，换取企业家的回报。这些报酬的总和，加上企业家自己的机会成本的估计价值，构成了企业家的总成本。这些成本和企业项目总收益的差，就是企业家的利润；当然，如果企业家的判断失误，结果就是亏损。

小国也有自己的比较优势

通常来说，人们会认为像俄罗斯、美国和加拿大这样的大国会在国民收入、经济发展水平上处于遥遥领先的地位，但是事实也许并非如此。

根据宾夕法尼亚大学经济学家罗伯特·萨默斯等人所做的研究得来的数据，大国不仅在经济增长率上没有占到便宜，连人均国民收入也不比小国来得高。事实上，不论是从人口数量还是从国土面积来比，大国的人均国民收入似乎都稍低于小国的水平。

魁北克、立陶宛、埃塞俄比亚、斯里兰卡以及西班牙等地的分离主义者要求独立的时候，常常有人会指责他们说，就算真的成立了独立国家，在经济上也会因为规模太小而无法存活下去。不过，整体来讲，大国在经济方面是不是享有绝对的优势，则仍在未定之中。

以人口的多寡来算，排名在前50位的国家，从1960年到80年代中期人均国民收入增长率并不比人口少的国家来得高。如果根据土地面积来比较的话，小国的经济增长速度甚至还稍微比大国快一点。就算把教育程度和收入水平在1960年相差不多的国家拿来比较，大国和小国的经济增长率也没有明显的差别。

为什么会这样呢？很显然，国土面积是造成结果的原因之一。因为国家土地面积有限，人口相对较少，小国所在的经济市场的需求量也较小。小国会因为国内市场规模不大而受到限制。对他们来讲，如果生产汽车、钢铁或飞机等产品，由于国内市场太小，根本达不到经济规模。不过，这些国家还是可以通过国际贸易来扩大市场。近几十年以来，由于国际商务快速增长，而使得国际贸易更容易推动。小国的确比较依赖国际贸易，其出口占国民生产总值的比例就比大国要来得大。

不过，国际市场虽大，却无法完全替代国内市场，因为国际贸易会因为各国所设立的关税及进口配额等规定而受到限制。人口在各国之间的流动所受到的规定就更严格了。相对的，在国内各区域之间，不论是商品流动还是人口迁移，都要自由得多。魁北克居民可以把东西卖到温哥华，而不像到美国或墨西哥等地，必须担心关税以及移民限额等障碍。同样，乌克兰把产品卖到俄罗斯，也比卖到西欧容易。

毛里求斯是个面积只有720平方英里、位于印度洋上的岛国。这个小国因为专门从事服饰的出口和旅游业而得以繁荣发展。新加坡刚开始起步的时候，也是只靠着从世界各地进口商品，然后转卖到其他亚洲国家而创造出惊人的经济奇迹。

小国通常会把生产的项目集中在不需要很大的国内市场的领域里。像智利就出口蔬菜及水果，以色列销售小型武器，毛里求斯外销纺织品，而科威特则生产石油。他们都不把精力用来生产汽车或飞机。

事实上，现在小国在国际市场的竞争方面反而还享有优势。考虑到经济效率，小国通常都只专注在几样产品和服务项目上，因此能够在某些大国无法处理的领域找到自己的发展空间。同时，由于小国人们的同质性比较强，不会因为国内利益团体的冲突而受到影响。另外，小国的产品和服务项目也不容易成为进口配额等限制措施的打击对象，因为他们的规模还没有大到会对大国制造商构成影响的地步。同样，欧共体等国际组织也愿意接纳小国加入，因为他们的生产量并不会对原来的成员国构成太大的竞争威胁。

对大国而言，虽然有国内市场的优势，但在经济上也会碰到各种问题。其中影响较大的，包括各种利益团体会为了得到政府帮助或影响立法而对政府施压。在大国里面，很多利益团体会因为得到政府的优惠而让别的团体增加税率或提高他们的生产成本。举例来说，假如加拿大政府补助西部的谷物耕种者，那么魁北克及东部各省的小麦价格就会提高。同样，假如政府对东部石油和汽油厂商提供补贴，那么西部谷物耕种者的成本就会上扬。

相对的，在小国里面，由于各团体之间的同质性较强，因此不大可能因为某种政策的制定而增加其他部门的成本。如此看来，政府法令规范较少的国家大部分都是规模较小的国家或地区，也就不令人觉得意外了，例如新加坡以及智利等。

大国内部利益团体之间的冲突有时候甚至会导致严重的内讧。毫无疑问，美国当初废除与保持农奴制度的冲突是直接造成内战的原因。不过，南部各州希望降低欧洲产品的关税并扩大棉花的出口市场也造成了双方关系的决裂，因为这和东北部新英格兰地区的制造业者利益冲突。他们希望以关税来保护自己，免得受到欧洲产品的竞争威胁，同时希望压低南部的棉花价格，因为那是北方纺织业必须用到的原料。

从 1950 年以来，小国的国内生产总值增长率稍微高于规模较大的国家。小国在经济上优势，也是让某些存在已久的民族冲突公开爆发的原因之一。

为什么孟加拉国比美国穷得多

当你在合适的时间和合适的地点脱下你的衣服，看一下里边的标签是哪里制造的。你会发现，虽然标着的是耐克或者阿迪达斯的牌子，但是在大多数情况下，你的衣服并不是美国制造的，而是一些比美国穷得多的国家制造的，比如：萨尔瓦多、斯里兰卡或孟加拉国。

为什么这些国家比美国穷得多？与美国或者其他的富有的国家的厂商相比，即刻想到的理由是它们经济中的生产率比较低，这些国家中的厂商在使用同样数量资源的情况下能得到的产出要少许多。为何国家间生产率差异如此之大是一个难以解释的问题，也是困扰经济学家们的问题之一。但是，无论如何生产率的差异是事实。

然而，如果这些国家经济中的生产率比美国低，为何美国人穿的如此多的衣服是它们制造的？为什么美国不自己制造？

答案就是“比较优势”。孟加拉国所有产业的生产率都比美国的相应产业低。但是富国和穷国的生产率差异在不同产品间有很大差异。像飞机这类产品差异巨大，而在衣物方面的差异就没有那么大了。

经济学家过去认为，经济财富来自三种资源的结合：人造资源（道路、工厂、机器、电话系统），人力资源（努力工作、教育），技术资源（技术诀窍或高科技的机械）。那么很显然，穷国要想变富，就要投入资金到有形的资源，并通过教育和技术转让项目来提供人力资源和技术资源。

这种图景有错误吗？就它本身而言，没有错误。教育、工厂、基础设施、技术诀窍的确在富裕国家很多，而在贫穷国家严重匮乏。但这幅图景是不完整的：拼图游戏中缺失了最重要的部分。

传统观念认为：贫穷国家可以在过去一个世纪左右的时间内追赶上富裕国家，而且它们越落后，追赶的步伐就能够越快。之所以越贫穷的国家追赶步伐会越快，是因为那里的基础设施或教育非常匮乏，新投资就会获得最大的回报。

例如，一个贫穷国家的几条公路就可以打开一个全新的贸易区域；在富裕国家，多几条公路只不过缓解一些交通拥挤的状况。在一个贫穷国家，最初的几部电话具有重大作用；在富裕国家，小学生们在用手机发短信。贫穷国家多一点教育能够发挥重大作用；在富裕国家，大学毕业生经常找不到工作。当然，贫穷国家照搬技术比富裕国家创新技术要容易得多：杜阿拉的居民完全可以享受出租车的便利，而不必非等一位喀麦隆的戈特利布·戴姆勒（Gottlieb Daimler）来发明内燃机。

与美国相比，尽管孟加拉国几乎在每件事上都处在比较劣势的境地，但是在生产衣物方面具有比较优势。这意味着，因为二者专业化生产不同的东西，所以两者都能消费更多的产品，孟加拉国提供给我们衣物，它们也享受更多高技术水平的产品。

在中国、韩国这些地方，每隔10年或更短时间，那里的收入就会翻番。当研究这些地方时，你觉得追赶理论好像是有道理的。但很多贫穷国家并不比富裕国家发展得快，实际上，它们发展得更慢，或像孟加拉国那样，正变得越来越穷。

有时候，比较优势也是一种发展的障碍。尤其是对于一些发展中国家而言，过多的自然优势成为国家发展的依赖时，国家就会遭遇发展上的瓶颈。相反，对于一些缺乏优势的国家，会通过发展其他的比较优势而使自己保持经济增长。这也解释了为何越南、韩国等地方，以及博茨瓦纳、智利、印度、毛里求斯、新加坡正在奋起直追的现实。正是这些有活力的地方，而非日本、美国、瑞士，已成为地球上发展最快的经济体。50年前，它们还深陷贫穷的泥潭之中——缺乏人造资源、人力资源、技术资源，甚至是自然资源，但现在已富有很多。在这个过程中，它们的教育、科技、基础设施都得到改善和提高。

看似遥远的国际贸易其实时时刻刻都在影响着我们的工资。外国低价产品进入本国市场后，很有可能导致国内劳动者失业或者降薪。在进行贸易的过程中，我们不得不在无形中和外国劳动者展开竞争。

但需要明确的是，在经济全球一体化成为必然趋势的今天，对我们的工资影响最大的不是国际贸易，而是科学创新带来的“技术进步”。在机械自动化程度提高后，不仅会出现被机械夺去工作、收入下降的人，同时也会出现利用机械增产增收的人。

然而在现实生活中，政府为了帮助败给外国产品的本国工厂和劳动者，通常会采取限制进口的办法。但如果这种失败是因为没有及时进行技术革新而造成的话，即使限制进口，也只能取得短暂的效果。

虽然孟加拉国在制造方面占据优势，但这并不意味着它能够成为国际间贸易的获利者，他们只能在国际贸易产业链中赚取少量的劳务费用。低廉的工资收入，意味着国民收入也只能局限在一定的水平上，当然孟加拉国富不了。

乔丹应该自己剪草坪吗

在经济学上，比较优势的意思是说生产一种物品机会成本较少的生产者在生产这种物品中有比较优势，比较优势主要是用来衡量两个生产者的机会成本。除非两个人有相同的机会成本，否则一个人就会在一种物品上有比较优势，而另一个人将在另一种物品上有比较优势。

举个简单的例子，乔丹是一位出色的篮球运动天才，他在篮球运动领域留下了光辉的一页。我们可以设想，他很有可能在其他的某项活动中也出类拔萃。例如，乔丹修剪自己家的草坪大概比其他任何人都快。但是仅仅由于他能迅速地修剪草坪，就意味着他应该自己修剪草坪吗?

为了回答这个问题，我们可以用机会成本和比较优势的概念。比如说乔丹能用2个小时修剪完草坪，在这同样的2小时中，他能拍一部运动鞋的电视商业广告，并赚到1万美元。与他相比，住在乔丹隔壁的小姑娘玛丽能用4个小时修剪完乔丹家的草坪。在这同样的4个小时中，她可以在快餐店工作并赚30美元。

在这个例子中，乔丹修剪草坪的机会成本是1万美元，而玛丽的机会成本是30美元。乔丹在修剪草坪上有绝对优势，因为他可以用更少的时间干完这件活。但玛丽在修剪草坪上有比较优势，因为她的机会成本低。

从绝对优势上来说，乔丹比玛丽更适合修剪草坪。但是从比较优势上来说，玛丽更应该修剪草坪，因为她修剪草坪的机会成本要比乔丹低得多。因此，乔丹去拍商业广告，玛丽修剪草坪是符合经济学的劳动分工。

比较优势原则让人们意识到只要善于并勇于发挥出自己的优势，即使在别的方面有些不尽如人意，同样也能到达成功的彼岸。或许你没有经验，但你擅长学习；你不知职场规矩，但你特别真诚；你不懂人情世故，但你会细细揣摩。只要你发挥自己的特长，并能有效加以利用，就会收获理想的果实。

显然，如果一个人真的擅长某件别人认为很有价值的事，他们的情况通常会很不错。这就是为什么像泰格·伍兹一样的人赚很多钱的原因。但是通过专注于相对他人来说他(或她)的最小劣势方面，甚至是一个不擅长任何事情的人也可以通过与拥有不同专长的人进行交易而获益。

一些白领或双职工家庭会雇用钟点工打扫房间、做饭、洗衣等。人们为什么会选择别人代替自己付出一些劳务呢？这些人又能从中得到什么呢？人们为什么选择在物品与劳务上依靠其他人呢？这种选择如何改善人们的生活？这是我们该学习的一种最简单的经济学。

比较一个人或一个企业与另一个人或另一个企业的生产率时，经济学家通常是看绝对优势。当生产者生产一种物品所需要的投入量较少，就可以说明该生产者在生产这种物品中有绝对优势。

但是，还有另一种比较方法，不比较所需要的投入，而是比较机会成本，即为了得到某种东西而放弃的其他东西。由此，经济学家提出了比较优势的概念，即生产一种物品机会成本较少的生产者具有比较优势。除非两人有相同的机会成本，否则任何一个人就会在某一种物品上拥有自己的比较优势。

找到了自己的长处，就要懂得发挥长处。2200多年前，物理学家阿基米德对国王说："给我一个支点，我就能撬动地球。"对于人生而言，支点是什么？就是找到自己最重要的才能，充分发挥自己的长处，然后将自己的成功撬起来。

美国应该与其他国家进行贸易吗

亚当·斯密在《国富论》的开头写道："分工一经完全确立，一个人自己劳动的生产物，便只能满足自己欲望的极小部分。他的大部分欲望，须用自己消费不了的剩余劳动生产物，交换自己所需要的别人劳动生产物的剩余部分来满足。"

各国应该生产和出口具有独特优势的商品，这一点已是一个常识。但在常识之外还有一个更深刻的能适合所有贸易参与者的基本原理，无论是就家庭内部、国家内部或是国家之间的贸易而言。比较优势原则认为，即使一国在每种商品的生产上都比其他国家绝对地更有效率（或绝对地更低效率），该国也仍然能够从国际贸易中获益。事实上，按比较优势原则进行的贸易对所有的国家全都有利。

不妨以一个世纪以前的美国和欧洲为例，来解释国际贸易的基本原理。如果美国的劳动生产率（或者更一般地说，资源的生产效率）比欧洲高，则是否意味着，美国就不需要进口任何东西呢？反过来，如果欧洲因此利用关税和配额来保护其市场，这种做法在经济上就明智吗？

1817 年英国经济学家大卫·李嘉图首先回答了这个问题。他揭示出国际分工对一国是有利的，并称这一结果为比较利益原则。以欧洲和美国之间的贸易为例：

在美国，生产一单位食物需 1 小时劳动，生产一单位服装需 2 小时劳动；在欧洲，生产食物的成本是 4 小时劳动，生产服装的成本是 3 小时劳动。我们看到美国在两种商品上都有绝对优势。它生产两种商品的绝对生产效率都比欧洲高。但是，美国在食物生产上有相对优势，而欧洲在服装生产上有相对优势。美国的食物相对便宜，而欧洲的服装相对便宜。

从这个事实出发，李嘉图证明了如果两国都专门生产其具有比较优势的商品，即美国专门生产食物，欧洲专门生产服装，那么他们就都会获得利益。美国会向欧洲出口食物换取欧洲的服装，欧洲会向美国出口服装换取美国的食物。

贸易后的美国和欧洲食物可按某种价格比率与服装进行交换。我们将出口价格与进口价格的比率称为贸易条件。为说明贸易可能性，我们在下图中将两条生产可能性边界放在一起。美国的 PPF（生产可能性边界）线是国内生产可能性边界，欧洲 PPF 线亦体现了贸易条件，表明欧洲食物与服装的替代比率。请注意欧洲的 PPF 线比美国的 PPF 线更靠近原点，因为在这两个产业内欧洲的劳动生产率比美国都要低。换句话说，在食物和服装的生产上它都处于劣势。

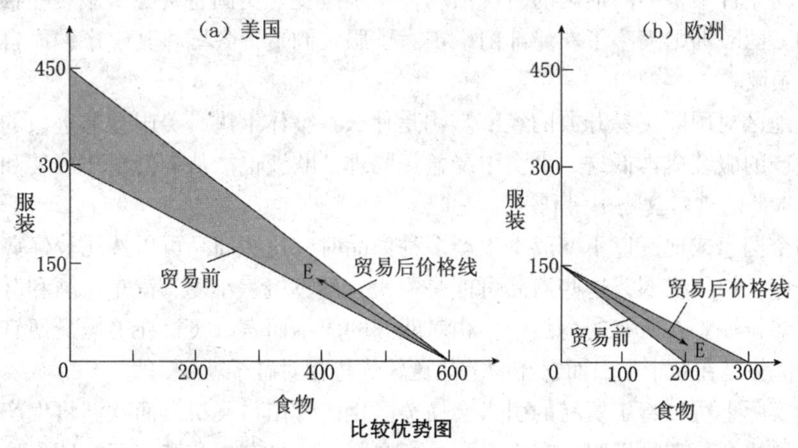

比较优势图

不过欧洲不必因为自己的绝对劣势而灰心丧气，因为相对劳动生产率或比较优势使得贸易对于他们同样是有利可图的。上图中外边的线代表贸易得利。如果美国能按欧洲的相对价格贸易，它可以生产600单位的食物，并按上面左图中外面的曲线向左上方移动。这条曲线代表由欧洲的PPF形成的价格比率或贸易条件。同理，如果欧洲按美国的价格贸易，欧洲会专门生产服装并沿上面右图中的PPF线向右下方移动，该线代表的是美国在贸易前的价格比。

于是我们可以得出一个重要而令人惊讶的结论：小国从贸易中获得的利益较多。这是因为它们对世界价格的影响力最小，所以能按与国内价格非常不同的世界价格进行贸易。由此你可以看出为什么与其他国家非常不同的国家，从贸易中的获利很多而大国的贸易获利则很少。

贸易一旦开始，世界市场必将根据市场的需求和供给形成价格体系。没有进一步的信息时，我们不能确定价格比率，但可以确定这些价格所在的区间，这些价格必定在两国的价格之间，即我们知道食物和服装的相对价格一定在1/2到3/4这一范围之内。

最终价格比率取决于食物和服装的相对需求。如果对食物的需求很大，食物价格就会相对高一些。如果对食物的需求非常大，以致欧洲不仅生产服装，也生产食物，那么价格比就将是欧洲的相对价格，即3/4。另一方面，如果对服装的需求非常大，致使美国不仅生产食物也生产服装，贸易条件就将等于美国的价格比率1/2。如果各地区完全专业分工于各自有比较优势的领域，即欧洲只生产服装，美国只生产食物，那么价格比率将在1/2和3/4之间。

现在设想所有的关税都取消了，自由贸易可以进行，为简便起见，进一步假设没有运输成本。当贸易开放后商品将怎样流动呢？在美国，服装的相对价格较贵，而在欧洲，食物相对较贵。给定这些相对价格，同时没有关税阻碍和运输成本，食物就会很快由美国运到欧洲，服装由欧洲运到美国。

当欧洲服装渗入美国市场后，美国的服装制造商会发现服装价格下降从而利润减少了，他们开始关闭自己的工厂。相应地，当美国食物冲击欧洲市场时，欧洲的农民发现食物的价格开始下降，他们遭受了损失，很快就将破产，二于是各种资源从农业中抽走。在自由贸易条件下，不同地区的生产活动发生了改变。美国将资源从服装业抽出，专门生产食物。而欧洲则缩小了农业部门，扩大了服装制造，各国将其生产转向自己具有比较优势的领域。

两个地区对国际贸易开放的经济影响是什么？整体上讲，美国会从进口的服装成本比自己生产的服装成本低这一事实中受益。同理，欧洲也能从专门生产服装和消费比国内生产成本低的进口食物中得利。

当两个国家或地区以不变成本生产多种商品时，这些商品可以按比较优势或比较成本进行排序。举例说明，这些商品可能是飞机、计算机、小麦、汽车、酒和鞋，全部按照比较优势排序。在所有的商品中，相对欧洲的成本而言，飞机在美国最便宜。欧洲最大的比较优势是在鞋子上，而它在酒上的比较优势相对鞋子就少一些。

我们实际上可以肯定贸易的引入会使美国生产和出口飞机，而欧洲将生产和出口鞋子，但分界线会落在哪里呢？在小麦和汽车之间？或是在酒和鞋之间？还是将落在某种商品上而不是在两种商品之间，或许汽车在两处都可以生产。

你会并不惊讶地发现，答案取决于对不同商品的需求和供给。我们可以将这些商品想象是按其比较优势串在一根线上的珠子，供给和需求的力量将决定美国和欧洲生产的分界线落在哪里。举例来说，对飞机和计算机需求的上涨会将价格向美国商品的方向移动，这种移动使美国集中于其更有比较优势的领域中进行生产，导致它在比较劣势领域（如汽车）的生产不再是有利可图的。

多个国家时情形会是怎样呢？引入多个国家并不改变我们的分析。当只关心一个国家时，其他所有的国家可以合成一组，视为“世界其他国家”。贸易的利益与国界并无特殊联系，上面分析的原理适用于不同的国家组以及同一国家内的不同地区。实际上，它适用于美国北部和南部各州的贸易，正如它适用于美国和加拿大的贸易一样。当有许多国家时，参与三角贸易或多边贸易一般来说是有益的，因为两个国家之间的双边贸易通常是不平衡的。

推动专业化生产，打造自己的比较优势

有这样两个相邻的国家，一个大国，一个小国。大国是平原地区，适合于谷物生长；小国是山区，适应于种桑和生产丝绸，而不太适应谷物。长期以来，两国之间倒也相安无事，每每有争端之际，小国万众一心的防备让大国感到难以下手！

有一天，大国的大王忽然要求本国的百姓们不得种桑，只能种粮。一时间丝绸价格大涨，粮价下跌。于是小国的人多种桑树，减少种粮，多生产丝绸，以满足大国消费的需要。

很多年过去了，小国越来越富，生产的丝绸质量越来越好，技术附加值也越来越高，年轻人都从事各类丝绸类技术开发与生产，至少也做做丝绸换粮食的国际贸易。时间一长，小国的人都不种粮食了。

而大国不种桑以后，粮食种得也不错，尽管粮食价格下跌，但产量也提高了，粮库里多到装不下，多余的部分也能卖到小国去，日子过虽不如小国富有，但也还不错。

古代的国际经济一体化就这样在不知不觉中就完成了。日子一天天过去了，大家都生活在相互依存的世界中，小国和大国因为经济上的联系加强，军事上的争端减少了，日子富裕了。

直到有一年，老天突然大旱，粮食减产，大国的大王宣布粮食向小国禁运，不到半年，小国的国王带着多年来积累的所有财富，带着举国的臣民，投降了！

这个寓言故事告诉我们，在国际经济一体化的今天，国家经济分工很重要，没有分工就没有效率；但在注重发挥自己比较优势的同时，还必须重视经济结构的安全。

事实上，参与国际分工并没有错。国际分工指世界上各国之间的劳动分工，是各国生产者通过世界市场形成的劳动联系，是国际贸易和各国（地区）经济联系的基础。它是社会生产力发展到一定阶段的产物，是社会分工从一国国内向国际延伸的结果，是生产社会化向国际化发展的趋势。对于任何国家而言，都具有自己的比较优势，出口具有自己比较优势的产品，积极参与国际分工，能促进经济的发展。

自亚当·斯密以来，市场经济已经有了巨大的发展。发达资本主义的经济，例如美国、

西欧和日本，均具有三个显著的特征：贸易分工、货币和资本。

发达经济以贸易的细密网络为特征。在个人之间和国家之间，都存在着复杂的贸易网，这个网又取决于大量的专业化和细致的劳动分工。当今的经济都大量使用货币，即支付手段。货币流通是我们经济制度的生命线。货币提供了衡量物品经济价值的标准，并且能为贸易提供融资手段。现代工业技术依赖于大量资本运用：精密的机器、大规模的工厂和库存。资本品使人的劳动能力成为更加有效率的生产要素，并且促使生产率的增长速度高出前些年的许多倍。

与 18 世纪的经济相比，今天的经济所依靠的主要是个人和企业的专业化分工，并通过广泛的贸易网进行协作。随着专业化程度的不断加深，同样岗位劳工的生产率获得提高，利用这种产出能交换到更多的其他产品，导致西方经济获得了迅速的增长。

专业化是指个人和国家集中精力完成一系列特定的任务——这就使得每个人和每个国家能够发挥其特殊技能和资源优势。经济生活的事实之一是，并不是让每个人以中等水平去做每一件事，更有效的办法是进行劳动分工——将生产划分成许多细小的专业化步骤或任务。劳动分工让高个子去打篮球，让有头脑的人去当老师，而让有雄辩之才的人去推销汽车。

在我们的经济体系当中，有时需要花费许多年才能完成特定职业的培训——要成为一名合格的神经外科医生需要 14 年时间。资本和土地也可以高度专业化。土地可以被专门用作葡萄园，像在加利福尼亚州和法国所做的那样，大约需要几十年时间。从事书本写作的计算机程序花了 10 年多时间才开发出来，但它在管理炼油厂或面对大量数据问题时却束手无策。专业化中给人印象最深刻的一个例子是用来管理汽车生产并提高其效率的计算机芯片。

专业化的巨大效率产生了人们之间和国家之间的复杂的贸易网，正如我们今天所看到的那样。我们中很少有人生产一件最终产品，我们仅仅制作了我们消费品中极小的一个部分。我们或许讲授了大学课程中的一小部分；或许只是专门取出停车计时表中的硬币；或许只是分离出果蝇的遗传基因，等等。作为这些专业化劳动的报酬，我们将获得足以购买世界各地物品的收入。

贸易生财的思想是经济学的核心见解之一。不同的人或国家专门从事于某些领域的生产，然后，自愿地用他们所生产的物品去交换他们所需要的物品。日本通过专业化制造汽车和家用电器等物品而大大提高了生产率，它出口大部分工业制成品，以支付原材料的进口。相反，那些执行自给自足战略，试图生产绝大部分消费品的国家发现自己走上了停滞之路。贸易能够使所有国家富裕起来，并提高每个人的生活水平。

发达经济从事于专业化和劳动分工，因而提高了其资源的生产率。个人和国家用自己专业化生产的物品自愿地交换其他人的产品，极大地增加了消费品的范围和数量，并提高了每个人的生活水平。

但是，不能说这些国家只是通过专业化就富起来了，事情并没有这么简单。如果专业化真的是解决贫困问题的方法，你肯定会问，让每个国家都采用劳动分工的办法，这样不就都能富起来了吗？答案是，那些国家实际上不能采用像商业社会这么复杂的体制。个体也做不到。

第二章 在企业内部只有成本

播下的是龙种，收获的却是一只跳蚤

“我播下的是龙种，收获的却是跳蚤”，德国诗人海涅这一句著名的话感叹了自己的投入与产出不成比例。其实生产企业也面临着像他同样的困境，有的企业看上了一个项目便雄心勃勃地建厂房、进原料、招员工，折腾了一阵子后才发现自己生产出来的产品并不受市场欢迎。

经济学用生产函数来描述一个企业在一定时期内，在技术水平不变的情况下，生产中所使用的各种生产要素的数量与所能生产的最大产量之间的关系。这里的生产要素可能包括劳动、土地、资本和企业家才能这四种类型。劳动指人类在生产过程中提供的体力和智力的总和。土地包括地球上的一切自然资源，如土地、河流、森林和矿藏等。资本可以表现为实物形态和货币形态，前者如厂房、机器、原材料等。

企业家才能指企业家组织建立和经营管理企业的才能。劳动、土地、资本和企业家才能统称企业生产的四要素。通过对这四要素的运用，企业可以生产各种有形的实物产品，如我们日常使用的电脑、书本等，也可以提供无形的产品，我们把这类产品称为服务（或劳动服务，简称劳务），如医疗服务、教育服务、金融服务、旅游服务等。理解经济学上的生产函数需要注意以下几点：

首先，生产函数实质上是描述一定时期内的生产技术，因此一旦生产技术发生了变化，则原有的生产函数就必须随之发生变化，形成新的生产函数形式。

在杂交水稻之父袁隆平发明杂交水稻之前水稻的最高亩产量也就在 400 公斤左右，到了 2000 年，由他主持的超级杂交稻第一期实现了亩产 700 公斤的目标，到了 2004 年实现了亩产 800 公斤的突破，每一次生产技术的突破都标志着水稻的生产函数发生了改变。2007 年 77 岁高龄的袁隆平仍充满激情地说：“我梦见我们种的水稻，长得跟高粱一样高，穗子像扫把那么长，颗粒像花生米那么大，我和助手们就坐在稻穗下面乘凉……”

随着水稻培育技术的提升，以及相关技术，如收割、施肥等技术的提高，水稻的产量较以前相比有了很大幅度的提升，水稻生产函数也会发生相应地改变。

其次，生产函数中的因变量是产品的产量，而且是最大产量。比如上面举的杂交水稻的例子，该生产函数在 2000 年的时候，其因变量就是 700，表示在一定的投入要素组合下，水稻的亩产量最高能够达到 700 公斤，在这种要素组合下如果产量达不到 700 公斤，说明生产是没有效率的（当然也可能出现了天灾，不过我们把这种情况排除在外），当然在当时的技术条件下，那种要素组合也达不到高于 700 公斤的产量。

最后，生产函数只考虑生产，不考虑销售。所以，经济学家关心的不是销售问题，而是生产问题。就像我们在本节一开始说的那样，尽管有的企业资源利用得很好，各种生产要素都搭配都很合理，产出也达到了最大，但由于产销不对路，所以你“播下了龙种，收获了跳蚤”。在现实生活中，我们的企业老板关心生产更关心销售，如何销售？这当然是商学院要传授的知识。

有了生产函数的概念后，经济学里的另外一个概念——边际产量也就浮出了水面，边际产量指的是每增加一单位的某生产要素投入所增加的产量。经济学中，边际产量也被称为边际报酬。

在经济学中，边际报酬遵循边际报酬递减规律。所谓边际报酬递减规律是生产中的一种普遍现象：在技术水平不变的条件下，在连续等量地把某一种可变生产要素（如原材料等）增加到其他一种或几种数量不变的生产要素上去的过程中，当这种可变生产要素的投入量小于某一数值时，增加该要素投入所带来的边际产量是递增的，但当这种可变生产要素的投入量连续增加超过这一数值时，增加该要素投入所带来的边际产量就是递减的。和边际效用一开始就递减的规律略微不同，一般而言边际报酬先递增后递减。生活中，边际报酬递减规律屡见不鲜。我们常说的“人多瞎胡乱，鸡多不下蛋”就是这个道理，另外过去大锅饭下的效率低下就可以用边际报酬递减规律予以解释。

和生产函数密切相关的另外一个经济学术语是规模报酬。规模报酬指的是企业的生产规模变化（即生产要素的规模发生变化）与由此所引起的产量变化之间的关系。在经济学中，通常以全部的生产要素都以相同的比例发生变化来定义企业的生产规模的变化。企业的规模报酬变化又分为规模报酬递增、规模报酬不变和规模报酬递减三种情形。

规模报酬递增指的是产量增加的比例大于全部的生产要素增加的比例；规模报酬不变指的是产量增加的比例等于全部的生产要素增加的比例；规模报酬递减指的是产量增加的比例小于全部的生产要素增加的比例。在企业扩大规模的长期生产过程中，一般会先后经历规模报酬递增、规模报酬不变和规模报酬递减三个阶段，才最后稳定下来或最终被淘汰，这在企业生产理论中被称为企业生命周期。

需要注意的是，与规模报酬递增非常接近的另外一个经济学术语是规模经济，规模报酬和规模经济的区别在于，后者的生产规模不一定是按照同等比例进行变化但产出一定是随着生产规模的扩大而大幅度增加。

机会成本，就是你放弃的最大的价值

资源是稀缺的。这就意味着每次我们采用一种方法使用资源时，我们就放弃了用其他方法利用该资源的机会。这在我们的日常生活中很常见，我们必须决定如何使用有限的时间和收入。我们是否应该参加明天的测验？我们应当去墨西哥旅行还是去买一辆汽车？应当读研究生还是参加职业培训或是大学毕业后直接参加工作？

工作不如意就跳槽，这是大多数人的想法。可是经常跳来跳去的人，往往都忽略了时间的机会成本。如果这项成本太高，那么就要考虑清楚再跳。还要执意跳槽的，就请看看下面的故事吧。

陈伟本科读的是计算机专业，毕业之后进入一家网络公司做了技术员。由于表现出色，他很快升到了技术部经理。但由于公司规模小、赢利额低、业内竞争又激烈，所以业务局面一直都打不开，陈伟的薪水也是一直在原地踏步，他觉得这样下去没有什么发展，便辞职离开了这家公司。

辞职后，他遇到两个不错的工作机会，一个是做技术支持，另一个是做软件开发。陈伟选择了在一家国内企业做软件开发的工作。但工作一段时间后，他便发现自己的性格似乎和这项工作“格格不入”。加上越来越多的人才涌入公司，年过而立的陈伟职业危机感也日益增强。于是他想到了如果当初选择技术支持的工作，虽然职位和原来相比要低一些，但可能要比现在的好。

重新选择意味着一切从头开始。但时间是有机会成本的，人生并没有留给我们足够的时间“打草稿”。走过很长一段路之后再回头，我们丢掉的不仅是宝贵的时间，还有机遇。重新定位时，我们需要付出的可能是加倍的努力。这好比买股票，在适当的时候抛出会得到最大的利润，如果抛出得太早或太晚，虽然也会有一定的利润，但与原本应该获得的收益相比，还会有些相对的损失；再好比机遇，在适当的时候抓住最适合你的机遇，也许就会给你带来不一样的人生，不过有些机遇虽然抓住了，但不是在最适当的时候，也许人生就不会登峰造极。

去看电影而不是学习的直接成本是电影票的价格，但是机会成本包括了在考试中取得更好成绩的可能性。作一个决定的机会成本包括它所有的结果，无论它们是否体现为货币的交易。作决定具有机会成本，因为在一个稀缺的世界中选择一个东西意味着放弃其他的一些东西。机会成本是被错过的商品和服务的价格。机会成本的一个重要例子是上大学。假设学费、书本费和旅行费合计约为 14000 元。这 14000 元是否就是你入校的全部成本？

当然还不是。你必须包括花费在学习和上课时间的机会成本。又假设一个 19 岁高中毕业生的全日制工作年平均工资为 16000 元。如果我们加上实际的花销和放弃的收入，我们发现大学的机会成本为每年 30000 元，而不是每年 14000 元。

选择背后所付出的时间是无法重新来过的，每个人一天的时间都是 24 小时，但 24 小时中我们是选择努力工作创造价值，还是在家中上上网、聊聊天？如果你选择了聊天，那么创造价值的时间将会失去。

无论生产要素为谁所有，我们应当考虑生产要素的价值。即使所有者没有直接领取报酬，而是以利润的形式得到补偿，我们也应该把所有者的劳动作为成本来计算。因为所有者有其他工作机会，因此，我们必须把失去的机会作为所有者劳动的成本来计算。“时间就是金钱”，很多人都知道这句话，却很少有人真正关心这个问题。我们来算一下，假设一个人月薪为 4400 元，按照每月 22 个工作日计算，日薪是 200 元，平摊下来每小时 25 元。如果他用每小时 10 元的代价请钟点工来料理家务，而自己用这 1 小时去做专长的工作，等于赚了 15 元；相反，有些人为了省下 2 元的跨行转账费用，而去银行耐心排队 1 小时来个“现金大搬家”，看上去是赚了，其实呢，是潜在“亏损”了 23 元。

假设比尔·盖茨走路时掉了 100 美元，这时候，他是弯腰捡钱，还是继续向前走对其置之不理呢？比尔·盖茨创业几十年，积累的财产数百亿美元。有人大概计算了一下，如果比尔·盖茨将弯腰捡钱的时间花在工作上的话，所获利润会更多，也就是说，他弯腰捡钱的时间机会成本更大。

浪费时间的同时，机会成本会变大，时间越久，成本越高，二者的关系是成正比的。就如同本节开始例子中陈伟选择工作时那样，只为了一时的高薪水，没有想到适合与不适合，重新定位、充电、找工作的过程和在一开始就选择一份合适的工作相比较，就是在浪费时间，前者的时间机会成本更高。所以，如果每个人在作出人生与事业的选择之前，能够仔细考虑一下时间机会成本，想必损失就会大大减少。

企业决策也有机会成本。是否所有的机会成本都表现在损益表上呢？不一定。通常，企业账目仅包含有实际货币出入的交易。相反，经济学家则常常试图“揭开货币的面纱”，分析隐藏在货币交易后面的实际结果和衡量一项活动的真实资源耗费。经济学家因此包含了所有成本——无论是否表现为货币交易。

“机会是经常光顾每一个有准备的人的”，当机会来临的时候，抓住机遇就能获得更大的成功，不要为无谓的事情去浪费时间，浪费时间就是浪费金钱。所以，当人们在挥霍时间，或者用大把的时间在超市排队换购一些没多大价值的赠品时，有没有想过，你为此损失了多少钱？机会就是金钱，千万不要为了几粒芝麻而丢了西瓜。

无本万利是商人最大的梦想

一个做生意的人首先想到的可能不是利润，而是成本，因为兵马未动粮草先行，所以商人最大的梦想就是无本万利或者一本万利。那么经济学里的成本是什么呢？

企业要想生产产品并以此获利的话就必须先行投入，所谓“一分耕耘，一分收获”，那么投入的所有要素（如雇用的劳动力、购置的机器、租赁的厂房、购置或租赁的土地等）就构成了企业的成本来源。成本就是企业用来购买生产要素的货币支出。

经济学上的成本和会计成本不完全一样。会计成本只包括购买或租借可见的生产要素的实际货币支出，如某企业雇用了100名工人，从银行取得了100万元的贷款，并向政府租借了10亩的土地，为此，该企业需每月向这100名工人支付10万元的工资，向银行支付1万元的利息，向政府支付1万元的土地租金，这些钱都被记录在企业的会计报表里，是可见的，因此又被称为显性成本。

成本的概念包含很多分支概念，诸如短期成本、长期成本、平均成本、固定成本和可变资本等。不要想当然地以为成本函数和生产函数一样，自变量是投入的生产要素。实际上，经济学里的成本函数自变量只有一个，那就是产量，因此经济学里边际成本的概念指的就是每增加一单位产量所增加的成本，明显这和边际产量的意思大相径庭，二者没有可比性。

生产函数指一个公司使用的投入品数量和生产的产品数量之间的关系。一旦乔治与玛撒了解了他们的生产函数，他们就知道了劳动与土地投入和小麦产出的关系。但如果他们想让利润最大化，他们就要把这个知识转化为产出量和成本之间关系的信息。

乔治与玛撒的农场占地10英亩；他们无法再扩大农场占地面积且暂时不能通过买卖租赁来增加或减少土地面积。土地在这里就是经济学家所说的固定投入——它的数量是固定不变的。另一方面，乔治与玛撒可以自由决定雇用多少工人。这些工人提供的劳动就是可变投入——它的数量是可以改变的。

要把一个企业的生产函数信息转化为成本信息，我们首先要知道企业愿意为投入付出多大的成本。我们假设乔治与玛撒面临着显性或非显性的400美元的土地使用成本。无论乔治与玛撒是以400美元租得这块土地还是他们自己拥有这块土地而没有将之以400美元的价钱出租给别人，不管怎么说，他们使用这块土地种植小麦占用了400美元的机会成本。另外，因为土地是固定投入，乔治与玛撒投入的400美元就是固定成本，用FC表示，这种成本不随产出量的变化而变化。在商业中，固定成本经常是指经常开支。我们也假定乔治与玛撒要向每个工人支付200美元。利用生产函数，乔治与玛撒就能知道要实现他们计划生产的小麦数量所要雇用的工人数。

劳动的成本就是工人数乘以200美元，是可变成本，用W表示，它是随着产出量的变化而变化的成本。将固定成本和可变成本相加，就得到了总成本，即TC，我们可以用一个等式来表示固定成本、可变成本和总成本的关系：

总成本 = 固定成本 + 可变成本

企业是生产产品或提供服务用来销售的组织。因此，它必须将投入品转化成产品。一个公司产品数量取决于投入品数量，它们之间的关系就是公司的生产函数。而正如我们所知，公司的生产函数是从成本曲线中得来的。

因为它对于企业的生产还是比较重要的，我们相信每个企业老板的脑海里都有一根成本曲线，没有成本曲线概念的老板不是一个好老板。那么什么是成本曲线？成本曲线就是描述产品产量与生产该产量的产品所需要投入的成本之间的关系图形，是一条随着产量增加而不断延伸的曲线，实际就是一条随着生产规模不断扩大的投入产出曲线。成本曲线是和成本函数对应的，有了成本函数后就可以把成本和产品数量之间的对应关系在二维坐标系里描画出成本曲线。

经济学中，成本曲线的种类有很多（对应着种类繁多的成木函数），其中边际成本曲线尤其重要，一般而言，边际成本曲线随着产量的增加呈现先下降后上升的特征，其形状呈现出U字形特征，对应着边际成本变化的三个阶段：边际成本下降、边际成本不变、边际成本上升。当边际成本处于下降阶段时，企业可以继续扩大规模，而当边际成本处于上升阶段时，企业则要对生产规模的进一步扩大持慎重态度，但并非一定要停止，至于什么时候停止生产规模的扩张则要看利润最大化条件是否得到了满足。

最后需要说明的一点是，对于商人来说追求利润最大化是一件可遇而不可求的事，因为市场瞬息万变，你生产的东西可能今天卖得很好，但明天就可能成为滞销货，而追求成本最小化却是唾手可得的事，因此不少企业挖空心思地节约成本，有的不惜以次充好，有的不惜造假，有的则在不该节约的地方例行节约，结果导致重大生产事故或公共安全事件或公共卫生事件。

成本和行为相关，而不是和事物相关

经济学的供给理论和需求理论从本质上来说没有什么区别。两种理论都假设决策者面临一系列不同的方案，并要从中选择一个。他们的选择反映了预期收益和预期成本间的比较。对于生产者来说，他们也要进行节约，其逻辑和消费者是一样的。

要找一个十几岁的小保姆看孩子，为什么在富人聚居区很难找，而在收入较低的地区就比较好找？夫妇俩找不到保姆，可能很灰心，会抱怨邻居家的孩子太懒。这话很难听，而且是多余的。任何一对夫妇，只要愿意支付机会成本，不愁找不到十几岁的小保姆。找十几岁的保姆看孩子，意味着让她们放弃她们觉得更有价值的其他机会。如果一个地区对保姆的需求很大，因为富人们经常要外出，同时，如果当地的年轻人手里都有大把的零花钱，他们更愿意和别人约会或是在家闲坐，不想给人看孩子，挣那一份并不可观的收入，那么，找保姆看孩子的机会成本很高也就没什么可惊讶的了。

同样是从一个城市到另一个城市，为什么有些人更愿意坐长途汽车，而有些人更愿意坐飞机？回答是，坐长途汽车便宜。但是，事实不是这样的。某些人的时间机会成本相对较高（想一想，一个律师 1 小时收费可达 100 美元），长途汽车对他们来说就是极其昂贵的交通工具；对不富裕的人来说，他们的时间机会成本一般要比高收入者低得多。

为什么在经济不景气的时候有更多的本科毕业生继续读研究生？工作前景不好使得待在学校里的机会成本降低了。因此，更多的学生倾向于再花一两年拿一个硕士学位或是 MBA，而不是找一份 24 小时加油站的夜班工作。

为什么来自低收入地区的年轻人更愿意参军？

为什么在加油站前总是有排长队买油的人？

……

也许，不是所有的个人行为都能够在经济学上找到准确而清晰的答案，但是有行为选择就要付出相应的成本代价。成本总是与行为、决策和选择相关联。正因为如此，经济学的思维方式不承认客观成本。这一点和常识不一致，常识告诉我们，事物总是有“真实”的成本，这个成本是由物理学定律决定的，而不取决于人们反复多变的心灵。跟常识作战是很难取胜的，但我们必须试一试。这一次，我们还是要从常识的框框外想一想。其实，与我们的常识很不同的是，“事物”根本没有成本，只有行为才有成本。如果你非要认为事物的确有成本，并且准备用一个例子来证明你的观点，你就差不多肯定是在偷换概念，用一个不被注意的行为替换某个事物，硬给它加上一个成本。

例如，一个棒球的成本是什么？你说：“10 美元。”但是，你的意思是说，在当地一家体育用品商店里购买一个大联盟官方指定的棒球的成本是 10 美元。因为购买是一个行为，所以这个行为需要以其他机会为代价，从而发生了成本。请注意这里引入了行为。

考虑大学教育的例子。成本是多少？回答是，“大学教育”没有成本。我们首先要区分，获得大学教育的成本和提供大学教育的成本分别是多少。作出了这项区分之后，我们还应该注意到一件事：即成本总是对某人而言的成本。获得高等教育的成本通常是对学生而言的成本。但是，也可以指对学生家长的成本，这是不一样的。或者，如果录取某个学生需要拒绝另一个学生，那么，对于一个没有被大学录取的高中毕业生来说，成本甚至可以是玛莎被录取为一年级新生。所有这些成本都不一样。

关于事物的“真实成本”有大量无效的辩论，这都是因为辩论者没能认识到只有行为才有成本，而行为对不同的人有不同的成本。

在现实中，“行为成本”而不是理性常识，往往成为一个人做出某种行为的主要原因。如果按由多到少列出城市中不看红灯、乱穿马路的违规行人数量，至少可以确定的是纽约、罗马、东京。日本人对规矩的遵守是被全世界认可的。但为什么一贯给人慵懒、散漫感觉的意大利人会比美国人更守规矩呢？美国经济学家给出了一种解释，由于经济水平和收入差距，纽约路上跑的都是汽车，而罗马多是摩托车和自行车。同样是行人违章造成的事故，在纽约肯定是行人受重伤而驾驶员无事，而在罗马，摩托车或自行车驾驶者一般要比行人所受伤害更大。在执法上，纽约的警察基本无视“违章行人”，而罗马的警察会对行人违章予以严格的处罚，结果散漫的罗马人比纽约人更少去闯红灯。

在经济学中专门有一块进行行为成本分析。以经济行为为成本费用的归集对象建立了行为成本核算系统和以行为成本为基础的运行机制。将行为成本按照包含的成本项目的不同分为狭义行为成本和广义行为成本。其中狭义行为成本的成本项目只包括商品生产中所消耗的物化劳动，主要是为了实施行为者对行为成本的自我控制，广义行为成本的成本项目则既包括物化劳动也包括人工费用这部分，它主要是为了与现行财务会计相协调。

在企业中提倡进行行为成本核算。行为成本核算系统通过设计行为成本核算规则，使得外部市场内部化。将每一个员工看做是一个独立的市场主体，为其发生的行为成本进行核算，通过上下行为链的市场关系，以及相应的激励机制，使得员工自发地管理自己的行为，降低成本，提高收益。

不存在“客观”的成本。所有成本都是对人而言的成本，此人要对被放弃的机会赋予价值。人们的行为选择受成本约束，成本与选择联系在一起，不指定具体的行为选择，我们无法明确知道成本，也无法解释选择行为。因为行为不受沉没成本影响，而且“成本不陈”，所有成本都是面向将来的，经济学没有面向过去的成本理念。

分手和热恋各自暗含的隐性成本

讲述经济大师纳什生平故事的奥斯卡电影《美丽心灵》中有这么个场景，在一个美女环伺的酒吧，一群男士都在“虎视眈眈”场上最漂亮的女生，却无一采取行动。对此，纳什思考得出：虽然这位女士是全场最漂亮的，必然令全场男士都青睐，但是在这种激烈的竞逐下，没有任何一个男士自信绝对可以赢得她的芳心；另一方面，任何一个女士都不希望自己是男人的次选，如果男人决定要追求这位最漂亮的女士，就会失去了竞逐其他女士的权利。所以，为了保证自己不至于最后一无所有，男人们都放弃追求最美的女人，而继续与长相相对平庸却更有把握得到的女人谈情说爱。这种冷落美人的行为是考虑了对方策略进行权衡后作出的最优选择，不可思议却合情合理。

一般认为，爱情是一种只讲奉献、不讲索取的非功利现象，但在经济学的视野里，爱情不管是由于何种非理性动机，都会对经济行为作出反应，没有任何爱的付出是完全不需要回报的。苛刻地说，表面上是我们爱对方，实际上是爱自己，因为所爱之人其实是自我的对象化。

只要我们对爱情现象稍作一些观察，就会发现这样一些事实：第一，人们能从爱情中找到个人快乐、幸福、满足感。第二，爱情中的快乐，是人们用约会时间、甜言蜜语等主要投入，辅以花前月下、楼堂馆所等要素投入而生产出来的；第三，生产爱情的收益，取决于当事人在这方面的天赋和人力资本投资，如语言天赋以及得自文艺作品的爱情观念。因此我们可以清晰地发现，爱情是一种投入与产出的关系，是一种交易。

抛开柏拉图式的爱情和山楂树般的纯情爱恋，即使是学生时代的恋爱，就如爱与痛的如影随形一样，成本也在无形中产生。从狭义上说，经济成本不可避免，吃饭、逛街、看电影，似乎一样都不能少。在这个市场经济的年代，浪漫绝对是需要成本的，而为了让纪念日更加特别，为了让男友女友更有面子，除了花费心思，花费人力物力也是极其普遍的。

其实，无论是热恋还是分手都包含各种复杂的成本，除了直接现金花销，而其中最容易被人们忽视的就是隐性成本。首先，我们来解释一下何为“隐性成本”。隐性成本不需要有现金的流出，而是以美元的形式由所放弃的收益的价值来衡量。

假设大学毕业后你有两个选择：多学习一年拿一个更高的学位，或者直接找工作。你想要多学习一年但你又不得不考虑上学的成本问题。

但问题是额外再上一年学的真正的成本到底是什么呢？这就显示出谨记机会成本的重要性了：更高学位的成本是你因不去工作而放弃的东西。

如同任何成本，这一成本也可以分成两部分：显性成本和隐性成本。比如说，学费就是再上一年学的显性成本之一。另一方面，隐性成本与现金的流出没有关系，它是以放弃的所有好处的价值来衡量的。比如说，上学例子中因上学而放弃的工作机会可能带来的工作收入就是隐性成本。

无论是在经济分析中还是在真实的商业情况里，一个常见的错误就是忽略了隐性成本而仅仅专注于显性成本。但通常的情况是：一个行动的隐性成本经常会远远大于显性成本。

额外再上一年学的成本 **单位：美元**

显性成本		隐性成本	
学费	7000	放弃的工资	35000
书费	1000		
家用电脑	1500		
总显性成本	9500	总隐性成本	35000
总成本 = 总显性成本 + 总隐性成本 =44500 美元			

表中显示了假设选择上学而不是工作将可能造成的显性成本和隐性成本所带来的问题。显性成本包括学费、书费、食宿和一台完成作业所需的家用电脑的费用，所有这些都要花钱。隐性成本则是指如果工作则可能得到的工资收入。正如你所看到的那样，放弃的工资共计 35000 美元，而显性成本只有 9500 美元，隐性成本是显性成本的 3 倍多。因此，决策过程中对隐性成本的忽略可能导致严重的错误。

正如陈奕迅唱着林夕写的词：“恋爱不是温馨的请客吃饭”。除了可计算的人民币，还有其他的隐性成本，一个刚恋爱的女孩说：虽然感觉很好，但是谈恋爱真的很费时间啊。对于刚工作的她来说，甚至在工作的时候，她也没法安心投入，更别提在下班后的时间了，两个人光是压马路的时间就是一大支出，显然上进的她还希望能够在下班之后给自己充充电，但似乎在谈恋爱后，这是一大奢望。

特别是对女人来说，由时间带走的青春是她们认为最大的成本之一，所以，在分手后，她们最在意和最讨厌的是“为什么自己把青春无私奉献给那个男人，最后男人轻轻挥一挥衣袖，如此洒脱地离开”。而这些时间啊、青春啊，却变成“沉没成本”一去不回。

甜蜜的时候，你倾其所有地投入也不足为过，因为你还可以从对方得到爱情的“收益”。但当失去时，你再付出任何东西，哪怕是生命，也无法换回一丝爱的回报，充其量只能得到怜悯。失去爱也就罢了，再失去生命和尊严，成本岂不是太高了？何况，你明明清楚，在不爱自己的人面前，这样做只会继续增加你在他（她）身上的沉没成本。

决定是否同女友分手，是一种对过去爱情投入的判断。因为，在恋爱中已经付出的一切，不可能再被收回来。就像打翻的牛奶，覆水难收。而这些你所失去的，就是爱情的沉没成本。

时间成本、机会成本都不是能够用金钱来衡量的，这都是爱情当中的隐性成本。处于热恋中的人们不要被爱情冲昏了头脑，在恋爱当中要作理性抉择，尽量将分手和热恋当中的隐性成本降到最低。

经营管理，无处不在的成本分析

突如其来的金融风暴横扫全球、华尔街大地震、金融流感肆虐、股市暴跌、企业裁员……而处于风暴边缘的中国企业，正面临经济周期的调整、产业结构的调整，也感受到了阵阵寒意。内外因素的共同作用，使更多企业陷入旋涡，尤其是众多外向型的企业，已经被逼到生死一线。面临金融风暴，企业家究竟该何去何从？冬天到来，企业该如何过冬？

成功一定有方法，失败一定有原因。虽然，企业不能改变环境，但是，完全可以改变自己去适应这个冬天。成本和利润是企业家进行经营时必须考虑的问题，企业家要想使企业持续成长发展，取得成功，必须具有进行成本分析的意识。

据富士康国际发布的2009年财报，收入72.41亿美元，同比下滑22%，净利润3962万美元，同比下滑68%。员工数量11.87万，相比2008年增加了9.7%，但人力成本支出却同比减少28%。

引用富士康的财报，目的是想引出“成本”这个话题，一台iPad的代工费很少，只有11.2美元。而想要拿到可怜的11.2美元，富士康同样面临着激烈的竞争。在代工费用不能增加的前提下，为了多赚的一分钱的利润，包括富士康在内的很多代工企业必须要削尖脑袋，节约成本。

2002年底，中国台湾33家营业收入超过200亿台币的集团所组成的“三三会”，前往日本观摩，拜访日本东芝、佳能、鹿岛建设等有名的大公司。所有三三会的大老板都住宿在位于日本银座的“帝国饭店”，为了能够一起出发，帝国饭店也为三三会打折，一个房间从3万日元变成15000日元。但是，在参加完前两天行程后，郭台铭只住一晚就退房了，“我还是搬到我们东京工厂附近，一个晚上6000日元的房间，晚上还可以就近去看工厂。”郭台铭说。

成本控制一直都是富士康这个制造王国的立足法宝，在郭台铭撰写的《虎与狐》一书中提到“成本下降也是一种服务”的策略，企业能够以蚀本价接单，却以获得赢利输出货品，严控成本以至在微利之间险中求胜，成为了富士康的成功方程式。

富士康的母公司鸿海能参与全球竞争的第一个关键，就是成本的竞争。鸿海30年的发展，便是经营“成本策略”不可错过的精彩典范，特别是鸿海在变化快速的竞争环境中，还能持续保持成本领先。

古人说：“将欲取之，必先予之。”生产者要想获得利润，首先必须投入生产要素。生产要素的支出就是成本，也就是生产费用。成本，其实是会计学中的一个概念，但在经济学的分析中也广泛应用。在经济学中，企业生产者的目的就是实现利润最大化，为此就要尽可能降低成本，扩大供给，增加收益。

假设富士康生产的iPad每台的平均生产成本是10元。若苹果公司付的代工费是每台11.2元，每台iPad可以赚1.2元。若苹果公司付的代工费是每块10元，则不赔不赚，收支相抵。虽然利润是零，可是成本中包括了机会成本和会计利润，依旧可以继续生产。假如因为某种意外情况每台iPad的代工费需要降到8元。每卖一台IPad就要赔2元。那么，富士康现在还要继续经营下去吗?

如果想回答这个问题，我们必须分析成本问题。经济学上把成本分为不变成本、可变成本和平均成本。

不变成本又称固定成本，是企业在短期内为生产一定数量的产品购买不变生产要素而支付的成本。如固定资产折旧、车间经费、企业管理费等，这些项目在产量增大或降低时都不会随之变化，故称不变成本或固定成本，对应的要素称为不变要素。在短期内，厂房和机器设备的折旧费等都属于固定成本，其特点是它不随产量的变化而变化，且即使产量为零时固定成本也不为零。在富士康，这些固定成本必须包括租赁的厂房、开厂所需资金的利息、手机生产设备的折旧，还有固定员工工资。

可变成本又称为变动成本，指的是企业在短期内为生产一定数量的产品购买可变生产要素而支付的成本。例如，厂商对原材料和工人工资的支付，原材料、燃料、动力等生产要素的价值等，其特点是它随着产量的变化而变化。当一定期间的产量增大时，原

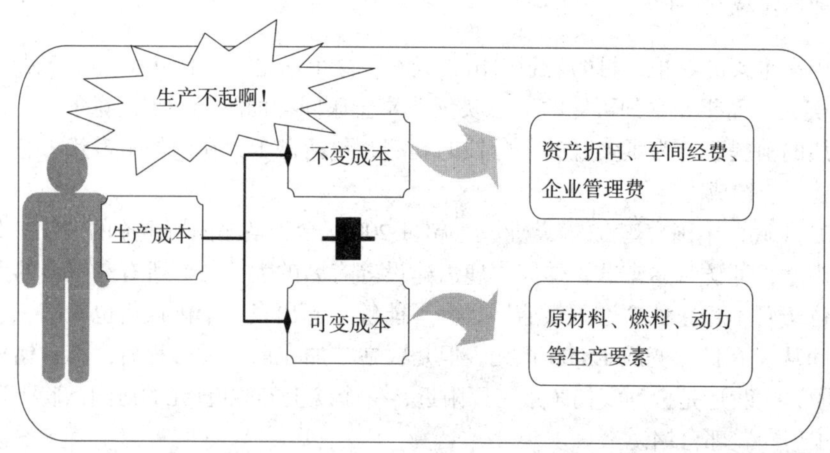

材料，燃料，动力的消耗会按比例相应增多，所发生的成本也会按比例增大。具体对于富士康来说，这些成本包括短期内生产手机的原材料、电费、临时工人工资等。

平均成本是指平均每单位产品所分摊的成本。假设总成本为TC，总产量为Q，则平均成本AC=TC/Q。降低平均成本，一直是每个企业所追求的主要目标。

按照成本可利用时间的长短，成本又可被分为短期成本和长期成本。短期成本中包括一部分变动成本，另一部分是不随企业产量变动而变动的固定成本。长期成本是指企业在长期中的成本。在长期，企业的固定成本也可以发生变动，企业可以调整和改变各种投入要素而降低成本。因此，在长期不存在固定成本和变动成本的区分。

此外，按企业生产对社会环境的影响，分为社会成本和私人成本。社会成本是指整个社会因企业生产而需承担的成本。私人成本是指企业生产中其自身所承担的成本。社会成本包含私人成本。

企业作为市场中的微观主体，是以赢利为目的的，所以，在研究企业问题时，考虑最多的就是成本问题。但是企业如何控制成本，使生产成本达到最小化呢?

第一，加强控制措施，减少无效消耗。对于获得一定产品而发生的有效消耗，在一定生产条件下是一定的，是相对固定不变的；对于获得一定产品而发生的无效消耗，是相对变化的，是普遍存在的。后者是控制的对象，要通过一系列措施对这一消耗进行控制，使其降低到最低点。

第二，加强企业管理，促进经济技术统一。从技术与经济相互影响、相互制约的关系出发，重视技术进步，对降低成本有着重要作用。通过新产品开发、质量的提高等，能够促进科学技术转化为生产力，从而有效降低企业的生产成本。

第三，既要加强内涵控制，又要推动外延控制。

总之，随着市场竞争的日益激烈，降低产品成本、实行低成本战略成为企业获得竞争优势、提高经济效益的重要途径之一。尽量降低成本应该成为企业始终追求的目标。

第三章　省下的都是利润

这本书的利润到底是多少?

到图书市场买书，书的价格存在的差异很大：在西单图书大厦这样的正规书店里一本刚出版的新书基本不会打折出售；在普通的书店买书，如果是会员，新书一般有八折到九折的优惠；到网上买书，书价在五折到九折不等的折扣区间里，新书折扣一般在八点五折左右，网上书店的旧书一般存在较大的折扣幅度，而且遇到促销活动的话，一本书的售价甚至可以达到标价的50%以下。因此，很多消费者心生疑问：一本书的利润到底是多少?

利润是市场经济中第四种已挣得收入，但它和工资、租金和利息收入有着很大的不同。利润一般被定义为“总收益减去总成本”。它是剩余物，是收益和成本的差额。把所有相关成本从收益当中扣除，剩下的就是利润（有些时候称为净收益）。

利润可以是正值，也可以是负值。负的利润称为亏损。与其他三种已挣得收入相比，工资、租金和利息在名义上都不可能是负数（只要人们能履行合同），但是，利润可能是负数。

追逐利润的企业家和那些出卖劳动力挣工资的人不一样，他们不知道他们付出的劳动是否能得到回报。他们有可能会亏损，不管他们的事业多么高尚，心地多么善良，也不管他们付出了多少努力。

利润总是和成本存在莫大的关系，因为利润很大程度上是由所获得的收益以及在交易过程中付出的成本所决定。利润与成本存在反比，在收益一定时，成本支出越大，获得的利润就越少；反之，在收益一定时，成本支出越小，那么可获得的利润就越高。

图书的出版成本应占书价的 40% 左右。以印数 1 万册为例，按目前的行情，图书的直接印制成本应该占书价的 25% 左右。这包括纸张、排版、照排、装订、印刷等费用。这方面支出受纸张市场价格的波动影响较大。

除去图书在纸张、排版、照排、装订、印刷方面的固定成本后，图书销售者还要支付图书在运送、宣传上的费用，而传统书店在销售图书时还要有店面装修、运营的费用，这些费用作为一种隐性成本，也要扣除在图书销售利润之外。不同图书销售存在不同的价格，主要还是由图书销售中的隐性成本决定。销售图书的商家为了保持固定的利润收入，在图书成本差异较大的情况下，就会提高售价。

当厂商在解决生产什么、生产多少以及如何生产的问题时，它们被假定为始终抱有利润动机。一家公司的价值最终由它的长期利润潜力所决定。所以，我们也可以把厂商的利润最大化动机说成是厂商追求其自身价值的最大化。很自然，有时厂商会为了长期所得而牺牲近几年的收益。事实上，每当厂商作出可以带来长期收益的投资决策时，例如投资于研究和开发项目、购置一套设备或者执行一项培训计划，它都是在试图用现在可以分配给其股东的红利来换取更大的长期利润。这些利润将使得厂商能够在将来向它的股东分配更多的货币。

正如消费者并不只是受到自身利益的驱使，也并不总是按理性行事一样，厂商可能也并非只受到利润的驱使，并且不一定能够成功地作出使利润最大化的决策。大公司的经理们有时可能并不按使得厂商市场价值最大化的原则行事。但是，现时中的一个千真万确的事实是：长期不能赚得利润的企业将无法生存下去。它将没有足够的钱来支付它的账单。如果企业要继续经营下去，那么它们就会处在必须赚钱的压力之下。尽可能多地赚钱的动机为我们讨论厂商在完全竞争市场上的行为提供了一个有用的起点。

一方面，厂商通过销售它的成品而获得收益。收益可以简单地通过销售产品的数量乘以产品的售价来加以计算。另一方面，厂商必须花费成本，也就是把商品提供给市场的总费用。利润被定义为收益与成本之间的差额。这一关系以等式表示为：

利润 = 收益 − 成本

厂商成本包括劳动、材料（原材料和中间产品）以及资本货物（机器和厂房）。这些要素被称为厂商的投入，或生产要素。劳动成本是指公司必须支付给它所雇用的工人以及监督工人的经理们的费用。原料包括该厂商从其他厂商那里购买的任何供给品——

对于一个农场而言，这些供给品可以包括种子、化肥和汽油；对于一个钢铁公司而言，这类供给品包括铁矿石、煤、焦炭、石灰石、电力以及生产钢所需的其他原料。

所有的厂商都试图在不改变其产品质量的条件下使得它们的成本尽可能地低。在一定的限度内，它们可以变动劳动、原料和资本货物的组合以及所使用的生产过程，它们会这样做直到找到最低成本的方法。

iPad图创新还是图高利润

美国市场研究公司分析师布莱恩·马绍尔指出苹果平板电脑iPad售价499美元的版本实际的制造和原材料成本在270美元左右。马绍尔对苹果16GB版、只能通过Wi-Fi上网、售价499美元的iPad进行了成本估算，认为这款产品的原材料及生产成本为270.50美元。这一数据包括了10美元的制造费用，但并不包括20美元的保修服务成本。如果加上保修成本，499美元版本iPad的成本总计290.50美元。

在iPad原材料成本中，最为昂贵的是9.7英寸的LCD触摸屏，马绍尔对此估价为100美元。iPad的16GB存储和铝制外壳预计造价各在25美元左右，而苹果A4芯片成本预计为15美元。按照这款产品499美元的售价计算，在算入20美元的保修成本之后，苹果的利润率为42.9%。

自从苹果iPad首发以来，销售情况一路走高，不少苹果迷纷纷通过各种渠道订购iPad，随后苹果借势放出3G+Wi-Fi版。具备3G上网功能的iPad实际上利润更高，因为苹果为这一产品增加了130美元的额外费用，但3G上网功能的实际硬件成本非常之低。具备Wi-Fi和3G上网功能、16GB版本iPad的成本为306.50美元，而实际售价为629美元；这款产品的造价比只能通过Wi-Fi上网产品只高出了16美元，苹果因此获得了52%的利润率，提高了9个百分点。

对苹果来说，高利润的产品已经是习以为常。苹果的一切创新，其真实的目的就是为了追求利润。通过产品创新，苹果给自己的产品赋予了更大的价值，从而在市场上取得更好的售价。而由于其产品的不可替代性，苹果采取饥饿营销的方式，在产品定价上掌握优势，在销售中获得更大的收益，进而取得高额利润。在市场经济中，利润最大化与成本最小化是企业永恒的主题。我们先聊聊利润最大化这个话题。

生活中有一句俗话:“有谁会嫌钱多？”甚至有人说得更加直接:“有谁会嫌钱扎手？”它表明的意思不言而喻——“钱，当然越多越好。”与之相应，对于作为市场主体的企业来说，也有一个鲜明的目标：“利润最大化。”它已经成为企业高呼的口号、行动的指南。身处市场大潮之中的任何一个企业，都不能、也不敢违背这一目标，而只能去尽力实现它。

在这里，我们可以先了解一个并不复杂的道理：一个从事生产或销售的厂商，如果他的总收益大于总成本，那么他就会有剩余，这个剩余就是利润。

利润是企业家经营企业和生产商品的原动力，提供产品的目的在于追求最大的利润。如果企业经营良好，就能够获取利润。一个企业要达到利润最大化，就必须对投入要素进行最优组合以使成本最小。因此，企业要想取得最大利润，就要遵循成本最小化原则。

在苹果的2007年第四财务季度，公司一共卖出了216万台iMac台式机和笔记本，同比上升34%；它还卖出了1020万台iPod音乐播放器，同比上升17%；至于刚刚推出一个季度的iPhone一共卖出了112万台，加上6月底售出的那些，一共是140万台。三条主要产品线全部表现强劲，结果是苹果一共取得了62.2亿美元的销售额，9.04亿美元的利润。尤其出色的是，苹果已经转化为了一家高利润的公司，仅仅5年以前它净利润率还不到9%，现在却已提升到14.6%。整个美国IT产业的净利润率有13.7%，而硬件业只有9%，所以苹果远远超过了大部分同行。不过，看样子苹果仍然有能力进一步提高利润空间，因为即使在对iPhone降价200美元之后，这个产品的利润仍然很丰厚。刚刚推出的iPod Touch以及可能推出的更高端的iPhone显然会进一步提高利润率。

苹果为什么要推出3G版的手机？那就是为了使利润最大化。那么，如何进一步深入理解利润最大化呢？经济学家们早已经给出了这一标准，即"边际收益等于边际成本"。

边际收益是每多卖出一单位产品所增加的收入，边际成本是每生产一单位产品所增加的工人工资、原材料和燃料等变动成本。需要指出的是，边际成本往往随着企业的生产发生变化。

简单地说，一个鞋厂生产10双鞋和生产15双鞋所投入的成本是不一样的，如果他生产10双鞋能赚到80块钱，生产12双鞋能赚到100元，生产15双鞋最后却只能赚到60块钱，那么这个厂商肯定只会生产12双鞋，超过12双需要增加投入，包括设备、人力，反而不赚钱了，所以他就选择生产12双鞋。

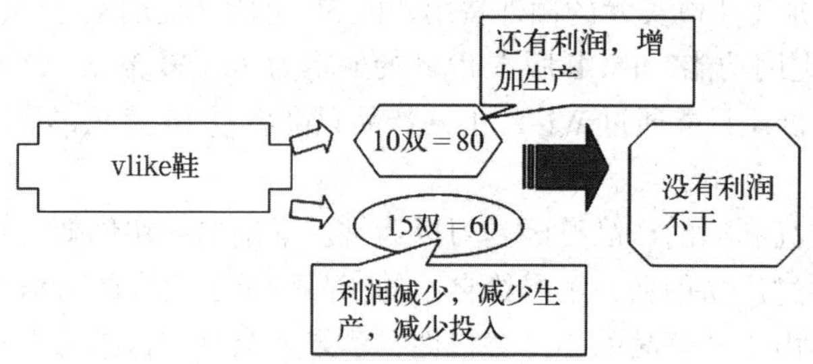

在现实当中，许多企业家并不清楚什么边际成本和边际收益，并没有刻意追求边际收益和边际成本的相等，也照样赚了不少利润。在市场之中，有一些成功的企业家确实如此。但是，规律就是规律，它的特点就是不管人们是否清楚，它总是在起着作用。那些实现了利润最大化的企业，有意也好，无意也罢，必然都遵循了这一规律。反过来，如果企业在生产中能够主动、自觉地按"利润最大化"规律办事，分析企业生产的边际成本和边际效益，就可以有效避免盲目、弯路所造成的浪费。

拥有剩余所有权的小店老板

我国伟大的史学家和文学家司马迁在其不朽巨著《史记》里写道："天下熙熙，皆为利来；天下攘攘，皆为利往。"一语道破了自古以来生产者（现在统称为企业）的目的只有一个，那就是赢利、赢利、再赢利。对此，马克思有更加精辟的论述，他说："资本如果有 50% 的利润，它就会铤而走险，如果有 100% 的利润，它就敢践踏人间一切法律，如果有 300%的利润，它就敢犯下任何罪行，甚至冒着被绞死的危险。”

当你正在逛街时，看到正好有一家店在出售打折的衬衣，而且你也很喜欢，你就买了一件最满意的。到家以后，你发现衬衣的一角有个破了的洞。当你原路返回时，却发现刚才有样东西被你疏忽了——就在汗衫旁边，挂着一块写着“一经售出，概不退换”的巨大标志。

找店员协调的最终结果是，他也给不了你满意的答案——他无权违背老板的意思，帮你退换货。显然，你很郁闷甚至有些气愤，已经在这家店里花了很多钱，买到的东西却是这个样子。在你的一再坚持下，店员只好说：“你去和店长说吧。”

“我要见你们老板”这个要求意味着从非全盘视角向全盘视角的诉求。你想和这样的人谈话：他需要全盘考虑与业务有关的所有事情，要预测未来所有的事，并在盈亏之间建立一种总体的平衡；而且他有权作出决定。只有拥有剩余索取权的人满足这些描述。

为什么你会坚持去见老板？因为在店员也无法给予顾客满意答复的情况下，只有老板能决定一切。老板对企业所有的成本和所有的收益负责，他有剩余索取权。

“经济人”假定是西方经济学理论的基本人格假设。在这一假设下的人，给定成本，追求收益最大；给定收益，追求成本最小。尽管在西方经济学学界内部对这一假定的质疑从未间断，这一假定更是国内部分经济学家批判西方经济学理论的逻辑起点，但我们无妨认同“经济人”假定，在与西方经济学逻辑一致的基础上讨论问题。剩余索取者的“经济人”本性决定了他们一定会利用剩余控制权和剩余索取权竭尽全力为个人谋取经济利益，对企业经营者的任何激励手段都会恶变为经营者牺牲公众利益换取个人利益的工具。

行使合约中未经指定权利的相机抉择权是企业的剩余控制权；获取由企业总收益与总成本的之差构成之剩余（利润）的权利是剩余索取权。所有者是剩余索取权的天然拥有者，占有剩余的动机促使所有者关心企业的生产经营。在以个人企业为代表的古典企业之中，企业所有者与经营者身份的统一内生地解决了经营者的激励问题；而公司制企业中的所有权与经营权的分离使得由所有者完全占有剩余的制度产生了对企业的经营者的激励不足：所有者追求的是剩余最大，经营者追求的是自身报酬最优；在给定企业收益，二者的利益相互侵蚀。如何有效地激励和约束经营者，维护所有者的利益，就成为企业所有权制度安排的核心。

剩余索取权是一个激励与约束并存的工具，它既是对应于剩余控制权的剩余分享权利激励，也是对应于剩余控制权的风险承担责任约束。剩余为正数，剩余索取者占有剩余；剩余为负数，剩余索取者要以自己对企业的投入承担损失。剩余索取权与剩余控制权的对应不仅是“剩余索取”与“剩余创造”的对应，也是剩余索取权的拥有者以“风险承担”对应“风险制造”的约束。仅仅将剩余索取权理解为获得剩余收入的权利而忽略对剩余控制权有效约束，实现剩余索取权的具体的剩余分享制度安排就将成为占有剩余控制权的风险制造者转嫁风险实现剩余控制权报酬的途径，剩余索取权的激励必然失效。

在所有以交换为特征和高度专业化的社会里，拥有剩余索取权的人都是关键人物。如果一个组织中没有人拥有剩余索取权，这个组织就不能像存在拥有剩余索取权的人的组织那样有效地运作。

以排队购物为例，排队是一种无谓成本。对于买方来说，排队是成本，但同时对卖方却不是一种收益。因为这种成本对买方是一种实实在在的成本，于是需求量就减少了。你有多少次都是因为队伍太长，就转身到别处去了？为什么卖方不采取措施把队伍变短一点呢？大概是因为这么做的预期边际成本超过了企业预期的边际收益吧。但是，也可能是因为在这种情况下没有人拥有剩余索取权。没有人愿意通盘考虑所有的成本和收益，也没有人有权按此行事。

对待排队这一问题上，邮局职员可能跟食品店的收银员持有完全不同的态度，之所以有这种差别，是因为政策不同。食品店的老板有剩余索取权，他会估算排长队会给企业带来多大的成本，也会估算增加一个收银员会给企业带来多大的成本，同时又能权根据成本比较的结果进行决策。在邮局里没有人拥有剩余索取权。

在非营利机构中没有人拥有剩余索取权。

在非营利机构中，谁有愿望和权力来估算公费旅游和额外的物资对整个组织的收益大小，并按照需要来分配这1000块钱呢？跟大型政府机构以及其他非营利机构的领导一样，大学的校长们当然知道存在浪费现象。但是在没有人拥有剩余索取权时，有心改变这些状况的人没有权力作出改变。

计算利润，总是和成本息息相关

生产的目的就是追求利润，为了利润就要投入成本。所以经济学家用了大量的篇幅研究成本和利润，如生产成本、机会成本、边际成本、短期成本、固定成本、变动成本等等以及这些成本和利润的关系。无论是个别劳动，还是社会必要劳动，都可以划分成生产成本和利润两部分。一般把经济体个别劳动中的这两部分分别叫做个别生产成本和个别利润，把社会必要劳动中的这两部分分别叫做平均生产成本和价值利润。

平均生产成本和价值利润分别是个别生产成本和个别利润的加权平均数。技术水平不同的经济体的个别劳动对产品价值的影响是通过它们的产量权数实现的。产量权数反映了经济体的技术水平与平均技术水平的关系，因此，可以进一步认为产品的社会必要劳动是由生产产品的加权平均技术水平决定的生产成本和利润构成的。具体的量化指标就是成本利润率：

成本利润率 = 利润 / 成本费用 ×100%

该指标越高，表明企业为取得利润而付出的代价越小，成本费用控制得越好，赢利能力越强。

其中：

成本费用 = 主营业务成本 + 营业费用 + 管理费用 + 财务费用

利润 = 营业利润 + 投资收益 + 补贴收入 + 营业外收入 – 营业外支出

按照经济学的思维方式，“成本”指的是放弃的次优机会，但是花掉多少钱并不总是能反映生产的总成本，就拿个体业主的成本与收益来讲：

业务成本的一部分是业主自身的劳动，即便他们不给自己开工资。如果工资是开给外面雇来的人，当然就会计入成本。但是，业主为了经营业务而放弃的其他机会的价值却无法在会计账目中体现，而这显然也是成本之一。小业主的劳动有可能被其他企业看中。小业主放弃了次优工作机会，就是为了自己当老板。如果某人放弃了在学校教书的职位，决定自己创业，被放弃的工资在会计意义上并不是成本，意思是，这笔费用并没有发生，但对于业主本人来说的确是一项成本。在业主的账本上不会出现这笔钱，但是他在心里会想到，其决策也会受到影响。业主心里很清楚，自己创业的代价究竟有多大。

很多人把利润和资本联系在一起，认为利润是通过占有资本挣来的。在经济学中，资本这个术语指投入到未来生产中的产成品，机器就是典型的例子。资本所有者让别人在商业活动中使用其财产，并从中获得收益，即资本的租金，就跟你到工具店里租一台地板打磨机，你得付租金一样。这是生产的另一项成本，根本不是利润。有些企业所有者同时拥有投入生产的资本，就像有些企业同时拥有投入生产的劳动力差不多。不把资本或劳动用在最佳的地方，由此放弃的收益是机会成本，而不是利润。

用于生产的建筑物和机器一样，都是资本。如果企业所有者就是厂房的所有者，那么他放弃的房租收入是生产的真正成本，就像这房子是他从别人手里租来的，所以土地或房屋的使用报酬不是利润，资本的使用报酬也不是。那么，资金的使用报酬，也就是我们通常所说的利息，是不是利润呢？

严格说来，我们并不为使用资金支付报酬。当一家公司支付利息时，实际上是在为使用购买力支付报酬。企业可能会希望以支付利息来代替支付资本租金。比如，一家企业需要使用某种机器或厂房，但是租不到合适的，于是就决定自己买。这就需要有购买力。如果企业的所有者从先前的存款中取出一部分来购买，那么他就是放弃了这一部分购买力应得的利息，很明显，这是一种机会成本。如果没有存款，企业就必须通过贷款获得足够的购买力，然后支付利息。不管哪一种情况，利息都是成本，不是利润。

问题的关键在于，哪些东西应该被包括在总的生产成本当中？

会计师只关心显性的生产成本，通常即生产某种产品或提供某种服务发生的费用。但是，按照经济学家们的思维方式，这些费用不能反映生产的总成本。经济利润的概念包括生产的显性成本和隐性成本，即生产过程中涉及的所有稀缺资源的价值。凭借我所拥有并投入的这些资源，我在别处能挣到什么？

经济利润会考虑到这一点，而会计利润不考虑这一点。企业所有者不仅仅关心会计利润，也关心经济利润。

刘先生是一名职员，年薪3万元。假设他有一所小房子，每年有6000元的房租收入，此外他在银行还有23000元的固定存款，年息10%，即每年有2300元的利息收入。

刘先生这些收入都是由合同保证的。它们代表的是已挣得的收入，减少了他生活的不确定性。

现在假设刘先生辞掉了工作，自己创业。他开了一家比萨饼店，全职工作。他用自己的小房子做店面，取出了他的全部存款，又以10%的年息贷款20000元，用来支付工人的工资、采购和租赁设备以及购买原料等等。谁也无法保证刘先生的生意会兴旺发达。然而，刘先生已经放弃了他原先的稳定收入，成了一名个体户，愿赌服输。他盼望着他的业务能日益兴旺。

假设一年后刘先生的总收益是85000元。他的利润是多少？这要看有哪些东西被计入“总成本”。下面是刘先生的会计利润的计算过程：

会计利润 = 总收益 – 总成本（全部显性成本）

=85000– 45000（其中43000元是支付工人的工资、原料费用和设备的租金，另外2000元是贷款的利息）

=40000

但是还要意识到的是，刘先生把他大部分的时间投入在自己开的这家店中，他自己的劳动不是免费品。此前他在公司当职员时，即他的“次优”全职工作机会，每年能挣3万元。这就是刘先生的劳动的市场工资价值。同时，也要意识到房子虽然是刘先生的，但也不是免费品。此前他作为房东每年能有6000元的收入。这是他的房子的“次优”机会的市场租金价值。还有自己的存款不是免费品，此前作为作为“资本所有者”每年有2300元的利息收入。这是他自己的资金在市场上能获得的利息。

刘先生自己的资源（劳动、房子以及金融资产）不是免费品。它们和做饼的原料以及用来开店的其他资源一样，都是稀缺品。所有这些代表了他放弃工作进行创业的隐性成本——这些在账本上都看不出来，因为它们不以货币的形式表现为支出。然而，这些隐性成本的确代表了稀缺资源的价值。

那么，刘先生的经济利润是多少呢？请看下面的计算：

经济利润 = 总收益 – 总成本（所有显性成本加上隐性成本）

=85000–（45000+38300）

=85000–83300

=1700

对于刘先生来讲1700元的经济利润是对他的商业才能的回报，而这就是他作为一个追逐利润和承担风险的商家得到的利润回报。

工资和利息，用合同事先确定的收入

“在争论经济问题时，大概没有一个概念或术语像利润这样，有这么多的含义，把人搞得晕头转向。”这句话是著名经济学家弗兰克·奈特在75年前为一部百科全书的“利润”词条写的开头。几十年过去了，事情没有什么大变化。

对利润最常见的定义是总收益减去总成本。差不多每个人都觉得，这就是这个术语的直观定义，到现在为止，我们也一直是这么用的。换一种说法就是净收益。当企业的所有者支付了所有的成本，剩下来的就是利润，也就是净收益。看起来好像很简单，很明确。那为什么奈特还会说这个术语把人搞得晕头转向呢？为了搞清楚利润这个概念，最好首先搞清楚什么是工资、租金和利息。

有人搞不清工资的含义吗？大多数人都已经知道工资是什么意思了——工资是对人们的劳动力支付的报酬，通常情况下，工资是在一家企业的所有者和劳动力的提供者之间以契约的形式确定的。没有人会说，工人的工资也是一种“利润”。如果劳动者仍然在岗位上工作，他会事先知道工资有多高。这一点很重要，合同里写得清清楚楚。另一方面，雇主也知道在当前的合同下，他得付给工人多少工资。有了合同，就能避免大量的不确定性（当然，没有什么东西是最终确定的，比如，公司将来可能不得不裁人，或者，某个职员会辞职，另谋高就）。

租金的情况也是一样。你和你的房东达成协议，签署房屋租赁合同，写明各种条款。房东把公寓租给你，出租的价钱已经谈妥。你同意每月付这么多钱给房东。房东所得的租金也只不过是租金而已，并不是什么“利润”。同样，房屋租赁合同避免了大量的不确定性（当然，不可能完全避免，没有什么是完全确定的，你可能因为换工作要搬家，欠了3个月的房租）。

利息也是通过合同确定的，和工资、租金一样。放款人的利息收入不是“利润”。这种回报是事先定好了的。信贷合同中会事先载明本金和利息数额。

简而言之，工资代表了支付给劳动力的报酬，租金代表了支付给房东或其他财产（比如机器设备）出租方的报酬，利息则代表了支付给放款人的金融资本的报酬。在市场经济中，工资、租金和利息是已挣得收入的三种重要形式。而工资率、租金率和利息利率代表的是价格：劳动力的价格、出租财产的价格以及资本的价格。这些价格是根据劳动力市场、租赁市场和信贷市场的供求条件确定的，

对利润作何解释，历史上有过无数争论，当下也是一样。我们将给出经济学家对于利润的明确定义，然后讨论货币计量和企业的逐利行为在买卖双方的协作中有什么作用。

在过去的十几年间，劳动者报酬占GDP的比例降低了12个百分点，而同期营业余额占GDP的比例却增加了7.7个百分点。2007年发布的企业蓝皮书《中国企业竞争力报告》提出预警，目前很多企业利润的大幅增加在相当程度上是以职工的低收入为代价的。改革开放后人们一度担心的国有企业“工资侵蚀利润”现象，目前已转变为开始担心是否会产生“利润侵蚀工资”现象。

“利润侵蚀工资”的现象确实大量存在。在很多私营企业里，企业主雇佣员工所支付的报酬远低于其实际劳动应得的报酬，职工如有不满或申诉，企业主会搬出所谓的“企业文化”来教训员工“先做人后做事”。有的员工即使得到了高工资也往往是因为他一个人完成了两个人乃至三个人的工作量，为老板节省了开支。

经济理论认为收益来自各种劳动与资本乘积的总和。有效的增长来自于资本获得的收益，劳动分配到的收益主要被用于消费，而资本分配到的收益则被用于扩大再生产了。因此，要求利润快速增长的时期，资本就被政策扶植。劳动者报酬占GDP的比重偏低而且持续下降，说明国民收入分配过分向企业（营业盈余和固定资产折旧）和政府（生产税净额）倾斜，应当引起高度重视。

我国出台了很多保护劳动者权益的政策，但是有些企业的执行很不到位，没有从根本上落实。部分不但工资低，还变相克扣。还有企业无偿占用并延长工作时间，把经营成本转嫁到劳动者身上。在长期坚持以低劳动力成本作为优势，在注重发展的同时，加大对民生的关注力度是十分有必要的。

在初次分配中处理好效率和公平的关系，企业的作用十分重要。他以自己所在的企

业为例，“在企业内部，既合理拉开工资差距，充分体现奖勤罚懒、奖优罚劣、多劳多得、少劳少得的差别，又严格制定最高薪酬和最低薪酬标准，特别是保证职工的最低薪酬能满足日常生活需求，有力保证了企业的和谐健康发展。

货币计量是利润和亏损作为协调的信号

市场出清的倾向（即人们在商业社会中更好地协调他们生产计划和消费计划的倾向）依靠的是比运气和偶然性更基本的东西。市场创造信息。人们通过自由交换产权，会受到市场过程中出现的价格信号的指引，会从中获取信息。

成功的企业家善于观察这些价格信号，能从中发现能够获利的差异，这是他们的比较优势。他们能发现机会，低价买进，高价卖出。企业家运用市场价格来判断他们的经营活动的预期成本和预期收益。换句话说，市场价格是衡量某一商业行为是否成功的关键。无论是新开一家比萨饼店，还是革命性的技术革新，都得衡量一下，这种新事业使用稀缺资源的方式是不是比以前更有效率、更有利可图，还是相反。没有一辆公共汽车是用金子做的（即使有，也肯定很少），虽然生产者有用金子的自由，如果他们愿意的话。为什么？他们利用能得到的价格信息可以预期，金子做的公共汽车尽管少见，或许还独一无二，但一定会让他们赔死的。这样，他们还会虚掷他们的财富吗？

制度和规则是关键！只有在产权私有、存在市场交换和使用货币的制度下，才能进行货币计量。奥地利经济学家路德维希·冯·米塞斯是这样说的：用货币来进行经济计量是受某些社会制度规定的。只有当存在劳动分工、生产资料私有制、各种商品和服务都以一种通用的交换媒介（即货币）进行买卖时，货币计量才成为可能。

在一个由自由企业构成的社会中，企业受到市场和价格的控制和支配，在这样一种制度环境中，货币计量是计划和行为的主要工具。在这一制度架构中，随着市场机制逐步完善，在市场上用货币计量的事物越来越多，货币计量逐渐发展和完善。在我们这个量化了的、充满计算的世界中，正是经济计量如度量、数字和计算赋予了各自的职能。

我们应如何理解“货币计量”的含义？弗里希在《计量经济学》的创刊词中说道：“用数学方法探讨经济学可以从好几个方面着手，但任何一方面都不能与计量经济学混为一谈。”计量经济学与经济统计学并非一码事儿，它也不同于我们所说的一般经济理论，尽管经济理论大部分都具有一定的数量特征。计量经济学也不应视为数学应用于经济学的同义语。经验表明，统计学、经济理论和数学这三者对于真正了解现代经济生活中的数量关系来说，都是必要的，但各自并非是充分条件。而三者结合起来，就有力量，这种结合便构成了货币计量。

货币计量是指企业在会计核算中要以货币为统一的主要的计量单位，记录和反映企业生产经营过程和货币计量经营成果。会计主体的经济活动是多种多样、错综复杂的。为了实现会计目的，必须综合反映会计主体的各项经济活动，这就要求有一个统一计量尺度。可供选择的计量尺度有货币、实物和时间等，但在商品经济条件下，货币作为一种特殊的商品，最适合充当统一的计量尺度。会计在选择货币作为统一的计量尺度的同时，要以实物量度和时间量度等作为辅助的计量尺度。

企业要实际进行会计核算，除了应明确以货币作为主要尺度之外，还需要具体确定记账本位币，即按保证统一的货币来反映会计主体的财务状况与经营成果。货币计量隐含币值稳定假设。

用这种方式，企业家对于预期利润的日常计算就会产生有用信息，帮助企业家决定要不要进行套利活动或是开一家新的企业。企业家实现的利润或亏损则能进一步验证其商业眼光的正确性。对于经济利润的期待会激励企业家努力工作。

企业家通过占有利润获得了更多的财富。但是，同样重要的是那些对潜在利润判断失误的企业家会面临亏损，会毁了他们的财富。这样的企业家由于使用资源的方式不当，所以受到了惩罚。那些稀缺的资源会得到重新分配，新的所有者相信他们能找到更恰当的方式来使用这些资源，能获得更多的利润。原来生产八声道磁带的厂商认识到，他们虽然还可以继续生产，但是消费者已经不再认为磁带有以前那么高的价值了，继续生产只会使所有者的财富越来越少。他们选择退出市场，不再生产这些产品，这样，土地、劳动力和其他稀缺资源就可以用来生产比八声道磁带更有价值的东西了。

然而，很多影响企业的活动很难或无法用货币来计量。企业成员或雇员的知识和技能都有很高的价值，但是，却无法用货币对其准确计量。客户的忠诚能保证企业的未来收益，但是在过去的报表中只反映了过去已实现的收益。虽然会计中使用了货币计量概念，但经理人也不能期望从会计报告中获得企业各种要素的全景图。

企业家是利润的最高拥护者

在英语中，与企业家对等的词叫做承办人，这是一个很好的描述语，可惜我们已经把这一义项弃之不用。企业家就是把社会生活的一部分进行重组的人。他们和其他普通的社会生活参与者的区别就是他们要为结果承担责任。他们实际上是对这项事业的其他合作者说："不管赢利还是亏损，都由我来承担。"当所有事先订立的契约（通常是合同）都已兑现后，企业家对剩余物有索取权。他们把自己置于这样的境地是因为他们觉得有能力承担这一切。

给人的感觉似乎总是有人能够仅凭比别人预测得准就能获利，真是这样的话，利润不过是成功投机的结果。这种印象肯定是错误的。追逐利润的更重要的一方面是积极性和创造力。人们不是仅仅坐着不动，凭空猜测别人的活动的结果。他们会尝试以另一种方式来组织事物，至少一部分人会这么做。他们会开比萨饼店、旅馆、商业网站，也会尝试新技术。他们相信以某种特定方式重新组织会使收益大于成本，所以才会付诸行动。这种人叫做企业家。

他们对自己的洞察力、先见之明和组织能力有充分的自信。不管是亚当·斯密的商业社会还是后来人们所说的资本主义社会，实际上都是企业社会。使用这种提法的人是在强调企业家的关键作用。

企业家的作用和剩余索取权的功能该怎么理解？一个好办法就是问："谁是老板？"生产一种商品需要很多人的协作，每个人都不可或缺。每个特定的操作谁说了算？人们怎样就这一问题达成一致？这是很重要的问题，因为在很多问题上，人们的意见会产生分歧，利益会发生冲突。假设街角有一家金属加工厂，阿基里斯坚持认为，每一件活儿打6个铆钉绰绰有余，而赫克托尔则认为要是每件少于9个铆钉，那就是粗制滥造。9个铆钉当然会使产品更耐用，但是生产的成本也就更高。耐用的东西会吸引更多的顾客，但为了收回更高的边际成本就得定更高的价格，这又会吓跑一些顾客。赫克托尔觉得，这事儿应该他说了算，因为他有工程师的学位，但是阿基里斯不把学位放在眼里，说他有多年的工作经验。他们的分歧可能只是纯粹的意见分歧，但是事情也可能是另一种样子，比如赫克托尔是铆钉工人，他的真实目的是想加班，或者阿基里斯是铆钉工人，他的真实目的是想减轻工作负担。最后到底是谁说了算？再推进一步，谁来决定由谁来作决定？

简单的回答是：剩余索取权的拥有者。如果你想当老板，你就一定得拥有剩余索取权。你只需获得团队内其他人的同意。你跟他们做一笔交易。“你要什么条件？”然后企业家保证满足这些条件。当然，这个保证要得到大家的信任。要想说服别人放弃他们的次优机会，抑制他们的疑惑和异议，忍受他们不喜欢的东西，听从企业家的指挥，企业家就必须提供有力的保证。

企业家在市场过程中协调人们的计划时发挥了多么重要的作用。企业家的行为是市场过程的动力。按照经济学的思维方式，企业家的行为分为三种模式：套利、创新和模仿。下面我们逐一分析。

第一，企业家进行套利。他们通过低价买进高价卖出的方式获得利润。发现机会的是企业家，他们对于潜在获利机会的敏感使他们有动力去积极寻找这样的机会。企业家只是想要获利，但企业家的套利活动无意中为市场提供了新的信息。企业家的套利行为促使地方市场整合为一个全国性的市场。这一结果并不是通过什么国家相关政策的实施和管理会达到的，而是通过旨在获利的企业家的套利实践达到的。在一些地区以低价买进，会促使当地的价格上升；在另一些地区以高价卖出，会促使当地的价格回落。套利的无意后果是使各地区的市场价格趋于一致，交易成本已经考虑在内。

套利活动会使产品重新分配，把它们从低价值的用途转到高价值的用途上。我们关于投机的讨论可以被理解为一种特殊的企业家套利行为。投机者会在当下购买他们认为便宜的东西，等到将来涨价了再卖掉，我们可以把这看成一种把产品从现在转移到未来的行为。

第二，企业家进行创新。企业家常能开风气之先，总是在寻求更好的方式，以满足消费者的需求，或者是质量、耐用程度和性能有了提高，或者是产品或服务的价格有所降低。创新可能是新技术的引进（计算机、掌上电脑、DVD），也可能是新的组织战略（像沃尔玛之类的标准化连锁超市，或者像 eBay 这样的拍卖网站）。企业家们在追逐利润的过程中，寻求一种比较便宜的方式，能把稀缺资源集中起来，使消费者得到更大的满足。他们能发现新的成本结构，能用更有效的方式来生产和派送稀缺的产品或服务。

在某种意义上，企业家的创新伴有套利的因素。考察一下 DVD 机的历史，我们看到，创新者发现了新的方式，能把高技术的劳动力、低技术的劳动力、电子线路、塑料、芯片以及其他资源组合在一起，即以低价买进这些资源，经过创造性的重组，再以高价卖掉最终的产品，并从中获利。

第三，企业家模仿在前面开路的企业家。福特创造了大批量生产汽车的流水线。其他企业家迅速得到消息，发现他们也能用福特的方法降低生产成本。苹果公司创造了家用电脑 Macintosh，这一创新具有巨大的影响力。IBM 随即模仿了，或者说学习了苹果公司的成功经验，创造了 IBM 个人电脑。在很短的时间内，出现了很多其他的模仿者，都来模仿 IBM 的机器。无意之中，一个新的产业诞生了，更好地满足了消费者的需求。新的知识也出现了。多数人发现，汽车的效率比传统的马车高，计算机的效率比传统的打字机高，而这些都要归功于企业家的创新和模仿。人们纷纷购买新产品，抛弃旧货，这一切大家有目共睹。

当然这只是经济学理论，现实生活中的企业不大可能按照经济学理论来寻求利润最大化点，因为许多企业家并不了解边际收益和边际成本，也并没有刻意追求边际收益和边际成本相等的规律。但正如经济学家梁小民所说："如果分析那些实现了利润最大化的企业的资料，你一定会发现这些企业遵循了这一规律。无论你是否知道规律，它总是在起作用，但了解这些规律更有利于我们自觉地按规律办事，避免盲目性和在摸索这一规律中的弯路和浪费。"

我们相信所有的企业家都会以自己认为最合理的方式追逐着利润，在赢利和亏损之间寻找着均衡点，也许他们的原则就是：只要赢利就扩大再生产，直到不再产生新的赢利为止。所以我们经常会看到一个新兴的企业不断地开新店建新厂的报道，当然有时也会看到一个曾经辉煌的企业破产的报道。

与利润最大化问题对应着的是成本最小化问题。利润最大化解决的是在成本固定的情况下寻求利润最大化问题，而成本最小化解决的则是在产量固定的情况下成本最小化问题，二者在数学上被称为对偶问题，也就是说二者在本质上是一致的。

最大的企业也时刻受到亏损的威胁

诚如运气不能永远伴随每个经济人存在，并不是每一个企业家都能在市场中赢利。实际上，弗兰克·奈特甚至暗示，企业家作为一个群体，其利润是负的。福特公司的很多竞争者都失败了。和 15 年前相比，模仿 IBM 计算机的企业也少多了。再看看生产打字机和磁带的企业吧。套利者和投机者都面临着巨大的不确定性，可能一损失就是上百万。当他们赔了钱，就会成为新闻。总之，我们不应该忘记，市场经济是关于利润和亏损的经济，利润和亏损只有在充满不确定性的世界中才会出现。

最大的企业也时刻受到亏损的威胁，毫无疑问，在任何情况下，总有些利润或亏损是运气或偶然因素造成的。没有人否认这一点。但如果把运气看做企业家利润的主要来源，我们就不可能预期市场过程在时间和空间两方面会变得更协调，而我们在现实世界中的确观察到了这种协调。

在亚当·斯密和其他经济学家的努力下，出现了经济学的思维方式，以理解和解释现实世界的种种现象。如果人们的计划（包括企业家的计划在内）都只能靠运气来完成，那么，有秩序的市场过程（正如有秩序的交通）就不会出现了，诸如胰岛素、玉米、吉他、汽油、医疗等等的供给与需求也就无法在市场上更好地协调了。我们看到的只会是一片混乱。我们也就不用再解释什么商业社会的运作了。

近30年来，金融衍生工具在迅猛发展的同时，也因不断出现巨额亏损事件引起了人们的广泛关注。巴林银行由于尼克利森衍生品交易亏损10多亿美元，导致具有233年历史的老牌银行一夜之间倾覆；万国证券国债期货违规交易亏损10多亿人民币，被称为“新中国成立以来最严重的金融丑闻”；住友商社在有色金属期货交易内亏损28亿美元；美国橙县政府因参与金融衍生市场交易亏损17亿美元而宣告破产。

经济利润的存在与否会影响企业的决策。经济利润的计算不仅仅包括企业购买商品和服务的支出——这一部分费用能在企业的账面上体现出来，还包括企业自身拥有的劳动力、土地、资本和现有的资金——隐性支出也要计算在内。我们在计算总成本的时候把这些机会成本都算进去，企业的营业收入好像就没有理由超过成本了。

企业可以不要利润，也能撑得下去。这样的企业甚至可以算是成功，它们可以靠贷款扩张，只要企业的收入能弥补所有的成本就行了。

事实上，如果有某种方式能确保一家企业能在某一行业内获取的利润总是超过相应的成本，人们就会纷纷进入这个行业，然后竞争就会加剧，收入和成本的差额会逐渐降到零，会这样吗？如果真的有确定的回报，而且能收回成本，当然会吸引新企业进入竞争。新企业的进入会增加产出，根据需求法则，产品的价格会下降，因此总收益和总成本的差距会缩小。从另一个方向看，新企业的加入增加了对特定生产资料的需求，提高了生产资料的价格。只有当预期的总收益和总成本之间的差额消失，把预朝的利润降到零，新的企业才打消加入竞争的念头。

在这个变动不居、充满不确定性的现实世界中，事情并非如此。人们看到某些行业获利颇丰，但是他们未必知道怎样才能进入这个行业，分一杯羹。在信息稀缺的世界上，这种利润的存在都未必能广为人知。所以，利润确实存在，而且会一直存在，不会被竞争降到零。之所以能如此，是因为存在不确定性，如果没有不确定性，与谋求利润有关的一切事情就会人尽皆知，所有的获利机会就会被用光，所有地方的利润都会等于零。

对于亏损，上述论证同样成立。如果一家公司的总收益小于成本，就会出现亏损。一旦大家知道总收益小于总成本，就没有人愿意从事这一行业。人们做生意是为了赢利。但是，未来是不确定的，事情并不总像人们希望的那样发生，人们的决策会失误，做了一些事情之后才发现做错了，这一切都会导致亏损。只要人们按合同办事，上面规定的名义工资、租金和利息从来都不是负值。相反，即使所有的合同都如实履行，企业家的利润仍然可能是负值。

因为在没有不确定性的世界上不存在利润或亏损，所以我们就认定利润（或亏损）是不确定性的结果。利润不是为了获得某种资源要支付给别人的报酬。利润是剩余物，是用收益弥补了所有成本之后剩下来的那一部分，是由于比别人更好地预测了未来并依此行动的结果。

经济发展形势总的来看是好的。企业发展比较快，增长幅度较大。但是，企业状况不容乐观。有的企业完不成计划，有的企业亏损比较严重。原因何在？通过对一些企业的调查发现，当前企业亏损的原因主要有以下几个方面：

一是企业经营不善。企业经营不善，关键在于企业领导。有的企业决策经常失误；有的企业不注意转换经营机制；有的企业缺乏主动进取精神；有的企业领导班子不够团结，如此种种，致使职工队伍涣散，企业严重亏损。

二是生产要素约束日趋突出。能源、原材料供不应求，价格居高不下，生产成本普遍上升；微利企业在原材料和能源等外部因素受到冲击后，企业内部无力承受。因此，出现了亏损现象。

三是有些企业包袱沉重。特别是一些老的企业，由于长期亏损，资金枯竭，贷款无门，甚至连银行的贷款利息都难以支付，被金融界视为“四类户”，只收不贷，因而生产资金短缺，企业难以运转。有些老企业设备陈旧，工艺老化，离退休职工逐年增多，加之折旧率低，技改跟不上，经济效益逐年下滑。

企业要根据自己的实际情况，采取灵活多样的资产经营方式。如产权多元化的职工内部持股方式；一次整体拍卖、分期付款方式；股权多元、非规范社会募集方式；缩小经营单位或核算单位，实行空壳租赁承包方式等，这样就能使企业充满发展活力。最重要的是，企业要面对市场的压力，练好内功，不等、不靠、不要，扎扎实实地抓好产品的质量，抓好新产品的开发，这才是企业在市场中取得产品优势，获得丰厚利润的根本。

第六篇

商家营销的“鬼把戏”

第一章　要定价，先定位

产品的畅销依赖于成功的市场定位

1972年，全球最顶尖的营销战略家杰克·特劳特和阿尔·里斯首创了“定位”理论。这一理论彻底改变了整个世界的营销理念，被称为“有史以来最具革命性的观念”。

进入21世纪，很多营销大师和学者都试图在营销方法与理念上进行更多的创新与尝试，提出了“占位”、“插位”、“升位”等理论，试图取代或超越“定位”理论在营销界的地位。但我们不得不遗憾地说，这些理论仍然都只是“定位”理论的变体、名词上的更新，或仅仅只是定位理论的某个片断，它们并未跳出定位理论的范畴。

在今天的市场形势下，不懂“定位”的国家就注定无法实现国富民强；不懂“定位”的个人就注定不能在激烈的竞争中脱颖而出；不懂“定位”的企业注定要被淘汰出局；没有明确“定位”的品牌，注定摆脱不了失败的命运！自2008年以来，由美国“次贷危机”引发的金融海啸迅速席卷了全球。这场百年一遇的“大海啸”猛烈冲击了中国南部沿海地区的劳动密集型出口加工工业，使得近1/4的工厂倒闭。这些倒闭的中国企业只是国际知名品牌的“贴牌工厂”，只做了产业链当中“加工、制造”这些又脏又累、又不赚钱的活儿！错误的生产定位使得这些企业在遭受危机打击时，一刮就倒。

中国是世界茶叶之都，很多省份都产茶，中国也有很多优质的茶叶品种，但有几个算得上世界级茶叶的品牌？世界品牌的茶叶，60% ~ 80%都来自德国，而德国本土却是一两茶叶都不产的，这些茶叶绝大部分要从中国进口。

汉堡爱乐丝茶叶公司的负责人弗利克透露说：茶叶从中国进口到汉堡后，他们会把原茶磨碎，然后利用特殊工艺，制成袋泡茶。这些袋泡茶有20多个品种，比如绿茶、红茶、花茶和水果茶等。这些包装后的茶叶一半在德国的连锁店、零售店、宾馆饭店销售，一半销往英国等欧洲国家以及美国、非洲等地。这些中国茶经过德国企业的加工后，都变成了贴着德国品牌的德国茶，连产地也标成了“德国制造”。

不同的生产力造就不同的时代，不同时代产生不同的时代利器。在冷兵器时代，人们作战的武器是刀剑；在热兵器时代，作战的武器是枪炮；而在现代化的精准打击时代，作战武器则是导弹。只有定位准确才能使中国企业有更大的发展机遇。

在日趋激烈的市场竞争中，如何从众多同质化的产品当中脱颖而出是公司战略的核心。企业管理大师们先后提出了三种有效的理论和策略，这可以看做是营销的“时代三部曲”。

在市场经济发展初期，产品一般都是供不应求，新技术不停地被开发，商品得以不断改进。这时候，企业要做的就是将自己独特的卖点传播出去。只要你能说出自己有什么特色，你就可以打败为数不多的几个对手，建立起自己的品牌。

产品时代的品牌传播策略是20世纪50年代初罗瑟·瑞夫斯提出的USP理论，就是向消费者提出一个“独特的销售主张”，也就是给产品一个独特的卖点，而这个卖点是同类竞争者所没有的。有“金质十字架”之称的“USP理论”是营销发展史上第一个具有广泛影响的理论。瑞夫斯认为：消费者从一则广告里只能记得一件事——一项强烈的诉求或者一个强烈的概念。其创始人瑞夫斯曾说：“USP理论”就是他的“圣经”，他常常用这一理论向他的员工们“布道”。瑞夫斯为M&M糖果所做的“只溶在口，不溶在手”的广告创意是USP理论典范之作。这则广告语的制作是对M&M糖果的最独具特点的反映，因为之前没有这种可溶于口的糖纸包装的糖果。

到了20世纪50年代末60年代初，随着科技进步，各种替代品和仿制品层出不穷，寻找自己产品的独特卖点变得越来越困难。随着产品不断趋向同质化，消费者在购买时，更喜欢选择企业信誉强、品牌感觉好的产品。这时，只有建立起良好的、有独特感性利益的品牌形象，才能更好地、更稳定地吸引消费者购买其产品。

于是大卫·奥格威在20世纪60年代中期提出了品牌形象论。他认为在产品功能的差异性越来越小的情况下，起决定性作用的不再是该产品的品质如何（同类产品的品质都差不多），而是顾客看到这种产品时的心情如何，也就是这种产品给自己的感觉。因此，企业在为自己的产品做宣传时，尤其应该重视用美好的、有特殊吸引力的形象来满足消费者的这种心理需求——品牌形象论就是这样应运而生的。

随着时代的发展，各种品牌形象大行其道，带来形象的近似与相互干扰。同时各种信息像大爆炸一样，冲击着消费者的大脑。要让消费者像一座高灵敏度的雷达站一样，全方位地接收企业炮制出来的信息并记住企业的产品，显得越来越困难。在这样的背景下，1979年，美国人特劳特和里斯共同提出了定位理论。

定位理论强调，随着竞争的日益激化和产品同质化的日益严重，企业需要为自己的产品创造出特立独行的“个性”差异。因为只有你的产品不同于其他企业的产品，消费者才会牢牢记住你，然后才有可能去买你的产品。

定位理论主张企业在制定自己的战略决策时，必须要从消费者的角度出发，想消费者之所想，急消费者之所急。只有消费者认为你是在真正为他着想的时候，他才会从心底深处接纳你，并“不离不弃”地钟情于你。

企业在进行生产、宣传、促销等一系列营销工作之前，一定要先找到支撑这些环节的定位。被誉为“现代营销学之父”的菲力普·科特勒说：“在营销操作展开之前，有一个最为关键的步骤——为品牌确立定位。定位，是存在于营销管理 4P（Product 产品；Price 价格；Place 地点；Promotion 推广）要素之前的环节，影响着所有的后续步骤。”

定位并不是要你对产品做什么事情

定位理论的产生，源于人类各种信息传播渠道的拥挤和阻塞。信息爆炸时代对商业运作产生了重大影响，从而促成了定位理论的产生。科技进步和经济社会的发展，几乎把消费者推到了无所适从的境地：广播、电视、互联网、录音带、录像带、光盘使消费者目不暇接；从耐用消费品到日用品，让人眼花缭乱的感觉；另外，电视广告、广播广告、报刊广告、街头广告、楼门广告、电梯广告等无孔不入。因此，定位就显得非常必要。

20 世纪 70 年代早期，著名的美国营销专家阿尔·里斯与杰克·特劳特首先提出了定位理论。当时，他们在美国《广告时代》发表了名为《定位时代》的系列文章，随后，他们又把这些观点和理论集中反映在他们的第一本著作《广告攻心战略》一书中。1996 年，杰克·特劳特整理了 25 年来的工作经验，在 20 世纪 70 年代定位思想的基础上出版了《新定位》一书。

所谓定位，就是让品牌在消费者的心中占据最有利的位置，使品牌成为某个类别或某种特性的代表品牌。这样当消费者产生相关需求时，便会将定位品牌作为首选，也就是说这个品牌占据了这个定位。

按照阿尔·里斯与杰克·特劳特的观点：“定位，是从产品开始，可以是一件商品、一项服务、一家公司、一个机构，甚至是一个人，也可能是你自己。”定位并不是要你对产品做什么事情，定位是你对产品在未来的潜在顾客的脑海里确定一个合理的位置，也就是把产品定位在你未来潜在顾客的心目中。定位可以看成是对现有产品的一种创造性试验。

“定位改变的是名称、价格及包装，实际上对产品则完全没有改变，所有的改变，基本上是在做着修饰而已，其目的是在潜在顾客心中得到有利的地位。”建立正确的市场定位和明确的发展目标是企业经营成功的一半。市场定位准确可行，产品就会畅销无阻；相反，如果市场错位，就只能看着大把的钱流入别人的口袋，而自己躲在黑暗的角落里伤心哭泣。

成立于 1854 年的万宝路，起初只是一家不受人们注意的小烟店。20 世纪 20 年代，“万宝路”这个名字是针对当时“迷惘的时代”的社会风气而定的。“Marlboro”的原意为“男人们总是忘不了的爱”，并且把烟民作为自己的目标市场。依据女烟民的市场定位，万宝路的促销广告口号是“像五月的天气一样温和”。为了进一步表示对女烟民的关怀，莫里斯公司把“Marlboro”香烟的烟嘴染成红色。以期吸引广大爱靓女士的大量购买。但是效果不佳。后来虽然改变了广告宣传模式，万宝路市场销售仍然没有起色。

经过沉痛的反思之后 .1954 年莫里斯公司求教于当时美国广告界最有名的大师之一，也是世界广告学的奠基人之一的李奥·贝纳，请他帮助策划。经过周密的调查和深思熟虑，贝纳大胆提出：将万宝路香烟重新定位，改变为男子汉香烟。并大胆改变万宝路形象，采用当时首创的平开盒盖技术，以象征力量的红色作为外包装的主要色彩。

李奥·贝纳高明的“变性手术”根本改变了莫里斯公司的企业形象，使万宝路香烟的销量扶摇直上。1955年，万宝路在美国香烟品牌中的销量就跃居第十位。20世纪60年代，莫里斯公司进入美国200家大公司之列，并成为美国第三大烟草垄断公司。1968年，万宝路香烟已占领美国市场的13%，又超过了美国标准公司，居美国烟草工业的第二位，并进入美国大公司的前100名。

万宝路的成功取决于科学地进行市场定位。女性烟民在抽烟时较男性烟民要节制得多，故很少有“瘾君子”出现。万宝路香烟从女性市场转变为男性市场，不仅找到了自己的目标市场，而且发现了自己的忠诚顾客。尽管世界性戒烟运动的发展，越来越多的“瘾君子”脱离了市场，制烟业越来越感到难以为继，但莫里斯公司的销售额却不断上升。

树立企业的市场形象，确定企业在市场上的位置，是企业的一项战略性工作。每个企业在消费者心目中都具有各自的形象，在市场上都占有一定的位置。它是消费者对企业总体营销活动的综合评价和整体印象，其影响甚至决定着企业营销活动的成败。成功的定位，可以有效地促进销售，反之，会阻碍销售。

所谓定位就是令你的企业和产品与众不同

市场上的产品越来越丰富，同一类型的产品往往有很多的竞争者。过去的营销手段往往是强调产品的特点，然而如果两个产品的特点差不多，那这个特点就不具有生命力了。要想使自己的企业和产品与众不同，必须确立自己的定位。同类产品的特点几乎都是大同小异的，比如说饮料的特点都是解渴，仅仅强调特点并没有多大的吸引力。所以突出产品的特点倒不如突出定位，特点清楚倒不如定位清楚。

所谓“定位”，是指产品具备了与众不同的特色，而这个定位可以是产品与生俱来的，也可以是通过营销策划人的想象力创造出来的。定位其实就是消费者购买产品的理由，最佳的定位就是产品最强有力的消费理由。发掘并放大产品的定位能够有利于产品销售，塑造产品独具一格的特色。产品的定位可以从以下几个方面挖掘：

进行产品定位首先可以在产品的质量和档次上做文章。全聚德的烤鸭比小饭店的烤鸭都贵，可是仍然很多人去吃。就在于它把老字号秘方作为定位，烤鸭出炉后会现场切成108片，不多不少，高质量的服务也成了定位。当然不见得非要做高档次高质量的，低端的产品有时候也同样是一种定位。一家生产雨具的企业把产品推向国外，然而却不受欢迎。这家企业觉得可能是自己雨衣的档次不够高，于是就用高成本的原料制造时尚漂亮的雨衣，结果仍然无人问津。后来有人建议说现在很少有人愿意带着雨衣出门了，不如生产质量低的一次性雨衣，人们方便购买用完了就可以扔掉，果然大受欢迎，在这里质量低廉可以随意丢弃反而成为了定位。

根据目标客户的消费水平将价格作为定位也是不错的选择。有的人喜欢炫耀性消费，高价更能彰显他们的财富、地位。镶满钻石的手机跟普通手机的功能是一样的，价格却贵出了好多倍，但是客户就是被这种高价吸引了。而有人则是只要实用，越便宜越好，所以平价的衣服、鞋子不用强调品质，重点打出价格牌就可以了。

颜色也能够成功的营造定位。比如手表，几乎所有的厂家都以品质作定位，瑞士机芯、几十年内绝对准时等等，而一家手表厂家则以手表的颜色缤纷作定位，深受重视装饰性的年轻人的喜爱。

并不是外来的产品就好卖，很多国外的产品到中国反而没有市场，就在于他们没有考虑到亚洲的文化特点。比如服装的尺码、暴露程度等等全部照搬国外的样式当然没办法畅销。而一些本土的服装设计上带有中国传统的山水画、汉字等，造型上贴合中国人的身形特点，标榜“中国人自己的服装”，结果广受好评。

造型美观、独特的产品更能吸引顾客。如服装的款式就很重要，如果只是面料上乘、做工一流，而造型不好，是没办法打开销路的。美国一农民把西瓜放在盒子里生长，生产出了一种长成方形西瓜，味道和普通的圆形西瓜并没有什么差别，但是价钱却是普通西瓜的20倍，人们感到新奇竞相购买。一个品牌饮料的包装也有异曲同工之妙，该品牌口感上并没有什么过人之处，价格又高，畅销的原因在于包装是细长的三角形，在满货架一样的包装中特别明显，也引发了人们好奇购买的欲望。

产品的标志有时候也能成为定位之一。比如说摩托罗拉手机的M标志，苹果电脑的缺口苹果标志，简洁时尚又充满新意，都可以作为定位营造。

弹簧秤携带方便，有着比较大的市场。A厂家开发了一种多功能弹簧秤，可显示天气温度，还能够计算价格，造型也美观。而B厂家的弹簧秤仅仅是单一功能的称重工具。结果投入市场后，B厂家的销量远远好于A厂家。仔细研究市场后发现，顾客购买这种秤就是为了方便买菜时不上当受骗。A厂家的功能多但是都用不上，而且价格还高，B厂家的虽然只有一种功能但是已经满足了顾客的需要，所以销量自然好。

产品的定位可以有很多个，然而并不是定位越多就越好。过多的定位会让顾客对产品的定位不明确，进而就失去了刺激购买欲的功能。在市场竞争异常激烈的今天，产品越来越同质化，定位过多很容易就与其他的产品相重叠。每一家的定位都差不多，销售自然就增加了难度。顾客选择一个产品，有的时候并不是因为你的产品最便宜也不是因为你的产品最好，而是你的产品和别人不一样。而商家要做的，就是将与众不同的定位提炼出来，加以放大，而这种定位只要有一个就能达到很好的宣传效果。

企业做大做不强，问题出在定位上

为什么有那么多企业在发迹之后又重归覆灭？为什么有些企业总是在“做大”之后却做不强？为什么企业越“发展”越容易掉入“自杀”式的陷阱？

成功的定位战略讲求专一性，绝不能让自己的企业随着业务的延伸而失去“专家”的地位。失去了自己的定位就等于失去了消费者所颁发的“护身符”。因为大多数企业总是不愿意局限于一项业务或者一个领域，它们总是雄心勃勃地走向“扩张”。这条看似春光明媚的“绝路”，在扩张的道路上，许多企业刻意追求大而全，而在定位的路途上迷失了自己。

在推出一个品牌之前，很多企业往往喜欢思考这样的问题：“市场究竟有多大？消费群会不会太狭窄？”其实，提出这种问题本身就是错误的，因为数字上看到的所谓大市场肯定是成熟的、已经被开发大了的市场，市场看起来虽然大，但是竞争也更加剧烈。当前看不到或者看起来很小的市场，往往存在大机会。一方面因为竞争不激烈，未来成长的空间大；另一方面因为面对的市场越狭小越能集中火力，从而越容易被接受。

传统智慧告诉我们：千万不要把所有的鸡蛋放在一个篮子里。几千年来我们奉为圭臬，其实在商业经营中，这是个谬论。安德鲁·卡内基早在1885年就说过“要把所有的鸡蛋都放在一个篮子里，然后看紧它”这样的话，这位深谙经营之道的“钢铁大王”，用实际行动证明了来自古老中国的另一个智慧——“集中优势兵力”。佳能是“相机”的代名词，百度是“搜索”的代名词，汇源是“果汁”的代名词。任何一个品牌，它在顾客心中所占据的资源都是非常有限的！这就像一个企业在工商局注册了一个商标，它一定会有个业务范围限制。你不能注册了一个狗皮膏药的商标，然后去卖口香糖。

企业要打造真正的品牌，必须紧紧围绕自己的定位做文章。像白沙，它就是香烟；像二锅头，它就是白酒。如果白沙开始做袜子了，你会去买吗？如果二锅头成了一个手机品牌，它还是二锅头吗？

科技时代，玩的是精确制导。我们一定要舍弃那些与企业定位无关的产品，要“专一”。把自己的定位弄清楚、落实下去，要根据自己的定位提供产品。有些企业为什么拼不过外国的企业，很大一部分原因就是因为国外企业懂定位。而有些企业家，只要有所成就的时候，总是什么都想试试，想方设法把什么产品都尝试一番，但结果是什么都做不好。最高明的营销哲学是：少就是多，多就是少。产品线越短，目的性越强，销售越多；产品越多，定位越模糊，死得越早。

早在20世纪80年代末美国企业纷纷陷入多元化陷阱的时候，定位理论创始人里斯就撰写了一本被称为“管理史上加农炮”的《聚焦》一书。书中说道：“太阳是一种强能源，它以每小时数亿千瓦的能量照耀地球。但借助一顶遮阳帽子，你就可以沐浴在阳光下数小时而不被晒伤。激光是一种弱能源，聚焦一束激光只有几瓦，但是凭借这束光，你可以在钻石上打洞或者切割肿瘤。这就是聚焦的力量。”

在全球经济一体化的新时代，我们要懂得聚焦，要把自己的“鸡蛋”放在一个“篮子”里。然后花时间来研究这一个篮子，而不是所有的篮子。相比于一条龙式的企业，有专长的公司更赚钱。要成功地把鸡蛋放在一个篮子里，就要懂得舍弃的重要性。舍弃就是盯住一个“点”用力，而不是把力气分散地用在整个“面”上。

如果万宝路不舍弃女性顾客，它就不会成就今天的万宝路；如果诺基亚不舍弃电脑、MP3等其他产品，它就不会成就今天的辉煌；如果美国西南航空公司不舍弃货运舱、头等舱、国外航线等一块块的“肥肉”，专心做它的商业舱、经济舱、国内航线，它就不会存活到现在。

但这是不是就意味着企业要永远在自己的品牌上“抱守残缺”？也不尽然。只要企业定位准确，仍旧可以进行自己的品牌延伸。

随着企业品牌意识的加强和对品牌权益的日益重视，品牌延伸已越来越成为企业品牌战略的重要手段。然而，品牌延伸涉及原有品牌市场定位的变化，消费者对不同种类新产品的接受能力等一系列复杂的问题，在实践中失败的例子比比皆是。

企业发展的一般目标都是夺取行业老大的地位，但现实中，太多的企业一旦在某个领域取得了一点成绩之后，便立刻尾巴翘上了天，为了获得更多的利润，它们往往闭着眼睛，欢天喜地地走进了一片沼泽地。随着企业的发展、壮大，企业家必定不能满足于现有的规模，进行品牌延伸，扩大产品品类是必然要面对的问题。

定位理论创始人特劳特曾经说过：在市场上，如果没有强有力的、专业性的竞争对手的话，可以进行产品线的延伸或扩张，生产其他种类的产品。但如果你要进入一个新的领域，最好是建立一个新的品牌；在如此激烈的市场竞争当中，大筐品牌是很难立足的！

就像前面提到的那样，如果我们在旧品牌上进行延伸，原有品牌就会受到新产品的严重冲击，消费者就会感觉无所适从，这很可能会为自己制造出许多新的、专门的竞争对手出来。

面对品牌延伸这个比较迫切、棘手的问题，最好的解决之道就是打造新的品牌，以抓住新的时机。所有企业都必须明确自身的定位，这不是企业自己的发明和创造，而是从商业角度出发的一种“自我发现”。综观诺基亚成就通信霸主的曲折路途，我们可以发现这是一个不断确立定位，然后重新定位的过程。因为当市场、消费者都发生改变的时候，定位也必须随之改变。

企业必须根据新的竞争环境重新定位自己，也就是找到企业新的定位、新的着力点。没有自己的定位、没有着力点，你有再大的劲儿也使不出来。

价格定位有时正确，有时错误

要定价先定位，在企业定位清晰、准确的前提下，企业就需要给自己的产品制定一个合理的价位区间，既对得起产品原有的价值，又能使消费者不至于觉得太贵而“望而却步”。企业定位是一门学问，给产品制定一个合理的价格更是一门学问。但是，很快你会发现，有时这门学问对你来说，确实会显得深奥。

美国的药丸制药公司研制出一种非常有效的药物，能够治疗艾滋病。假设它不采用任何价格定位的策略，在全球收取同样的价格，在确定全球统一价时，它要达到这样的效果：如果降价，销售量增加所带来的收益正好弥补由于降价造成的利润损失。

例如，假设该药品公司将药物降价，使边际利润减半，除非它能够将销售量翻倍，否则总利润就会减少。它也可以提高价格使边际利润翻倍，但如果销售量减少一半以上，总利润也会降低。所以要使利润最大化，药丸制药公司需要为药物确定这样一个价格：提价或降价都有损于其利润收入。

药丸制药公司之所以能够研制出这种救命的药物，是因为受到利润丰厚的专利权的激励。药物研发的费用非常之高，必须有人来埋单。按照当前的体制，埋单的是公营或私营的保险公司，而由于美国是最大的市场，所以创新是由那里推动，所需资金也大多由那里付出。这个价格会很高，因为富裕国家的人能够为有效药物花大价钱，为了照顾只能付几分钱的顾客，却失去能付几千元的顾客，这实在没道理。

当经济学家说某种状况“可以更好”时，这就是我们表达的意思。如果我们指出，一种改变能够使至少一人获益，同时无人受损，那么我们称当前状况为无效，或者用日常用语讲，就是状况可以变得更好。如果至少使一人获益的每种变化都必将使其他人受损，那么这种状况就叫做有效。这并不是说有效的状况就无法再改进，只是说没有不付代价而作出改善的方式。

这是假设便宜的药品不会“漏”回来，而在现实中，制药公司对此问题非常头疼。对药品公司来说，目前便宜药品从加拿大回流到美国是个大问题，但药品公司还是愿意销售药品给加拿大的医疗单位，虽然后者拒绝支付高价。风险就是，如果这种回流的现象继续下去，那么美国供应商将拒绝给加拿大提供优惠价。随着互联网和其他通讯技术的发展，价格透明度越来越高，这有时造成不利方面：具有稀缺力量的公司可能不愿以优惠价提供产品，因为产品价格泄露的情况很容易发生。

群体定位策略是无效的，因为它将一些座位从愿意多付钱的客户那里拿走，然后送给付钱更少的顾客。然而航空公司和铁路部门仍愿使用这套办法，因为另一套针对个体的价格定位策略行不通。

Train Corp 是一家铁路客运公司。Train Corp 有一列总是满员的客车，有些座位以 50 美元的优惠价提供给特殊乘客，包括提前订票的旅游者、老人、学生、团体，其他票收取全价 100 美元，购买者主要是经常往返者和出差人员。这是一种相当标准的群体定位策略：通过提供少量低价票，Train Corp 限制供应量，拥有了提供高价票的能力，能够将票卖给最愿付钱的购票者。（Train Corp 给一些座位加上扶手，从而限制供应量，这也是有利可图的，但如果可以的话，对他们来说更好的办法是填满剩余的座位。）

如果我们是经济学家，我们立即知道这是无效的。换言之，我们可以想到某种方法，使至少一人获益而且无人受损。

因此，有时价格定位不如统一定价的效率高，列车的例子就是证明；有时价格定位比统一定价的效率高，艾滋病药物是很好的例子。但不仅如此，我们可说的还有更多。如果价格定位不能扩大销售，只是将产品从出价高的客户转移到出价低的客户那里——就像在 Train Corp 的例子中车票从经常往返者转到学生那里，那么这套办法肯定比统一定价效率低。如果价格定位开发出一个新市场，同时不影响老市场，就像在药丸制药公司案例中那样，那么这套办法肯定比统一定价效率高。

还有中间道路可走。很多群体价格定位的策略同时走两条道路：它开拓新市场，但同时将产品从出价高的用户那里转给出价低的用户。例如，某本书首先出版高价的精装本，后来又出现较便宜的平装本。高价精装本的目标是：急于了解书中内容的人，还有图书馆。这样做有一个好处：出版商能够更便宜地销售平装本，因为可以用精装本的销售额冲抵部分成本，这样该书就可以被更多人看到。这样做也有一个坏处：早期版本比较贵，相对于如果只出版平装本的情况，精装本的价格高很多，所以有些买家就会望而却步。在稀缺的世界里现实就是如此：当具有稀缺力量的公司利用这种力量时，局面几乎总是无效的，而与此同时，经济学家几乎总能想到某种更好的办法。

企业的价格定位并不是一成不变的，在不同的营销环境下，在产品的生命周期的不同阶段上，在企业发展的不同历史阶段，价格定位可以相机而灵活变化。例如，长虹彩电在1996年采取的大幅度降价措施，就是对价格的重新定位，从而大大提高了市场占有率，并有力地抑制了竞争对手。现代市场上的价格大战实质上就是企业之间价格定位策略的较量。

如果一家公司能够完美地实施个性化的价格定位策略，那么它就不会错过任何的销售机会：富有或急迫的客户会付很多钱，贫穷或冷漠的客户付的钱很少，但不想支付生产成本的客户将被拒绝。这种局面就是有效的。

然而在现实当中，任何公司都不可能掌握如此完备的客户信息，都不可能进行如此完美的有效销售。那样的话，公司需要进入每位潜在客户的心中，探明他多想拥有这种产品，它还需要一台超级计算机来负责收款的工作。这看起来似乎不可行，但这或许能引发你的思考。如果你能将每位客户的偏好输入一台超级计算机，那会怎样？如果你能拥有所有信息，不错过任何一次销售机会，那会怎样？世界会变得更美好吗？

价格歧视，全由顾客的腰包而定

越剧《何文秀》中有个段子是这样的，算命先生说："大户人家叫算命，命金要收五两银；中等人家叫算命，待茶待饭待点心；贫穷人家叫算命，不要银子半毫分，倘若家中有小儿，先生还要送礼金，倒贴铜钱二十四文，送与小儿买糕饼。"这段唱词中，算命先生的一副好心肠令大家感动不已。

当然，算命先生的话即使被大户人家听到了，大户人家还是可能找他算命，只要算命先生能提供与价值相符的服务。算命先生对不同人家的不同定价策略，似乎并不影响他的"生意"。算命先生无疑是精明的，而更精明的商家们从算命先生的定价策略中得到了一定的启示，于是便出现了"价格歧视"。

生活中我们经常会遇到这样类似的"价格歧视"现象：在超级市场里，顾客出示会员卡或积分券，就能买到便宜货；周末和朋友蹦迪女士可以免票；日本汽车远销到美国，竟然比在日本本土的售价还要低廉；餐厅里同样的一道饭菜，如果客人是最近一个星期曾经光顾过的，就可以打个八折……

价格歧视实质上是一种价格差异，通常指商品或服务的提供者在向不同的接受者提供相同等级、相同质量的商品或服务时，在接受者之间实行的不同的销售价格或收费标准。经营者没有正当理由，将同一种商品或服务，对条件相同的若干买主实行不同的售价，则构成价格歧视行为。

实行价格歧视的目的，当然是为了更多的利润。同一商品或服务，如果以较高的价格能把商品卖出去，生产者就可以多赚一些钱，因此生产者将尽量把商品价格定得高些。但如果把商品价格定得太高了，又会赶走许多支付能力较低的消费者，从而导致生产者利润的减少。采取一种两全齐美的方法，既以较高的商品价格赚得富人的钱，又以较低的价格把穷人的钱也赚过来，这就是生产者所要达到的目的，也是"价格歧视"产生的根本动因。青壮年是主要的能挣钱的社会群体，而退休工人的收入通常就低得多，因此可以以较高的价格赚得了青壮年这个社会群体的钱，再以较低的价格向退休工人提供服务。航空公司以正常票价向商务人士提供服务，同时用低得多的机票价格让“可去可不去”的旅客也花钱进入旅游市场，这就是价格歧视现象共同的经济学原理。

在完全竞争市场上，所有的购买者都对同质产品支付相同的价格。如果所有消费者都具有充分的知识，那么每一固定质量单位的产品之间的价格差别就不存在了。因为任何试图比现有市场价格要价更高的产品销售者都将发现，没有人会向他们购买产品。然而，在卖主为垄断者或寡头的市场中，价格歧视则是很常见的。最典型的例子是飞机票，商务旅行的票价总要比一般旅行的票价高，因为航空公司对于时间要求比较紧的商务顾客收取100%的票价，而对提前订票，时间弹性比较大的顾客采取打折的票价。

在卖主为垄断者和寡头的市场中，价格歧视是很常见的，因为航空公司对于时间要求比较紧的商务顾客收取100%的票价，而对提前订票时间弹性比较大的顾客采取打折的售票方式就是一种典型的价格歧视。

价格歧视可以分为一级价格歧视、二级价格歧视和三级价格歧视三种。

例如在学校附近的健身房健身，健身房并没有一个明确的标价标明办一张健身年卡的费用到底是多少钱，健身房往往根据与你的交谈中所获得的信息判断你内心期望支付的健身最大金额从而对你进行费用收取，以此来争取不同消费层面的人来他们这里健身来使自己利润获得最大化。这种现象属于价格歧视中的一级价格歧视行为，即如果厂商对每一单位产品都按消费者所愿意支付的最高价格出售，这就是一级价格歧视。

再者，如果垄断厂商了解消费者的需求曲线，并把这种需求曲线分为不同段落，根据不同购买量，确定不同价格，垄断者获得一部分而不是全部买主的消费者剩余，这就是经济学价格歧视中的二级价格歧视。公用事业中的差别价格就是典型的二级价格歧视。在购买火车票时团体票要比单张票便宜，这就是一种二级价格歧视行为。

现实生活中，在许多场合，垄断厂商在实行价格歧视后把消费者剩余据为己有，从而获得更多的利益；但在有些场合，企业实行价格歧视使得特定消费者得到商品和服务成为可能，正如算命先生实行了价格歧视使中等人家和贫穷人家得以有机会算命一样。例如私人医院实行价格歧视使穷人看病成为可能。

无论是富人还是穷人都需要医疗服务。富人的钱比穷人多得多，由于边际效用递减，富人对医疗服务的需求较高，而穷人对医疗服务的需求较低并且，由于同样一块钱对富人和穷人的重要程度不同，所以医疗价格的升降对富人和穷人的影响是不一样的：富人对医疗价格的升降不太在意，而穷人对医疗价格的升降非常敏感。

如果厂商对不同市场的不同消费者实行不同的价格，在实行高价格的市场上获得超额利润，这就是一种三级价格歧视行为。举例来说，火车票在车站和代售处的票价是不同的，代售处贵5块钱。但是车票在这两处的成本是相同的，这就是一种不折不扣的价格歧视行为。

价格歧视作为营销学中的一种定价手段，是一个策略，不能草率概括为是好的还是坏的，比如公园里对小孩和学生收取半价门票，不但可以扩大公园的消费人群，而且对消费者也有好处。所以说，在法律允许的范围内适当地使用价格歧视这种营销手段，区分不同群组的消费者，不仅使企业增加竞争力，获取消费者的最大剩余，获得最大的利润，而且使消费者得到最大满足，这不失是一个很好的策略。

第二章　需求密码的营销解密

在哪里可以找到需求密码

如果20年前的公司是“我给你什么你就买什么”的态度，而如今的他们已是“不管你要什么、什么时候要、要什么价钱，我们一律能满足你”的状态，市场经营的事实告诉我们：现在公司的经营权不再掌握在生产商的手里，消费者才是市场的主人。对于经营者而言，消费者需求才是第一位的事情。

过去人们只能关注重要的人或重要的事，如果用正态分布曲线来描绘这些人或事，人们只能关注曲线的“头部”，而将处于曲线“尾部”、需要更多的精力和成本才能关注到的大多数人或事忽略。例如，在销售产品时，厂商关注的是少数几个所谓“VIP”客户，“无暇”顾及在人数上居于大多数的普通消费者。而在网络时代，由于关注的成本大大降低，人们有可能以很低的成本关注正态分布曲线的“尾部”，关注“尾部”产生的总体效益甚至会超过“头部”。安德森认为，网络时代是关注“长尾”、发挥“长尾”效益的时代。

长尾理论是网络时代兴起的一种新理论，由于成本和效率的因素，当商品储存流通展示的场地和渠道足够宽广，商品生产成本急剧下降以至于个人都可以进行生产，并且商品的销售成本急剧降低时，几乎任何以前看似需求极低的产品，只要有卖，都会有人买。这些需求和销量不高的产品所占据的共同市场份额，可以和主流产品的市场份额相比，甚至更大。

2004年10月，美国人克里斯·安德森提出了“长尾”的概念。他将集中了人们需求的流行市场称为“头部”，而有些需求是小量的、零散的、个性化的，这部分需求所形成的非流行市场就是“尾巴”。长尾效应的意义在于“将所有非流行的市场累加起来就会形成一个比流行市场还大的市场”，这就是“长尾理论”。

“长尾理论”描述了这样一个新的时代：一个小数乘以一个非常大的数字等于一个大数，许许多多小市场聚合在一起就成了一个大市场。“长尾理论”终结了被公认无比正确的“二八定律”时代。“长尾理论”诞生后，人们不再只关心20%的拥有80%的财富的那一群人了，因为80%的那群人占有的市场份额与20%的人占有的市场份额是相同的。

要使长尾理论更有效，应该尽量增大尾巴。也就是降低门槛，制造小额消费者。不同于传统商业的拿大单、传统互联网企业的会员费，互联网营销应该把注意力放在把蛋糕做大。通过鼓励用户尝试，将众多可以忽略不计的零散流量，汇集成巨大的商业价值。

马云与中小网站有不解之缘，据说这与他自己的亲身经历有关。当年，竞争对手想要把淘宝网扼杀在“摇篮”中，于是同各大门户网站都签了排他性协议，导致几乎没有一个稍具规模的网站愿意展示有关淘宝网的广告。无奈之下，马云团队找到了中小网站，最终让多数的中小网站都挂上了他们的广告。此后，淘宝网歪打正着地红了，成为中国首屈一指的C2C商业网站。马云因此对中小网站充满感激,试图挖掘更多与之合作的机会，结果让他找到了重要的商机。

在中国所有的网站中，中小网站在数量上所占比重远远超过大型门户网站，尽管前者单个的流量不如后者，但它的总体流量仍是相当庞大。而且，中小网站由于过去一直缺乏把自己的流量变现的能力，因此，其广告位的收费比较平民化。这恰好符合中小企业广告主的需求。过去，一个网络广告如果想要制造声势，只能投放在门户网站上，但其高昂的收费令中小企业很难承受。2008 年 6 月 18 日，马云的第七家公司阿里妈妈网站宣布正式上线。

在对目标客户的选择上，阿里巴巴总裁马云独辟蹊径，他发现了真正的“宝藏”。其实，用经济学的话说，他是在利用“长尾效应”。

在日常经济生活中常有一些颇有趣味的商业现象可以用“长尾理论”来解释。如在网上书店亚马逊的销量中，畅销书的销量并没有占据所谓的 80%，而非畅销书却由于数量上的积少成多，而占据了销量的一半以上。再如彩铃等数字音乐的出现，让深受盗版之苦的中国唱片业，找到了一个陡然增长的、心甘情愿地进行多次小额支付的庞大用户群。此前，有意愿进行金额可观的正版音乐消费的客户群，其数量少得可怜。

如果说“长尾理论”是一种理论观点的探讨，甚至是经济生活中的一种经济业态，无可厚非，但如果以它引导企业行为，其效果未必是乐观的。

长尾绝不意味着仅仅是把众多分散的小市场聚合为一个大尾巴，而是还需要一个坚强有力的头部，以及头部与尾巴之间的有效联系。相对畅销品讲，“长尾”是非热销产品，属于遗留产品或滞销品，无论在企业还是在市场上，都属“处理品”，任何企业都不可能有意或着力生产这些产品，更不可能把这些滞销品和处理品作为企业的利润来源甚至是利润支撑，否则，那就是本末倒置，舍近期大利去追逐远期小利。

长尾理论的实行在传统商业现有的规则下几乎不可能。因为传统商业目前仍然是以“销售量带来的收益持平或者超过成本”这一商业常识作为指导，如果在自己的“零售网络”中最终聚集的用户数量还是非常少的话，依然无法通过这种产品赢利，这时要在“长尾市场”中做生意，不是为时已晚，就是压死企业的最后一根稻草。

“长尾理论”是把双刃剑，只有对它正确认识且能正确运用它的人，才能运用它来为自己创造财富。否则就会一败涂地。因此，对待“长尾理论”的正确态度是要慎重，要因产品制宜，一般情况下，单一企业不宜使用。

无偿使用，瞄准人性弱点的服务

现在商家都在绞尽脑汁去思考怎样获取利润的最大化，如提高商品价格、压缩成本等，但是，越是想掏空消费者的口袋，消费者则越是捂紧口袋，同商家展开猫捉老鼠的游戏，这个过程中商家消耗了大量的营销费用，而收益却并不理想。因为消费者看着商家贪婪的嘴脸，自然本能地产生防卫心理，怎么可能轻易打开荷包呢。

这个时候，“猫”一样的商家是不是可以停下脚步，换一个思路，拿出一块蛋糕放在脚边，悠闲地等待“馋嘴鼠”自己送上门来。而这块所谓的蛋糕，就是——免费。

市场竞争的方式五花八门、层出不穷。让消费者亲身感受是商家成功推销产品的关键，是引导消费者购买行为的一个很好的方法，因为只有消费者真实地体会到了产品给自己带来的好处，才会购买。

免费体验的经历，相信大家都曾经历过不少次。走在街上，只要你经过繁华地带，就常常会被一些人拉过去，体验涉及的范围非常广，比如美容美发、教育培训、食品饮料等。对于中小食品企业而言，新产品在开拓市场时，会由于品牌知名度不高而面临一系列难题。而免费试吃、试饮则会通过带给消费者直观的体验，实现厂家与潜在顾客之间的信息沟通，吸引并抓住消费者的注意力，进而刺激其购买需求。这种销售方式用经济学理论来解释，就是商家以赢利为目的，对顾客进行消费引导的行为。

“消费引导”，实际上就是商家通过“免费体验”的策略吸引消费者的眼球，使消费者对于自己提供的产品或服务建立初步的认可，进而促成可能的购买行为的过程，即以免费为诱饵，最终实现销售产品或服务、从中赢利的目的。

某电脑公司在推出 MP3 时就用副产品——免费提供上万首歌曲、音乐下载来促销 MP3（美国对知识产权的保护非常严格，正常情况下，音乐和影视的下载需要付费），结果使该品牌 MP3 全球热卖。其实，他们 MP3 昂贵的价格早已使其提供免费音乐的成本可以忽略不计。

当该公司在销售手机的时候，则把手机作为副产品，以赚取话费与服务费为主产品，此时免费赠送外观时尚，功能强大，消费者倾心已久的手机，这种诱惑基本使消费者无法抗拒。然后捆绑通信费用等服务产品，与网络服务商利润分成。该公司的这种副产品免费带动主产品销售的策略非常成功，在全球复制，屡试不爽，此次又与中国电信运营商合作，采取类似的做法，市场已经给出了积极的回应。

让消费者建立亲身感受，是商家成功推销产品的关键，应用消费引导理论，实现产品销售的有效方法，因为只有消费者真实体会到了产品给自己带来的好处，才会购买。

免费对于商家来说并不是亏本的买卖，通过免费营销，商家将用户的注意力转化为金钱，因此吸引客户注意力成为网络经济中致富的关键。美国零售领域专家的研究表明：“一个消费者背后潜藏着 250 人左右的消费规模”，可见一个用户的口碑对企业是何等地重要。

于是企业主动将自己的产品提供给消费者免费使用（不是试用）。这种营销方式通常都是经过调查分析目标客户群的消费行为后，锁定特定群体，在适当的、通常不会遭到拒绝时奉上商品，用户接受的概率会比较大，使用一段时间后，用户会形成新的生活习惯，甚至介绍给周围的朋友。这无疑是最有效的广告，给企业带来的销售利润也是无法估量的。在这个阅读对象不停变化的时代，你提供的内容免费能够给自己带来无法超越的竞争优势。例如，有些歌手将自己的歌曲上传到网络上免费给大家听，这样做的目的是为了能够让更多的人听到自己的歌曲，并喜欢上自己的歌，从而人气大升。而他真正赚钱的途径是依靠他的人气来开演唱会或者做产品代言。这种模式就是将用户的注意力或关注度转化为金钱。

免费营销模式最成功和最初形成赢利模式的是在互联网领域，网络上的商家通过免费普惠了浏览者的同时也获得了很高的收益，比如，现在互联网上可以下载到几万款软件，很多优秀的软件累计的下载次数可能超过千万次，但是付费使用软件的用户只占所有使用用户的 0.5% 或更低，但是即使这样，提供商也可以依靠这 0.5%的付费用户获得丰厚的利润，同时使 100% 的使用者都满意。因为网络和数字化可以使商家的成本降到很低，从某种意义来讲，其边际效益是递增的形态。很多网站提供的邮箱、博客、相册，甚至是游戏，也都是类似的模式，互联网的这种免费模式具有巨大的力量，它可以几分钟内聚集数以万计的人参与，甚至更多，原因就是它的便捷与免费，而这两点则正是网络可以快速发展，覆盖全球的关键。

打算实施免费策略的企业，在采取行动前有以下三点需要注意：首先，想设计谋划出一个理想的免费模式，思考的方式就显得非常重要，如果从如何赚钱，赚更多的钱的角度进行思考将很难产生出优秀的免费模式。正确的做法是企业必须从利人的角度进行思考，想一想能为顾客提供什么价值，如何提供这些价值。以这样利人的思维进行思考，接下来利己的模式就自然出来了。

免费只是一种营销手段，企业能赚钱才是硬道理。在免费大潮袭来的同时，你可以利用“免费”来赚钱吗？请你重新审视自己的企业和产品，哪些产品可以实施免费策略，可以采用哪种免费营销模式。对免费营销加以最大化的利用将为你的营销手段带来新的活力。

麦当劳“反其道而行之”的销售策略

还在 2003 年的时候，面对无论门店数还是销售额都远远不及老对手肯德基的困境，当时在中国的麦当劳并不出众。刚刚走马上任的麦当劳（中国）有限公司首席执行官施乐生说：“巴不得麦当劳的门店立刻就能在全中国像肯德基一样遍地开花。”

在不少业内人士看来，麦当劳既然开店数目无法与对手抗衡，最好的办法是“反其道而为之”，就是让一家店顶两家店用。很快这一做法真的在麦当劳实行，通过革新既有餐厅的资源，包括产品开发、市场营销、餐厅环境、员工薪酬以及管理方法，让更多的人愿意在麦当劳消磨时间，增加对他们的黏着度。

从 2006 年开始，麦当劳实施了门店的 24 小时营业，随后接下来是一系列组合拳——改善用餐环境、开设和中石化合作的“得来速”汽车餐厅、试点送餐服务。其目的都是拓展麦当劳门店在时间和空间上和顾客打交道的机会，以提高现有每个门店的销售额。

这些做法让麦当劳在对手的重压下依然尝到了进入中国 17 年来的最大甜头。去年麦当劳中国餐厅同比销售收入增长 12.3%，客流量增加了 8.9%。而利润和投资回报，都破了纪录。

古人云“反其道而行之”，以正引出反，以邪突出正。反向式营销是把消费者者从一个概念引入到另一个概念，大自然和事物的发展都有它的规律性，为了吸引人们的好奇心理和打破传统规律，策划者反其道而行之，冲破人的惯性思维方式与人的定式规律相背驰。麦当劳的成功超越源于它及时的战略转变，“反其道而行之”的营销战略使它在行业内坐上了最高的位子。

在产品销售中，我们强调策略的重要性。营销策略扮演的角色为何？管理一个品牌必须对该品牌的意义与价值有深刻了解。就如同品牌定义所表达的，品牌的建立只能通过概念来建立。而我们寻求维护与建立的特定品牌价值，则是长时间的品牌概念所积累的结果。

营销策略是一种建立品牌概念单一且专注的方法。所谓品牌概念是指能够吸引消费者，并且建立品牌忠诚度，进而为客户创造品牌（与市场）优势地位的观念。销售策略可运用于不同层次。在最高层次，它可用来展现构成品牌形象活动核心的最重要品牌概念。同样的，它也可以有效地用来为不同的产品或服务发展销售概念，并替品牌创造竞争的优势。

“反其道而行之”的营销战略作为一种新型方式的转变，体现了对于以往传统营销方式的一种突破，在企业遭遇营销瓶颈，而传统营销模式都无法加以改善时发挥很好的作用。

假设一个小镇上总共有100人很喜欢泡酒吧，每个周末均要去酒吧活动或是待在家里。这个小镇上只有一间酒吧，能容纳60人。并不是说超过60人就禁止入内，而是因为设计接待人数为60人，只有60人时酒吧的服务最好，气氛最融洽，最能让人感到舒适。第一次，100人中的大多数去了这间酒吧，导致酒吧爆满，他们没有享受到应有的乐趣，多数人抱怨还不如不去。于是，第二次，人们根据上一次的经验认为，人多得受不了，决定还是不去了。结果呢？因为多数人决定不去，所以这次去的人很少，享受了一次高质量的服务。没去的人知道后又后悔了：这次应该去。

问题是，小镇上的人应该如何作出“去还是不去”的选择呢？

小镇上的人的选择有如下前提条件的限制：每一个参与者面临的信息只是以前去酒吧的人数。因此，只能根据以前的历史数据归纳出此次行动的策略，没有其他的信息可以参考，他们之间也没有信息交流。

在这个过程中，每个参与者都面临着一个同样的困惑，也即如果多数人预测去酒吧的人数超过60，而决定不去，那么酒吧的人数反而会很少，这时候作出的预测就错了。反过来，如果多数人预测去的人数少于60，因而去了酒吧，那么去的人会很多，超过了60人，此时他们的预测也错了。也就是说，一个人要作出正确的预测，必须知道其他人如何作出预测。但是在这个问题中，每个人的预测所根据的信息来源是一样的，即过去的历史，而并不知道别人当下如何作出预测。

这也是美国经济学家阿瑟于1994年提出的酒吧博弈论的原型。如果你碰巧在人多的那天去酒吧，那你很可能就没有座位；如果你碰巧在人少的那天去酒吧，那么你就能享受酒吧的最佳服务。因此，酒吧博弈成功的关键是找对众人心，同时与众人作出相反的决定——在他们都去的时候不去，那么你就有可能取得成功了。现实生活也是这样，别人都做的事，你最好不要去凑热闹；而别人都不去做的事，你去做了，往往能取得成功。

在现实生活中，我们都可能遭遇很多与此类似的难题。比如每年高校招生或研究生报名都会呈现出混沌现象，一个简单的道理是，如果报名的人太多，竞争就会更激烈，被录取的可能性就低。你可能达到了分数线，但在众多报名者中，你的分数又排在后面，所以遗憾地落选，这种结果显然是非常不利的。为了避免这种局面的出现，考生们都对以往各院校、专业的报名情况非常关心，通过各种渠道打听以掌握这一信息，为自己的选择作参考。但是由于考生一般只能根据以往几年的情况来推测当年报名的情况，与上面说的道理一样，这种预测是不可能完全准确的，所以每年都会有很多人遗憾地成为选择失败的牺牲品。

顺势而为，跟着潮流走固然没有错，但并不是说多数就意味着绝对的正确，有时“反其道而行之”往往会取得更好的效果。在进行营销时，不从众，不和绝大多数人作相同的决策，反而可以不用忍受拥挤，获得更好的销售利润。这种逆势而为的思想并不是说要事事处处与别人反着来，而是强调这种反方向的思维，寻求一种打破常规的解决问题的方法。

苹果饥饿营销使顾客抢着往外掏钱

古代有一位君王，不但吃尽了人间一切山珍海味，而且从来都不知道什么叫做饿。因此，他变得越来越没有胃口，每天都很郁闷。

有一天，御厨提议说，有一种天下至为美味的食物，它的名字叫做“饿”，但无法轻易得到，非付出艰辛的努力不可。君王当即决定与他的御厨微服出宫，寻此美味，君臣二人跋山涉水找了一整天，于月黑风高之夜，饥寒交迫地来到一处荒郊野岭。此刻，御厨不失时机地把事先藏在树洞之中的一个馒头呈上：“功夫不负有心人，终于找到了，这就是叫做‘饿’的那种食物。”

已饿得死去活来的君王大喜过望，二话没说，当即把这个又硬又冷的粗面馒头狼吞虎咽下去，并且将其封之为世上第一美味。

传说中的那个馒头，尽管从使用价值上来看，它与山珍海味不可同日而语，但当时当地，对于那个饥肠辘辘的君王来说，它却是天下至美之味。这一常识已被聪明的商家广泛地运用于商品或服务的商业推广中，这种做法在营销学界更是被冠以“饥饿营销”之名。而苹果就是成功的靠“饥饿营销”创造辉煌销售奇迹的企业中的佼佼者。

饥饿营销的目的在于通过调节供求两端的量来影响终端的售价，达到加价的目的。表面上，饥饿营销的操作很简单，定个叫好叫座的惊喜价，把潜在消费者吸引过来，然后限制供货量，造成供不应求的热销假象，从而提高售价，赚取更高的利润。但事实上，情况远不止这么简单。

你会不会在一个下雨的阴冷的早晨，驱车十几公里，排六七个小时甚至更长时间的队，只为购买一款新的电子产品？用这个问题问 10 个人，会有 9 个摇摇头，而另一个人会说，除非是苹果。

2010 年 9 月 25 日，苹果 iPhone4 在大陆地区正式发售，作为唯一社会渠道的苏宁电器几乎所有承销门店都经历了一个不眠的夜晚。9 月 24 日晚，向来安静的北京紫竹桥地区便开始陆陆续续出现排队购买 iPhone4 的年轻人，到晚上 22 点左右，已经有一些人聚集在苏宁门口。早有准备的店员也专门开辟出一片区域供等候者休息。25 日的销售状况更是空前壮观，据了解苏宁绝大部分门店的 iPhone4 在中午 12 点前就已经售罄，相关机构统计，每秒钟都会有两台 iPhone4 售出。

虽然有这么多需求，但苹果公司规定售出的 iPhone4 是 4 万套，可是在美国首日的订数是 60 万，这就能看出差距了。难道是中国每天只有 4 万个客户的原因吗？

绝对不是，这是苹果公司为了营造一个卖方市场所采取的营销策略，也是苹果公司一贯的做法，通过缓慢地释放货源，来达到市场抢购的效果。苹果公司要造出一个供不应求的现象，这样才能刺激购买力。我们现在很少听说缺少商家，更多的时候是缺少顾客。然而，现实中，却有这样的一种现象，有些商家明明顾客满堂，却拒绝向顾客销售商品，苹果就是走了这么一条反其道而行的“饥饿营销”道路。苹果所采取的“饥饿营销”策略是令苹果引起全国乃至世界疯狂迷恋的一个重要环节。所谓“饥饿营销”，是指商品提供者有意调低产量，以期达到调控供求关系、制造供不应求“假象”、维持商品较高售价和利润率的目的。

营销是一种以顾客需要和欲望为导向的哲学，如何引导客户，激发客户的消费欲望，每个企业都想出了高招。在家电、3C 等卖场，“饥饿营销”是市场营销的宣传手段。

按照常理，卖得越多商家赚得更多，为什么商家会实行饥饿营销，这其中的玄机何在？这正由于有“品牌”这个因素，饥饿营销可以对品牌产生附加值。饥饿营销运行的始末贯穿着“品牌”这个因素。2010 年 12 月 15 日，贵州茅台发布公告，将从 2011 年 1 月 1 日起上调产品出厂价格，平均上调幅度 20% 左右。其后，在广受舆论质疑的情况下，茅台掌门袁仁国又抛出了“涨价兼顾论”，并声称厂方将实行严格的“限价令”，也就是那个“不得超过 959 元”的规定。

不少经销商反映，“从国庆节过后根本拿不到货”，同时，由于供需关系的影响，茅台也在预期中涨价，“囤茅台”也成了不少经销商的共识。茅台涨价之前，普通 53 度茅台出厂价为 499 元，一级批发价在 970 元左右，终端价北京地区达到 1500 元，而广东地区则达到 1500 元以上。北京市场茅台烟酒店零售价在 1400 多元，超市甚至 1500 元以上，而且没有货。而华南地区价格更高。但各地都面临一个共同点：有钱买不到货。

资深营销策划人、赢道顾问快消品营销中心高级顾问穆峰认为，“饥饿营销”是茅台提升品牌的一步棋。茅台酒股份有限公司董事长袁仁国曾表示，茅台要打造成为“奢侈品”，毕竟国外 XO、路易十三可以卖到上万元。茅台利用消费群体追求品牌和品位的消费心理，一次次高明地推动涨价。

饥饿营销也是一把双刃剑。剑用好了，可以使得原来就强势的品牌产生更大的附加值；用不好将会对其品牌造成伤害，从而降低其附加值。此前诺基亚对旗下手机 N97 就采用在电视、网站、户外广告牌进行大量的轮番广告轰炸，却严格控制发货数量，给人造成产品供不应求印象的销售策略，从而让这款产品一度成为顶级手机的销量冠军；但是后来，由于诺基亚在智能操作手机上迟迟跟不上市场的发展，这一“饥饿营销”导致很多手机用户倒向苹果、HTC等智能手机厂商。不了解对手，不认清自己，简单地去操作饥饿营销，会非常危险。

懂点注意力经济学，走出“酒香不怕巷子深”的悖论

以前我们常说“酒香不怕巷子深”，但在市场成熟的今天，各种各样的“酒香”都被无数其他的“酒香”所掩盖。在现代商务活动中，人们却不再觉得这样的理论有可取之处。“货好还要宣传好”早就代替了“皇帝的女儿不愁嫁”的傲慢。好的广告能诱发消费者的购买欲望，促成购买行为。要打造强势品牌，就要进行品牌宣传推广，扩大品牌的知名度，提升品牌的形象。消费者经常受到广告的影响而进行购买活动，品牌的知名度对产品的销售业绩有很大的影响。

郎咸平说：“要打品牌战略就要给自己的品牌赋予精神，首先肯定选择打广告、找代言人。但如何打广告却有很多值得注意的地方。比如李宁，面对耐克、阿迪达斯的入侵而节节败退，再也没有坐过第一。而耐克和阿迪达斯在打广告时选择刘翔、贝克汉姆做代言人，并用一些经典的广告词抓住了品牌背后的运动精神。李宁当年之所以成功是因为打出了运动精神，但是最后的失败也是‘淡忘了李宁精神’，因为它‘脱离了运动精神’。”

可口可乐公司的前任老板伍德拉夫有句名言：“可口可乐99.61%是水、碳酸和糖浆，如若不进行广告宣传，谁去喝它呢？”

然而，事实却是，可口可乐畅销全世界，打进了135个国家和地区的市场，被人们视为美国精神的象征。可口可乐如此受人们喜欢，广告作用不可低估。

“可口可乐”公司从1886年开始，就不惜成本，充分利用广告手段来扩大产品销路。1886年可口可乐公司的营业额仅有50美元，广告费就花了46美元；1901年其营业额为12万美元，广告费花了10万美元；如今的广告费每年平均6亿美元以上。

我们不说可口可乐的成功完全由于其大手笔投入的巨额广告，但这种99.61%都是水、碳酸和糖浆的饮料能够在世界上销量第一名，绝对与此不无联系。

统计表明，世界上95%的产品都是雷同的，并无多大差异（同质性产品）。为什么有的卖得好，有的卖得不好，或卖不出去？原因当然是多方面的，但关键因素是你“说不说话”，“会不会说话”。所以英国广告学专家S.布里特说：“商品不做广告，就像姑娘在暗处向小伙子递送秋波，脉脉含情只有她自己知道。”

提高商品的知名度是企业竞争的重要内容之一，而广告则是提高商品知名度不可缺少的武器。精明的企业家，总是善于利用广告，提高企业和产品的“名声”，从而抬高“身价”，推动竞争，开拓市场。

很多时候广告让消费者产生购买欲望，形成首次购买。接下来，品牌的质量让消费

者产生继续购买，并形成对品牌文化的长期认同。要注意品牌的知名度并不是越高越好，品牌的形象是正面还是反面非常重要。有些广告打得很响亮，短期内即迅速提高了品牌知名度，但这样很可能会使消费者形成对品牌的反面印象。只有那些具有精准市场定位的品牌才会有较强的竞争力，才会获得良好的生存空间。

“秦池”是个小企业，位于临朐的这家企业的兴衰是和广告联系在一起的，秦池的壮大每一步都是和广告结缘的。

1993年，秦池酒厂的厂长姬长孔怀揣50万元，仅以18天就打开沈阳市场；1994～1995年间，企业请明星拍摄广告在各地播出，销量屡次翻番；1995年，秦池以天价6666万元成为中央电视台1996年“标王”，当年实际销售2.18亿元，利润6800万元；1996年，秦池以3.2亿再度成为1997年“标王”，企业声明年度销售将突破10亿元；1997年春，《经济参考报》的4位记者卧底秦池，揭秘秦池“勾兑酒”和“原始粗糙”的生产工艺，秦池产生信誉危机，销售受阻；1998年，该厂欠税经营；2000年，秦池商标被法院判决裁定拍卖……

可谓“成也萧何败也萧何”，广告给秦池酒带来了前所未有的收益，使秦池走上了超常规发展的道路，但也因为巨额的广告费为秦池的迅速覆亡埋下了祸根。其实，很多企业对广告的迷信已经成为一种瘟疫，那些每年在中央电视台投入千万的企业不只是一个“秦池”，更多的企业试图一举成名。

在现代商业社会，“酒香”仍要借助于广告的力量。中央电视台是各企业广告宣传的制高点。据了解，2009年央视黄金资源广告招标总额达92.5627亿元。其中春节晚会独家冠名中标企业是郎酒集团，中标价格为7099万元。纳爱斯以总价3.05亿元中标2009年全年电视剧特约剧场。而春晚零点报时的广告就标出4701万，和春晚相关的元宵晚会“我最喜爱的春晚节目评选”独家冠名则标出了7099万。

有这样的一个公式：好产品＋好广告＝名牌。那么对于企业来说，广告对产品销售的作用正如盐对菜的作用是一样的。广告虽能产生积极的效果，但我们不能忽视广告的另一面。事实上有时广告太多，人们无力购买，其产品也会引起人们的反感，而且更重要的是经费问题。广告与宣传不一样，广告是要付钱的。在一个社会或一个地区内，少数几家企业激烈竞争的情况下，如果一家企业增加了它的广告费，其他企业也会仿照增加，结果可能谁都没有得到预期的效果，广告费却恶性膨胀，最终达到“多输”的结局。

任何一家企业在做广告时，都期望看到销售的成长，如果广告费用增加或广告内容改变都无法刺激销售，自然就有人会怀疑广告的效果。如果产品广告对其销售促进不大的话，除了审视影响销售额的各种因素之外，还应该明白：广告不仅是量的问题，其他诸如广告表现、媒体战略是否适当都会影响其对销售的促进。

广告有时也会产生一些不好的影响，特别是有些企业趁机吹牛骗人。常言道：王婆卖瓜，自卖自夸。你花多少钱去夸，政府都不管，但夸的话一定要是真的，而不能有虚假的成分。一旦利用虚假广告为自己招揽顾客，恐怕最后吃苦头的还是自己。

第三章　价格战不可伤到品位

价格战是占据市场的有效手段

价格战是指生产者为了达到倾销商品、占领市场的目的，而采用降价销售的竞争策略。据报道，2009 年 2 月中旬，格力、海尔、美的、三菱四家大的空调厂商陆续同国美签订了采购单总金额将高达 100 亿元的采购合同。仅海尔一家便与国美签下了 16 亿元的采购订单，向后者提供 50 万台畅销特价机型。同时，四大厂商的产品也成功地挤垮了其他空调厂商，成为市场上极具销售规模的“四大金刚”。

哈尔滨中央大街 2001 年上演了一幕药品价格大战。2000 年 12 月，位于中央大街南端的宝丰药品总汇刚刚开业，就扔出了一枚“炸弹”——总体价位低于同行 40% ~ 50%。与其相邻的两家老药店“同泰”和“人民”立即应战。

在“宝丰”出现以前，哈尔滨药品零售市场基本上是医药公司和药材公司的天下，两个公司旗下的零售连锁店“同泰”和“人民”，分别拥有 40 多家的零售网点。宝丰开业的第二天，“同泰”和“人民”分别打出大幅广告，宣布所售药品全线降价，让利于民。2001 年 5 月，医药公司又在宝丰对面开了一家面积在二三千平方米的康泰药品超市，针对宝丰竞争。

据统计部门资料显示：仅 2001 年 1 至 9 月，哈尔滨市西药价格累计比上一年年同期下降 8.3%，其中，在人民药店，一盒双黄连口服液，原价 18 元，现价是 7.2 元；一盒急支糖浆，原价 7.4 元，现价 4.2 元；在同泰中央大药房，一盒同仁堂的乌鸡白凤丸原价 16 元，现价是 11.5 元，在宝丰，一盒 7.8 元的逍遥丸卖 4.8 元。

另外，在各个药店，一楼的各个药品展示台前是人来人往，二楼付款处还要排队，据说在周末和每天的高峰时间，人比平时还要多一倍。

除了空调大战、药品大战，人们还会看到打得热火朝天的冰箱大战、彩电大战、微波炉大战等等，似乎在每种产品上，都能闹出一点“战火”。就算各种商品质量相似，但厂商还可以比拼价格。于是，在任何一个领域，我们都能用“价格战”来描述中国公司之间的竞争。

降价竞争对有的企业是战略决策的需要，对有的企业则是市场环境下的无奈的行动。启动消费，抢夺市场是企业生存的关键，生产的产品难以售出则意味着危机，利润一时没了，来日还可以挣回，市场没了，则等于丢了江山，这才是企业的大事。

由此说明，在激烈的竞争环境下，立足于企业的现实，即使在多种多样的营销策略面前，价格的作用仍不可忽视，价格竞争的环境还没有消失，价格仍是企业掌握的一张竞争王牌。甚至有人说：“很难想象，如果没有价格的竞争手段，企业还能依靠什么在市场竞争中取得优势。”

在第八届中国（长春）国际汽车博览会上，无论是进口豪车、合资企业还是自主品牌，纷纷采取多样化手段降价促销，降价幅度之大、花样之多为历届汽博会罕见。在展会现场，随处可见促销的大字条幅及各类优惠信息，优惠幅度从几千元到上万元不等，优惠方式包括现金折扣、赠送车险、抽奖及送礼包等，各参展商绞尽脑汁吸引消费者眼球，中国车市“价格战”已经悄然打响。

马自达、别克凯越、雪佛兰等合资品牌，让利幅度都很大，最高可达 3 万元；自主品牌方面，江淮旗下的品牌在享受 3000 元惠民补贴外之外，还能享受 2000 元现金优惠及 3000 元礼包。长春兴盛汽车销售有限公司销售部经理赵德有说：“原价 7.98 万元的比亚迪 L3，在汽博会上仅售 6.98 万元；而 F0 原价为 3.29 万元，目前优惠到 2.79 万元。”一汽丰田推出了“盛夏三重礼”的活动。一汽丰田东北大区长春区域代表王刚介绍说：“这次汽博会达到了‘冰点底价’。”

此外，宝马、奔驰、讴歌等豪华车也纷纷加入让利大军。“不同的车型、配置，让利程度也不一样，最高优惠幅度能达到 10 万元。”讴歌市场部负责人李文博说。

在近几年的价格战中，无论是哪个行业，挑起价格战的企业都得到了不小的好处，有的市场份额大幅上升，确立或稳固了行业龙头老大的位置；有的知名度迅速提高，赢得了消费者倾心，这正是降价策略的魅力所在。技术的、服务的、品牌的竞争是企业制胜的法宝，但这只能满足消费者对产品价值的追求，却无法满足消费者追求实惠的心理，物美还需价廉。

当今社会，市场经济发达、生产规模扩大，市面上逐渐出现了产品过剩的局面，也就是“商品丰富，货源充沛”。这一消息，对消费者来说，等于在挑选产品时有了更多的机会；对于经营者来说，则是在提醒他们不得不在产品的品种、服务、价格等方面展开激烈竞争。很快，市面上硝烟四起，各式各样的无声“战争”爆发，其中尤以价格战最为残酷，最为直接有效，最能彻底摧毁对手。于是，打价格战成为了很多品牌产品占据市场的最佳选择。

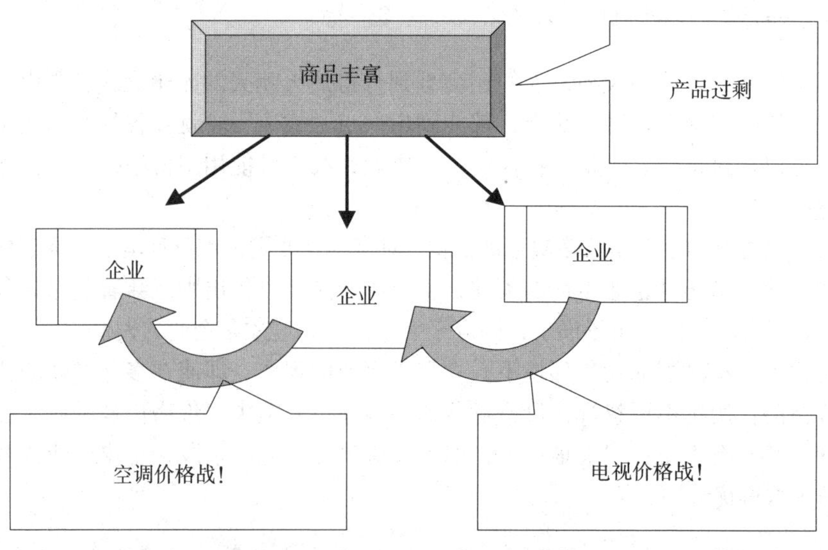

降价打折是商家的必然选择

清雪机、羊毛帽子、还有皮质靴子的销量走低，似乎没有人需要羊毛织品过冬。百货商店货架上的羽绒衣散乱地摆在那里，仿佛饥饿的野鬼。圣诞节前三天，各大商家纷纷展开了“圣诞节后”的降价盛宴。布鲁明戴尔百货公司将名牌外套降价 30%。塞克斯的冬季服装全线降价 40%。盖普更是不惜血本，将其制作精良的人造毛皮风雪大衣从 169 美元“重新定位”在 68 美元。所有这些举措都显示出了商家的绝望。

我们经常看见整个商店几百种商品同时减价，但很少静下来想一想商店到底为什么这么做。你如果深入思考，就会觉得这种定价方式令人费解。大减价是要降低商店货物的平均价格。本来整年可以只降价 5%，但为什么一年要降价两次、每次降价 30% 呢？尤其是在节假日到临的时候，这种降价的狂热甚至将那些豪华的百货商店变成了一种“每日低价”的商场模式。价格变动给商店带来很多麻烦，因为他们需要更换价签和广告。那么他们为什么还自找麻烦、把价格搞乱呢？

《纽约时报》一位分析师说：“零售商被逼得手足无措，只好将他们的衣物减价。”价格战的兴起给予了消费者前所未有的购买力，同时也给予了零售商前所未有的对制造商和供应商的控制力。

对于一些人来说，价格战是一种考验，但是对另一些人而言，那只是简单的模仿。在各种商品价格不断下降的情况下，创新性和创造力也随之消失。但是问题远不只这么简单：当消费品价格下降到很低的时候，我们当中那些支付能力最差的人们却以其他形式来填补这种差距——低廉的工资、机遇的流失，还有那些使人喘不过气来的债务。那么看来价格战对于商家来讲并不是一件好事，面对市场上的激烈竞争，价格战成了许多商家不得已而为之的事情。

最初的价格战始于美国，发达的零售业成为最先投入价格战的赛手。更多的独立商店、区域性连锁店以及零售巨头都纷纷加入价格战。供应商和制造商能够要求零售商与他们分担在市场上销售其商品的风险。比如一位富有创造性的、年轻的时尚设计师，他设计的前卫服饰就容易出现销售不尽如人意的情况，供应商就会通过和零售商一起分摊损失来减少整体的经济损失。百货商店出售商品的技巧就在于以一个公平的价位出售商品。折扣卖场则采取特价销售的策略。

在 20 世纪七八十年代，风云突变。百货商店相互兼并，药店、玩具店和五金店也没有逃脱被兼并的命运。兼并后，供应商和制造商不再像以前一样在超级商店中说了算，他们不得不开始同零售商讨价还价，答应在销量下降的时候承担损失。20 世纪 90 年代起，考夫曼、梅西百货等许多百货公司同其他公司合并成了更加庞大的连锁公司，存活下来的超级企业开始施压给供应商。于是，折扣变得无处不在，人们也对折扣有所期待。

一位服饰零售店店长这样说：“我们的压力急剧变小。定价是从零售商处开始，然后往下走。定价绝不会从低端开始，从制造衣服的真正成本处开始。零售商永远可以随便找到一家制造商，并让这家制造商以更低的成本制造衣服。制造商和承包商说了不算。”

产品过剩——价格竞争——微利经营是市场经济的客观规律，它既可消除积压、回笼资金，又是刺激消费、扩大市场份额、提高企业知名度的有效途径。对于行业品牌林立、技术趋同、产品差异化小，又严重过剩的市场特点，商家除了价格竞争，已没有多少良策。

逐渐，降价成了商家进行竞争的必备选择。到半个世纪以前，大部分商店才开始以固定周期降价打折，1965年所有降价商品的价值占到了百货商店销售额的6.1%，1975年这一数字为8.9%，到1984年这一数字变成了惊人的18%。到20世纪90年代中期，仅有20%的百货商店商品以全价出售，到2001年，所有产业（包括玩具、电子产品、服饰）降价商品增加到了令人吃惊的33%。

小幅的降价折扣似乎无法带动商品的出售，而过大过猛的折扣则会让消费者起疑心，再加上各种新型消费品的出现又十分迅速。排除原产地的因素，更加昂贵的商品要不就是以全价迅速卖出，要不就是在商店货架上摆很长时间无人问津，最终被大幅打折出售。

季节的变迁也在打折中扮演了重要的角色。曾经只有两个季节：3月~8月的“春夏季”；9月~来年2月的“秋冬季”。在这两个季节内，商家为了吸引顾客纷纷降价促销，尤其是在服装行业尤为典型。一位市场专家对《华尔街日报》的记者说：“我们没有办法再给降价命名了，因为再命名的话，就不得不叫做6月1 3日折扣，然后紧跟着就是6月14日折扣了。

消费品理应迅速被售出，如果没能迅速售出，就会被打折处理。如果打折商品还是没有卖出，价格就会跌至更低，直到被卖出。但是降价不再仅仅是商品上一层又一层的价格标签。若想明白什么商品该降价，什么时候降价，降价多少，绝对是一项艰难复杂的任务。

价格专家说，商家进行降价销售原因主要在于昂贵的商品通常有更多的特性——搅拌机上有更多按钮、裙子上多加了珠子亮片、数码相机功能过多等，面对这种商品的售价不确定性也更高。消费者要不就对这些商品爱得如痴如醉，要不就对它们不理不睬。当情况处于后一项时，为了避免囤货积压的损失，这些东西不得不被以低价售出，甚至一些商品的价格会小于其原有的价值。

谁是价格战里最大的赢家

在任何一个领域，我们几乎都可以用“价格战”来描述中国公司之间的竞争。很难想象，如果没有价格竞争这种行之有效的手段，许多中国企业还能依靠什么在市场竞争中取得优势。而同样难以预料的是，如果中国企业在“攻城略地”中使用熟练的“价格战”一旦失灵，那么一些企业在抵御竞争风险时就会变得不堪一击。

从中国商业信息中心对605种产品供求情况分析中看出，1995年，供大于求的商品只占18.3%，到1999年，供大于求的商品达到80%，已没有供不应求的商品；截至1999年，全国商品房积压已达8000多万平方米，沉淀了6000多亿元的资金；彩电、冰箱、摩托车，甚至包括大型零售商场，无不处在过剩的强大压力下。产品过剩，沉淀了企业大量资金，严重制约企业新产品的开发、技术的革新和市场规模的扩大，与其坐以待毙，何不死里求生，主动出击，寻找出路。

产品的严重过剩加重了市场压力。产品的严重过剩是国内市场步入买方市场的突出特点，且这种过剩是在产品结构矛盾突出，产品变化滞后于需求变化的条件下出现的。同时，新的企业还在加入，同质的产品还在涌现，过剩的产品日益积累，市场负荷日益增大。

面对商品过剩的压力，商家想出各种方法只为博得消费者“回头一看”，在各种方法都试过的情况下，降价打折似乎是最为有效的方法。

每年的国庆都是商家赢利的黄金周，为了在7天长假里取得可观的收益，商家们无不使出浑身解数，各种活动有声有色进行，甚至不惜打出“跳楼价”、“血本甩卖”的字眼，消费者也兴起了抢购之风。各商品品牌之间为了打压竞争对手、占领更多市场份额、消化库存等无不采用了降低产品价格的竞争方式。

有人说“降价”是对中国消费者最大的善意，还有的报纸公开对厂商们呼吁：欢迎价格战。看似价格战对于消费者和商家都是一种双赢的状态——商家赚了钱，消费者以较低的价钱买了自己的理想物品，何乐而不为？但是，事实果真如此吗？

正如天上不会掉馅饼，作为消费者最应该记住的一条真理便是“世界上并没有免费的午餐”。成本与价格是紧密相连的，成本是价格的基础，成本优势是企业追求的目标，也是参与降价竞争的核心要素。成本降低可以导致两种结果：

第一，维持价格不变，企业便可取得更多超额利润，但是各企业在竞争压力下会竞相降低成本，最终导致产品价格下跌。

第二，降低价格，企业可在相应减少、保持甚或增加利益的情况下争取强大竞争优势。因而，通过降价手段来获取竞争优势，扩大市场份额，成为成本优势企业惯用的策略。

对于一些处于买卖中间阶段的商家，在物品的原有成本不变的情况下，降低产品售价相对于以前价位的所得利润是处于下降的状态。除此之外，商家还需要另外支付房租、工作人员工资等成本开支。争取利润最大化是所有商家的终极信条，因此对于降价造成的损失，他们会在其他地方找回来。而对于那些极不负责的商家，在弥补自己损失的同时，消费者的利益也遭到了损失。

对于消费者而言，面对降价促销的情况，需要擦亮眼睛，防止自己上当受骗。对于以下几种情况，消费者需要格外小心。

（1）明码虚价，坑你没商量。比如，宣传商品“买二百返一百”，却明里打折返券暗中提价，一件活动前的羊毛衫标价299元，活动时标成499元！对这种猫腻，消费者在进行商品选择时需要留意商品日常的销售价格，谨防虚假打折；出现此类问题，可以向工商或消协投诉。

（2）三无伪劣，骗的就是你。这种猫腻比较普遍，对此消费者需要当面检查清楚赠品，看是否过期或是否符合质量标准，并要求销售人员在有效票据上标注赠品的名称、型号。这样，赠品有问题时就可以要求商家承担责任。

（3）特价钓鱼，愿者上钩。商家在报纸广告中声称，每天都有几款10元的特价手机，但是你兴冲冲而来，商家总是说，“抱歉，已卖完了”。果真如此吗，商家其实是借此花招吸引人气而已！对付此类商家最好的办法是不闻不问，如此一来其猫腻自然没戏。

（4）捆绑销售，猫腻多多。有的是采取“捆绑式”销售快过期食品；有的是搭售滞销产品；有的是以次充好；有的以国产的冒充进口等等。消费者要理性对待商家此类促销，要根据自己实际需要和购物计划来购买商品。面对“捆绑式销售”大优惠等诱惑，应保持谨慎心态。

（5）落后冒充先进。这类猫腻尤见于平板电视、数码相机、笔记本等种类型号繁多的产品。笔者建议，事先要对同类商品价格、款式、功能进行多方面了解，买时最好请行家把关，以防落入陷阱。

（6）抽奖不透明，箱里藏猫腻。消费者往往关注自己的购物奖票投进了箱子，但却不关心奖是怎么评出来的；以至于商家购物中大奖的活动很多，但中奖的过程和结果却很值得怀疑。对此猫腻，消费者参与购物抽奖时要问清规则，不要被宣传海报所误导。

商家和消费者处于交易的天平两端，面对商家更多的信息优势，消费者明显处于劣势地位，因此在购物时，消费者需要擦亮慧眼。尤其是在节日促销购物时，不要只盯住商品的折扣率来选择商品，而应该注重商品的实际价值，面对高折扣、高额返券等诱惑，应保持谨慎心态，弄清促销规则。这样，才能从根本上避免掉进商家打折、返券活动的陷阱中去。

“价格”定得到位，才能“战”得漂亮

在今天，各大商品品牌之间为了打压竞争对手、占领更多市场份额、消化库存等采用的降低产品价格的竞争方式并不少见，特价促销、买一赠一、打折购买……各种价格战方式数不胜数。

但是作为价格战的主导方——商家，应该如何在价格战中确定适合自己的价格，既达到吸引消费者、增加销量的目的，又能够避免因为价格定位失误带来的利润损失呢？

在价格战中的商家定位其实也有技术。好的产品定价不仅是一种策略，更是一种艺术。

只要出售商品的价格高于生产的成本，那么企业就应该尽可能多地生产和销售，因为这样能增加企业的利润，但是不是企业按这个思路一直努力下去就行了呢？事实上，这个话题是微观经济学中的一个重要的题目，所有希望投身企业的朋友都应该重点关注。这个问题的核心在于，企业的规模究竟应该多大，是规模越大越好吗？

经济学家给出的结论可能令你吃惊，企业的最大规模应该是利润为零。足够挑战的吧？为了解开这个谜题，首先我们要明白企业边际成本的概念。

理论上来讲，边际成本表示当产量增加 1 个单位时，总成本增加的多少。比方说，生产 100 个球拍，成本为 5000 元，每个球拍成本为 50 元。生产 101 个球拍，总成本是 5040 元，则所增加一个产品的成本为 40 元，即边际成本为 40 元。

那么，边际成本是怎样变化的呢？经济学家们解释说，当实际产量未达到一定限度时，边际成本随产量的扩大而递减；当产量超过一定限度时，边际成本随产量的扩大而递增。

再说一个形象的例子，比如私营中巴车按 5 元的票价来收钱，就要发车时，跑来的人悄悄问司机 3 块走不走，司机一般情况都会招手让他上来，为什么，难道司机的 5 块的票价是不按成本算出来的吗？其实这一瞬间司机的决策，已经涉及边际的概念了。多一个乘客，司售人员的开销和过路费都不会增加，汽油费和车辆磨损费用也不会增加多少，

因此，这位多出来的乘客的边际成本很低，几乎可以忽略，那么多挣3块钱谁不干呢？但是，如果还一个劲儿地增加乘客的话，成本的大小可就不好说了，比如，要考虑雇一个售票员了，要考虑提前保养汽车或者更换轮胎，甚至考虑换一部大一点的车来拉了，这时候，实际上受到一个产能的临界点的制约。

边际成本重要的意义在于，它是企业判断产能是否合理的标志。当增加一个单位产量所增加的收入高于边际成本时，生产就是合算的；反之，生产就是不合算的。

而利润为零，就是说此时的边际收入 = 边际成本，经济学家也称这是企业的盈亏平衡点。这里有一点要着重强调的是，我们所说的利润为零，是指超额利润，但企业会有正的会计利润，即由土地、资本、劳动带来的利润并不为零。

对于超额利润为零，我们还能够这样理解，在自由竞争的市场上，只要企业的利润为正值，那么就会有其他企业愿意进入这个行业，分享一部分利润，随着企业数量的增加，产品数量迅速增加，这使得产品的价格下降，最终在利润为零的情况下，供给和需求达成均衡，超额利润就消失了。

事实上，在"边际三杰"之前，人们经营决策赖以使用的是平均成本，也就是每个球拍50元的成本，现在人们有了更好的工具——边际成本。经济学家们这么解释两者的差别：平均成本重在总结过去，能让我们清晰地了解过去，而边际成本重在预测将来，为我们作决策提供了重要的依据。

除了边际分析之外，产品定价还有两个因素：固定成本和可变成本。其中，固定成本代表无论是否生产都必须支付的开支；而可变成本是随着产出水平的变化而变化的开支，总成本 = 固定成本 + 可变成本。

其实有一种常见的定价方法，即两部收费法。专业的说法是，将商品的价格分为两部分：一部分反映基础设施投入的固定成本以及其他流量不敏感部分的成本，另一部分反映单位成本，就是每提供一个产品或服务的边际费用。比如，电信公司会分别向电话用户收取月租费和通话费，月租费反映固定成本，而通话费是通过计时收费来弥补运营的可变成本。在美国，天然气用户需要缴纳容量预留费和使用费，其中容量预留费是用户对运输管道的占用费，主要用来回收管道的固定成本，而使用费主要用来回收可变成本。

接下来的问题是，厂商如何决定进入费和使用费？是应该把进入费定得较高，还是应该把使用费定得较高？

事实上，这又是个很复杂的问题，让我们来看看出租车的定价模式。大家知道，北京的出租车有10元的起步费，这相当于进入费；之后按每公里2元收费，相当于使用费。专家们的做法是，在测算出租车运营成本的基础上，对乘客的心理预期进行了估计，并根据他们的出行习惯和消费能力确定出租车起步价格。为了使得"吝啬"的乘客们也愿意选择出租车，出租车公司专门针对他们的消费者剩余制定了起步价。接着，专家们又制定了每公里2元的使用费标准。

事实上，两部定价法可以让我们发现很多有趣的故事，比如相机和胶卷、汽车和配件、剃须刀与刀片，这些都能够看做是这种收费策略的翻版，商家在这里的策略也不尽相同，既可以把"门票"定得较高，使用费定得较低；也可把"门票"定得较低，使用费定得较高。

具体到公司，如何定价可关系重大。如果提高1%的价格，那么可口可乐公司将能够增加净收入6.4%；如果是富士通，净收入将增加16.7%，雀巢公司为17.5%；福特为26%。事实上，我们熟知的每家大公司都投入了巨大的人力来研究企业的定价策略。

经济学家和市场营销专家告诉我们，在市场中，商品的价格往往是很多因素相互作用的结果，这些因素至少包括：产品在客户心中的潜在价值、供求状况、公司的生产和管理成本、竞争和替代品价格、讨价还价的能力等等。尽管目前我们已经明白了其中的四个因素，但是在市场中想要真正准确地为商品定价却并非易事。

当然，高明的企业会针对行业的不同情况迅速制定出不同的价格策略，它们会分别针对行业竞争者、新进入者指定出不同的价格策略，后面我们将看到葛兰素和史克、柯达公司和宝丽来公司之间精彩的价格战，有些企业甚至利用价格向消费者发出甄别信号，以此鉴别哪些是优质的客户。

民族品牌是商业战争中的防守反击

品牌是什么？品牌是产品的灵魂，是企业的印钞机，是产品的抽象代表，是产品的包装，是无可取代的质量，是独树一帜的个性。品牌对一个产品、一个企业有着决定性的价值。

一日，有位美国富豪到梵蒂冈拜会天主教教皇，他想捐出一笔巨款给教会，但是教皇必须答应他一个条件。

“只要您答应我这个条件，我就捐赠100万美元。”教皇看了看商人，摇摇头。

“5000万美元如何？”教皇仍不为所动。

这时，富豪用恳求的口吻说：“我捐1亿美元，还不行吗？”教皇依然不松口。

旁边的枢机主教见状，急忙对教皇说：“您为什么这么坚决呢？您知道1亿美元，可以让我们盖多少教堂，建多少医院，做多少善事？”

教皇狠狠地瞪了枢机主教一眼，说：“你这个贪财鬼！知道什么！那美国人开出的条件是让我以后在做完祈祷后，不说‘阿门’，而说‘可口可乐’！”

相信很多人都读过这则关于“可口可乐”的笑话。其中透露出了商人的狡猾，也看出了“可口可乐”这四个字的价值——从100万到1亿美元！

可口可乐公司创建于1886年。当时，为这个饮料起名字的是位古典书法家，他认为有两个大写字母C会很好看，因此将新制的饮料称作Coca-Cola。经过多年精心经营，可口可乐公司已经成为一家规模巨大的国际企业，它在2008年度的“全球知名品牌100强”中排名全球第四，品牌价值高达582亿美元。

看到可口可乐公司如此值钱，也就难怪当初其总裁会夸下海口说：“如果可口可乐公司在全世界的所有工厂，一夜间被大火烧毁了，那么可以肯定，大银行定会争先恐后地向公司提供贷款，因为可口可乐这块牌子放到世界任何一家公司头上，都会给它带来滚滚财源。”

作为消费者，我们为什么愿意花那么大的价钱去买那些名牌的产品，我们买的绝不仅仅是它的硬件，比如说时装，我们买的绝不仅仅是它那块布，买的是它的享受，是一种文化，是一种物质之外的东西。这个东西是什么？这个东西就是今天所说的品牌，品牌为什么有这么大的威力，首先标志的是一种信用，越是强势的品牌，客户的忠诚度越高，生产名牌产品的企业，也就越具有良好的赢利能力和持久的生存力。

品牌从某种程度上讲，代表了良好的产品形象、值得信赖的品质、态度良好的服务与合理的售价。一个企业的产品如果能在品牌上精心营造，就能引发顾客的好感，增加顾客对产品的认同，进而保持对产品的欣赏、激发购买欲。越是好的品牌，它就意味着重复千百次的消费都能够让消费者满意，是这样的一个代名词，是一个持久的、稳定的高质量的服务。

品牌是和文化紧密联系的，是企业不可复制的竞争力的表现。品牌的塑造过程是一个漫长的过程，品牌的维护过程也是一个漫长的过程，我们参与了品牌的竞争，就意味着我们参与了一个永不闭幕的奥运会。不知从何时开始，作为商品生产者的企业本身也成了一种商品，它可以在市场上被估价和买卖。于是，关于企业品牌价值的各种评估随之而来。

企业品牌价值是企业核心价值的重要一部分，企业价值是一种对企业资产进行综合的、动态的价值评估。现代的人们都意识到只利用企业的有形资产衡量企业的财富已经不足以概括真实的情况，相反，越来越多的无形价值也被商界人士考虑了进来。于是，企业价值的计算也同过去的方式有巨大差别。

据统计，20世纪80年代末，较为科学的企业品牌价值评估方式开始在我国启动。如今全国绝大多数企业都采用这种方式。其中，因广东、山东、江苏、浙江、河南和河北等省企业名牌较大，使用企业品牌价值这一概念的频率较多，维护和不断完善自身价值的意识也较强。

一个企业的品牌在顾客心中所占有空间的大小，也就决定了这个企业在市场当中竞争力的强弱。今天，展开一场捍卫民族品牌或者捍卫消费者心智空间的一场战争，意味着我们要展开一场防守反击战。

在商业社会中，我们面临着一场没有硝烟的商业战争。如果一种产品没有品牌，它只能看做是商品，面对竞争，该厂商最终只能低价倾销，而如今，很多中国企业正渐渐陷入这样一个恶性循环中。中国的品牌还没有能够做到让消费者第一个想到的就是中国的品牌。在未来相当长的一段时间之内，中国的企业应该下工夫补上这一课，赢得这场商业战争的最后胜利。以前，我国的产品销售经常遭受美国、欧洲的贸易壁垒，被指为产品倾销，其实也未必是倾销，关键是我们没有品牌，只能靠低价格去销售我们的产品，而低价格不能带来企业的持续发展，我们必须走出这样的困境。

国家之间的竞争甚至是民族之间的竞争更多体现在经济实力上，一个国家的经济实力主要就是指这个国家企业的群体实力。如果企业没有自主创新的能力，没有持续制造血液的能力，我们就是奢谈国家和民族的强大。

中国崛起必须实现从中国制造到中国创造的跨越，必须创造大量的中国自己的民族品牌。自主创新和自主品牌是中国创造包含的两个内涵，有了自主创新，最后可以凝聚成品牌，有了品牌可以成为下一步创新的基础，这样可以形成一个良性循环。

目前，通过品牌建设来实现中国创造的共识已经逐渐形成。“V815”品牌推广联盟成立以来，华旗取得了快速的进展，2004年的8月15日爱国者“V815”数码相机在民用中高端领域胜利突围，打破了日本品牌的垄断。这是第一款中国人独立研发，独立制造，拥有民族品牌的800万像素数码相机。

由于数码相机领域投入巨大，华旗在数码相机领域投入4年，2004年因研发而投资性亏损3000万，但因为这3000万投资换来为国人节省至少40亿人民币的血汗钱，所以华旗选择了坚持，这样才能对得起爱国者的品牌和定位。

目前，国内各个行业的发展趋势已经由追求“数量”产品转变到“质量”产品，而整个国家也将“品牌战略”升到实现中华民族伟大复兴的国家战略的高度。在这样的大环境下，你要想开展自己的事业，不妨从一开始就树立自己的品牌形象。

第四章　免费是最好的商业模式

1元看电影并送瓜子的电影院如何赢利

有这样两家电影院，相邻而居，影院面积也相差不大，都播放同样的电影，提供的价格也都一样：50元每人每部，他们的雇员人数是相等的，他们的目标客户也一样。所以，两家电影院的赢利也几乎相同。但这种不多不少的赢利让其中一家新时代电影院的老板有些不尽兴之感，很明显，他想把另一家电影院天地之光电影院的绝大部分客户拉拢过来。所以，新时代电影院首先采取了行动。

首先，新时代电影院将门票改成25元每人每部。一周下来，新时代电影院的赢利的确上涨了很多，让老板非常满意。过了一周，天地之光电影院也调整了价格，20元每人每部。这下，爱看电影的顾客又哗啦啦跑到了天地之光。

新时代电影院老板有些郁闷，他细细计算了自己的赢利空间，下了狠心，决定赔本也要将天地之光电影院挤垮，他决定了最后的定价：5元每人每部！定价标出后，他得意洋洋地看着对面影院的反应和不断涌进自己影院的顾客。

过了一周，天地之光电影院标出特大海报：1元看电影并免费赠送瓜子！

新时代电影院的老板傻眼了，他知道，自己5元的定价已经是大赔本了，想不通为何天地之光的老板要1元看电影还赠送瓜子？这肯定要赔，坚持不了多久的。没想到，半年过去了，天地之光的老板不仅买了新车，还换了新别墅。最后支撑不下去的不是天地之光，而是新时代电影院。这中间有什么奥秘呢？

这可以用经济学上的“互补品”来解释。互补品是指两种商品之间存在着某种消费依存关系，即一种商品必须与另一种商品的消费相配套，两种商品在效用上是互相补充的，二者必须结合起来共同使用才能满足消费者的需求，也可以把这种需求叫做联合需求，即一种商品的消费必须与另一种商品的消费相配套。一般而言，某种商品的互补品价格上升，将会因为互补品需求量的下降而导致该商品需求量的下降。

互补品是共同满足需要，而且必须同时使用的两种商品，缺一种都不行。汽车销量的增加导致汽油销量的增加，油价的上涨导致汽车销量的下降，因为两者是互补品。一种商品价格的上升不仅使该商品的需求量减少，也使它的互补品的需求量减少；相反，一种商品价格下降、需求量增加，引起它的互补品的需求量增加。这里的互补品，就在瓜子身上。众所周知，瓜子吃多了，必然口渴，那就要喝饮料。在电影票不能成为主要赢利点时，饮料就成为电影院的主要赢利点。所以，提高饮料价格，不仅不会让影院亏本，还能实现一定的赢利。互补品往往是商家销售策略的一个重要考虑方向。一般来说，作为互补产品有如下运作方式：

1. 捆绑式经营

以单一价格将一组不同类型但是互补的产品捆绑在一起出售，仅仅同时出售这一组产品。例如，IBM公司在过去的许多年中，曾将计算机硬件、软件和服务支持捆在一起经营；微软公司将 Office 系列、IE 探索器挂在 Windows 操作系统上时，采取的就是一种典型的捆绑式经营。捆绑式经营广泛地存在于商业活动中，不过人们并不总能辨识出来。例如，作为交通工具的汽车与车内的音像设备构成互补产品关系，但消费者往往将它们作为一个整体来看待。

2. 交叉补贴

通过有意识地以优惠甚至亏本的价格出售一种产品，而达到促进销售更多的互补产品，以获得最大限度的利润。在“剃须刀与剃须刀片”的这种涉及互补产品的战略中就用到这样的策略。将剃须刀以成本价或接近成本价的价格出售，目的是促使顾客在将来购买更多的、利润更高的替换刀片。

3. 提供客户解决方案

从客户的实际需要着手，通过降低客户成本，如时间、金钱、精力等，增加客户从消费中获得的价值，将一组互补性的产品组合起来，为顾客提供产品“套餐”，从而达到吸引顾客、增加利润的目的。

4. 系统锁定

实施系统锁定战略的要义在于，如何联合互补产品厂商一道锁定客户，并把竞争对手挡在门外，最终达到控制行业标准的最高境界。微软是最典型的例子。80% ~ 90% 的 PC 软件商都是基于微软的操作系统（比如 Windows 系列）。作为一个客户，如果你想使用大部分的应用软件，你就得购买微软的产品。

生活中有很多类似的例子，例如IBM公司曾将计算机硬件、软件和服务捆在一起经营，“剃须刀 + 剃须刀片”就是典型的互补品，吉列公司将剃须刀以成本价或接近成本价销售，目的是让顾客购买利润更高的剃须刀片。实施这种战略的重要性在于，出售互补产品的厂家锁定客户，把竞争对手挡在门外，最终实现他们控制行业标准的最高目标。看来，天地之光电影院老板看似默不做声，其实是个经营高手。

对于我们每一个消费者来说，互补品是我们在消费的时候需要考虑的因素。就现在的市场来说，汽油价格居高不下，一涨再涨，我们就经常听到有人说：“先等等再买车吧！买得起车，用不起油啊”。这就是因为，消费汽车的同时必须要消费汽油，如果汽车价格比较低，我们还要考虑汽油的价格问题。从经济学的角度来说，汽车和汽油就是“互补品”的关系。

企业通过广告宣传等方式强化消费者对互补产品联系的主观感知，可能确立互补产品之间的战略重要性，微软推出的互补战略就是显证。反之，在一个较充分产品信息的消费者占绝大多数的成熟市场中，互补产品之间的紧密联系则较难建立。

如果一个产品与其互补产品都处在成熟的市场上，互补品所产生的互补效应恐怕不那么明显。例如，对于洗衣者来说，洗衣机与洗衣粉是典型的互补产品。今天的消费者倾向于对两者的购买独立决策，他们对洗衣机与洗衣粉都有自己独立的品牌偏好。这时候，厂家推荐的 A 牌洗衣机与 B 牌洗衣粉组合的方案就不一定能奏效了。在一个尚未发育成熟的市场中，对产品信息了解不多的消费者占了绝大多数。

百事送音乐，第三方埋单提升竞争力

天下“美事”莫过于“吃免费的午餐”，但是没有白吃的午餐，能吃上“免费的午餐”是因为有第三方帮助“埋单”。

2004 年 2 月，苹果公司携手百事可乐公司在美国掀起了一场轰轰烈烈的“iTunes 音乐风暴”。消费者买到瓶盖上印有 iTunes 下载信息的百事可乐后，可以到苹果公司下属的 iTunes 网络音乐商店免费下载 MP3 音乐。

随着“喝百事，听音乐”活动的深入，iTunes 网络音乐随着百事可乐拓展到美国的各个城市和乡村。只要有百事可乐，就有 iTunes 网络音乐的旋律。在很短的时间里，iTunes 网络音乐的下载量直线飙升。据苹果公司的统计数据显示，在 2004 年 2 月 ~ 4 月的两个月内，iTunes 音乐商店出售了 5000 多万首歌曲，并以每周 250 万首歌曲的下载量继续增长，成为后来的市场领先者。

在这里，百事可乐的产品本身成为了苹果公司音乐产品的营销平台，双方在目标人群、渠道上互为借势，形成了品牌联盟的新格局。

百事可乐和苹果公司直接的这种合作形式实际上就是产品企业与产品企业之间的埋单行为。与一般媒体活动第三方埋单不同的是，产品企业与产品企业互为联盟，双方受益，消费者在一方产品价格上并没有享受到零成本或零价格，只不过是获得了另一种产品的附加值服务。如百事可乐并没有因为苹果的埋单而降低价格，而是按正常价格出货。双方消费者获得的是可以解渴的可乐与可以爽心的音乐。百事、苹果与消费者皆大欢喜。

制造性企业的赢利模式主要是靠产品销售来完成的。为了完成产品销售，他们一般要经过价格、渠道、促销、传播这样的过程。结果，每一个产品的获利空间有限，没有品牌的产品更是举步维艰，鲜有活得很好的。大部分情况是，产品创新有了，渠道创新有了，促销与传播都有点过度了，产品才可以走上一种正常的销售轨道，形成品牌效应。

显然，这种赢利模式产品的边际非稀缺成本明显过高，企业只有通过不断销售大量产品才能获得巨额的利益，这是一般产品的市场赢利状况。对于像微软、英特尔这样的品牌，其产品一旦用一个固定成本生产出来以后，可以无穷复制而不需追加任何成本，即边际成本永远为零，这就是边际非稀缺产品。

为了在竞争中胜出，企业要不断提供更好的产品，让顾客更方便地得到产品，并加大宣传和促销力度，降低价格。而当企业没有微软这样的好产品时，他们的产品除了销售收入之外，还能产生另外一种收入，让你的产品也能肩负起第二种使命。什么使命呢？就是有可能成为别的产品的营销平台。

产品也是大众传媒，产品制造商面对激烈的市场竞争，为了达到有效销售，除了要做到以上几条，也可以向别人的营销平台去投钱。而让别人（其他产品制造商）给企业投钱，可以达到一种双向互赢的好局面。企业与企业之间同样可以形成范围经济。企业的整个运营过程由不同流程组成，只要能找到产品之间的互补性或关联性，就能把多个产品的采购、生产、分销、促销和销售流程分别合并在一起，使用同一个流程完成多项任务，节省总体成本支出。

企业可以通过发掘产品的新功能而找到第三方顾客。例如，打火机的基本功能是点火，生产商一直在销售这种功能。而现在人们常常能得到免费的打火机，为什么呢？因为厂商在打火功能之外还赋予了打火机承载信息的功能，在其表面印上其他厂商的产品信息，收取宣传费用。这样，打火机就能低价销售，甚至可以免费赠送，而生产商仍然可以赢利。并且，打火机价格越便宜，它的顾客就越多，愿意在上面做宣传的企业就越多，那么信息承载功能获利就越高。在这里，承载信息的功能为点火功能埋单，广告主为打火机顾客埋单。

如果一个企业的顾客同时也是第三方企业的目标顾客，那么第三方企业就可能为获得这些顾客向企业支付费用。例如，为什么网络企业能够并且愿意为网民提供免费服务呢？因为网民也是很多企业的目标顾客，他们愿意为了接近这些顾客而付钱。网络企业把这么多顾客召集在一起而形成了巨大的战略利益，广告收入弥补了为网民提供服务的成本。在有些情况下，有一部分特殊的顾客能对企业产品价值的提升或品牌升值作出很大贡献，因为他们对其他顾客有很强的影响力。此时，企业可以为这些特殊顾客低价甚至免费提供产品，利用他们的声誉或影响力吸引其他顾客。

碧浪洗衣粉与小天鹅洗衣机在很多大专院校开办“小天鹅—碧浪”洗衣房。碧浪洗衣粉的包装上写着“推荐一流产品小天鹅洗衣机”，小天鹅洗衣机销售时，向顾客派发碧浪洗衣粉试用。通过这种合作，他们都利用彼此的品牌提高了自身品牌的知名度和吸引力，也节省了各自的广告费用。

传统促销活动中，各个企业的产品，甚至同一企业的不同产品都是各自进行广告宣传活动。通过观察可以发现，有很多企业已经正在实践“第三方埋单”的新赢利模式。猛一听，“第三方埋单”有点像是用了十几年的赞助形式，赞助不就是由一个单位搭建一个传播平台，然后免费提供给消费者，再由第三方也就是企业方埋单吗？

苹果公司可以为百事可乐埋单，实现了一个产品可以不光赚产品销售的利润，而且还赚到了第三方产品企业营销的钱。至于双方是实际现金交易还是资源互换这并不重要。行业内的资源互换形式肯定有很多，重要的是这种产品与产品之间的营销行为，为我们的企业营销打开了新的思路。

实际上，媒体产品的第三方埋单已无新意，但企业产品与企业产品之间的营销埋单（不是简单的品牌联合）不仅可以为你的产品创造额外收益，还能充实品牌内涵。何乐而不为呢？

折扣经营，为赚钱不惜一切代价

那些还能够记忆起20世纪60年代的美国人一定还记得他们怎样打扮妥当去市中心购物。在半个世纪以前，每桶油只要4美元，在那些乐此不疲的消费者眼中，这些折扣店只有65000 ~ 120000英尺之遥，周六早晨驱车过去也不过花费50美分的油钱。折扣店顾客不必面对那些价格高得吓人的高端商品，还有那些专业水平不高的销售员，这令他们十分满意。即便没有大衣柜来装那些讲究的衣服，他们也可以前来购物，这令他们感到舒心。

20世纪60年代，美国一位来自布鲁克林的移民男孩白手起家，推行一种低利润、少服务、高产出、为赚钱不惜一切代价的折扣模式，也因此登上了《财富》杂志的封面。这个人就是美国折扣经营之王法考夫，彼时的他已经从一名名不经转的小人物一跃成为当时的千万富翁。1962年，法考夫的连锁店年销售额达到了2.4亿美元，许多人从此开始追随法考夫的脚步，因此发家。

这些形色各异的折扣店都有共同之处：每家商店都有7万 ~ 20万平方英尺大。同法考夫一样，许多零售商也将他们的店面出租出去。通过这种方法，资金得到回笼，当消费者流动时，这些商家也更容易在新地方建造新购物场所。他们是自由的，并非在某一个社区永远驻扎，也不会一直从同一家供应商处进货。当然，其中最重要的一点就在于他们所出售物品的价格极为低廉。在他们所做交易中，价格通常是决定因素。大量的商品按这样的机制流转。

货架上堆放着琳琅满目的商品，冲动的顾客仿佛条件反射一般，从超市的一端疯狂地跑到另一端抢购特价商品。曾经劳动密集型的服务如今已经被自助式服务取代，但这种做法并非没有弊端。

有史以来第一次，旁观者感到热情高涨，美国商品大规模流通终于同大规模生产并肩而行：制造商生产商品有多快，零售商就能以多快的速度将商品卖出。

当时伍尔沃斯公司是全美第七大零售商，其1961年的年度报告这样写道："消费者愿意以较少的服务为代价，换取较为低廉的商品价格，并且在一个商店，消费者可以买到各种商品，他们自己选取商品，然后到款台交钱。"为了迎合这一趋势，伍尔沃斯公司宣布将在1962年开设伍尔科连锁百货商店，商店定位为低利润、自助式、各种商品一应俱全的郊区商店。在报告中，伍尔沃斯指出了几个作为折扣店标准的主要因素：占地面积大，独立式建筑，几英亩的免费停车场，一站式、多选择、最低价格购物体验的承诺。

通过减少对消费者的服务，以及其他不必要的表面功夫，折扣店不仅可以节约成本，同时还在顾客中产生一种印象：折扣销售的商品之所以便宜不是因为质量不好，而是因为管理费用低。同时，由于折扣店的超级规模和强大的关系网络，它们总能在同批发商的谈判中占据有利地位，并且它们也习惯通过强制性方法以尽可能低的价格批发商品。在沃尔玛超市诞生很久以前，供应商就已经处于长期压迫之下，在其商品抵达商店以前，它们必须被迫将自己的利润压缩到最低。

自助式超市模式算不上新生事物，真正令人们感到惊奇的是折扣店模式迅速发展壮大，主导了整个零售业。几乎是一夜之间，折扣店颠覆了零售店只为消费者提供他们所需商品的做法。只要有库存，折扣店便会将商品拿出来，以尽可能低廉的价格提供给消费者，这些商品以符合生理学和心理学的方式摆放从而使消费者相信，他们在这里购物是天底下最划算的买卖。关注点从商品本身转移到整桩买卖上：如果买卖划算，那么商品本身对于这个交易而言就不那么重要了。

传统百货商店中，电子收银机贴心地摆放在各个购物区内，为顾客节约结账时间。而经验丰富、无所不晓的销售员则在帮助顾客寻找到他们所需要的商品：合适的颜色、大小还有式样。然后，销售员会帮助顾客保管他们的商品，精心地打好包，安排发送到顾客指定地点，直到顾客满意而归，这样生意便算做成了。

在折扣连锁店，顾客用他们的时间埋单。销售员有时对商品一无所知，或者干脆消失不见。出口处的收银机成排地摆在那里，完完全全的超市风格。而这种风格被大多数年轻人所喜爱，他们有信心作出自己的决定，他们知道或者以为自己知道需要的是怎样的商品。

但是，值得考虑的是顾客买下所有或者大部分商品真的划算吗？折扣店大肆鼓吹它们的商品价格只有百货商店的30%，甚至更低。站在折扣店中顾客似乎认为它们的宣传的确在理；但其竞争者却认为，这种对比揭示的只是表面现象，因为折扣店进的货几乎都是些杂牌子，或者是折扣店自主品牌，而这些商品的实际成本就只有它们自己知道了，并且折扣店的货品量只有服务周到的百货商店的40% ~ 50%。以衬衫为例，梅西百货有129种男士衬衫，价格从1.99美元到14.09美元不等；而科维特只有35种男士衬衫，价格从1.49美元到6.99美元不等。

由于大多数的品牌折扣店均为外国品牌，一些国内的商家在选择折扣经营时会选择以品牌折扣店加盟的形式进行。品牌折扣店加盟已成为现今众多加盟创业者的新选择，因为对于普通消费者来说，名牌产品不一定是必需品，但是如果能花更少的钱买到这些优质的东西，品牌折扣店加盟店绝对是最受欢迎的消费方式。由此便催生出了品牌折扣店加盟店生意。品牌折扣店加盟生意中，以化妆品和服饰行业最为火爆。

但是折扣经营也存在诸多问题。作为折扣店生命线的货源是困扰折扣店的重要因素。特别是做国外品牌，店主无法直接接触厂家，必须通过国外代理。这使得货源不稳定。经过国外经理人、国内经销商“盘剥”，达到个体老板手中的成本高，有些品牌即使打了折，价格还是让人望而却步。而在国外，像阿迪达斯这样的知名品牌一般都设有专门的折扣产品设计、生产队伍，直接根据订单为奥特莱斯一类的折扣店供货。

品牌拥有者与供货商的矛盾日益突出。一般折扣店主要是通过欧洲经纪人授权的，但这些经纪人多半不是专门的服装品牌指定供应商。当品牌拥有者提出质疑，折扣店店主的经营合法性就有些问题了。而且，目前似乎还没有更好的办法来解决这个问题。

瞄准女性市场，搞活“她经济”

几乎没有人敢否认女人对于世界的贡献，作为人类世界的“半边天”，大多数的女人不仅需要担负起怀孕生产的痛苦，还要承担起家庭劳务的细碎繁琐，而在有更多女性踏入职场的今天，女人们还要承受职场工作的劳苦和压力。希腊船王亚里士多德·奥纳西斯曾经说过：“如果女人不存在，世界上所有的金钱都将失去意义。”

由此可见，女人们对经济的影响不容小看。美国社会学家经济学家阿维瓦·维滕贝格和艾利森·梅特兰在他们合著的《女人不容小觑》一书中提出了女性经济的概念，即由女性日益增长的实力与潜力引起的经济革命。

“她经济”是教育部2007年8月公布的171个汉语新词之一。“她经济”就是“女性经济”，随着女性经济和社会地位的提高，围绕着女性理财、消费而形成了特有的经济圈和经济现象。由于女性对消费的推崇，推动经济的效果很明显，所以称之为“她经济”。

美国经济学家乔治·泰勒说：“经济形势与女人的裙摆有着某种神奇的联系：经济繁荣时期，裙摆会变短；经济一旦衰退，短裙则随之变成长裙。”在20世纪20年代，由他提出了轰动一时的“裙摆理论”。泰勒解释说，经济繁荣时人们的自信心增强，女士们更愿意炫耀她们昂贵的长袜，但该理论的真谛却在于“省钱”二字，即相同的价格下，经济不景气时期的女人们多会选择布料较多的长裙，认为这样才划算。

2008年的世界性经济金融危机，给口红带来了市场。美国媒体称，口红、化妆品的销量持续攀升，美容美发、按摩等“放松消费”也人气高涨，这与其他大宗商品和奢侈品的低迷销量呈现出鲜明的对比。全球几大化妆品巨头的销售额证实了这一观点，其中包括法国欧莱雅公司、德国拜尔斯多尔夫股份公司以及日本资生堂公司等。

随后“口红效应”也应运而生。在美国经济出现大萧条的时候，口红的销量反而直线上升。原来，当经济不好时，人们放弃了买房、买车等大宗消费计划，手中反而出现了一些闲钱，可以去消费像口红这样的“廉价的非必要之物”。一些商品会因人们的这种消费心理而受益，成为“经济寒冬”中的“热行业”。电影产业就被认为是口红效应的受益者。在经济大萧条时期，人们纷纷涌进电影院，以暂时逃避现实痛苦，寻求心灵的慰藉与快乐。

经济衰退促使人们放弃购买或消费大型的奢侈品，转而集中消费类似口红这样的小商品。当女性消费者开始不断购买口红时，就说明了这样一种状况：她们的钱袋子要收紧了，而这恰恰隐藏着经济恶化的警讯。一些行业在经济呈现颓势时，反而获得更好的收益，中国国产电影和其他文化娱乐产业，都在争当那支大的“口红”。

受“裙摆理论”和“口红效应”的启发，人们逐渐发现女性本身所蕴涵的价值。英国《经学家》杂志曾列出用以观测英国经济复苏的几项指标，其中一项是“女性做隆胸手术者与女性胸围尺码俱增”。这种“胸部经济”在其他国家也同样适用，比如在日本，一些经济学家就坚信，日本女性上围及罩杯尺码，基本上随1991年日本泡沫经济破灭以来十余年中的两度复苏而同步地向上拉抬，也就是说，胸部的起落反映了经济的景气与不景气。

女性经济已经成为经济发展中不容小觑的力量，美国有线电视新闻网日前发布的一则消息称，女性已经成为目前世界上增长最快的经济力量。据世界银行预测，到2014年，全球女性的收入总额将达到18万亿美元；全球女性支配的年消费开支到2014年将达到28万亿美元。女性的消费能力呈现持续增长的趋势，这似乎让人们看到了拯救国际经济金融危机的另一种力量。

“也许会出现阻力，但女性经济的出现已是大势所趋。” 迈克尔·西尔弗斯坦大胆预言。虽然处在经济危机时期，以女性为主导的行业却获得了迅速发展，包括美容行业、零售业以及客户服务行业等。当前，越来越多的女性收入快速增加，逐渐成为家庭重要的经济来源，因此她们有更大的自由去支配资金的使用。

英国《经济学家》杂志对全球女性对经济发展贡献的研究发现，女性对世界经济增长作出的贡献超过了新技术。女性经济收入和购买力的增加，促使更多的商家以女性为主要消费群，从女性的视角设计、推广产品。首饰、时装、化妆品自不必说，为符合女性“口味”而专门设计的手机、笔记本电脑等也深受喜爱。女性渐渐成为汽车、房屋、证券基金等的重要消费者。

“她经济”时代，女性拥有更多的收入和更多的机会，展现出更旺盛的消费需求和更强的消费能力。由于社会地位和经济地位的提高，女性的自我关爱程度也不断提高，以女性消费为核心的消费趋势的转变，使越来越多的商家开始从女性的视角来确定自己的消费群。一些经济专家认为，女性独立与自主、旺盛的消费需求与消费能力意味着一个新的经济增长点正在形成。

统计显示，目前我国女性每年化妆品消费额达80亿元，加上服装、珠宝、饰品、汽车等等，市场很大。“她经济”正受到越来越多人的关注。

据国内市场研究机构CTR的调查数据显示，大约每3位企业中高层管理者中就有一位是女性，每4位女性当中就有一位具有大专以上学历，每10位女性当中，就有一位个人月收入在5000元以上。随着女性的社会地位、文化素质和消费能力的不断提高，女性群体已经成为中国市场上不可忽视的“她力量”。现代女性拥有了更多的收入和更多的机会，她们崇尚“工作是为了更好地享受生活”，喜爱疯狂购物，以信用卡还贷，成为消费的重要群体。

据统计，近八成已婚女性掌握着家庭的“财务大权”。此外，女性是时尚最坚定的追随者，她们的消费额是男性的7倍，正逐渐成为消费市场的绝对主流。女人在经济生活中占有举足轻重的地位，她们在市场中撑起的何止是半边天！

占领客户渠道，“经济型”的如家品牌

企业的发展在于市场的拓展，渠道的创新。再好的产品如果没有渠道，也只能是一件设计作品，不能变成商品，商品必须通过渠道进行交易；更不可能变成消费品，只有消费者掏钱购买才能实现商品向消费品的转换，这同样必须依托渠道。

随着市场从“卖方市场”向“买方市场”的转变以及企业从“以产品为中心”到“以消费者为中心”的转变，只有将客户拓展渠道建设作为企业发展战略，建立有效辐射企

业目标客户的市场渠道，才能保证产品销售渠道的有效运转，实现企业的长远利益！

面对酒店行业商务活动频繁、格局呈现出明显“两极化”态势，2002年6月，携程联手首旅出资在北京成立了第一家如家酒店。

与同行业的企业相比，如家在投资资金与营销渠道这两个关键领域与同类经济型酒店相比占有重要优势：通过销售、成本、客源和客源结构考核每个门店店长的工作；如家规定，检查部门每半年对各地酒店做一次多达460多项的检查，每3个月会有第三方机构派“神秘顾客”对各个店检查；除此之外网络上的顾客反馈系统也是一种“问题发现”渠道。

在开拓营销渠道上如家有自己的一套模式：如家的系统完善，全国所有连锁店每时每刻的收入支出都可以在如家老总的网络上清晰看见，老总可以根据所得到的不同信息管理每一个店；如家相信“可复制、简单化、标准化”，所以全国所有分店店内设施全部一致，给来店的客户均等的感觉；选址都是经过公司高层CEO亲自考察后开店，开店地址都是商业发达地区，周边购物设施齐全，弥补如家单纯酒店的不足；开店由CEO确定后立即签约动工装修，如家有自己的装修团队，能最快最好地完成如家各分店点项目，一般在签约后三四个月的土地免租期内就可完成，并投入使用，避免了以往星级酒店开店需要1～2年长时间的装修，还没开业就要支付租金的情况。

如家将自己定位于既有巨大发展潜力、又不存在强劲竞争对手的中低端经济型酒店市场，主要是为普通的商务、公务和休闲旅行客人提供“干净、温馨”的酒店产品，倡导“适度生活，自然自在”的生活理念。

与传统企业截然不同的商业营销模式，使如家在“经济型”旅游酒店上抢占先机，2006年10月26日，如家快捷酒店在美国纳斯达克成功上市，融资约1.09亿美元。经过9年的发展，如家旗下的携程旅行服务公司和首都旅游国际集团酒店已经发展壮大，现在已经分别成为中国最大的酒店分销商和中国资产最大的酒店集团。

要在与客户的多渠道互动中取得控制权，企业必须通过巧妙地引导客户来限制客户渠道选择数量，必须在销售与服务的过程中对客户加以巧妙的引导，从客户知道产品开始，到客户购买，再到售后支持的整个过程中，通过引导客户来限制客户使用的渠道数量。这种对渠道的“再规划”使企业可以与决定在何时、何地与购买产品和服务的客户进行互动。

在2001年9月22日推出竞价排名走向终端之后，为了提高核心竞争力，李彦宏着手加强在市场、技术方面进行努力了。就在2002年3月实施“闪电计划”的同时，李彦宏也悄悄地展开了市场渠道的布局。

在百度走向终端的初期采取的是直销模式，可是在李彦宏的意识里，推行直销为辅，渠道为主的营销模式已经刻不容缓。在这个端口上，李彦宏毫不声张，静悄悄地招兵买马，引进专业的职业销售经理人。几乎与此同时，百度的搜索大富翁游戏也随即展开，此后才掀起了一系列营销活动。在这次渠道扩张之中，百度成功地与深圳移动时代、上海企浪、广州巨网等代理商进行了合作，这些代理商在百度日后的飞速发展中也起到了重要的作用。

引导客户使用新渠道，这无论对客户、商家还是渠道合作方都会是一个艰难的过程。不过一旦成功，回报则相当丰厚。有一段时期，企业只需要单一的渠道即可向客户提供产品和服务。当下，为了满足客户对更多渠道的需求，企业已纷纷开拓多种渠道面向客户。使用多种渠道的客户比只用一种渠道的客户都能多消费，而且互联网和电话客服中心等渠道甚至可以节约大量成本。

多渠道营销远非看起来那么简单。常常是企业增加了营销渠道，反而带来成本上升或是收益下降等诸多意想不到的后果。有的企业投入大笔资金开辟新渠道后，很快遭到了竞争对手的效仿。很多行业的企业在实行渠道多元化后，销售与市场管理人员都失去了对客户的控制，财务上损失很大。企业不能指望走回头路，即靠减少渠道数量寻求企业未来的发展，因为客户已经习惯了有多种渠道可供选择，而且还在要求有更多的选择。如果企业不再提供多元化的渠道，客户很可能流失。而且，那些可以提高渠道效率的常用工具，常常无法缩小客户预期和渠道实际经济效益之间的差距。

大多数企业对自身渠道的使用量和利润率略知一二。但是，没有几家企业真正清楚每种渠道的客户服务成本或每种渠道相关的客户“质量”，客户通过该渠道采购的产品和服务对于企业的价值有多大。而掌握某些销售和服务工作经济效益的企业就更是凤毛麟角，比如产生销售线索需要多少成本，或是客户更喜欢使用哪种渠道。这样，很多企业无法设计能留住客户的渠道架构就不足为奇了，而能真正有效地引导客户实现渠道转换的企业更是寥如晨星。要掌握渠道的真实经济效益，首先要了解使用不同渠道服务相似客户（或提供相似产品）的成本。一些看似很好的渠道可能实际上没有那么高的利润，反之亦然。

为降低企业在变换渠道方面的风险，企业必须了解渠道的经济效益，采取多种激励手段适时将客户引导到正确的渠道上去，同时要提前设计好保障体系，以应对客户或渠道合作方可能出现的不利反应。

针对客户量身定制的“市场渠道”，还可以成为提供持续差异化服务的利器，这样才能使竞争对手难以模仿，而且还能使客户将渠道与实际产品或服务紧密联系起来。通过鼓励客户在销售过程中的不同阶段使用不同的渠道，业内领先的企业可以在客户偏好与渠道经济效益之间取得平衡。这样做的回报相当可观。并且，还能有机会渗透到以前未能很好服务的客户群。

网络经济大量涌现并不意味着可以获利

绝不能把网络经济理解为一种独立于传统经济之外、与传统经济完全对立的纯粹的“虚拟”经济。它实际上是一种在传统经济基础上产生的、经过以计算机为核心的现代信息技术提升的高级经济发展形态。

以信息为基础，以计算机网络为依托，以生产、分配、交换和消费网络产品为主要内容，以高科技为支持，以知识和技术创新为灵魂，网络经济是建立在计算机网络基础上的生产、分配、交换和消费的经济关系。从经济形态上，它是信息经济或知识经济的主要形式。

我们可以把网络经济概括为一种建立在计算机网络基础之上，以现代信息技术为核心的新的经济形态。

作为一种高度信用化的经济形态，在网络经济中参与交易的各方是互相不见面的，交易的商品和服务最多也是以“图像”的方式虚拟存在，所以网络经济对经济中的信用度要求很高，网络经济的实质就是强化的信用经济。此外，网络经济是全天候运行的，很少受时间因素的制约，网络经济是全球化的经济，它是建立在综合性全球信息网络的基础之上的，突破了时间和空间以及国界的限制，使经济活动成为全球化的活动。在物质上是虚拟的，即在互联网上的经济活动实际上只是一套符号体系，它是经济社会实物经济在互联网上的再现，必须与实际经济相对应。

网络经济不仅是指以计算机为核心的信息技术产业的兴起和快速增长，也包括以现代计算机技术为基础的整个高新技术产业的崛起和迅猛发展，更包括由于高新技术的推广和运用所引起的传统产业、传统经济部门的深刻的革命性变化和飞跃性发展。

阿里巴巴是全球企业间（B2B）电子商务的著名品牌，是目前全球最大的网上交易市场和商务交流社区。阿里巴巴创建于1998年年底，总部设在杭州，并在海外设立美国硅谷、伦敦等分支机构。阿里巴巴是全球企业间（B2B）电子商务的著名品牌，是目前全球最大的网上贸易市场。

2003年非典爆发，网络商务价值突显，阿里巴巴成为全球企业首选的商务平台，网站各项指标持续高速发展，其中代表商务网站活跃程度和网站质量的重要指标——每日新增供求信息量比去年同期增长3～5倍。通过对阿里巴巴140万中国会员的抽样调查，发现在非典时期3个月内达成交易企业占总数42%，业绩逆势上升的企业达52%，更进一步巩固了阿里巴巴全球第一商务平台的地位。

阿里巴巴两次被哈佛大学商学院选为MBA案例，在美国学术界掀起研究热潮，4次被美国权威财经杂志《福布斯》选为全球最佳B2B站点之一，多次被相关机构评为全球最受欢迎的B2B网站、中国商务类优秀网站、中国百家优秀网站、中国最佳贸易网，被国内外媒体、硅谷和国外风险投资家誉为与Yahoo、Amazon、eBay、AOL比肩的五大互联网商务流派代表之一。

网络经济发展到今天，我们必须认识到网络公司是否成功的最终标准应该是能否获取利润。无论在旧经济时代还是新经济时代，这都是一个永恒不变的真理。

尽管网络革命是一次非常了不起的革命，但是，所有公司对股东最终的责任仍是获利。对于一家网络公司来说，股东们可以延长他们对获利的耐心，让公司从注意力开始做起，但是最终它必须能够获取利润。

随着时间的发展，计算机将最终趋于免费，带宽也将趋于免费，最终世界上的所有人都会上网。网络将发挥它魔术般的作用，将人类社会和经济带到一个前所未有的阶段。随着免费使用网络的消费群体日益扩大，所有的网络用户都将获利无穷。对于他们来说，价格将持续下降，而服务质量却会不断提升。

与旧经济时代不同的是，厂商们则需要经过更惨烈的竞争才能最终获得成功。首先，他们必须想方设法获得用户的注意力，其次，它们必须独树一帜，使自己能够获取利润。由于竞争的加剧，他们不得不一而再、再而三地降价，而且需要不断反省公司的业务方向，随时准备调整和重新定位，这对于网络经济都是一项艰巨的挑战。

经济利润确实很重要，任何一个商人都要向自己、投资者和市场证明公司具有赚钱的潜力。网络公司的股票价格真实地反映了公司的经营管理层处理眼前利益和未来发展之间关系的水平。

从20世纪90年代中期开始掀起的科技股一路狂飙，到2001年终于出现了科技股泡沫的破灭，由此引发了股市暴泻。此次大跌中，以收盘点位计，道指30、纳斯达克指数、标准普尔500指数分别从2000年最高峰时候的11722点、5048点、1527点下跌至2002年最低谷时候的7702点、1114点、776点，跌幅分别达到34%、78%、49%。据《远东经济评论》报道，仅2001年一年，美股市值就跌掉约4兆美元，相当于美国国内生产总值的40%，相当于1987年全球股灾损失的两倍。

现在的网络公司把很多的钱花在公共关系，花在促销，花在联系买方和卖方上面，用大量的钱来让人们意识到他们的存在。现在很多网络公司走入一个误区，他们没有一个完善的商业赢利模式，只是想办法使他们的公司上市。这种目的使投资人逐渐失去对他们的信心，从而得不到新的投资。但是像亚马逊、雅虎等一些网络公司却特别乐观，他们根本不担心目前能否赢利，他们看重的是长远的效果。

汽车工业刚刚出现的时候，很多的汽车生产商也是蜂拥而至，随后有很多企业破产，剩下几家大的。这也是一个基础设施的问题，最初我们没有足够的道路供汽车去行驶，没有很多人知道如何驾驶汽车，甚至没有什么地方可去，所以会导致很多的汽车生产企业破产。但我们都看到了，汽车工业最终在这么多年的风雨中存活下来，并且成为当今世界一个非常重要的支柱产业。同样的故事——汽车工业最初所出现的工人失业、投资商的钱付之东流，现在在网络公司重演着。

第七篇

要竞争不要垄断

第一章　山寨手机的竞争

完全竞争市场，买者不能影响价格

竞争市场，有时称为完全竞争市场，是指有许多交易相同产品的买者与卖者，以至于每一个买者和卖者都是价格接受者的市场。在竞争市场中存在许多买者和卖者，各个卖者提供的物品大体上是相同的。由于这种情况，市场上任何一个买者或卖者的行动对市场价格的影响都是微不足道的。每一个买者和卖者都把市场价格作为既定的。

在牛奶市场上，没有一个牛奶买者可以影响牛奶价格，因为相对于市场规模，每个买者购买的量很少。同样，每个牛奶卖者对价格的控制是有限的，因为许多其他卖者也提供基本相同的牛奶。由于每个卖者可以在现行价格时卖出他想卖的所有量，所以，他没有什么理由收取较低价格，而且，如果他收取高价格，买者就会到其他地方买。在竞争市场上买者和卖者必须接受市场决定的价格，因而被称为价格接受者。

在美国的阿拉斯加自然保护区里，人们为了保护鹿，就消灭了狼。鹿没有了天敌，生活很是悠闲，不再四处奔波，便大量繁衍，引起了一系列的生态问题，致使瘟疫在鹿群中蔓延，鹿群大量死亡。

后来，护养人员及时引进了狼，狼和鹿之间又展开了血腥的生死竞争。在狼的追赶捕食下，鹿群只得紧张奔跑以逃命。除了那些老弱病残者被狼捕食外，其他鹿的体质日益增强，鹿群显得生机勃勃，恢复了往日的灵秀。

鹿群的故事表明竞争是必要的，在人类经济生活中，竞争对人类发展的促进作用也是异常明显的。在经济学中，完全竞争市场是几个典型的市场形式之一。从理论上能够证明，完全竞争的结果符合帕累托最优，同时也是亚当·斯密“看不见的手”发挥作用最彻底的市场。

完全竞争中的竞争是不受任何阻力和干扰的（对竞争的阻碍主要来自政府的干涉、

企业相互勾结形成垄断的买方或卖方）。通常而言，假如市场中的买家与卖家数量规模足够大，每个个人（包括买方与卖方在内）都是价格接受者，而且不能独自影响市场价格的时候，这样的竞争状态就叫完全竞争，这样的市场就叫完全竞争市场。

现实中是否存在严格意义上的完全竞争市场并不重要，重要的是要说明在假定的完全竞争条件下，市场机制应如何调节经济。可以说，有了完全竞争市场，我们就相当于有了一面镜子、一把尺子、一个目标。

完全竞争有一个很重要的特点：在已经达到市场均衡的状态下，一切获利的机会都会被利用。一切额外的收益都是有成本的，而且收益的价值等于获益的成本。拿节能来说，很多人认为节能一定能有所收益。其实这个想法不对，节能都是有成本的。在一般均衡状态下节能的收益已经被所支付的成本所抵消，否则就还没有达到均衡。有人说，随手关灯总不需要成本吧？不对。要所有人都自觉随手关灯，我们必须耗费一定的宣传教育成本。如果宣传成本低于节能收益，说明这种宣传教育还没有做到家，或者说我们所处的不是一个完全竞争的环境。一旦我们处在一个完全竞争的环境，一切的获利机会都会被利用到，你为了获益付出的成本刚好跟你的收益抵消，这就是市场均衡。

社会市场经济之父路德维希·艾哈德指出：竞争是导致繁荣和保证繁荣的最有效手段。在完全竞争市场中，厂家处于长期均衡状态的时候，市场是最有效率的。

首先，从边际成本等于价格来分析，边际成本衡量了社会每增加一个单位产量所耗费能源的成本，而市场价格则度量了消费者乐意付出的价格，它反映了多生产一个单位产品给消费者带来的福利，边际成本等于价格就表示最后一个单位产量所消耗的价值与该单位产量的社会价值相等。由于消费者付出的市场价格最低，所以竞争的益处归消费者所有。

其次，从平均成本等于市场价格来分析，在完全竞争市场中，市场价格是一条水平线，而在厂家处于长期均衡状态的时候，厂家的 MR（边际收益）=AR（平均收益）=P（价格）=AC（平均成本）=MC（边际成本），这时厂家的平均成本达到最低。因此，完全竞争厂商在生产技术使用方面是有效率的。假如所有厂家都能在平均成本的最低点进行生产，则社会稀缺资源的耗费将会最小。

最后，由于在完全竞争市场中不存在长时间的超额利润，所以就不会出现短缺的情况，也没有亏损，因此不存在过剩积压的状况。这样一来，社会供求就是均衡的且没有资源浪费。

在竞争市场中的企业可以自由地进入或退出市场。例如，如果任何一个人都可以决定开一个奶牛场，而且，如果任何一个现有奶牛场可以决定离开奶牛行业，那么，牛奶行业就完全满足了这个条件。应该注意的是，对竞争企业的许多分析并不依靠自由进入和退出的假设，因为这些条件对企业作为价格接受者并不是必要的。

哈佛商学院教授迈克尔·波特指出：竞争是企业成败的核心所在。竞争战略就是在一个行业里寻求一个有利的竞争地位。竞争战略的目的是针对决定产生竞争的各种影响力而建立一个有利可图和持久的地位。

完全竞争的市场并非绝对的完美，它也存在诸多问题，例如：小规模的企业不一定会使用大规模的先进技术；无差异的产品无法满足消费者多样化的需求；因为信息是完全和对称的，因此不存在对技术创新的保护。换言之，假如你发明了一种炒瓜子的好方法，很快就会被他人模仿，这样一来，你也就没有动力去创造炒瓜子的新方法了。

不完全竞争，大学生恋爱难修成正果

经验事实和调查分析都显示，大学生谈恋爱，双方分手的比例很高，至于最后结婚那基本是没谱的事情。更多的失败体现在“毕业即分手”。为什么大学生们一旦脱离校园，爱情就那么脆弱得不堪一击呢？要知道问题的真相，我们还得从了解不完全竞争开始。

不完全竞争市场的特点是，市场中存在着一定程度的垄断，某些个别经济人对商品的市场价格具有一定程度的影响力。斯蒂格利茨在《经济学》中论述，那些需要技术创新的行业几乎都必然具有不完全竞争性。按照竞争的强弱程度，不完全竞争市场分为垄断竞争、寡头垄断、完全垄断市场。

市场类型

市场竞争	厂商数量	产品有无差别	价格有无控制	行业进出难易	接近何种商品市场
完全竞争	很多	完全无差别	没有	很容易	初级农产品市场
垄断资本	很多	有差别	有一些	比较容易	轻工业产品
垄断	几个	有差别或无差别	相当程度的控制	比较困难	钢铁、汽车、石油
寡头	唯一	唯一的产品，且无替产品	很大程度	很困难	公共事业、供水、供电

自由市场的发展必然导至垄断现象的出现。垄断，意思是“唯一的卖主”，它指的是经济中一种特殊的情况，即一家厂商控制了某种产品的市场。比如说，一个城市中只有一家自来水公司，而且它又能够阻止其他竞争对手进入它的势力范围，这就叫做完全垄断。在完全垄断的情况下，整个行业独此一家，别无分号。因此，这个垄断企业便可以成为价格的决定者，而不再为价格所左右。垄断企业可以获得超过正常利润的垄断利润，由于其他企业无法加入该行业进行竞争，所以这种垄断利润将长期存在。

完全垄断市场是与完全竞争市场完全相反的一种市场，同完全竞争一样在实际中很少见。在完全垄断市场上只有唯一的一个销售者，企业就是行业。该企业所售的商品没有任何相近的替代品，新企业不能进入该市场。在市场运行当中，垄断企业可以根据获取利润的需要，实行差别价格。而现实中真正满足这几个条件的市场几乎是没有，因为人们总能找到各种物品的替代品。

作为垄断的进一步发展，寡头垄断是指在一个市场上有少数几家企业供给产品，它们各占较大份额，彼此通过协定或默契制定价格的情况。这些形成寡头垄断的企业被称为寡头。

在寡头市场中，只有少数几家厂商为代表的市场组织控制整个市场的产品的生产和销售。寡头市场被认为是一种较为普遍的市场组织，西方国家中不少行业都表现出寡头垄断的特点，例如，美国的汽车业、电气设备业、罐头行业等，都被几家企业所控制。

欧佩克就是一种寡头垄断形式。在欧佩克诸成员国中，沙特阿拉伯是最大的或最有影响的一位。它的产量一般占欧佩克总产量的1/3，储油量也占欧佩克总储量的40%。通常都是由沙特阿拉伯先制定价格或与其他成员协商后制定价格，其他成员则遵照执行，即使石油销路不好时，他们也宁可减少产量也不愿降价，以免引起彼此的纷争，造成两败俱伤。这种寡头垄断我们可以称之为价格领袖式寡头垄断。

形成寡头市场的主要原因有：某些产品的生产必须在相当大的生产规模上进行才能达到最好的经济效益；行业中几家企业对生产所需的基本生产资源的供给的控制；政府的扶植和支持等等。由此可见，寡头市场的成因和垄断市场是很相似的，只是在程度上有所差别而已。寡头市场是比较接近垄断市场的一种市场组织。

寡头厂商的价格和产量的决定是非常复杂的问题。主要原因在于：在寡头市场上，每个寡头的产量都在全行业的总产量中占较大份额，从而每个厂商的产量和价格的变动都会对其他竞争对手以至整个行业的产量和价格产生举足轻重的影响。从而每个寡头厂商在采取某项行动之前，必须首先推测或掌握自己这一行动对其他厂商的影响以及其他厂商可能作出的反应，考虑到这些因素之后，才能采取最有利的行动。所以每个寡头厂商的利润都要受到行业中所有厂商决策的相互作用的影响。

一般而言，不知道竞争对手的反应方式，就无法建立寡头厂商的模型。或者说，有多少关于竞争对手的反映方式的假定，就有多少寡头厂商的模型，就可以得到多少不同的结果。因此在西方经济学中，没有一种寡头市场模型能对寡头市场上的价格产量决定作出一般的理论总结。

那么，回到开始的问题：为什么在不完全竞争下，大学生谈恋爱很难修成“正果”呢？在详细了解什么是不完全竞争之后，我们会发现，由于大学校园“爱情市场”存在严重的进入壁垒，“交易”或者博弈的局中人在相貌、才华、财富和前途方面又是高度差别化的。

校园爱情不是一个完全竞争的市场，而是一个带有高度垄断的不完全竞争的市场，很显然，那些具备较好禀赋和财富的同学拥有一定的“市场势力”。在漂亮女生资源相对多的文科大学，市场接近于垄断竞争；而在那些女生资源非常匮乏的理工科大学，市场则近似于完全垄断；漂亮和优秀女生周围形成的市场则是寡头垄断的，因为面对这样出众的女生，敢于追求的男生很少，现有竞争者和潜在竞争者都很少。

由于校园“爱情市场”缺乏激烈的竞争，替代品较少，被追求者（一般是女生）面对的选择大为缩小，从理论上讲就不会产生“最优”的选择结果。她们一般不会把财富、名利等功利性的尺度引入目标函数，所以，最可能的大学生爱情状态应该是：在不完全竞争下，与现实脱离的恋爱不会使同学们获得自己最满意的爱情。但由于目标函数的独特性，校园爱情常常能在大学阶段平静地度过几年。等到毕业的时候，他们会碰到极为严重的约束条件，比如地理分布、户口、经济基础等，这些都会让象牙塔中美好的爱情在现实面前像七彩泡泡那样被无情击碎。

可口可乐与百事可乐之间的垄断竞争

20 世纪 80 年代，可口可乐与百事可乐之间竞争十分激烈。可口可乐为了赢得竞争，对 20 万 13 ~ 59 岁的消费者进行调查，结果表明，55% 的被调查者认为可口可乐不够甜。本来不够甜加点糖就可以了，但可口可乐公司花了两年时间耗资 4000 万美元，研制出了一种新的更科学、更合理的配方。1985 年 5 月 1 日，董事长戈苏塔发布消息说，可口可乐将终止使用 99 年历史的老配方，代之而起的是新可口可乐。当时记者招待会上约有 200 家报纸、杂志和电视台的记者，大家对新的可口可乐并不看好。

24 小时后，消费者的反应果然印证了记者们的猜测。很多电话打到可口可乐公司，也有很多信件寄到可口可乐公司，人们纷纷表示对这一改动的愤怒，认为它大大伤害了消费者对可口可乐的忠诚和感情。旧金山还成立了一个“全国可口可乐饮户协会”，举行了抗议新可口可乐的活动，还有一些人倒卖老可口可乐以获利，更有人扬言要改喝茶水。

此时百事可乐火上浇油。百事可乐总裁斯蒂文在报上公开发表了一封致可口可乐的信，声称可口可乐公司正从市场上撤回产品，并改变配方，使其更像百事可乐公司的产品。这是百事可乐的胜利，为庆祝这一胜利，百事可乐公司放假一天。

面对这种形势，1985年7月11日，戈苏塔不得不宣布：恢复可口可乐本来面目，更名“古典可口可乐”，并在商标上特别注明“原配方”。与此同时，新配方的可口可乐继续生产。消息传开，可口可乐的股票一下子就飙升了。

这个案例说明，老的可口可乐已在部分消费者中形成了垄断地位，哪怕可口可乐公司总裁也不能动摇这种地位。案例也说明在可口可乐、百事可乐、矿泉水以及茶水等饮料之间还是存在竞争的。这种市场就是垄断竞争市场。

垄断竞争，指一个市场中有许多厂商生产和销售有差别的同种产品。垄断竞争在现实中是一种普遍存在的市场结构，在日用品行业中尤为常见。

在垄断竞争市场中，生产集团中有大量的企业生产有差别的同种产品，这些产品彼此之间都是非常接近的替代品。例如，牛肉面和鸡丝面。这里的产品差别不仅指同一产品在质量、构造、外观、销售服务方面的差别，还包括商标、广告上的差别和以消费者的想象为基础的虚构的差别。例如，虽然两家饭店出售的同一菜肴（以清蒸鱼为例）在实质上没有差别，但是消费者心理上却认为一家饭店的清蒸鱼比另一家的鲜美，此时存在着虚构的差别。

由于一个生产集团中的企业数量非常多，以至于每个厂商都认为自己的行为影响很小，不会引起竞争对手的注意和反应，因而自己也不会受到竞争对手的报复措施的影响。厂商的生产规模比较小，因此进入和退出一个生产集团比较容易。在现实生活中，垄断竞争的市场组织在零售业和服务业中是很普遍的，如修理、糖果零售业等。

市场上的每个竞争者都自以为可以彼此相互独立行动，互不依存。一个厂商的决策对其他厂商的影响不大，不易被察觉，可以不考虑其他厂商的对抗行动。

由于每个厂商提供的产品有一定的差异，厂商可以对其产品实施垄断，厂商具有影响产品价格的能力，因而垄断竞争厂商的需求曲线（收益曲线）向右下方倾斜。另一方面垄断竞争市场又不同垄断市场，市场上同类产品的竞争，新老企业的进入和退出比较容易。当厂商试图提高产品价格时，其损失掉的需求量（收益）比垄断时要大，相反，当垄断竞争厂商降低价格时，其争取到的需求量（收益）可能更大。

综合两方面的因素，垄断竞争的厂商面临的是一条向右下方倾斜的需求曲线（如下图），但曲线比较平坦，需求曲线的高度取决于市场上同类产品的平均价格。

在短期，垄断竞争的企业对生产要素的调整只能限于可变投入，因而厂商面对的是短期成本。从行业来看，行业规模不变。行业中没有厂商的进入和退出。

与其他企业一样，垄断竞争的企业的目标也是获取最大利润，所以必须把产量定在边际成本 = 边际收益之上，此时，有三种情况：

在长期，一方面企业内部可以调整任何生产要素，变动短期内不能变动的固定成本，因而企业是根据长期成本进行决策。

另一方面，在长期，新的资本可以进入而行业中，原有资本也可以退出，这是垄断与垄断竞争的重要区别，也是垄断竞争企业长期决策和短期决策的重要区别，因此，垄断竞争在长期也只有一种情况，即超额利润为零的情况。

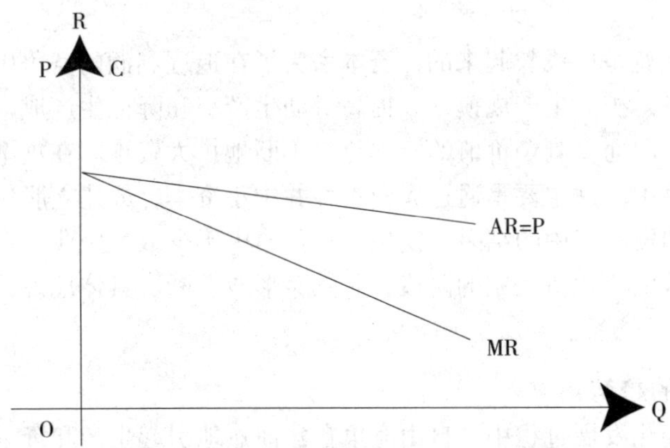

垄断竞争市场的经济效率介于完全竞争市场和垄断竞争市场之间，在垄断竞争厂商处于长期均衡时，市场价格高于厂商的边际成本，市场价格等于厂商的平均成本但高于平均成本最低点。这就决定了垄断竞争市场的经济效率低于完全竞争市场。

当然，这也也并不能由此得出完全竞争市场就优于垄断竞争市场的结论。因为尽管垄断竞争市场上平均成本与价格高，资源有浪费，但消费者可以得到有差别的产品，从而满足不同的需求。而且垄断竞争市场上的产量要高于完全垄断市场，价格却要低。特别是垄断竞争有利于鼓励进行创新。因此，许多经济学家认为，垄断竞争从总体上看还是利大于弊的。

第二章　标准石油的垄断

产生垄断：我们第一次背离完全竞争

完全垄断市场也叫做纯粹垄断市场，一般简称垄断市场。垄断一词出自于希腊语，意思是“一个销售者”，也就是指某一个人控制了一个产品的全部市场供给。因而，完全垄断市场，就是指只有唯一一个供给者的市场类型。

垄断分为国内垄断和国际垄断。国内垄断是指对国内某种产品的生产和销售的控制，国际垄断是指对世界某种产品的生产和销售的控制。国际市场的垄断是在国内市场垄断的基础上发展起来的。当资本在国内集中到一定程度，并在国内市场形成垄断的时候，为了占据更大的市场份额和获取更大的利润，它们必然向国际市场发展，从而导致资本在世界范围内的集中，最终形成国际市场的垄断。国内垄断开始形成于 19 世纪 70 年代，国际垄断则开始形成于 20 世纪 90 年代。

垄断市场形成的原因很多，最根本的一个原因就是为了建立和维护一个合法的或经济的壁垒，从而阻止其他企业进入该市场，以便巩固垄断企业的垄断地位。垄断企业作为市场唯一的供给者，很容易控制市场某一种产品的数量及其市场价格，从而可连续获得垄断利润。

垄断是从自由竞争中成长起来的。资本家为了在追逐利润的竞争中取得胜利，必须采用新的技术设备，扩大生产规模，以提高劳动生产率和降低生产成本。这就需要不断地进行资本积聚，即通过剩余价值的资本化来不断地扩大资本。在资本积聚的基础上，竞争又引起资本集中。这主要是通过大资本吞并中小资本，或建立股份公司的方式来实现的。资本积聚和资本集中的结果，使生产日益集中于少数大企业。当生产集中发展到一个部门已被少数大企业所控制的阶段，必然会形成垄断。具体地说，垄断市场形成的主要原因有以下几个方面：

1. 生产发展的趋势

在生产的社会化发展过程中，自由竞争自然而然地引起生产和资本的集中，而当生产和资本的集中发展到一定阶段以后，就必然会产生垄断。

2. 规模经济的要求

有些行业的生产需要投入大量的固定资产和资金，如果充分发挥这些固定资产和资金的作用，则这个行业只需要一个企业进行生产就能满足整个市场的产品供给，这样的企业适合于进行大规模的生产。具有这种规模的生产就具有经济性，低于这种规模的生产则是不经济的。这样来看，规模经济就成为垄断形成的重要原因。同时，大量的固定资产和资金作用的充分发挥，使企业具有了进行大规模生产的能力和优势，因而这个企业能够以低于其他企业的生产成本或低于几个企业共同生产的成本、价格，向市场提供全部供给。那么，在这个行业当中，只有这个企业才能够生存下来，其他企业都不具备这种生存能力。

3. 自然垄断性行业发展的要求

有些行业具有向规模经济、范围经济发展的内在趋势，而在整个市场中随着企业生产规模的扩大和范围的扩展，单位成本递减，从而实现的效益增加，这些行业具有自然垄断性。通常情况下，这些具有自然垄断性的行业是由政府来经营的。如电力、电话、自来水、天然气以及公共运输等行业就是如此。这些具有自然垄断性行业的发展必然要求实行垄断经营。自然垄断性行业的发展之所以要求垄断经营，是因为自然垄断性行业的发展与垄断经营之间存在着紧密联系的技术经济因素。

4. 保护专利的需要

专利是政府授予发明者的某些权利。这些权利一般是指在一定时期内对专利对象的制作、利用和处理的排他性独占权，从而使发明者获得应有的收益。某项产品、技术或劳务的发明者拥有专利权以后，在专利保护的有效期内形成了对这种产品、技术和劳务的垄断。专利创造了一种保护发明者的产权，在专利的有效保护期内其他任何生产者都不得进行这种产品、技术和劳务的生产与使用，或模仿这些发明进行生产。若不保护发明专利，社会和生产就难以进步与发展。

5. 对进入的自然限制

当某个生产者拥有并且控制了生产所必需的某种或某几种生产要素的供给来源时，就形成了自然垄断。这种自然垄断形成以后，其他任何生产者都难以参与此类要素的市场供给，从而就自然地限制或阻止了其他生产者的进入，这样，就维护了这个生产者的垄断地位及其垄断利益。

6. 对进入的法律限制

政府通过特许经营，给予某些企业独家经营某种物品或劳务的权利。这种独家经营的权利是一种排他性的独有权利，是国家运用行政和法律的手段赋予并进行保护的权利。政府的特许经营，使独家经营企业不受潜在新进入者的竞争威胁，从而形成合法的垄断。政府对进入市场进行法律限制形成法律垄断，主要是基于公司福利需要、保证国家安全、确保国家财政和税收收入稳定三个方面的考虑。

一方面，在少数几十个甚至几个大企业之间，比较容易达成协定，使垄断具有了可能性。另一方面，由于大企业规模巨大，实力雄厚，造成中小企业同它们竞争的困难，从而使居于压倒优势的大企业本身就具有垄断的趋势。这种状况也会给大企业之间的竞争带来两败俱伤的危险，从而在一定条件下，特别是在它们势均力敌的条件下，就会产生谋求暂时妥协、达成垄断协定的必要性。

产生垄断的原因之一：政府创造的垄断

在 1998 年，制药公司默克推出了“保发止”（Propecia），一种防止脱发的有效药物。尽管存在这样的事实，即“保发止”利润丰厚，并且其他制药公司拥有生产它的技术，但没有其他公司挑战默克的垄断地位。

"保发止"是一个受政府制造的壁垒保护的垄断例子。这是因为美国政府给予默克公司在美国生产这种药品的专有合法权利。

为什么政府造成了这些合法的垄断？是为了通过保证利润来鼓励创新。默克公司肯定乐于在"保发止"的研发上投入大量资金，因为它期待着由此带来的垄断而产生的利润。

在许多情况下，垄断的产生是因为政府给予一个人或一个企业排他性地出售某种物品或劳务的权利。有时垄断产生于想成为垄断者的人的政治影响。例如，国王曾经赋予他们的朋友或盟友排他性的经营许可证。在另一些时候，政府也会由于这样做符合公共利益而赋予垄断。

专利和版权法是政府为公共利益创造垄断的一个例子。现今最重要的合法垄断源自专利权和版权。我国发明专利权现在的有效期是20年，它被给予如药品等新产品的发明者们；版权被给予作者和编者们，它的有效期通常是创作者的终生再加50年。

当一个制药公司发明了一种新药时，它就可以向政府申请专利。如果政府认为这种药真正是原创性的，它就批准专利，该专利给予该公司在20年中排他性地生产并销售这种药的权利。同样，当一个小说家写完一本书时，他可以拥有这本书的版权。版权是一种政府的保证，它保证没有一个人在没有得到作者同意时就能印刷并出售这本著作。版权使这个小说家成为他的小说销售的一个垄断者。

专利与版权法的影响是容易说明的。由于这些法律使一个生产者成为垄断者，所以，就使价格高于竞争时的情况。但是，通过允许这些垄断生产者收取较高价格并赚取较多利润，这些法律也鼓励了一些合意的行为。允许制药公司成为它们发明的药物的垄断者是为了鼓励这些公司的研究。允许作者成为销售他们著作的垄断者是为了鼓励他们写出更多更好的书。因此，决定专利和版权的法律既有收益也有成本。专利和版权法的收益是增加了对创造性活动的激励。

在某些情况下，正是政府的允许或者不管制行为导致了垄断的产生。政府通常对垄断行业实行垄断价格管制或者进入许可。这种垄断虽然在稳定经济正常运行、保护国家秘密等方面起到了重要作用。但是，由于市场上只存在一个供给者会造成服务质量低下等问题，要通过引入竞争来解决也很难。通常最后会形成一个合谋的垄断集团。

政府创造垄断并不是英国才有的特例，其实在美国也是如此。美国建国之初，重商主义盛行。重商主义认为，政府的职责之一就是鼓励合乎需要的企业，禁止或管制不合乎需要的企业。在其影响下，当时的美国盛行特许公司制。特许公司在成立时会获得由立法机构颁布一个法令，发给特许，其中说明公司的目的、营业所在地、能够使用的资本数额以及立法机构赋予该公司的某些垄断特权等。

立法机关授予公司的特许状中，往往包含有一些管理特权和垄断权，如运河公司拥有国家征用权，即"在谈判失败时，按照法庭所确定的价格，通过强行购买来取得为公司的目的所需要的财产的权利"。这种特权体现了政府权力向私人团体的延伸，公司的运营和政府权力的使用不可避免地纠缠在一起。官商混合成为美国政坛的一道独特风景，尤其是在总统大选前，利益集团会对总统候选人进行赞助，以保证其上台执政后的政策实施能够倾向于他们。同时，总统凭借权力支撑某些利益集团的长期垄断，来为自己的下次大选赚取资金。因此，即使是现在，美国的电力、军火、航空仍旧是垄断性极强的行业。

虽然在“市场失灵”之后，人们看到政府可以成为调节经济的力量，但政府职能的全面转变造成的另外一个后果就是直接导致行政权力有机会进入市场。一旦政府的公权力普遍且深度介入市场时，政府就有足够的能力去夸大和促进与它有着利益关系的经济单位的发展。

经济学家张五常认为，应诅咒的不是垄断本身，而是政府阻止竞争。那些主要靠政府或团体阻止竞争而存在的垄断，经济学的所有分析都说对社会的整体只有害，没有利。对个人或个别机构当然有利，但对社会整体没有利。

垄断是一把双刃剑，特别是政府的垄断之剑力量更为强大，当垄断有利于经济和民生的时候，适当的垄断也无可厚非。但是，如果政府制造的垄断严重危害到了经济和民生的时候，政府就得快刀斩乱麻及时斩断垄断的根源，引入市场竞争机制，让国民经济健康发展，让广大的人民分享到发展的好处。

产生垄断的原因之二：自然垄断

自然垄断是妨碍完全竞争和市场均衡的一个重大因素。所谓自然垄断，是由于规模经济，使得某一行业只有在一个企业生产的时候才是最有效率的。这主要是因为边际成本递减和由此造成的平均成本递减。

我们知道，对一般企业来说，随着产量的增加，产品的生产成本往往是先下降后上升。但自然垄断行业的特点是产品的平均成本持续下降，生产越多，平均成本越低。所以一旦有一个企业进入市场，别的企业就不可能再进来，因为原来的企业产量大、成本低，后来的企业肯定竞争不过它。这样就形成了垄断。例如电话、铁路、供水、天然气等。

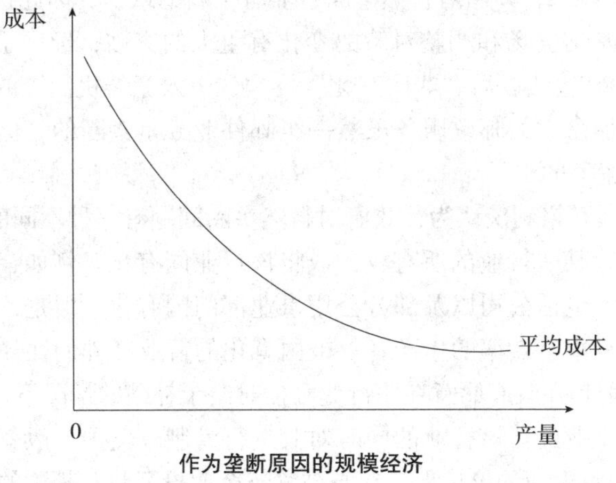

作为垄断原因的规模经济

当一个企业能以低于两个或更多企业的成本为整个市场供给一种物品或劳务时，这个行业是自然垄断。当相关产量范围存在规模经济时，自然垄断就产生了。上图表示有规模经济的企业的平均总成本。在这种情况下，一个企业可以以最低的成本生产任何数量产品。在任何一种既定的产量时，企业数量越多，每个企业的产量越少，平均总成本越高。

自然垄断的一个例子是供水。为了向镇上居民供水，企业必须铺设遍及全镇的水管网。如果两家或更多企业在提供这种服务中竞争，每个企业都必须支付铺设水管网的固定成本。因此，如果一家企业为整个市场服务，水的平均总成本就是最低了。

再比如，桥有排他性，是因为收费站可以排除一个人使用桥。桥没有竞争性是因为一个人用桥并不减少其他人用它的能力。修桥有固定成本，而增加一个使用者的边际成本微乎其微，所以，过一次桥的平均总成本（总成本除以过桥人次）随着过桥人数增加而减少。因此，桥是一种自然垄断。

当在某一市场上出现一个经营者（生产者或供给者）之后即排除了其他经营者以同样的方式进入该市场，从而使已经进入该市场的经营者自然地取得对该市场的独占地位时，即形成自然垄断。

当一个企业是自然垄断时，它不太关心有损于其垄断力量的新进入者。正常情况下，一个企业如果没有关键资源的所有权或政府保护，要维持垄断地位是不容易的。垄断利润吸引资本进入市场，而且，这些资本的进入使市场更有竞争性。与此相比，进入另一个企业已有自然垄断的市场并没有吸引力。想进入者知道，他们达不到垄断者所享有的同样低成本，因为在进入之后，每个企业的市场份额都小了。

在某些情况下，市场规模也是决定一个行业是不是自然垄断的一个因素。考虑一座过河的桥。当人口很少时，桥可能是自然垄断。一座桥可以以最低成本满足所有过河的需求。但随着人口增加，桥变得拥挤时，满足全部过河需求可能需要两座或更多桥。因此，随着市场扩大，自然垄断会变为竞争市场。

虽然自然垄断本身存在着不可竞争性，但这并不是一个绝对的概念，随着科技、经济、社会的发展，竞争机制是可以在一定程度上引进自然垄断企业的领域的。发达国家，自20世纪70年代中叶以来，开始对自然垄断行业有了新的认识，因此这些经济发达的国家对自然垄断行业的基本立场和调整对策的变化有重大的突破，经历了20世纪80年代以前“放松管制”到80年代以后“非国有化”再到“引入竞争机制”的发展过程。以邮政行业为例，美国、加拿大的邮政服务虽然一级邮件业务是垄断的，但二级、三级邮件以及快递服务是开放竞争的。

美国经济学家斯蒂格利茨认为，政府对自然垄断问题有三种不同的解决方法：

第一，政府接管某一行业的所有权，或将该行业国有化。例如，英国和法国曾对各自国家的电力公司、电话公司以及部分公用事业部门国有化。但是，这种做法存在一些问题。政府通常不是很有效率的生产者。被国有化的行业经理们往往缺乏降低成本和锐意进取的动力，特别是在政府愿意在该行业亏损时给予补贴的情况下。

第二，让私人企业经营该行业的同时对其进行管制。美国一般就采取这种做法。原则上，管制机构试图将企业的价格保持在与被管制企业投资收益相称的最低水平上。但是，管制是否有效、是否真正代表了公众利益，在这点上是有争议的。政府无论是实施垄断权还是授予垄断权都应慎重。在许多情况下，不但自然性垄断是存在的，而且政府的法规制度也存在。如果政府富有效率，那么就存在自然性进入障碍，政府没有必要用独有的特权去加强这一点。虽然厂商的进入偶尔导致了重复生产和浪费，但其成本和潜在竞争所带来的收益相比肯定要少得多。

第三，鼓励竞争。尽管完全竞争在自然垄断的情况下不会出现，但有限度的竞争总是可以带来一些好处。在实际竞争可行的场合下，竞争能抑制较高的垄断价格。所获得的收益不仅会超过重复生产所造成的低微成本，而且还会超过缺乏协作所造成的轻微浪费。当然，也存在着实际竞争不可行的情况。与实际竞争相对应的潜在竞争的效果也并不乐观。在20世纪70年代后期和80年代，西方许多政府开始相信，不论竞争怎样不完全，总是比管理更好。于是，放松管制的过程开始了，并产生了一些成果。

政府的微观调控是为了弥补和矫正市场失灵以确保稀缺资源的有效配置。自然垄断就是市场失灵的表现之一。虽然有不少国家在政策上允许垄断在一定程度上存在。但在垄断条件下，任何组织都有可能丧失追求成本最小化与效益最大化的能力，从而破坏帕累托最优的资源配置。经济学家已经指明了垄断带来的四个主要问题，即产量受到限制、管理松懈、不大关心研究与开发以及由寻租行为所产生的利润耗费。种种理由，使各国在处理自然垄断问题上，大都对自然垄断企业（主要是水、电、煤气等公用企业）的进入、退出、价格、投资等方面进行规制。

垄断的利润是否是一种社会代价

几年前，世界重要的钻石供应商戴比尔斯登出一则广告来劝说男人们为他们的妻子购买钻石珠宝。广告上说：“她嫁给你后会变得富有还是贫穷？让她知道事情的结果。”

广告粗俗吗？是的。有效吗？毫无疑问。一直以来钻石都是奢华的象征，其价值不仅在于外观，而且源于它们的稀有。但是地质学者将告诉你，钻石并非那么稀有。事实上，根据关于《上乘珍品和珠宝的道·琼斯·欧文指南》，钻石“比其他具有宝石质地的有色石头更加普通。它们仅仅是被人感觉好像更为稀有”。

为什么钻石似乎比其他宝石稀有呢？部分原因在于出色的市场营销活动。但是钻石似乎稀有的主要原因在于戴比尔斯使它们稀有：这家公司控制了世界上的大多数钻石矿，并且对提供给市场的钻石数量加以限制。戴比尔斯是一个垄断者，是一种商品唯一的或几乎是唯一的生产者。垄断者知道自己的行动影响着市场价格，并在决定产量的时候考虑了这种影响。

垄断利润是垄断资本家凭借自己在社会生产中的垄断地位而获得的超过平均利润的高额利润。高额垄断利润一般是通过规定垄断价格实现的。垄断价格以高于自由竞争条件下形成的平均利润率的“目标利润率”为中心来制定，这样垄断资本家凭借其垄断地位来操纵垄断价格，促使实际利润率和“目标利润率”趋于一致，就可以较有把握地获得高额垄断利润。

与竞争企业相反，垄断收取高于边际成本的价格。从消费者的角度来看，这种高价格使垄断是不合意的。但是，同时垄断者也从收取这种高价格中赚到了利润。从企业所有者的角度看，高价格使垄断极为合意。企业所有者的利益会大于强加给消费者的成本，从而使垄断从整个社会的角度看是合意的吗？

总剩余是消费者剩余与生产者剩余之和。消费者剩余是消费者对一种物品的支付意愿减少他们为此实际付出的量。生产者剩余是生产者出售一种物品得到的收入减它们生产它的成本。在这种情况下，只存在一个生产者——垄断者。

在竞争市场上供求均衡不仅是一个自然而然的结果，而且是一个合意的结果。特别是，市场中看不见的手引起了使总剩余尽可能大的资源配置。由于垄断引起的资源配置不同于竞争市场，所以，其结果必然以某种方式不能使总经济福利最大化。

列宁说："垄断地位能提供超额利润，即超过全世界一般的、正常的资本主义利润的额外利润。"垄断资本主义的再生产过程表明，只要某个生产部门的生产和销售被少数大企业所垄断，这几家大垄断企业就能经常地获得大大超过平均利润的垄断利润。

在1946～1973年期间，美国制造业纳税后的年平均公司利润率为9.2%，而垄断程度较高的汽车制造部门则达16%，其中通用汽车公司高达19.7%。在1960～1970年期间，美国制造业纳税前的年平均公司利润率为12.5%，而20家最大的垄断公司则达17.1%。其中通用汽车公司高达30.7%，通用电气公司和波音飞机公司也分别达到21.8%和20.8%。

例如，1953～1968年期间，美国化学工业部门最大企业杜邦公司的目标利润率为20.0%，实际利润率为22.2%；汽车制造部门最大企业通用汽车公司分别为20.0%和20.2%；石油部门最大企业美孚石油公司（新泽西）则分别为12.0%和12.6%。

在资本主义的现实生活中，垄断利润是同企业的垄断地位相联系的。这就进一步表明了垄断的最大危害，是它生产的商品或者采取某种行动，让社会负担了巨大的成本。尤需重视的是，垄断还会扭曲正常的社会关系乃至人们的心灵。譬如，垄断如此强势，垄断行业怎么可能不凌驾于其他行业之上？谁又不以加入垄断行业为荣？久而久之，正常的社会秩序被破坏，正常的社会发展被拖累，正常的人才流通被妨碍，正常的讲理观念被颠覆……垄断，正一笔一笔地在社会成本方面欠下巨账。

不过，哈佛大学经济学教授曼昆认为，根据垄断的经济分析，企业利润本身并不一定是一个社会问题。在他看来，垄断市场上的福利也与所有市场一样包括消费者和生产者的福利。只要消费者由于垄断价格额外支付给生产者1美元，消费者状况就会变坏1美元，而生产者状况会变好相等量。这种从物品消费者向垄断所有者的转移并不影响市场总剩余——消费者和生产者剩余之和。垄断利润本身并不代表经济蛋糕的规模缩小，它仅仅代表生产者的那一块大了，而消费者的那一块小了。除非由于某种理由认为消费者比生产者更重要——这种判断已超出效率经济的范围之外，否则垄断利润不是一个社会问题。

垄断市场上问题的产生是由于企业生产和销售的产量低于使总剩余最大化的水平。这种无效率必然与垄断的高价格相关：当企业把价格提高到边际成本以上时，消费者买得少了。但是要记住，从仍能销售的产品数量中赚到的利润并不是问题。问题产生于无效率的低产量。换个说法，如果高垄断价格不会阻碍一些消费者买这些物品，它所增加的生产者剩余就正好是消费者剩余减少的量；而总剩余仍然与仁慈的社会计划者可以达到的一样。

但是，这个结论也有一个可能的例外。假设一个垄断企业为维持其垄断地位不得不引起额外的成本，例如，拥有政府创造的垄断的企业为了保持它的垄断需要雇用游说者来说服法律制定者，垄断者可以用它的一些垄断利润来支付这些额外的成本。如果是这样的话，垄断的社会损失既包括这些成本，也包括由价格高于边际成本引起的无谓损失。

垄断的厕所可以随意双向收费

网上流传着一则有关垄断的笑话：

为使我们的厕所能够与国际接轨，作为我市 WCEO（厕所首席执行官）现在宣布厕所改革计划如下：

（1）将传统的单向收费方式加以改革，改为双向收费。即进厕所要付钱，出厕所也要付钱，否则不让你进去。

（2）实行大小便分开收费方式，大便一次两元，小便一次一元。考虑到大便次数要少于小便次数，所以大便可稍微下调一些。这一措施将深得跑肚拉稀者的欢迎。

（3）实行按秒收费的方式，上厕所的头 15 秒收费 5 毛，以后每超过 5 秒，收费两毛。此举即可防止某些虚占位子的不良举动，又可对那些说我厕所收费过于昂贵的人给出解释。只要你能在 25 秒之内上完厕所，实惠的就是你。

（4）分时段收费。白天部分时间按全价收取，高峰时间按双倍收费，而在午夜 12 点至凌晨 5 点按半价收费。

（5）提高软件水平。在厕所中播放音乐，让消费者有轻松自如的感觉，播放音乐暂定为老歌《有空来坐坐》。

（6）规范市场秩序。鉴于某些人随地大小便，对此，我厕所决定养 10 条狗，每日喂以火腿等条状食品，然后将它们放置在各个角落。一旦发现有随地小便者，这些狗将给予最严厉的打击。

（7）第一次入厕尚需交纳坐便器初装费 100 ~ 400 元不等。

（8）入厕 6 号、8 号的尚需交纳选号费每人每次 1 元。

（9）必须使用指定防伪标志的卫生纸。

（10）即使本月不上厕所，也要交纳资源占用费 50 元。不用是你的事，资源我可准备好了，虽然人多的时候占不上位子。

（11）马上推出宽带如厕业务。增加不多的钱，一个人就可以占用相当于以前两个人的座位，而且按流量计算费用。

（12）下一步推广 2.5G 如厕业务，在如厕时不耽误您上网和视屏点播。

某市厕所管理委员会

“厕所管理委员会”的强盗式收费标准，可能略有夸张的成分，但是在爆笑之余，也让我们明白了垄断的实际影响效果。

垄断意思是“唯一的卖主”，比如说，一个城市中只有一家厕所，自来水公司、移动通信公司就是属于完全垄断的企业。

在完全垄断市场中，垄断企业具有规模经济优势，也就是在生产技术水平不变的情况下，垄断企业能打败其他企业，靠的是生产规模大、产量高。例如，富士康企业代工。垄断企业一般控制某种资源。像美国可口可乐公司就是长期控制了制造该饮料的配方而独霸世界的，南非的戴比尔斯公司也是因为控制了世界约 85% 的钻石供应而形成垄断的。

同时，多数的垄断企业都具有法律庇护。例如，许多国家政府对铁路、邮政、供电、供水等公用事业都实行完全垄断，对某些产品的商标、专利权等也会在一定时期内给予法律保护，从而使之形成完全垄断。

通常认为，完全垄断对经济是不利的。因为它会使资源无法自由流通，引起资源浪费，而且消费者也由于商品定价过高而得不到实惠。

经济学家们对于垄断并不一定是全盘否定的，要看这个垄断是怎么形成的，限制了它对技术创新就没有好处。像微软这样的企业是靠技术创新形成的，分拆了它对鼓励创新没有好处，应像专利一样在一定时间内允许它拥有垄断地位。

1870 年 1 月 10 日，洛克菲勒在俄亥俄州创建了标准石油这家有史以来最为强大的垄断企业，其定名是为了标榜该公司出产的石油是顾客可以信赖的“符合标准的产品”。到 1879 年底，标准公司作为一个合法实体成立刚满 9 年时，就已控制了全美 90% 的炼油业。自美国有史以来，还从来没有一个企业能如此完全地独霸过市场。

1882 年，洛克菲勒在他的律师多德首度提出的“托拉斯”这个垄断组织的概念指导下合并了 40 多家厂商，垄断了全国 80% 的炼油工业和 90% 的油管生意。1886 年，标准石油公司又创建了天然气托拉斯，并最后定名为美孚石油公司。1888 年，公司开始进入上游生产，收购油田。1890 年，标准石油公司成为美国最大的原油生产商，垄断了美国 95% 的炼油能力、90% 的输油能力、25% 的原油产量。标准石油公司对美国石油工业的垄断一直持续到 1911 年。

垄断在多数时候都被广为诟病，一些企业服务效率低下就经常受到人们的指责，在垄断中以企业为主导的定价往往使价格过高，从而让垄断行业企业得利，却让广大消费者的利益受损。

要解决这一顽症，办法也不难——引入竞争机制，将石油行业推向市场，让民间资本及海外资本进入，营造一个充分竞争的环境。形成石油供应的公平竞争机制，政府同时放开对公共产品的价格管制，让市场决定公共产品价格，涨价与否就是由消费者说了算。可以预见，到那时公共产品价格只涨不降的现象必将终结，其价格变化也将有利于公共产品提供企业的健康发展。随着标准石油的不断膨胀，它也成为美国政府反托拉斯的头号打击对象，被作为“进行欺诈、高压、行使特权”的代表，首当其冲受到批判。1890 年，美国政府颁布《谢尔曼反托拉斯法》，美孚石油托拉斯不得不解散。

第三章　政府反垄断关卡

面对微软垄断，美国政府毫不手软

1975 年，微软创立。

1994 年，美国司法部对微软提出了反垄断诉讼，称微软与原始设备制造商（OEM）签订排他性和反竞争性的授权协议，阻止 OEM 使用微软竞争对手的操作系统。

1998 年，美国司法部部长和 20 个州的总检察官对微软提出反垄断诉讼。1999 年，杰克逊法官作出“事实认定书”，认为：微软非法利用了自己在操作系统市场上的垄断力量来排挤竞争对手，排除自己面临的潜在危险以继续维持自己的垄断。

2000 年，微软公司被美国哥伦比亚特区联邦地区法院初审裁定违反《谢尔曼反托拉斯法》，并处罚微软将其一分为二。后微软提出上诉，美国司法部和微软公司于 2001 年 11 月达成庭外和解协议，微软得以免遭分解。

自从 19 世纪 80 年代末开始，美国在工业革命热潮中出现了托拉斯组织，比如美孚石油公司，已控制了全国 90% 的炼油业。大把捞钱的托拉斯遭到普遍反对，舆论要求政府采取行动。政府也发现，托拉斯的形成，一方面给垄断资本家带来了超额利润，另一方面也导致了大量中小企业主、农场主的破产和广大劳动群众生活的困难，破坏了自由资本主义的经济结构。这激起了群众性的反托拉斯运动的高涨。为了缓和社会矛盾，美国联邦国会于 1890 年通过了《谢尔曼反托拉斯法》。

在反托拉斯法制定的初期，规模过大、产品在全国市场上占有份额过大的企业很可能会被判定为妨碍竞争和贸易的垄断企业。比如当时美孚石油公司和美国电话电报公司均是因为规模过大，而被判违反反托拉斯法并被分解公司的。

随着美国自由竞争经济的日益发展，企业的规模也越来越大，企业规模和市场份额似乎不能再成为判定垄断的指标。特别是随着企业兼并风潮和全球化势头的加强，美国反托拉斯焦点也转向了滥用已经形成的垄断地位，非法进行不正当竞争的企业。比如，美国政府状告软件巨头微软的反垄断诉讼，就是这种转变的典型案例。

有学者指出，微软案表明，在经济全球化背景下，在信息产业迅猛发展的过程中，一些大企业所占市场份额，及其客观上形成的垄断已无法遏止，如果企业不滥用这种垄断地位和力量，也可相安无事。这说明美国的反垄断矛头，已转向滥用垄断地位与实力。美国经济学家认为，今后美国的反垄断实践，可能将聚焦保障公平竞争、推动技术创新，因为只有创新才能最终保障消费者福利，公平竞争则更有可能带来创新。

美国是个崇尚竞争的国家，竞争在许多方面都是被鼓励的。从经济的角度来看，竞争不仅可以给每个人都带来益处，而且对整个国家来讲也是有利的。美国人相信，竞争可以产生两种人：一种是优胜者，另一种是失败者。竞争不可避免地会有一定的代价，然而竞争中的失败者却可以从竞争中学到很多的东西，从而成为更好的竞争者。但是，垄断却阻止了这种竞争。所以，美国政府在打击垄断时毫不手软。

经济学家亚当·斯密曾经说过，生产同类产品的企业很少聚集在一起，如果他们聚集在一起，其目的便是为了商讨如何对付消费者。反垄断法上把这种限制竞争性的协议称之为“卡特尔”。卡特尔主要有三种，价格卡特尔、数量卡特尔和地域卡特尔。价格卡特尔比如，电视机生产企业通过协议商定，每台电视的售价不得低于 3000 元。这种协议排除了企业在价格方面的竞争。而一些行业出现的企业联合限产，就是典型的数量卡特尔。此外，生产同类产品的企业还可以通过协议划分销售市场，这种卡特尔被称为地域卡特尔。

在市场经济条件下，企业并购是经常发生的，而且绝大多数的企业并购对经济是有利的。但是，如果对合并不加控制，允许企业无限制地购买或者兼并其他的企业，不可避免地会消灭市场上的竞争者，导致垄断性的市场结构。为了维护市场竞争，保证市场上有竞争者，各国反垄断法都有控制合并的规定。

微软公司一案说明，那些在市场上占据垄断地位或者支配地位的企业，它们的市场行为会受到政府更为严格的管制。这即是说，同一种限制竞争的行为如果发生在不同企业的身上，它们会产生不同的法律后果。比如，消费者购买长虹电视机的时候，如果销售商要求消费者必须同时购买一台长虹牌收录机或者其他产品，消费者一般不会接受销售商这种无理的要求，而会转向购买海尔、TCL或者其他品牌的电视机。

这说明，在竞争性的市场上，搭售行为一般不会对消费者造成严重的不利后果。然而，消费者安装电话的时候，如果电话局要求他们购买指定的电话机，否则就不给装电话，这种搭售行为对市场就有着严重的不利影响。一方面，这会严重损害消费者的利益，因为他们没有选择其他产品的机会；另一方面，这种行为也会严重损害竞争，因为它会给某些企业的市场销售带来严重的不利后果。因此，反垄断法中关于市场行为的管制主要是针对垄断企业或者占市场支配地位的企业。

行政垄断也是对垄断进行治理中的一个重点。行政垄断是指政府及其所属部门滥用行政权力限制竞争的行为。实际上，不管在过去、现在还是将来，政府限制竞争都是对竞争损害最甚的行为。因此，我们在研究反垄断问题时，就不能把目光仅仅投向企业的限制竞争行为，而还应当注意政府的行为，防止它们滥用行政权力，限制竞争。

实施政府管制，防止垄断产生

“管制”不是一个传统的或日常使用的中文词汇，其字面含义包含“控制、规章、规则”的意思。作为一个外来词，管制（regulation）反映的是一种政府与工商企业的关系，就是政府运用具有法律效力的规章控制工商企业的行为。

管制的起源和发展，因时因地不同，但共同的发生特征是：无论普通法的约束和调节，还是反垄断和宏观调控的实施都不足以满足维护市场秩序的要求。这时，“管制”就出现了。需要明确的是，与反垄断的做法不同，管制是政府部门依据法律的授权采取直接的干预措施，而不是仅仅充当公诉人；与宏观调控不同，管制试图改变的不是决策参数，而是直接控制决策和行为。另外，我们也要指出，发达国家的管制，仍然植根于普通法传统的深厚土壤。具体表现在：

（1）管制需要立法提供法律根据。

（2）管制部门要得到国会的特别授权。

（3）受管制市场的企业和个人，可以根据普通法和行政法对政府的管制行为提出法律诉讼。

在长期的垄断规制实践中，反垄断的理论家和实践者们总结出了一套价格管制措施，如价格听证、价格上限等。但是由于信息不对称和管制者的心理偏好以及社会舆论的影响，垄断管制措施一般都存在失准的问题。

政府在垄断管制中的措施失准首先源于反垄断立法上的观念错误以及由此导致的信

息不对称。不言而喻，垄断企业是一个特殊类型的企业，在许多方面也应区别对待。目前各国的《企业法》均把垄断企业视为常规企业，对垄断企业的商业秘密严加保护。即使在价格听证中也不曾被要求披露。事实上，垄断市场中不存在竞争者，垄断企业也就无所谓商业秘密。所以，为了摧毁垄断企业实施价格掠夺的信息基础，社会应通过反垄断立法，强制垄断企业对其成本信息进行充分、及时地披露。由于反垄断立法存在不科学的方面，导致监管者与被监管之间严重的信息不对称，使得反垄断部门的价格管制行为出现明显偏差。

迫于公众的压力和出于促进经济健康发展的需要，发达市场经济国家一般通过价格听证的方式来决定垄断的公用事业企业的价格水平。由于参加价格听证的官员、消费者代表和经济学家不掌握垄断企业的成本信息，价格听证的科学性也大打折扣，甚至可以说具有盲人摸象的味道。

在垄断企业不公开财务信息的条件下，价格听证在很大程度上反映垄断企业的操纵能力。为了实现利润最大化，垄断企业可以收买官员、制造借口、欺骗舆论；垄断企业可以用重金支持其观点与垄断企业利益一致的经济学家的研究。

在听证会无效的情况下，政府应该为自然垄断者确定多高的价格呢？这个问题并不像乍看起来那么容易。一些人的结论是，价格应该等于垄断者的边际成本。如果价格等于边际成本，消费者就可购买使总剩余最大化的垄断者产量，而且，资源配置将是有效率的。

但是，当平均总成本递减时，边际成本小于平均总成本。如果管制者要确定等于边际成本的价格，价格就将低于企业的平均总成本，而且，企业将亏损。在收取如此之低的价格时，企业就会离开该行业。

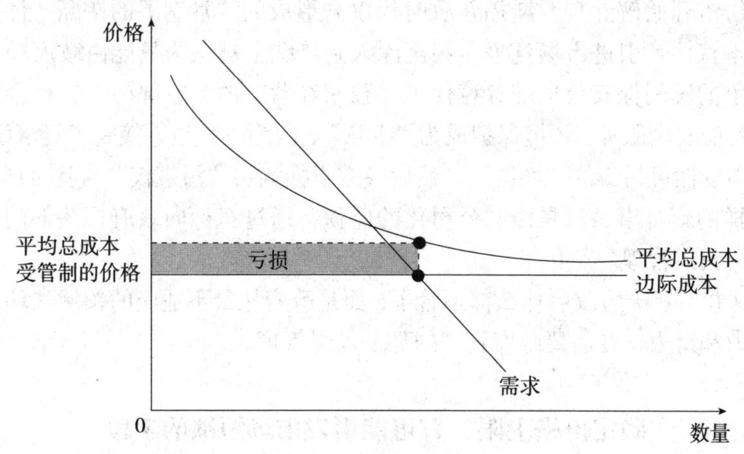

自然垄断的边际成本定价

管制者可以用各种方式对这一问题作出反应，但没有一种方式是完美的。一种方法是补贴垄断者。实际上，政府承担了边际成本定价固有的亏损。但要支付贴补，政府需要通过税收增加收入，这又引起税收本身的无谓损失。另一种方法，管制者可以允许垄断者收取高于边际成本的价格。如果受管制的价格等于平均总成本，垄断者正好赚到零利润。但平均成本定价会引起无谓损失，因为垄断者的价格不再反映生产该物品的边际成本。实际上，平均成本定价和垄断者在出售物品时征收税收一样。

边际成本定价作为管制制度，它不能激励垄断者降低成本。竞争市场上的每个企业为了追求高利润都努力降低其成本。但如果一个受管制的垄断者知道，只要成本减少，管制者就将降低价格，垄断者就不会从降低成本中受益。实际上，管制者解决这一问题的方法是允许垄断者从降低成本中以更高利润的形式得到一些利益，这种做法是对边际成本定价的某种背离。

为了更好地解决垄断这一令人纠结的难题，里根总统下决心启用前康奈尔大学经济学教授卡恩，出任联邦民用航空局局长。卡恩的施政纲领别具一格：在事事要靠行政审批的民航业引进竞争、由市场接管原来由民用航空局5个委员会作出的经济决定、直到解散联邦民用航空局。

卡恩的改革后来被冠之以“开放天空”而载入美国管制改革的史册。主要的做法是，政府不再用包括听证程序在内的行政审批的办法来干预民航的票价决定和市场进入。航空公司可以自由地、竞争性地决定机票价格，也可以自行决定是否进入还是退出某个市场或某条航线。所有其他公司、新的投资人也可以决定是否组建新的航空公司。结果，民航票价大幅度跌落，而对民航服务的市场需求量急剧上升；一些老牌航空公司走向破产，而新的成功者因为适应市场形势而欣欣向荣。最重要的也许是，美国航空业在竞争的压力下创造了“枢纽港模式”——通过用支线小飞机把各地旅客集结到一些中心枢纽航空港，然后高频率地飞向全国和世界各地的枢纽港。

“开放天空”的成功，为里根政府赢得了声誉，随后，铁路和货车运输、电信、金融、电力等部门纷纷开始解除自罗斯福新政时代以来形成的“管制下的垄断“体制，按照各行各业的技术特性，引进市场竞争，甚至深入到传统上被认为只能由政府独家经营的业务。彼此竞争的民间保安公司部分替代了“独家经营”的警察部门，向社会提供了按照市场规则运行的安全服务。环境保护成为“生意”，因为一些地方接受了经济学家的建议，由议会决定年度性可污染的“额度”，然后各方投标竞买“污染权”。甚至还出现了“民办监狱”这样的新鲜事，就是由“公司化的监狱”通过竞标向政府司法部门“接单”，承担市场化的犯人管理。

当然，这并不意味着政府什么都不管了，而是政府从最不适应的领域和环节“退出”，从而集中精力和财力，在需要政府管理的环节加强管理。

确定价格上限：有可能引发市场短缺的手段

英国电信的价格上限管制是一个“一揽子”的管制模型，它所提供的不是特定企业某种特定产品的最高限价，而是企业所生产的各种被管制产品的综合价格上限。各种产品的“一揽子价格”通常采用加权平均价格的形式，权重系数一般选择业务产出量。这样，各种产品的价格和平均价格的差异可能很大，也可能很小。为防止出现产品价格结构上不合理的现象，政府还要求企业不得对不同的消费者采取价格歧视行为，要通过调整，逐渐使各种产品的价格与其成本相适应。

在英国的 RPI — X 模型中，管制者与被管制者谈判的焦点是 X 值的选择。英国第一次进行价格管制调整后，电信产业的 X 值由 3% 上升到 4.5%，而在 1991 年国际长途被纳入管制范围后，X 值又上升到 6.25%，1992 年进一步上升到 7.5%。

价格上限规制，是指对被规制企业的产品或服务的价格设定上限，不允许价格超过规定的上限的一种规制方法。价格上限的一种表述方式为 RPI–X，即被规制企业价格的平均增长率不超过零售物价指数（RPI）减去 X，X 为生产率的增长率。

最初设定价格上限时，旨在通过 X 激励企业降低成本，提高效率。企业只要通过努力使自己的效率提高超过 X 的水平，就可以获得相应的收益。企业价格的上涨幅度不超过 RPI–X，如 RPI–X 的值为正数，则企业可以涨价，否则，应当降价。

价格上限规制起源于理查尔德的一份报告——《对英国 BT 私有化后利润的规制》。理查尔德在报告中指出“规制的最基本的目的是保护消费者”。他认为 RPI–X 规制将会给企业带来繁荣。因此，建议实行 RPI–X，即他所称的“地方话费降低计划”。这种规制方法规制的是企业的价格而不是企业的利润，它有利于激励企业提高生产效率和促进创新，因为任何成本降低可能获得的利润都将归企业自己所有。规制成本也很低，因为它只要求衡量价格指数，而没有必要衡量资产基础和公正报酬率，也不需要在企业的竞争部分与垄断部分之间分配成本，也不必预测未来的成本与需求状况。因为规制相对简单，与收益率规制相比，发生“规制俘虏”的可能性也会减少。RPI–X 规制能较好地促进竞争。在降低进入地方电话市场门槛的同时，RPI–X 规制不会影响对长途电话市场的进入。理查尔德的这一建议，对英国价格上限规制体制的形成起到了决定性的作用。

不过，价格管制一直是一个比较敏感的话题，在市场经济中，经济的运行是由价格这只“看不见的手”来调节。很多经济学家都反对价格管制，因为价格管制往往会导致供求失衡。对此，我们先来看一个供求曲线：

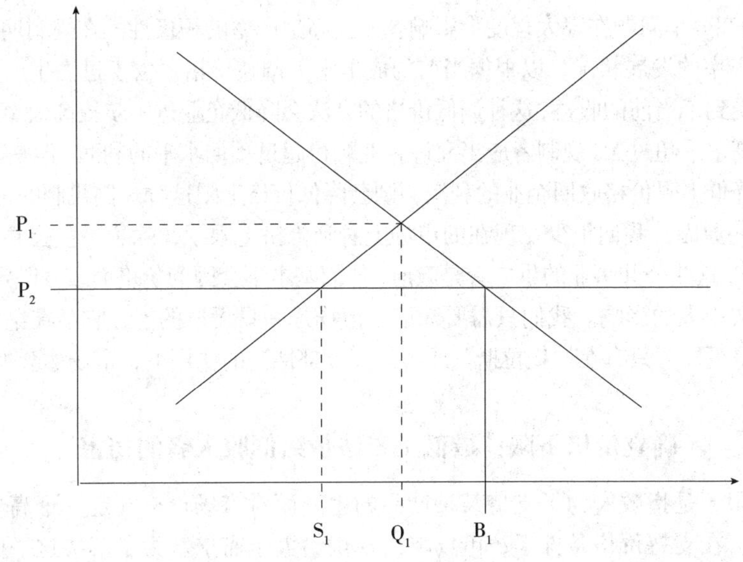

这是一幅被设定了价格上限的供求曲线图，我们可以看出，原本的价格平衡点在P_1，数量平衡点是Q_1，但是由于政府干预了价格，导致价格变为P_2，供应数量变为S_1，需求量变为B_1。我们分析一下这个结果：首先，价格确实下降了，人们看上去得到了实惠，但是市场上这件物品的供应量只有S_1这么多，而需求量则高出许多，为B_1，由于失去了市场的调控，有很多人买不到物品。试想一下，你是愿意多花5块钱买到一袋大米还是愿意看着较低的价格却轮不到你买？正是由于这种因素，市场上的卖者拥有了决定把物品卖给谁的权利，这种权利又会导致更多的混乱现象，比如大范围的排队、抢购；或是一些有特殊关系的人优先购买；更或者发展出黑市交易等等，这都在很大程度上影响市场的效率和平衡，这也是导致我们从计划经济走向市场经济的重要因素。

上面说到的只是价格上限的其中一个不利因素，另一个不利因素在于它会使市场产生“无谓损失”。什么叫无谓损失呢？我们看一下上图，由P_1、S_1、B_1三个点构成的三角形的区域就是“无谓损失”，在这个范围之内的生产者本来是可以生产物品的，消费者是可以买到物品的，但是由于价格上限，他们无法进行交易或是不愿交易，这样既不会享受到价格上限的好处，也不会为社会总剩余作出贡献，这部分的效果就白白损失掉了，也就是说这部分原本所创造的价值将在GDP中消失，这对个人或国家来说都是不利的。

除此之外，价格上限还有好多局限性：

（1）如果一些因素引起零售价格指数的变化但并不导致企业成本的变化，则被规制企业的利润可能就不完全取决于企业的生产效率。

（2）X的计算难于计算企业的生产率增长率。如果依靠规制者与被规制产业之间的谈判来决定X，则政府干预就有可能发生。政府官员和规制者可能会追求自己的利益，从而作出非效率的决定。

（3）被规制企业的利润水平在很大程度上取决于规制者。特别是，被规制企业的管理层仅有较低的激励，管理层将会关注X作为效率改进的目标，而不是最佳的效率改进。X的选择部分地取决于被规制产业的财务绩效。

（4）利润分享问题在很大程度上影响企业提高生产率的积极性。在规制期末，需要分析并衡量生产率的发展状况，以根据当前的成本水平调整价格。由于过去生产率的提高而使消费者享受到了当前的收益，这种调低价格的办法会降低企业进一步提高效率的积极性。生产率的提高水平超过X，规制者应当允许企业赚得超过预期水平的利润。但是，如果此时，规制者通过降低上限价格收回企业的利润，则会降低价格上限这种规制机制的可信性。

因为这些原因，我们很少在现在的市场上看到价格上限了，除了一些公共事业，例如地铁、公交车，这些公共事业的供应者是政府，他们基本不会因为价格而改变既定的供应量，所以不会造成很大的影响。我们只需要知道，市场是一只无形的手，它会在绝大多数情况下让经济变得更好，只有在“托拉斯”或者是“外部性”的作用下，市场才会失灵。

确立价格下限：最低工资法带给低收入者的伤害

价格下限，是指政府为了支持某种产品的生产而对市场价格规定一个高于均衡价格的最低价格。在支持价格条件下，市场将出现供给大于需求。为了解决这一问题，政府需要增加库存或扩大外需。

如果你曾经在快餐店工作过，你就可能碰到过价格下限：美国和其他许多国家都制定了劳动者每小时的最低工资，即劳动的价格下限——最低工资。

就像价格上限一样，政府制定价格下限是为了帮助一部分人，但是会产生人们不希望看到的负面影响。下图显示了黄油的供给曲线和需求曲线。如果自由运转的话，市场会运动到均衡点，均衡价格为每磅 1 美元，均衡数量为 1000 万磅。

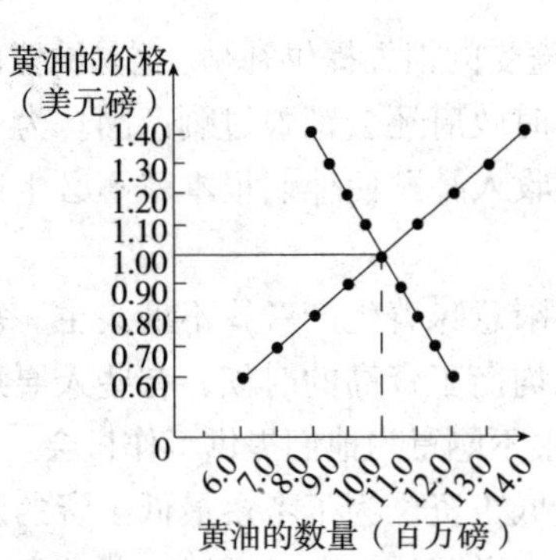

黄油的价格（美元/磅）	黄油的数量（百万磅）	
	需求数量	供给数量
1.40	8.0	14.0
1.30	8.5	13.0
1.20	9.0	12.0
1.10	9.5	11.0
1.00	10.0	10.0
0.90	10.5	9.0
0.80	11.0	8.0
0.70	11.5	7.0
0.60	12.0	6.0

没有政府管制情况下的黄油市场

没有政府干预时，黄油市场的均衡价格为每磅 1 美元，均衡数量为 1000 万磅。

但是假设政府为了帮助奶牛场主，规定黄油的价格下限为每磅 1.2 美元。这一政策的效果见下图，1.2 美元这条横线代表最低价格。在这个价格水平上，生产者愿意供应 1200 万磅黄油（供给曲线上的 B 点），但是消费者只愿意购买 900 万磅（需求曲线上的 A 点）。因此产生了 300 万磅的持续过剩。

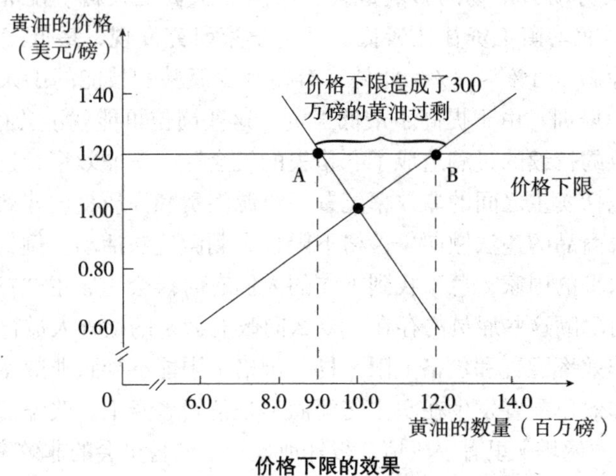

价格下限的效果

粗体的横线代表政府施加的每磅 1.2 美元的价格下限。黄油的需求数量下降到 900 万磅，而供给数量上升到 1200 万磅，从而出现了 300 万磅的持续过剩。

价格下限总是会导致过剩吗？不。就像价格上限的情况一样，这个下限可能是没有实际约束作用的，或者说是不起作用的。如果黄油的均衡价格是每磅 1 美元，而价格下限是每磅 0.8 美元的话，这样的价格下限就是没有任何影响的。

但是假设价格下限是有约束作用的，那么人们该拿这些剩余怎么办呢？答案取决于政府的政策。就农产品价格下限而言，政府会买入这些过剩的产品。因此美国政府的仓库里有时会堆满了上千吨的黄油、奶酪和其他的农产品。政府就这样找到了处理过剩产品的办法。

有些国家对出口商在海外市场销售产品遭受的损失提供补贴，这是欧盟的典型做法。美国曾经把过剩的奶酪免费发放给穷人。有时政府还会销毁过剩产品。为了避免处理过剩产品，美国政府通常的做法是向农民提供收入补贴使他们根本就不必生产出这么多的产品。

当政府不打算买入过剩产品时，价格下限意味着生产者找不到买主。每小时最低工资制度就会产生这样的结果：当最低工资比均衡工资高的时候，有些人愿意工作——也就是出卖劳动，却找不到买主——也就是雇主不愿意为他们提供工作机会。

最低工资法规定了企业向员工支付的最低工资，为了考察最低工资的影响，我们必须考察劳动力市场。劳动力市场和所有市场一样服从于市场规律。劳动者决定劳动力供给，企业决定劳动力需求。在没有政策干预时，劳动力价格即工资调节使劳动力市场达到供求平衡。如果最低工资高于均衡水平，劳动力供给量大于需求量，结果是失业量增加。因此，最低工资增加了有工作工人的收入，但减少了那些找不到工作的工人的收入。

劳动力市场不是只包括一个劳动力市场，而是包括许多不同类型工人的劳动力市场。最低工资的影响取决于工人的技能与经验。技术高而经验丰富的工人不受影响，因为他们的均衡工资大大高于最低工资，对于这些工人，最低工资没有限制性。最低工资对低工资工人劳动力市场的影响最大，因为低工资工人属于技术最低、经验最少的劳动力成员，因而均衡工资往往较低。经济学家研究发现，最低工资上升 10%，会使低工资工人就业减少 1% ~ 3%。此外，有些缺少经验和技能的工人往往愿意接受较低工资以换取在职培训，由于提高了最低工资，这些岗位可能就不会存在了。

价格下限导致的持续的过剩造成了“错失的机会”——非效率，这和价格上限带来的非效率相似，包括卖主之间的非效率配置、资源浪费和高质量的非效率，以及诱发在法定价格之下出售商品的违法倾向。价格下限也会刺激违法活动。例如，在最低工资远远高于均衡工资水平的国家，急于找到工作的人们有时候会为雇主“打黑工”，这些雇主要么向政府部门隐瞒这些雇员的存在，要么向政府派来的检查人员行贿。

卖主之间的非效率配置和价格上限一样，价格下限能够导致非效率配置，不过在价格下限的情况下非效率配置发生在卖主之间而不是消费者身上。改编自一部现实主义小说的比利时电影《罗塞塔》里有一段情节很好地显示了销售机会的非效率配置这一问题。

罗塞塔是一个很想工作的年轻女子，但是她丢掉了自己在快餐小摊上的工作，因为她的老板换上了自己的儿子——一个很懒惰的家伙。罗塞塔情愿少要点工资，而老板可以把因此而节约的钱给自己的儿子，让他去干点别的。但是如果付给罗塞塔的工资低于最低工资的话就是违法的。

和许多欧洲国家一样，比利时的最低工资很高，年轻人的工作机会却很缺乏。最低工资除了改变劳动力的需求量之外，还改变了劳动力的供给量。由于最低工资增加了技术最低、经验最少的劳动力成员，它也增加了选择寻找工作的青少年的人数，因为青少年属于技术最低、经验最少的劳动力成员。所以，当最低工资提高以后，一些正在上学的青少年可能选择辍学来参加工作。这些新辍学的青少年代替了那些以前就业的技术最低、经验最少的工人，使他们现在成为失业者。所以高的最低工资引起失业，鼓励青少年辍学，并使一些不熟练工人无法得到他们所需要的在职培训。

第四章 信息与皇帝的柠檬

少校的命令与信息传递的失真

据说，某部队的一次命令传递的过程是这样的：

少校对值班军官说：今晚 8 点左右，在这个地区可能看到哈雷彗星，这种彗星 76 年才能看见一次。命令所有士兵身穿野战服在操场上集合，我将向他们解释这一罕见现象。如果下雨的话，就在礼堂集合，我为他们放一部有关彗星的影片。

值班军官对上尉说：根据少校的命令，今晚 8 点，76 年出现一次的哈雷彗星将在操场上空出现。如果下雨，就让士兵身穿野战服前往礼堂，这一罕见现象将在那里出现。

上尉对中尉说：根据少校命令，今晚 8 点，非凡的哈雷彗星将军将身穿野战服在礼堂出现。如果操场上有雨，少校将下达另一个命令，这种命令每隔 76 年才下达一次。

中尉对上士说:今晚 8 点，少将将带着哈雷彗星在礼堂出现，这是每隔 76 年才有的事。如果下雨，少校将命令彗星穿上野战服到操场上去。

上士对士兵说：在今晚 8 点下雨的时候，著名的 76 岁的哈雷将军将在少校的陪同下，身穿野战服，开着他那辆“彗星”牌汽车，经过操场前往礼堂。

这个故事的真实性已经无关紧要，细心观察可以在我们的生活中发现类似的事，这就是信息在传递过程中的失真。一个人说街上有老虎，人们不信；两个人说街上有老虎，人们开始有点相信；当三个人都说街上有老虎时，人们肯定相信了，这就是“三人成虎”。在信息传递的过程中，往往存在失真的可能性。

信息传递失真和谣言不同，因为它的本源信息是正确的，只是在传递过程中逐渐被人为地增减信息。信息失真原因有三种：

1. 信息本身不明确，导致不容易传递

复杂繁琐的信息用固定的介质来传递比口头传递可靠，因为人的记忆有限，信息受主观因素影响严重。在记忆不明朗的情况下，回忆的内容并不完全是正确的。

2. 信息失真是由于信息传递环节过多

信息传递过程中环节越多就越不安全，会造成信息不完全传递。而信息的不完全，会使信息逐渐远离原来的面目，变成另一个毫不相干的信息。

3. 信息被干扰

人总是有自我表现的欲望，相信自己就是正确，站在自己的立场来想问题，这时信息失真的情况就会出现。当理解出现偏差，造成的后果由谁来承担责任呢？因此，在信息传递过程中，需要用稳定介质传递或存在第三方证明人。

信息传递的模型是哈佛大学教授迈克尔·斯宾塞提出的，他因此与阿克洛夫同获2001年度的诺贝尔经济学奖。

当斯宾塞在哈佛大学读博士的时候，他观察到一个很有意思的现象：很多MBA的学生在进哈佛之前很普通，但经过几年哈佛的教育再出去，就能比教授多挣几倍甚至几十倍的钱。这使人禁不住要问为什么，哈佛的教育难道真有这么厉害吗？斯宾塞研究的结果是：教育不仅仅具有生产性，更重要的是教育具有信号传递的作用。

这就是名牌的作用。名牌大学或明星企业也可能出现次品，但这样的概率相对来说要低得多。而且，一个名牌大学的建立，是其多年有效信息费用累计的结果，没有人愿意轻易地毁掉自己的信誉，所以，即使出现了问题，解决的成本也相应要低。

所以，在企业眼中，品牌是最有效的信息传递手段。同样是刚毕业的大学生，企业优先选择名校毕业生。

当将信息传递引用到现在的市场经济中时，我们又会看到它们被赋予了新的意义。在市场上，商家是拥有信息的一方，也能决定向外界如何传递信息。此时，传递信息的成本要依靠商家自己来付出。他们需要主动地通过广告等方式，在诸多同类产品中凸显出来，如此才可能有利可图。否则，如果一个企业没有卓有成效的信息传递，没有别具一格的形象推广，产品就不能有效推向市场。

1995年之前，康佳彩电公司事业刚刚有所起色，但由于在信息宣传上的不力，造成了消费者对康佳彩电存在很多认知盲点和误区。对企业形象的树立和产品的广泛传播造成了很大障碍，以至于经常有消费者将康佳彩电的产品同其他质量次等的产品混为一谈。

为了改变身处彩电业的劣势，提高自己的知名度，康佳彩电吸取了过去的教训，并在推广最新款彩电“彩霸”系列时，加大了广告宣传的力度，利用频繁出现的彩色广告和鲜明的标语，给消费者留下了深刻印象。它还聘请影星周润发、张曼玉做产品形象代言人，从而为品牌做了更有影响的宣传。

由此可见，尽管康佳彩电的质量很好，但是缺乏过硬的信息传递技术，很难提高品牌产品在市场上的影响力，从而让消费者缺乏对其的认识。

当今社会，任何一个企业，都能体会到信息的价值。他们从信息中寻找商机，再利用信息将自己的产品推销出去。信息的生产、制造、传播对于一个企业十分关键。一系列的行为必然会导致企业考虑信息所带来的成本。这些成本其实就是信息的收集、加工、传播需要花费时间、占用精力，甚至花钱购买，等等。

问题是，在当代社会，通讯发达，人们的注意力很难集中在一点。就如赫伯特·西蒙曾说的那样："信息的丰富产生注意力的贫乏。"要想让人们注意到自己的特定产品，从而让自己获得最高的收益，企业不仅要在产品的设计、文字和印刷上增加成本投入，还不得不在信息传递和信息成本上投注越来越多的金钱。尤其是市场瞬息万变，每一天都不断地有新品牌占据市场的当下，产品想变得"卓越"的代价将越来越大。

随着经济学研究的深入发展，特别是社会信息化进程的加快，人们认识到，信息传递的失真会带来额外的成本。因此，我们必须认识到降低或避免信息失真成本的重要性。要充分利用现代信息技术，减少信息传递的中间环节。如在企业中，建立扁平化企业组织，这样能最大幅度降低信息失真成本。此外，要建立一套避免信息失真的保障制度。如对那些专门制造虚假信息的提供者给予相应的处罚。

在"柠檬市场"大行其道时代

"柠檬"在美国俚语中表示"次品"或"不中用的东西"。"柠檬"市场为次品市场的意思。当产品的卖方对产品质量比买方有更多信息时。柠檬市场将会出现，并且低质量产品会不断驱逐高质量产品。

柠檬市场是经济学中的一个重要案例，反映的是信息不对称下的决策问题。加州大学伯克利分校经济学家阿克洛夫在 1970 年发表了一篇名为《柠檬市场：质量不确定性和市场机制》的论文，他本人也于 2001 年获得诺贝尔经济学奖。在这篇论文中，阿克洛夫举了著名的二手车市场案例。

有一个二手车市场，里面的车虽然表面上看起来都差不多，但质量有很大差别。卖主对自己的车的质量了解得很清楚，而买主则无法知道。假设汽车的质量由好到坏分布比较均匀，质量最好的车价格为 50 万元，买方愿意出多少钱买一辆他不清楚质量的车呢？最正常的出价是 25 万元。很明显，如此一来，价格在 25 万元以上的好车的主人将不再在这个市场上出售他的车了。于是便进入恶性循环，当买车的人发现有一半的车退出市场后，他们就会判断剩下的都是中等质量以下的车了，于是，买方的出价就会降到 15 万，车主对此的反应是再次将质量高于 15 万元的车退出市场。以此类推，市场上好车的数量将越来越少，最终导致这个二手车市场的瓦解。

这就是一个典型的柠檬市场。购买二手车的人不知道市场上所有车的优劣，而卖主知道所有车的质量，但卖主为了能够卖个好价钱，卖出更多的车，肯定会隐瞒有关车的性能、运行信息和发生事故与否等。于是，买者和卖者之间就不能实现信息共享，卖方永远比买方拥有更多的信息。而买方则会觉得似乎所有的车都不可信任，买还是不买难以拿定主意，唯一的解决之道似乎就是拼命压价。这样，卖主肯定不会同意，觉得自己的车这么好，怎么能这么便宜就让你开走呢？如果提价的话，买主又不同意，谁知道你的车出过什么事故呢？

无奈之下，卖主要么低价卖出，要么将自己的好车开出二手车市场，长此以往，二手车市场上的好车越来越少。这时，价格低廉、品质不好的名声就会越传越远，而前来买车的人出价就只会越来越低。这种恶性循环的结果就是让所有的劣车将好车赶出二手车市场，于是，柠檬市场全是便宜的次货。

传统的市场竞争机制得出来的结论是“优胜劣汰”，可是，在信息不对称的情况下，市场的运行可能是无效率的，并且会得出“劣币驱逐良币”的结论。产品的质量与价格有关，较高的价格诱导出较高的质量，较低的价格导致较低的质量。“劣币驱逐良币”使得市场上出现价格决定质量的现象，因为买者无法掌握产品质量的真实信息。

柠檬市场的存在是由于交易一方并不知道商品的真正价值，只能通过市场上的平均价格来判断平均质量，由于难以分清商品好坏，因此也只愿意付出平均价格。由于商品有好有坏，对于平均价格来说，提供好商品的自然就要吃亏，提供坏商品的便得益。于是好商品便会逐步退出市场。由于平均质量下降，平均价格也会下降，真实价值处于平均价格以上的商品也逐渐退出市场，最后就只剩下坏商品。在这种情况下，消费者便会认为市场上的商品都是坏的，就算面对一件价格较高的好商品，都会持怀疑态度，为了避免被骗，最后还是选择坏商品。这就是柠檬市场的表现。

明代的刘伯温讲过这样一个故事。

四川有三个商人，都在市场上卖药。其中一人专门进优质药材，按照进价确定卖出价，不虚报价格，更不过多地取得赢利。另外一人进货的药材有优质有劣质的，他售价的高低，只看买者的需求程度来定，然后用优质品或次品来应对他们。还有一人不进优质品，只求多，卖的价钱也便宜。于是人们争着到专卖劣质药的那家去买药，他店铺的门槛每个月换一次，过了一年就非常富裕了。那个兼顾优质品和次品的药商，前往他家买药的稍微少些，过了两年也富裕了。而那个专门进优质品的药商，不到一年时间就穷得吃了早饭就没有晚饭了。

在这个故事中，卖优质药材的反倒穷得揭不开锅，卖劣质药材的反倒很快致富，这应该是中国版的柠檬市场现象了。

信息不对称是导致逆向选择的根源，由于信息不对称在市场中是普遍存在的最基本事实，因而逆向选择总是不可避免会发生的。我们可以发现，人才市场其实也是一个“柠檬市场”，由于信息不对称，雇主愿意开出的是较低的工资，这根本不能满足精英人才的需要。信贷市场也是个“柠檬市场”，信息不对称使贷款人只好确定一个较高的利率，结果好企业退避三舍，资金困难甚至不想还贷的企业却蜂拥而至。

要削减信息不对称，沟通是唯一的手段。在信息社会中，诚实也是一种工具。因为信息不完整和信息不对称，人与人之间需要沟通对话，以取得信息。而且，因为不知道别人提供的信息是真是假，只好借着“对方是否诚实”来间接地解读对方所提供的信息。因此，“诚实”这种人性中的德性，成为了人际交往中的一种“工具”。所以，充分有效的沟通是削减信息不对称的最重要方式。一些机构甚至因沟通的需要而产生，如大众传播、公关中介公司等“信息经济产业”，都是为解决信息不完整所造成的问题而产生的。

以股票市场为例，如果不知道上市公司的经营状况、赢利能力、产品的竞争力和公司管理层的变动等信息，投资者就很难确定自己购买的公司股票的真正价值，也就无法进行正常的交易。因此，《证券法》和证监会要求上市公司要充分披露信息，禁止内部交易和市场操纵行为，从而尽量使信息不对称减少到最低程度，保证证券市场的健康发展。

谁掌握“情报”，谁就掌握市场

有一次，中国联通重庆公司在报上突然发布广告：次日手机降价。中国电信重庆公司随即获悉这一消息，当天下午即商讨对策，晚上将电信手机降价方案送往报社立即发排。第二天清早，电信一些员工和雇用的临时的广告派发员便将电信手机即日降价的广告发给过往的行人。结果，电信打了一个漂亮的“后发制人”的仗。联通的失败在于，他们把谋划已久的降价商业秘密没有保守到真正的最后时刻，从而为电信采取行动留下了空隙。

信息就是竞争力，国与国之间，企业与企业之间的竞争已经越来越和信息联系在一起。由于信息对于我们决策的重要性，我们要从身边海量的信息中发现对自己有利的信息，从而作出有利于自己的决策。

我国在20世纪60年代的时候，勘探开发出了著名的大庆油田。当时，绝大多数的中国人都不知道大庆油田的具体位置，但是日本三菱重工集团却对大庆油田了如指掌。

当时，由于各种原因，大庆油田的具体情况是保密的。然而，日本三菱重工集团的信息专家却从一些普通的信息中发掘出了极为重要的经济信息，揭开了大庆油田的秘密。

三菱重工首先从刊登的铁人王进喜的大幅相片上，推断出大庆油田在东三省偏北处。因为相片上的王进喜身穿大棉袄，背景是白茫茫的积雪。接着，他们又从另一幅肩扛人推的照片，推断出油田离铁路沿线不远。然后，这些信息专家又从《人民日报》的一篇报道中看到这样一段话：王进喜到了马家窖，说了一声：“好大的油海啊，我们要把中国石油落后的帽子扔到太平洋里去！”据此，三菱重工判断出，大庆油田位于东北马家窖。

1964年，王进喜参加了这一年举办的第三届全国人民代表大会。三菱重工又得出大庆油田已经开始产油的结论，如果不出油，王进喜是不会当选为人大代表的。

同时，从刊登的王进喜照片所站的钻台上手柄的款式，他们又推算出油井的直径是多少；从王进喜所站的钻台油井之间的距离和密度，又推算出油田的大致储量和产量。当时三菱重工的信息专家推算出大庆的石油年产量为3000万吨，这与大庆油田的实际年产量几乎完全一致。

根据中国当时的技术水准和能力及中国对石油的需求，三菱重工断定中国必定要大量引进采油设备。于是，三菱重工迅速集中有关专家和人员，在对所获信息进行剖析和处理后，全面设计出适合大庆油田的采油设备，做好了充分的夺标准备。

果然，中国不久便向国际市场寻求石油开采设备。三菱重工以最快的速度和最符合中国要求的设计、设备获得了这笔巨额订单，赚取了一大笔利润。

商业市场情报包括市场趋势，消费者需求、态度和行为，竞争对手的优劣势与市场行为，以及所有能影响B2B关系的因素等信息的收集与解读。或者说，它是企业对所有相关的内外部市场信息的收集、分析与解释。

商业市场情报可分为三大类：第一是衡量绩效或预估未来情势的持续性信息，如销售预测、竞争对手分析、市场定价分析、消费者满意度调查；第二是问题导向的情报，如市场潜力分析、产品概念检验、α 和 β 检验、焦点群体、比率分析、SWOT 分析、对标、成本分析、德尔菲分析、网络分析；第三是整合性情报，如情景规划、趋势分析、博弈演化方法、产业分析、正反面分析等。

市场情报的来源包括：

（1）内部来源：会计记录、电邮热线、财务记录、企业内部网。

（2）相关研究：银行家、竞争对手的产品 / 客户、咨询顾问、销售讨论组、深度访谈、行业权威、网上讨论组、投资公司、多客户研究、原始市场调研、自己的客户、公共活动、股市数据、供应商、工会。

（3）期刊、报告和书籍：商业期刊索引、普通出版物、手册、行业报告、营销类杂志、穆迪手册、标准普尔指数、贸易目录、学术案例研究、黄页。

（4）政府和非营利组织的数据：人口普查数据、国家出口委员会、国家贸易委员会、法院文件、联邦采购中心、政府统计数据、国际贸易统计数据、专利商标局、国家 / 地方经济发展办公室、纳税记录。

（5）商业数据：广告代理商、广告、年度报告、商业情报机构、分类广告、公司目录、国家调查、信用记录、行业协会、行业调查、邮件列表提供商、市场研究机构、证券分析师研究报告。

市场情报是企业的一项重要资产，却往往未能引起足够的重视，或被认为只是销售部门的事情。在市场情报方面下足工夫的企业，通常都成为了行业的领头羊。

市场情报的组织工作一般是向市场部经理或市场部副总裁汇报。这样做的好处是市场部能够马上利用这个资源收集和解读市场和客户的数据，坏处则是情报工作常常被视为市场部的一个执行工具，其他职能部门只是在需要知道的时候才会获得情报。这使得其他职能部门很难成为平等的情报收集伙伴。实际上，研发、工程、现场服务和生产部门都应该成为情报收集活动中必不可少的参与者。

针对这个状况，一个比较有效的办法是将商业情报活动和日常市场活动分开，建立一个为所有部门提供信息和情报服务的组织，这意味着所有职能部门都可从这个单位获得情报，这样，它和公司及业务管理层的合作会更加紧密。

从北京到南京，买的没有卖的精

“从北京到南京，买的没有卖的精。”这句话向我们展示了这样一个永恒的道理：对于商品，生产者总是比消费者了解得更多。因为商品是从生产者手中生产的，生产者对商品的成分、质量、包装等信息了如指掌，就像母亲对孩子的脾气、身体状况、智力状况等了解得一清二楚一样。这种情况在经济学里就被称为信息不对称。信息不对称，指的是经济交易的双方对交易对象的有关信息了解和掌握得不一样多。

古典经济学有一个重要假设，就是完全信息假设，即假设市场的每一个参与者对商品的所有信息都了如指掌。实际生活中却常常不是这么回事，我们一直生活在一个信息不完全的世界中。

实际上，信息不完全不仅是指那种绝对意义上的不完全，即由于认识能力的限制，人们不可能知道在任何时候、任何地方发生的任何情况，而且是指“相对”意义上的不完全，即信息不对称。

信息对称就是指相关信息为所有参与交易各方共同分享，在市场条件下，要实现公平交易，交易双方掌握的信息必须对称。倘若一方掌握的信息多，另一方掌握的信息少，二者不“对称”，这交易就做不成；或者即使做成了，也很可能是不公平交易。

信息不对称的情况则是十分普遍的，信息不对称的影响之大，甚至影响了市场机制配置资源的效率，造成占有信息优势的一方在交易中获取太多的剩余，出现因信息力量对比过于悬殊导致利益分配结构严重失衡的情况。

信息不对称，决定了竞争是不完全的，决策个体之间存在直接的相互作用和影响，私人信息发挥着重要作用。在信息不完全和非对称条件下，完全理性转化为有限理性，即经济个体是自私的，按照最大化原则行事，但他通常并不具有作出最优决策所需要的信息。因此，经济个体的能力是有限的，理性也就是有限的。

可以说自交换产生以来，人类社会一直处于信息不对称的情况之下。传统的经济学理论都是建立在信息对称的假设基础之上。当人们打破了自由市场在信息对称情况下的假设，才终于发现信息不对称的普遍性，研究信息经济学的学者因而获得了1996年和2001年的诺贝尔经济学奖。如今，信息经济学是经济学中兴起的分支，它抛弃了完全信息假设，而以不完全信息假设正视社会和市场，这一假设对我们认识经济世界有重要作用。

在生活中，我们也经常能发现信息不对称，并由此导致误解的实例。

一个年轻的小伙子带着女友到公园游览。他们在途中的一个凉亭停歇。小伙子看到不远处有卖冷饮的摊点，就问女朋友要不要雪糕。女友回答说不想吃，小伙子就径直去了冷饮摊点，一会儿，他带了雪糕和可乐边吃边走了过来。女友很不高兴，埋怨男友不体贴：“为什么你只买自己的份儿？”小伙子一脸无辜：“你不是不想吃吗？”女友更不高兴了：“可我没说我不要可乐。”接下来一路气氛凝重，两人也都玩得不开心。

即使是一对恋人之间，也存在信息不对称的情形，可见，信息不对称在经济生活中所具有的普遍性。

我们知道，沃尔玛“天天平价、始终如一”是沃尔玛驰骋全球零售业的营销策略，也是沃尔玛成功经营的核心法宝。但古往今来商家皆谋三分利！10元钱进货的商品8元钱卖，会不会有这样的事情呢？实际上，商店不可能把所有的商品都如此打折销售。我们能够注意到的是，只有部分商品如此打折，并且是轮流打折。这一次是饮料打折，下一次是衣服打折，还有可能是日用品打折。其他商品的价格和别的超市没有区别，这就是真实的沃尔玛营销状况。

去沃尔玛超市，消费者一般事先不知道究竟有什么商品在打折促销，当他来到沃尔玛，不可能只买自己预期的打折商品，很可能还买其他商品。在经济生活中，消费者掌握的商品信息往往是不完全的。

人们在购买商品的过程中，卖家比买家拥有更多关于交易物品的信息。有些商品是内外有别的，而且很难在购买时加以检验。如瓶装的酒类，盒装的香烟，录音、录像带等。人们或是看不到商品包装内部的样子（如香烟、鸡蛋等），或是看得到却无法用眼睛辨别产品质量的好坏（如录音、录像带）。显然，对于这类产品，买者和卖者了解的信息是不一样的。卖者比买者更清楚产品实际的质量情况。

虽然，经济生活中存在着大量信息不对称问题，但人们总是能够想出高超的解决办法，用以提高信息的质量，或减少因信息不对称所造成的损失。举个例子来说，当你需要购买电脑但同时对电脑硬件又不了解时，你会找懂行的朋友咨询，参考网站和杂志，希望借此能得到实用信息，在想购买的产品中作出理性的选择。

21世纪就是一个信息社会，对于个人来说，拥有信息越多，越有可能作出正确决策。提高我们获取信息的能力，增加我们获得信息的渠道，以我们充满智慧和理性的头脑，我们将尽可能减少信息不对称给我们造成的损失。

欺骗的根源在信息不对称

一农户在杀鸡前的晚上喂鸡，不经意地说："快吃吧，这是你最后一顿！"第二日，见鸡已死并留遗书："爷已吃老鼠药，你们别想吃爷了，爷也不是好惹的。"

当然，这只是一则笑话，但这也说明了一定的道理。鸡自杀就是因为农户不经意间泄露了信息，信息在决策中占有至关重要的作用。纳什说："当对手知道了你的决定之后，就能作出对自己最有利的决定。"信息不对称引起信息多的一方欺骗信息少的一方的可能性。政府与公众信息不对称会使行政权力失去监督，滋生政府腐败；企业委托人与代理人信息不对称会引起机会主义行为；劳动力市场上信息不对称会使雇主和求职者受到侵害。

当交易的一方无法观测另一方的行动，或无法获知另一方的完全信息，抑或观测、监督和获取对方信息的成本过高的时候，就会出现市场失灵，造成"优汰劣胜"、次品驱逐优等品；扩展到道德领域，就是老实人吃亏、奸猾之徒占便宜。

一家饭店打出招牌："明天吃饭不要钱！"

第二天，这家饭店果然食客如云，宾朋满座，好生热闹。等到众人酒酣饭足之后，准备动身离开之时，店主人出现，道："请大家不要忘了结账。"

众人不解，问店主怎么不守信用，店主道："告示上写的是明天吃饭不要钱，又不是今天。"

这则笑话反映的是我们在日常生活中经常会遭遇一些"温柔的陷阱"，让我们深陷其中，无可奈何。

李先生在一家超市购买了一大包某品牌方便面。回家后，他发现其中有一包中了该公司"大骨赢家"促销活动的四等奖。根据兑奖内容，他可以再获得半包方便面。

于是，李先生依据奖券上显示的"去购买处领取中奖方便面"的提示，来到超市进行兑换。工作人员表示，该奖项需两张奖券一同使用，才能换取一小包方便面。

"我认为不对，食品怎能半包发奖？我认为，在五连包中中了一个四等奖，就应该奖励五连包的一半，也就是 2 或 3 个小包装。”

面对坚持领奖的李先生，店方找出一包方便面，掰出半包后，递给了他。

“这种方便面怎么吃呀,这不是侮辱人吗？”一怒之下,李先生将整包方便面扔在地上。随后，双方发生冲突。最终，在店方要求下，李先生赔偿了另外半包方便面的价钱。

李先生认为，生产厂家的奖项设置非常不合理，“食品怎能设置无法领取的半包奖项。若中了半瓶矿泉水，你咋分？”

该公司市场部工作人员表示，确有这种“半包奖”的奖项设置。它有两种兑奖方式，可以集齐两张奖券换取一整包奖品，或者再出一半的价钱兑换一整包奖品。另外，在兑奖券上也标明了“本活动最终解释权归本公司所有”。

在我们的生活中，我们发现随处可见的信息不对称。比如，如果你加倍努力干好工作，你的老板理应多付你工资，但因为他对你的努力程度只是有个模糊概念，所以你的业绩奖金只是你薪水的一小部分。如果老板能完全看清楚你的能力与努力，他就可以将你的薪水与表现挂钩。再举一个例子：比如你想在附近的餐馆吃饭，但是不知道哪家最好，所以最好的办法还是找一个大家都熟悉的品牌店，因为大家都知道品牌店不会差。由于顾客不会一家家去寻找最好的餐馆，所以一般来说老字号餐馆能够收费更高。

在生活中，有些人常常会因虚假广告上当受骗，蒙受损失，这便是由信息不对称造成的。下面我们就从“减肥广告”这个具体案例中了解究竟什么是逆向选择，以及逆向选择是怎样作出的。

铺天盖地的减肥产品一路咆哮着向市场压来，什么“一个半月能减 48 斤”、“快速减肥”、“签约减肥”、“不反弹不松弛”……单从这些字眼来看，那些渴望瘦下来的人士无疑会心动。再加上那些华丽的包装、煽情的语言，还有一些不曾为人知的噱头。但是，尝试之后就会发现，根本不是那么回事。

商家正是利用消费者对减肥原理、减肥器械、无效退款等不了解或了解不深的情况，故意隐瞒一些真实信息，置买卖双方于信息不对称的情境下，以此诱惑消费者作出对他们并非最有利的逆向选择，损害了消费者的利益。

因为虚假广告上当,从表面看是因为受害者眼光不够准确,一时冲动花钱当了冤大头，但是以信息经济学的眼光看，则是由于受害者掌握的信息不够充分，只能根据手头仅有的信息作出选择。消费者总是希望买到质优价廉的商品，但是现实生活中常常出现等到真正使用时才发现质量糟糕的状况，这就是因为他当初购买该商品时掌握的信息处于劣势，不能发现真相。

信息不对称的另一个解决之道，是建立“委托代理模式”，委托人自由选择代理人，由代理人负责了解信息、处置情况。诸如承包制、证券监理制、保险代理制、效益工资制等等，都是为了解决信息不对称导致败德行为这一难题而进行的制度设计。

21 世纪就是一个信息社会，对社会来说，信息越透明，越有助于降低人们的交易成本，提高社会效率。但是客观事实是，一小部分人垄断事物状态的信息，而另外绝大多数人则缺乏有关事物状态的信息。

只是缺少发现信息的眼睛

1998年的一天下午，在别人送来的一张包东西的旧报纸上，梁伯强意外地发现了一篇叫《话说指甲钳》的报道。据这篇报道所记，在全国轻工企业第五届职工代表大会上，当时的国家副总理对国内轻工业产品的质量颇有感触，说道："要盯住市场缺口找活路，比如指甲钳，我们生产的指甲钳，剪了两天就剪不动指甲了，使大劲也剪不断。"

拿着这张陈年旧报，梁伯强明显觉察到了其中蕴藏的商机：小小的不起眼的指甲钳居然能引起这么大的关注，这说明指甲钳看上去小而并非小。小商品大市场的道理梁伯强一向是知道的，同时他也知道，由于种种原因，国内轻工业产品的质量问题仍然没有得到根本解决。

受这则报道的启发，梁伯强四处搜罗，买来了所能买到的所有国产和进口的指甲钳，经过各方面验证，梁伯强开始生产高档指甲钳，走品牌之路，精心打造了后来的"非常小器"。

经济并非一个独立的个体，它与社会、政治等各方面的发展息息相关。一个有头脑、有战略眼光的成功创业者或者企业家绝不可能仅是孤陋寡闻的闭门造车者。现代社会是一个信息社会，信息传播的速度大大地提高了。信息的快速传递缩短了空间距离，把世界各地的市场信息紧紧地联系在一起。但是，信息所提供的机会稍纵即逝，谁能快速拿捏，谁就能把握市场供需，谁就能获得财富，也就能成为时代的佼佼者。对此，美籍华裔企业家王安博士提出了有名的"王安论断"，他认为要在瞬息万变的时代大潮中力争上游，就要在速度上下工夫，唯有速度提高了，效率才能得到提升！成功才有指望。

有一则"九方皋相马"的故事。

秦穆公对伯乐说："你的年纪大了，你能给我推荐相马的人吗？"伯乐说："我有个朋友叫九方皋，这个人对于马的识别能力，不在我之下，请您召见他。"穆公召见了九方皋，派他去寻找千里马。三个月以后九方皋返回，报告说："已经找到了，在沙丘那个地方。"穆公问："是什么样的马？"九方皋回答说："是黄色的母马。"穆公派人去取马，却是纯黑色的公马。穆公很不高兴，召见伯乐，对他说："你推荐的人连马的颜色和雌雄都不能识别，又怎么能识别千里马呢？"伯乐叹气，长叹："九方皋所看见的是内在的素质，发现它的精髓而忽略其他方面，注意力在它的内在而忽略它的外表，关注他所应该关注的，不去注意他所不该注意的，像九方皋这样的相马方法，是比千里马还要珍贵的。"秦穆公试了试马，果然是千里马。

这则寓言故事说明只有透过现象看本质，才能提取有效信息，才能发现真正有价值的东西。在生活中面对同样的信息，不同的人可能作出不同的解读，从而作出不同的决策，这种差别来源于对有效信息的提取不同。

在美国有两家鞋子制造厂。为开拓市场，其中一家鞋厂老板派一名市场经理到非洲一个孤岛上去调查。那名市场经理一抵达，发现这里的人们都光着脚，一打听，才知道，他们没有穿鞋子的习惯。于是他立即给老板发电报说："这里的居民从不穿鞋，此地无市场。"而另一家鞋厂老板也派了一名市场经理过去。当这名市场经理抵达后，见到同样的情况时，却心中兴奋异常，也给老板发了一份电报："此岛居民无鞋穿，市场潜力巨大。"

同样的境况，因为有效信息提取的不同而有不同的结论。这些故事，应引起每个人的思考。现在市场上存在的信息多如牛毛，但仍有人感叹自己的信息来源不够充足。为什么会形成这样的矛盾？问题的关键就是——有效信息提取的不同。市场上的信息无处不在，而我们所需要提取的是对自己有用的信息。这个信息提取的过程可能是长期的，但必须是正确的。只有确保了这种正确性，才能让信息为我们带来商机。

美国南北战争时期，市场上猪肉价格非常高。商人亚默尔观察这种现象很久了，他通过自己收集的信息认定，这种现象不会持续太久。因为只要战争停止，猪肉的价格就一定会降下来。从此，他更加关注战事的发展，准备抓住重要信息，大赚一笔。一天，他在报纸上挖掘到了这样一个信息：李将军的大本营出现了缺少食物的现象。通过分析，他认为，战争快要结束了，战争结束就说明他发财的机会来了。亚默尔立刻与东部的市场签订了一个大胆的销售合同，要将自己的猪肉低价销售，不过可能要迟几天交货。按照当时的情形，他的猪肉价格实在是太便宜了。销售商们没有放过这一机会，都积极进货。不出亚默尔的预料，不久后，战争果然就结束了。市场上的猪肉价格一下子就跌了下来。这时亚默尔的猪肉早就卖光了，而在这次行动中，他共赚了100多万美元！

现在，随着网络"高速信息公路"的普及，我们正走入信息经济时代，但有几个人能像亚默尔那样，找到对自己有效的信息？如今，人们追求的已经不是信息的全，而是信息的有效。越来越多的信息充斥着电脑的荧屏，人们绝不可能困在对全面信息的无限追求中，那将耗尽我们过多的时间和成本。我们只要收集到最能反映市场的现状和趋势的信息，就足够了。

我们生活在信息社会中，提升自己提取有效信息的能力，这是每一个人的必备功底。有句话说得好，"世界上从来不缺少美，而是缺少发现美的眼睛"，其实运用到经济生活中也是同样的道理——生活对大家都是平等的，成功也从来不是缺少机会，而是需要我们有一双敏锐的慧眼，来发掘有效信息。

信息生态，有机地生长

信息是信息时代的原材料，但同时也会逐渐产生大量的垃圾。那些没有转化为知识的信息，转眼间就有可能从生产进程中无害的并发症，变为真正的问题。因此，如何持久地在循环中处理信息，就成为我们需要学习的东西。1997年，美国管理科学家托马斯·达文波特首次提"信息生态学"的概念，将生态理念引入信息管理中，从而开辟了信息管理的新领域。达文波特在《信息生态学——掌握信息与知识、环境》一书中特别指出：在从数据管理到信息管理，再从信息管理到知识管理的转化过程中，人的因素变得越来越重要，信息生态学是以满足人类信息需求为中心来设计和管理信息环境的。

对于信息生态学的概念，国外专家从不同的角度进行了描述和界定。有人认为："信息生态学是社会科学、信息科学、管理科学、自然科学和创造艺术的结合"；也有人认为信息生态学是"一种具有前瞻性的研究与设计方法，它能够认识到各种联系、信息形式和类型的多样性以及团体中心在处理信息时的重要性"。综合几位专家的意见，我们得出，信息生态学是研究人、社会组织与信息环境的全部关系的科学。如今处在信息化时代，随着信息技术的发展和社会信息化的日趋深入，人与信息环境的协调关系出现了问题；怎样使人与信息、人类在发展经济和保护自身生存环境之间得到协调和持续发展，这促使信息生态学的研究内容和任务扩展到人类社会、渗入到人类的经济活动，并成为当代各国政府指导有关发展和建设决策的理论依据。由此，我们也可以把信息生态学定义为：研究人类生存的信息环境、社会及组织（企业、学校、机构等）与信息环境相互作用的过程及其规律的科学；也是人类用以指导、协调信息社会自身发展与整个自然界（自然、资源与环境）关系的科学。信息生态学是一门较新的学科，它是借用成熟的生态学原理来研究人、人类社会组织与信息环境的关系。

许多企业促进"挖掘"信息，然而却不知道这些不断上涨的信息流如何在企业中转移到生产进程中去。也就是说他们不断增大信息量以及数据贮存器的数目，却不去改变最后生成知识的那些过程。彼得·格桑在一次《快递公司》杂志的采访中说道：为什么将信息带入机构会如此的困难，根本原因在于，这些机构并不是机器，当某物在企业中出错时，我们便招来机械师。但其实我们真正需要的是园丁。大自然中，一切都从小开始，然后慢慢成长。我们需要的只是改变。

对此，格桑提出了一个总是在许多管理者头脑中徘徊的想法：多信息 = 多成功。然而随着信息社会的到来，人们对信息的需求及依赖程度越来越大，而目前信息激增的同时人类获取信息、消化信息的能力却在下降。信息污染、信息超载、信息障碍、信息贫困、数字鸿沟、信息焦虑等恶劣的信息环境严重影响了人们的正常生活、工作以及企业、政府的生产及决策，严重影响了人类社会的发展进步。信息是如此的复杂，以至于难以"管理"，因此信息生态理论的提出具有重要的现实意义。

在托马斯·达文波特与拉瑞·普鲁萨克所写的书《信息生态学——掌握信息与知识环境》中，将信息的循环划分为以下几个范围：

（1）信息策略：首先必须回答这样的根本问题，我们究竟想要利用信息在机构中开始什么呢？

（2）信息政策：应该成为一个"封建的"信息结构呢，还是一个平均主义的？那企业之间该如何相连呢？应该停止"信息合作"吗？

（3）信息文化：这与所有的员工联系起来的特定基本规则的现实化有关。

（4）信息人员：最佳"知识工人"以及阐明者是知识型员工。谁在企业中接管那项"信息代理人作用"呢？

（5）信息过程：详尽地确定信息流应该如何在企业中流动。

（6）信息建筑：定义信息的"后结构"。考虑到企业的构思：人们在一两年内将要建成怎样的"蓄水池"？

只有这些因素共同出现改变时，在企业中才会产生可持续的知识循环。然后，知识可以按照机构的需求“有机地增长”，人首先作为信息时代的知识载体处于自然循环之中。从信息生态系统的角度来进行信息管理，有效地组织、利用信息以及实现信息资源的优化配置，从而达到对物质和能源的置换效应，也是实现社会可持续发展的必由之路。信息生态学的提出，把人类信息活动及其有关因素作为一个统一的整体来看待，避免了系统内信息、人、信息环境的相互分裂。随着信息技术的迅猛发展，信息化进程的加快，人与信息环境之间的协调和可持续发展问题越来越突出，信息生态问题已成为人类必须面对的一个重大课题。

世界从工业时代向信息时代过渡

一个时代代表性的工具往往是这个时代的代名词。人类文明经历了石器时代、青铜时代、蒸汽时代、电气时代等等。如果要问21世纪最具代表性的工具是什么？非信息技术莫属。信息技术的发明和使用引起了科学技术和经济的高速发展，可以说人类开始进入信息时代。

1769年，英国科学家瓦特于在实验室设计制造了第一台蒸汽机。1781年，第一台能够应用于工业的蒸汽机诞生了。从此蒸汽机被广泛应用到各个领域，纺织、采矿、冶金等等，各种生产机器相继产生，并迅速蔓延开来，极大地提高了社会生产力。蒸汽机的发明导致了工业革命，改变了世界的面貌。人类社会从此进入了工业时代。工业时代，世界经济技术发展的速度比农业时代的速度快得多。仅仅100多年，工业时代的生产水平、科学技术的进步、社会物质财富的积累、人类生活水平的提高等方面所取得的成就都远远超过了以往几千年农业时代所取得的成就的总和。

随着工业时代汽车、飞机各种先进的交通工具以及各种工业机械、农业机械的不断涌现，劳动生产率大幅提高，将人类从繁重的体力劳动中摆脱出来。机械劳动的解放和物质水平的提高，为科技的创新奠定了基础，20世纪40年代末掀起了第三次科技革命并一直延续到现在。1946年，一种震惊世界的新技术——电子计算机诞生了，电子信息业得到了迅猛发展，并从根本上改变了我们的生活。它使人们摆脱了复杂的计算和繁重的流水线作业，并且广泛、深刻地影响了经济社会的各个领域，极大地推动了人类社会的发展。计算机迅速从只能进行简单运算的笨重机器向能够进行精密运算甚至替代部分人类思维的机器发展，并很快被应用到各个领域，如今，计算机已经成为了各个行业不可或缺的组成部分。信息从未变得如此重要，计算机的出现和逐步普及，使信息量、信息传播的速度、信息处理的速度以及应用信息的程度等都以几何级数的方式在增长，把信息对整个社会的影响上升到一种无可替代的位置，将人类带进了信息时代。

从第一台计算机诞生以来，信息技术的发展日新月异。它强大的信息处理和加工的功能部分代替了人脑，从某种程度上可以说它是人脑的延伸。随着信息技术的发展，20世纪后期，因特网诞生，建立起全球共享交换信息的平台。它在世界舞台上发挥了重要的作用，极大地改变了人类社会的面貌。通过因特网，人们获取信息的渠道更加广泛：世界各地各种类型和语言的图书都能够搜寻得到，从各类门户网站上能够获取最新全的新闻、信息，能够同世界各地的人快速、自由地沟通，尤其是在电子商务高速发展的情况下，人们可以在网上购买商品、办理金融业务、处理商业事务等等。网络不仅提高了人们的工作效率，也使言论更加自由，信息更加公开透明。如今每个行业、每个人都已经离不开这项技术了。

随着信息技术的突飞猛进，经济全球化浪潮扑面袭来。世界的联系越来越紧密，国家间的距离越来越短。信息技术带来了新的经济增长点，信息产业蓬勃发展，作为技术密集型产业，含金量也远远超过传统产业。以互联网为基础的经济改变了目前的商业价值观和商业规则。新商业文明是信息时代的商业文明，将取代工业时代的旧商业。跨国公司如雨后春笋般应运而生，跨地区、跨行业的企业兼并浪潮迭起，产业间的界限不再那么明确，出现了不同产业间开始相互渗透、交叉融合发展。地区和行业的界限不再成为阻碍，出现了产业融合发展的趋势。电子商务的发展带来了新动力，世界各地的企业可以不用见面，通过视频、邮件就能够轻松地交流，沟通更加迅速便捷，并有效地节省了大量的资源。

信息技术不仅改变了日常生活、经济发展，还影响着政治格局。未来是一个信息时代，拥有核心技术就能处于世界的中心。目前无论发达国家还是发展中国国家，都积极投入信息机技术创新，抢占高科技地盘。世界已经从工业时代向信息时代过渡，一个信息化、产业化、科技化的时代已经来临。信息必将在未来生活中发挥着越来越重要的作用。

第八篇

政府是市场先生的朋友

第一章　外部性是祸是福

政府为何给林场补贴

有一家处于内蒙古与东北交界处的大型林场得到了国家数百万元的财政补贴。周边很多企业都想不明白。许多人不禁问：“现在国家不是重点发展高新技术产业吗，为什么还要扶持林场？”林场的负责人张某接受记者采访时意味深长地说：“我们以前开发林场主要就是靠卖木材赚取利润，作为企业我们也不会过多考虑林场的存在对于周围的生态环境的影响。当然，林场的存在对于改善环境的作用大家都是有目共睹的。所以，国家对我们提供了补贴，我们又新开辟了一块新的林场，种植了更多的树种。”

没有得到国家补贴之前的林场作为企业，只考虑到自己出售木材的利润所得，不会考虑林场的存在对周围环境的改善作用，所以林场的面积太小了，没有达到人们满意的水平。接受国家补贴后的林场增加了自己的林场面积，进一步优化了周围的环境，对于社会来说是一件好事。政府在这一过程中，利用补贴很好地解决了正外部性问题。

经济外部性是经济主体（包括厂商或个人）的经济活动对他人和社会造成的非市场化的影响。分为正外部性和负外部性。正外部性是某个经济行为个体的活动使他人或社会受益，而受益者无须花费代价，负外部性是某个经济行为个体的活动使他人或社会受损，而造成外部不经济的人却没有为此承担成本。

任何一种经济活动都会对外部产生影响，比如说，汽车运输必然会产生废气污染环境，而植树造林发展林业就会形成改善环境的结果。这就是经济的外部性。如果说前者是“负外部性”的话，后者就应该被称作是“正外部性”。外部性扭曲了市场主体成本与收益的关系，会导致市场无效率甚至失灵，而负外部性如果不能够得到遏制，经济发展所赖以存在的环境将持续恶化，最终将使经济失去发展的条件。

对于经济行为的外部性，有的可以通过私人协商的方法解决，有的则很难。当出现外部性问题的时候，我们可以用道德规范和社会约束来解决。比如大家自觉尊重公共卫生秩序，不乱扔垃圾，法律也可以明令禁止乱扔垃圾，但是这些法律并没有严格实行过，大多数人还是一种自觉的道德约束，在公园不要乱扔烟头，特别是干燥天气登山的时候，更不能乱扔烟头，以防火灾的发生。在公共汽车上主动让座，教育孩子公共场所不要大声喧哗，不要嬉戏打闹等。通过道德规范把影响他人的外部性行为内在化。

正外部性一般是个人收益小于社会收益，所以个人提供的数量往往太少了。比方说，在一个家属院里，一家人家为了自家方便，在家门口装设了一盏门灯，过往的路人都会受益，这就是一种正外部效应。但由于这些好处是由路人享有，而装设路灯的家庭只会考虑自身是否需要。如果他觉得装置路灯的收益小于自己支出的成本，他就不会装置，反之，他会装置。然而此时由于有很大的社会收益存在，从效率的观点来看，应该增加装置较佳，但显然私人装置的意愿不会太强。

那么，对于这种外部性就没有办法解决了吗？当然不是。对每位路人收取费用，显然是不可取的。因为路人不可能每天晚上散步时，口袋里放着一大堆零钱，每走过一家有路灯的门口就投下一元买路钱。所以，对于正外部性效应，应该由政府出面加以解决。针对路灯事件，政府可以估计每一家一楼住户装置门灯所带来的社会收益有多大，然后支付费用给一楼住家。此时一楼住家装置门灯的个人收益与社会收益都包含在内，因此所有住户装置门灯的数量就可以达到全社会的最适数量。

政府解决外部性通常会使用以下几种方法：

1. 税收和补贴

向施加外部不经济的厂商征收恰好等于外部边际成本的税收，而给予提供外部经济的厂商等于外部边际来收益的补贴，以便使得厂商的私人边际成本与社会边际成本相等，以使厂商提供最优的产量。但是这种方法遇到的最大问题是如何准确地以货币形式衡量外部性的成本收益，如污染环境所造成的社会成本到底有多大？有时政府只是近似地估计这些成本。

2. 企业合并

将施加和接受外部成本或利益的经济单位合并是解决外部性的第二种手段，如果外部性的影响是小范围的，如一家小餐馆对一家洗衣店造成了污染，则由政府出面，以适合的价格把洗衣店卖给这家餐馆，通过合并，外部成本内部化。

3. 明确产权

流行于西方的产权理论提出了解决外部性的影响的市场化思路。只要产权是明确的，则在交易成本为零的条件下，无论最初的产权赋予谁，最终效果都是有效率的。比如，如果一个公司知道自己的创新技术会被其他公司所利用，那么它就不会去创新，或者倾向于用很少的资源从事研究。这当然不利于整个国家的科技进步。专利法正是为了解决这一外部性设立的。专利制度使发明者可以在一定时期内排他性地使用自己的发明。其他公司依据法律没有使用该技术的权利。由于专利法，知识产权得到了保护，促进了科技创新。

走私是高关税的外部性

从 2003 年上半年开始，陈乃智就和其兄陈乃强（另案处理）开始从事走私汽车活动牟取暴利。大部分情况下，他们先与内地买车者谈好，在香港帮买车者垫付车款后，从香港的车行将车提出。随后，陈氏兄弟委托香港一家公司办理这些汽车在香港的出境手续，并将汽车从香港运到越南，藏在越南的汽车修理厂内。

而在此之前，陈氏兄弟冒用美国一家公司的名义，与越南当地一家公司签订了加工汽车合同，委托这家越南公司办理好了汽车在越南的进出境手续。随后，陈乃强雇人将这些汽车用船从越南芒街经中越界河北仑河偷运到中国广西的东兴市，再从东兴市运到广东佛山南海区的九江镇，从这里再运到全国各地进行贩卖。

为了让走私活动隐蔽化，该团伙在香港设立专门账户，还设法窃取国内同型号合法车辆的信息资料，制造假车牌、假车证。

检察机关最后查实，从 2004 年 2 月至 2005 年 9 月案发，陈氏兄弟团伙以上述手法走私汽车共计 2043 辆，海关核计偷逃应缴税额 223706411.54 元。

从经济学的角度来看，外部性的概念是由马歇尔和庇古在 20 世纪初提出的，是指一个经济主体（生产者或消费者）在自己的活动中对旁观者的福利产生了一种有利影响或不利影响，这种有利影响或不利影响，就是外部性。高关税引起了走私的猖獗，所以有的国家就试图通过降低关税来降低外部性对经济的不利影响。

据巴基斯坦《每日时报》2011 年 3 月 4 日报道，巴基斯坦摩托车配件进口和零售商协会会长哈尼夫日前称，巴基斯坦边境地区日益猖獗的汽车和摩托车零配件走私活动不仅给国内相关产业、进口商和贸易商带来直接冲击，还使国家蒙受巨额税收损失。为此，他呼吁政府采取适当措施，遏制从外国进口走私汽车及摩托车零配件。

哈尼夫还建议政府取消汽车和摩托车零配件进口 17% 的附加关税，并将进口关税由 35% 降至 20%。他称，高关税对于走私活动起到推波助澜的作用。如果巴政府降低关税，通过合法渠道进口的汽车摩托车零配件数量将大幅增加，不仅能使巴基斯坦普通消费者受益，还会大幅增加国家财税收入。

外部性的主要问题在于外部性会影响其他人，但无法以市场机制来达到最适的数量。既然负外部性是由于缺乏市场所造成，所以政府就可以实行一些政策，可以把这些社会成本都转换成私人成本，也就是把这些外部效应“内部化”。

整个自由贸易的故事是这样的：当国外的优选品进入国内市场后，国内的次选品就会受到冷落。国内消费者得益了，国外优选品的厂商也得益了，而国内次选品的厂商则吃亏了。

国内次选品的厂商，要么迎头赶上，要么逐渐退出市场。本来要用于生产次选品的资源，将投放到其他的领域，生产其他更有价值的产品。总的看来，自由贸易为全社会带来的收益，大于它导致的损失。

追求价廉物美，是人之常情。因为国外的优选品和国内的次选品之间确实有差别，所以高额的关税蕴藏着高额利润。也正是因为存在这些利润，才诱发了举国震惊的远华走私案。

随着关税逐渐降低，高额的犯罪利润将随之消失。正当的商人将可以从事过去只有不正当的商人才从事的贸易活动。国际贸易的利润，也将由全社会来分享，而不是由不法商人和贪官来独占。

打击走私犯罪，办法有四种：一是加强教育，二是加强执法，三是加重惩罚，四是降低关税。当然应该兼收并蓄、四管齐下，但相比之下，似乎只有逐步降低关税，甚至在某些项目上取消关税，才是消灭走私犯罪的绝招。

“搭便车”的外部性

前几年在营养保健品市场上，风行“人体补钙”，各种各样的补钙品琳琅满目，报纸杂志和电视广播里也充斥着补钙的广告。当“补钙大战”如火如荼、难分高下的时候，人们却吃惊地发现：由于竞争商家太多，营养品销量并不见得有多好，倒是农贸市场里的肉骨头大为旺销。原来，根据“吃什么补什么”的老话，吃肉骨头也是相当补钙的。特别是猪的脚筒骨，骨髓多，味道好，在市场上大受欢迎。供给有限导致了价格上涨，最后它甚至逼平了肋条肉。饭店里的骨头煲汤也备受欢迎。直到这时，那些在媒体上花大钱做广告的厂商才发现，自己为肉骨头做了免费宣传。

我们会发现，厂家经常采用搭便车策略，一些弱势产品跟进强势产品，借力“铺货”，最大限度地减少新产品进入市场的阻力，使新产品快速抵达渠道的终端，从而尽快与消费者见面。对没有强大实力的弱势产品而言，搭强势品牌的“广告便车”是一条切实可行的策略。我们来看看神奇牦牛搭便车的例子。彼阳牦牛在电视、报纸媒体上进行密集性广告轰炸，而这恰恰给神奇牦牛（一营养品生产商）窥见了行销机会。神奇牦牛（一营养品生产商）悄悄渗透终端，采用终端跟进策略，争取哪里有彼阳牦牛铺货，哪里就有神奇牦牛守阵，也取得了很好的销售业绩。神奇牦牛的包装色调与彼阳牦牛几乎雷同，包装盒面积比彼阳牦牛要大，但价格稍低，其终端展示形象比彼阳牦牛更显牛气。

在图书市场上也存在搭便车的例子：比如，前些年有一本《谁动了我的奶酪》畅销，市面上立即出现了《我该动谁的奶酪》、《谁也不能动我的奶酪》等一系列跟风书；又如《绝对隐私》一书，跟风的“隐私”一片，哪有“隐私”可言。书倒都畅销了，手法却耐人寻味。

善于投机的企业总是可以充分利用外部性坐收渔翁之利。同时也正是由于便车的便利性的存在，行业的先导者在大张旗鼓地进入某个领域的时候，也应该尽量减少投机者利用自己的宣传声势所形成的便车的机会。“搭便车”与“反搭便车”的斗争就像一场猫与老鼠的战争，其中的妙义就在于在法律允许的范围内谁的手法更为天衣无缝，巧夺天工。

自马歇尔以后，越来越多的经济学家从不同的角度对外部性问题进行了研究。其中比较著名的有庇古、奥尔森、科斯、诺斯和一些博弈论专家。庇古从“公共产品”入手，奥尔森从“集体行动”入手，科斯从“外部侵害”入手，诺斯从“搭便车”入手，博弈论专家们则从“囚徒困境”入手。

科斯强调外部性问题的相互性质，提醒我们注意，在现实中，外部性问题不总是单向的，个人之间可以通过某些行动实现一定程度的均衡。诺斯的研究则告诉我们，“搭便车”行为是制度变迁的障碍，这说明成功的制度变革恰是成功地克服了外部性问题。最后，“囚徒困境模型”则说明，外部性问题的存在，反映了人类社会的一个根深蒂固的矛盾，即：个人理性和集体理性、个人最优和社会最优的不一致。

关于搭便车所产生的问题，在曼昆的《经济学原理》第二版中讲到搭便车的故事时给出了解答。

美国一个小镇的居民喜欢在7月4日美国国庆日这天看烟火。这个小镇的企业家艾伦决定举行一场烟火表演，可以肯定艾伦会在卖出门票时遇到麻烦。因为所有潜在的顾客都能想到，他们即使不买票也能看烟火。烟火没有排他性，人人都可以看烟火。实际上，人人都可以搭便车，即得到看烟火的机会而不需要支付任何成本。

尽管私人市场不能提供小镇居民需要的烟火表演，但还是有办法解决小镇的问题：当地政府可以赞助7月4日的庆祝活动。镇委员会可以向每个人增加2美元的税收，并用这一收入雇用艾伦提供烟火表演。

因此，政府可以解决这个问题。如果政府确信，总利益大于成本，它就可以提供公共物品，并用税收为它支付，可以使每一个人获得搭便车的权利。因此，对于可能产生“搭便车”的物品或服务，理应由政府来提供。

其实，在生活中，我们能经常享受到免费的产品和服务。花香四溢、环境优美的公共花园，可以免费出入；只要买个电视机就可以收到几十个电视台的信号，而我们从未付钱给信号的发射者；守卫祖国边防的军队，保卫国家和人民的安危，我们并未直接付钱给他们……

重复上演公共地悲剧

一群牧民在共同的一块公共草场放牧。其中，有一个牧民想多养一头牛，因为多养一头牛增加的收益大于其成本，是有利润的。虽然他明知草场上牛的数量已经太多了，再增加牛的数目，将使草场的质量下降。但对他自己来说，增加一头牛是有利的，因为草场退化的代价可以由大家负担。于是他增加了一头牛。当然，聪明人并不止这一个牧民，其他的牧民都认识到了这一点，都增加了一头牛。人人都增加了一头牛，整个牧场多了很多头牛，结果草地被过度放牧，导致草场退化。牧场再也承受不了牛群，于是，牛群数目开始大量减少。所有聪明牧民的如意算盘都落空了，大家都受到了严重的损失。

“公地悲剧”最初由英国留学生哈定于1968年提出，因此“公地悲剧”也被称为哈定悲剧。哈定说：“在共享公有物的社会中，每个人，也就是所有人都追求各自的最大利益。这就是悲剧的所在。每个人都被锁定在一个迫使他在有限范围内无节制地增加牲畜的制度中。毁灭是所有人都奔向的目的地。因为在信奉公有物自由的社会当中，每个人均追求自己的最大利益。公有物自由给所有人带来了毁灭。”

悲剧的产生在于每一个人都陷入了一个体系而不能自拔，这个体系迫使他们每个人在一个有限的世界里无限地增加自己的牲畜。在一个信仰自由的社会，每个人都在追求自己的最大利益，因此，毁灭成为大家不能逃脱的命运。

英国解决“公地悲剧”的办法是“圈地运动”。一些贵族通过暴力手段非法获得土地，开始用围栏将公共用地圈起来，据为己有，这就是我们历史书中学到的臭名昭著的“圈地运动”。“圈地运动”使大批的农民和牧民失去了维持生计的土地，历史书中称之为血淋淋的“羊吃人”事件。“圈地运动”的阵痛过后，英国人惊奇地发现，草场变好了，英国人的整体收益提高了。

由于土地产权的确立，土地由公地变为私人领地的同时，拥有者对土地的管理更高效了，为了长远利益，土地所有者会尽力保持草场的质量。同时，土地兼并后以户为单位的生产单元演化为大规模流水线生产，劳动效率大为提高。英国正是从“圈地运动”开始，逐渐发展为日不落帝国。

其实，对公共资源的悲剧有许多解决办法，哈定说，我们可以将之卖掉，使之成为私有财产；可以作为公共财产保留，但准许进入，这种准许可以以多种方式来进行。哈定说，这些意见均合理，也均有可反驳的地方，“但是我们必须选择，否则我们就等于认同了公共地的毁灭，我们只能在国家公园里回忆它们”。像公共草地、人口过度增长、武器竞赛这样的困境，没有技术的解决途径。所谓技术解决途径，是指“仅在自然科学中的技术的变化，而很少要求或不要求人类价值或道德观念的转变”。对公共资源悲剧的防止有两种办法：一是制度上的，即建立中心化的权力机构，无论这种权力机构是公共的还是私人的——私人对公共地的拥有及处置便是在使用权力；二是道德约束，道德约束与非中心化的奖惩联系在一起。在实际中也许可以避免这种悲剧。当悲剧未发生时，如果建立起来一套价值观或者一个中心化的权力机构，这种权力机构就可以通过牧牛成本控制数量或采取其他办法控制数量。

除了确定产权即卖掉使之成为私有财产，还可以作为公共财产保留，但准许进入。若有两家石油或天然气生产商的油井钻到了同一片地下油田，两家都有提高自己的开采速度、抢先夺取更大份额的激励。如果两家都这么做，过度开采实际上可能减少它们可以从这片油田收获的数量。在实践中，两家都意识到了这个问题，达成分享产量的协议，使从一片油田的所有油井开采出来的石油总数量保持在适当的水平。

最后，还有两种传统方式可以阻止公地悲剧发生。一是政府通过征税制止侵犯公共物品的行为；二是将公共物品私有化。

自由市场学派更偏向私有化，但经验显示，私有化很可能会导致“特权拥有化”，只有掌握了特权的人才会从这种私有化中得利。已故的政治经济学家曼库尔·奥尔森曾论断：甚至最激烈的斗争者——占山为王的“土匪”，也会保护公共利益，因为他从公共品中的分成最大。

获诺贝尔经济学奖的女经济学家奥斯特罗姆指出，历史上和现实生活中有大量集体行动困境的案例（比如公地悲剧），这些困境不是由更强的政府管制或者私有化解决，而是通过自我约束解决，这意味着个体的利他行为会导致对公共物品的保护。很多群体通过有公益心的个体、民间团体和非政府组织来解决集体问题。

奥斯特罗姆建议政府和民间团体进行合作，给民间团体足够的空间和支持，来解决一些政府不能够有效解决的小问题。换言之，她反对那种简单的观点，认为世界的问题只是由政府和私有企业解决。公共物品领域需要公民以一种主人公身份参与进来。

第二章 产权是市场经济有效运作的前提

为什么黄牛没有绝种

纵览历史，许多动物的物种都遭受到了灭绝的威胁。当欧洲人第一次到达北美洲时，整个大陆上野牛的数量超过6000万头。但在19世纪期间猎杀野牛如此广泛，以至于到1900年在政府开始保护野牛之前，这种动物只剩下400头左右了。在现在的一些非洲国家，由于偷猎者为取得象牙而捕杀大象，使大象也面临着类似的困境。

但并不是所有具有商业价值的动物都面临着这种威胁。例如，黄牛是一种有价值的食物来源，但没有一个人担心黄牛会很快绝种。实际上，对牛肉的大量需求看来保证了这种动物延续地繁衍。为什么象牙的商业价值威胁到大象，而牛肉的商业价值是黄牛的护身符呢?

这个问题牵涉到产权问题。产权的问题之所以引起人们的重视，在于产权与经济效率有密切的关系。如果没有产权制度，就会导致资源浪费、效率低下等后果。

那么究竟什么才是产权呢?

恩格斯在《家庭、私有制和国家的起源》一文中，在分析国家的起源及国家与私有制、私有产权保护的关系的过程中，阐明了：国家及其法律是反映和服务于包括产权在内的经济基础的，私有制和私有财产权利产生于国家之先，当然也就是产生于法权之先，因为没有国家就没有法律，也就无所谓法权。

洛克曾将“无财产，就无非义”看成与欧几里德几何中“三角形的三角之和等于180° ”一样正确的命题。

亚当·斯密在《国富论》的著作中，花了大量的篇幅谈论如果政府希望市场产生对社会有益的结果，就应该定义产权。

按美国经济学家阿尔钦的解释：“产权是一种通过社会强制而实现的对某种经济物品的多种用途进行选择的权利。”产权是一种由法律承认并保护的人对物的权利。一个完整的产权应该包括四种权利：

(1)占有权。某人排他性地占有某种财产的权利。这种占有权的特征在于具有排他性。产权必须有明确的所有者，他在占有某种财产的同时就意味着排除了其他人对这种财产的占有。不具有排他性的占有权，即没有明确的所有者，称为“无主所有”，不具备占有权的本质特征。

(2) 使用权。所有者具有在法律允许的范围内自主决定财产使用方式的权利，或者说是在财产的多种用途中作出选择的权利。这里所说的“法律允许的范围内”是指财产不能用于法律明文禁止的用途，但可以把财产用于任何法律没有明文禁止的用途。例如，有些国家的法律规定，不经过一定的合法程序不能把农业用地改为非农业用地。因此，土地所有者不能任意把农业用地改为建筑用地，但把土地用于种什么作物则是土地所有者的权利，取决于他个人的自主决策。

（3）转让权。又称处置权，即可以在市场上自由地买卖产权。产权也像任何一种商品一样可以自由交易、转让。转让是所有者使用财产的一种形式。因此，可以把转让权作为使用权的延伸，或另一种实现形式。

（4）受益权。所有者可以获得并占有财产使用和转让所带来的利益。这也称为财产的“剩余索取权”。当然，受益权的含义是双重的，既有权获得正确使用财产带来的利益，同时又要承担错误使用财产所引起的损失。受益与承担责任是统一的，是一个硬币的两面，缺了任何一个都不是完整的受益权。

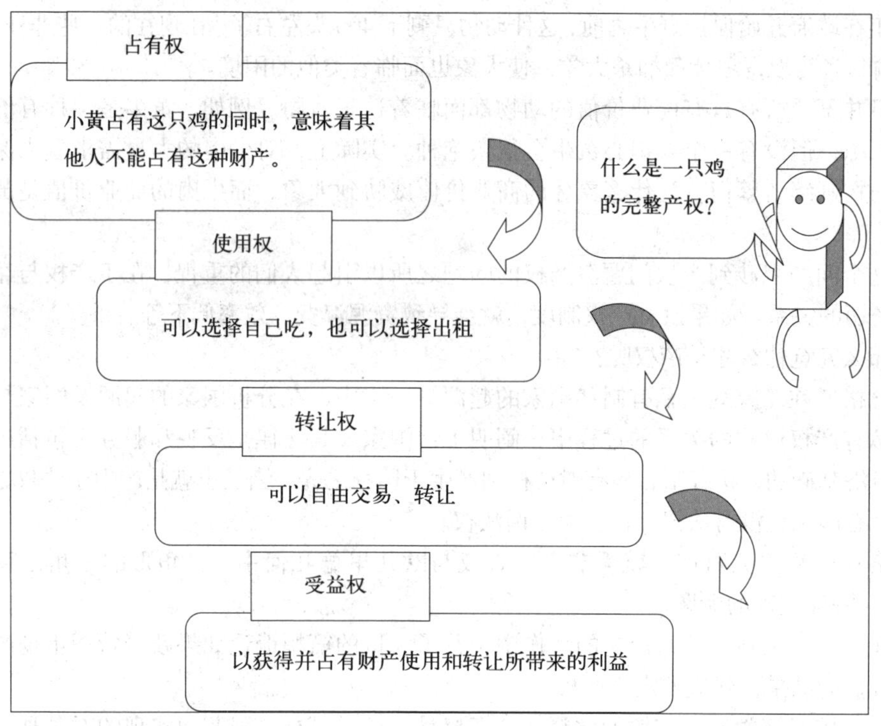

这四种权利统一在一个所有者身上，即某种财产有一个明确的所有者，就称为产权明晰。这个所有者可以是具体的自然人，也可以是一个抽象的整体。

通过对产权的了解，我们找到了上文提到的问题的根源在于大象是公有资源，而黄牛是私人物品。大象自由自在地漫步而不属于任何人。每个偷猎者都有尽可能多地猎杀他们所能找到的大象的激励。由于偷猎者人数众多，每个偷猎者很少有保存大象种群的激励。与此相比，黄牛生活在私人所有的牧场上。每个牧场主都尽极大的努力来维持自己牧场上的牛群，因为他能从这种努力中得到利益。

在北美，宽和的禁杀不禁养的法令使被捕获的黄牛成了私人物品。政府允许黄牛生活在私人的牧场中。牧场主人为了从牛群中得到更大的经济利益，他会尽力对其进行精心饲养并努力保存物种。

政府试图用两种方法解决大象的问题。一些国家，例如，肯尼亚、坦桑尼亚和乌干达，已经把猎杀大象并出售象牙作为违法行为。但这些法律一直很难得到实施，而且大象种群继续在减少。与此相比，另一些国家，例如，博茨瓦纳、马拉维、纳米比亚和津巴布韦，通过允许人们捕杀大象，但只能捕杀作为自己财产的大象而使大象成为私人物品。地主现在有了保护自己土地上大象的激励。结果大象开始增加了。由于私有制的动机在起作用，非洲大象会在某一天也像黄牛一样安全地摆脱灭绝的厄运。

只有通过产权界定，才能使资源得到有效的保护和利用。鲸鱼的数量锐减，是因为鲸鱼不属于任何人。它们在公海里巡游，而好几个国家拒绝遵守保护鲸鱼的国际条约。日本捕鲸人绝对理解自己目前的做法会威胁到鲸鱼的生存，进而损害自身的生计。可每个捕鲸人也都知道，由于鲸没有主人，自己捕不着的鲸鱼，最终会被别人捕获。因此，捕鲸人无法从自我限制中获益。

反过来看，世界上大多数的鸡都是有主人的。如果你今天杀掉了自己的一只鸡，明天你就会少了一只鸡。如果养鸡是你的谋生手段，那么，你必然有着强烈的动机，要使送去市场卖的鸡和新养的鸡在数量上保持平衡。

鸡和鲸鱼都有经济价值。人们对鸡能享有可靠的所有权，但对鲸鱼却不能。这一事实解释了前者繁衍不息、后者濒于灭绝的原因。

在产权明确的前提下，物可以得到物主的保护，即使物主本身很弱小也不要紧，社会和法律会为物主提供产权保护。有了产权的保护，社会的经济秩序就可以建立起来。虽然宰杀的牛和鸡比猎杀的大象和鲸鱼要多得多，但是，市场仍然能够保证牛肉的供应。我们永远不会担心牛会灭种，牛、鸡将永远繁衍下去。而大象、鲸鱼的命运可能就比较惨了点，濒临灭绝。

如何呼吸到清洁的空气

广州市餐饮企业油烟整治会议在市环境监控指挥中心举行，广州市环保局局长罗思源在会上透露了广州市委书记张广宁日常坐车时的一个爱好：举报黑烟车。短短数月，张广宁已经举报了十几次。

“张书记工作十分繁忙，他百忙之中，自己坐车时，还注意广州路面尾气超标排放的黑烟车，一旦发现，他就将牌照号码记下来，发到环保部门。”广州市环保局局长罗思源透露了市委书记张广宁这个不为人知的坐车“小爱好”，“平时我们坐在车上，一不小心留意，黑烟车也就逃过去了。我来环保局工作四五个月，张书记已经投诉了十几次。”

罗思源透露：“张书记十分关心环保，每次他的投诉都十分准，一般张书记举报的黑烟车，我们查处后发现车辆都超标好几倍。张书记已经投诉过很多次，在路上发现哪辆车，位于哪个路段，都用短信发过来。”

有一次，张广宁与国际奥委会主席罗格、霍英东集团主席霍震霆等共同出席了在南沙举行的游艇会落成仪式后，从南沙回广州市区的路上，张广宁又在留意路面的黑烟车。当时他看到一辆小货车冒黑烟，“张书记在车上发短信给我，我们检查后发现，那辆车尾气超标3倍多。”罗思源说。

市长关心黑烟车，保护空气清新。有人认为，这一切只有政府才能办到。然而，经济学家们敏锐地观察到，在这些存在外部性的领域，市场之所以在这些领域不能有效地配置资源，只是因为没能很好地建立产权。

假设房间里只有两个人：一个吸烟者，一个不吸烟者，他们就是否允许在房间吸烟发生冲突。庇古的做法是，对吸烟者进行征税，来补偿不吸烟者，而科斯的办法是将空气的使用权授予某个人。

如果一个人被视为某件商品的自然所有者，那么其他人希望获得使用机会，就必须购买。当权利授予了吸烟者，他有权决定是否吸烟，如果新鲜空气对吸烟者的价值超过了吸烟者的价值，那么不吸烟者就会提供足够的钱用来补偿吸烟者的损失。当权力授予了不吸烟者，吸烟者就必须对吸烟带来的“快感”进行评估，而不吸烟者就会补偿对吸烟者带来的损失，或者放弃这项权利。看起来这似乎是一个有些荒唐的例子，但能很好地帮助我们认识外部性的核心问题。

1958年科斯在《联邦通讯委员会》一文中明确指出，只要产权不明确，类似的公灾是不可避免的；只有明确产权，才能消除或降低这种外部性所带来的危害。在明确产权的基础上，引入市场、价格机制，就能有效地确认相互影响的程序及其相互负担的责任。

科斯定理最大的贡献在于改变了人们的惯性思维。人们总是认为，应该对造成损害的一方进行处罚，然而，事实上，每一方都可以采取措施。科斯定理认为，外部影响之所以导致资源配置失当是由于产权不明确，如果产权明确，且得到充分保障，有些外部影响就不会发生。

几乎人人都在当心的空气质量，下面这些都是真实的数字：在英国，因为汽车尾气污染，每年约有7000人过早死去；在美国，由于柴油机等源头排放的颗粒物质，有1.5万人过早死去；在中国，由于水质变差，许多地方的土壤中铅、砷、镉等含量过高，种出来的蔬菜重金属含量严重超标。

人们希望所有的国家能够制定一个共同的标准，来减少对环境的污染。最初，人们对所有的国家设定统一的标准，无论排放多少都降低同样的比例。这样的做法显然极不公平，发达国家在发展经济过程中已经排放了大量的温室气体，但由此带来的全球气候变暖的恶果却由所有国家承担；对于那些发展中国家，它们也有发展经济的权利，不能因减排而剥夺它们的发展权利。因此，发达国家与发展中国家如何界定减排责任，是一个非常复杂的博弈过程。

事实就是最好的答案。2005年2月16日，经过不懈的努力，旨在抑制全球变暖的世界性环境法案——《京都议定书》终于生效了，它规定了发达国家的减排任务。然而，美国作为世界最大的温室气体排放国，其占全球3% ~ 4%的人口排放了25%以上的二氧化碳，却退出了《京都议定书》，这对于减缓全球变暖的努力而言无疑是沉重一击。

不过经济学家告诉我们，《京都议定书》的达成就如同建立要求所有同学达成一个削减学习时间的联盟一样，最终会以失败而告终。当然，用产权和交易成本可以作出更加清晰的解释：首先，排放温室气体的权利不可能明晰，空气是一种流动性很强的气体，排放方便，很难界定排放的主体。其次，即使理论上界定了排放权，其执行的交易成本不菲，虽然各个国家规定了减排任务，即使理论上界定了各国的排放权利，但不同的国家和地区、环境差异，经济发展水平参差不齐，使得我们无法具体地进行处罚。

清洁的空气是有价值的，但没有谁有权为它确定一个价格，并通过销售而获得利润。此外，国防也是这样有价值无价格的"物品"。经济学家认为，如果有人有权利确定空气和国防的价格，那么他就可以代替政府向那些受到保卫的人收费。

交通拥堵，收费合理吗

经济学中的一条铁律是，免税物品的需求通常远远超过供给，从而引起拥挤。在每个大城市和许多小城市，公路的免费使用导致交通拥堵。

在一天的大多数时候，不仅在纽约、洛杉矶、芝加哥还有美国其他城市，在墨西哥城、圣保罗、巴黎、罗马、伦敦、东京、北京、上海以及孟买，车行速度都非常缓慢。

交通拥堵的问题更加严重了，不仅在早上进城和晚上出城的高峰期拥堵，而且在高峰时段的反向道路也很堵。早上出城和晚上进城的时段交通同样拥堵，行车速度也十分缓慢。

堵车一直是困扰全世界大城市的难题，英国一家汽车主题网站公布世界上交通最为拥堵的城市排行榜，巴西圣保罗市和中国北京市分列第一、二位。

位居第二位的是中国北京，曾出现堵车长达100公里的现象。

布鲁塞尔连续两年上榜，此次位居第三，去年一年该市司机花在堵车上的平均时间为65小时。

位居第四的是巴黎，其居民每年花在堵车上的时间为70小时。

第五位是波兰首都华沙。第六、第七位分别是墨西哥和洛杉矶。莫斯科位居第八位，堵车队伍长达6～7公里、车速每小时10公里已是司空见惯。第九位是伦敦，司机每年在堵车上平均花费54小时。位居第十位的是印度首都新德里。

交通拥堵的直接原因是汽车数量的急剧上升。不管道路上交通拥堵有多严重，大多数人还是选择自己开车，因为这样他们可以灵活地安排休闲或工作的时间。

当然，每个决定在高峰期开车出行的人给其他人带来的损害是微不足道的，因为他（她）仅仅使得人们花在路上的时间增加了一点点而已。但是，成千上万辆汽车的微小外部效应加起来，就会形成一个大的外部效应，就会造成严重的交通拥堵，个人在决定开车出行或者避开高峰期出行时是不会考虑到这一点的。

让司机认识到自己会给其他人造成交通拥堵的最好办法就是，规定在交通拥堵时段开车必须缴纳费用，而且费用随着拥堵程度的变化而变化。所以，这些费用在高峰期会相对高一些。在周末，交通往往比工作日通畅许多，这时费用会低一些。下雨或下雪时，费用应该高一些，因为坏天气会导致交通拥堵更加严重，部分原因是天气减缓汽车行驶速度，也可能因为下雨的时候更多的人会选择开车，而不是步行或者乘坐公共交通工具。

伦敦是第一个真正意义上大范围引入交通拥堵道路税的大城市。在 2003 年，伦敦实施了一个收费系统，主要针对在上班时间进入伦敦市中心的车辆。最初，通过伦敦市警戒线的车主每次需缴纳 5 英镑；2005 年，这个费用提高到了 8 英镑。当汽车路过时，摄像机将记录汽车的牌照，任何妄想逃避税费的人一旦被抓住就会面临罚款。这个简单的办法所发挥的作用比许多分析人士预期的还要好，尽管经济学家从许多其他案例中得知，人们会想方设法地寻找抬价商品和服务的替代品。需求的基本原理也适用于高峰时段开车。伦敦市中心的汽车数量大约下降了 20% 左右，市中心的平均车速从每小时 8 英里上升到了每小时 11 英里，轿车和公交车在高峰时段所耽误的时间更是降低了不少。

人们转而使用公共交通、拼车、自行车或者步行去伦敦市中心。更多的人最后选择了公交而不是地铁，由于和公交争夺道路空间的小汽车数量减少了，公共汽车行驶的速度变得更快了。

索罗斯基金面临散伙

从经济学意义上看，财产所有制即生产资料所有制，是指生产资料归个人、集团或社会所有的制度。所有制主要包括企业财产的组织形式、营运方式和收益分配方式等。

北京时间 2011 年 7 月 27 日，索罗斯基金管理公司致信全体股东，著名的对冲基金经理人乔治·索罗斯将不再为外部投资者理财，今后，索罗斯将专心经营自己家族的投资业务。以下为索罗斯致股东的信件：

“我们写这封信是为了通知你们，不久前美国证交会公布了基金监管方面的一个重大调整。也许你们已经知道，新的监管规定要求某些私人投资顾问必须在 2012 年 3 月以前向 SEC 注册。如果一个投资机构作为一个家族组织运作，它就无需遵守这方面的规定。

2000 年以来，索罗斯基金管理公司实际上已作为一个家族机构在进行运作，当时乔治·索罗斯先生宣布对投资重点进行调整，量子基金将改名为量子捐赠基金。直到现在，我们一直可享受监管方面的豁免，这使得外部股东的利益可与家族投资者保持一致并继续向量子基金投资。依照新的监管规定，这些豁免条款已不再适用，索罗斯基金管理公司必须完成转型为家族机构的交易，虽然 11 年前它已经开始这样运作。

这一新情况所产生的一个不幸后果是，依据新监管规定的定义，我们不能再为家族客户之外的任何人管理资产。因此，索罗斯基金管理公司将要求量子基金董事会将相对少量的不合规定的资本在监管规定生效前返还给外部投资者，而新规定很有可能将在今年底生效。未来几个月中，你们将收到资本返还的操作细节，但我们必须建议你们尽快采取行动，这样你们才好作出相应的规划。

索罗斯基金管理公司将继续致力于达成为客户带来超级回报的目标，将继续以业界的最高标准来进行商业运作。但是，未来我们的投资建议只能服务于索罗斯家族的账户和相关实体。

为什么索罗斯不能再做基金经理人了，我们要看一下产权的发展进程，就明白了：

最原始的产权采取个人所有制的形式。在市场经济中，这种个人所有者仍然普遍存在，采用这种所有制形式的企业称为单人业主制企业。个人所有制是由一个自然人作为所有者，单人业主制企业是由一个人所有，并由这个所有者经营的企业。从产权的角度看，这种私有制的形式，产权极为明晰，效率也高。这种产权形式所有者确定，并具有排他性，权责利完全统一在这个唯一的所有者身上，亦可以极为容易地实现产权转让。即使在欧美这样发达的市场经济中，这种单人业主制企业数量也相当多。但这种企业的致命缺点在于一个人的财力有限。这种单人业主制企业不可能做大，企业规模极小，从而实现不了规模经济，损失了另一种效率——效率的来源不仅仅是产权，而且也许规模经济的效率更重要。

产权发展的第二个阶段是合伙制。几个人共同出资可以把企业做大，这时几个人都是企业的共同所有者，由几个人共同所有并共同经营的企业就称为合伙制企业。家族企业由家族成员共同所有并共同经营，是合伙制的典型形式之一。合伙制容易产生产权问题，在合伙之初，每个人投资不同，在企业中的贡献也不同，到底按什么进行分配，难免有冲突。合伙者之间对经营方向也会有不同看法，谁说了算又是冲突的一个来源。其结果或者是朋友成仇人，企业衰落，或者是四分五裂，另起炉灶。这对企业的上市进程、品牌形象乃至未来发展都带来了很大的影响。由于若干人共同经营，每个合伙人都可以作为企业代表，以企业的名义进行经营活动，从而不是每个人都可以控制企业风险。合伙制的风险之大，使这种企业无法做大。合伙制企业，无论每个人出资多少，作为合伙人，每个人在企业内部的权利是平等的。这就会引起合伙人之间在利益和决策上的冲突。由于没有一个人的权利可以超越其他人，也就没有一种机制可以协调这种冲突。这种合伙制企业内合伙人之间的利益和决策冲突必然使这种企业难以基业长青。

第三个阶段是股份制。以家族制为形式的合伙制企业，发展到一定阶段后必然出现利益与决策冲突。公司的优点是：第一，公司是法人，不同于自然人。第二，公司实行有限责任制，每个股东仅仅对自己拥有的股份负责。第三，实行所有权与经营权分离，由职业经理人实行专业化、科学化管理，提高了公司的管理效率。国际上家族企业的定义不是合伙制企业，而是家族控股（相对控股）两代人以上的股份制企业。在世界上，成功的家族企业，无论是美国的福特，还是遍及海外的华人企业，都不是合伙制的家族企业，而是家族控股的股份制企业，家族企业的定义就是由一个家族控股两代以上的企业。只有在采取股份制这种产权形式的基础上，才有家族企业制度化的非家族管理，才有基业长青。美国的股份制企业是在业主制、合伙制的基础上发展演进而来的，其主要特点有：公司股权高度分散；以股东价值最大化为公司治理目标；没有监事会，董事会履行监事会的职责，是单层委员会制，并实行内部和外部董事混合的董事会模式；公司控制权市场发达，主要依靠外部力量对管理层实施控制。

在美国，只有法律规定的会计师事务所、律师事务所、建筑师事务所必须采用合伙制，其他企业很少有采用合伙制的。

而根据美国证券交易委员会出台的金融监管新规，该规定要求所有为外部投资人管理资产的金融机构需在 2012 年 3 月底之前向 SEC 登记，资产管理规模超过 1.5 亿美元的对冲基金还需在日后定期披露关键信息，并接受证券交易委员会的监管。

"证券交易委员会对大型对冲基金加强监管的目的，一是限制其利用高杠杆融资参与操纵市场价格的投机行为，二是对其复杂的衍生品投资与高频交易策略加强监控。

监管规则已经迫使这位德高望重的对冲基金经理人把大量的资金返还给投资者，关闭自己的对冲基金，将其令人胆战心惊的投资行为转变成"家庭办公室"。

依据新监管规定的定义，索罗斯将不能再为家族客户之外的任何人管理资产。因此，索罗斯基金管理公司将要求量子基金董事会将相对少量的、不合规定的资本在监管规定生效前返还给外部投资者。

受到了产权的制约，索罗斯基金将通过转型为家族组织隐藏自身的投资策略。所以索罗斯决定退还外部投资者资金，只对家族资产进行管理。

强制切除器官可行吗

为什么在国外很少看到打架？要知道，在许多发达国家，法律对于侵犯他人身体权利的行为施以严厉的惩罚，例如按照德国法律，打别人一拳或一耳光就已经构成犯罪，最高可能判处5年徒刑并罚款；若捆绑对方且长时间不给对方喝水，这属于危害生命的行为，就算没有造成对方的生命危险，施害者也将被判处3个月到5年的徒刑，不得以罚款代替。正是由于法律的强力保障，在德国等发达国家，很少有人敢随意"动"别人身体，除非你想接受罚款甚至坐监狱，并在你的犯罪记录上被记上一笔。

尤其是随着医疗科学技术的发展，人体的一些部分可以脱离人体，进入到物的领域，如捐献的器官、血液、精子、冷冻胚胎、切除的病变组织、用于生物技术的人类生物材料如人体细胞等等来自于人体的特殊的物，在特定条件下可以成为物权。

任何人不能为移植而摘取无承诺能力的未成年人的器官，也不能以紧急避险为由，强行摘取不同意捐献器官者的器官。因为，从经济学上来说，器官是人身财产权的一部分，是神圣不可侵犯的。

但在一些时候，医生切除活体器官移植，是指医生摘取活人的器官，移植给其他急需救治的患者的情形。在器官供者承诺（同意）捐献器官的条件下，医生按规定摘取其器官移植给其他患者（受者），虽然会对其身体健康造成一定的损害，但却可以救治其他危重病人，给受者所带来的利益超过对供者所造成的损害，从社会整体而言，无疑是减少了损害，是有益的行为。为此，法律允许公民在不危及生命安全的条件下，有权作出捐献自己身体器官的处分决定。既然如此，当某人为救助他人作出捐献器官的真诚承诺，并甘愿承受被摘取器官而使自己身体健康遭受的损害时，医生摘取其器官的行为，就不存在侵害其人身权利的问题，从而也就无违法性或社会危害性可言。

医生为移植而摘取尸体器官，一般不构成盗窃、侮辱尸体罪，但如果无死者生前的承诺，也未经死者近亲属同意，又无其他法定的特殊事由，则是非法行为，应受民事或行政处罚。

在长沙星沙某大楼25楼安装铝合金窗户的阿龙（化名）不小心坠楼身亡。悲伤过后，女友艳艳（化名）开始到处求助，希望能从男友遗体中留取精子，为其保留血脉。

她和男友阿龙都来自江西，今年都是20岁，初中时曾是同学。去年年末回家，两人确定恋爱关系。过完春节，两人一同来到长沙，阿龙做安装铝合金窗户的工作。

“与他相处的这半年，是我最快乐的时光。”艳艳一阵哽咽，断断续续哭诉了幸福戛然而止的一刻。艳艳说，中午12点左右，阿龙正在长沙星沙某栋大楼安装铝合金窗户，阿龙的母亲做好了午饭，一家人等他回来。然而，在25楼外墙上做事的阿龙却突然坠楼。艳艳再见他时，阿龙已经血肉模糊，全无生还希望。

“你们快帮帮我,如果不能给他留下血脉,我就和他一起去了……”艳艳哭得直不起腰。

如果保留精子就需要取下男方生殖系统。某医院医务科长表示，医院没有碰到过这样的案例，取下死者的生殖器官，这在医疗法规上还是真空，“不是不想帮忙，而是爱莫能助，如果有公安机关的证明、法律专家的认可还有死者家属的同意，医生有可能去做，但基本上还是没有外科医生敢去做这样的手术。”

如果没有供者的承诺，为移植而强行摘取其器官，在我国由于没有对这种行为单独设处罚规定，通常只能定故意伤害罪。

许多人反对通过立法的形式允许政府在未经人们事先同意的情况下便取走死者的器官。这一做法违背了大众所能接受的一般原则，即个人应当对自己肢体器官的处置和使用享有最终的决定权。

1998年10月15日，某医院一位医生为了救治绝境中的急症病人，在备用角膜失效的情况下，从医院太平间摘取了死者的眼球，使两名患者复明。后来被死者亲属发现，要求追究医生的刑事责任并赔偿精神损失。

一般认为，医生的行为涉及人身权应该以自愿捐赠为原则，不能违背死者本人或其近亲属的意愿，否则，就是非法的，应承担相应的法律责任。在通常情况下，医生摘取尸体器官前，必须充分考虑死者生前是否有捐献器官的表示，死者近亲属现在是否同意捐献死者的器官。

获得“脑死亡”病人器官的最为激进的一种方式是强制切除，从理论上来讲，这样做可以拯救更多的生命。只要是热爱生命的人，都会支持这一做法。尽管目前这一做法还没有在推广开来，但许多国家已经在角膜移植方面开始启用了这一规定，从而帮助盲人恢复视力。美国一些州已经允许验尸员在不经过任何人同意的情况下取下死者的角膜。在沿用这一规定的州，角膜移植手术的数量大大增加。比如，在佐治亚州，强制切除使得角膜移植手术的数量增长了很多。

政府滥用土地征用权

1866年,刚打赢对奥地利的战争的普鲁士国王威廉一世,来到他在波茨坦的一座行宫。他兴致勃勃地登高望远，然而，行宫前的一座破旧磨坊却让他大为扫兴。威廉一世让侍从去跟磨坊主交涉，付他一笔钱，让他拆除磨坊。磨坊主不肯，说这是祖业。威廉一世很生气，命令人强行拆除了磨坊。

不久，磨坊主一纸诉状将威廉一世告到法庭。法庭裁定：威廉一世擅用王权，侵犯原告由宪法规定的财产权利，被责成在原址重建一座同样大小的磨坊，并赔偿磨坊主的损失。威廉一世只好派人将磨坊在原地重建了起来。

现在这座磨坊还屹立在波茨坦的土地上，成为著名的游览景点。

皇帝与磨坊主的故事表明，磨坊属于磨坊主所有，他作为这一财产的所有者，其财产所有权和产权必须得到国家法律的相应保护。威廉一世的权力再大，也得服从法律。磨坊主的磨坊挡住了国王的视线，但磨坊的产权属于磨坊主，国王无权处置，产权是受到法律保护的。

《美国宪法第五修正案》的征用权条款规定“不给予公正赔偿，私有财产不得征来公用”，该条款允许私人土地征为公共使用，但是要求“公正赔偿”。

大家知道房地产是一种高价商品，因此，一个特定地块的所有者通常会索要一个高于市场价的特定价格。征用权的作用就是通过税收降低这个特定价格。如果市价是x美元，总价（包括特殊价格）是y美元，如果政府以征用权占用了该土地，政府最终会支付x美元，而所有者就会损失y–x美元。

某市15个房主反对将其家园出售给政府。很明显，这个房子的价值对他们来说比政府的评估值大得多。为什么要强迫他们以一个远远低于其心理价位的价格卖掉房子呢？

一般说来，在开放的市场中，政府想要哪块土地就应该像其他人一样花钱购买。如果政府可以征用土地而无须支付全价，其影响结果是，对社会来说，政府付出的成本比土地实际价值小。对政府来说，要是通过市场购买土地（这是一项私人成本而不是社会成本，因为政府必须支付全价才能得到它们）比征用土地更昂贵，政府就会选择征用土地作为替代。这个观点的假设前提是，政府想要得到土地，并试图使其自身成本最小化，而不是使社会总体成本最小化。然而，这个假设是理想化的。

当政府真的以征用权占用了私人土地，它就必须以土地的市场价补偿给所有者，但是市场价可能比所有者的心理价格低一些；否则，土地所有者就会以市场价卖给政府，也不会出现征用权的问题了。在所有者看来，其土地价格远远高于市场价格（这就是该土地属于他，而不是其他任何人的原因），因为土地的地理位置和附属设施（这是他购买该房产，而不是其他房产的原因）正合他的心意或是正满足他的需要，也可能出于搬家成本太高的考虑。

土地征用权是一项具体的行政征用权，是一种社会公共权力，用以垄断公共强制力资源，以抑制因个体任性而阻碍社会公共利益的实现。因此，许多国家的政府都是把它当做政府本来固有的权力来接受和行使的。中国处于农业社会向工业社会转型时期，经济发展和城市化进程不断加快，经济、政治、文化和社会等各项事业建设对土地的需求与日俱增，国有土地已远远不能满足建设的需要，政府行使征地权征用土地便成为了土地管理的一项经常性工作。

在中国，政府征用更多地是指国家将农村集体所有的土地转变为国家所有的行为。这种特殊性缘于目前中国土地制度中的二元结构，也就是城镇土地所有权属于国家，农村土地所有权属于集体。

在这种制度架构下，如果非农建设用地需要使用集体土地，必须通过征用来改变其产权属性，将集体所有的土地转变为国有土地。对于这种征用行为，我国宪法第十条规定，

“国家为了公共利益的需要，可以依照法律规定对土地进行征收或者征用并给予补偿”。此外，土地管理法第四十七条规定，“征收土地的，按照被征收土地的原用途给予补偿”。土地征用必须以公共利益为目标，以补偿为条件。

在可以预见的将来，删除政府的征用权条款明显不可行。但是，探讨土地征收的收益和成本，或者质疑其合理性仍然是有用的。一个否定的回答可能对法官、立法者还有出于公众利益的土地囤积支持者们有所帮助。

医药专利的强制许可

1996年7月8日，沃尼尔·朗伯公司（沃纳－兰伯特公司）和辉瑞爱尔兰药品公司共同申请了96195564.3号专利。该专利是用于治疗高脂血症、高胆固醇症的药专利。目前，治疗高脂血症、高胆固醇症的药物主要包括他汀类、贝特类、烟酸类、树脂类和胆固醇吸收抑制剂。其中，他汀类是目前国际上应用最广泛的降胆固醇药物。

辉瑞制药有限公司是一家总部位于美国的跨国制药公司，其畅销产品包括降胆固醇药立普妥、口服抗真菌药大扶康、抗生素希舒美以及治疗ED的药物万艾可（俗称伟哥）等。由于万艾可的巨大成功，辉瑞制药成为仅次于葛兰素史克的世界第二大医药企业。目前，其降胆固醇类药物在全球范围内的销售额高达十几亿美元。

专利制度的目的是为了鼓励发明创造和技术创新，专利制度具有确认发明创造产权归属的功能。从产权经济学的角度来看，专利法赋予专利权人在法定期限内对其发明创造拥有排他性的独占权，从而在法律上确定了发明创造的产权归属，明确了发明人与创新成果之间的法律关系，肯定了发明人或其他专利权人的法律地位。就药品专利而言，明确其产权归属不仅意味着专利权人能够收回发明创造的成本，而且还能获得利润，这样便能鼓励更多的投资者和研究者将兴趣投向医药产业，从而发明创造出更多的新药品以造福民众。

但是，医药专利权又是一种带有垄断性质的私权利，如果过度使用，则会阻碍他人开发和利用相同的技术，从而阻碍科技进步和社会发展。再者，保护专利权人的垄断利益的同时，也需要照顾社会的公共利益，以免公众在需要获得专利药物时支付不合理的代价。

如果说药品专利是一种合法的知识财产权的话，那么，这种含有垄断性的财产权到底有没有其赖以存在的道德底线？换句话说，垄断性的药品专利权是否会受到来自公众健康权的限制？处在十字街头交汇的专利权和人权，究竟应该谁为谁让路？

同发达国家相比，发展中国家人口占全世界总人口数的3/4以上，可是药品的产量却不足全球总产量的1/10，公共健康危机日趋严重。全世界每年大约有1400万人死于各种类型的传染病，而这中间有许多疾病本来是可以预防或救治的，如急性呼吸感染、腹泻、疟疾和肺结核等疾病。发生在非洲和东南亚的人口死亡中大约有45%是由感染病造成的。据世界卫生组织统计，目前有3500万以上（占全世界的95%）的艾滋病（HIV/AIDS）感染者，生活在发展中国家，而抗逆录酶病毒治疗的最低年度成本即使大打折扣或按不包括研发成本的非专利价格也远远超过了大多数发展中国家的人均年度医疗费用。当前低收入发展中国家的人均医疗费用只有23美元/每年，而最便宜的抗逆录酶病毒的三重治疗每年成本却超过200美元。在缺乏药品和公共医疗卫生服务的额外资助的情况下，那些需要治疗的人连最便宜的非专利药都买不起。

世界卫生组织估计，在需要接受艾滋病治疗的人群中，真正能够接受抗逆录酶病毒治疗的不会超过5%。发展中国家有600万人需要这种治疗，但是，只有大约23万人能够获得治疗。

2008年3月10日，在药品强制许可审查政策计划遭遇1个月的抗议之后，泰国新任公共卫生部长猜耶·沙颂萨宣布泰国新政府将维持前任政府的决定，对三种治疗癌症专利药品实施强制许可。2008年2月7日，猜耶曾宣布将设立一个专门委员会，对前任公共卫生部长于2008年初宣布的三种治疗癌症专利药品的强制许可令进行审查。

强制许可，是指专利行政部门依照专利法规定，不经专利权人同意，直接允许其他单位或个人实施其发明创造的一种许可方式，又称非自愿许可。

专利强制许可最早出现于《巴黎公约》，其目的是为了防止专利权人滥用专利权、阻碍发明创造的实施和利用、阻碍科学技术的进步与发展，以保证专利权人利益与公众利益的平衡，保证公平、正义目标的实现。根据《巴黎公约》，强制许可是在未征得专利权人同意的情况下，一国政府允许第三方生产专利产品或使用专利过程。尽管强制许可属于非自愿许可，但是，在实施强制许可时，使用人仍须向专利权人支付相应的费用，而且，这笔费用应该是“完全而合理的补偿”。

2001年11月14日在多哈举行的世贸组织第四次部长级会议上，发展中国家和发达国家达成了《TRIPS协定与公共健康宣言》，宣布TRIPS协定不会也不应阻止成员国采取保护公共健康的措施。为了保护公共健康的目的，成员国政府在紧急情况下可以对知识产权保护期内的药品行使强制许可。不过，该宣言未就紧急情况的定义制定统一标准，亦未规定必须履行的特定程序，而是把确定构成公共健康危机的紧急情况的权力完全交给了成员国政府。

继TRIPS协议生效以后，南非率先于1998年首次启用强制许可程序。南非是世界上艾滋病（AIDS）感染率最高的国家之一，其有15%的国民感染HIV/AIDS，在成年人中的比例更是高达20%。南非议会建议通过立法允许健康管理者无视药品专利，允许强制许可和药品的平行进口。1997年南非修改了法律，并通过了《药品和相关物品的控制法》。该法赋予保健部部长批准医药品的平行进口和强制许可的权力。1998年，南非制药协会（PMA）代表国内外39个制药公司向南非政府提起诉讼。在经过三年的马拉松式诉讼之后，在强大的舆论压力之下，这些制药公司终于2001年4月19日无条件撤回了其在南非的诉讼，并大幅度降低了药品的售价。

有产权不必然有效率

在市场经济中给厂商以刺激的胡萝卜是利润，给家庭以刺激的胡萝卜是收入。经济学家假设，个人更愿意不工作，至少工作不超过一定的限度。经济学家也假设人们宁愿要更多的物品而不是更少的物品。如果你想得更多的物品，你必须工作更加努力或者工作时间更长。对于商业性的厂商来说，追求利润的目标是它们进行有效率地生产、开发新产品、发现未被满足的需求和寻找更好的生产技术的动机。

一块土地的主人试图找出使用这块土地的最赢利方式，例如，是盖商店还是盖饭店。如果他犯了错误，在应该开商店时建造了一个饭店，他就得承受后果：收入受到损失。他因为决策正确获得的利润和他因为决策错误遭受的损失使他有动力来认真考虑决策并且进行必要的调查研究。一家商店的主人会尽量提供顾客所需要的商品品种和服务质量。他有动机来树立一个好名声，如果能够做到这一点，他就有更多的生意并且得到更多的利润。

店主也会希望维护他的财产——不仅是土地，还包括商店，因为他以后出卖商店时他会得到更多。同样，一所房子的主人也想维护他的财产，以便在他搬家的时候卖个更高的价钱。利润动机和私人财产结合在一起产生了刺激。

产权明晰为什么有效率呢？产权明晰解决了有效使用资源的两个关键问题。

一是实现了使用财产的权责利一致。所有者有权决定财产的使用（权），获得并享受这种使用而得到的利益（利），同时就承担了使用不当的损失的责任（责）。当这三种权利集中于所有者一人时，他的利益与财产的使用密切相关，这就激励他把财产用于最有效的用途，并努力实现财产给他带来的利益，避免使用失误带来的损失。换言之，人趋利避害的本性引导他把财产用于最有效的用途。

二是保证了财产在转让中流动到最有效地使用它的人手中。财产是在使用和流动中增值的。假设，有人有一家饭店，每年可赢利100万元，按现值法评估，假设利率为10%，则该饭店价值为1000万元。如果另一个人认为，自己经营可以使这家饭店每年赢利200万元，该饭店就价值2000万元。如果这两个人经过谈判自愿按1500万元的价格进行转让，饭店由第二个人所有并经营，就由1000万元增值为2000万元。这家饭店的使用更有效率了。这种自愿的交易是双赢的，对第一个人来说，价值1000万元的饭店卖了1500万元，获500万元；对第二个人来说，价值2000万元的饭店只用了1500万元就买到了，获利500万元。双方的利就来自饭店更有效使用的增值。产权中的转让权及个人使用财产的效率不同引起财产流动，流动的最后结果是使用财产最有效的人获得财产。财产转让的前提是产权明晰，因为每个人只能交易属于自己的东西。

在公有牧场的情况下，每个人都有同样的使用权，也可以从这种使用中获利，但并不对牧场的退化负责。每个人都使用，但都不维护也不节制，这就使公有牧场草地退化、荒芜。圈地运动使牧场有了明确的所有者，他对草地的权责利一致，同时也可以卖给更有效率的人，草地的使用效率就提高了。这正说明了产权明晰是市场化的中心问题。

无论对于一个社会，还是一个企业，产权明晰都是效率的基础，我们判断一种产权，不是从伦理的角度，说它“好”还是“不好”，而是从效率的角度说它“有效率”，还是“无效率”。产权是实现效率的工具。工具无所谓好坏，只在于能否实现目的。我们不是把产权作为追求的目标，只是作为实现效率这个目标的工具。明白了这一点，才有思想解放。

在加利福尼亚州，政府把用水权授予一些群体。农场主、牧场主和城市居民都有权使用一定量的水。比如目前，牧场主有权使用本州水量的10%，稍少于居民区所使用的水量。但是这种产权有一个限制：不可转让，即牧场主不能把水卖给城里的用水者。水是稀缺的，因此用水权极为珍贵。

为放牧牛群种的草的总价值为1亿美元，这在加利福尼亚州价值6000亿美元的经济的1%中也仅占1/60。用水灌溉放牧用地不是水的最贵用法。城里人愿意出更高的价钱来购买水。现在有的牧场主仅为每英亩一英尺水量支付50美元，而旧金山的居民要支付256美元，是牧场主的5倍。在加利福尼亚州的一个县，有些城市居民为一加仑水支付的钱是农民的50倍。假如用水权可以买卖的话，牧牛业的人就会有强烈的动机把用水权卖给城里人。水对渴望水的城市消费者的价值——他们愿意为更多的水支付的价钱——超过养牛的利润。假如牧场主能够放弃养牛业转而去向城市居民出售用水权，大家都会得到好处。在这一场合，对产权的限制导致了无效率现象的出现。

作为产权的法定权利产权不总是意味着你拥有完全的所有权或者控制权。法定权利，如在一些大城市里普遍存在的、以受到控制的租金终生租用公寓的权利也是一种产权。尽管个人不拥有公寓，因而不能把它出售，但是他也不能被赶出公寓。

机场的通道也是这样。这些通道被分配给各个航空公司。因此，有幸分到通道的小航空公司就享有通道的法定权利。但是通道不为它们所有，所以不能出售。但是对于旅客众多的大公司来说通道的价值要比对于小公司的价值高出许多。比如，普林斯顿航空公司是一个小公司，它在全国最繁忙的机场之一华盛顿国家机场有一个通道。在一度允许航空公司出售通道的时期，普林斯顿航空公司把通道卖给一家大公司，得到一大笔钱。

部分的和有限的产权导致无效率现象的产生。由于住在租金受到控制的公寓里的人不能够（合法地）出售公寓的居住权，当他年龄大时，维修房子的动机就会减弱，更不用说对它加以改善了。

诺贝尔经济学奖获得者、曾任美国总统经济顾问委员会委员的约瑟夫·斯蒂格利茨指出：“在经济学神话中，也许没有哪个神话像产权神话这样居于支配地位了。这个神话认为，人们所需要做的一切就是正确地界定产权。做到这一点就能保证效率。这是个非常危险的神话，因为它使许多处于转轨过程中的国家错误地把重点放在产权问题，即私有化问题上。”

第三章　依靠人不如依靠制度

民营制化解邮政沉疴

为什么有些政策明明是错误的，却能长期持续下去，有时甚至还能扩大执行?

因为政府制定不好的公共政策并不难，但在执行一段时间后，想废除这些政策则不容易。对某些团体来说，在政治上维持现状不变，是十分重要的事，因为他们可以由某些特定的计划得到巨大利益，当然要竭尽所能地让现状维持，不管对他人会造成什么影响。同时，反对力量通常是弱势而又分散的，因为既得利益者给别人带来的坏处，可能会分摊到很多人身上，以致个别团体反而不会想要站出来反抗。有的时候，某个政策所造成的伤害，要到政策改变以后才明显看得出来。例如，在进口关税大幅度降低，而进口配额放宽后，进口商才会更想把好的外国商品引进国内市场。政府在邮政服务上享有独占权，就是既得利益者运用特权来维持现状的例子。

日本邮政系统拥有27万多名职工，约占日本全部国家公务员的1/3；在全国设有约2.47万个邮局，其中约1.9万个是“特定邮局”，“特定邮局”局长实行世袭制。其主要业务有邮件、储蓄和保险。至2004年3月末，总资产达到404.2万亿日元。其中，邮储余额达到220万亿日元，超过日本四大商业银行存款余额的总和，保险部门资产120万亿日元，相当于日本四大寿险公司资产的总和。这两类资产总和相当于日本当年GDP的2/3，是金融市场名副其实的“巨无霸”。

日本邮政创办至今已有130多年的历史，是典型的国营体制。邮政公社在日本居绝对垄断地位，任何民间企业或个人都无权进入邮政市场参与竞争。所以，无论从打破历史束缚的角度来看，还是顺应市场化的潮流来看，日本邮政公社都最适合成为实践民营化改革的对象。

20世纪80年代，继日本电信电话公司、日本烟草专卖公司、日本国有铁道公司成功实现民营化后，邮政改革一度是日本信奉新保守主义经济理论的政治家及官僚关注的问题。1997年9月，桥本内阁公布了行政改革会议的《中期报告》，该报告确立了邮政民营化的方向，但受到邮政省官僚、邮政工会及“特定邮局”局长的强烈反对，改革大幅度后退。同年12月，《最终报告》明确提出邮政不搞民营化，但要在5年以后改为独立核算、拥有经营自主权的“邮政公社”。2005年8月8日，日本参议院投票否决了首相小泉纯一郎提出的邮政民营化改革法案，小泉纯一郎解散众议院重新举行大选，自民党、公明党获得了超过2/3的议席，从而为邮政民营化法案得以通过铺平了道路。2005年10月11日下午举行的日本众议院大会以338票赞成、138票反对的结果，通过了政府再次提出的邮政民营化法案。该法案于12日提交参院审议通过。

根据有关方案，日本邮政公社从2007年10月开始为期10年的过渡，并分拆成4家公司，即邮政储蓄银行、简易生命保险公司、负责柜台接待服务的邮局公司和负责邮件投递工作的邮政事业公司，这4家公司的职能和经营理念各不相同。邮政储蓄银行和简易生命保险公司在完成私有化之后，还将在东京证券交易所挂牌上市。

此次邮政改革的阻力也不可忽视。邮政官僚、“邮政族”议员和行业团体构成的“铁三角”等既得利益集团为保护既得利益、保持行业垄断联手抗衡，导致了邮政民营化的一波三折。但是邮政民营化的大趋势却是十分明朗的。

日本的邮政民营化方案，与多数发达国家相似，首先要解决的是政企分开的问题，企业所有权转移的方向也基本相同，只是对所有权变更过程的安排不尽一致。应该说，它是一种有急有缓、先易后难的改革思路。

在过去，大部分国家都由公营机构来独占送信业务。美国宪法并未明言政府在这方面享有独占权，但宪法的确授权国会有权“设立邮局以及邮政路线”。不过，在经历了过去50年来的实际情况后，很少人会赞成让政府继续独占收送信件的业务。有些国家的邮政服务质量还算差强人意，有些则十分糟糕。在加拿大、意大利、以色列、阿根廷，以及多数第三世界国家，没有人相信邮件能在合理的时间内送到对方手里。美国的邮政业务比平均水准要好，但还是有很多人不满意。

邮政体系因为享有独占权，因此变得死气沉沉，缺乏创新能力。邮件及小包裹隔夜送达服务实施得很成功，但这是由联邦快递首先推出来的。另外，优比速（UPS）等公司因为能提供更快速方便的服务，也抢走了大宗包裹的市场，有时候收费还更便宜。邮政体系在传真业务的开发以及电子邮件和互动式的电视业务方面，完全没有插上一脚。

近几年来，经营不善的国有企业转为民营的趋势，已在全世界得到了认同。不少国家已同意让电话公司、炼油厂以及航空公司等企业走向民营化，连政府经营的邮政服务也受到这股改革浪潮的影响。虽然既得利益者会以各种方式来巩固其权益，不过，不好的政策即使是暂时性的，而且规模也不大，反对的声浪也会越来越强。而要废除那些坏处显然多于好处的政策，也就会容易一些了。

高税率会减少收入吗

将富人的钱转移到穷人手中并不容易。美国国会可以试图通过法案解决，但是富裕的纳税人不会袖手旁观。他们会改变自己的行为，尽量避免缴纳更多的税——将钱转移出去，通过投资以隐蔽收入，或者更极端的情况是移居其他国家。

英国《泰晤士报》报道说，在英国财政大臣达林宣布对高收入者增税之后，对冲基金交易员德米特里厄斯决定离开英国。现年38岁的德米特里厄斯于1999年搬至伦敦，在伦敦已经居住了20年。他表示，已经没有任何理由留在伦敦了，加税是压倒骆驼的最后一根稻草，很有可能引发富人出走潮。

“高税收正在逼走英国富人”，英国《泰晤士报》以此为标题报道说，在当前严酷的经济形势下，英国政府宣布将进一步增加高收入群体的税收来贴补政府财政，逼得富人纷纷逃离英国。

在美国，财政收入很大一部分都来自于收入所得税，而高税收会抑制收入吗？人们真的会根据税率停止或开始工作吗？

1980年1月，里根刚竞选上总统，其竞选班子特别安排了一些经济学家来为里根上课，让他学习一些治理国家必备的经济学知识。第一位给他上课的就是拉弗。拉弗正好利用这个机会好好地向里根推销了一通他的关于税收的“拉弗曲线”理论。当拉弗说道“税率高于某一值时，人们就不愿意工作”时，里根兴奋地站起来说：“对，就是这样。二次大战期间，我正在‘大钱币’公司当电影演员，当时的战时收入附加税高达90%。我们只要拍四部电影就达到了这一税率范围。如果我们再拍第五部，那么第五部电影赚来的钱将有90%给国家交税了，我们几乎赚不到钱。于是，拍完了四部电影后我们就不工作了，到国外旅游去。

正因为里根本人的经历与“供给学派”提供给他的理论如此契合，所以他主政后，就大力推行减税政策，从而也使得一开始并没有引起人们注意的“拉弗曲线”理论登上了经济学主流的大雅之堂。

拉弗曲线的主要含义是：当税率为零时，税收自然也为零；而当税率上升时，税收额也随之上升；当税率增至某一点时，税收达到最高额，这个点就是最佳税率。当税率超过这个最佳税率点之后，税收额不但不增，反而开始下降。因为当税率的提高超过一定限度时，企业的经营成本提高，投资减少，收入减少，即税基减小，反而导致政府的税收减少。

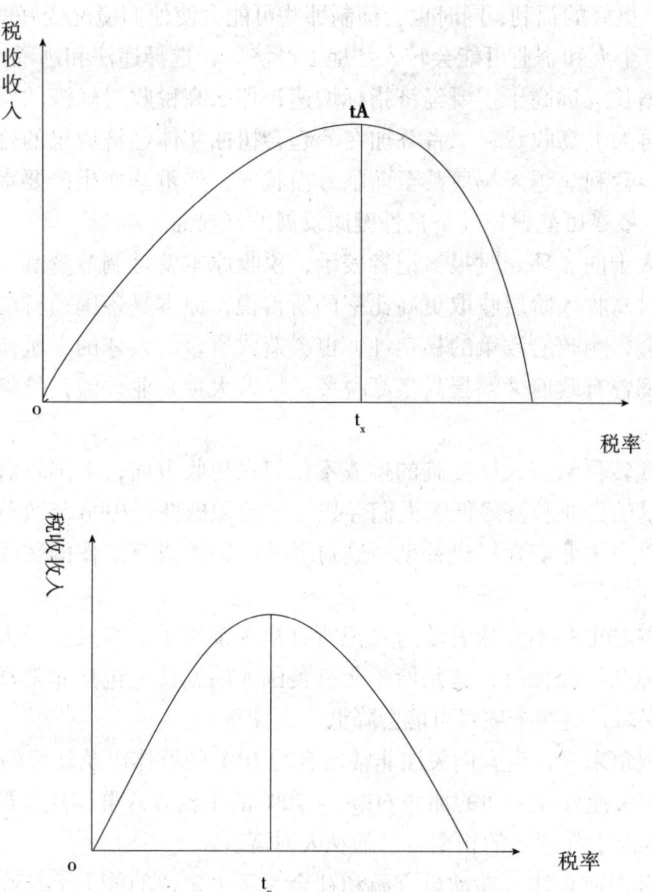

拉弗画的这条用来描绘税收与税率之间关系的曲线就被叫做“拉弗曲线”。而拉弗画这条线的意思是提醒政府：适时降低税率能够刺激生产，税收总额反倒会因为税率的降低而增加。如上图所示，这条曲线是两头向下的倒 U 形。当税率超过图中抛物顶点时，挫伤积极性的影响将大于收入影响，所以尽管税率被提高了，但税收收入却开始下降。

要理解这一理论，先从一般人的认识说起。一般人认为，税率越高，对于相同数量的税基来说，能征收到的税收越多。比如对 100 元的收入征税，100 元是税基，如果税率是 5%，那么国家可以从中收取 5 元税收；而如果将税率提高到 10%，国家可以从中收取

10元的税收，与原来相比，国库中多了5元钱。

但是，在一定范围内对征税对象多赚到的收入提高税率，国家的确可以多征到税；但税率提高一旦突破某个限度后，人们工作的积极性下降，加之主动纳税的热情不高，相反，偷税漏税的动机增强，由此导致税基下降，国家能征到的税反而减少；如果国家将税率提高到更高的程度时，企业将因为利润下降而出现投资积极性下降，甚至可能因为不堪重负而倒闭，税基进一步下降，从而国家能征到的税也进一步减少。

对公司来说，高税率降低了企业的投资回报，从而抑制了企业投资于生产、研究和其他促进经济增长的活动。我们再次面临一个令人不愉快的选择：提高税率给境况不好的美国人提供了更好的福利，同时也会抑制那些可能会使他们境况变好的生产活动投资。如果税率过高，个人和企业可能会转入“地下经济”，选择违法和逃税。

如果税收增长远远高于主要经济指标增速，那么高税收对经济的反制作用会越来越明显。高税收再加上高收费，二者叠加在一起会扭曲实体经济成果的合理分配格局，使得实体、实业经营利润越来越薄甚至面临亏损状况，严重挫伤生产要素的积极性，扼杀经济发展后劲，最终可能毁掉经济良性健康发展的好局面。

一位分析人士向《环球时报》记者表示，税收原本就是调节贫富收入差距的杠杆，按照累进原则对高收入阶层收取更高比率的所得税，原本是各国通行的惯例。但是过高的税收，不但会影响政府政策的稳定性，也会造成资金、人才的大量流失。事实上，历史上很多地区都曾有政府大幅提高富豪税率，导致大批企业外流，最终反倒令当地经济一落千丈的事例。

将富人的钱转移给穷人所面临的挑战不仅仅在税收方面，美国政府福利也产生了不良的激励。大量的失业救济降低了人们寻找工作的积极性。1996年改革以前的福利政策仅给有孩子的单身失业妇女提供补助，这对那些已婚的或有工作的贫困妇女来说意味着是种惩罚。

并且，高税收也并不意味着政府会把所有福利都给予了穷人。最大的美国联邦福利项目是社会保障和医疗保险，这是给予所有美国人的，甚至包括非常富裕的人。通过为老人提供福利保障，这两个项目可能会降低个人储蓄。

从另一个视角来看，当人们关注非常富有的10%的群体以及贫穷的20%的群体的时候，很少有人去关注处在中间的那些60% ~ 70%的中档收入群体这个群体实际上贡献了最多的税收，同时也在逐步的积累自己的私人财富。

不管是否合理或合法，在动员资源和社会关系去避税的能力上，高收入家庭的能力要远远高于低收入家庭。高收入家庭一般不是拿工资的，是有企业的，有专业的律师、会计师，可以进行合理、合法的运作和转移来避税。所以，如果税率很高，实际上对于这样的家庭，反而收不上来税。到最后只有拿工资的人纳税，导致不公平。

从理论上说，就算高收入家庭老老实实交税，高税率也会使他们的行为产生扭曲。税率高的时候，他们就不干活了，或者会找一些税率比较低的领域工作，会导致工作效率的下降。这种税收损失与税率的平方成正比，上升得很快。

还有，征收机构看不见的收入有很多。很多的收入根本就不报，政府只能收看得见的“工资税”，而且还是要在正规的企事业单位。现在板子只打在挣工资的人身上，这部分人的收入本来就是很低的。

后现代社会的金融制度

后现代金融，是国家在经济发展过程中，希望通过合法程序达到理想化的控制币值界定，而寻找的科学规律。通过有效的控制或压制手段，起到稳定流通商品物价的作用。它是国家把法定货币（金融币值）的流通、发行、运营相对固定到信念（有效）值的一种科学手段，使国家、社会经济发展有条不紊。

2008年12月10日，克鲁格曼在领取诺贝尔奖前的新闻发布会上说："我担心的景象是，全球经济陷入日本20世纪90年代时的窘境，世界将陷入一个零利率、通货紧缩、毫无复苏迹象、暗无天日的泥淖中。"

人们在震惊之余，不禁疑问：在现代企业制度、现代金融制度的严密保护下，公众为什么仍然受到时间如此之长、规模如此之大、损害如此严重的误导？当灾难发生时，制度到哪去了呢？

华尔街有句名言："证明有罪之前尽管贪婪。"华尔街投行及其他大型金融机构在美国次贷衍生品交易中极尽能事，导致美国金融业系统性崩溃，进而引爆金融危机。野村证券北京代表处首席代表仲野认为，美元主导下全球虚拟经济的形成路径是这样的：世界各国通过与美国的贸易顺差形成外汇储备和美元资金，再用外汇储备和美元资金购买美国国债、企业债、股票及衍生品等，以美元资金进入美国货币市场、债券市场、资本市场以及衍生金融产品市场，这样，美国通过财政和贸易两个"赤字"，使各国成为美元帝国的支持者，而美国则又以投资等形式拥有各国的资产，形成了一个虚假的、恶性循环的国际金融体系的基本框架。

据有关资料显示，2006年美国的GDP是13.5万亿美元，当年未进行平仓的衍生产品合约总市值大概是518万亿美元，衍生品合约市值大概是GDP的40倍。2008年上半年该比值达到50倍左右，衍生品合约总市值超过600万亿美元。

造成这次金融危机的根本原因在于美国主导的过度自由经济模式，政府监管缺位导致虚拟经济放任自流，引发金融混乱和恐慌并危及实体经济。美欧主导的新自由主义助长了金融市场追求短期利益最大化的倾向，再加上现代金融业务的多样化，开发出了令人眼花缭乱的相互关联的金融衍生产品进行跨国交易，使人难以把握其真正的风险。面对这种跨国交易的巨大市场，国际社会没有建立相应的应对机制，各国也无法预防问题的发生，致使危机迅速蔓延全球。

美国金融系统"发病"导致世界"发烧"的事实揭示出国际金融制度中的深层次结构性问题。国际金融改革面临的最根本挑战是如何解决美元本位制和现行汇率体系的缺陷。二者是全球金融危机、全球货币动荡以及全球经济失衡的根本原因。全球金融危机的重要教训之一就是，美元本位制给予美国巨额铸币税收益不仅对世界贻害无穷，对美国自身同样有害。

金融资本主义的真相就是由不可测定的虚拟价值所带来的混乱和不稳定。现今的货币体系正如实地反映着中世纪古典主义的呆板，真正的后现代社会则会摆脱国家主导的绝对价值体系，转向经济主体自由选择的货币体系。而且，黄金、白银等贵金属，铜、铝等工业金属，以及石油、天然气等能源类原材料或地域性货币等多种货币同时并存使用。大家则可以根据需要从中选择一种作为货币使用。

绝对价值与金本位制没有任何关系。金本位制本身其实是后现代主义的顶峰。它不是由某个政府来决定价值，只作为真正的市场所规定的交换价值存在，也就是相对价值。由政府决定价值，政府管理价值的体系必然会解体，而由市场决定货币价值才真正是后现代主义社会的金融制度。在这个制度下，实际劳动所得产品的价值在与黄金进行交换的过程中产生。这个价值不是绝对价值，而是相对价值。大家则成了真正的经济主体。

从雷曼“迷你债券”风波到“掠夺性贷款”，这次金融危机充分暴露了金融产品的不当销售，特别是金融欺诈和滥用公众投资者利益造成的侵害，也反映出监管当局在保护消费者利益方面存在的缺陷。这次全球金融危机，首先爆发的是美国次级债券危机，根本原因是美国金融监管的漏洞和美国金融机构无限制地发明种类繁多的金融衍生产品。美国金融衍生产品翻新速度快，复杂程度日益提高，而交易和营销却未得到充分监管，致使泡沫不断膨胀，最终酿成严重的金融危机。

加强国际金融体系的监管，从制度上稳定金融体系，已经提上了后危机时代世界各国的议事日程。完善国际金融体系的监管，就是要加强国际监管合作，建立评级机构行为准则，加大全球资本流动检测力度，加强对各类金融机构和中介组织的监管，增强金融市场及其产品透明度。

在修复危机背后失败的监管模式方面，光靠单个国家是不行的。这次危机已经证明了，由于世界各国的金融市场已经日益连为一体，无论是一个国家内部的金融行政检查，还是金融机构的内部监督体系，都有其局限性。要想全面掌握了解跨国银行获投资公司的详情，进行有效的金融监管，对于任何一个国家的金融监管当局而言，都是力所不能及的，很难彻底杜绝金融机构过度投机、内线交易和暗箱操作等行为。

所以，稳定本国金融体系，尤其是防止跨国金融犯罪，越来越仰仗于各国金融监管当局之间的合作。加强全球金融监管协作，是全球金融体制改革的关键所在。新的国际金融监管体系必须建立在可问责和透明的基础上，通过一个更加宏观和全面的信息系统来确保透明的金融交易，防止制度安排助长冒险行为。其次是要对国际金融体系进行风险评估，并建立风险预警系统。特别要加强对短期资本流动和金融创新风险的监督和预警。

为了加强风险评估和建立预警系统，有专家呼吁，应当设立一个由各国监管机构代表组成的联席机构。单拿国际货币基金组织来说，目前的国际国币基金组织已经明显跟不上时代脚步了，它已经没有能力监管不断发展变化的金融体系了。未来的国际货币基金组织需要将工作重点转向监管金融业，并促进各国金融当局的合作，以确保相关措施得到有效贯彻。目前，改革国际货币基金组织是各国加强监管金融体系最迫切的愿望。总的来说，全球统一的金融监管体系即将呼之欲出。

危机后酝酿的全球机制

美国政府为了刺激房地产，允许零首付购房并对房利美进行某种意义上的政府担保。这导致了那些收入不高的、没有偿还能力的、原本需具备大量贷款资格的人在两房等金融机构的帮助下零首付按揭得到了房子，这就是所谓的次贷（指那些放贷给信用品质较差和收入较低的借款人的贷款）。

而这些机构为了回笼更多的资金用来贷款给更多的人来买房，同时也为了分散风险，以较快的速度获得利润，所以他们将手头的这些住房抵押贷款按照一定的门类打包成债券的形式出售。而买了这些债券的机构又不断地在原有债权的基础上进行打包、装饰成新的次贷金融衍生工具并在市面上发售。

因为当时的美国房市很火，各大评级机构对这些产品也给了很高的评级，于是人们纷纷购买这种债券。其间因为市面上的次贷金融衍生产品被华尔街不断用来包装成新的金融产品，导致市面上流通的这类次贷金融产品的价格总额远大于原始债券所代表的价值。

这其中蕴藏着巨大的风险，因为各个次贷金融产品之间相互依赖，如果出现状况会一倒倒一片。但是这些次贷金融衍生工具越弄越复杂，负责监管的人也很难搞得清楚，美国政府也没有意识到危险，更没有及时制止泡沫越吹越大。

在这期间，经常会有很多办了房产按揭的人因为各种各样的原因还不起款，贷款给他们的机构就没收了他们的房子拿去拍卖。但是后来，还不起款的人越来越多，拍卖的房子也越来越多，房价越降越低，到了最后，越来越多的投资者发现，他们手头的次贷金融衍生产品变成了废纸，因为这些债券之所以有价值，前提是那些贷款的人每个月都还款了。于是，之前向保险公司投保了的投资者就找保险公司索赔了。结果，保险公司破产了，随即，大量银行破产。大量的公司和机构都因为手头持有的次贷金融衍生产品变成废纸，成了负资产或者资金链断裂而破产。

由此，金融海啸在全美全球铺开。市场没信心了、银行破产了，于是工厂融不到资、贷不到款了，于是倒闭了。工厂倒闭了，工人失业了，没有收入了，消费谨慎了。于是市场的销售下滑了。于是市场更加没信心，工厂越来越多倒闭，如此恶性循环。又由于美国是世界的进口大国，美国人不消费了，直接影响到全球经济。

由于全球的经济都因这次金融海啸进入了衰退，对很多国家的影响都非常巨大，所以全球会重新审视自由市场经济的弊端和华尔街式的金融模式，寻找适合本国的金融体制；世界金融格局有可能会以此为契机出现多极的局面；美元地位会下滑，其他国家会有很多的货币话语权。

欧盟委员会主席巴罗佐表示，应该探讨建立一种“前所未有的协调机制”应对金融危机，并需要中国、印度等发展中国家新兴经济体的加入。在经济全球化的今天，没有任何一个国家能够在全球性金融危机中独善其身，要重构全球金融体系，制定一些基本、关键的原则，以避免金融危机再次上演。在改革全球金融体系时，应保证实现“透明的市场治理”以及对金融机构的“有效监管”，具体措施中包括重组全球金融机构。

巴罗佐说，从美国爆发的这场金融危机使越来越多的国家意识到，这场危机不仅仅是金融的问题，也体现了全球发展的不平衡性，需要借助全球性的协调机制实现全球经济的可持续发展。各国应意识到“未来全球经济的增长将取决于现在采取的措施”。

2010年6月26日，德勤全球首席执行官奎励杰在上海“陆家嘴金融论坛”上表示，过去的经验表示，金融市场和资本市场依然是一个全球性的市场，这也加强了建立全球金融监管体制的紧迫性。全球市场依然是相互依赖的，并可能呈现出比过去更为密切的联系。特别是在欧元区债务危机爆发后，希腊政府的一举一动都对全球市场产生了影响，这也再一次表明了全球金融合作与监管改革的重要性。

考虑到国际层面执行金融监管的权力机构的缺失，奎励杰表示，希望G20（20国集团）可以建立这种权力机构，而金融稳定委员会与巴塞尔协议可以创造出一个有效的框架。特别是在会计标准问题上，全球可以加强监管领域的合作。由不同经济体代表所组成的国际会计标准委员会，执行一个以原则为基础的会计准则，已得到100多个主权国家的支持。由于主权国家是给监管者提供有效执法权力的唯一主体，因此，希望各国之间签订各种条约，使市场运作更有效，并避免监管真空。作为全球最大资本市场的美国却尚未接受这一原则，奎励杰希望能够推动这个方面的进展。

世界上会不会出现跨越国界的超级金融监管法，金融市场会不会找到彻底堵漏的机制，迄今人们的认识并不一致。如今探寻全球金融监管新机制几乎是全球性经济论坛的必谈话题，世界经济已进入更为复杂的后危机时期，如果指望新的跨国界机制“速成”，能够完全堵住金融风险漏洞，这就把问题看简单了。但是，尽管分歧很大，在近日结束的釜山G20财长会议上，已经达成提高透明度、巩固银行的资产负债、改善金融业的管理等等全球金融监管的原则性措施的意向。经过数次峰会磨合，对于银行领域问题的解决方案应当多样化基本成为共识，这也是多国对于利益多元化的妥协和让步。

第四章　征税是完美的措施吗

一场由征税引起的骚乱

1990年3月31日，数十万英国民众在伦敦街头聚众游行示威，抗议英国首相玛格丽特·撒切尔颁布实施的一项新税收法令。随着一些示威者与警察发生冲突，开始的和平抗议逐渐转变成一场骚乱，有数人在骚乱中受伤。这场暴力事件在开始时只是因为民众对首相颁布这样的新法令感到震惊，但是随即却引起了英国全国范围民众的愤怒抗议。后来，撒切尔夫人被迫辞职了。许多观察家都认为这场对新税收法令的抗议活动是首相下台的主要原因。

官方公布的这项所谓的“社区税”法令，实际上就是人们普遍公认的“人头税”法令。直到1989年，当地类似于街道清扫、垃圾清运等公共服务的财政支持都来源于一个征收居民家庭收入固定的百分比率的税收（在大多数美国社区，类似公共服务的财政支持也是来源于以居民财产为税基的税收）。然而，撒切尔夫人却以向每个年满 18 周岁的成年公民征税来取代这些财产税。尽管在各镇征收人头税的数量都不相同，但是不管他或她的收入、财产是否相同，同城的每一个成年人都支出相同的税收金额。

人头税法令的支持者们认为，征收人头税比它所替代的税收更有效率。因为以财产为税基的旧税制打击了那些购买更昂贵住房以提高住房质量的人的纳税积极性。支持者们还争辩说，人头税之所以是公平的，还因为提供某一城镇公共服务的成本主要是看当地的人口数量，而不是看这里的人有多富裕。

然而，反对者们却认为，人头税是极端不公平的，因为它没有考虑到人们支付能力的差异。例如，对居住在同一个镇的同样的单身妈妈来说，其中一个收入低下的普通侍应生却必须与另一个拥有百万家财的股票经济商承担相同的税收负担。

推行一项征税政策显而易见的是不容易的。对一个政治家来说，一项不谨慎的税收政策的颁布甚至可能直接地威胁到他的政治生涯。毕竟制定征税政策总是包含了平衡效率优先还是公平优先之间的斗争问题，而这一矛盾是很难化解的。正如经济学家们所说的，平等和效率之间有一个权衡问题。

如果玛格丽特·撒切尔夫人记得英国历史上发生的这个故事的话，她也许就不会尝试征收人头税了。在 1381 年，由于政府征收了 3 倍于现今的人头税，爆发了英国历史上大规模的农民暴动。

这场暴动中的农民在瓦特·泰勒的领导下，在伦敦街头游行示威，要求废除极大地增加了人民负担的人头税法令。他们提出的口号之一是“第一件事就是处决所有的律师”，因为当时由律师负责推行税收制度。人们处死了大量的律师和收税官，烧毁了伦敦部分街区，甚至已经攻打到当时的国王理查德二世的王宫附近。虽然，在国王承诺作一些让步之后，人们就各自散去了，但是，国王很快就推翻了自己的让步承诺。毕竟在 1381 年，王室对农民的承诺根本不会算数。

但是，当时的农民暴动事实上已经相当成功地打击了贵族的暴政。

在我们国家，夏商周时期，实行贡赋制，这是赋税的雏形。春秋时期，鲁国实行“初税亩”，是我国征收地税的开始。秦朝时期赋税的沉重，农民要把收获物的 2/3 交给政府，由于税务繁重，导致秦朝短命而亡。历数中国古代史，征收标准从以人丁为主，逐渐演变为以田亩为主；征收的物品由实物的地租为主演变为以货币地租为主；征收的时间不定时逐渐演变为基本定时；农民由必须服徭役逐渐发展为纳绢代役等等。

我国乃至世界范围内税种繁多逐渐演变为简化单一，种种变化演变，都是赋税制度在历史的潮流中不断适应、不断完善自身的探索。

税收是文明社会所付出的必要代价

正如富兰克林所言，税收与死亡一样是不可避免的。只要人类依然需要结成一定的社会组织，只要人类社会仍然需要政府的存在，只要我们还需要政府提供公共设施和服务，我们就得为此付费。税收的影子无处不在，触及现代人生活的每一个角落。

税收往往是激烈的政治争论的起源：1776 年的美国革命、历年美国总统的竞选，减税是一个经常被利用的话题。但是即便如此，仍然可以肯定地说，没有一个人否认税赋的必要性。温德尔赫尔姆斯曾经说过：税收是我们为文明社会所付出的代价。

假如国家没有税收，政府部门将全部崩溃，人们将没有了政府提供的各种保障，就会回到原始社会，甚至国家将消亡。所以说国家不能没有税收。

2010 年 7 月 1 日,《网络商品交易及有关服务行为管理暂行办法》实施,《办法》规定,通过网络从事商品交易及有关服务行为的自然人，应当向提供网络交易平台服务的经营者提出申请，提交其姓名、地址、电话号码等真实身份信息。具备登记注册条件的，才允许依法办理工商登记注册。当时该条例的出台被认为是对全国网店实施征税的前奏。

对向个人网店征税，很多网上卖家都表示理解，并认为这是迟早的事情。在淘宝上经营着一家五钻级个人店铺的店主 Yoko 说 :“我们做淘宝就是因为房租税费等相关的费用太高，店铺做起来也不容易，都是不分白昼黑夜的。国家对个人卖家征税，这可以交，我们已经做好了心理准备，但关键是国家出台怎样的政策、怎样征税。”

在 Yoko 看来，国家在最近一段时间内应该不会对个人卖家征税，但从长远来着，征税是必然的趋势。

对于中国来说，税收对于我们国家的发展来说有着至关重要的作用。可以说，离开了日渐完善的税收制度，也就不会有现在这个文明发达的社会。新中国成立之初，经济基础非常薄弱，国家财政极为困难，再加上投机商人引发了物价波动的浪潮，为了克服财政困难，消灭预算赤字，平抑物价，政府统一全国税政，广泛开辟税源，充实和加强税务机构，到 1951 年，终于实现了收支平衡，略有盈余，把国家财政置于稳固可靠的基础之上。与此同时，随着税收收入的增加，财政支出的规模和结构有了很大改善，为之后的大规模经济建设奠定了基础。总之，这一时期的税收，在消灭预算赤字、平抑市场物价、恢复国民经济、争取整个财政经济状况的根本好转方面发挥了重要的作用。那么税收的重要性，你知道多少?

1. 税收是国家组织财政收入的主要形式和工具

税收在保证和实现财政收入方面起着重要的作用。由于税收具有强制性、无偿性和固定性，因而能保证收入的稳定；同时，税收的征收十分广泛，能从多方筹集财政收入。

2. 税收是国家调控经济的重要杠杆之一

国家通过税种的设置以及在税目、税率、加成征收或减免税等方面的规定，可以调节社会生产、交换、分配和消费，促进社会经济的健康发展。

3. 税收具有维护国家政权的作用

国家政权是税收产生和存在的必要条件，而国家政权的存在又依赖于税收的存在。没有税收，国家机器就不可能有效运转。同时，税收分配不是按照等价原则和所有权原则分配的，而是凭借政治权力对物质利益进行调节，体现国家支持什么、限制什么，从而达到维护和巩固国家政权的目的。

4. 税收具有监督经济活动的作用

在社会主义市场经济条件下，市场对资源配置起主导作用，但市场配置资源，也有它的局限性，可能出现市场失灵（如无法提供公共产品、外部效应、自然垄断等）。这时，就有必要通过税收保证公共产品的提供，以税收纠正外部效应，以税收配合价格调节具有自然垄断性质的企业和行业的生产，使资源配置更加有效。

（1）促进产业结构合理化。税收涉及面广，通过合理设置税种，确定税率，可以鼓励薄弱部门的发展，限制畸形部门的发展，实现国家的产业政策。

（2）促进产品结构合理化。通过税收配合国家价格政策，运用高低不同的税率，调节产品之间的利润差别，促进产品结构合理化。

（3）促进消费结构的合理化。通过对生活必须消费品和奢侈消费品采取区别对待的税收政策，促进消费结构的合理化。

保证社会经济运行的良好秩序。通过税收监督，积极配合公安、司法、工商行政管理等部门，严厉打击各类违法犯罪行为，自觉维护社会主义财经纪律。

此外，国家在征收税款过程中能发现纳税人在生产经营过程中，或是在缴纳税款过程中存在的问题。国家税务机关对征税过程中发现的问题，可以采取措施纠正，也可以通知纳税人或政府有关部门及时解决。

5. 调节收入分配的作用

在市场经济条件下，由市场决定的分配机制，不可避免地会拉大收入分配上的差距，客观上要求通过税收调节，缩小这种收入差距。税收在调节收入分配方面的作用，具体表现在以下两方面：

（1）公平收入分配。通过开征个人所得税、遗产税等，可以适当调节个人间的收入水平，缓解社会分配不公的矛盾，促进经济发展和社会稳定。

（2）鼓励平等竞争。在市场机制失灵的情况下，由于价格、资源等外部因素引起的不平等竞争，需要通过税收进行合理调节，以创造平等竞争的经济环境，促进经济的稳定和发展。

现代文明社会，税收不仅是用于社会公共管理的，而且很大部分用于公民的基本福利社会保障，这已经是普遍共识。税收作为国家强制参与社会产品分配的主要形式，在筹集财政收入的同时，也起到了改变各阶级阶层、社会成员及各经济组织的经济利益的作用。筹集财政收入的职能是基本的，是实现调节社会经济生活和监督社会经济生活两项职能的基础条件，随着市场经济的快速发展，调节社会经济生活和监督社会经济生活的职能，也将会变得越来越重要。

税收是我们想将文明社会一如既往地发展下去的必要前提，它确保了我们的国家能够稳定、坚定地前行。认识到这点，我们才能心甘情愿地履行自己的纳税义务，甚至协助税收人员始终如一地打击偷抗骗税等税收违法行为。

赋税的无谓损失，税收是一把双刃剑

“纳税光荣，偷税可耻”、“税收取之于民，用之于民”，从小老师就这样教导我

们要做个遵纪守法合格的公民，告诉我们纳税是每个公民应尽的义务和责任。

但是你知道税收背后的成本这一概念么？如果知道，你知道税收背后的成本有多大么？

税收的成本是多大？你可能会回答，无非就是纳税者向政府缴纳的金额。但是假设政府把这笔钱全部用来提供公共服务或者把这笔钱全部还给纳税人，那么我们就能说税收没有任何成本吗？

这种说法当然是错误的，因为税收和配额一样，会阻止有利于双方的交易发生。当征收5元钱的税收时，乘车者支付了20元而司机只得到了15元。因此有一些人愿意为每次乘车支付17元，而有一些司机愿意达成这样的共识，收取17元。如果这样的潜在乘客和司机能够碰到一起的话，这将会是使双方都获益的交易。但是这样的交易将是违法的，因为没有缴纳5元钱的税收。于是我们可以得出结论，由于存在税收，有无数个对乘客和司机都有利的乘坐机会被“错过”了。

所以销售税会引起实际缴纳税金之外的成本，这种额外成本表现为非效率。因为税收实际上阻碍了有利于买卖双方的交易发生。这种成本被称为税收产生的“超额负担”，或者“无谓损失”。现实世界中所有的税收都会带来一些超额负担，不过拟定得不好的税收造成的超额负担要比拟定得好的税收大。

经济学家们认为，税收的真实成本并不是纳税人缴纳的税收而是他们没有缴纳的税收。这背后的意思就是人们为了避税而改变自己的行为，例如不乘坐出租车而改为步行，这样做错过了对交易双方都有利的消费机会。

A为B打扫房间每周得到200元。A的机会成本是150元，B对打扫房间的评价是250元。那么两人各得到50元的利益，总剩余100便是这一交易带来的好处。但是现在，政府对打扫房间的服务征收100元的税。由于不再能得到好处，两个人取消了交易。于是B只能生活在肮脏的房间里，A也没有了收入。税收使A和B的状况一共变坏了100元，同时政府也没有得到税收。我们说纯粹的无谓损失为100元。

那么总结来说，为什么税收会引起无谓损失？税收引起的无谓损失是因为它使买者和卖者不能实现某些贸易的好处。

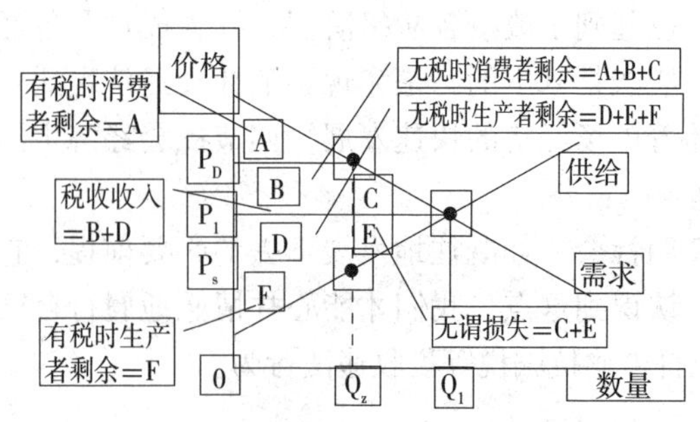

	没有税收时的福利	有税收时的福利	福利变动
消费者剩余	A+B+C	A	−(B+C)
生产者剩余	D+E+F	F	−(D+E)
税收收入		B+D	+（B+D）
总剩余	A+B+C+D+E+F	A+B+D+F	−(C+E)

从图中我们可以看出，征税前的福利：总剩余 =A+B+C+D+E+F；而征税后的福利：总剩余 =A+B+D+F。

买者和卖者因税收受到的损失大于政府筹集到的税收收入，市场总收入减少了面积 C+E，这就是无谓损失了。

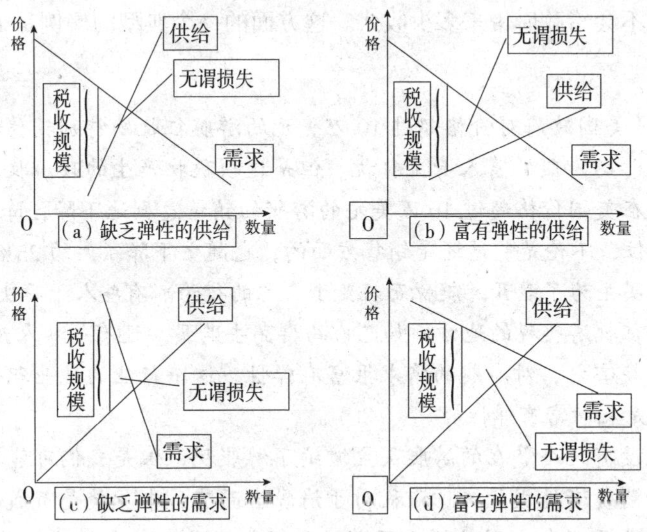

而供给和需求的价格弹性决定了税收的负担率。供给和需求弹性越大，税收的无谓损失也就越大。供给的价格弹性越高，征税导致消费者付出的价格就越高，于是更大部分的税负就由消费者承担了；相反的，需求的价格弹性越高，征税导致生产者得到的价格就越低，于是更大部分税负就由生产者承担了。价格弹性更低的一方总是要承担更多的税收负担。

征税导致了效率损失，这种损失是由消费者支付的价格和生产者接受的价格之间的矛盾导致的，即无谓损失。增加一单位的消费带来的边际收益要大于增加一单位生产带来的边际成本，这就意味着经济社会损失了由增加生产和消费带来的潜在利益。全部无谓损失可由图中指示无谓损失的三角形的面积度量出来。无谓损失代表了税负过重，也就是说政府征税带来的社会成本大于政府获得的税收收入。

生产者生产产品获得利润的动机以及消费者消费商品获得满足的动机跟未征税前的完全不同，于是人们就改变了行为，无谓损失就产生了。所以，当征税动机被扭曲程度最小时，无谓损失也是最小的。因此在选择征税对象时，如果以无谓损失最小化为目标的话，则应该向那些反应最缺乏弹性的人征税，即向基本不会被税收改变行为的人征税。

最后，关于无谓损失尚有三点内容需要大家明确：

（1）税收带来了无谓损失，但是，如果没有税收，政府就无法提供更多的公共服务。

（2）劳动税会激励人们更少工作。

（3）在劳动的供给和土地的供给完全没有弹性的情况下，税收造成的无谓损失很小，人们的工作不会减少太多，土地供给者承担了全部税收。

该对收入征税，还是对消费征税

因为无谓损失的存在，税收给消费者和生产者造成的成本有时会远大于他们实际缴纳的税收。事实上，如果需求或供给（或者二者同时）非常富有弹性，税收能够造成相当大的损失而又不会给政府带来多少收入。这方面的一个典型的事例是1990年声名狼藉的“游艇税”。

“游艇税”是美国政府对价格超过10万美元的游艇征收的特别销售税。目的是从那些买得起如此之贵的游艇的富人身上征税。但是这项税收产生的政府收入比预计的要少得多。原因就是在美国价格超过10万美元的游艇的销量急剧地下降，降幅达到71%。游艇行业的就业职位，不论是制造还是销售方面的，也随之下降了大约25%。

游艇的潜在买主为了避开游艇税而改变了自己的行为。有些人干脆决定不买游艇了；另一些人则到不征收游艇税的地方例如巴哈马群岛去购买；还有一些人改为购买10万美元以下的游艇。换言之，对游艇的需求很富有弹性。这个行业的就业职位的急剧减少表明游艇的供给也是相对富有弹性的。

虽然事实上没有几个潜在的游艇买主缴纳了游艇税，但是我们可能不会说这项税收没有给生产者和消费者造成损失。避税对于消费者而言，本身就是有成本的，例如他人因为被迫到海外去买游艇，因此增加了花费和不便，或者本来想购买一艘华丽的游艇。但是现在只好买一艘便宜的，因此满意程度降低。而且游艇行业的销售和制造人员也丧失了一部分生产者剩余。政策制定者渐渐意识到了这项税收不但没有增加政府收入，还对社会造成了如此大的损失，所以后来这项税收在1993年被废除了。

需求数量和供给数量对价格变化的敏感程度如何来解释税收在消费者和生产者之间的分摊呢？换句话说，为什么需求的弹性不同时税收的分摊会不同？或者为什么供给的弹性不同时税收的分摊也会不同？为了说明税收负担如何在消费者和生产者之间分摊，我们假设政府对生产者征收销售税。生产者将竭力通过提高价格将税收转嫁给消费者。当需求弹性很大时，即使价格只上升一点点，商品的需求数量也会大幅下降。如果生产者试图通过提价把税收负担转嫁给消费者，需求数量下降的比例会超过价格上升的比例。因此，生产者并不能把税收转嫁出去，大部分税收负担将仍然由生产者来承担。反过来也是一样：当供给很富有弹性时，税收负担大部分会落在消费者头上。总的规律是，需求越富有弹性，税收负担落在生产者头上的部分越大；供给弹性越大，税收负担落在消费者头上的部分越大。

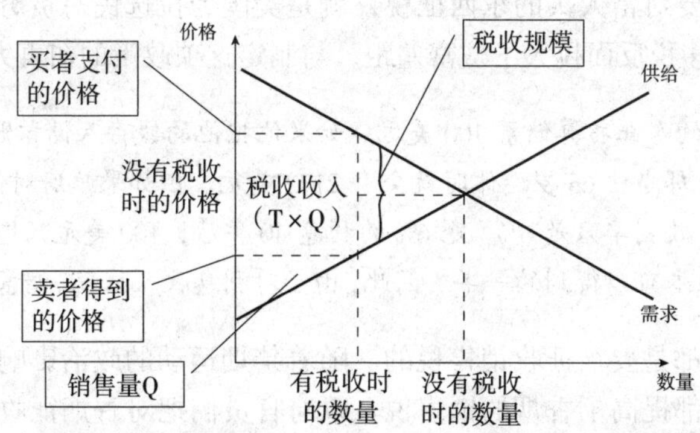

如果我们设想政府在每家煎饼店的柜台上放一个碗来收取0.5美元的煎饼税，也许就容易理解这种征税方式的相等性了。当政府向买者征税时，要求买者每买一个煎饼往碗里放0.5美元；当政府向卖者征税时，要求卖者每卖出一个煎饼往碗里放0.5美元。0.5美元是直接从买者的口袋进入碗内，还是间接从买者的口袋进入碗内，都无关紧要。一旦市场达到新均衡，无论向谁征税，都是买者与卖者分摊负担。在这两种情况下，税收在买者支付的价格和卖者得到的价格之间打入了一个楔子。无论税收是向买者征收还是向卖者征收，买者价格与卖者价格之间的楔子是相同的。在这两种情况下，这个楔子使供给和需求曲线的相对位置移动。在新均衡时，买者和卖者分摊税收负担。对买者征税和对卖者征税的唯一区别是谁把钱交给政府。

如图可见，税收收入等于税收规模与销售量的乘积，所以向买者征税还是向卖者征税，结果是一样的：买者支付价格上升、卖者得到的价格下降。买者和卖者分摊了税收负担。

税收负担就像落在粘蝇纸上的苍蝇

要理解这种假设，我们首先应该明白两个概念。首先税收负担是指纳税人承担的税收负荷，亦即纳税人在一定时期应交纳的税款，简称税负。从绝对额考察，它是指纳税人缴纳的税款额，即税收负担额；从相对额考察，它是指纳税人缴纳的税额占计税依据价值的比重，即税收负担率。税收负担具体体现国家的税收政策，是税收的核心和灵魂，直接关系到国家、企业和个人之间的利益分配关系，也是税收发挥经济杠杆作用的着力点。

而粘蝇纸理论是关于税收归宿方面的问题，当对一种产品征税时，比如对汽车征税，对谁有影响呢？有两种解释，一是购买汽车的人，二是制造汽车的工人。如果你认为谁交税就只对谁有影响，这就是粘蝇纸理论，也就是税收负担就像粘蝇纸上的苍蝇，被粘在它落地的地方。但有些人认为对汽车征税会对制造汽车的人有影响，会加大制造汽车的工人的负担。因为汽车特别是高档汽车是有钱人才能买的，当对汽车征税后，有钱人用别的东西代替汽车比如飞机来满足自己，这样汽车的销量就会降下来，厂商就会减少汽车的生产，带来的结果是工厂减员，工资下降，因此看来是对富人征的税却对工人产生了影响，也就是苍蝇（负担）没被粘在它落下的地方。

很多人认为这个理论不正确，只是经济学家的戏称。它常被用来说明一些政府人员为减少贫富不均，要对富人买的东西征税，就是美国为拉选民对贫穷人说的那样，但许多经济学者认为奢侈税反而拉大了贫富差距，与制定这项政策的初衷大相径庭。

假设一个25岁的人正打算储蓄100美元。如果他把他的钱存入储蓄账户赚取8%的利息，并一直留在账户上，那当他65岁退休时就会有2172美元。但如果政府对他每年赚到的利息收入征收1/4的税，有效利率只是6%。赚6%的利息40年后，100美元只增加到1029美元，甚至小于没有税收时原本可以得到的一半。因此，由于对利息收入征税，储蓄的吸引力就小多了。

长期以来香烟都是要被征收销售税的。随着禁烟运动的政治影响力日益扩大，许多州政府和地方政府都提高了香烟的销售税。政府官员们把对香烟征收高额的销售税看做一举两得：既提高了政府收入，又遏制了恶习。2002年纽约州政府和地方政府把每盒香烟的销售税从1.19美元提高到了3美元。

但是种植烟叶的州没有跟随这个潮流。例如弗吉尼亚州的香烟税只有每盒2.5美分。这种税收差距为那些不怕违法的人创造了机会：出现了从这些税收低的州向税收高的州大规模走私香烟的现象。

政府当局相信州际香烟私运和禁酒时期的酒私运一样，在很大程度上是通过有组织的犯罪来进行的。但也还是有规模稍小一些的团伙：2000年6月，FBI破获了一个设在北卡罗来纳州查洛特市的团伙，这个团伙把自已的利润输送给了美国政府认定的一个恐怖组织。因此从这种意义上来说，税收负担无疑成为了落在粘蝇纸上的苍蝇，因为它会导致只有罪犯会去贩卖香烟的现象发生。

在中国大陆曾发生过影视明星因偷税漏税而锒铛入狱或逃往国外的事情，可见税收制度在缩小社会贫富差距上对高收入者的“个税”甚为“严格”，别以为这样税收就跟自己没有多大关系，其实，各个国家间因为税收制度的不同，对各国民众生活水准的影响也是不同的，但总而言之，税收负担最终会落到每一个人的身上。

国内有一个有趣的现象：随着大陆1978年改革开放以来，国人的生活水准迅速得到了改善提高，出国旅游、购物、留学也成为了一种时尚潮流，可你是否发现，每每出国回来的人无不是热衷于国外的商品购物消费，而其中很多商品在国内并不少见，可这些人为什么喜欢拿着票子千里迢迢跑去国外拉动消费呢，甚至有时买回来的只不过是在国外转了一圈的“中国制造”？

为什么会出现这种现象呢，这其中很重要一个原因就是税收的“杠杆作用”。因为税收的缘故，有时一件商品在国内和国外会有巨大的价格差，当这些去国外购物的人看到这么巨大的价格差的诱惑时，本不算鼓的钱包暂时也鼓了起来，于是，不知不觉就买来大包小包。中国大陆由于在政策上鼓励出口拉动国内经济和促进国内就业形势，对出口产品有个出口退税率，也就是说从中国出口的产品几乎是零关税，而西方一些国家在税收方面的优惠和减免政策，使得已经是零关税的中国商品价格更加低廉，而外国的商品由于税率低即使缴税后的商品价格与国内商品相比也不是在同一个层次的，难怪时下这么流行国外购物，而且乐此不疲。

税收就好比商品流通中的一只“无形的手”，在经济调整和转变方式上发挥着重要作用，可有时也是商品流动受阻，贸易交流不畅，贸易保护主义者的利器，使得全球经济一体化的脚步受阻放慢，经济贸易自由区的建立遥不可期。

所以，一个合理的税收制度，不仅能使企业、公司等的税负减轻，地区商品流通顺畅，经济贸易发达，而且最大的受益者还是公民能花最少的钱享受到尽可能高的购买力度。

对中小企业主动减税能创造新的工作岗位吗

2007年底，央视《经济半小时》播出过“珠三角上千企业倒闭调查：成本上升致企业外迁”。在广东的鞋厂加起来总共大概有五六千家，关闭的大中型的鞋厂在广东应该有一千多家，比如像在惠东，有三千多家鞋厂，在两三个月内，那种中小型的工厂就关闭了四五百家。珠三角地区遭遇困境的，不仅是制鞋企业，其他像制衣、玩具加工、电子加工等劳动密集型行业，都出现了同样的状况，不少企业开始外迁，有的已经倒闭。而接下来的2008年，中国中小企业普遍遭遇“地震”和“寒流”，生存境况堪忧。对中小企业的增值税减免无疑最好的模式，就是降低“小规模纳税人的税率”，将现行的4%、6%下调至2%。

我国现有中小企业超过4200万家。工信部提供的数据显示，我国中小企业创造的价值相当于国内生产总值的60%左右，缴税额占到国家税收总额的50%左右。中小企业需要缴纳的税负种类繁多，除了17%的增值税、25%的企业所得税之外，还需缴纳城建税、教育税附加、地方教育发展费、价格调节基金、堤防费、房产税、土地税、印花税、房屋租赁税、工会经费、残疾人基金，加上各种收费和罚没，中国企业的实际税负已经超过30%。所以除了融资难、生产成本不断增加，税负压力也成为中小企业生存艰难的原因之一。专家分析，若想从根本上破解中小企业生存困境，减税将是一项惠及面广、见效较快的政策选择。如果能够给予相应的税收优惠，中小企业的资金困境就可以得到一定程度的缓解。减税能够解决中小企业融资难题，降低中小企业财务成本；减税可以加大收益预期，促进民间资本的有效投入，有效促使中小企业的技术升级和转型，更加高效地投入竞争，维护市场的均衡状态。

为中小企业减税同样是创造新的就业岗位的有效措施。中国的中小型企业占全国企业总数的99%以上，创造了60%的GDP，更重要的是，承载着80%的就业人。越来越多的中小企业难以为继，意味着百分之八十的就业人都面临着失去工作的压力，只有支撑中小企业的继续经营，才能有力的保证充足的就业岗位。

而对中小企业的扶持，鉴于中小企业对税收的极高的敏感性，政府若能对小型、微型企业和成长型高科技企业实行差异化税收政策优惠，将收到良好的效果。优惠形式也要多样化，比如直接减免、降低税率、加速折旧、设备投资抵免、放宽费用列支等多种优惠形式，进一步加大对中小企业的财政支持。应该针对建立公共技术服务平台、加强企业技术改造、员工培训、开拓国际市场等工作，继续增加中小企业专项资金。全国工商联主席黄孟复也表示，对于中小企业的减税、减费应该达成共识。“应该把中小企业看做是发展、生产、创新和解决就业的主体，而不应该把中小企业作为税收、收费的主体。”

就在温州等地的中小企业屡传危情之时，多部委对中小企业的支持政策也正加紧酝酿，降税减负成为重中之重。据《上海证券报》了解，在中小企业划型标准明确之后，有关部门将根据新标准，对符合条件的中小企业进行减税。“减轻税负已经在较大范围内达成共识，并提出进一步做好企业减负工作的意见和建议，可能涉及取消和停止征收的行政事业性收费超过 100 项。”

一个小企业要得到一点利润真不容易，在困难的环境下创业，即使给予其所得税减半的待遇，实际上也就几百元，但此举意味着积极的政策信号。财政部财科所所长贾康坦言，尽管全球金融危机已暂告一段落，国内经济也处于相对高速发展的阶段，但结构性减税仍然有必要性，在具体方案上，“首先要对小企业延续所得税减半政策”。

解决了国内百分之八十就业问题的中小企业如果能得到这样的政策优惠，势必会大大提高其生存能力和雇佣、支付薪水的能力。贾康还建议，在推行“增值税扩围”改革的同时，积极研究中小企业在此框架下的优惠政策。全国人大内务司法委员会副主任辜胜阻也建议，应该加大财税政策对中小企业的扶持力度。

第五章　政府的微观经济政策

市场均衡的缓慢变化

市场成功和市场失灵之间的拉力是微观经济学的中心。从使社会可以在市场上实现总剩余最大化的意义上说，供求均衡是有效率的。亚当·斯密的看不见的手似乎是至高无上的。但是，市场不是万能的，它也有失灵的时候，这个时候就需要政府出面，改善市场，使市场慢慢走向均衡。

2003 年广州市场曾出现每袋几毛钱的板蓝根暴涨到 50 元以上一袋的现象，当时的北京，由于有了广州市场的前期教训，政府采取了一些措施，北京市场的药品零售价格虽然没有出现大幅上涨的现象，但药品流通的中间环节和以前是完全不同，正常情况下在批发价 50% 以下就可售出的一些药品，一下子要按批发价的 90% 以上甚至零售价卖给零售商，包括药店和医院，若直接卖给相关团体单位药品价格就没有谱儿了，中草药的价格就高得太离奇了，确实让一些“药商”欢喜了一阵。

市场调节及价格机制发生作用的前提条件是完备的充分竞争的市场，但在现实中并不存在，实现充分竞争的条件不具备，所以现实中的市场本身不是万能的。2003 年的广州和北京，药品市场有明显的失灵表现。局部区域药品的供应量不能够解决市场需求的平衡，导致局部市场药品价格大幅上涨，而在当时，很多药品就全国市场而言是供过于求的；当时市场上出现很多假冒伪劣的防治非典的产品，如不合格的口罩、消毒水、体温计、防护服、甚至过期的药品等；有些企业为了降低成本，不采取相关的非典防控措施，给整个社会带来了威胁；类似现象严重损害了普通消费者的利益，造成社会整体福利的降低。而如果根据经济学理论，在充分竞争完备的市场上，由于价格和竞争等市场机制的作用，厂商和消费者在追求自身利益最大化的过程中，自愿达成了双方均能接受的合约，商品的价格达到了均衡、市场出清，在“看不见的手”的调节下，稀缺的资源得到了合理配置，“自动”达到了“帕累托最优”，全社会的福利达到了最大化。这就说明市场均衡不是一蹴而就的，它需要通过政府的调节慢慢发生变化。

看不见的手失灵需要由看得见的手来矫正，即政府来调节市场机制，弥补市场缺陷，纠正市场失灵。上面出现的失灵现象，政府立即通过及时通报各种信息、价格管制、政府组织采购、责令相关单位强制执行预防非典措施，广州、北京的市场失灵现象很快得到了控制，可以说政府的调控措施是相当有效的。

对某些人来说，看不见的手支持较少政府干预的规范论点，其理由是市场是高度竞争的。对另一些人来说，看不见的手支持政府扮演更广泛的角色，其理由是需要政府干预来使市场变得更有竞争性。无论一个人对政府持什么观点，大多数经济学家认为这一看不见的手是极为重要的。事实上，竞争性均衡在经济上有效率的结论通常被描述为福利经济学第一定理，福利经济学涉及对市场和经济政策的规范评价。这个第一定理可以正式地表述为：如果所有人都在竞争性市场上进行贸易，则所有互利的贸易都将得以完成，并且产生的均衡资源配置在经济上将是有效率的。

无论你生活在北京、上海、广州还是深圳，只要是大城市，在公共交通系统中的穿梭往返就是稀松平常的经历。这种令人疲惫的穿梭往返既有共同性也有特殊性。之所以有特殊性，是因为每位穿梭者是他自己独特迷宫中的老鼠：计算从盥洗室到地铁站转门的时间；掌握公交车时刻表，以便选择正确的公交车站，在最短时间内转车：宁可站着搭乘前一班车，也不愿坐着乘后一班车，就是因为不想迟到或者想早点到家。然而，许多人的穿梭往返造成了常见的情形——交通瓶颈和高峰期，拥挤、堵车反而延迟了在路上的时间，市场失去了均衡，为了缓解这种情况，使市场达到均衡，2010 年 4 月，北京发布并实施了错时上下班措施。这就大大缓解的交通的压力，使市场慢慢走向均衡。

实行错峰上下班制度，是国内外一些城市的通行做法，也是适应本市交通发展新形势，落实人文交通、科技交通、绿色交通行动计划，进一步缓解高峰时段交通拥堵状况的一项重要措施，对于营造良好的交通出行环境，提升城市运行服务管理水平，促进首都经济社会又好又快发展，具有十分重要的意义。

凯恩斯的国家干预使西方世界走出了 20 世纪 30 年代“大萧条”的梦魇；1998 年以来中国政府的积极财政政策和稳健的货币政策支撑中国顺利走过了亚洲金融危机的岁月，而且近年一直保持 7% 以上的 GDP 的增长率，成为世界经济的“一枝独秀”。制定财政政策和货币政策要以国家的宏观目标和总体要求为主要依据，发挥财政政策的功能，促进经济增长、优化结构、调节收入；发挥货币政策的作用，保持币值稳定、货币供求总量的平衡。

供求规律能否被取消

在美国和其他大多数工业化国家，市场几乎绝少能免受政府的干预。除了征税和给予补助之外，政府常常用各种不同的方法来调节市场，这就让有些人提出了这样的疑问：

供求规律能否被取消?

供求规律是经济学的基础。西方经济学和马克思主义经济学都将其作为重要的组成部分，进行了深入细致的研究。马克思主义经济学以劳动价值论为基础，提出了商品的价值是由其包含的社会必要劳动所决定的、商品的价格围绕价值上下波动的科学论断，指出了供求间的矛盾是造成价格波动的原因，但没有给出商品价格决定的具体机制。而现代西方主流经济学在没有给出一个统一的、科学的商品价值决定理论的前提下，详尽探讨了商品价格决定的具体、统一的决定理论，形成了广泛流行的商品供求规律和价格决定模型。由此可见，供求规律在经济领域是多么重要。

古老的俄罗斯有句谚语：“只要你去过市场，你就会了解世界。”任何类型的市场都可以划分为需求和供给两个方面。市场是复杂的网络系统，记录着买者和卖者的偏好、供给量、需求量，最后综合起来达到彼此间的平衡。商品的短缺和过剩是供求规律作用的结果，不能以人们的意志为转移。尽管企业家希望获得高利润，但是就像不能取消万有引力一样不能取消供求规律。当他们违背供求规律时，供给和需求的力量就难以保持平衡，不是存在超额供给，就是存在超额需求。

例如在 1974 年冬和 1979 年夏，汽车司机排队购买汽油，这就是一种超额需求的表现。在这两个事例中，排队购买汽油是因为政府对市场采取了干预的举动，进行价格控制的结果;政府控制国内石油和汽油价格，使之不会随世界石油价格的上涨而上涨。有时，超额需求会导致削减供给与定量配给，例如天然气价格受到控制以及随之而来的 70 年代中期的天然气短缺，工业部门因为缺少天然气只好关闭工厂。有时候，超额需求还会影响到其他市场，它导致人们对其他市场商品的需求增加。例如，天然气价格的控制使得潜在的购买者转而使用石油。

政府对市场进行干预，进行价格控制，这个举措使得几家欢喜几家愁。生产者受到损失：他们不得不接受较低的价格，一些生产者退出该行业。然而，有一些（并非全部）消费者能够获益，他们能以更低的价格购买商品，这类消费者明显地从中获益；而那些在“配给外的”或根本无力购买的人，则是雪上加霜。对于获益者来说，其收益有多大?对于受损者来说，其损失又有多大?总的收益是否超过总的损失?

一般商品市场的超额供给最终会以一部分业主退出和破产为代价，靠市场的强制力量来维持供求平衡。市场机制的这种强制纠正浪费了社会资源，降低了资源的使用效率，是每一个人都不愿意看到的现象。在这种情况下，作为掌握了行政权力和一定资源的政府就应该通过政策和措施进行调控，例如，通过商品市场规划和布局引导投资，调整结构和供给，纠正市场失灵。当然，政府的这种干预并不是要取消供求规律，它也是基于供求规律的基础上进行调控的。供求规律就像是万有引力一样，虽然你看不到摸不着，但是它确确实实地存在着，影响着生活的各个方面。

既然供求规律是最基本的经济规律，我们就不要再发出能否取消的疑问，应该充分认识和尊重这一规律，防止经济大起大落，避免热得过头，冷得萧条，保持经济的持续、平稳发展。

作为隐性税收的政府干预

斯蒂格利茨与西方其他经济学家一样，认为政府干预的主要作用是弥补市场失灵。政府可以通过很多措施对经济活动进行干预，其中有一个措施是大多数人都没有注意到的，那就是通过隐性税收来干预经济生活。

很多人以为，我们平时只缴纳个人所得税，这只是错觉。中国税收最主要的两大类为所得税和流转税，所得税分为个人所得税和企业所得税；流转税则是商品在流转过程中缴纳的税，分为增值税、营业税、消费税。流转税被分化到商品生产、流通、销售等各个环节中，因为是间接缴纳，所以往往被纳税人忽略掉。其实，我们日常生活中，无论是购房、买车这样的大额消费，还是其他小额消费，都隐含着税款。即使你坐在家中喝一口自来水，也隐含着增值税。只要用钱消费，我们几乎都需缴税。

就像你要买一辆车，那么你所要交的各项税收至少占车价的两成。原材料中含资源税，进口车价中含关税。汽车最主要原材料为钢铁，钢铁来自于采矿业。采矿企业须缴纳资源税，该税是针对在中国境内开采矿产品和生产盐的单位征收的一种税，实行定额浮动税率，同一矿产品在不同地区的税率均有所不同。矿石进入钢铁厂、钢铁再进入汽车生产厂、汽车进入销售店，这些环节中，每个环节均须对商品价格的增值部分征收增值税。税率一般为 17%。此外，如果购买进口车，税率要高出很多。

当然，这些隐性税收你还可以理解，但是有一种最隐蔽的税收，你绝对是想不到，那就是通货膨胀税。

顾名思义，通货膨胀税就是政府以通货膨胀方式向人民征收的一种隐蔽性税收。通俗地说，就是对每个货币持有者征收的税收。通货膨胀税虽然是一个专业的经济词汇，但是它与我们的生活息息相关。因为它关系到我们的购买能力，即我们手中的钱能买到多少东西。平时我们缴纳国税或者地税时，相关税务部门就会出具相应的税单作为你缴纳税款的凭证。但是通货膨胀税，你交了，却没有一个机构给你开出税单来。

通货膨胀税不是天然就有的（至少在物物交易的时代就没有），它是对政府因物价波动而变动财政支出的一种描述。比如说，政府借债到期时的物价如果高于债券发行时的物价，政府就可以从中获取一定的收益，相应地减少了财政支出。但在通货紧缩时，情况正好相反，政府的支出会因物价的下跌而增加。从一定程度上讲，通过通货膨胀税的取得来解决暂时的财政危机是最便利的事情，它通常和铸币税一起使用。但是从长期看它会引发持续的恶性的通货膨胀，从而对经济和社会的稳定产生巨大的负面作用。

那么，政府是如何通过税收干预市场的呢？假设当地政府通过一项法律，要求冰淇淋蛋卷的买者为他们购买的每个冰淇淋蛋卷向政府支付 0.5 元。这项法律如何影响冰淇淋的买者呢？为了回答这个问题，我们可以遵循分析供给与需求时的三个步骤：第一步，我们确定该法律影响供给曲线，还是需求曲线。第二步，我们确定曲线移动的方向。第三步，我们考察这种移动如何影响均衡。

（1）这项税收最初影响冰淇淋的需求。供给曲线并不受影响，因为在任何一种既定的冰淇淋价格时，卖者向市场提供冰淇淋的激励是相同的。买者只要购买冰淇淋就不得不向政府支付税收（以及支付给卖者的价格）。因此，税收使冰淇淋的需求曲线移动。

（2）移动的方向是很容易知道的。由于对买者征税使冰淇淋的吸引力变小了，在每一种价格时买者需要的冰淇淋量也少了。结果，需求曲线向左移动。

在这种情况下，我们可以准确地了解需求曲线移动多少。由于向买者征收0.5元的税，所以，对买者的有效价格现在比市场价格高0.5元。例如，如果每个冰淇淋蛋卷的市场价格正好是3元，对买者的有效价格就应该是3.5元。由于买者看的是包括税收的总成本，所以，他们需要的冰淇淋数量就仿佛是市场价格比实际价格高出0.5元一样。换句话说，为了诱使买者需要任何一种既定的数量，市场价格现在必须降低0.5元，以弥补税收的影响。因此，税收使需求曲线向下移动，其移动幅度正好是税收量（0.5元）。

（3）在确定了需求曲线如何移动之后，我们现在可以通过比较原来的均衡与新均衡，说明税收的影响。你可以看到，冰淇淋的均衡价格从3元下降到2.8元，而均衡数量从100个减少为90个。由于在新均衡时，卖者卖得少了，买者买得也少了，所以对冰淇淋征税减少了冰淇淋市场的规模。

现在我们回到税收归宿问题：谁支付了税收？虽然买者向政府支付了全部税收，但买者与卖者分摊了负担。由于当引进了税收时，市场价格从3元下降为2.8元，卖者卖掉一个冰淇淋比没有税收时的收入少0.2元。因此，税收使卖者的状况变坏了。买者付给卖者较低的价格（2.8元），但包括税收在内的有效价格从征税前的3元上升为有税收时的3.3元（2.8元+0.5元=3.3元）。因此，税收使买者的状况也变坏了。总之，这种分析得出了两个结论：

税收抑制了市场活动。当对一种物品征税时，该物品在新均衡时的销售量减少了。买者与卖者分摊税收负担。在新均衡时，买者为该物品支付得多了，而卖者得到的少了。这就是政府通过隐形税收对市场的干预。

下 卷

宏观经济学

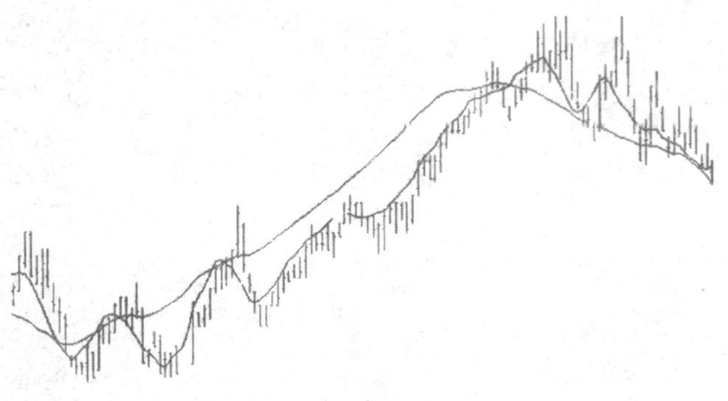

第九篇

宏观经济的全景综览

第一章　宏观经济学的基本图景

图景 1：萧条的解释就是宏观经济学的发展历史

1929 年 10 月 30 日的《纽约时报》这样记录了此前一天华尔街股市的最后崩盘。从上一个周四，即 1929 年 10 月 24 日开始，上涨了 7 年的华尔街牛市走到了尽头。的确，那一代股民创造了金融史。到 1932 年，道·琼斯工业股票指数下探到 41.22 最低点时，该指数已经比 1929 年 10 月的最高点 381.17 点下跌了 89%。

直到将近 80 年后的 2008 年冬天，由于次贷危机的爆发，人们才再一次领略了类似的恐慌。此时，执掌美联储的本·伯南克正是一位"大萧条"的研究者。

在伯南克的著作《大萧条》第一页，他写道："解释大萧条是宏观经济学的'圣杯'。大萧条的研究不仅使宏观经济学成为一个独立的研究领域，而且还持续影响着宏观经济学家们的信条、政策建议和研究进程（这一点常常没被充分认识到）。"

在另一本有关大萧条的著作，由美国学者狄克逊·韦克特撰写的《大萧条时代》中，作者写下的第一句话是："1929 年 10 月中旬，展现在一个中产阶级普通美国人面前的，是一眼望不到头的繁荣兴旺的远景。上一年，刚刚走马上任的胡佛总统一本正经地宣布：征服贫穷不再是一个遥不可及的幻想。我们有机会沿袭过去 8 年的政策，继续向前。在上帝的帮助下，我们很快就会看到把贫穷从这个国家驱除出去的日子就在前头。"然而，让胡佛没有想到的是，仅仅几个月之后，上帝就歇工了。

经济大萧条持续了将近 10 年，但严重的失业现象却未曾消失，是故在此背景之下，凯恩斯（1883 ~ 1946）在 1936 年发表了《就业、利息和货币通论》（The General Theory of Employment, Interestand Money）或简称为《通论》，而这也代表了现代宏观经济学的开始。凯恩斯曾这样形容人们在危机到来时候的窘境："我们使自己陷入一场巨大的混乱之中，我们笨手笨脚，没有控制好一架精密的、我们不明白其运行原理的机器。的确，凯恩斯提出了一个极富创意的框架，他的总供给和总需求的分析框架仍然是现代宏观经济学的核心。尽管很多分析方法已经被我们摒弃了，但是宏观经济学却蓬勃发展起来了。凯恩斯认为市场经济不能平滑地自我调节，而投资者信心不足是造成大萧条爆发的主要因素；因而这样的经济萧条一旦出现，单靠市场的力量是不能迅速消除的，只有依靠政府支出和税收政策的调整，才能阻止经济衰退，保持经济稳定。

凯恩斯的这种观点逐渐被大家接受。在凯恩斯理论的指导下，美国渡过了大萧条的难关，他的思想也被公认为“凯恩斯革命”。然而随着资本主义社会滞胀的到来，人们发现凯恩斯主义不能解决所有的问题……

到了 19 世纪 70 年代，新的总体经济问题又产生了。在 1974 年至 1975 年及 1980 年至 1982 年期间，欧美各国陷入二次大战之后最严重的经济衰退，因石油危机、高通货膨胀及高失业率产生的问题，逐渐地使凯恩斯理论受到了另一些不同理论的挑战。

这些理论包含了以米尔顿·弗里德曼为代表的货币学派和以小罗伯特·卢卡斯与托马斯·萨金特为代表的新兴古典学派的理论。而米尔顿·弗里德曼与小罗伯特·卢卡斯分别于 1976 年和 1995 年因各自的理论而获得了诺贝尔经济学奖。

弗里德曼和施瓦茨合著的《美国货币史 1867 ~ 1960》是货币理论实证研究之巅峰杰作，是货币主义学派之核心文献，是弗里德曼诺贝尔奖之主要成就。时任《政治经济学杂志》主编的著名经济学者罗伯特·戈顿如此评述《美国货币史 1867 ~ 1960》：“弗里德曼和施瓦茨的《美国货币史 1867 ~ 1960》，乃是货币经济学发展史上的一个里程碑。他们以详尽历史事实令人信服地证明：在 1867 ~ 1960 年之漫长历史时期内，货币供应量之变动与国民收入之间，始终存在内在一致的逻辑联系。《美国货币史 1867 ~ 1960》给 1930 年代的大萧条以明确解释：1929 ~ 1933 年之间，货币供应量下降幅度高达 1/3，乃是大萧条如此严酷和如此漫长的主要原因。过去 15 年以来，学术界之所以重新燃起对货币经济学的浓厚兴趣，《美国货币史 1867 ~ 1960》是最重要的刺激和推动力量。”

当然对萧条的解释还有其他解释。麻省理工大学的查尔斯·金德尔伯格作出了更加新颖的解释，在他看来，主要国家没有能够阻挡住 20 世纪末的经济衰退，是因为没有一个经济上具有领导地位的国家，因此，衰退变成了大萧条。按照金德尔伯格的观点，大萧条发生的年代，英国正在失去世界的领袖地位，而美国在 20 世纪 30 年代还未能接过领导者的责任。因此，这种领导地位的缺失是历史的偶然，并且，当时也没有国际货币基金组织、世界银行这样的国际机构来为处于困境中的国家提供经济援助，因而这次萧条持续了 10 年。

彼得·特朗则提供了另外一种有趣的解释，他认为，大萧条源于第一次世界大战，并且是战争冲击迟到的结果，换句话，战争的冲突变成了和平的冲突。因为，当时的获胜国与战败国就战争赔款、国际贷款和其他金融问题争吵不休，脆弱的战争欠债和战争赔款使得大部分欧洲国家将财力耗尽，因而人们花费了 10 年才最终解决了这次萧条，这次萧条在相当程度上是各国之间的更深的恐惧和敌意的表现。那么又是什么力量使得萧条在这些国家之间蔓延呢？特朗认为，当时的金本位国际货币制度，是使得经济崩溃得以蔓延的主要因素，金本位制妨碍了各国独立的货币政策，或许最早摆脱金本位的国家也能最先从大萧条的深渊中走向复兴。

尽管我们还无法给上面的这些解释作出一个最终的评判，但是必须再次明确的是，1929 年的大萧条原本是一次极为特殊的历史事件，关于大萧条的原因及讨论至今仍然没有停止，难怪保罗·克鲁格曼曾经不无感慨地说："理解大萧条是现代宏观经济学的圣杯。"

今天的宏观经济学更像是一场登山比赛，不同的登山队从不同的路线攀登。没有一个登山队看到过这座山的山顶，因为它一直处在云雾遮掩之中。不同的登山队有时会在不同路线的交会处相遇，简单交流信息后又分手继续前行；在除去尘霜之后，各队还可能偶尔发现前人留下的足迹；有时一个队员走失了，或从此失去踪迹，或加入攀登速度看起来更快的另一队；有些路线后来证明是死路，但这也是有用信息，因为后来者不需重走；有时一个队宣布登顶，但云开雾散后发现前面还有更高更险的山峰；各队经常不得不改变路线……

图景 2：宏观经济模型是企业、家庭、市场等共同形成的

经济学家常将宏观经济模型与蒸汽机相比较，内燃机通常是由活塞、阀门、点火系统等构成的，同样，在经济体系中，企业、家庭、市场等各个要素共同形成了这个复杂的经济体系。

与内燃机的模型相似，一个宏观经济模型复制了一个交互式系统的基本机构，就如同蒸汽机的机械示意图，显示了消费者、企业和政府这些不同的经济单位是如何相互作用的。宏观经济模型重点强调系统的主要功能部分，并告诉我们，消费者、企业、政府三者是如何相互作用来决定总开支、价格、生产、就业这些变量在我们生活中的变化，并如何影响我们和其他人的生活。

根据现代宏观经济学的理论，一国的宏观经济中有四个部门：家庭、企业、政府和其他国家，而人们对经济的认识程度也是逐渐深入的。

在最初的古典经济学中，只有家庭和企业的循环。如果要平衡，就要家庭的钱全部花了，企业的产品全部卖了，这样宏观经济才能够正常运行。其中，家庭的角色是将劳动出卖给企业，并以此获得收入，再用收入去购买企业的产品；而企业生产出产品，把产品卖出去，收回钱来继续生产。这样，当经济平衡时，家庭的花费恰好等于企业的收入，而企业的产品又要全部卖给家庭。

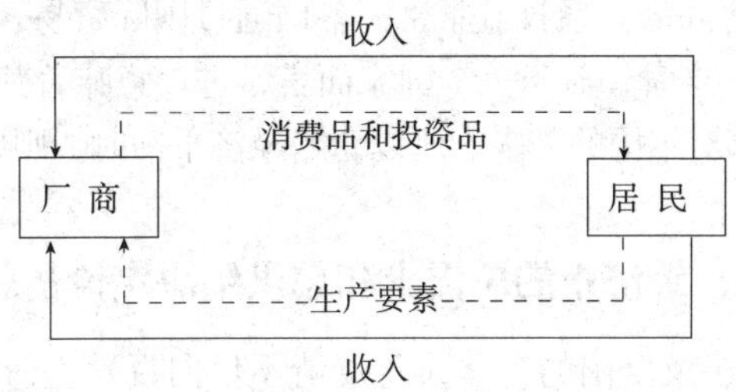

假设经济系统中所有的厂商生产了 100 个单位的最终产品，而这些产品又以消费品和投资品的方式被出售给家庭，继而转化为厂商的收入，表现为由厂商向家庭转移。从

另一方面看，厂商出卖100个单位产品的收入是使用各种生产要素的代价，它构成了以利息、地租、利润、工资等形式出现的要素所有者的收入。这样，最终产品实现了一个循环流程，整个经济处于均衡运行之中。由此可见，一个经济系统活动规模或生产的最终产品的多少，可以由循环流转图中上方的产品流转或下方的收入流转加以度量。并且，就如同一种产品的市场价值可以由消费者对它的最终支出和销售者获得的最终收入度量一样，无论采取何种方式，所得到的度量结果都必然相同。

随后，经济循环中增添了政府的角色。政府为经济发展提供公共设施，并以此向社会征税，而政府以支出的形式向企业购买商品和劳务。这样，在三个部门组成的经济体中，如果要求经济正常循环，则要求政府税收等于政府支出。

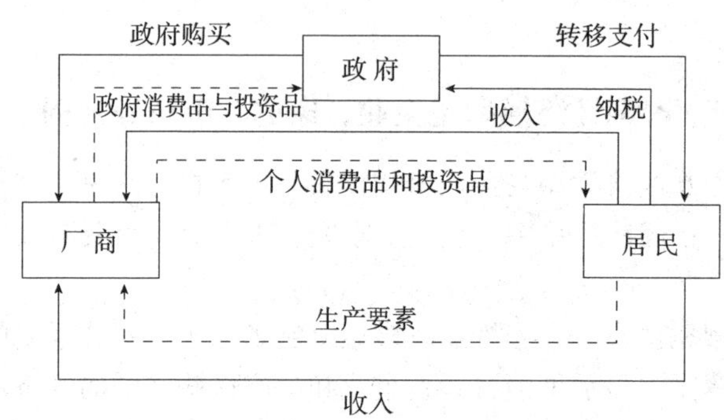

假设厂商生产的最终产品为100单位。厂商以投资品和消费品的形式出卖给家庭80单位，以办公用品和军火等形式出卖给政府20单位，厂商获得100单位的收入。另一方面，厂商100单位的收入将支付给作为要素所有者的家庭。同时，家庭获得100单位的收入以外，还将获得10单位的政府转移支付。家庭将80单位用于购买消费品和投资品，而将30单位用于纳税。从政府部门来看，政府获得30单位的税收收入，同时支付购买厂商产品和劳务20个单位以及给予家庭转移支付10个单位。这样，经济活动完成了一个循环流程。经济处于均衡之中。因此，国民经济产出规模仍然可以由家庭和政府对消费品、投资品的购买表现出来的价值量或由家庭和政府所得到的收入加以衡量，并且这两种方式得到的结果必然相等。

到如今，由于国家之间的联系日益紧密，各国通过国际贸易、资本流动、劳动力流动进行商品和服务的交换。这时，对于一个国家而言，进口意味着其他国家对本国的供给，而出口则意味着其他国家对本国的需求。所以，当经济平衡时，则要求进口等于出口。

图景3：经济中的总需求和总供给决定价格总水平

2003年，一场几乎遍及全国的“非典”疫情不仅向百姓生命和健康发出了挑战，还对国民经济产生了重大影响。

首先，“非典”约束和限制了居民的某些消费，主要是第三产业（旅游、酒店、交通运输、会展、餐饮、零售等）遭受严重打击。同时，疫情也刺激了某些行业的消费，如药品、医疗设备、互联网、电子商务等。

其次，疫情也一定程度上影响了投资、出口和政府支出。如，当时我国的农产品、食品和服装等出口受影响，来自国外订货明显减少。

疫情对总需求的影响主要表现在对消费需求的影响上，进一步影响到总的价格水平。

将总需求与总供给结合在一起放在一个坐标图上，用以解释国民收入和价格水平的决定，考察价格变化的原因以及社会经济如何实现总需求与总供给的均衡。

总需求—总供给模型是后凯恩斯主流派——新古典综合派用于分析国民收入决定的一个工具，这个模型是在凯恩斯的收入—支出模型和希克斯的IS—LM模型的基础之上，进一步将总需求和总供给结合起来解释国民收入的决定及相关经济现象，是对前两个模型仅强调总需求方面的片面性进行的补充和修正。所以，总需求—总供给模型所依据的理论已经不是标准的或纯粹的凯恩斯理论。

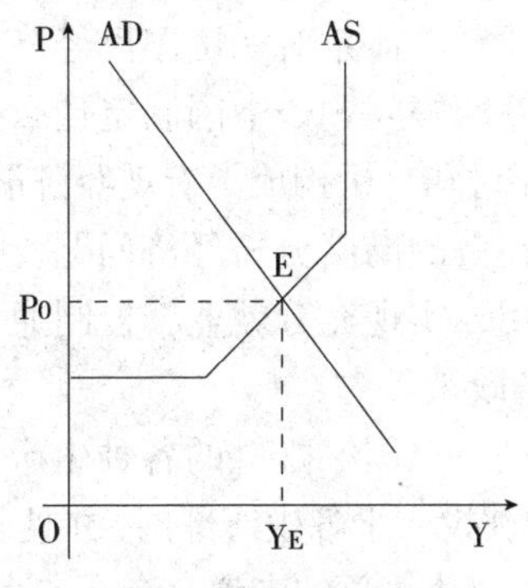

总需求—总供给模型

总需求，是指社会在一定价格水平下所愿意购买的产品和服务的总量，它包括国内居民对产品和服务的需求、企业购买资本品的需求、政府采购产品与服务的需求以及外国购买本国产品和服务的净需求。

总需求曲线显示了总价格水平和总需求量之间的关系。总需求曲线向右下方倾斜，表示随着价格水平的提高，人们所愿意购买的商品总量不断下降；而随着价格的下降，人们所愿意购买的商品总量则不断上升。

当总需求的非价格决定因素发生变化时，总需求曲线就会发生位移。从宏观经济角度来看，造成总需求曲线位移的主要因素有消费、投资、政府购买、净出口。

总供给是国民经济各部门在一定时期内所生产的产品和服务的总和。总供给可以用社会在一定时期内所供给的生产要素的总和或者生产要素所得到的报酬总和来表示。

总供给曲线显示了总价格水平和总供给量之间的关系。在长期中，总供给量并不取决于物价总水平，而是取决于经济体的资本、劳动以及用来把投入变为产出的生产技术，因此总供给曲线为垂直线。在短期中，当物价水平背离了人们的预期时，由于错觉、粘性工资或粘性价格的作用，供给量就背离了由各类生产要素所决定的自然水平。当物价高于预期水平时，供给量就高于其自然率，当物价水平低于预期水平时，供给量就低于其自然率，因此，短期总供给曲线向右上方倾斜。

在市场活动中，工资、利率、汇率等货币形式的经济变量都和价格总水平有着相互作用的关系，当价格总水平变动时，这些经济变量都会受到影响并作出相应的调整。

一般来说，价格总水平特别剧烈的、大幅度变化不利于经济增长，只有在短期内，在价格变动没有被市场主体预期的情况下，才可能对经济增长发生某种作用。

用来衡量价格水平的价格指数通常有：消费者价格指数、生产者价格指数和国内生产总值价格指数。宏观经济政策的制定者并不关心价格水平本身，他们关心的是价格水平的变动。因为影响人们生产水平的不是价格水平，而是在价格水平变动时发生的经济调整。也就是说，对人们产生影响的是价格水平变动的过程，即通货膨胀和通货紧缩的过程。

图景 4：宏观经济学站在整个国民经济的高度分析经济问题

我们会经常遇见这样一些问题：诸如中国的总产出水平和就业量是由什么决定的；决定中国经济增长的因素有哪些；是什么引起世界经济的波动，是什么导致了失业，全球为什么会产生通货膨胀；全球经济体系对一国国民经济的运行有何影响；进出口贸易增长和下滑的问题；国际收入差额等问题；中国制定什么样的宏观经济政策才能改善经济运行状况等。对上述问题的探讨和分析构成了宏观经济学的主要内容。

宏观经济学站在整个国民经济的高度分析经济问题，其核心理论是国民收入理论，需要解决的问题是资源充分利用，实现充分就业，控制通货膨胀，实现经济增长；其主要手段为政府干预，即宏观经济政策。

宏观经济学要研究的问题是一个国家既有的各种生产资源（如劳动力、土地、自然资源以及资本）实际上会有多少被投入于各生产部门，并且研究投入后所产生的各种现象，以及研究这些现象背后的原因和规律。总的来说，存在三大问题：

1. 商业周期问题

经济下滑和上扬的短期交替就是所谓商业周期。萧条是指经济的持续严重下滑。幸运的是，美国经济自 20 世纪 30 年代之后没有再次经历极端严重的大萧条。但是美国经济仍然会面临短期下滑引起的衰退，即产出和就业下跌的时期。相反，经济上扬，即产出和就业上升的时期，被称为扩张（有时也称之为复苏）。

2. 经济增长问题

经济增长问题也被称为经济增长理论或经济发展理论。其讨论的主要问题是在特定国家的历史发展过程中，制约和促进国民收入的主要因素和规律。从宏观经济学的角度讲，拉动一个国家或经济体增长的有三大要素，分别是投资、消费、出口，俗称“三驾马车”。研究经济增长问题的著名经济学家包括罗伯特·索洛（Robert Solow），保罗·罗默（Paul Romer）等，其中罗伯特·索洛获得了 1987 年诺贝尔经济学奖。

微观经济学与宏观经济学之间的另一个重要区别在于后者关注长期增长。在宏观经济学中，我们会思考以下这样的问题：什么因素会导致更高的长期经济增长率？有没有什么政府政策能够提高长期增长率？微观经济学关注的问题通常都把经济可能的产出量视为既定。例如，微观经济学可能会考虑以下问题，“给定全国性宽带互联网接入状况，应该如何确定宽带接入价格才能保证有效利用？”微观经济学考虑的是如何保证给定资源的使用效率。而宏观经济学则关注一个社会如何能够增加生产性资源的总量，从而达到更高的经济增长率和更高的生活水平。此外，政府应该做什么、不应该做什么，以便促进长期增长，这也是宏观经济学的重要研究议题。

3. 国民收入和就业问题

国民收入和就业问题有时也被称为国民收入决定理论、就业理论或失业理论。具体来讲就是研究一个时期国民收入的总量和就业量（或失业量）是怎样决定的。

正如那些幸运或不幸的商学院毕业生所发现的，短期经济波动会影响失业，这是一个衡量经济中的失业工人总数的指标。我们也可以看到投资支出和储蓄对商业周期和长期经济增长的影响。投资支出是指经济中生产性的物质资本的增量，包括机器、厂房和库存。储蓄是指一个特定年份中家庭和政府部门的存储余额。宏观经济学中还用经常账户和资本账户来分析本国与其他国家经济之间的相互影响。经常账户是衡量产品和劳务的净出口总量的指标；资本账户是衡量出售给国外居民的资产净额的指标。

微观经济政策的主要任务是确保市场机制发挥作用，并在市场机制不起作用的情况下给予恰当的干预。但是从总体上说，微观经济学要求限制政府干预。相反，经济学家普遍相信，宏观经济学要求政府发挥更大的任务是，缓解短期波动和负面事件对经济的影响。在大萧条期间及以后，经济学家发展了现代宏观经济学工具——财政政策，即控制政府支出和税收的政策；以及货币政策，即控制利率和流通中的货币数量的政策——用于管理宏观经济。

第二章 经济指标有多重要

消费者物价指数 CPI，关于每个人的切身利益

有人曾经列举了 30 年前的 1 元钱与现在的 1 元钱之间的区别：

30 年前，1 元钱能做什么？

交一个孩子 0.6 个学期的学杂费（一个学期 1.6 元），治疗一次感冒发烧（含打针），买 20 个雪糕、7 斤大米、50 斤番茄、20 斤小白菜、20 个鸡蛋，到电影院看 5 次电影，乘 20 次公交车。

现在的某个不特定时间点，1 元能够做什么？

乘公交车 1 次（非空调车）、买 2 个鸡蛋，夏天买 0.5 斤小白菜、0.8 斤番茄、0.7 斤大米，看病挂号 1 次（最便宜的门诊），缴纳小孩学杂费的 1/800，看 0.05 次电影。

为什么我们会有如此巨大的差异感，简单地说，是由于物价（CPI）上涨了，钱不值钱了，所以 1 块钱买的东西会越来越少了。

经济危机之后，普通居民对物价的感觉是更贵了，CPI 恐怕是大家谈论最多的经济

词汇了。对于普通老百姓而言，大家对 CPI 的关注归根结底还是对日常生活所需品的价格变化，比如说猪肉的价格变化、面粉的价格变化、蔬菜的价格变化等的关注。那么 CPI 能如实地反映出老百姓最关心的日常生活费用的增长吗？

我们先来了解一下到底什么是 CPI。所谓 CPI，即消费者物价指数，英文缩写为 CPI，是反映与居民生活有关的产品及劳务价格统计出来的物价变动指标，通常作为衡量通货膨胀水平的重要指标。

如果消费者物价指数升幅过大，表明通胀已经成为经济不稳定因素，央行会有紧缩货币政策和财政政策的风险，从而造成经济前景不明朗。一般说来，当 CPI 的增幅大于 3% 时，我们把它称通货膨胀；而当 CPI 的增幅大于 5% 时，我们把它称为严重的通货膨胀。鉴于以上原因，该指数过高的升幅往往不被市场欢迎。例如，某一年，消费者物价指数上升 2.5%，则表示你的生活成本比上一年平均上升 2.5%。当生活成本提高，你拥有的金钱价值便随之下降。一年前面值 100 元的纸币，现在只能买到价值 97.5 元的货品及服务。

物价指数计算的基本方法，是以计算期各种商品的价格与计算期各种商品销售量的乘积，再除以基期各种商品的价格与基期各种商品销售量的乘积，再乘以 100。计算期各种商品的价格与计算期各种商品的销售量的乘积，减去基期各种商品的价格与基期各种商品销售量的乘积，表示消费者在计算期购买商品时，由于物价变动而节省或多付的金额。

在实际工作中，根据所掌握的资料情况，物价指数也可用算术平均数指数或调和平均数指数来计算。我国商业零售商品牌价指数采用算术平均数计算，计算方法是，以各种商品的特定物价指数乘以各种商品销售额在全部商品销售额中所占的比重，然后求和。我国农副产品收购价格指数采用调和平均指数计算，计算方法为：以计算期各种商品的价格乘以计数分之一，再乘以计算期各种商品销售量的乘积，然后求和。

编制物价指数的目的，是为国家分析物价变动对国民经济与人民生活的影响，从而为制定有关物价宏观调控政策，加强物价管理提供依据。同时，也为企业作出相应的经济决策提供依据。

物价上涨，有可能是由以下几种原因造成的：

1. 市场的波动，市场的格局发生了一些变化，导致某一种商品或者很多商品的价格上涨

最明显的例子是，石油价格上涨，比如，由于伊拉克打仗，或者伊朗的形势紧张，导致市场参与者预期石油的供应可能会紧张，这会推动石油价格上涨。但是，这种上涨跟通货膨胀没有关系。

2. 价格的自由波动

这种涨跌恰恰就是市场机制在发挥作用。在计划经济条件下经常出现商品长期短缺，但在市场机制下，如果一种商品短缺，价格就会上涨，很快就会有很多企业去生产这些商品，短缺也就不存在了。因此，由于市场格局变化引起的物价上涨，实际上是市场启动了自己校正自己的一个过程，这个过程就可以驱动资源的重新配置。市场进行资源的有效配置，就是通过价格信号进行的。把这种物价上涨当做通货膨胀而对它进行调控，结果就是市场重新配置资源的机制被打断，只能扰乱市场秩序。

3. 通货膨胀型物价上涨

奥地利学派认为，通货膨胀是一种货币现象，通货膨胀就是由于货币供应量持续、过快地增长，导致物价上涨。在奥地利学派看来，通货膨胀型物价上涨不一定是物价的普遍上涨。在通货膨胀期内，不同行业、不同商品、不同服务的价格，会在不同的时间上以不同的幅度上涨，这样，每一类的商品、服务上涨持续的时间也不一样，最后累计上涨的幅度也不一样。物价上涨并不是一个同时发生的普遍上涨，而是呈现为一个波浪式的上涨过程。

奥地利经济学家路德维希·冯·米塞斯提出的理论比较真实地模拟了现实中发生的情形：新增货币总是流入到经济体系的一个具体的点上。总是有些人先得到了若干货币，在他人之前花销这笔钱。这些人会是谁，则取决于实现货币流增加的具体方式。第一批得到增发货币的人会将这笔钱花出去，或者用于投资，或者用于消费。这样就会抬高他们所投资或购买的商品、服务的价格。于是，后一行业的企业的收入增加，他们又增加投资或消费，再对他们所需要的投资品或消费品的价格产生影响。

这就如同向水中扔进一块石头，涟漪从中心向四周扩散。而且，可以说，最早上涨的那些价格就必然会一直领先于其他价格，因为，在特定时期，新增货币源源不断地流入这些行业。相反，越往后，价格上涨的幅度会越小，相关企业及其员工所能获得的收入增加就会越少。

这个时候，统计意义上的总体价格上涨水平，根本不能反映通货膨胀所导致的价格相对结构的重大变化，而正是这一点，影响着不同行业、不同地位的人们的收入。因为，如果价格同步上涨，则通货膨胀就不会影响人们的实际收入，只不过经历相同的货币贬值而已。但价格结构变化却意味着，相对于无通货膨胀时期，整个社会的收入分配格局会发生倾斜，其倾斜方向有利于增发货币流最早落到的商品和服务，而不利于货币后来才陆续落到的商品和服务。

相对来说，价格最晚上涨的，肯定是距离权力最远的企业和行业。而所有这些价格

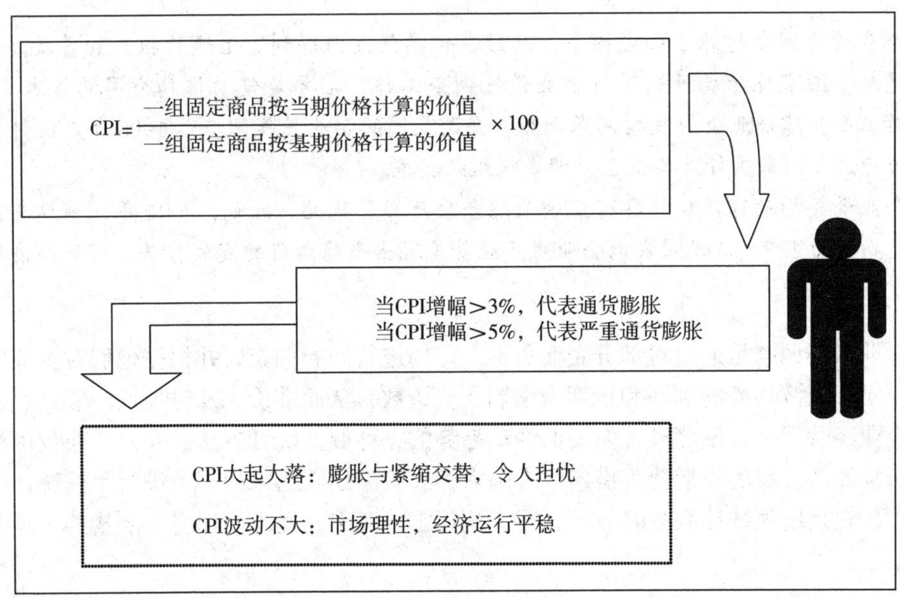

上涨会波及较为重要的最终消费品——食品上。应当说，距离权力最远者，比如农民，也可能因为猪肉、粮食价格上涨而享受到一点好处，但在他们所生产的产品价格上涨之前，其他商品与服务价格早就涨上去了，而彼时，他们的收入却并无增加。更重要的是，一旦这些商品和服务价格上涨，通货膨胀就已经成熟，政府必然要采取强有力的措施干预价格，于是，他们本来要得到的好处就流失了。总的来看，他们是通货膨胀的净损失者。

企业景气指数，事关经济主体活力

2008 年，受全球金融危机的影响，很多人见面经常聊的话题就是“现在经济不景气了……”经济不景气，会给我们的生活信心、行为方式带来非常深远的影响，进而影响到整个国民经济的发展。企业是国民经济的主体，它的景气指数直接影响到我们的生活水平和经济发展。那么，什么是企业景气指数呢?

企业景气指数，是根据企业家对本企业综合生产经营情况的判断和预期而编制的指数，用以综合反映企业的生产经营状况。行业企业景气指数用以反映各行业企业的生产经营状况。其表现形式为纯正数，以 100 作为景气指数的临界值，其数值范围在 0 ~ 200 之间。编制景气指数时首先计算处于“好转”或“上升”状态的企业所占的比重和处于“恶化”或“下降”等状态的企业所占比重。然后用“上升”企业的所占比重减去“下降”企业的所占比重，即为企业景气指数。

企业景气调查采取全面调查与抽样调查相结合的方法。大型企业实行全面调查，中型企业实行与单位规模成比例的概率抽样（PPS），小型企业采用等距抽样的方法。在计算景气指数过程中，对不同规模的企业采用不同的加权方法计算。首先，分别计算大型企业和中小型企业占上报企业总数中的比例；其次，大型企业依据上年销售收入进行加权，计算出上升、持平、下降企业的比例；再次，计算中小型企业上升、持平、下降企业个数占中小型企业总数中的比例；最后，计算出全部样本企业的景气指数。

企业景气调查起源于西方国家，此后在世界范围内得到了迅速的推广和普及。1994 年 8 月起，国家统计局开始进行企业景气调查工作，主要是借助信息公司的技术力量，开展对工业和建筑业企业直接问卷调查。全国范围的企业景气调查于 1998 年在统计系统正式进行，由国家统计局各级企业调查队组织实施。

企业景气指数可以反映各行业企业综合生产经营状况。例如，2004 年三季度全国企业景气指数为 127，这说明我国企业生产经营呈现出平稳向好的发展势头，国民经济增长的微观基础增强。

企业景气调查是通过对部分企业负责人定期进行问卷调查，并根据他们对企业经营状况及宏观经济环境的判断和预期来编制景气指数，从而准确、及时地反映宏观经济运行和企业经营状况，预测经济发展的变动趋势的一种调查统计方法。它是适应我国社会主义市场经济发展的新形势，借鉴西方国家的经验而建立起来的一项进行事前统计的调查制度，它是增强统计服务时效性、扩大统计服务范围，提高统计服务质量的一种新的调查工作。

企业生产经营的具体情况直接影响到企业景气指数的变化。例如，企业生产经营中产品销售价格持续低迷、企业产品订货有所萎缩等问题，就会对下一季度和第二年上半年的企业生产经营乃至国民经济的快速增长产生一定影响。

企业景气调查以问卷为调查形式，以定性为主、定量为辅，定性与定量相结合的景气指标为体系，以对企业的宏观经济环境判断和微观经营状况判断相结合的意向调查为内容。其信息具有较高的超前性、客观性、可靠性和连续性，无论在时间上还是在指标设置上都弥补了传统统计方法的不足。

企业景气调查范围为：采矿业、制造业、电力、燃气及水的生产和供应业、建筑业、交通运输、仓储及邮政业、批发和零售业、房地产业、社会服务业、信息传输、计算机服务和软件业，住宿和餐饮业。

调查对象为：上述调查范围内的全部大型及以上和部分抽中的中小型法人企业及其负责人。

企业景气调查包括以下四方面的内容：

（1）企业基本情况。

（2）企业负责人对本行业景气状况的判断：包括企业负责人对当前本行业景气状况的判断、对下期本行业的景气状况的预计等。

（3）企业负责人对企业生产经营景气状况的判断：包括对本期企业的生产成本、产销总量、价格、库存、资金、赢利、用工、投资及综合生产经营情况等景气状况的判断和下期景气状况的预计。因为不同行业的企业所反映企业生产经营景气状况的内容不同，故对不同行业所设置的反映企业生产经营景气状况的指标也不同。

（4）企业负责人对企业生产经营问题的判断：包括对目前本企业生产经营中的问题和生产经营的重点判断，以及企业对政府经济管理部门的要求等。

景气指数的表示形式一般有三种：

（1）用正负百分数形式表示，以0作为景气指数的临界值，其数值范围在-100%～100%之间。

（2）用正负小数形式表示，以0作为景气指数临界值，其数值范围在-1～1之间。

（3）用纯正数形式表示，以100作为景气指数临界值，其数值范围在0～200之间。

当景气指数大于临界值时，表明经济状况趋于上升或改善，处于景气状态；当景气指数小于临界值时，表明经济状况趋于下降或恶化，处于不景气状态。

恩格尔系数，从“吃”衡量国民生活标准

34岁的章先生是一家企业的管理人员，从事经营工作，家庭年收入在30万～40万元之间。说起记账的初衷，章先生说，记账习惯与年龄无关，他五六年前就开始记账，是因为觉得只有把家庭生活经营得好了，才能把自己的经营管理工作做得更好。“做家庭账本和做公司的账一样，我每个月都要把家里的收入、支出、存量做平，对支出记账还要进行分类。”

“以我们的家庭收入，在西安应该还算是比较富裕的家庭。”章先生说，他们一家三口，

孩子上幼儿园，现在已经不喝奶粉了，比起那些小孩喝奶粉的家庭，他们减少了这项支出。孩子每月托费 1200 元，平均下来每月花在孩子身上的钱就是 2000 元左右。其余的支出，除了吃，大项支出就是养车、房贷。每天记账，可以及时了解家庭支出的合理性。他以记账情况得出的结论仍是：食物支出的比例过大，生活质量有所下降。

过去，人们见面的第一句话通常是："吃了没？"由此可见食物对人们的重要性。消费支出是指一个家庭日常生活的全部支出，包括食品、衣着、家庭设备用品及服务、医疗保健、交通和通讯、娱乐教育文化服务、居住、杂项商品和服务八大类。消费支出反映了居民的物价消费水平，是很重要的宏观经济学变量，被作为宏观调控的依据之一。

这里我们所讲的恩格尔系数就是食品支出总额占个人消费支出总额的比重。它是 19 世纪德国统计学家恩格尔首先提出来的。恩格尔主要表述的是食品支出占总消费支出的比例随收入变化而变化的一定趋势。揭示了居民收入和食品支出之间的相关关系，用食品支出占消费总支出的比例来说明经济发展、收入增加对生活消费的影响程度。

恩格尔系数，是指居民家庭中食物支出占消费总支出的比重。德国统计学家恩格尔根据经验统计资料对消费结构的变动提出这一看法：一个家庭收入越少，家庭收入中或者家庭总支出中用来购买食物的支出所占的比例就越大，随着家庭收入的增加，家庭收入中或者家庭支出中用来购买食物的支出将会下降。恩格尔系数是用来衡量家庭富足程度的重要指标。

恩格尔定律的公式为：

$$\text{食物支出占总支出的比率}（R_1）= \frac{\text{食物支出变动百分比}}{\text{总支出变动百分比}} \times 100\%$$

或：

$$\text{食物支出占收入的比率}（R_2）= \frac{\text{食物支出变动百分比}}{\text{收入变动百分比}} \times 100\%$$

恩格尔定律主要表述的是食品支出占总消费支出的比例随收入变化而变化的一定趋势。

恩格尔系数是国际上通用的衡量居民生活水平高低的一项重要指标，国际上常常用恩格尔系数来衡量一个国家和地区人民生活水平的状况。

吃是人类生存的第一需要，在收入水平较低时，其在消费支出中必然占有重要地位。随着收入的增加，在食物需求基本满足的情况下，消费的重心才会开始向穿、用等其他方面转移。因此，一个国家或家庭生活越贫困，恩格尔系数就越大；反之，生活越富裕，恩格尔系数就越小。

根据联合国粮农组织提出的标准，恩格尔系数在 59% 以上为贫困，50% ~ 59% 为温饱，40% ~ 50% 为小康，30% ~ 40% 为富裕，低于 30% 为最富裕。恩格尔系数一般随居民家庭收入和生活水平的提高而下降。

按此划分标准，20 世纪 90 年代，恩格尔系数在 20% 以下的只有美国，达到 16%；欧洲、日本、加拿大，一般在 20% ~ 30% 之间，是富裕状态。东欧国家，一般在 30% ~ 40% 之间，相对富裕，剩下的发展中国家，基本上分布在小康水平。

简单地说，一个家庭或国家的恩格尔系数越小，就说明这个家庭或国家经济越富裕。反之，如果这个家庭或国家的恩格尔系数越大，就说明这个家庭或国家的经济越困难。当然数据越精确，家庭或国家的经济情况反应也就越精确。

改革开放以来，我国城镇和农村居民家庭恩格尔系数已由1978年的57.5%和67.7%分别下降到2005年的36.7%和45.5%。2008年，我国城镇居民家庭恩格尔系数为37.9%；农村居民家庭恩格尔系数为43.7%。

一方面是不断飞涨的物价，一方面是基本不动的收入。当物价上涨，居民食物支出的比重就要偏大。

在使用恩格尔系数时应注意，一是恩格尔系数是一种长期趋势，时间越长趋势越明显，某一年份恩格尔系数波动是正常的；二是在进行国际比较时应注意可比口径，在中国城市，由于住房、医疗、交通等方面存在大量补贴，因此进行国际比较时应调整到相同口径；三是地区间消费习惯不同，恩格尔系数略有不同。

在适用恩格尔系数进行国际比较时，由于各国的价格体系、福利补贴等方面差异较大，所以，要注意个人消费支出的实际构成情况，注意到运用恩格尔系数反映消费水平和生活质量会产生误差。

当然，恩格尔系数也并不是对每一个人或每一个家庭都完全适合的。如自诩为美食家的人，以吃尽天下美食为己任，他花在食物上的消费比例肯定比其他消费多，但依此断定他贫困或富裕就有失偏颇。

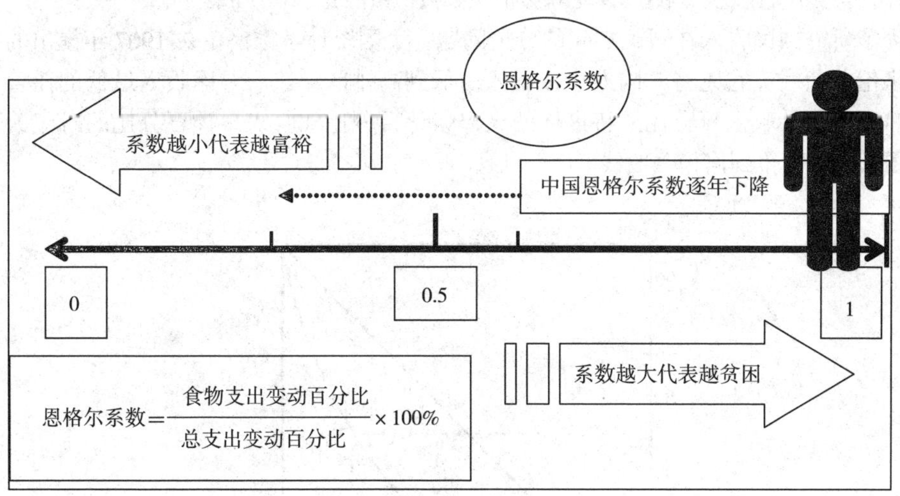

随着经济的迅速发展，人们花在食物上的支出相对于以前已经多出不少，但是食物支出占整个家庭支出的比例已经呈现下降的趋势，花在住房、汽车、教育、娱乐等其他方面的支出占据越来越大的比重。这就是恩格尔系数在不断降低，但不排除在某一特殊时期会上升，如金融危机时期、通货膨胀时期，前面章先生的食品支出加大就是通货膨胀所造成的。

恩格尔定律是根据经验数据提出的，它是在假定其他一切变量都是常数的前提下才适用的，因此在考察食物支出在收入中所占比例的变动问题时，还应当考虑城市化程度、食品加工、饮食业和食物本身结构变化等因素都会影响家庭的食物支出增加。只有达到相当高的平均食物消费水平时，收入的进一步增加才不对食物支出发生重要的影响。

基尼系数，社会贫富差距的预警绳

在经济学中有一个社会现象：富者很富，穷者很穷。用经济学术语来说，这就是收入分配中的“马太效应”。在国民收入分配领域，马太效应进一步显现出贫者越贫、富者越富的状态，这种情况对经济的协调发展和社会的和谐进步产生一定影响。因此，用以测量贫富差异程度的基尼系数应运而生。

世界银行发表了一份数据，最高收入 20% 人口的平均收入和最低收入 20% 人口的平均收入，这两个数字的比在美国是 8.4 倍，俄罗斯是 4.5 倍，印度是 4.9 倍，最低的是日本，只有 3.4 倍。

基尼系数是意大利经济学家基尼于 1912 年提出的，定量测定收入分配差异程度，国际上用来综合考察居民内部收入分配差异状况的一个重要分析指标。

基尼系数的经济含义是：在全部居民收入中，用于进行不平均分配的那部分收入占总收入的百分比。基尼系数最大为“1”，最小等于“0”。前者表示居民之间的收入分配绝对不平均，即 100% 的收入被一个单位的人全部占有了；而后者则表示居民之间的收入分配绝对平均，即人与人之间收入完全平等，没有任何差异。但这两种情况只是在理论上的绝对化形式，在实际生活中一般不会出现。因此，基尼系数的实际数值只能介于 0 ～ 1 之间。

为了研究国民收入在国民之间的分配问题，美国统计学家洛伦兹 1907 年提出的了著名的洛伦兹曲线。它先将一国人口按收入由低到高排队，然后考虑收入最低的任意百分比人口所得到的收入百分比。将这样的人口累计百分比和收入累计百分比的对应关系描绘在图形上，即得到洛伦兹曲线。

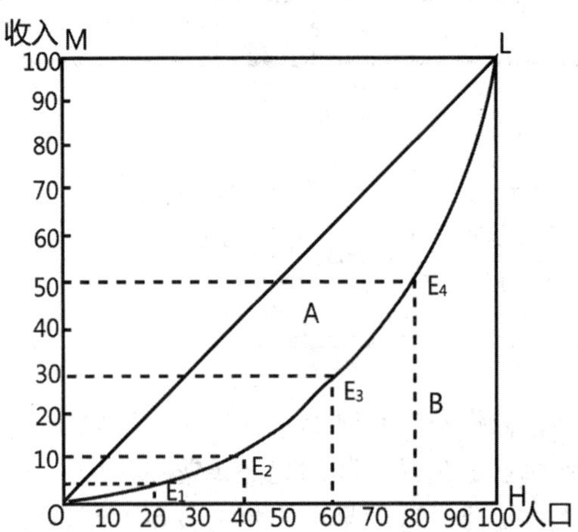

如上图所示，横轴 OH 表示人口（按收入由低到高分组）的累积百分比，纵轴 OM 表示收入的累积百分比，弧线 OL 为洛伦兹曲线。

一般来讲，洛伦兹曲线反映了收入分配的不平等程度。弯曲程度越大，收入分配越不平等，反之亦然。特别是，如果所有收入都集中在一人手中，而其余人口均一无所获时，收入分配达到完全不平等，洛伦兹曲线成为折线 OHL。另一方面，若任一人口百分比均等于其收入百分比，从而人口累计百分比等于收入累计百分比，则收入分配是完全平等的，洛伦兹曲线成为通过原点的倾斜角为 45 度的直线 OL。

一般来说，一个国家的收入分配，既不是完全不平等，也不是完全平等，而是介于两者之间。相应的洛伦兹曲线，既不是折线 OHL，也不是 45 度线 OL，而是像图中这样向横轴突出的弧线 OL，尽管突出的程度有所不同。

将洛伦兹曲线与 45 度线之间的部分 A 叫做“不平等面积”，当收入分配达到完全不平等时，洛伦兹曲线成为折线 OHL，OHL 与 45 度线之间的面积 A+B 叫做“完全不平等面积”。不平等面积与完全不平等面积之比，就是基尼系数。用公式表达即 G=A/（A+B）。显然，基尼系数不会大于 1，也不会小于零。

目前，国际上用来分析和反映居民收入分配差距的方法和指标很多。基尼系数由于给出了反映居民之间贫富差异程度的数量界线，可以较客观、直观地反映和监测居民之间的贫富差距，预报、预警和防止居民之间出现贫富两极分化，因此得到世界各国的广泛认同和普遍采用。

国际上通常把 0.4 作为收入分配差距的“警戒线”。一般发达国家的基尼指数在 0.24 到 0.36 之间，美国偏高，为 0.4。2007 年，中国的基尼系数达到了 0.48，已超过了 0.4 的警戒线。

一部分人已经先富起来了，这是中国的客观现实。大部分人虽然已经解决了温饱问题，收入有所提高，却还算不上富裕，也是中国的客观现实。居民收入差距不断地扩大，就是中国客观现实的反映。

2011 年《社会蓝皮书》指出，近年来社会收入差距一直在扩大，当前反映收入分配差距的总体基尼系数（在香港地区称坚尼系数）在 0.5 左右，大大超过了国际公认的 0.4 的警戒线水平。

如何解决基尼系数过大所带来的执政危险？专家对基尼系数现状提出了应对措施：

1. 改变现行税制在调节收入分配方面的制度缺陷，完善税收调节体系，使税收调节分配的功能在居民收入、存量财产、投资收益等各个环节得到有效发挥。

2. 运用综合调控手段，加强对高收入阶层的税收调控。

（1）加快个人所得税改革，建立综合与分类相结合的税制模式。

（2）深化消费税制改革。充分发挥消费税商品课税再分配功能，对必需品适用低税率或免税，对奢侈品适用高税率。

（3）可考虑对储蓄存款利息课征的个人所得税采用累进税率，以及开征物业税、遗产税等税种。

3. 把“富民优先”作为经济发展新阶段以及解决基尼系数拉大问题的重大经济政策，对低收入者实施积极的税收扶持政策。

（1）完善支持农业发展的税收政策措施。农业的基础地位和弱质产业特性，要求政府在取消农业税之后，进一步在提高农业生产专业化和规模化水平、大力发展农业产业集群、健全现代农产品市场体系等方面给予政策支持，具体讲要对农业生产资料采取更加优惠的增值税税率，降低生产资料价格，减轻农民负担。

（2）加大对中小企业的扶持力度，使民营经济得到长足发展。我国中小企业在解决社会就业、维护社会稳定方面发挥的重要作用是显而易见的。

（3）加大对城镇下岗失业人员再就业的税收支持力度，推进就业和再就业。

（4）建议开征社会保障税。

4. 完善配套措施，加大对非常态高收入阶层收入的监管。

（1）加强对垄断收入的监管。

（2）积极推行存款实名制，并逐步创造条件实行金融资产实名制，限制非法收入。

（3）对黑色收入和腐败收入、灰色收入、钻各种政策空子所得的非常态收入要采取有效手段加以打击和取缔。

当然，在解决贫富悬殊、化解基尼系数“越警”方面，税收的作用毕竟是有限的，必须和政府其他宏观经济政策一起共同发挥作用，才能更好地解决我国收入分配差距扩大的问题，从而促进我国经济社会健康和谐发展。

道·琼斯指数，经济的晴雨表

对于金融世界，特别是投资股票的人们而言，道·琼斯指数和《华尔街日报》就是他们的圣经。当新世纪开始的时候，拜伦家庭的努力，使道·琼斯公司和道·琼斯指数跟上了时代发展的步伐，继续反映着美国经济，指导着投资者们的行动。美西战争的胜利和雄心勃勃的西奥多·罗斯福总统，使美国经济超越国界登上世界舞台。股票市场异常繁荣，道·琼斯指数记录了一个无可比拟的国内市场健康发展的重要时期。

道·琼斯指数是世界上历史最为悠久的股票指数，它的全称为股票价格平均指数。通常人们所说的道·琼斯指数有可能是指道·琼斯指数四组中的第一组道·琼斯工业平均指数。

道·琼斯指数最早是在1884年由道·琼斯公司的创始人查理斯·道开始编制的。其最初的道·琼斯股票价格平均指数是根据11种具有代表性的铁路公司的股票，采用算术平均法进行计算编制而成，发表在查理斯·道自己编辑出版的《每日通讯》上。

道·琼斯股票价格平均指数最初的计算方法是用简单算术平均法求得，当遇到股票的除权除息时，股票指数将发生不连续的现象。1928年后，道·琼斯股票价格平均数就改用新的计算方法，即在计点的股票除权或除息时采用连接技术，以保证股票指数的连续，从而使股票指数得到了完善，并逐渐推广到全世界。

整个20世纪20年代是道·琼斯指数的辉煌时期。到1928年，它已增加到30种股票。那些有钱的富人们一直把股票市场看做是他们的私人领域，但这时情况发生了变化。对于股市的狂热使人们想尽办法投身股市，于是他们得到一个新的极其危险的金融玩具，即定金交易。这种玩法十分刺激，人们花1美元便能买到价值10美元的股票，这使那些没有多少钱的人也参与了进来，电梯工、接线员、报童等所有人都跟金融巨头一样玩起了股票。他们为有这么多挣钱的机会而疯狂，却没有意识到市场涨得越高下跌的危险就越大。

1929年的经济大崩盘开始于10月24日星期四的抛售狂潮，结束于10月29日的彻底崩溃。10年的发展在几天之内毁于一旦，道·琼斯指数下跌了24%，几十亿美元一下子全消失了。一个煤炭公司的老板，看着正在下跌的指示板倒地死在经纪人的办公室里；一个正在法庭上的陪审员，因为被禁止出庭打电话而丢掉了8万美元；一些开船出海游玩的富人们，回来后发现他们已变成了身无分文的贫民了。道·琼斯的股票在3年里从381美元跌到41美元，仅相当于原价值的11%，而那些定金交易的人们则倾家荡产。股市是那么扣人心弦又不可捉摸，现在终于有一个可以抓握的东西了。人们不需要知道许多枝节，只要听到那一组数字，对经济就有一个大致的判断。道·琼斯指数就像天气预报报告着股市的阴晴。

道·琼斯指数以在纽约证券交易所挂牌上市的一部分有代表性的公司股票作为编制对象，由4组股价平均指数构成，分别是：

第一组是工业股票价格平均指数。它由30种有代表性的大工商业公司的股票组成，且随经济发展而变大，大致可以反映美国整个工商业股票的价格水平，这也就是人们通常所引用的道·琼斯工业平均指数。

第二组是运输业股票价格平均指数。它包括20种有代表性的运输业公司的股票，即8家铁路运输公司、8家航空公司和4家公路货运公司。

第三组是公用事业股票价格平均指数，是由代表着美国公用事业的15家煤气公司和电力公司的股票所组成。

第四组是平均价格综合指数。它是综合前三组股票价格平均指数65种股票而得出的综合指数，这组综合指数虽然为优等股票提供了直接的股票市场状况。

该指数目的在于反映美国股票市场的总体走势，涵盖金融、科技、娱乐、零售等多个行业。道·琼斯工业平均指数目前由《华尔街日报》编辑部维护，其成分股的选择标准包括成分股公司持续发展、规模较大、声誉卓著、具有行业代表性，并且为大多数投资者所追捧等指标。

目前，道·琼斯工业平均指数中的30种成分股是美国蓝筹股的代表。这个神秘的指数的细微变化，带给亿万人惊恐或狂喜，它已经不是一个普通的财务指标，而是世界金融文化的代号。

道·琼斯指数作为最有权威性的一种股票价格指数，被称为经济的晴雨表，有以下三方面原因。

一是道·琼斯股票价格平均指数所选用的股票都很有代表性，这些股票的发行公司都是本行业具有重要影响的著名公司，其股票行情为世界股票市场所瞩目，各国投资者都极为重视。为了保持这一特点，道·琼斯公司对其编制的股票价格平均指数所选用的股票经常予以调整，用具有活力的更有代表性的公司股票替代那些失去代表性的公司股票。自1928年以来，仅用于计算道·琼斯工业股票价格平均指数的30种工商业公司股票，已有30次更换，几乎每两年就要有一个新公司的股票代替老公司的股票。

二是公布道·琼斯股票价格平均指数的新闻载体——《华尔街日报》是世界金融界最有影响力的报纸。该报每天详尽报道其每个小时计算的采样股票平均指数、百分比变动率、每种采样股票的成交数额等，并注意对股票分股后的股票价格平均指数进行校正。在纽约证券交易营业时间里，每隔半小时公布一次道·琼斯股票价格平均指数。

三是这一股票价格平均指数自编制以来从未间断，可以用来比较不同时期的股票行情和经济发展情况，成为反映美国股市行情变化最敏感的股票价格平均指数之一，是观察市场动态和从事股票投资的主要参考。

消费者信心指数：你对经济是否还保有信心

据公布的数据显示：2011 年一季度中国消费者信心指数为 108，比 2010 年四季度上升 8 点。“一季度中国经济延续了平稳较快的增长态势，而且内生动力有所增强，推动了消费者信心的明显回升。”中国经济景气监测中心副主任潘建成表示。

调查显示，农村消费者信心指数延续上个季度的回升趋势，再度上升 6 点，达到 113，接近两年来高点。城市消费者信心指数也出现大幅回升。其中，一线城市消费者信心指数为 101，比上季度上升 6 点，回到景气区间；二线城市消费者信心指数最高，达到 105，比上季度上升 7 点；三线和四线城市消费者信心指数增幅最大，均比上季度上升 8 点，达到 103。

看完这则报道，你知道什么是消费者信心指数吗？消费者信心指数是反映消费者信心强弱的指标，综合反映并量化消费者对当前经济形势评价和对经济前景、收入水平、收入预期以及消费心理状态的主观感受，由消费者满意指数和消费者预期指数构成。

20 世纪 40 年代，美国密歇根大学的调查研究中心为了研究消费需求对经济周期的影响，首先编制了消费者信心指数，随后欧洲一些国家也先后开始建立和编制消费者信心指数。1997 年 12 月，中国国家统计局景气监测中心开始编制中国消费者信心指数。北京作为全国的首都，在广泛借鉴国内外经验的基础上，于 2002 年初，在省市一级率先建立了消费者信心指数调查制度。

消费者信心指数由消费者满意指数和消费者预期指数构成。消费者满意指数是指消费者对当前经济生活的评价，消费者预期指数是指消费者对未来经济生活发生变化的预期。消费者的满意指数和消费者预期指数分别由一些二级指标构成：对收入、生活质量、宏观经济、消费支出、就业状况、购买耐用消费品和储蓄的满意程度与未来一年的预期及未来两年在购买住房及装修、购买汽车和未来 6 个月股市变化的预期。

根据经济学的理论，消费是收入的函数。消费者信心（或情绪）归根结底是消费者对其家庭收入水平的估价和预期的反映，这种估价和预期建立在消费者对各种制约家庭收入水平因素的主观认识上。这些因素主要包括：国家或地区的经济发展形势、失业率、物价水平、利率等。一定时期这些因素的变动必然使得消费者信心（或情绪）产生变化，而消费者信心（或情绪）的变化导致其消费决策的改变从而影响经济发展的进程。消费者信心指数就是对消费者消费心理感受变化的测度，它是通过居民住户调查搜集资料，采用一定的统计方法计算得到的反映消费者信心变动程度的指标。

目前国际上通行的做法，对消费者信心（或情绪）调查采用的是问卷调查法。问卷的设计紧密围绕以下几个方面内容：经济发展形势、家庭收入和就业、物价水平、消费或购买意愿。每一方面由两类问题构成：对现状的看法和对未来的预期。前者指消费者对上述几个基本方面当前整体状况的评价；后者指消费者对几个基本方面未来一段时期（如半年或一年）发展变化趋势的估计或预期。如美国会议委员会发布的美国消费者信心指数自 1967 年开始至今调查问卷只含有 5 个问题，分别是：对目前经济形势的评价；对就业形势的评价；对未来 6 个月经济形势的评价；对消费意愿和家庭总收入的估计。

在调查问卷中每一问题一般有三个答案：肯定的（积极的）、否定的（消极的）和中性的(不变),由消费者根据自己的看法或判断选择其一。指数通常以加权平均法得出，结果以百分点表示。随着具体计算方法不同，指数的取值有两种：一是取值在 0 ~ 200 之间。100 是中值，表明消费者的信心（或情绪）是一种中立态度。0 表明极端悲观情绪，200 反映的则是极度乐观情绪；二是取值在 0 ~ 100 之间。50 是中值，100 反映的则是极度乐观情绪。前面提到的美国会议委员会发布的美国消费者信心指数属于第一种取值形式。

根据调查结果，可以分别计算现状评价指数和预期指数，以及综合的消费者信心指数。指数的基期可以选择计算的初期为 100（或 50），也可以某一特定时期的消费者信心指数为基期值。例如美国会议委员会发布的美国消费者信心指数自 1967 年开始发布，基期就以 1967 年初为 100，每两个月发布一次。从 1977 年 6 月开始，改为每月一次。至 1986 年起以 1985 年的各月平均值为指数基期值。

消费者信心指数主要是为了解消费者对经济环境的信心强弱程度，反映消费者对经济的看法以及购买意向。股市投资人偏好向上增长的消费者信心指数，因为其代表着消费者有较强烈消费商品与服务意愿，有利于经济扩张。债市投资人则偏好向下减少的消费者信心指数，因为其代表着消费意愿不强，经济趋缓的可能性提高。美元汇率通常从美联储寻求暗示，若消费者信心上升，则意味着消费增长，经济走强，美联储可能会提高利率，那美元就会相应走强。

而黄金是以美元标价的，所以美元涨黄金就会跌。美国消费者信心指数是对美国经济的一个预测，信心指数如果下降就是预示美国现在经济有所下降，导致美元走软。所以黄金会走强。

2009 年 1 月 28 日，知名咨询调查公司尼尔森与中国国家统计局中国经济景气监测中心联合发布《中国消费者信心指数报告》。报告显示，2010 年初，中国消费者信心指数持续攀升，创下自 2007 年下半年以来的新高。

2010 年初调查显示，中国消费者信心指数在过去 9 个月时间里攀升了 16 点，达到 104。这一指数大幅提升主要归因于消费者对就业市场的信心增强，以及个人财政状况改善。63% 的中国消费者表示对未来 12 个月的个人财政状况充满信心。其中，中国西部地区消费者信心水平上升幅度最大，缩小了与全国其他地区的差距。

尼尔森公司大中华区总裁马祺指出：“中国消费者的消费意愿有所增长。这是经济企稳回升，逐渐步入正轨的迹象。”他介绍说，2009 年初，中国消费者信心指数跌至低谷，“工作稳定”与“经济状况”成为消费者最关注的问题。如今，随着经济形势有所好转，收入与健康成为消费者关心的首要问题。

消费者信心指数在不同的时间段内，会因为政策、收入等原因产生波幅。而收入的良好预期对消费者信心的提升作用最大，而消费者对收入的良好预期与现实收入增长密切相关。2011 年第一季度中国经济延续了平稳较快增长的态势，内生动力有所增强，开局良好，推动了消费者信心的明显回升。

消费者信心指数的变动可以对政府决策产生指导作用，告诉政府在哪些方面需要加强对市场的干预或者在哪些方面适度放松管制。上面的调查显示，中国消费者对购买高新科技产品兴趣浓厚。与其他城市相比，中国一线城市消费者更愿意将余钱投资于股市以及计划出游。针对消费者的这一需求，政府在实行相关的刺激经济增长的措施时，可以将刺激一线城市的旅游消费作为重要内容。

第三章　GDP 是怎么一回事

要 GDP，更要幸福感

“你幸福了吗？”央视名嘴白岩松在新书中问。有关数据显示，收入与幸福感逐渐呈背离的趋势。1979 年至 2005 年 GDP 的平均年增速为 9.6%，城镇和农村居民人均可支配收入年平均增长率分别为 6.0% 和 7.0%; 但据中国社会科学院发布的《2007 中国社会形势分析与预测》，2004、2005、2006 年中国城乡居民总体幸福感分别为 3.79、3.73、3.64，呈下降趋势。

“GDP 最初是为了衡量市场经济活动，不是衡量社会福利。但现在 GDP 被认为测量的是后者，这是错误的。”美国哥伦比亚大学教授、诺贝尔经济学奖获得者斯蒂格利茨在北京大学参加“政策对话倡议（IPD）暨 2009 年‘中国专项行动计划’论坛”期间接受 CBN 采访时表示，“实际上，它连市场经济活动也测量不好。”

20 世纪 30 年代美国经济大萧条时期，经济学家西蒙·库兹涅茨应美国商务部要求，负责编制一种能反映经济全景的指标。后来，这一指标沿用至今，成为人们熟知的国民生产总值（GNP）。而属于同一统计体系下的国内生产总值（GDP）也逐渐成为经济主要指标。

半个多世纪以来，GDP 曾被公认为衡量国家经济状况的最佳指标。很多人认为，GDP 的计算方法清晰明了，计算结果客观可靠，其统一的标准也有利于各经济体横向比较。GDP 甚至被一些人称为“经济卫星云图”，意思是 GDP 不仅可以用来分析现状，还能用于“经济天气预报”。

真正将 GDP 推向“被告席”的是 2008 年以来席卷全球的金融危机和经济衰退。斯蒂格利茨在接受 CBN 采访时说，这场危机显示，美国的 GDP 数据完全没有反映真实状况。单看美国 GDP 指标，2008 年 GDP 比 2000 年有明显增长，但这并非可持续、公平的增长方式。

“美国在危机前的数据被不真实的银行行为和资产泡沫扭曲了。”

斯蒂格利茨用“充满穷人的富裕”这个词来形容这种GDP指标与真实社会福利的脱节。

事实上，就世界范围来说，居民幸福感和收入背离是一种普遍现象，在经济学上被称之为伊斯特林悖论。经济发展以追求效用最大化为目标，一般来说，随着经济发展和收入增加，人们的生活满意度和幸福指数也会同步增加，但令人遗憾和困惑的是，随着收入的不断增加，人们的幸福感并没有得到相应的同步均衡增长，产生了所谓的“伊斯特林悖论”。

研究显示，在人均GDP较低的阶段，GDP的增长使幸福曲线的上升坡度很陡，而到了人均3000～5000美元的水平之后，GDP进一步增长并不能带来同比例幸福感的增长。根据美国著名经济学家伊斯特林等学者的研究，在过去的50年中，尽管收入不断增加，但美国和日本国民的幸福感并没有增加，欧洲自1973年开始有记录以来国民幸福感也没有增加。

据日本发布的数据显示，2010年日本名义GDP为5.4742万亿美元。而我国统计局在早些时候公布的2010年全年GDP为5.88万亿美元，两相比较，中国GDP正式超越日本排名全球第二。这是日本自1968年超过当时的联邦德国成为全球第二大经济体后，保持了42年之久的座次被中国夺走。

对于中国来说，GDP总量跃居全球第二，无疑是一件具有里程碑意义的好事。但是，无法回避的一个事实是，我国这种发展模式，是以牺牲国民的部分幸福指标为代价的。经过30年的改革开放，我国的人均年收入目前仍只有1600美元，与GDP的全球第二地位很不相称，城乡差别和地区差距仍然很大，而由于分配制度的不尽合理，贫富之间的差距甚至正在进一步拉大。

除此之外，剥夺国民幸福感还有一个重要原因就是工作压力过大、工作时间过长、劳动保护差、劳动者精力透支和职业枯竭，而各种权利权益得不到保护更是重要因素。有关调查表明，中国职工的总体工作幸福指数处于中等偏下状态，基本上每10个在职人员就有3个人的工作幸福度偏低，工作压力已成为中国居民的第二大痛苦源，占痛苦来源的16.5%。在这样的事实面前，国人的幸福感怎能提升呢？

一个各方面都运转良好的社会，一定是经济社会发展与民众生活质量的提升并行不悖、平衡发展的社会。如果一个社会经济快速发展而人民群众的幸福感持续下滑，这个社会的发展就可能失衡，甚至引发社会动荡，阻碍经济发展。因此，我们要关注公众的幸福感，要关注社会不同利益群体幸福感的状况。

2008年7月，著名影星梁朝伟和刘嘉玲的一场婚礼让位于中国和印度之间的小国不丹名震一时。

坐落于喜马拉雅山南麓的不丹面积只有不到5万平方公里，人口不到80万。不过，凭借20世纪70年代独创的“不丹模式”，不丹日益成为西方发达国家的关注对象。特别是2008年西方陷于金融海啸的浪涛中难以自拔时，几十位西方国家的经济学家和政策官员来到不丹，试图从“另类的不丹模式”中找出如何避免危机和走出危机的答案。

20 世纪 70 年代初，不丹第四代国王旺楚克提出，人生基本的问题是如何在物质生活和精神生活之间保持平衡，社会发展的目标应该是提高“国民幸福总值”，而不只是提高 GDP 或 GNP（国民生产总值）。“国民幸福总值”由四大支柱组成，分别是：社会经济均衡发展、保护自然环境、保护传统文化、实行善治良政。

在这种执政理念的指导下，为了追求公平发展，不丹全民提供免费医疗福利和教育福利；为了保护环境，它不进行急功近利的开发，并对入境游客的人数有严格限制。近几年人数上限在逐渐提高，但最新的规定依然相当严格：每年不超过 2.8 万人。

世界银行主管南亚地区的副总裁、日本人西水美惠子曾对不丹的创举作出评价：“我长期从事经济发展工作，对由于富裕带来的社会性疾病总感到痛心。这样的问题并不只存在于日本。但是我们决不能悲观。因为世界上存在着唯一一个以物质和精神的富有作为国家经济发展政策之源并取得成功的国家。这就是不丹，该国所倡导的‘国民幸福总值’远远比国民生产总值重要得多。”

能够关怀幸福，说明发展理论与发展实践上升了一个层次，发展的内涵更加丰富了，但这绝不是要在 GDP 与幸福感之间作非此即彼的选择。没有财富的积累和民众可支配收入的提高，也谈不上民众的幸福感。对 GDP，应重视之而又不以之为尊。将 GDP 与幸福感等指标相互补充，作为考察社会发展进步的依据，才有益于社会的和谐。

理性看待 GDP 的增长

网上流传着一则有关 GDP 的笑话：

一天，两位正在散步的经济学家为了一个问题争论了起来。正在难分高下的时候，突然发现前面的草地上有一堆狗屎。甲就对乙说：“如果你能把它吃下去，我愿意出 5000 万。” 5000 万的诱惑可真不小，吃还是不吃呢？乙掏出纸笔，进行了精确的计算，很快得出了经济学上的最优解——吃！于是甲损失了 5000 万，当然，乙的这顿饭吃得也并不轻松。

两个人继续散步，突然又发现了一堆狗屎，这时候乙开始剧烈反胃，而甲也有点心疼刚才花掉的 5000 万。于是乙说：“你把它吃下去，我也给你 5000 万。”于是，甲经过思考也得出了经济学最优解——吃！甲心满意足地收回了 5000 万，而乙似乎也找到了一点心理平衡。

可突然，天才们同时号啕大哭：闹了半天我们什么也没得到，却白白吃了两堆狗屎！他们怎么也想不通，只好去请教他们的导师。

没想到，听了两位高徒的故事，泰斗无比激动，只见他颤巍巍地举起一根手指头说：“一个亿啊！一个亿啊！我亲爱的学生们，感谢你们，你们仅仅吃了两堆狗屎，就为国家的 GDP 贡献了一个亿的产值！”

吃狗屎能创造 GDP，这是件可笑的事情。GDP 即国内生产总值。通常对 GDP 的定义为：一定时期内（一个季度或一年），一个国家或地区的经济中所生产出的全部最终产品和提供劳务的市场价值的总值。

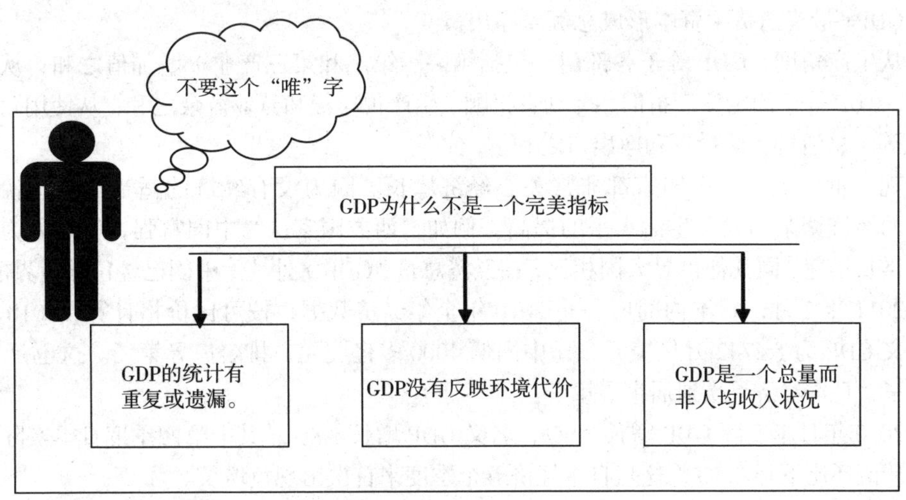

GDP 是三个英文单词首字母的组合：gross，即毛的、总的；domestic，即国内的；product，即产值，翻译成汉语就是“国内生产总值”。GDP 是指一个国家在一年内，所生产的全部最终产品（包括劳务）的市场价格的总和。

在经济学中，GDP 常用来作为衡量该国或地区的经济发展综合水平通用的指标，这也是目前各个国家和地区常采用的衡量手段。GDP 是宏观经济中最受关注的经济统计数字，因为它被认为是衡量国民经济发展情况最重要的一个指标。

GDP 的计算方法通常有以下几种：

1. 生产法

生产法是从生产角度计算国内生产总值的一种方法。从国民经济各部门一定时期内生产和提供的产品或劳务的总价值中，扣除生产过程中投入的中间产品的价值，从而得到各部门的增加值，各部门增加值的总和就是国内生产总值。

计算公式为：总产出 – 中间投入 = 增加值

GDP= 各行业增加值之和

也可以表示为 GDP= ∑各产业部门的总产出 – ∑各产业部门的中间消耗

2. 收入法

收入法是从生产过程中各生产要素创造收入的角度计算 GDP 的一种方法。即各常住单位的增加值等于劳动者报酬、固定资产折旧、生产税净额和营业盈余四项之和。这四项在投入产出中也称最初投入价值。各常住单位增加值的总和就是 GDP。计算公式为：

GDP= ∑各产业部门劳动者报酬 + ∑各产业部门固定资产折旧 + ∑各产业部门生产税净额 + ∑各产业部门营业利润

3. 支出法

支出法是从最终使用的角度来计算 GDP 及其使用去向的一种方法。GDP 的最终使用包括货物和服务的最终消费、资本形成总额和净出口三部分。计算公式为：

GDP= 最终消费 + 资本形成总额 + 净出口

从生产角度，GDP 等于各部门（包括第一、第二和第三产业）增加值之和；从收入角度，GDP 等于固定资产折旧、劳动者报酬、生产税净额和营业盈余之和；从使用角度，GDP 等于总消费、总投资和净出口之和。

现今世界上，每个国家都非常关心经济增长。因为没有经济的适当增长，就没有国家的经济繁荣和人民生活水平的提高。例如，西方国家认为中国富强，就是因为它的 GDP 增长迅速，同其他世界大国相比，在经济总量、GDP 大小上，中国已经位居世界前二。

2011 年 2 月，日本内阁府公布 2010 年全年经济数据，按可比价格计算，2010 年日本名义 GDP 为 5.4742 万亿美元，比中国低 4000 多亿美元，排名世界第三。这也是 1968 年以来，日本经济首次退居世界第三。

2010 年日本实际 GDP 增长 3.9%，名义 GDP 增长 1.8%。其中第四季度日本实际国内生产总值环比下降 0.3%，这是日本经济五个季度来首次出现负增长。

日本内阁官房长官枝野幸男公开表示，对日本 GDP 被中国赶超表示欢迎。他还表示，人均 GDP 方面日本仍然是中国的 10 倍多，重要的是日本应当如何汲取其活力。为了将发展优势传给下一代，日本将继续推进经济增长战略。

GDP 是目前衡量国民财富总量无可替代的指标。中国在古代社会和农业社会一直位列全世界最发达的国家行列，自清代中后期以来才在工业革命浪潮中落后。20 世纪初，中国 GDP 总量在世界排名最后 20 位，现在终于上升到世界第二，说明中国国力的增强。

“中国仍然是一个发展中国家，人均 GDP 不但只有日本的十分之一，甚至不到世界平均水平的一半。而日本的发展，比如城乡之间、经济社会之间的发展比较平衡，而我们发展不平衡问题突出，差距很大。”北京大学国民经济核算研究中心研究员蔡志洲表示。

按照国际标准，中高等发达国家的人均 GDP 也在 5000 美元至 1 万美元，而中国人均 GDP 才 4000 美元左右。刘霞辉表示，即便中国今后一直保持 8% 的增长速度，人均 GDP 要达到发达国家的高限标准——人均 GDP1.2 万美元以上，也需要 15 ~ 20 年的时间。

无效 GDP 耗费，必须放弃的崇拜症

日本某地遭受百年未遇的特大洪水，大量房屋被冲毁，大片庄稼被淹没，老百姓哭天喊地痛心疾首。次年，他们硬着头皮透支储蓄或举债务搞灾后重建，建筑运输等业一片繁荣，这一年的 GDP 是往年的 130%，但老百姓反倒感觉自己的生活质量比原来差了一大截。

原因很简单，洪水把多年来的劳动成果毁于一旦，而劳动成果就是往年 GDP 的累积，这些 GDP 因为洪水瞬间消失。如果一边是 GDP 增加，一边是 GDP 的消失；或者是 GDP 在不断地增加，但增加的却是一些无效的 GDP，那么再高的 GDP 发展速度也并不能证明社会的财富在增加，经济在发展，因为，只有保留下来并为人们所需要的 GDP 才是真正的财富。一个地方不断出现消失的 GDP 或者是无效的 GDP，只能证明我们过去做了太多

的无用功或者我们现在的决策有问题。

何为无效 GDP？比如修建一条公路，结果没用一年，路面就破了，不能使用了。于是将路面挖掉，又来重建一次，那么挖掉破损路面和重建路面所浪费掉的资金，就是无效 GDP。再比如某地建了一座办公楼，没用几年，便又拆掉再建一座更豪华气派的办公楼，那么这拆掉和重建所产生的费用，也是无效 GDP！

近年来，有些地方和部门养成了以 GDP 崇拜为思维和行为模式的习惯，热衷于 GDP 数字的蹿升，所以大搞新项目、大项目，热衷于圈地、造楼，满足于 GDP 数字的大跳跃。有的地方，大搞各种园区，而不管这些园区是否能引来有持续性效益、环境保护合格的产业；有的搞面子工程，搞各种形式的大广场、大消闲中心之类的，而不管有多少人在这里游览和放松身心。有的强行搞大工程，结果大工程投进使用后却不能发挥作用产生效益。这些行为，固然创造了 GDP 数据，但是消耗大量人力、物力和财力，却没有创造出相应的符合社会和人们需要的物质财富，这就形成了无效的 GDP。而由于创造这些无效 GDP，需要投放大量的货币，以及消耗大量的物质财富，却没有形成符合社会需要的新物质财富，因此造成物质浪费、货币超出物质需要，形成了一种造成物价上涨的压力因素。

如今，中国正在进行着人类历史上最宏大的“造城”运动，这个过程还将持续下去。在“造城”过程中，许许多多的建筑在争先恐后地“出生”，又有许多的建筑被拆除，除了因质量问题造成的“被拆除”，更多的则是因“规划需要”而“要拆除”。

无论是旧建筑的“短命”，还是新建筑的迅速“出生”，都在吞噬着社会积累的财富。住房和城乡建设部副部长仇保兴在第六届国际绿色建筑与建筑节能大会上说，我国是世界上每年新建建筑量最大的国家，每年 20 亿平方米新建面积，相当于消耗了全世界 40% 的水泥和钢材，而只能持续 25 ~ 30 年。

财经评论家时寒冰在博客上就算过一笔账，“建筑寿命每缩短 1 年，意味着财富当年损耗掉 4 万亿元，缩短 20 年就是损耗 80 万亿元！如果与英国平均 132 年的建筑寿命相比，我们损耗的是 408 万亿元的财富！ 2009 年，中国全年的税收收入是 6.3 万亿元。比较一下，就知道这种短命的损耗是何等可怕了！反过来说，如果我们把建筑寿命延长 1 年，就能节省出 4 万亿元。英国建筑寿命达到 132 年，悄悄累积了多少财富，这是一个惊人的数字。”

这种以无效甚至是消失的 GDP 为代价创造出来的 GDP，造成了物价上涨的潜伏因素和隐患，终极会成为推动物价上涨的重要气力。这种因素，已经无疑是中国目前较高通货膨胀的重要推手之一。所以，要解决中国的通货膨胀，除了要解决贸易顺差和外汇储备过高引起的外汇占款畸高而导致的通货膨胀，和以投资大干快上而导致的货币超发与需求过旺导致的通货膨胀以外，也要解决那些由于 GDP 崇拜症而引起的大量无效和消失的 GDP 所导致的通货膨胀的题目。解决这个题目，就必须放弃 GDP 崇拜症，不搞政绩工程和面子工程，以市场和社会、人民的选择为导向，让 GDP 的形成符合真实的需要。只有这样，才会解决无效和消失的 GDP 题目，消除制造通货膨胀的另一个潜伏的因素。

倡导绿色 GDP，与大自然和谐相处

关于 GDP，有各种版本的荒诞故事在民间流传，比如：

不撞车不增加 GDP，撞车了要增加 GDP，因为撞坏了的车要修，撞伤了的人要医；不污染不增加 GDP，污染要增加 GDP，因为污染导致疾病，看病增加 GDP；节约不增加 GDP，浪费要增加 GDP，一条路挖了又填上，就能得到双倍的 GDP……

显然，作为一项重要指标，GDP 并不完美，这种不完美绝不仅仅增加生活笑料，而是被极少数官员在政绩冲动下“发挥”到了极致。政府提出绿色 GDP，正是试图遏制这种背离人民愿望的“发展”，尽管它本身并不能说已经完美，但总归是在“改善中”，而不是在“放纵中”，这很重要。

绿色 GDP 是指在通常的 GDP 指标中，扣除自然资产损失，即扣除生态成本之后形成的真实的国民财富。这个指标，实质上代表了国民经济增长的净正效应。“绿色 GDP”的提出，是为了校正传统 GDP 的缺陷，在关注经济增长的同时，也关注环境的保护。中国政府正在制定标准，用绿色 GDP 来考核官员。

在过去的 20 多年里，中国是世界上经济增长最快的国家之一，但是，由于资源的浪费、生态的退化和环境污染的加剧，在很大程度上抵消了经济增长的成果。

一直以来，一些地方政府始终将 GDP 放在第一位，往往忽视了环保。因为强调环保就要投入，许多工程就不能开工，就会影响 GDP 的增长。在“重发展、轻环保”思想的指导下，有些领导甚至要求环保部门为违法建设开绿灯。

根据《世界资源报告》（2001 ~ 2002）提供的资料计算，中国每创造 1 美元 GDP 所消耗的能源是 7 个工业化国家的 5.9 倍，美国的 4.3 倍，德国和法国的 7.7 倍，日本的 11.5 倍。

根据世界银行《世界发展报告》提供的资料计算，中国的能源利用率只有美国的 26.9%，高收入国家的 20.5%，世界平均水平的 29.2%。中国每万元 GDP 消耗的钢材、铜、铝、铅、锌都远高于世界平均水平，万元工业产值用水量是先进国家的数倍。中国 2003 年创造的 GDP，按照汇率法计算只占世界 GDP 的 3.8%，但是，中国当年消耗的钢材、煤炭和水泥则超过 30% 以上。

资源和环境是经济发展的重要物质基础。对于任何国家来说，经济发展都是非常重要的。没有经济发展，就没有一个国家的经济繁荣。但是，经济发展势必消耗资源，经济发展也往往对环境产生负面影响。例如，经济发展必然消耗能源、矿产资源和水资源，因而往往会导致能源、矿产资源和水资源的减少。经济发展往往不可避免地排放废弃物质，造成土地、水和空气的污染，导致环境质量的下降。如果经济发展所产生的资源和环境问题到了资源和环境无法承受的地步，经济发展就会受到极大的制约，甚至无法持续下去。

中国过去 30 年的经济发展证明，其迫切需要一套能够覆盖资源环境的统计指标体系，以反映资源环境状况及其与经济的关系。绿色 GDP 能够反映经济增长水平，体现经济增长与自然环境和谐统一的程度。绿色 GDP 占 GDP 比重越高，表明国民经济增长对自然的

负面效应越低，经济增长与自然环境和谐度越高。实施绿色 GDP 核算，将经济增长导致的环境污染损失和资源耗减价值从 GDP 中扣除，是统筹“人与自然和谐发展”的直接体现，对“统筹区域发展”、“统筹国内发展和对外开放”是有力的推动。同时，绿色 GDP 核算有利于真实衡量和评价经济增长活动的现实效果，克服片面追求经济增长速度的倾向和促进经济增长方式的转变，从根本上改变 GDP 唯上的政绩观，增强公众的环境资源保护意识。

环境保护基金的经济学家赫尔诺特·瓦格纳曾有一个形象的比喻：GDP 衡量的是市场交易，它并不包括你享受闲暇时光的价值，你在家看孩子的价值，更无从反映你窗外那棵大树制造氧气的价值。

曾登上“2006 绿色中国年度人物”领奖台的高敏雪，习惯在措辞上使用更为全面的“绿色国民经济核算”，而非俗称的“绿色 GDP”一词。

以环境污染核算为例，在其看来，如果能够将全部污染治理成本、污染损失计算出来，并从 GDP 中扣除，是更理想的核算目标。但更容易实现的，则是将各个经济部门污染物排放指标与该部门的经济产出指标并列起来，计算单位经济产出的污染排放强度，这些同样属于绿色国民经济核算的内容。“如果不具备相关条件，你可以不计算绿色 GDP，而是采用这些具有实物性质的指标。”高敏雪说。她还追加了一句，即使可以计算出绿色 GDP，同样需要这些具有明确意义的实物指标。

为正确衡量我国的经济总量并正确引导经济增长方式，我国正在积极推行绿色 GDP 的计算方法。改革现行的国民经济核算体系，对环境资源进行核算，从现行 GDP 中扣除环境资源成本和对环境资源的保护服务费用。

绿色 GDP 用公式可以表示为：

绿色 GDP=GDP 总量 –（环境资源成本 + 环境资源保护服务费用）

通过绿色 GDP 的试点，我们可以勾勒出一个日渐清晰的蓝本：民众需要舒适从容的生存空间，国家要走可持续的良性发展道路。

2006 年 9 月 7 日我国首份绿色 GDP 核算研究报告，即《中国绿色国民经济核算研究报告 2004》正式对外公布。该报告指出，2004 年全国因环境污染造成的经济损失 5118 亿元。其中，水污染的环境成本为 2862.8 亿元，占总成本的 55.9%，大气污染的环境成本为 2198.0 亿元，占总成本的 42.9%；固体废物和污染事故造成的经济损失 57.4 亿元，占总成本的 1.2%；占当年 GDP 的 3.05%。

除了污染损失，还对污染物排放量和治理成本进行了核算。如果在现有的治理技术水平下，全部处理 2004 年排放到环境中的污染物，需要一次性直接投资约 10800 亿元，占当年 GDP 的 6.8% 左右。同时每年还需另外花费治理运行成本 2874 亿元，占当年 GDP 的 1.8%。

这是中国第一份有关环境污染经济核算的国家报告，从这份报告我们也可以看出，这些 GDP 耗费了我们很多的资源，如果扣除资源治理的费用，我们的 GDP 增长非常有限。所以，在 GDP 的计算中采用绿色 GDP 的算法非常有价值。

工资增幅落后 GDP，影响拉动内需

在很多大城市里，很多年轻人除去房租和日常开销，基本都是“月光族”。不是他们不想存钱，是真的存不下钱。即便是像 IT 行业这样近年来薪水增长比较快的领域，很多人还是过着“今朝有酒今朝醉”的日子。

调查显示，12.8% 的职工反映，5 年来未涨过工资；2009 年 23.6% 的职工工资收入还有所下降。这使他们感觉政府公布的平均工资涨幅只是“假象”，掩盖了不同行业、企业之间收入差距不断扩大的事实。

对此，郎咸平教授说：“我们来做一个算术题，把全国人民的工资收入加在一起，除上这个国家的 GDP，得到这样一个数字，我们来作个比较，欧美最高，大约是 55%，南美洲平均是 38%，东南亚包括菲律宾泰国是 28%，中东伊朗土耳其这些国家大概是 25%，非洲国家都在 20% 以下，我过去讲课就问过一个问题，大家认为我们中国的比例会是多少，跟哪个国家比较接近，结果 90% 的人都说我们国家跟非洲是一个水平，然后我就跟他们说，你们简直是太乐观了，告诉你我们中国是 8%。全世界最低。”

我国居民劳动报酬占 GDP 的比重，在 1983 年达到 56.5% 的峰值后，就持续下降，2005 年已经下降到 36.7%，22 年间下降了近 20 个百分点。而从 1978 年到 2005 年，与劳动报酬比重的持续下降形成了鲜明对比的，是资本报酬占 GDP 的比重上升了 20 个百分点。中华全国总工会集体合同部部长张建国表示，当前备受关注的收入分配制度改革关键在于提高工人待遇。

劳动报酬占 GDP 比重 22 年连续下降，这个结果事实上意味着，劳动者分享社会发展成果的比例，22 年一直处在一个不断下降的进程之中——工资增速被 GDP 增长越甩越远，劳动者在收入分配格局中日益被边缘化。如果用公众最朴素的民间话语来表述，其实就是那句经典的民生感叹：什么都涨，就是工资不涨。企业利润的大幅增长不仅没有带来员工收入的同步增长，反而直接以职工低收入作为代价。

我国工资长期处于较低状态。国际劳工组织最新公布的数据显示，2000 年到 2005 年间，中国的人均产出增长了 63.4%，超过了印度的 26.9% 和东盟的 15.5%。这一数据显示出中国经济的增长是有效率而且是健康的。但是，该报告也指出，高劳动生产率却并没有体现在工资水平的增长上，这表明公民没有充分分享到劳动生产率提高的成果。由于工资增长缓慢，造成我国消费长期低迷不振。

这与世界银行发布的一份报告结论相同。世行认为，造成中国消费长期低迷的原因并不是公民的高储蓄，而是工资水平跟不上经济发展速度。许多关于刺激中国消费的传统看法主要将注意力集中在中国过高的家庭储蓄上，但实际上，中国消费的下降可以用工资等收入占经济比重在过去的变化来解释。工资水平作为衡量居民收入的指标，其在经济指标中的比重呈现持续下降态势，远远低于美国 57% 的水平。

劳动报酬占 GDP 的比重，在经济学中叫分配率，它是衡量国民收入初次分配是否公平的重要指标。分配率中劳动者的报酬总额占 GDP 的比重越高，社会分配就越公平。

为什么我国的分配率会一路走低呢？原因很多，究其大者，一般认为是“利润侵蚀

工资”。

所谓“利润侵蚀工资”，是指在GDP的增量中，资本拿得多，员工拿得少。也就是说，企业所赚的钱大头被投资人拿走。同时，在很长一段时间里，低廉的劳动力价格一直是我国最重要的国际竞争力，所以，投鼠忌器，各地政府不敢大幅提升劳动力价格。

许多研究机构不约而同地把能否激活消费、拉动内需和我国工资较低的现状联系在了一起，开出的药方也是提高工资、让民众有钱消费，这难道仅仅是巧合？这一结论与我国现实情况相符。为了拉动内需，我国从20世纪90年代开始采取鼓励性措施，但效果平平，工资未能作出相应的调整不能说不是一个根本性原因——收入低拖了内需的后腿。

因此，我们现在所面临的最重要的问题，不是高工资导致的生产成本过高问题，而是工资落后于GDP增速所引发的内需不振问题。低工资状态下的廉价劳动力，虽然可以降低生产成本，但这种制度设计本身却让我国经济难以走出粗放式发展的局限。那么，我国该如何增加员工的工资，让GDP健康增长呢?

1. 提低保底

正如“十二五”规划纲要明确要求的“逐步提高最低工资标准”，“健全工资支付保障机制”，这两条既能够直接拉动低收入员工工资的增长，还能够规范工资的按时足额支付。

2. 推进工资集体协商

在供大于求的条件下，一般劳动力价格会被压低，这有一定客观必然性。但是，现代劳动力市场中的工资水平不仅受到供求关系的影响，还要受到劳资双方集体协商的影响。政府要通过经济、法律、信息手段等促进职工工资平等协商确定机制的形成，使职工敢谈、会谈，企业愿谈，最终谈得拢，促使职工工资合理增长，劳资互利双赢。

3. 国家实行工资调查制度

定期进行公务员和企业相当人员工资水平的调查比较，根据企业职工工资水平变动情况，相应安排机关事业单位人员工资的合理增长。当然，加工资要以提高劳动生产率、提高员工素质，进一步做大蛋糕为前提，这样工资增长机制才能可持续。

第十篇

经济发展是每个国家的梦想

第一章 经济增长有无秘方

经济增长之一：人口增长

印度政府近日公布的一份文件显示，过去100年里印度人口激增5倍，到2050年印度将超过中国成为世界上人口最多的国家。该报告发布后在印度国内引发热议，许多政府官员呼吁控制人口增长，以免贫困加剧。例如印度国家人口稳定基金会的博士阿玛尔吉特·辛格就警告说，如果印度真的成为世界上人口最多的国家，那将会有数亿印度人陷入贫困，并使经济难以实现持续增长。

但是，印度人口基金会执行董事AR. 南达驳斥了这种观点。他表示，“这纯粹是夸大其辞”，“只要我们对人力资源和健康方面投资，未来25年印度将会获得高经济增长率的‘人口统计学红利’，我们会发现到时候经济会激增的”。印度最有影响力的社会评论家之一帕万·K. 瓦尔马也表示，印度目前每年都新产生16万合格工程师以及100多万的技术人才，随着人口的增长以及对教育投资的增加，这个数字还将变得更大。

人口与经济增长之间的关系，一直是理论界争论不休且无结论的话题。不同的理论模型支配着学者们和政策制定人对人口增长的看法，从而导致不同的政策取向。传统理论把人口增长看做是外生的，即人口增长类型不会因为经济和社会发展而改变，从而认为人口规模过大和人口增长率过快是发展中国家陷于不发达的重要原因。这种理论常常导致对经济发展乃至人类进步的悲观情绪，使人们忽略了阻碍经济发展的真实原因。自马尔萨斯以来人类生活水平的改善，不断地驳斥着这种理论教条。

作为对上述理论的修正，一些学者认为技术对人口增长可以作出积极的反应。他们认为，人口既是生产者，又是消费者。人类社会的一切经济活动，无不与人口紧密联系在一起。美国之所以能超越其他老牌西方国家，有一个重要的优势就在于美国当时有超过其他任何西方国家几倍的人口。

新中国成立以来，随着中国经济的不断发展，中国对人口与经济发展的关系的认识，经历了一个从“乐观主义”到“悲观主义”的转变，走了“先盲目生育后计划生育”的发展道路。从1971年推行“晚稀少”政策和1980年进一步推行“一胎化”政策后，特别是党的是十三届四中全会以来的23年，是我国人口与计划生育工作发展史上最好的时期，实现了人口再生产类型的历史性转变，“增长型人口”已转化为“缩减型人口”，从五六十年代的6%生育率，直至现在仅略高于1%。人口政策的有效性，缓解了人口对资源、环境的压力，增强了我国的可持续发展能力。但是在人口政策取得成效的同时，人口与经济的发展中又出现了另一个尖锐矛盾，即我国出现了发达国家高收入时期出现的“人口老龄化”现象。2004年60岁以上人口高达12.4%，已超过老龄化社会10%的标准，低收入水平下过度人口老龄化将会对社会和经济产生不利影响。因此，是否继续推行人口的“一胎化”政策，如何实现人口增长与经济协调发展，已成为理论界争议的一个焦点。

通常，在从“高出生率、低死亡率和高自然增长率”到“低出生率、低死亡率和低自然增长率”的人口转变过程中，由于出生率下降和死亡率下降有一个时滞，形成年龄结构变化的三个阶段。这三个阶段分别具有高少儿抚养比、高劳动年龄人口比重和高老年抚养比的特征。其中劳动年龄人口比重提高的这个阶段，通过劳动力的充足供给和高储蓄率，为经济增长提供了一个人口红利。

国际经验表明，在1970 ~ 1995年期间，在东亚超出常规的高速经济增长中，劳动年龄人口比重高这一有利人口因素的贡献比率高达1/3 ~ 1/2。而西方经济史表明，新大陆的人均GDP增长率比旧大陆高出的部分，大约90% ~ 100%可以归结为新大陆在人口结构方面的优势。

中国实行了近30年的计划生育政策对经济增长的效果，与其说是控制了人口总量，有助于人口、资源、环境之间的协调发展，不如说是由于人口结构的变化，大大减轻了人口抚养负担，通过较早赢得年龄结构优势，提高了人口结构的生产性，并进而通过保持高储蓄率和劳动力的充足供给，为经济高速增长提供了重要的源泉。

我国在不到30年的时间里，完成了发达国家近百年才完成的人口转变过程，较早地迎来了可供利用的人口红利。然而，人口红利来得快，去得也快。我国人口总量增长和结构的转折点，很可能比预期的要来得更早。20世纪中叶之前的人口动态有三个转折点。第一，劳动年龄人口占总人口的比率从2006年开始进入稳定期，而从2010年起趋于下降；第二，劳动年龄人口的绝对数量从2011年即趋于稳定，2022年以后则大幅度减少；第三，总人口在2030年前后达到峰值，为14.39亿，随后绝对减少。

我国目前是8个劳动年龄人口对应一个65岁及以上老年人口，今后将是2个劳动年龄人口对应一个老年人口。目前60岁以上老年人有1.6亿，其中只有城市的4000多万享受社会养老，但养老金缺口已经很大；2030年后60岁以上老人达到4亿，将老无所养。

我国目前的人口状况和经济发展形式决定我国人口战略的艰巨性和严峻性，既不能放松对人口增长的控制，又不能一味单方向追求实现人口的零增长。应该从以下几个方面采取有效措施，确保人口与经济发展的良性互动：

1. 推动农村劳动人口不断合理地向城市转移

经过二十多年的经济高速发展，我国开始面临城市劳动力相对不足、农村囤积大量剩余劳动力的困境。加之城市人口生育家庭观念逐渐与西方发达国家的趋同，城市人口开始走向低增长水平。比如上海育龄妇女综合生育率不足0.8，比许多发达国家还低。因此，城市人口增长在将来可预计将呈不断下降的趋势。基于这种情况，我国有必要出台相关政策，推动农村劳动力人口不断合理地向城市转移，有效优化城乡人口结构，保障有足够的劳动力来推动经济持续稳定地高速发展。

2. 积极推动城市化，赋予全国居民统一的国民待遇

我国人口众多的一种重要原因就是养儿防老的传统观念，城市人口减速的一个重要原因就是有着系统完善的社会保障体系和医疗保险体制，解决了大多数家庭的后顾之忧。取消对城乡居民的差别待遇，将所有居民，不论城乡，不论本外地，都纳入到社会保障和医疗保险这两大体系中，才能有效地发挥人口流动的优势，实现全国范围内的人力资源和劳动力的有效配置，推动城市化的发展。

3. 加大教育产业投入力度

（1）降低成人教育的门槛，采取宽进严出的教育原则，将更多更广泛的人员吸引进入学校，提高他们的工作技能。

（2）鼓励包括社区教育、农村教育、老年教育等多种教育方式并存发展，逐渐形成一种全民终生教育氛围，使我们国家的人口素质逐步提升，更加有力地为经济的发展提供动力。

经济增长之二：教育

日本极为重视教育。战后初期，它克服种种困难，加大教育投入，只用几年时间便于1949年普及了小学和初中教育。日本教育发展与经济增长的相关性是相当明显的。请看以下数据。

1955年至1970年，日本高中在校生从259.2万增至423.2万，增加63.3%，高等学校在校生从60.1万增至168.5万，增加180.4%；1960年至1970年，国民经济实际年增长率高达10.9%。（注：由于50年代末的高中生到60年代才参与经济活动，对经济增长作出贡献，故此处统计时将高中生提前到1955年。）

1970年至1980年，高中在校生从423.2万增至462.2万，增加9.2%，高等学校在校生从168.5万增至222.4万，增长32.0%；同期，国内生产总值年增长率为4.5%。

1980年至1990年，高中在校生从462.2万增至562.3万，增长21.6%，高校在校生从222.3万增至263.2万，增长18.4%；同期，国内生产总值实际年增长率为4.1%。（注：以上经济增长数据取自《国际统计年鉴》，中国统计出版社；在校生数据取自日本《文部统计要览》，1998年版。）

上述统计数据清楚表明，20世纪50年代至80年代，随着国民教育的快速稳定发展，日本经济始终呈现出增长的势头。

20世纪中叶以来，经济学家们发现，人力资本在经济增长中发挥了巨大的作用。人力资本理论把教育与经济发展结合起来，带来了教育观念上的巨大变革，使人们认识到教育不仅仅是消费性的，而且更是生产性的。教育的重要经济功能在于提高了受教育者的生产能力。

教育是经济发展的“筋”和“骨”，经济持续发展的核心是大力发展教育。教育承担着培养劳动力的任务，就这意义上来说，教育是经济发展的条件。教育活动通过传授知识、训练技能、开发智力等来提高劳动力的素质，从而达到缩短社会生产的平均必要劳动时间，实现巨大的经济效益。

教育通过培养人实现为经济建设服务，是经济增长重要的经济资源。英国在19世纪80年代以前居于世界的统治地位，后来之所以被美国取代，就是当时英国的劳动力只有70%受过教育，而美国则有90%。据统计，1960～1978年，注重人力资本积累战略的国家实际人均GNP平均增长4.68%，而注重物质资本积累战略的国家仅仅为3.86%。前者的代表有韩国和新加坡等，后者的代表有巴西和西班牙等。美国经济学家舒尔茨认为：大量的人力投资是实现现代化的必备条件之一。在现代社会大生产条件下，教育这个培养人的活动，在经济发展中扮演了越来越重要的作用。

如果国家忽视民众的基础教育，则经济发展就无法维持下去。出身贫穷的年轻人，可以因为接受教育，得到技术，而在未来出人头地。同时，上一代财富分配不均的现象延续到下一代的趋势，也会因为教育而减缓下来。中国香港以及中国台湾，就很具有参考价值。他们在发展初期，大量消除文盲，并明显地提升了社会低阶层的教育水准。

诺贝尔经济学家贝克认为：“教育的货币回报率应该是显著的。”贝克表示，在新经济环境中，由于计算机、互联网和生物科技发展一日千里，这些新投入因素的广泛应用，一方面将生产力提升，同时，知识的变化非常迅速。因此，相比传统的机器、土地等生产要素对经济成长的贡献，便有必要重新思索。事实上，在今日的社会，人力资本对经济增长的影响更大。贝克估计，未来50年内，人力资本将是任何经济实体中最重要的资本。

贝克认为，人力资本的投资，应该比非人力资本的投资回报高，因为人力资本的投资往往出现融资困难（很难向金融机构借到钱来进行自我增值投资），而且人力资本是一种流动性极低的资产，因为它不能被出售。另一方面，每个理性人，都会根据收益和成本，去决定对教育、在职培训、医疗（健康资本）等投资的多少。所谓收益，除了货币收入外，还有职位提升、工作满足感及文化等非货币收入；至于成本，则主要取决于花在这些投资上的时间所被放弃的价值。譬如，每天晚上花一小时读夜校而放弃了用这一个小时工作赚钱所得的收入。

如果其他条件不变，一项活动所跨越的时间愈长，期间投资的回报率愈高。因此，人力资本的投资，越年轻越好。道理其实也很容易理解，因为一个18岁的年轻人，学习到一门知识和技能，应用的时间越长，他的投资回报越大。如果年纪大了才学习，能够将所学习的知识和技能应用时间就很短，他的投资到最后可能不划算。

贝克计算，美国在人力资本上的投资，起码相当于国民收入总值的17%～25%。他根据过去40年的资料分析，受过高等教育的人，与只受过低等教育的人，薪酬差距日渐扩大。

改革开放以来，我国十分重视教育。邓小平同志指出："不抓科学、教育，四个现代化就没有希望实现，就成为一句空话。"他强调："中国要发展，离开科学不行。""发展科学技术，不抓教育不行。"到目前为止，我国教育有了很大的发展，经济也取得了瞩目的成绩。

用劳动简化法计算，在1982年到2000年间我国国内生产总值增长了84147.5亿元。其中，由于教育水平提高而带来的经济增长为40784.02亿元，占国民生产总值的48.47%。这些数据充分说明了教育对我国经济增长的贡献是很大的。随着知识经济的到来，教育、知识和科技等因素在经济增长中的作用越来越大。正确认识经济增长与教育的关系，使教育真正成为经济增长的催化剂，成为中华民族伟大复兴的强大推动力。

经济增长之三：投资

改革开放以前，我国几乎没有外商直接投资（FDI）流入。1979年以来，FDI流入稳步增长,在90年代进入了高峰期。1990年中国吸收的FDI占同期全球FDI的比重为2.2%，1994年这一比例高达13.5%，此后有所下降，但1990～1999年期间中国实际吸引的FDI占同期全球外商直接投资总量的8.1%，这一水平明显高于中国GDP和进出口在全球的比例。经过20多年的努力，截止2004年底，中国共批准设立外商投资企业504196个，合同外资10981亿美元，实际利用外资金额达5479亿美元。中国在2002年就以引进5 27亿美元FDI的骄人业绩，首次超过美国，成为世界吸引FDI最多的国家。与外商直接投资的高速流入相对应的是中国快速增长的进出口总额和经济增长。

根据经济增长理论，资本、劳动力以及技术是决定一个国家或地区产出增长的基本因素，外国投资一方面通过直接形成资本对经济增长作出贡献，另一方面还可通过提升东道国的人力资本积累、技术进步和产业升级等渠道间接促进经济增长。国内外已有的大量经验表明，在经济日益全球化情况下，外商投资已经成为推动发展中国家经济持续增长的主要力量之一。

投资对经济增长的影响作用主要通过三个途径来进行的：

1. 通过要素投入带动经济增长

（1）投资需求对经济增长的拉动。

首先对投资需求与经济增长作系统研究的凯恩斯，从宏观经济角度考察了投资需求对经济增长的影响，提出了著名的投资乘数理论。

投资需求是指因投资活动而引起的对社会产品和劳务的需求。扩大投资需求，将对经济增长产生拉动作用；缩小投资需求，则会抑制经济的增长。

（2）投资供给对经济增长的推动。

投资供给主要是指交付使用的固定资产，既包括生产性固定资产，也包括非生产性固定资产。生产性固定资产的交付使用，直接为社会再生产过程注入新的生产要素，增加生产资料供给，为扩大再生产提供物质条件，直接促进国民生产总值的增长。非生产性固定资产则主要通过为劳动者提供各种服务和福利设施，间接地促进经济的增长。

2. 通过投资带动经济结构的调整来推动经济增长

库兹涅茨运用经过改善的研究方法，对 57 个国家的原始资料分别作了截面分析和历史分析，从中得出结论：19 世纪至 20 世纪里，发达国家的经济增长与结构变动密切相关，现代经济增长不仅仅是一个总量问题。

在较发达经济结构的投入产出模型中，经济增长更具有专业化倾向，结构效益就上升到最重要的地位，成为现代经济增长的基本支撑点。这种来自结构的经济效益，其意义远远超过个别的劳动生产率的提高的经济效益。合理的产业结构是提高宏观经济效益的基本前提，如果产业结构不合理，各产业发展的比例关系不协调，就会影响资源投入的效率，造成产业之间的“瓶颈”制约，使宏观经济运行失衡，整个经济的发展和效益的提高就失去了合理的产业结构条件。由于我国投资对消费的影响不大，特别是在投资迅速增加，投资率比较高时，投资增加主要是增加了对投资品生产的需求，进而使投资品生产部门扩张，产业结构发生相应变化。产业结构不合理，经济增长过快，科技成果无法被全部吸收、转化。

3. 通过投资促使知识存量的增加和技术进步带动经济增长

技术进步是促进经济增长的重要因素，而投资是推动技术进步的主要因素。一方面，投资是技术进步的载体。任何技术成果的应用都必须通过某些投资活动来体现，它是技术与经济联系的纽带；另一方面，技术本身也是一种投资的结果。任何一项技术成果都是投入一定的人力资本和资源等的产物，新的技术开发和应用都离不开投资活动。

目前主要有三种定量方法考察投资对经济增长的拉动作用。

1. 国民收入法

（1）计算报告期固定资本形成总额增量占同期 GDP 增量的比重，该比重即为固定资产投资对经济增长的贡献率，通常表述为投资对经济增长的贡献为百分之多少。按此方法计算的资本形成总额（固定资本形成总额 + 存货增加），最终消费和净出口对经济增长的贡献率之和应等于 100%。

（2）将（1）计算的贡献率作为权数乘报告期 GDP 增速，所得百分比即是固定资产投资对经济增长的贡献度，通常表述拉动经济增长多少个百分点。按此方法计算的资本形成总额、最终消费和净出口对经济增长贡献度之和应等于报告期 GDP 的增速。

两种计算方法对应的计算公式分别为：

（固定资产）投资对经济增长的贡献率 = $\Delta I/\Delta GDP \times 100\%$

（固定资产）投资对经济增长的贡献度 = $\Delta I/\Delta GDP \times (\Delta GDP/\Delta GDP_0) \times 100\%$

其中：ΔI：固定资本形成总额增量；

ΔGDP：报告期 GDP 增量，GDP_0：基期 GDP；

$\Delta GDP/\Delta GDP_0$：报告期 GDP 增速。

2. 投资乘数法

投资乘数的基本含义是增加一笔投资会带来大于或数倍于这笔投资额的 GDP 的增加。它等于每单位投资量的增加所导致的产出增加的数量。其公式为：投资引发的 GDP= 投资乘数 × 报告期固定资本形成总额。

其中：投资乘数 =1/（1– 边际消费倾向）

3. 投入产出法

这种方法主要通过投入产出表中反映行业间投资产出关系的系数，计算增加某个或国民经济各部门单位最终使用时，对各部门产出的影响。这些系数主要反映出部门间技术经济联系决定的各部门在国民经济中的地位与作用，所以这种方法只能衡量投资对各个部门总产出影响。不过这种方法只能衡量投资对各个部门总产出的影响。

投资的高增长是我国经济的长期突出现象。改革开放以来，中国投资增长率一直保持在相当高的水平上。而且这种状况持续了 20 多年。金融风暴发生后，中国决定大手笔投资，进一步扩大内需、促进经济增长。通过政府资金投入，带动了大量社会资本的进入，从而使经济和基础设施投资快速增长；另一个可喜的变化是，政府在加大重大项目的同时，还出台了提高城乡居民收入的系列措施，这充分说明了投资科学性提高，政府越来越注重在消费、投资和出口三驾“马车”上进行平衡。

经济增长是政府的心愿

1980 年 R. 里根与吉米·卡特竞选美国总统，争夺十分激烈，经济问题更是双方关注的重点。R. 里根与吉米·卡特在电话辩论时说：“如果你的邻居失业了，说明美国经济在衰退，如果你的亲人失业了，说明经济在萧条，如果卡特失业了，说明美国经济要增长。”

经济增长代表的是一个国家或地区在一定时期内的总产出与前期相比实现的增长。总产出通常用国内生产总值（GDP）来衡量。所谓经济增长就是指国民生产总值的增长必须保持合理的、较高的速度。这个笑话的意思是，如果选民选择里根，他将保证经济增长。

与经济周期波动中产出的恢复性增长不同，经济增长在此来说是一个长期概念，其实质是潜在国民产出的增加或经济系统生产能力的增长。其次，经济增长也不同于“经济发展”。如果说经济增长是一个单纯的“量”的概念，那么经济发展就是一个比较复杂的“质”的概念，衡量的是一个国家以经济增长为基础的政治、社会、文化的综合发展。

经济增长率的高低是衡量一个国家或地区在一定时期内经济总量的增长速度，也是衡量一个国家或地区总体经济实力增长速度的标志。

决定经济增长的因素有：

（1）投资量。一般情况下，投资量与经济增长成正比。

（2）劳动量。在劳动者同生产资料数量、结构相适应的条件下，劳动者数量与经济增长成正比。

（3）生产率。生产率是指资源（包括人力、物力、财力）利用的效率。提高生产率也对经济增长直接作出贡献。

三个因素对经济增长贡献的大小，在经济发展程度不同的国家或不同的阶段，是有差别的。一般来说，在经济比较发达的国家或阶段，生产率提高对经济增长的贡献较大。在经济比较落后的国家或阶段，资本投入和劳动投入增加对经济增长的贡献较大。

在经济增长的过程中，一个国家或地区总是处于选择的十字路口。政府具有重要的经济职能，其组织性和广泛的动员性都是市场力量所无法企及的。政府战略导致完全不同的发展道路。世界“百年经济奇迹”现象的产生，与其说是经济增长的结果，不如说是政府战略、国家道路选择的差异。

2010 年 1 月 26 日国际货币基金组织举行 2010 年全球经济预测报告发布会。预计美国经济 2010 年的增长率 2.7%，高于此前增长 1.5% 的预测。以中国为代表的亚洲发展中国家将迅速从全球经济衰退中复苏，平均经济增长率为 8.4%，而中国经济增长率为 10%。中国的经济复苏是可持续性的，中国经济在 2011 年仍将增长 9.7%。

国际货币基金组织在报告中表示：“亚洲主要新兴经济体将引领全球经济的复苏。”除中国外，印度的经济也呈现强劲增长势头，预计 2010 年印度经济增长 7.7%。作为亚洲最大经济体的日本 2010 年预计增长 1.7%。该组织将中国 2010 年增长预测从去年 9% 上调到 10%。该组织首席经济学家布兰彻在报告发布会上说：“中国的增长仍然部分基于强有力的财政刺激和信贷宽松。但中国私人部门需求恢复的前景看起来也非常不错。所以，我们认为中国的复苏可以持续。”

中国在“十一五”规划中提出的年均经济增长预期目标是 7.5%，但实际增长速度达到了 11%。2010 年，中国国内生产总值跃居世界第二位。

在 2011 年政府工作报告中，我们要推动经济发展再上新台阶。今后 5 年，我国经济增长预期目标是在明显提高质量和效益的基础上年均增长 7%。按 2010 年价格计算，2015 年国内生产总值将超过 55 万亿元。

中国社会科学院经济部研究员张晓晶指出，0.5 个百分点的下调幅度虽然不大，但却释放出了非同寻常的信号——今后 5 年中国将强力转变经济发展方式、调整经济结构、保障和改善民生。

“中国已经进入中等收入国家行列，从各国发展经验看，增速会适度放慢，结构调整会加快，”王小广说，“‘十二五’正是这样一个转折点。”他认为，过去中国是速度性的增长效应，今后就要谋求结构性的增长效应。只有这样，中国才可能规避一些国家遭遇的“中等收入陷阱”。

中国未来仍具备实现经济较快发展的诸多有利条件，关键要通过结构调整和增长方式转变，实现经济的可持续增长，确保不出现大起大落。

生产率对于增长至关重要

当今世界，各种经济学派、各类经济学说，纷繁复杂，你方唱罢我登场，真是让人眼花缭乱，无从选择，当然那些官员们就更是如此了，历史上很多政治家就是因为选择了错误的经济学说，而一失足成千古恨，既然经济如此地复杂和捉摸不定，那我们的政治家们该如何进行选择呢，在制定经济政策时，是否有存在这样一个指标，只要抓住它，就永远错不了，只要对这个指标进行持续的改善，经济就一定健康快速的向前发展？这个指标是存在的，它就是“劳动生产率”。

劳动生产率，是指劳动的生产效率，常用同一劳动在单位时间内生产某种产品的数量来表示。

“劳动生产率”是个经济指标，而“持续性的提升劳动生产率”则可以当做一个战略性原则进行把握，在各种指标中，还没有任何一个指标可以像劳动生产率这个指标那样能够直达经济的本质。

马克思主义认为社会的进步，主要是生产力的发展，而劳动生产率就是衡量生产力高低的核心指标。列宁有一句名言：“劳动生产率，归根结底是保证新社会制度胜利的最重要的东西。社会主义之所以比资本主义更先进，那就是社会主义可以更大的提升劳动生产率。”

根据国际劳工组织的报告显示，美国是世界上劳动生存率最高的国家，美国劳动力年平均创造财富 6.38 万美元，其次是爱尔兰，劳动力年平均创造财富 5.59 万美元，卢森堡劳动力年平均创造财富 5.56 万美元，比利时劳动力年平均创造财富 5.52 万美元，法国劳动力年平均创造财富 5.4 万美元 . 中国工业劳动力年均创造财富 1.26 万美元。

因为中国劳动生产率太低，所以相同的劳动时间内创造的价值就低，而创造的价值低，收入就低，这就是中国人勤劳而不富有的根本原因。只有提高劳动生产率，提高劳动者在单位时间内创造财富的价值，才可以从根本上提高劳动者的收入，这才是真正的“创富于民”。

真正的经济增长必须是“质的增长”与“量的增长”的结合，归根结底要靠质的增长，经济发展不是要做加法，而是要做乘法，这种质的增长就是提升劳动生产率，如果用公式进行表示，那就是：

GDP= 劳动生产率 × 劳动人数

生产率衡量投入转换为产出的效率，由产出除以投入来表示。当只考虑一种投入时，可分为劳动生产率、能源生产率、资本生产率等单一要素生产率。当同事考虑多种投入时，则称之为全要素生产率。

生产率的变化轨迹不光是个学术问题。生产率在不景气时依然强劲地对经济增长、通胀、就业以及最终的生活标准都有重大意义。比如说，生产率的强劲增长抵御了能源和商品的通胀压力，令美国联邦储备委员会得以将利率保持在低位，帮助刺激经济。

1990 ~ 2000 年之间，中国的年均劳动生产率增速达到 7.7%，中国于 2001 年加入 WTO 之后，增速更加迅猛，于 2007 年达到 16.7%。有两个重要的事实有助于解释这种向上的趋势：首先，在过去的 20 多年中，中国受益于大量的资本投资，固定资产投资占 GDP 的比重从 20 世纪 80 年代的 25% 增加到 2009 年的 65%，这其中很低的人工实际成本发挥了很大的作用。1994 ~ 2006 年之间，制造业中资本与劳动比率每年都在上涨，资本投资中劳动生产率的提高很明显。事实上，2005 ~ 2008 年之间，劳动生产率的增长快于名义人民币的升值，这减缓了出口汇率上升带来的负面影响。

美国经济咨商局的研究人员计算得出，在 1995 ~ 2003 年间，中国大中型工业企业的年均生产率增长率是 20.4%，按国际标准来说是个令人瞠目结舌的高速度。这个数字与北京大学中国学者进行的经验研究结果相一致。尽管高的劳动生产率增长并不一定意味着整体生产效率的提高，但仍然有很明显的迹象表明，自 20 世纪 90 年代中期以来，中国很多行业的竞争环境改善了。

我们在制定经济战略时，先后有过比较优势战略、经济增长方式转变、新型工业化道路，自主创新、战略新兴产业、信息化带动工业化等提法，但我国就是很少提到劳动生产率，而经济的增长归根结底是劳动生产率的提升，我们必须将提升劳动生产率上升到国家战略的高度，劳动生产率是经济之本，其余全是末，如果从其他的方面抓经济，都是舍本求末。

就目前来看，虽然我国的劳动生产率增长非常迅速，但是资本生产率的增长一直为负，单位能耗的GDP降低幅度很有限，能源生产率的增长率下降非常明显，我国经济快速增长靠资本与能源等要素的高投入来维持的特征非常明显。

从长期来看，依赖于高投入的经济快速增长并不具有可持续性。克鲁格曼在考察了亚洲发展模式之后，曾论断亚洲经济的高速增长主要依赖于生产要素的大量投入，并不是靠全要素生产率的提高。由于生产要素边际回报递减，克鲁格曼认为亚洲经济的高速增长不具有可持续性，中国也不例外。所以，我们必须加强生产率的研究，并采取有力措施提高生产率。

我国应该放弃在投资、消费及出口的平衡中寻求经济增长的发展思路，全面回归以提高劳动生产率为目标的经济发展思路上，而要做到这些，最首要的就是要建立中国的工业劳动生产率数据，并定期公布。

该如何提高经济生产率

美国总统奥巴马曾在他的每周广播讲话中强调，只要美国能够“充分发挥美国工人的生产效率”，那么，美国就能够在竞争中战胜地球上任何国家。

在我国，制造型企业的利润正在不断被侵蚀，提高生产率更是迫在眉睫。一方面，我国的劳动力成本正以每年10% ~ 20%的速度上涨，原材料等各种物料成本也以每年10% ~ 30%的速度上涨，但是每个工人的利润产出增长率平均每年只有2.07%；而物流成本，在我国占整个GDP的20%，美国却只占9%。另一方面，我国面临着越南、印度等劳动力成本更低国家的竞争。面对着不断增长的劳动力成本，企业通过涨价转嫁给最终客户的短期可能性却非常有限。如何提高企业竞争力，提高赢利能力，成为一个沉甸甸的话题。

从短期来看，除了以下几个途径外，制造商们似乎别无选择：

1. 将工厂迁至成本更低的国家，或者国境内成本更低的地区

但是，这种搬迁的成本并不低，而且很耗时。

2. 提高零售额

它实现的一个直接方式，就是转嫁给消费者。但是在当前的竞争环境下，这显然十分困难。

3. 让现有员工尽可能多加班以提高产出

这是中国企业采用得最多的短期措施，但是最近的调查也显示，50%的工厂发现，在大量采用加班的企业反而丧失赢利，60%以上的企业生产率反而在下降。

实质上，我国企业应该把对成本的关注转向对劳动生产率的关注！提高劳动生产率，

让企业变得更加高效。这是中国制造企业当前最现实、最能在短期内产生效益的唯一选择。那么，我国该如何提高生产率呢？

1. 把握住政府调控与市场经济自由度之间的平衡点

比如在日本，政府对其经济干预程度深入细致，超出一般预想，不仅在公共计划部分列入详细实施方案，并且还是指令性任务，必须完成。而对民间部分则以预测、展望形式制订计划目标，以政府公共行动推动、诱导、促进企业发展。日本行会、商会在其中扮演极其重要的角色，即政府依法行政，政府行动仅仅接触行会、商会，原则上不触及具体企业，政府通过行会、商会指导、推动、促进企业发展，完成计划。

2. 坚持以生产率的提高来指导经济发展全局，而不是以 GDP 增长率作为评价的唯一指标

全要素生产率是理解城乡区域间经济增长差异的钥匙，加强城乡区域间生产率差异的研究，坚持以生产率的提高来指导经济发展全局。

3. 制订科学的发展计划

比如，日本政府制订倍增计划没有盲目偏听偏信任何具体政府部门意见，而是广泛比较吸收学者意见，从经济学基本原理出发，科学制订倍增计划，在提高劳动生产率 1 倍以上的情况下实现收入倍增。这等于迫使企业逐步放弃粗放式经营，转变增长方式，依靠科技进步，加大力度自主研发，千方百计提高劳动生产率。

4. 央行应尽早启用利率手段，加快推进利率市场化改革

根据凯恩斯的经济波动理论，如果资本边际回报率大于资金成本（利率），那么投资就会增加。考虑到近年来固定资产投资高速增长的现实，以及现有的低水平利率，如果央行及时启用利率手段，一方面可以发挥资金成本对投资项目的筛选功能，降低投资增长速度，提高项目的整体效益，夯实整体经济效益基础。同时采取消费信贷等鼓励措施促进消费，减少投资与消费的失衡程度。另一方面，在经济繁荣时提高利率，可为经济形势恶化时降低利率提供下调空间，避免陷入零利率泥潭。

5. 提高劳动生产率的关键之一在于彻底打击侵犯知识产权的行为

此举能让企业得以放开手脚，有组织地投资引进技术进行再研发，自主研发创新，从而保证了企业提高劳动生产率对技术的需求，在实现员工收入持续提高的同时，企业国际竞争力也更上一层楼。

6. 优化税率结构，加大对教育与科研的投入

充分发挥税率的调整作用，以缩小收入差距与鼓励消费为着力点，不断优化税率结构。在一些不鼓励的、效率较低的投资领域，要采取高税收政策。充分发挥好中央与地方的转移支付功能，加大对教育与科研的投入。采取专项鼓励措施，引导高新技术企业的快速发展。

7. 关注员工绩效

目前多数企业只能通过打卡等方式，知道员工什么时候上下班，但是员工做了哪些工作，企业的衡量方式却是十分有限的。要提高生产效率，企业需要了解员工的活动和任务的细节，知道生产过程中的每一步都发生了什么。此外，还要关注绩效和产品质量，也就是关注每位员工的实际产出，以及生产出的合格品与产出之间的比例。管理者不仅要站在企业全局分析，也需要分析每个工厂，每条生产线，成本中心甚至是每个员工的劳动效能；分析挖掘效率没有达到预期的深层次原因，找到真正提高生产率的机会。管理者要对员工的劳动过程进行精细化管理，将员工活动与成本中心实时对应，分析整体劳动效能，识别瓶颈和浪费，从而有效提高劳动生产率。

8. 建立激励体制

许多制造企业仍然是仅仅按工时或者按件支付工资。员工最关心的是他能得到多少报酬，他们在乎的只是生产速度，根本不在乎企业的利润。这类企业必须从公司层面采取激励性的措施，譬如分红——员工在某方面做得好，就可以得到奖励；再譬如通过企业文化建设，用这些方法来提高员工的主人翁责任感，提高生产效率。

9. 提高劳动者的平均熟练程度

劳动者的平均熟练程度越高，劳动生产率就越高。劳动者的平均熟练程度不仅指劳动实际操作技术，而且也包括劳动者接受新的生产技术手段，适应新的工艺流程的能力。

“挖坑”真的能带动经济发展吗

在凯恩斯的一本著作《就业、利息和货币通论》中，他通过一则“挖坑”的寓言故事引申出了政府干预理论。

乌托邦国处于一片混乱中，整个社会的经济处于完全瘫痪的境地，工厂倒闭，工人失业，人们束手无策。这个时候，政府决定兴建公共工程，雇用200人挖坑。雇200人挖坑时，需要发200个铁锹；发铁锹时，生产铁锹的企业开工了，生产钢铁的企业也开工了；发铁锹时还得给工人发工资，这时食品行业也发动了。通过挖坑，带动了整个国民经济。大坑终于挖好了，政府再雇200人把这个大坑填好，又需要200把铁锹……萧条的市场终于一点点复苏了。经济恢复后，政府通过税收，偿还了挖坑时发行的债券，一切又恢复如常了。

英国经济学家凯恩斯于20世纪30年代提出的需求能创造出自己的供给，因此政府采取措施刺激需求以稳定经济的论点。

这是凯恩斯根据对总供给和总需求之间关系的分析，为推行其国家干预经济的政策而提出的与萨伊定律截然相反的论点。凯恩斯认为，仅靠自由机制是无法保证经济稳定增长，达到充分就业的，必须加强国家干预。据此他提出，在需求出现不足（有效需求不足）时，应当由政府采取措施来刺激需求，而总需求随着投资的增加，可使收入增加，消费也将增加，经济就可以稳定地增长，以至达到充分就业，使生产（供给）增加。这一论点被凯恩斯的追随者们奉为定律，因此叫凯恩斯定律。随着凯恩斯主义的流行，萨伊定律在西方经济学中日渐销声匿迹。

有效需求理论是凯恩斯主义理论的核心，他认为资本主义经济经常处于“小于充分就业均衡”，他把政府的首要职能转化为主要以财政政策来控制，刺激有效需求，以扩大就业。

凯恩斯主义的有效需求理论与罗斯福的“新政”，挽救了美国的资本主义，取得了辉煌的成果。但随着资本主义经济的发展，进入70年代以后，西方国家经济中出现了严重的滞胀局面，凯恩斯主义越来越无能为力，凯恩斯定律在人们心目中日渐失去光彩，开始濒于名誉扫地了。

凯恩斯主义者认为投资乘数就是边际储蓄倾向的倒数。政府投资的乘数效应是凯恩斯主义理论的基础，是财政政策的依据。正是基于乘数效应，凯恩斯主义主张在经济“小于充分就业”时可以用政府投资的办法来刺激就业，增加产出。

在上面的推导过程中，凯恩斯主义犯了一个严重的错误：简单地把国民收入当成了居民可支配收入。其实，国民产出不等于居民可支配收入。我们知道，在整个国民产出中，有很大一部分是作为资本利润被资本家获得，或者说是被企业获得。在短缺经济下，这部分收入会被用来投资；在过剩经济下，投资收益减小，这部分收入仅作为财富储藏起来，而用于消费的部分是很少的。

资本利润所得份额居高不下，一方面确实是资本积累的结果，是资本对社会生产力的真实贡献，但另一方面是来自于“泡沫经济”——就是一些垄断机构利用垄断地位抬高商品售价，向社会索取垄断利润。“泡沫经济”中最典型的就是房地产业。人们普遍具有要求改善居住条件的迫切愿望，但又无法直接参与房地产业生产，垄断的房地产业就是利用这样需求刚性的市场背景，获得丰厚利润。日本的房地产业泡沫就是一个最好的例子。

当经济中存在严重“泡沫”的情况下，继续使用“财政政策”，则会导致以下恶果：

（1）导致政府财政恶化，严重赤字，债台高筑。财政的恶化又反过来影响投资者的信心，放弃或减少投资。

（2）由于政府的投资大部分转化为垄断利润，被“泡沫”吸收掉了，因此经济仍然处在一个消费需求严重不足的状态下，长期下去，生产萎缩，大量失业，两极分化，社会动荡。

（3）助长社会腐败。“泡沫”与腐败是密切联系在一起的，全世界几乎都是如此，凡是能揽到政府工程的人，必然与政府官员有各种联系，如美国的军火商与总统选举等等，不胜枚举。

随着资本主义的发展，资本积累逐渐增加，特别是科技进步与大型企业的规模效益递增，使得资本在社会生产中扮演着越来越重要的角色，相对而言，劳动的作用逐渐居于次要的地位，于是资本利润所得份额逐渐提高，工资所得份额逐渐下降，在国民收入的分配过程中，劳动者所占的份额逐渐减少。根据估计，现在西方国家的资本利润所得份额与工资所得份额各为50%。

如果这个时候继续使用财政政策，大部分投资会被资本家瓜分掉，就很难增加居民的收入，因此，就不能拉动经济。时代不同了，情况变化了，凯恩斯主义也就不灵了。

凯恩斯说，为了刺激经济，你就必须创造需求。有效的需求将要求增加供应，增加供应将要求更多的人就业。使用纳税人的钱是天经地义的，因为这会增加需求和供应，更多人就业将创造消费，商业繁荣是结果。尽管凯恩斯提出的措施在封闭经济中，如在美国20世纪30年代大萧条期间是有效的，但是放到现在的经济环境中却未必有效。技术正在做某件反对凯恩斯的事。

目前在大多数公司里，如美国的公司想提高生产率，就必须让工会同意裁员。公司用机器人或计算机，因而用裁员来响应需求。其次，国家边界是可以渗透的。如果我在日本或美国增加需求，那么供应将来自外部。美国经济上升时，首先感受到正面影响的不是美国人，而是墨西哥人和加拿大人。甚至远在亚洲的日本人也感到这种影响。在过去的一二十年里，关键资源如资金实现了自由转移。钱可以通过电话线和卫星转移——数字现金。我们可以从任何方向，以任何方式向世界任何一个地方转移金钱。政府通过在本国“挖坑”获得发展的企图很可能付之东流。

第二章　稳定增长到底有多难

技术进步对经济增长的影响

1994年，美国经济学家克鲁格曼在《外交》杂志上撰文，指出东南亚国家的高速经济增长是没有牢固基础的“纸老虎”，迟早要崩溃。其原因在于这些国家的经济增长是由于投入（劳动与资本）增加带动的，缺乏技术进步。此论一出，引起许多人士，尤其是东南亚人士的激烈反对。不幸的是他说对了。1997年东南亚金融危机的爆发引起这个地区的严重经济衰退。至今经济学家对这个事件仍然众说纷纭。但有一点已为所有人接受：没有技术进步就没有持久而稳定的经济增长。

实际上，技术创新与经济增长的研究可以追溯到古典经济学时期，在亚当·斯密的《国富论》中，已经有关于技术进步与经济增长关系的初步论述。最早认识到技术创新对经济发展有重要推动力作用的是马克思。马克思在《资本论》中论述了生产量的扩大可以不依赖于资本量的增加情况。其中如加强对自然力的利用，提高劳动者的技术熟练程度、改进劳动协作和组织、提高劳动生产率等，实际上都与技术进步的作用及其效应相联系。

1912年，熊彼特首次提出了创新概念，他研究的主要成就在于，始终强调“技术创新”，以此作为推动经济增长和社会进步与发展的“内生变量”，并强调了它对经济增长不可替代的作用。1956年，美国经济学家罗伯特·索洛的经济增长模型表明：技术和传统投入的比较中，技术创新导致了80%的经济增长。

新古典经济增长模型把决定增长的因素分为劳动增加、资本增加和技术进步。美国经济学家肯德里克等人在此基础上估算了劳动、资本和技术进步对增长贡献的大小。根据这一估算，技术进步在增长中的作用为一半以上，即经济增长率中有一半是由于技术进步所引起的。经济学家把技术进步确定为包括知识进展、资源配置改善以及规模经济等。

根据现代经济学分析，第一次产业革命，就是先行的工业化国家的经济增长阶段，是从18世纪中期开始的。在18世纪第一次产业革命开始以前，经济增长是非常缓慢的。

经济学家麦迪逊有一本书讲述世界经济过去1000年经济史，他讲到经济增长在18世纪中期第一次产业革命以后加速了，到19世纪后期进一步加速了。18世纪后期到19世纪后期是现代经济增长的第一个阶段，实现了经济高速增长的都是先行工业化国家，英国、美国是第一梯队，法国、德国是第二梯队，第一梯队和第二梯队大致上是这个情况，这个时候经济增长主要是靠投资驱动的，投资驱动这个说法是现代经济学领域大家都认可的一个说法。这个时候的增长模型，理论的概括叫哈罗德—多马增长模型，这是第一个阶段。

第二个阶段大致上是在19世纪后期到20世纪中期，也就是在第二次产业革命阶段，从内燃机、铁路到电力、电动机，这些普遍实用技术或通用技术革命性地推动了产业发展和经济增长。此阶段一直持续到20世纪中后期，英国、美国等在这个阶段是靠创新驱动实现经济增长的，其理论概括就是索洛的经济增长模型。第三个阶段就是从20世纪50年代发端到20世纪后期，真正地进入了后工业化时期的经济增长阶段，这个时期可称为“信息化驱动”阶段，与此相对应的是，理论经济学、发展经济学出现了一个新理论概括，叫“内生增长模型”，又叫做“新增长理论”。

新增长理论把劳动、资本和技术都作为经济增长模型的外生变量，从而深入分析了它们之间的关系，解决了一些主要问题。例如，根据传统的理论，资本的边际生产力递减，即随着资本的增加，产量也在增加，但增加的比率越来越小。然而现实中并没有出现这种现象。原因是什么呢？新增长理论解释了这一点。简单地说，资本增加不是量的简单增加，而是质的改变。这种质的改变体现了技术进步。

例如，一个工厂的资本从10万增加到100万，并不仅仅是一台牛头刨床数量的增加，虽然会出现边际生产力递减，但在用了先进的数控机床时，边际生产力不仅不递减，反而增加了。这就揭示了资本增加是技术进步的条件，技术进步表现在资本质的变化上。同样，劳动的增加也不是人数或工时的增加，而是人力资本的增加。人力资本的增加同样体现了技术进步。

经济学家们建立了不同的新经济增长模型。这些模型从不同的角度分析了资本、劳动、技术之间的内在关系，说明了技术进步在经济增长中的中心地位。这一点已得到公认，并指导各国经济增长政策的制定。

克鲁格曼之所以认为东南亚经济增长是“纸老虎”就是因为这种增长来自劳动与资本的大量增加。仅仅依靠投入来增长，到一定程度就会引起劳动与资本的边际生产力递减，增长必然放慢，甚至衰退。

如果说东南亚经济衰退是新增长理论的一个反例，那么，20世纪90年代以来美国经济连续近10年的稳定增长则是一个正面的例子。尽管经济学家对个人电脑、互联网对增长的作用还难以作出确定的定量分析，但这些技术进步对美国经济繁荣的贡献是无人否认的。

充分就业促进经济稳定增长

2011年7月28日，美联储公布最新一期美联储褐皮书显示，由于就业市场表现持续疲软，加上房地产市场的不足，抵消了消费开支方面的增长以及旅游旺季开始带来的部分积极走势，美国总体经济增长依然缓慢。

疲弱的就业数据为美国经济增长前景蒙上了一层阴影，避险情绪上扬，油价大跌，高收益货币亦受到重创，美元指数强势冲高。

由此可见，充分就业和经济增长之间存在着密切的关系。充分就业，是指包含劳动在内的一切生产要素都能以愿意接受的价格参与生产活动的状态。凯恩斯于1936年提出充分就业时认为，如果"非自愿失业"已消除，失业仅限于摩擦性失业、结构性失业和自愿失业的话，就是实现了充分就业。如果以数值来衡量，经济学家们普遍认为，当失业率为4%～6%时，社会经济就处于充分就业状态。

充分就业是经济增长的目的和基础，其作为促进经济增长的重要内生因素，对经济增长具有支撑作用，存在着主动性影响。这可以从生产、消费等方面进行分析：

从生产角度来看，充分就业促进经济增长是由就业主体——劳动力这种特殊商品具有独特的使用价值决定的。一方面，劳动力能够提供劳动，从而能够创造价值，这不仅是劳动力个人生存发展的基础，更是整个社会经济发展的基础。马克思曾经说，一个民族要是脱离了生产劳动，它在一个星期之内就会消亡。另一方面，劳动力不仅能够创造价值，而且能够创造出大于它自身价值的价值，实现价值增加，从而成为社会财富的源泉和经济增长的支撑力量。正如马克思在分析劳动力商品的特殊性时曾经说到的，"具有决定意义的，是这个商品独特的使用价值，即它是价值的源泉，并且是大于它自身的价值的源泉"。

从消费角度来看，充分就业促进经济增长是由消费对经济增长的拉动力决定的。充分就业可以增加劳动者的收入，提高社会购买力，刺激消费需求，加快商品流通速度；而消费可以创造出新的生产需要，促进投资增加，为生产提供动力和目的，从而拉动经济发展。

此外，充分就业还可以减轻政府的财政支出负担，减少各级财政为失业人口支付各种补助的费用，推进经济的持续增长。这可以说是其对经济增长的间接性影响。

南非的经济虽然整体表现强劲，但问题是如何降低其较高的失业率。全国的经济衰退使失业率大幅增加，从2008年年底到现在共减少了近一百万个就业岗位。

截止到2010年6月，失业率都维持在25%左右，也由此产生了严重的收入不均的问题。南非政府的政策导向是走出自1992年以来的首次衰退，这就需要在就业方面作出重大的调整。

据南非《经济日报》2010年11月24日报道，南非公布了正式的新经济增长路线，路线内容与外界预测的没有太多出入，但有几点还是引起了外界的注意，尤其是关于薪金的限制，拟限制企业管理人员年薪不得超过55万兰特（约合8万美金），工人月薪范围在3000～2万兰特之间。根据新经济增长路线，南非今后GDP要维持在4%～7%之间，截至2020年创造500万个就业。NGP的核心思想就是创造就业，口号是要提供给南非人民一个体面的工作机会。关于创造就业，NGP将分析经济体内以及商业相关领域创造就业的领域和行业，然后从国家政策和立法角度为这些行业提供坚强的支持，同时从宏观经济政策和微观经济政策方面为劳动密集型产业提供帮助，NGP是否成功的指标主要是就业率、经济增长率、减贫和经济环境。

在马克思《资本论》、亚当·斯密《国富论》、凯恩斯《就业、利息与货币通论》以及近代的宏观经济学论著中，充分就业始终是经济发展的首要目标，其次才是GDP、出口等等增长目标的实现，只有实现了就业的稳定，才能实现经济的增长和社会的协调可持续发展。

充分就业支撑经济成功的范例首先当属二战后的日本。1961 ~ 1970年，日本政府实施了“国民收入倍增计划”，以“高速增长、提高生活水平、完全就业”为目标，通过制定最低工资制度，使人人都能有工作、有收入，最大限度地实现了完全就业。这一计划的实施，使日本国民生产总值年均增长11.6%，国民收入年均增长11.5%，都超过了7.8%的计划目标，二者实现了同步增长。

可以说，完全就业有力地支撑了日本战后经济的高速发展。再以瑞典为例，瑞典一直奉行“每个人就业”或“充分就业”的就业原则。1945 ~ 1991年间，瑞典的最高失业率只有3.5%，尤其是20世纪70年代的失业率一直处于1.5% ~ 2.7%之间，20世纪80年代的平均失业率仅为2.5%，这也正是它成为高福利国家的基础。

经济发展中有一个“蛋糕理论”认为，发展经济如同做一个蛋糕，首先应该强调把蛋糕做大，在做大的过程中，参与做蛋糕的人自然会得到相应的收益，等到蛋糕大到了足够的程度，再来考虑二次分配的问题会更加容易。但这其实是一个悖论，因为如果不在做蛋糕的开始阶段强调机会的公平性，在蛋糕已经做大之后，由谁来决定分蛋糕的方式？没有机会参与做蛋糕的人是否能够还有机会来参与二次分配？因此，发展的机会应该对于所有人都是公平的。包容性增长的核心理念正是强调这种机会的公平性。

如何实现经济发展中机会的公平性呢？就是促进就业。通过人力资源开发，为所有人提供参与竞争的机会和条件，提高劳动者素质和能力，在公平竞争中实现就业的充分性，这需要制定战略性的人力资源开发规划。同时，还应提供合理的社会保障，免除竞争者的后顾之忧，激发人力资源的活力和创造性。

中国经济增长的源泉在哪里

人类历史上出现了经济的持续增长，这是前所未有的现象，因为一些国家创造了条件，让它们的绝大多数人民可以从事专业化的工作，可以进行交易。稳定的社会秩序过去是，现在也仍然是基本的前提，在此社会秩序下，法制完备，人们有理由自信地启动项目，他们相信只要付出努力就能够享受到成果。

近30年来，中国经济取得了举世瞩目的成就。但由于中国市场经济体系已基本建立、新型全球分工格局的出现、人口结构逐渐向老年社会过渡、城市化进程已经度过加速期、重化工化阶段已经完成，因此中国经济增长的传统支撑点已经开始步入其衰退期——体制变轨的资源配置效应开始衰退；全球化红利开始步入平稳发展阶段，国际贸易的加速增长将被贸易平稳增长所替代；人口红利已度过拐点，人口负担的反向效应开始出现；

城市化虽然依旧会稳步提高，但其产生的增长冲击力量在加速回落；工业化虽将进一步发展，但第二产业占GDP的比重将在工业的深度发展和服务外包发展的作用下而不断降低。因此，人们看得见的一个增长源泉的大变革图景呈现在所有决策者和研究者的眼前。

在中国高速经济增长的传统源泉发生变异的情况下，未来我国经济可能的新增长源泉主要体现在以下几个方面：

1. 扩大内需

改革开放以来，外需持续扩大带来的出口快速增长，一直是拉动我国经济增长的重要因素。2007年，出口占我国GDP的比重已达37.5%。

但是，由于金融危机，美欧经济放缓，甚至出现衰退迹象，直接影响我国的出口需求下滑。所以不管现在还是将来，外部需求是难以长期为我国提供可观的经济增长动力的，扩大内需才是经济增长的源泉。

长期以来，由于政府工作的重心在投资上，我国经济增长主要的推动力来自投资，消费增长和投资增长不协调，消费增长在两大内需增长中长期处于明显滞后状态。我国最终消费占GDP的比重已从20世纪80年代的超过62%下降到2005年的52.1%，居民消费率也从1991年的48.8%下降到2005年的38.2%，均达历史最低水平。而按照世界银行的统计，2003年全球平均最后消费率约为77%，中国明显要比世界平均水平低。最终消费率低，说明在GDP的分配和使用中，消费的扩张力低，尤其是居民消费的扩张力低。我国经过几年来的调整，虽然投资增长和消费增长的协调性有所增强，但是和世界平均最终消费率相比，说明我国消费需求未来的增长空间还很大。

2. 城市化

城市化可以是人类制度创新的重要部分。城市化的作用是奇妙的。同样数目的劳动、资本，如果改变它们的空间分布，将它们集中起来，在同样的技术下它们竟能生产出更多的产量来。难怪大多数人只要能够在农业之外找到谋生手段，就会选择到人群聚集的城市生活，这一现象绝非偶然。

当存在规模报酬递增时，只要这种因规模报酬递增带来的好处没有穷尽，企业就会不断地扩张生产，以便从平均成本的不断下降中获益。在该过程中，企业自然会雇用更多的工人。而工人则会选择居住在靠近企业的地方，以减少通勤成本。随着人口越来越集中，为了满足该地区人们的各种消费需求，服务业就会应运而生。如果企业间彼此聚集，则每个企业都可通过共享某些公共投入，例如同一劳力市场、公共资本、城市基础设施、商业信息及新的技术革新等，降低它们各自的生产成本。由于这些公共投入或准公共投入的非排他性和非竞争性，使得一个企业使用这些投入不会影响其他企业的同时使用。通过聚集在一起，这些企业可以显著地降低生产成本。

一旦企业决定设立在城市地区，无论这些企业是否存在规模报酬递增，只要通勤是有成本的，那么它们所雇的职工及家属都会选择居住在企业附近。难怪在发达国家，70% ~ 80%以上的人口居住在城市及其周围。如拉丁美洲的一些发展中国家，城市化水平也上升得很快。在无法负担同时建设多个大城市的贫穷国家，通常会有一两个城市扩张得很快，因为新兴企业及其雇员都会试图向这些城市转移，以便通过分享聚集效应而获益。

3. 发展服务业

中国服务业在GDP中的占比过低是制约中国产业发展和需求提升的一个核心因素。事实上，目前中国服务业在GDP的比重与世界平均水平、低收入国家水平、高收入国家相比分别低30个百分点、7.3个百分点和33个百分点，即使与印度、韩国、巴西等国相比也分别差12.6个百分点、17.4个百分点和24.3个百分点。由此，中国作为一个经济大国，其服务业发展的可能空间之大与中国消费发展的空间是大致相当的。如果我们的第三产业占比能够在未来15年达到世界平均水平，那么每年提升的空间将达到2个百分点，带来的GDP增长也直接高达4个点左右。为什么服务业占比的提升能够带来如此大的推动呢？其核心原因在于以下几个方面：

（1）通过提高服务业的产业关联性来挖掘服务业拉动经济增长的潜力。

由于与西方发达国家服务经济的经济性质相反，中国经济总体上表现出制造业为主的特征。因此，要改变技术上只是集中于如何生产产品的传统思维和投入方式，而要加强围绕生产过程的各种服务业的展开与深化，来提升最终消费对服务业的提升的作用。

（2）服务业生产率的提高对有效提高制造业生产率有明显的作用，服务业的提升将进一步提高和强化中国制造业的竞争优势。

（3）服务业对于提升就业的空间很大，公共政策要充分考虑并重视社会服务业和卫生体育及社会保障等服务业对于吸纳就业的重要作用。

收入差距扩大对经济增长是好事还是坏事

里根和布什总统任内，美国人收入的差距明显地扩大。不过，由国会中期选举的结果看来，选民并没有因为这个问题而反对共和党。原因可能是选民知道收入不均的现象和经济增长有关。如果收入差距扩大，是人力资源的投资报酬率提高的结果，那反而是加快经济增长的推动力。

按照经济学家的观点，生产与分配的关系就是做蛋糕与分蛋糕的关系，没有蛋糕就谈不上分，没有生产的发展就无法谈及缩小分配的差距。因此，正确认识收入分配差距，考虑问题的着眼点首先应该是如何做蛋糕，而不是分蛋糕。由于社会上个人的生产要素和能力的不同，在做蛋糕中所起的作用和所作的贡献大小也不同，为了把蛋糕做大，就必须有一种激励机制，把对做蛋糕的贡献大小与收入分配联系起来。除了按劳分配以外，应该鼓励按生产要素进行分配，在效率优先，兼顾公平的分配原则下，按对做蛋糕的贡献大小进行分配。如果不把蛋糕做大，不讲贡献大小，而是只讲平均分配，那就不可能达到共同富裕的目标，而只会仍然是共同贫穷。

法国思想家让·雅克·卢梭在1755年完成《人类不平等的起源》这本书以来，不少人在谈到收入不均的问题时，几乎都是强调不好的一面。不过，在现代经济里，教育水准高，而训练有素的劳工是不可或缺的。不论是电脑等相关产品的制造生产，还是其他大部分的制造业和服务业，都需要知识丰富的劳工。当人力资源的投资报酬率上升，或是投资在教育上的金额提高时，经济增长就会加快。

收入差距扩大是人力资源的投资报酬率提高的结果，而这正是加快经济增长的推动力。

诺贝尔经济学奖获得者美国经济学家加里·贝克认为，过去20年来，美国所得差距扩大的原因，是教育训练的投资报酬率升高了。而收入差距扩大以及市场对技术劳工需求旺盛的现象，也间接刺激了经济增长，因为年轻人更觉得有必要在教育及训练上自我投资。从这一意义上看，加里·贝克认为，收入差距扩大对经济发展未必是件坏事。

然而，加里·贝克同时也看到，虽然人力资源的投资报酬率提高了，但收入水准较差者的收入状况，却更加恶化。高中辍学者或没有什么技术的人，不仅实际收入比不过受过教育和训练的人，就连工资水准都要低许多。因此，他进而认为，改善低收入者教育及训练机会对于缩小收入差距就显得更为重要。各级政府应该通过政策来帮助他们。

收入差距拉大对经济增长具有两种效应，即改善效应和恶化效应。

改善效应是指收入差距拉大一般会带来资源集中，产生规模效应。在这种情况下，可流动资源将被配置于需求更大、效率更高的领域，从而有效避免资源闲置，促进经济增长。一般而言，在经济发展初期，收入差距拉大的改善效应明显。资源的有效集中，有助于发展生产力，提高总体经济效益。

恶化效应是指收入差距拉大成为经济增长的瓶颈，在一定程度上阻碍经济增长。这主要包括两种情况：一是高收入人群边际消费倾向较低，而低收入人群边际消费倾向较高。在收入一定的情况下，若收入分配均衡，则总体消费水平较高；若收入分配不均衡、差距较大，则总体消费水平将降低。消费不足，经济增长就缺乏动力。二是低收入人群没有资金进行人力资本投资，受教育水平较低。经济发展到一定阶段，人力资本不足会严重阻碍经济增长。

发达国家的发展实践表明，改善效应与恶化效应在一个经济体中可能同时存在，收入差距拉大对经济增长的最终影响取决于两种效应影响程度的对比。在我国，不同时期的收入差距拉大对经济增长的影响效应不同。在改革开放初期，收入差距拉大通过影响消费结构和储蓄水平，促进了消费需求和投资需求，带动了经济增长，即收入差距的改善效应更为突出。但不断扩大的收入差距又导致社会需求不足，从而对经济增长产生阻碍作用。

经济总量的急剧膨胀往往带来收入差距拉大和贫富分化，类似的情景在几乎所有经历过快速增长的国家的历史上都发生过，人们处置的方法不同，结果也不同。有一些国家成了当今世界上的“成功国家”，另一些要么坠入了动荡不安的泥淖，要么重新回到了贫困的深渊。

目前我国消费长期低迷、人力资本结构提升缓慢的原因有很多，其中收入分配结构不合理是一个重要因素。

从基尼系数看，我国贫富差距正在逼近社会容忍的“红线”。国家发改委宏观经济研究院教授常修泽介绍，对我国的基尼系数目前各机构认识不一，被学界普遍认可的是世界银行测算的0.47。“我国基尼系数在10年前越过0.4的国际公认警戒线后仍在逐年攀升，贫富差距已突破合理界限。”

当前，由于外部需求持续低迷和投资需求驱动不可持续，促进经济持续稳定增长，一方面需要扩大居民消费需求，另一方面需要加快人力资本结构优化升级，使经济增长更多转向依靠科技进步和产业升级。因此，应把调整收入分配结构、促进收入分配公平作为增强我国经济内生增长动力的重要切入点。

遏制收入差距拉大趋势，进一步增强经济增长的内生动力，应在初次分配环节建立健全中低收入者收入稳定增长机制，提升居民消费能力。在再分配环节，应提供更多的公共产品和服务，完善社会保障体系，改善消费环境，解除居民消费的后顾之忧。此外，还应增加教育培训支出，促进教育公平，加快人力资本结构优化升级，为经济发展和产业升级创造条件。具体来说：一是继续加大惠农政策力度，加大农村基础设施和公共服务投入，促进农民增收，培育和扩大农村消费市场；同时，加快经济结构调整和城镇化进程，创造更多的非农就业岗位，转移农村富余劳动力。二是深化垄断性行业改革，允许民间资本进入，增强经济活力，缩小行业差距。三是根据产业演进规律和不同区域的发展阶段，有针对性地实施相关政策，有序推进区域协调发展，并加大对中西部地区的财政转移支付力度，逐步缩小地区差距。

农村市场是中国未来的发动机

《中国新闻周刊》总编辑秦朗认为，中国经济的振兴最根本的出路还是要刺激内需。以投资和外贸拉动中国经济增长的发展模式已经持续了二三十年，已经发挥到极致了。我国的农民，人口几乎和整个欧洲的人口一样多。最大的问题就是欧洲人具有购买力，而我们的农民没有足够的购买力。我国东部地区彩电、洗衣机和冰箱的保有量差不多已经饱和了，面临的是更新换代的问题。而西部的广大农村地区，农民生活必需品的保有量非常低，据 2007 年的统计数据：2.3 亿户农村家庭中，电脑保有量只有 3% 多一点；洗衣机的保有量达 45.9%，算是高的，但是还有一半农民没有；电冰箱的保有量是 26.1%。但是这并不是因为我们中国的农民懒惰，我们中国的农民不聪明，实际上由于新中国成立以来几十年的城乡分治造成的，使得农民没有购买力。如果他们能够富裕起来，能够具有一定的购买力，仅仅是对家电类和服装类产品的需求就足够中国东部的制造业开工忙上很多年。如果能将农村的市场培育起来，至少可以支撑中国经济下一个 30 年的发展。

农村市场是中国未来的发动机，我们该如何开动这个发动机呢？

1. 继续有条不紊地推动新土改

实行了 30 年的家庭联产承包责任制，尽管确保了“耕者有其田”，解决了温饱问题。但也造成了土地过于分散、地块过于狭小的问题，难以达到规模经济的最低要求，制约了农业生产力的提高，难以适应中国粮食安全的需要。

据 2008 年 10 月 19 日正式公布的《中共中央关于推进农村改革发展若干重大问题的决定》，正式授权农村居民向其他个人或者公司流转为期 30 年的土地承包经营权，具体形式包括转包、出租、互换、转让、股份合作等，以发展适度规模经营。

2. 依靠合作组织提高农村市场主体竞争力

在大多数发达国家，独立的家庭农场是最基本的农业生产单位，构成农村市场体系的基础，各种形式的农民合作组织则是农民介入市场活动的基本组织形态，他们把分散的农民整合成有竞争力的市场主体。

比如法国在20世纪初就诞生了农民流通合作组织，建立农资合作社，通过共同采购降低价格，解决“买难”。随着生产力发展，农产品“卖难”逐渐突出，又建立了农产品收购、销售合作社，有综合类的，也有按品种、按环节分类的。小的合作社只有几个农户，规模大的已经发展为集团。

法国政府大力支持合作社的发展，一直实行优惠税率，并且长期规定合作社只能为社员服务，不得收购其他经济组织的农产品。

日本99%以上的农户都参加了农协。农户、农协、市场三者之间在产品销售中形成分工合作与利益共享关系，产销专业分工，从体制上为农户较好地解决了“卖难”问题；农户委托销售的方式，加上政府限定手续费的政策，减少了农产品的流通环节，降低了流通成本，最大限度地保护了农民利益，增加了农民收入。

我国可以通过国家的介入，建立自上而下和自下而上结合的农业协会，引导覆盖多数农户的趋势。小农只有被合作体系保护起来，才能避免市场弱势地位。合作体系只有联合全部小农，合作体系才能最终形成可观的利润来源和可持续的自我延续机制。也只有农村合作体系具有全国覆盖性，才能使国家和农民建立起直接的沟通。现在的一个县可能有上百个合作社，专业合作社可以以基层组织方式，更要发展基层的综合性合作的社区合作组织。这样做的目的是尽可能地让涉农的所有利润截留在协会内部。

3. 开发适合农民消费的品项，促使农村居民“想”消费

真正启动农村消费市场，还需要根据农村居民的现实需求，开发适合农民消费的消费品。农村消费者的消费心理与大城市截然不同，指望用城市里畅销的产品抢占农村市场往往只能是一相情愿。从产品的三个层次角度来说，大城市的消费者更加关注产品的技术性能、品位、精致性、品质、服务等，而农村的消费者往往更关注产品的实用层次和低价格，以及产品的份量；从品牌的角度来说，大城市的消费者相对认同某一两个品牌，而农村的消费者对品牌的忠诚度低，当然如果是名牌又低价那自然是最好的选择了。比如，卫生纸行业，在福建等地，大城市的消费者喜欢用空心的卷筒卫生纸，而农村的消费者则喜欢用无芯的长条卫生纸，因为无芯、长条、个子大，农村的消费者就觉得实惠。

4. 健全的市场信息服务覆盖农村市场

比如，美国农业部提供的市场信息涉及120多个国家、60多个品种。农民可以通过网络、电话和邮寄等方式，从美国农业部及其有关职能局得到一套完整的市场信息。

5. 通过市场细分，确定好目标市场

由于农村市场自身呈现出区域发展不平衡的特征，有着各自不同的需求特点，但也存在某种程度的相似性，需求的差异性和需求的相似性使得对农村市场进一步细分成为必要。进行细分时，按细分标准的不同，有不同的细分方法，农村市场刚刚处于发育阶段，进行细分时，可采用单一变数细分法，而不必划分过细。例如按收入水平不同，可以细分为东、中、西部三个细分市场。这三个细分市场的收入水平不同，消费结构也不一样，因此，商家应针对不同细分市场的特点投放不同档次和种类的商品。

6. 利用成熟的期货市场规避市场风险

成熟的期货市场，是农民生产经营的“晴雨表”，发挥着引导生产、稳定市场、规避风险的重要作用。

发达国家的农产品期货交易市场拥有合理的市场投资者结构，套期保值者和投机者广泛参与农产品期货市场。

比如在美国，60% 的粮食生产经营企业和 10% 的大农场主直接进入期货市场进行套期保值交易，中小农场主则间接进入期货市场。美国政府也鼓励支持农场主利用期货市场进行套期保值交易，不断扩大套期保值者队伍。美国农产品期货保证金通常为合约价值的 5% ~ 30%，同一资金可以具有 10 ~ 20 倍的获利机会，交易费用低廉，因而吸引了大量的投资者。投资者是期货发展的“润滑剂”，众多投资者加入不仅分散了农业价格风险，有利于发现农产品远期真实价格，而且提高了市场的流动性，形成了广泛参与的合理的市场主体结构。

农村改革助推中国未来发展

1978 年 12 月，党的十一届三中全会启动了中国农村改革的进程。经过 30 年改革，农村发生了巨大变化，取得了举世瞩目的成就。从影响来看，农村改革取得的成就可概括为五个方面：农业生产持续增长，农村经济协调发展，农民生活水平显著提高，农村基础设施明显改善，农村社会事业全面进步，农村改革初步形成了适合我国国情和社会生产力发展要求的农村经济体制，为我国农业的可持续发展奠定了坚实的基础。农村经济社会进入建设新农村和城乡统筹发展的新阶段。

我国的农村改革采取循序渐进的方式由点到面推开，由经济领域逐步扩展到政治、社会、文化等领域，发生了一系列深刻的制度变革和体制创新。我国的农村改革主要体现在四个方面：

（1）我国的农村改革创立以家庭承包为基础的有统有分的双层经营制度，双层经营制度有很大的弹性，有效地调动了农民的积极性，把农民从生产队的集中劳动中解放出来，给农民以充分的经营自主权，赋予农民自由支配劳动时间的权利，使农民转向乡镇企业和进城务工成为可能。

（2）我国的农村改革注重发挥市场在农业资源配置中起基础性作用。改革开放后，国家取消了农产品统购派购制度，逐步放开了农产品的经营，农产品实现了由市场定价，市场逐步在农业资源配置中起基础性作用。市场的发育改变了农村经济的微观基础，确立了农户家庭的微观经济主体地位，即农民成为自主的劳动者，家庭成为基本的生产经营单位，农业结构发生了显著变化。

（3）我国的农村改革注重发展乡镇企业，促进部分乡村工业化、城镇化。双层经营制度解放了农民，为乡镇企业的发展，提供了农村大量剩余劳动力，增加了社会产品供给，加速了市场经济的发展，增加了农民收入。很多地方已城乡不分，使当地乡村城镇化，走出了一条在乡村发展工业、促使乡村工业化、城镇化的新型道路，推动了全国工业化和城镇化的发展。

（4）我国的农村改革实行多种所有制经济和多种合作与联合。随着家庭经营向多方面发展、乡镇企业的普遍兴起和政策的放宽，农村出现了国家所有经济、集体所有制经济，有个体经济、私营经济，有合作经济、联合经济，有中外合资经济、外资经济等多种所有制经济共同发展的新局面。与此同时，也产生了多种与之相适应的经营方式，如承包经营、个体（家庭）经营、合伙经营、租赁经营、雇工经营、合作社、股份合作、股份公司、有限责任公司、企业集团、中外合资经营、外资独营等。多种经济、经营形式和多种分配方式，适应我国农村经济发展不平衡和极端复杂的情况，充分调动各种积极因素，群策群力发展经济。

另外，农村生态文明建设、农村文化建设和社会主义新农村都取得了巨大的成绩。

然而目前我国的农村综合改革还面临许多障碍，改革之路任重道远。

我国农村经济体制改革的主要任务并没有完成，真正意义上的市场农业体制尚未建立。目前我国市场农业的发育水平还很低，又遇到深层次的制度问题，农村土地市场、资本市场、劳动力市场、技术市场、人才市场、农资市场等发育缓慢，农产品市场甚至有所倒退。另外由于城乡二元结构的存在，要加快建立和完善城乡统一的户籍制度、就业制度、税收制度、公共财政制度、农村义务教育体制、医疗和社会保障制度，逐步形成以大病统筹为主要内容的农村公共卫生服务体系和农村保障体系等。农民收入低，就业问题严峻，都需要深化农村公共产品供给体制改革，缩小城乡公共服务差距。

我国的农业还处于粗放型阶段，要积极发展“高产、优质、高效、生态、安全”的现代农业。在保证粮食供给的基础上，加快科技创新和实用技术的推广，推进农业结构和生产方式的战略性调整，不断完善社会化服务体系建设，健全农业产业体系，提高土地产出率、资源利用率、劳动生产率，增强农业抗风险能力、国际竞争能力、可持续发展能力等。

农村的公共财政体系还有待健全，不断加大工业反哺农业、城市支持农村的力度。真正做到县级以上各级财政每年对农业总投入增长幅度高于其财政经常性收入增长幅度，真正把国家基础设施建设和社会事业发展的重点转向农村。要逐步完善具有我国自身特点的以产品和产业发展为核心目标的农业补贴制度，以农业和农村发展拉动农民收入的可持续提高。要加快发展农村公共事业，提高农村公共产品供给水平。

金融体制改革是农村改革的瓶颈，其对农业和农村经济社会发展的制约影响越来越明显。必须不断提高农业银行、农村信用社、邮政储蓄银行等正规金融机构支持“三农”的力度，探索建立政府支持、企业和银行多方参与的农村信贷担保机制。加快推进调整放宽农村地区银行业金融机构准入政策试点工作，加快推进农村合作金融的发展。

我国的农村改革要坚持解放思想、实事求是的方针，与时俱进，探索创新，因地制宜地推进农村改革。在改革过程中，要充分保障农民的物质利益和民主权利，调动农民的积极性，尊重农民的民主权利，以人为本。农村改革要坚持市场化改革方向，以建立社会主义市场经济体制为目标。

在中国，农村改革问题涉及方方面面，不是一个局部性的改革问题。譬如医疗改革、教育改革、社保改革，还有金融改革、国企改革、行政管理体制改革等，对于中国的发展来说都是非常重要的改革。尽管这些改革都很重要，但这些改革还是属于局部领域的、一个大的方面的改革。相对于8亿左右的农村人口，相对于发展程度远远滞后于城市的广大乡村，中国农村改革则不同了，它对于中国的未来发展具有全局性的、战略性的意义。

释放农村能量，激活财富增长活火山

随着我国人口的增加，人多地少的局面已是众所周知的问题，坚守18亿亩耕地这条红线也已经成了势在必行的硬政策。但是囤积在农村的2亿多剩余人口依然是国家的一个隐忧。不过，从另外一个方面来说，如果激活了这么多劳动力的话，将会大步推进我国经济的发展。

人口红利虽然曾一度促进了我国经济的迅猛发展，但光靠增加劳动密集型产业来吸纳剩余劳动力已非明智之举。因为2008年金融危机之所以波及面这么广，恰好就与我国长期以来依靠低廉劳动力发展的产业模式有着很大的关系。比如广东沿海一带，大都是代工企业。一旦国外金融危机来临，大量订单被取消，大量企业就开始纷纷倒闭。而国内那些拥有高科技和自主知识产权的企业却大都安然无恙。所以说，中央提出的加快产业结构升级是非常有必要，因为这才是长远的发展之道。

然而提高机器的生产能力必然挤压农民工的饭碗，这个道理马克思早已在百年之前就已经提出过了。发展高科技是国家强大的必然之路，发展劳动密集型产业是农民工的就业之本。这对矛盾该如何解决呢？如果仅把眼光局限于一个固定的圈子之内，那必然没有破围之术。有人经过调查研究发现，我国除了看得见的18亿亩耕地资源外，还有43亿亩林地资源还未得到充分的利用，大量林地其实一直都是光秃秃的一片荒芜。在我国，山区面积占了国土面积的69%，山区人口占总人口的56%。江西省林业厅厅长刘礼祖说："俗话说靠山吃山。可山区人"靠山"吃不上山，守着"金饭碗"过穷日子。这些不合时宜的林业产权制度一定要改革。一定要把原本属于农民的山还给农民，把本该属于农民的利还给农民！"

从2003年到2004年，福建和江西两省率先开始探索集体林权制度改革，把集体林地经营权和林木所有权落实到农户，确立农民的经营主体地位，将农村家庭承包经营制度从耕地向林地的拓展和延伸，极大地解决了人多地少的矛盾，吸纳了一大批农村剩余劳动力。使当地山区林区乃至整个农村发生了深刻变化，焕发了新的生机和活力。许多地方连年苗木脱销，价格猛涨。更重要的是，随着木材价格的上涨、林地价值的上升，农民的"钱袋子"也开始鼓了起来。在福建南平、三明等主要林区农民的林业收入已经占其总收入的50%。用江西省武宁县长水村村民卢位宝的话说，集体林权改革让他的生活发生了"天翻地覆的大变化"。1989年双亲离世，给他留下近万元的债务，他只得背井离乡外出打工，一去就是10余年。2003年，得知林改后卢位宝回到家乡，分得了300多亩林地，3年后，通过木材销售和加工笋干，收入达到7万元，并很快成了"有车一族"。

2007年4月，中央领导在江西考察时，对江西集体林权制度改革给予了高度评价，并要求很好地总结江西集体林权制度改革的经验，下决心在全国推进这项改革。林权制度的改革，将极大地解放农村生产力。

但仅仅如此，还远远不够。因为，众所周知，用中国有限的资源，解决世界1/5人口所有问题，显然是不可能的。这就要求我们的思维不能局限于国内。无论是在北方的俄罗斯、南方的澳大利亚，还是我们东面的拉美地区或是西面的非洲大陆，都有大量的土地无人耕种。俄罗斯的蔬菜大棚，美国的西洋参基地和日本人的水稻田，都开始寻找中国农民承包耕种。比如，美国五大湖区的75%的西洋参基地都是福建人在承包，俄罗斯南部的大棚蔬菜基地也都是中国农民常年守候的。而在望眼欲穿的非洲各国，更是死抓住河北保定村的农民不放手。目前，在保定村的组织者刘建军的带领下，当地农民分赴刚果、科特迪瓦、肯尼亚、赞比亚、乌干达等国兴建跨国农场。在安哥拉，每斤西红柿、大白菜买到了5美元左右，河北保定农民到非洲各国种田大都发了，丰收之后，再在当地花钱买几根鳄鱼皮，运回保定白沟做成昂贵的鳄鱼鞋、包系列进行售卖。随便一件都能卖到上千元。

另外，很多人都主张刺激农村消费。可有一个大问题就是，农民没钱的话又怎么有能力消费？于是有的专家就提出了想办法松绑小产权房的策略。小产权房，是指在农民集体土地上建设的房屋，未缴纳土地出让金等费用，产权证不是由国家房管部门颁发，而是由乡政府或村政府颁发，价格只有同样位置商品房价格的40%～60%。如果能将“固而不流，流而不畅”的农民住宅固定资产盘活了，使它们能够交易起来，流通起来，流得其所，就能够使中国巨大的农村市场潜能激活，变成第二个房地产支柱企业，拉动中国经济的快速增长。据他们调查计算，2亿农户家庭的房子大都在100平方米以上。如果200多亿平方米的房子，平均按照1000元1平方米计算就蕴藏着20万亿元，如果按照2000元估计，就可以达到40万亿元升值潜能。如果各级政府能够像早年公房改私房那样，低价将农村每户1亩3分地拍卖给农民，即使是1万元1亩地，那么每户1亩3分地也可以收取13000元，再乘以2亿户，政府就可以净收2万6000亿元土地款。而剩余的20万亿～40万亿元的巨额差价就会让广大农民受益终身。让广大农村富得流油，真正拉动农村需求大市场。

并且，城市居民到农村居住、投资，还将加快农村落后的服务设施的升级，提高农民剩余劳动力的就业率，激活农村消费市场，为农村带来新的发展机遇，加快农村向城市化迈进的步伐和新农村建设的步伐。同时，也能激活全国建筑、装潢材料市场和的房地产市场。至于有关风险保障问题，小产权松绑后允许议价交易的同时，再出台一套类似于汽车强制保险那样，从每户成交的小产权中提取20%的社会保险金。例如一套房子卖掉20万元就可以拿出4万元社会保险金。将来农民做生意砸了，也有个退步，靠社会劳保金4万元也能够养活自己。

应该说，这个观点对于农民增收，激活财富活火山来说是非常激动人心的。按照目前的趋势来看，松绑小产权应该是未来发展的一个方向。不过，中央和一些学者对于松绑小产权之后可能会危及18亿亩耕地红线的担心也是不无道理的。18亿亩耕地保障了中国85%的食品需求，但是截止到2006年底，耕地面积距离18亿亩的警戒线只差2700万亩。

因此如果耕地面积再减少1.5%，国内粮食将不能自给自足，中国将在粮食问题上面临受制于人的危险。因此，中央对土地流转和小产权松绑方面一直持有非常谨慎的态度。如何处理好应对金融危机与切实保护和珍惜每一寸耕地资源之间的矛盾，这需要很大的智慧，需要拿出十二分的胆量和十二分的谨慎。

第三章　长期增长是可能的吗

增长理论的时间进化论

经济增长理论，是指研究解释经济增长规律和影响制约因素的理论。

一国或一个地区生产的产品和劳务总量的不断增加，即用货币形式表示的国民生产总值的不断增加。通常用一定时期内国民生产总值或人均国民生产总值的平均增长速度来衡量，其公式为：GNPt=GNPn（1+r）。公式中，GNPt 代表期末的国民生产总值；n 代表从开始计算的时期至期终的年数；r 代表平均增长率（亦称增长速度）。为了避免物价变动的影响，国民生产总值或人均国民生产总值都采用不变价格计算。

一般地，西方国家的经济增长是以国民生产总值通过价格变化调整后的年增长率来衡量；而大多数社会主义国家以社会总产值和国民收入经过指数化后计算其年增长率来衡量的。

从全世界范围来讲经济增长取决于取得有用物质和能源的多少，物质则包括了石油、煤炭、植物、金属、天然气等，能源则包括了水能、太阳能、核能、风能、地热能等。取得有用物质和能源受以下几方面的制约：发明、创造、新的技术，新的方法、自然条件、劳动力素质等。

自亚当·斯密创立经济学科学体系以来，经济增长就一直是经济学研究的主题。20 世纪 50 ~ 60 年代，美苏两大阵营进行国力竞赛，大力推行高速增长政策，促使经济学家对增长途径、增长源泉进行研究，并将凯恩斯比较静态的宏观经济理论动态化。哈罗德和多马是战后增长理论复兴的发起人，但他俩的模型对要素替代可能性作出十分苛刻的限制，认为劳动与资本只能按固定比例搭配，否认两者可替代。而要素长期存在可替代性是微观经济学的基本常识，哈罗德——多马模型明显与此微观基础相冲突。为此，MIT 的索洛等人在经典论文《对增长理论的一个贡献》中完全取消了刚性要素搭配比例的限制，代之以要素间完全可替代的总量生产函数，从而创立了新古典增长学派。20 世纪 50 ~ 60 年代是新古典增长理论的全盛时期。

到了 20 世纪 70 年代，增长经济学陷入低潮，原因是新古典增长理论的思想已经充分发掘，该说的几乎皆已说完。新古典经济学家们似乎才思枯竭，在新思想开拓方面停滞不前。于是，20 世纪 70 年代的新古典增长经济学陷入了枯燥无味和高度技术化的数学分析泥沼，主要是用庞特里亚金极大值原理方法重新阐述拉姆泽于 1928 年提出的最优增长体系，而这种最优增长模式与现实增长方式之间往往相差甚远。

20 世纪 80 年代中期以来，随着罗默和卢卡斯为代表的“新增长理论”的出现，经济增长理论在经过 20 余年的沉寂之后再次焕发生机。

新经济增长理论的重要内容之一是把新古典增长模型中的“劳动力”的定义扩大为人力资本投资，即人力不仅包括绝对的劳动力数量和该国所处的平均技术水平，而且还包括劳动力的教育水平、生产技能训练和相互协作能力的培养等等，这些统称为“人力资本”。美国经济学家保罗·罗默1990年提出了技术进步内生增长模型，他在理论上第一次提出了技术进步内生的增长模型，把经济增长建立在内生技术进步上。

技术进步内生增长模型的基础是：

（1）技术进步是经济增长的核心。

（2）大部分技术进步是出于市场激励而导致的有意识行为的结果。

（3）知识商品可反复使用，无需追加成本，成本只是生产开发本身的成本。

新增长理论最重要的突破是将知识、人力资本等内生技术变化因素引入经济增长模式中，提出要素收益递增假定，其结果是资本收益率可以不变或增长，人均产出可以无限增长，并且增长在长期内可以单独递增。技术内生化的引入，说明技术不再是外生的、人类无法控制的东西，而是人类出于自身利益而进行投资的产物。新增长理论主要有以下五大研究思路：

1. 知识外溢和边干边学的内生增长思路

强调知识和人力资本是“增长的发动机”，每一个厂商的知识水平是与整个经济中的边干边学，进而与全行业积累的总投资成比例的。通过这种知识外溢的作用，资本的边际产出率会持久地高于贴现率，使生产出现递增收益。也就是说，任一给定厂商的生产力是全行业积累的总投资的递增函数，随着投资和生产的进行，新知识将被发现，并由此形成递增收益。因此，通过产生正的外在效应的投入（知识和人力资本）的不断积累，增长就可以持续。

2. 内生技术变化的增长思路

强调发展研究是经济刺激的产物，即有意识地发展研究所取得的知识是经济增长的源泉。大量的创新和发明正是厂商为追求利润极大化而有意识投资的产物。由于这一研究与开发产生的知识必定具有某种程度的排他性，因此开发者拥有某种程度的市场力量。可见，创新需要垄断利润的存在，因此，这种经济不常是完全竞争的，它需要某种垄断力。但是，发明者的垄断地位具有暂时的性质，在新的创新出现时，它就会被取代并丧失其垄断利润。正是这种对垄断利润的求，以及垄断利润的暂时性质，使得创新不断继续，从而，经济就进入持续的长期增长中。

3. 线性技术内生的增长思路

其显著特点是生产函数的线性技术，产出是资本存量的函数。与新古典模式不同的是，这里的资本是广义概念的资本，它不仅包括物质资本，还包括人力资本，即两者的复合。它们在生产中未被完全替代，因而虽然每一种投入具有递减收益，但两种资本在一起就具有不变规模收益。从而随着资本存量的增加，产出同比例地增加，致长期增长成为可能。另外，这种思路还提出政府服务是与私人投入一样的生产性支出，是“增长的催化剂”。

4. 开放经济中的内生增长思路

强调政府贸易政策对世界经济的长期增长具有影响，即政府政策对技术投资结构产生的作用，将会使世界经济的增长状况呈现相应的变化。同时由于知识外溢和边干边学的作用，国际贸易对发达国家和发展中国家的经济增长都有促进作用，并且偶然的主要技术变化的作用可能会导致后进国家的“蛙跳”式增长，实现赶超。

5. 专业化和劳动分工的内生增长思路

提出劳动分工不仅如亚当·斯密所强调的那样受市场范围的限制，而且主要受协调成本以及可获得一般知识的数量的限制，并且分工的扩展与知识的积累相互作用。如果参与分工的人数在协调分工的成本函数的弹性与其在生产函数中的产出弹性之间的相对差异小于人力资本的产出弹性，那么，均衡的增长率将大于零，即增长可以无限地持续下去。

增长率的提高并不代表经济在转好

经济增长通常是指在一个较长的时间跨度上，一个国家人均产出（或人均收入）水平的持续增加。经济增长是经济发展的“必要而非充分”条件。

经济增长率是末期国民生产总值与基期国民生产总值的比较。对一国经济增长速度的度量，通常用经济增长率来表示。经济增长率也称经济增长速度，它是反映一定时期经济发展水平变化程度的动态指标，也是反映一个国家经济是否具有活力的基本指标。它的大小意味着经济增长的快慢，意味着人民生活水平提高所需的时间长短，所以政府和学者都非常关注这个指标。

如果变量的值都以现价计算，则公式计算出的增长率就是名义增长率，反之如果变量的值都以不变价（以某一时期的价格为基期价格）计算，则公式计算出的增长率就是实际增长率。在量度经济增长时，一般都采用实际经济增长率。

经济增长率的计算分为两种，一种是年度经济增长率的计算，衡量的是两年之间经济的变化。年度经济增长率的计算比较简单，就是后一年的经济指标（如GDP或人均GDP）减去前一年的经济指标再除以前一年的经济指标，如果我们用百分数来表示的话还要再乘上百分百，比如我国2003年的GDP是61687.9亿元（按1990年价格计算，以下同），而2004年的GDP是67548.2亿元，因此2004年的经济增长率就是0.095，用百分数来表示就是9.5%。

另外一个就是年均经济增长率的计算，衡量的是若干年来经济的平均变化情况。年均经济增长率的计算就比较复杂，为了准确起见，我们用数学符号和公式来表述。假设一个经济变量y的值由初始值y_0经过n个时间段（比如年、月、日等）后变为y_n，则在每个时间段里y的平均增长率应该是$g=(y_n/y_0-1)/n$。举例来说，按1990年价格计算，中国1952年人均GDP为1250.2元，2004年人均GDP为5196.5元，则按照这个公式计算，这52年人均GDP年均增长率为6.07%。但是如果年均经济增长率比较小的话，也可以按照指数的形式来计算，计算公式是$g=(\sqrt[n]{y_n/y_0}-1)/n$。比如，以1996年美元来衡量，美国的真实人均国内生产总值（GDP）从1870年的3340美元上升到2000年的33330美元，则按照这个公式计算，美国这130年的人均年均增长率是1.8%。

但是，经济增长并不一定代表经济在转好。批评家们往往会质疑经济增长的实际意义，其原因是因为经济增长的衡量尺度是GDP，而GDP的增长不一定代表了生产力的发展。

举例来讲，A 国每生产 1 吨钢材需要 2 吨的煤，而同样生产 1 吨钢材的 B 国只要 1 吨的煤，那么从 GDP 的角度讲，假设这就是两国全部的经济事件，那么 A 国的 GDP=1 吨钢材 +2 吨煤，而 B 国的 GDP=1 吨钢材 +1 吨煤。所以 A 国的 GDP 是大过 B 国的，但是很显然 A 国的生产效率是落后于 B 国。

假如美国高速公路上相向而来的两辆汽车错身而过则对本年度 GDP 统计上不会有任何的影响；反而，如果两辆车发生了车祸，则需要出动警车、消防车、救护车，并且增加了清理路面的工作、保险金的赔偿以及未来新车的需求，这在 GDP 上可能会有上百万美元的增加。然而这一事件的本质是一个意外，而不是生产力的发展。

另外，高增长率也容易引起通货膨胀。比如，我们对中国增长模式的评价，可以列出许多数据加以论证。这里不妨作一个简单的逻辑推论。近一些年来，中国吸引外资数量在全球位居前列，这是一个基本事实。如果中国的增长模式仅仅是“粗放”、“低效”，那么，外资为什么不留在其他国家“集约”、“高效”的模式内，而要到中国来呢？逐利是资本的天性，如果中国不在某些方面比其他国家表现出更高的效率，外资到中国来就不合常理。当然，可以认为外资到中国是因为市场广大，这无疑是一个强有力的理由。但又如何解释这些年中国出口强劲，已成为世界第二贸易大国，而在中国的出口额中，外资企业生产产品占到一半以上的事实呢？这表明中国不仅具有消费上的优势，同时也有生产上的优势，在生产要素的组合和使用上有自己的独到之处。

要使经济增长得快，首先要建立正确的制度

18 世纪英国与法国的竞争，英国胜出的一个重要原因是，英国有有利于经济增长的市场制度。而发生在欧美国家政治革命的主要意义在于，建立起了一个好的市场制度。在制度体系中，社会分配制度、私有财产制度、政治民主制度等又是影响一国经济增长的最为重要的制度。西方国家经济发展给予我们的启示是：只有在好的市场制度下，一国的经济增长才有后劲和动力；经济发展的任务，不仅仅是实现经济增长，更重要的在于制度的建设、完善和不断地创新。

在全球化浪潮日益高涨的今天，西方发达国家的经济学家们，已经顺利实现了经济学范畴的转变：将“制度”纳入经济学的研究框架。技术问题已经不单纯是技术问题。支持 Intel 的 CPU 和微软的 OS 的，表面上看是大量的知识产权、技术创新，实质上是导致和保障“鼓励将知识转化为财富”的制度安排。反过来，Intel 和微软（以及以它们为代表的产业巨子）的领导者们，已经十分清楚地了解了这种“技术与制度”的共生、互动的关系。

在巨头们的全球战略策划案中，资源禀赋与制度安排，是形成竞争力缺一不可的两翼。他们已经不单纯是“推销”技术产品，而且要“推销”这种技术产品得以“运行”的制度环境，更重要的是，通过这种技术和制度的双重输出，将自己置于一个非常有利的、具备超前竞争优势的战略位置（制度安排）。

考察美国 20 世纪交易成本的剧烈变动，美国经济从处理自然环境的不确定性转移到了针对日益复杂的社会环境，改善经济绩效的主要方法是对制度的改进。

1870 ~ 1970 间，交易部门在美国经济中的比重从占 GDP 的 25% 上升至 45%，这反映了美国经济的重点已经发生了重大变化——从处理自然环境的不确定性转移至针对日益复杂化的社会环境。

交易部门的增加反映了市场规模扩大下的专业化和劳动分工的深化。交换的次数随着专业化的深入而增加，必然导致交易的增加。

交易成本的上升源于以下活动：

（1）产品和服务通常具有多种因素能满足消费者的需求。如果能衡量每一个个体因素，我们就能更准确地界定产权，增加个人的效用并减少总的交易成本。

（2）有效的第三方强制力的发展依赖制度与组织，但个人为保护自身财产所投入的资源总是会起到补充作用。

（3）合约的执行需要付出监督和评价以及合约是否得到履行的成本，并对违约行为作出有效的惩罚。

（4）专业化和劳动分工越发达的社会，知识的分布就越分散，整合这些知识也就需要更多的资源。

改善经济绩效意味着降低生产和交易成本，达到这个目的的主要方法就是改进制度。这包括建立统一的度量系统，创建有效的司法体系和执行机制，并发展制度和组织整合分散的知识，监督衡量合约的执行并裁定纠纷。这些活动直接的后果就是交易成本整体的急剧上涨，但上升的量总会被生产成本的大量下降所抵消。

在新制度经济学家眼里，将经济增长归结为技术进步已经成为表面现象。大多数新制度经济学者都认为，“事实上并不存在自由放任的经济”，任何社会、经济或者政治体制“都是由人构建的，并且这种结构在我们所处的这个有序的社会里，具有人为的功能”。

诺斯说出了制度经济学研究的具体任务，“我们不仅要在理论上能对每种要素和产品市场，以及对于我们来说非常重要的政治市场的制度结构给予定义和分类，而且还要分析在整个时期内制度结构的变化、演进”。大到社会政治、经济制度的安排，小到一个企业、组织的治理结构，从新制度经济学家的眼光看，已经成为社会竞争力的关键要素。

20 世纪早期美国知识产权系统的变化和司法界对这一变化所采取的对策，激励了企业在内部搞工业研究，并为了获取外部的技术而进行投资。由于联邦政府执行反托拉斯法的态度强硬，法院的裁决也肯定了专利权可以用来获得或保持市场地位，于是企业更有动力进行内部研发活动。而且更稳定的知识产权促进了知识产权市场的运转，使企业更易于用内部研发设施来获取技术。

新制度经济学结合经济增长与制度变迁的实证研究发现，“制度发展”对经济增长的作用，远大于“制度选择”这种僵化理解的作用。当然，制度是否可以“内生”的问题，依然是争论的焦点。将制度纳入实证研究的轨道，而不是“设计”制度，这种观点可以避免一些超越制度的力量“左右制度”。这种超越制度的力量，很容易将制度问题进一步转化为“选择问题”。因此，诺斯提倡的“不是设计，是实验”的观点，本身就是对“新制度经济学研究”给出的一种制度理念。

产权安排和交易成本，使我们的眼光开始关注“经济的权力”；“制度成本”的存在，使得“经济的权力”需要得到政治的权利的保障。这将成为思考现代化、全球化与经济增长的新的视角。

消费支出下小雨，整个经济下大雨

18世纪，一个名叫孟迪维尔的英国医生写了一首题为《蜜蜂的寓言》的讽喻诗。这首诗叙述了一个蜂群的兴衰史：

> 一群蜜蜂为了追求豪华的生活，大肆挥霍，结果这个蜂群很快兴旺发达起来。而后来，后有一位有识之士站出来说，弟兄们，咱这么挥霍，对资源是多么大的浪费，那可不应该啊！众蜜蜂认为言之有理。于是大家吃也少了，用也省了，开支立马小了许多。也正因此，大家每天干活都不必那么起劲了，因为不必挣那么多呀！没过多久，这群本来挺兴旺的蜜蜂，变得没了生气，日渐衰落。

由于这群蜜蜂改变了习惯，放弃了奢侈的生活，崇尚节俭，结果却导致了整个蜜蜂社会的衰败。这本书的副标题是"私人的罪过，公众的利益"，意思是浪费是"私人的罪过"，但可以刺激经济，成为"公众的利益"。这部作品在当时被法庭判为"有碍公众视听的败类作品"，但是200多年后，英国经济学家凯恩斯从中受到启发，提出了"节俭悖论"。引起20世纪30年代大危机的正是总需求不足，或者用凯恩斯的话来说是有效需求不足。

自1960年以来，美国每次经济增长减速，其中消费支出同比增长率下滑3个百分点及以上，会导致工业生产更大幅度的下跌，接着是资本支出下降，通常在谷底时资本支出比前一年同期下降4%甚至更多。大多数人认为2000 ~ 2002年的经济滑坡是由资本支出驱动的，而20世纪90年末技术泡沫的独有特点影响了资本支出的变化。然而实际上，经济疲软首先于1999年和2000年初体现在消费支出上，接着通过库存渠道影响到工业生产和资本支出。消费支出同比增长率在1999年达到峰值5.5%，而后下滑到2001年初的不足3%，此时资本支出与前一年相比下降了10%。从历史上看，在40多年的经济周期中，2000 ~ 2002年间资本支出锐减并无特别之处。而技术泡沫的破灭和2001年9月的世贸中心灾难的确产生了深远影响，但是，即使考虑这些影响，在2000 ~ 2002年的经济滑坡中，各经济组成部分的周期性变化仍然与过去周期中的表现一致。

值得注意的是，在过去大部分周期中，即使消费支出同比增长率连续几个季度走低，经济学家和资本品行业分析师通常还会对资本支出作出乐观预测。他们往往不能成功地预测到（或接受）个人消费支出增长明显放缓后，厂房和设备支出不可避免地跟着大幅度下滑。

消费支出同比增长率从其峰顶开始下降后，在较长时间内资本支出增长率仍然继续上升；相反，消费支出从谷底转而上升后，资本支出在未来6个月或者更长时间内仍然继续急剧下降。不严谨的预测人员通常不使用领先和滞后指标间的关系来预测，而是受资本支出滞后走势的影响，没有注意到消费支出变化率改变方向后，资本支出增长率仍然长时间地上升或下降，因此对未来作出了完全相反的预测。

1933年当英国经济处于萧条时，凯恩斯曾在英国BBC电台号召家庭主妇多购物，称她们此举是在"拯救英国"。在《通论》中他甚至还开玩笑地建议，如果实在没有支出的方法，可以把钱埋入废弃的矿井中，然后让人去挖出来。

已故的北京大学经济系教授陈岱孙曾说过，凯恩斯只是用幽默的方式鼓励人们多消费。我国经济发展的一个突出特点就是：储蓄率过高而消费率过低。因此，正确理解节俭悖论，有助于提高我们对高储蓄可能带来的不良后果的认识。

2011 年，3 月 27 日德国金融时报记者鲁特·芬德写了一篇文章《重庆，所有大都市之母》：

现在，这个巨型城市将晋升为超大消费圣殿，并成为同类项目的典范。这是一个让西方瞩目的计划。多年来，欧洲和美国企业一直抱怨来自远东的廉价竞争。现在中国终于准备成为销售天堂。

“内地潜力巨大，”一位在中国工作了十多年的德国经理说。德国巴斯夫公司现在正在等待最后审批，之后它将在重庆投资 10 亿欧元建设一个比德国总厂还大的生产厂，为其他企业提供初级化工产品。通用、菲亚特和福特公司早就在重庆和中国合作企业生产汽车了——只为当地市场。

此外，仍然很低的工资正吸引更多企业进入内地。苹果公司的供货商富士康公司已经把一部分生产转移到重庆。也由富士康供货的惠普公司去年在这里建造了其最大的工厂，打算今后每年生产 8000 万台笔记本电脑。

古老和现代在那里的每个角落相互碰撞。热衷于消费的中国年轻人在售卖阿迪达斯等西方品牌的商店里闲逛，附近街上则有瘦弱的商贩挑着水果筐叫卖，工人都挤在狭小的餐馆里吃。

德国记者是从中国的消费中看到德国企业的生产机会，毫无疑问的是，随着重庆农民转为市民，其潜在的消费能力被挖掘出来，必将带动汽车、电脑、餐饮等各个行业的生产。

在德国，政府劝告居民要对未来持更加积极的态度并鼓励个人更多地去消费。迈因哈特·米格尔认为，政府在这个问题上的政策是“非常矛盾”的。一方面，政府要求居民要为养老积累资产，而另一方面，又要求居民在购物时表现得更加积极。

2007 年，德国政府为了解决经济增长乏力、失业率高居不下、财政赤字屡屡超标等财政问题，提出一项向富人加征税收的决议，将增值税率从 16% 提高到 19%，并将年收入 25 万欧元的单身个人和年收入超过 50 万欧元的夫妇，税率由 42% 提高到 45%。结果这一措施不但没能积极促进经济的发展，却在压抑了富人消费后，严重地打击了零售业的发展，并让更多人因减少的消费需求而失业。由此，还引发了产业界和民众的诸多不满。

只有消费才能拉动生产，才能让整个经济活动持续和循环起来，明白了“节俭悖论”的内涵对于我国这样一个崇尚节俭的社会具有积极的意义，我们应该根据自身的收入水平适当消费，而不是一味去节俭，这样对自身、对社会都具有积极作用。但是，“节俭悖论”并不是要求我们要选择一种奢侈的生活方式，我国是一个口众多的国家，自然资源尤其是能源非常紧缺，非常有可能成为制约我国未来经济发展的主要因素，所以理性的选择是“有选择的奢侈”，而不是一味的、不分场合的奢侈。因此，我们不仅要让自己合理增加消费，也要大力提倡理性消费，理直气壮地反对浪费。

藏富于民，经济增长的强大内动力

中国经济过去30年的超高速增长，可谓东亚奇迹。浙江经济无疑是中国经济的一个区域“奇迹”，不仅远高于全国水平，而且高于沿海绝大部分省域经济。

按照有关统计数据计算,从1978～2007年间的30年,中国经济年平均实际增速9.8%,浙江经济年均增速13.2%，高出全国平均增速3.4个百分点。世纪转折前后浙江人均GDP跃入全国省域经济第一，自那以来连年保持了全国省域经济第一的位置。2008年全国人均名义GDP勉强迈过3000美金大关，浙江人均GDP率先突破6000美元。同年浙江农村农民“人均纯收入”超过8000元人民币，是全国平均水平的2倍多。要知道，浙江是个自然资源贫乏的省域，尤其缺乏能源、矿产等战略性资源，外加早期国家投资少，改革开放最初20年外资很少光顾，平心而论，达到这样的增速无疑是个奇迹！

浙江经济发展中有个重要的现象，这便是“藏富于民”。浙江经济增长本身靠了源自民间的创新，同时也在很大程度上让民间“老板”和百姓分享了增长的成果。浙江二、三产业中的生产性资本，私人资本占了一半以上，而别的沿海发达省份仅占1/4～1/3,其余要么归于“公有”，要么归于外商。这也意味着，浙江省个人通过资本所有权参与国民收入初次分配的比重，不仅远远高于全国平均水平，而且远远高于沿海几个最发达省份。其“藏富于民”特征明显。

亚当·斯密说过：“在一个政治修明的社会里，造成普及到最下层人民的那种普遍富裕情况的，是各行各业的产量由于分工而大增。”浙江以往30年经济发展创造的一些“奇迹”，虽然还不能说“导致了最下层人民的普遍富裕”，但必须承认的是，比之中国大陆别的区域来，下层民众富裕的“普遍程度”要明显得多，至少可称为“较普遍的脱贫致富”。

藏富于民的经济才是最有利于老百姓的经济、最可持续的经济、贫富差距最小的经济、最符合和谐社会要求的经济，国有经济次之，外资经济最危险。

众所周知，从过去语境中对“国强民富”的强调，现在已经越来越转向“民富国强”。“国”与“民”之间顺序的调整，背后是一个深刻而美好的理念在支撑——发展成果要向“民富”倾斜，且未来中国必须藏富于民。但现实却不得不正视：一方面，民众之间的收入差距在不断拉大；另一方面，居民收入增长与GDP增长水平相比，处于偏低状态。这些现实，让人担忧。“民富国强”一语，出自东汉赵晔的《吴越春秋》。在先贤那里，唯有民富国强，方能“众安道泰”。管仲亦曾说：“善为国者，必先富民，然后治之。”《论语》中有子对哀公说：“百姓足，君孰与不足？百姓不足，君孰与足？”古人非常有智慧，对民富与国强的逻辑看得很清楚。

“民富国强”之意，既包含着社会财富在国家与民众之间的合理分配，也包含了社会财富在社会大众之间的合理分配。但不得不指出，这两类分配，目前都还存在着不少问题。而分配不当，分配秩序不清，并不仅仅是一个经济问题，还是一个社会问题，甚至会演变成为一个政治难题。国家强大了，民却不富，或者民众间收入差距不断拉大，在一定程度上影响着社会稳定。

目前的情况是，少数人先富起来了，而大多数人还远未实现共富的理想。从国家到地方，连年高速增长的财政收入与农村居民人均收入和城镇居民人均可支配收入的增长形成了较大的反差。耶鲁大学陈志武教授的研究表明，1995 ~ 2007 年，国家财政收入翻了 5.7 倍，平均每年上升 16%，而城镇居民的可支配收入平均每年增长 8%，农村的纯收入年均增长 6.2%。同期，中国的 GDP 是按照每年平均 10.4% 的速度上升，而城镇居民特别是农民，这两个群体的增长速度要慢很多。于是，才有了老百姓的无奈发问：手中无钱，何以消费？

在美国，花 29 美元可以买一件 POLO 的秋大衣，花 23 美元可以买一双 Clarks 的凉鞋，初看到这个数字你会以为美国经济崩溃了，破产了，有种大甩卖的感觉。

实际上不是。如果每个月赚 4000 美金的话，花 1 美金可以喝杯咖啡，300 美金买个笔记本电脑，200 多美金就可以买一双名牌的意大利皮鞋，50 美金就可以请几个朋友吃一顿，所以在美国消费起来是很幸福的。

据统计，2007 年美国平均每人进影院观看电影 6 部，而我国 2007 年平均每人进影院观看电影仅 0.1 部，有媒体调查后发现，竟有“八成市民 5 年没看过电影”。同时有分析指出，美国的一张电影票价相当于人均月收入的 1/400，韩国的一张电影票相当于人均月收入的 1/350，而中国的一张电影票相当于人均月收入的 1/20，按照这一标准计算，中国的电影票比美国贵了 20 倍。是什么原因使得一种大众形式的娱乐文化变身为奢侈消费，我们的消费到底怎么了？

这一切都因为我们没有做到“藏富于民”。

金融危机已经让我国对于长期依赖的出口导向型的增长方式有所调整。目光由外向内转，坚持将扩大内需作为经济发展的基本立足点，作为保增长的根本途径，成为共识。扩大内需必须走消费之路。居民消费作为最终消费，可以带动中间消费，更为直接有效持续地拉动经济增长。

过多的财富集中在政府手中，这并不是一件好事，更不是一件值得骄傲的事。有专家认为，低税率有助于中小企业的发展和刺激经济的全面增长。通过减税促进经济发展，这在各国屡试不爽。事实上，中国历史上的每一个盛世，也都是“与民休息、轻徭薄赋”的结果。

藏富于民，一言以蔽之，让每个人手中握有财富，让大多数人而非少数人占有大多数的社会财富，让财富更多地聚集于民间。如何做呢？最基本的当有两点。首先，要让百姓手中有钱，千方百计增加居民收入，提高消费能力。工资性收入在居民收入中占有绝对地位，因此，在初次收入分配中不仅要体现效率，更要实现公平，提高劳动报酬在初次分配中的比重，让劳动力付出能够换取更多的回报；其次，要让百姓敢于花钱，提高消费信心。国家财政必须大幅增加对“三农”、教育、社会保障和就业、医疗卫生等公共服务和民生领域的投入，加快社会保障体系建设，逐步解决老百姓的后顾之忧。

扩大内需是中国经济增长的关键

扩大内需，即扩大经济体内部的需求。内需，即内部需求，包括投资需求和消费需求两个方面。扩大内需，就是要通过发行国债等积极财政货币政策，启动投资市场，通过信贷等经济杠杆，启动消费市场，以拉动经济增长。对我国这样一个发展中大国来说，拉动经济增长的最主要力量仍然是国内需求，这是我国经济发展的坚实基础。

随着经济全球化程度的加深，国际市场风险加剧，外贸出口难度也日益加大，加之经济发展不平衡，大部分居民购买力低下等原因使得我国扩大内需既非常必要又充满难度。

那么我们如何才能扩大内需呢？

1. 让老百姓有钱可花有钱敢花

以国内银行里面有高得惊人的"储蓄率"为铁证，我国国内的确拥有庞大的资金只是储蓄并没有消费。但问题是，这些钱大多数都不是属于中国普通老百姓的，大多数老百姓都是没有钱的。比如最近广州各地推算出一系列人均年收入达到4万元，粗略计算一下，月收入达3000多元，如果老百姓真的有3000多元收入，相信确实有很大的底气能够消费，但问题是，所谓的人均年收入计算方法，不过是由一大批年收入不足一万的人与极少部分年收入过百万的"富有阶层"简单平均数。

实际上，只要普通百姓都有钱了，不用刺激他们也会乐意进行消费，可问题就是他们没钱消费，特别是高物价、低收入、贫富差距拉大等原因使得老百姓更没钱消费。所以说，扩大内需的基本面是要普通人有钱花、敢花钱。要让老百姓有钱可花最关键的就是扩大就业、缩小贫富差距、大幅度提高普通百姓的收入，进而提高大部分老百姓的收入，让他们有钱消费。

敢花钱的前提是，政府对于公共财政要借助于扩大内需和增加对于公共设施、公共福利等方面的投入，使老百姓没有后顾之忧。基于当前老百姓在子女教育、养老、医疗、住房等方面的保障尚没有切实取得更大的成效，因此，中国普通老百姓都有一个很普遍的习惯——储蓄，不到万不得已这钱是不敢花的。因此，要创造条件，营造一种让老百姓敢花钱的环境条件，让他们在花钱的时候有安全感。

2. 将土地所有权还给农民

中国农民的贫困不是一般的群体性或阶层性贫困，因为它其实标志着我们中国整个国家的贫困，也必然导致我们中国整个国家的居民消费率的低下。这是因为我国农民的人口比例不是少数，而是占人口的大多数。为此我们说，造成我国长期内需不振和消费率低下的原因可能有不少，但最主要的原因是在时下还普遍存在着的一个巨大的社会不公：城市人可以拥有所从事产业的资产所有权及自有房产的抵押融资和交易权并使之成为自己的财富，而人口数量占比多达近2/3的农村人却没有。

实践早已证明，土地集体所有制下的土地所有权不在农民个人手里，占全国资产总值比例巨大的农用土地就无法资本化。不仅农民无法享用这笔巨大的财富，就是中国这个国家也因这笔巨大财富的长期沉睡而难以富裕起来。人们可以设想一下，如果作为五大生产要素之首的土地，包括附着其上的农民的住房，不能资本化，也就无法成为财富，这样，那些第一产业——农业的从业者农民还能不贫困吗?

3. 中和以往“重投资、轻消费”的畸形模式

扩大内需，包括扩大投资和消费两大块。多年来，我国一直“重投资，轻消费”，经济的较高增长主要靠投资带动。消费不旺，本应对投资产生约束和抑制，但近几年，投资冲动显然脱离消费需求，各地争着上项目、铺摊子，投资规模急剧膨胀，一些行业盲目投资导致产能过剩的不良后果正在显现。

产能过剩，引发库存积压、价格下跌，一旦市场有变，将造成企业停产和职工下岗，使银行呆坏账增多、金融风险加大，影响经济发展和社会稳定。而社会生产的增长超过了社会购买力的增长所导致生产相对过剩更是经济危机发生的首要诱因，这是我们必须警惕的。

我国经济正处于上升周期，工业化、城镇化、市场化步伐加快，人均GDP已超过4000美元，按国际通行说法，这恰是消费水平快速成长的黄金时期。让消费马车跑得更快，与投资和出口并驾齐驱、协调发展，不仅十分紧迫，而且完全可能。

4. 充分发挥直接融资渠道的作用

单靠银行间接融资渠道已经满足不了资金市场的需要，必须要发挥直接融资渠道的作用。其中之一便是股市。比如“5.19”事件使得长期低迷的股市一下子进入了新一轮的牛市，股市上涨也使得原本处于停滞状态的公司上市步伐大大地加快。

5. 充分发挥民间商业信贷的活力

金融市场越来越走向多元化趋势，企业既存在着生产性的需求，也存在着投资性的需求，而且，越是小型企业这两种行为越是合二为一，因此，对大银行来说，往往难以区分企业行为上的差别，只有那些小型的、地区性的民间金融机构才具有这方面足够的信息和精力做这些事情。从市场竞争效率角度看，小型的、地区性的民间金融机构通过改善信贷质量、提高服务效率和水平等几个方面开展竞争。一定程度上也会打破目前国有商业银行的垄断局面，建立并完善有效率的竞争性信贷市场。

6. 调整严重失衡的经济结构

为了扩大内需，我们施行了4万亿投资计划，刺激楼市，放大房地产投资限制，家电下乡，实行十大产业振兴等措施。但这都是政府主导的基础设施与基建项目，民间投资并没有带动起来。大量的信贷通过国企大量流入股市、楼市，造成极大的资产泡沫。少数地方政府为了政绩工程，通过地方债务系统大量融资，投入水泥、钢铁、汽车、电解铝等大量过剩的行业，导致我国经济结构更加失衡。放弃实业投资股市与楼市，只会让我国经济内伤更严重。我们必须得将这种在股市、楼市两条最危险的路上一路狂奔的经济结构扭转过来。整顿股市和楼市中的泡沫，重新科学合理地规划调整我们已经失衡的经济结构。

第四章　储蓄和投资是如何协调的

全球储蓄过剩时代到来

《下一轮全球金融》的作者马丁·沃尔夫认为，近年来全球储蓄过剩数量已经达到世界除美国之外其余部分储蓄总额的1/6。其结果就是造成实际利率下降的趋势，这也导致美国必须承受巨额经常项目赤字。实际利率偏低的事实强烈地表明了美国的赤字并未流向投资领域。与世界其他地方紧缩开支的现象相比，美国借用大量外债进行消费。

所谓的货币过剩又有什么含意呢？作者认为它意味着“世界上的储蓄者都是被动的受害者，挥霍的美国人是失衡的代理人，而美联储则是一个并非英雄的主角。在这个世界上，美国央行是一系列泡沫的始作俑者，它扭曲资产价格，它向全球的贸易伙伴强加了大量的多余货币，而这些伙伴们试图通过盯住汇率制度来寻求货币的稳定性……美元过多导致了低水平的名义和（由于非常低的通胀期望而产生的）实际利率。这导致了消费者贷款的快速上升和家庭储蓄的急剧下降”。这样的结果必然是，“过度消费的洪水冲破了防线，造成大量的贸易赤字以及美元的相应外流。外流削弱了美元的力量。浮动货币被迫上升到不具竞争力的水平。但是盯住美元的货币由于其外汇干预还能够维持其低水平。这就导致了外汇储备的大量囤积。这也导致了在冲销货币供应和通胀所带来的一些影响过程中困难更多。”

储蓄过剩该如何衡量？储蓄过剩不是能够观察到的数据，至少在世界经济层面上无法观察到。从定义上说，全球的储蓄量必须与投资量持平。有三种识别储蓄过剩的方式：测算实际利率水平（包括储蓄价格），私人领域的储蓄和投资持平，单个或者一组国家之间的平衡。随着新兴市场的发展，全球的私人投资者都更乐意借钱给这些高速增长的新经济体，而不是美国。于是，在这些贸易盈余国家中，外汇储备的增幅超过了其经常账户盈余。

据国际货币基金组织公布的《世界经济展望》的第A16幅图表我们可以看出，2006、2007、2008年发展中国家的储蓄率占其GDP的33%，跟他们在80年代末和整个90年代24%的储蓄率提高了很多。这意味着，新兴经济体国家能够在以创纪录的规模进行投资的同时，能够同样以创纪录的规模借钱给美国，而借给欧洲的幅度也在飞速提升。

各国央行并没有持有太多的次级债或者是转抵押债务担保票据，因此他们并没有直接借钱给那些高风险的借钱炒房的美国民众，虽然只有那些作为中间人的私人金融机构承担了央行一般来说不愿意承担的信贷风险，但是那些无力负担大房子和出国游的美国民众也因此获得了借款。加之这些国家的美元储备实质上是将钱借给了美国，他们购买大量的国债是美国政府的借款，公司债券则把钱借给了美国的公司。

这种对于美国债券的巨大需求使得其价格上升而收益下降，从而降低了美国国内的利率并最终助长了泡沫。所以，即使这些外汇储备没有直接流入次级债市场，至少这些钱降低了那些投资者投资次级债的成本。当然美国政府当时在阻止热钱流入方面的工作也没做好。这些西方经济学家认为，对于绝大多数的金融危机来说，债权人与债务人都应当承担相应的责任。一方面债务人借贷太多，另一方面债权人则放贷太多了。如果不是新兴国家在获得巨大的经常账户盈余的同时，维持了高储蓄并持续买入外汇，美国是不可能在长期贸易赤字的前提下保持经济增长的。要不是这些新兴国家，美国国内市场上就不会充斥着美元，也就不会导致高风险的“贷款潮”。一些经济学家甚至认为，美国的贸易赤字完全是由经常账户盈余国家的高储蓄率造成的。但实际上，在这个互动过程中，参与的每一方都扮演了一个积极的角色。如果不是美国政府乐于鼓励和支持（最起码是默许）个人和机构以前所未有的规模向外借贷，美国是不可能维持过去若干年的增长的。

如果我们将整个世界和主要国家看做一个整体，我们会发现关于储蓄过剩的观点并不正确，而很可能是缺乏投资机会的一种做法。世界各国之间的储蓄率有极大的差异，美国、英国、中欧和东欧国家的储蓄率较低，是资本输入国。日本、独立国家联合体、亚洲新兴工业化国家、发展中的亚洲国家储蓄率较高，是资本输出国。低储蓄率的国家经济体对境外融资的依赖性非常的强，比如2006年美国投资总额的1/3几乎都是来自于境外融资。美国吸收了世界其他地方约70%的盈余，不过不是通过增加投资而是通过高额消费和低水平储蓄。同时，美国政府也没有好好地去控制过借贷规模，或者去控制一下金融业的杠杆。与其说他们去试图控制风险，倒不如说他们在煽风点火。

这10年来，美国和其他一些高收入国家作为支出者和最终借款人的抵消作用出现。债务激增的美国家庭通过动用他们的住房“储蓄罐”，进行着前所未有的疯狂支出。任何一个国家，如果收到大量持续流入的国外贷款，便承担着随后发生金融危机的风险，因为外部和内部的金融脆弱性都将增加。目前美国和其他一些高收入国家所经历的，正是这种危机。

“储蓄过剩”导致新兴经济体对欧美的资本输出，导致超过1万亿美元被输送到次级抵押贷款市场，导致美国最贫穷、信用最差的人大量贷款买房，最后导致了次贷危机的发生。

要消灭“储蓄过剩”并不难，英美发达国家有着强大的实力，完全可以拒绝“储蓄过剩”对他们的“资本输出”。例如可以维护国家经济、金融安全为由，通过国会否决新兴经济体购买美国政府债券、企业股份，可以禁止这些新兴经济体向濒临倒闭的英美金融机构输血，甚至可以要求新兴经济体把已经购买的美元资产限期退还……但是美国没有，他们只是在贪婪且毫无节制地吸收资本利益，等到金融危机发生之后又开始责怪这些国家储蓄过剩。

实际上，以新兴经济体为代表的高储蓄国家，外汇储备和外贸依存度往往较高，最容易受到金融风险的冲击。这种全球消费储蓄的模式在很大程度上是受到各国经济的实力、文化的传统、人口结构的影响，要改变这种模式，绝非一年半载就可能实现。当前，可以从发挥各自的优势，调整贸易结构入手，发达国家增加技术、服务和高端产品的出口，减少经常项目的赤字，增加对发展中国家的投资，促进他们的工业化和城市化。发展中国家要注重改善民生，扩大内部需求，减少对出口的依赖，同时也要改善投资环境，吸纳发达国家的资本和技术转移，努力实现双向互动、互补、互赢，从而逐步调整当前消费储蓄结构不平衡的状况。

高投资高增长时代结束

“大进大出”的增长模式可以简要概括为：高投资下的低消费增长、高增长下的低就业增长、高工业化的低城市化进程、高碳耗下的低减排增长。然而从现实出发，在欧美等发达国家消费需求萎缩将成为中长期趋势的背景下，“大进大出”的经济增长模式必然终结。

1. 高投资下的低消费增长

我国消费一直存在两个反差：一是与投资需求持续扩张、投资率长期处于较高水平相比，消费率持续下降，2000 年至今已下降 13.7 个百分点；二是与政府消费率相比，居民消费率下降尤为明显，从 1998 年的 48.8% 下降到 2008 年的 35.3%，跌至历史最低点。从国际比较看，2008 年我国消费率不仅大大低于美国、日本、德国、英国等发达国家，而且低于巴西、印度、泰国等发展中国家。消费率的持续走低，迫使我国大量过剩产能更多地依赖国际市场消化，导致外贸依存度从 2000 年的 33.84% 快速上升至 2007 年 66.82%。一个大国的经济增长，长期高度依赖外部市场，必将带来国家经济的系统性风险。

国际实体经济和国际金融市场之间的双循环机制为以美国为代表的发达经济体的“低储蓄—高消费”为特征的结构性失衡提供了保护伞，也没有曝出以我国为代表的发展中经济体的“高投资—低消费”、“弱内需—强外需”等结构性失衡。在美国等发达经济体已经开始增加储蓄、减少消费的外部环境下，减少产能投资、降低储蓄、刺激消费、扩大内需、转变投资—出口驱动型的经济增长方式，成为我国中长期改革发展的当务之急。

2. 高经济增长下的低就业增长

就业增长与 GDP 增长不协调，就业弹性不断萎缩。1980~1989 年我国就业弹性系数平均为 0.35，1991~2000 年急剧下降到 0.11，到 2005 年将会进一步下降到 0.08，远低于世界各国。就业弹性不断萎缩，导致就业压力日益凸显。就业问题始终是我国经济社会发展需要重点解决的大问题。到 2010 年，我国劳动力总量达到 8.3 亿人，包括农村劳动力转移在内的城镇新增劳动力供给 5000 万人，而总的就业需求岗位只会新增 4000 万个，劳动力供求缺口在 1000 万个左右。

3. 高工业化的低城市化进程

从人类文明发展历程看，工业化必然伴随着城镇化。国际上衡量工业化水平通常采用人均生产总值、非农增加值比重、非农就业比重和城镇化率等四项指标。根据不同的指标值将工业化进程划分为三个阶段：第一阶段是工业化初期，即工业化起步；第二阶段是工业化中期，即工业化起飞；第三阶段是工业化后期，即基本实现工业化，工业化每个阶段对应着不同水平的城镇化水平。2008 年我国人均 GDP 达到 3266.8 美元，进入工业化中后期。但城市化水平远低于应该具有的工业化中后期的均值，这在很大程度上抑制了国内消需求的释放与升级，形成了社会供给能力与消费能力的鸿沟，导致内需与供给的严重不平衡。

4. 高碳耗下的低减排增长

2007 年，我国 GDP 总量占全球的 6%，但能源消耗占全球的 15%，钢铁消耗占 30%，水泥消耗占 54%，单位资源产出水平仅相当于美国的 1/10，日本的 1/20。我国长期形成的“高投入、高污染、低产出、低效益”的格局没有根本改变，水质、大气、土壤等污染严重，生态环境问题突出。《中国绿色国民经济预算研究报告 2004》指出，2004 年我国因环境污染造成的经济损失为 10 亿元，占当年 GDP 的 3.0%，2005 年这一指标上升到 5787.9 亿元；工业发达的珠三角大部分地区已成重酸雨区，2000 年酸雨频率高达 53.4%。在实际减排中，仍然存在四个比较严重的问题：一是国内工业化比重不平衡，高耗能、高污染行业占比较大；二是国内优质能源不足，能源结构不利于节能；三是国内节能减排技术相对落后；四是国内节能减排的政策体系、绩效考核体系以及执法监管体系仍不完善，在体制、政策、法规方面有待进一步健全。

后危机时代对我国改革来说，既意味着巨大的挑战，同时也意味着重大的机遇。如果能够清醒地认识国际经济形势的变化，通过深化改革解决发展方式转变的历史性难题，处理好对外开放中的新问题，就可以化“危机”为“转机”，为未来 30 年经济持续快速发展创造有利条件。

危机倒逼改革，是我国 30 年改革的基本逻辑。从短期来看，国际形势的变化给我国改革发展带来的挑战更多。未来 30 年是加快推进改革、转变发展方式、实现由经济大国向经济强国转变的难得历史机遇。传统发展方式到了难以为继、非改不可的地步。应当清醒地看到，美欧等国家“去杠杆化”和消费率降低已成定局，并且是一个中长期的趋势。而且，作为一个经济大国，我国经济发展也不可能长期依赖外部市场需求。

国际经济形势变化也为一些领域的改革注入了新鲜血液。国际形势的变化将为下一步多个领域的改革带来前所未有的历史性契机。例如，国际金融危机带来的全球资源性产品价格大幅度降低，为我国全面推进资源要素价格改革提供了难得的机遇。为应对国际金融危机，我国大幅度增加民生方面的支出，客观上会大大加快公共财政建设的步伐，形成扩大内需的财政体制。

经济学家预计，到 2046 年我国很有可能在经济总量上超过美国，成为世界第一大经济体。在这个基础上，再经过 20 年左右的努力，我国就有可能进入世界经济强国的行列。

高储蓄率与“松鼠效应”

储蓄是收入减去消费之后的剩余，是投资的源泉。投资是经济增长的动力，没有投资就不可能有经济增长。因此，储蓄也是经济增长的重要源泉。一个高速增长的经济必须有高储蓄率的支撑。

欧盟统计局最近公布了欧元区 16 国的家庭金融资产情况，比利时位居榜首。截至 2011 年 3 月底，比利时的家庭金融资产总额达到 9160 亿欧元，相当于该国国内生产总值的 210%，远远高于位居第二和第三的意大利和德国。人口不足 1100 万的比利时，平均每个家庭拥有近 15.6 万欧元的储蓄和投资，比利时家庭因此堪称欧洲首富。

比利时人理财主要依靠储蓄和投资股市。在欧洲各国中，比利时的储蓄率最高。

2007年6月底，在国际金融危机尚未爆发且股市达到顶点时，比利时的家庭金融资产总额为8820亿欧元。而在2008年金融危机最严重时期，比利时的家庭金融资产总额减少到了7950亿欧元。与截至2011年3月底的数据比较可以发现，比利时家庭不仅将缘于金融危机的870亿欧元损失补了回来，而且使其金融资产比危机爆发前增加了340亿欧元。

比利时家庭金融资产多的主要原因在于其强烈的储蓄偏好。如何解释比利时人喜欢储蓄的这种“松鼠效应”？专家认为，比利时的家庭高储蓄率和政府高负债显示，古典政治经济学代表人物大卫·李嘉图的“税债等价论”，或者称“李嘉图等价定律”，似乎在比利时得到了验证。

征税和发行国债是政府筹措收入的两种主要方式。李嘉图认为，这两种做法对经济的影响是等价的，即当国家为了刺激经济通过发行公债筹资时，家庭购买国债而使储蓄增加，等于政府提前增加了未来的税收以偿还国债。在某些条件下，政府无论用债券还是税收筹资，其效果都是相同的或者等价的。表面上看来，以税收筹资和以债券筹资并不相同，但是，政府的任何债券发行都体现着将来的偿还义务，从而在将来偿还的时候会导致更高的税收。如果人们意识到这一点，他们会把相当于未来额外税收的那部分财富储蓄起来，结果，此时人们可支配的财富数量与征税的情况一样。

比利时家庭增加储蓄，是因为政府增发国债，纳税人必须增加储蓄以应付未来税负的提高。这从某种意义上解释了为何比利时民富而国穷。

经济学者们对于储蓄定义的关注由来已久。亚当·斯密、马尔萨斯、杜尔阁等古典经济学家都对储蓄的定义进行了探讨。目前，为经济学界所普遍接受的储蓄定义是由凯恩斯首先提出来的。1936年，在《就业、利息和货币通论》一书中，凯恩斯指出，“据我所知，每人都同意，储蓄的意思是收入超过用于消费支出的部分”。在其之后，多数经济学家和各国统计部门均遵循这一定义逻辑。现代经济学认为储蓄是产出或收入用于消费之后的剩余，即储蓄等于收入减消费。任何经济主体，只要一定时期内收入中存在未用作消费的部分，都应视作储蓄。也就是说储蓄是一段时期内收入与消费之差，是一个流量概念。

在现代社会，储蓄的表现形式是多种多样的。它既可以表现为实物资产储蓄，也可以表现为金融资产储蓄；既可以表现为手持现金，也可以表现为银行存款。按照储蓄主体和来源分，可以把一国储蓄分为国内储蓄和国外储蓄，其中国内储蓄又可分为政府储蓄和私有部门储蓄，私有部门储蓄进一步又可分为企业储蓄和居民储蓄。

储蓄是资本形成的物质资源和基础，是投资的先导，增加的资本形成只能来源于增加的储蓄。因此，储蓄对经济增长具有重要作用。无论是从亚当·斯密开始的西方古典学派还是现代经济增长理论，对此都给予了充分的肯定。包括古典经济增长模型（哈罗德–多马模型）、新古典经济增长模型（索洛—斯旺模型）、无限期界经济增长模型等现代经济增长理论均揭示了储蓄率和经济增长率之间密切的正相关关系。

英国伦敦政治经济学院亚洲研究中心主任亚瑟·胡塞恩在接受新华社记者专访时说，高储蓄为中国的稳定和世界经济发展作出了贡献。他表示，把中国高储蓄与别国的信贷泡沫联系起来的说法既荒唐又可笑。

胡塞恩说，这一说法就像一个强盗破门抢劫了一个富有家庭，法官非但不追究强盗的责任，反而归罪于这个家庭的主人，认为是主人的富有导致了盗贼的抢劫行为。胡塞恩反问道："天下哪有这样的逻辑？"

他说，一些金融从业者恶意炒作金融产品，使原本没有能力消费房产的社会群体都被他们鼓噪加入买房族的行列，与此同时存在政府监管缺失的问题，这两个因素相加才是导致国际金融危机的最大原因。

胡塞恩说，简单地把中国的高储蓄和对海外投资说成是产生信贷泡沫的诱因在学术上缺乏严肃性。他强调，在经济全球化的背景下，中国的储蓄用于合理且合法的投资对中国和他国都有利，关键是要对投资市场进行严格监管。

他还表示，中国的外汇储蓄对中国社会起到了重要的稳定作用，同时对世界经济发展也起到了越来越大的推动作用。

储蓄对经济增长的促进作用，这一点也得到了实证方面的支持。国际货币基金组织（IMF，2005）基于46个国家（包括工业化国家、新市场国家和石油输出国家）1972～2004年的面板数据进行的测算结果表明，工业化国家国民储蓄率提高1个百分点，人均产出增长率可以提高1%；而新兴经济国家国民储蓄率仅提高0.5个百分点，人均产出增长率就能提高1%。我通过对中国等13个发展中国家1978~2003年的平均储蓄率与平均GDP增长率之间的相关性分析发现，发展中国家的GDP增长率与国民储蓄率之间具有较强的正相关关系，相关系数高达0.78。亚洲多数发展中国家的平均储蓄率高达30%~40%，这些国家的平均GDP增长率也都在6%~9%的较高水平。而非洲、南美等发展中国家的平均储蓄率仅为17%~20%，其平均GDP增长率也仅有1%~5%。

第五章　发展之路上的美丽转型

从体验经济到经验经济

所谓体验经济，就是顾客参与经济，是指企业以服务为重心，以商品为载体，为消费者创造出有价值的怦然心动的感受，从生活和情境出发，塑造感官体验及思维认同，以此抓住消费者的注意力，改变消费行为，并为产品找到新的生存价值与市场空间。在戴尔公司的总部，每间办公室的墙上都有一句口号："顾客体验：把握它。"戴尔公司坚持认为"顾客体验是竞争的下一个战场"。顾客体验，也就是顾客和企业产品、人员及服务流程互动的总和。

体验经济时代已经来临，无论是电视、报纸、广播，还是杂志、户外媒体等，传统广告越来越发挥不起作用。信息爆炸令消费者无所适从，现在他们更相信以互动交流的方式获得的相关信息，亲自参与体验产品和服务，以此来满足消费的欲望。体验式经济使得口碑营销的进一步发展，并发挥着越来越重大的作用。

尽管口碑传播很早之前就已经存在了，但是由于信息时代的到来使营销环境和消费者心理等产生了变化，从而使传统营销策略受到了挑战，口碑传播随着经济的发展不断发生着变化。口碑营销作为一种新型的市场营销策略，同传统价格策略、促销策略和渠道策略一样，都是针对具体的市场情况而采取的创新策略。

过去的信息传递战略往往集中在商品上，对比竞争对手的定位和策略，一再强调其商品的功能或优势，却忽略了以消费者的感知出发来提炼商品的概念和差异，从而在消费者的心目中取得一席之地。在营销的世界中，不会注重产品或服务的比较，只会在意消费者对产品和服务的认知和感受。口碑营销在进行消费者分析的时候，则会多元化、全方位地去找出消费者的细腻体会，发现那些尚没有被发现、被宣扬，却最能代表消费者内心需求的观点，从而找到品牌在顾客心中的位置。因此，谁能更精准地把握好“上帝”的需求，感动并且抓住“上帝”的心，谁就会获得不可估量的收益。要如何进行口碑营销呢?

首先就是要提供有价值的产品和服务，制造传播点。Gmail 邮箱在这方面堪称楷模，它以 Google 的品牌为支撑，同时作为全球第一个 1G 免费邮箱，它采用的神秘的邀请注册模式更是吊足了用户的胃口。Gmail 一开始采用邀请的方式，先在部分人群中进行注册体验，然后由这部分人群向朋友、同事推荐，送出邀请注册码，新用户只能通过邀请注册码进行注册。这种注册方式刺激了“物以稀为贵”的心理，使网民如视珍宝，其影响力和知名度自然大开。后期的侵权官司也为其传播起了推波助澜的作用，即使不做任何营销活动，一有风吹草动，媒体、网民自会关注。

第二就是有简单快速的传播方法。有了传播点以后，还需要选择好的传播方式。Hotmail 的传播方式就很独特，每当一位 Hotmail 的用户发出一封电子邮件时，这封信的下方就有“现在就获取您的 Hotmail 免费信箱”的链接。因为电子邮件一般都是在朋友或同事间发送，所以这种通过邮件传输注册信息的方式无形中让人熟知。网络技术提高了脚本传送和回应的速度，只要点击注册即可以拥有一个免费邮箱。网络、公关、广告、会员制、俱乐部等都可以采用新颖独特的方式营造口碑，为品牌造势。

第三要找到并赢得意见领袖。在口碑营销中有一个关键点，那就是控制“信息源”，而在信息源的控制中有一个核心，那就是要找到传播信息的载体——那些对某个市场具有强大影响力的“意见领袖”。意见领袖不是集中在特定的群体或阶层，而是均匀地分布于社会上任何群体和阶层中。腾讯在做 QQ 推广时，就非常注重找寻和锁定意见领袖。他们定位的用户平均年龄约 19 ~ 21 岁，这是一部分时尚、对新潮流感应敏锐的人群。他们对 QQ 这种新兴便捷的在线通信方式没有任何的抵御能力，能很快接受并乐于去传播它。企业完全不能忽略意见领袖，因为他们的反应可能会影响大多数消费者。这些人可能也代表多数消费群，可以带给企业巨大的潜在收益。

美国经济转型影响世界经济格局

次贷危机和金融危机爆发后，美国正在积极地采取措施应对经济危机，已经初步形成了经济转型的雏形。目前，美联储采取了极度扩张性的货币政策，先是下调联邦基准利率，使之最终进入“零利率”区间，同时创设超常规政策工具，向金融机构提供贷款，继之实施“定量宽松”政策，继续向市场注入流动性。由于中期内经济恢复增长的原动力不足，新科技领域未能实现革命性的突破，实体经济由此缺乏新的增长点。出于以上问题的考虑，奥巴马政府在2009年2月公布的经济刺激计划中明确表示，美国要重新回归科技兴国的道路，在未来5~10年，通过重点推动新能源（或清洁能源）、生命科学（或生物技术）等产业发展，来启动美国经济新一轮的高速增长。

发达国家在这次经济危机中的应对举措、纠错能力，包括它面向未来的发展能力，是非常令人看好的。同这些发达国家的转型相比，有人担心发展中国家、新兴国家在世界经济格局转型中，会受到不利因素的影响。但是，如果我们站在整个星球的上方去看星球的格局，也就是世界各板块的状态以及各板块之间的关系，那我们可以用‘宿命”来形容这个格局，也就是说，有些东西是带有必然性的。宿命和必然性并不意味着人类向命运屈服，人类还是可以向命运挑战的，但是，这就需要向命运挑战的人、民族或者国家在某些特定的时候作出更大胆、更深刻的一些抉择，而很多时候这些抉择往往令人很痛苦。

工业革命后的这几百年以来，西方发达国家把它的生活方式，价值观，它的科学、技术、教育、文化，灌输到不发达国家，更直白地说就是进行了殖民。早期是军事殖民，然后是经济殖民、文化殖民、价值殖民。我们经常会说一个词——全球化但如果从文化的这个角度讲，全球化恰恰是把发达国家的价值和文化，殖民到发展中家，发展中国家只能顺从个过程，试图阻止殖民化的渗透是徒劳的，谁也阻挡不了历史的潮流。这时空喊民族主义口号是解决不了实际问题的。在殖民化的过程中，文化价值是根本，是西方文明的主导。而在经济领域当中，人们该用什么、该怎么用这些概念也是由发达的西方文明创造的。这其实是一个逐级蔓延的过程，最后形成了世界格局，说得直接一点，新兴国家是出售劳力和资本，而有些国家和地区是完完全全地出卖资源。

在这个链条上面，一些国家和地区能够卖劳力和资源，算是幸运的了，在经济危机之前，这是令一些国家羡慕的，因为它比纯粹地出卖廉价资源和劳力好多了。毕竟，将资本、劳力和环境等因素综合起来，产生的价值比廉价资源还是要高一点的，所以才涌现了一批新兴国家、新兴经济体。但是，这些新兴国家和新兴经济体必须依赖于西方发达国家不断的技术创新、科学发明和概念创新，创造一个个新的需求，然后才能拉动新兴经济体的发展。

可以看出，生产的转移就在这里形成了，发达国家往这些新兴国家转移的，往往都是附加价值低的生产，而往发达国家转移的都是财富，也就是说，在整个产业链条所产生的财富当中，发达国家攫取了巨额利润的绝大部分。可想而知，在这样的格局中，即使美国受到金融危机的冲击特别大，但瘦死的骆驼比马大，它所蒸发掉的大部分只是一些浮动的财富罢了，它的基本国力、基础教育的实施，都还强大地存在着。那么对于这些新兴国家，先不要说那些更落后的了，就指望着全球化当中的商品生产的转移和财富的转移活着，对于发达国家以往那种模式是有深度依赖的，包括中国在内，我们的机器运行状态就像生物进化，进化的方向是发达国家那样一个模式。最先生长出来的是加工力量，然后包括国民财富的分配、国民资源的调度，包括政治、经济、法律等制度，都在不知不觉中符合着这么一个分工状态的设计。

每一次大的经济金融危机都不可避免地在全球范围内引起经济结构的大调整，当然引起全球经济格局的大变动也是不可避免的。金融危机对全球化结构产生了明显冲击，除了在短期内对全球宏观经济带来重大冲击外，危机后美国经济格局的转型也会影响当前的世界经济格局。

后危机时代，世界经济格局发生了改变，未来形成一种新的演变大趋势，可以简单概括为：东升西落、多极发展。每一场危机的爆发都会引发全球新一轮的洗牌游戏。“百年一遇”之金融海啸的到来更是已经拉开了整个世界经济格局调整的序幕，一幅目前还略显模糊，但在不远的未来将注定变得愈加清晰的画面就是，美国仍是全球经济实力最为强大的国家，但其对世界经济增长的贡献日趋减弱；欧元区、英国以及日本在全球GDP中的份额缓慢萎缩，影响力随之逐步下降；“金砖国家”成为全球经济增长的新引擎，中国则渐成其中的火车头。

新型市场模式在东方崛起

后危机时代谁是世界的主宰，风云变幻的世界格局将被怎样改写？当崛起于东方的亚洲新兴国家成为引领全球经济复苏的强力引擎，亚洲世纪的预言渐行渐近。与之相对应的是，全球金融版图正在发生历史性的巨变。

“新华—道·琼斯国际金融中心发展指数”对全球45个国际金融中心城市的发展能力作出了综合评价，排名前10位的分别是：纽约、伦敦、东京、中国香港、巴黎、新加坡、法兰克福、上海、华盛顿和悉尼。在这份在全球范围内首次突出发展能力、运用全新指标体系科学评价全球国际金融中心的排行榜单中，亚太地区成为入选国际金融中心发展指数排名前10城市最多的地区，并且亚太地区的金融中心城市在此次国际金融危机中地位相对于北美和欧洲金融中心城市有所提升。

国际金融服务集团董事局主席、中国金融研究院院长何世红认为，得益于经济的持续增长和金融产业的高速发展，以中国为中心的亚洲新兴力量的崛起，已经改变了21世纪新的国际秩序，亚洲世纪越来越接近于现实。新华—道·琼斯国际金融中心发展指数显示，中国的香港、上海、北京和深圳均处于金融中心成长发展的繁荣阶段，其成长性显著高于发达资本主义市场的金融中心，成为世界金融中心的新风向标。

此间有分析指出，2010年全球经济逐步复苏，而在这后危机时代各国不同的调控政策影响着各国经济复苏的进程。新兴市场中，中国以内需驱动走在了复苏的前端，引领着全球经济力量由西向东转移。

纵观国际金融中心的发展过程，危机前的纽约和伦敦等西方金融中心的繁荣，在很大程度上同资金的跨境流动有着巨大的关系。这种资金的跨境流动，同新兴国家生产依靠出口、发达国家消费依靠借贷的模式是分不开的。金融危机基本上宣告了这样的经济模式无法持久。

著名投资人吉姆·罗杰斯在谈到这种东西方转变时说，现在最大的国际债权国都在亚洲，如中国、韩国、日本、新加坡。这个世界上最大的债务国家都在西方。金融中心的发展是依靠资产，而不是围绕着巨大的债务。

摩根斯坦利全球机构证券业务联合总裁科姆·凯勒赫也表示，西方经济已趋于稳定，但经济弱势仍将存在，可持续性尚未明朗，而新兴市场的增长仍会非常强劲，消费者信贷危机正在消退，企业利润率开始回升。同样，潜在的成长力量也让全球的受访者对新兴经济体的金融中心充满信心。

俄罗斯、海湾国家普遍支持开放的出口环境。财富流入这些国家，尽管国内的经济业绩斐然，它们仍要求政府放手介入货币市场，期望保持弱势货币，结果导致大量外汇资产的累积，尤其是以美国国债的形式。

除了以上两点之外，这些国家（和地区）都在狠抓产业政策。中国、俄罗斯和海湾国家都制订了国家计划来推动经济多样化、发展高科技和服务领域，以提升附加值，而现在与以往相比发生了显著变化，由于手头拥有实施计划的资金，因此没有鼓励民间投资或者吸引外资的必要了。

私有化倒退，国有企业复兴。20 世纪 90 年代早期，许多经济学家预言国有企业将成为 20 世纪的遗物。事实证明他们错了。国有企业非但没有灭绝，反而蒸蒸日上，在许多情况下试图扩张其经营范围，尤其是向农矿产品和能源领域伸手。国有企业，特别是国有石油公司，很可能吸引这些国家已经累积的过量资本前去投资。与主权财富基金相似，国有企业可以充当减压阀，以减轻通货膨胀或货币升值的压力。

政府在迅速崛起的市场中作用日渐增大，与西方前不久的趋势截然相反，西方政府一直竭力与私人金融工程同步发展，例如金融衍生产品和信贷交换。从 20 世纪 90 年代直到最近，房产价格一直不断上涨如日中天。金融工程靠杠杆作用发财，反过来为全球金融市场注入空前的风险，其规模之大在 10 年前无论如何都想象不到。这场金融危机最终会加强监管与国际规范，可能扭转金融业过度发展的倾向。尽管如此，西方国家与迅速崛起的经济体，对政府在经济中占据什么分量的认知差异将继续存在。

未来企业向学习型组织转变

学习型组织是企业应对未来挑战、寻求可持续发展之路的重要战略选择。学习型组织是知识经济时代的组织模式。在知识经济时代，成功的组织要像人脑一样能够及时反馈内、外部环境的复杂变化，能够自主认识、思考和行动，能够发挥自我组织、自我监控和自我修正的功能，才能更好地适应日益复杂化、多样化、相互依赖和知识创新加速的社会环境。美国学者沃特金斯·马席克说过：“昨天的组织是机械，今天的组织是系统，明天的组织是头脑。”这句话深刻地揭示了知识经济时代组织演化的基本趋势和特征。学习型组织就是这样的组织形态。

经研究发现，20 世纪 70 年代《财富》杂志 500 强排行榜的大公司到了 80 年代已有 1/3 销声匿迹了，这是因为这些经济组织的“智障”妨碍了组织的学习和成长，使组织在经济浪潮前进的洪流中被吞没了。因此，有专家提出：“未来最成功的企业将会是学习型企业，因为未来唯一持久的优势，是有能力比你的竞争对手学习得更快。”正是在这种思想的指导之下，美国通用、杜邦、英特尔、联邦快递等一些跨国大企业纷纷向“学习型组织”的企业目标和战略迈进。据统计，美国排名前 25 名的企业已有 20 家按照“学习型组织”模式改造自己，在世界排名前 100 名的企业中已有 40% 按照“学习型组织”模式进行了大换血，而世界排名顶尖的美国微软公司也将创建学习型组织作为实现企业创新和微软成功的“7大秘诀”之一。

学习型组织是指有意识地确立合适的组织战略、体制结构、行为策略、目标规范和企业文化以推动和扩大组织学习能力的组织。建构学习型组织是企业实现可持续发展的关键因素，这突出地表现在以下几个方面：

1. 柔性化的组织设计

学习型组织是一种没有边界的柔性化网络结构。从外部看，它以市场为导向、以提升客户满意度为目标，更侧重市场的反应、将客户放在第一位，强调以客户、供应商和竞争对手为学习对象，所以它更能捕捉瞬息万变的市场机会，反映日趋个性化的市场需求，并且快速作出回应，为客户带来物超所值的服务或产品。例如，美国微软公司通过各种渠道使自己每天有6000个用户咨询电话，每年都请咨询公司进行用户满意度调查，把客户信息作为重要的学习来源。这正是微软成功的重要因素之一；从内部看，它以团队学习为基础、以工作绩效为导向，赋予项目、团队成员更多的非集中性决策权和信息咨询权，将项目和团队成员统一在共同的组织目标下和弹性的组织框架内，积极创新，灵活处理各种问题，为提升业绩和工作品质相互配合，协调行动。这种组织设计原则为企业实现可持续发展提供了重要的组织保证。

2. 人性化的人力资源管理

21世纪是知识经济的时代，人才当然最贵。学习型组织把人力资源当做企业的首要资源，注重对员工的培训和教育，充分挖掘员工的学习能力和创新潜力，强调“学习+激励”，力求使组织在个人、工作团队和整个组织系统这三个层面上都获得发展，员工的贡献能得到企业及时公正的评价和鼓励，信息和知识能够在员工间得以充分的交流、共享和创造。正如迈克尔·马奎特认为的：“学习是个人职业发展的基础，也是公司人力资本不断成长的基础。”这种管理模式是对传统用人机制的扬弃，它最大限度地发掘了员工的积极性，真正实现了“以人为本”的人员管理，为员工的学习和成长创造最好的条件，让组织成员“体会到工作中的生命意义”，从而为企业实现可持续发展提供了最有力的资源支撑。

3. 学习化的工作模式

在学习型组织里，学习成为日常工作的重要组成部分。学习与工作相辅相成，直接为工作服务，学习不只是对少数领导者的要求，而是普及到整个组织的员工，领导者的工作重心将转移到为每个员工提供累积知识、提升技能和改善态度的学习机会和环境。而且，学习以提高工作绩效为基础，与业务目标紧密相关，衡量学习有效性的标准是工作业绩。这种“工作学习化、学习工作化”的新工作模式，将有助于管理者和各级员工通过学习与反思来推进公司的业务流程，改进提供给客户的服务产出和公司整体的经营业绩。

4. 创新型的企业文化

每一个成功的企业都有一套成熟的企业文化。学习型企业以“共同远景”增强了员工的凝聚力，塑造未来，将企业的命运与员工的发展密切结合起来，员工对企业有高度认同感，“相互信任、合作、创新和自主管理”成为企业的核心文化内涵。这种强调学习和自我更新能力的文化，体现了组织学习永无止境、持续改进的特质，有助于企业提高分析和解决现实世界各种问题的能力。正如迈克尔·马奎特强调的："在学习型组织中，人们关注的焦点是创造力和生产性学习，力求使组织具有敏捷性和适应性，能应对不断变化的环境。"可见，学习型企业文化不仅能引起组织成员知识、信念和行为的变化，而且能够增强组织系统的革新能力和成长能力，这是企业增强核心竞争力、实现可持续发展的内在机制。

学习型组织是未来成功企业的模型，越来越多的跨国公司的实践证明了这一点。成功的典型提供了以下几点经验，这样才能使使组织及其成员得以突破自己的能力上限，创造真心向往的结果，培养全新、前瞻而开阔的思考方式，全力实现自己的抱负。首先，要加强理论研究，注重吸收、借鉴和应用创建学习型组织的理论、方法和技能。第二，要立足客观实际，探索本土化、内源性的学习型组织的创建模式。第三，要转变领导角色，成为组织学习的"设计师、忠实仆人和好教练"，克服学习智障，塑造不断学习、持续创新、协同发展的组织环境。总之，要创建学习型组织需要由内向外，不断强调"学习如何学习"和创造新的解决方法，将工作与学习、个人目标与组织远景紧密联系在一起，推动股东价值、企业发展和员工利益的共同发展，这样企业才能在风云变幻的未来扎稳根基。

未来企业以小搏大

当前，全球化促使各大企业转移了战略焦点，总部设在欧美国家的各大公司表现出更加浓厚的欧美特色。由于全球化的影响，这些公司的战略关键点，已经从确保获得低廉资本与劳动力转移到更加重要的中心任务，这就是开发并实现更具经济价值的新观念、新思想。因此，埃克森美孚公司总部没有迁到巴林或列支敦士登，英国制药业巨头阿斯利康公司总部没有迁到印度或波兰。

有数据显示，各大公司如今投入最多、关注最多的就是其"无形资产"，无形资产不仅包括体现在新开发的产品与工艺中的知识产权，而且包括企业品牌、数据资料、企业自身组织运行模式以及从事无形资产相关工作的高级员工的培训与任用。正是这些无形资产，而不是那些不足30%的海外员工的所在国度，决定了一个公司是美国企业，还是欧洲企业；而且，几乎所有与无形资产相关的行为活动都是发生在这些企业的母国。

绝大部分特大企业来自最发达的国家，世界100强企业，来自美、日、德、法等国的居多，而发展中国家较少有企业入围。这些国家的企业不能成功上榜的障碍不在于缺乏资本和技术，相反这两个要素他们都很齐备，问题在于缺乏足够合格的企业家和经验丰富的经理人，而这是创立并经营极其复杂、不断创新的全球性大公司的关键因素。在大多数发展中国家，企业家的缺乏往往就是这些国家政策不良的反映，这些政策给那些有志于开创新企业或者扩展既有事业的企业家设置了数不清的障碍，阻止他们挑战那些往往由豪门世家控制的老旧企业。如果一国政府坚持执行顽固不前的保守政策，把外国投资与专业技术拒之门外，那么该国的国民经济和人民生活一定会在全球化进程中付出惨痛代价。

全球化也正在改变现代企业的经营特征和基本需求。几个世纪以来，无论是国内还是国际大公司，都在充分利用其规模优势，追逐自己所需的最基本资源——资本与劳动力。

但是，在当代全球化的背景下，对大型跨国企业而言，劳动力与资本很容易获得，成本相对低廉，因此，这些企业的基本经营战略就不再集中获取这两种资源。取而代之的是真正稀缺的智力资本与政治资本，对当今大多数全球性企业而言，这是更为关键的基本资源。其中，智力资本包括：专利、品牌、独特经营模式以及专业人员与经理人的经验知识及其互动关系；政治资本包括：有利于自己的法规条例、税收政策、政府补贴，以及保证上述有利条件得以实现的企业母国与主要市场所在国之间的双边关系与相互影响。

“观念经济”作为一个模糊概念由来已久，但全球化使之变为具体现实。能否创立并运用极具价值的新思想，尤其是在最好的既有思想基础上加以发展，一直都是一个国家及其国民能够取得多大经济进步的最关键的决定因素。依据企业在思想观念方面的投资规模，以及投资人对思想观念经济价值的重视程度，可以看出创新活动的经济重要性还在不断增大。未来10~15年，中国及其他快速发展的国家，要想继续保持经济快速发展的势头，也需要及时更新观念，适当借鉴发达国家经验。

跨国公司在发展中国家的事业也不是太平坦。跨国企业需要具备相当的政治资本与政治技巧，就像他们需要具备自己的智力资本一样。特大跨国公司，尤其是大型企业集团，所拥有的政治影响力丝毫不亚于其经济影响力。这种政治影响力，并非简单表现为某个政客或某个政党屈从于沃尔玛或道达尔的某种要求，尽管这种事情肯定会有。对一个国家的国民生活或一个政府的政局稳定而言，任何单一的外资企业都不是必需的。但是，除了那些最专制的独裁国家，没有哪个国家和政府，可以承担怠慢那些全球最大公司的代价。

跨国经营的各大公司作为一个群体，会有一些特定的共同需求，包括员工的基本医疗保险和劳动培训、方便高效的资本市场、标准化的全球电信服务以及企业利润的较低税率。这样的后果就是，全世界绝大部分国家，不管自诩为保守主义，还是改革主义，在国家经济发展过程中，寻求政府角色定位时，都会不约而同地着眼于全球化。他们几乎都会通过放松管制、加强培训，积聚经济发展的强劲动力。在这些国家，医疗保险覆盖面不断扩大，受教育机会越来越多，电信服务及其他技术标准与全球一致，尤其是在那些发展中国家，法人税也在不断降低。这样一来，很多工作岗位面临丢失，工资水平也受到影响。

由以上大企业的风险和问题可以看出，小公司具有快速的反应能力，未来企业要以小、精、灵活，才能在市场立足。在泰国以及随后的中国、印度、墨西哥等国家和地区，涌现出大批新兴小企业，它们是全球化的一部分。小企业的出现与壮大，在发展中国家形成了一个很有影响力的政治同盟，它们的未来发展与全球化进程休戚相关。随着中小企业在发展中国家发展壮大，企业主获得了更多的经济、政治影响力，这将使得全球化更多地融入到绝大多数人未来的生活。

分散化是未来商业的制胜之道

全球化是当今世界最大的潮流趋势，国际金融危机对当前的全球化经济结构带来了挑战。虽然全球化趋势不会改变，推进全球化成为各国的基本共识，令经济全球化的结构将发生重大变化。全球化进程也要完全依赖社会分散化的程度。

分散化也是推动经济行业发展的背后因素，它是一种向新的适当规模的转变，这一规模直接缩小到个人，它是无数个人、公司和经济行业为各自的利益奋斗时相互影响的过程。目前，全球已经有20多个国家允许把市民的头像印在邮票上，这是一种国家的分散化。在世界上的很多国家，例如美国、加拿大、澳大利亚、新加坡等等，你都可以买到印有自己头像的邮票。邮票上的人物不再是国家领袖，而是你或你熟悉的人。

在商业领域，分散化同样是关键。信息技术的发展进一步推动了企业的分散化、灵活性和创新性，许多企业正在重新将自己组合成许多小公司联合的网络。以前，各个部分越容易管理，整体就稳定。但是计算机的进步增加了管理的复杂化，人们借助技术，不管下面有多少分支部门，相互之间的业务如何错综复杂，也能够管理得井井有条。整个世界都是如此。计算机系统能够帮助人们实现分散管理，突出企业链上个人的贡献以及与其他人之间的联系，更好地实现手下人才的价值。微软公司就是一个由软件程序员构成的网络，比尔·盖茨都是直接和每一个程序员交流。

分散化经营已成为一种流行，一些特大企业致力于精简自身经营活动，以提高赢利水平，办法就是剥离各种副业，以及无关紧要的分支机构。例如，花旗集团就把人寿保险业务卖给了大都会人寿保险公司，把物流金融业务卖给了通用电气公司，如此一来，花旗就可以更好地集中经营赢利能力更强的银行业务。短期之内，戴尔模式可能成为很多公司尤其是制造企业的学习榜样。戴尔公司已经成为全世界利润率最高的计算机制造商（按雇员人均赢利计算），诀窍就是努力干好一件事——要求承包商实施苛刻的标准化工艺流程，提供客户定制的专门产品，自觉抵制向高端产品扩展的巨大诱惑，也无意发展企业咨询等业务。

销售分散化带来的好处是显而易见的。在eBay网上，有430000多个人都是靠这里的生意维持生计。这接近50万的人都是在为自己的零售店打工，他们的产品远销世界的各个地方，而他们创造的交易额是惊人的，每年能超过100亿美元。

不仅如此，公司领导的权力也出现了分散化，现在一个公司往往有一个总裁和多位执行官。例如，通用电气就有八九个执行官。这样不仅会给企业带来分散化的优势，还可以有效地激励员工。因为公司不再仅仅是有一个执行官，而是每个分支部门都有一个执行官，这样员工们就有更多的机会升到这个职位，鼓舞了员工士气。

强生公司的年销售额已经接近500亿美元，这样的辉煌成绩让多少家企业望洋兴叹，它的总裁兼首席执行官比尔·韦尔登在谈到自己公司的规模时这样说道："我们并没有把自己看做是一个年销售额超过400亿美元的大公司，我们是由200个小企业组成的，每个小企业都集中关注自己所处的市场。这就像是把200堆沙子推到山上去，这肯定要比你把一个200磅的大石头推上山容易得多。而且，如果大石头往下滑，那你就麻烦了。"

比尔·韦尔登的话进一步证实了，无论是什么类型的实体，规模越大，就越需要分散成小的、效率更高的部门，这样才能保证更快速、更高效的运行。现在，许多大公司纷纷改组，实行分散化，这不仅仅是一种潮流跟风，而是顺应潮流趋势的正确选择。面对现在这种每个人都可以自由参与的新兴的竞争市场，竞争空前白热化，只有这样，才能实现及时、高效的应对。因此，通用电气设立了8个首席执行官，强生公司把自己分割成200个小公司（200个首席执行官），并且都取得了瞩目的辉煌成就。隐藏在分散化背后的趋势就是，公司的成功与否将取决于他们的创新性以及对市场作出的快速的反应能力。

第十一篇

经济周期的时间表

第一章　经济波动有没有章法可言

经济的波动有无规律

席卷全球的经济危机来了，不容我们有一刻的喘息。股票市场阴晴不定，反复涨跌，震荡不止。各国政府和中央银行长期以来的努力仿佛一夜之间都付诸东流，世界一片混沌。经济危机使遭遇它侵袭的各国陷入失业的深渊。经济危机造成的恐慌摆在我们面前，它不仅发生在生产行业、金融领域，还扩散到了宏观政策和文化艺术领域，甚至渗透到我们生活的每个角落，似乎没有什么是真正可以相信的。

经济永远都在成长、衰退和危机之间循环往复，让我们常常从乐观的高峰跌入失望的深渊，又在某种契机下东山再起。对于经济的波动与循环，我们该如何理解和预测呢？

在西方经济理论中，关于经济周期的解释多种多样，它们从不同方面对经济周期性波动的原因作出了说明。传统的经济周期理论认为经济中存在引起波动的内在力量；实际的经济周期理论认为波动不过是随机的和未预期到大冲击的结果；货币主义者和新古典经济学家把波动主要归结为错误导向的货币政策的结果；而新凯恩斯主义者把波动看做来源于经济内部和外部的各种原因，不过他们认为现代经济的内在特征扩大了一些这样的干扰，并使其作用持续存在。

应该说，经济周期的形成是各种因素共同作用的结果，单纯地强调起源动力而忽略系统影响，强调冲击因素而忽略传导机制，是无助于正确理解经济周期波动的。因此，我们必须把经济周期波动的因素区分为内生和外生两种，从内在传导机制和外在冲击两方面进行系统分析。

内在传导机制是指经济系统内部结构特性所导致的对冲击的反应。这是一种内部缓冲机制或自我调节机制，反映了经济周期的“内生性”。一般来看，经济周期波动是大工业生产与大规模投资相互推动机制和供求约束机制互为因果、相互作用的过程。大工业的巨大扩张能力是形成经济周期波动的物质前提，它与大规模投资紧密相连。一方面，它既为大规模投资的进行提供了必要的物质基础，其建立与发展又反映了大规模投资的结果；另一方面，大规模投资所产生的巨大需求又是引起大工业生产急剧扩张的重要动因。因此，大工业生产和大规模投资两者的相互作用，是形成经济周期波动的首要原因。同时，经济周期波动还与大工业的扩张力所遇阻力密切相关，这种阻力是由供求平衡状况形成的，或来自市场需求约束方面，或来自资源供给约束方面。因此，供求平衡约束是形成经济周期波动的另一个物质性的原因。

外在冲击机制，是指系统外的冲击通过系统内部传导而发生的经济活动，对来源于外生变量的自发性变化，可以是随机的或是周期的。外在冲击主要包括：货币供给性冲击；以投资和消费、财政和货币需求性的实际需求冲击；由于农业重大自然灾害或石油供应等而导致的实际供给冲击；体制变动冲击；国际政治和经济冲击等。

外在冲击是经济周期波动的初始原因，内在传导则是系统内部对冲击的自我响应和调整。几乎所有的外在冲击都要通过内在机制而最终对经济过程产生影响，因此，引起经济周期的基本原因来自于经济体系内所特有的推动力和抑制力。内在传导机制决定着经济波动的周期性和持续性，决定着经济周期的基本形态，而外在冲击只是通过内在传导机制对其产生叠加影响，使基本波型发生变形。经济的周期波动是经济内在的传导机制和外在冲击共同发生作用的结果。

各国和各个历史时期的经济活动都存在短期波动。经济波动是无规律的和无法预测的。经济中的波动通常称为经济周期。

但是，经济周期这个词有时也会引起误解，因为它似乎表明经济波动遵循一种有规律的、可预期的形势，实际上，经济波动根本没有规律，而且几乎不能较为准确地预测。衰退并不是有规律地逐个发生，有时衰退几乎是同时的，而有时经济在许多年都没有衰退。

大多数宏观经济变量同时变动

实际 GDP 是最常见的、用于监视经济中短期变动的一个变量，因为它最全面地衡量了经济活动。实际 GDP 衡量的是某一时期内生产的所有最终产品与劳务的价值，它还衡量了经济中所有人的贡献。为了监视短期波动，用哪一种衡量指标来观察经济活动实际上无关紧要。大多数衡量收入、支出或生产波动的宏观经济变量几乎是同时变动的。当衰退中实际 GDP 减少时，个人收入、公司利润、消费者支出、投资支出、工业生产、零售额、住房销售额、汽车销售额等也跟着减少。由于衰退是经济总体现象，所以反映在宏观经济数据的许多来源上。

虽然许多宏观经济变量同时变动，但它们波动的幅度并不相同。特别是，在经济周期中投资支出的变动最大。我们假设某种因素导致了生产成本上升——如石油价格的上升，那么在任一给定价格水平上，生产者每单位产品获得的利润减少，结果，生产者在所有价格水平上愿意供应的产量减少。相反，假设某种因素导致了生产成本下降——名义工资下降，那么在任一给定价格水平上，生产者每单位产品获得的利润增加，结果，生产者在所有价格水平上愿意供应的产量增加。现在我们讨论影响生产者的每单位产品利润从而也会导致短期总供给曲线发生移动的其他重要因素。

当石油等投入品价格大幅上升就会导致美国1979年出现的那样的经济问题。投入品（石油）价格的上升增加了生产成本，减少了在任一给定总价格水平上总产出的供给数量。相反地，投入品价格的下降将降低生产成本，增加了在任一给定总价格水平上总产出的供给数量。

为什么投入品价格已经变化的影响没有反映在沿着短期总供给曲线的移动上？因为投入品——不像软饮料——并非最终产品，它们的价格没有被包含在总价格水平的计算之中。进一步地，投入品像名义工资一样是大多数生产供应商生产成本中非常重要的组成部分。所以投入品的价格变化对生产成本有重要影响。而且与非投入品不同，产业中特有的供给冲击（如中东战争）对投入品的价格变动会产生显著的影响。

在名义工资变化的任一时点上，许多工人的货币工资是固定的，因为工资合约或非正式协议是过去签订的。但是如果已经过去足够长的时间，工资合约和非正式的协议也会重新签订。假设一个经济体中由雇主支付的作为工资重要组成部分的医疗健康保险费普遍上涨，这就等于提高了名义工资，因为雇主支付的薪金增加了。因此这种由名义工资增加引起的生产成本上升会推动短期总供给曲线向左移动。相反地，假设一个经济体医疗健康保险费普遍下跌，这就等于降低了名义工资和生产成本，短期总供给曲线将会右移。

一个重要的历史事件发生在20世纪70年代，石油价格的大幅上升间接推动了名义工资的上升。这样一种连锁反应的发生是因为当消费品价格上升的时候，许多工资合约中包含了构成名义工资的生活费用补偿金自动增加的条款。所以，当石油价格推动消费品价格总体上涨时最终通过这一途径引起了名义工资的提高。因此，经济体最终经历了总供给曲线的两次左移：第一次是由石油价格最初的大幅上涨引起的；第二次是由石油价格上涨推动名义工资上涨造成的。石油价格上涨对经济产生的负面影响通过工资合约中生活费补偿机制被放大了。历史发展到今天，工资合约中已经鲜有生活费补贴了。

生产率的提高意味着一个工人在投入同样数量的生产要素时可以生产更多单位的产品。生产同样一美元收入的成本下降了，而利润增加了。结果供应数量增加。因此，不论由什么原因引起的生产率提高，都会增加生产者的利润。相反地，生产率的降低——比方说，新的规定要求工人花费更多的时间来填报各种表格——会导致一个工人在相同投入数量时生产的产品数量减少。结果，单位产品成本的上升引起利润下滑，供应量减少。

我们已经知道，因为名义工资在短期是黏性的，所以短期总价格水平的下降会导致总产出供应数量的减少。但是，正像我们前面已经提到的，工资合约和非正式的协议在长期中会重新签订。因此，像名义工资一样，总价格水平在长期是有弹性的，而非保持黏性。这一事实极大地改变了长期总价格水平和长期总供给之间的关系。事实上，从长期来看，总价格水平对总产出供给数量没有任何影响。

假设每个生产者出售的产品价格下跌，但是成本以同样的比例下降。结果，价格变化前所生产的每单位有利可图的产品在价格变化后仍然有利润。因此，经济中所有价格水平降低一半后对经济体的总产出水平没有任何影响。换言之，总价格水平现在对总产出的供应数量没有产生任何影响。

事实上，没有人能同时按相同的比例改变一切价格。但是，从长期来看，当所有价格具有完全弹性的时候，通货膨胀或者通货紧缩就像由某人按同样的比例来变更所有价格。结果，从长期来看，总价格水平的改变不会改变总产出的供应数量。这是因为，总价格水平的改变在长期中伴随着所有投入要素按相同比例变化，当然包括名义工资。

长期总供给的走势，表现的是所有价格水平（包括名义工资）具有完全弹性时，总价格水平和总产出供给数量之间的关系。因为总价格水平在长期中对总产出没有任何影响，所以长期总供给曲线是垂直的。当总价格水平为 15 时，总产出供应的数量用 2000 年美元计为 8000 亿美元。如果总价格水平下跌 50%，变化至 7.5，总产出的供应数量用 2000 年美元计仍为不变的 8000 亿美元。

事实上，现实的实际 GDP 几乎总是高于或低于潜在产出水平。更为重要的是，一个经济体的潜在产出水平是一个重要的参照数据，因为它决定了每一年真实的实际 GDP 围绕变化的趋势。在美国，为了对联邦预算进行分析，国会预算办公室会估计每年的潜在产出水平。

总需求的变动与经济波动

从长期来看，随着劳动人口规模的增加和生产率的提高，一个经济体能够创造的实际 GDP 水平也在增加。的确，一种考虑长期经济成长的方法就是看该经济体潜在产出水平的增加。

社会总需求是指一个国家或地区在一定时期内（通常 1 年）由社会可用于投资和消费的支出所实际形成的对产品和劳务的购买力总量。它包括两个部分：一是国内需求，包括投资需求和消费需求。投资需求由固定资产投资需求和流动资产投资需求组成。消费需求由居民个人消费需求和社会集团消费需求组成。二是国外需求，即产品和劳务的输出。总需求取决于总的价格水平，并受到国内投资、净出口、政府开支、消费水平和货币供应等因素的影响。

一般将总需求分为四大部分：

（1）消费需求：是居民的日常消费。

（2）投资需求：是企业在投资和再投资过程中形成的商品和劳务需求。

（3）政府支出：是政府部门对商品和劳务的购买。

（4）净出口：代表了国外对本国商品和劳务的需求。

过高的社会总需求，往往是导致经济过热的原因。如果社会总需求超过总供给，则对商品超出的需求必须通过资源的过度消耗来得到满足，比如通过就业职工额外轮班或超出推荐工作时间地使用机器的方式来实现。这种类型的生产被认为是不可持续的，因为过度的消耗是不能持续下去。往往当一个社会的总需求与总供给达到均衡或者接近均衡时，经济运行状况趋向于安全和平稳。当总供给与总需求相等时，经济处于均衡状态。在均衡点处，决定总需求的产品市场和货币市场以及决定总供给的劳动市场同时处于均衡。此时，由产品和货币市场均衡决定的总需求恰好使得劳动市场均衡决定的就业量所生产出来的产品完全实现变化。

假设由于某种原因，悲观的情绪突然袭击了经济。原因可能是白宫丑闻、股票市场崩溃，或者国外爆发了战争。由于这些事件，许多人对未来失去信心并改变了他们的计划。家庭削减它们的支出，延迟了重大购买；企业则放弃了购买新设备。这种悲观情绪对经济有什么影响呢？这种事件减少了物品与劳务的总需求。这就是说，在物价水平既定时，家庭和企业现在想购买的物品与劳务减少了。

一般来说，整个社会经济的运行包括总供给和总需求两大部分。往往，评价一个经济是否过热就看它的总需求是否过于旺盛。2007年，中国物价水平开始走高时，著名的宏观经济学家宋国青做了一项研究。其中指出了总需求和经济增长之间的微妙关系。

测算社会总需求有两种方法：一是从需求形成角度测算，就是在生产指标基础上，按影响总需求的因素作出调整，以得到社会总购买力的方法。其计算公式为：社会总需求＝本期国内生产总值－本期储蓄＋本期银行信贷收入＋本期财政赤字＋本期出口。二是从需求使用角度测算，就是把社会总购买力可能使用去向的各个项目加总在一起的方法。其计算公式为：

社会总需求＝本期投资需求总量＋本期消费需求总量＋本期国外需求总量

需求总量和供给总量比较，反映着以货币支付力所代表的需求与实物（包括劳务）供应之间的平衡状况。保持社会总需求与总供给的平衡，是国民经济持续快速健康发展的需要。长期经济建设的实践表明，总需求过大，投资膨胀，经济增长超过社会财力、物力、资源的承受能力，各方面都绷得很紧，这种状况难以持久，最终会引起经济上的大起大落，给国民经济造成巨大损失。因此，为促进国民经济持续快速健康发展，必须注意调控社会总需求与总供给的基本平衡。

总供给的变动与经济的波动

在1929～1933年之间，美国生产的几乎每种产品在任一给定价格水平上的需求量都下跌了。需求下降的一个结果是大多数产品及劳务价格的下降：到1933年，GDP平减指数比1929年下跌了26%；其他价格指数下跌与此类似。第二个结果是大多数产品及劳务产量的下降：1933年实际GDP比1929年低27%。第三个结果与实际GDP下降密切相关，失业率从3%骤升至25%。

总供给是经济社会的总产量，它描述了经济社会的基本资源用于生产时可能有的产量。一般而言，总供给主要是由生产性投入的数量和这些投入组合的效率的决定的。总供给函数是指总供给和价格水平之间的关系。在以价格为纵坐标，总产出为横坐标的坐标系中，总供给函数的几何表示为总供给曲线。总供给曲线表明了价格与产量的相结合，即在某种价格水平时整个社会的厂商所愿意供给的产品总量。所有厂商所愿意供给的产品总量取决于它们在提供这些产品时所得到的价格，以及它们在生产这些产品时所必须支付的劳动与其他生产要素的费用。因此，总供给曲线反映了要素市场与产品市场的状态。

总供给曲线表明了价格与产量的相结合，反映了要素市场（特别是劳动市场）与产品市场的状态。

货币工资具有完全的伸缩性，它随劳动供求关系的变化而变化。当劳动市场存在超额劳动供给时，货币工资就会下降。反之，当劳动市场存在超额劳动需求时，货币工资就会提高。在古典总供给理论的假定下，劳动市场的运行毫无摩擦，总能维护劳动力的充分就业。既然在劳动市场，在工资的灵活调整下充分就业的状态总能被维持，那么，无论价格水平如何变化，经济中的产量总是与劳动力充分就业下的产量即潜在产量相对应，这也就是说，因为全部劳动力都得到了就业，即使价格总供给曲线水平再上升，产量也无法增加，即国民收入已经实现了充分就业，无法再增加了。故而总供给曲线是一条与价格水平无关的垂直线。

实际 GDP 和价格的双双下跌并非偶然。为了明白为什么会存在这种正相关关系，我们考虑一下生产者面临的最基本的问题是：是否多生产 1 单位可赢利的产品？

显然答案要取决于生产者得到的 1 单位产品的价格是大于还是小于生产 1 个单位产品的成本，即：每单位产品的利润 = 每单位产品的价格 = 每单位产品的成本。在任一特定时点上，生产者支出的许多成本是固定的，并不随时间的推移而变化。不变生产成本中最主要的部分是支付给工人的工资。这里的工资是指提供给工人的各种形式的报酬，包括薪水之外由雇主支付的医疗费用和退休福利。典型地说，工资属不变生产成本，按货币数量计算支付的工资也被称为名义工资，经常是在几年前就通过合约确定下来了；即使没有正式的合约，经营者和工人之间经常也有非正式的协议，所以当经济形势变化时公司改变工资也有滞后性。例如，公司通常在经济状况不佳时也不愿意降低工资——除非经济低迷的时期特别长并且非常严重——唯恐工人不满。相反地，在经济状态比较好的时候，它们一般也不会增加工人工资——除非它们面临被竞争对手挖走雇员的风险——因为它们不想鼓励工人习以为常的提高工资的请求。因此，正式的和非正式合约导致的结果是：名义工资是“黏性的”——失业率提高时缓慢下调，而劳动力短缺时工资上调也是缓慢进行。

短期内总价格水平与总产出供给数量之间存在正相关关系，设想一下，由于某种原因，总价格水平出现了下跌，也就是说一个有代表意义的最终产品和服务的生产者所获得的价格下跌了。因为许多生产成本在短期中是固定的，所以每单位产品的生产成本并不像它们的价格一样出现同比例的下跌。由于单位产品的赢利下降，所以短期生产者将减少产品供应。从经济总体来看，总产出水平将下跌。

当生产者愿意把任一特定总价格水平上总产出供给的数量减少的时候，总供给就减了。当生产者愿意在任一给定的总价格水平上增加他们供给的总产出数量的时候，总供给增加了。生产者作出生产决策是基于他们每单位产品的利润。短期总供给曲线说明的是总价格水平和总产出之间的关系，因为一些生产成本在短期是固定的，总价格水平的变化会引起生产者每单位产品利润的变化，利润变化反过来又会引起产量变化。但是除了总价格水平以外，能影响每单位产品利润以及产量变化的还有其他因素。正是其他因素的变化会引起短期总供给曲线发生变化。

综上所述，当总需求变动，即总需求曲线移动时，总供给曲线的斜率不同，所引起的价格与国民收入的变动情况也就不同。因此，在运用总需求 - 总供给模型分析问题时，总供给曲线的斜率大小是很重要的。总供给曲线的斜率反映了总供给量对价格变动的反应程度。总供给曲线的斜率大（即总供给曲线较为陡峭），说明总供给量对价格变动的反应小。总供给曲线的斜率小（即总供给曲线较为平坦），说明总供给量对价格变动的反应大。总供给曲线的斜率取决于多种因素，如生产技术、生产要素的供给与价格等等。

第二章 逃不开的经济周期

又到了危机爆发的时期

席卷全球的金融危机和通货紧缩来了，媒体还在卖力地大肆渲染，在我们眼里，它们就像《伊索寓言》里那个喊着“狼来了”的牧羊少年。美国次贷危机引发的金融危机已蔓延成全球性危机。

目前要对这场危机对我国产生的影响作出全面评估还为时尚早，但其中的教训可以为我国改革开放和现代化建设带来一些启示。

1997年东南亚金融危机给快速成长中的中国经济当头一棒，从此提出了“刺激消费，扩大内需”的政策理念，然而，由于传统体制（如内外贸分割、“出口创汇”鼓励机制等）支撑下的出口导向型经济模式在中国各地具有顽强的根基，因此，10多年过去了，不少地方“扩大内需”根本就是一句口号，还没有放到具体政策落实上来，而是继续在扩大出口的道路上越走越远。很显然，2008年的美国金融危机容不得某些“以出口为荣”的地方再片面追求“外向型”了，强大的压力必将推动各地政府从此开始真正重视扩大内需、刺激消费，甚至发动类似于日本20世纪60年代的“消费革命”和“流通革命”。尽管这已经是“迟到的革命”，但毕竟它的发生将会给中国社会带来巨大的变革和进步。

此次发生问题的衍生产品与过去传统的股权、期权、期货这些产品有区别，本来人们以为住房贷款这种资产不会太离谱，然而这次恰恰是住房按揭贷款这种标的物很真实的产品出了问题。实际上，在最发达的经济体中，金融的作用呈相对弱化的趋势。很多人都说美国的经济这次可能要垮台了，但实际上美国的经济实力仍然是世界第一。世界经济论坛最近发布的国家竞争力排名，美国还是排名第一。美国的制造业创造的增加值仍然第一，服务业第一，农业出口量第一。即使是金融出了这么多问题，倒闭了那么多大银行，现在美国有问题的银行170多家，但是实体经济受到的伤害还非常有限。即使就数量而言，出问题的银行也有限，因为美国的银行总数是7000多家，资本市场和直接融资仍在运行，商业票据市场仍在发挥功能，所以美国的经济实力仍然不可小视。

相比于美国，中国主要还是靠要素投入来推动经济增长，靠一定的技术引进和技术模仿来推动经济增长。而美国已经主要是靠科技文化创新来推动经济增长，要素投入对它的影响已经很小，引进技术、模仿别人的影响作用也比较小。由于像美国这样的发达国家对要素投入的依赖性已经很小，所以金融在经济中的地位和影响作用就不如从前了。欧洲和美国的问题是“金融过度”，我们的问题是金融欠缺，服务不足。

金融创新与安全的平衡是市场健康发展的前提。金融衍生品作为金融创新工具，一向为一些发达国家的金融市场所推崇，它在活跃市场交易、拓展市场空间、提高市场效率的同时，也隐含着很大的技术与道德等方面的风险。

金融创新与金融安全是相互矛盾制约，又相互促进发展的辨证统一体。处理好金融创新与金融安全的关系，必须注意金融创新的适度性。中国资本市场经过长达一年的低迷、调整，已进入基础稳固与价值回归时期，面对来自市场内部的制度、机制等诸多方面的矛盾冲突与国际金融市场的动荡，确保市场健康、稳定的发展是市场发展的客观需要。

信用制度是金融市场的生命线，无论发达成熟的市场，还是新兴发展中的市场，都面临着不断健全和完善信用制度的客观需要，即使在信用制度较为完善的市场上，严重的信用缺失同样会引发系统性金融风险，并造成严重的恶果。所以发展资本市场必须建立系统、完善、有效的信用制度。坚持安全与效率并重，安全优先、风险可控的审慎原则。在资本市场基础制度较薄弱，市场发育不成熟的情况下，更应注重在能够有效控制风险前提下的金融创新，务必防止金融创新的风险失控。对已推出和即将推出的金融创新产品应进行严格的风险监控；对市场发展需要，但自身条件不具备的金融创新产品应充分论证，积极培育，择机推出。只有全面、协调地推进创新，才能从根本上避免金融创新步入“雷区”，引发系统性风险。

每一次危机都是新的，但都是流动性危机。我们看到，美国在本次危机之前和初期，金融市场的流动性都十分充裕，但到了7月就突然紧张起来，以至于后来出现流动性枯竭。

稳步有序地推进资本市场国际化进程。由金融危机引发的全球金融动荡将对现有国际金融格局、金融体系、金融组织等产生不同程度的影响与冲击。在国际金融市场发展情势不明朗的情况下，我们必须审慎推进国际化进程，宁稳勿快。严格审核评估拟设立合资基金管理公司与合资证券公司的外方资产财务状况与经营管理能力；严格审核合格境外机构投资者资质，继续实行严格的投资额度限制，防止外资对资本市场的冲击；鼓励国内规范经营，具有相当竞争实力，有较强投资管理能力与较丰富投资管理经验的合格境内投资者进行一定的海外业务尝试与拓展。在尽可能阻断国际金融风险向我国资本市场蔓延的同时，积极创造条件，推进国内企业、金融机构的海外购并重组，提高中国资本市场的整体竞争力。

究竟什么是经济周期

1997 ~ 1998 年的亚洲金融危机：1997 年，国际投机者大量抛空泰铢，引起泰国金融体系波动。7 月 2 日，泰国被迫宣布泰铢贬值，东南亚其他国家相继受到冲击，货币相继贬值。10 月以后，金融危机蔓延到韩国和日本，导致货币贬值、股市暴跌和大公司纷纷破产，连一向被称为是发展奇迹的亚洲四小龙也逃脱不了这场厄运。危机中，大多数东亚经济的货币和资产价值跌落了 30% ~ 40%，遭受打击最为严重的几个经济下跌得更为厉害。东亚地区的银行和企业陷入空前的财务困境。泰国、印尼和韩国不得不请求国际货币基金组织（IMF）援助。

经济周期，又称商业周期或商业循环，它是指国民总产出、总收入和总就业的波动。这种波动以主要的宏观经济变量，如就业率、物价水平、总产量等普遍的扩张或收缩为基本特征。一般来说，一个完整的经济周期可以分为萧条、复苏、繁荣、衰退几个阶段，其中最主要的两个阶段是衰退阶段和扩张阶段。繁荣，即经济活动扩张或向上的阶段（高涨）；衰退，即由繁荣转向萧条的过渡阶段（危机）；萧条，即经济活动收缩或向下的阶段；复苏，即由萧条转向繁荣的过渡阶段。

经济周期中的上升阶段也称为繁荣，最高点称为顶峰。然而，顶峰也是经济由盛转衰的转折点，此后经济就进入下降阶段，即经济周期衰退。衰退严重则经济进入萧条，衰退的最低点称为谷底。当然，谷底也是经济由衰转盛的一个转折点，此后经济进入上升阶段。经济从一个顶峰到另一个顶峰，或者从一个谷底到另一个谷底，就是一次完整的经济周期。

现代经济学关于经济周期的定义，建立在经济增长率变化的基础上，指的是增长率上升和下降的交替过程。在市场经济条件下，企业家们越来越多地关心经济形势，也就是“经济大气候”的变化。一个企业生产经营状况的好坏，既受其内部条件的影响，又受其外部宏观经济环境和市场环境的影响。一个企业，无力决定它的外部环境，但可以通过内部条件的改善，来积极适应外部环境的变化，充分利用外部环境，并在一定范围内，改变自己的小环境，以增强自身活力，扩大市场占有率。因此，作为企业家对经济周期的波动必须了解、把握，并能制订相应的对策来适应周期的波动，否则将在波动中丧失生机。

经济周期的特征：

（1）经济的波动性：经济周期或经济的周期性波动，最突出的表现是经济中的实际GDP对潜在GDP呈现出来的阶段性的偏离。

（2）共同运动性：用与同期产出的相关系数表示。大多数宏观经济变量具有顺周期的特征。只有实际利率除外。

（3）持久性：西方经济学家一般认为，经济周期的形式和持续时间是不规则的。没有两个完全相同的经济周期，也没有像测定行星或钟摆那样的精确公式可用来预测经济周期的发生时间和持续时间。

下图反映了我国改革开放30年经济周期的情况。

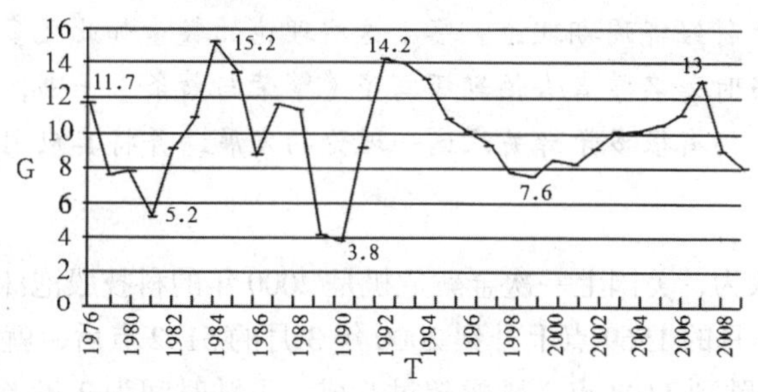

从1978年以来，我国经济增长率最高的波峰年分别是1978年（11.7%）、1984年

（15.2%）、1992 年（14.2%）和 2007 年（13%）；处于经济增长率最低的波谷的年份分别是 1981 年（5.2%）、1990 年（3.8%）、1999 年（7.6%）和 2009 年（假设 2009 年为本轮周期的波谷年，增长率为 8%）。如果依据波峰年计算周期的长度，从 1978 年到 2007 年的 29 年间，总共形成了 3 个经济周期，周期的平均长度为 9.66 年；若依据波谷年计算周期的长度，从 1981 年到 2009 年的 28 年间也形成了 3 个经济周期，周期的平均长度为 9.33 年。

从工业化到现在，世界经济呈现出具有规律性的周期变动已经历了 5 个长周期，即分别以“早期机械化”技术革命、“蒸汽动力和铁路”技术革命、“电力和重型工程”技术革命、“福特制和大生产”技术革命和“信息和通讯”技术革命为主导的世界经济周期。

经济周期既有破坏作用，又有“自动调节”作用。在经济衰退中，一些企业破产，退出商海；一些企业亏损，陷入困境，寻求新的出路；一些企业顶住恶劣的气候，在逆境中站稳了脚跟，并求得新的生存和发展。

经济周期可以通过很多重要的渠道影响到我们。例如，当产出上升时，找工作变得比较容易；当产出下滑时，寻找一份理想的工作就会比较困难。

经济永远在繁荣和衰退之间循环，人们对于未来生活总是从乐观的高峰跌落到失望的深渊，又在某种契机下雄心再起。

经济周期不同阶段的影响：经济周期波动的扩张阶段，是宏观经济环境和市场环境日益活跃的季节。这时，市场需求旺盛，订货饱满，商品畅销，生产趋升，资金周转灵便。企业的供、产、销和人、财、物都比较好安排。企业处于较为宽松有利的外部环境中。经济周期波动的收缩阶段，是宏观经济环境和市场环境日趋紧缩的季节。这时，市场需求疲软，订货不足，商品滞销，生产下降，资金周转不畅。企业在供、产、销和人、财、物方面都会遇到很多困难，企业处于较恶劣的外部环境中。

作为市场经济中的任何一分子，对经济周期波动必须了解、把握。而作为政府部门，认识经济周期在市场经济中的运行规律和特征，有助于政府在制定扩张性或收缩性的经济政策以及进行政策转换时，增强预见性，避免滞后性。

发现经济周期的繁荣与崩溃

经济周期理论在金融界十分引人瞩目，从 19 世纪中叶至“二战”前这段时期，西方经济学家提出了数十种经济周期理论。鉴于这些理论的数量如此之多，国际联盟（联合国前身）特意指定当时著名学者哈伯勒撰写了《繁荣与萧条》一书，来对以往的各种理论进行总结。此后，仍有很多学者关注这一理论的发展，并将其应用到经济生活的很多领域。

一些经济学家认为，美国上一次金融危机是 2000 年的科技股泡沫的破灭。那时，纳斯达克从 1998 年 10 月的 1569 点上升到 2000 年 3 月的 5132 点后，就开始暴跌。2002 年 10 月，从 5132 点暴跌到 1108 点。跌幅超过八成，下跌时间为 2 年半。据此数据估计，美国经济上一次高潮是在 2000 年，距离 2008 年危机再度爆发目前大约 8 年。也就是说，大约8年为一个经济周期。危机、萧条、复苏、繁荣，平均2年一个发展阶段。

经济学家将经济周期分为四个阶段：衰退、复苏、过热和滞胀。每一个阶段都可以由经济增长和通胀的变动方向来唯一确定。有趣的是，经济学家们发现每一个阶段都对应着表现超过大市的某一特定资产类别：债券、股票、大宗商品或现金。

在衰退阶段，经济增长停滞。经济增长率低于潜在增长率，继续成减速趋势，产出负缺口（产出缺口：经济体的实际产出与潜在产出的差额）继续扩大，超额的生产能力和下跌的大宗商品价格使得通胀率更低。市场需求不足，企业赢利微弱并且实际收益率下降。在这个阶段，央行使用宽松的货币政策（减息）及积极的财政政策（减税）以刺激经济增长。减息导致收益率曲线急剧下行，债券是最佳选择，而在股票中金融股是较好的选择。

在复苏阶段，舒缓的政策起了作用，GDP增长率加速，并处于潜能之上。经济增长率呈加速趋势，产出负缺口逐渐减小。复苏初期通胀率仍继续下降，因为空置的生产能力还未耗尽，周期性的生产能力扩充也变得强劲，企业赢利上升，复苏后期随着经济活动的加速通胀也逐渐上行。中央银行仍保持低利率的宽松政策，债券的收益率处于低位。

这个阶段是股票投资的“黄金时期”，由于经济复苏往往伴随着高新技术出现、基础材料研究的突破，因此高新技术如计算机行业是超配的行业。

在过热阶段，企业生产能力增长减慢，开始面临产能约束，通胀抬头经济增长率超过潜在经济增长率，呈加速趋势，市场需求旺盛，企业产品库存减少，固定资产投资增加，导致企业利润明显增加，产出的正缺口逐渐扩大，经济活动的加速使通胀进一步上升。虽然物价和利率已经提高，但生产的发展和利润的增加幅度会大于物价和利率的上涨幅度，推动股价大幅上扬。当经济周期处于过热阶段的时候，央行加息以求降温，加息使收益率曲线上行并变得平缓，债券的表现非常糟糕。

经济活动的过热以及较高的通货膨胀使大宗商品成为收益最高的资产。而在股票中，估值波动小而且持续期短的价值型股票表现超出大市，与大宗商品相关的股票是较好的选择，矿业股对金属价格敏感，在过热阶段中表现得好。

在滞胀阶段，GDP的增长率降到潜能之下，但通胀却继续上升。前期经济增长率依然超过潜在增长率，但成减速趋势，产出的正缺口逐渐减小，通胀由于资源价格的高企，利率由于通胀也处在高位，企业成本日益上升，为了保持赢利而提高产品价格，导致成本、工资、价格螺旋上涨，但业绩开始出现停滞甚至下滑的趋势；只有失业率的大幅上升才能打破僵局。只有等通胀过了顶峰，中央银行才能有所作为，这就限制了债券市场的回暖步伐。企业的赢利恶化，股票表现非常糟糕。

央行在这个阶段通常实行紧缩银根的货币政策，在投资方向的选择上，现金是最佳选择。股票中需求弹性小的公用事业、医药等是较好的选择，能源股对石油价格敏感，在滞胀阶段前期表现超过大市。

按照美国的经验，连续两个季度是负增长，则定义为经济衰退，但是目前阶段，中国经济不会出现负增长的情况，因为中国有自己完整的经济体系。现在的中国再大的危机除以13亿就很小了；再小的投资机会乘以13亿就很大了。考虑到中国的经济改革必须要在一定的发展率中解决，所以中国最少要保持5% ~ 6%的增长速度，如果经济增长速度下降到6%，则意味着中国经济已经衰退，当然也有专家认为我国低于8%的增长速度就是衰退。按照经济指标计算，中国虽然没有处于衰退阶段，但是从出口数据分析，已经有进入经济衰退的征兆，外贸出口订单在大幅度地衰减，所以目前阶段最佳的投资策略是选择债券和寻找未被经济周期所影响，价值被低估的股票，然后等待经济增长周期取得超额收益。

金融市场经常错误地将经济增长的短期偏离现象视为长期增长趋势发生了改变。结果是，在经济周期的顶点处，恰好是修正性政策变化即将发挥效力的时候，资产价格被严重扭曲。正确地识别增长的拐点，投资者可以通过转换资产以实现获利。这些道理可以解释最近历史上的失败例子。

例如，由于许多投资者在1999年末以为美国经济长期增长趋势将加快，科技类公司将从新经济中获取最大的收益，因此购买了昂贵的科技类股票。然而，美联储为了应对温和的通货膨胀，已提前一步开始实行紧缩货币政策，经济周期在2000年初达到顶点，互联网泡沫也随之破裂。随后的下滑促使激进的美联储放松银根，给债券和房地产行业带来了巨大的收益。

经济永远都在成长、衰退和危机之间循环往复，经济周期是推动创造性毁灭和经济增长以及复兴的关键力量。读懂经济周期的循环，揭开经济周期的特征和规律，就可以理解和预测经济的走势，并由此规避风险，因应形势。

经济周期中隐藏决定力量

经济危机发生后的100多年里，无数的经济学家在对经济周期的类型进行研究和探讨，他们根据各自掌握的资料提出了不同类型和长度的经济周期。

短周期：基钦周期。短周期是1923年英国经济学家基钦提出的一种为期3～4年的经济周期。基钦认为经济周期实际上有主要周期与次要周期两种。主要周期即中周期，次要周期为3～4年一次的短周期。这种短周期就称基钦周期。

中周期：朱格拉周期。中周期是1860年法国经济学家朱格拉提出的一种为期9～10年的经济周期。该周期是以国民收入、失业率和大多数经济部门的生产、利润和价格的波动为标志加以划分的。

长周期或长波：康德拉季耶夫周期。长周期是1926年俄国经济学家康德拉季耶夫提出的一种为期50～60年的经济周期。该周期理论认为，从18世纪末期以后，经历了3个长周期。第一个长周期从1789年到1849年，上升部分为25年，下降部分35年，共60年。第二个长周期从1849年到1896年，上升部分为24年，下降部分为23年，共47年。第三个长周期从1896年起，上升部分为24年，1920年以后进入下降期。

另一种长周期：库兹涅茨周期。这是1930年美国经济学家库兹涅茨提出的一种为期15～25年，平均长度为20年左右的经济周期。由于该周期主要是以建筑业的兴旺和衰落这一周期性波动现象为标志加以划分的，所以也被称为“建筑周期”。

熊彼特周期则是对上面几种周期的一种综合。1936年，著名的经济学家熊彼特以他的“创新理论”为基础，对各种周期理论进行了综合分析后提出了一个新的周期理论。

该周期论认为，每一个长周期包括 6 个中周期，每一个中周期包括 3 个短周期。短周期约为 40 个月，中周期约为 9 ～ 10 年，长周期为 48 ～ 60 年。他以重大的创新为标志，划分了 3 个长周期。第一个长周期从 18 世纪 80 年代到 1842 年，是“产业革命时期”；第二个长周期从 1842 年到 1897 年，是“蒸汽和钢铁时期”；第三个长周期从 1897 年以后，是“电气、化学和汽车时期”。在每个长周期中仍有中等创新所引起的波动，这就形成若干个中周期。在每个中周期中还有小创新所引起的波动，形成若干个短周期。

根据马克思的理论，他也认为繁荣起自资本的积累，经济进一步繁荣，而在繁荣期之后高工资使得工业对于贷款的需求减少，放松的信贷就鼓励人们进行投机，再次刺激金融繁荣。但是当投机者的信贷周转不灵的时候，投机行为就崩溃了，这时候就出现了危机。

危机之后的经济萧条期，资本会带来新的生产率更高的生产方式，从而出现了相对的盈余和相对的剩余价值。资本主义经济自我监管的性质，只有存在适当的国内和国际机制的情况下才有可能，另外一种危机是结构性的危机，和周期性危机不同的是，这是一种系统化的危机，是资本主义世界的这种霸权的变动带来的严重的结构性危机，20 世纪 30 年代的危机就说明了这一点。而周期性危机的重复出现也不断积累着问题，也会改变这种积累资本的模式。

举例来说，在布雷顿森林体系下，很多的结构性赤字国家，比如说日本，由于有外汇的上限而采取了相应的政策，20 世纪 50 年代的资本积累危机和 60 年代的资本危机可以用做我们的案例。当工资水平在繁荣期上升的时候，即便是在萧条期也不会下降，这种过程的重复就加剧了劳资之间在收入分配上的冲突，这样的冲突最终破坏了 20 世纪 70 年代黄金时期的资本积累，带来了 70 年代的通胀。70 年代的危机改变了资本主义的资本积累模式，所以这第三种类型的危机就叫中间期的危机。

在 20 世纪 80 年代之后，工会要求出现一种新型的资木积累模式，特别是在美国和英国，过去 30 年代我们看到了这种经常项目的失衡、短期的资本流动带来经济繁荣，然后泡沫破灭，然后就是萧条。这种经济繁荣带来的 GDP 较低的波动性，有可能反映出经济活力不足，而在这种资本积累的模式下，没有工资的上升，因此经济发展的动力不足。这种情况下就出现了棘轮效应，利率的棘轮效应，因为降低工资之后工资又很难上升，而利率则越来越低。过去 30 年来，金融的脆弱性越来越严重，2000 年的危机就是一种结构性的危机，这会改变世界经济结构中的霸权结构，这也就是说第三类型的危机会改变世界的结构。

泡沫经济：繁荣背后的深层危机

17 世纪荷兰发生郁金香泡沫经济。

17 世纪江户川时代的元禄泡沫经济。

18 世纪英国的南海公司泡沫经济（南海泡沫事件）。这次事件成为泡沫经济的语源。

20 世纪 20 年代受到第一次世界大战的影响，大量欧洲资金流入美国，导致美国股价飞涨。之后黑色星期二爆发，美国泡沫经济破裂，导致世界性恐慌。

19 世纪 80 年代日本泡沫经济。

1994 年以墨西哥为主的中南美洲泡沫经济。

1997 年东南亚金融危机。

1999 年～2000 年美国因特网泡沫经济。

2003 年以美国为主的全球房地产泡沫经济。

泡沫经济是指虚拟资本过度增长与相关交易持续膨胀日益脱离实物资本的增长和实业部门的成长，金融证券、地产价格飞涨，投机交易极为活跃的经济现象。

最早的真正意义上的泡沫经济可追溯至 1720 年发生在英国的“南海泡沫事件。”当时南海公司在英国政府的授权下垄断了对西班牙的贸易权，对外鼓吹其利润的高速增长，从而引发了对南海股票的空前热潮。由于没有实体经济的支持，经过一段时间，其股价迅速下跌，犹如泡沫那样迅速膨胀又迅速破灭。

正常情况下，资金的运动应当反映实体资本和实业部门的运动状况。只要金融存在，金融投机必然存在。但如果金融投机交易过度膨胀，同实体资本和实业部门的成长脱离得越来越远，便会造成社会经济的虚假繁荣，形成泡沫经济。

泡沫经济得以形成具有以下两个重要原因：

第一，宏观环境宽松，有炒作的资金来源。

泡沫经济都是发生在国家对银根放得比较松，经济发展速度比较快的阶段，社会经济表面上呈现一片繁荣，给泡沫经济提供了炒作的资金来源。一些手中握有资金的企业和个人首先想到的是把这些资金投到有保值增值潜力的资源上，这就是泡沫经济成长的社会基础。

第二，社会对泡沫经济的形成和发展缺乏约束机制。

对泡沫经济的形成和发展进行约束，关键是对促进经济泡沫成长的各种投机活动进行监督和控制，但到目前为止，社会还缺乏这种监控的手段。这种投机活动发生在投机当事人之间，是两两交易活动，没有一个中介机构能去监控它。作为投机过程中最关键的一步——货款支付活动，更没有一个监控机制。

第三，金融系统对房地产领域的过度放纵。

过度宽松的财政货币政策加剧资金过剩，助长泡沫膨胀；大批公共工程上马增加了对土地需求，进一步刺激地价上涨，各种因素叠加共振，使地价房价飞涨。宽松的房贷条件和政府失察，最终成为压垮这些“诞生经济奇迹”国家的最后一根稻草。

泡沫经济寓于金融投机，造成社会经济的虚假繁荣，最后必定泡沫破灭，导致社会震荡，甚至经济崩溃。

一本反映日本泡沫经济的书中，讲了一件真实的事。唱红了《北国之春》的日本男歌星千昌夫，准备操办婚事时，银行职员上门了。当时，富裕的日本人都流行到夏威夷结婚，但那里还没有专门面向日本人的酒店。银行的人对千昌夫说：“你应该去夏威夷投资建个酒店。”千昌夫问：“你能借多少？”银行说：“1000 亿（日元）。”千昌夫傻了：“我从来没想到过要借这么多钱。”银行就说：“不，我们一定要借给你 1000 亿，不要任何担保。”1000 亿就这样借给了千昌夫。这还没完，第二家银行又来了：“听说您要在夏威夷建酒店？你应该再建个高尔夫球场。”结果，千昌夫名下的贷款总额达到了 5000 亿日元。

进入 1990 年，这场人类经济史上最大的泡沫经济终于破灭，股价房价暴跌，大量账面资产化为乌有，企业大量倒闭，失业率屡创新高，财政恶化，日本经济陷入长达 10 多年的低迷状态。

西方谚语说："上帝欲使人灭亡，必先使其疯狂。"20 世纪 80 年代后期，日本的股票市场和土地市场热得发狂。从 1985 年年底到 1989 年年底的 4 年里，日本股票总市值涨了 3 倍。土地价格也是接连翻番，到 1990 年，日本土地总市值是美国土地总市值的 5 倍，而美国国土面积是日本的 25 倍！两个市场不断上演着一夜暴富的神话，眼红的人们不断涌进市场，许多企业也无心做实业，纷纷干起了炒股和炒地的行当——全社会都为之疯狂。但泡沫在 1990 年 3 月开始破灭。

灾难与幸福是如此靠近。正当人们还在陶醉之时，从 1990 年开始，股票价格和土地价格像自由落体一般往下下落，许多人的财富转眼间就成了过眼云烟，上万家企业迅速关门倒闭。两个市场的暴跌带来数千亿美元的坏账，仅 1995 年 1 月至 11 月就有 36 家银行和非银行金融机构倒闭，当年爆发剧烈的挤兑风潮。

日本当年经济崩溃的原因并非允许日元升值，而是其长期严重压低日元汇率。其次，日本在推行强势日元的同时，实行过度宽松货币政策，这才酿成了金融领域的严重泡沫问题。

经济过热，谁是最后一个贷款人

小孩子喜欢玩一种扔爆竹的游戏，如果 A 小孩向 B 小孩脚下扔的是一个哑炮，B 小孩拣起这个哑炮扔给了 C 小孩，C 又扔给了 D。依此类推，直至 Y 小孩扔给了 Z，这个哑炮终于在 Z 的脸上炸开并炸瞎了 Z 的双眼。这里，A 是远因，Y 是近因，中间还有从 B 到 W 的一系列连接点。那么，谁该对这件事情负责呢？

这个小小的比喻可以看成是金融危机发展的一个过程。金融危机是在种种因素的传递累积中爆发的。那么谁该对金融危机负责呢？

金融危机的根本原因是投机行为和信用扩张，近因则是某些不起眼的偶然事件，如一次银行破产、某个人的自杀、一次无关宏旨的争吵、一件意想不到的事情的暴露或是拒绝为某些人贷款以及仅仅是看法的改变。这些事情使市场参与者丧失了信心，认为危机即将来临，从而抛出一切可转换为现金的东西诸如股票、债券、房地产、外汇和商业票据。当所有需要货币的人都找不到货币了，金融领域中的崩溃便会传导到经济中的各个方面，导致总体经济的下降，金融危机来临。

投机要成为一种"热"，一般都要在货币和信贷扩张的助长下才能加速发展。有时候，正是货币和信贷的最初扩张，才促成了投机的狂潮。远的如举世皆知的郁金香投机，就是当时的银行通过发放私人信贷形成的；近的如 1930 年代大萧条之前，纽约短期拆借市场扩张所促成的股票市场繁荣。事实上，在所有的从繁荣到危机的过程中，都有货币或者是银行信贷的影子，而且，货币的扩张也不是随机的意外事件，而是一种系统的、内在的扩张。

那么，问题就出来了：一旦启动了信贷扩张，规定一个停止扩张的时点是否现实呢？并且，这能否通过自动法则完成呢？

2008年10月，随着西方各国纷纷陷入金融危机，法国总统萨科奇呼吁中印等国参加一次有关重建世界金融体系的“紧急全球峰会”，以共同应对目前全球金融危机，世界银行行长佐利克随后也提出相似建议。在美欧金融危机愈演愈烈的情况下，越来越多的西方政治家将中国视为全球金融稳定的关键力量，因为中国金融健康并持有巨额外汇储备，成为这场危机“国际最后贷款人”的最佳人选，也被赋予决定未来金融秩序的能力。

而美国国会公布的7000亿美元救市计划根本无法增强市场信心，在解决流动性方面作用有限，从而无法制止实体经济的衰退。这意味着未来信用违约会越发严重，将进一步打击规模空前的衍生品市场，直至美国金融系统崩溃，陷入债务危机。因此，在危机进程中做“国际最后贷款人”形同“危机最后陪葬人”，必祸及自身。

通常，在某一国国内发生银行危机时，中央银行可以为其他商业银行提供再贷款以满足商业银行短期的资金需要，以防范银行系统内的危机，看上去，就像是商业银行背后的贷款人。因而，“最后贷款人”这一概念原是人们习惯上对中央银行的这一行为的描述。

“最后贷款人”被认为是危机时刻中央银行应尽的融通责任，它应满足对高能货币的需求，以防止由恐慌引起的货币存量的收缩。当一些商业银行有清偿能力但暂时流动性不足时，中央银行可以通过贴现窗口或公开市场购买两种方式向这些银行发放紧急贷款，条件是他们有良好的抵押品并缴纳惩罚性利率。最后贷款人若宣布将对流动性暂不足商业银行进行融通，就可以在一定程度缓和公众对现金短缺的恐惧，这足以制止恐慌而不必采取行动。

但是“最后贷款人”的角色并不好把握。长期来看，货币供应量应该固定不变，但在危机期间它应当是富有弹性的，因为良好的货币政策可以缓解经济过热和市场恐慌，也应该可以消除某些危机。其依据主要是对1720年、1873年和1882年的法国危机，以及1890年、1921年和1929年的危机的研究。这几次危机中都没有最后贷款人出现，而危机后的萧条持续久远。

但是，将这种观点简单理解为设立一个最后贷款人也是肤浅的。如果市场知道它会得到最后贷款人的支持，就会在下一轮经济高涨时期，较少甚至不愿承担保障货币与资本市场有效运作的责任，最后贷款人的公共产品性会导致市场延迟采取基本的纠正措施、弱化激励作用、丧失自我依赖性。因此应该由一个“中央银行”提供有弹性的货币，但是，责任究竟落在谁的肩上还不确定。这种不确定性如果不使市场迷失方向的话是有好处的，因为它向市场传递了一个不确定的信息，使市场在这个问题上不得不更多地依靠自救。适度的不确定性，但不能太多，有利于市场建立自我独立性。

众所周知，在经济过热与市场恐慌中，货币因素十分重要。芝加哥学派认为，当局总是愚蠢的，而市场总是聪明的，只有当货币供应量稳定在固定水平或以固定增长率增加时，才能避免经济过热和市场恐慌。然而，现实的悖论是，银行家只把钱借给不想借钱的人。当发生经济崩溃时，银行体系必然受到冲击，除了货币数量的变动外，将导致银行对信贷进行配额控制，这势必造成某些资本运行环节当中的信用骤停和流动性衰竭。

中央银行不应降低成本甚至无成本地向商业银行降息。2008年金融危机爆发后，世界主要央行致力于向银行体系注入流动性，实际上是不计成本地向商业银行提供定量贷款，这样的最后贷款人角色并不容易。中央银行在金融市场出现动荡时袖手旁观需要承担巨大的外部压力，也要抵制力挽狂澜的内在诱惑。中央银行的任务是防止经济增长由不景气转变成经济衰退，最后贷款人角色并不是要求央行充当“老好人”，谁没有钱了，就要把钱送去。高利率和抵押物就是附加一种惩罚性融资条件，同时借此分辨出银行资产的好坏，而不能够满足贷款条件的，央行有理由将其拒之门外。因此，扮演“最后贷款人”的角色，还需要谨慎把握好力度，否则对提升经济状况并不能起到有力的效果。

第三章　通货膨胀的超强繁殖力

要价1500万津元的津巴布韦鸡

据此间媒体《先驱报》报道，津巴布韦中央银行开始发行一套新的货币，最大面值为1000万津元，最小面值为100万津元，成为当今世界上面值最大的货币。这是从2008年12月津巴布韦储备银行推出面值75万津元、50万津元和25万津元的货币以来，第二次发行巨额面值的钞票。储备银行行长戈诺说，发行新币主要是为了解决津巴布韦目前市面现金短缺的问题。按照津巴布韦目前的官方汇率，1美元可兑换3万津元。自去年10月以来，津巴布韦出现现金短缺现象，人们在银行门口和自动取款机前排成长队，等候取钱，但往往排一天队也取不到钱。据官方公布的统计数字，2008年10月津巴布韦的通胀率接近8000%。

通货膨胀，就是纸币在流通的条件下，货币的供给大于货币的实际需求，导致货币贬值，从而引起物价持续且普遍上涨的现象。

通货膨胀的本质，是一个货币现象。就一个国家来说，只要其央行控制住货币发行，就没有止不住的物价上涨。但是，如果现有世界金融格局的货币当局不愿意放弃这种向世界“抽水”剥削的货币增发行为，世界各国应如何应对？

通货膨胀只有在纸币流通的条件下才会出现，在金银货币流通的条件下不会出现此种现象。因为金银货币本身具有价值，作为贮藏手段的职能，可以自发地调节流通中的货币量，使它同商品流通所需要的货币量相适应。而在纸币流通的条件下，因为纸币本身不具有价值，它只是代表金银货币的符号，不能作为贮藏手段，因此，纸币的发行量如果超过了商品流通所需要的数量，就会贬值。例如：商品流通中所需要的金银货币量不变，而纸币发行量超过了金银货币量的一倍，单位纸币就只能代表单位金银货币价值量的1/2，在这种情况下，如果用纸币来计量物价，物价就上涨了一倍，这就是通常所说的货币贬值。此时，流通中的纸币量比流通中所需要的金银货币量增加了一倍，这就是通货膨胀。

在经济学中，通货膨胀主要是指价格和工资的普遍上涨，在经济运行中出现的全面、持续上涨的物价上涨的现象。纸币发行量超过流通中实际需要的货币量，是导致通货膨胀的主要原因之一。

在当今非洲国家津巴布韦，其通货膨胀达到了惊人的地步。在2009年2月，津巴布韦中央银行行长决定从其发行的巨额钞票上去掉12个零，这样一来，津巴布韦一万亿钞票相当于1元。此时，津巴布韦通货膨胀率已经达到百分之十亿，而一美元可兑换250万亿津巴布韦元。很多人笑言：在津巴布韦，人人都是“亿万富翁”。当然绝大部分人都不愿做这样的富翁！

那么一般在什么样的情况下，纸币的发行量会超过实际需要的货币量呢？

首先是外贸顺差。因为外贸出口企业出口商品换回来的美元都要上交给央行，然后由政府返还人民币给企业，那么企业挣了很多的外汇，央行就得加印很多人民币给他们，纸币印得多了，但是国内商品流通量还是不变，那么就可能引发通货膨胀。

其次，投资过热。某些发展中国家为了使投资拉动经济发展，会加大对基础设施建设的投入，那么就有可能印更多的纸币。通货膨胀的实质就是社会总需求大于社会总供给，通常是由经济运行总层面中出现的问题引起的。

其实在我们的社会生活中还有一类隐蔽的通货膨胀，就是指社会经济中存在着通货膨胀的压力或潜在的价格上升危机，但由于政府实施了严格的价格管制政策，使通货膨胀并没有真正发生。但是，一旦政府结束或放松这种管制措施，经济社会就会发生通货膨胀。

当发生通货膨胀，就意味着大众手里的钱开始不值钱，但是大家也不用提到“通货膨胀”即谈虎色变。一些经济学家认为，当物价上涨率达到2.5%时，叫做不知不觉的通货膨胀。以他们的观点来看，在经济发展过程中，搞一点温和的通货膨胀可以刺激经济的增长，因为提高物价可以使厂商多得一点利润，以刺激厂商投资的积极性。同时，温和的通货膨胀不会引起社会太大的动乱。温和的通货膨胀即将物价上涨控制在1% ~ 2%，至多5%以内，则能像润滑油一样刺激经济的发展，这就是所谓的“润滑油政策”。

据摩根斯坦利在2008年6月的报告表明，“在190个被调查国家中，已经有50个正在经历高达两位数的通货膨胀”，包括绝大多数新兴市场。有数据表明，地球人口的一半正经历高达两位数的通胀。全球化第一次使通货膨胀的全球性传导成为了可能。全球经济流动性过剩、美元贬值以及国际游资投机炒作，则是引发本轮全球性通胀的根本原因。伴随经济全球化的深入发展，通货膨胀全球联动性增强、传导渠道增多，主要表现为：通过贸易领域传导，除少数国家因宏观经济政策失误导致国内通货膨胀上升外，大多数国家的通货膨胀呈现出了输入型特点，进口产品价格的上涨成为带动国内物价上涨的主要因素。

从宏观上来讲，普通老百姓对抑制通货膨胀无能为力，必须要依靠政府进行调控。政府必须出台相关的经济政策和措施，例如上调存贷款利率，提高金融机构的存款准备金率，实行从紧的货币政策，包括限价调控等。对于我们普通人而言，应该有合理的措施来抵消通货膨胀对财产的侵蚀，如进行实物投资、减少货币的流入等，以减少通货膨胀带来的压力和损失。

通货膨胀前可怕的寂静

截至2008年11月中旬，油价开始大幅度下跌，短短几个月时间，恍如隔世。但是，这并不意味着全球通货膨胀就此结束了。现在只是下一轮全球性通货膨胀前的可怕寂静。比如，油价的这次快速下跌，既是次贷危机后石油消费下降的结果，也是美国借机洗劫盘踞在油价中的投机资金和挫伤俄罗斯、中东产油国的需要——迫使这些国家的资源及国际游资流向美国。

最近几年，通货膨胀成为全球性大难题，2007年人们的感触尤其明显。这一年，粮价、油价、铁矿石……放眼望去，许多产品价格都创出了新高。直到次贷危机以不可遏止的速度恶化，全球性物价上涨的势头才止住脚步。

粮食：2008年3月27日，联合国亚洲及太平洋经济社会委员会公布的报告显示，亚太地区各国面临的食品价格大幅上涨将是未来几年内的最大挑战。报告称，2007年农作物产品的价格涨幅达到30年来的最高点，如大豆价格达34年最高，玉米价格达到11年来最高点，小麦和油菜籽的价格也创历史新高。报告认为，亚太地区许多国家都面临着食品短缺的威胁，并且“食品价格膨胀”比“油价高涨”具有更大的危险性。就在报告发布的当天，泰国大米报价从每吨450美元涨到了每吨760美元，涨幅超过30%，达到20年来的最高点。

铁矿石：以中国进口铁矿石的价格来看，年年都在上涨。2005年上涨了71.5%，2006年上涨了19%，2007年上涨了9.5%，2008年又创下了几年来的最大涨幅，力拓的PB粉矿、杨迪粉矿、PB块矿在2007年基础上分别上涨79.88%、79.88%、96.5%。

在国际大宗商品价格暴涨的同时，美元在同步下跌，或者说，大宗商品价格的上涨就是美元贬值的结果，因为国际大宗商品价格基本都是以美元计价的。

以欧元兑美元的走势来看：2000年10月26日，1欧元兑换0.8225美元。2008年7月15日，1欧元兑换1.6037美元。近8年间，美元的贬值速度之快，令人震惊。

如果对比美元的走势和石油、铁矿石等世界主要大宗商品的价格走势就会发现，大宗商品价格单边上扬的走势恰好与美元单边下跌的走势相对应。美元贬值导致国际大宗商品价格上涨的结论，得到了许多人的认可。

在全球化的今天，在美元霸权地位依旧的今天，是任何国家都难以逃避的。正由于美元的无处不在，因美国滥发钞票所导致的通货膨胀令人无所遁形。当美元贬值时，国际市场通货膨胀变得严重起来，包括中国在内的发展中国家对欧美等发达国家的贸易顺差就会增大，同时，国际收支的资本项目也失衡，表现为资本顺差过大。这样，进出口出现的贸易顺差与资本项目出现的资本顺差就构成了国际收支的双顺差。

除了货币供给因素，由于美元贬值导致的国际市场上石油、铁矿石等大宗商品价格的上涨，抬高了我国进口这些基础产品的价格，从而引起国内市场价格上涨，并最终引发成本推动型通货膨胀。

输入型通货膨胀压力主要集中在原材料和上游产品领域。由于我国产品大都属于低附加值产品，在国际分工中处于较低位置，不得不承担更多的全球性的通货膨胀成本。

并且，在我国由于上游产业大都由垄断企业经营，进一步扭曲了分配关系，使得企业利润过于向上游集中。这种状况同样给中国企业的竞争环境带来了不利因素。

美元贬值下的全球性通货膨胀，美国几乎是唯一的受益者，而相关国家则苦不堪言。全球通货膨胀，美国是重要根源之一，而通货膨胀正是劫掠财富的重要手段之一。经济学家莫瑞·罗斯巴德对此有过系统的论述，在世界经济一体化的今天，拥有国际货币发行权的国家和政府本质上都是通货膨胀主义者，它们利用各国政府和世界中央银行操纵的某种世界通用纸币以同样的比率在各地膨胀。

世界上许多国家的困境正在于，本国货币大都在国内流通，而非像美元那样可以把通货膨胀压力向世界输送，因此，在美元霸权之下世界上大多数国家往往遭受着比美国更严重的通货膨胀压力。

但从历史上来看，美国的通胀水平一直较低，原因在于：一是美国增发的钞票被其他经济体尤其是包括中国在内的新兴经济体吸收；二是中国低廉的产品，客观上拉低了全球商品的价格，对物价起到了抑制作用。倘若不是因为这两点，美国滥发钞票和国债所导致的通货膨胀，不知道已经到了何等恐怖的地步！

英国《经济学家》杂志评论说，美国政府之所以放任美元贬值，一方面是希望通过弱势美元促进出口，带动经济增长；另一方面更是为了减轻美国的巨额债务，由于美国的外债绝大部分是以美元计价的，美元的贬值实际上即意味着债务负担的减轻。

外汇储备过大引发了我国财产缩水，美元储备在美元贬值的条件下会缩水，即使买了美国的债券，也会使我们受损失，尤其是有些债券风险甚大，例如我们到2007年已持有美国房利美和房地美这两家房地产公司的债券达3760亿美元，尽管这两家公司的债券有美国政府的担保，但这两家公司的巨大危机仍然会使我国资产深陷缩水的困境。我国持有美国政府国债的数额已经很大，以政府信用为基础的美国政府国债，同样也会在美元贬值条件下蚕食我国的资产。不得不承认，通货膨胀的危机正在一步步向世界各国逼近。

丈母娘是推动房价上涨的根本原因

2009年9月，经济学家在“中国地产金融年会2009区域巡回峰会”上，剖析房价上涨是因为“丈母娘需求”。小两口快结婚了，却一直不买房，于是丈母娘把女婿找来“探讨”，这下小女婿坐不住了，只好清仓、典当，筹钱买房，这就是“特刚需求”。这种“特刚需求”不是个别现象，目前在京沪杭和深圳等地，这种“需求”在持续，改善性需求、投资性需求都在持续，长远来看，中国房价还会缓慢上涨。

有人调侃说，估计很多“丈母娘”还没搞清楚状况，突然就被推到了房市的最前沿，买不起房的，因为结婚被逼买房的，都向“丈母娘”开炮吧。熟悉房地产专家“雷言骇语”的朋友，恐怕都已经发现，“丈母娘炒房论”并非独创，而是沿袭了两年前万通集团主席冯仑的“未婚女青年推动房价上涨”的理论，并将其发扬光大。

把国家统计局公布的2009年前10个月和前11个月的两张“商品房销售面积和销售额增长情况”表格放在一起，把销售面积和销售额相减，可以得出2009年11月商品房销售面积和销售额。在全国层面，这两个数字是8834.4万平方米和4458亿元。然后，再用表上提供的增长率数据反推并计算出2008年11月全国商品房销售面积和销售额，分别是4429.5万平方米和1671亿元。这样，我们可以计算出2008年11月和2009年11月全国商品房销售价格，分别是3772元/平方米和5046元/平方米，以及，2009年11月全国商品房销售价格比2008年11月上涨了33.8%。

按照同样方法计算出来的2009年11月的地区数字显示：东部地区商品房销售价格同比上涨33.4%，涨幅与全国平均水平相当；中部地区单月同比涨幅为44.7%，远高于全国平均水平；西部地区同比涨幅28%，低于全国平均水平。这和区域经济增长率在过去一年里的差异是一致的。此外，东部地区的北京、天津和上海三个直辖市2009年11月的商品房销售价格同比分别上涨了64%、44.8%和55%，涨幅十分显著。

影响房价过度上涨的主要原因是需求与供给之间的矛盾所引发的。在经济学中，供给是指生产者有出售的愿望和供应的能力。例如：当房价在每平方米一万元的时候，开发商愿意盖多少套房子；而按照他的生产能力，他最终又能提供多少套房子。

构成需求的因素有两个，一是购买欲望，二是购买能力。例如：当房价一路飙升，几万块钱只够买一个平方米的时候，有多少人买得起房子；在一定的时期内，有多少人需要买房子，如结婚的需求、工作变动买房的需求等。购房者因为结婚、投资、居住等原因，需要购买房子；另外，他还要负担得起首付、利息……

经济学家巴曙松说，当前房价上涨过快最主要的问题还是供给与需求的问题。开发商开发的房子过少，2009年金融危机爆发以后，很多开发商不敢拿地，不愿意拿地盖房子，而当前，80后一代又需要结婚、工作，供给的严重不足和丈母娘需求过旺导致房价高。

20世纪90年代摩托车曾风靡一时，在有利可图的情况下很多厂商投资生产摩托车；当摩托车市场饱和，利润率下降的情况下，厂商又纷纷转产汽车或进入其他行业。影响厂商供给的另外一个重要因素就是产品的成本。当一种物品的生产成本相对于市场价格而言较低的时候，生产者大量提供该物品就有利可图。例如，20世纪70年代，石油价格急剧上升，提高了制造商的能源开销，从而提高了其生产成本，进而便降低了其产品的供给。

供需不平衡导致了商品的价格大幅度地与其本身价值相背离。房子供不应求，相对于需求来说，房子供给不足，从而导致房价持续增长。但是从客观经济规律来看，房价并不会一直居高不下，房价的起伏也是遵循一定经济规律的。从中国来看，房产的发展史大致经历了五个阶段：

第一阶段：理论突破与试点起步阶段。1978年理论界提出了住房商品化、土地产权等观点。1980年9月北京市住房统建办公室率先挂牌，成立了北京市城市开发总公司，拉开了房地产综合开发的序幕。1982年国务院在四个城市进行售房试点。1984年广东、重庆开始征收土地使用费。1987至1991年是中国房地产市场的起步阶段。1987年11月26日，深圳市政府首次公开招标出让住房用地。1990年上海市房改方案出台，开始建立住房公积金制度。1991年开始，国务院先后批复了24个省市的房改总体方案。

第二阶段：非理性炒作与调整推进阶段。1992年房改全面启动，住房公积金制度全面推行。1993年“安居工程”开始启动。1992年后，房地产业急剧快速增长，月投资最高增幅曾高达 146.9%。房地产市场在局部地区一度呈现混乱局面，在个别地区出现较为明显的房地产泡沫。1993 年底宏观经济调控后，房地产业投资增长率普遍大幅回落。房地产市场在经历一段时间的低迷之后开始复苏。

第三阶段：相对稳定协调发展阶段。随着住房制度改革不断深化和居民收入水平的提高，住房成为新的消费热点。1998 以后，随着住房实物分配制度的取消和按揭政策的实施，房地产投资进入平稳快速发展时期，房地产业成为经济的支柱产业之一。

第四阶段：价格持续上扬，多项调控措施出台的新阶段。2003 年以来，房屋价格持续上扬，大部分城市房屋销售价格上涨明显。随之而来出台了多项针对房地产行业的调控政策。

第五阶段：房产泡沫将破。

中国的房地产处于持续上扬的阶段已久，它在客观上给社会造成了一系列的重大影响。中国的房地产已经使中国央行发行了太多的人民币，如果房价下降，等于把石子投进了海里，那么多印出来的钱会使中国产品价格飞涨，会发生严重的通货膨胀。看似房价与石子毫无相干，可是他们的属性是一样的，就是价格和价值严重的背离。实际上房地产的崩盘受害最大的并不是中国的商业银行，而是整个中国经济体系。

货币流通速度

美联储在利率上的这种巨大权力来自于何处呢？毕竟，在美国商业银行是私人实体。美联储不能要求花旗银行提高或降低它向消费者提供的汽车贷款或住房抵押贷款的利率。然而，这个过程是间接的。利率仅仅是资本的“租金率”，或“货币的价格”。美联储控制美国货币的供给。货币与公寓并没有区别：供给越多，租金越低。

美联储通过改变商业银行可获得的资金量来改变利率。如果银行货币充裕，那么利率必须处在较低水平才能吸引贷款人，充分利用闲置资金。当资本稀缺时，情况则相反。这就是供给和需求——美联储控制了货币供给。

货币政策决定（利率是否需要上调、下调或不变）是由美联储内部的一个叫做美国联邦公开市场委员会（FOMC）的机构所制定。这个委员会由董事会成员、纽约联邦储备银行主席和其他 4 个轮值的联邦储备银行主席组成。如果美国联邦公开市场委员会想通过降低借贷成本来刺激经济，该委员会有两个主要工具可以实现目标。第一个是再贴现率，这是商业银行直接从美联储借钱的利率。再贴现率与从花旗银行贷款的成本有直接关系，再贴现率下降，银行可以更便宜地从美联储借更多的钱，从而可以更便宜地借给客户更多的钱。

相反，银行通常从别的银行借钱。美联储控制货币供应的第二个重要工具是美国联邦基金利率，它是银行之间短期贷款的利率。不妨将货币供给想象成火炉，美国联邦基金利率是它的自动调温器。

美联储的信条是促进经济可持续增长。让我们搞清楚这个工作到底有多难。首先，我只是在猜测不引发通货膨胀的经济增长速度。经济学家之间的一个争论是，计算机和其他信息技术是否让美国的生产效率有了显著提高。倘若如此，正如格林斯潘在几个场合中所暗示的那样，经济的潜在增长率可能已经上升了。倘若不是这样，正如其他经济学家所坚信的，原来的增长速度极限仍然适合。很明显，去遵守一个尚未明确的速度极限是相当困难的。

然而，这仅仅是美联储面临的第一个挑战。美联储也必须知道利率变化将产生何种影响，以及多久才能达到这种效果。美联储控制最多的是短期利率，它可能会和长期利率同向变化。所以，美联储必须维持一定的经济增长速度，这个速度既不能太快也不能太慢。首先，我们并不知道准确的经济增长极限。其次，加速器和刹车器的效果都有滞后性，这意味着当我们启动它们时，两者都不会立竿见影。相反，我们不得不等待一段时间——可能是几个星期到几年，我们无法推测。所以，一个没有经验的司机可能狠狠地踩下油门，但车子并没有什么动静，他感到很迷惑（同时他还要忍受公众抱怨他开得太慢）。然而，9 个月之后，汽车失控了。第三，货币和财政政策独立地对经济产生影响，所以，当美联储按动刹车器时，美国国会和总统可能已经启动加速器。第四，可能有一系列不利的世界事件——这里有金融崩溃，那里有油价攀升。

货币数量论

由古典经济学家在 19 世纪末 20 世纪初发展起来的货币数量论，是一种探讨名义总收入如何决定的理论。因为该理论同时还揭示了在总收入规模既定情况下所持有的货币数量，所以它也是一种货币需求理论该理论。最重要的特点是它认为利率对货币需求存在影响。

美国经济学家艾尔文 · 费雪在他 1911 年出版的那本颇具影响力的《货币的购买力》一书中，对古典数量论作了最清晰的阐述。费雪试图考察货币总量 M（货币供给）与经济体对所生产出来的最终产品和劳务的总支出 P × Y 之间的联系，其中 P 代表物价水平，Y 代表总产出（收入）。总支出 P × Y 也可以看做经济体的名义总收入或名义 GDP。货币流通速度（常简称为流通速度），即货币周转率连接了 M 和 P × Y，是指一年当中，1 美元用来购买买经济体所生产的最终产品和劳务的平均次数。流通速度 V 可以更精确地定义为总支出 P × Y 除以货币数量 M，即 V=P × Y/M。

例如，假设某年名义 GDP 为 5 万亿美元，货币数量为 1 万亿美元，那么货币流通速度就是 5，它表示在购买经济体中的最终产品和劳务时，每 1 美元的钞票平均被使用 5 次。

公式两边同时乘以 M，就可以得到交易方程式，从而构建了名义收入与货币数量和流通速度之间的联系：

M × V=P × Y

交易方程式说明，货币数量乘以该年货币被使用的次数必定等于名义收入。

艾尔文 · 费雪认为，货币流通速度是由经济中影响个体交易方式的制度决定的。

假如人们使用记账方式和信用卡来进行交易，那么在购买时就会使用较少的货币，则由名义收入所产生的交易就需要使用较少的货币（则相对于同样的 P × Y，M 下降，V 上升。反之，如果购买时使用现金或支票支付更加方便的话，则 M 会上升，V 下降。

相反，如果购买时可以十分方便地用现金或支票（两者都是货币）进行支付，则由同样规模的名义收入所产生的交易就需要使用较多的货币，从而货币流通速度会下降。费雪认为，由于经济体中的制度和技术特征只有在较长时间里才会对流通速度产生影响，所以在正常情况下，货币流通速度在短期内都相当稳定。

因为古典经济学家认为工资和价格是具有完全弹性的，同时，货币数量论提供了对物价水平变动的一种解释：物价水平的变动仅仅源于货币数量的变动。

费雪的货币数量研究表明：货币需求仅仅是收入的函数，利率对货币需求没有影响。

费雪之所以得出这一结论，是因为他相信人们持有货币仅仅是为了进行交易，而没有多大的自由来选择所希望持有的货币数量。货币需求取决于：（1）由名义收入水平所支持的交易规模；（2）经济体中影响人们交易方式的制度因素，这种交易方式决定了货币流通速度，进而决定货币需求。

从食盐抢购看政府稳定物价

日本九级大地震,使得内地罕见的“抢盐热”一度达到沸点。一夜之间,淘宝的“涉盐”调味品销量由不足 20 万件，暴涨到次日 156 万件。其中浙江地区的 42127 笔交易，占据总成交额的 70%。相对于大超市 1 元钱一包的价格，淘宝店铺内 3 元一包的食用盐，价格是贵了但卖得依然很好。甚至有的店铺在近 30 天就销出了 6800 包。

“光卖盐，3 个小时就能升皇冠，”成了流传在网商中的热门话题。不少店铺更是打出“满 99 送盐一包”甚至“买 ×× 眉笔 5 支送盐包邮”的广告。

防止物价过度变动，保持物价平稳，已经成为稳定人心、稳定社会的第一要素。确保物价平稳，尤其避免物价暴涨，不仅是重大民生，而且是当今最大的政治。物价问题涉及民生、关系全局、影响稳定。

物价变动是指商品或劳务的价格不同于它们以前在同一市场上的价格。物价是商品或劳务在市场上的交换价格，有输入价格和输出价格两种。输入价格是为生产或销售目的而取得商品或劳务的价格。输出价格是作为产品销售的商品或劳务的价格。企业按某一输入价格购买一项商品，再按较高的输出价格售给客户，这种情况不能视为该项商品的价格发生了变动，只有同是输入价格或输出价格增高或降低，才算物价发生了变动。

从 2007 年以来物价就一直走高，国家统计局发布的 2011 年 2 月份居民消费价格指数（CPI）同比上涨 4.9%，涨幅与 1 月份持平。大大超过 3% 警戒线，粮、肉、蛋、菜等产品上涨幅度较大，商品房价格居高不下，这些问题都直接与民生相关，通胀压力加大，物价普涨，不涨价的商品越来越少。消费者会紧盯这些价格低廉和平稳的生活必需品的价格波动，并随时采取抢购和囤积行动，这其中就包括食盐。

那如何稳定物价？实行省长“米袋子”、市长“菜篮子”负责制，这是稳定物价的工作基础。内地出现“抢盐潮”后，政府多管齐下。及时辟谣。2011 年 3 月 21 日，杭州市公安局西湖分局作出处罚决定，依法给予在网上散布日本核电站爆炸污染山东海域谣言的杭州网民陈某行政拘留 10 天，并处罚款 500 元。加大食盐供应。多地政府也采取了类似措施，并依法惩处哄抬盐价的商家。

物价变动可分为物价上涨和物价下跌两类。现行商品或者劳务的价格高于它们以前在同一市场上的价格，称为物价上涨；现行商品或者劳务的价格低于它们以前在同一市场上的价格，称为物价下跌。物价持续较大幅度地上涨，称为通货膨胀。随着世界经济的持续发展，通货膨胀已成为世界上众多国家的共同问题，我国也不例外。

物价变动的原因，一般说来有以下几个主要方面：（1）劳动生产率的变化。某种商品生产率普遍提高，该种商品的价格就会下跌；反之，如果劳动生产率普遍降低，则价格就会相应上涨。（2）技术革命。技术进步，一方面使有关产品中凝结的人类复杂劳动增多，从而导致其价值增加，价格上涨；另一方面，使原有产品的经济效能相对降低，价值受贬，价格下跌。（3）货币价值的变动。货币所表现的价值是商品的相对价值，即商品价值量同时发生等方面等比例的变动，商品的价格不变。但如果二者任何一方的价值单独发生变动，都会引起价格的涨跌。如果货币价值不变而商品价值提高，或者商品价值不变而货币价值降低，商品价格就会上涨。反之，如果货币价值不变而商品价值降低，或者商品价值不变而货币价值提高，商品价格就会下跌。（4）供求关系。在市场经济条件下，商品价格在很大程度上受供求情况的影响。当商品供不应求时，价格就会上涨；反之，当商品供过于求时，供给就会下跌。（5）竞争和垄断。竞争引起资本在各生产部门之间的转移，促使商品的价格发生变动，通常为价格下跌。垄断引起商品价格的操纵，使物价发生变动，通常为价格上涨。

中国古话说："他山之石，可以攻玉。"当前物价上涨是全球性现象，原因错综复杂。各国为稳定物价，都采取了一些积极有效的措施。日本一直是世界上零售物价最稳定的国家之一，其稳定物价的成功做法主要有以下几个方面：

1. 高度重视生活必需品供给的稳定

日本提出，确保市场上生活必需品的供给，对于物价总水平的稳定具有决定性的意义。以蔬菜为例，蔬菜等鲜活农产品的生产和供给状况极易受气候影响，价格波动的频度和幅度远大于其他生活必需品。因此，日本的各种经济组织，一方面指导蔬菜等农产品的生产和上市有计划地进行，另一方面，当出现菜价一定程度或大幅度上升时，"稳定蔬菜供给基金"等组织，根据市场的有效需要，不失时机地向市场增投蔬菜，扩大供应，保证需求，从而平抑菜价。

2. 政府紧握流通的批发环节，调控生产和市场，稳定物价

在日本，农产品批发业主要是经营粮食、蔬菜、果品的批发。农产品批发的主要组织形式是各类农产品批发市场。考虑到分散交易很难看准市场的动态和价格变动的走向，只有当众多的交易对象聚集在一起时，才能通过"供求竞争"形成合理的价格。因此，政府高度重视并充分利用批发市场的作用，促进流通，调节供求，稳定物价。为此，大藏省和东京都联合出资兴建农产品中央批发市场，以便于政府对东京整体市场进行有效监督和调控，并促进市场的繁荣，进而为稳定物价奠定坚实的基础。

3. 建立、健全有效的统计和信息系统，及时公开经济信息，引导消费，稳定物价

日本不仅把统计和信息系统作为制定政策的重要依据，而且把及时公开经济信息作为强化民众监督、防止“搭车涨价”和不正当竞争的手段加以运用，尽可能迅速地向国民提供有关商品供求、价格变动的正确信息，引导消费者保持合理的消费行为，防止因抢购、囤积等不正当的行为引起物价上涨。在经济企划厅物价局设置“物价热线电话”，倾听消费者对物价的意见和建议，接受消费者的投诉，解答消费者的咨询等。可靠信息有效传递，是稳定民心进而稳定物价不可或缺的环节。

治理通货膨胀是有成本的

在20世纪的经济学界有一位伟大的与凯恩斯齐名的经济学家，他也是“二战”以后至今世界上最具影响力的经济学家。他也是一位货币主义者，他的思想对现代货币经济理论的直接和间接影响无法估量，他的名字叫弗里德曼。

虽与凯恩斯齐名，但弗里德曼的经济学理论却与凯恩斯的背道而驰，在当时的经济学界，凯恩斯的主张政府干预经济的理论正如日中天，而弗里德曼的理论却恰恰相反，他反对政府干预经济，认为政府的干预常常加剧了经济波动。弗里德曼建立了货币主义学派，他认为，无论扩张和紧缩的货币政策不仅不会使就业和价格稳定，反而会使情况更加恶化，价格和就业有可能大幅度震荡，因此通过控制货币数量来稳定价格就可以消除经济波动。一句话总结，通货膨胀仅仅是一种货币现象。

通货膨胀是一个世界性的难题，多少年来经济学家们一直为解决通货膨胀苦苦思索，当然也为理清这一问题作出了巨大的贡献。那么如何对抗通货膨胀呢？弗里德曼开出的药方是，只有货币增长速度与产能增长速度一致，才不会出现通货膨胀。经济发展多少，货币就增长多少，只要控制货币供应量，就不会有通货膨胀。弗里德曼甚至提出，由电脑取代中央银行的功能反而更好，只需在电脑上设定货币数量能有稳定的增长率即可。

20世纪70年代是经济混乱的时期。这10年是从决策者力图降低60年代遗留下来的通货膨胀开始的。尼克松总统实行了对工资和物价的暂时控制，而美联储通过紧缩性货币政策引起了衰退，但通货膨胀率只有很少的下降。当工资与物价控制取消之后，控制的影响也结束了，而衰退又如此之小，以至于不能抵消在此之前繁荣的膨胀性影响。到1972年，失业率与10年前相同，而通货膨胀高出了3个百分点。

在1973年初，决策者不得不应付石油输出国组织（欧佩克）所引起的大规模供给冲击。欧佩克70年代中期第一次提高油价，使通货膨胀率上升到10%左右。这种不利的供给冲击与暂时的紧缩性货币政策是引起1975年衰退的因素。衰退期间的高失业降低了一些通货膨胀，但欧佩克进一步提高油价又使70年代后期通货膨胀上升。

整个20世纪80年代是美国经济政策发生根本性变化的时代。这些变化受以下因素的影响：80年代初始的经济条件、罗纳德·里根总统的风格和政治哲学以及经济学家和行政官员中新的社会思潮倾向。70年代末惊人的高通货膨胀率和迅速增长的个人税赋以及六七十年代庞大的政府支出，已引起公众普遍的不满。罗纳德·里根1980年当选为总统反映了这样一种公众情绪，人们期待新总统降低通货膨胀、降低税率以及削弱政府对经济的干预。

沃克尔就是在这种情况下，临危受命，登上了美国历史舞台。1979 年沃尔克就任美联储主席，强力提升美元利率。高息的强势美元政策，吸引了大量的外国资本流入美国，将美国推入强势美元时代。沃克尔执掌美联储的前几年，因为布雷顿森林体系的垮台，通胀达到了 13.5%（1981 年），沃克尔成功把它降到了 3.2%（1983 年）。

他是怎么做到的呢？1979 年美国的同业拆借利率是 11.2%，1981 年被沃克尔抬到 20%，银行基准利率跟着涨到了 21.5%。但是利率飙升极大损害了美国的农业，愤怒的农民们开着拖拉机闯进华盛顿街区，堵住了埃克尔斯大楼（美联储所在地）的大门。

尽管付出了惨重的代价，但是事实证明，沃克尔的这一政策非常成功，三年后通胀被抑制，到 1983 年，美国的通货膨胀率降到 3.2%，并在此后一直将其保持在低水平上。最重要的是，即使在 1982 年出现经济衰退期间，美联储也坚持实行高利率，这种在面临通货膨胀威胁时大力加息、在通货膨胀比较温和时才下调利率的做法为美联储赢得了声望。

不过，沃克尔最被人所诟病的也正是他紧缩的货币政策。因为这一政策，美国失业率直逼30年代的经济大危机,并陷入一场经济衰退中,直到里根时代才有根本改观。然而此后，美国经济出现了前所未有的连续 25 年高增长，这充分证明了其政策的有效性。

另一个对抗通胀的方法：控制货币供应。而为了降低通货膨胀，政府必须做的就是，让增加货币供给的速度慢于经济的增长。这虽然是一个简单易行的遏制通货膨胀的方法，但却很少有人敢用，这个方法就如同阻断通货膨胀这个发动机运转时所需要的燃料，并以此来放慢货币增长。但遗憾的是，由于高通胀带来高货币需求，骤然减少货币供给的企图会使得利率陡然上升，进而激发一次严重的经济紧缩。

除此之外，还有其他一些方法也可以改变或改善通胀：通过货币政策进行调整。比方说，央行为了减缓通货膨胀采用升息的政策，以引导市场利率上升，使企业融资的成本增加，承担较多的利息支出，从而降低了投资的需求。另一方面随着更多的资金会流到银行体系，有助于抑制消费从而缓和过渡期的经济。在格林斯潘就任期间，这个目标的实现更多的是依靠个人判断而不是制度保证。毫无疑问，美联储的政策对产量和就业有实质影响，但这些影响是暂时的。

事实上，近年来，全世界的许多中央银行都采用了通货膨胀目标制的战略。它们选择一个特定的通货膨胀目标，比如 2%，然后根据需要提高或降低利率使得通货膨胀维持或者接近在目标水平上。通货膨胀目标制的众多优点之一是它可以防止经济陷入通胀的怪圈。如果中央银行在击退任何微小的高于目标的通货膨胀方面具有完全的可信度，那么它根本不必担心对抗一次严峻的通货膨胀，因为这样的通货膨胀永远不会出现。

政府治理通胀预期的主要政策环节

财政政策在治理通货膨胀时发挥了积极作用。2008 年各项经济数据显示中央采用的紧缩性货币政策手段成效有限，货币发行量仍高于经济需求的货币量，但另一方面财政政策却更加有效。财政政策不仅可以调节需求，对供给方面也能产生影响，而且财政政策较少受到外部经济的影响，政策扭曲效果较小。

在纸币流通条件下，因货币供给大于货币实际需求，导致货币贬值，而引起的一段时间内物价持续而普遍地上涨现象。其实质是货币发行者为抵消负债而发行过多的货币。通货膨胀在现代经济学中意指整体物价水平上升。一般性通货膨胀为货币的市值或购买力下降，而货币贬值为两经济体间之币值相对性降低。

通胀预期是指人们已经估计到通货膨胀要来，预先打算做好准备要避免通胀给自己造成损害，然而防范通胀的措施本身就会造成资产价格的上升，即对通胀的预期本身就会加快通胀的到来。通胀预期，简单地说，就是人们对于通货膨胀率的心理预期。一种较为简便的算法是把前面几年的通货膨胀率相加，再除以年限，实际上就是一个算术平均数。

通胀预期是导致通胀的重要原因。一旦消费者和投资者形成强烈的通胀预期，就会改变其消费和投资行为，从而加剧通胀，并可能造成通胀螺旋式地上升。比如，如果消费者和投资者认为某些产品和资产（地产、股票、大宗商品等）价格会上升，且上升的速度快于存款利率的提升，就会将存款从银行提出，去购买这些产品或资产，以达到保值或对冲通胀的目的。这种预期导致的对产品和资产的需求会导致此类资产价格加速上涨。而这些产品或资产的价格一旦形成上涨趋势，会进一步加剧通胀预期，从而进一步加大购买需求，导致通胀的螺旋式上升。中国在 1987 年夏天出现的抢购商品潮、2007 年的股票市场的疯涨和房地产价格的大幅上扬，都是通胀预期推动价格飙升的具体案例。

通货膨胀给社会带来的危害是严重的，对这些危害人们一般概括为物价上涨，社会动荡和人心不安等。但实际上，通货膨胀最严重的后果，是对于市场机制的破坏。这种破坏首先造成了对资源的错误引导；其次导致了对劳工的错误引导。因此政府需要加强对通货膨胀的预警，及早制定相应的应对通胀发生的政策，减轻通胀对经济带来的严重破坏。

政府治理通胀预期的主要手段是实行紧缩性的财政政策。即主要通过削减政府支出和增加财政收入来抑制通货膨胀。

收入政策的理论基础是成本推进型的通货膨胀。收入政策指通过限制提高工资和获取垄断利润，控制一般物价的上涨幅度。这种抑制性的收入政策主要有以下两种形式：

第一，工资、价格管制。即由政府颁布法令，强行规定工资、物价的上涨幅度，甚至暂时冻结工资和物价。工资、价格管制通常采用道义劝告和指导、冻结工资等手段进行。第二，利润管制。利润管制是指政府强行限制大企业或垄断性行业的利润，从而抑制通货膨胀。

另外运用财政政策来治理通货膨胀还有其他几种方式：一是增加税收，使企业和个人的利润和收入减少，从而使其投资和消费支出减少；二是削减政府的财政支出，以消除财政赤字、平衡预算，从而消除通货膨胀的隐患；三是减少政府转移支付，减少社会福利开支，从而起到抑制个人收入增加的作用。

从另一方面来讲，政府应同时加强对资本市场和房地产市场的监管，完善相关法律制度。政府需要运用税收和转移支付手段，给予企业和居民各项财政补贴。针对国际收支盈余增长过快的输入型通货膨胀，可以采取降低出口退税率，对国内稀缺的生产要素加征出口关税，减少出口。进一步削减进口关税，给予企业进口补贴，扩大进口，使贸易不平衡问题得以缓解。

对于流进我国的热钱，可以采取征收托宾税的办法，防止资本市场膨胀带来的通货膨胀，稳定汇率和减少资本账户盈余。

针对成本和结构型通货膨胀，财政政策要适时扩大增值税转型试点范围，降低企业税率，同时对受到通货膨胀影响较大的企业，如粮油面、石油、电力等给予财政补贴，以减轻这些企业由于成本上升造成的通货膨胀压力。

通货膨胀还会对居民产生财富效应，尤其对低收入者的影响最大。在治理通货膨胀的过程中，政府要把财政支出不断地向教育、医疗卫生、社会保障领域倾斜，向低收入人群倾斜，使财政收入的分配格局更加合理化。这不仅有利于保障社会公平，而且有利于提高人民的生活水平和消费能力，扩大内需，保持经济又好又快发展。

当前，我国经济继续保持平稳快速增长，国内外对中国经济增长的信心增强，但与此同时，也面临物价上行的压力。2011年2月消费者价格指数（CPI）较上年同期增长4.9%，涨幅和1月持平；工业生产者出厂价格指数（PPI）较上年同期增长7.2%，涨幅比1月份增加0.56个百分点，创两年半以来的新高，未来CPI仍然面临上升压力。在此背景下，中央强调要更加注重稳定物价总水平，管理好通胀预期，防止经济出现大的波动。

从一定意义上讲，通胀预期是一种心理预期，不是真正的通胀，但它却能影响人们的行为。当消费者和投资者形成强烈的通胀预期时，就会改变消费和投资行为，造成通胀螺旋式上升，推动形成实际通胀，进而影响经济和社会稳定。因此，管理通胀预期不能有丝毫松懈和麻痹。

管理好通胀预期是当前我国宏观调控的重大任务之一。社会各主体应主动适应政策环境的变化，改变非理性预期，管理好自身的资产和负债，有效配置资金和风险，共同营造良好的经济金融环境。

谁是制造通货膨胀的实际幕后黑手

物价总水平上涨是因为流通中钱的总量太多，超过了商品和服务供给的可能。如果仅仅大力打压高价，抑制通胀就难以期望好效果。

通货膨胀是个侵蚀财富的大问题，物价总水平的持续、全面的上涨，就是所谓的通货膨胀。作为一种货币现象，大家所熟知的它的原因之一就是印的纸币太多了。使货币供给的增长率远远高于经济体整个产出量的增长率，而让更多的货币在市场的供求中追逐和竞购较少的物品。

成本推动的通货膨胀：这种观点认为，由于生产成本增加而引起通货膨胀。资源价格上涨后生产率没有相应地提高，那么最终将导致产品价格提高。比方说，对一家汽车制造商来说，钢铁的成本便是钢铁制造商出售钢铁的价格，而当钢铁价格上升时，那么汽车生产的成本就会增加，由此带来整个价格水平的上升。

需求拉动的通货膨胀：这种观点认为，由于总需求过大而引起的物价水平上升。通货膨胀是由于总需求过度增长所引起的，即太多的货币追逐过少的产品，或是由于产品和劳务的需求超过了现行价格条件下可能的供给而导致物价水平上升。

货币主义者认为，在一个稳定的经济体内，货币供给与商品和服务的数量总体上是一种平衡关系。当然，在这一框架内，如果某一商品或服务的需求发生变化，那么其价格也将发生变化：不过，这种变化会被系统内的其他变化所抵消。总需求和总价格仍将保持不变。

高价背后总有钱多的影子。离开了钱多的推动，不可能有高物价。钱多为源，才生出高价之水；钱多为本，才长出通胀之木。因此从根本上来讲，导致总价格上涨的根本原因就是货币供给的扩张，或者说商品和服务供给的紧缩，这实质上是一个问题的两个方面。政府把价格上涨归咎于需求，实际上就等于把通货膨胀解释为经济增长。我们成了我们自身成功的受害者。真正意义的经济增长将导致消费价格下降，因为经济增长意味着生产性产出增加，也就是说商品和服务的数量增加。这样，在货币供给未发生变化的情况下，消费价格自然是下降的。

而从全球性的通货膨胀的客观原因来讲，美国的次贷危机是制造通货膨胀的幕后黑手。

经济学家莫瑞·罗斯巴德指出：通货膨胀惩罚节俭并鼓励举债，因为无论借多少钱，还款时的货币一定比当初借来时的购买力更低，因此，诱导大家先借钱后还款，而不是省下来钱借给别人。通货膨胀在创造“繁荣”的闪亮氛围中，降低了人民的生活水平。

在美国，奉献和创建更美好未来的观念已不再受人欢迎，取而代之的是今朝有酒今朝醉、轻松易得的信贷和消费导向。这正是美国人甚至不惜举债消费的根本原因。

如果从全球的视野来看，美元的霸权地位实际上在满足本国无限膨胀的消费欲望的同时，降低了世界其他国家人民的生活水平。在全球化大背景下，在世界范围内广泛流通、具有霸权地位的货币，便为掌控它的主人掠夺世界人民的财富提供了便利。简言之，拥有霸权货币支配地位的国家，通过加印纸币就可以合法地换取其他国家人民辛苦创造的财富。

在严峻的次贷危机形势下，美国继续实行宽松的货币政策，不断下调利率。同时，美国还联合各国央行为市场注入流动性，美元急剧贬值，货币数量的快速增长为未来发生更严重的通货膨胀埋下了伏笔。

在全球大宗商品价格飙升的过程中，美元持续、快速地贬值。美国施行的弱势美元政策，在客观上造成了向世界各国输送流动性的后果，从而，在大范围内造成了输入型通货膨胀的泛滥，导致一些国家所采取的应对通胀的措施无法产生预期效果。

美国通过不断发行货币换取其他国家辛辛苦苦生产出来的劳动成果，美元从本质上来讲，只是印上了美丽图案的纸，由于美国政府以信誉作为担保，赋予了它代表财富的功能。对于美国而言，它通过发行美元就可以“稀释”自己的债务，以纸张和印刷的低廉成本，换取世界的财富。

美元作为全球金融体系和贸易体系的计价单位、支付和储备手段，使得美国具有了天然的向世界输出通货膨胀的便利。

美元持续大幅贬值是引发全球通货膨胀的根源。在这一过程中，大宗商品价格飙升，生产成本大幅上升，而美国早已经把污染严重的制造业转移到发展中国家，它既摆脱了环境污染之苦，又避免了原材料成本上升带来的利润损耗。美国将通货膨胀的危机轻而易举地转嫁给了世界各国。

第四章 衰退的唯一原因是繁荣

“食草动物”是经济衰退惹的祸

2006年，日本著名社会评论家真深泽就用了一个特殊的词来形容日本年轻人：“食草动物”，或者叫“吃草的男人们”。

一本畅销书《食草类娘娘腔男人们正在改变日本》的作者牛洼惠说，至少有2/3年龄在20到34岁之间的日本男人被归类为“食草族”。她认为，“食草族”心态的形成是上世纪日本那些遵从陈规旧习、冷酷无情和工作狂们熏陶下的产物。

“食草族”们不愿去公司上班谋生，也不愿与同事们一起酗酒追逐漂亮女人了。他们很少工作，但却很追求个性服饰和化妆技巧，还经常与自己的母亲一起去购物。总部在东京的一家名为清洁的公司还专门卖男性胸罩，那些中年上班族就是老主顾。

许多观察家说，这是一种对生活的反叛行为，他们的父亲是罪魁祸首。35岁以上的日本人在1990年前日本的泡沫经济时期生活得很愉快。很多人怀念那段时期能够轻松赚钱、随意花大把钞票的感觉。

20世纪90年代和本世纪早期通货紧缩蔓延后，日本人的生活水准下降了，就业体系也发生了历史性的改变。薪水低、福利少，而雇用率只有40%。

日本“食草族”男人的出现，既不是父亲的过错，也不是自身的过错，而是日本经济萧条的过错。从1956年起直到1990年日本经济一直处于高速发展之中，被称为日本经济神话。然而1990年后，日本经济出现了长达14年的明显衰退。

经济萧条是指长时期的高失业率、低产出、低投资、企业信心降低、价格下跌和企业普遍破产。工商业低落的一个温和的形式是衰退，它同萧条有许多共同点，但在程度上较弱。

今天，衰退的精确定义是实际国民生产总值至少连续两个季度下降。大萧条是以商业和普遍繁荣的衰退为特征的一种经济状况。经济萧条，人们失业了，高薪水也不再存在，所以日本男人只能降低生活标准了。

经济衰退不仅导致“食草族”，而还会导致多项经济指标同时出现下滑，比如就业、投资和公司赢利，其他伴随现象还包括下跌的物价（通货紧缩）。当然，如果经济处于滞胀的状态下，物价也可能快速上涨。经济衰退表现为普遍性的经济活力下降，和随之产生的大量工人失业。严重的经济衰退会被定义为经济萧条。毁灭性的经济衰退则被称为经济崩溃。经济衰退与过量商品存货、消费量的下降（可能由于对未来失去信心）、技术创新和新资本积累的缺乏，以及股市的随机性有关。

市场经济的特点之一是经济周期的存在，然而经济衰退并非总是存在。经济学领域在“政府干涉是可以抹平经济周期（凯恩斯主义）、或是放大经济周期后果的影响（真实经济周期理论）还是制造了经济周期（货币主义）”的问题上存在着很多的争论。历史上最糟糕的经济衰退出现在20世纪30年代，当时的失业率大约是25%，也就是说4个人中就有1个人失业。这段经济大萧条给人们带来的困难不仅仅限于收入的减少，对于某些人来说，它还破坏了正常生活和健康的家庭关系。

1929年经济大衰退导致极权主义在德国日本兴起，而且带给美、英、法等西方国家严重的失业及社会不稳定等问题，致使它们没有能力联合起来阻止极权国家的侵略行动。而罗斯福新政在一定程度上减缓了经济危机对美国经济的严重破坏，促进了社会生产力的恢复。由于经济的恢复，使社会矛盾相对缓和，从而遏制了美国的法西斯势力。正是由于20世纪的经验和教训，在遇到2008年经济危机的时候，美国经济免于遭遇第二次大萧条，在平息此轮经济危机中起到关键作用的是“大政府”的救助行为。

著名经济学家克鲁格曼认为，2008年年底经济危机爆发时，其严重程度几乎堪比20世纪30年代“大萧条”时期的银行业危机：世界贸易、世界工业产值、全球股市等一系列指标下降速度赶上甚至超过了当时。但与“大萧条”时代所不同的是，在金融危机中，美国经济并未如当时一般直线下滑，而是在经历了糟糕的一年后逐渐开始触底。他认为，美国之所以免于重蹈“大萧条”覆辙，答案是政府在两次危机中所扮演的角色截然不同。

首先，在金融危机中，最关键的并非政府有所为，而是政府有所不为：与私人部门不同，联邦政府没有大幅缩减开支。尽管财政收入在经济收缩的时期大幅下降，社会保险、医疗保险、公职人员收入等都得到了应有的保障。而这些方面的支出都对下滑的经济起到了一定的支撑作用，成为政府的“自动稳定器”。而在“大萧条”时代，政府支出占GDP总量的比例则相对小得多。尽管危机时期的大笔财政支出会导致政府的财政赤字，但是从避免危机深化的角度来说，赤字反能成为一件好事。

其次，政府除了持续发挥其自身的稳定效用之外，还进一步采取措施稳定金融部门，为银行提供救助资金。尽管也许现行的银行救助计划的规模及形式等方面存在缺憾，但是如果没有采取此类措施，情况势必会更加糟糕。在应对本轮危机时，政府没有采取20世纪30年代的放任不管、任由银行系统崩溃的态度，而这正是“大萧条”没有重现的另外一个重要原因。

最后，美国政府在经济刺激计划方面进行了深刻思考，并付出了努力。据预测，如果没有实施经济刺激计划，将有比现在多100万的美国人失去就业机会。正是经济刺激计划将美国经济从自由落体式下降的旋涡中拖了出来。

经济衰退是所有政府的心病

2001年东南亚国家经济表现远不如2000年，出现了自金融危机爆发以来的第二次衰退。新加坡经济自2001年第二季度以来即呈现负增长，全年的经济增长率为-2.0%，是东南亚国家中表现最为疲软的；马来西亚经济自2001年第三季度起转呈负增长，全年的经济增长率虽仍取得0.4%的正增长，但远低于2000年的8.3%；菲律宾经济在投资与消费支出支撑下增长3.4%，略低于2000年的4.0%；印尼经济增长3.3%，低于2000年的4.8%；

泰国经济增长也明显放缓，增长 1.8%，低于 2000 年的 4.6%。

经济衰退：（按照美国的标准）当经济中总产出、收入和就业连续 6 个月到一年的明显下降，经济中很多部门出现普遍收缩，则这种经济下降称为衰退。更严重的持续的经济低迷成为萧条。凯恩斯认为对商品总需求的减少是经济衰退的主要原因。

经济衰退可能会导致多项经济指标同时出现下滑，经济衰退与过量商品存货、消费量的下降（可能由于对未来失去信心）、技术创新和新资本积累的缺乏密切相关。衰退阶段的特征有以下几点：

（1）通常消费者购买力急剧下降。由于厂商会对此作出压缩生产的反应，所以实际会下降。紧随其后，对工厂和设备的企业投资也急剧下降。

（2）对劳动的需求下降。首先是平均每周工作时间减少，其后是被解雇员工的数量和失业率上升。

（3）产出下降，导致通货膨胀步伐放慢。对原材料的需求下降，导致其价格跌落。工资和服务的价格下降的可能性比较小，但在经济衰退期它们的增长趋势会放慢。

（4）企业利润在衰退中急剧下滑。由于预期到这种情况，普通股票的价格一般都会下跌，同时，由于对贷款的需求减少，利率在衰退时期一般也会下降。

金融危机波及全球，随着全球金融危机的深化，全球经济也不可避免出现了经济衰退、货币贬值、企业倒闭、失业猛增等现象。在欧美国家，失业的白领沦落至街头卖艺度日。经济衰退使得不少商家面临破产。拥有 800 多家店铺的伍尔沃思连锁超市已宣布 2009 年 1 月 5 日全部关张，有 122 年历史的咖啡老店切尔西惠塔德宣布被接管。欧洲人不得不暂时告别过度开支，崇尚节俭的“敦刻尔克精神”在英国重现。

过去，当经济发生不寻常的状况之后，人们总是会变得过度乐观或过度悲观。很多 20 世纪 30 年代著名的经济学家在发生经济大萧条之后就认为，除非政府提供民间资助，否则资本主义国家将不再能够达到充分就业的状况。当时著名的哈佛大学教授艾尔文·汉森就特别强调民间经济出现停滞的问题。不过，二战后出现的经济增长一直延续到 20 世纪 50 年代及 60 年代。后来再也没有人提到经济长期停滞的这种说法了。

同样，在经济大萧条结束之后，美国的物价在 50 年代后期和 60 年代前期一直维持相对稳定。有些经济学家就预测在非战争时期不会再发生严重的通货膨胀问题。然而，不久之后，美国偏偏在 70 年代就出现了有史以来和平时期最严重的通货膨胀。

最近有一个例子证明，在发生影响深远的事件之后，人们通常会反应过度。在 1987 年 10 月股市崩盘后，很多人担心投资和消费会大幅度降低，因此可能会使得经济出现严重衰退。有人把 30 年代大萧条的惨状拿来作比较，因为股市在 1929 年崩盘后不久，经济就开始严重衰退。不过，在 1987 年股市重挫之后，经济一直持续增长，因此人们早已忘了当时感受到的悲观气氛。

从过去半个世纪所发生的商业周期来看，没有任何理由让我们相信下次的经济衰退会特别温和。我们学到的教训是，美国还是会出现严重的经济衰退，而且不能根据过去的经济增长状况来判断接下来的衰退会有多严重。但我还是要强调一点，经济学家在预测经济趋向这方面实在不能做得很好。

比通货膨胀更可怕的是通货紧缩

经济学有句话叫通缩比通胀更可怕，宁要通胀不要通缩。通货紧缩是指由于产能过剩或需求不足导致各类价格持续下跌的现象。大家也许会觉得奇怪，通货膨胀我们担心钱包里的钱贬值，而通货紧缩使得大家手里的钱越来越值钱，用同样的钱可以买到更多的东西，对消费者来说是求之不得的好事，还有什么可担心的呢？

通货紧缩与通货膨胀都属于货币领域的一种病态，但通货紧缩对经济发展的危害比通货膨胀更严重。比如，在通货紧缩的情况下，如果消费者能维持原有的收入，那么物价的下降将提高消费者的生活质量，但是很多情况下企业会因利润下降被迫降薪或裁员。

通货紧缩可能带来的危害大多是隐性的。而通货紧缩的主要负面影响有以下几个方面：

第一，长期的通货紧缩会抑制投资与生产。不断弱化的市场需求会迫使企业降价，导致其利润下降。如果物价存在长期下降的趋势，消费者和企业就将推迟购买和采购，而这种行为将导致物价进一步陷入低迷。这样需求越不足，产能就会越过剩，就越会给价格带来更大的下跌压力，通货紧缩就更加剧，大大削弱企业进行资本投资或生产的动力。

第二，通货紧缩还会导致经济衰退并可能危害金融体系。当企业和个人对银行负债时，物价不断下降使得钱越来越值钱，意味着他们的负债越来越多，从而对他们的消费支出有负面影响。

第三，负债的增多会导致债务人要向银行提供更多的抵押物，这样市场萧条与债务加重将造成大量企业和个人的破产，大量的破产又会造成银行坏债的增加，危及金融体系。

按照通货紧缩的发生程度不同，可以分为相对通货紧缩和绝对通货紧缩。相对通货紧缩是指物价水平在零值以上，在适合一国经济发展和充分就业的物价水平区间以下，在这种状态下，物价水平虽然还是正增长，但已经低于该国正常经济发展和充分就业所需要的物价水平，通货处于相对不足的状态。这种情形已经开始损害经济的正常发展，虽然是轻微的，但如果不加重视，可能会由量变到质变，对经济发展的损害会加重。

绝对通货紧缩是指物价水平在零值以下，即物价出现负增长，这种状态说明一国通货处于绝对不足状态。这种状态的出现，极易造成经济衰退和萧条。根据对经济的影响程度，又可以分为轻度通货紧缩、中度通货紧缩和严重通货紧缩。而这三者的划分标准主要是物价绝对下降的幅度和持续的时间长度。一般来说，物价出现负增长，但幅度不大（比如 –5%），时间不超过两年的称为轻度通货紧缩。物价下降幅度较大（比如在 –5%~–10%），时间超过两年的称为中度通货紧缩。物价下降幅度超过两位数，持续时间超过两年甚至更长的情况称为严重通货紧缩，20 世纪 30 年代世界性的经济大萧条所对应的通货紧缩，就属此类。

界定通货紧缩，在一般情况下可以而且能够用物价水平的变动来衡量，因为通货紧缩与通货膨胀一样是一种货币现象。但是如果采取非市场的手段，硬性维持价格的稳定，就会出现实际产生了通货紧缩，但价格可能并没有降低下来的状况，而这种类型的通货紧缩就是隐性通货紧缩。

由于通货紧缩形成的原因比较复杂，并非由单一的某个方面的原因引起，而是由多种因素共同作用形成的混合性通货紧缩，因此治理的难度甚至比通货膨胀还要大，必须根据不同国家不同时期的具体情况进行认真研究，才能找到有针对性的治理措施。

反思我国通货紧缩局面的形成，无不跟政府主导型发展战略有关，像国有企业大量亏损，失业现象严重，重复建设造成经济结构的扭曲，短缺与无效供给的并存都与政府对市场的过度干预紧密相连。因此，要想尽快走出通货紧缩的困境，必须加大改革力度，充分发挥市场机制的作用，就必须增强企业的活力，使其真正发挥促进经济发展的关键作用。

一般而言，要治理通货紧缩，必须实行积极的财政政策，增加政府公共支出，调整政府收支结构。就是要在加大支出力度的基础上，既要刺激消费和投资需求，又要增加有效供给。而通货紧缩既然是一种货币现象，那么治理通货紧缩，也就必须采取扩张性的货币政策，增加货币供给，以满足社会对货币的需求。作为中央银行可以充分利用自己掌握的货币政策工具，影响和引导商业银行及社会公众的预期和行为，在通货紧缩时期，一般要降低中央银行的再贴现率和法定存款准备金率，从社会主体手中买进政府债券，同时采用一切可能的方法，鼓励商业银行扩张信用，从而增加货币供给。财政政策与货币政策的配合运用，是治理通货紧缩和通货膨胀的主要政策措施。

谁是造成通货紧缩的罪魁祸首

早在20世纪90年代初经济泡沫破灭后不久，在日本经济运行与发展中就开始出现一系列通货紧缩迹象。对此，日本政府虽然一再告诫“日本经济正面临着陷入通货紧缩恶性循环的危险”，但始终都未承认日本经济已经处于通货紧缩状态。直到2001年3月的阁僚报告会上，政府才公开认定“现在日本经济正处在缓慢的通货紧缩之中”。

经济学者普遍认为，当消费者价格指数连跌3个月，即表示已出现通货紧缩。通货紧缩就是产能过剩或需求不足导致物价、工资、利率、粮食、能源等各类价格持续下跌。人类比以往任何时候都具备按需生产的能力，所以积压的库存是会太多的。

通货紧缩在还没有发生产品积压的时候就已经开始了。到了现在——通货紧缩的高峰期，库存量反而在增加。究其原因，是因为错误的政府政策和漏洞百出的统计信息使得企业难以预测和规划未来。

以汽车行业的积压为例，在通货紧缩时期，汽车生产商仍然在生产卖不出去的汽车。库存增加是因为没有销路的商品在错误的信息引导下不停地被生产出来。

人类对物质的占有欲是无限的。每个人都想开豪车。然而，想到价格和维护费用，拥有它的乐趣显然敌不过牺牲金钱的痛苦。有谁不想住好房子？按照目前的房价水平和月薪水平，想要住好房子必须每天工作12小时，并且连续工作30年，尽可能地省去一切享受性的开销。如果你想每天舒服地工作6个小时，节假日还想去旅游度假的话，就要打消这个买好房子的念头。如此说来，最重要的影响因素是价格和生产力。

除了生产过剩、供需之间的不平衡之外，造成通货紧缩的根本原因主还要有以下几个方面：

（1）紧缩性的货币财政政策：如果一国采取紧缩性的货币财政政策，降低货币供应量，削减公共开支，减少转移支付，就会使商品市场和货币市场出现失衡，出现“过多的商品追求过少的货币”，从而引起政策紧缩性的通货紧缩。

（2）经济周期的变化：当经济到达繁荣的高峰阶段，会由于生产能力大量过剩，商品供过于求，出现物价的持续下降，引发周期性的通货紧缩。

（3）投资和消费的有效需求不足：当人们预期实际利率进一步下降，经济形势继续不佳时，投资和消费需求都会减少，而总需求的减少会使物价下跌，形成需求拉下性的通货紧缩。

（4）新技术的采用和劳动生产率的提高：由于技术进步以及新技术在生产上的广泛应用，会大幅度地提高劳动生产率，降低生产成本，导致商品价格的下降，从而出现成本压低性的通货紧缩。

（5）金融体系效率的降低：如果在经济过热时，银行信贷盲目扩张，造成大量坏账，形成大量不良资产，金融机构自然会“惜贷”和“慎贷”，加上企业和居民不良预期形成的不想贷、不愿贷行为，必然导致信贷萎缩，同样减少社会总需求，导致通货紧缩。

（6）体制和制度因素：体制变化（企业体制、保障体制等）一般会打乱人们的稳定预期，如果人们预期将来收入会减少，支出将增加，那么人们就会“少花钱，多储蓄”，引起有效需求不足，物价下降，从而出现体制变化性的通货紧缩。

（7）汇率制度的缺陷：如果一国实行钉住强币的联系汇率制度，本国货币又被高估，那么，会导致出口下降，国内商品过剩，企业经营困难，社会需求减少，则物价就会持续下跌，从而形成外部冲击性的通货紧缩。

在全球范围内通货紧缩爆发的原因并不完全相同，从我国来看，在通货紧缩压力下发展的经济，主要是由内外两种因素共同造成的。

1998年，由于受到亚洲金融危机的影响，我国国内出现了有效需求不足和通货紧缩趋势明显的问题。在这种情况下，我国政府果断决定实施积极的财政政策，不仅有效抵御了亚洲金融危机的冲击，而且推动了经济结构调整和持续快速增长。

2004年以来，我国经济开始走出通货紧缩的阴影，呈现出加速发展的态势。但也出现了部分行业和地区投资增长过快等问题，通胀压力不断加大。在这种情况下，从2005年起将积极的财政政策转向稳健的财政政策。

我国的通货紧缩，其形成原因是复杂的，既有深远的全球经济形势背景，又受到我国内部因素的多重影响，既有客观原因，也有主观原因。既有外部原因也有内在原因。

从外部环境来看，导致我国通货紧缩的主要原因是由国际通货紧缩的大背景决定的，亚洲金融危机不仅使世界经济增长率大幅度下降，而且使生产能力大量过剩，需求减少，导致国际商品价格大幅度下降；同时，东南亚一些国家和地区为摆脱危机，大幅度贬值本国货币，向世界市场低价出口其商品，大大增加了我国商品出口的竞争压力，而商品出口已成为我国总需求的重要组成部分，出口的受阻，必然影响我国的需求，因而出现了通货紧缩。

从另一方面来看，外部冲击只是一个诱因，导致我国通货紧缩的最根本原因是我国正处于制度变迁和转型时期，由于原来的稳定预期被打破，居民的消费行为变得更为保守，都在推迟消费需求，而现实消费需求的不足则会使商品变得过剩；我国多年来盲目投资，重复建设，形成了极不合理的产业结构和生产结构，而低水平生产能力的大量过剩，必然造成众多产品供大于求，引起物价下降，出现通货紧缩；面对通货紧缩局面的慢慢形成，由于缺乏经验，货币政策调整的滞后，更加剧了通货紧缩的形成。

应该如何应对通货紧缩

通货紧缩是指货币供应量少于流通领域对货币的实际需求量而引起的货币升值，从而引起商品和劳务的货币价格总水平持续下跌的现象。

购买力上升，物价下跌，造成通货紧缩。依据诺贝尔经济学奖得主保罗·萨缪尔森的定义："价格和成本正在普遍下降即是通货紧缩。"经济学者普遍认为，当消费者物价指数（CPI）连跌两季，即表示已出现为通货紧缩。通货紧缩就是物价、工资、利率、粮食、能源等价格不能停顿的持续下跌，而且全部处于供过于求的状况。

很多人会认为，这不是正代表着抑制通货膨胀的目标得到了实现吗？这是好事啊。其实不然。这就是通货紧缩，整体物价水平下降，是一个与通货膨胀相反的概念。

通货紧缩对经济增长的影响有短期和长期之分。适度的短期通货紧缩有利于经济的增长。因为，通货紧缩将促使长期利率下降，有利于企业投资改善设备，提高生产率。在适度通货紧缩状态下，经济扩张的时间可以延长而不会威胁经济的稳定。而且，如果通货紧缩是与技术进步、效益提高相联系的，则物价水平的下降与经济增长是可以相互促进的。

长期的货币紧缩会抑制投资与生产，导致失业率升高及经济衰退。因为物价的持续下降会使生产者利润减少甚至亏损，继而减少生产或停产；生产投资减少会导致失业增加，居民收入减少，加剧总需求不足；同时使债务人受损，继而影响生产和投资。

通货紧缩时期，还债变得更艰难了。就算利率降低了，以货币的购买计算的话，实际利率却大大增加了。假设一个自主经营的小裁缝店在1年前从银行借了100元，那时候一件上衣的价格是100元。到了通货紧缩时期，货币的价值大幅上升，而价格却大幅下降。假设1年后，一件上衣的价格变成了50元，这位裁缝店在1年前制作1件上衣就可以还掉的贷款，在1年后却要制作2件上衣才能还清债务。也就是说，人们为了还债，必须要付出双倍的劳动。假设这个裁缝店店主努力工作，还1/2的债务，即50元。那么，市面上的货币由于又少了50元，因此变得更加紧缩。换句话说，债务还得越多，偿还剩余的债务就会变得越艰难。

通货紧缩是比通货膨胀更危险的敌人，通货紧缩通常被认为是经济衰退的先兆，严重的通货紧缩将会造成经济的大萧条，使经济发展倒退几十年，并且在较长时间内难以复苏。难怪日本经济学家把曾经发生在日本的一场通货紧缩称为"可怕的通货紧缩幽灵"。很多经济学家由此得出一个结论："通货紧缩对经济所造成的损害要比通货膨胀大得多。"

2010年5月4日，诺贝尔经济学奖得主保罗·克鲁格曼警告说，日本式的通缩已初露端倪。

英国中央银行英格兰银行行长默文·金指出，2010年下半年直到2012年底，英国的通货膨胀率将低于政府确定的2%的目标；同时，英国经济的衰退程度比以前估计的严重，而且即使经济开始复苏，步伐也将是缓慢的。

2010年6月英国通胀水平达到了1.8%，低于5月的2.2%，创下自2007年9月以来的最低纪录。英国央行同时预计，通货膨胀率还可能暂时跌破1%。这一报告也显示，英国经济正面临陷入通缩的风险。政府应对通货紧缩主要有以下几种办法：

（1）宽松货币政策。采用宽松的货币政策，降低利率，可以增加流通中的货币量，从而刺激总需求。为阻止经济进一步下滑，2008年12月16日美联储决定将利率水平从1%下调到了零至0.25%这个范围。这一降息幅度大于很多分析人士预期的0.5个百分点，联邦基金利率降到历史最低点。

（2）宽松财政政策。扩大财政支出，可以直接增加总需求，还可以通过投资的“乘数效应”带动私人投资的增加。

（3）调整经济结构。对由于某些行业的产品或某个层次的商品生产绝对过剩引发的通货紧缩，一般采用结构性调整的手段，即减少过剩部门或行业的产量，鼓励新兴部门或行业发展，如发展新能源汽车等。

（4）增加人民信心。政府通过各种宣传手段，增加公众对未来经济发展趋势的信心。

（5）完善社会保障。建立健全社会保障体系，适当改善国民收入的分配格局，提高中下层居民的收入水平和消费水平，以增加消费需求。

通货紧缩时期的政府干预

2008年下半年，韩国几家经济报曾刊载过股神沃伦·巴菲特的新闻。媒体在新闻中引用了沃伦·巴菲特在《纽约时报》刊登的文章中的一句话：“买美国股票吧。我也在买。”并像沃伦·巴菲特那样告诉人们：“现在的股票价格已经到达最低点，以投资的长远目光来看，正是购买股票的好时机。”媒体的这种宣传误导了很多散户投资者买进股票。

事实上，媒体只是想让我们产生错觉而已。因为沃伦·巴菲特通过《纽约时报》力劝人们购买的是美国的股票，而不是韩国的股票。可是韩国新闻却报道巴菲特劝买的是全世界的股票，结果使众多散户投资者陷入了混乱之中。

通货紧缩时期由于信贷紧缩，跟我们生活密切相关的房地产和股票价格开始下跌。这一时期，各国中央银行会通过下调基准利率以期能增加市场流动性。各商业银行因为可以低利率融资，所以极力把筹得的资金贷给个人或家庭。它们努力通过这种方式遏制股票和房地产价格的下跌。但是，中央银行下调基准利率后，股票和房地产的价格并不会上升。中央银行持续下调基准利率反而成为经济衰退恶化的信号。

股票和房地产价格真正的上升发生在经济结构调整以后。换句话说，在市场对新产业增加投资的时期，信贷扩张迅速形成，由于中央银行资金不足无法满足资金需要时就形成了较高的市场利率，所以价格上升就是从中央银行上调利率时开始的。在这之前的时期就只能是市场在政府操控价格和干预的过程中不断寻找真正价格的漫长又令人烦躁的阶段而已。这个时期的投资就好比是“拉斯韦加斯的赌场”。一直不断变更的规定和市场干预使股票和房地产市场变得乱糟糟。

我们通过网络等渠道可以了解道·琼斯、韩国股指指数的价格走向和波动幅度的实时信息。证券监督机构动用先进的科学技术应对那些欲操纵股票价格的“投机势力”，努力提高市场透明度。可是，这项措施也只能遏制上升时期发生较剧烈的涨跌，尽可能地保护那些后进入的散户投资者在随后的暴跌时不会蒙受较大的损失。

拥有100多年历史的美国股市至今仍流传着被称做“传说中的投资者”的故事。杰西·利佛摩尔、理查德·威科夫和吉姆·罗杰斯等正是这样的人物。他们的最高投资原则就是“损失最小化”。这些我们熟知的传说中的投资大师们不是以赚多少钱为目标，而是在股市投资中坚持“损失最小化”的原则。证券监督机构对于股票下跌期出现的价格操纵行为没有开展任何调查。如果大家能够看透这一政策上的漏洞，就已经接近明智的投资者了。

事实上，政府在股票下跌期为对抗下跌趋势，常常会动员一些机构投资者参与救市。在20世纪80～90年代的股价暴跌期，韩国政府动员了证券市场基金和信托投资公司遏制股票价格下跌。而在2008年下半年则利用养老保险以及韩国股指市价总额列于前位的股票支撑价格的作用来抵抗股价下跌。这些都是政府干涉股票市场的典型例证。事实上，我们可称其为“政府与股价的战争”。

同时，政府还会使用另一个方法遏制股价下跌，即暂时禁止卖空和“裸卖空”。卖空本是非法的，一直都存在着管理不善的问题，即使到现在才作出这样一种处理，却也是常常不作调查就全面禁止了所有的空头交易。所以很不幸，好不容易作出的空头补进却坚持不了多久，因为投机者会撤离股票市场。这样的股市无人进入，价格自然就会下跌。

政府和中央银行经常贴着“最后”这个标签，如最后的贷款者、最后的投资者、最后的消费者等。希望大家能意识到，政府和中央银行开始买入时就是最后阶段了。

另一方面，房地产价格调控的方法与股票有所不同，也不存在实质性的监管机构。一些相关机构的监督只能在房地产价格上升时期起到微小的作用，而在下跌时期则起不了任何作用。

媒体和各房地产信息网站不仅在房地产价格上涨期，而且在由通货紧缩带来的下跌期，同样都会试图操纵价格。对于大幅下跌的住房价格，它们常会辩解那只是一两宗急于出售的交易，并不是实际价格。而媒体对于没有交易量而叫价却不断上涨的现象抛出了“住房价格见底了吗？”这样的新闻，使出浑身解数诱导投资者参与市场。与股市行情不同，所有区域的房产买卖当事人不予公开交易信息的话，就不可能确定全国房产交易的实际价格，利用这一弱点则是那些房地产投机商抬高价格的典型手段。

进入2008年，贷款增长率和货币供应量增长率开始下降。面对日益增加的债务负担，信誉优良的债务人撤出市场，而银行出于对不良债务人不履行债务的忧虑而开始回收债务，货币就紧跟着升值，资产价值下跌。就这样，随着货币价值的变化，通货膨胀与通货紧缩交替进行，而房地产价格也处于循环周期的趋势线上。

在全世界经济泡沫破裂和信贷紧缩的状况下，媒体和房地产的利益相关者依然还在诱惑着我们。它们向我们招手示意称：“价格已经下跌至低点，现在正是投资买进的好时机。”政府也在下调利率，欲把大众的资产“由储蓄拉向消费”，甚至为了促进物价上升鼓动大家快点儿消费。然而，光是偿还债务已经使财务看起来很紧张了，而且由于实体经济发展的停滞，就业也处于非常不稳定的状态，所以消费并没有增加。人们想尽办法偿还债务，尽可能地不再欠下新的债务。银行也不相信贷款人的信誉，不愿意再贷出资金。不知不觉间，债务紧缩已来到我们的面前。

在通货紧缩时期，如泡沫般不断膨胀的资产价格也开始试图寻找一个合适的价格水平。任何领域都不会一直下跌至底。这不是媒体、政府能够操控的，只有依靠市场的自我调节——唯有当价格下跌到一个市场认可的、合适的水平时，价格才会停止下跌。日本经历了通货紧缩，在过去近 20 年的时间内，住房价格一直在下跌。日本政府和中央银行在这“失去的 20 年”里，虽然持续实施了通货再膨胀政策，试图诱使通货膨胀发生，并没有取得任何效果。我们不应该忘记日本房地产市场的教训。

走出通货紧缩的冬天

我很遗憾地告诉大家，复苏的势头可能会停止，甚至随之出现再次衰退，而我不能确定的是这将发生在 2010 年还是 2011 年。

——乔治·索罗斯

上一代人认为，房价不停在涨，货币价值总在跌，人们对通货膨胀束手无策。因为在他们那个年代里，通货紧缩和经济衰退只经历了很短的一段时间，房地产价格一路上涨。在美国，这个年龄层的人出生时恰逢婴儿潮，人口的增加助长了通货膨胀。我们这一代人同样经历了这次通货膨胀的顶峰（夏季），现在的我们正身处经济周期的秋季，因此价值观处于混乱状态。

美国利率走势和其他各种指标都显示出，我们正处在经济周期中最寒冷的冬季。在经济全球化时代，全世界是联动的，因此全世界都处在经济周期的寒冬之中。

发债过多导致的主权信用危机是制约经济复苏的一个重要因素。2008 年 10 月，冰岛陷入主权信用危机，先是三大银行被政府接管，然后冰岛总理发出警告：冰岛可能“国家破产”。

主权信用危机无疑会使全球经济雪上加霜，以经济晴雨表股市的反应为例，主权信用危机造成全球性的股市震荡。迪拜危机爆发的第二天，摩根斯坦利新兴市场股指下跌 2.2%，道·琼斯泛欧 600 股指下跌 3.3%，第三天亚太市场出现近 3 个月以来的最大跌幅，中国香港和首尔股市跌幅超过 5%。希腊主权信用被降级后，欧洲股市尤其是银行股大幅跌收，英国富时 100 股指、德国 DAX 指数和法国 CAC—40 指数分别下跌 1.7%、1.7% 和 1.4%，处于风波中心的希腊股市大跌 6%。

最让人担心的是，现在已经呈现的主权信用危机只是冰山一角，迪拜危机引发希腊危机，希腊危机不仅是欧元危机，更是美国债务危机，是西方发达国家的债务危机。在应对金融危机的过程中，美国、欧元区成员国、英国、日本等发达国家积累了高额的公共债务，如果这些债务问题不能得到妥善解决，世界经济不仅无法实现真正的复苏，还可能遭受一场更加深重的危机。

各国要结束这个冬天，不能靠开动印钞机，也不能靠政府出台的五花八门的经济复兴政策。如果大家知道了“经济周期就是信贷周期，即负债周期”的事实，就会明白我们清偿债务的时候，冬天才会结束。依靠不良的媒体新闻、政府政策来规划我们的未来，无异于将鲜鱼交给馋猫保管。要想清偿债务，有两种方法。第一种，债务人努力赚钱还债；第二种，通过破产或债务注销，债权人放弃收债。

全世界的中央银行和政府都竭力使货币贬值以缩减债务。这个方法虽然是以上两种方法的最终版，然而不幸的是，这个方法的本质是偷偷地从进行生产和从事工作的经济主体那里把钱拿走去还债。它会使经济状况更加恶化，导致经济恐慌，最终必将失败。

看似世界经济已经走出低谷，然而更大的金融或者经济危机就在这个看似走出危机的过程中酝酿。为了应对危机，资本主义各国政府拼命降息，恶性增发货币，以增加产能，然而世界总需求不但没有相应增加，反而急剧下降，这样的供需矛盾总有一天会爆发，这一天可能会在近两三年里到来，到时世界经济会跌入更深的低谷。

他们的担忧并不是没有道理，全球经济的复苏过程存在许多不确定性。各国经济在2009年下半年纷纷呈现出的增长态势，来自各国政府刺激经济计划的拉动，无论是中国还是美国，政府积极的财政政策和信贷政策都对GDP的增长贡献不少，以美国为例，7870亿美元经济刺激计划给2009年第三季度美国经济增长贡献了2～3个百分点。

IMF的首席经济学家布兰查德说看世界经济，主要有两个观察点，一个是美国经济，一个是中国经济。

美国GDP依赖个人消费，差不多67%左右的GDP是个人消费支出。2009年10月美国个人消费支出开始止跌上涨，根据美国商务部公布的数据，10月份的新房销售增长6.2%，11月的零售业销售额上涨了1.3%。自金融危机全面爆发以来，GDP已经连续4个季度负增长，2009年第三季度首次实现正增长，增幅达到2.8%。中国在2009年第二季度仍然获得了7.9%的增长，第三季度8.9%，全年实现8.7%的增长。

随着政府出台的经济刺激政策生效，美国在第二季度曙光初现，降幅收窄，在第三季度停止了连续四个季度的下滑，开始实现缓慢的增长。中国在2009年保持了相对较高的经济增长速度，经济回升态势十分强劲。总体来说，2009年世界经济出现二战以来的首次负增长，让人难以忘怀，但是下半年的复苏迹象点燃了人们走出经济衰退的希望。

2010年4月8日，日本和欧洲央行都先后宣布将维持利率不变，继续维持宽松的货币政策。事实上，早在2009年末，有的国家就已经开始着手经济刺激退出计划，譬如澳大利亚。从2009年10月至2010年4月7日，澳大利亚央行已经连续五次加息，其基准利率为4.25%。英国对于退出经济刺激计划十分谨慎，但仍然在年初把消费税从15%恢复到先前的17.5%，算作是经济刺激退出的一小步。美国实施退出政策十分隐秘和低调，高调宣称仍将在相当长的一段时间里维持接近于零的利率政策的同时，也在回收流动性，如运用各种手段将其因援助而持有的银行、企业相关证券缓慢变现。政府退出的世界经济还能不能继续增长，还是一个大大的疑问。

不同国家受金融危机的影响不同，退出刺激经济的时机不尽相同。退出时机的选择对于各国经济能否顺利走出衰退格外重要，过早的退出不利于经济复苏，而过晚的退出则会诱发通货膨胀风险。理论上存在最佳退出时机，实际操作起来却很难把握，非常考验决策者的智慧。各国的相关决策人员是不是能够在正确时候作出正确的决定，便成为经济复苏的另一不确定性因素。

“铜博士”会告诉我们经济何时复苏

经济从总体基本上可以认定是规律性波动，像声波一样有低谷，有高峰，经济学上将低谷定义为经济衰退或紧缩，高峰定义为经济过热或通胀，处在低谷向高峰的阶段是经济增长或逐渐衰退的时间段。经济复苏可以认定是从低谷向高峰的运动。

曾经一度暴涨的原材料价格也开始下跌。由于投资机构的去杠杆化，致使原材料价格下降，这也加速了经济停滞造成的需求下降。而原材料价格的急速下跌使人们陷入极度的恐慌之中。某种原材料的价格跌至生产成本价格，甚至跌至比生产成本更低的水平。

例如，石油价格曾上涨到每桶 145 美元，让人们切实经历了石油峰值的恐怖。但是，仅过了 3 个月，石油价格暴跌到每桶 35 美元，又让人们体会了谷底的恐慌。伊朗、俄罗斯、委内瑞拉等原油出口国的收入急剧缩减，俄罗斯更是雪上加霜地产生了外汇问题。

由于原材料价格下跌，生产原材料的企业陷入了资金紧张的困境。石油、煤炭和天然气的探索作业几乎被迫中断，负债的企业（进口商）到达了破产边缘。因此，许多原材料企业缩小规模，进入供给崩溃阶段。

供给崩溃就是这样由价格问题引发的。没有人会用高价购买原材料，所以消费急剧减少。原材料价格大幅下跌的原因有两个，一是那些通过杠杆作用购买了期货、现货的投资机构开始亏本出售货物，市场上出现的原材料过多造成了供大于求的局面；再者就是经济衰退导致了需求的减少。原材料价格过低，相关原材料生产商就会缩小生产规模，从而引发供给崩溃的现象，而在未来，这种现象很可能会由于原材料的短缺而持续下去。并且供给崩溃现象会导致原材料价格跌至低谷。

一些经验丰富的分析专家认为供给崩溃迟早会使原材料价格反弹，尤其是各国史无前例的经济复兴政策会致使原材料价格急剧走高。不远的将来，原材料价格虽有可能持续走高，但考虑到当今通货紧缩的规模，不可排除原材料价格还要在价格低谷徘徊好几年的时间。

金融危机爆发以来，美国政府为了保持美元国际通货的地位而采取了多种救市举措，这些举措也确实能在一定程度上起到稳定市场、提振信心的作用，但是，如前所述，这场危机所深刻揭示出的全球经济、金融失衡不会因为这些举措而得到根本性扭转。以“购买美国产品”等为口号的贸易保护主义却重新抬头，其实无异于缘木求鱼，其结果不仅无助于根治美国国内储蓄、消费失衡的痼疾，反而还可能会因为祸水外引导致各国经济共同恶化。

尽管经济的复苏存在多重制约，但长期作为世界经济火车头的美国经济并不会就此一蹶不振，目前来看，支撑其能够在比较合理的时期内取得复苏的理由同样可分为短期、长期两类，其中前者包括：其一，爆发金融危机以来，美国迅速采取了连续降息、财政救助等多种手段，其力度之大、范围之广、行动之快，在西方集团内部可谓卓然；其二，包括金融危机等因素所导致的石油等大宗商品价格的深度回调，大大降低了美国经济运行的成本；其三，美元适度贬值，结果客观上有利于美国削减政府债务且大幅收窄贸易逆差；其四，在金融系统基本稳定的前提下，美国居民储蓄率有望企稳并取得小幅增长。

可以预测，这次的经济衰退结束时，原材料价格自然会上升。尽管各国政府错误的政策会阻碍经济复苏，但总有一天，经济结构会经由市场调节转换为适应现今经济发展的结构。

经济复苏，高油价是否会再次来临的隐忧再现。在可能出现的“石油开发瓶颈时代”，发展新能源，建立多元供应格局，仍将是一个长期课题。

当前美国提出新能源战略，是长期从能源科技、气候变化研究中得出的新认识和新策略，科技决定能源未来，人类必将从能源资源型社会走向能源科技型社会，这是新能源革命。

能源发展规律告诉我们，从木材时代到煤炭时代再走向石油时代，人类能源转换是被动的、无意识的，而从石油时代往后走，全世界都在主动研究。国内外共识是突破点和新增长点将出现在环保产业和新能源产业。清洁、高效、低碳、多元、可持续，这就是未来能源发展的方向。不论石油产量顶峰是否出现，现在整个环境污染已要求降低高碳能源使用，这是一个非常重要的环境议题。

对原材料的需要会引起原材料价格的自然上涨。铜和石油都是最重要的原材料，它们会告知我们这一时期何时到来。铜常被叫做“铜博士”，是我们必须多加留意的原材料。几乎所有的产业部门都要用到铜，所以，铜的需求增加和价格上升是显示经济复苏的重要信号。而且，其他原材料价格也会呈上升趋势。所以，根据铜的价格变化可以预测此后原材料价格的浮动。

从这一点来看，美国奥巴马政府的新能源政策具有积极的意义。奥巴马能源战略以后，新能源战略科技研究、气候变化研究得出了新的认识和新的策略。如何改造能源工业，创造智能型能源工业，科技将决定能源未来，科技将创造未来能源，人类社会将从能源资源型社会走向能源科技型社会，这将成为新的能源革命。

第十二篇

劳动是宏观经济的首要问题

第一章　谁偷走了我们的工作

失业问题令奥巴马如坐针毡

2009年12月，奥巴马在著名智库布鲁金斯学会表示，美国经济目前面临的形势仍然相当严峻，尤其是失业率居高不下，更是亟待解决的问题。

奥巴马在讲话中说："今天，我要提出提升就业率的大概步骤。第一，我们要采取措施帮助中小企业成长和雇用员工。第二，我们要加大对国家基础设施的投资，这已经是经济复苏计划中的一部分。第三，我呼吁国会考虑新的计划，为消费者翻新房屋、提高能源利用效率提供刺激方案，这能够创造工作岗位，为家庭省钱，还能够减少污染对环境的威胁。"

奥巴马敦促商界增加投资，创造更多就业机会。他说，如果商界正考虑未来增加投资，最好现在就行动起来，这样做有助美国经济增长。

失业有广义和狭义之分。广义的失业指的是生产资料和劳动者分离的一种状态。在这种状态下，劳动者的生产潜能和主观能动性无法发挥，不仅浪费社会资源，还对社会经济发展造成负面影响。狭义的失业指的是有劳动能力的处于法定劳动年龄阶段的并有就业愿望的劳动者失去或没有得到有报酬的工作岗位的社会现象。

在经济学中，一个人愿意并有能力为获取报酬而工作，但尚未找到工作的情况，就被认为是失业。按照国际劳工组织（ILO）的统计标准，凡是在规定年龄内一定期间内（如一周或一天）属于下列情况的均属于失业人口：

（1）没有工作，即在调查期间内没有从事有报酬的劳动或自我雇用。

（2）当前可以工作，就是当前如果有就业机会，就可以工作。

（3）正在寻找工作，就是在最近期间采取了具体的寻找工作的步骤，例如到公共的或私人的就业服务机构登记、到企业求职或刊登求职广告等方式寻找工作。

一般来说，人们都不愿意失业。虽然失业者可领取一定的失业救济金，但其数额少于就业时的工资水平，因而生活相对恶化，促使其重新就业。从这一点上来说，不少西方经济学家认为，一个合理的失业率及其失业现象的存在，是促进社会发展所必需的条件之一。

美国布鲁金斯学会分析师加里·布特勒斯称，失业是衡量美国经济体质的最经典指标，也是一项严重滞后的经济指标。

失业一般可分为以下几种：

（1）摩擦性失业。指生产过程中难以避免的，由于转换职业等原因而造成的短期、局部失业。这种失业的性质是过渡性的或短期性的。

摩擦性失业的最终表现是求职者找不到满意的工作，用人单位也找不到需要的人才，造成就业难和招工难并存的现象。现在很多大学生毕业后找不到合适的工作，就属于摩擦性失业。

（2）结构性失业。是指劳动力的供给和需求不匹配所造成的失业，其特点是既有失业，也有职位空缺。结构性失业是由经济变化导致的，这些经济变化引起特定市场和区域中的特定类型劳动力的需求相对低于其供给。举一个简单的例子，美国新兴的计算机产业在迅速扩张时，炼钢工人却因为钢铁业的衰落面临失业。

（3）季节性失业。由于某些行业生产条件或产品受气候条件、社会风俗或购买习惯的影响，使生产对劳动力的需求出现季节性的波动而形成的失业。如雪糕厂在销售旺季时要扩招一些员工，而销售淡季时显然要裁减一些员工。

（4）周期性失业。是指经济周期中的衰退或萧条时，因社会总需求下降而造成的失业。当经济发展处于一个周期中的衰退期时，社会总需求不足，因而厂商的生产规模也缩小，从而导致较为普遍的失业现象。周期性失业对于不同行业的影响是不同的，需求的收入弹性越大的行业，周期性失业的影响越严重。

不过，现实社会如何确定具体的失业人员数量是非常困难的。在我国农村，就存在大量的隐性失业人口。造成失业的原因有很多，因此失业的结构与变动情况是观察重点。

1. 人力培训计划

应该积极开展职业性技术教育和资助大学教育来提高工人的技术水平和应变能力，使结构性失业的工人适应新兴工作岗位的需要，降低失业率。2009 年，为应对金融危机对农民工就业的冲击，中国政府提出对返乡农民工进行培训。

2. 失业保障制度

根据美国各州的法律，如果工人在失业以前有足够的就业和收入记录，愿意就业而且也具有工作能力，又不是因为自己的过失被解雇的，那么，这些失业工人就可以得到失业保险的保护。失业保障最长可以延续 26 周，每周的失业津贴接近失业工人就业时每周正常收入的一半。

3. 公共部门就业

公共部门就业是指在各级政府投资的工程项目中的就业。为了解决某些在劳动力市场上缺少就业竞争优势的失业工人的就业问题，或者为了解决某一个地区的失业问题，政府可以有意识地兴办公共工程，来吸收这些劳动力，从而降低经济中的失业率。

不可避免的摩擦性失业

2010年8月6日，美国劳工部发布报告称，7月份美国非农业部门减少工作岗位13.1万个，失业率不变，为9.5%。报告显示，7月份美国失业者中有45%的人失业时间超过6个月。报告说，私人部门就业岗位数量增加7.1万个，其中制造业继续表现强劲，7月份增加3.6万个就业岗位。但私营部门就业人数的增长不足以弥补政府部门就业人数减少的影响。

目前大约一半在美国生活的人没有就业。他们既没有为别人工作赚取工资，也没有在属于自己的企业里为自己工作。但是要说50%的美国人口失业，这会很荒谬。美国人口中，几乎1/4的人年龄低于16岁，大约1/8的人年龄超过65岁。16岁至65岁之间的人中很多是全职工作的，但他们并不是在我们所说的意义上就业；他们的工作是养育子女，照顾家庭。显然，让我们烦恼的失业和仅仅是没有就业之间是有很大区别的。

失业率是劳动人口里符合“失业条件”者所占的比例。实际上，确定确实在找工作的失业人员数量是非常困难的，特别是确定在找到工作前失业救济金已经过期的那些人的数量。失业的历史就是工业化的历史。在农村这并不看做是一个问题，尽管农村劳动力的隐性失业人员几乎没什么事可做。国际劳工组织发布的“2010年全球失业趋势”报告说，2009年全球的失业人口已接近2亿1200万，创下该组织1991年开始统计该项数据以来的最高纪录。

失业根据主观愿意就业与否可以分为自愿失业与非自愿失业：所谓自愿失业是指工人所要求的实际工资超过其边际生产率，或者说不愿意接受现行的工作条件和收入水平而未被雇用而造成的失业。由于这种失业是因为劳动人口主观不愿意就业而造成的，所以被称为自愿失业，无法通过经济手段和政策来消除，因此不是经济学所研究的范围。

另一种是非自愿失业，是指有劳动能力、愿意接受现行工资水平但仍然找不到工作的现象。这种失业是由于客观原因所造成的，因而可以通过经济手段和政策来消除。经济学中的所讲的失业是指非自愿失业。

似乎所有人都认为，有一定数量的失业是正常的，没有人会为此担心。那么这个数量是多少呢？可以让人接受的失业率是多少呢？1944年，美国1.2%的劳动力被官方划分为失业人口，那时，全部劳动力的1/6就职于军队，人们被要求离开学校就业、放弃退休生活重新加入工作或者每周工作6天或7天。所有经历过那段劳动力紧缺的日子的人都不会相信，1944年居然有1.2%的劳动力找不到工作。

我们怎么区分失业是否有问题呢？在有些领域内，人们回避整个问题的一个通常说法是，只有在上升至“摩擦性”失业的水平以上时，失业才会成为问题。一定数量的摩擦性失业不会带来问题，因为它代表了劳动力市场的正常流动。如果我们有理由相信劳动力市场的正常流动是不随时间改变的确定的常量，那么这种说法也许能令人满意。但是，恰恰相反，有诸多非常合理的理由让我们认为劳动力市场的正常流动是一个变量，而非常量，而且这个变量是随着近年来不断变化的一些因素而变化的。

摩擦性失业通常是不同企业间劳动需求变动的结果。当消费者对康柏电脑的偏好大于戴尔电脑时，康柏公司增加就业，而戴尔公司裁减工人。戴尔公司的工人现在必须寻找新工作，而康柏公司必须决定雇用那些新工人从事空缺的各种工作。这种转变的结果是失业的时期。

同样，由于一国的不同地区生产不同的物品，所以，一个地区的就业可能增加，而另一个地区的就业可能减少。例如，考虑世界石油价格下跌时发生的情况。得克萨斯石油生产企业对价格下跌的反应是减少生产和就业。同时，廉价的汽油刺激了汽车销售，密歇根的汽车生产企业增加了生产和就业。各行业或各地区之间的需求构成变动称为部门移动。由于工人在新部门找工作需要时间，所以部门移动暂时引起失业。

摩擦性失业不可避免是因为经济总是在变动。一个世纪以前，美国就业最多的四个行业是棉纺织品、毛制品、男性服装以及木材。现在，四个就业最多的行业是汽车、飞机、通信与电子元件。随着这种转移的发生，一些企业创造出了工作岗位，而另一些企业中的工作岗位则消失了。这一过程的最终结果是更高的生产率和生活水平。但是，伴随这一过程，处于衰落行业的工人发现他们失去了工作，并要寻找新工作。

数据表明，美国制造业中每年最少有10%的工作岗位被取消。此外，在普通的一个月中，有3%以上的工人失去了自己的工作，有时这是因为他们认识到，工作并不适合于他们的爱好和技能。许多这些工人，特别是年轻工人，转而寻找工资更高的工作。在一个运行良好而动态化的市场经济中，劳动力市场的这种变动是正常的，这些摩擦性失业也是不可避免的。

多大就业是“充分就业”

20世纪五六十年代美国的自然失业率为3.5%～4.5%，即95.5%～96.5%的劳动力人口就业率就是充分就业状态；20世纪70年代的自然失业率为4.5%～5.5%，即94.5%～95.5%的劳动力人口就业率就是充分就业状态；20世纪80年代的自然失业率为5.5%～6.5%，即93.5%～94.5%的劳动力人口就业率就是充分就业状态。

英国经济学家凯恩斯在《就业、利息和货币通论》一书中提出，在某一工资水平之下，所有愿意接受工作的人，都获得了就业机会。充分就业并不等于全部就业或者完全就业，而是仍然存在一定的失业。但所有的失业均属于摩擦性的和季节性的，而且失业的间隔期很短。通常把失业率等于自然失业率时的就业水平称为充分就业。

充分就业是指凡是愿意并有能力工作的人都得到了一个较为满意的就业岗位，与之相对应，失业是指愿意并有能力工作的人没有得到就业岗位，失业是想得到就业岗位而被动地失去了就业机会，那些有工作能力而又不愿意工作的人不被视为是真正严格意义上的失业，因而通常叫做自愿失业。

充分就业者在工作岗位上能够做到有效率地工作，人力资源能够得到优化配置。充分就业并不是人人都有就业岗位，在充分就业状态下仍然存在一定数量的结构性失业和摩擦性失业，即因技术进步、产业结构、劳动年龄和需求偏好变化而引起的职业转换过程中的暂时性失业，这种失业具有一定的自然合理性，属于劳动力人口的正常流动，是优化人力资源配置的动态调整过程，是经济发展和社会进步的需要，充分就业被认为是人力资源有效率配置的优化状态。

无论是在理论上还是在事实上充分就业都被认为是存在自然失业率的就业状态，自然失业率是长期均衡的失业率或充分就业的失业率，这时的经济运行周期处在高涨或繁荣阶段，失业补助、社会救济、福利开支、社会保障、生活水平、心理状况、人口规模、运行质态、社会认同等等，都被认为是可以接受的状态。

现代市场经济运行中的实际失业率若大大高于自然失业率，则表明有效需求不足和市场疲软，经济运行质量有待改进和提升，实际失业率接近或等于零则不可能。在不同国家和不同时期具有不同的自然失业率的具体数值，各国政府可以依据具体情况来确定本国特定时期是否实现了充分就业。

在充分就业状态下，每个劳动者都找到了他所期望找到的就业岗位，劳动者在就业岗位上实在地证明了自身所拥有的自主决策、自愿选择、自由流动、自动就业和自我发展的真实权利，劳动者的可行能力得到了体现、证明和运用，其自身的内在需求偏好获得了满足，有可能实现符合个人意愿的全面发展。

充分就业状态下包括人力资源在内的所有社会资源都得到了最优化配置，实际经济产出 GDP 接近或等于潜在产出，经济运行曲线处在生产可能性曲线的边缘附近，经济周期处在繁荣和高涨阶段，国民经济蛋糕已经做到最大，即使收入分配比例保持不变，个人家庭收入和政府财政收入也都会获得相应增长，人口发展、经济增长和社会进步处在动态和谐的健康运行状态。

政府如何实现充分就业

在现代市场经济中，当人力资源充分就业时，其他一切非人力资源也同时得到最有效率的利用，整个国民经济的实际产出接近或等于潜在产出，经济产出状态处在生产可能性曲线的最大边缘，经济发展和经济增长处在经济周期的繁荣阶段。由于充分就业状态以及由此表征的整体经济运行状态处在人们期望的最优状态，实现充分就业就成为社会发展的重大关键问题，政府就有责任、有义务在充分就业领域大有作为，充分就业就成为政府职能结构中最重要的构成要件，也是任何国家政府宏观调控的首选目标。

对于社会来说，充分就业是社会经济增长的一个十分重要的条件。要实现充分就业，政府必须加强经济干预，力求达到或维持总需求的增长速度和一国经济生产能力的扩张速度的均衡。对于个人来说，充分就业关乎个人尊严、自我实现。一个人在没有人情味的商业生活中养活自己，是一个人体面地生活、维护自尊所必需的。同时，就业还是人们追求生活的中心目标——自我实现的媒介。费尔普斯指出，自我实现只能来自职业。

北京师范大学社会保障专业的房同学现在研究生在读，但是她的本科同学的求职过程让她对于就业难有自己的想法。她认为问题首先是因为经济大环境不景气，直接导致用人需求减少；其次是因为大学生自身操作能力不强，工作动手能力差，并且在大学学习过程中没怎么接触过实践课程；还有一点是大学生在获得就业信息和用人单位的用人需求信息中沟通不畅。

大学生供过于求。高校连续扩招及人口峰值的到来，使得近年来中国大学毕业生数量连年攀升。据人力资源和社会保障部统计，2011年，全国普通高校毕业生总数650万人，加上历年没有就业的人员，超过700万毕业生需要解决就业。

劳动力市场需求疲软。在全球范围的经济危机影响下，而金融危机和国内产业结构的调整使本就不景气的就业市场雪上加霜。

中国政府和高校已展开了一系列帮助大学生就业的措施。2009年1月7日，国务院专门召开常务会议，确定了包括鼓励和支持毕业生自主创业等在内的几项就业工作措施。

鼓励和引导毕业生到城乡基层就业：大力开发基层管理和服务岗位，对到农村基层和城市社区工作的毕业生，给予薪酬或生活补贴，并按规定参加社会保险；对到中西部和艰苦边远地区县以下农村基层就业，并履行一定服务期限的毕业生，实施相应学费和助学贷款代偿；对应征入伍服义务兵役的高校毕业生实行学费补偿和助学贷款代偿。扩大中央有关部门实施的面向基层就业项目规模。

鼓励毕业生到中小企业和非公有制企业就业：对企业招用非本地户籍普通高校专科以上毕业生，直辖市以外的各地城市要取消落户限制。企业吸纳登记失业高校毕业生，可享受相关就业扶持政策。

鼓励骨干企业和科研项目吸纳和稳定高校毕业生就业：鼓励国有大中型企业特别是创新型企业吸纳更多高校毕业生，支持困难企业保留大学生技术骨干。承担国家和地方重大科研项目的单位要积极聘用优秀毕业生，高校的科研专项可吸收毕业生参与研究，其劳务性费用和有关社会保险费从项目经费中列支。

鼓励和支持毕业生自主创业：高校要积极开展创业教育和实践活动，建设完善一批大学生创业园和创业孵化基地，为高校毕业生创业提供“一条龙”服务。对高校毕业生从事个体经营符合条件的，免收行政事业性收费，落实税收优惠、小额担保贷款及贴息等扶持政策。

建立和完善困难毕业生援助制度：积极为离校后未就业回原籍的高校毕业生提供就业服务，将登记失业的高校毕业生纳入当地失业人员扶持政策体系，对就业困难和困难家庭毕业生给予重点帮扶。

第二章　失业的代价有多大

失业是经济社会的突出问题

20世纪70年代，高失业率和高速通货膨胀在美国并存，人们迅速地学会了如何辨别实际的工资增长和仅仅名义上的工资增长。当雇员开始对持续的通货膨胀有所认识，他们就不会再受假象的蒙蔽，不会再认为货币工资和实际工资是一回事了。但是假设政府采取了这种办法，然而发现故意制造通货膨胀的政策无法切实地降低失业率，于是决定不再使用这个政策。假设政府已经通过财政和金融等刺激手段制造了通货膨胀，而后决定缓和局面。一段时间之后，总消费可能会非常快地停止增长，制造商们将无法以他们预计的价格出售其商品。存货开始增加，生产减量，失业率上升。最终，销售商们不再预期价格会快速增长，将销售商品的价格下调，同时也将进货价格压低。于是销售又开始复苏，存货下降，生产增量，失业率（缓慢）下降。

为什么在经济衰退时失业激增，而在经济衰退结束、复苏开始后，又长时间地顽固盘踞呢？前一个问题可能不需要太多回答。如果对一个公司出售的产品的需求出现意料之外的下降，未出售的存货开始增长，这个公司就会限制生产，想办法削减成本。

劳动力成本通常构成公司边际成本中相当大的一部分，一旦出现经济衰退，能预料到的就只能是裁员和上升的失业率了。但是当经济复苏已经使产量恢复到经济衰退开始前的水平时，为什么失业率不能回到经济衰退前的水平呢？

显然，原因是雇用雇员所花的时间比解雇他们所花的时间长。经济衰退之时被解雇的人不会都在家里坐等电话把他们叫回去工作。多数人会找其他的工作，不少人会打零工。因此在经济复苏期间想要扩大招工的公司必须寻找和培训一些新雇员。很多公司在确定复苏是切切实实的发生之前不愿意这样做。它们更倾向于延长现有人员的劳动时间，而非增加新雇员。有些公司在经济衰退期间学会了如何使用更少的雇员干更多的活。而之前的长期的扩张促使公司雇用多于必需人数的人员。

一次又一次的经济衰退制造了削减开支、有效利用边际价格的强烈动机。经济衰退中学到的东西在经济衰退结束时并不会消失，因此经济衰退中被辞退的一些雇员在经济衰退结束后不会被重新雇用或者恢复职位。

失业代表了劳动力过剩：供给数量大于需求数量。推测起来，更低的工资可以减少供给数量，增加需求数量，直到工资达到市场出清的水平。如果一个工人的边际生产力超过了给出的工资，这个工人总是能够找到工作。另一方面，如果工资水平超过了雇员的边际产量，那么除非工资水平下调，不然该雇员将很难找到工作。如果一个雇员向公司要求的工资低于其边际产量的价值，其他雇员也会减少自己的收益，与这个雇员竞争，因此会加大该雇员工资水平的压力。在这里，劳动力市场的运行和其他所有市场的运行一样。劳动力市场中雇主（买方）和雇员（卖方）的调节会使边际产量价值和工资水平趋于相等，使市场出清。

但是劳动力市场的运行并不总是和农产品市场相同。有理由假设劳动力市场可能产生劳动力过剩，仅仅因为更多的雇主想要支付高于市场要求的工资（“效率工资”）。雇员自愿或非自愿地离开现在的工作时，他们能够期望得到一份和现在一样好的新工作。这意味着雇员们有强烈的动机去放大在别处工作的优点。结果造成高人员流动率，这会为雇主带来大笔开支，因为培训新工人的费用总是大于零的。即使雇主的动力只来自对底线的关心，他们也还是希望他们的雇员认为现在的工作比可能在别处找到的工作要好。

如果雇员认为没有被公正对待，不论是否有合理的理由，其对工作的责任感都会很快被减弱。除了道德感之外，不这么做的一个很有力的理由是被解雇的代价会很大。工人的报酬总是多于他们的机会成本，这样，解雇的代价会很高。因此我们再次看到出于对净收入的纯粹追求，很多雇主给出的工资会略高于使市场出清的工资水平。

当经济衰退来袭，公司对于劳动力的需求随对着其销售的产品的需求量降低而降低，雇主有很有力的理由减少雇员而不是减少工资。很少有雇员会友好地应对削减工资。如果雇员们还没有加入工会，他们很可能在工资袋突然缩水的时候认真地考虑加入工会的问题。如果他们在工会合同的保障下工作，在没有征得工会同意的情况下，该合同很可能能够阻止工资的削减，即使是相信工资削减是为了保住就业机会，工会也是不可能同意的，因为工会领导由于削减工资遭受的责难很可能远比由于保住工作而受到的表扬多得多。与 100 个由于扣掉了 10% 的实得工资而不满的雇员组成的队伍相比，由 90 个满意的雇员组成的队伍有更高的生产力。

这一切的结果就是劳动力永久的过剩：供给数量总是高于需求数量。我们各种假设的推论几乎得到了所有工人普遍经验的确定。正在找工作的潜在雇员数量几乎总是比雇主提供的职位数量大得多。工作职位长期短缺，找工作的人长期过剩。

通过故意提高通货膨胀率的政策可以暂时性地降低失业率。劳动力人群中的成员失业是因为他们找不到他们认为有足够吸引力的工作机会。蓄意的通货膨胀策略提高了雇主货币工资水平的出价，让工作机会看起来更具吸引力。通货膨胀就是这样降低失业率的。但是工资水平更高的出价只是看起来更加诱人。只要潜在的雇员没有意识到他们现在接受的工作机会实际上不比之前他们拒绝的工作机会好，就业率就会确实上升。但是当雇员发现了事情的真相，即通货膨胀制造了更具吸引力的工资出价的假象，就业率又会开始降低。

通过提高通货膨胀率故意降低失业率的政策需要持续提高通货膨胀率，这样工人的预期总是低于实际的通货膨胀率。这样就能让他们不断地高估提供给他们的货币工资的实际价值。无论如何，该政策假设雇员只关注货币工资水平，而不关注实际的工资水平。这个假设表面上看起来有道理，因为我们知道雇员在确定工资出价是否够高之前，很少有人会查询最近消费价格指数的变化。他们看的是货币工资水平，即名义工资水平。但是一段时间之后，他们还是会发现用工资能买到的东西变少了，他们会调整对工资水平实际价值的认知。

财政和金融扩张政策提高了生产量，降低了失业率，因为公众不知道发生了什么，而且一直低估了成本和价格上涨的速度，这种上涨是当时的政策造成的。但是最终，人们明白了事情的真实状况，调整了他们的预期和行为。由此可见，需求扩张政策带来的只可能是通货膨胀率更快速的增长。

失业率和经济增长关系大吗

美国著名的凯恩斯派经济学家阿瑟·奥肯发现了周期波动中经济增长率和失业率之间的经验关系，即当实际 GDP 增长相对于潜在 GDP 增长（美国一般将之定义为 3%）下降 2% 时，失业率上升大约 1%；当实际 GDP 增长相对于潜在 GDP 增长上升 2% 时，失业率下降大约 1%。若当年实际上的 GDP 增长率超过潜在 GDP 增长率的 2 个百分点，则可以使失业率低于自然失业率 1 个百分点，即失业率与实际 GDP 增长率缺口之间的比例为 1 ： 2。这条经验法则以其发现者命名，称之为奥肯定律。

奥肯定律曾经相当准确地预测失业率。例如，美国1979年～1982年经济滞涨时期，GDP没有增长，而潜在GDP每年增长3%，3年共增长9%。根据奥肯定律，实际GDP增长比潜在GDP增长低2%，失业率会上升1个百分点。当实际GDP增长比潜在GDP增长低9%时，失业率会上升4.5%。已知1979年失业率为5.8%，则1982年失业率应为10.3%（5.8%+4.5%）。根据官方统计，1982年实际失业率为9.7%。与预测的失业率10.3%相当接近。

奥肯定律的一个重要结论是：为防止失业率上升，实际GDP增长必须与潜在GDP增长同样快。如果想要使失业率下降，实际GDP增长必须快于潜在GDP增长。因此，摆在政府面前的选择是，即一定要保持GDP的高速增长，这样一方面能迅速提高人民的生活水平，同时也能较好的解决未来的就业压力。

研究实际GDP增长与失业率变动的关系，必须根据实际GDP增长比潜在GDP增长是快还是慢，以及快多少和慢多少，绝不能只根据实际GDP增长，而置潜在GDP增长于不顾。

不过要注意的是，奥肯所提出经济增长与失业率之间的具体数量关系只是对美国经济所作的描述，而且是特定一段历史时期的描述，不仅其他国家未必与之相同，而且今日美国的经济也未必仍然依照原有轨迹继续运行。因此，奥肯定律的意义在于揭示了经济增长与就业增长之间的关系，而不在于其所提供的具体数值。

经济增长了，就业率就提高了，这是世界各国的普遍规律。然而，这条规律如今在中国似乎不灵了，当中国正在为经济增长欢呼时，却发现失业率也在增长。

国家统计局公布的数据显示，1985～1990年，全国GDP年平均增长率为7.89%，同期就业人口平均增长率为2.61%；1991～1995年，全国GDP平均增长率为11.56%，同期就业人口年增长率为1.23%；1996～1999年，全国GDP年平均增长率为8.30%，同期就业人口年平均增长率为0.96%。近年来，我国经济增长速度较快，而与此同时，登记失业率亦然居高不下。可见,我国就业增长率并没有随GDP增长率同步增长,反而出现较大幅度降低现象。

被美国实践证明的“奥肯定律”，为何在中国“失灵”？有人认为，很多地方在经济快速增长同时，都在不断优化产业结构，资金、技术密集型企业替代了传统劳动密集型企业。实际上按正常规律，资金和技术密集型产业替代传统的劳动密集型产业，必然会促进另一种劳动密集型产业——第三产业的发展。然而中国的第三产业并不发达。它只有两种合理的解释：一是虽然经济增长了，但老百姓的收入并没有随之水涨船高，于是内需无法启动，第三产业发展不起来；二是第三产业虽有发展，但是第三产业的劳动条件和劳工权益太差，劳动者的工作时间长、工作强度大，劳动密集型产业变成了“工时超长型产业”，自然吸纳不了太多的员工。

以往，很多人往往有一个不切实际的幻想，认为经济增长可以一俊遮百丑，只要经济增长了，社会上的许多矛盾和问题都会迎刃而解。于是不惜一切代价招商引资，不惜一切代价维护资本利益。

现在，我们必须重新审视经济增长的目的：经济增长是为了增进民众福利，还是GDP和税收的数字攀升？经济增长使人与自然、人与人更和谐，还是加剧了贫富差距以及人与资源、环境、人与社会的紧张对立？如果是前者，经济增长的正当性问题就得到了解决；如果是后者，那样的经济增长就是非正义的，不仅不能解决社会发展中遇到的任何问题，反而会制造出更多的环境问题、经济问题、社会问题乃至政治问题。

失业要交付高额的成本代价

获得工作的成本和不工作的成本，人和人之间的差异相当大，主要取决于技能、经验、年龄、家庭责任、其他收入来源，甚至是所尊重之人的价值观和想法。设想一下仍然住在家里的青少年，他们通常想工作，而且会积极地找工作，这让他们被划入到官方认定的失业人口的类别当中。

失去收入通常是失业的主要成本，任何保证人们在不工作的时候还能维持收入的东西都极有可能提升失业率。如果我们为更多的工人提供失业保险，延长受益期限，普遍放宽参保标准，这并不会让人们放弃让他们满意的高薪工作，开始领取失业补偿金。但是，更丰厚的失业保险金确实让人们对坚持目前的工作不那么坚定了，对接受新工作没那么渴望了，从而提升了失业率。多源收入家庭（不止一个家庭成员有收入）数量的增多，也会带来同类效果。如果我们把收入、基于收入的社会保障税和所有与工作相关的其他成本的影响放在一起考虑，那么当家庭中的次要收入成员在丢掉旧工作后寻找新工作的财务动机就会大大降低。有时，只要有失业补偿金的领取资格，其动机甚至会是负的。

经济决策取决于预期。人们加入到劳动力人群中，因为他们期望找到令人满意的工作。如果出于某种原因，很多劳动力的成员预期过高，不切实际，那么结果可能会是失业率的上升。例如，假设商业世界中，更多的机会向想进入管理层的女性们敞开。前景更好了，这会促使更多的女性加入或继续留在劳动力人群中。

同样，如果近来大学毕业生或律师新人们对他们的文凭在劳动力市场中的价值估计过高，他们这个人群的失业率就会上升。钢铁公司的工人已经习惯了自己的工资双倍于制造业的平均工资水平，当他们工作的公司歇业时，要他们接受一份工资较低的工作就会比较慢。在这点上，他们和要卖房子的房主们没有多大区别，这些房主们拒绝相信他们的房子在他们要求的价位上是卖不出去的。结果就是在行市下跌的房地产市场上，“待售”的牌子不断增加，而且牌子挂出的时间也越来越长。

失业会产生诸多影响，一般可以将其分成两种：社会影响和经济影响。失业的社会影响虽然难以估计和衡量，但它最易为人们所感受到。失业威胁着作为社会单位和经济单位的家庭的稳定。没有收入或收入遭受损失，户主就不能起到应有的作用。家庭的要求和需要得不到满足，家庭关系将因此而受到损害。西方有关的心理学研究表明，解雇造成的创伤不亚于亲友的去世或学业上的失败。此外，家庭之外的人际关系也受到失业的严重影响。一个失业者在就业的人员当中失去了自尊和影响力，面临着被同事拒绝的可能性，并且可能要失去自尊和自信。最终，失业者在情感上受到严重打击。

失业的经济影响可以用机会成本的概念来理解。当失业率上升时，经济中本可由失业工人生产出来的产品和劳务就损失了。衰退期间的损失，就好像是将众多的汽车、房屋、衣物和其他物品都销毁掉了。从产出核算的角度看，失业者的收入总损失等于生产的损失，因此，丧失的产量是计量周期性失业损失的主要尺度，因为它表明经济处于非充分就业状态。例如，实际失业率为8%，高于6%的自然失业率两个百分点，则实际GDP就将比潜在GDP低4%左右。

未来的一二十年是我国改革开放的关键时期，大量的农村富余劳动力要转移到城镇就业，城镇新增的适龄就业人员也有较大的就业需要，这就使得我国在未来这一二十年内面临着较大的就业压力，就业问题是我国政府宏观经济政策要解决的最主要问题之一。

官方失业统计数据未必准确

失业是人生中很悲惨的事情，失业率是一个社会的痛苦指数。衡量失业问题的严重性需要考虑失业类型、失业时间、民族、性别等问题。对于生活在现代社会的人来说，失业可以说是人生最悲惨的经济事件了。因为大部分人得靠自己的劳动收入来维生。工作，不仅能让人得到劳动收入，也能让人得到个人的成就感。没有工作，不仅意味着生活水平的降低，同时也可能会对一个人的自尊心产生伤害，并使社会的不稳定因素增多。

失业是最重要的经济变量之一。它不仅反映经济好坏，也是反映社会贫富。如何正确衡量失业是政府统计工作者一项相当重要的任务。公众普遍关心失业人数、失业率和不同时期失业水平的变化状况。有关研究和分析人员也经常对国与国之间，特别是对经济发展水平相当的国家间的失业状况进行比较研究。因此，如何正确界定和计算失业至关重要。

谁是失业人员？这是一个在许多国家长期争论不休的问题。由于对失业概念理解不同，对失业人员的定义也不同，不同定义得出的数据差异很大。由于失业的定义和统计方法不同，在不同国家间比较失业水平就没有什么意义。此外，计算失业率时分母中所使用劳动力概念的范围和定义也各不相同。

为便于对失业状况进行国际比较，要制定一个国际认可的失业定义。1982年，在第13届劳动统计国际会议上，国际劳工组织（ILO）对失业定义的指导标准进行了修订。失业的定义应指那些没有工作、目前可以工作、正在积极寻找工作的人员。

要了解失业问题先要明了衡量失业的标准，而这正是政府的工作。政府和社科院通过对上万户家庭的失业情况进行定期调查，从中了解其失业类型、平均工作周期的长度以及失业的延续时间。根据对调查问题的回答，被调查的家庭的成年人口（一般以16岁以上）被划分为3类：就业者、失业者和非劳动人口。就业者把一周中的大部分时间用于有酬工作；失业者是指被暂时解雇或正在寻找工作的人；此外的人员被称为非劳动力人口——例如，全日制学生、退休人员等。因此，劳动力既包括就业者，也包括失业者。而失业率也就是指失业者在劳动力中所占的百分比。政府和社科院计算的成年人的失业率既包括一国所有成年人的失业率，也包括汉族、少数民族、男性和妇女等较小群体的失业率。

计算失业的方法多种多样。在实际工作中，所有国家的失业定义均在很大程度上受信息收集方法的影响。在大多数发达国家，计算失业有两种基本的方法：一是抽样调查方法。通过访谈，向有代表性的样本人询问一系列问题，包括是否有工作，如果没有，是否可以工作并采取了何种措施寻找工作。抽样调查数据不仅包括符合国际劳工组织定义的失业，还包括就业和自营就业，以及大量详细的劳动力数据。二是以政府机构登记为基础的行政登记方法，主要是为政府管理服务。在英国和加拿大，登记人员既包括申请失业救济金的人员，也包括那些在政府职业中心或就业办公室登记求职的人员。登记数字是政府管理制度的反映。登记数字覆盖的范围也随政府管理程序的变化而变化。由于职业中心登记失业人员的规则和程序或者申请救济的资格各国差异极大，就很难用行政登记失业数字进行国际比较。

总体上看，两种计算失业的方法各有利弊。抽样调查数据和行政登记数据之间的差别可能非常大，差别的规模取决于特定国家所处经济周期的阶段。在经济周期的低迷期，面临失业的工人增多。由于周围的工作机会较少，劳动者个人会相信他们能找到工作的可能性很小，从而停止积极求职。根据国际劳工组织定义，这些人员是经济不活动人员，不是失业人员。但在行政登记制度中，他们仍可以进行登记，从而被计算为失业人员。

登记失业率和抽样调查失业率之间往往存在差异，例如：1990 年，12 个欧共体成员国中有 8 个的抽样调查失业人数少于登记失业人数。但是，除英国之外，还有两个国家的抽样调查数据大大高于登记失业人数。荷兰采用了通过回答抽样调查问题汇总失业人员数量的新方法，结果是登记数字大量减少。在希腊，只有极少数失业人员进行登记。就欧共体而言，登记失业人数比抽样调查失业人数多 20%。意大利和葡萄牙差别最大，分别为 79% 和 38%。

欧共体总体上行政登记数大于抽样调查数的原因，有以下几个方面：一是许多国家不要求登记失业人员在就业机构经常确认其失业状况。在两个登记日之间，通常登记失业人员实现了就业，但在下一个登记确认日期前，他们仍然被计算为登记失业人数。二是工人会变得消极而停止积极求职。尽管他们仍然会被登记为失业人员，但当他们回答抽样调查问题时，他们会表示不再积极求职，因而在抽样调查时，被列为经济不活动人员，而不是失业人员。这种情况在经济周期低迷时期尤其典型。三是一些人每周只工作很少的几个小时，但仍被允许进行失业登记。而根据国际劳工组织定义，他们属于就业人员。此外，还有一些人即使违反国家规定工作仍然被登记为失业人员。

尽管登记失业人数趋向于超过调查失业人数，但他们并不互为子集。根据抽样调查失业定义，许多人属于失业，但并不包括在登记失业人数中。反之亦然。也许是由于国家的某些规定，使得这些人不能进行失业登记，而根据国际劳工组织定义（假设他们符合必要的标准），他们属于失业人员。可能会有一大批人员在一种计算方法下是失业人员，而在另一种计算方法下不属于失业人员。但是，根据抽样调查方法，有 29% 的登记失业人员是就业人员或经济不活动人员。与此同时，相同比例的调查失业人员没有作为登记失业人员，或登记为工作时间很短的人员。

失业率与通货膨胀率之间的交替

1958 年，菲利普斯根据英国 1867 ~ 1957 年间失业率和货币工资变动率的经验统计资料，提出了一条用以表示失业率和货币工资变动率之间交替关系的曲线。这条曲线表明：当失业率较低时，货币工资增长率较高；反之，当失业率较高时，货币工资增长率较低，甚至是负数。根据成本推动的通货膨胀理论，货币工资可以表示通货膨胀率。因此，这条曲线就可以表示失业率与通货膨胀率之间的交替关系。即失业率高表明经济处于萧条阶段，这时工资与物价水平都较低，从而通货膨胀率也就低；反之失业率低，表明经济处于繁荣阶段，这时工资与物价水平都较高，从而通货膨胀率也就高。失业率和通货膨胀率之间存在着反方向变动的关系。

最低可持续失业率是指那些作用于价格和工资膨胀的向上或向下的力量得以平衡时的失业率。经济处在这种失业率时，通货膨胀是稳定的，不存在加速上升或下降的趋势。最低可持续失业率是指在没有向上的通货膨胀压力的情况下，能够长期维持的最低失业率。

可以这样来理解这一理论：即在任何时点上，经济生活中都存在惯性的或可预期的通货膨胀率。如果（1）没有超额需求；（2）没有供给冲击，那么实际的通货膨胀就会一直保持原有的惯性比率。上述这两个条件表示什么意思呢?

条件（1）意味着失业处于一种不妨碍经济持续增长的水平。由工作机会所造成的提高工资的压力恰好与由失业所造成的压低工资的力量相等。条件（2）表明，生产成本没有因为工资或石油等原材料价格的变化而发生不寻常的变化，因而总供给曲线一直按照惯性通货膨胀率上升。条件（1）与（2）共同作用导致形成了一种能使通货膨胀一直按照其惯性的或可预期到的速率上升的局面。

失业与通货膨胀存在一种交替关系的曲线，通货膨胀率高时，失业率低；通货膨胀率低时，失业率高。以上简要讨论了通货膨胀的要点：只有惯性的或可预期的通货膨胀率保持不变，通货膨胀和失业之间的交替关系才会出现。如果惯性通货膨胀率发生变化，这种短期菲利普斯曲线也会有所变动。

我们可以将这一重要见解，即菲利普斯曲线移动的思想，理解成是按照下面所描述的一系列步骤来进行的。第一阶段，失业处于可持续失业率水平，不存在供给或需求的意外冲击。第二阶段，产出在经济扩张时期迅速增长，降低了失业率。随着失业率的下降，各企业倾向于积极招收新劳工和大幅度提高工资。由于产出超过潜在水平，生产能力利用程度会提高，并且商品价格也会标高，工资和物价开始加速上升。在这个阶段，较低的失业率却使通货膨胀率上升了。第三阶段，由于通货膨胀率上升，企业及工人们都开始预计将会出现更高的通货膨胀率。这种预期的高通货膨胀率随即会体现在工资和价格的制定当中，从而使预期通货膨胀率有所提高。第四阶段，在最后这个阶段，由于经济发展放慢，经济活动的缩减使产出回复到潜在产出水平，失业率也回复到原有的可持续失业率。于是由于失业率变得较高而使得通货膨胀率有所降低，但是一旦达到最低可持续失业率，新的预期通货膨胀率就又会升高。

一旦实际通货膨胀率上升到超出惯性的或可预期的水平，人们就会开始适应这种新的通货膨胀率水平，并预计会出现更高的通货膨胀率。于是，惯性通货膨胀率便会调整到新的水平，而短期菲利普斯曲线也会发生变动。表明菲利普斯曲线是用来表示失业与通货膨胀之间交替关系的曲线。

当失业率上升且实际通货膨胀率降低至惯性通货膨胀率以下时，我们有时可以看到经济中会出现一种“紧缩周期”的现象。在衰退期间，惯性通货膨胀率会有所下降，而且当经济运行回复到可持续失业率水平时，就会享有较低的通货膨胀率。

当失业率偏离最低可持续失业率水平时，通货膨胀率就可能发生变化。但若实际失业率和最低可持续失业率之间一直存在差距，将会发生什么情况呢？例如，让我们假定最低可持续失业率为6%，而实际失业率为4%。由于二者之间存在差距，通货膨胀率将会年复一年地上升。第一年，通货膨胀率可能是3%，第二年可能是4%，第三年是5%，并且此后很可能会逐年上升。

那么，这种螺旋式上升的势头将在何时停止呢？根据最低可持续失业率的理论，只有当失业回复到最低可持续失业率时，通货膨胀率的上升趋势才会停止。换言之只要失业率低于其可持续失业率，通货膨胀率就会有上升的趋势。

只有当失业率等于可持续失业率水平时，通货膨胀才会保持稳定；不同劳动市场上的供需力量的变动才会平衡。因此，根据可持续失业率理论，唯一能与稳定的通货膨胀率相适应的失业水平就是最低可持续失业率。

从政策角度讲，有关通货膨胀的可持续失业率理论表明了，现实中存在某一个点，使经济运行长期维持下去的最低失业水平。根据这一观点，一个国家不可能使失业率长期处于其可持续失业率水平以下，同时又不引起工资和物价的螺旋式上升。

另一方面也表明了，一国也许能够驾驭短期菲利普斯曲线。政府或许可以运用货币政策和财政政策迫使失业率低于可持续失业率，从而使国家能暂时享有低失业率。但是其经济繁荣却要以通货膨胀率的上升为代价。相反，当某国感到自己的惯性通货膨胀率过高时，如美国在1979 ~ 1982年的情形，它便会经历痛苦的紧缩时期，收紧银根引发经济衰退，从而降低通货膨胀。

第三章　奥巴马如何帮人们找工作

政府如何保障工作：失业保障

高福利欧洲国家往往有很高的失业保障金，以德国为例，德国的社会福利制度对失业者非常关心，其目的是通过社会的慈善事业来平息社会的不安定期。比如，已婚的失业者可领取高达900美元的支票。失业保障一般只面向那些由于雇主不再需要其技能而被解雇的失业者。而那些自己辞去工作，或者由于过失而被开除，或者刚刚进入劳动力市场的工人不能享受这种保障。

失业保障会增加一些失业人数，并使失业者找工作的积极程度受到一定抑制。但这完全不能降低失业保障所带来的积极影响。政府出于对社会公平的考虑会实行失业保障制度，以便给那些失去工作的工人提供一些保护。不过经济学家认为，客观看来，政府的这个计划可能会增加失业人数。

失业保障能够减轻工人的痛苦，也可能会增加失业量。由于当工人找到一份新工作时失业津贴才会停止，所以失业者不会努力地找工作，而且更可能拒绝缺乏吸引力的工作。此外，由于失业保障使失业不是那么难应付，所以，当工人就就业条件与雇主谈判时，不大想取得雇主关于工作保障的保证。

劳动经济学家的许多研究考察了美国失业保障的激励效应。一项研究考察了美国伊利诺伊州1985年进行的一项试验。当失业工人申请领取失业保障津贴时，州政府随机地选出一些人，并且告诉他们，如果能在11周内找到新工作，给每人500美元的特殊津贴。然后把这个群体与一个不提供这种激励的受控群体进行比较。提供特殊津贴的平均失业时间比受控群体缩短7%。这个试验说明，失业保障制度的设计影响了失业者寻找工作的努力程度。

几项其他研究通过跟踪不同时期的一个工人群体考察了他们寻找工作的努力程度。失业保障津贴并不是无限期地延长，通常是在半年或一年以后结束。这些研究发现，当失业者失去领取津贴资格时，他们找新工作的概率显著提高了。因此，领取失业保障津贴降低了失业者找工作的努力程度。一般看来，它会使工人寻找新的工作机会的努力受抑制，并且使其对工作产生挑剔的心理。工人在与雇主谈判时，不大愿意接受一些工作保障，从而增加了工作的不稳定度。

虽然失业保障降低了失业者找工作的努力程度并增加了失业，我们仍然不能否定这项政策的意义。这项计划达到了减少工人面临的收入不确定性的主要目标。此外，当工人拒绝所提供的没有吸引力的工作时，他们就有机会寻找更适合于他们爱好和技能的工作。与此同时，也能使企业得到适合其设置的职位的最满意的员工。一些经济学家认为，失业保障提高一个经济使每个工人与其最适合的工作相匹配的能力。

失业保障的研究表明，失业率是衡量一国整体经济福利水平的一个不完善的指标。大多数经济学家一致认为，取消失业保障会减少经济中的失业量。但经济学家们对这种政策改变将会提高还是降低经济福利的看法并不一致。

大多数经济学家仍然认为，虽然取消失业保障可能有助于减少失业量，但失业保障能在整体上提高了一个国家的经济福利。在解决就业失业矛盾之前，应该首先对这一矛盾的严重程度有一个科学、真实、客观的认识。失业问题不仅是一个经济问题，而且是关系到社会稳定的政治问题。目前失业情况已成为中国政府改革政策的一个决定性考虑因素，高估或低估失业率，都可能导致政策失当。

在失业保障的力度方面，有的学者认为目前我们对失业提供的保障还过小，制度承受力不够。城镇最低生活保障线水平低，不规范，资金来源尚未制度化。失业保险的承受力也不够。因此提出加强失业保障，提高失业保险金收入，加强各级财政的投入，提高失业保险金统筹层次，强化地区调剂。

由于中国存在严峻的人口压力，不能搞常规性失业保险。有的学者认为失业保险制度的效率不高，企业、行业之间的失业风险不同，贡献大小不一，企业缺乏积极性。此外，失业保险承诺得太多，在失业率居高不下的情况下，容易出现赤字问题。

因此，从保障失业者生活角度看，社会保险是对失业者提供保障的重要手段。社会保险的功能主要是定位于市场经济中的就业风险，而不是为无业者提供生活保障。从长远看，就业压力主要来自非正规部门，包括从农村转移出来的劳动力，失业保险如果把非正规部门排除在外，就可以减小压力。在正规部门建立失业保险，有利于劳动者分担风险。

同时可以将失业保险与失业救助结合起来，因为失业保险提供的保障力度还不够，还会出现一些特殊的困难群体，如单亲家庭的失业者、年龄较大的失业者以及健康欠佳者，对此应开展调查，探索建立专项救助制度，以弥补社会保险之不足。

谁的蛋糕更大，是你的还是你邻居的

在18世纪，托马斯·马尔萨斯很悲观地预测了人类的未来，他相信，随着整个社会变得更加富裕，人口会迅速增长——有更多孩子，会使这些收获不断被消耗。这些额外的嘴巴会狼吞虎咽般地吃尽剩余食品。按照他的观点，人类注定要生活在维持生计的边缘。在经济发展期，人们不计后果地生儿育女，然后在困难时期挨饿。正如保罗·克鲁格曼所指出，在最近57个世纪中的55个世纪，马尔萨斯的预测都是正确的。世界人口增加了，但是人类的生存条件没有显著改变。

曾经获得1999年诺贝尔经济学奖的罗伯特·福格尔在美国经济学会所作的主席演讲中指出，美国最穷的公民所获得舒适程度甚至是100年前皇室贵族所无缘享受的（例如，超过90%的公寓居民有彩电）。

随着工业革命的来临，人类才开始变得越来越富有。当父母的收入上升时，他们为孩子们花了更多的钱。但是，他们生的孩子更少了，在每个孩子身上花的钱更多了，正如人力资本理论所预测的。工业革命带来的经济转型，即生产率的大幅提高，使父母的时间变得更昂贵。随着拥有更多孩子的优势下降，现代人开始将他们不断上升的收入投资于他们孩子的成长质量，而不仅仅是数量。

1979～1997年，1/5最富的人的平均收入与1/5最穷的人的平均收入相比，其差距从9倍蹿升到了15倍。当美国史上最长的经济繁荣期结束时，富人更富，而穷人则原地踏步，甚至更穷。1/5最穷的美国人，其平均收入（经通货膨胀调整）实际上已经下降了3%，尽管在20世纪90年代末急剧上升。看看积累财富，而不仅仅是年收入，它甚至呈现出一幅更加不对称的画面——画面显示，美国贫富差距正在增大。

在美国，技术工人总是比非技术工人赚得的工资更多，这种差距已经开始以惊人的速度扩大。总之，人力资本变得越来越重要，回报率也比以前更高。人力资本重要性的一个体现是高中毕业生和大学毕业生的工资差距。在20世纪80年代初，大学毕业生的工资比高中毕业生的工资平均高出40%；如今，这个差距已经变成了80%。有研究生学位的人则比这些人赚得更多。

从国际范围来看，在全球化的市场上，商品的技术等级越高，价格也随之更高。由于价格水平决定着成本水平，高价格不仅能使国家承担起获得一流技术人才的高成本，并因此增强国家的国际竞争力，而且使国家形成高价格和高收入的良性循环式的增长。因此，只要具备技术条件，每个国家都会尽可能选择高端商品去生产，放弃或部分放弃低端商品的生产，同时通过进口来满足对低端商品的需求，这对任何国家都是一个好的选择。

每个国家能够选择的产业和贸易等级是由它的技术实力强制决定的，不存在人为超越的可能性。一些在技术水平和经济实力上并不具备条件，试图通过政府的产业和贸易政策人为提升产业等级的发展中国家，实际上只是在生产一些与发达国家主导产业同类商品中的低端商品（在性能、质量方面）。

技术水平越高，从而可生产的商品的范围越宽的国家，资源配置改善的状况越为明显。反之，技术水平越低、选择范围越窄的国家，资源配置改善的可能性越小。由于发展中国家主要是通过进口技术设备并进行模仿来实现本国的技术进步，同时贸易可以使发展中国家获得自己不能够生产的较高端的消费品，因此，发展中国家在国际贸易中获得了一小块蛋糕。

但是从国际贸易的收入分配来看，发达国家向发展中国家出口的高技术等级商品中，使用的要素主要是资本和高技术等级的劳动力。而从中国进口的商品中使用的要素主要是低技术等级的劳动力。因此，贸易的结果是提高了发达国家资本所有者和高技术劳动者的收入，降低了发展中国家低技术工人的收入。低技术等级商品的进入门槛很低，在全世界有广泛的供给来源，国际贸易又将全球的低技能工人置于更激烈的竞争之中。这无形当中就形成了发达国家对发展中国家在贸易中的不对等地位。

许多经济学家认为，只要每个人都生活得更好，我们无须担心贫富差距。我们应该关心穷人所得到的蛋糕有多大，而不管他相对于比尔·盖茨得到了多少蛋糕。

关于收入不平等日益扩大的话题，还有一个更实际的考虑。收入不平等会不会不再激励我们更加努力地工作，从而变得没有生产效率呢？当各种情况交织在一起的时候，这种情况就极有可能会发生。届时，穷人可能会抵制重要的政治经济制度，比如产权和法律法规。不平衡的收入分配可能导致富人将资源挥霍于越来越华而不实的奢侈品上，倘若将这钱花在其他投资上——为穷人的人力资本投资——将会产生更高的回报。有些研究发现，收入不均与经济增长之间存在负相关。而另一些研究结果则相反。随着时间推移，数字会说明这种关系。不管怎样，如果蛋糕在增大，我们每个人分到的蛋糕都或多或少会有所增加。

增大经济蛋糕可以带来更多经济机会

美国总统奥巴马指出，尽管经济开始从危机中转好，但在经济持续复苏路上，增加就业仍是一项严峻挑战。美国总统奥巴马在北卡罗来纳州达勒姆的一家节能灯工厂发表讲话时指出，让人们重回工作岗位是当前美国经济面临的最严峻挑战，他将尽一切努力推动经济增长，增加就业。奥巴马说，本届政府稳定了经济，避免了金融业崩溃，并使经济从萎缩转为增长。他说，过去 15 个月，美国私营部门创造了 200 万个就业机会，但他对此“并不满意”，只有当任何想找到有保障的工作的人都能找到这类工作时，他才会满意。

考虑一个思维实验。想象在某个星期一的早晨，在芝加哥道富大街与麦迪逊大街的拐角处，从众多大巴车上跳下 10 万名高中失学者。那将是一个社会灾难。政府服务将扩大至极限，甚至超出它的能力范围。犯罪率将上升。企业将延缓在芝加哥市区落户的计划。议员们会请求州政府或联邦政府给予帮助：要么给我们足够的钱去帮助他们，要么帮助我们赶走他们。当加利福尼亚州萨克拉门托的商业领袖决定驱散这些无家可归者时，有一个办法是给他们提供一张出城的单程汽车票。

再来想象一下，在同一角落，从车上下来的是10万名顶级大学的毕业生。大巴停在了道富大街与麦迪逊大街的拐角处，从车上下来一大批律师、医生、艺术家、生物基因专家、软件工程师，以及大量具有通用技能的、聪明的、积极向上的人。他们之中许多人马上找到了工作。有些高技能的毕业生将自主创业，管理才能当然也是人力资本的重要组成部分。他们中一些人会离开这个地方，高技能工人比低技能工人有更强的流动性。在某些情况下，企业会利用人才暂时供过于求的局势，选择重新落户于芝加哥，或在芝加哥开设办事处和工厂。经济学家随后会将这辆想象的"大巴"描述为对芝加哥经济发展的恩惠，正如大量移民的迁入帮助美国经济发展一样。

经济增长是就业增长的基础条件，没有经济增长就谈不上就业增加。在2001年找工作要比1975年或1932年更容易。的确，水涨船高；经济增长对穷人来说是件大好事。相反，经济萧条通常给边缘劳动力带来的打击最大。但一定的经济增长在不同经济体和不同历史时期所带来的就业效应会有所不同，甚至差异很大，这取决于宏观经济环境及由此所决定的经济增长方式。我国正处在经济转型以及结构调整加速的特殊时期，经济增长只能是就业增长的必要条件，宏观经济环境对就业具有很大的影响。

这一规律充分描述了经济增长率与失业率之间的关系。该定律表明失业率与国民生产总值增长率之间呈反向变化即二者存在负相关关系，经济的高增长率伴随着低失业率，低增长率伴随着高失业率。

尽管各国经济增长率和失业率之间的数量变动关系不尽相同，但经济增长与就业同向变动、与失业反向变动的关系，已为许多国家的经济实践所证实。

鉴于经济增长与失业率的作用关系，各国政府都在努力解决失业问题。奥巴马在会见了白宫就业与竞争力委员会后，宣布了一项通过公私合作项目，每年培训1万名新工程师的计划。他说，如果美国要在技术和创新方面保持领导地位，美国最好的企业需要世界最好的工人。他强调，就业增长最终要靠私营部门来驱动。

白宫就业与竞争力委员会是奥巴马2009年初创立的，由通用电气公司首席执行官杰弗里·伊梅尔特担任主席。该委员会目标在于促进就业和增强美国的经济竞争力。目前美国失业率较高，居高不下的失业率成为奥巴马政府的最大挑战。随着美国下一届总统大选帷幕逐步拉开，共和党已经把就业问题作为攻击奥巴马执政能力的首要问题。

在布鲁金斯学会发表的演讲中奥巴马提出了一个刺激就业增长的一揽子计划，以求降低美国的失业率。奥巴马提议的措施包括向基础设施项目投入更多资金，减税和增强对小型企业的信贷。此外，奥巴马还提议向使自己的房屋变得更节能的消费者提供补贴。奥巴马指出，短期内增加投入以创造新就业机会将降低长期内的赤字。他建议政府在以下三个领域采取行动来创造更多就业机会：促进小型企业成长、基础设施投资和向节能领域投资。

第十三篇

谁在掌控银行和货币

第一章　货币那些事儿

从香烟作为货币看货币的演变

第二次世界大战极大地扩展了香烟消费者的范围，美国士兵受到了被他们解放的人民的热情欢迎。作为一种友好表示或者是作为享受服务的回报，士兵们被大量派发香烟。几年后，遭受战争破坏的国家恢复了和平，美国香烟被作为一种半官方的货币进行易货贸易，士兵用 10 支烟就可以吃顿肉。10 年后，美国香烟制造商开始积极推广战争时期流行起来的美制混合型香烟，并使其最终成为国际标准。

抽烟是烟民一种生理需求，有人声称：饭可以不吃，烟不能不抽。由于烟民对香烟有着强烈的依赖性，因此，香烟可以被用作交换物品的媒介，在特定的历史时期，充当了美国半官方的货币。

纵观 100 多年来国际货币形态的演变历史，实质上是支付体系的演进变化过程。支付体系是经济社会中进行交易的方式。我们通过考察支付体系的演进历史，可以更好地理解货币的功能和货币形式的发展。数个世纪以来，随着支付体系的演进，货币形式也在不断变化。黄金曾经一度是主要的支付手段，也是货币的主要形式。之后，支票和通货等纸质资产开始在支付体系中使用，并被视为货币。未来支付体系的发展方向影响着货币定义的变化。

商品货币

要把握支付体系未来的发展方向，我们有必要了解支付体系的演进历史。任何履行货币功能的物品必须是被普遍接受的；每个人都愿意用它来支付商品和服务。一种对任何人而言都具有价值的物品是最有可能成为货币的，于是，人们自然选择了金银等贵金属。由贵金属或其他有价值的商品构成的货币称为商品货币。除了最原始的社会，从远古到数百年之前，在几乎任何一个社会中，商品货币都发挥了交易媒介的功能。

商品货币包括实物货币和金属货币。从开始存在交换到金属货币的最终确立，人类经历了漫长的历史。在货币未从其他商品中独立出来的时候，调整实物货币即物物交换的“法律”只能是交换的规则。

从自由铸造和多种形式规格的货币逐步发展到统一形式的货币，是国家集中行使权力，发行和管理货币的开始。因为自由铸造和多形式规格并存的金属货币，仍主要以商品的形式出现，国家并无制定法律以管制之的必要。

当欧洲国家王权上升，统一行使权力于全国时，铸币权亦成为国王的权力。那时，各国关于货币的法律制度，主要包括下面几个方面的内容：（1）通过法律使货币定型，规定货币的成分、重量、规格、价值、及统一货币的各种形态；（2）确定铸币权的归属，通常由民间铸造、地方铸造，最后归中央政权统一铸造，成为国家货币主权的基础；（3）货币的管理和保护，监督货币的使用情况，保障其法定价值，禁止伪造即私自熔铸，伪造重罚；（4）货币的法定流通范围通常是国家权力管辖范围，地方铸币只在当地使用。

在我国，在秦统一中国之后，才统一了币制，相应地颁布了《金布律》，把货币分为两等，“上币为黄金，以镒计；下币为铜”，定币名为“半两”。《金布律》是我国最早的货币立法，统一了货币单位秦“半两”，以及规定官府有管理货币的责任。

单纯由贵金属构成的支付体系的问题在于，这种形式的货币太重了，很难从一地运送到另一地。如果你只能用硬币购物的话，想想你口袋上的破洞吧！事实上，购买房屋之类的大宗商品，你真要租一辆卡车去运送货币。

信用货币

支付体系下一步的发展就是纸币（发挥交易媒介功能的纸片）。最初，纸币附有可以转化为硬币或一定数量的贵金属的承诺。

商品货币的信用是以自身的自然特性担保。但实际上，当铸币在形式上作为专职的货币出现之后，实际上它已经在流通中不断地被磨损，变成不再足值，只是因为其他人也同样接受它，所以人们仍信任铸币所标示的财产数量，马克思说：“它在尘世奔波中磨来磨去，日益失去自己的含量。它因使用而损耗。”

铸币的出现突破了“货币天然是金银”的结论，因为，不足值的铸币就表明货币所实现的并不是货币作为商品的价值量，而表明了一种社会关系，即出卖者对购买者或者社会获得等量补偿的经济关系。即使不存在货币，这种关系也能实现，例如赊销、记账、易货。当采其他方式实现此关系比采用货币更方便、快捷时，人们便会毫不犹豫地利用其他方式。因此，铸币的出现促进了货币向两个方向发展，其中一个发展方向就是货币形态的变化，即纸币的出现。

纸币发展成不兑现纸币，即政府将纸币宣布为法定偿还货币（即在支付债务时，人们必须接受它），而不能转化成硬币或贵金属。纸币比硬币和贵金属轻得多，但是只有在人们对货币发行当局有充分的信任，并且印刷技术发展到足以使伪造极为困难的阶段时，纸币方可被接受为交易媒介。

在西方国家，纸币最早称为银行券。银行发行银行券，用以代替金属货币流通，以其商业信用保证银行券能够兑换金属货币。随着西方国家市场经济的高度发展，为维护国家的经济稳定，便把银行券的发行权集中于少数银行甚至中央银行的手中，用法律规定发行银行的发行条件、银行券的强制兑现以及发行储备等。在金银本位制的历史条件下，纸币基本是以其所代表的金属含量获得了广泛的流通，金银等金属则是作为它的等价物保存起来，但可以被要求进行兑换。

从纸币的发展历史可以看出，纸币从本质上分为两种：兑换型纸币和流通型纸币。兑换型纸币指在金银本位制下的可兑换金属货币的纸币，如中国的代替金属货币流通的飞钱、交子以及西方国家的银行券。流通型纸币指现在各国所实行的纸币本位制下的不能兑换金属的纸币。兑换型纸币并非货币形态的发展，它只是代替金属货币被使用的，因此，此时真正的货币仍然是金属货币。对于兑换型纸币来说，可称之为“货币符号”、“价值符号”，但不能推及流通型纸币。可见，兑换型纸币仍然是商品货币形态的一种表现形式，也是由商品货币形态向独立的信用货币形态过渡的形式。

我国《中国人民银行法》第 15 条规定：“中华人民共和国的法定货币是人民币。以人民币支付中华人民共和国境内的一切公共的和私人的债务，任何单位和个人不得拒收。”该法第 17 条规定：“人民币由中国人民银行统一印制、发行。”相关的 16、18、19、20、21 条，都说明了我国现在的法定货币，就是流通中的纸币、辅币。《中国人民银行法》第 15 条用法律强制规定其支付职能，具有无限的法偿能力。所以说，人民币包括各种面额不同的纸币和不足值的金属铸币。在法律上，流通型纸币就是货币，而不是“货币符号”。

从符木到国债的信用货币历史

在 12 世纪的英国，完税凭证曾被当做货币使用。农夫们用粮食等缴纳税收，他们会拿到被称为“符木”（tally stick）的木条，它就是最初的完税凭证。符木上被写上纳税额，然后被剖成两半，分别由政府和农夫保管，以防止伪造。这些符木可以在市场上交换其他物品，起到货币的作用。缴完税的人可以持符木去市场上交换急需的物品。另一方面，用物品换来符木的人则可以不用缴税。符木与现代不兑现的纸币发行制度下的“货币”有着相似的功能。

12 世纪的英国政府将未来的税收用符木的形式提前征收，用今天的话来说，这就相当于一种国债。国债其实是国家用来向人们保证会用未来的税收偿还借款的债务凭证。英国政府用符木通过金匠作为中间媒介来换取黄金。今天，国家在市场上发行国债筹措资金，买入国债的银行可以为此担保，向中央银行贷款；像目前这种非常时期，中央银行还可以行使货币发行权直接买入国债。

无论 12 世纪的英国政府的符木税收政策还是现代国家发行的国债，从本质来讲，都是源于信用。

现代货币制度是建立在符号货币（信用货币）的基础上的，即货币是以与自身实物价值无关的纸币或硬币的形式流通的。在此制度下，货币以 1 万韩元、10 美元、10 欧元、100 日元等纸币上的标示面额进行流通，与用于制造纸币的纸的价值或用于制造硬币的金属的价值完全无关。信用货币只在一个前提下才能够存在，那就是该国必须以制度的形式确立该国使用货币的人对中央银行所发行的货币价值的信任。并且在此基础上形成这样一个约定：国家将以税收的形式回收此种货币。

信用（credit），指在得到或提供货物或服务后并不立即而是允诺在将来付给报酬的做法。从经济角度来讲，信用是一种借贷行为，它是以收回为条件的付出，或以归还为义务的取得；而且贷者之所以贷出，是因为有权取得利息，后者之所以可能借入，是因为承担了支付利息的义务。

信用货币是以某一权力机构为依托，在一定时期一定地域内推行的一种可以执行交换媒介、价值尺度、延期支付标准及作为完全流动的财富的储藏手段等功能的凭证。信用货币是以信用作为保证，通过一定的信用程序发行、充当流通手段和支付手段的货币形式，是货币发展中的现代形态。一般可以分为纸凭证及电子凭证，也就是人们常说的纸币及电子货币。

目前世界各国发行的货币，基本都属于信用货币。信用货币最显著的特征是作为商品的价值与作为货币的价值是不相同的。它是不可兑现的，只是一种符号，通过法律确定其偿付债务时必须被接受，即法偿货币。

最早的信用货币纸币出现于中国。很多学者认为中国的货币形成于北宋，称为交子。其实中国的纸币肇始于唐代的飞钱，唐后期出现的用于汇兑的飞钱，是钱荒的产物。当时因流通中货币不足，政府颁行禁铜出境的法令，各地效尤之，纷纷画地为牢，富商大贾采用汇兑方式以避之。纸币出现的另一个重要原因就是为了流通的方便和减少流通费用，大商人把金属货币存入钱庄或银行，由钱庄或银行出具收据，商人以该纸面收据向别人支付，无论该纸面收据的名称是什么，关键在于能在钱庄或银行得到兑付。钱庄开出的“交子”、银行保管金属货币出具的“银行券”，即使可以流通，实际上也是债权的证明。

信用货币是由银行提供的信用流通工具。其本身价值远远低于其货币价值，而且与代用货币不同，它与贵金属完全脱钩，不再直接代表任何贵金属。它是货币形式进一步发展的产物，是金属货币制度崩溃的直接结果。在20世纪30年代，发生了世界性的经济危机，引起经济的恐慌和金融混乱，迫使主要资本主义国家先后脱离金本位和银本位，国家所发行的纸币不能再兑换金属货币，因此，信用货币便应运而生。当今世界各国几乎都采用这一货币形态。

伴随着经济的发展，在现代经济中，信用货币的表现形式主要包括以下几种形态：

银行券：在商业票据流通的基础上产生并以银行信用为担保的银行券，也是一种信用货币。持有者可以用它来代替金属货币使用。它没有固定的支付日期，可随时兑换黄金；它的票面金额是固定的整数，便于流通；它以黄金和票据作担保，信用基础比较稳固，可以在银行信用所及的广大范围内流通。

期票：在商品赊购交易中，可以不必支付现款，只需开出一张定期偿付欠款的债务凭证交给对方。到期时，持票人可按票面金额向出票人索取现款。尚未到期的期票，经债权人在其背面签字表示承担债务，持票人也可以把它用作购买手段或支付手段，去购买商品或偿还债务。

支票：随着资本主义银行业务的发展，支票便在流通中发挥了通货的作用，成为代替货币支付债款和在存款人之间进行转账结算的主要形式。在第二次世界大战前，银行支票便已成为主要的信用货币。利用支票作为支付手段，可以减少货币流通量，节约流通费用。但在经济危机阶段，支票往往不能兑现，这势必影响生产和流通的正常进行。所以，信用货币一方面有促进资本主义经济发展的积极作用，另一方面信用货币流通范围的过度扩展，使得货币作为支付手段所包孕的危机的可能性也增大了。

纸币：纸币多数由一国中央银行发行，其主要功能是承担人们日常生活用品的购买手段。

银行存款：存款是存款人对银行的债权，对银行来说，这种货币又是债务货币。存款除在银行账户的转移支付外，还要借助于支票等支付。目前在全社会的经济交易中，用银行存款作为支付手段的比重占绝大部分。随着信用的发展，一些小额交易，如顾客对零售商的支付、职工的工资等，也广泛使用这种类型的货币。

电子货币：由于科技飞速发展和电子计算技术的运用，货币的交易和支付方式进入了一个崭新的阶段。电子货币通常是利用电脑或贮值卡来进行金融交易和支付活动，例如各种各样的信用卡、贮值卡、电子钱包等。与此同时还可借助于上网的电脑、自动柜员机或用电话操作来对货币存储额进行补充。这种货币运用非常方便，还在不断完善和进一步发展。

创造出来的东西都可以被销毁

“按照货币学基本原理，一个国家或地区经济每增长出 1 元价值，作为货币发行机构的中央银行也应该供给货币 1 元。”那么，这 1 元钱怎样被制造出来的，又是怎么流入市场的？

银行制造货币，字面上来说是这样，但是它们并不是靠印制更多的纸片制造货币的。央行发行货币主要是通过各家商业银行，增加信贷投放就是其中一种主要的货币发行政策；还有就是降低法定存款准备金率，释放部分冻结在央行的货币，将之投放市场；同时，央行也会通过回购国债等公开市场操作，为社会注入货币。

假设你在美国从第一国民银行申请了一笔 500 美元的贷款，获得了批准。贷款人员会以你的名字写一张 500 美元的存款单，提款，然后把存款单给出纳，出纳会把 500 美元计入你的支票存款账户。货币存量于是就会增加 500 美元。与大多数人的想法相反，银行并没有从别人的账户里把这 500 美元拿出来借给你。如果银行这么做，那个人一定会投诉的！银行制造了 500 美元借给你。

但是这 500 美元真的是货币吗？我们假设你借钱是为了买电脑。如果你去电脑销售商店，给商店写了一张 500 美元的支票，店员会让你带着你想要的电脑走出商店前门。这就是最有说服力的证据，证明你的存款确实是货币。随后，这家商店的财务人员会拿着你的支票去这家店的银行，将支票存入，这家店的支票存款账户上会多一条增加了 500 美元的记录。这家银行会把这张支票寄给联邦储备的支票清算系统。这家银行在其所在区的联邦储备银行的存款账户上会多一条增加了 500 美元的记录，你的银行会从其账户上扣除500美元。联邦储备银行随后会把支票寄到你的银行，抵消它欠你的债务：也就是先前贷入你账户的500美元。但是这些事情发生的时候，流通中的货币总量没有下降，因为你的银行制造的500美元仍然存在——现在在电脑销售商店的支票存款账户上。

为什么银行愿意制造500美元给你？因为你给了银行你自己的欠条，一个信得过的承诺，保证在未来某个特定日期还给银行500美元外加利息。为什么银行能够制造500美元给你？因为人们愿意接受其活期存款负债，并且愿意将负债用作交易媒介。这一切都源自于“银行信用”。

现代经济是一种具有扩张性质的经济，需要借助于负债去扩大生产规模、更新设备，也需要借助于各种信用形式去筹措资金，改进工艺、推销产品。其次，现代经济中最基本、最普遍的经济关系——债权债务关系，也处处体现着“信用”的关键作用。经济活动中的每一个部门，每一个环节都渗透着债权债务关系。经济越发展，债权债务关系越紧密，越成为经济正常运转的必要条件。现代经济中信用货币是最基本的货币形式。各种经济活动形成各种各样的货币收支，而这些货币收支最终都是银行的资产和负债，也都体现了银行与其他经济部门之间的信用关系。所以信用就成为一个无所不在的最普遍经济关系。

银行信用是由商业银行或其他金融机构授给企业或消费者个人的信用。在产品赊销过程中，银行等金融机构为买方提供融资支持，并帮助卖方扩大销售。商业银行等金融机构以货币方式授予企业信用，贷款和还贷方式的确定以企业信用水平为依据。商业银行对不符合其信用标准的企业会要求提供抵押、质押作为保证，或者由担保公司为这些企业做出担保。后一种情况实质上是担保公司向申请贷款的企业提供了信用，是信用的特殊形式。

如果一个社会里银行的放贷行为没有法律的严格规范，那么对于银行无限地制造货币的唯一限制就是其保持自己信用的能力了。只要人们对银行的负债有信心，人们相信银行在被要求的时候愿意而且也能够还债，那么银行就可以通过制造负债来制造货币。如果在某个银行有支票存款账户的人们开始怀疑银行是否能在被要求时还债，他们就会决定要收取债务了。人们会冲进银行，要求支付债款。用什么方式呢？方式就是他们仍然信任的其他机构的负债，比如联邦储备银行。假设你在你的支票存款账户里确实有237.28美元。如果你是怀疑者中的一员，你会把这237.28美元取出来，换成美钞，外加1枚25美分的硬币和3枚1美分的硬币。

当你关闭了你的支票存款账户，活期存款形式的货币数量会减少237.28美元，而流通中的钞票形式的货币数量会增加237.28美元。但是如果该银行全部或大部分其他储户都开始怀疑银行按要求还债的意愿和能力，你的行为加上这些人的行为会让银行金库里的钞票被全部取光，迫使银行请求该地区的联邦储备银行给予更多的补给。如果在联邦储备银行账户上的储蓄都耗尽了，该银行还是没有满足储户的要求，那么储户们的怀疑就被证实了，银行被证明没有能力偿还债务，它将破产。

限制不受管制的银行无限地制造货币的是它维持储户信任的能力，银行需要让储户相信它能够而且愿意按要求将储蓄负债转换成公众更为信任的其他形式的货币，在上面的例子中，是美钞。其他条件保持不变的情况下，银行制造的货币越多，它满足储户需求的能力就越低。原因很简单。制造货币的过程会给银行带来更多的负债，除非储户把这些钱支付给在其他银行存款的人——就像你在电脑销售商店经历的一样。但是这对银行来说不是好结果，因为，你想想，联邦储备银行“清算”了你的支票，把钱从你的银行账户里取出来，放到了电脑销售商店在另一家银行的账户中，这让你的银行丧失了部分储备，不然的话，这部分储备可以用来满足储户提现的需求。银行制造货币向外出借是想赚取利息，因此，银行必须在获得额外收益的渴求和维持储户信任的需求之间维持平衡。

欧元诞生，欧洲可以因此受益吗

欧元的官方构造形式，指定应该用黄色打印在蓝色背景上欧元的国际三字母代码（ISO 4217 标准）为 EUR。其符号为特别设计的欧元符（€），由民意调查从 10 个设计方案中选出两个，最终提交欧洲委员会选出最终设计。最终胜出者为由 4 名专家组成的小组所设计的。欧洲委员会宣称这一符号是“代表欧洲文明的希腊字母 epsilon E，代表欧洲的 E，与代表欧元稳定性的横划的平行线的组合”。

欧元由欧洲中央银行（European Central Bank，ECB）和各欧元区国家的中央银行组成的欧洲中央银行系统（European System of Central Banks，ESCB）负责管理。总部坐落于德国法兰克福的欧洲中央银行有独立制定货币政策的权力，欧元区国家的中央银行参与欧元纸币和欧元硬币的印刷、铸造与发行，并负责欧元区支付系统的运作。

自 1999 年 1 月 1 日以来，货币联盟成员国的货币汇率就永久地同欧元（此时已成为一种记账单位）固定在一起，欧洲中央银行将货币政策制定权从单个的国内中央银行手中接管过来，成员国政府开始发行欧元债券。2002 年初，欧元纸币和硬币开始进入流通领域，2002 年 6 月前，原有的各国国内货币完全退出，各成员国只能使用欧元。

货币联盟的支持者认为单一货币可以降低货币兑换过程中的交易成本，此外还可以促进竞争，推动欧洲各国经济的一体化程度。怀疑者则认为货币联盟不利于欧洲经济，因为劳动力的跨国流动十分困难，并且无法实现从经济业绩较好的国家向经济业绩较差的国家的财政转移（一国的税收收入用于其他国家），所以单一货币会导致在较长的时期里，在某些国家持续繁荣的同时，另外一些国家持续萧条。

欧元是否有利于欧洲经济，是否可以提高国内生产总值，这尚无定论。然而，货币联盟的动力更多地来自政治领域，而非经济领域。欧洲货币联盟可以推动政治联盟，结果将是一个更加统一的欧洲在世界政治和经济舞台上发挥更为重要的作用。

欧元主要在欧元区内流通。欧元区共有 17 个成员国，超过 3 亿 8 千万人口。欧元的 17 会员国是爱尔兰、奥地利、比利时、德国、法国、芬兰、荷兰、卢森堡、葡萄牙、西班牙、希腊、意大利、斯洛文尼亚、塞浦路斯、马耳他、斯洛伐克、爱沙尼亚。它们都是欧洲联盟的会员国。

欧元的诞生，为区域合作提供了新的思路，使得现有的区域经济整合方式向前又迈进了一大步。随着货币联盟的推进，经济的整合必然要求政治的联合，这种超越国界和民族的新型组合方式，对于各国、各集团无疑具有很大的吸引力，从而鼓励更多的国家和集团选择“货币联盟”道路。

从长远来看，欧元的诞生为国际经济一体化绘出了新的蓝图。欧元的诞生对于国际经济和政治，特别是对国际货币体系，有着长远而深刻的影响。它使国际货币体系开始向多元方向发展：虽然二战后建立起来的“黄金－美元本位制”早已不复存在，但美元在国际货币体系中的主导地位及其影响力却一直存在，国际贸易计价、世界外汇储备以及国际金融交易中，美元分别占 48%、61% 和 83.6%。但是在近年来的国际交往中，由于稳定的汇率，欧元开始冲击美元国际结算货币的地位。有学者评论说，“尽管美元仍然起着世界货币的作用，但欧元作为上升的货币目前及今后将发挥越来越重要的作用，开始对美元在国际金融中的地位形成挑战”。

首先，在国际贸易结算方面，欧元现在已经成为主要的国际计价货币之一，开始动摇美元在国际贸易中的霸主地位。很自然地，欧盟区内部国家肯定使用欧元进行统一的结算，这样做的好处主要就是：降低进出口商的交易成本；消除了与外汇风险管理有关的费用；提高了他们的国际竞争力。向外扩展，就是中东欧国家了，这些国家可以说与欧盟有着千丝万缕的联系，欧元启用之前这些国家的货币大多同德国马克建立了联系汇率。欧元取代德国马克后，改用欧元也是情理之中的事情。

随着中东欧国家不断地加入欧盟，欧元成为欧洲统一的结算货币单位也不是遥远的梦想。随着欧元的投入使用，这一部分的贸易将由原先的以美元、法郎或马克结算逐步转换成用欧元计价。

其次，随着欧元国际结算货币地位的加强，世界各国对其的需求量也开始增加，并且由于其良好的信誉，也成为各国的储备货币以应对日渐贬值的美元。如此一来，欧元又开始在国际外汇储备方面向美国发起了进攻，欧元成为美元的强有力对手。这很大程度上限制了美元肆意掠夺别国财富的行为，因为以往全世界都需要美元计价、储备和支付，美国可以直接用美元在国际金融市场上任意借贷而不必担心任何的汇率风险。一旦发现外债太多，美国可以毫无顾虑地自行将美元贬值，将负债转嫁给别国。欧元问世后，美国的这种霸道做法将不再灵验，长期的巨额外债和国际收支严重失衡会使市场和消费者对美元失去信心，转而吸纳保险系数更高的欧元。

最后，欧洲人可以在欧元区的任何国家直接使用欧元购物消费，使用欧元，不仅简化了手续、节省了时间、加快了商品与资金流通的速度，而且减少了与美元的兑换和佣金损失，使欧盟企业降低了成本，提高了竞争实力。

在经济竞争日益全球化、地区化、集团化的大趋势中，统一货币是最有力的武器之一。事实证明，欧元作为单一货币正式使用对解决欧盟浮动汇率机制下各自为政的多国货币币值“软硬”不一，汇率的变动等状况都起到了有效的作用，防止了欧盟内部金融秩序的混乱。欧元的产生可以减少内部矛盾，降低金融风险和降低流通成本。

根据欧洲学者预测，在全球未来的外汇储备结构中，欧元和美元将会平分秋色，各占 40%，其余为日元、瑞士法郎等。

联邦公开市场委员会的一次会晤

联邦公开市场委员会（The Federal Open Market Committee，简称 FOMC）是联邦储备系统中另一个重要的机构。它由 12 名成员组成，包括联邦储备委员会全部成员 7 名、纽约联邦储备银行行长，其他 4 个名额由另外 11 个联邦储备银行行长轮流担任。该委员会设一名主席（通常由联邦储备委员会主席担任），一名副主席（通常由纽约联邦储备银行行长担任）另外，其他所有的联邦储备银行行长都可以参加联邦公开市场委员会的讨论会议，但是没有投票权。

联邦公开市场委员会的最主要工作是利用公开市场操作（主要的货币政策之一），从一定程度上影响市场上货币的储量。另外，它还负责决定货币总量的增长范围（即新投入市场的货币数量），并对联邦储备银行在外汇市场上的活动进行指导。

该委员会主要的决定都需通过举行讨论会议投票产生，它们每年都要在华盛顿特区召开 8 次例行会议，其会议日程安排表每年都会向公众公开。而平时，则主要通过电话会议协商有关的事务，当然，必要时也可以召开特别会议。

联邦公开市场委员会通常每年举行 8 次会议（大约 6 周一次），制定有关公开市场操作的决策，从而对基础货币施加影响。事实上，报刊杂志上通常将联邦公开市场委员会称为“美联储”。例如，如果媒体报道美联储的会议，通常指的是联邦公开市场委员会的会议。该委员会由联邦储备委员会的 7 位委员、纽约联邦储备银行行长和其他 4 位联邦储备银行行长组成。联邦储备委员会主席通常还担任联邦公开市场委员会的主席。虽然只有 5 位联邦储备银行的行长是公开市场委员会的投票成员，但其他 7 位联邦储备银行行长也列席公开市场会议，并参加讨论，因此他们对委员会的决策也有一定的影响力。

由于公开市场操作是美联储控制货币供给的最重要的政策工具，公开市场委员会自然成为联邦储备体系决策制定的核心。虽然公开市场委员会并不实际制定法定准备金率和贴现率，但与这些政策工具有关的决策却是在这里作出的。公开市场委员会不实际买卖证券，而是向纽约联邦储备银行的交易室发布指令。在那里，负责国内公开市场操作的经理管理众多进行政府和政府机构证券买卖的职员。经理每天向公开市场委员会的成员和职员通报交易室的活动。

虽然联邦储备银行中只有 5 位行长有投票权，但所有行长都积极参与决策过程。围坐在会议室四周的是各个联邦储备银行的研究部门主管以及委员会和储备银行高级官员，他们按照惯例不能在会议上发言。

除了委员会主席在 2 月和 7 月参加国会听证之前召开会议之外，公开市场委员会会议在星期二上午 9 点准时开始，首先快速通过上次会议的会议记录。会议的第一个重要议程是由美联储负责公开市场操作的经理作关于外汇和国内公开市场操作以及其他相关主题的报告。在委员和储备银行行长提问和讨论之后，开始就是否批准报告进行投票。

会议的下一个议程是讨论委员会研究团队所作的国民经济预测报告，通常被称为“绿皮书”，该报告由委员会的研究和统计部门主任陈述。在委员和储备银行行长提出质疑之后，所谓的“激烈争论”就开始了：各个储备银行行长提出本储备区经济状况的纲要以及对国民经济概况的预测，而除主席之外的委员则对国民经济状况发表看法。一般来说，在这个阶段应避免对货币政策问题发表评论。

短暂的休息之后，每个人重返会议室，会议议程转入讨论当前的货币政策和国内政策方针。由委员会的货币事务部主任简述蓝皮书中概括的货币政策的不同方案，之后可能描述有关货币政策如何操作的问题。提问及回答阶段过后，主席发布他对经济状况的看法，并提交讨论，然后对货币政策提出建议。之后，每个公开市场委员会成员以及没有投票权的储备银行行长发表其对货币政策的看法，然后主席总结讨论，并提出传达给公开市场交易室的联邦基金利率目标指令的具体措辞。公开市场委员会秘书宣读指令的文本，由公开市场委员会成员投票表决。

货币危机的多米诺骨牌

20世纪20年代，随着一战的结束，世界经济进入衰退时期，欧洲各国的货币都摇摇欲坠。在这个时期，法国政府上演了一场精彩的货币保卫战，成功地捍卫了法郎。

法郎危机也是伴随着第一次世界大战开始的。法国政府在一战中花掉了大量军费，这个数字是1913～1914年所有主要参战国军事费用的两倍。一战结束后，法国财政出现了62亿法郎的缺口，而且还有巨额贷款。1926年，法郎的汇率开始下滑。人们相信，法郎将会面临和德国马克一样的命运。当时的法国政府内阁束手无策，物价不停上涨，法郎持续贬值。

这时，总理雷蒙·恩加莱开始掌权。他通过提高短期利率把短期借款转为长期借款，提高税收和削减政府支出，同时从美国摩根银行借来了一笔巨额贷款，使法国银行的现汇得以补充。一系列措施恢复了人们对法郎的信任，从此，法郎币值开始走稳，法国经济和政局也渐趋稳定。

货币危机经常指的是本国货币的供给急剧增加，从而导致利率和货币币值急剧下降的过程。从通俗的角度说，货币危机也可以说是人们对一国的货币丧失信心，大量抛售该国货币，从而导致该国货币的汇率在短时间内急剧贬值的情形。如1994年墨西哥比索与美元的汇率和1997年泰国铢兑美元的汇率骤然下跌，都属于典型的货币危机。

货币危机的概念有狭义和广义之分。狭义的货币危机与特定的汇率制度（通常是固定汇率制）相对应，其含义是，实行固定汇率制的国家，在特殊情况下（如在恶化的情况下，或者在遭遇强大的投机攻击情况下），对本国的汇率制度进行调整，转而实行浮动汇率制，从而使自由市场决定的汇率水平远远高于原来的官方汇率，这种情况就是货币危机。广义的货币危机泛指汇率的变动幅度超出了一国可承受的范围，通常情况表现为本国货币的急剧贬值。

经济学家的大量研究表明：定值过高的汇率、经常项目巨额赤字、出口下降和经济活动放缓等都是发生货币危机的先兆。就实际运行来看，货币危机通常由泡沫经济破灭、银行呆坏账增多、国际收支严重失衡、外债过于庞大、财政危机、政治动荡、对政府的不信任等是货币危机的主要原因。

如何对付危机，经济学家克鲁格曼认为存在两种可能性，一是紧急贷款条款，紧急贷款的额度必须要足够大，以加强投资者的信心；另一种是实施紧急资本管制，因为这样可以有效地、最大限度地避免资本外逃。

当代国际经济社会很少发生一桩孤立的货币动荡事件。在全球化时代，由于国民经济与国际经济的联系越来越密切，一国货币危机常常会波及别国。货币危机在国际社会中的扩散现象被称之为“传染效应”。

随着2008年金融危机的深入，据俄罗斯官方统计，从2009新年到2月初，卢布便贬值了23.1%。从2008年年初到2009年初，卢布贬值了47.4%。而从2008年8月份到2009年2月，卢布贬值了35%。而更坏的情况是，市场交易显示未来一年卢布可能进一步贬值20%。俄罗斯国内弥漫着一股悲观情绪，俄罗斯的经济学家们对卢布充满了悲观，他们已经达成了一致，认为照目前的跌速，卢布继续贬值已经无法阻挡。对于俄罗斯央行在此次的货币危机中的表现，俄罗斯央行前第一副行长阿列克萨申科批评说，在卢布贬值问题上，央行犯了个大错误：去年该贬的时候不贬。现在市场已经开始疯狂测试卢布贬值的临界点，看央行“是否能撑到只剩最后一滴血”。

为了支撑卢币，俄罗斯政府动用了外汇储备的1/3来做支撑，但这依然没有起到正面效果。经济学家称，卢布在未来仍将继续贬值。在外汇储备骤减、资本流出加快的时候，人们对俄罗斯主权的评级下调到仅比垃圾级高两档。内外交困之中，执著于卢布挂钩美元的俄罗斯当局未来的选择将变得更加艰难。

阿根廷、俄罗斯等国的货币危机表明，庞大的财政赤字同样具有极大的危害性，这是因为：其一，由于央行缺乏独立性，政府通过行政力量直接向银行举债，这不仅影响了银行的稳健经营，而且易于引发通货膨胀；其二，由于政府的巨额资金需求，导致市场利率上扬，私人部门筹措资金的成本居高不下；其三，政府为增加财政收入而向企业征收五花八门的税收，增加企业负担。严重财政赤字的危害被越来越多的国家所重视，最突出的要算是不断扩展与深化的欧洲货币联盟，欧盟的《稳定与增长公约》规定，凡是准备或业已加入欧元的国家，其年度财政赤字不得超过其GDP的3%。欧盟的这一硬性标准被经济学家们普遍用来衡量一国经济与金融安全的警戒线。

汇率是国际间联系的“纽带”，对于如何选择合适的汇率制度，实施相配套的经济政策，已成为经济开放条件下，决策者必须考虑的重要课题。随着市场经济的发展与全球化的加速，经济增长的停滞已不再是导致货币危机的主要原因。

第二章　银行如何创造货币

货币是如何在经济中流动的

货币是如何被创造出来的？很多时候听到的答案就是：那是中央银行印出来的。而且当人们议论一国扩大货币投放时，一般也都形象地说“某某国家或中央银行开足马力印钞票”，电视在报道时，也都习惯于配以印钞机哗哗地印制钞票的画面。但这并不够准确，很容易产生误导。

货币是整个经济领域最基本、最核心的度量衡。如何控制货币总量是一个世界性难题，正因为如此，流动性过剩才最终引发了全球性金融大危机。要控制货币总量，要正确制定货币政策，首先必须准确把握货币投放有哪些渠道。

实际上，中央银行印制并投入到社会上流通的货币，只是货币总量中所谓的“流通中的现金”，也就是社会上通常所讲的“现钞”，现在，在整个社会货币总量中只占很小的比例。

例如，在中国，流通中现金占广义货币总量的比重约为6%，而在美国，这一比例仅仅约为3%。而且这一比例仍呈下降趋势。现在，全社会的货币绝大部分都表现为企事业单位、国家机关和居民个人等在银行的存款。显然，说货币都是中央银行印出来的，是不够准确的。

历史上，纸币的出现首先是以黄金或白银为本位制的，因此，货币的发行最常见的就是通过收购或者收押黄金或白银实现的，而出售或抵押金银的人再用纸币对外支付，使得货币在全社会流通起来。这样，金银，特别是黄金就成为全世界最主要的货币储备物。

除金银外，不同的国家可能还有其他不同的货币储备物，如解放初期中国曾以粮食、棉花、食盐等战略物资作为货币储备物。而今天，很多国家都将外汇作为重要的货币储备物。例如中国，到2011年1月末，中央银行因购买外汇（形成国家外汇储备）而投放的货币（中央银行资产负债表中的“外币占款”）已达23.08万亿元，占整个货币总量近1/3。

那么，银行到底应该留多少准备金呢？它只能准备一部分，不可能把存款全部作为准备金，否则银行还怎么赚钱呢？如果中央银行规定法定准备金率是10%，就是说储户存了100元，商业银行必须把其中10元缴存到中央银行；如果准备金率是20%，商业银行就必须缴存20元，这就是法定准备金。

假设我国的法定准备金率是20%，一个储户将100元存入工行，工行必须把20元留下交给中央银行——中国人民银行，它就只能贷出80元了。有个人正好去工行借80元，他要买一台录音机。到了商场，他把钱交给柜台，商场又把这80元存入它的开户银行——工行。当工商银行收到这笔钱的时候，这80元钱不能都贷出去，必须把其中16元上交中国人民银行，它只能贷出64元。这时正好有人想买本书，去工行借到64元后，到一家超市买书时把64元钱交给收款台，这家超市又把这64元存入开户的工行。农行接到这笔钱后，还要把20%的法定准备金交到中国人民银行，它只能贷出51.2元。

如此下去，储户的100元存款通过银行系统不断的存贷而放大，最后变成了多少钱呢？答案是在账面上银行新增存款是500元，新增贷款是400元，货币总量增加了500元，法定准备金是100元。通过这个例子你就可以知道钱是怎么通过银行信用创造出来的。所以，商业银行具有创造货币供给的功能。

这时候我们就看清楚了钱究竟是谁创造出来的。现代社会流动的资金是在银行创造的，银行通过什么来创造货币呢？它通过信用在创造货币供给，这些货币叫做信用货币。我们日常用的钞票确实是印钞厂印出来的，但是作为全社会的货币供给，却是银行通过信用创造出来的。

当大家把钱存进银行的时候，经济就可以开始加速了。因为你把钱放进银行，银行把它贷给别人，别人再放进银行，银行接着再贷出去。就这样，一笔钱一直这样存贷下去，货币供给量可能成倍地增加，经济规模和增长速度可能成倍地放大。

银行的信誉越好，它创造货币供给的能力就越大；一国的法定准备金率越低，银行创造的货币供给就越多。这就好比一个货币的水龙头，当法定准备金率降低时，水就会流出来；当法定准备金率提高时，资金之水就开始被抽走。明白了这一点，你就会知道为什么中央银行调整法定准备金率会发挥出很强的调控宏观经济的作用，可以牵一发而动全身。同时还能明白，现代社会的经济是一环一环扣在银行身上而加速运行的。

银行的利润是依靠贷款产生的，银行当然希望把钱贷出去越多越好，因为贷出得多，收回的贷款利息就多，银行的赢利就高。当储户把钱存进银行的时候，银行不可以把这些钱全部贷出去，因为如果银行把全部存款贷出去，当储户取钱的时候，银行就没钱支付了。可是当大家都去取款的时候，银行没有钱意味着什么？所有的储户都会恐慌，他们全跑到银行去提钱，就会发生挤兑现象。因此，为了应对这种情况，各国中央银行都规定了一个法定准备金率。

货币投放渠道是社会融资渠道的一部分，但货币的投放渠道与社会的融资渠道并不完全相同。货币投放到社会之后，就会像血液一样不断流动，不断变换所有者和持有者，改变货币的表现形态，这其中就会形成各种各样的投融资方式和渠道。

中央银行在控制货币投放时，不能只盯住银行贷款，还应该将所有提供间接融资，甚至包括银行假借信托贷款、委托贷款、代客理财等方式发放的贷款纳入考量。这应该得到严格审查，要求银行如实进行账务处理，不允许弄虚作假。这些都应纳入货币投放的统计和监控范围。因此，完全有必要考虑在监管上将间接融资统一归类为“广义贷款”。

商业银行等贷款类金融机构，对政府、企业等非金融机构类筹资人提供间接融资。其中，最典型的就是商业银行发放的贷款，包括企业或公司债、企业融资券、应收票据（票据贴现）、应收账款等，也还应该包括非银行类贷款机构提供的贷款或类似的间接融资，如小额贷款公司或者贷款公司、消费金融公司、汽车融资公司等提供的贷款，以及典当行提供的典当款等等。

按照投、融资双方是否直接转让货币所有权，是否增加社会货币总量区分，可以分为直接融资和间接融资两大类。如果属于社会上投、融资双方直接办理并转移货币所有权和购买力的，即属于直接融资，是不会增加新的货币购买力并影响货币总量的，因此，并不属于货币投放渠道，不应纳入货币投放监控的范围。

明确货币投放渠道与社会融资渠道非常重要，只有这样才能在纷繁复杂的社会融资渠道中准确区分出和把握好货币投放渠道，才能有效地实施货币投放控制。

美国银行体系的稳定性

美国联邦体系的稳定性是通过监督、调节、审查、存款保险以及想陷入困境的银行贷款等手段维持的。50 多年以来，这些防范措施防止了银行系统恐慌。当今这个世界上，所有的银行系统实际上都是受到管制的。

联邦储备银行是美国的中央银行。1913年根据一项国会法案建立。尽管从技术上讲它归作为其成员的商业银行所有。但是实际上美联储是一家政府机构。它的委员会设在华盛顿，听取参议院的建议并由其批准，由美国总统任命。委员会有效地控制构成整个系统的12家银行的政策。美国看上去有12家中央银行，但是这只是从表面看到的现象，这是过去那个年代遗留下来的痕迹，那时，美国大多数地区充斥着平民论式的猜疑，这些猜疑来自东部人、华尔街大亨和身着燕尾服与条纹长裤的人们。通过将银行分布全国，减轻了这些猜疑。但是美联储实际上是单独的一家银行（有分行），至少在20世纪30年代国会修改立法之后是这样。12家地区银行中，任何一家的权力都绝大部分取决于其通过政策所发挥的影响力的大小，这些政策是由其执行官和研究人员制定的。

由于其制定银行法定存款准备金制度的权力（国会制订的范围限制内）和扩大或缩小美元储备量的权力，美联储控制着商业银行系统的放贷活动，从而控制着货币的制造过程，这是大家都知道的。美联储还决定什么可以算作法定存款准备金。从20世纪60年代起，法定存款准备金包括银行的金库现金和商业银行自己在本地区联邦储备银行的存款。

在美国，最基本的规范，也是对于货币制造最根本的约束，是法定存款准备金制度。银行的储蓄负债数量不得超过其一定倍数的存款准备金数量。存款准备金制度是用百分比的形式表现出来的，被称为法定存款准备金比率，这是银行业的重要规则。法定存款准备金比率是指银行必须在金库现金中或在地区联邦储备银行储蓄中持有的全部准备金的比例。

例如，25%的法定存款准备金比率意味着拥有总计1亿美元支票存款的银行必须在金库中持有2500万美元。其余的7500万美元作为银行的超额准备金，是银行用来进行获利性投资的，一般采用贷款的形式进行。不要忘了商业银行是要获取利润的。它们计划以低利率借进（例如，在它们支付你的储蓄账户的时候），以高利率借出，之间的差额就代表了潜在的利润，当然是在银行的其他开支都被排除之后。

美国现在的法定存款准备金比率平均约为7%～8%。这就意味着，一个拥有总计1亿美元储备的普通商业银行可能在金库中有800万美元，而且联邦储备银行允许其将其余的9200万美元投资到可以获得（合理）利润的活动当中。银行金库里的美元无法赚取利息。因此，从个体银行家的角度看，法定存款准备金对他们来说像是某种税金：提高法定存款准备金比率意味着银行的超额准备金减少了，这会减弱它们提供贷款的能力，给它们带来更高的成本，并且降低它们潜在的赢利能力。

银行无法随意地发放贷款。首先，银行必须找到愿意来银行借钱的人，同时银行也愿意出借，而且这些人还要有能力让银行相信他们会按照约定还款。其次，每家银行必须在其准备金限制范围内运作。这种限制是政府当局实施的，用来控制银行放贷，从而控制其钱币制造过程。每家银行都必须依照法律规定持有准备金。银行只有在拥有超额准备金，也就是说准备金的数量大于法律规定其必须持有的最小量时，才能借出新的贷款，制造货币。美联储有权增加或减少银行系统的准备金数量，或者增加或减少银行必须持有的准备金在其总存款负债中的比例。银行法定存款准备金的作用是限制流通中货币数量的增长。这似乎和通常概念上的储备基金没什么关系，储备基金是可以在紧急情况下使用的。如今法定存款准备金实际上已经不再履行大量储备的功能了。当今，法定存款准备金制度主要是法律施加的一种限制，用于限制商业银行系统扩大货币存量的能力。

如果人们由于某种原因失去了对一家银行的信任，想要把存款都以现金形式取出来，这家银行会无法兑现所有提款。银行不得不破产，让所有顾客的存款化为乌有。如果发生了这样的情况，这种信任的丧失会波及其他银行，击垮银行系统中的大部分银行。

从 20 世纪 30 年代以来，美国实际上没有出现过这样的金融恐慌。但是其原因与银行准备金水平无关。在听到银行财务危机的传言时，银行的顾客不再冲去银行提取存款，因为现在联邦储蓄保险公司为他们的存款上了保险。不论出于何种原因，如果银行破产，其储户可以在几天之内从联邦政府的保险系统中获得赔偿。

1933 年联邦储蓄保险公司成立之时对银行为存款投保收取的保险金额度太低，如果银行关门，联邦储蓄保险公司为了赔付储户的存款，自己也会破产。但是联邦储蓄保险公司的存在中止了银行挤兑的现象；而没有了挤兑行为，银行破产现象也不再像原来那么多了。由此，联邦储蓄保险公司收取的保险金也被证明是足够多的了。联邦储蓄保险公司制度可能是 20 世纪 30 年代制定的最稳定的一项货币改革措施。

20 世纪 30 年代，充分的信任也改善了联邦储备银行的程序。美联储现在清楚地知道，不论银行持有多少数量的准备金，它都有责任为银行系统提供现金。因此，通过从美联储调取现金，现在的银行可以满足任何对现金的需求，不管需求有多大。如果银行快要用完全部的准备金，联邦储备银行会借给银行准备金，将借款银行资产中的部分“欠条”作为担保。只要银行对准备金有合理需求，银行就能享受这种借款特权，这让整个银行和货币系统在应对不断变化的环境时更加灵活，面对危机和暂时的混乱状况时也有更强的抵御能力。

货币供给是如何衡量的

货币供给是指某一国或货币区的银行系统向经济体中投入、创造、扩张（或收缩）货币的金融过程。货币供给指一个国家在某一特定时点上由家庭和厂商持有的政府和银行系统以外的货币总和。

货币供给的主要内容包括：货币层次的划分；货币创造过程；货币供给的决定因素等。在现代市场经济中，货币流通的范围和形式不断扩大，现金和活期存款普遍认为是货币，定期存款和某些可以随时转化为现金的信用工具（如公债、人寿保险单、信用卡）也被广泛认为具有货币性质。

货币乘数是指货币供给量对基础货币的倍数关系。在货币供给过程中，中央银行的初始货币提供量与社会货币最终形成量之间客观存在着数倍扩张（或收缩）的效果或反应，这即所谓的乘数效应。

货币乘数效应是宏观经济学的一个概念，也是一种宏观经济控制手段，是指支出的变化导致经济总需求与其不成比例的变化。当政府投资或公共支出扩大、税收减少时，对国民收入有加倍扩大的作用，从而产生宏观经济的扩张效应；当政府投资或公共支出削减、税收增加时，对国民收入有加倍收缩的作用，从而产生宏观经济的紧缩效应。

货币乘数的大小决定了货币供给扩张能力的大小。而货币乘数的大小又由以下四个因素决定：

法定准备金率。定期存款与活期存款的法定准备金率均由中央银行直接决定。通常，法定准备金率越高，货币乘数越小；反之，货币乘数越大。

现金比率。现金比率是指流通中的现金与商业银行活期存款的比率。现金比率的高低与货币需求的大小正相关。因此，凡影响货币需求的因素，都可以影响现金比率。

例如银行存款利息率下降，导致生息资产收益减少，人们就会减少在银行的存款而宁愿多持有现金，这样就加大了现金比率。现金比率与货币乘数负相关，现金比率越高，说明现金退出存款货币的扩张过程而流入日常流通的量越多，因而直接减少了银行的可贷资金量，制约了存款派生能力，货币乘数就越小。

定期存款与活期存款间的比率。由于定期存款的派生能力低于活期存款，各国中央银行都针对商业银行存款的不同种类规定不同的法定准备金率，通常定期存款的法定准备金率要比活期存款的低。这样即便在法定准备金率不变的情况下，定期存款与活期存款间的比率改变也会引起实际的平均法定存款准备金率改变，最终影响货币乘数的大小。一般来说，在其他因素不变的情况下，定期存款对活期存款比率上升，货币乘数就会变大；反之，货币乘数会变小。

超额准备金率。商业银行保有的超过法定准备金的准备金与存款总额之比，称为超额准备金率。显而易见，超额准备金的存在相应减少了银行创造派生存款的能力，因此，超额准备金率与货币乘数之间也呈反方向变动关系，超额准备金率越高，货币乘数越小；反之，货币乘数就越大。

在宏观经济学中，支出的变化会导致经济总需求与其不成比例的变化，最初投资的增加所引起的一系列连锁反应会带来国民收入的数倍增加。假设投资增加了100亿元，若这个增加导致国民收入增加300亿元，那么乘数就是3，如果所引起的国民收入增加量是400亿元，那么乘数就是4。

货币乘数反映了基础货币转化为货币供给的倍数。由于货币乘数大于1，因此基础货币又被称为高能货币；基础货币每变动1美元所引起的货币供给的变动超过1美元。

另一方面，货币乘数反映了基础货币等因素对货币供给的影响，储户对现金和支票存款持有水平的决定是影响货币乘数的主要因素。除此之外，美联储针对银行体系制定的法定准备金率和银行有关超额准备金的政策都会影响货币乘数。

通货供给通常包括三个步骤：第一，由一国货币当局下属的印制部门（隶属于中央银行或隶属于财政部）印刷和铸造通货；第二，商业银行因其业务经营活动而需要通货进行支付时，便按规定程序通知中央银行，由中央银行运出通货，并相应贷给商业银行账户；第三，商业银行通过存款兑现方式对客户进行支付，将通货注入流通，供给到非银行部门手中。

货币乘数的推导中，一个重要特征是，由现金增加1美元所引起的基础货币增加1美元，不会支持额外的存款。因为这种增长导致等式右端等量增加，而现金不发生变化。基础货币中的现金部分不引起多倍存款创造，而准备金部分则会引起多倍存款创造。如果基础货币的增加是由现金增加导致的，就没有乘数效应，而用来支持存款的基础货币的增加，则存在乘数效应。

货币供给公式的另外一个重要特征是，如果基础货币增加 1 美元是由超额准备金增加所引起的，就不会支持任何额外的现金和存款。这是因为，如果银行持有超额准备金，就不会增加贷款发放，这些超额准备金就不会引起存款的创造。因此，如果美联储注入银行体系的准备金被用作超额准备金，就不会对存款和现金产生影响，货币供给也就不会变动。

超额准备金可以看做准备金中没有被使用的闲置部分，不能用于支持任何存款，虽然它们对于银行的流动性管理十分重要。这意味着，给定准备金水平，超额准备金规模越大，银行体系事实上用于支持存款的准备金就越少。

是谁控制了货币的发行权

从你的钱包里任意取出一张人民币，都可以在上面找到“中国人民银行”的字样，这就是发币行。当然如果你有外币，那么也可以看到欧元钞票上印有“欧洲中央银行”，日元上则印有“日本银行”。钞票由中央银行印制和发行，这在许多国家都是如此，但为什么会这样呢？

在中国，有法律规定：任何单位和个人不得印制、发售代币票券以代替人民币流通。这意味着无论纸币还是硬币，无论主币还是辅币，均统一集中由中国人民银行发行，中国人民银行具有垄断的货币发行权。除此之外，财政部、其他金融机构以及其他任何单位和个人均无权发行货币和代用货币。也就是说。中央银行享有完全的货币发行权力。

其实并不是一开始就由中央银行垄断发行货币的权力的。距今 300 多年前，中央银行才出现。在此之前，流通中的钞票是由一些商业银行发行的，我们称之为银行券。这是一种信用货币，如果发钞银行倒闭了，它发行的钞票差不多就变成一张张废纸，买不来任何东西。在 19 世纪的美国，有 1600 多家银行竞相发行钞票，一时间竟有 3 万多种钞票进入市场流通。这些钞票良莠不齐。很多钞票根本无法兑现，既不便于流通，也在无形中劫掠了平民百姓的财富。混乱的货币秩序让很多国家吃过苦头，反反复复地教训使人们意识到，需要有一家银行垄断货币的发行。于是，许多国家纷纷通过立法将发行货币的特权集中到本国的一家银行，中央银行由此逐渐演变形成。

中央银行发行一国货币，币值的稳定与否是一国经济是否健康的一个重要指标。如果一国货币在升值的话，就说明该国的经济好了。如果大家都认可你，都来要你的货币的时候，你的货币就会升值；如果大家都不相信你，都去抛出你的货币，当然你的货币就要贬值。所以货币标志着一个国家的经济实力。它是一种信心的象征，人们愿意要这种货币是因为它的足值和稳定。如果市场上的货币太多，物价自然就会上涨。比如非洲国家津巴布韦在罗伯特·穆加贝当总统的这几年中，中央银行不断地印刷钞票，政府的收入中超过 50% 来自发行钞票的铸币收入。结果是物价暴涨——物价每小时就涨一倍。

那么如何防范中央银行滥发纸币呢？各国的货币发行制度因国情不同而内容各异，最核心的是设置发行准备金原则的区别。发行准备一般分为两种。一种是现金准备，包括有十足货币价值的金银条块、金银币和可直接用于对国外进行货币清算的外汇结存。另一种是保证准备（又称信用担保），即以政府债券、财政短期库券、短期商业票据及其他有高度变现能力的资产作为发行担保。

从历史上看，货币发行准备金制度有过五种基本类型：十足现金准备制又称单纯准备制，即发行的兑换券、银行券要有十足的现金准备，发行的纸质货币面值要同金银等现金的价值等值，实际上这种纸质货币只是金属货币的直接代用品，只是为了便于流通。这种制度仅在金属货币时代适用。

部分准备制又称部分信用发行制、发行额直接限定制、最高保证准备制。部分准备制最先在英国出现，其要点是由国家规定银行券信用发行的最高限额，超过部分须有百分之百的现金准备。随着发行权的集中，这种限额可以在一定限度内增加。

发行额间接限制制包括：证券托存制，即以国家有价证券作为发行保证。在这种制度下，国家公债是银行券发行的保证，如1863年美国的《国民银行条例》；伸缩限制制，即国家规定信用发行限额，经政府批准的超额发行须缴纳一定的发行税，1875年德国曾采用此制；比例准备制，即规定纸币发行额须有一定比例的现金准备，如1913年美国的《联邦储备法》。

最高限额发行制又称法定最高限额发行制，即以法律规定或调整银行券发行的最高限额，实际发行额和现金准备比率由中央银行掌握。以上发行准备金制度的实行，就可以在最大程度上保证中央银行无法滥发纸币，进而维持币值的稳定。

而为政府管钱其实也就是代理国库。政府开支所需资金最主要的来源是税收。税收由财政部来管，但财政部不能把钱放在财政部的办公大楼里，也要存到银行去。财政部把钱存到哪个银行呢？财政部只能把钱存入中央银行。财政部的收入与开支就通过它在中央银行开设的各种账户来进行。

最后我们再说一下人民币发行的程序。具体而言，发行程序主要有以下三个环节：首先，制定货币发行总限。货币发行总限是计划期间（通常为一年）内货币发生的最高限额，是中国人民银行根据国家经济发展的实际需要，通过编制全国信贷计划和现金计划提出来的，经提交国家计划委员会在每年国民经济计划综合平衡的基础上核定，报经国务院批准后执行。货币发行总限额是一项指令性的国民经济计划指标，必须严格遵守和有效贯彻。这是货币发行的最关键的一个程序。

而早期许多国家成立中央银行的初衷是利用它来为政府筹钱，帮政府理财。中央银行一开始就与政府建立了密切的联系。正是有政府信用作支撑，加之自身有发行货币的垄断性特权，中央银行的实力和信誉远远超过同时代的其他银行。

有权利当然也就有义务，中央银行的义务就是代政府管钱，并且保持币值的稳定。中央银行成为一种普遍的制度，是从1920年开始的。布鲁塞尔国际经济会议决定，凡未成立中央银行的国家，应尽快成立，以稳定国际金融，消除混乱局面。

一个国家的公民持有本国的货币，他会要求手中的钱能够买到足值的东西。保证货币足值和币值稳定的任务，就落到中央银行的头上。当有银行发生资金周转困难或濒临倒闭时，中央银行会拿出钱来帮助银行，它也由此开始承担起“最后贷款人”的角色。此后，中央银行发现，等到银行出事后再去救助，太过于被动，在平时就应该主动监督管理银行，使之稳健经营，这样，中央银行又具有了监管其他银行的权力，随后又逐渐利用手中的工具调控国家的经济。至此，现代意义的中央银行便演变形成。

美联储也心有余而力不足

1907 年美国经济出现了一些问题，大公司一个接一个倒闭。西奥多·罗斯福总统命人赶快去请金融巨头摩根，让他出面请求银行家们合作。摩根立刻把所有的银行家请到自己的私人图书馆里，让他们商量该怎么办。当企业要倒闭时，银行是不愿借钱给企业的。越没有钱，企业倒闭得就越快。如果银行见死不救的话。整个经济就会崩溃，他们自身也会遭殃。银行家们争来争去，有人说出 500 万元，有人说 1000 万元。最后快到天亮的时候，摩根推门进去说："这是合约，这是笔，大家签字吧！他拿出早已让别人起草好的合约，让银行家们签字。"这些筋疲力尽的银行家们拿起笔在合约上签了字，同意出 2500 万美元去解救这场危机。几天后，美国经济就恢复了。

故事中，摩根一个人充当了中央银行的角色。

美国联邦储备银行是一个中央银行——负责监督和管理银行体系，并且控制基础货币的一个机构。其他国家也有中央银行，如：英格兰银行、日本银行和欧洲中央银行。欧洲中央银行为 12 个欧洲国家统一的中央银行，这 12 国是：奥地利、比利时、芬兰、法国、德国、希腊、爱尔兰、意大利、卢森堡、荷兰、葡萄牙和西班牙。顺便提及，世界上最早的中央银行是瑞典的瑞典银行，它负责颁发诺贝尔经济学奖。

1913 年诞生的美国联邦储备体系在法律上的地位有些特殊，它并非美国政府的一个机构，但也不是真正的私人机构。严格地说，美国联邦储备体系由两部分组成：联邦储备委员会，又译成联邦储备系统管理委员会，和 12 个地区性的联邦储备银行。虽然《联邦储备法》和其他法案规定了联邦储备体系的正式结构以及谁在美联储内部占据决策地位。

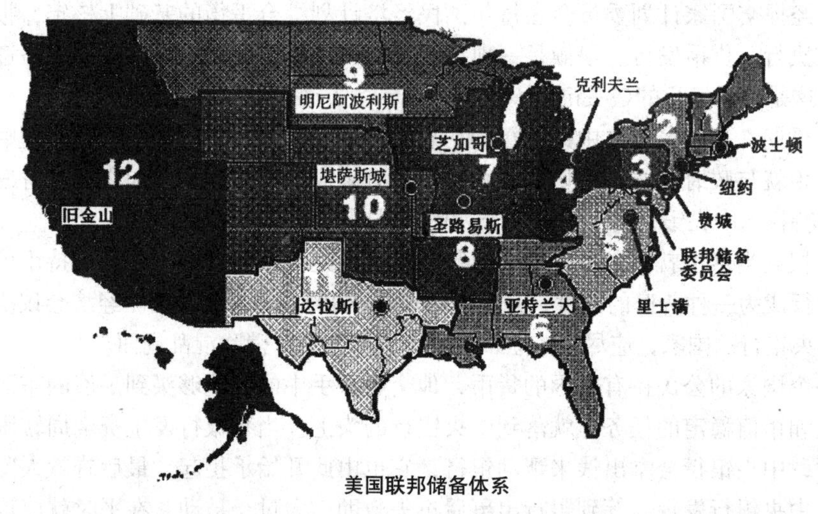

美国联邦储备体系

联邦储备委员会通过在华盛顿特区的办公室来监督整个系统，它的构成像一个政府机关：它的7个理事会成员是由总统提名但要得到参议院核准。他们的任期为14年，目的是摆脱来自政治方面的压力。

威廉·麦克切斯尼·马丁从1951年担任联邦储备委员会主席直到1970年。格林斯潘，1987年担任主席，到2005年时还在任上。

12个联邦储备银行各自管理一个区域，提供各种不同的银行业务和管理的服务。举例来说，它们要去稽查私人银行的财务报表，要确保它们经营稳健。每区的联邦储备银行都要从本地地方银行和企业界选择董事并成立一个董事会来进行管理。纽约联邦储备银行执行一项特殊任务：它负责公开市场业务，这是货币政策的主要工具之一。

按照1913年的设想，最初的计划并不要求美联储通过对货币供给的控制和对利率的影响来实现经济的健康发展。随着时间的推移，美联储担负起促进经济稳定的职责，这使得它逐渐演变成一个更为统一的中央银行。

1913年《联邦储备法》的拟定者只赋予美联储一个货币政策的基本工具，即控制向成员银行发放的贴现贷款。公开市场操作作为货币政策工具的作用还没有被广泛认识到，而法定准备金率由《联邦储备法》固定下来。联邦储备银行与联邦储备局（后来发展为联邦储备委员会）共同决策控制贴现工具，因此它们平等享有货币政策的决策权。然而，联邦储备局“审查和决定”贴现率的权力使其在制定这一政策方面能够有效控制储备区银行。

在美国经济大萧条时期，银行法允许新成立的联邦储备委员会有效控制其余两个货币政策的工具，即公开市场操作和变动法定准备金率，从而推动了权力的进一步集中。1933年的银行法赋予联邦公开市场委员会决定公开市场操作的权力，1935年的银行法将公开市场委员会大部分的投票权分配给联邦储备委员会，并且赋予联邦储备委员会变动法定准备金率的权力。

20世纪30年代之后，联邦储备委员会获得了操作货币政策工具的控制权。近年来，委员会的权力进一步增强。虽然由联邦储备银行的董事（经过委员会同意后）选出其行长，但委员会有时会向董事们推荐联邦储备银行行长的人选（通常为职业经济学家），而董事通常会听从委员会的建议。由于委员会能够制定银行行长的工资标准，审查各个联邦储备银行的预算，因此，对储备区银行的业务活动可以实施更大的影响。

如果委员会拥有如此大的权力，那么联邦咨询委员会和联邦储备银行的“所有者”（成员银行）在联邦储备体系中享有什么权力呢？答案是几乎没有。虽然成员银行拥有联邦储备银行的股票，但它们没有通常情况下所有者的利益。第一，它们对美联储的收益没有索取权，不论每年美联储的收益有多少，它们每年都只能获取6%的股利。第二，同私人企业的股东不同，它们对美联储如何使用自己的财产没有发言权。第三，成员银行在“选举”A类和B类董事时，通常每个董事职位只有1名候选人，而这名候选人通常由联邦储备银行的行长提名。结果，成员银行事实上被排除在美联储的政治程序之外，几乎没有实际权力。第四，顾名思义，联邦咨询委员会只具有咨询职能，对美联储的决策没有干预权。虽然成员银行的“所有者”没有普通股东所拥有的权力，但它们在美联储内部发挥着重要而微妙的作用。

在联邦储备体系中，每家联邦储备银行的成员银行股东几乎没有直接的权力，但它们的确发挥了重要的作用。它们在每家银行董事会中的 6 位代表负有主要的监督职能，同其他 3 位公共利益代表一道，共同监督联邦储备银行的审计程序，确保其正常运转，并与银行的高级管理人员一同贡献自己的管理才能。由于他们要就银行提高、降低或保持目前的贴现率水平的提案进行投票，他们参与了有关货币政策的讨论，并向行长和高级管理人员表达其所代表的私人部门的观点。他们还逐步了解了联邦储备银行和联邦储备体系的内部工作机制，因此，可以向私人部门和政治领域的相关人士解释联邦储备体系的立场。储备区银行还建立了类似联邦咨询委员会之类的咨询委员会，例如纽约联邦储备银行的小企业和农业咨询委员会以及储蓄咨询委员会，对于私人部门而言，这些委员会是它们发表关于经济和银行状况的见解的渠道。

因此，即使储备银行的所有者没有通常的投票权，但它们对于联邦储备体系而言的确相当重要，因为它们确保美联储能够充分听取私人部门的需求和意见。

中央银行应该自己独立吗

众所周知，美联储作为美国的中央银行，却是一家私有银行。货币发行权是作为央行最基本的权力。保住央行的货币发行权，也是为了保住央行的独立性以及在经济中的地位。如果失去货币发行权，美联储将失去中央银行的地位，也意味着失去影响、控制美国经济的权力。因此自有历史以来美联储就与美国政府保持着距离，这使得它的独立性得到了极大的发挥。也正因如此，美国历史上从来不缺少捍卫美联储的斗士。

1913 年 12 月 23 日美国国会通过《联邦储备条例》，美联储成立。该条例赋予美联储很高的独立性，规定美联储直接对国会负责，禁止美联储向财政透支或直接购买政府债券；美联储完全不依赖于财政拨款，能够拒绝审计总署的审计。此外，所有联邦储备体系理事会成员任期 14 年，不仅任期超过总统，而且还存在与所提名总统交错任职的情况，从而避免了总统直接操纵的可能。因此。美联储是世界上公认的独立性较高的中央银行。

中央银行的独立性是指中央银行履行自身职责时法律赋予或实际拥有的权力、决策与行动的自主程度。斯坦利·费希尔曾为麻省理工大学教授，后来担任国际货币基金组织第一副总裁，他曾经将中央银行的独立性分为两种类型：工具独立性（instrument independence，中央银行使用货币政策工具的能力）和目标独立性（goal independence，中央银行设定货币政策目标的能力）。联邦储备体系具有上述两种独立性，远离了那些影响其他政府机构的政治压力。这不仅表现在委员会成员的任期长达 14 年（并且不能被免职），还表现在法律规定委员不得连任，这就避免了委员讨好总统和国会的动机。

或许，美联储独立于国会更重要的方面是，它可以从其证券资产中，或至少从其对银行的贷款中获得可观的、独立的收入来源。例如，近年来，每年美联储扣除费用后的净收益高达 280 亿美元，你可以发现这是一笔不小的数目。因为美联储要将收益的大部分上交财政部，所以它没有从其业务活动中谋利的可能，但这笔收入赋予美联储相对于其他政府机构重要的优势：它不必受制于通常由国会控制的拨款程序。事实上，联邦政府的审计机构——审计总署不能审计联邦储备体系在货币政策或外汇市场方面的职能。控制了钱袋子就相当于完全的控制，所以，对美联储的独立性而言，这个特征比其他方面更为重要。

联邦储备体系或许是美国独立性最强的政府机构。每隔几年，国会中的一些人就会提出，是否应当削弱美联储的独立性。强烈反对美联储政策的政治家为了使其政策更符合自己的意愿，往往希望将美联储置于自己的监督之下。美联储是否应当保持独立性？还是由总统或国会控制的中央银行会更好？

支持独立性的理由：

支持美联储独立性的最强有力的理由是，如果美联储受制于更多的政治压力，就会导致货币政策出现通货膨胀倾向。根据很多观察家的观点，民主社会的政治家受赢得下次选举的目标驱动，通常是短视的。如果将此作为主要目标，这些人就不可能重视物价稳定等长期目标，而是寻求短期内解决高失业率或高利率等问题的方案，这些方案在长期来看会导致不利的后果。将美联储置于总统的控制之下（使其受到财政部更大的影响）被认为是相当危险的。因为美联储会被财政部当做弥补巨额预算赤字的工具，要求其购买更多的国债。财政部要求美联储帮助解除困境的压力可能会导致经济中出现更严重的通货膨胀倾向。

支持美联储独立性的另外一个理由是，事实已经反复证明，政治家缺乏解决复杂经济事务（如削减预算赤字或改革银行体系）的才能，而货币政策又如此重要，当然不能交给政治家。

反对独立性的理由：

主张将美联储置于总统或国会控制下的人认为，由一批不对任何人负责的精英分子控制货币政策（它几乎影响到经济社会中的每个人）是不民主的。

公众认为总统和国会应当对国家的经济福利负责，但它们却对决定经济健康运行至关重要的某个政府机构缺乏控制。另外，为了保持政策连续性，促进经济稳定增长，货币政策需要和财政政策（对政府支出和税收的管理）相互协调，只有将货币政策交由管理财政政策的政治家控制，才能防止这两种政策背道而驰。

反对美联储独立性的另外一个理由是，独立的美联储并非总是成功运用它的自主权。在大萧条期间，美联储并没能像它宣称的那样很好地承担最后贷款人的职责；而它的独立性当然也没能阻止 20 世纪 60 年代和 70 年代推行扩张性的货币政策，该政策导致了那个时期居高不下的通货膨胀率。

虽然在美国和国外支持中央银行独立性的人越来越多，但就联邦储备体系的独立性是否是一件好事情，仍然没有达成共识。你或许可以看出，喜欢美联储政策的人支持它的独立性，而不喜欢其政策的人则主张降低其独立性。

维护中央银行独立性是当今世界的一大趋势。中央银行独立性大的国家多设单一的监管机构，中央银行就是金融业的主管部门。在实行联邦制的国家，如德国和美国，或在中央银行独立性较小的国家，如意大利、法国、日本、加拿大和瑞士等，对金融业的监管机构是多头的。

我们已经知道，支持中央银行独立性的人相信，增强中央银行的独立性会改善经济整体表现。近来的研究似乎支持这一推断：将中央银行从最不独立到最独立排列，拥有独立性最强的中央银行的国家的通货膨胀表现最好。虽然独立性强的中央银行有助于降低通货膨胀率，但这并非以牺牲实体经济表现为代价。有独立中央银行的国家并没比那些没有独立中央银行的国家出现更高的失业率或更大的产出波动。

第三章　货币政策的高招

货币的流动偏好理论

自从有了钱作为交易的媒介出现以后，这些钱就成为了无数人关注的焦点。买卖成为了赚取更多的钱的最直接的方式。那么钱是如何流动的？货币的流动不仅涉及个人的生活消费，也影响着企业、金融机构、股票市场乃至一个国家的兴衰。只有掌握了金钱流转的定律，才可以拥有开启财富大门的金钥匙。

货币流动性（Monetary Liquidity）是由世界著名金融学家凯恩斯提出的，它反映了货币供应的一种基本状况。在宏观经济层面上，我们常把流动性直接理解为货币的信贷总量。居民和企业在商业银行的存款，乃至银行承兑汇票、短期国债、政策性金融债、货币市场基金等其他一些高流动性资产，都可以根据分析的需要而纳入不同的宏观流动性范畴。

约翰·梅纳德·凯恩斯在1936年出版的著名的《就业、利息和货币通论》一书中，摒弃了古典学派将货币流通速度视为常量的观点，提出了一种强调利率重要性的货币需求理论。他将他的货币需求理论称为流动性偏好理论（Liquidity Preference theory），该理论提出了这样的问题：为什么人们会持有货币？凯恩斯假定货币需求的背后是三个动机：交易动机、预防动机和投机动机。凯恩斯强调货币需求的这一组成要素主要取决于人们的交易规模。他假定货币需求的交易部分与收入成比例。

预防动机：人们之所以持有货币，不仅是为了完成当期交易，而且还用来预防意料之外的需求，例如，你想买一套时髦的音响，在途经一家商店时，恰好发现你想要的商品正在减价50%出售。此时如果你持有为预防诸如此类事件发生的货币，就可以立即购买，否则你就只能坐失良机。此外，当你遇到意想不到的支出，比如汽车大修理或住院，预防性货币持有也可马上派上用场。

投机动机：假如凯恩斯的理论仅仅停留在交易动机和预防动机上，则收入将是决定货币需求的唯一重要因素，那么凯恩斯的研究也就不可能大大丰富古典理论的内容。但是，凯恩斯认为货币具有财富储藏的功能，他将持有货币的这一理由称为投机动机。因为他认为财富与收入密切相关。但是，凯恩斯更加仔细地分析了影响人们为储藏财富而持有货币数量的因素，尤其是利率。

凯恩斯在将持有货币余额的三种动机综合起来推导货币需求方程式的时候，对名义数量和实际数量进行了严格的区分。货币的价值应当用它能够购买到的东西来衡量。例如，假设经济中所有的价格都上涨了一倍（物价水平上涨一倍），那么同样数量的名义货币所能购买到的商品数量，只相当于原来的一半。因此，凯恩斯推断人们要持有的是一定数量的实际货币余额（Real Money Balances，用实际值表示的货币数量）。他的三种持币动机表明，这一数额与实际收入以及利率有关。凯恩斯的货币需求方程式被称为流动性偏好函数（Liquidity Preference Function），通过流动性偏好函数求解货币流通速度，我们就会发现，凯恩斯的货币需求理论意味着，货币流通速度并非常量，而是随着利率的变动而波动。

我们还发现，货币需求与利率负相关。换句话说，在收入水平既定的前提下，利率上升激励人们减少所持有的实际货币余额，因此，货币的周转率（货币流通速度）必定上升。这一推理过程表明，因为利率波动剧烈，所以货币需求的流动性偏好理论表明货币流通速度的波动也很剧烈。

在经济衰退时期，货币流通速度下降或其增长速度下降。流动性偏好理论表明，利率上升将同时导致流通速度加快，所以利率的顺周期运动导致货币流通速度的变动也应是顺周期的。

凯恩斯货币需求模型的重要内涵在于，它认为货币流通速度并非常量，而与波动剧烈的利率正向相关。他的理论反对将货币流通速度视为常量的另一个理由是：人们对正常利率水平预期的变动将导致货币需求的变动，从而也导致货币流通速度发生变动。这样，凯恩斯的流动性偏好理论对古典数量论提出了质疑，后者认为名义收入主要是由货币数量的变动决定的。

假如人们对正常利率水平的认识发生了变化，那么将会对货币需求造成什么影响呢？例如，假设人们预期未来正常利率水平比现在高，货币需求会发生什么变化呢？因为预期未来利率升高，所以许多人都预期债券价格下跌，从而将遭受资本损失。这样，持有债券的预期回报率将下降，相对于债券来说，货币会更具有吸引力。结果货币需求增加，这意味着利率将上升，从而货币流通速度下降。人们对未来正常利率水平的预期发生变动，货币流通速度将随之变化，对未来正常利率水平的预期不稳定将导致货币流通速度的不稳定。这就是凯恩斯反对将货币流通速度视为常数的另一个理由。货币流动性的影响：

（1）货币流动的传导机。货币流动速度的提高会引起短期利率的下降，进而引起股票价格上涨。资金具有逐利性，当债券资产回报率下降时，资金会进入股票市场以获得高回报，直到大量资金涌入股票市场，促使股票价格上涨，回报率降低为止。

（2）货币流动过快会带来物价上涨。在物价保持稳定时，资产价格就会上涨。居民所拥有的财富增加了，剩余的钱将被来购买商品；如果消费品价格保持稳定，那么财富会流向资产，资产价格水平就会上涨。在这种情况之下，投资的成本也就会增加，进而引起物价水平随之上涨。

由此可见，货币流动性对包括债券、股票和房地产价格等方面都具有重要的影响，不容忽视。

货币政策的扩张与紧缩

在美国货币政策调节历史上，曾出现过关于货币政策执行方式的争论。货币主义学派代表人物米尔顿·弗里德曼从20世纪50年代至70年代一直鼓吹的“单一规则”，主张货币当局盯住货币供给量，将每年的货币供给增长率固化在4%的水准上。这种政策主张曾经被时任美联储主席的保罗·沃尔克于1979年10月宣布采用。但到了1982年，由于形势所迫，沃尔克又宣布放弃了所谓“单一规则”的货币政策执行方式。

全世界的中央银行没有一家采用固定货币供给增长率的调节方式。近20年来出现的所谓.“泰勒规则”、“通货膨胀锚”，理论根据都是以物价、市场利率为优先考虑因素，采取扩张与紧缩。

货币政策分为扩张性的和紧缩性的两种：扩张性的货币政策是通过提高货币供应增长速度来刺激总需求，在这种政策下，取得信贷更为容易，利息率会降低。因此，当总需求与经济的生产能力相比很低时，使用扩张性的货币政策最合适。

紧缩性的货币政策是通过削减货币供应的增长率来降低总需求水平，在紧缩性货币政策下，取得信贷较为困难，利息率也随之提高。因此，在通货膨胀较严重时，采用紧缩性的货币政策较合适。

货币政策调节的对象是货币供应量，即全社会总的购买力，具体表现形式为：流通中的现金和个人、企事业单位在银行的存款。流通中的现金与消费物价水平变动密切相关，是最活跃的货币，一直是中央银行关注和调节的重要目标。

运用货币政策所采取的主要措施包括7个方面：第一，控制货币发行。这项措施的作用是，钞票可以整齐划一，防止币制混乱；中央银行可以掌握资金来源，作为控制商业银行信贷活动的基础；中央银行可以利用货币发行权调节和控制货币供应量。第二，控制和调节对政府的贷款。为了防止政府滥用贷款助长通货膨胀，资本主义国家一般都规定以短期贷款为限，当税款或债款收入时就要还清。第三，推行公开市场业务。中央银行通过它的公开市场业务，起到调节货币供应量，扩大或紧缩银行信贷，进而起到调节经济的作用。第四，改变存款准备金率。中央银行通过调整准备金率，据以控制商业银行贷款、影响商业银行的信贷活动。第五，调整再贴现率。再贴现率是商业银行和中央银行之间的贴现行为。调整再贴现率，可以控制和调节信贷规模，影响货币供应量。第六，选择性信用管制。它是对特定的对象分别进行专项管理，包括证券交易信用管理、消费信用管理、不动产信用管理。第七，直接信用管制。它是中央银行采取对商业银行的信贷活动直接进行干预和控制的措施，以控制和引导商业银行的信贷活动。

中央银行以货币政策工具为手段来对货币政策目标进行调控。货币政策是涉及经济全局的宏观政策，与财政政策、投资政策、分配政策和外资政策等关系十分密切，必须实施综合配套措施才能保持币值稳定。

在全球金融危机爆发之后，清华经济学家李稻葵主张政府应该实行宽松的货币政策与刺激性的财政政策，但考虑到通胀形势也比较严峻，如果CPI超过3%，再考虑到未来的通胀预期，货币政策可以通过加息来进行调整。

2011年3月18日，日本央行行长白川方明在七国集团同意联手干预日元后表示，日本仍将保持超宽松的货币政策。“日本央行将会推行强有力的宽松货币政策，并继续提供充足的流动性，以保持市场稳定。”央行当天的声明表示。3月18日，七国集团财长决定联手干预日元汇率，随后日本央行又向金融系统注资3万亿日元（合370亿美元）。此前财经新闻报道，日本政府可能发行超过10万亿日元（约合1268亿美元）的紧急债券，而日本央行会全部买下这些债券。

日本所执行的量化宽松货币政策，是指中央银行在实行零利率或近似零利率政策后，通过购买国债等中长期债券，增加基础货币供给，向市场注入大量流动性的干预方式。与利率杠杆等传统工具不同，量化宽松被视为一种非常规的工具。

地震、海啸和核危机给日本经济造成的损失超过20万亿日元。他还表示，重建需要的预算肯定会超过1995年阪神大地震后3.3万亿的重建费用。日本央行继续向金融系统注入资金，数量超过银行能够消化的数额，以保持较低市场利率。

而回顾过去，2001～2006年间，在通货紧缩的长期困扰下，日本中央银行曾将政策利率降至零并定量购买中长期国债的政策就是一种典型方式。这些政策的最终意图是通过扩大中央银行自身的资产负债表，进一步增加货币供给，降低中长期市场利率，避免通货紧缩预期加剧，以促进信贷市场恢复，防止经济持续恶化。

量化宽松有利于抑制通货紧缩预期的恶化，但对降低市场利率及促进信贷市场恢复的作用并不明显，并且或将给后期全球经济发展带来一定风险。中国国际经济研究会副会长张其佐认为，“毫无疑问，主要央行量化宽松货币政策的开启，将带来全球通胀的风险”。实施量化宽松的货币政策，将形成日元走软、商品价格上涨的局面。

货币政策的三大法宝之一：法定准备金率

随着2007年投资继续过热，通货膨胀加重的经济变化，央行加大上调存款准备金的力度。2007年央行共10次上调准备金！2008年底存款类金融机构人民币存款准备金率达到17.5%的历史新高！如此强大的货币政策取得了明显的成效，国内通货膨胀得到了明显的遏制，物价回归到合理的水平。存款准备金为何有如此强大的威力？

存款准备金是指金融机构为保证客户提取存款和资金清算需要而准备的在中央银行的存款，中央银行要求的存款准备金占其存款总额的比例就是存款准备金率。2011年以来，我国央行以每月一次的频率，连续4次上调存款准备金率，如此频繁的调升节奏历史罕见。2011年6月14日，央行宣布上调存款准备金率0.5个百分点。这也是央行在该年内第6次上调存款准备金率。

在我们讨论银行挤兑时，我们说联邦储备银行会设定一个最低准备金率，目前对于可开支票账户为10%。如果在两个星期内银行平均的法定准备金率无法达到要求，将会面临处罚。

当银行似乎无法达到联邦储备银行的准备金要求时它会怎样应对？一般它们会向其

他银行去借多余的准备金。银行之间相互借贷是在联邦基金市场中进行的。这是一个金融市场，在其间准备金达不到要求的银行可以从那些持有超额准备金的银行处借到准备金，一般是隔夜拆借。

银行可以从联邦储备银行那里借准备金。为了防止银行转向联邦储备银行借准备金，联邦储备银行向银行提供贷款时收取一定的利率称为贴现率。现阶段，贴现率被设定在比联邦基金利率高 1% 的水平上。

当联邦储备银行从私人商业银行买进美国政府财政债券后，基础货币增加。当联邦储备委员会购买了 1 亿美元美国政府财政债券后，是通过给私人银行增加 1 亿美元的银行存款准备金来付款的，所以基础货币增加了 1 亿美元。商业银行把这些多出来的准备金贷出，通过乘数效应增加货币供给。联邦储备银行卖出美国政府财政债券后会导致基础货币减少。1 亿美元的美国政府财政债券卖出，将导致商业银行的准备金减少 1 亿美元，基础货币也减少 1 亿美元。银行存款准备金减少后，将削减贷款，通过乘数效应减少货币供给。

此外，存款准备金率与利率的变动关系紧密。在通常情况下，存款准备金率上升，会使得利率随之上升，这是实行货币紧缩政策的信号。存款准备金率针对的是银行等金融机构，对客户存款利息率产生间接的影响；利率是针对最终客户的，直接影响到客户的存款利息率。

如果法定准备金率提高，那么，在任何给定的利率水平上，法定准备金和准备金需求量都会扩大。因此法定准备金率的提高推动下图中的需求曲线从 R_1^d 右移至 R_2^d，均衡点由点 1 移动到点 2，从而将联邦基金利率从 i_{ff}^1 提高到 i_{ff}^2。

结论是，如果美联储提高法定准备金率，联邦基金利率上升。

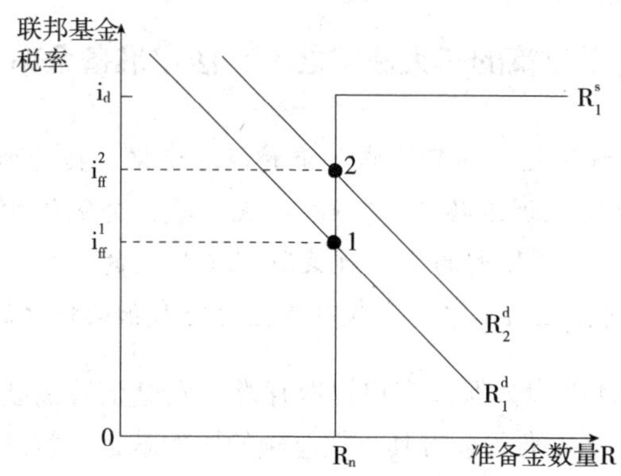

同理，降低法定准备金率会减少准备金的需求量，推动需求曲线向左移动。

联邦基金利率，在联邦基金市场中决定的利率，在现代货币政策中扮演着一个关键角色。如果联邦储备银行缩小联邦基金利率和贴现率之间的差距，银行将增加贷款，因为准备金不足的成本降低了，货币供给将增加。如果联邦储备银行扩大联邦基金利率和贴现率之间的差距，银行贷款将减少，货币供给也将减少。在实践中，美国联邦储备银行既不使用法定准备金率也不使用贴现率作为主动影响货币供给的工具。

如果银行选择这么做，联邦储备银行可以改变法定准备金率或贴现率，或者双管齐下。任何一个手段的变化都会影响货币供给。如果联邦储备银行降低法定准备金要求，银行就可以把更大比例的存款贷出，导致贷款增加，通过乘数增加货币供给。如果联邦储备银行提高法定准备金要求，银行将被迫削减贷款数额，最终导致联邦基金利率下跌。如果美联储降低法定准备金率，会导致联邦基金利率下跌。

综上所述，调节存款准备金率具有非常重要作用：

1. 间接调控货币供应量

当中央银行提高法定准备金率时，商业银行可提供的贷款就会减少，从而导致社会的银根偏紧，货币供应量减少，利息率提高，投资及社会支出都会相应缩减。反之，亦然。

2. 抑制通货膨胀

由于流动性过剩等诸多矛盾的存在，可供流通的货币量增加，就会导致资产价格增长过高，股票市场火热，物价上涨压力过大等现象，央行出台调节存款准备金率的组合政策能有效缓解这些因流动性过剩造成的经济过热和由此引发的通货膨胀。调节存款准备金率是防止宏观经济从偏快走向过热的调节器。

3. 引导百姓的理财消费

提高存款准备金率的作用具体体现在抑制投资购房上：如今房地产二次调控正在进行中，伴随着首付款政策的出台，商业银行可放贷金额的减少，也意味着银行房贷的进一步收紧。

4. 降低银行风险

上调准备金率可以保证金融系统的支付能力，增加银行的抗风险能力，降低金融风险。

货币政策的三大法宝之一：贴现率

2001 年 9 月 11 日，在恐怖分子撞毁了纽约世界贸易中心的几个小时之后，联邦储备委员会还是立即宣布向美国各地的银行运送现金，以保证银行的支付，即贴现政策。为了保证整个美国的银行系统和金融机构的正常运行，恐怖袭击后的第二天，美联储已经向美国银行系统补充了 382 亿 5000 万美元的特别临时储备资金。在美国，没有一个城市发生挤提存款事件，没有一家银行因为支付危机而倒闭，甚至也没有一家银行出现支付困难。无疑，央行再贴现政策的雪中送炭给市场送去了信心和温暖。

中央银行的另一个“法宝”就是再贴现政策。如果您持有还没到期的票据，但又急着用钱，就可以把票据转让给商业银行获得现款，代价是贴付一定利息，这就叫贴现。可商业银行也有周转不开的时候，它也可以把手中未到期的票据暂时“卖”给中央银行，这就叫再贴现。商业银行也得向中央银行支付一定利息，这个利率就叫再贴现率。

再贴现最初也不是一种货币政策工具，它原本是用来帮助商业银行周转资金的。商业银行虽然经营的就是“钱”，但它们也有“手头紧”的时候。为了帮助“手头紧”的银行渡过难关，中央银行就为他们开设了再贴现的窗口，为它们提供资金援助。

早在美联储创建之际，变动贴现率就成为货币政策的首要工具，《联邦储备法》没有规定美联储可以变动法定准备金率。货币政策实施的指导原则是，只要贷款是用于生产性用途，向银行体系提供用于发放这些贷款的准备金，就不会引发通货膨胀。事实上，只要成员商业银行在贴现窗口出示合格票据，即证明贷款是用于满足商品和服务生产和销售的需要，美联储就会向其贷款。美联储向成员银行发放贷款的行为最初被称为再贴现，因为银行最初向工商企业发放的贷款是以贴现（贴现额少于贷款面值）的方式进行的，而美联储会对这些贷款再次进行贴现。

渐渐地，再贴现变成中央银行的一大“法宝”。当中央银行降低再贴现率的时候，商业银行发现从中央银行再贴现借钱比较划算，就会更多地申请再贴现。这样一来，中央银行的基础货币投放增加了，货币供应量自然也会增加。而且，再贴现利率的降低也会最终带动其他利率水平的下降，起到刺激投资和增长的作用。反过来，中央银行也可以提高再贴现率，实现相反的意图。

再贴现这个“法宝”不但能调控货币总量，还能调整结构。比如，中央银行规定哪些票据可以被再贴现，哪些机构可以申请再贴现，这样分门别类、区别对待，使得政策效果更加精确。

再贴现政策分为两类：

一类是长期的再贴现政策，这又包括两种：一是“抑制政策”，即中央银行较长期地采取再贴现率高于市场利率的政策，提高再贴现成本，从而抑制资金需求，收缩银根，减少市场的货币供应量；二是“扶持政策”，即中央银行较长期地采取再贴现率低于市场利率的政策，以放宽贴现条件，降低再贴现成本，从而刺激资金需求，放松银根，增加市场的货币供应量。

另一类是短期的再贴现政策，即中央银行根据市场的资金供求状况，随时制定高于或低于市场利率的再贴现率，以影响商业银行借入资金的成本和超额准备金，影响市场利率，从而调节市场的资金供求。

再贴现政策具有以下三方面作用：

（1）能影响商业银行的资金成本和超额准备，从而影响商业银行的融资决策，使其改变放款和投资活动。

（2）能产生告示效果，通常能表明中央银行的政策意向，从而影响到商业银行及社会公众的预期。

（3）能决定何种票据具有再贴现资格，从而影响商业银行的资金投向。

当然，再贴现政策效果能否很好地发挥，还要看货币市场的弹性。一般说来，有些国家商业银行主要靠中央银行融通资金，再贴现政策在货币市场的弹性较大，效果也就较大，相反有些国家商业银行靠中央银行融通资金数量较小，再贴现政策在货币市场上的弹性较小，效果也就较小。虽然这样，再贴现率的调整，对货币市场仍有较广泛的影响。

尽管再贴现政策有上述的一些作用，但也存在着某些局限性：

（1）从控制货币供应量来看，再贴现政策并不是一个理想的控制工具。首先，中央银行处于被动地位。商业银行是否愿意到中央银行申请贴现，或者贴现多少，决定于商业银行，如果商业银行可以通过其他途径筹措资金，而不依赖于再贴现，则中央银行就不能有效地控制货币供应量。其次，增加对中央银行的压力。如商业银行依赖于中央银行再贴现，这就增加了对中央银行的压力，从而削弱控制货币供应量的能力。再次，再贴现率高低有一定限度，而在经济繁荣或经济萧条时期，再贴现率无论高低，都无法限制或阻止商业银行向中央银行再贴现或借款，这也使中央银行难以有效地控制货币供应量。

（2）从对利率的影响看，调整再贴现利率，通常不能改变利率的结构，只能影响利率水平。即使影响利率水平，也必须具备两个假定条件：一是中央银行能随时准备按其规定的再贴现率自由地提供贷款，以此来调整对商业银行的放款量；二是商业银行为了尽可能地增加利润，愿意从中央银行借款。当市场利率高于再贴利率，而利差足以弥补承担的风险和放款管理费用时，商业银行就向中央银行借款然后再放出去：当市场利率高于再贴现率的利差，不足以弥补上述费用时，商业银行就从市场上收回放款，并偿还其向中央银行的借款，也只有在这样的条件下，中央银行的再贴现率才能支配市场利率。然而，实际情况往往并非完全如此。

（3）就其弹性而言，再贴现政策是缺乏弹性的，一方面，再贴现率的随时调整，通常会引起市场利率的经常性波动，这会使企业或商业银行无所适从；另一方面，再贴现率不随时调整，又不宜于中央银行灵活地调节市场货币供应量，因此，再贴现政策的弹性是很小的。

上述缺点决定了再贴政策并不是完美的货币政策工具。

货币政策的三大法宝之一：公开市场业务

2008年初，中国股市楼市等相继出现投资过热的情况，物价水平高企。央行2月上旬开始首次公开市场操作，净回笼资金2960亿元。之后央行通过两期分别为28天期限和91天期限正回购操作，合计交易量达到350亿元。央行在1天之内就回笼了950亿元的流动性资金，这表明了央行大力度回笼流动性的决心，使得市场信心增强。公开市场维持净回笼态势成为定局。

公开市场操作又称为公开市场业务，是中央银行调节市场流动性的主要货币政策工具，通过中央银行与指定交易商进行有价证券和外汇交易，实现货币政策调控目标。

当联邦储备银行买入美国政府财政债券时，它是通过在商业银行账户中贷记额外存款来支付款项的，这就增加了银行的准备金。如下图（a）所示：联邦储备银行从商业银行购买了1亿美元的美国政府财政债券后，基础货币增加了1亿美元，因为银行存款准备金增加了1亿美元。当联邦储备委员会向商业银行卖出美国政府财政债券时，它在这些银行账户借记，并减少它们的准备金。如图（b）所示，联邦储备银行卖出1亿美元美国政府财政债券后，银行存款准备金和基础货币都减少了。

20世纪20年代初期，发生了一件特别重要的事情：美联储无意间发现了公开市场操作。美联储创建之初，其收入全部来源于向成员银行发放贴现贷款的利息。1920～1921年经济萧条时期之后，贴现贷款的规模急剧萎缩，美联储经济拮据。为了解决这个问题，它购买了一些盈透证券。在这个过程中，美联储注意到，银行体系的准备金增加，银行贷款和存款出现多倍扩张。这个现象对现在来说是显而易见的，但对于当时的美联储，却是一个重大发现。一个新的政策工具就此诞生，到20年代末期，它已经成为美联储“军火库”中最重要的“武器”了。

(a) 通过公开市场买入1亿美元美国政府财政债券

	资产	负债
联邦储备银行	政府债券+1亿	基础货币（通货加银行存款准备金）+1亿
商业银行	政府债券-1亿 准备金+1亿	没有变化

(b) 通过公开市场卖出1亿美元美国政府财政债券

	资产	负债
联邦储备银行	政府债券-1亿	基础货币（通货加银行存款准备金）-1亿
商业银行	政府债券+1亿 准备金-1亿	没有变化

联邦储备银行进行公开市场业务

公开市场操作是利率和基础货币变动最主要的决定因素，而基础货币又是货币供给变动的重要来源，因此，公开市场操作是最重要的货币政策工具。公开市场购买可以扩大准备金和基础货币规模，从而增加货币供给和降低短期利率。公开市场出售会减少准备金和基础货币，进而降低货币供给和提高短期利率。下面我们来考察联邦储备体系如何进行公开市场操作，以达到控制短期利率和货币供给的目标。

公开市场操作有两种类型：旨在改变准备金和基础货币规模的能动性公开市场操作；旨在抵消影响准备金和基础货币的其他因素（例如在美联储的财政存款和浮款）变动的防御性公开市场操作。美联储实施公开市场操作的对象是美国国债和政府机构债券，尤其是美国国库券。美联储大部分公开市场操作是针对国债进行的，因为国债市场最具流动性，且交易规模最大。这一市场有能力吸收美联储庞大的交易量，而不会引起可能导致市场混乱的价格过度波动。

与其他货币政策工具相比，公开市场操作有几个优点。

（1）公开市场操作是美联储主动进行的。美联储能够完全控制交易的规模。而贴现贷款操作就不能实现这种控制，美联储虽然可以通过变动贴现率鼓励或限制银行申请贴现贷款，但不能直接控制贴现贷款的规模。

（2）公开市场操作灵活且精确，它可用于各种规模。无论需要变动多小的准备金或基础货币，公开市场操作都可以通过少量购买或出售证券来实现。相反，如果准备金和基础货币要发生很大的变动，公开市场操作工具也足够强大，能够通过大规模购买或者出售证券实现目标。

（3）公开市场操作很容易对冲。如果在实施公开市场操作中出现错误，美联储可以立即对冲。如果美联储认为联邦基金利率过低是因为公开市场购买规模太大，美联储可以立刻进行公开市场出售，以进行修正。

（4）公开市场操作可以立即执行，不存在管理时滞。当美联储决定变动基础货币或准备金时，可以立即向证券交易商发布指令，交易就可以立即进行。

我国自恢复公开市场业务以来，制定了相关的债券交易资金清算制度和操作规则，正在逐步朝拓展交易工具、实现交易对象的扩大化、交易期限品种的丰富化等方向发展，并且在不断尝试不同的交易方式。作为央行货币政策的先行风向标，公开市场操作传递出央行对货币市场利率的调控意图。调节商业银行的准备金，并影响其信用扩张的能力和信用紧缩的规模。为政府债券买卖提供了一个有组织的方便场所。配合积极财政政策的实施，支持国债发行，通过影响利率来控制汇率和国际黄金流动。

第十四篇

金融市场的魔力

第一章　利率的作用方程式

利率，使用资本的应付代价

印度第二大手机服务供应商曾表示，希望从中国国家开发银行那里筹措19亿美元的资金，其中13亿美元将用于偿还现有债务。印度信实电力将筹借11亿美元的资金用于对该公司现有在建的电厂项目提供资金支持。在今年以来，印度评级居前的企业债务收益率增长了73个基点至8.95%，创出自2006年以来的最大涨幅。而目前中国贷款利率相对较低，比印度国内便宜1%～3%。因此，向中国的银行申请贷款将会成为一个非常不错的选择。

那么利率是怎样分类，怎样计算的呢？它在金融商品的投资中，又起到了什么样的作用？

利率也叫利息率。表示一定时期内利息量与本金的比率，通常用百分比表示，按年计算则称为年利率。其计算公式是：利息率＝利息量 ÷ 本金 ÷ 时间 ×100%。

凯恩斯把利率看做是“使用货币的代价”。当你去银行存钱，银行会按照存期划分的不同利率来给客户计算利息。存款利率是货币利率的一种。利率又称利息率，是一定时期借贷资本所要偿还的利息同资本总额的比率。利率是单位货币在单位时间内的利息水平，表明利息的多少。

利率可以看做是因为暂时放弃货币的使用权而获得的报酬，是对放弃货币流通性的一种补偿，如果人们愿意推迟消费，则需要为人们这一行为提供额外的消费。从借款人的角度来看，利率是使用资本的单位成本，是借款人使用贷款人的货币资本而向贷款人支付的价格；从贷款人的角度来看，利率是贷款人借出货币资本所获得的报酬率。

利率的存在告诉我们，通过放弃价值1元的现期消费，能够得到多少未来消费。这正是现在与未来之间的相对价格。整体利率的多少，对于现值至关重要，必须了解现值才能了解远期的金融终值，而利率正是联系现值和终值的一座桥梁。

那么利率的水平是怎样确定的呢？换句话说，确定利率水平的依据是什么呢？

首先是物价总水平。这是维护存款人利益的重要依据。利率高于同期价上涨率，就可以保证存款人的实际利息收益为正值；相反，如果利率低于物价上涨率，存款人的实际利息收益就会变成负值。因此，看利率水平的高低不仅要看名义利率的水平，更重要的是还要看是正利率还是负利率。

其次是国有大中型企业的利息负担。长期以来，国有大中型企业生产发展的资金大部分依赖银行贷款，利率水平的变动对企业成本和利润有着直接的影响，因此，利率水平的确定必须考虑企业的承受能力。

再次是国家财政和银行的利益。利率调整对财政收支的影响，主要是通过影响企业和银行上交财政税收的增加或减少而间接产生的。因此，在调整利率水平时，必须综合考虑国家财政的收支状况。银行是经营货币资金的特殊企业，存贷款利差是银行收入的主要来源，利率水平的确定还要保持合适的存贷款利差，以保证银行正常经营。

最后是国家政策和社会资金供求状况。利率政策要服从国家经济政策的大方针，并体现不同时期国家政策的要求。与其他商品的价格一样，利率水平的确且也要考虑社会资金的供求状况，受资金供求规律的制约。

此外，期限、风险等其他因素也是确定利率水平的重要依据。利率风险是指市场利率变动的不确定性给商业银行造成损失的可能性。巴塞尔委员会在 1997 年发布的《利率风险管理原则》中将利率风险定义为：利率变化使商业银行的实际收益与预期收益或实际成本与预期成本发生背离，使其实际收益低于预期收益，或实际成本高于预期成本，从而使商业银行有遭受损失的可能性。

一般来讲，期限越长的债券，其价格波动受利率影响的程度就越大。这一结论有助于解释债券市场上的一个重要事实：长期债券的价格和回报率的波动性比短期债券大。对于距离到期日还有 20 年以上的债券，每年价格与回报率的波动幅度在 –20% ~ 20% 之间的情况十分常见。

我们现在可以发现，利率的变动导致长期债券的投资风险相当大。事实上，由于利率变动所引起的资产回报率的风险十分重要。控制利率风险是金融机构的经理和投资者经常需要关注的事情。

由于许多投资者希望了解他们所面临的利率风险，一些共同基金公司试图教给投资者有关利率风险的知识，并提供与投资者偏好相匹配的多种投资工具。

例如，投资债券共同基金，可以通过计算利率上升或下降 1% 时债券价值的变动来说明利率变动的影响。如果其中三种债券型基金投资于平均期限为 1 ~ 3 年的债券，那么这项投资可以看做低利率风险的产品。

一般来讲，当利率波动时，不同的存款人和投资者作出不同的行为选择。如果不考虑个别存款人的流动性需求，忽略高级别存款人的短期行为，当利率上升时，存款人和银行的长期均衡选择应该是不提款。在进行金融产品的投资之前，投资者必须密切关注利率的走势，提高防范利率风险的能力。

名义利率与费雪效应理论

假如银行储蓄利率有5%，某人的存款在一年后就多了5%，是说明他富了吗？这只是理想情况下的假设。如果当年通货膨胀率3%，那他只富了2%的部分；如果是6%，那他一年前100元能买到的东西现在要106了，而存了一年的钱只有105元了，他反而买不起这东西了！

如果现在利率上升到8%，你预期的通货膨胀率为10%，情况会如何？虽然在1年末你的现金数量增加了8%，但购买商品需要多付10%，结果是，年末你能购买的商品少了2%，也就是说，以不变价来计算，你损失了2%。作为贷款人，在这种情况下，你显然不愿意发放贷款，因为按照不变为商品和劳务来衡量，你所赚取的是−2%的利率。与此相反，借款人更愿意借入资金，因为在该年末，按照不变的商品和劳务来衡量，他需要偿还的金额减少了2%。也就是说，按不变价来计算，借款人多得了2%。

所谓名义利率，是央行或其他提供资金借贷的机构所公布的未调整通货膨胀因素的利率，即利息（报酬）的货币额与本金的货币额的比率，其中包括补偿通货膨胀（包括通货紧缩）风险的利率。名义利率虽然是资金提供者或使用者现金收取或支付的利率，但人们应当将通货膨胀因素考虑进去。例如，张某在银行存入100元的一年期存款，一年到期时获得5元利息，利率则为5%，这个利率就是名义利率。

名义利率并不是投资者能够获得的真实收益，还与货币的购买力有关。如果发生通货膨胀，投资者所得的货币购买力会贬值，因此投资者所获得的真实收益必须剔除通货膨胀的影响，这就是实际利率。实际利率，指物价水平不变，从而货币购买力不变条件下的利息率。

实际利率越低，借款人借入资金的动力就越大，贷款人贷出资金的动力就越小。名义回报率与实际回报率也存在类似的区别。名义回报率没有考虑通货膨胀因素，是我们通常所说的没有任何定语的“回报率”。从名义回报率中剔除通货膨胀因素，就可以得到实际回报率，它表示投资某证券所能多购买的商品和劳务的数量。

名义利率与实际利率的区分十分重要，原因在于实际利率反映了真实的借款成本，是反映借款动力和贷款动力的良好的指示器。它还能很好地传达信用市场上发生的事件对于人们的影响程度。

例如，如果银行一年期存款利率为2%，而同期通胀率为3%，则储户存入的资金实际购买力在贬值。因此，扣除通胀成分后的实际利率才更具有实际意义。仍以上例，实际利率为2%-3%=-1%，也就是说，存在银行里的钱是亏损的。在中国经济快速增长及通胀压力难以消化的长期格局下，很容易出现实际利率为负的情况，即便央行不断加息，也难以消除。所以，名义利率可能越来越高，但理性的人士仍不会将主要资产以现金方式在银行储蓄，只有实际利率也为正时，资金才会从消费和投资逐步回流到储蓄。

这可以说就是费雪效应的通俗解释。费雪效应是由著名的经济学家欧文·费雪第一个发现的，它揭示了通货膨胀率预期与利率之间关系：当通货膨胀率预期上升时，利率也将上升。用公式表示，就是：实际利率 = 名义利率 - 通货膨胀率。把公式的左右两边交换一下，公式就变成：名义利率 = 实际利率 + 通货膨胀率。在某种经济制度下，实际利率往往是不变的，因为它代表的是你的实际购买力。

当通货膨胀率变化时，为了求得公式的平衡，名义利率——也就是公布在银行的利率表上的利率会随之而变化。名义利率的上升幅度和通货膨胀率完全相等，这个结论就称为费雪效应或者费雪假设。欧文·费雪认为，债券的名义利率等于实际利率与金融工具寿命期间预期的价格变动率之和。习惯上，这被称为费雪效应，它表明名义利率（包括年通货膨胀溢价）能够足以补偿贷款人到期收到的货币所遭受的预期购买力损失。即贷款人要求的名义利率要足够高，使他们能够获得预期的实际利率，而要求的实际利率就是社会中实物资产的经营报酬加上给予借款人的风险补偿。费雪效应是一种一对一的影响关系，即如果预期通货膨胀率提高 1%，名义利率也将提高 1%。正是因为这个原因，在 20 世纪 90 年代初物价上涨时，人民银行制定出较高的利率水平，甚至还有保值贴补率。费雪效应表明：物价水平上升时，利率一般有增高的倾向；物价水平下降时，利率一般有下降的倾向。

1953 ~ 2002 年间 3 个月期的美国国库券名义利率和实际利率的估计值，说明名义利率和实际利率通常不是同向变动的。（其他国家和地区的名义利率与实际利率也是如此。）特别是美国名义利率较高的 20 世纪 70 年代。实际利率却非常低，甚至经常为负数。如果按照名义利率的标准来判断，你可能会认为由于借款成本较高，这一时期信用市场的银根很紧，然而，实际利率的估计值却表明你的判断是错误的。按照不变价衡量，借款成本非常低。在过去较长时间内，美国只报道名义利率，实际利率是无法观测的变量。1997 年 1 月，美国财政部开始发行利息与本金支付随价格水平变动而调整的指数化债券，这种情况才得以改变。

利率调整前后股市的涨跌规律

2008 年 1 月美国制定基准利率。由于持续的信贷紧缩，美联储宣称为市场准备了 9000 亿美元的资金。而在此前一天，美联储已经向市场投放了 7000 亿美元。媒体再次呼吁下调基准利率，人们纷纷预测基准利率会大幅下调。但是，看一看银行同业短期拆借利率，就会明白美联储不会那么容易就下调基准利率的。当时，美联储持有的资产约合 8 万亿美元，贷出的款项高于其持有资产的 1/2，约 4.5 万亿美元。

中央银行基准利率的调整大致依据以下三种数据，而与物价指数和失业率没有关系。这三种数据分别是银行同业短期拆借利率、为维持基准利率而向各银行短期提供的货币量和短期国债利率。

中央银行的资产包括外汇和国债，以及其他按揭抵押债券。信贷紧缩期，中央银行为帮助各商业银行会发行很多货币。为了能够向各商业银行提供大笔的资金，中央银行还必须筹措新的资金。那么，中央银行使用什么方法来筹措资金呢？第一，各国财政部门出售债券向中央银行注资；第二，中央银行自身通过发行债券从市场筹措资金；第三，中央银行直接购买国债并发行货币。第三种方法就是所谓的开动印钞机印刷钞票的方法了，不去筹集资金就能改善中央银行的财务状况。但是，中央银行印刷钞票会导致货币贬值，失去市场对中央银行的信任，所以不到万不得已，不会使用这种方法。

中央银行能够提供的货币供应量是一定的。借钱的银行多，利率就会升高；想要降低利率，就需要发行更多的货币。如果中央银行感到可借出的货币不足时，基准利率就不能降得太多。银行同业短期拆借利率如果高于基准利率，那么基准利率就要上调。反之，银行同业短期拆借利率如果低于基准利率，就很有可能会下调基准利率。

短期国债利率成为判断基准利率调整的依据，是因为它有助于判断商业银行资金的短期流向。通货膨胀时期，商业银行相互借款，银行间货币流通量增多。正因为如此，流向短期国债的资金减少，短期国债利率就会走高。所以说，短期国债利率的上升会成为预测基准利率上调的重要线索。

例如：2008 年 10 月，当时许多媒体和经济分析专家都曾预言信贷紧缩的加剧会使美联储下调基准利率，幅度约为 0.75% ~ 1%。然而，美联储已到了无法轻易贷出钱的境地了。一旦处理不佳，其他许多金融机构就会像多米诺骨牌的连锁效应一般纷纷崩溃，美联储害怕到时无钱可贷，所以不敢把基准利率下调太多。第二天，暂时把基准利率下调了 0.5%；之后，美联储与美国财政部商议发行国债来筹措资金，筹集到资金之后再次降息 0.5%。

基准利率的下调与人们的既有观念不同，一般会与股票、房地产的价格并行下调。中央银行下调基准利率是信贷紧缩正在进行的证据。因为人们一般对利率下调持肯定态度，所以基准利率下调当日的股市会呈上升趋势。但是，不久后股市都会下跌，这是因为信贷紧缩还在持续。经过此前下跌时期的股市剩余资金数量以及因持续的信贷紧缩而消失的资金量会决定短时期内股市的上扬幅度。所以，基准利率下调时期必须格外注意股票、房地产等金融资产和原材料等的投资，投资者可以画出股价趋势线，寻找买入和卖出的最佳时机。

股票价格总是受信贷扩张所致的通货量增加的影响。当然，影响股票价格的因素还有很多，本小节关注的不是股价每一天的变化，而是从全局出发，观察股价随着利率和通货量的变化如何波动。

通过股票价格的波动曲线本身很难预测出股价每一天的变化。而其波动曲线也是复杂多样的，随时都有可能发生变化，无法用三言两语解释清楚，而且大家不可能一整天都坐在电脑显示屏前瞪大双眼观察股价的变化。

等大家终于弄明白了股价的波动曲线时，投资机构早就用人工智能机器迅速完成交易了，我们怎么能赶上人工智能机器的速度呢！这些人工智能机器都是由那些数学、物理学等专业的研究人员制造的，而他们至今仍每天都在提高机器的运算能力。再加上我们每天面对铺天盖地的信息时处理能力也没有那么出色。所以，对我们来说，最佳的选择就是把握整体趋势，根据这个趋势稳健投资。

通货膨胀期间，信贷扩张规模等比放大，股票价格也呈等比上升趋势。一般泡沫形成时，不仅是机构投资者，连那些散户都在助长泡沫，可以说这是一个非常危险的时期。这个结论可以帮助我们判断经济的中长期利好形势，并决定抛出或买入的最佳时机。

依据银行同业短期拆借利率等数据就能预测中央银行下一步的行动，且命中率可达

75%。在信贷紧缩的情况下，中央银行为了稳定信贷市场和市人民理会非常迅速地降低利率。而让人感到惊讶的是，其利率下调的时期和幅度都在这利率的下跌范围之内。

利率的趋势研究也可以帮助投资者预测股市短期趋势。股价是上升还是下降就在这个过程里决定。得知此信息的投资机构纷纷投入资金搏杀一番，一天之内，股市剧烈震荡后形成短期波动趋势。所以要等到股价突破前期的高点或低点，走出三角形，震荡整理，或等到股市完成方向性选择之后再决定卖出或买进，可以规避较大的损失。

投资金融商品，首先考虑利率

1987年10月19日，这一天对华尔街的投资人来说是“黑色的星期一”，道·琼斯指数在3个小时内暴跌22.6%，仅这一天股票市值缩水5000多亿美元，很多富豪当天告别了《福布斯》富豪榜，亿万富翁亚瑟·凯恩在绝望中饮弹自尽。这一天，格林斯潘就任美联储（美国中央银行）主席刚满两个月。第二天早上，格林斯潘立刻采取行动。宣布降低联邦基金利率，随后，市场长期利率也随之下降。此后经过数个月的调整，投资者逐步获得了金钱和信心，美国经济平稳地渡过了一场经济泡沫破裂的浩劫。格林斯潘从此赢得了美国人民的信任。在此后的18年里，他把利率变成了一根神奇的“魔棒”，根据经济运行情况。适时、适度地调整利率，美国经济因此数次化险为夷，创造了连续8年低通胀、高增长、高就业的神话。

在此后的18年里，格林斯潘改变了美国货币政策的工具，使联邦基金利率成为了连接市场和政策的指示器，利率工具在他的手中就像是一枚“魔棒”，引导着美国经济乃至世界经济的走势。在格林斯潘时代，美国经济保持了长达十多年的新经济增长，创造了一个世纪传奇。

利率为什么具有如此神奇的魔力？因为利率是资金使用的价格，它的涨跌关系着居民、企业、政府各方的钱袋，能不让人紧张吗？

多年来，经济学家一直在致力于寻找一套能够完全解释利率结构和变化的理论，“古典学派”认为，利率是资本的价格，而资本的供给和需求决定利率的变化；凯恩斯则把利率看做是“使用货币的代价”。马克思认为，利率是剩余价值的一部分，是借贷资本家参与剩余价值分配的一种表现形式。利率通常由国家的中央银行控制，在美国由联邦储备委员会管理。现在，所有国家都把利率作为宏观经济调控的重要工具之一。当经济过热、通货膨胀上升时，便提高利率、收紧信贷；当过热的经济和通货膨胀得到控制时，便会把利率适当地调低。因此，利率是重要的基本经济因素之一。

在当前我国社会经济领域里，能够撬动整个经济的杠杆倒有不少，其中运用得最多的要数存贷款利率。当我国被认为处于“通货膨胀”时期，需要实行从紧货币政策时，有关方面频繁调高存贷款利率。以一年期定期存款利率为例，自2007年3月18日起，在不到9个月的时间里，连续6次上调，将此前的年利率2.52%，飙升至2007年12月20日的年利率4.14%，增幅为64.3%。曾几何时，风云突变，被认为处于“通货紧缩”时期实行宽松货币政策时，有关方面频繁调低存贷款利率。仍以一年期定期存款利率为例，自2008年9月16日起，在不到3个月的时间里，连续4次下调，将此前的年利率4.14%，调至2008年12月23日的年利率2.25%，跌幅为45.7%，达到2006年8月19日以前的水平，或者说已经将利率降到了2002年的水平，离改革开放以来的最低点1.98%，只差0.27个百分点。而且还有人说仍有下调空间，或者说有可能实行零利率。目的是十分明显的，这就是要运用利率杠杆去撬动整个社会经济。

真正控制货币乘数阀门的却是利率。对于贷款投资者而言，利率就是资金的使用成本，利率高到一定程度，说明资金的成本太高了，厂商就不愿意贷款投资了，生产受到一定的限制，当利率降低到一定程度，投资需求就会逐渐增加：相反，当利率向下降的时候，物价指数下降，说明经济已经开始变冷了。在资金市场里，利息率如同一个裁判，在各种投资项目面前树起一个标杆。凡是投资收益率高于利息率的项目就能成立；反之，则不能成立。这就为资源流向何处提供了调节机制。

对证券市场上的投资者来说，利率更是牵动着他们的每一根神经，因为利率的变化直接影响着证券价格。在一般情况下，利率和股票、债券的价格呈反向变化。利率下降，证券价格上涨，利率变化会影响股市涨落，利率上升，证券价格下跌。因此，利率的变化与股市的涨跌息息相关。

利率对消费的影响其实也是通过股市实现的。一般而言，当利率下降时，股市价格上升。20世纪90年代后期美国道·琼斯工业平均指数突破1万点大关，与降息的扩张性货币政策密切相关。股票是美国人财产的主要形式之一。股价上升就是财产的增加。假如一个有10万股股票的人，如果每股股票从10元上升到20元，就等于他的财产从100万元增加200万元。财产是直接影响消费支出的原因之一，因为财产收入也是决定消费的收入组成部分。股价上升，资产增值还增强了消费者的信心，使他们更敢花钱。美国的边际消费倾向从0.676上升到0.68与股市的影响不无关系。利率下降引起的投资与消费互动以及股市价格上升无疑对20世纪90年代美国经济起了重要的推动作用。这正是货币政策在美国的重要作用。

住房贷款对利率变动十分敏感。降息当然拉动了住房投资。降息就有效地刺激了投资增加。住房投资，即私人购买或建造住房，是利用长期抵押贷款进行的。由于期限长，利率微小的变动都影响极大。例如，假设是为期25年的10万元贷款，当年利率为5%时，每月偿还本息共584元，当年利率为10%时，每月偿还本息共908元，当年利率为15%时，每月偿还本息1280元。由此看出。当利率上升一倍时，每月偿还的本息也几乎上升一倍。

利率是经济学中一个重要的金融变量，几乎所有的金融现象、金融资产均与利率有着或多或少的联系。当前，世界各国频繁运用利率杠杆实施宏观调控，利率政策已成为各国中央银行调控货币供求，进而调控经济的主要手段，利率政策在中央银行货币政策中的地位越来越重要。合理的利率，对发挥社会信用和利率的经济杠杆作用有着重要的意义，而合理利率的计算方法是我们关心的问题。

国债负利率，日本表露的新现象

2008年11月，日本6个月期的国库券的利率为负，即－0.004%，投资者购买债券的价格高于其面值。这是很不寻常的事件——在过去的50年中，世界上没有任何一个其他国家出现过负利率。这种情况是如何发生的呢?

我们通常假定,利率总是为正。负利率意味着你购买债券所支付的金额低于你从这一债券所获取的收益(从贴现发行债券的到期收益计算公式中可以看出)。如果出现这样的情况,你肯定更愿意持有现金,这样未来的价值与今天是相等的,因此,负利率看上去是不可能的。

日本的情况证明这样的推理并不准确。日本经济疲软与负的通货膨胀率共同推动日本利率走低,但这两个因素并不能解释日本的负利率。答案在于,大投资者发现将这种6个月期国库券作为价值储藏手段比现金更为方便,因为这些国库券的面值比较大,并且可以以电子形式保存。出于这个原因,虽然这些国库券利率为负,一些投资者仍然愿意持有,即使从货币的角度讲,持有现金更为划算。显然,国库券的便利性使得它们的利率可以略低于零。例如一个1000块钱的东西一年后值1065块钱,但是1000块存在银行一年后负利率才1038块,还没有它升值快,存钱不赚反赔。

当消费物价指数(CPI)快速攀升,钱存银行的利率还赶不上通货膨胀率,导致银行存款利率实际为负,就成了负利率。用公式表示:负利率 = 银行利率 – 通货膨胀率(就是经常听到的CPI指数)。这种情形下,如果你只把钱存在银行里,会发现随着时间的推移,银行存款虽然有所增加,但购买力逐渐降低,看起来就好像在"缩水"一样。

在负利率的条件下,相对于储蓄,居民更愿意把自己拥有的财产通过各种其他理财渠道进行保值和增值,例如购买股票、基金、外汇、黄金等。如果银行利率不能高过通货膨胀率那么就这意味着:存款者财富缩水,国家进入"负利率时代"。

如果在过去一年,你既没有买房又没有炒股,连基金也没有买一份,而只把钱存在了银行里,你会发现自己的财富不但没有增加,反而随着物价的上涨缩水了。这就是典型的存款实际收益为"负"的负利率现象。

存在银行的钱所得的利息赶不上钱贬值的速度。人们所说的负利率实际上应该是指"实际收益率",现在因为CPI(消费物价指数)上涨比较严重,引起了一定的通货膨胀。如果银行的利率低于通货膨胀率,那么我们就说实际收益率是负值,因为这样把钱放在银行实际上钱是在贬值的。西方经济学里的实际收益率 = 名义收益率 – 通胀率,现在银行的利率实际上就不足以弥补物价上涨所带来的贬值程度,所以尽管央行几次提高了利率,但是股票市场、基金市场依旧有游资不断加入就是这个原因。

利率的变动影响到了谁

对于一笔25年期贷款而言,年偿付额为126美元,到期收益率为12%。不动产经纪人通常随身携带这样的袖珍计算器,从而可以立即告诉打算利用抵押贷款购房的买主每年(或每月)需要偿付的金额。更一般地,对于一笔固定支付贷款而言,每年固定的偿付额与到期前贷款年限都是已知的,只有到期收益率是未知的。

利率风险是指市场利率变动的不确定性给银行以及投资者造成损失的可能性。利率风险是银行的主要金融风险之一,由于影响利率变动的因素很多,利率变动更加难以预测。

银行日常管理的重点之一就是怎样控制利率风险。利率风险的管理在很大程度上依赖于银行对自身的存款结构进行管理，以及运用一些新的金融工具来规避风险或设法从风险中受益。

风险管理是现代商业银行经营管理的核心内容之一。伴随着利率市场化进程的推进，利率风险也将成为我国商业银行面临的最重要的风险之一，一般将利率风险按照来源不同分为重新定价风险、收益率曲线风险、基准风险和期权性风险。

重新定价风险：如果银行以短期存款作为长期固定利率贷款的融资来源，当利率上升时，贷款的利息收入是固定的，但存款的利息支出却会随着利率的上升而增加，从而使银行的未来收益减少和经济价值降低。

收益率曲线风险：重新定价的不对称性会使收益率曲线斜率、形态发生变化，即收益率曲线的非平行移动，对银行的收益或内在经济价值产生不利影响，从而形成收益率曲线风险。例如，若以 5 年期政府债券的空头头寸为 10 年期政府债券的多头头寸进行保值，当收益率曲线变陡的时候，虽然上述安排已经对收益率曲线的平行移动进行了保值，但该 10 年期债券多头头寸的经济价值还是会下降。

基准风险：一家银行可能用一年期存款作为一年期贷款的融资来源，贷款按照美国国库券利率每月重新定价一次，而存款则按照伦敦同业拆借市场利率每月重新定价一次。虽然用一年期的存款为来源发放一年期的贷款，由于利率敏感性负债与利率敏感性资产重新定价期限完全相同而不存在重新定价风险，但因为其基准利率的变化可能不完全相关，变化不同步，仍然会使该银行面临因基准利率的利差发生变化而带来的基准风险。

期权性风险：若利率变动对存款人或借款有利，存款人就可能选择重新安排存款，借款人可能选择重新安排贷款，从而对银行产生不利影响。如今，越来越多的期权品种因具有较高的杠杆效应，还会进一步增大期权头寸，可能会对银行财务状况产生不利影响。

对于老百姓，也存在利率风险的问题。很多追求稳定回报的投资者来说，大多会选择风险小、信用度高的理财产品，比如银行存款和有“金边债券”之称的国债，不少投资者认为，银行存款和国债绝对没有风险，利率事先已经确定，到期连本带息是少不了的，的确，至少从目前来看，银行和国家的信用是最高的，与之相关的金融产品风险也很小，但并不是说完全没有风险，比如央行加息，无论是银行存款还是国债，相关风险也会随之而产生，这里就是利率风险中的一种。

定期存款是普通老百姓再熟悉不过的理财方式，一次性存入，存入一定的期限（最短 3 个月，最长 5 年），到期按存入时公布的固定利率计息，一次性还本付息。想来这是没有什么风险可言，但一旦遇到利率调高，因为定期存款是不分段计息的，不会按已经调高的利率来计算利息，那些存期较长的定期存款就只能按存入日相对较低的利率来计息，相比已调高的利率就显得划不来了。

那么如何规避风险呢？平时应该尽量关注宏观经济政策的变化，如果货币政策向紧缩方向发展，存入的期限最好不要太长，1 年期比较适当；如果货币政策宽松的话则相反，从而规避利率下跌的风险；如果存入时间不长的话，可以到银行办理重新转存的业务。

而凭证式国债也是老百姓最喜欢的投资产品之一，其因免税和利率较高而受到追捧，不少地方在发行时根本买不到，于是不少人购买国债时就选择长期的，也就是买 5 年期的，却不知一旦市场利率上升，国债的利率肯定也会水涨船高。

类似于银行定期存款，国债提前支取要收取千分之一的手续费，而且半年之内是没有利息的。扣除了这些因素后，如果划得来的话，可以提前支取转买新一期利率更高的国债。

而关注记账式国债的人比较少，但其确实是一种较好的投资，记账式国债收益可分为固定收益和做市价差收益（亏损），固定利率是经投标确定的加权平均中标利率，一般会高于银行，其风险主要来自债券的价格，如果进入加息周期，债券的价格就会看跌，债券的全价（债券净价加应计息）可能会低于银行存款利率甚至亏损。

由于债券价格与市场利率成反比，利率降低，债券价格上升；利率上升，则债券价格下跌，因此，投资者在投资记账式国债的时候可以根据利率的变化和预期作出判断，若预计利率将上升，可卖出手中债券，待利率上升导致债券价格下跌时再买入债券，这时的债券实际收益率会高于票面利率。

总之，利率也是有风险的，投资者一定要根据自己的实际情况合理地进行资产配置，在财务安全的前提下获得更高的收益。

利率变动对资本价值的影响

如果你将1000美元存入银行账户，利率为10%，那么你每年都可以取出100美元的利息，第10年末你的账户余额为1000美元。购买面值为1000美元、息票利率为10%的债券，每年息票利息为100美元，第10年末归还1000美元。如果债券价格等于其面值1000美元，它的到期收益率必然等于息票利率10%。这一推理过程适用于任何息票债券，即如果息票债券按其面值购买，到期收益率与息票利率必然相等。

面值为1000美元、期限为10年、每年息票利息为100美元（10%的息票利率）的债券，其现值计算方法如下：第1年末支付的息票利息100美元的现值为$100/(1+i)$美元；第2年年末100美元息票利息的现值为$100/(1+i)^2$美元；依此类推，在到期日，为100美元息票利息的现值$100/(1+i)^{10}$美元，加上所偿付的1000美元面值的现值$1000/(1+i)^{10}$。令债券今天的价值（即债券的现价，以P表示）与债券所有偿付额的现值相等，即

$$P=\frac{100}{1+i}+\frac{100}{(1+i)^2}+\frac{100}{(1+i)^3}+\cdots\frac{100}{(1+i)^{10}}+\frac{1000}{(1+i)^{10}}$$

$$P=\frac{C}{1+i}+\frac{C}{(1+i)^2}+\frac{C}{(1+i)^3}+\cdots\frac{C}{(1+i)^n}+\frac{F}{(1+i)^n}$$

（其中，P为债券的现价；C为每年的息票利息；F为债券的面值；n为距到期日的年数）

在公式中，息票利息、面值、期限与债券价格都是已知的，只有到期收益率未知，因此，我们可以从这个公式中求解出到期收益率。与固定支付贷款相同，这个计算过程比较烦琐，商用袖珍计算器都安装了求解这一公式的程序。

如果你想进行美元和欧元的外汇投资，那么美元和欧元的存款利率走势可以告诉我

们，美元和欧元的价值经过一年后会如何变化。为了比较美元存款和欧元存款的收益率，我们需要知道的另一方面的信息是，在这一年中美元 / 欧元汇率的预期变动。为了知道美元和欧元哪一种货币的预期收益率高，你必须问自己：如果我用美元购买欧元存款，一年之后我能拿回多少美元？当你回答这一问题时，你会计算欧元存款的美元收益率，因为你会比较这笔欧元目前的美元价格和一年之后的美元价格。

如何进行这种计算？我们来看下面的例子：假设今天的汇率是 1.10 美元 / 欧元，但你预计一年后汇率将变为 1.165 美元 / 欧元（可能因为你预期美国经济发展将出现不利情况），再假设美元利率为每年 10%，欧元利率为 5%，这意味着 1 美元的存款一年后值 1.10 美元，而 1 欧元存款一年后值 1.05 欧元，哪一种存款的收益更高？

你可以分五步求出答案。

第一步，用目前的美元 / 欧元汇率，计算出欧元存款（例如 1 欧元存款）的美元价格。如果今天的汇率是每欧元 1.10 美元，则 1 欧元存款的美元价格为 1.10 美元。

第二步，用欧元利率计算出如果现在买入 1 欧元存款一年后将获得的欧元数额。欧元存款的年利率为 5%，所以在年末，1 欧元存款将值 1.05 欧元。

第三步，用你所预期的一年后的汇率，计算出第二步中计算得出的欧元的美元价值。由于你预计在未来一年中，美元将对欧元贬值，所以 12 个月后的汇率将为 1.165 美元 / 欧元。于是，你的欧元存款一年后的预期美元价值是 1.165 美元 / 欧元 ×1.05 欧元 =1.223 美元。

第四步，已知今天的 1 欧元存款的美元价格（1.10 美元）并预测到一年后的价值为 1.223 美元，就可以计算出欧元存款的预期美元收益率为（1.223–1.10）/1.10=0.11 或 11%。

第五步，因为美元存款的美元收益率（美元利率）仅为 10%，你预计以欧元存款形式持有你的财富更为有利。尽管事实上美元年利率要比欧元高 5%，欧元的预期升值给欧元持有者带来的未来资本收益会使得欧元存款成为高回报的资产。

下面我们来考察几个已知面值为 1000 美元、息票利率为 10%、期限为 10 年的债券，以求解到期收益率。如果债券的买入价格为 1000 美元，无论利用安装有该程序的袖珍计算器，还是在债券表中查找，我们可以找到到期收益率为 10%。如果价格为 900 美元，到期收益率就是 11.75%。

我们可以发现三个有趣的事实：

第一，如果息票债券的价格等于其面值，到期收益率就等于息票利率。第二，息票债券的价格与到期收益率是负向相关的。也就是说，当到期收益率上升时，债券价格下跌；反之，当到期收益率下降时，债券价格上升。第三，当债券价格低于其面值时，到期收益率要高于息票利率。

债券价格与到期收益率之间的负向相关关系显而易见。当到期收益率上升时，债券价格公式中所有的分母必然上升。于是，以到期收益率表示的利率的上升意味着债券价格的下跌。利率上升引起债券价格下跌还可以从另外一个角度解释，利率越高，未来的息票利息与最终偿付的款项所折现的价值就越少，因此，债券的价格必然更低。

我们发现，统一公债的到期收益率的计算十分简单（虽然它永远不会到期）。例如，对于每年支付 100 美元、价格为 2000 美元的统一公债，很容易计算出它的到期收益率为 5%（100/2000）。贴现发行债券的到期收益率的计算类似于普通贷款。以 1 年期美国国库券这样的贴现发行债券为例，假定 1 年到期时偿付其面值 1000 美元。如果债券的现价为 900 美元，那么，利用前述公式，令债券价格等于 1 年后收到的 1000 美元的现值，可以得到

$$P=\frac{1000}{1+i}$$

求解 i：

$$i=\frac{1000-900}{900}=0.111=11.1\%$$

更一般地，对于任何 1 年期的贴现发行债券，其到期收益率都可以写作：

$$i=\frac{F-P}{P}$$

（其中，F 为贴现发行债券的面值；P 为贴现发行债券的现价）

换句话说，在通常情况下，投资者持有这些债券的收益为正，因此，贴现发行意味着债券的价格低于其面值。

把利率的决定权还给市场

如果媒体经常报道利率下调，物价就会上涨，市民的生活负担会因通货膨胀而加重。另一方面，基准利率如果上调，百姓偿还贷款利息又会变得艰难。所以说，“利率上调，百姓受损；利率下调，百姓依然受损”，而非常不幸的是这种矛盾现象的存在是不争的事实。

利率降低，储蓄的百姓和每月领取固定工资的百姓会蒙受损失；利率提高，贷款消费的百姓则会受损。银行也是相同的道理。利率降低，会比过去通货膨胀时所贷出债务的利率要低，银行的资本反而会缩水。

如此说来，利率的变动对百姓、企业、银行等所有人来说，皆随着各自情况的不同或受益或受损。也就是说，谁会获益将取决于基准利率的升降。基准利率是投资规划中非常重要的一个参考指标。它带来的不仅是利息上的负担，更是说明市场有多少储蓄的最重要指标。

基准利率是人民银行公布的商业银行存款、贷款、贴现等业务的指导性利率，存款利率暂时不能上、下浮动，贷款利率可以在基准利率基础上下浮 10% 至上浮 70%。基准利率是金融市场上具有普遍参照作用的利率，其他利率水平或金融资产价格均可根据这一基准利率水平来确定。基准利率是利率市场化的重要前提之一，在利率市场化条件下，融资者衡量融资成本，投资者计算投资收益，客观上都要求有一个普遍公认的利率水平作参考。所以，基准利率也就成了利率市场化机制形成的核心。

一般来说，基准利率必须具备以下几个基本特征：第一，市场化。这是显而易见的，

基准利率必须是由市场供求关系决定，而且不仅反映实际市场供求状况，还要反映市场对未来的预期；第二，基础性。基准利率在利率体系、金融产品价格体系中处于基础性地位，它与其他金融市场的利率或金融资产的价格具有较强的关联性；第三，传递性。基准利率所反映的市场信号，或者中央银行通过基准利率所发出的调控信号，能有效地传递到其他金融市场和金融产品价格上。

基准利率算得上是利率家族中的老大，对其他利率有决定性的影响，当它发生变动时，其他利率也会跟着变动。基准利率一般由中央银行调控。只要掌控基准利率，中央银行就能对其他利率施加影响，进而影响全国的资金流动。在我国，一年期存贷款利率是最重要的基准利率。媒体经常报道中国人民银行宣布加息或减息的决定，那个“息”一般就是指一年期存贷款利率。中央银行总是着眼于宏观经济，仔细权衡利率调整对方方面面的影响，谨慎地作出调整利率的决定。

无论哪个国家，如果发生地震导致工厂和农业无法正常生产，物价肯定会上涨。在每天都发生着巨大变化的社会里，如何决定需要多少货币呢？又应该由谁来决定？难道每次都由国民投票来决定利率的调整吗？

试想如果由国家决定降低橙汁价格，谁都不想再种植橙子。那么橙子就会从市场上消失，最后必须由国家统一种植。货币市场也是同样的道理。如果风险度比利率或者通货膨胀率更高，谁都不会想以低利率把钱借出去。货币自然会从市场上消失，结果国家就成为“最后的银行”了。

国家控制市场价格已经被证明是个失败的模式。但是，如果让市场自己来决定利率又会有过敏反应，持反对意见者往往都声称为了“百姓”，因为他们认为这样会加重百姓的利息负担，而且会出现横行霸道的高利贷者，给人们的生活带来不安和恐惧。国家最应该做的事情就是要保护债务人的人权，政府首先应该做的事情就是制定更加简单方便的、能够保护债务人的破产制度。作为债权人的银行必须改变原来的认识，银行的作用不仅是发放贷款，更是进行一种投资。

利率取决于储蓄的人和需要贷款的人的需求和供给，低利率则表明用于消费的储蓄很多。因此，低利率条件下适宜制订需要很多资金的投资计划，表明这种投资是可以受益的。但是，中央银行和政府若是人为地降低利率干预市场，即使没有储蓄也可以提供资金，企业和个人就会制订错误的投资计划。

长短期利率是用来表示长短期贷款风险度的重要指标。风险度提高，利率就会提高；风险度降低，利率就会降低。风险度高的话，投资者当然会要求高利率，并会减少对同一领域的新的投资计划。所以，利率是衡量投资风险度的重要指标。

在瞬息万变的社会里，中央银行基准利率的决定往往都是最迟缓、最滞后的，总是在趋势形成以后才发生变化。因此在确定基准利率水平时，主要考虑以下四个宏观经济因素：一是全社会资金的供求。资金可以看做是一种商品，利率则是资金的价格，可以被当做平衡资金供求的调节工具。二是企业利润水平。许多企业要向银行贷款，贷了款就得支付利息。利息支出是企业成本的一部分。如果贷款利率水平太高，企业成本增加，利润空间缩小。三是商业银行的利润水平。商业银行是资金的媒介，它的主要收益就是资金来源与资金运用两者的利息之差。中央银行的利率会直接影响商业银行的利润空间。四是物价水平。

如果物价上涨过高，中央银行往往会提高利率，抑制通货膨胀；相反，如果物价太低，出现通货紧缩，中央银行就会考虑降低利率，帮助经济摆脱困境。

要解决前文所说的问题，应该由市场根据储蓄和贷款的供求关系来决定利率的升降。只有依据市场来决定价格，才能制定出合理利率。

第二章　金融工具应用分析

现值：衡量货币的时间价值

一年后你收入的 1 元不如你现在收入的 1 元值钱。这个常识是千真万确的。假设你买彩票获得了 2000 万元。主办方承诺，这 2000 万将在未来的 20 年中以每年 100 万元的数额分批支付。你真的完全获得了这 2000 万元奖金吗？我们假定利率为 10%，第 1 次支付的 100 万元显然等于现在的 100 万元,但是第二年支付的 100 万元用今天的价值来衡量，就远远少于 100 万元。接下来支付的就会更少，将这些现值相加，实际上只有 940 万元。为什么会无形中会消失了一半。

现值，指资金折算至基准年的数值，也称折现值、在用价值，是指对未来现金流量以恰当的折现率进行折现后的价值。指资产按照预计从其持续使用和最终处置中所产生的未来净现金流入量折现的金额，负债按照预计期限内需要偿还的未来净现金流出量折现的金额。

现值是现在和将来（或过去）的一笔支付或支付流在今天的价值。在现值计量下，资产按照预计从其持续使用和最终处置中所产生的未来净现金流入量的折现金额计量，负债按照预计期限内需要偿还的未来净现金流出量的折现金额计量。

例如：在确定固定资产、无形资产等可收回金额时，通常需要计算资产预计未来现金流量的现值；对于持有至到期投资、贷款等以摊余成本计量的金融资产，通常需要使用实际利率法将这些资产在预期存续期间或适用的更短期间内的未来现金流量折现，再通过相应的调整确定其摊余成本。

我们来观察最为简单的债务工具形式，我们称之为普通贷款。在这种贷款中，贷款人向借款人提供一定数量的资金即本金,借款人在到期日必须偿还本金,并额外支付利息。例如，如果你向你的朋友珍妮发放了一笔金额为 100 美元的 1 年期普通贷款，你会要求她 1 年后偿还 100 美元本金以及一定的利息，譬如说 10 美元。在类似于这样的普通贷款的案例中，计算利息最简单的办法就是用支付的利息除以贷款的金额。这样所得到的利率被称为单利率，如果你发放这笔 100 美元的贷款，第 1 年末你将获取 110 美元，如果你之后再将这 110 美元贷放出去，第 2 年年末你将获取：$110\times(1+0.1)=121$（美元）。这个等式等价于 $100\times(1+0.1)\times(1+0.1)=100\times(1+0.1)^2=121$（美元）继续发放这笔贷款，第 3 年末你将获取 $121\times(1+0.1)=100\times(1+0.1)^3=133$（美元）。概括起来，我们可以看出，在第n年末，你的100美元将会变成100×（1+i）^{n}美元（i为银行单利率）。

这个公式可以立即告诉我们，今天的100美元与1年后的110美元是相等的（当然，你必须确保珍妮可以归还这笔贷款）。或者说，今天的100美元相当于2年后的121美元、3年后的133美元或n年后的100×（1+0.1）^{n}美元。这个时间轴还意味着，我们可以从未来的收益倒算现在的价值。例如，3年后的133美元相当于今天的100美元。

我们上面所计算的是未来收入在今天的价值，这个过程被称为对未来的贴现。如果有人承诺10年后支付你1美元，那么这1美元远远没有现在的1美元值钱。这是因为，如果你现在拥有这1美元，你可以将其用于投资，那么10年后你获取的将不止1美元。

现值的概念非常有用，因为在它的帮助下，我们可以将所有未来回报的现值相加，从而计算出单利率为i的信用市场工具今天的价值（价格）。这样我们就可以比较两种偿付时间不同的工具。

现值原则应用于所有基于未来现金流量的计量，包括：（1）递延所得税；（2）确定未包含的资产（特别是存货、建筑合同余额和递延所得税资产）的可收回金额以用于减值测试。

对于目前仅仅基于未来现金流量计量的资产和负债，现值概念应：（1）在其影响是重要的少有情况下，原则上被用于预付款和预收款；（2）被用于建筑合同，以允许在不同时期发生在现金流量的更有意义的加总；（3）不被用于决定折旧和摊销，因为这时运用现值概念的成本将超过其效益。

经济学家通过分析失业风险酬金的数据获得了一个代表性的发现，美国人对自己生命的估价不超过300万美元，而在较贫穷的国家，人们的自我估价更低。一些科学家认为除非人类找到新的替代性能源，数百万年后太阳的能源将被耗尽，地球也将毁灭。现值告诉我们为什么这并不值得担心。假设一百万年后地球上有100亿人口，并且每个人都认为自己的生命价值1992年的100万亿美元。那么即使是按2%的极低利率计算，太阳能源耗尽带来的损失的现值低于1欧元。

期货：创造价值的“买空卖空”

期货是相对现货而言的。期货的英文为Futures，是由“未来”一词演化而来，其含义是：交易双方不必在买卖发生的初期就交收实货，而是共同约定在未来的某一时候交收实货，因此中国人称其为“期货”。现在所说的期货一般指期货合约，就是指由期货交易所统一制定的、规定在将来某一特定的时间和地点交割一定数量标的物的标准化合约。

期货合约规定了在未来一个特定的时间和地点，参与该合约交易的人要交割一定数量的标的物。所谓的标的物，是期货合约交易的基础资产，是交割的依据或对象。

期货投资，通俗点说就是利用今天的钱，买卖明天的货。期货是期货合约的简称，是由期货交易所统一制定的一种供投资者买卖的投资工具。

最初的期货交易是从现货远期交易发展而来，最初的现货远期交易是双方口头承诺在某一时间交割一定数量的商品，后来随着交易范围的扩大，口头承诺逐渐被买卖契约代替。这种契约行为日益复杂化，需要有中间人担保，以便监督买卖双方按期交货和付款，于是便出现了 1571 年伦敦开设的世界第一家商品远期合同交易所——皇家交易所。

为了适应商品经济的不断发展，1848 年，82 位商人发起组织了芝加哥期货交易所（CBOT），目的是改进运输与储存条件，为会员提供信息；1851 年芝加哥期货交易所引进远期合同；1865 年芝加哥谷物交易所推出了一种被称为“期货合约”的标准化协议，取代原先沿用的远期合同。使用这种标准化合约，允许合约转手买卖，并逐步完善了保证金制度，于是一种专门买卖标准化合约的期货市场形成了，期货成为投资者的一种投资理财工具。1882 年交易所允许以对冲方式免除履约责任，增加了期货交易的流动性。

期货与股票、现货的区别

在小麦每吨 2000 元时，估计麦价要下跌，于是投资者在期货市场上与买家签订了一份合约，约定在半年内，可以随时卖给买家 10 吨标准小麦，价格是每吨 2000 元。5 个月后，果然小麦价格跌到 1600 元每吨，投资者估计跌得差不多了，马上以 1600 元的价格买了 10 吨小麦，转手按照契约上以 2000 元的价格卖给买家，转眼就赚了 4000 元，原先缴纳的保证金也返还了，投资者就这样获利平仓了。

这其实是卖开仓，就是说投资者的手上并没有小麦，但因为期货可以实行做空机制，可以先与买家签订买卖合约。而买家为什么要与投资者签订合约呢？因为他对小麦看涨。事实证明，投资者的判断是准确的，否则如果在半年内小麦价格没有下跌，反而涨到 2400 元，那么在合约到期前，投资者必须被迫高价购买 10 吨小麦然后以契约价卖给买家，这样就亏损了，而买家就会赚 4000 元。

期货交易是一种特殊的交易方式，它有不同于其他交易的鲜明特点：

1. 期货交易买卖的是期货合约

期货买卖的对象并不是铜那样的实物或者股票价格指数那样的金融指标，是和这些东西有关的合约，一份合约代表了买卖双方所承担的履行合约的权利和义务。合约对标的物（也就是大豆、股票价格指数等）的相关属性和时间地点等问题提前进行了详细的规定，买卖合约的双方都要遵守这个规定。买卖双方对合约报出价格，买方买的是合约，卖方卖的也是合约。

2. 合约标准化

同一家交易所对标的物相同的合约都作出同样的规定。例如，在上海期货交易所上市交易的铜期货合约，每张合约的内容都是一样的，交易品种都是阴极铜，交易单位都是 5 吨，交割品级都要符合国标 GB/T467–1997 标准，其他的有关规定包括报价单位、最小变动价位、每日价格最大波动限制、交易时间、最后交易日、最低交易保证金、交易手续费等，这些规定对每份铜期货合约来说都是相同的。

3. 在期货交易所交易

大部分的期货都在期货交易所上市。期货交易所不仅有严密的组织结构和章程，还有特定的交易场所和相对制度化的交易、结算、交割流程。因此，期货交易往往被称为场内交易。我国国内的期货产品都是在期货交易所交易的。

4. 双向交易

我们既可以先买一张期货合约，在合约到期之前卖出平仓（或者到期时接受卖方交割），也可以先卖一张合约，在合约到期之前买进平仓（或者到期时交出实物或者通过现金进行交割）。就算手头没有一张合约，依然可以先卖出。这种可以先买也可以先卖的交易被称为双向交易。

5. 保证金交易

进行期货买卖的时候，不需要支付全部金额，只要交出一个比例（通常为5%～10%）的金额作为履约的担保就行了，这个一定比例的金额就是保证金。

6. 到期交割

期货合约是有到期日的，合约到期需要进行交割履行义务，了结合约。商品期货到期交割的是商品，合约的卖方要把铜或者大豆这样的标的物运到指定的交易仓库，被买方拉走，这被称为实物交割，商品期货都是实物交割。股指期货的标的物是一篮子股票，实物交割在操作上存在困难，因而采用现金交割。在股指期货合约到期时，依照对应的股指期货的价格，也即合约规定的交割结算价，计算出盈亏，交易者通过交易账户的资金划转完成交割。

投资者根据自己对期货价格走势的判断，作出买进或卖出的决定，以获取价差为最终目的。其收益直接来源于价差。如果这种判断与市场价格走势相同，则投资者平仓出局后可获取投资利润；如果判断与价格走势相反，则投资者平仓出局后承担投机损失。投资者主动承担风险，他的出现促进了市场的流动性，保障了价格发现功能的实现。

对市场而言，投资者的出现缓解了市场价格可能产生的过大波动。投资者提供套期保值者所需要的风险资金。投资者的参与，使相关市场或商品的价格变化步调趋于一致，增加了市场交易量，从而增加了市场流动性，便于套期保值者对冲其合约，自由进出市场。期货的产生使投资者找到了一个相对有效的规避市场价格风险的渠道，有助于稳定国民经济，也有助于市场经济体系的建立与完善。

期权：只有权利，没有义务

目前世界上最大的期权交易所是芝加哥期权交易所；欧洲最大期权交易所是欧洲期货与期权交易所，它的前身为德意志期货交易所与瑞士期权与金融期货交易所；亚洲方面，韩国的期权市场发展迅速，并且其交易规模巨大，目前是全球期权发展最好的国家，中国香港地区以及中国台湾地区都有期权交易所。

期权又称为选择权，是在期货的基础上产生的一种衍生性金融工具。从其本质上讲，期权实质上是在金融领域中将权利和义务分开进行定价，使得权利的受让人在规定时间内对于是否进行交易，行使其权利，而义务方必须履行。在期权的交易中，购买期权的一方称作买方，而出售期权的一方则叫做卖方；买方即是权利的受让人，而卖方则是必须履行买方行使权利的义务人。

假设标的物是铜期货。甲公司向乙公司买铜，可是，甲公司的资金有限，需要去银行贷款。甲公司估计大概需5个月的时间才能拿到贷款，担心在这段时间内，铜价格会涨。所以，甲公司与乙公司商定，甲公司付10元/吨给乙公司，乙公司同意甲公司有权在5个月之内任何时间，以商定的30000元/吨的价格购买铜。第一种情况：5个月后，铜价格涨到40000元/吨。甲公司就按约定以30000元/吨的价钱买下，再以40000元/吨的价钱在市场卖出，扣除本金30000元/吨和权力金2000元/吨，甲公司从中获得的差额收益就是8000元/吨。

第二种情况：在3个月后，铜价格跌到20000元/吨。甲公司就可以放弃铜的认购权力，而转向市场直接以20000/吨的价格买入铜，甲公司损失的金额仅限于已经付给乙公司的2000元/吨的权力金。

这就是期权市场的优势，它给从业者提供了一个非常灵活的避险工具。买进一定敲定价格的看涨期权，在支付一笔很少权利金后，便可享有买入相关期货的权利。一旦价格果真上涨，便履行看涨期权，以低价获得期货多头，然后按上涨的价格卖出相关期货合约，获得差价利润，在弥补支付的权利金后还有盈余。如果价格不但没有上涨，反而下跌，则可放弃或低价转让看涨期权，其最大损失为权利金。

看涨期权的买方之所以买入看涨期权，是因为通过对相关期货市场价格变动的分析，认定相关期货市场价格较大幅度上涨的可能性很大，所以，他买入看涨期权，支付一定数额的权利金。一旦市场价格果真大幅度上涨，那么，他将会因低价买进期货而获取较大的利润，大于他买入期权所付的权利金数额，最终获利，他也可以在市场以更高的权利金价格卖出该期权合约，从而对冲获利。如果看涨期权买方对相关期货市场价格变动趋势判断不准确，一方面，如果市场价格只有小幅度上涨，买方可履约或对冲，获取一点利润，弥补权利金支出的损失；另一方面，如果市场价格下跌，买方则不履约，其最大损失是支付的权利金数额。

期权市场是由于风险管理的需要，随着时间的推移慢慢产生的。期权市场的风险管理是重中之重。当相关标的期权市场出现较大波动的时候，一些下单活动往往变得十分活跃，比如说频繁地取消订单、更改订单和重新下单。在这种紧张的环境中，难免会出现投资者在交易时因为无意识地犯一些愚蠢的小错误却酿成了大损失的情况。对此，也有独特的措施来避免这类错误的发生：

（1）在履约结算方面，规定在开始第一笔交易之前，交易者必须首先缴纳一定数额的保证金。之后，在每次下单之前，计算机系统将自动对其保证金进行计算并检查该会员账户是否持有足够的保证金数额。采用的是将期货和期权持仓合并计算的保证金系统。初始保证金为15%，维持保证金为10%。这些风险防范措施可以保证期货市场更加健康地发展。

（2）对每单最大交易量做了限制，现行规定是投资者在期货交易中每单交易量不能超过1000张期货合约，在期权交易中每单不能超过5000张期权合约。

（3）为防止有人对市场进行恶意操纵，随时监视会员的持仓情况。会员的期货净持仓不能超过5000手，但其中不包括套利和经查属实的对冲仓位。

（4）限制了下一交易日的权利金价格的波动范围，即：期权权利金的波动幅度不能超过该期权的理论价格加 / 减 KOSPl 200 指数当日收盘的 15%。

（5）对期权权利金的变动情况进行限制。比如当市场价格波幅超过 5% 时，系统就暂停交易 1 分钟或者更长的时间。

期权交易中，买卖双方的权利义务不同，使买卖双方面临着不同的风险状况。对于期权交易者来说，买方与卖方均面临着权利金不利变化的风险。这点与期货相同，即在权利金的范围内，如果买得低而卖得高，平仓就能获利。相反则亏损。与期货不同的是，期权多头的风险底线已经确定和支付，其风险控制在权利金范围内。期权空头持仓的风险则存在与期货相同的不确定性。由于期权卖方收到的权利金能够为其提供相应的担保，从而在价格发生不利变动时，能够抵消期权卖方的部分损失。

虽然期权买方的风险有限，但其亏损的比例却有可能是 100%，有限的亏损加起来就变成了较大的亏损。期权卖方可以收到权利金，一旦价格发生较大的不利变化或者波动率大幅升高，尽管期货的价格不可能跌至零，也不可能无限上涨，但从资金管理的角度来讲，对于许多交易者来说，此时的损失已相当于“无限”了。因此，在进行期权投资之前，投资者一定要全面客观地认识期权交易的风险。

投资者们更关心的是中国期权市场的发展状况，国际期货市场现在热闹非常，今天油价高涨，明天铜价大跌，而这一切似乎也多多少少跟中国有些关系。而中国的经济发展也越来越受到国外的重视，国外的越来越多的金融领域希望对中国的经济有所反映。现在，我国已具备推出商品期权交易的条件，业界和投资者也迫切希望商品期权的上市。目前我国的期货市场已经日渐成熟，相信一旦引入期权，广阔而又活跃的中国市场一定会发展得更快更好！

投资银行：兴也勃焉，亡也忽焉

2008 年是华尔街的多事之秋。2008 年 9 月 15 日至 21 日是华尔街历史上最黑暗的一周。雷曼兄弟申请破产保护、美林被美洲银行收购、摩根斯坦利与高盛宣布转为银行控股公司。再加上 2008 年 3 月被摩根大通收购的贝尔斯登，曾经风光无限的华尔街五大投行集体消失。对于熟悉美国金融体系的专业人士来说，如此巨变可谓“天翻地覆”！

投资银行是主要从事证券发行、承销、交易、企业重组、兼并与收购、投资分析、风险投资、项目融资等业务的非银行金融机构，是资本市场上的主要金融中介。在中国，投资银行的主要代表有中国国际金融有限公司、中信证券、投资银行在线等。

投资银行是与商业银行相对应的一个概念，是现代金融业适应现代经济发展形成的一个新兴行业。它区别于其他相关行业的显著特点是：其一，它属于金融服务业，这是区别一般性咨询、中介服务业的标志；其二，它主要服务于资本市场，这是区别商业银行的标志；其三，它是智力密集型行业，这是区别其他专业性金融服务机构的标志。

投资银行是证券和股份公司制度发展到特定阶段的产物，是发达证券市场和成熟金融体系的重要主体，在现代社会经济发展中发挥着沟通资金供求、构造证券市场、推动企业并购、促进产业集中和规模经济形成、优化资源配置等重要作用。

当我们说到投资银行时，总会想到高盛、摩根斯坦利等，其实中国也有投资银行。只不过叫法不同而已。在日本和中国，具备投资银行职能的金融机构被称为“证券公司”。它们除了为企业承销股票和债券、负责企业兼并重组及破产清算事宜之外，还负担着证券分析和证券经纪人的角色。日本最大的证券公司如东洋证券。中国知名证券公司如申银万国，既为企业融资充当经纪人，又为大小投资者买卖股票充当经纪人。因此，中国的大型证券公司实际上就相当于美国的投资银行。只是人们往往没有注意到这一点而已。

投资银行其实是一个美国词汇，在其他的国家和地区，投资银行有着不同的称谓：在英国被称为“商人银行”，在其他国家和地区则被称为“证券公司”。需要指出的是，虽然都被称为“银行”，商业银行与投资银行其实是两种不同的金融机构。在传统的金融学教科书里，“银行”是经营间接融资业务的，通过储户存款与企业贷款之间的利息差距赚取利润；而投资银行却是经营直接融资业务的，一般来说，它既不接受存款也不发放贷款，而是为企业提供发行股票、债券或重组、清算业务，从中抽取佣金。

但是让很多投资人感到好奇的是，投资银行是怎样来的呢？在美国，投资银行往往有两个来源：一是由商业银行分解而来，其中典型的例子就是摩根斯坦利；二是由证券经纪人发展而来，典型的例子如美林证券。

追溯起来，美国投资银行与商业银行的分离最早发生在1929年的大股灾之后，当时联邦政府认为投资银行业务有较高的风险，禁止商业银行利用储户的资金参加投行业务，结果一大批综合性银行被迫分解为商业银行和投资银行，其中最典型的例子就是摩根银行分解为从事投资银行业务的摩根斯坦利以及从事商业银行业务的摩根大通。不过这种情况并没有发生在欧洲，欧洲各国政府一直没有颁布这样的限制，投资银行业务一般都是由商业银行来完成的，如德意志银行、荷兰银行、瑞士银行、瑞士信贷银行等等。有趣的是这样做在欧洲不但没有引起金融危机，反而在一定程度上加强了融资效率，降低了金融系统的风险。

近20年来，在国际经济全球化和市场竞争日益激烈的趋势下，投资银行业完全跳开了传统证券承销和证券经纪狭窄的业务框架，跻身于金融业务的国际化、多样化、专业化和集中化之中，努力开拓各种市场空间。这些变化不断改变着投资银行和投资银行业，对世界经济和金融体系产生了深远的影响，并已形成鲜明而强大的发展趋势。

由于投资银行业的发展日新月异，对投资银行的界定也显得十分困难。投资银行是美国和欧洲大陆的称谓，英国称之为商人银行，在日本则指证券公司。国际上对投资银行的定义主要有四种：第一种：任何经营华尔街金融业务的金融机构都可以称为投资银行。第二种：只有经营一部分或全部资本市场业务的金融机构才是投资银行。第三种：把从事证券承销和企业并购的金融机构称为投资银行。第四种：仅把在一级市场上承销证券和二级市场交易证券的金融机构称为投资银行。

投资银行以其强大的赢利能力而为世人所瞩目。以最常见的股票发行业务为例，投资银行一般要抽取7%的佣金，也就是说，如果客户发行价值100亿美元的股票，投资银行就要吃掉7亿美元。

在公司并购业务中，投资银行同样大赚特赚。19世纪80年代以来，美国至少经历了四次公司并购浪潮，这就为投资银行提供了相当可观的收入来源。近年来欧美动辄发生价值几百亿甚至几千亿美元的超级兼并案，如美国在线兼并时代华纳、沃达丰兼并曼内斯曼、惠普兼并康柏等，背后都有投资银行的推波助澜。因为兼并业务的技术含量很高，利润又很丰厚，一般被认为是投资银行的核心业务，从事这一业务的银行家是整个金融领域最炙手可热的人物。

复利计算的魔力与 72 法则

爱因斯坦曾经这样感慨道："复利堪称是世界第八大奇迹，其威力甚至超过原子弹。"古印度的一个传说证实了爱因斯坦的这种感慨。

古印度的舍罕王准备奖励自己的宰相西萨班达依尔，此人发明了国际象棋。舍罕王问西萨班达依尔想要什么，西萨班达依尔拿出一个小小的国际象棋棋盘，然后对国王说："陛下，金银财宝我都不要，我只要麦子。您在这张棋盘的第 1 个小格里，放 1 粒麦子，在第 2 个小格里给 2 粒，第 3 个小格放 4 粒，以后每个小格都比前一小格多一倍。然后，您将摆满棋盘上所有 64 格的麦子，都赏给我就可以了！"

舍罕王看了看那个小棋盘，觉得这个要求实在太容易满足了，当场就答应了下来。

不过，当国王的奴隶们将麦子一格格开始放时，舍罕王才发现：就是把全印度甚至全世界的麦子都拿过来，也满足不了宰相的要求。

那么这个宰相要求的麦粒究竟有多少呢？有人曾计算过，按照这种方式填满整个棋盘大约需要 820 亿吨麦子。即使按照现在全球麦子的产量来计算，也需要 550 年才能满足西萨班达依尔的要求。

复利竟有如此神奇的力量，那么究竟什么是复利呢？

复利是指在每经过一个计息期后，都要将所生利息加入本金，以计算下期的利息。这样，在每一个计息期，上一个计息期的利息都将成为生息的本金，即以利生利。复利和高利贷的计算方法基本一致，它是将本金及其产生的利息一并计算，也就是人们常说的"利滚利"。

复利的计算是对本金及其产生的利息一并计算，也就是利上有利。复利计算的特点是：把上期末的本利和作为下一期的本金，在计算时每一期本金的数额是不同的。复利的计算公式是：$S=P(1+i)^n$

复利现值是指在计算复利的情况下，要达到未来某一特定的资金金额，现在必须投入的本金。所谓复利也称利上加利，是指一笔存款或者投资获得回报之后，再连本带利进行新一轮投资的方法。复利终值是指本金在约定的期限内获得利息后，将利息加入本金再计利息，逐期滚算到约定期末的本金之和。

例如：拿 10 万元进行投资的话，以每年 15% 的收益来计算，第二年的收益并入本金就是 11.5 万，然后将这 11.5 万作为本金再次投资，等到 15 年之后拥有的资产就是原来的 8 倍也就是 80 万，而且这笔投资还将继续以每 5 年翻一番的速度急速增长。

这其实是一个按照 100% 复利计算递增的事例。不过在现实中，理想中 100% 的复利增长是很难出现的，即使是股神巴菲特的伯克希尔－哈撒韦公司，在 1993 ~ 2007 年的这 15 年里年平均回报率也仅为 23.5%。

不过，即使只有这样的复利增长，其结果也是惊人的。金融领域有个著名的72法则：如果以1%的复利来计息，经过72年后，本金就会翻一番。根据这个法则，用72除以投资回报率，就能够轻易算出本金翻番所需要的时间。

比如，如果投资的平均年回报率为10%，那么只要7.2年后，本金就可以翻一番。如果投资10万元，7.2年后就变成20万元，14.4年后变成40万元，21.6年之后变成80万元，28.8年之后就可以达到160万元。每年10%的投资回报率，并非难事，由此可见复利的威力。要想财富增值，首先必须进行投资。根据72法则，回报率越高，复利带来的收益越大。而银行的存款利息过低，所以储蓄并不是增值财富的根本选择。要想保持高的收益，让复利一展神奇的话，那就需要进行高回报率的投资。

从复利的增长趋势来看，时间越长，复利产生的效应也就越大。所以，如果希望得到较高的回报，就要充分利用这种效应。进行投资的时间越早，复利带来的收益越大。在条件允许的情况下，只要有了资金来源，就需要进行制定并开始执行投资理财的计划。

复利的原理告诉我们，只要保持稳定的常年收益率，就能够实现丰厚的利润。在进行投资的选择时，一定要注重那些有着持续稳定收益率的领域。一般情况下，年收益率在15%左右最为理想，这样的收益率既不高也不低，稳定易于实现。找到稳定收益率的领域后，只要坚持长期投资，复利会让财富迅速增值。

还要注意到，复利的收益是在连续计算的时候，才会有神奇的效应。这就要求我们在投资的时候，要防止亏损。如果一两年内，收益平平还不要紧，一旦出现严重亏损，就会前功尽弃，复利的神奇也会消失殆尽，一切又得从头开始。利用复利进行投资时，需要谨记的是：避免出现大的亏损，一切以“稳”为重。

李嘉诚先生自16岁白手起家，到73岁时，57年的时间里他的资产达到了126亿美元。对于普通人来说，这是一个天文数字，李嘉诚最终却做到了。李嘉诚的成功并不是一次两次的暴利，而在于他有着持久、稳定的收益。

让李嘉诚的财富不断增值的神奇工具就是复利。复利的神奇在于资本的稳步增长，要想利用复利使财富增值，就得注重资本的逐步积累。改掉随意花钱的习惯，这是普通人走向复利增值的第一步。

所以，我们要学会每天积累一些资金，持续进行投资，现在的钱种子就可以在将来养成大树。所以说成功的关键就是端正态度，设立一个长期可行的方案持之以恒地去做，这样成功会离我们越来越近。

提供投资资金的金融中介机构

2008年3月美国第五大投资银行贝尔斯登因濒临破产而被摩根大通收购近半年之后，华尔街再次爆出令人吃惊的消息：美国第三大投资银行美林证券被美国银行以近440亿美元收购，美国第四大投资银行雷曼兄弟因为收购谈判“流产”而破产。华尔街五大投行仅剩高盛集团和摩根斯坦利公司。美国联邦储备局星期日深夜宣布，批准美国金融危机发生后至今幸存的最后两大投资银行高盛和摩根斯坦利“变身”，转为银行控股公司。

这个消息也意味着，独立投资银行在华尔街叱咤风云超过20年的黄金时代已宣告结束，美国金融机构正面临20世纪30年代经济大萧条以来最大规模和最彻底的重组。

金融中介机构是指从资金的盈余单位吸收资金提供给资金赤字单位以及提供各种金融服务的经济体。它是一个对资金供给者吸收资金，再将资金对资金需求者融通的媒介机构。通常我们所知道的商业银行、信用社和保险公司等都可以归为金融中介机构。

从20世纪50年代以来，随着跨国公司国际投资的发展，金融中介机构逐步向海外扩张，金融机构的发展出现了很多新的变化。金融机构在业务上的不断创新，呈现出多元化的业务的趋势。在国际化的大趋势中，很多商业公司通过上市，将业务扩大到国外。

在发展方向上金融机构也趋于综合，兼并重组成为现代金融机构整合的有效手段。金融机构的经营管理方式频繁创新，尤其是在机构的风险管理上得以凸显。

金融市场中规模经济现象的存在，可以用来解释金融中介得以发展，并成为金融结构重要组成部分的原因。规模经济促进金融中介发展的一个典型案例就是共同基金。

共同基金是通过向个人销售份额筹集资金，并投资于股票或债券的金融中介机构。由于共同基金购买的股票或债券的规模很大，因此可以享受较低的交易成本。因为共同基金以管理账户的名义将这些成本以管理费的形式扣除，于是，单个投资者也可以享受成本节约的好处。对于单个投资者而言，共同基金的另外一个好处是，它们的资金规模非常庞大，足以购买高度多样化的证券组合，从而可以降低单个投资者的风险。

规模经济在降低其他成本方面也十分重要。例如可以降低金融机构用于实现运行的计算机技术的成本。一旦共同基金斥巨资建立起通信系统，就可以用于大量的交易，从而降低了每笔交易的成本。

规模经济将许多投资者的资金集聚在一起，从而可以利用规模经济的优势，即每一美元投资的交易成本随着交易规模的扩大而减少。通过集聚投资者的资金，单个投资者的交易成本被大大降低。规模经济之所以存在，是因为在金融市场中，随着交易规模的扩大，单笔交易的总成本只有少量的增加：例如，购买20000股股票的成本并不比购买100股股票的成本高多少。

金融中介的发展已经可以降低交易成本，从而允许小额储蓄者和借款人能够从金融市场中获利。专门技术金融中介还可以开发专门技术用于降低交易成本。它们在计算机技术方面的专门技术可以为客户提供更为便利的服务，例如投资者可以通过一个免费的电话号码来了解自己的投资状况，并且可以依据其账户签发支票。

金融中介降低交易成本的一个重要结果就是，可以向其客户提供流动性服务，使其更为容易地完成交易。例如，货币市场共同基金不仅可以为其份额持有者提供较高的利率，还允许客户签发支票来付账单。

金融中介机构可以分为三类：存款机构（银行）、契约性储蓄机构与投资中介机构。

（1）存款机构

存款机构（本书采用的是其简称“银行”）是从个人和机构手中吸收存款和发放贷款的金融中介机构。货币银行学的研究往往特别关注这类金融机构，因为它们是货币供给的一个重要环节——货币创造过程的参与者。这些机构包括商业银行以及被称为储蓄机构的储蓄和贷款协会、互助储蓄银行和信用社。

（2）契约性储蓄机构

例如保险公司和养老基金，是在契约的基础上定期取得资金的金融中介机构。由于它们能够相当准确地预测未来年度里向受益人支付的金额，因此它们不必像存款机构那样担心资金减少。于是，相对于存款机构而言，资产的流动性对于它们并不那么重要，它们一般将资金主要投资于公司债券、股票和抵押贷款等长期证券方面。

（3）投资中介机构

这类金融中介机构包括财务公司、共同基金与货币市场共同基金。财务公司通过销售商业票据（一种短期债务工具）、发行股票或债券的形式筹集资金。它们将资金贷放给那些需要购买家具、汽车或是修缮住房的消费者以及小型企业。一些财务公司是母公司为了销售其商品而建立的。例如，福特汽车信贷公司就是向购买福特汽车的消费者提供贷款的。

金融中介实现了资金流、资源、信息三者之间的高效整合。金融中介扩大资本的流通范围，拓展了信息沟通，减少了投资的盲目性，实现了调节供需失衡的作用。金融中介使资源配置效率化。金融中介在构造和活化金融市场的同时，进而活化整个社会经济，使整个社会的资源配置真正进入了效率化时代。金融中介发展推动了企业组织的合理发展。金融中介的活动，把对企业经营者的监督机制从单一银行体系扩展到了社会的方方面面，使企业的经营机制获得了极大改善，提高了企业应对市场变化的能力。

世界各国金融机构的5个基本谜团

20世纪，国际银行业经历了5次规模较大的并购浪潮。前4次并购浪潮分别发生在20世纪初、20世纪20年代、20世纪60年代、20世纪80年代。20世纪90年代中晚期，全球银行业进入了第五次并购高潮期，并一直延续到21世纪初。但受2000年全球股票市场大调整的影响，银行业并购也进入低谷。不过，2004年以来，在沉寂近4年之后，银行业并购又成为潮流。

世界各国金融体系的结构和功能都是十分复杂的。它包括许多不同种类的机构：银行、保险公司、共同基金、股票与债券市场等等。所有这些机构都要接受政府的监管。每年，金融体系要实现储蓄者和具有生产性投资机会的借款人之间几十亿美元的转移。如果我们近距离观察世界各国的金融结构，就会发现，要理解金融体系的运作，就必须解开基本谜团。

下面，我们来探讨这些金融机构的谜团。

1. 股票不是企业最主要的外部融资来源

由于媒体对股票市场的高度关注，很多人都认为股票是美国企业最主要的资金来源。然而，1970 ~ 1996年间，股票在美国企业外部融资中仅占一个很小的份额：9.2%。从20世纪80年代中期到末期，美国企业基本停止了股票发行这一融资方式，相反却购买了大量股票，这意味着在这些年股票市场事实上成为了企业融资的负来源。股票融资的份额在其他国家同样比较小。为什么在美国和其他国家，股票市场不如其他资金来源那么重要呢?

2. 发行可流通的债务和股权证券不是企业为其经营活动筹资的主要方式

在美国，债券作为重要的融资渠道，远比股票重要。然而，股票与债券的总和，即可流通证券的份额仍然不到企业外部融资的一半。这意味着发行可流通证券不是企业融资的最重要的渠道，世界上其他国家也同样如此。事实上，在世界上其他国家，可流通证券在企业外部融资中所占的比例比美国还要小。企业为什么不在更大程度上利用可流通证券来为其经营活动融资呢?

3. 与直接融资（即企业通过金融市场直接从贷款人手中获取资金）相比，间接融资（即有金融中介机构参与的融资）的重要性要大出数倍

直接融资是直接向居民个人出售股票与债券等可流通证券。在美国企业的外部融资来源中，股票与债券 44.7% 的份额事实上夸大了直接融资的重要性。自 1970 年以来，只有不到 5% 的新发行公司债券与商业票据以及 50% 左右的股票是直接销售给美国居民个人的。保险公司、养老基金与共同基金等中介购买了余下的大部分证券。这些数据表明，实际利用的直接融资在美国企业外部资金中所占的份额只有不到 10%。由于在其他大部分国家中，可流通证券作为融资来源的重要程度比美国还要低，直接融资在其他国家中远远不如间接融资重要。金融中介和间接融资为什么在金融市场中如此重要呢? 近年来，间接融资的重要性有所下降，原因是什么呢?

这是世界金融领域的微观一体化。在当前金融创新不断发展的背景下，制度的创新成为主流，传统的银行机构已经转变为新型的金融服务企业，更确切地说，银行机构正向金融超市发展。银行体系进行大规模的重组与扩张，国际金融机构并购达到高潮。

这种金融业的并购浪潮尤其体现在跨国并购趋势。各大金融公司希望赢得国内外更广泛的客户基础，掌握更复杂的行业技术，加强在本国市场和全球的竞争力。全球金融业的并购趋势，不仅使这些银行的竞争力大为加强并能较好地满足客户对产品和服务提出的新的需求，同时也提高了其技术创新和使用新技术融资的能力。使得改革中的中国金融机构面临两难选择: 从金融效率角度看，我们应该打破垄断，增强银行业之间的竞争，从金融机构独特的规模收益递增的行业特性看，要求我们增强金融机构的规模；从金融业务方面来看，全球的混业经营已成为趋势，而我国刚刚完成分业经营的改制。

4. 金融业之间的混业经营成为主流

混业竞争是未来金融竞争的主流，以银行业、证券业、保险业为基础，以表外业务、证券化、新巨型机构投资者、衍生金融工具为载体的全球激烈竞争成为必然的趋势。世界主要国家金融业混业经营的趋势越来越明显，如美国、英国、日本、德国等。而且，监管模式也出现混业趋势。这种混业经营的态势表现为：（1）银证合作。许多国家的银行正加大从事证券业务，不再严格区分商业银行业务与投资银行业务，许多银行设立附属证券机构。（2）银行已经进入保险领域。目前银行所从事的保险业务大多是国内业务，而且多是向零售顾客提供保险产品，如欧洲市场的“银行保险”。（3）银行通过设立自己的资产管理机构和兼并独立的资产管理企业，全面进入资产管理业。（4）非银行金融机构如共同基金、退休基金和保险公司，与银行展开激烈的竞争：一是非银行金融机构逐渐在银行传统资产方面获得了竞争优势，其主要竞争手段是为融资证券化提供条件以及从事原来仅由银行经营的金融服务。

5. 抵押是居民个人和企业债务合约的普遍特征

抵押品是用于向贷款人承诺偿还的一种财产，一旦借款人无力归还债务，该财产就被用来保证支付。抵押债务，又称为担保债务，与无担保债务相对应，后者是不设抵押的债务，例如信用卡贷款，是居民债务最主要的形式，在企业借款中也十分普遍。美国居民个人债务的主要形式是抵押债务。例如，汽车是汽车贷款的抵押品，住宅是住宅抵押贷款的抵押品。以财产作为抵押品的商业抵押贷款和农业抵押贷款占非金融企业借款的1/4；公司债券与其他种类的银行贷款中也常常涉及财产的抵押。为什么抵押是债务合约的一个重要特征呢?

通过分析这些成本对金融市场的影响，可以帮助我们解开这5个谜团，从而对金融体系的运转有更加深刻的理解。

第三章 华尔街不能逃脱金融监管

为什么白宫要给华尔街上套

众所周知，华尔街早就已经不再是单纯的一条街，一个区域了，而是世界金融中心的代名词。这条街平均每天资本的流通量是2000亿美元，世界上较大的近千家金融机构都坐落于此，这里是全球资本市场最核心最活跃的地方。

美国华尔街的坍塌是2008年的大事，无论怎么大书特书都不过分。正如查韦斯总统在访华时说的那样："华尔街的坍塌对于资本主义而言，相当于柏林墙之于苏联。"一个时代结束了，一种信仰结束了，没有人再相信放任自流的资本主义是最佳选择。

美国低收入者向银行借款以后，随着利率上升和房地产降温，其偿债风险也逐步产生。为了尽快将次级贷款收款权变现和防范风险，放贷银行通过金融衍生品出让收款权，而投资银行又再次甚至多次通过金融衍生品，将收款权出让。华尔街把次级贷款包装、重组成CDS向世界各国大肆兜售。华尔街自己制定规则，自己生产、销售那些叫人眼花缭乱看不懂的金融衍产品。华尔街用1美元做100美元，甚至1000美元的生意。就这样，华尔街以一个不可思议的杠杆率，用1.2万亿美元的次贷按揭债券套牢了一个价值1000万亿美元的衍生品市场。这1000万亿是什么概念？目前全球所有国家的产值也只有50万亿美元，而这个所谓金融衍生品市场是其20倍。

2007年，高管薪水是员工的275倍，而在30年前，这一数据则为35倍。金融机构对高管的激励措施往往与短期证券交易受益挂钩，在高薪驱动下，华尔街的精英为了追求巨额短期回报，纷纷试水“有毒证券”，从而从事金融冒险。那些衣着光鲜的金融高管每天只消打几通电话或者在电脑键盘上敲击几下，就可以获得非洲、亚洲一个农民一年的收入。即使在金融危机爆发后，这些金融高管还要求发高额奖金。

华尔街过度创新的金融工具，缺少监管、过度杠杆化的金融风险，以及过高的金融高管的薪资压垮了华尔街。如果华尔街失去了金融监管，世界将会变得多么危险。

法国总统萨科奇谴责金融高管年薪，要求银行对交易员的奖金发放作出限制。2009年2月4日，奥巴马公布了一系列薪酬限制措施，其中包括对接受“特殊救助”的金融公司的主管实施严格的限制薪酬规定，其年薪不得超过50万美元。这项新规定不仅适用于花旗等已经接受政府援助的金融企业，还同样适用于未来可能接受政府救助的企业，而若企业以股票形式给予高管奖励，价值超出50万美元的也须在该企业清偿政府贷款后才能兑现。

2011年3月2日，美国证交会（SEC）发布新规，将对金融经纪商、自营商和投资顾问公司的高额薪酬实施更严格监管，并首次要求接受监管的公司每年向SEC报告详细薪酬计划，而SEC则有权禁止相关公司发放那些被其判定为属于激励过度的薪酬安排。

金融监管的传统对象是国内银行业和非银行金融机构，但随着金融工具的不断创新，金融监管的对象逐步扩大到那些业务性质与银行类似的准金融机构，如集体投资机构、贷款协会、银行附属公司或银行持股公司所开展的准银行业务等，甚至包括对金边债券市场业务有关的出票人、经纪人的监管等等。

监管者与政治家是纳税人（委托人）的最终代理人，因为归根结底，纳税人承担了存款保险机构的一切损失。由于代理人（政治家或监管者）在追求经济成本最小化方面与委托人（纳税人）的动机不一致，因此必然产生委托－代理问题。

我们知道，如果监管者从纳税人利益出发，最大限度地降低存款保险机构的成本，需要完成几项任务。他们必须对风险过大的资产予以严格限制，制定较高的资本金要求，并且不得采取允许资不抵债机构继续运营的监管宽容的态度。然而，由于委托－代理问题的存在，监管者有反其道而行的动机。事实上，在储贷协会破产危机的悲剧中，监管者时常放松资本金要求和对风险资产的限制，并采取监管宽容的态度。监管者之所以这样做，一个重要原因是试图逃避监管不力的指责。通过放松资本金要求和奉行监管宽容的理念，监管者能够掩盖资不抵债银行的问题，并寄希望于这种状况会得以改善。爱德华·凯恩将监管者的这种行为称为“官僚赌博”。

监管者的另外一个动机是，通过与对其事业最具影响力的人的妥协，换取职位的稳定。这些人不是纳税人，而是政治家，他们力图让监管者放松对金融机构的监管，因为这些机构往往是其竞选的主要赞助者。国会成员经常游说监管者放松对某一储贷协会的管理，这个储贷协会曾经为其竞选赞助过大笔款项。受政治势力严重影响的监管机构很容易屈服于这些压力。

此外，国会与政府促成的1980年与1982年的银行法，使得储贷协会更容易从事高风险业务。这两部法律通过后，由于许可储贷协会经营的范围进一步扩张，对其加强监管的需要也随之变得相当迫切。储贷协会的监管机构需要更多的资源实施有效监管，但（被储贷协会成功游说的）国会不愿意拨出必要的资金。于是，储贷协会的监管机构人员不足，资金短缺，不得不削减必要性最大的实地检查。

我国最初的金融监管工作是由央行来执行的。但随着和国际接轨，要求央行加强制定货币政策的职能，因此央行的监管职能被独立出来，形成银监会和保监会，对所有金融机构包括银行和非银行进行监督管理。

过度冒险，给银行提出的监管难题

我国的银行监管已形成了一定的体系，但还存在许多不足和缺憾，还需要不断补充与完善。根据西方发达经济体的银行监管的历史经验来看，较为完善的银行监管应该包括风险管理评估、信息披露要求、消费者保护以及对竞争的限制四个方面。

银行监管是指政府对银行的监督与管理，即政府或权力机构为保证银行遵守各项规章、避免不谨慎的经营行为而通过法律和行政措施对银行进行的监督与指导。随着世界金融一体化的发展，这对中国等新兴市场的发展来说具有很好的借鉴意义。

过去，对银行的实地检查的重点主要是评估银行资产负债表在某个时点上的质量，以及考察银行是否遵守资本金要求和服从对其持有资产的限制。虽然这些重点对于降低银行风险十分重要，在这种崭新的金融环境下，在某个时期上十分健康的银行会由于其交易失败在很短的时间内陷入资不抵债的境地，因此，仅仅着眼于银行某个时点的状况的检查并不能有效反映该银行在不远的将来是否会过度冒险。

监管目标的确定与划分，既应当遵循整个金融系统健康发展和监管工作有效进行的一般规律，同时也应充分考虑具体金融机构的体制安排、金融市场发展水平、历史文化环境等国情实际，从既有利于整个金融系统长远发展的战略发展需要，又有利于保证体制改革平稳推进的现实需要出发进行具体设计、安排。

金融环境的变化导致了全世界范围内对银行监管程序认识的转变。银行监管现在更加关注的是评价银行控制风险的管理程序的健全性。对银行风险管理进行评级时，主要考虑以下四个因素：（1）董事会和高级管理层实施监督的质量；（2）对所有具有重大风险的业务活动的政策和限制措施的有效性；（3）风险试题和监督体系的质量；（4）预防雇员欺诈和从事未被授权的活动的内部控制措施是否得当。

从理论上讲，银行经营中对存款人或消费者可能造成的利益侵害，一方面是基于商业银行经营的高负债率和有限责任制而导致的经营者过度涉险的机会主义行为，也就是在商业银行主要通过吸收存款等负债业务取得经营资金并实行有限责任的条件下，对于其股东与经营者发放贷款或从事某项投资而言，如放贷或投资成功可以取得几乎全部的收益，而如放贷或投资失败则只需承担极小部分的责任，因此，在缺乏必要的债权人监管的情况下，商业银行的所有者和经营者都存在过度涉险的激励，从而威胁到存款人资金的安全性等。

另一方面可能的损害基本与一般企业类似，商业银行可能会凭借其在市场上的垄断地位降低银行服务的质量和有效产出，侵犯消费者利益，造成社会福利的损失。因此，银监会“保护广大存款人和金融消费者的利益”的监管目标定位，就是要通过对于银行机构市场准入的审批、高管人员任职资格的审查、各项经营业务的检查和监控等各项审慎监管工作，保护消费者免受金融服务部门或金融市场其他参与者的机会主义行为或垄断定价的损害，促进各商业银行积极发展、稳健经营，加强内控制度，强化风险管理，确保消费者得到诚实、高效、优质的金融服务。

由于金融市场中信息不对称的存在，消费者不能掌握足够的信息来保护自己。中国银行业由于是四大国有银行为主体，对于消费者保护的意识还不是十分强烈。银行监管部门对于这一方面的重视也远远没有达到发达经济体的水平。对消费者进行保护主要体现在信息的真实完整性和不同地区的非歧视原则上。

西方的银行监管中对信息披露有明确的要求。金融市场上信息不对称问题的普遍存在，消费者行为之间也具有相互模仿和影响的外部效应，金融市场的有效运作在相当程度上还取决于市场参与者对市场的信心。

为了确保市场和储户能够获取准确和充分的信息，监管者要求银行服从标准会计准则和披露一系列的信息，帮助市场评估银行资产组合质量的信息，可以帮助股东、债权人和储户对银行予以评估和监督，防止银行过度冒险。欧洲货币标准委员会曾发布一则报告，建议由公司内部风险管理系统所评价的财务风险应当向公众披露，就是基于这这一点考虑。

因此，出于对消费者整体利益的考虑，监管者还应当提供市场公信这样一种公共产品，要通过审慎有效的监管，及时预警、控制和处置风险，有效防范金融系统性风险，通过增加信息供给，加强信息披露，提高银行业经营的透明度，进而增进公众对银行体系的信心，防止出现因集中性的恐慌而引起金融市场的混乱，维护银行业稳健运营。

同时，竞争的加剧会增强银行过度冒险的动机。竞争导致的赢利能力的削弱会迫使银行为了维持既有的利润水平而承担更大的风险。因此，很多国家的政府都通过监管保护避免过度竞争。美国过去在这方面的监管主要采取两种形式。一种是通过对分支机构的限制，减少银行间的竞争。另一种是制止非银行机构从事银行业务，这一点在 1999 年已经被废除，但在其他很多国家，这一点还是毋庸置疑地执行的。对银行竞争的限制实际上也会产生不利的效果，因为会导致消费者成本的增加，降低银行机构的效率。所以，近年来对于竞争方面的限制银行监管部门渐渐放松。随着电子金融的发展，银行监管部门将会分出一部分人力、物力处理随之产生的新问题。

加强银行监管，从根本上讲是保护存款人的合法权益，作为监管者必须严密监管银行等金融机构的活动，通过加强监管，建立起防范金融犯罪的机制，有效减少金融犯罪。同时，通过严厉打击各类金融违法犯罪活动，维护良好的金融市场秩序，最大程度减少资金损失，进而促进整个金融体系的稳定。

谁来“监管”股市监管者

一句古老的拉丁语准确刻画了目前的困境：谁来监护监护人？我们可以把它变成“谁来监管监管者？”谁能保证获得权力的警察，就会心无旁骛地恪守职责呢？

这并不是一个新问题。柏拉图在其著作《理想国》中首次注意到了这个难题，尽管他当时谈论的是一个社会的监护人，而不是金融业的监管者。柏拉图的答案耐人寻味：监护人比一般人更富有道德。他们对自己的美德深信不疑，他们鄙视自私自利，相反却会谋求理想国的福利。

这一幻想常成为人们的笑柄，但却揭露了一个令人不安的真相。如果监护人或监管者不被认为拥有优势，并被认为是无能和腐败的，考虑一下会发生什么。这是一个不同类型的谎言，然而却是一个我们常被鼓励去相信的谎言。直到最近，仍有声音说监管者不去私营部门工作是愚蠢的做法。他们不过是一群无法与华尔街的金融天才们相抗衡的傻瓜。更糟的是，他们被认为是一个障碍，是勇敢者通向金融创新新世界的阻碍。

金融监管是金融监督和金融管理的总称。综观世界各国，凡是实行市场经济体制的国家，无不客观地存在着政府对金融体系的管制。从词义上讲，金融监督是指金融主管当局对金融机构实施的全面性、经常性的检查和督促，并以此促进金融机构依法稳健地经营和发展。金融管理是指金融主管当局依法对金融机构及其经营活动实施的领导、组织、协调和控制等一系列的活动。

金融监管有狭义和广义之分。狭义的金融监管是指中央银行或其他金融监管当局依据国家法律规定对整个金融业（包括金融机构和金融业务）实施的监督管理。广义的金融监管在上述涵义之外，还包括了金融机构的内部控制和稽核、同业自律性组织的监管、社会中介组织的监管等内容。

20 世纪 30 年代，新组建的美国证券交易委员会以及其他监管机构吸引了大量聪明能干且理想主义的精英加盟，如果换个时代，他们很可能会驰骋华尔街，然而在那个年代，他们最终选择了监管华尔街。绝非巧合的是，他们主导和见证了前所未有的金融稳定，以及国家整体上持续稳定的经济增长。

监管者也应得到更好的薪酬回报。但在整个联邦政府系统中，美国证券交易委员会仍然是薪酬最差的部门之一。虽然薪水涨到什么水平却是有限度的，毕竟美国财长的年薪才略低于 20 万美元，但负责全球金融系统稳定的监管者的收入超过高盛的前台接待员应该是合理的。

许多改革者建议监管者的薪酬应与他们的绩效挂钩。他们征收的罚款越多、关闭破产的银行越多，收入也就越高。这听起来似乎是一个好主意，但事实并非如此，因为职权被滥用的风险很高。如果警察的收入与他们的逮捕人数和发出的交通罚单数相关，他们会如何行事？毫无疑问，他们会更加积极地执法，但执法是否公平与合理则是另外一回事。

另一个方面，“监管俘获”的问题，仍同以往一样令人不安。

2009 年秋天，美国证券交易委员会高调宣称要为新成立的执法部聘请一位行政主管，该部门将对高盛这样的大公司保持密切关注。然而最终被选中的雇员年仅 29 岁，除了曾在高盛担任主管外，资历有限。有一些办法可以解决监管俘获和循环任命问题。首先，前政府雇员尤其是高级雇员的游说活动应该受到限制。2009 年初，奥巴马总统推出的改革明令政府雇员两年内不得从事游说活动。这是一个开始，但时限应该可以延长到 4 年或 5 年，甚至更长。

金融和政治之间的纽带关系一日不破，这种不正当的利益交换就不会终止。而放松监管、资产泡沫和危机、潜藏道德风险的援助计划等一系列故事就会继续。因此，必须严格限制政府和金融机构之间的关联。

解决这个问题的一个办法就是让美国和其他国家的监管机构变得更加独立。这种独立性可以采取多种形式，例如它们执行立法规定时，可以被给予更大的自由裁量权。另外，监管机构也可以通过许多途径增加监管者的独立性。

例如，美联储并非联邦政府的一部分，更加确切地说，恰如其官方网站所描述的，美联储是“政府内部一个独立的实体，它既有公共目的，也有私人部门的特征”。因此美联储承担更多的监管责任可以使监管者更具有独立性。

再者，仅仅因为监管者不必向立法部门负责，还不能使监管俘获问题消失。例如美联储内部最重要的权力中心，即著名的纽约储备银行委员会，就被华尔街的银行所控制。政治独立性并不必然意味着监管独立性。因此在考虑彻底性的结构改革时，这一点值得认真对待。基于这些原因，从另一个方向来破解金融与政治之间的腐败纽带也许会更好。对于那些触发危机的大公司，可以用一个简单的方法来削弱它们的权力：分拆它们。

确保金融体系的健全

一直以来，在欧洲建立一个统一的金融市场与各国政府条块分割的监管思路难以协调。但随着金融危机的逐渐蔓延，政客们似乎意识到了“统一监管”的重要性。我们正面临一个全球性的金融危机，各国政府携手制订解决方案至关重要，否则将引发更大的灾难。政府联合救市“是一个完全必要的举措”。

眼下，希腊的债务危机持续恶化，再次引发了国际金融市场的动荡。而希腊债务危机的根源就在于当初做假账时没有一个有力的监管机构进行金融监管。希腊政府通过金融衍生交易，实际上的债务转换成了一笔笔的衍生金融工具，移出了希腊政府的资产负债表，掩盖了真实的债务水平，让希腊的预算赤字从账面上看仅为GDP的1.5%，并顺利地加入了欧元区。

做假账仅仅是掩盖问题，债务本身并不会消失。将实际的债务和风险从资产负债表中转移出来，将真实的风险掩盖起来，而经由这些交易所创造出来的有毒资产，流入到全球各地不明就里的投资者手中，最终导致了金融危机的爆发及其在全球的蔓延。更可怕的是，由于这些交易的目的就是掩盖和转移风险，在全球那么多数额极其庞大的衍生产品交易中，到底还隐藏着多少类似的风险？没有人知道。但是这些风险绝对是定时炸弹，谁也不知道它会在未来的什么时候突然爆炸。

总的来说，全球统一的金融监管体系大体的趋势包括下面这几个方面：

（1）更加注重资本的约束。金融机构普遍使用财富杠杆比例，过度投机，大量地介入复杂结构性衍生品交易，这是金融危机的重要诱因。这次金融危机将促使商业银行更加重视对资本的约束，更加重视提升资本的质量，降低对辅助资本的依赖，注重克服新一轮资本框架中的顺周期因素。

（2）更加关注信息的透明度。这次金融危机的一个重要教训就是金融产品虽然在衍生的过程中将风险分散转移到了资本市场，但投资机构并没有把与风险相关的信息同时真实准确地传递给广大的投资者，资产证券化过程中的严重信息不对称导致市场失灵。正是由于信息披露对于金融机构风险管控的阶段重要性，巴塞尔银行监管委员会将市场约束与资本监管要求等列为新巴塞尔协议的三大支柱。充分真实地将公司治理、风险管控、金融产品特征等信息进行公开的披露，有效的信息披露将提高商业银行的信息透明度，强化商业银行的外部治理和市场约束，为商业银行创造出广大存款人和无数投资者。

（3）各国将更加重视政府的监管作用。这次金融危机充分暴露了金融监管理念出现的偏差和弊端，那就是过度相信市场，过度依赖市场自我修复和调节，忽视资本逐利带来的风险。最好的监管就是没有监管，一直是西方大大国家长期占据主导地位的监管理念。危机发生以后各国政府纷纷掀起的金融监管体制改革浪潮无一例外地将强化政府在金融监管中的重要作用作为一个重要的内容。而危机发生前政府对金融体系的有效监管是保证金融市场有序运作的重要基石。

（4）国际金融监管标准趋于强化和一致。为了防止资本的跨国套利，国际社会将会努力推动不同国家和地区银行监管标准的系统性和一致性，尤其是对财务杠杆率、资本充足率等指标的监管上切实改变以前对商业银行和投资银行的监管标准和模式相差悬殊的做法。

（5）致力于金融消费者利益的保护。加强销售售前阶段、销售产品过程中及销售产品后的披露。完善追偿和事后赔偿。

（6）制定和完善金融监管法。对金融机构的业务范围和营业规模这两个方面进行全方位监管。通过强化监管当局的权限，限制金融机构从事高风险的金融业务，禁止商业银行直接交易高风险的金融衍生商品。限制金融机构的经营规模，打破因金融机构规模过大而无法倒闭的羁绊。从微观交易行为体系上，防止再度爆发金融危机。

（7）加强金融监管的国际协调与合作，完善国际金融监管体系，监管好全球资本的流动状况。特别是尽快制定普遍接受的国际金融监管标准和规范，完善评级机构行为准则和监管制度，建立覆盖全球特别是主要国际金融中心的早期预警机制，提高早期应对能力。

帮助投资者获得更多的信息

2009 年 6 月，有位股民把中国一位著名的股评家告上法庭，索赔 13 万元，理由是因为听信了股评家收费博客中对股市走向的预言，他在短短一个月内赔了十多万元。

世界顶级炒股大师巴菲特说过：要预测股市走向，跟预测一只鸟从一棵树上起飞后要落到哪棵树的哪根枝条一样困难。另一位投资大师索罗斯也说：上帝也无法预测股市。股市是亿万股民参与的市场，有亿万个操作思路，任何个人都难测到全体的操作动向将导致的市场异动。个人相对于全体，在信息的掌握上构成了不对称。

在社会政治、经济等活动中，一些成员拥有其他成员无法拥有的信息，由此造成信息的不对称。能产生交易关系和契约安排的不公平或者市场效率降低问题。信息不对称指交易中的各人拥有的资料不同。一般而言，卖家比买家拥有更多关于交易物品的信息，但相反的情况也可能存在。前者例子可见于二手车的买卖，卖主对该卖出的车辆比买方了解。后者例子比如医疗保险，买方通常拥有更多信息。

信息不对称会带来很多失误和损失，但对于部分消息灵通的先知先觉者，也会变不利为有利。

1865 年，美国南北战争接近尾声。由于战事频繁，美国的猪肉价格非常昂贵。当时有位名叫亚默尔的商人，他从事的正是猪肉供应。亚默尔非常关注战事的发展，他十分注重收集各方面的信息。亚默尔相信自己一旦抓住别人没有发现的商机，一定能够猛赚一笔。

这一天，报纸上的一则新闻吸引住了亚默尔。这则新闻里提到一个神父在南军的营区里遇到几个小孩，小孩们拿了很多的钱问神父怎样可以买到面包和其他吃的东西。这些孩子的父亲是南军的高级军官，军官们给孩子带回来的马肉非常难吃，孩子们已经好几天没有吃面包了，所以才会到处买面包。

这是一篇很普通的报道，但在亚默尔看来，这里面透漏出一个重要的信息。南军的高级军官已经开始宰杀马匹，足以说明这场战争马上就要结束。而战争一旦结束，整个美国的经济市场也将恢复正常，那么猪肉的价格必然会出现大幅度的回落。对于亚默尔来说，战争的结束就意味着他发财的机会来临。

亚默尔马上与美国东部的猪肉销售商们签订了一个大胆的销售合同，将自己的猪肉以较低的价格卖给对方，并约定迟几天交货。在当时的市场情况下，亚默尔的这批猪肉价格相当便宜。于是，各地的销售商们纷纷与亚默尔签订合同，亚默尔储备的猪肉很快销售一空。

就在亚默尔猪肉销售出去后，没过多久，南北战争正式宣告结束。受战事的影响，各地的猪肉价格一下子暴跌。销售商们不得不低价处理手中积压的猪肉，价格要远低于收购亚默尔的猪肉价钱。亚默尔在这次的行动中，一共赚取了100多万美元的利润，一举奠定了坚实的商业基础。

报纸上一条并不引人注目的小新闻，亚默尔却能从中发现商机，及时捕捉到信息，并及时利用，从而使自己在这场商战中大获全胜。

这是一个成功的利用信息不对称抢得商业先机的例子。金融市场中的信息不对称意味着投资者可能面临着逆向选择和道德风险等问题，从而阻碍了金融市场的高效运行。风险企业和骗子最急于向疏于防范的投资者推销证券，由此导致的逆向选择问题可能导致投资者不愿涉足金融市场。进一步讲，一旦投资者已经购买了某种证券，即已经将贷款投放给某企业，借款人就可能有动机从事风险活动或进行欺诈。这种道德风险问题也可能使得投资者远离金融市场。政府对金融市场的监管可以帮助投资者获取更多的信息，从而减少逆向选择和道德风险等问题，促进金融市场的健康运行。

1929年股票市场的大崩溃以及随后暴露的大量欺诈行径，向政界提出了加强金融市场监管的要求，这也最终导致了1933年《证券法》的通过和证券交易委员会（SEC）的建立。证券交易委员会要求企业在发行证券时，必须向公众公布有关它们销售、资产和收益的状况，并对企业大股东（即内部人）的交易作出了限制。通过对信息披露的规定和对可能操控证券价格的内部人交易的限制，证券交易委员会希望投资者能够享有更充分的知情权，避免1933年之前金融市场的某些弊端。事实上，证券交易委员会近年来一直特别致力于内部人交易的查处。

随着经济全球化的来临，面对世界性的竞争与挑战，无论是个人还是商业组织，都应重视对外界信息的收集和利用。能够通过正当途径收集到有用的社会信息，再凭借出色的领悟和判断能力，就能及时预测到新的社会需求，便能在市场竞争中“领先一步”，击败对手。

第四章　优化你的投资方案

揭开股指的神秘面纱

道·琼斯股票指数是世界上历史最为悠久的股票指数，它的全称为股票价格平均数。它是在1884年由道·琼斯公司的创始人查理斯·道开始编制的。其最初的道·琼斯股票价格平均指数是根据11种具有代表性的铁路公司的股票，采用算术平均法进行计算编制而成，发表在查理斯·道自己编辑出版的《每日通讯》上。

股指，全称为“股票价格指数”，是描述股票市场总的价格水平变化的指标。简称为股票指数。它是由证券交易所或金融服务机构编制的表明股票行市变动的一种供参考的指示数字。其作用在于为股民们提供一个衡量股市价值变化的参考依据，因为买卖股票是一种投资行为，具有收益和风险并存的特征。

为了帮助投资者实现投资增值的目的，建立正常的股票投资环境，就需要有一种能够反映股票投资发展变化情况的指标作依据。借助股票指数，投资者就可以观察和分析股票市场的发展动态，研究有关国家和地区的政治、经济发展趋势，制定投资计划。因此，为了给投资者创造这种条件，所有的股市几乎都是在股价变化的同时及时公布股票价格指数。

更简单地说，股指就像温度计一样，我们平日只要看温度计就知道周围温度有多高，同理，知道股指也就了解了股市行情变动的状况。股指之所以具有这样的“温度计”功能，原因在于股指是通过选取股市中有代表性的一组股票，把它们的价格进行加权平均，再通过一定的计算得到。因此，这个价格在一定程度上就反映了股市中大多数公司的情况，也就是“大盘”的情况。

由于股票价格起伏无常，投资者必然面临市场价格风险。对于具体某一种股票的价格变化，公开发布，作为市场价格变动的指标。投资者据此就可以检验自己的投资的效果，并用以预测股票市场的动向。

股指的计算公式为：股票价格平均数＝入选股票的价格之和/入选股票的数量。自1897年起，道·琼斯股票价格平均指数开始分成工业与运输业两大类，其中工业股票价格平均指数包括12种股票，运输业平均指数则包括20种股票，并且开始在道·琼斯公司出版的《华尔街日报》上公布。

以道·琼斯公司的股票指数为风向标，股票指数经历了由算术平均法进行计算编制到使用计点的股票除权或除息时采用连接技术的转变。在1929年，道·琼斯股票价格平均指数又增加了公用事业类股票，使其所包含的股票达到65种。分别是：

（1）以30家著名的工业公司股票为编制对象的道·琼斯工业股价平均指数；

（2）以20家著名的交通运输业公司股票为编制对象的道·琼斯运输业股价平均指数；

（3）以6家著名的公用事业公司股票为编制对象的道·琼斯公用事业股价平均指数；

（4）以上述3种股价平均指数所涉及的56家公司股票为编制对象的道·琼斯股价综合平均指数。

除了道·琼斯股票价格指数外，还有其他价格指数：

标准·普尔股票价格指数在美国也很有影响，它是美国最大的证券研究机构即标准·普尔公司编制的股票价格指数。

纽约证券交易所股票价格指数。这是由纽约证券交易所编制的股票价格指数。它起自1966年6月，先是普通股股票价格指数，后来改为混合指数，包括在纽约证券交易所上市的1500家公司的1570种股票。

日经道·琼斯股价指数系由日本经济新闻社编制并公布的反映日本股票市场价格变动的股票价格平均数。该指数从1950年9月开始编制。

香港恒生指数是香港股票市场上历史最久、影响最大的股票价格指数，由香港恒生银行于1969年11月24日开始发表。恒生股票价格指数包括从香港500多家上市公司中挑选出来的33家有代表性且经济实力雄厚的大公司股票作为成分股。

我国有两个价格指数：上证价格指数和深圳综合股票指数。它是我国股民和证券从业人员研判股票价格变化趋势必不可少的参考依据。

10多年前，在上海证券交易所大门前，有一位卖《上海证券报》的老太婆，她自己也开有上海的股东户头。当她的报纸每天卖不到10份时，她就叫人帮她填单买进600601延中实业（现在称方正科技），根本不管是啥价位，只要买进就行。当她的报纸每天卖出超过100份时，她就叫人帮她填单卖出，不管股票价位如何只要能卖出就行。结果是她竟然从没有赔过！老太婆的操作手法其实是遵循了股票指数的价格走势。凭借对生活的细致观察，就成了炒股高手。老太婆的操作方法就是低位时吸入，高位时卖出。

股票总的面值相对而言是固定的。如果经济行情或者人们对股市的预期看涨，大量资金进入股市，股票的价格就上扬，股票便升值，指数也上升。如果经济行情或者人们对股市的预期看跌，那么大量的股票持有者就抛售手中股票，换取现金退出股市，于是股价下跌，指数下降，整个股市内的资金总量快速减少。所以不论是上学的小孩，还是不懂股票的年轻人，他们炒股没有像那些专家去看公司的财务报表，去看产品的创新，他们看的是股票指数。

总量股票市场异象

18世纪下半叶英国开始了工业革命，大机器生产逐步取代了工场手工业。在这场变革中，股份制立下了汗马功劳。随着工业革命向其他国家扩展，股份制也传遍了资本主义世界。

到了21世纪，纽约股票交易所成为主要的股票市场，它买卖一千多种证券。每一个大的金融中心都有股票交易所，其中最主要的位于东京、伦敦、法兰克福、中国香港、多伦多、苏黎世，当然还有纽约。股票交易是现代市场经济的一个重要部分。当东欧国家决定打碎其中央计划体制而转向市场经济时，它们首先采取的措施之一，就是通过建立股票市场来买卖公司的所有权。

股票市场（stock market）是买卖公众所拥有的公司的股票的场所，标以各上市公司名称的股票都在这里买进和卖出。1996年，美国这类所有权凭证的价值估计为89万亿美元，1年的销售额可能有3万亿美元。股票市场是我们研究公司经济的中心内容。

最早的股份公司、产生于17世纪初荷兰和英国成立的海外贸易公司，这些公司通过募集股份资本而建立，具有明显的股份公司特征：具有法人地位；成立董事会；股东大会是公司最高权力机构；按股分红；实行有限责任制……股份公司的成功经营和迅速发展，使更多的企业群起效仿，在荷兰和英同掀起了成立股份公司的浪潮。到1695年，英国成立了约100家新股份公司。

股票市场就是一个投机的金融市场。它的投机买卖股票的手法与赌博市场、彩票市场是相同的，或者说没有本质上的区别。赚钱的人卖掉股票，没有赚到钱的人买进股票成为新的投资者或股东。等待下一次冲浪。而下一次冲浪的到来，赚钱的人离场，没有赚钱的人又走进来，这样一波一波地循环下去。但是，没有永远上升的股票，当股价上升到一定高度时，一定会下降。在高位买进的人持股不放，成为长线投机者，又在等待时机再次出售。

当股价往下跌落时，也有不少人进场买股票，他们认为该股票已跌落到位，当他买下当天的股票后，第二天该股票还是往下掉。这个买进股票的人又成为长线投机者。如此一波一波往下掉，一波一波地被套住而又成为长线投机者。这些长线投机者又在等待股票上升到自己的入市价位。然而，没有永远下跌的股票，当股价跌到一定程度时，股票的价格一定会上升。当股票的价格上升到一定的价位，在低价位买进股票的人卖出手中的股票，买进股票的人等待股票价格的进一步升值。

在进行股票交易时，某只股票之所以被买进，是因为购买该股票的投资者或投资机构认为在买进股票后价格会向上升；而卖出股票的投资者或投资机构则认为在卖出这只股票后价格会向下降。前者在做“多头”，后者在做“空头”。在交易后的一段时间里，股票的价格上升到了一定的幅度，此时做“多头”的卖出股票赚了钱，做“空头”的赔了钱。当然，现在的中国股票市场并没有做空机制，多头和空头的输赢不会立刻反映出来，而是他卖出股票后才反映出来。这种单边操作，投机者出现风险的次数可减少一半。举个例子，假如每一个人的资本是一样的，100个人赢了钱就一定有100个人输了钱。如少部分做多头赚了大钱，一定有少部分做空头的输了大钱或者多数人输了小钱而平衡被少数人赢走的大钱，输赢人数比例发生很大变化，其结果是少数人赢钱，多数人赔钱。股票市场就是这样一个公开、公平和公正的投机博弈场所。

在股票市场上，按照持股操作的时间长短分为短线投资和长线投资。短线与长线本无优劣之分，而取决各人的投资偏好。在有风险控制手段的前提下，短线能积少成多，在一轮行情中也能取得超额收益。在选对股票的前提下，长线更能取得非常稳健的高收益。

有人形象地说，短线交易者是艺术家，因为无论行情涨跌，他时刻需要保持对行情的热情，并始终处于紧张和兴奋的状态。而长线交易者是工程师，他需要对整个过程进行控制与修正，并且需要忍受期间市场的合理调整与异常时期的宽幅震荡，以及市场低迷时期的寂寞与孤独。因此，前者需要的是激情，后者需要的是理性。

价格是反映经济动向的晴雨表，它能灵敏地反映出资金供求状况、市场供求、行业前景和政治形势的变化，是进行经济预测和分析的重要指标，对于企业来说，股权的转移和股票行市的涨落是其经营状况的指示器，还能为企业及时提供大量信息，有助于它们的经营决策和改善经营管理。

金融市场的大涨或大跌通常和经济的真正变革的关系不大，却往往是由一些较小的事件引起的，例如某个并购计划在什么时候宣告流产等。原因大家都知道，就是投资人的一种群体本能。投资人在作决定之前会先判断别人会怎么做，然后根据这个判断来决定自己要采取什么行动。

在纽约的华尔街，大家对这种投资人的群体效应早就耳熟能详了。约翰·凯恩斯在好几年前就说过："专业投资人和市场投机者把精力和技术都用来预期一般投资人认为别的投资人到底会怎么想。"这句话虽然是很早以前讲的，但在现代的金融市场里，还是发人深省。

不管目前的股价是高是低，投资人对股价总是没有多大的信心，因为他们没有把握别人到底会怎么做。因此，即便股价只出现小小的波动，也会被拿来当成判断别人意图的指标。于是股价下跌的时候，投资人通常不会积极进场；股价上扬的时候，投资人也不会把手里的股票卖掉。事实上，当股价出现波动的时候，大部分投资人不是留在场外观望，就是死抱着股票不放。一直要到股价跌了很多以后，才会有人开始逢低进场，要不就是要到股价涨幅很大的时候，持股人才愿意抛售手里的股票。

在过去几年里，股价虽然曾经出现较大幅度的波动，但经济却仍然表现强劲。股票市场用升升跌跌、赢赢输输这种特有的形式吸引了成千上万民众参与其中，从而达到为企业筹集资金的目的。正是股票价格的升升跌跌，创造了投机赚钱的机会，并成为投机者的天堂，才使得股票市场几百年来经久不衰，遍布全世界。对于投资者来说，当你准备进入股票市场时就要时刻提醒自己：你是在投资更是在冒险。在这个市场上，可能血本无归，其风险程度不比赌博市场和彩票市场小。

投资股票，还是在高买低卖

在纽约股票交易所内，紧张热烈的气氛深深吸引了丘吉尔。虽然当时他已经年过五旬，但好斗之心让他决心也试一试炒股。在丘吉尔看来，炒股应该就是小事一桩，然而不幸的是，1929 年改变世界经济乃至世界政治格局的美国股灾爆发了，丘吉尔回到纽约的时间和华尔街股票市场崩溃的开始时间恰巧惊人一致。结果仅仅在 10 月 24 日一天之内，他几乎损失了投入股市的所有的 50 万英镑。

这就是股票投机，投机的后果很可能就是毁灭。一个合理的建议是，如果你想在股票市场上做投资，那么最安全的办法就是坚持价值投资理念，选择成长股投资。或者关于价值投资你已经听过很多了，但你是否真正地尝试过呢？

如果你希望利用股票投资创造财富，那么不妨试试价值投资。很多股票投资大师都认为投资人更应该集中精力选择能够使自己以最小的代价和风险来获得最大收益的公司，也就是选择真正的"成长股"。

如果认为一家公司能够符合价值投资中相当多的要点，则具有比较高的投资价值，也就可以称为“成长股”。简单说来价值投资大致围绕着以下的四个方面来考察一家公司：

第一是公司面临的市场状态和它的竞争能力：这家公司的营业额在几年之内能否大幅增长？有没有优越的销售渠道？这两个问题的答案是判断一个公司是否值得研究的基本条件。

营业额的增长前景首先取决于需求增长的状况，公司的管理水平也必须保持在较高的水平上。另外，对于企业销售能力的分析往往被忽视，绝大多数分析人员只满足于依赖一些粗略的指标来分析企业的销售能力。价值投资大师费雪认为这些比率太过粗疏，根本不足以成为判断投资价值的依据，要了解一家企业真正的行销能力，必须要到其竞争对手和客户那里去做艰苦而细致的调查。

第二是公司的研发水平：该公司研发活动的效率如何？为了进一步提高总体销售水平，发现新的产品增长点，管理层推进研发活动的决心有多大？

费雪认为，一家公司财务稳健的最根本的保证就在于能够不断开发新的、能够保证相当利润量的产品线，而这直接取决于研发活动的水平。观察研发活动有两个最重要的角度：一是研发活动的经济效益如何；再者就是公司高层对于研发活动的态度如何，是否能够认识到目前市场的增长极限并且未雨绸缪。

第三就是公司的成本与收益状况：公司的成本控制水平如何？利润处在什么水平上，有没有采取什么得力的措施来维持或者改善利润水平？有没有长期的盈利展望？利润率低的公司财务体质过于虚弱，抗打击能力弱，在经济不景气中最可能首先倒下。

第四也是最重要的一点就是公司的管理水平：公司的人事关系、管理团队内部的关系如何？公司管理阶层的深度够吗？在可预见的将来，这家公司是否还会继续发行股票筹资，现有持股人的利益是否因预期中的成长而大幅受损？管理层的诚信态度是否不容置疑？

费雪认为良好的人事关系（特别是管理团队内部的良好氛围）和管理层足够的深度是保证企业能够高效发展的基本保证之一。而对于公司的融资能力，他旗帜鲜明地指出：如果几年内公司将增发新股融资，而现有的每股盈余只会小幅增加，则我们只能有一个结论，也就是管理阶层的财务判断能力相当差，因此该公司不值得投资。

进行价值投资还应该准确判断投资人对于入市时机的把握能力。一种方法是看其资金分配决策（即资金投资股票的比例）是如何随时间推移而改变的。一些投资方案允许投资者选择专注于某些工业或部门的基金。我们研究过一个投资方案数据，这一方案鼓励员工投资技术基金。1998 年，技术公司的股票开始急剧上扬，但却仅有 12% 的员工投资技术基金。截至 2000 年，当技术股股价到达峰值时，有 37% 的员工投资这类基金。2001 年，这些股票价格下跌之后，投资这一方面基金的投资者下降为 18%。后来，当技术股票再次上升到顶峰时，人们又开始大量买进，而在股价下跌之后再次卖出。

这一方法的问题在于，多数人几乎从不改变自己的投资策略，除非在他们因变换工作而不得不重新填表时才会作出一些变动。因此，要判断人们的想法，最好是看决定投资股票的新投资者其投资数额占其持有资金的比例。

在购买股票时，投资者怎样把握买卖点呢？投资者最好不要去预测所谓经济景气高点和低点，以作为买入或卖出的根据。对于买入时机而言，如果花精力预测经济趋势，是得不偿失的。如果投资者有耐心查询每年在商业周刊上刊登的经济学家对未来的预测就会发现，他们成功的概率极低。经济学家们花费在经济预测上的时间，如果拿去思考如何提升生产力可能对人类的贡献更大。投资者应选择在非常能干的管理层领导下的公司，他们偶尔也会遭遇到始料不及的问题，之后还会否极泰来。投资者应该知晓这些问题是暂时的，不会永远存在。如果这些问题引发股价重挫，但可望在几个月内解决问题，而不是拖上好几年，那么此时买入股票可能相当安全。

综合来看，一个好的公司（符合上面选股标准的公司）+ 好的管理团队（符合上面选股标准的团队）+ 企业的危机或失误，就是一个好的买入时机。除了股票本身，我们还要考虑的要素有：经济景气情况、利率趋势、政府对投资和私人企业的整体态度、通货膨胀的长期趋势，最后最重要的一点要素是，新发明和新技术对旧行业的影响。

那么，什么时候卖出呢？就是当初买进行为犯下错误，某特定公司的实际状况显著不如原先设想那么美好。在某种程度上，要看投资者能否坦诚面对自己。另外，就是当成长股成长潜力消耗殆尽，股票与持有原则严重脱节时，就应该卖出。最后一个理由就是有前景更加远大的成长股可以选择。

如何优化你的资产配置方案

早在400年前，莎士比亚在《威尼斯商人》中就传达了“分散投资”的思想——在剧幕刚刚开场的时候，安东尼奥告诉他的老友，其实他并没有因为担心他的货物而忧愁：“不，相信我；感谢我的命运，我的买卖的成败并不完全寄托在一艘船上，更不是倚赖着一处地方；我的全部财产，也不会因为这一年的盈亏而受到影响。”可见资产配置的概念并非近代的产物。

资产配置其实就是指投资者根据个别的情况和投资目标，把投资分配在不同种类的资产上，如股票、债券、房地产及现金等，在获取理想回报之余，把风险减至最低。

实际上我们的钱是分成三类的，一类是日常生活开销，像柴米油盐等生活要消费掉的钱，这个钱您肯定是不能做一些风险投资。第二类是保命的钱，有一天，突然有一些应急的事，您要应对这些事情，可能要把它配置到保险上去，这个资金也是不能用来做风险投资的。第三类，即您可以用来投资的闲置资金。我们对这部分资产会进行一个配置，包括权益类资产，比如股票或股票式基金，固定收益类资产，包括债券、债券型基金、现金类资产、货币市场基金、存款等等。比如，我希望达到每年15%的收益率，那么分解下来可能是：权益类资产占60%，回报为20%，固定收益类资产占30%，回报为8%，现金类产品占10%，回报为2%，加权算出来就是：

$60\% \times 20\% + 30\% \times 8\% + 10\% \times 2\% = 14.6\%$

每年综合回报率为14.6%，已经很高了，按照72法则，差不多5年资产翻一番呢！

作为一个理财概念，我们需要根据每个人投资计划的时限及可承受的风险，来配置资产组合。您所有的资产投在不同的产品项下，每个产品有它固有的属性，有些产品属于收益比较好，波动性很高的，但是它往下也会波动。有些产品收益比较低，比如活期或者定期存款。有些产品是随时能变现的，什么时候想用都行，当然收益率就会低。综合所有这些收益率，能符合你具体情况的组合就是好组合。

作为普通投资者，要想达到投资的目的，将个人风险降到最低，重点在于把握资产配置。很多人认为，只有资产雄厚的人才需要进行资产配置，如果钱本来不多，索性赌一把，就无须再配置了。其实不然，资产配置的本意就是指为了规避投资风险，在可接受风险范围内获取最高收益。其方法是通过确定投资组合中不同资产的类别及比例，以各种资产性质的不同，在相同的市场条件下可能会呈现截然不同的反应，而进行风险抵消，享受平均收益。比如，股票收益高，风险也高。债券收益不高，但较稳定。银行利息较低，但适当的储蓄能保证遇到意外时不愁无资金周转。有了这样的组合，即使某项投资发生严重亏损，也不至于让自己陷入窘境。

那么在国际金融风暴冲击下，应该如何做好资产配置呢？

确定风险偏好是做好资产配置的首要前提，通过银行的风险测评系统，可以对不同客户的风险偏好及风险承受能力作个大致的预测，再结合投资者自身的家庭财务状况和未来目标等因素，为投资者配置理财产品，确定基金和保险等所占的比重，既科学又直观，在为投资者把握了投资机会的同时又可以降低投资的风险，可以说是为投资者起到了量身定制的效果。

如果已经通过风险测评系统做好了各项产品的占比配置，接下来就要在具体品种的选择上动一番脑筋了。因为同样的产品类型，细分到各个具体的产品上，投资表现往往有好有坏，有时甚至大相径庭，所以作好产品的“精挑细选”也是非常重要的一环。

在不同期限、不同币种、不同投资市场和不同风险层次的投资工具中，需要根据不同客户对产品配置的需求，来确定不同的投资组合，这样才更能达到合理分散风险、把握投资机会、财富保值增值的目标。

若以投资期限的不同来划分，可将资产配置划分为短期、中期和长期三种方式。短期产品以“超短期灵通快线”，七天滚动型、二十八天滚动型理财产品和货币基金为主；中期产品由“稳得利”理财产品及债券型基金、股票型基金组成；长期产品则以万能型、分红型保险、保本型基金居多。

若以风险程度的不同来划分，可将资产配置划分为保守型、稳健型、进取型三大类。保守型配置，由“灵通快线”系列理财产品、货币型基金、分红型保险等组成；稳健型配置，由“稳得利”理财产品、保本型基金、万能型保险等组成；进取型配置，由偏股型基金、混合型基金、投资联结型保险等组成。

若以投资币种和市场来划分，更有美元、澳元、欧元、港币等“安享回报”系列理财产品和QDII基金可供选择。

另外，作为资产配置的一部分，个人投资者也不应忽视黄金这一投资品种，无论是出于资产保值或是投资的目的，都可以将黄金作为资产配置的考虑对象。像工行的纸黄金、实物黄金和黄金回购业务的展开，也为广大投资者提供了一个很好的投资平台。

在如此众多的选择前提下，再配合以理财师的专业眼光和科学分析，为投资者精选各种投资工具的具体品种，让你尽享资产配置的好处与优势。

把我们的口袋从水里捞出来

从历史上来看，在美国大多数养老金固定缴款计划都没有默认选项，参加养老保险的人会得到一份选择清单，清单上有关于如何在所提供的基金里面进行资金分配的指导。在采用自动登记之前，是不需要默认选项的。如果参与者参与自动登记，那么他们必须亲自登记特别的资产分配方式。从传统情况来看，公司都是选择最保守的一种投资方案作为默认选项，这种投资方案经常是货币市场账户。

好的选择体系可以在多个层面对选择者提供帮助。近年来，美国民众越来越关注选择体系，原因是各种备选方案所提供的选择越来越多，从而使人们更难作出选择。大多数专业人士认为，将 100% 的资金投入货币市场账户有些过于保守。这些基金的回报率低（只是略高于通货膨胀率），并且许多员工们的养老保险缴存比例也较低，这两点便足以使你在退休之后深陷贫困。公司之所以会作出这一选择，并不是因为它们认为这是一个好的选择，而是因为它们担心，如果它们通过默认选项使员工们作出别的更为明智（风险也更大）的选择会遭到起诉。美国劳工部不愿意正式发布有关保值增值的指导更加重了这一担心。但是最终，劳工部终于出台了新的有参考价值的指导，从而为设置良好的默认选项消除了法律上的障碍。

我们有许多好的默认选项。其中一种是向人们提供一整套投资组合方案，每一种方案的风险程度都各不相同。我们已经注意到，一些方案涵盖了冒险型、稳中求进型和保守型“生活方式”的投资组合。投资者所需要做的仅仅是选出一种最符合自己风险承受能力的生活方式基金。

由于投资者类型和投资目标不同，我们合理选择投资组合时可以选择下面三种基本模式：

1. 冒险速进型投资组合

这一投资组合模式适用于那些收入颇丰、资金实力雄厚、没有后顾之忧的个人投资者。其特点是风险和收益水平都很高，投机的成分比较重。

这种组合模式呈现出一个倒金字塔形结构，各种投资在资金比例分配上为：储蓄、保险占 20%，债券、股票等占 30%，期货、外汇、房地产等投资为 50% 左右。

投资者要慎重采用这种模式，在作出投资决定之前，首先要正确估计出自己承受风险的能力（无论是经济能力，还是心理承受能力）。对于高薪阶层来说，家庭财富比较殷实，每月收入远远高于支出，那么，将手中的闲散资金用于进行高风险、高收益组合投资，更能见效。由于这类投资者收入较高，即使偶尔发生损失，也容易弥补。

2. 稳中求进型投资组合

这一类投资组合模式使用于中等以上收入，有较大风险承受能力，不满足于只是获取平均收益的投资者，他们与保守安全型投资者相比更希望个人财富能迅速增长。

这种投资组合模式呈现出一种锤形组织结构。各种投资的资金分配比例为：储蓄、保险投资为 40% 左右，债券投资为 20% 左右，基金、股票为 20% 左右，其他投资为 20% 左右。

这一投资模式适合以下两个年龄段的人群：从结婚到35岁期间，这个年龄段的人精力充沛，收入增长快，即使跌倒了，也容易爬起来，很适合采用这种投资组合模式；45～50岁之间，这个年龄阶段的人，孩子成年了，家庭负担减轻且家庭略有储蓄，也可以采用这种模式。

3. 保守安全型投资组合

这一类投资组合模式适用于收入不高，追求资金安全的投资者。

保守安全型投资组合市场风险较低，投资收益十分稳定。其选择基本上是一些安全性较高，收益较低，但资金流动性较好的投资工具。保守安全型的投资组合模式呈现出一个正金字塔形结构。各种投资的资金分配比例关系为：储蓄、保险投资为70%（储蓄占60%，保险10%）左右，债券投资为20%左右，其他投资为10%左右。保险和储蓄这两种收益平稳、风险极小的投资工具构成了稳固、坚实的塔基，即使其他方面的投资失败也不会危及个人的正常生活，成本回收的概率非常高，风险很小。

一些方案发起者已开始为投资组合选择提供自动解决方案，特别是一些方案发起者会基于标准退休年龄自动向投资人推介目标成熟基金。还有一些方案发起者会给投资者提供“受管理账户”的默认选项。“受管理账户”是典型的股票和债券组合投资，其分配原则基于投资人的年龄和其他一些相关的因素。

一个优秀的方案，它可以为兴趣和能力各异的投资人作出满意的决定提供了一种选项。其中一种方法是告诉新的登记者，如果他们不愿意选择自己的投资方案，他们可以选择由专业人士精心搭配的默认基金。这可以通过上述提到的“受管理账户”做到。对于那些愿意更深入参与的投资者，他们会得到一整套平衡或者生活方式基金中的一个选择（这一选择旨在使每一名参与者将其全部资金都只投入某一项基金）。对于那些的确想购买基金的人来说，应当向他们提供一整套共有基金，从而使那些经验丰富的投资者（或者那些自认为经验丰富的投资者）具备自由选择的能力。

多数人并不十分了解诸如缴存比例和预计投资回报率等数字将如何影响他们年老之后的生活方式。这些抽象的概念需要转化成任何人都看得懂的概念才能引起人们的注意。比如，公司可以设计出一些买房选择方案，这些选择根据人们不同的退休收入而不同。最差的结果是一处窄小破旧的公寓，而好的情况是宽敞且带游泳池的住处。这些带有视频刺激的方案都可以促使参与者想象自己如何利用退休金而达到颐养天年的目的。因此，我们可以在年报中告诉参与者，以他（她）目前的情况，他（她）在退休后可以住进一处陋室，但如果此刻他马上提高自己的养老保险缴存比例（或者加入“明天储蓄更多”方案），那他就可以得到一处两居室的公寓。

形成并实施一项长期投资方案是一件非常困难的事情。对于大多数的公司来说，它们都会在一些内部专家以及外部顾问的协助下对公司的资产实施长期管理。然而，对于个人来讲，他们只能独立完成这项工作，即便他们能够得到拥有这方面知识的同事或者亲戚的帮助。但由于这些人缺乏专业的培训，最终也无法取得很好的效果。结果，我们的理财会像自己给自己理发一样搞得一团糟。大多数人都需要帮助，而好的选择体系和精心设计的助推方案便能够实现这一点。

第十五篇

国际金融的罪与罚

第一章　汇率撼动世界经济

汇率送上的免费啤酒

故事发生在美国和墨西哥边界的小镇上。有一个单身汉在墨西哥一边的小镇上，他付了 1 比索买了一杯啤酒，啤酒的价格是 0.1 比索，找回 0.9 比索。转而他来到美国一边的小镇上，发现美元和比索的汇率是 1 美元：0.9 比索。他把剩下的 0.9 比索换了 1 美元，用 0.1 美元买了一杯啤酒，找回 0.9 美元。回到墨西哥的小镇上，他发现比索和美元的汇率是 1 比索：0.9 美元。于是，他把 0.9 美元换为 1 比索，又买啤酒喝。这样在两个小镇上喝来喝去，总还是有 1 美元或 1 比索。换言之，他一直在喝免费啤酒，这可真是个快乐的单身汉。

这个快乐的单身汉为什么能喝到免费的啤酒呢？这跟汇率有关系，在美国，美元与比索的汇率是 1：0.9，但在墨西哥，美元和比索的汇率约为 1：1.1。那么什么才是汇率呢？

汇率是一国货币兑换另一国货币的比率。由于世界各国货币的名称不同，币值不一，所以一国货币对其他国家的货币要规定一个兑换率，即汇率。

各国货币之所以可以进行对比，能够形成相互之间的比价关系，原因在于它们都代表着一定的价值量，这是汇率的决定基础。在金本位制度下，黄金为本位货币。两个实行金本位制度的国家的货币单位可以根据它们各自的含金量多少来确定他们之间的比价，即汇率。如在实行金币本位制度时，比如英国规定 1 英镑的重量为 123.27447 格令，成色为 22 开金，即含金量 113.0016 格令纯金；美国规定 1 美元的重量为 25.8 格令，成色为千分之九百，即含金量 23.22 格令纯金。根据两种货币的含金量对比，1 英镑 =4.8665 美元，汇率就以此为基础上下波动。

在纸币制度下，各国发行纸币作为金属货币的代表，并且参照过去的做法，以法令规定纸币的含金量，称为金平价，金平价的对比是两国汇率的决定基础。但是纸币不能兑换成黄金，因此，纸币的法定含金量往往形同虚设。所以在实行官方汇率的国家，由国家货币当局规定汇率，一切外汇交易都必须按照这一汇率进行。在实行市场汇率的国家，汇率随外汇市场上货币的供求关系变化而变化。

汇率是两种不同货币之间的比价，因此汇率多少，必须先要确定用哪个国家的货币作为标准。由于确定的标准不同，于是便产生了几种不同的外汇汇率标价方法。

1. 直接标价法

直接标价法，又叫应付标价法，是以一定单位（1、100、1000、10000）的外国货币为标准来计算应付出多少单位本国货币。就相当于计算购买一定单位外币所应付多少本币，所以就叫应付标价法。在国际外汇市场上，包括中国在内的世界上绝大多数国家目前都采用直接标价法。如日元兑美元汇率为 119.05 即 1 美元兑 119.05 日元。

在直接标价法下，若一定单位的外币折合的本币数额多于前期，则说明外币币值上升或本币币值下跌，叫做外汇汇率上升；反之，如果用比原来较少的本币即能兑换到同一数额的外币，这说明外币币值下跌或本币币值上升，叫做外汇汇率下跌，即外币的价值与汇率的涨跌成正比。

2. 间接标价法

间接标价法又称应收标价法。它是以一定单位（如 1 个单位）的本国货币为标准，来计算应收若干单位的外汇货币。在国际外汇市场上，欧元、英镑、澳元等均为间接标价法。在间接标价法中，本国货币的数额保持不变，外国货币的数额随着本国货币币值的变化而变化。如果一定数额的本币能兑换的外币数额比前期少，这表明外币币值上升，本币币值下降，即外汇汇率下跌；反之，如果一定数额的本币能兑换的外币数额比前期多，则说明外币币值下降、本币币值上升，即外汇汇率上升，即外汇的价值和汇率的升跌成反比。因此，间接标价法与直接标价法相反。

由于直接标价法和间接标价法所表示的汇率涨跌的含义正好相反，所以在引用某种货币的汇率和说明其汇率高低涨跌时，必须明确采用哪种标价方法，以免混淆。

随着经济全球化的发展，世界各国之间的经济往来越来越紧密，而汇率作为各国之间联系的重要桥梁，发挥着重要作用。

（1）汇率与进出口。一般来说，本币汇率下降，即本币对外的币值贬低，能起到促进出口、抑制进口的作用；若本币汇率上升，即本币对外的比值上升，则有利于进口，不利于出口。

汇率是国际贸易中最重要的调节杠杆。因为一个国家生产的商品都是按本国货币来计算成本的，要拿到国际市场上竞争，其商品成本一定会与汇率相关。汇率的高低也就直接影响该商品在国际市场上的成本和价格，直接影响商品的国际竞争力。

（2）汇率与物价。从进口消费品和原材料来看，汇率的下降要引起进口商品在国内的价格上涨。至于它对物价总指数影响的程度则取决于进口商品和原材料在国民生产总值中所占的比重。反之，本币升值，其他条件不变，进口品的价格有可能降低，从而可以起抑制物价总水平的作用。

（3）汇率与资本流出入。短期资本流动常常受到汇率的较大影响。当存在本币对外贬值的趋势下，本国投资者和外国投资者就不愿意持有以本币计值的各种金融资产，并会将其转兑成外汇，发生资本外流现象。同时，由于纷纷转兑外汇，加剧外汇供求紧张，会促使本币汇率进一步下跌。反之，当存在本币对外升值的趋势下，本国投资者和外国投资者就力求持有以本币计值的各种金融资产，并引发资本内流。同时，由于外汇纷纷转兑本币，外汇供过于求，会促使本币汇率进一步上升。

世界上没有完美无缺的事物，对于任何一个国家来说，汇率都是一把“双刃剑”。汇率变动究竟会带来怎样的好处与坏处，要视一个国家的具体情况而定。

汇率政策甚至决定着一国经济的兴衰

1987年出版的《大国的兴衰》一书中主张，“对外过度膨胀”引发了经济衰落，并列举历史事例阐述“对外过度膨胀”加重了经济负担，而导致了经济衰落。书中主张进一步引发了经济学界对国家经济兴衰的关注。随后，经济学界开始关注经济体制的“路径依赖”。路径依赖是指许多事件以特定的方式长期进行，会使制度或过程产生无法变化的惯性。路径依赖使之不易适应外部条件的变化。换言之，既得利益者力求使制度或过程的变化成为不可能。受此影响，兴起了对国家生命周期和制度的关注。路径依赖是依生命周期折射出的自然现象。经济学家查尔斯·金德尔伯格认为，国家经济也有生命周期，如生命体一样诞生、成长、成熟后，走向自然的衰落。

现在大家对汇率的重要性问题应该有所了解了。实际上，世界各国政府都极大关注汇率状况。在与国外正式进行贸易后，所有国家每天都在进行汇率战争，这并非凭空虚构。从历史上看，在汇率战争中获胜的国家分享了经济繁荣，而失利的国家则要忍受严重的经济苦难。一个国家在本国货币的对外价值，即以汇率为对象进行的战争中获胜与否，左右着一个国家的经济命运。当然，经济的兴衰不是完全由汇率决定的，许多经济变量共同作用于国家经济，决定其兴或亡、增长或衰落。

经济学的经济增长理论认为，劳动、资本、技术、资源等生产要素的增加能够促进经济增长。不过，这一理论也有其根本的局限性。因为当其他生产要素保持了一定的水平，而只有生产要素中的一个或几个要素增加了，经济本应增长，但却反而衰落的情况比比皆是。

举例而言，朝鲜时代末期或中国清朝末期，劳动和资本的积累增加了，科学技术或资源也未退步，但经济困难却日渐深化。这些事实表明，生产要素可以作为说明经济增长的重要变量，但在寻找经济衰落的原因时却毫无助益。打个比方，这与身高、体重等体格超出常人的人并不都能成为优秀的田径运动员或足球运动员是一样的道理。劳动、资本、技术和资源等经济条件也是如此。

经济学者们对经济衰落的具体原因列举如下：投资率和储蓄率的减少；生产率低下；经济结构从实物产业移向金融产业；在国际竞争中失败；经济关注点从生产移向消费和财产方面等等。不过，很难区分这些是经济衰落的原因还是结果。举例来说，尽管20世纪90年代美国的投资率和储蓄率较日本或欧洲的其他国家相对低些，而且美国的储蓄率较以往减少了，但经济增长率反而更高了。美国不仅在海外市场竞争中失利，在国内竞争中也败给了其他国家，从实物产业向金融产业的结构变化很快，国民关注点从生产向消费或财产方面转移得也很迅速，可是美国却在20世纪90年代到21世纪初实现了长期的经济繁荣。

一部分经济学者探讨了国民性的重要性问题。他们列举了经济增长国家的国民性，如对环境变化的适应力、资源分配的转换能力、创意性和发明能力、活跃性、反应力和灵活性、恢复力等。同时列举了衰落或停滞国家的国民性，如对变化的抗拒、逃避危险、懒惰、麻木、被动、懈怠、麻痹状态等。不过，也很难区分这些是增长或衰落的原因还是结果。不，被视为结果更符合现实。新近新兴工业国中，特别是东南亚国家更加如实地证明了这一点。过去东南亚各国的国民虽然被错误地评价为具有懒惰等国民性，但经济跃进后，他们变得勤劳和具有挑战性，不逊色于任何国家。随着经济的增长，国民性也发生了根本性的转变。

为了成功引领汇率政策，应正确地推断增长潜力和国际竞争力。如果对增长潜力和国际竞争力估值偏低或估值偏高，汇率政策只能失败，因为汇率政策在正确推定增长潜力和国际竞争力时才能成功。如果增长潜力和国际竞争力的增长率比许可范围更高，经济就会马上力竭。相反，如果增长潜力和国际竞争力的增长率比许可范围低，增长潜力和国际竞争力就会恶化。打个易于理解的比喻，如果马拉松选手赛跑的速度超过了自身的能力（体力），就会很快精疲力竭，无法赛跑了。同样，如果赛跑的速度低于自身的能力，选手的实力就会逐渐降低，因为马拉松运动员的实力要在试图跑得最快的过程中才能提高。汇率政策与此没有太大的不同。

首先，如果实施的汇率政策以记录的增长率超出增长潜力和国际竞争力为前提，则物价会出现严重的不稳定，导致物价上涨的恶性循环，随之，国际收支严重恶化，外汇储备枯竭，进而爆发外汇危机。这种情况在发展中国家时常发生，也偶发于发达国家。实际上，美国在20世纪60年代实施了扩大财政支出，以提高增长率的政策，但进入70年代物价不稳定问题才真正暴露出来，加之石油危机的来袭，美国深受严重的滞胀危机之苦。虽然国际收支迅速恶化，但由于美元是国际基础货币，所以没有遭遇外汇储备枯竭的危机。

不过，英国的情况完全不同。它与美国一样在20世纪60年代扩大了财政支出，维持了经济的良好态势，不过记录的增长率较潜在增长率高，因而出现了物价不稳定和国际收支的恶化。英国不仅深受滞胀的煎熬，还遭遇了外汇危机，最终不得不于1976年末接受了IMF的救济贷款。

潜在增长率是指以不引发物价不稳定和国际收支恶化为前提的最高增长率，因此，不发生物价不稳定和国际收支恶化时所达到的最高增长率可以视为潜在增长率。特别是在开放进口的情况下，国际收支不恶化期间记录的最高增长率可以推定为潜在增长率。换言之，实现国际收支均衡时记录的最高增长率就是国际竞争力，因为物价不稳定，进口会首先急剧上升。

经济的兴衰并非单纯是由某一个变量决定的。“汇率政策”决定了国家经济的兴衰也很难被视为一般理论。尽管如此，汇率浮动对国家经济的兴衰具有十分重要的作用这一事实是被历史证明过的了。

仔细察看世界历史中反复上演的经济兴衰过程，特定的经济变量不是在一个时代都同时出现的，同时出现的现象并不多，汇率政策的成功和失败与其他因素共同决定了经济的命运。

汇率政策的成功和失败对国家经济的兴衰产生着更普遍、更强有力的影响，对于汇率政策的制定和实施，各个国家需要极为慎重。

联邦储备银行外汇交易室的一天

纽约联邦储备银行外汇操作的经理负责监督跟踪外汇市场变化的交易员和分析师。每天早晨7：30，早在清晨就到达纽约联邦储备银行的交易员同美国财政部的相关人员通话，提供海外金融和外汇市场隔夜交易的最新情况。上午晚些时候，大概在9：30，经理和其职员召开有华盛顿联邦储备委员会高级职员参与的电话会议。下午2：30，他们再次召开电话会议，这次，联邦储备委员会和财政部的官员均会参加。虽然根据法律，财政部在制定外汇政策方面负有领导责任，但它试图达到财政部、联邦储备委员会和纽约联邦储备银行三方意见的统一。如果他们认为当天有必要进行外汇干预（如果美国一年都没有进行外汇干预，这将是极不寻常的事件），经理就会向其职员发布通过的买卖外币的指令。

美国财政部主要负责外汇政策，但干预外汇市场的决策却是美国财政部和由联邦公开市场委员会代表的联邦储备体系共同作出的。纽约联邦储备银行外汇交易室负责实施外汇干预，该交易室就位于公开市场交易室的隔壁。

外汇交易就是一国货币与另一国货币进行交换。与其他金融市场不同，外汇市场没有具体地点，也没有中央交易所，而是以电子交易的方式进行。“外汇交易”是同时买入一对货币组合中的一种货币，而卖出另外一种货币。外汇是以货币形式交易，例如欧元/美元（EUR/USD）或美元/日元（USD/JPY）。

汇率的浮动由国际收支决定，国际收支由资本收支和经常收支构成。其中，资本收支由投资的收益率即增长潜力决定；经常收支由国际竞争力决定。那么，我们可以将增长潜力和国际竞争力视为同义词。

如果国际竞争力和增长潜力提高了，国际收支（综合收支）就会记录为顺差，国际收支记录为顺差，则外汇的供应就会增加，就会使汇率下降，使国内货币的对外价值提高。若国内货币的对外价值提高了，物价就会稳定。而且如果国际收支记录为顺差，国家财富也会逐渐累积，使利率降低，活跃投资，提升国际竞争力和增长潜力。实现了经济增长奇迹的国家几乎都经历了这样的过程。世界大战之后的德国和日本如此，韩国也是如此。

不过，如果国内货币的对外价值过快提高，会出现什么现象呢？当然是出口的价格竞争力降低，进口的价格竞争力提高，国际收支记录为逆差。如果国际收支记录为逆差，汇率会上升，物价会不稳定，国家财富会流出，国际竞争力和增长潜力日渐削弱。而且如果国际竞争力和增长潜力降低了，国际收支逆差会更为扩大。

国内货币对外价值的上升在何种情况下能够增强国际竞争力和增长潜力，在何种情况下会侵蚀国际竞争力和增长潜力呢？对此该如何理解呢？这只要理解为，具有因果关系的经济变量之间的速度差异产生了不同的结果即可。即，只要知道哪一变量先行了，就会很容易理解这种二律背反现象。如果国际竞争力和增长潜力前行，货币的对外价值跟随其后时，就会产生良性循环。国际竞争力和增长潜力的提升引起了国际收支顺差，促进了货币对外价值的上升，而货币对外价值的上升又进一步提升了国际竞争力和增长潜力。

相反，如果货币的对外价值上升前行，国际竞争力和增长潜力跟随其后时，就会产生恶性循环。由于货币的对外价值上升引起了国际竞争力的恶化，进而使国际收支恶化；国际收支恶化引起了国内资本和收入的海外流出，进一步削弱了增长潜力和国际竞争力，而增长潜力和国际竞争力的恶化再次使国际收支恶化，这一过程循环往复。

汇率政策具有两层意义，一个是对内政策，另一个是对外政策。首先，国内应倾注政策性努力，使货币的对外价值上升不要超过增长潜力和国际竞争力的上升速度。对外的政策性努力应致力于使国内货币价值的上升速度不要快于其他国家货币价值的上升速度。即，应通过政策性努力使物价较其他国家更稳定些。如果这两个政策中的一个失败了，国家就会步入衰退之路，这两个政策都成功了，才会走上繁荣之路。

如果汇率无法及时反映国际竞争力和增长潜力，会出现什么现象呢？即，尽管国际竞争力和增长潜力的提升速度很快，但汇率下降的速度不及国际竞争力和增长潜力的提升速度时，会出现什么现象呢？当然是国际收支顺差逐渐扩大。如果国际收支扩大，国内资本累积将逐渐增多，进而出现国内投资收益率逐渐下降的倾向。

如此一来，海外投资自然扩大，进而使国内收入转移至海外。国内收入移至海外会导致国内需求不足，进而使国内景气低迷。如果内需不足，只能更依靠出口了，因为支撑总需求的方法唯有出口。因此，经常收支顺差有扩大的倾向，最终出现恶性循环。日本和德国经济在 20 世纪 90 年代以后无法摆脱超长期低增长的轨道，其原因就在这里。

就经济而言，没有任何一个变量是孤立的，这并非言过其实。各个经济变量不论大小都彼此关联。其中有些变量之间具有密切的因果关系。某一变量作为原因，就会产生特定的结果，其结果又作为原因而产生新的结果。即，结果又作为原因而发挥作用。这种变动循环往复，形成了我们眼前的一系列的国际竞争力变化的经济现象。

可以说，经济的历史就是这种因果关系的不断反复。因此，为了实现经济的可持续发展，最重要的是使增长潜力和国际竞争力先于货币的对外价值之前上升。经济政策的奥妙就在这里。简而言之就是，通过政策调整使货币的对外价值不要上升较快，这是经济可持续发展的前提条件。汇率的应对政策对经济发展具有重要意义的原因也就在这里。

外币往来的“外币市场”

A 国有一个人要去 B 国旅游学习，当时 A 国与 B 国的汇率是 1 ： 9，离开 A 国时，他带了 1 万元钱。到了 B 国，他先用 1 万元兑换到 B 国当地钱 9 万元。这个人在 B 国一共住了两年多，花了当地钱 3 万元。当他准备启程离开时，当地钱升值，兑 A 国汇率为 1 ： 5，于是这位旅行者就用剩下的6万元B国钱换到了12000元A国钱。也就是说他白白地在B国玩了一趟，还净赚了2000元。

这就是外汇市场的本质，利用汇率的多变性赚取差价。现在已经有越来越多的人投入汇市，那么外汇市场究竟是怎样运作的呢？它为什么会成为投资热点呢？

前些年，普通投资者对外汇市场的了解仅是一个外币的概念，然而历经几个时期的演进，它已较能为普通投资者所了解，而且已应用外汇交易为理财工具。

事实上，不论是否了解外汇市场，我们都已身为其中的一分子，因为口袋中的钱已使你成为货币的投资人。比如你居住于中国，各项贷款、股票、债券及其他投资都是以人民币为单位，换言之，除非你是少数拥有外币账户或是买入了外币、股票的多种货币的投资人，否则就是人民币的投资者。

如果你居住在日本，基本上你已选择了不持有其他国家的货币，因为你所买入的股票、债券及其他投资或是银行账户中的存款皆以日元为单位。由于日元的升值或贬值，都可能影响你的资产价值，进而影响到总体财务状况。所以，已有许多精明的投资人利用了外汇汇率的多变进行外汇交易而从中获利。

外汇市场交易方式有即期外汇交易、远期外汇交易、掉期交易、外汇期货交易和期权交易。按外汇所受管制程度进行分类，外汇市场可以分为自由外汇市场、外汇黑市和官方市场。

自由外汇市场是指政府、机构和个人可以买卖任何币种、任何数量外汇的市场。自由外汇市场的主要特点是：第一，买卖的外汇不受管制。第二，交易过程公开。例如：美国、英国、法国、瑞士的外汇市场皆属于自由外汇市场。

外汇黑市是指非法进行外汇买卖的市场。外汇黑市首先是在政府限制或法律禁止外汇交易的条件下产生的；其次交易过程具有非公开性。由于有些国家执行外汇管制政策，不允许自由外汇市场存在，所以这些国家的外汇黑市比较普遍。

官方市场也就是指按照政府的外汇管制法令来买卖外汇的市场。这种外汇市场对参与主体、汇价和交易过程都有具体的规定。在发展中国家，官方市场较为普遍。

外汇市场更像一个农贸市场，所有的买家和卖家完全是开放的，体现了绝对的自由，买家可以自由地询价，卖家可以自由地报价，双方完全是在自愿的情况下进行交易，成交价格对于双方来说是“一个愿打，一个愿挨”，这一点和股票市场是完全不一样的，外汇市场没有集合竞价和电脑集中撮合的规矩。

另外，外汇市场并不是传统意义上的“市场”，它并没有像股票和期货那样有具体的交易场地，而是通过银行、企业和个人间的电子网络进行交易。你不可能在一个集中的场所观察利率的变动；货币的交易不在纽约股票交易所等交易所中进行。外汇市场是以场外市场的形式组织，几百个交易商（大部分是银行）随时准备买入和卖出以外国货币计价的存款。由于这些交易商随时通过电话和电脑联系，市场是极具竞争性的，事实上，它的功能与集中的市场没有差别。

1989年4月里，全球每天进行的外汇交易超过6000亿美元，其中1840亿美元是在伦敦进行交易，1150亿是在美国进行交易的，1110亿是在东京交易的。仅仅12年后，截至

2001年4月，全球平均每天的外汇交易量就已跃升至1.2万亿美元左右，其中5040亿美元是在伦敦交易的，2540亿美元是在纽约交易的，1470亿美元是在东京交易的。

外汇交易在许多金融中心进行，其中最大的交易发生在诸如伦敦、纽约、东京、法兰克福，以及新加坡之类的大都市里。世界范围的外汇交易量极为巨大，而且近年来还在不断膨胀。

在外汇交易过程中，直接的银行间市场是以具有外汇清算交易资格的交易商为主，他们的交易构成总体外汇交易中的大额交易，这些交易创造了外汇市场的交易巨额。也正是由于没有具体的交易所，因此外汇市场能够24小时运作。

世界上大部分国家都有自己的货币：美国的美元、欧洲货币联盟的欧元、巴西的瑞亚尔、印度的卢比等等。国家间的贸易涉及不同货币之间的兑换。例如，如果美国企业购买外国商品、劳务或者金融资产，需要将美元（通常是以美元计价的银行存款）兑换成外国货币（以外国货币计价的银行存款）。

货币和以特定货币计价的银行存款的交易在外汇市场中进行。外汇市场中的交易决定了货币兑换的比率，进而决定购买外国商品和金融资产的成本。

需要注意的重要一点是，当银行、公司和政府谈及在外汇市场上买卖货币时，它们不是攥着一把美元钞票，卖出后收取英镑纸币。大部分交易是买卖不同货币计价的银行存款。因此，当我们说银行在外汇市场上购买美元，我们实际的意思是银行购买以美元计价的存款。这一市场的交易规模十分庞大，每天超过1万亿美元。

外汇市场上的单笔交易有时超过100万美元。决定汇率的市场不是为出国旅行购买外国货币的地方。事实上，我们是在零售市场上从交易商（例如自营商或者银行）手中购买外国货币。由于零售价格高于批发价格，当我们在零售市场上购买外汇时，1美元所换取的外国货币的数量少于在外汇市场上交易所获得的外汇货币数量。

外汇市场的收益、风险和流动性

过去一段时间热钱处于净流入状态，对外汇储备的投资继续构成新压力，美方有人提出美国国债不还息，尽管是一家之言也敲了警钟。此后美联储还继续将到期的国债本金进行再投资购买美国国债，造成其内在价值继续缩水，当然前提是批准了美债务上限拓宽。估计中投不会大幅减持美国债，但外汇储备增量会增加对欧元资产的投入，变相减少美元资产投资。因此未来金融政策与欧元区关联度增加，而欧元区总趋势是收缩原宽松流动性，延后希腊120亿欧元紧急贷款处理，其影响是问题国家必须节省开支、减少赤字，才可能获得贷款支援，原来主张收紧银根平抑通胀压力的观点占上风。

所有的其他条件相同时，个人愿意持有能够提供最高预期实际收益率的资产。但是，“所有的其他条件”并不总是相同的。储蓄者评价某些资产时考虑的可能是其品质特征而不是资产的实际预期收益率。除了收益之外，储蓄者主要关心资产在两方面的特征：一是该资产的流动性，即可以被卖掉或用来与商品进行交换的方便程度；二是该资产的风险，即对储蓄者财富贡献的易变程度。

储蓄者在决定持有哪一种资产时，要考虑资产的风险、流动性，以及预期实际收益率。同样，对外汇资产的需求，不仅取决于收益，也取决于风险和流动性。例如，即使欧元存款的预期美元收益比美元存款更高，如果欧元存款的收益变化无常的话，人们可能也不愿意持有欧元存款。

资产处置的成本和速度也因资产不同而各异即被称为流动性。例如，房屋不具有较大的流动性，因为房屋出售通常需要时间，需要经纪人、评估机构，以及律师的服务。相反，现金是最具流动性的资产：现金总能以面值支付，购买商品和其他资产。储蓄者愿意持有一些流动资产，作为一种预防措施，以便支付预期之外的费用。否则储蓄者将不得不卖掉一些流动性较低的资产并因此蒙受损失。所以，在决定某种资产的持有量时，储蓄者不仅会考虑预期收益和风险，还会考虑这种资产的流动性。

具有流动性的资产可以在必要时以较低的成本迅速转换为现金。资产的流动性越强（所有其他条件相同），在市场上受欢迎的程度就越高。美国国债的交易十分广泛，可以十分容易地出售，且费用十分低廉，因此它的流动性居所有长期债券之首。对于任何一个公司而言，其债券的交易量要远远小于国债，因此公司债券的流动性较差。在紧急情况下，可能难以找到公司债券的买主，因此出售这些债券的代价会很高。流动性与风险共同作用于外汇市场，影响着投资者的交易行为。

外汇风险是指某种资产的实际收益率通常不能预测，而且可能会与储蓄者购买时的预期大相径庭。如果储蓄者进行债券投资，实际收益率为10%，这是由债券投资的美元价值预期增长率（20%）减去美元价格预期增长率（10%）而得到的。但是，如果预期失误——债券的美元价值保持不变，而不是上升20%，那么储蓄者最终将获得负的10%的实际收益率。这种不确定性，即资产处于高度不稳定状态下就被称为外汇风险。如果某种资产实现的收益率变动很大时，这种资产即使具有较高的收益率，可能也不会对储蓄者产生吸引力。当由于公司遭受重大损失导致违约的可能性增大时，公司债券的违约风险提高，预期回报率下降。

对于外汇市场风险的重要性，经济学家们没有达成共识。甚至对外汇风险的定义，仍然存在着争议。为了避免卷入过分复杂的讨论之中，我们假设，无论以何种货币形式存款，所有存款的实际收益风险是一样的。换言之，我们假定风险差异不影响对外汇资产的需求。然而，我们在决定持有何种货币时，一些市场参与者可能会受到流动性因素的影响。大多数这类参与者是进行国际贸易的公司和个人。例如，一个进口法国商品的美国商人，可能发现持有法郎进行日常支付比较方便，即系的支付活动仅占外汇交易总量的很小一部分，因此，我们可以忽略持有外汇的流动性动机。这样，我们可以假设，外汇市场参与者对外汇资产的需求完全取决于对不同资产预期收益率的比较。通过简化分析，使我们便于分析外汇市场的汇率决定机制。

国际平台上，货币的实际购买力

有关汇率决定的最著名的一个理论就是购买力平价理论。该理论认为，任何两种货币的汇率变动都应当反映两国物价水平的变化。购买力平价理论是一价定律在国内物价水平而非单个商品价格上的简单应用。假定相对于美国钢材的价格（仍然为 100 美元），日本钢材的日元价格上升了 10%（1.1 万日元）。如果日本的物价水平相对于美国上涨了 10%，美元必须升值 10%。购买力平价理论说明，如果一国物价水平相对于另一国上升，其货币应当贬值（另一国货币应当升值）。如下图所示，这一理论在长期得到了证实。从 1973 年至 2002 年底，英国物价水平相对于美国上涨了 99%，按照购买力平价理论，美元应当相对于英镑升值，实际情况正是如此，尽管美元只升值了 73%，小于购买力平价理论计算的结果。

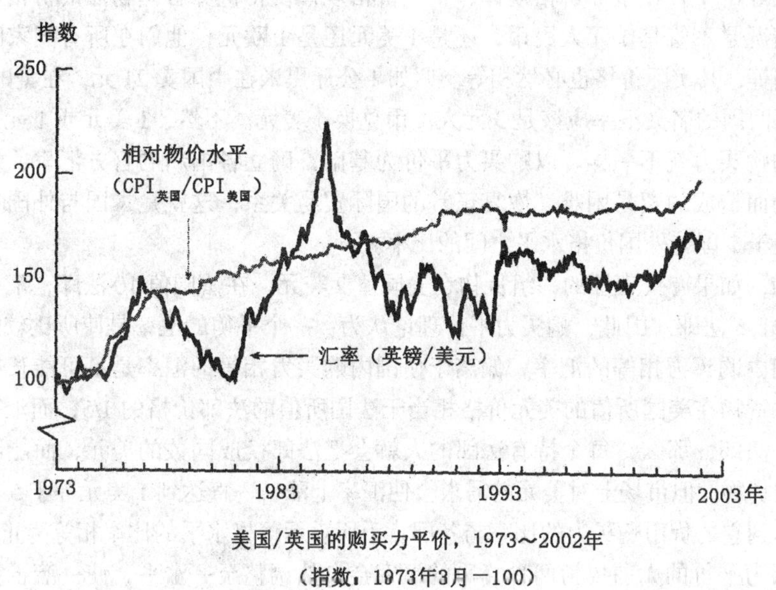

美国/英国的购买力平价，1973～2002年
（指数，1973年3月－100）

1986 年 9 月，英国著名的杂志《经济学人》推出了有趣的“巨无霸指数”。将世界各国麦当劳里的巨无霸汉堡包价格，根据当时汇率折合成美元，再对比美国麦当劳里的售价，来测量两种货币在理论上的合理汇率，巨无霸指数（Big Mac index）是一个非正式的经济指数，用以测量两种货币的汇率理论上是否合理。从而得出这种货币被“高估”或“低估”的结论。在一些西方经济学家眼中，麦当劳的巨无霸已经成为评估一种货币真实价值的指数，这个指数风靡全球。

两国的巨无霸的购买力平价汇率的计算法，是以一个国家的巨无霸当地货币的价格，除以另一个国家的巨无霸当地货币的价格。该商数用来跟实际的汇率比较；要是商数比汇率为低，就表示第一国货币的汇价被低估了；相反，要是商数比汇率为高，则第一国货币的汇价被高估了。

举例而言，假设一个巨无霸在美国的价格是 4 美元，而在英国是 3 英镑，那么经济学家认为美元与英镑的购买力平价汇率就是 3 英镑：4 美元。而如果在美国一个麦当劳巨无霸的价格是 2.54 美元，在英国是 1.99 英镑、在欧元区是 2.54 欧元，而在中国只要 9.9 元的话，那么经济学家由此推断，人民币是世界上币值被低估最多的货币。

1916年瑞典经济学家卡塞尔在总结前人学术理论的基础上，系统地提出：两国货币的汇率主要是由两国货币的购买力决定的。这一理论被称为购买力平价说，简称PPP理论。

购买力平价理论认为，人们对外国货币的需求是由于用它可以购买外国的商品和劳务，外国人需要其本国货币也是因为用它可以购买其国内的商品和劳务。因此，本国货币与外国货币相交换，就等于本国与外国购买力的交换。所以，用本国货币表示的外国货币的价格也就是汇率，决定于两种货币的购买力比率。由于购买力与物价水平呈倒相关，因此两国之间的货币汇率可由两国物价水平之比表示。这就是购买力平价说。

开放经济中存在单一价格规律，单一价格规律使得世界各国物品的价格趋于一致。理想的情况是不管是1元人民币，还是1美元还是1欧元，他们在所有国家购买的物品量必然相等，其实际价格也必然相等。假如1公斤黑米在中国卖21元，在美国卖7美元，那么中美两国的名义汇率应该是3元人民币兑换1美元。不然，1美元或1元人民币在两个国家的购买力就不一样。以购买力平价为基础，确立各国新的官方汇率，从而消除因物价变动而造成的贸易困难，恢复正常的国际贸易关系，这就是本国与外国货币之间的汇率应等于本国与外国价格水平之间的比率。

例如，如果有代表性的一组货物在美国值2美元，在法国值10法郎，汇率就应该是1美元等于5法郎。因此，购买力平价理论认为：一个平衡的汇率是使所比较的两种通货在各自国内购买力相等的汇率，偏离于使国内购买力相等的汇率是不可能长期存在的。如果一件货物在美国所值的美元价格相当于法国所值的法郎价格的1/5，而汇率却是1美元等于1法郎，那么，每个持有法郎的人就会把法郎换成同数的美元，而能够在美国购买5倍的货物。但市场上对美元的需求会使汇率上涨，一直达到1美元等于5法郎为止，也就是达到它的货币购买力的比率与各国货币所表示价格水平的比率相等为止。

购买力平价的大前提为两种货币的汇率会自然调整至一水平，使一篮子货物在该两种货币的售价相同（一价定律）。在巨无霸指数，该一“篮子”货品就是一个在麦当劳连锁快餐店里售卖的巨无霸汉堡包。选择巨无霸的原因是，巨无霸在多个国家均有供应，而它在各地的制作规格相同，由当地麦当劳的经销商负责为材料议价。这些因素使该指数能有意义地比较各国货币。对于用麦当劳巨无霸来测量各个国家的货币购买力，经济学家对它的科学性是持有争议的。因为这种测量方法假定购买力平价理论成立。而购买力评价理论是否成立尚无统一定论。

固定汇率以逃离流动性陷阱

自2005年7月21日起，我国开始实行以市场供求为基础、参考一篮子货币进行调节、有管理的浮动汇率制度。人民币汇率不再盯住单一美元，形成更富弹性的人民币汇率机制。

人民币为什么要放弃固定汇率制度而改为浮动的汇率制度？

固定汇率是将一国货币与另一国家货币的兑换比率基本固定的汇率，固定汇率并非汇率完全固定不动，而是围绕一个相对固定的平价的上下限范围波动，该范围最高点叫“上限”，最低点叫“下限”。当汇价涨或跌到上限或下限时，政府的中央银行要采取措施，使汇率维持不变。在19世纪初到20世纪30年代的金本位制时期、第二次世界大战后到70年代初以美元为中心的国际货币体系，都实行固定汇率制。

固定汇率是浮动汇率的对称，是在金本位制度下和布雷顿森林体系下通行的汇率制度，这种制度规定本国货币与其他国家货币之间维持一个固定比率。人民币兑美元，汇率波动只能限制在一定范围内，由官方调控来保证汇率的稳定。

如二战后以美元为中心的固定汇率制度，国际货币基金各成员国货币兑美元的官定比价就是平价，各成员国货币汇率只能在平价上下1%波动，由中央银行出面干预。固定汇率制有利于经济稳定，有利于国际贸易主体进行成本利润的核算，避免了汇率波动风险，对西方国家的对外经济扩张与资本输出起到了促进作用。但是，在外汇市场动荡时期，固定汇率制度也容易招来国际游资的冲击，引发国际外汇制度的动荡与混乱。

当今，面对全球经济下滑和国内经济增长放缓的趋势，政府希望通过扩张性的货币政策增强市场的流动性，降低企业融资成本，刺激出口、国内投资和消费，从而带动整个经济的增长。那么，中国会不会陷入“流动性陷阱”的泥潭呢？所谓“流动性陷阱”，是指当一段时间内即使利率降到很低水平，市场参与者对其变化不敏感，对利率调整不再作出反应，导致货币政策失效。全球经济所表现出的对利率工具不敏感似乎又在重新证明凯恩斯的这一论断。

流动性陷阱是凯恩斯提出的一种假说，指当一定时期的利率水平降低到 流动性陷阱不能再低时，人们就会产生利率上升而债券价格下降的预期，货币需求弹性就会变得无限大，即无论增加多少货币，都会被人们储存起来。

流动性陷阱的表现流动性陷阱在金融层面的第一个表现就是金融市场的代表性利率不断下降，并且已经达到一个极低的水平。流动性陷阱在金融层面的第二个表现就是全部金融机构的存款以加速度的方式在增长，这推动了广义货币供应量的快速上升。

在市场经济条件下，人们一般是从利率下调刺激经济增长的效果来认识流动性陷阱的。按照货币－经济增长（包括负增）原理，一个国家的中央银行可以通过增加货币供应量来改变利率。当货币供应量增加时（假定货币需求不变），资金的价格即利率就必然会下降，而利率下降可以刺激出口、国内投资和消费，由此带动整个经济的增长。如果利率已经降到最低水平，此时中央银行靠增加货币供应量再降低利率，人们也不会增加投资和消费，那么单靠货币政策就达不到刺激经济的目的，国民总支出水平已不再受利率下调的影响。当靠增加货币供应量不再能影响利率或收入的时候，货币政策就处于对经济不起作用状态，即陷入了“流动性陷阱”。

另一方面，当利率为零时，货币和债券利率都为零时，由于持有货币比持有债券更便于交易，人们不愿意持有任何债券。在这种情况下，即便增加多少货币数量，也不能把人们手中的货币转换为债券，从而也就无法将债券的利率降低到零利率以下。如果当利率为零时，即便中央银行增加多少货币供应量，利率也不能降为负数，由此就必然出现流动性陷阱。发生流动性陷阱时，再宽松的货币政策也无法改变市场利率，使得货币政策失效。

面对日益频繁的国际资本流动，汇率改革需要充分考虑国家大经济环境的稳定、经济的持久增长和就业的影响。在我国融入世界经济一体化程度的不断加深的进程中，从长远来看，放松对资本流动的控制和放松对外汇的管制是必经之路。从世界范围来看，主要世界贸易伙伴国大部分都采用了灵活的汇率制度，因此采用有管理的浮动汇率制是科学的必然选择。

在了解了中央银行的外汇交易如何影响货币供给之后，我们现在来看看中央银行是如何通过外汇干预来固定本国货币的汇率的。

为了固定汇率，中央银行必须愿意在外汇市场上以固定汇率同私人部门兑换货币。例如为了将日元 / 美元的汇率固定在 120 日元兑 1 美元的水平上，日本银行必须愿意按照 1 美元 /120 日元的汇率，用它的美元储备兑换日元而无论市场需求有多大。日本银行还必须愿意对市场上为了换得日元而出售的任何美元资产按此固定汇率购入。如果日本银行不通过市场干预来降低对日元的超额供给或超额需求，那么汇率就必然会变动直到重新平衡。

只有当中央银行的金融操作能确保资产市场保持平衡从而汇率固定于某一水平时，中央银行才能成功地维持固定汇率。

实行固定汇率制度，一方面有利于经济稳定发展，另一方面有利于国际贸易、国际信贷和国际投资的经济主体进行成本利润的核算，避免了汇率波动来来的风险。

当前汇率变动如何影响预期收益

汇率变动是指货币贬值是指货币对外价值的上下波动，包括货币贬值和货币升值。货币贬值是指一国货币对外价值的下降，或称该国货币汇率下跌。汇率下跌的程度用货币贬值幅度来表示。货币升值是指一国货币对外价值的上升，或称该国货币汇率上涨。汇率上涨的程度用货币升值幅度来表示。

因为汇率会影响国内外商品的相对价格，因而相当重要。对于美国人而言，法国商品的美元价格取决于两个因素：法国商品的欧元价格和欧元与美元的汇率。

假定美国品酒家决定购买 1 瓶好的法国红酒来充实她的酒库。如果这瓶酒在法国的价格为10000欧元,欧元与美元的汇率为1 ： 1.08,品酒家购买这瓶酒的成本是10800美元: 10000 欧元 ×1.08 美元 / 欧元）。现在，假定品酒家在 3 个月后才购买，那时欧元升值为 1 欧元兑换 1.2 美元。如果该酒的国内价格仍然为 10000 欧元，美元成本就会从 10800 美元上升到 12000 美元。

相反，如果欧元贬值，就会降低了法国商品在美国的价格，但提高了美国商品在法国的价格。如果 1 欧元价值下跌到 0.9 美元，品酒师购买法国红酒只需花费 9000 美元，而非 10800 美元元。

综上所述,我们可以得到下面的结论: 如果一国货币升值(相对于其他货币价值上升),该国商品在国外就变得更加昂贵，假定两国国内价格保持不变，而外国商品在该国就会更加便宜；相反，如果一国货币贬值，其商品在海外就变得便宜，而外国商品在该国就变得昂贵。

货币升值会加大国内制造商在海外销售商品的难度，增加本国市场上来自外国商品的竞争，因为这些商品相对而言更加便宜了。1980 ~ 1985 年初，美元的升值损害了美国产业的竞争力。例如，美国钢铁业受损，原因是不仅更加昂贵的美国钢材在海外的销售锐减，而且相对便宜的外国钢材在美国的销售增加。虽然美元的升值损害了一些国内企业的利益，但消费者却从中受益，因为外国商品的价格降低了。美元的升值降低了日本录音机和照相机的价格，减少了去欧洲度假的费用。

如果外国存款利率上升，假定其他所有因素不变，这些存款的预期回报率必然上升。因此，对于给定的汇率水平，欧元汇率的上升导致欧元存款预期回报率上升，结果是美元发生贬值。

在最初的均衡汇率水平上，欧元存款预期回报率的增加是由于汇率的上升，人们希望购买欧元和卖出美元，因此美元的价值就会下跌。我们的分析可以得到结论：外国存款利率的上升，导致国内货币贬值。相反，如果欧元的价值下跌，欧元存款的预期回报率减少，汇率上升。可以导致国内货币升值。

预期未来汇率的变动影响着预期未来汇率的变动。我们对汇率长期决定机制的分析表明，影响预期未来汇率的因素有相对物价水平、相对关税和配额、进口需求、出口需求和相对生产能力；购买力平价理论说明，如果预期美国物价水平会持续高于外国，美元在长期内就会贬值。因此，美国预期相对物价水平的升高会提高欧元存款的预期回报率。

同理，其他长期汇率决定因素也会影响欧元存款的预期回报率和即期汇率水平；简单地说，下列变化会增加欧元存款的预期回报率，导致国内货币（美元）贬值：（1）预期美国相对于国外的物价水平升高；（2）预期美国相对于国外关税壁垒降低；（3）预期美国进口需求增加；（4）预期国外对美国出口的需求减少；（5）预期美国相对于国外生产能力降低。

汇率的变动很大程度上影响着预期收益率的走势，因此当实行固定汇率制的国家 突然决定改变本币的外币价值的时候，汇率的变动就会引发一系列的波动。

中央银行提高了外币的本币价格时，称为本币币值下调；当中央银行降低了汇率时，就称为本币币值上调。要想使本币币值下调或者币值上调，中央银行所需要做的就是承诺愿意按照新的汇率进行不限数量的本币、外币交易。

固定汇率水平的增加会使得本国产品和劳务相当于外国产品和劳务更为便宜，产出因此会增加，随着产出的增加，交易也增加了，因此产生了最初的超额货币需求。如果中央银行不干预外汇市场，超额货币需求就会使得本国利率高于平均利率。为使固定汇率维持在新的水平上，中央银行必须购买国外资产、扩张货币供给直至资产市场均衡曲线达到新的平衡水平。这样，币值下调就引起了产出的增加、官方储备的增加和货币供给的扩张。币值下调的效应解释了政府为什么有时会实行这样的本币贬值。

在现实生活中各国政府，往往通过币值下调，来达到政府克服本国失业的工具。例如，如果政府增加支出和预算赤字在政治上不受欢迎，或者立法过程太慢，那么政府就会倾向于选择贬值作为扩张总需求的最方便的途径。同时，币值下调可以改善经常项目的收支情况，这是政府十分需要的。另外，币值下调可以影响中央银行的外汇储备：如果中央银行的外汇储备不足，那么可以运用突然的、一次性的贬值增加其储备。

建立在购买力平价之上的长期汇率模型

1934年，英国经济学家格里高利首先提出了均衡汇率的概念。他说，实际上存在着三种汇率：第一，事实上的汇率，即市场上流行的汇率；第二，真实的均衡汇率，是根据购买力平价，再估计到国际收支方面的各项因素及和通货膨胀无关的其他各种因素而得出的汇率；第三，购买力平价，是按各国一般物价水平的对比而计算出来的汇率。格里高利认为，真实的均衡汇率只是极近似购买力平价，而不等于购买力平价。至于事实上的汇率，则既不同于真实的均衡汇率，又有别于购买力平价。

一价定律即绝对购买力平价理论，它是由货币学派的代表人物弗里德曼提出的。一价定律可简单表述为：当贸易开放且交易费用为零时，同样的货物无论在何地销售，其价格都相同。这揭示了国内商品价格和汇率之间的一个基本联系。一价定律认为在没有运输费用和官方贸易壁垒的自由竞争市场上，一件相同商品在不同国家出售，如果以同一种货币计价，其价格应是相等的。按照一价定律的理论，任何一种商品在各国间的价值是一致的。（通过汇率折算之后的标价是一致的）若在各国间存在价格差异，则会发生商品国际贸易，直到价差被消除，贸易停止，这时达到商品市场的均衡状态。

假定美国钢材的价格为每吨100美元，与其同质的日本钢材的价为每吨1万日元。按照一价定律，日元和美元的汇率应当是100日元兑换1日元，这样每吨美国钢材在日本的价格为1万日元（等于日本钢材的价格），而每吨日本钢材在美国的价格为100美元（等于美国钢材的价格）。如果汇率为200日元兑换1美元，每吨日本钢材在美国的价格为50美元，是美国钢材价格的一半；而每吨美国钢材在日本的价格为2万日元，是日本钢材的两倍。由于美国钢材在这两个国家都比日本钢材价格高，并且与日本钢材同质，美国钢材的需求就会减少为零。假定美国钢材的美元价格不变，只有当汇率下跌到100日元兑换1美元的水平上，由此产生的美国钢材超额供给才会消除，此时，美国钢材和日本钢材在这两个国家的价格都是相固定的。

购买力平价理论基于两国所有商品同质与运输成本和贸易壁垒很低的假定，得出汇率完全由物价水平的相对变化所决定的结论。并非所有商品和服务（其价格被包括在一国的物价水平当中）都可以跨境交易。住宅，土地以及餐饮、理发和高尔夫等服务都是不能进行交易的商品，因此，即使这些商品的价格上涨，导致该国相对于其他国家物价水平上升，也不会影响汇率。

我们的分析表明，有四个因素会在长期影响汇率：相对物价水平、关税和配额、对国内和外国商品的偏好以及生产能力。任何增加国内商品相对于外国商品需求的因素都可能导致国内货币升值，因为即使当国内货币价值升高时，国内商品也能继续销售。同理，任何增加国外商品相对于国内商品需求的因素都可能导致国内货币贬值，因为只有当国内货币价值降低时，国内商品才会继续销售。

相对物价水平按照购买力平价理论，美国商品价格上升（假定外国商品价格不变），对美国商品的需求会减少，美元趋于贬值，使美国商品得以继续销售。相反，如果日本商品价格上升，美国商品的相对价格下跌，对美国商品的需求会增加，美元趋向升值，因为即使美元价值上升，美国商品也会继续销售良好。长期来看。一国物价水平的上升会导致其货币贬值，而一国相对物价水平的下跌会导致其货币升值。

贸易壁垒关税等自由贸易壁垒会影响汇率。假定美国提高关税，或者给予日本钢材以较少的配额，这些贸易壁垒增加了对美国钢材的需求，美元趋于升值，因为即使美元价值升高，美国钢材也会保持良好的销售态势。增加贸易壁垒导致该国货币长期内升值。

对国内和国外商品的偏好如果日本人偏好美国商品，譬如说佛罗里达州的柑橘和美国电影，对美国商品需求（出口）的增加导致美元升值，因为即使美元价值升高，美国商品的销售也会非常好。同样，如果相对于美国汽车而言，美国人更偏好日本汽车，对日本商品需求（进口）的增加导致美元的贬值。对一国出口的需求增加导致其货币长期内升值；相反，对进口的需求增加会导致该国货币贬值。

生产能力如果一国的生产能力相对于其他国家提高，该国的企业就能降低本国商品相对于外国商品的价格，并仍能赚取利润。于是，国内商品需求增加，国内货币趋于升值。然而，如果一国生产能力的提高滞后于其他国家，其商品的相对价格就会升高，其货币趋于贬值。从长期来看，一国相对于其他国家生产能力提高，其货币就会升值。

因素	因素变动	汇率的反应 *
国内特价水平 #	↑	↓
贸易壁垒 #	↑	↑
进口需求	↑	↓
出口需求	↑	↑
生产能力 #	↑	↑

影响长期汇率的因素

*以 1 美元价值表示的外国货币的数量。↑表示国内货币升值，↓表示贬值。# 表示相对于其他国家的水平。

注意：表中只反映了各个变量上升（↑）的情况。变量下降对汇率的影响与“汇率的反应”一列恰好相反。”

凯恩斯主义者们为我们提供了判断汇率是否均衡的标准。首先我们明确均衡汇率的概念是一个中长期的概念，短期内汇率是会有波动的，也就是说外汇市场供求相等时的汇率均衡应指的短期均衡汇率。而从一个国家的中长期的角度来考虑，对内国家的非贸易品市场达到均衡时的币值，与对外来说的贸易品市场的均衡币值相等时是一种可以保持较为稳定的经济运行环境的关键。因而均衡汇率概念成为大多数的经济学家与国家领导人所关心的焦点。

购买力平价决定了汇率的长期趋势。不考虑短期内影响汇率波动的各种短期因素，从长期来看，汇率的走势与购买力平价的趋势基本上是一致的。因此，购买力平价为长期汇率走势的预测提供了一个较好的方法。

同自由市场上其他任何商品或资产的价格相同，供给和需求共同决定了汇率。为了简化对自由市场上外汇决定的分析，我们将其分为两个步骤。首先，我们考察长期汇率是如何决定的；之后，我们利用长期汇率决定的知识来理解短期汇率决定机制。

均衡汇率在一定时期内，使国际收支维持均衡，而不引起国际储备净额的变动。1945年，经济学家努克斯进一步对均衡汇率的概念进行修正：均衡汇率在三年左右的时间内，维持一国国际收支均衡状态而不致造成大量失业或求助于贸易管制。

汇率指标对不同国家的适用程度不同

法国和英国通过将它们货币的价值钉住德国马克，成功地使用了汇率指标来降低通货膨胀率。1987年，当法国首次将汇率钉住德国马克，它的通货膨胀率是3%，高于德国通货膨胀率2个百分点。到1992年，它的通货膨胀率降到2%，该水平可以被认为是与物价稳定相一致的，甚至低于德国的通货膨胀率。到1996年，法国和德国的通货膨胀率十分相近，达到略低于2%的水平。类似地，英国在1990年钉住德国马克之后，到1992年被迫退出汇率机制之时，已经将通货膨胀率从10%降到3%。工业化国家已经成功地利用汇率指标控制了通货膨胀。

钉住汇率的货币政策策略由来已久。它的形式可以是，将本国货币的价值固定于黄金等商品，即前面所介绍的金本位制度的关键特征。近年来，固定汇率制度已经发展为，将本国货币的价值同美国、德国等通货膨胀率较低的大国货币固定在一起。另一种方式是采用爬行指标或钉住指标，即允许货币以稳定的速率贬值，以使钉住国的通货膨胀率能够高于核心国的通货膨胀率。

在新兴市场国家，汇率指标也是迅速降低通货膨胀率的有效手段。例如，在1994年墨西哥货币贬值之前，汇率指标使墨西哥将通货膨胀率从1988年的100%以上降到了1994年的10%以下。在工业化国家，汇率指标的最大成本是，无法实施独立的货币政策以对付国内事务。如果中央银行可以认真负责地实施独立的国内货币政策，通过比较1992年后法国和英国的经历，可以发现，这实在是一个很大的成本。不过，要么由于中央银行缺少独立性，要么由于对中央银行的政治压力导致通货膨胀型的货币政策，不是所有的工业化国家都能够成功实施自己的货币政策。在这样的情况下，放弃对国内货币政策的独立控制权，可能不是很大的损失，而让货币政策由核心国的更有效运作的中央银行来决定，所带来的收益可能是相当大的。

意大利就是典型的案例。在所有的欧洲国家中，意大利公众是最赞成欧洲货币联盟的，这并非偶然。意大利货币政策的历史记录并不好，意大利公众意识到，让货币政策由更负责任的外人来控制，其收益会远远大于失去采用货币政策解决国内事务的能力所带来的成本。

工业化国家会发现以汇率为指标非常有用的第二个原因是，它促进了本国经济和邻国经济的融合。这可由一些国家如奥地利和荷兰长期将汇率钉住德国马克，以及先于欧洲货币联盟的汇率钉住的例子所证实。

总之，除非在以下两种情况下，以汇率为指标可能不是工业化国家控制整体经济的最好的货币政策策略，即国内货币和政治机构不能作出良好的货币政策决策，或者存在其他重大的和货币政策无关的汇率指标利益。

许多新兴市场国家的政治和货币机构特别薄弱，因而这些国家遭受了持续的恶性通货膨胀，对于这些国家，以汇率为指标可能是打破通货膨胀。心理、稳定经济的唯一途径。另一方面，新兴市场国家对外汇市场信号效应的需求可能更为强烈，因为中央银行的资产负债表和行为不像工业化国家那样透明。以汇率为指标可能使得人们更难判断中央银行的政策举动，1997 年 7 月货币危机之前的泰国就是如此。汇率指标是最后的稳定政策，公众不能监控中央银行以及政治家对中央银行施加的压力，使货币政策很容易变得过于扩张。然而，如果新兴市场国家以汇率为指标的制度没有一直保持透明，这些制度更有可能崩溃，通常导致灾难性的金融危机。

在新兴市场国家中，是否存在使得汇率制度崩溃的可能性更小的汇率策略呢？近年来，下面的两个策略引起了越来越广泛的注意，它们是货币局和美元化。

以汇率为指标有几个优点。第一，国际贸易商品的国外价格是由世界市场决定的，而这些商品的国内价格由汇率指标得以固定。汇率指标的名义锚将国际贸易商品的通货膨胀率和核心国相挂钩，从而有助于控制通货膨胀。例如，2002 年之前，阿根廷比索对美元的汇率恰好是 1 ∶ 1，因此国际贸易中 5 美元蒲式耳小麦的价格就被确定为 5 阿根廷比索。如果汇率指标是可信的（也就是预计能够固定住），那么汇率指标的另一个好处就是，将通货膨胀预期和核心国的通货膨胀率固定在一起。

第二，汇率指标为货币政策的实施提供了自动规则，从而缓解了时间一致性问题。在前文中已经介绍过，当本国货币有贬值趋势时，汇率指标会促使推行紧缩的货币政策；当本国货币有升值的趋势时，汇率指标会促使推行宽松的货币政策，因此，就不大可能选择自由放任的、时间一致性的货币政策。

第三，汇率指标具有简单和明晰的优点，使得公众容易理解。“稳定的货币”是货币政策易于理解的追求目标。过去，这一点在法国非常重要，建立“法郎堡垒”（坚挺的法郎）的要求经常被用来支持紧缩的货币政策。

尽管汇率指标有内在的优点，但针对这个策略还是有一些严厉的指责。问题在于，追求汇率指标的国家，由于资本的流动，钉住国不能再实施独立的货币政策，丧失了利用货币政策应付国内突发事件的能力。而且，汇率指标意味着核心国遭受的突发冲击会被直接传递到钉住国，因为核心国利率的变动会导致钉住国利率的相应变动。

汇率指标引起的第二个问题是，钉住国向冲击它们货币的投机者敞开了大门。实际上，德国统一的一个后果就是 1992 年 9 月的外汇危机。如前文所述，德国统一后的紧缩性货币政策意味着 ERM 国家会遭受需求的负面冲击，这种冲击会导致经济增长下滑和失业率提高。对这些国家的政府来说，在这样的情况下维持汇率相对于德国马克固定不变，当然是可行的，但是，投机者开始琢磨，这些国家钉住汇率的承诺是否会削弱？投机者断定，这些国家要抵挡对其货币的冲击，必须保持相当高的利率，由此所引起的失业率上升是这些国家政府难以容忍的。

高额外汇储备的烫手山芋

1998年8月的中国香港，“山雨欲来风满楼”。索罗斯调动巨额资金冲击港币，一时间香港联系汇率制度风雨飘摇。8月14日到8月28日，香港特别行政区政府先后调动1180亿港元的外汇储备投入市场，与国际炒家展开了激烈的“白刃战”。索罗斯遭到迎头痛击，最终铩羽而归，香港特别行政区政府成功捍卫了香港联系汇率制度。在这场金融阻击战中，外汇储备的作用不可小觑。

外汇储备又称为外汇存底，指一国政府所持有的国际储备资产中的外汇部分，即一国政府保有的以外币表示的债权。是一个国家货币当局持有并可以随时兑换外国货币的资产。狭义而言，外汇储备是一个国家经济实力的重要组成部分，是一国用于平衡国际收支，稳定汇率，偿还对外债务的外汇积累。

广义而言，外汇储备是指以外汇计价的资产，包括现钞、国外银行存款、国外有价证券等。外汇储备是一个国家国际清偿力的重要组成部分，同时对于平衡国际收支、稳定汇率有重要的影响。

外汇储备的具体形式是：政府在国外的短期存款或其他可以在国外兑现的支付手段，如外国有价证券，外国银行的支票、期票、外币汇票等。主要用于清偿国际收支逆差，以及干预外汇市场以维持本国货币的汇率。

截至2011年底，中国大陆外汇储备达到3万亿美元，排名世界经济体第一。如此巨额的外汇储备是怎么来的呢？

外汇储备的增加主要来源于国际收支顺差。中国改革开放以来，中国开放经济发展是突飞猛进的，这段时期里，中国经济发展最突出特点之一就是对外贸易增长快于国民经济增长，对外贸易依存度持续上升到国际最高水平，中国多年的出口导向战略为中国创造了世界第一的外汇储备，国际组织对认为中国的外贸神话是全球化时代最大的成功故事。正是连年的贸易顺差才积累起如此庞大的外汇储备。

很多人认为外汇储备越多越能代表国家经济强盛，事实上，持有外汇储备的多少不一定能代表国家经济发展的好坏。央行行长周小川在清华大学金融高端讲坛上坦言，外汇储备已经超过了我国需要的合理水平，外汇积累过多，导致市场流动性过多，也增加了央行对冲工作的压力。

外汇储备作为一个国家经济金融实力的标志，它是弥补本国国际收支逆差，抵御金融风暴，稳定本国汇率以及维持本国国际信誉的物质基础。对于发展中国家来说，往往要持有高于常规水平的外汇储备。但是，外汇储备并非多多益善，近年来中国外汇储备规模的急剧扩大对经济发展产生了许多负面影响。

（1）损害经济增长的潜力。一定规模的外汇储备流入代表着相应规模的实物资源的流出，这种状况不利于一国经济的增长。如果中国的外汇储备超常增长持续下去，将损害经济增长的潜力。

（2）带来利差损失。据保守估计，以投资利润率和外汇储备收益率的差额的2%来看，若拥有6000亿美元的外汇储备，年损失高达100多亿美元。如果考虑到汇率变动的风险，这一潜在损失更大。另外，很多国家外汇储备构成中绝大部分是美元资产，若美元贬值，则该国的储备资产将严重缩水。

（3）存在着高额的机会成本损失。中国每年引进大约500亿美元的外商投资，为此国家要提供大量的税收优惠；同时，中国又持有大约一万多亿美元的外汇储备，闲置不用。这样，一方面是国家财政收入减少，另一方面老百姓省吃俭用借钱给外国人花，其潜在的机会成本不可忽视。

（4）削弱了宏观调控的效果。在现行外汇管理体制下，央行负有无限度对外汇资金回购的责任，因此随着外汇储备的增长，外汇占款投放量不断加大。外汇占款的快速增长不仅从总量上制约了2004年以来宏观调控的效力，还从结构上削弱宏观调控的效果，并进一步加大人民币升值的压力，使央行调控货币政策的空间越来越小。

（5）影响对国际优惠贷款的运用。外汇储备过多会使中国失去国际货币基金组织（IMF）的优惠贷款。按照IMF的规定，外汇储备充足的国家不但不能享受该组织的优惠低息贷款，还必须在必要时对国际收支发生困难的其他成员国提供帮助。这对中国来讲，不能不说是一种浪费。

（6）加速热钱流入，引发或加速本国的通货膨胀。那么，如何才能有效管理外汇储备呢？各国政府管理和经营外汇储备，一般都遵循安全性、流动性和赢利性三个原则。

安全性是指外汇储备应存放在政治稳定、经济实力强的国家和信誉高的银行，并时刻注意这些国家和银行的政治和经营动向；要选择风险小、币值相对稳定的币种，并密切注视这些货币发行国的国际收支和经济状况，预测汇率的走势，及时调整币种结构，减少汇率和利率风险；还要投资于比较安全的信用工具，如信誉高的国家债券，或由国家担保的机构债券等。

流动性是指保证外汇储备能随时兑现和用于支付，并做到以最低成本实现兑付。各国在安排外汇资产时，应根据本国对一定时间内外汇收支状况的预测，并考虑应付突发事件，合理安排投资的期限组合。现金和国库券流动性较强，其次是中期国库券、长期公债。

赢利性是指在保证安全和流动的前提下，通过对市场走势的分析预测，确定科学的投资组合，抓住市场机会，进行资产投资和交易，使储备资产增值。

但是，安全性、流动性和赢利性三者不可能完全兼得。一般高风险才能有高收益，赢利大的资产必然安全性差，而安全性、流动性强的资产必然赢利低。所以，各国在经营外汇储备时，往往各有侧重。比如富国多重视流动性，以随时干预外汇市场或用于对外支付，小国和资源贫乏国家多看重价值增值和财富积累。一般来说，应尽可能兼顾这三项原则，采用投资组合的策略，“不把所有的鸡蛋放在一个篮子里”，实行外汇储备的多元化经营，降低风险，实现利用外汇增值的目的。

第二章　金融体系的安全漏洞

全球化已经不是寓言而是现实

经济全球化是指世界经济活动超越国界，通过对外贸易、资本流动、技术转移、提供服务、相互依存、相互联系而形成的全球范围的有机经济整体。经济全球化是当代世界经济的重要特征之一，也是世界经济发展的重要趋势。

世界各国、各地区经济，包括生产、流通和消费等领域相互联系、相互依赖、相互渗透，以前那些由于民族、国家、地域等因素所造成的阻碍日益减少，世界经济越来越成为一个不可分割的有机整体。其内容主要包括以下方面：

举例而言，美国波音公司生产的波音客机，所需的450万个零部件，来自6个国家的1500家大企业和1.5万家中小企业。波音公司所完成的不过是科技的设计、关键零部件的生产和产品的最终组装而已。据统计，目前全世界有40%的产品是由跨国公司生产的。

贸易全球化。世界市场的形成使各国市场逐渐融为一体，并极大地促进了全球贸易的发展。国际贸易的范围不断扩展，世界市场容量越来越大，各国对世界市场的依赖程度也日益增大。

金融全球化。各国金融命脉更加紧密地与国际市场联系在一起。迅速扩展的跨国银行，遍布全球的电脑网络，使全世界巨额资本和庞大的金融衍生品在全球范围内流动。

投资全球化。国际投资中资本流动规模持续扩大。1995年发达国家对外投资总额达到了2.66万亿美元，是1945年的130多倍。资本流向从单向发展为双向，过去只有发达国家输出资本，现在发展中国家也对外输出资本，包括向发达国家输出。

区域性经济合作日益加强。区域经济组织遍及全世界，如欧洲联盟、北美自由贸易区等。许多区域集团内部，都实现了商品、资本、人员和劳务的自由流通，使得区域内能够合理配置资源，优化资源组合，实现规模经济，提高经济效益。

一方面全球化为发展中国家提供了难得的发展机遇，有利于吸引外资，弥补国内建设资金的不足；有利于引进先进技术和设备，实现技术发展的跨越；有利于学习先进管理经验，培养高素质的管理人才；有利于发挥比较优势，开拓国际市场。另一方面，它也不可避免地会给发展中国家带来不利因素和风险。发展中国家的经济和科技水平相对落后，不仅面临着发达国家经济和技术优势的巨大压力，而且国家经济主权和经济安全也受到严重挑战。正因为如此，世界银行首席经济学家斯蒂格利茨把全球化具有的两重性比喻为“一柄双刃剑”。

1. 在全球化过程中，发展中国家处于不利地位

几百年资本主义、殖民主义统治的结果，世界经济发展的严峻现实是，南北之间即南半球广大发展中国家（约占世界人口的四分之三）与北半球发达国家（约占世界人口

的四分之一）之间，在经济发展和人民生活水平上的差距很大。这是世界范围的一种不公平现象。资本主义殖民主义体系崩溃之后，南北差距并未缩小，其原因是西方发达国家依靠国际经济旧秩序，垄断世界商品市场和金融市场，通过压低发展中国家初级产品的进口价格，抬高发达国家制成品和高精尖产品的出口价格，进行不等价交换，同时并进一步加强了资本输出，从而使南北之间的差距越来越大，由原来的几倍扩大到十几倍、几十倍，甚至上百倍。经济全球化趋势仍然是在国际经济旧秩序没有根本改变的情况下形成和发展的。西方发达国家在资金、技术、人才、管理以及贸易、投资、金融等各个方面都占有优势。目前国际经济的“游戏规则”，虽然其中有符合社会化大生产的一面，但总体上是在西方发达国家主导下制定的，国际经济和金融组织也都控制在美国等西方发达国家手中。他们利用这些优势，成为经济全球化的最大受益者。经济全球化由发达国家首先推动并在其中一直起着主导作用，而发展中国家虽然是政治上独立的主权国家，但在国际经济关系中处于受支配的地位，不可避免地带来发展中国家与西方发达国家贫富差距的进一步扩大。

2. 在全球化过程中，发展中国家主要产业乃至整个经济命脉有可能被跨国公司与国际经济组织所控制

经济全球化的主要推动力是跨国公司。这些跨国公司控制了全世界 1/3 的生产，掌握了全世界 70% 的对外直接投资、2/3 的世界贸易与 70% 以上的专利和其他技术转让。我国部分国内市场已经被跨国公司控制，轻工行业如洗涤用品、饮料等，外商投资企业在产量、销量上很大份额。

有的研究者指出，在全球化背景下爆发的亚洲金融危机，给一些发展中国家造成巨大的损失。有的评论认为，从外部因素来说，西方国际垄断资本先是使短期资金大量涌入亚洲国家，使之看做是难得的融资而纷纷引进；而当这些国家将资金造成大量不良资产时，西方金融投机家就利用短期资金进行套利，并把资金撤走；到了发生金融危机的国家需要国际援助时，他们又通过自己操纵的国际金融、经济组织提出种种损害受援国的条件，进一步控制这些国家的金融机构和经济命脉。随着经济全球化的发展，当今世界各种全球性和区域性国际组织日趋增多，比如世界银行、国际货币基金组织、关贸总协定和世界贸易组织。他们对国家经济主权的渗透性越来越大，已成为对发展中国家进行强有力经济干预的机构。为了获得更大的国家利益，发展中国家不得不让渡一部分国家经济主权。

3. 在全球化过程中，发展中国家生态环境和可持续发展的矛盾会日益尖锐

经济全球化已经和正在导致一种崭新的全球分工格局的出现：发达国家主要发展知识密集型的高新技术产业和服务业，而把劳动和资源密集型的产业向发展中国家转移。广大发展中国家除了继续作为原材料、初级产品的供应者外，还成为越来越多的工业制成品的生产基地。发展中国家的经济发展和高新技术相对落后，不得不以消耗稀缺自然资源和污染环境为代价，参与国际竞争，争取“后发效应”。在全球化背景下，日趋激烈的综合国力竞争，主要体现在资源的争夺上，这实际上是一场没有硝烟的战争。这场战争的结果，将会进一步强化西方发达国家在高新科技领域的垄断地位，进一步加剧发展中国家的环境污染和生态环境的破坏，影响发展中国家的可持续发展。

漏洞百出的金融现状

国际货币基金组织于2010年1月26日发布《世界经济展望》，2009年世界经济增长率为－0.8%，其中先进经济体为－3.2%，新兴和发展经济体为2.1%。这也意味着2009年将这样被铭记在历史中——二战以后人们经历了首次全球经济的负增长。关于世界经济与世界贸易的关系，经济学家们总结出一条规律：若世界经济增长，贸易会增长得更快；若世界经济增长下降，贸易则会以更猛的势头下降。这条规律再一次得到了验证，2009年世界贸易量（包括货物和服务）相比2008年下降12.2%，其中先进经济体进口下降12.2%，出口下降12.1%；新兴和发展经济体进口下降13.5%，出口下降11.7%。这与金融危机肆虐全球之前国际贸易的空前繁荣形成鲜明对比，以2000年到2007年为例，这期间世界贸易年均增长幅度约6%，而同期的世界生产增长率约为2%。

通过下图我们可以看到，2009年世界贸易量与2008年相比大幅度下降，这是自二战以来的最严重的一次下降，由此可见本次全球经济危机使世界贸易受到了沉重的打击。

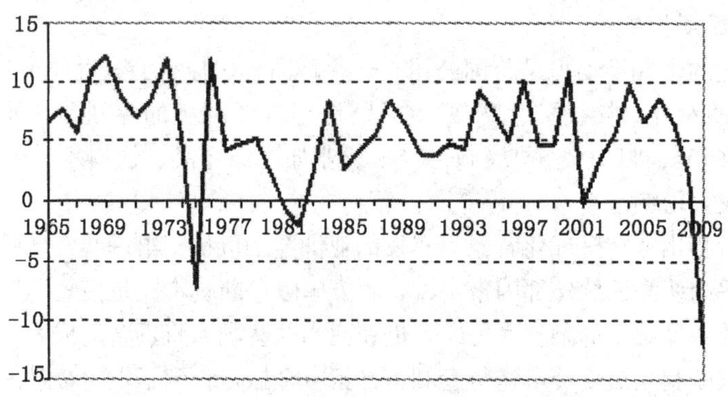

1965～2009年世界商品出口变动情况（单位：%）

从世界贸易组织2009年11月发布的《世界贸易年度报告》中，我们可以了解到现状是多么不容乐观。全球贸易总量（2008年10月到2009年10月）与上年同一时期相比下降10%，这意味着，国际贸易规模一下退回到2005年的水平。考虑到金融危机后，各主要币种纷纷贬值，这个10%的比率恐怕算是保守的。

报告称，截至2009年第二季度，制造业产品贸易量比上年同期平均下降29.9%，其中能源和矿物产品贸易量的减少最为明显，降幅达55.5%，汽车产品下降45.8%，办公用品和电信设备下降22.0%，化工品下降24.6%，服装与纺织品下降19.8%。全球服务贸易的数据有限，发达经济体获得的服务贸易数据显示，在金融危机爆发初期，服务受到的消极影响远小于制造业产品，但是年中，这种好景也无法维系，服务贸易开始收缩。美国服务贸易出口比2008年同期下降13%，进口下降16%。另一个重要的发达经济体欧盟面临的服务贸易形势更严峻，其服务贸易进出口比起上年同期分别下降22%、20%。

次贷危机正在从金融领域打开一个劫掠财富甚至摧毁一国经济的巨大缺口。从1994年12月爆发的墨西哥危机，到1997年爆发的东南亚金融危机，到1998年的俄罗斯金融危机，到1999年的巴西经济危机，到2002年的阿根廷金融危机，再至2007年爆发的越南金融危机，危机一直在频繁发生，这到底是为什么？

有一点是可以确定的，许多国家都在灾难临头时，求救于美国主导的国际货币基金组织（IMF）等机构，屈辱地接受不平等的条款。当危机过去，这些国家也难以恢复往日的风采。

这次的次贷危机，让冰岛不幸成为一个面临政府信用破产、国家经济濒临破产边缘的国家。在最暗淡的时候，冰岛克朗兑欧元在短短的一周时间里就贬值了约80%！惨烈之至。但冰岛仅仅是一个开始——不仅仅指这场次贷危机。

次贷危机犹如海啸，最脆弱的部分必然首先被摧毁。冰岛的困局告诉我们，现在，战争的主角、摧毁一国经济主权的工具，已经变成金融而非笨拙的枪炮。同时，摧毁一国经济主权的主角，已经变成尖端的金融人才而非勇猛的大兵。

冰岛虽然是次贷危机中第一个面临国家经济破产风险的国家，但它也仅仅是众多多米诺骨牌中的一块，我们不能确切地知道最后一个会是谁。欧盟正是次贷危机制造者瞄准的目标之一。欧元是当今唯一能够挑战美元的货币。

在全球化的今天，货币已经代替枪炮成为战争的主角，其造成的后果与真正的战争一样残酷，只是许多人被洗劫后还浑然不觉而已。我们需要认真思索，以透彻地了解和掌握这个时代的黑暗与危机，让更多的人从被欺骗的状态下觉醒。

次贷危机之下，通货膨胀如噩梦般挥之不去。自2007年下半年开始，国际油价连破70、80、90、100、110、120、130、140美元关口；黄金价格涨势空前，一举突破1000美元/盎司关口；铁矿石价格又暴涨了近一倍……

次贷危机将对未来的世界经济格局产生深远影响，最起码，美国凭借货币霸权“空手套白狼”的游戏已经很难持续，危机将促使美国人财富观念、消费观念发生颠覆性变化，过度的信贷消费已经走到尽头。美国自己需要转型，而美国的转型意味着世界经济的引擎发生变化。次贷危机中，无数财物被掠夺，这些财富的数额令人瞠目结舌。

次贷危机可以说是一个巨大的陷阱，那么，拯救次贷危机的过程中，同样布满重重陷阱。而且，拯救次贷危机可能制造出一个更为可怕的陷阱。美国一边小心翼翼地呵护其实体经济，一边呼吁其他国家拿出真金白银拯救其已经是无底洞的虚拟经济。也许，不久之后人们才会发现，拯救者才是真正要被拯救的，而现在的被拯救者将来会突然站立起来，成为巨人。

通过对次贷危机之后的世界经济形势的上述分析，我们不难得出以下几个结论：

首先，世界上多数国家都面临经济衰退，比起新兴经济体和发展中国家的增长率下降，发达国家境况更为严峻，出现了负增长。

其次，当涉及对外贸易时，无论是发达经济体还是新兴发展经济体，国际贸易规模都遭遇了不同程度的下滑，而且在出口领域，新兴和发展经济体面临的下降幅度稍大。原因在于，这些新兴和发展经济体正是通过国际贸易参与国际分工，融入世界经济体系，实现经济蓬勃发展，几乎每个国家都有较高的外贸依存度。但是，无论是危机前还是危机后，新兴和发展经济体对于世界经济的贡献都与日俱增，危机后更是在全球经济恢复这场战斗中扮演着举足轻重的角色。仍然以中国为例，2010年的中国经济被称为“世界经济中流砥柱”。

最后，我们还可以看到，就国际贸易结构而言，制造业产品首当其冲，受到金融危机的冲击，贸易量急剧缩减，而服务贸易则有一个缓冲过程。虽然危机对服务贸易的消极影响在年中也渐渐呈现，但是比起制造业产品，下降幅度小很多。

铁矿石金融化地涨价阴谋

日本资源贫乏，石油、煤炭、天然气极少，铀几乎没有，资源大量从海外进口。日本矿产资源不很丰富，加之资源保护和采矿成本上升等因素影响，很多资源依赖进口，主要资源的进口依存度分别为铁矿石100%、铁矾土100%、铜99.9%、锌89.8%，盐85.9%。

但就是这样一个资源穷国，在铁矿石谈判中，为何中方要一再压低价格，但日本却总是坚定地将资源的价格上涨呢？

2005年2月22日，日本新日铁与巴西淡水河谷公司单方面达成协议，将铁矿石价格涨幅定为71.5%。随后新日铁与另一铁矿石巨头澳大利亚必和必拓公司也达成类似协议，之后中国钢铁企业被迫接受了这一价格。

至2008年2月18日，新日铁又与淡水河谷率先达成了涨价65%的协议，再次逼迫中国企业接受了如此巨大的价格升幅。

日本并不是很在乎，原因在于日本不仅从海外进口矿物资源，而且直接投资矿物资源丰富的国家，使用优秀采矿技术，进行资源开发，这就是日本铁矿石的金融化。

铁矿石金融化主要是指铁矿石交易活动中，以金融关系为纽带，日本钢铁厂与铁矿石厂商形成了一个关系网。

日本的钢铁企业本身在淡水河谷拥有股份，铁矿砂价格高低对他们来说不过是一个口袋进一个口袋出。日本钢铁企业与三大矿山巨头存在千丝万缕的关系。日本钢铁企业同时拥有巴西淡水河谷、必和必拓和力拓的股份，表面上看日本接受了比中国钢铁企业要价更高的价格，但它却可以通过持有的股份对冲这一损失，甚至获取更大利益。

30年来，日本钢铁企业通过各种方式，直接或间接地参股了巴西、澳大利亚、加拿大、智利乃至印度的铁矿。在澳大利亚24个主要铁矿中，8家有日本公司作为重要股东，其余16家铁矿也都有日资参股。

通过多年的努力，日本钢铁企业在很大程度上控制了上游资源产品走势。拥有巴西淡水河谷股份的三井物产会多赚一些，然后在铁矿石贸易时让利给新日铁。另外，日本和韩国钢铁企业的很大一部分产品，也都是卖到中国市场，涨价的部分自然也都被转嫁给中国用户了。

其次是日本大型财团中的综合商社与钢铁公司互相持股，结成利益联盟，早早着手海外资源布局。在上世纪六七十年代就抓住良机，低价大举投资海外矿山。30年后的日本，已在全球拥有了大量资源，在上游产业链建立了稳固基础。

提到“新日铁”，就不得不提三井物产，它和新日铁之间存在相互持股和共同投资的关系。在铁矿石上游的资源布局，使整个三井财团获得了更大利益。三井物产的官方网站上显示："从20世纪60年代开始，三井物产株式会社就积极参与投资开发铁矿石资源，长期以来稳定供应铁矿石。2003年收购了世界最大铁矿石生产销售商巴西淡水河谷公司的母公司Valepar公司15%的股份，并且还持续扩大了与澳大利亚力拓公司和必和必拓公司之间共同合作的铁矿石事业。三井物产拥有权益比例的铁矿石控股产量已跃居世界第四位，年开采权益已超过4000万吨。"

日本财团的核心企业——综合商社又在其中扮演最重要的角色，在贸易、投资、金融、人才、情报和物流发挥着综合机能的特殊作用，实质上成为财团内部乃至日本社会实质上的经济总参谋部。在日本企业海外扩张过程中，其综合商社一定是最先进入某一市场的，它的重要职能就在于打通当地"商路"，进而控制"商权"，为制造业企业的进入开路。"日韩式"的综合商社牢牢控制了金融企业、商业和产业，将三者紧密结合。

在掌控大量海外资源的同时，日本钢厂进口的铁矿石主要由当地商社统一负责，而日本则形成了几大商社垄断进口的局面。

提供金融支持，在当地投资基础设施建设，逐渐形成伙伴关系。这一切，正是日本企业突破本国"资源穷国"局限的手段和方式。这一国外找矿、入股矿山的做法也给国内企业提供了很好的借鉴意义。

中钢协党委书记刘振江的总结意味着整个行业对传统铁矿石谈判话语权的争夺之心已死。他说，"寄希望通过谈判来降低铁矿石价格的手段，大家就别再做这个梦了。"是时候与这场做了八年的噩梦说再见了。

历年的铁矿石谈判代表宝钢董事长徐乐江的态度更加明确。他说，铁矿石定价方式将会越来越金融化，未来定价机制将由传统的定价方式走向金融化定价。

2009年7月20日，武钢完成对加拿大联合汤普逊铁矿（CLM）公司增发股份的交割。武钢持CLM总股本增至4520万股，从而成为其最大股东。武钢与CLM合作的3个矿区，总资源量达到23亿吨。

2009年11月2日，澳大利亚外商投资审查委员会正式批准武钢和澳大利亚南澳洲CXM公司合作铁矿项目。CXM公司按每股0.25澳元向武钢增发15%的股份，收购完成后，武钢将成为CXM公司第二大股东，拥有该公司一名董事席位。双方合作项目涉及铁矿石资源量约20亿吨。CXM公司是澳大利亚资源勘查类公司，在南澳埃尔半岛东海岸拥有多处铁矿权。

2009年10月，武钢与澳大利亚政府就向WPG公司Hawk Nest铁矿石项目投资4500万澳元事宜进行谈判。武钢公司在马达加斯加的铁矿项目开发已经获得当地政府支持，项目储量约5.8亿吨，预计3年后投产。

2009年11月16日，武钢集团官方网站透露，公司与委内瑞拉矿业集团公司成功达成长期采购合同和五方协议。协议是首个明确以中国价执行的合同，标志着中国矿石采购价格不再受国际三大矿石巨头制约，对武钢矿石采购具有重大意义。

中国企业虽然领悟到资源穷国涨价阴谋是迟了一些，但毕竟已经弄懂了日本企业的经营策略。现在，很多的中国企业也相继赴国外找矿，找资源，试图摆脱世界三大矿商的束缚，不再受制于人。

热钱监管与索罗斯狙击中国

2010年3月24日，索罗斯在中国香港注册成立了一家基金管理公司，入股资金为3500万港元（约合人民币3000万元），但有媒体这样称，索罗斯是否要狙击中国？

20世纪90年代初期，索罗斯的助手琼斯当时驻扎在中国香港，不过大部分时间是马不停蹄地造访周边的东南亚国家，为索罗斯基金的大举进攻寻找突破口和准备作战计划。“那一年我们在这一地区飞来飞去，我们直接与开发商见面，也与银行甚至当地记者交流。”他发现整个楼市泡沫已经很多，部分开发商支付利息都有困难，“但银行还是帮开发商找来很多美元贷款”。

资产泡沫堆积、外资不断涌入、银行短期外债高筑、开发商勉强支撑但已开始摇摇欲坠。“我们把这些信号综合起来后花了很长一段时间仔细研究，到底会出现什么样的情况？局势会如何发展？”研究的结果是，这一局面难以维持，琼斯于是向索罗斯建议，沽空泰铢。“为了这一仗，我们提前6个月准备，逐步建立起沽空仓位。”

“我们是1997年初开始行动的。”1月份，索罗斯基金联合其他国际对冲基金开始对觊觎已久的东南亚金融市场发动攻击，一开始就大肆抛售泰铢，泰铢汇率直线下跌。在对冲基金气势汹汹的进攻面前，泰国央行入市干预，动用约120亿美元吸纳泰铢，一方面禁止本地银行拆借泰铢给离岸投机者，另一方面大幅提高息率，三管齐下，泰铢汇率暂时保持稳定。

5月份的时候，资金大量流出泰国，泰国开始资本控制。6月份，对冲基金再度向泰铢发起致命冲击，泰国央行只得退防，因为仅有的300亿美元外汇储备此时已经弹尽粮绝。6月30日，泰国总理在电视上向外界保证：“泰铢不会贬值，我们将让那些投机分子血本无归。”但两天后，泰国央行被迫宣布放弃固定汇率制，实行浮动汇率制。当天泰铢重挫20%，随后泰国央行行长伦差·马拉甲宣布辞职。8月5日，泰国央行决定关闭42家金融机构，至此泰铢陷入崩溃。

在此期间，对冲基金还对菲律宾比索、马来西亚林吉特和印尼盾发起冲击，最后包括新加坡元在内的东南亚货币一一失守。工厂倒闭，银行破产，物价上涨等一片惨不忍睹的景象。

在一些亚洲人的心目中，索罗斯是一个十恶不赦、道德败坏的家伙。马来西亚总理马哈蒂尔说：“我们花了40年建立起来的经济体系，就被这个拥有很多钱的白痴一下子给搞垮了。”这个拥有很多钱的“白痴”就是乔治·索罗斯，而索罗斯打败亚洲的武器就是热钱。

热钱，又称游资，或叫投机性短期资本，指为追求最高报酬及最低风险而在国际金融市场上迅速流动的短期投机性资金。它的最大特点就是短期、套利和投机。

类似危机还发生在1992年的英国。英国为保持欧洲统一汇率机制，英镑高估。国际热钱趁机大量抛售英镑，买入德国马克，最终致英国耗尽200多亿美元外汇储备，迫使英镑贬值15%并退出统一汇率机制，国际热钱从中净赚约20亿美元。

当热钱流入国门之后，一般会如何在人们的经济生活领域发生影响呢？

高度繁荣和泡沫化的资本市场首先吸引热钱，也是热钱兴风作浪的首选；房地产市场因为需要的资金量大，热钱经常大进大出；凭借热钱雄厚的金融操作技巧、市场运作能力和资金实力，它经常在商品期货市场操纵获利；当时机成熟时，热钱则可在黄金市场、民间金融市场获取高额回报。石油、股市、楼市、粮市……任何大宗商品价格的涨跌都与热钱脱不了干系。2008年油价的大起大落，全球股市的巨大动荡都与这只市场中的“黑手”有着密切的关系。

在发展中国家，热钱充分享受到经济成长为其带来的暴利。从2001年至2010年十年间，流入中国的热钱平均为每年250亿美元，相当于中国同期外汇储备的9%。“热钱”向中国流入是受多种因素驱动的：既可以规避国际金融动荡风险，也可以对人民币套汇套利，还可以对中国的股市、楼市进行投机。

过多热钱进入中国会加大市场的流动性，造成流动性过剩，而货币供给越多，中国面临的通胀压力就越大。此外，热钱还加大了人民币升值压力。而投机资金进入股市、楼市后，容易制造泡沫。而热钱还会给股市造成严重伤害。2007年的G8峰会上，德国总理默克尔继续呼吁各国加强对对冲基金和投机热钱的监管。

总的来说，预防热钱危机要做好以下几方面的工作：

（1）加强外汇监测体系，及早察觉外汇在本国的异常流动。

（2）注意政策、制度的可逆性设计，一旦热钱大量外流时，政策制度可以进行相应的应对和补救。

（3)保持理性政策，防止经济大起大落。保持经济的平衡增长而不是追求过度的繁荣，始终是稳定国家货币和金融体系的根本。

以越南为例，在经历热钱危机后，在金融开放进程上不再过于求大求快，而是通过制度化对资金进行约束，引导它为优化经济结构服务。央行不仅缩减了货币供应量，还对贷款采取了更加严格的措施。此外，越南还计划对外国资本占有股份上限加以规定，据悉，目前越南的上市公司外国资本只允许最多占有49%。在2008年5月，东南亚国家联盟10国以及中国、日本和韩国3国计划出资至少800亿美元建立共同外汇储备基金，以帮助参与国抵御可能发生的金融危机，维护地区金融稳定，这无疑是构筑了一道强大的堤坝，以遏制“热钱”再度兴风作浪。

2002年，曾经担任美国总统经济顾问委员会主席、世界银行首席经济学家、诺贝尔奖得主斯蒂格利茨教授出版专著《全球化及其对它的不满》，详尽剖析了投机热钱对国家金融稳定的巨大危害。他的结论是：“我们必须采取措施对‘热钱’实现监管和征税。国际金融组织不仅不应该反对和阻挠对热钱的监管和征税；相反，它们应该行动起来，更好地监管投机‘热钱’。”

索罗斯现在能否狙击中国，现在看来还不可能，因为中国是一个经济大国，索罗斯能够动用的资本与中国人民的财富，没有可比性。其次，中国还实行资本管制。中国人民银行行长周小川说：“首先国际投机资金不是笔笔都成功的；再者他们对小国开放型经济的影响很大，但是对于中国这类大国经济的影响并不大，而且我国有资本管制。”

全球经济风险巨大

2008 年 10 月 6 日，冰岛总理哈尔德通过电视讲话，对全体国民发出警报："同胞们，这是一个真真切切的危险。在最糟的情况下，冰岛的国民经济将和银行一同卷进旋涡，结果会是国家的破产。"此时，他面对的冰岛不再是这个世界最美丽干净、金融高度发达的天堂，而是一个外债超过 1383 亿美元、本国货币大幅贬值的黑色乌托邦，昔日在全世界过得最幸福的冰岛人生活在国家破产、朝不保夕的恐惧中。

冰岛人口只有约 32 万，过去仅靠渔业支撑，但是在 20 世纪 90 年代，全世界进入一个连续 10 余年高速增长的黄金年代。冰岛的银行体系此时迅速萌芽并以疯狂的速度扩张。它们在全球各地成立分行，发放了大量的贷款，银行因此成为冰岛经济的最强支柱。截止到 2008 年 6 月 30 日，冰岛三大银行的资产规模总计达到 14.4 万亿克朗，约合 1280 亿美元。与之相比，2007 年冰岛的国内生产总值（CDP）仅为 1.3 万亿克朗。

银行资产的大量累积，让冰岛人尝到了甜头，这个小国人均 GDP 占到世界第四，美丽洁净的环境、优厚的福利政策让这里成为一方世人向往的"幸福乐土"。但是当金融危机袭来时，这个国家才发现他们原来正是巴菲特所说的"裸泳者"。总理哈尔德承认，由于冰岛银行产业几乎完全暴露在全球金融业震荡波中，冰岛面临"国家破产"。

破产，如同一场恶梦，与企业如影随行，那些资不抵债者最终会在《破产法》的框架内或者拍卖变现或者资产重组以获新生，而旧有商号如一块随风飘摇的破布很快在人们的记忆中消失的无影无踪。可我们从来没有听说过哪个国家会破产。但这种现象现在却真实地出现了，冰岛由于金融危机的冲击，严重地资不抵债，濒临破产的边缘。

理论上濒临"国家破产"的冰岛会不会破产呢？答案是肯定不会。理由有很多，其中最重要的一条是，国家有别于企业的最显著特点是"国家主权神圣不可侵犯"。在结束了帝国殖民时代之后，这一原则日益成为国际共识，成为大小贫富悬殊国家之间交往的原则。所以，对于那些贫困国家，尽管外债缠身，理论上足够"破产"几百次，但是并没有被拍卖掉，这些穷国家也没有随之在国际政治版图上消失，沦落为其他债权国家的"新殖民地"。反过来说，倘若国际间有"国家破产"的"市场空间"，那么，美国仅举华尔街上的一个个富可敌国的金融大佬之力，就可以用经济手段，兵不血刃地将一个个破产小国收入囊中，如此一来，世界就依然是"强权政治"的天下。显然，让"国家破产"成为可能，就意味着对弱肉强食的霸权政治放行，最终破坏基于历史、文化、民族、宗教等渊源而形成的民族国家之间的脆弱国际平衡。

当然，国家破产的概念不是特别严格，从理论上说，家庭或者是国家，任何一个经济单位如果资不抵债就是陷入了破产的境地。但是国家和其他单位不同，国家手上第一有收税权，第二有发钞票的权力，第三有举债权，有这三权在就使得他不可能实际地破产。

有经济学家认为，所谓的国家破产实际上也就是对于一个国家经济状况的一种描述。首先，就是出现大量的财政赤字、对外贸易赤字；其次，就是出现大量外债；最后，该国家没有偿还外债的能力，同时也没有改善国内经济状况的办法。在这种情况下，就可以说这个国家要破产了。

因此，“国家破产”更像是一个形容词，以体现一国经济形势之危急；而不是一个动词，并不预示着一个国家马上就会吹灯拔蜡、改换门庭。就拿冰岛来说，纵然外债远超过其国内生产总值，但是依然可以在现有的国际秩序框架内找到克服时艰的途径，比如向俄罗斯这样的大国借债，还可以寻求国际货币基金组织（IMF）的援助。

早在2000年，国际货币基金组织（IMF）的第一执行总裁克鲁格尔女士曾提出过一个解决机制，将IMF的地位放在了国家破产解决程序的核心地位，但是很明显，这一方案遭到了所有国家的反对。两年后，IMF再次提出一个改进后的方案，该条款从法律上允许债权人中的一个“绝大多数集体”（占债权人总量的60%～70%）可以进行债务重组，同时该重组须将其余的债权人包括在内，而IMF只起到监督和最后仲裁的作用。

为了应对当年的阿根廷债务危机，阿根廷当年的债务危机与现在所说的“国家破产”几乎相同，美国政府也提出过相应的解决方案，但实际上也没有起到任何作用。

有经济学专家认为，要挽救国家破产的危局，就必须从国内、国际多方面寻求解决的办法和渠道：第一，是国际求助，比如这次冰岛向俄罗斯寻求贷款：从国外获得帮助来缓解自己的压力；第二，就是通过谈判解决债务问题，比如上一次拉美国家的债务危机，进行国际谈判，对那些无法偿还的债务进行免除、延期等措施，这也是一种缓解危机的办法；第三，就是要发动国内民众共渡难关。只有国际、国内多方面共同地努力和配合，才能真正起到挽救的效果。

第三章　货币引发的世界战争

世界货币的变迁，风水轮流转

从英镑到美元的转换，由伦敦到纽约的变迁，金融作为当今世界上最热的词汇之一，诉说这两百年来的世界经济中心的转换。当今世界的金融格局是怎么样？那些因素促成了世界金融格局的变化呢？

货币是主权国家的象征，在当今时代，主权国家一般都发行了自己的货币，并通过法律赋予该货币在本国范围内流通使用的法定地位。在一国之内，货币主要履行价值尺度、支付手段和储藏手段的职能。当一国货币跨出国家的界线，在其他国家或地区履行货币职能时，该国货币就演变成世界货币，“是成为全球统一的支付手段、购买手段和一般财富的绝对社会化身”。

世界货币应具有一定的基本职能，这些基本职能可以概括为：其一，在国际经济交易中充当贸易货币（结算货币）和计价货币；其二，如果某种货币已经成为了国际交易中的重要和主要贸易的计价货币，则它很可能成为其他国家或地区货币当局官方储备的重要资产（储备货币）；其三，当一种货币同时具有了上述职能之后，它就有可能成为选择非自由浮动汇率制度的外国货币当局干预外汇市场时的名义锚（锚货币）。

世界货币是实现国际经济贸易联系的工具，它促进了国际经济联系的扩大与发展，从而也促进了资本主义的发展。随着资本主义世界市场的发展，世界各地区在经济上逐渐联结起来。

19世纪，金、银都曾是世界货币。以后，随着金本位制的普遍建立，黄金遂取得了主导地位。黄金充当国际货币 在金本位制下，黄金既在国民经济中发挥国内货币的作用，也在国际关系中发挥世界货币的作用。国际收支的差额用黄金来抵补，构成国际储备货币的也只有黄金。黄金可以自由输出输入，而且一个国家的货币可以按固定比价自由与黄金兑换。

由于黄金充当了世界货币，就产生了货币的兑换与汇率以及黄金的国际流通问题。货币兑换成了国际贸易中的必要因素。为了在对外贸易中进行支付，就要将本币与外币相兑换，或用各种货币共同充当世界货币的黄金相交换。由于货币作为世界货币时失去其地方性，都归结为一定的黄金量，因而一国的货币可以用另一国的货币来表现。

当金本位制崩溃，黄金非货币化后，人类进入了信用货币时代。19世纪70年代英国一直拥有世界最大的工业生产能力，是全球最大的贸易国和金融资产的供给者。英国国内银行及海外银行十分发达，形成了巨大的国际贸易结算网络，伦敦成了当时世界上最大的国际金融中心。

在近一个世纪的时期内，英镑充当了最重要的国际货币角色：全球贸易中最大的一部分由英镑进行结算，外国资产中绝大部分以英镑计值，最大部分的官方储备是以英镑持有的。英镑在国际货币体系中占据着统治地位，实际上等同于黄金。

英国作为一个贸易国家和资本来源地的地位持续下降，英镑开始衰落。1914年一战爆发，英国废除了金本位制，1925年又得以恢复，但高估的英镑损害了英国的出口。随后由于受到世界性经济大萧条的严重打击，英国于1931被迫放弃金本位制，英镑演化成不能兑现的纸币。随着美国经济实力的壮大，美元逐渐取代了英镑的世界货币地位。

美国自1776年独立到建立统一的国内货币体系，花了大约一个世纪。美国货币体系逐渐统一的背景是美国国内市场的统一。大约在1870年以后，美国国民收入和生产率就已经超过西欧，到1913年美国已经形成统一的国内市场，并相当于英国、法国和德国的总和。但是，尽管美国经济已经赶上并超过了英国，但在二战之前，美元却始终没有取代英镑的地位。

第一次世界大战对美元作为国际货币的崛起发挥了关键作用。战争爆发之后，外国官方机构持有的流动性美元资产大幅度增加，美国国际贷款者地位的形成，各国的外汇管制和欧洲脱离了战前的黄金平价，都促成了美元作为国际货币的崛起。从1914年到1973年，美元是唯一以固定价格兑换黄金的货币。20世纪20年代，它在国际贸易和金融中的使用日益扩大。第二次世界大战使美元上升到了支配地位。

二战以后，美国凭借其经济和军事优势，通过建立以美元为中心的布雷顿森林体系，确立了美元在国际货币金融领域里的霸权地位。《国际货币基金协定》规定美元与黄金挂钩，其他货币与美元挂钩。尽管黄金是布雷顿森林体系建立的官方储备资产，但美元是战后货币体制真正的储备资产，从而使美元取得了“世界货币”的特殊地位。国际货币基金组织的其他成员国将美元等同为黄金，在它们的外汇储备中，大量地保存美元。战后的一段时期，由于各国都需要美国的商品而缺乏美元来支付，美元成为当时世界上独一无二的“硬货币”，致使一段时间内在世界上出现了所谓的“美元荒”。

20世纪70年代初，美元停止兑换黄金，实行浮动汇率，各主要西方货币相继脱离美元，不再同美元保持固定比价，随之美元的国际地位也有所下降。从1995年美元连续大幅贬值，其国际主要货币的作用已极大削弱，美元及美元圈的波动，加速了国际金融市场区域化的进程，促使各国货币汇价重组。2005年美元结算占全球贸易结算的比重为65%左右，美元交易量占全球外汇交易总量的50%左右；美元仍然是重要的价值储藏手段，2005年美元在全球外汇储备中的份额达76%～78%；美元被作为部分国家货币的“名义锚”。

世界货币的变迁先是黄金，后是英镑，现在则是美元，这些变化的背后则暗喻着各国实力的进行流通和自由兑换，并且具有能自发调节流通中的货币量的功能。

英镑的霸权统治与衰落

到19世纪还没誉为“日不落帝国”的英国，从20世纪开始却突然转入经济衰落的道路，其中最为关键的原因就是金融产业的过度膨胀。与此相反，英国制造业的竞争力和增长力则相对弱化，经济霸权受到了极大的威胁。尽管如此，第一次世界大战结束后，英国最先恢复的恰恰是金融产业。伦敦被视为世界金融市场的圣地，为了使英镑重新恢复为世界性基础货币，倾注了所有政策方面的努力。

在制造业竞争力相对脆弱的情况下，金融产业被英国视为唯一的希望。这种努力在现实中表现为基于战争前评价的金本位制的回归。简而言之，就是将英镑的价值拉至战前的黄金价格水平。

第一次世界大战之前，黄金是国际贸易的主要结算手段，因为英国的英镑是最安全的国际货币，所以英国认为只有立足于战前评价的金本位制得以回归，才是重新掌握世界金融产业霸权的唯一途径。

事实上，直到第一次世界大战之前，全世界实行的是金本位制，这对国际贸易的安定贡献很大。伦敦是国际金融市场的中心，对国际金融贸易的安定发挥着中枢作用。英国金融业的发达使美国等其他竞争过的产业获得了发展，扶植了他们的竞争力和增长力。当时，主要国家的中央银行之间在必要时会彼此密切合作。随之，国际贸易和金融产业会稳步增长，使世界经济，甚至是英国的发展持续进行。金本位制有可能带给许多国家经济稳定和繁荣。这种信赖在其他国家占主导性，在英国尤其强烈。

随着强大的竞争者——美国的出现，德国在19世纪后期统一后也获得了令人瞩目的经济发展，英国可谓是腹背受敌。尤其是随着德国追逐欧洲霸权以来，英国在牵制过程中矛盾升级，最终导致世界大战的爆发。第一次世界大战的爆发使英国背负了巨大的经济负担。

第一次世界大战一结束，英国便为了恢复金本位制于1918年1月成立了“康利夫委员会”，这个委员会全体一致确定将立足于战前评价回归金本位制。1920年英国的金融产业比较健全，银行系统的安定而付出的不可避免的费用。信赖金本位制回归的效果，即英镑恢复作为基础货币的地位时体现的经济效果，就要欣然接受这种牺牲。

1920 年至 1923 年，英镑不断升值。英镑的价值上升对出口的打击沉重。英国政府为了实现金本位制的回归，大力实施了紧缩政策，直接导致英国国内景气的迅速下降，人均收入从 1921 年 1 月到 1922 年 12 月下降了 38%，生活费降低了 50%，失业率上升了 15%。

1924 年 2 月劳动党政府接受了康利夫委员会关于英镑货币升值的提案，如此一来，资本的国外流出中断，英镑价值也恢复了稳定。此时，世界景气正在恢复，英国的国内景气也在上升，失业率开始减少。最终，金本位制的回归条件似乎已经形成。

可是，他们根本没有预想到物价下跌会引发多么具有破坏性的恶性循环。物价下跌问题比预想的更为严重。价格下跌的压力使经济萎缩。价格下跌和景气萎缩引发了恶性循环。英国经济就步入了这种恶性循环的过程中。

这一年强烈主张金本位制回归的温斯顿·丘吉尔担任财政部长官。随之，各国对英镑的货币升值产生了期待，英镑价值自然地开始上升。因之投机之风猖獗，英镑猛增至 4.795 美元。英镑恢复到战前评价的金本位制表明英国要重寻世界金融中心的地位。

英国为了重拾世界金融中心的声望，当务之急就是恢复对英镑的国际性信赖。为此，要让人相信英镑价值的稳定性。英国政府坚信，只有这样，其他国家的资本才会涌入进来，英国才会恢复世界金融中心的地位。可结果却是极其否定的。正如前面提及的那样，为了恢复战前的评价，要降低物价和工资，为此，需大力实行高利率政策等紧缩政策，结果会带来通货紧缩的巨大痛苦。

与其他任何国家相比，英国所受的经济打击都是十分严重的，更何况英国产业与欧洲其他任何国家相比，其出口比重都要高。制造业的 45% 依存于国外销售，所以英国经济才在其他国家的经济变化面前表现得敏感而脆弱。

战争结束后，各国为了保护国内产业纷纷课以重税。不仅如此，英国与日本和美国为首的其他国家的竞争也日渐激烈。因为种种因素，英国经济不断恶化。

20 世纪 20 年代中期世界经济大致开始恢复，20 世纪 20 年代后期经济良好。可是英国并没有一同分享到经济的好景况，而是直至 20 世纪 20 年代始终没有摆脱经济停滞状态。

为了维持金本位制，到 1931 年 8 月为止，英国还从法国和美国借入准备金。随着黄金等外汇储备日渐减少，英国政府也认识到了无法再继续维持金本位制的事实。这时，英国已经到了黄金储备即将枯竭之际，最终只能放弃金本位制。

不过，阴差阳错，一放弃金本位制，英镑的价值随之大跌，出口产业的竞争力复活，为了维持金本位制而实行的紧缩政策的脚镣也因之解除了。从 1932 年开始，货币政策向膨胀转化。

但金本位制的放弃和随之而来的货币贬值产生的影响更大。维持金本位制就要保持高利率政策；放弃了金本位制，利率随之下降，就会对经济发展产生积极的影响。

从这些事实我们可以很容易地看出，英国试图夺回世界金融产业的霸权，以及为此以汇率下降（货币升值）为前提、执著于金本位制的所作所为，产生了多么严重的后遗症和副作用。

总之，第一次世界大战之后，英国实施的汇率政策遭到惨败。这令英国经济在 20 世纪 20 年代始终处于举步维艰的境地，只能以放弃金本位制而告终。

法国，随着汇率政策亦笑亦哭

第一次世界大战之后，法国作为战胜国确立了从德国获得战争赔偿金的权利。由此，不仅中央政府，连地方政府也扩大财政支出，积极恢复在第一次世界大战中废置的各种国家基础设施和产业设施，并准备用德国的战争赔偿金填补随着财政支出扩大形成的财政逆差。

在德国经济却经历了历史上前所未有的过度通货膨胀，处于十分严重的经济困境之中，如此一来，法国便很难获得战争赔偿金，自然深受财政逆差之苦。随之，国内外对法国经济的信任度大减，法郎的价值也持续下跌。法国需要偿还从美国和英国借入的70亿美元债务。更何况战争债务大部分为短期状态，债权人对自己的资产短期内可以折现。法郎的价值迅速下跌后，不管是流入法国的外债还是国内资本，都为了规避汇兑损失而大量外流。法国陷入严重的信贷不畅之中，经济困难逐渐加深。经济困难的加深，使国民对政权的信赖跌至谷底。

1924年9月至1926年7月间，政局的不稳定使国内外对法国的信任度更为降低。1925年初1英镑兑换90法郎的汇率，到了1926年4月中旬已冲至145法郎，5月中旬再次上升至175法郎。在不满一年的时间里，法郎的价值下跌了近50%。因汇率骤增和经济的不稳定，当时的白里安内阁垮台，其后登台的赫里欧内阁仅4天也倒台了。白里安内阁垮台的1926年7月1日汇率重攀至220法郎，赫里欧内阁倒台的7月21日更高至243法郎。不过一年半时间，90法郎兑换1英镑的汇率几乎攀升了2.5倍多。随着物价突然上涨等因素，经济更为不安定，政权再次交替。

赫里欧内阁之后上台的是普恩加来内阁。兼任财务长官的普恩加来的首要工作就是实施减税。这一措施却赢得了资产阶级的信任，流往国外的法国资本又流回了法国，汇率自然下降。7月21日冲至243法郎的汇率回落至7月25日的199法郎和7月26日的190法郎。法郎的升值使流出国外的逃避资金更多地流回法国，形成了良性循环，法郎的价值更为走高。10月末，160～170法郎的汇率水平再次开始下降。

汇率的回落使法国的国内产业必须直面价格竞争力的恶化。产业界，特别是汽车产业为了阻止汇率下降，开展了激烈的院外活动，劳动界也予以强烈抗议。经济专家们警告，如果法郎价值升得过高，会诱发如英国一样的通货紧缩，国内产业就会处于全盘崩溃的局面。最终，普恩加来内阁将汇率稳定在了120法郎上。经常收支呈现出大规模的顺差记录，对汇率下落的期待逐渐增大。对利差的期待使法国资本，甚至国外资本都开始向法国流动。其间流往国外的法国资本在1925年到1926年初间大部分重返法国。由此，法郎的价值更加攀升。

法郎价值上升之时，英国英镑的价值却在下降。法兰西银行的外汇储备蒙受了汇兑损失，于是开始将持有的英镑换成黄金。法兰西银行和英格兰银行在这一问题上出现了严重对立。英格兰银行为了抑制法兰西银行的外汇投机，要求宣告法郎的价值稳定。可是法兰西银行认为，为了阻止英国的资本流出，应提高利率。法国认为国外资本的流入会有助于国内经济的活化，希望法郎价值更为上扬。

与英国的经济困顿相比，法国因法郎估值相对较低，促进了出口，贸易收支呈现大规模的顺差记录，外汇储备也逐渐积累起来。因此，法国的国内经济与其他国家相比势头良好，连财政收支也记录为顺差。在此国力基础上，法国才能在全世界经济大萧条的重创下相对较好地支撑下来。

世界大萧条蔓延的20世纪20年代末，法国的经济与1913年或1924年相比都呈良好状态，而且持续时间更长。外汇储备的骤增令法国不能不担心通货膨胀和随之而来的物价不稳。因此，法国将外汇储备预存在伦敦金融市场，不仅如此，还大规模地购入英镑期货。结果，法兰西银行持有的以现货和期货的外汇总额表示的他国债权总额到1928年5月时达到了14.5亿美元，一个月以后法郎较之稍低一些。由此，法兰西银行在债权市场中具有非常强的影响力。当时法兰西银行和英格兰银行围绕着谁来主导欧洲弱小货币的安定政策这类并不重要的问题争执不下。围绕着政治霸权的这种认识终于引来了法国严重的经济困难，后来又招致被德国占领的悲剧。

首先，外汇资金的海外预存意味着国内所得的海外转移，国内所得的海外转移意味着内需的不振。即使出口状态持续良好时，国内经济也会相对萎靡。不仅如此，法郎的低评价不会无限期地持续下去。出口状态持续良好，外汇储备不断增多，法郎的价值受到了更为沉重的打击。重要的是，价格上处于严重的不利境地。

法郎的估值过高就是如此严重。实际上，1931年中期法郎对英镑的价值曾发生了猛然上窜近40%的事态。此后法郎的高评价持续了5年多，一直到1936年末。因此，国际收支不断恶化，外汇储备也逐渐减少。为了使法郎的价值正常化，阻止外汇储备的枯竭，法国理应放弃金本位制，但却步了英国失败的后尘。法国降低了国内物价，并实施了旨在使国际收支好转的通货紧缩政策。

当法国的经济状况积重难返时，德国已经走上了重新武装之路，对此，法国束手无策。即使在经济严重困顿之初的1930年，法国的军费支出也较德国高出3倍多。希特勒掌权后的1933年，法国和德国较接近。可是从法国政权交替频仍的1935年开始，德国的军费支出开始超过法国。战争爆发之前的1938年，德国的军费支出比法国高出了8倍以上。1937年，德国的军费支出与1930年相比增加了20倍以上，法国的军费支出反而较前一年减少了。可见，法国在20世纪30年代一直处于严重的经济困难之中。所有的原因都源于法国汇率政策的失败。

美国经济的崛起

荷兰为了摆脱西班牙的统治，通过独立战争踏上了执掌经济霸权之路。英国也是在军事和经济力量相对较弱时通过海盗活动，军事和经济力量相对强大时通过战争或海上封锁，将该意志融入赶超当时的先进国家荷兰和西班牙的实践中去的。从英国手中承继了霸权的美国也毫无例外地经历了类似的路径。

先接触先进文化的国家会率先迎来经济崛起的机遇，这是很自然的事情。掌握经济霸权的意大利城市国家如此，葡萄牙、西班牙、荷兰和英国也是如此。不过，并不是说抓住了机遇就都会大获成功。这里还需要成功的意志。这种意志要靠赶超先进国家的不懈努力予以强化。

曾是英国殖民地的美国不仅承继了科学和经济强国——英国的文化财产，而且承继了先进的政治、经济制度。这是美国的幸运。抓住幸运时机的关键在于美国成为英国棉织品产业的原料供应地。美国产原棉虽然在英国棉织品产业称霸世界方面发挥了重要的作用，但美国却因向英国出口原棉而积累了国家财富。

不过，美国毕竟是英国的殖民地，这种从属关系对美国的经济繁荣有着局限性。而且美国的棉花生产是建立在奴隶制基础上的，不言自明，它的局限性不久就会显露出来。从希腊和罗马时代以来的历史经验来看，奴隶制生产明显落后于自耕农的生产力。美国若想分享经济繁荣，就应从英国的殖民地和奴隶制生产的拘囿中解脱出来。事实上，美国通过独立战争和南北战争实现了这两种意愿。特别是独立战争成为了美国工业划时代发展的转折期。

即使在独立战争时，美国无论在经济还是军事上都无法与英国相匹敌。为了削弱英国的霸权地位，法国积极援助美国。在此情况下，英国很难使殖民地美国屈服。最终，美国争取到了民族独立，并获得了飞跃式发展。独立战争时，英国封锁了美国海岸，因此，美国所需的各种工业制品只能靠自己生产，这种困境反而为美国提供了经济飞跃的平台。美国的经济发展较欧洲的其他国家都相对迅速，因此，大量的欧洲人纷纷移民到美国。由于移民的持续增加，美国的其他产业也获得了发展。

拿破仑战争结束后，美国增长最快的领域就是铁路。铁路事业是需要大规模投资的，而铁路建设的企业没有巨额资本，最初只能依靠外部资本。这为美国金融产业的发展创造了划时代的契机。因为铁路事业的收益率高，股票和公司债券人气高涨，使资本的筹措比较容易。铁路事业需要的大规模资本由纽约筹集。

在拥有广阔的国土、丰富的资源、肥沃的原野和经济崛起必需的政治、经济制度的完备等所有有利条件后，又有充足的劳动力作支撑，美国可以向世界经济霸权飞奔而去了。美国在 1870 年已经占据了世界制造业生产的 23%，到第一次世界大战爆发前的 1913 年达到了 32%，到世界经济大萧条之前的 1928 年则占世界制造业生产的近 40%。与此同时，国际竞争力和增长潜力较美国落后的英国逐渐衰落了下去。

在 1918 年至 1939 年期间，英国金本位制度统治着世界经济，尽管这一时期由于战争的爆发，大量资金的支出使得大量纸币出现，但是由于纸币并不具有货币价值，其价值与其数量呈反比。也就是发行货币越多，其币值就越低。一国政府通常都有印制大量纸币以支付政府开支或者支持经济建设的冲扭动。纸币与通胀之间的联系成为了其天然的脆弱性。

在这一时期，由于美国与英国的实力相当，美元和英镑成为一定意义的世界货币。在世界贸易中，美元和英镑都能作为结算货币，这是世界各国对与美国和英国经济实力的肯定，世界各国都认为美国和英国的经济实力足以支撑其本国货币的信用。

1939 年后，随着英国在二战战场上的节节败退，美国通过战争大发战争财，这一下以上之间，美国经济实力开始明显超过英国。1945 年二战结束，美国的经济实力达到高峰，英国等国都面临着重建的问题。为了解决重建的资金问题，各国都把目光投向了富裕的美国，美国建立布雷顿森林体系，美元直接与黄金挂钩，各国货币则与美元挂钩，并可以按照35美元以盎司的官价与美国兑换黄金。美国坚持以金本位为基础，在此基础上，建立新的国际汇率和贸易体系。美国通过马歇尔计划援助欧洲等国的重建，向各国发放大量美元纸币，而各国则通过美元购买美国商品进行国家重建，这就形成了一个资金运动循环。据统计，该计划于1947年7月正式启动并整整持续了4个财政年度。在这段时期内，西欧各国总共接受了美国包括金融、技术、设备等各种形式的援助合计130亿美元。如果考虑通货膨胀因素，那么这笔援助相当于2006年的1300亿美元。

另一方面，美元开始成为了各国之间交易的通用货币。这样，一个覆盖全球的美元资金循环就出现了。这个资金的循环使得美元流向了各个国家，各个国家都开始习惯使用美元进行国际贸易。从此美元进入了作为世界贸易结算货币的时代，美国的全球经济保住地位日益稳固。

美国的经济崛起，与美元成为世界货币是密不可分的。从历史来看，美国经济强大，各方面综合国力的提升无形当中提升了国家信用度，其发行的美元货币为世界所采用，另一方面，世界贸易的发展需要一种统一的世界货币。世界贸易发展、美国经济崛起、马歇尔计划的实施，都推动着美元向世界范围内流通，影响和改变这世界各国贸易习惯，美元最终成为了世界货币以后，美元的世界经济霸主地位形成。

日本经济的20年停滞为什么会发生

从1991年开始，日本经济真正出现了下降。1990年5.2%的增长率下降到了1991年的3.3%、1992年的1.0%和1993年的0.2%，经济停滞得更为严重。之后，经济暂时有所回升，但1997年又转入下降。1998年和1999年都为负增长。因其反作用，2000年的增长率为近3%，但2001年又降至百分之零点多，从2003年开始经济有所回升，到2007年为止每年的增长率在2%上下，这与20世纪90年代相比表现良好，但还不尽如人意。尤其是从2008年开始经济骤降，直到如今。日本经济从1991年经济下降开始后的近20年漫漫岁月中一直为经济不振折磨着。

20世纪80年代，日本的增长率都远远高出美国。20世纪90年代以后，日本的增长率比美国要低很多，即使是日本的增长率高出的2007年，差距也仅为0.1%。同时，日本的人均国民收入在20世纪80年代中期就超过美国，之后差距逐渐拉大，1995年较美国多出了1.5倍。之后，差距逐渐缩小，到1998年达到了相似的水平。2001年开始，日本被美国赶超，2007年还不及美国的70%。日本经济遭受了如此严重的打击。

这究竟是如何发生的呢？曾一度被世人掀起追捧之风的日本经济何以彻底没落了呢？究竟是什么带来了这一悲惨的结局呢？

首先，普遍分析认为，20世纪80年代末掀起了股票和房地产投资的疯狂泡沫；1990年，泡沫开始破裂。这是毋庸置疑的事实。

日经股价指数从20世纪80年代初的6000点猛增至1989年的近39000点。仅1987

年至1989年末的2年间就上涨了两倍以上，之后房地产价格也快速上升，这又引发了股票的上升势头。

股票市场上市的企业多数为在东京市中心和地方主要城市拥有巨额土地的房地产公司。房地产价格的上升势头和金融规定的放宽引发了建筑热。银行拥有巨额房地产和股票，房地产和股票价值的增长带来了银行股价的上涨。20世纪80年代期间，房地产价格上涨了9倍。处于巅峰时的日本房地产价值达到了美国房地产价值的两倍。房地产价值占GDP的比重是美国的4倍。地价的骤增带来了企业持有的土地评价差益的上升。这提高了企业的股价，企业以股价上涨为后盾发行可兑换公司债券或附认股权债券等，很易筹集到费用低廉的资金，之后企业又将其再次投资于土地或股票。这些行为又助推了股价或地价。价高就购入，购入后又涨价，这一形式极大脱离了资产价格的实际状况，呈螺旋式无限上升态，这就是所谓的泡沫膨胀。

日本经济产生了典型的泡沫现象。泡沫破裂的现如今，日本银行中没有任何一个排入世界十大银行之列，前20位中才勉强有一所银行入围。随着1985年《广场协议》的出台，日元汇率从1985年初的1美元兑换240日元降至年末的200日元上下，日元价值骤增。如此一来，遭受打击的是日本的出口企业。由于许多日本企业依赖出口，日元的升值和美元的弱势使企业自感不划算，出口紧急刹车，整个日本如同捅了马蜂窝般骚动起来。日本经济空洞化的忧虑之音也是在这一时期出现的。担心经济下降的日本政府和日本银行在1986年1月、3月、4月、11月以及1987年2月接连降低至2.5%的法定利率。尽管现在难以置信，但2.5%在当时是历史上最低利率水平。

日本的超低利率政策既是日本国内应对日元升值的处方，同时对美协助政策的意味很浓。即使到了1987年，美元的弱势倾向仍未停止，于是1月出台了维护美元汇率稳定的《卢浮宫协议》。因此，日本维持超低利率，支撑美元行势。不过，就结果而言，当时超低利率维持的时间过长是泡沫产生的重要原因。因日元升值日本经济疲软的严重状态仅发生在1986年一年，而1987年春经济已经呈恢复势头。在那种状态下仍持续金融的过度宽松引发了泡沫……

虽然看到了恢复的征兆，但企业的投资意愿还很弱……从银行融资转而向国内投资的企业并不多。于是银行没有了存款利用之处，处于困境之中，资金就流向了股票或土地。5同时，整个20世纪80年代日本政府一直放宽金融统制。80年代后期，为了限制日元价值的上升，日本银行经过广泛努力，获得了货币和信用供给的急速增加。，日本银行大规模地买入美元，这也成为了股票市场和房地产市场泡沫的财源。

受股票和房地产经济的影响，20世纪80年代后期，日本出现了战后最高的经济热。房地产投资者的收益率约为年率30%。企业在获知房地产投资收益率较钢铁、汽车或电视制造的收益率高出很多后，纷纷利用银行贷款，成为了巨额房地产投资者。房地产价格的增速较租金要快几倍。可是到了某个阶段，纯租金收入到了无法负担房地产借款利息的地步。而大企业、中小企业，以及许多国民在沉醉于经济繁荣的美梦之余，都卷入了投机热潮中。泡沫到1989年膨胀至顶点，到了1990年瞬间破裂。一路攀高的土地神话、股票神话轰然倒塌，日本经济遭受重创，并且直到现在还留有后遗症。

因为这些公司开发的大厦和住宅、高尔夫球场和度假村等设施不能如期卖出或因地价下跌损失增大，就无法偿还从金融机构借出的巨额贷款。日本发生了严重的金融危机。结果，随着泡沫的崩溃，日本经济陷入了经济极度停滞的泥淖之中。20世纪80年代后期，不仅是股票市场，连房地产市场都刮起了投机之风，引发了泡沫经济，泡沫一破裂，资产效应就逆运转起来，使经济骤降。应该说，受影响最为严重的是金融产业。

随着股票和房地产市场泡沫的破裂，债务者的贷款偿还十分艰难，不良资产像滚雪球一样越滚越大。金融机构持有的股票和房地产资产价值大跌，金融机构的经常收支受到了挤压。最终，信用收敛的运动原理真正开始发挥作用，接下来，货币量大大缩减，日本的国内经济转化为停滞状态。而且海外投资的骤增更为深化了经济衰退，意味着国内收入向海外迁移的海外投资不断增加，减少了国内需求。经过这样的一系列过程，日本经济步入了衰退。

货币博弈的结局

1973年布雷顿森林体系崩溃，其源于一纸总统命令，这一纸总统命令导致美元与黄金挂钩的历史终结，导致美元贬值10%成为事实。美元的贬值意味着各国手中持有的美元贬值，各国对美国的债权减少，美国债务降低，各国财富在无形中向美国转移。

1997年亚洲金融危机，国际金融大鳄狙击泰铢、攻击港币，横扫亚洲各国，带走了大量财富。

美国通过联通全球的金融市场，利用美元贬值的手段，在全世界为其过失埋单的同时，完成财富的转移。国界的财富转移需要具备什么条件以及这种财富转移是如何实现的。

分析金融危机的形成，可以发现一些规律。首先各国炒家会对国际市场进行分析，通过分析各国的经济状况，挖掘一国国内利率以及汇率等方面是否存在套利的机会。在发现有机可乘时，炒家会锁定目标国并开始进行布局。

所谓的布局就是建仓，通过多个账户进行长期建仓以避免被目标国提前发现。索罗斯在对英国、泰国展开金融攻击时，所建的一般是空头仓位，并同时在货币市场、期货市场等多个市场运作。惯用的手法是从境外携带大量资金进入目标国并进行兑换，或在目标国大量借贷以筹集资金在期货市场或股票市场建仓。

当时机成熟时，国际炒家通常会通过抛售目标国货币并购买美元等稳定货币来攻击目标国家的外汇市场，由于目标国往往缺乏外汇储备或者外汇储备很少，目标国在不足以维持稳定汇率的时候只能选择本国货币自由浮动，这样的结果往往促使市场抛售本国货币，本国货币出现加速贬值。本币的贬值使得国际炒家通过原来的建仓赚取大笔利润，同时以美元等稳定货币在国际市场上购买目标国货币以归还借款，赚取目标国货币贬值带来的利润。

次贷危机发生后，最早暴露出问题的国家分别是冰岛、巴基斯坦、韩国、乌克兰、匈牙利，匈牙利由于有欧盟为后盾，得到了最及时的救援。而其他四国则由于孤身作战，处于极其艰难和危险的境地，尤其冰岛和巴基斯坦，几乎沦落到国家“破产”的地步。

当冰岛在次贷危机发生后表达出强烈的加入欧盟的意愿时，这其实发出了一个明确的信号：次贷危机给相关国家带来的恐惧感，正在加快区域经济合作与货币同盟的形成。

近年来，频繁发生的金融危机正在给许多国家带来越来越强烈的不安全感，在美元本位制下，风险都落在非关键货币的国家身上。关键货币国家存在一个机制，可以向其他国家和地区转嫁危机，而非关键货币国家想摆脱危机也摆脱不了。在这种情况下，组建货币同盟便会成为越来越多的国家的诉求。

对于那些未参与货币甚至经济合作的国家而言，不仅不能抱团迎接挑战，还有一个更大的弊端，那就是在外部环境发生恶化迹象时，争相实行本币贬值的政策，使得这些孤军作战的国家因囚徒困境而“自相残杀”，加大金融风险。

据统计，在1997年7月至1998年1月的半年时间内，东南亚绝大多数国家和地区的货币贬值幅度高达30%～50%，贬值幅度最大的印度尼西亚盾，贬值幅度高达70%以上。

日元在东南亚金融危机以前即处于贬值轨道中，金融危机爆发后，贬值更快，1998年与1995年相比，日元累积贬值50%以上。日本通过日元的大幅贬值，提高其出口来提振经济。但日元的贬值引发了更严重的后果：一方面，给亚洲其他国家的货币带来沉重的贬值压力；另一方面，引发与其他国家之间特别是与美国之间的贸易战。因此，日本政府放任日元贬值的做法，被亚洲各国批评是以邻为壑，成为导致东南亚各国股市汇市连连下挫、东南亚金融市场加剧动荡的重要原因。

东南亚金融危机爆发的一个很重要的原因就在于相关国家没有能够协调行动，及时采取适当的对策来化解危机，而是“互相残杀”。在金融危机之下，如何抵制金融大国通过货币政策转嫁危机，转移世界各国的经济财富来消减本国内的经济衰退？世界各国只有依靠货币同盟这样的组织，才能协调行动，共同抵御金融危机，抗击美元霸权。

在货币同盟之内，交易成本被降到最低，每个成员国都深深受益，收益远远高出成员国自身由于丧失汇率调控工具而带来的成本。国际贸易中通常存在着换汇成本，一旦实行货币同盟，这种成本就不复存在。据欧盟委员会估计，由于实行单一货币而节约的换汇成本，占到欧盟1990年国民生产总值的0.4%。另外，共同货币使得价格的比较变得容易，使得价格的透明度大大提高，价格歧视与暴利变得非常困难，这有利于促进贸易的开放度和金融的一体化，相应的，金融风险也会大大降低。

货币同盟的建立有利于抑制通货膨胀，确保社会的稳定和经济的可持续发展。在全球化时代，通货膨胀是彼此影响的，单独一个国家难以真正抑制住通货膨胀，即使它自己不制造通货膨胀也难以躲开输入型通货膨胀的困扰。并且，由于缺乏协调和配合，一个国家抑制或化解通货膨胀的努力往往会被另一个国家相反的政策抵消。

同时货币同盟有利于消除投机。在浮动汇率制度下，由于各国缺乏协调，争相贬值货币的现象时常发生，给人们带来了某种货币升值或贬值的预期机会，这必然引来投机，因此，外汇市场买卖和资本流动经常被投机资金搅动，导致汇率围绕均衡值大幅度波动。而货币同盟一旦形成，单一货币取代了多国货币，或者多国货币相互之间的汇率被永久性固定，就会使得寄生于多国货币的投机土壤不复存在。这有利于减少乃至消除区域内的投机性资本流动，同样也有利于增强抵御金融危机的能力。

风险分担机制增强抗御金融风险能力。在建立货币同盟后，原来由不同货币计值的存款、债券、股票等金融产品，由一种货币来计值，消除了过去因货币不同所造成的汇率成本，使得金融市场更好地融合为一体。

通过降低外汇储备可以在一定程度上抵制美元的强权掠夺。持有外汇储备不仅面临汇率风险，也面临着非常高的机会成本。而货币同盟形成后，减少了对美元国际储备的依赖，原来用于干预汇率的国际储备需要量也会减少，这可以大大降低成员国的平均国际储备，从而降低风险，提高外汇的收益率。

因此，无论是从内在需求来看，还是从美元霸权的倒逼来看，货币同盟的形成都在加快，自然，“棒打鸳鸯”也成为美国维持美元霸权的必然选择。

第四章　一只名叫次贷的蝴蝶

一只名叫次贷的“蝴蝶”

2007年初，大西洋彼岸刮起了一场“金融飓风”，以美国著名的住房抵押贷款公司为代表的贷款机构、以美林为代表的投资银行，以及以花旗为代表的金融超市等成为这场“金融飓风”的直接风眼，同时，大大小小的对冲基金、海外投资者等都遭受了“飓风”的波及。众多金融机构暴露出的巨额亏损消息，一时成为美国社会的热点新闻。美国大多数人认为这只是美国金融的一次小感冒，直到2007年下半年，有关金融危机的报道和评论逐渐平息下来，人们似乎又恢复了平静的生活，人们已经暂时忘记了次贷事件。

在2008年初，有关次贷危机的报道再次成为媒体关注的热点，不断出现的坏消息提醒人们次贷危机不仅没有结束，反而是在向纵深方向发展。这不是一场感冒，而是实实在在的一场危机，从虚拟经济波及实体经济，人们的生活已经受到影响，破产、倒闭、裁员、减薪，坏消息一个接一个，全世界的神经都随之紧绷了起来。

美国到底发生了什么？危机怎么来得如此急促？接下来还会发生什么？伴随着经济下滑、工作岗位减少、收入降低等一系列的连环事件，人们切实感受到一场新的危机已经来到身边。要了解这场危机的来龙去脉，必须首先了解什么是“次贷危机”。

曾经有这样一个故事，大意是说有一个中国老太太和美国老太太，中国老太太攒了一辈子的钱，到了临死前才攒够了买新房的钱，才住上了新房，而美国老太太则先贷款，住进了新房，到死贷款也还完了，她也因此住了一辈子的新房。这个经济故事的寓意很明显，称赞美国老太太的提前消费、透支消费行为，在同样的环境下，只不过是稍稍改变了消费模式，美国老太太就能提前住了一辈子的新房，而中国老太太却是固执己见，在临死前才圆了自己的住房梦。

在美国，大多数人崇尚提前消费，在住房方面更是如此，“贷款买房”的制度就是一种非常好的金融制度。一般它要求贷款者支付至少20%的首付款，表示贷款者的责任心；其次，贷款的总数不能超过贷款者年收入的4倍，也就是说年收入10万元的家庭，银行顶多借给你40万元买房子。这是最基本的金融产品，这个产品使很多原来买不起房子的年轻夫妻可以拥有一处自己的房子，实现了他们的“美国梦”，同时激活了相关的经济。在无限制的“贷款买房”制度下，银行与贷款者的责任与风险都非常清楚：贷款者知道如果付不出每个月的贷款就有可能失去房产和 20% 的首付款；银行知道如果呆账达到一定程度就会被政府关闭，取消营业资格。在责任与风险的平衡下，社会活动平稳运转。

但是问题是，并不是每个美国人都能有资格申请贷款买房。这时候，美国人利用自己的聪明智慧创新出了“次级债”。美国抵押贷款市场的“次级”及“优惠级”是以借款人的信用条件作为划分界限的。根据信用的高低，放贷机构对借款人区别对待，从而形成了两个层次的市场。信用低的人申请不到优惠级，只能在次级市场寻求贷款。两个层次市场的服务对象均为贷款购房者，但次级市场的贷款利率通常比优惠级贷款高 2% ~ 3%。次级抵押贷款由于给那些受到歧视或者不符合抵押贷款市场标准的借款者提供贷款，所以在少数族裔高度集中和经济不发达的地区很受欢迎。从这一点来看，应该说美国次级抵押贷款的出发点是好的，在最初的 10 年里，这种金融产品的适度发放也取得了显著的效果。1994 ~ 2006 年，美国的房屋拥有率从 64% 上升 69%，超过 900 万的家庭在这期间拥有了自己的房屋，这很大部分应归功于次级房贷。

1980 年，美国国会为鼓励房贷机构向低收入家庭发放抵押贷款，通过了《存款机构放松管制和货币控制法》。该法取消了抵押贷款利率的传统上限，允许房贷机构以高利率、高费率向低收入者放贷，以补偿房贷机构的放贷风险。在利用次级房贷获得房屋的人群里，有一半以上是少数族裔，其中大部分是低收入者，信用纪录也较差。因此，次级抵押贷款具有高风险性。相比普通抵押贷款 6% ~ 8% 的利率，次级房贷的利率有可能高达 10% ~ 12%，这样一来，钱少、信用差的贷款者承担高利率，高利率的放贷者承担高风险，前者有房住，后者赚大钱。

那么，“次贷危机”是如何引发的呢？通俗点来说，“次贷”就是为那些本来没有资格申请住房贷款的人创造一个市场，使这些信用不足的人或者贷款记录不良的人也可以来贷款。这些次级贷款是需要通过中介机构来申请，中介机构本来应该把住第一关。但是，中介机构为争取更多的业务，他们开始违规、造假，提供假的数据和假的收入证明。银行看到过去的信用记录很好，于是就向这些申请人贷款，然后银行又把这些贷款转化成债券，卖给房地美和房利美，房地美和房利美再把这些债券分割成面值更小的债券，卖给普通投资者。

就这样，连收入证明都拿不出来的人也可以贷款，通过中介机构的包装欺骗银行，银行再把债券卖给房地美和房利美，房地美和房利美在不知情的情况下将其分割成面值更小的债券卖给全世界，包括 AIG 等公司。终于有一天，这些次级债的借款人开始还不起利息了，银行拿不到利息，就不能向房地美和房利美兑现，房地美和房利美拿不到钱就无法给社会大众，于是引发了一连串的经济崩溃。

正是如此，一场原本只涉及单一地区、单一金融产品的危机已经通过蝴蝶效应演变成了一场波及全球的金融风暴。

金融危机的爆发原来有迹可循

“来也匆匆，去也匆匆”，在金融市场中混迹的人多会对自己的财富如此感叹。由次贷危机引发的金融危机，使得曾经令人瞩目的“华尔街模式”一夜坍塌，令无数财富荡然无存。普通百姓也已经切身感受到金融危机的冲击，因此对我们来说，十分有必要了解金融危机在美国的演变历程。

当1999年时，美国允许商业银行进行混业经营，之后美国政府对银行业的监管逐渐放松。金融行业开始迅速扩张，金融业利润占全部上市公司利润的份额从20年前的5%上升到当前的40%，扩张明显大于其所服务的实体经济，并成为整个经济的支柱。2000年以后，随着房地产行业的逐渐繁荣，与之相关的金融衍生产品开始迅速发展，商业银行也越来越多地介入到衍生品的开发与推广中，并为今天的金融危机埋下隐患。

金融衍生品是指由原生资产派生出来的金融工具，金融衍生品一般独立于现实资本运动之外，却能给持有者带来收益，它本身没有价值，具有虚拟性。

最初进入这个市场的商业银行与投资银行获得暴利，因此吸引越来越多的参与者介入衍生产品市场。参与者越来越多，金融产品种类的开发越来越多，包括次贷、商业性抵押债券、信用违约掉期等等，业务规模也就越来越庞大，直到商业银行与投资银行之间的业务深入渗透。业务的相互渗透意味着高风险的相互渗透，造成了“我中有你，你中有我”的局面，这是金融危机影响深远的主要原因之一。

但是，突然之间，拥有85年历史的华尔街第五大投行贝尔斯登贱价出售给摩根大通；拥有94年历史的美林被综合银行美国银行收购；历史最悠久的投行——158年历史的雷曼宣布破产；139年的高盛和73年的摩根斯坦利同时改旗易帜转为银行控股公司。拥有悠久历史的华尔街五大投行就这样轰然倒下，从此便成了历史。华尔街对金融衍生产品的滥用就是导致此次“百年一遇”的金融灾难的罪魁祸首。

我们可以简单地演示一下金融危机是如何爆发的。

1. 杠杆

许多投资银行为赚取暴利，采用杠杆操作，假设一个银行A自身资产为30亿，30倍杠杆就是900亿。也就是说，这个银行A以30亿资产为抵押去借900亿的资金用于投资，假如投资赢利5%，那么A就获得45亿的赢利，相对于A自身资产而言，这是150%的暴利。反过来，假如投资亏损5%，那么银行A赔光了自己的全部资产还欠15亿。杠杆是一柄双刃剑，在牛市中，利用杠杆借款可以获得暴利；相反，熊市来临，地产行业出现危机并导致市场转折的时候，杠杆就变成自杀工具。

2.CDS

把杠杆投资拿去做“保险”，这种保险就叫CDS。比如，银行A为了逃避杠杆风险就找到了机构B。A对B约定，B帮A的贷款作为违约保险，A每年付B保险费5千万，连续10年，总共5亿，假如A银行的投资没有违约，那么这笔保险费就直接归B。假如违约，B要为A赔偿，为A承担风险。对于A来说，如果不违约，就可以赚45亿，这里面拿出5亿用来做保险，还能净赚40亿。如果有违约，反正有B来赔付。所以对A而言既规避了风险，还能赚到钱。B经过认真的统计分析，发现违约的情况不到1%。如果做100家的生意，总计可以拿到500亿的保险金，如果其中一家违约，赔偿额最多不过50亿，即使两家违约，还能赚400亿。A、B双方都认为这笔买卖对自己有利，因此双方成交并皆大欢喜。

3.CDS市场

B做了这笔保险生意之后并且赚到钱后，C也想分一杯羹，就跑到B处说，只要B将100个CDS卖给他，C可以将每个合同2亿成交，总共200亿。对于B来说，400亿要10年才能拿到，现在一转手就有200亿，而且没有风险。因此B和C马上就成交了，这样一来，CDS就像股票一样流到了金融市场之上，可以交易和买卖。当C拿到这批CDS之后，并不想等上10年再收取200亿，而是把它挂牌出售，每个CDS标价2.20亿；D看到这个产品，算了一下，认为自己还是有赚头，立即买了下来。一转手，C赚了20亿。从此以后，这些CDS就在市场上反复的炒，以至于CDS的市场总值炒到了何种程度已经没人知道。

4. 次贷

A、B、C、D、E、F……所有的人都在赚大钱，那么这些钱到底从那里冒出来的呢？从根本上说，这些钱来自A以及同A相仿的投资人的赢利。而他们的赢利大半来自美国的次级贷款。享受次级贷款的这些人经济实力本来不够买自己的一套住房，但次贷为他们解决了这个问题。越来越多的人参与到房地产市场中，房价持续上涨，尽管次级贷款的利息一般比较高，但是享受次级贷款的人们在此时并不担心贷款利息的问题，只要房子处于升值的过程中，穷人还是赚钱的。此时A很高兴，他的投资在为他赚钱；B也很高兴，市场违约率很低，保险生意可以继续做；后面的C、D、E、F等等都跟着赚钱。

5. 次贷危机

有涨必定有跌，房价涨到一定的程度就涨不上去了。当房价往下跌的时候，原先享受次贷的高额利息要不停地付，终于到了走投无路的一天，把房子甩给了银行。此时违约就发生了。此时A并不感到担心，反正有B做保险。B也不担心，反正保险已经卖给了C。那么现在这份CDS保险在那里呢，在G手里。G刚从F手里花了300亿买下了100个CDS，还没来得及转手，突然接到消息，这批CDS被降级，其中有20个违约，大大超出原先估计的不到1%的违约率。每个违约要支付50亿的保险金，总共支出达1000亿。加上300亿CDS收购费，G的亏损总计达1300亿。虽然G是一个大的金融机构，也经不起如此巨大的亏损，因此G濒临倒闭。

6. 金融危机

如果G倒闭，那么A花费5亿美元买的保险就泡了汤，更糟糕的是，由于A采用了杠杆原理投资，根据前面的分析，A赔光全部资产也不够还债。这样，从A到G的所有人都会从这连锁危机中损失惨重。

现实中的金融危机远比上述模型要复杂得多，不过，我们也能从模型当中看出金融危机的产生及发展历程。

如果次级债没有受到投资者疯狂的追捧，恐怕也不会有金融危机的局面。美国依靠资本市场的泡沫来维持消费者的透支行为，市场被无节制地放大了。这就是美国金融危机的实质。华尔街打着金融创新的旗号，推出各种高风险的金融产品，不断扩张市场，造成泡沫越来越大。当泡沫破灭的那一刻，危机便爆发了。

谁“惯坏”了华尔街的精英们

作为世界上最大的经济体和最主要的经济增长引擎，美国怎么会因一场次贷危机遭受这样重大的冲击呢？其实，次级抵押贷款总额占美国国内金融市场的比例是比较小的，相对于全美 8 万亿美元的住房贷款总额，在危机爆发时，次级抵押贷款总额为 1.89 万亿美元，所占比重并不大。

虽然美国次级债务的违约规模并不算很大，但是，美国的金融家们却将次级贷款转化为许多与之关联的金融衍生产品，其规模高达几十万亿到上百万亿美元，构成了一个庞大无比而又错综复杂的金融网络。这样，一旦上游次贷出现问题，便牵一发而动全身，整个美国金融系统因为连锁反应会全部牵扯进去。

在次级抵押贷款的转化过程中，起着关键作用的便是次级债。在美国，次级债特指基于次级住房抵押贷款而发行的资产支持证券。

美国的债券同样按照信用进行评级，基本分为三类：优级、次优级和次级。优级债券指由高信用的政府或者公司发行的债券，像国债就属于此类；次优级债券的风险比优级相对要高，但收益同时也会相对高出一些；次级债券是指信用等级和评级相对较差的债券。在美国，次级信用往往意味着违约，但是同时，它也是高收益的代名词。

在美国这样一个富有“创新”精神的国家，美国的金融家将抵押贷款证券化，曾被认为是一项“伟大的创举”。它的一个显著好处就是“风险转移”。次级贷款市场具有高风险性，次贷机构、投资银行对此当然洞若观火。如果出现大批违约事件，放贷机构将不可避免地承担巨大风险。因此，金融家们便充分发扬创新精神，发明了一种新的金融产品，即次贷“证券化”。

在证券化的过程中，购房者的贷款被集中到一起，打包整理成一种次级贷款支持证券，再投放市场。购买这些证券的人们，将取得借款人偿还的本金和利息。

证券投资是一个高风险高回报、低风险低回报的行业，这早已经成为共识。然而，当投资者们面对“次级抵押贷款证券化”这一新产品时，却发现了极具诱惑力的一幕：这种证券由于评级高，从而属于低风险，然而，其回报却比同属高评级的国债，以及优质公司的债券都要高。顿时，全世界的投资者都被吸引过来。在投资者、银行、保险公司、其他非银行金融机构以及企业等各类经济主体的参与下，次级债市场迅猛火暴起来。

次级抵押贷款证券化，这一金融发明的本意是使银行在没有负担的情况下，将巨额贷款打包成次级债券，卖给众多的投资者。在次级债繁荣时期，次级贷款被打包为证券的比例，曾经从 31.6% 一路增到 2006 年的 80.5%。

在上世纪 90 年代时，美联储实行低利率，个人贷款对于投资者具有很大的吸引力，但是由于其评级低于投资级，始终得不到投资者的广泛接受。在这种情况下，金融机构为了转移风险，开拓市场，便以次级贷款为主，创造出大量的金融衍生品，充分满足不同偏好的投资者需求。

MBS、CDO、CDS均是以住房抵押贷款或商业住房抵押贷款为支持的证券化产品。在众多金融衍生品中，CDO的作用非同小可。CDO市场的暴跌直接加速了次级债危机的连锁反应。

金融衍生产品能够分散风险，但必须指出，这一作用是不能被神话的。然而，华尔街的精英们却高估了自己的智慧，与次级债相关的金融产品设计过于复杂，甚至连一些专业人员也难以理清头绪。加上监管软弱，投机盛行，这一市场始终充斥着巨大风险。在美国房市大热时期，次级债市场随之火暴。

次级抵押贷款要求借款人每月都要按照一定的利率返还资金。在房市大热的时候，借款人的房子不断增值，从而确保了借款人的还款能力。这一点至关重要，因为唯有这样，次级债券才能保证其价值，就会有人购买，就会把次贷市场的风险转移分散给各个投资于次级债的人。这就是次级债能够获得收益的根本所在——房市必须不倒。

作为同属于金融产品的“次级贷”与“次级债”，它们是一脉相承的。与之对应的则是从次级贷危机到次级债危机的传导，这体现了金融系统在资金、信用及风险上均沿着链条传导的特点。既然华尔街的金融机构将次级债卖给了国际投资者，当美国的次级抵押贷款市场发生危机时，其影响就会不可避免地波及到全世界。

影子银行体系使得个人资产顷刻化为乌有

导演弗兰克·卡普拉（Frank Capra）在电影《美丽人生》中将这一恐慌事件刻画得活灵活现，这部电影描述的是生活在一个小镇上的银行家乔治·贝利跌宕起伏的人生。当贝利被前来取钱的忧心忡忡的储户围困时，他就银行业作了一番即兴演说。他告诉那些认为银行只是把钱闲置在金库里的储户们说：“你们把银行完全想错了，以为我把钱都放在保险箱里了，其实钱不在这里。钱在乔的家里……在肯尼迪的家里，在麦克琳太太的家里，钱在千家万户。”

就像贝利向储户解释的那样：“你们把钱借给他们去建设，然后他们会以最好的方式回报你们。”贝利的困境是处于黑暗的大萧条时期的真实写照。高流动性的存款已被转化为低流动性的投资，不能立即变现的。

如果说政府助长了泡沫的膨胀，放松监管又取消了对金融公司的约束，政府监管无法跟上金融创新的步伐也是罪恶之一。在过去的30多年里，太平洋投资管理公司的保罗·麦卡利（Paul McCulley）所谓的“影子银行体系”迅速崛起，使金融体系发生了前所未有的戏剧性变化。

影子银行，又称为影子金融体系或者影子银行系统（Shadow Banking system），是指房地产贷款被加工成有价证券，交易到资本市场，房地产业传统上由银行系统承担的融资功能逐渐被投资所替代，属于银行的证券化活动。该活动在2007开始的美国次贷危机中渐渐被人们重视，此前一直游离于市场和政府的监管之外，当前也无十分有效的监管方式。

要想理解影子银行的概念，必须先回顾一下银行的业务构成。简单地说，银行吸收短期存款，以贷款的形式投资出去。这些存款构成了银行的负债，无论何时，只要存款人想要取回他们的资金，银行必须如数奉还。

银行不会傻傻地守着这些存款，会把它们以抵押贷款和其他长期投资的形式借贷出去，比如10年期的企业贷款。也就是说他们借入存款，发放贷款，从中获取利息收入。然而，其中的情况并非这么简单：银行的负债（以存款的形式存在）具有较高的流动性，而资产的流动性很差（和土地、工厂里的新设备以及其他不能立即变现的资产捆绑在一起）。

通常情况下这不是问题，几乎不可能出现所有存款人都去银行挤兑取现的现象。但这确实发生过，比如，大萧条时期恐慌的存款人涌向银行的挤兑事件。银行负债是短期的"活期存款"，而资产是长期的，不能立即变现的。结果是若不花费巨大成本，几乎不可能立即用一笔贷款去偿还另一笔存款。在遭遇挤兑时，银行可以采取的措施是出售像抵押贷款或其他贷款之类的资产。

这就意味着陷入流动性危机的银行很快将从流动性不足变为丧失清偿能力。有时银行注定将走到这一步，因为不论以多高的价格出售，其资产永远也无法满足存款人的需求。但在其他多数情况下，银行仍具备清偿能力，只是投资的资产缺乏流动性罢了，从而造成其短期负债超过流动资产。在大萧条时期，银行都会由于这两种原因破产。不管是否会引起恐慌，有些银行永远也没有能力将存款偿清，而另外一些银行可以在得到援助的情况下偿付。

援助有两种形式，其一是最后贷款援助，其二是存款保险。前者在大萧条时期曾被使用，但美联储却没有用好；后者产生于银行立法新政时期（New Deal）所设立的联邦存款保险公司（FDIC）。这两种应对银行挤兑的措施存在细微的差别，前者向银行提供资金以支付存款人，遏制银行挤兑现象，避免银行低价甩卖资产。相反，后者则从源头上遏制了银行挤兑现象，让人们坚信不论银行遭遇流动性不足还是丧失清偿能力，他们的资产总是安全的。

19世纪80年代以来，越来越多的金融从业人员看到了掘金的机会，但前提是必须让银行在没有安全网保护的情况下走钢丝。有很多办法可以让银行逃避监管，但同时也将失去（政府）给予普通银行的保护。于是，他们开始了一种"监管套利"（regulatory arbitrage）游戏，即为了追逐巨额利润而逃避监管，这促成了影子银行的发展。

影子银行既没有柜员，也不需要在街头摆摊。它们有的是复杂证券的缩写词，被保罗·麦卡利恰如其分地称为"支撑非银行投资管道、手段和工具的字母羹"，而这些证券业务并不反映在传统的银行资产负债表之中。

从全世界范围来看，"影子银行"体系主要由四部分构成，分别是：证券化机构，主要功能是将传统金融产品证券化；市场化的金融公司，主要包括对冲基金、货币市场共同基金、私募股权投资基金等，主要从事在传统金融机构和客户之间融通资金；此外，还有结构化投资机构及证券经纪公司。

影子银行的基本特点可以归纳为以下三个。其一，交易模式采用批发形式，有别于商业银行的零售模式。其二，进行不透明的场外交易。影子银行的产品结构设计非常复杂，而且鲜有公开的、可以披露的信息。这些金融衍生品交易大都在柜台交易市场进行，信息披露制度很不完善。其三，杠杆率非常高。由于没有商业银行那样丰厚的资本金，影子银行大量利用财务杠杆举债经营。

在过去20年中，伴随着美国经济的不断增长，人们对于信贷的需求与日俱增，美国的影子银行也相应地迅猛发展，并与商业银行一起成为金融体系中重要的参与主体。影子银行的发展壮大，使得美国和全球金融体系的结构发生了根本性变化，传统银行体系的作用不断下降。影子银行比传统银行增长更加快速，并游离于现有的监管体系之外，同时也在最后贷款人的保护伞之外，累积了相当大的金融风险。

如果影子银行能像商业银行一样接受日益严格的监管，并以此为条件换取最后贷款援助和存款保险支持，也还不至于出问题。但它们没有这么做。更糟糕的是，影子银行体系已壮大到可与商业银行体系相匹敌的程度，资产规模相差无几。因此，影子银行体系处于银行挤兑风暴的中心也就不足为奇了。

全球金融市场正在跌入可怕的“流动性陷阱”

2002年，当伯南克讨论到通货紧缩的危害时，他暗示可能会采用一些干预措施。当时他认识到由于“我们对实施这些政策经验相对不足”，这些实验性措施的风险非常高。20世纪90年代，日本推行了其中的一些措施，但是这些政策工具仍然非常具有争议性。当危机来袭时，伯南克推行了上述一系列措施，旨在缩减由市场决定的短期利率与政策制定者设定的短期利率之间的差额。为了完成这一目标，美联储建立了一系列“流动性”工具，使任何有低成本融资需求的人都可以获得低息贷款。实际上，政府直接对市场进行干预，远远超越了流动性注入的传统机制，并且直接为陷入困境的金融机构发放贷款。政府成为典型的最后贷款人，为不断扩大的金融体系投放贷款、提供资金流动性。

经济学家讨论常规货币政策的失灵问题时，他们会提到“流动性陷阱”。要了解政策制定者为什么担心出现“流动性陷阱”，我们有必要审视一下中央银行是如何控制货币供应量、利率水平和通货膨胀的。

在美国，联邦储备委员会主要通过公开市场操作来控制货币供应量。就是说，它可以进入二级市场，买卖短期国债。在操作过程中，它可以有效地增加或减少联邦银行体系的货币量。由此，它改变了所谓的联邦基金利率，即银行同业之间运用在美联储的存款资金进行隔夜拆借的利率。

假如美联储担心通货膨胀，希望预防经济过热。于是美联储进入二级市场，抛出100亿美元的短期国债，由此，它有效地减少了银行体系的货币量。为什么？因为债券买方必须从各自的银行开出支票，然后美联储将支票兑现，持有现金。这样一来，银行体系和宏观经济都流出了100亿美元，不仅如此，由于银行是运用存款资金来发放更多的贷款，因此银行体系乃至货币供应量受到的实际冲击可以达到近250亿美元或300亿美元的规模。

美联储收紧了货币供应量，并且促使信贷规模缩减：它有效地提高了融资成本。和其他商品一样，货币同样遵循供求法则，随着供应量的下降，融资成本相应上升。换言之，由于贷款人现在要求更高的贷款利率，利率水平上升了。媒体常常宣布美联储“提高”了利率，事实上更确切的说法应该是，它是通过这些公开市场操作来提高联邦基金利率。

现在我们设想一下，美联储不再担心通货膨胀问题，而是担心经济开始走向衰退，而非过热。因此，美联储计划通过买进短期国债来降低联邦基金利率，为经济增长提供充裕的资金。那么它从何处获得资金呢？美联储实际上是开出了一张100亿美元的支票给国债的卖方，卖方再将获得的支票存入各家银行。现在，这些银行可以运用这些存款来发放数倍的贷款，货币供应量突然大幅提高了，因此贷款更容易获取。更重要的是，融资成本降低了：增加货币供应量对经济的净效应是联邦基金利率下降和利率水平的普遍下降。

上述情形发生于正常时期。相比之下，流动性陷阱并非正常情况。当美联储无力再进行公开市场操作时，流动性陷阱便出现了。即当美联储驱使联邦基金利率下降至零时，噩梦就开始了。

对于由过度信贷扩张而引发的问题，政府和中央银行却企图重启信贷扩张来解决，企图通过增加公共支出、降低利率和放宽限制等手段，继续强制推行刺激经济的政策。发行了这么多货币，可是市面上的货币流通量却很少。究其原因，虽然发行了这么多货币，却只是安静地待在银行的保险柜里面。这种现象叫做“流动性陷阱”，其含义不是“流动性掉入了陷阱”，而是“货币没有流动，被卡在了某处”。

货币没有流动，只有一个原因，就是不知道该流向何处。不知道货币投资到哪里才能提高生产力或刺激经济活动，也不确定哪些项目是不良经营的，哪些又是诚信经营的。

与政府和金融机构的期待相反，货币会自然流向自己该去的地方，即向合理价格水平的回归。大部分银行只看重短期收益率，之前的投资都投在了风险比较高的地方。准确地说，银行以我们的储蓄为担保贷了更多的资金，却投资到风险高的地方。由于这些银行的不良经营，大量资金被套牢了，无法进入流通领域。而银行为了弥补自己的损失，变本加厉地吸收资金。投资者却不知道哪个银行经营不良，哪个银行是诚信经营。高得离谱的股价，再加上未知的风险，使得投资者裹足难行。

货币不流动是因为市场不够透明，如果硬要把不流动的资金推入投资领域，只能使它越陷越深。市场是信息处理的过程，也是价格决定和资源分配的过程，它决定应该在哪里进行投资、要分配多少资源才能使经济得到最有效的发展。这个信息处理的过程决定了货币的流向。正因为如此，市场的透明性才显得尤其重要。市场参与者能得到准确可靠的信息是经济发展的基石。

在正常时期，将利率调整为零可以放松银根，增加流动性，刺激经济快速增长。但是，在金融危机之后，将利率下调至零，可能不足以重塑市场信心和促进银行间同业拆借。银行非常担心自身的流动性需求，并且同业间相互不信任，这导致它们宁可持有全部的流动性资金也不愿意将之贷出。在充满恐慌的氛围中，政策利率可能已降为零，但是银行愿意贷出的实际市场利率要高得多，这使得融资成本高昂。如果银行贷出资金会受到惩罚，可别指望它们会这么做。因为政策利率几乎不可能下降到零以下，政策制定者会感到困惑不已，他们已经陷入了可怕的流动性陷阱。

在经济危机期间，全球的中央银行发现自身正是陷入了这种局面。随着危机的恶化，他们大幅削减利率水平。截至2008年末和2009年，美联储、英格兰银行、日本银行、瑞士国家银行、以色列银行、加拿大银行，甚至是欧洲中央银行几乎都把利率水平下降到接近零的水平。与以往的金融危机相比，货币政策的实施非常迅速，并且从某些方面来说是协调一致的。但是，考虑到银行、家庭和企业的恐慌情绪和不确定性，这种集体降息对于增加贷款投放、拉动消费、投资和资本支出意义不大，市场利率仍然非常高。这些降息行动也未能遏制通货紧缩的发展趋势。传统的货币政策不再具有市场支配力，实施货币政策就好比“推绳子”，丝毫不起作用。

主动创造需求破解次贷危机造成的恶性循环

凯恩斯认为，决定就业水平的关键因素是有效需求或者说总需求，即一个经济体对商品和服务的需求总和。当工资下降、工人失业时，人们的消费减少，需求也随之降低。随着需求的下降，企业的投资意愿降低，必然导致更多地削减工资或者失业。同样，普通消费者会减少消费，增加储蓄，使需求进一步降低，这就是所谓的“节约悖论”。凯恩斯证明，这种节约会形成一种“失业均衡”，即工人失业与工厂开工不足同时存在。当商品的总需求低于总供给时，厂商被迫削价出售产品，价格下降将使他们的利润和现金流进一步降低，这种情形在“大萧条”时代广泛存在。

凯恩斯认为，这是源自于人的心理预期，在“大萧条”这样的危机中，即使有利可图，但资本主义的“动物精神”，也就是“自发地激励人们积极进取”的精神也会消失殆尽。人们的经济决策不仅仅依赖于理性的数学计算，也会在事件本身、不确定性及外部条件的影响下变得容易冲动或者因循守旧。他说：“当人们的动物精神和自发的乐观情绪消失，只能依靠数学期望去做决策时，企业将陷入困境甚至倒闭。”不管是否存在赢利预期，如果失去“动物精神”，那么经济将陷入长期的萧条之中。

凯恩斯给出的解决方案并不复杂：为了应对这种恶性循环，政府必须介入，主动去创造需求。这一理论在战后很多年里深入人心，很多国家为了对抗经济小桃而采取凯恩斯的建议。那些热情乐观的支持者认为他们可以利用凯恩斯的理论去实现“充分就业”，这种为了应对经济衰退而采取的干预行为，常常被用来保持经济的平稳发展。

凯恩斯论证了一个极其重要的结论，那就是资本主义内在的不稳定性会带来经济危机。他说：“内在不稳定性，是资本主义内部存在的、不可避免的缺陷。”内在不稳定来源于资本主义的基石，即金融机构。凯恩斯很清晰地分析过，资本主义经济存在一些根深蒂固的缺陷。这些缺陷的存在又是源自于金融体系对资本的不懈追逐，把企业家的冒险精神转化为投资的有效需求。这会带来投资的膨胀，造成经济失去控制的扩张。不断增加的信贷活动会使金融体系变得脆弱，这种失去控制的扩张也就会演变为金融危机。

当银行和其他金融机构体系异常复杂相互交错时，会把整个经济体系拖入危机的深渊。他分析的中心是债务问题：债务是如何形成、发行和估值的。债务问题在某种程度上是动态的，随时会发生变化。与此同时，一动态过程给经济运行带来了不确定性。在经济繁荣时期，经济增长和企业利润具有不确定性；在经济萧条时期，不确定性的存在会驱使金融市场停止借贷、降低风险暴露以及贮藏资本。

当投机泡沫盛行时，对冲贷款者的比例将会下降，而投机贷款者和贷款者的数量将会上升。对冲贷款者不再坚持其保守的投资策略，而是开始变为投机或者庞氏贷款者。泡沫旋涡中的资产，例如房地产等价格的上涨，将会鼓励借款者去借更多的债务。当债务规模不断膨胀时，市场会变得十分脆弱，并进一步引发金融危机。根据明斯基的观点，（引发泡沫破灭的）导火索可以是任何事件：可能是某个公司的倒闭（如对冲基金和大型银行的倒闭刺破了 2007 ~ 2008 年的资产泡沫），也可能是人们揭穿了某个骗局。

当债务金字塔开始崩溃，信贷活动停滞时，即便那些健康的金融机构、企业和消费者也会遭遇流动性困难，导致他们若不低价处置资产就不能偿付债务。随着越来越多的投资者抛售资产，资产价格就会急剧下挫，最终陷入争相抛售的旋涡，价格进一步下跌，更多的资产被抛售。当总需求低于总供给时，就会出现通货紧缩，即单位货币的购买力越来越强。

由于通货紧缩增加了人们的债务负担，也就抬升了违约和破产的风险。假如一位投资者借款 100 万美元购买了一所房屋，那么这所房屋的价值是 100 万美元，投资者的负债也是 100 万美元。若发生了通货紧缩，房屋的价格和投资者的薪水等等都会下降。在成本下降的同时，投资者的收入也会下降。不幸的是，这项按揭贷款的真实价值上升了：现在的 100 万美元负债的负担要比之前更大。

随着违约和破产的增加，经济的螺旋式下降继续持续，最终把经济拖入衰退的泥潭。例如，1929 年 10 月至 1933 年 3 月期间，资产抛售潮把私人债务的名义价值降低了 20%，但由于通货紧缩，这些债务的真实价值大幅增加了 40%。

在这次次贷危机当中，为了避免“大萧条”再次出现，美国是美联储必须充当最后贷款人的角色，为银行、企业甚至个人提供必要的融资。在极端情况下，政府应该推行“通货再膨胀政策”，通过注入大量的流动性来推动经济复苏。

2007 ~ 2008 年，随着金融危机的恶化，美国政府吸取了“大萧条”的教训，没有像 20 世纪 30 年代的胡佛政府那样让大量的银行和企业破产，美联储为他们提供了巨额援助贷款。这使得投资银行、保险公司、对冲基金、货币市场基金等机构避免了破产倒闭的命运，资产甩卖潮和价格下跌也随之停止。同时，像克莱斯勒和通用电气这样的大型企业也被注入资金，避免了被破产清算。相反，政府把他们进行重组，并使之重新复活，这与胡佛政府奉行的“自由放任的破产清算”政策截然不同。

2009 年奥巴马政府通过了美国历史上最大规模的经济刺激方案，包括巨额的税收减免措施。尽管货币政策（政府通过各种手段控制货币供给）和财政政策（政府的开支和税收政策）都存在缺陷，但能使用的都被使用了。不管理论倾向如何，似乎所有的经济学家都应为这次危机的处理欢呼雀跃。但这并非事实，还有另外一种分析金融危机的观点，它对“大萧条”、日本 20 世纪 90 年代的萧条和“失去的十年”以及最近的这次经济大衰退都给出了完全不同的解释。

究竟谁才是导致全球经济失衡的罪魁祸首

关于经常账户失衡的争论很容易让人想起黑泽明的经典电影《罗生门》中的情节。在这部传奇影片中，在森林里发生了一起恐怖的凶杀案，每个当事人都从自己的角度讲述了事情的经过，承认了犯罪事实，但是说法各异，谁才是真正的罪犯呢?

全球不平衡的“犯罪”事实是毫无争议的：每个人都一致认为全球不平衡现象日趋严重。美国和其他一些发达国家入不敷出，而其他大部分国家，如中国、东亚新兴市场国家、石油输出国家、许多拉丁美洲国家以及德国和欧洲的少数国家则刚好相反。然而，至于谁才是全球失衡的罪魁祸首？谁应该受到惩罚？答案却莫衷一是。

所谓全球经济失衡是指这样一种现象：一国拥有大量贸易赤字，而与该国贸易赤字相对应的贸易盈余则集中在其他一些国家。2005年2月23日，国际货币基金组织总裁拉托在题为“纠正全球经济失衡——避免相互指责”的演讲中正式使用了这一名词。并指出当前全球经济失衡的主要表现是：美国经常账户赤字庞大、债务增长迅速，而日本、中国和亚洲其他主要新兴市场国家对美国持有大量贸易盈余。

美国作为当今主要国际储备资产的供给国，其国际收支与其他国家的美元储备资产之间具有一定的对应关系，世界各国对美元储备资产需求的增加可能导致美国国际收支逆差的增加；美国国际收支逆差的增加，也可能导致其他国家储备资产被动增加。因此，要理解当今全球经济失衡就有必要分析当今国际储备货币的供求状况。

国家持有外汇储备的主要原因是对付无法预测和临时的国际收支不平衡，因此储备需求理论认为合理的国际储备规模应该由一个国家基于储备用完情况下产生的宏观经济调控成本和持有储备的机会成本的平衡来决定。

近年来世界国际储备总量增长很快，但世界各国储备倾向的发展却很不平衡。从储备与进口的比率看，发达经济体的储备倾向自20世纪80年代中期以来比较稳定，近年来还有下降的趋势。而新兴市场国家无论是从储备与进口的比率或储备与短期债务的比率，其储备增长倾向非常快，其中亚洲新兴市场国家最为突出。而发展中国家的储备增长倾向有所增长，但不如新兴市场国家突出。

发展中国家，尤其是新兴市场经济国家在经历了一系列货币金融危机以后，加强了国际储备。但应该看到，这对他们而言，是在经济开放过程中应对动荡不定的国际经济环境的一种不得已的选择。发展中国家由于资本相对稀缺，其投资的边际生产率往往很高，所以其高储备的机会成本十分高昂。

正是由于美国在国际储备货币供给中的垄断地位和发展中国家、尤其是新兴市场国家对国际储备的强烈需求，使美国的经常项目逆差与亚洲国家经常项目的顺差和国际储备的大量累积相对应，从而导致国际社会所关注的全球经济失衡问题。

事实上，在美国经常财政赤字不断走高的过程中。尤其是2001年以来。其他一些因素扮演了更为重要的角色。为了克服经济衰退，布什政府向国会提交的大规模减税政策使美国的财政赤字激增。从上个世纪90年代开始，美国政府债台高筑，开始大规模发行国债，并被新兴市场所购买。在这个过程中，这些国家的罪过仅是购买了那些债券，相反，美国的罪过则是有意实施了加速经常账户赤字的政策。

美国的经常财政赤字不断刷新纪录，而在这一过程中，美联储也同样难辞其咎。2001年以后，美联储实施宽松货币政策，大量发行基础货币，而对金融系统的监管却又鲜有作为。

这些政策而非“全球储蓄过剩”创造了房地产市场的繁荣，致使美国储蓄率下降，住宅投资率上升。虽然国外储蓄为美国房地产提供了资金融通，但起初却是美联储创造了这种不可持续的繁荣，并吸引了这些国外资金。

20个世纪90年代，美国经常财政赤字的上升主要是因为网络泡沫和相应的股市繁荣吸引了国外资本流入，这反过来又促使美国人储蓄更少、消费更多，进一步助推赤字扩大。泡沫破灭之后，赤字规模本应下降，但事实却恰恰相反：布什政府主导的、不计后果的财政政策使赤字继续飙升。

2004年之后，松懈的联邦监管助长了难以持续的房地产泡沫，美国经常财政收支持续恶化，储蓄率继续下降，国外投资者疯抢各种各样的抵押贷款衍生证券。直到2007年之后，房地产泡沫破灭。进口下降，家庭储蓄增加，美国的经常财政赤字才最终下降。另外，石油价格的下降也进一步促使赤字规模的收缩。

过去几十年来，正是美国所实施的政策带来了这个恶果。轻率的税收减免政策，漫不经心地放纵房地产泡沫，最终使美国自掘坟墓。

如何应对“救市政策”所带来的“后遗症”

胡佛本是美国民主党出身，1920年改入美国共和党，他是一个彻头彻尾的机会主义者。在1921年经济衰退期间，胡佛任美国商务部部长，他鼓励企业不得削减工人工资，主张进行大规模的公共设施建设，表现出对市场的强力干预。尽管1921年的经济衰退非常严重，但胡佛的主张并没有得到采用，因而经济衰退的持续时间也相对短暂。

1929年胡佛当选美国总统后股市暴跌，他积极通过大规模的公共设施建设实现昔日的构想，并对央行施压，实施通货膨胀政策。

人们对于美国大萧条有一个很深的误解，那就是一般所认为的，大萧条是由于美国共和党出身的胡佛总统在经济下滑初期没能积极采取有效的应对措施，而只是无能地放任经济的衰退，因而错过了扭转经济衰退势头的最佳时机。但事实上，胡佛在当选美国总统之前就已经表现出对市场的强烈干预意识，并且在20世纪30年代积极介入市场。

当前的经济状况与1907年、1927年的美国经济危机有很多相似点。如果你了解这一切的起因和政府、央行的应对政策，以及这些政策带来了什么样的结果，就能够非常准确地理解今天的政府和央行所采取的政策与昔日大萧条时期的政策没有什么两样，同时，你也能够预测到它们轻率的政策又将会带来什么样的副作用。

在心理学上，“所谓忧郁症，就是对未来的一种无力感和绝望”，这个定义同样适用于经济学上的大萧条，人们对未来的不安自1932年道·琼斯股票跌入谷底一直持续到1940年年初。于是，股票市场上利用股价看跌进行空头交易赚取利益的人大量增加，但借出股票往往要支付巨大的溢价。

持续的信贷扩张政策，使普通人开始担心银行贷出的钱是否比储备的要多，自身的存款是否会无法取出，于是挤兑出现了。政府和央行欲通过更多的信贷扩张来解决本就是由扩张信贷和增加债务所引起的债务通缩问题，这自然会导致信贷市场的冻结，使人们倾向于持有现金而不去投资。央行一降低利率，市场参与者就意识到，持有现金比放在银行获取低利息的收益更能有效地防止损失。

人们常戏称持有现金的现象为“床底下的钱”，在今天，这种现象同样出现了。进入 2008 年以来现金持有量不断增加的现象。对银行的不信任和低利息使得现金持有量不断增加，这个道理不管是在 1930 年还是 2008 年都是相同的。

2008 年，美国财务部部长保尔森让经营良好的赢利银行筹措资金，以帮助这些资不抵债的银行渡过难关，这与胡佛总统的政策如出一辙。政府以莫须有的罪名把股市的暴跌归因于投机者的卖空交易（利用股市的下跌赚取利益，在未持有股票或有价证券的情况下进行买卖）并予以禁止，结果反而引发股市的又一轮暴跌。

在 2008 年房利美与房地美危机爆发时，美国政府就曾暂时禁止过金融机构的卖空交易。历史总在重演，对卖空交易的限制解除后，股票达到了至今为止最大的跌幅。因为政府对市场的积极干预使人们认为股票价格依然不稳定，因而多数人处于持币观望状态，反而使市场参与者减少，导致股市的进一步恶化。今天的日本也同样在通货紧缩时期试图提高物价，结果由于人们对未来物价上升的恐惧，更多的人把钱储蓄起来，消费也更加萎缩。

面对大萧条的经济局势，胡佛政府加紧实施通货膨胀政策，就像现在一样大幅度降低利率。最终通过了《斯姆特－霍利关税法案》，以提高关税来保护本国农业，此法案堪称“贸易保护主义”的代名词。由于贸易保护主义的关税措施，其他国家也纷纷出台了报复性的关税法案，导致 1931 年粮食价格暴跌，通货紧缩加剧。这向今天的我们昭示了实行贸易保护主义将带来的恶果。

大萧条时期可以说是国家间贸易争端不断的时期。由于贸易保护主义的复苏，欧洲国家的关税提高了 6 次，南美国家更是修改关税协定达 16 次之多。而因为对国家财政和央行的不信任，汇率战争会愈演愈烈，被称做“零升值的赛跑”，各国也纷纷出台了限制黄金出口的措施。

各国都试图通过使本国货币贬值以缩减债务，英国计划缩减 30% 的债务，法国欲缩减 80% 的债务，而德国几乎要缩减全部的债务。各国对金本位制的抛弃和货币贬值政策，最终却带来了银行经营的亏损以及个别投资者财富的迅速积聚。由此，个人投资者增加了对黄金的持有量，银行的存款量却不断地减少，形成了银行亏损经营的恶性循环。

大萧条时期的历史给今天的我们留下了众多的教训。大萧条不仅影响了美国，它几乎影响了全世界所有国家。它使国家财政赤字恶化或被置于破产的境地，并导致国家间的贸易和履行债务的争端频发。

大部分的经济复兴政策都会与其预期的目标不同，会带来“始料未及的副作用”，结果会使人们对货币产生不信任感。大萧条以后，不仅科学技术突飞猛进，经济学科也取得了长足的发展，但是今天，金融危机依然会归结到汇率的问题上，各国也必然会竭力使本国货币贬值。

第十六篇

走赢国际贸易的棋局

第一章　流动中的国际要素

玫瑰的流动：出口、进口以及净出口

当你决定买一辆汽车时，你可以对福特公司和丰田公司提供的最新车型作个比较。当你有下一次假期时，你可以考虑在佛罗里达海滩或墨西哥海滩度假。当你开始为退休后的生活储蓄时，可以在购买美国公司股票的共同基金和购买外国公司股票的共同基金之间作出选择。在所有这些情况下，你不仅参与了美国经济，而且参与了世界经济。国际贸易已经不再是一个离我们很遥远的词汇，它如同经济学一样，已然在不知不觉间走进了我们的生活。

一个开放经济以两种方式和其他经济相互交易：它在世界产品市场上购买并出售物品与劳务：它在世界金融市场购买并出售资本资产。下面我们就来阐释一下什么是物品的流动、出口、进口以及净出口。

简单来说出口就是在国外销售而在国内生产的物品与劳务。

而进口，则是指向非居民购买生产或消费所需的原材料、产品、服务，目的是获得更低成本的生产投入，或者是谋求本国没有的产品与服务的垄断利润。进口贸易是指把外国商品输入到本国的一种贸易活动，是国际贸易的组成部分。

当美国飞机制造商波音公司建造了一架飞机并把它卖给法国航空公司时，这种销售对美国而言是出口，对法国而言是进口。当瑞典汽车制造商沃尔沃公司生产了一辆汽车并把它卖给一个美国居民时，这种销售对美国而言是进口，对瑞典而言是出口。

任何一国的净出口是其出口值与其进口值的差值。波音公司的销售增加了美国的净出口，而沃尔沃公司的销售减少了美国的净出口。由于净出口告诉我们一国在总量上是世界物品与劳务市场的卖者还是买者，所以，净出口又称为贸易余额。如果净出口是正的。即出口大于进口，这表明一国在国外出售的物品与劳务大于它向其他国家的购买。在这种情况下。可以说该国有贸易盈余。如果净出口是负的，即出口小于进口，这表明一国

在国外出售的物品与劳务小于它向其他国家的购买。在这种情况下，可以说该国有贸易赤字。一如果净出口为零，它的出口与进口完全相等，可以说该国有平衡的贸易。影响净出口的因素大抵有以下6点：

（1）消费者对国内与国外物品的嗜好。

（2）国内与国外物品的价格。

（3）人们可以用国内通货购买国外通货的汇率。

（4）国内与国外消费者的收入。

（5）从一国向另一国运送物品的成本。

（6）政府对国际贸易的政策。

那么，净出口值究竟是正好，还是负好呢?

国际收支逆差会导致本国外汇市场上外汇供给减少，需求增加，从而使得外汇的汇率上涨，本币的汇率下跌。如果该国政府采取措施干预，即抛售外币，买进本币，政府手中必须要有足够的外汇储备，而这又会进一步导致本国货币的贬值。政府的干预将直接引起本国货币供应量的减少，而货币供应量的减少又将引起国内利率水平的上升导致经济下滑，失业增加。

贸易顺差反映一国的国际储备或对外支付能力增强。传统贸易观念认为出口为了创汇，顺差是好事，逆差是坏事。这一观念长期主导着我国的贸易政策和实践，其实过度的出口并非一定有利。

出口的增加，如果在生产不能相应扩大的条件下，必然会抑制国内需求，影响本国人民物质文化生活的需要。过高的贸易顺差是一件危险的事情，意味着本国经济的增长比过去几年任何时候都更依赖于外部需求，对外依存度过高。

因此，一国的对外贸易应追求长期的进出口基本平衡，而不是长期的贸易顺差。

我国是一个发展中的大国，长期的贸易顺差也给我们带来了很多麻烦。

第一，越来越大的贸易顺差为我国带来越来越多的贸易争端；

第二，贸易顺差虽然增加了外汇储备，但从资源效用最大化的角度看，是资源未被充分利用；

第三，持续高额顺差导致人民币升值预期，进而又导致资本净流入增加，资本净流入增加又进一步导致了人民币升值的压力；

第四，巨额的经常性的顺差，会转化为货币大量投放的压力，成为通货膨胀率上升的重要因素。

不过，贸易逆差的结果也并非都是坏处。首先，适当逆差有利于缓解短期贸易纠纷，有助于贸易长期稳定增长；其次，逆差实际上等于投资购买生产性的设备，只要投资项目选择得当，既可补充国内一些短缺的原材料，还能很快提高生产能力、增加就业以及增加经济总量；再者说，逆差能减少人民币升值的预期，减缓资本净流入的速度；第四，短期的贸易逆差有助于缓解我国通货膨胀的压力，加大我国货币政策的操作空间。

在对外贸易问题上，我们应当转变观念，放弃以出口创汇、追求顺差为目标的传统观念和做法，确立以国际收支平衡为目标的政策。一般来说，一国政府在对外贸易中应设法保持进出口基本平衡，略有结余，这样才有利于国民经济健康发展。

金融资源的流动：资本净流出

从前有两座岛屿，名字分别叫做“勤俭岛”、“挥霍岛”。勤俭岛的居民人如岛名，很是勤劳、节俭，每天努力工作以产出更多的食物。食物除了满足本岛居民的需要外，还能出口到挥霍岛。居民们节衣缩食，把储蓄下来的钱用于扩大再生产。与勤俭岛不同，挥霍岛上有些居民没有工作，却很喜欢消费。他们用本岛发行的债券作交换，从勤俭岛进口食物。债券、食物均以“挥霍岛币”计价。

随着手中债券的大量增加，勤俭岛居民开始少收债券，转为直接收取“挥霍岛币”，再大量购买挥霍岛土地。最终，他们似乎有望买下整个挥霍岛。然而，失业者不见得就比别人笨，挥霍岛人不甘心成为地主家的佃农，大量涌入印钞厂，开足马力地发行挥霍岛币。俗话说得好，物以稀为贵。货币发行量过大之后，挥霍岛币及其化身——债券都变得不值钱了，数量保持不变的土地因而变得很值钱。这给勤俭岛人带来了很大的麻烦，多年积蓄下来的挥霍岛币、债券一天天地贬值，本来想在挥霍岛买套别墅，现在却连一个车位也买不起了。

伤敌一千，自损八百，挥霍岛人的情况也不太妙。货币贬值之后，有些勤俭岛人拒收挥霍岛币、债券。从勤俭岛进口食物变得不太容易，轮到挥霍岛人节衣缩食了。这反过来又导致了勤俭岛上的食物销售困难，生产停滞，大量香喷喷、白生生的牛奶不得不被倒入河中。两败俱伤之后，二岛居民都开始反思了。勤俭岛人发觉，刺激消费、启动内需太重要了，既然食物生产过多，每个人就都得多吃一些，也别减肥、储蓄了。挥霍岛人也认识到，没什么不能没工作，有什么也不能有过多的债务。如此过了几年，勤俭岛人挥霍，挥霍岛人勤俭。然后角色互换，再来一次轮回……

“勤俭岛和挥霍岛”是美国投资大师巴菲特讲过的一则寓言故事，他以挥霍岛的贸易逆差来比喻美国的巨额贸易逆差，并指出它会给国家带来巨大危害——导致美国的净资产以惊人的速度向海外转移。

巴菲特讲的寓言故事已涉及资本净流出的概念。资本净流出指本国居民购买的外国资产减外国人购买的国内资产。其公式为：资本净流出 = 本国居民购买的外国资产 - 外国人购买的国内资产。

资本流出到国外有两种形式。一种形式，如果海尔电器在洛杉矶开了一家分店，这是到国外直接投资的例子；另一种形式，如果一个中国人买了一家美国公司的股票，这就是国外有价证券投资的例子。在前面这种情况下，中国所有者主动管理投资；而在后面这种情况下，中国所有者起了较为消极的作用。在这两种情况下，中国居民都购买了位于另一国家的资产，因此，这两种购买增加了美国的资本净流出。

资本净流出可以是正的，也可以是负的。当它是正的，国内居民购买的外国资产多于外国人购买的国内资产，此时可以说资本流出一国。当资本流出是负的时，国内居民购买的外国资产少于外国人购买的国内资产，此时可以说资本流入一国。当一国的资本净流出是负的时，该国有资本流入。

影响资本净流出的主要因素主要有以下几种：

（1）国外资产得到的真实利率。

（2）国内资产得到的真实利率。

（3）持有国外资产可以察觉到的经济与政治风险。

（4）影响国外拥有国内资产的政府政策。

例如，一位中国投资者决定购买日本政府债券还是中国政府债券。在作决策之前，这位投资者要比较着两种债券提供的真实利率。债券的真实利率越高，也就越有吸引力。但是，在进行这种比较时，中国投资者还应该考虑到这些政府中的某一个会拖欠其债务的风险，以及日本政府对在日本的外国投资者所实行的任何一种限制，或未来可能实行的任何一种限制。

微观角度来讲，资本净流出也指某个交易项目的流动资金减少量。资本净流出的计算公式：流入资金－流出资金，如果是正值表示资金净流入，负值则表示资金净流出。上涨时的成交额计为流入资金，下跌时的成交额计为流出资金。

资金流向在国际上是一个成熟的技术指标。其计算方法很简单，举例说明：在9:50这一分钟里，某一板块指数较前一分钟是上涨的，则将9:50这一分钟的成交额计作资金流入，反之则计作资金流出，若指数与前一分钟相比没有发生变化，则不计入。每分钟计算一次，每天加总统计一次，流入资金与流出资金的差额就是该板块当天的资金净流入。

这种计算方法的意义在于：指数处于上升状态时产生的成交额是推动指数上涨的力量，这部分成交额被定义为资金流入；指数下跌时的成交额是推动指数下跌的力量，这部分成交额被定义为资金流出；当天两者的差额即是当天两种力量相抵之后剩下的推动指数上升的净力，这就是该板块当天的资金净流入。资金流向测算的是推动指数涨跌的力量强弱，这反映了人们对该板块看空或看多的程度到底有多大。

资金流向能够帮助投资者透过指数涨跌的迷雾摸清楚其他人到底在干什么。指数上涨一个点，可能是由一千万资金推动的，也可能是由一个亿资金推动的，搞清楚这两种情况之间的区别，对投资者具有完全不同的指导意义。

净出口与资本净流出的相等

一个开放经济会以两种方式与世界其他经济相会交易，即在世界物品与劳务市场上和世界上金融市场上。净出口的数值衡量一国出口与进口之间的不平衡；而资本净流出则用来衡量本国居民购买的外国资产与外国人购买的国内资产量之间的不平衡。对整个经济而言，这两种不平衡必然相互抵消。资本净流出（NCO）＝净出口（NX），这个等式之所以恒成立，是因为影响这个等式一方的每一次交易也必然完全等量地影响另一方。

为了说明这个会计恒等式为什么正确，我们来看一个例子。设想你是一个居住在中国的软件师。有一天，你编了一个软件并以10万日元卖给一个日本消费者。软件销售是中国的出口，因此它增加了中国的净出口。为了使恒等式成立会出现什么情况呢？答案取决于你用这10万日元做什么。

首先，我们假设你简单地把这10万日元放在保险柜里。在这种情况下，你将一些收入投资于日本经济，那么你得到的就是外国资产。那么，中国净出口增加与中国净流出增加相当。然而，如果你想投资于日本经济，你不会持有现金，而会选择一些理财方式。比如你用 10 万日元去购买一家日本公司的股票，或者你会购买日本政府的债券。但是情况几乎是一样的，国内居民最终都获得了一种外国资产。中国资本净流出增加完全等于中国净出口（出售软件）增加。再而，假设你不是用 10 万日元购买日本资产，而是用它去购买了日本生产的一台丰田轿车。由于购买了丰田轿车，中国进口增加了。软件出口和轿车进口代表贸易平衡。由于出口和进口等量增加，净出口没变。那么没有中国人最终获得外国资产，也没有一个外国人最终获得中国资产，因此，对中国资本净流出没有影响。

通俗点来说，净出口与资本净流出的相等这个问题牵涉到的是国际收支平衡，影响国际收支平衡的无外乎这两者：经常项目与资本项目。当资本项目的净流入等于经常项目的净流出或者经常项目的净流入等于资本项目的净流出时，那么我们说国际收支平衡。你通常所说的资本，就是指资本项目里面在国际间流动的资本。

经常项目指的是用于国际商品贸易或国际服务贸易而产生的资金在国际上的流动，如果一年内本国对外贸易顺差，则经常项目资金属于净流入，即通常所说的净出口，对外贸易逆差，则是净流出，也即净进口。资本项目指的是国际上用于对外直接或间接投资的资本，不属于贸易范畴的资本流动，它可以是实物资本，也可以是货币资本。如果外商或外国居民对本国进行的投资大于本国投资商或居民对国外进行的投资，则属于资本的净流入，反之，则为净流出。当一国国际收支平衡时，就有资本净流出等于净出口了。

另外我们也需要了解一下储蓄、投资及其与国际流动的关系。

在一个相对封闭的经济条件约束下，储蓄和投资是相等的。但在开放经济中，事情并非那么简单。一个经济的国民生产总值（Y）分为四个组成部分：消费（C）、投资（I）、政府购买（G）和净出口（NX）。即为：Y=C+I+G+NX 。而国民储蓄是在支付了现期消费和政府购买之后剩下的收入。国民收入（S）等于 Y−C−G。整理这个公式我们即可得到：S=Y−C−G=I+NX 。因为净出口（NX）也等与资本净流出（NCO），所以又可写为：S=I+NCO 。这个式子表明，一国的储蓄必定等于其国内投资加资本净流出。

换句话说，当美国公民为未来储蓄了其收入中的一美元时，这一美元既可以用于为国内资本积累筹资，也可以用于为购买国外资本筹资。

向发展中国家资本输出会制造伤害吗

在讨论向发展中国家进行资本输出是否会伤害高工资国家的工人这个问题之前，我们应该先明确一下资本输出的概念和内涵。

“资本输出”是资本主义发展高级阶段对外经济侵略的主要手段。“资本输出”指资本主义国家为获得高额利润，用过剩资本向其他国家投资或贷款。资本主义列强对华经济侵略在 19 世纪 70 年代以前以商品输出为主，但也开始了早期的资本输出。19 世纪晚期后，西方侵华以资本输出为主，商品输出为辅。

对于发达的资本主义国家来说，资本输出有着其不可抹杀的必要性，其主要体现在这些国家里出现了大量的过剩资本。一方面，是因为在资本积聚和集中的过程中，有越来越多的货币资本需要寻找投资场所；另一方面，则是因为资本主义生产的唯一目的是利润，要使资本能够投下去，就必须保证它能够“按照资本主义生产过程的‘健康的、正常的’发展所需要的剥削程度来剥削劳动”。如果不向欠发达地区进行资本输出，就会导致有一部分资本被闲置起来，形成过剩资本。

明确了资本输出的必要性，我们再来看一下资本输出对于高工资国家工人的影响。从1970年到2000年，美国共损失了250万个制造业岗位，制造业在总就业中的比重从26.4%下降到了14.7%。英国的制造业就业岗位在1970～1998年之间减少了350万个，在总就业中的比重从34.7%下降到18.6%。英国的情况可以说比较极端，但其他国家的大趋势也是相似的：德国的制造业就业比重在1970年为39.5%，相当高，到了1999年已经下降到24.1%。

在1995～1999年，中国的制造业工人的年平均成本只有730美元，而德国工人是35000美元，美国是29000美元，英国是24000美元。那么，德国、美国和英国的工人的工资会被中国人拖下去，这不是显而易见的前景吗？实际情况远非这么简单，而且基本不会。中国的人工成本便宜是因为生产率比较低。每位美国工人每年能创造81000美元的附加价值，德国工人是80000美元，英国工人是55000美元，而每名中国工人只能创造2900美元。因此，尽管发达国家的工人的工资水平高出很多，但他们的竞争力未必会受到影响。

关于发展中国家的超级竞争力浪潮会导致发达国家的就业、产业和经济活动出现巨大浪费的观点都是不科学的。不过，这对于国家之间的竞争还是存在一定的借鉴意义。当一个发展中国家，根据自己的比较优势为美国或欧盟提供产品的时候，进口国的贸易条件和真实收入水平将会改善。这意味着，它们进口的产品的价格相对于出口产品来说会下跌，也就是以相同的出口产品能买到更多的进口产品，自然代表着改善。

实际上，对于那些给中国提供其需要的高级产品和服务的高收入国家来说，这正是鼓励中国加入世界市场对自己有利的原因。贸易不是零和博弈，而是双方都有利的事情。

银行业的“挖人大战”

生产要素的国际流动或简称要素流动是国际一体化的另外一种表现形式。其中包括劳动力的流动、通过国际借贷的资本转移，以及跨国公司形成中的各种国际联系。

这其中，劳动力的流动是很重要的一个方面。具体表现出来的就是对于人才的吸引。

随着银行业扩张太快，更多的国际大银行进驻国内，业务人才紧缺愈显迫切，挖人之争随之硝烟四起，近一两年更是日趋激烈，其折射出的很多问题值得重视。

一位股份制银行起家的负责人颇有些不满的抱怨道：“新银行招人最直接的办法就是挖，过去是股份制银行挖老银行的墙脚，现在国际性的商业银行也来挖股份制银行的人，挖得鸡飞狗跳。我们有个信贷部老总，行里给了他很多资源，重点优质项目都让他做，最好的业务人才都配给他，连续几年的年收入都在200万元以上。就是这么高的待遇都没拴住他的心，最近居然跳到另一家银行去做副行长了。”

“事情发生后，我们做的第一件事就是让重点业务部室、风控部门的业务骨干重签劳动合同，增加对跳槽人员培养费和培训费的索赔，同时把奖金递延支付，当年奖金分成三年支付，任何时候退出都有损失。跳槽人员的补充养老保险、企业年金都不允许转走，以加大其跳槽成本。”该行人事部经理说。

银行经营管理人员频繁跳槽，给当家人稳定队伍造成极大压力。“现在的新银行，公章放在皮包里，任命都是事先打印好的，一顿饭的工夫谈妥了，当场任命，聘书上填个名字就行。”一家老银行的人事经理表示。前不久，该行一个业务条线上的人员集体跳槽，没过几天，该团队的领导收到老东家的律师函，将其告上法庭，要求赔偿违约金、读 MBA 的学费、旅游费用和对银行业务方面造成的经济损失，并将挖他去的银行列为第二被告，承担连带赔偿责任。省银行业协会有关人士分析说，这一案件是近年来银行间人员无序流动矛盾的集中体现。

银行业这几年加速扩张，无论是老的大型国有银行、早些年进来的股份制银行，还是刚刚迈出跨区发展步伐的城市商业银行，都要面临来自国际性银行的有力竞争。出于增设机构和网点发展的需要，对业务和管理人才的需求都很大，人才争夺也就不可避免。有人算了一笔账，如果每年新增三家省级分行，按每家行 100 人计，需要从别的银行挖 300 人；每家分行一年开三个支行，每个网点 20 个人，那又需要几百人。新银行不可能全部用新人，这些人主要来源还是出高价从其他银行挖。这些新机构先向老银行的人伸出橄榄枝，虚席以待，管理岗位开出的都是 60 万元以上的年薪，经营部门负责人年薪甚至过百万。有的银行业务条线搞承包制，完成考核利润，超额部分的相当比例都给经营管理团队提成。

职位虚席以待、动辄以百万计的薪酬，在利益和职位的“双轮”驱动下，具有一定资源和专业经验、管理能力较强的从业人员成了“香饽饽”，南京有的银行甚至出现班子成员带队，一个部门、一个专业条线整体跳槽的事件。监管部门最近对省内某地级市银行跳槽人员的摸底情况显示，在过去一年左右的时间里，已有 200 多位中层以上管理人员和业务骨干跳到新的金融机构，其中一家国有银行就有约 60 人出走，以致这家银行的行长被总行和省分行叫去谈话，上面还专门拨了一笔钱，让他全力抓“维稳”稳定军心。

银行业人才流动的背后，是金融资源、客户的流动。一位国有大银行的人事部负责人介绍，国际性的银行在经营机制、用人机制和激励机制方面有比较优势，待遇高于国有商业银行，年度收入没有一倍以上的增长是没人愿意轻易离开的。

业内人士指出，随着银行业竞争的激烈，新的市场主体进入给从业人员带来了加速流动的机会，从银行资源的配置和市场竞争的角度来看，当然是一种正常的企业行为，一定程度上可以激发银行业的创新意识和发展意识，产生所谓的“鲶鱼效应”。但也应该看到，银行不同于其他企业，它是经营和管理风险较高的特殊行业，关键岗位上关键人员说走就走，往往让相关银行十分被动，这背后的风险管控真空如何填补、银行和客户的财务信息如何保密等等，都是问题。新银行用三高（高薪酬、高职位置、高级别）从他行“挖人”，短期内可能带来一定的客户资源和市场信息，节省了人员培养成本。但是在业务开展青黄不接时，对挖来的人“一见钟情”较多，而原单位经常扣档案，双方缺乏全面真实的了解，很容易出现隐性道德风险。省内多个地方出现跳槽人员虚报学历、职务、职称和过往荣誉情况，故意隐瞒过去违规和不良记录，出了问题以后才发现。面对银行业的人员流动大潮，迫切需要建立一种符合行业特点和人才流动规律的合理机制，强化规则意识。

市场中引入了新的竞争时，尤其是面对更加具有优势的国际竞争，各行业本身必然都要经历一个艰苦的市场争夺和客户培育过程，例如银行业，既需要引入市场化的团队，也要重视自身对人才的培养，实际上这也是在培养一种文化认同。

第二章　跨国公司的市场制高点

世界工厂的不确定未来

52 岁的梁佳美是东莞一家港资鞋厂的老板，18 年前他和许多从香港来内地的老板一样，在“世界鞋都”东莞市厚街镇办起了工厂，然而最近半年来，身边的许多鞋企一家家消失，梁佳美也在为他的工厂筹谋出路。他表示，并不是不愿意做下去了，实在是因为没有利润。在东莞，约 1000 家制鞋企业中就有 200 ~ 300 家倒闭。而东莞还只是珠三角的一隅，广东制鞋企业主要集中在东莞、惠州、广州、鹤山和中山这几个城市，总共有 5000 ~ 6000 家。近一年来关闭的大中型鞋企已超过 1000 家。在鞋企较集中的惠东有 3000 多家鞋厂，最近两三个月内，中小型的制鞋、鞋材厂就关闭了四五百家。

东莞宏腾鞋厂业务经理表示，年关即临，许多仍在开工的鞋厂其实也都在考虑同样的问题：关还是搬？他预计春节过后，还将有一大批鞋企关门。

从东莞的鞋业状况来看，加工类的中小企业已经面临了极大的生存危机。

而参考富士康、本田等跨国企业，人们已经普遍对“世界工厂”的生产经营方式提出了质疑。

从国内发展态势看：一是启动加薪来稳定就业局势。富士康已承诺加薪 20%，本田对罢工工人提出的建议将工资和福利增加 24%，虽然两个企业中国工人表达的方式不一样，但后果都是一样重新核定中国工人的工资，很有可能成为“世界工厂”一种趋势。这个重要变化表达了中国工人对“世界工厂”外商投资者的挑战。

二是劳动关系改变生产管理方式。“世界工厂”平均工作时间都在 10 个小时以上，工人必须靠加班才能达到自己想要的工资。不少企业老板认为工人一个月可以拿到 1800 元以上的工资已经很高了，但是却没有不认为这些工人是在超负荷劳动的基础上才赚到的。工人的基本薪酬仍很低。劳动时间和劳动强度增加，劳动安全保护减弱，劳动保障缺失。

运用大陆廉价劳工及土地等生产资源，并透过严格的生产流程及成本控制，取得国际品牌大量订单，进行产业链底端的组装作业。由于缺乏自身品牌与技术，光靠低廉人工所创造的附加价值很低，依靠数量才能获取足够的利润已经不具有持续性，从而动摇了中国成为“世界工厂”的地位。

三是利润空间进一步压缩，是“转型”还是“转移”。“世界工厂”处于产业链的最低端，利润仅仅在5%左右。受到经济危机影响，虽然情况有所好转，但是整体赢利能力还没有完全恢复。人民币升值压力增加，订单不稳定等问题，直接影响企业的生存。传统的低工资、低成本、低利润的制造业模式必将升级换代。

从国外发展态势看，跨国公司在越南、泰国等东南亚国家、非洲等地其更加低廉的人力成本正在引起世界加工业的注意。不少服装企业反映，东南亚一些国家已经开始跟他们抢订单；又面临欧美经济进入调整期，国际品牌大厂削减成本的压力更大；加以人民币看升，在未来，传统的“薄利多销”的代工模式将难以为继。

一是世界经济增速放缓，国际市场需求受到抑制。美国、欧盟等发达经济体失业率仍处高位，在金融危机中受到重创的房地产、金融业仍待恢复，实体经济增长乏力，新的经济增长点短期内还难以形成，一些国家主权债务风险不断暴露，世界经济恢复需要一个过程。

二是世界经济原有增长模式难以为继，发展格局面临深度调整。一些国家的政府官员和学者提出了世界经济“再平衡”、“ 再工业化”以及贸易逆差国扩大出口等政策设想及目标。虽然经济全球化的长期趋势不可逆转，但这种全球性的经济格局调整和转型，无疑会给“世界工厂”分布带来深刻影响。

三是世界科技创新孕育新突破，比如美国推出绿色经济复苏计划、欧盟实行绿色技术研发计划等，跨国公司为了塑造新的竞争优势，抢占新的制高点，面临发展方式转变和产业结构调整。

四是随着我国综合国力和国际影响力的增强，与世界其他国家的经济合作将更加密切，在一些领域的竞争也可能趋于增加、气候变化、粮食安全、能源资源安全等全球性问题错综复杂，外部环境不稳定、不确定的因素依然很多。

总之，劳动力成本的增加，劳动关系的演变、生产经营方式的转变和企业利润空间压缩，势必会打破“世界工厂”在中国的经济布局和世界平衡状态，中国低廉劳动力时代或许已接近尾声。

调整经济布局和经济结构是世界各国转变发展方式的重要内容，为了拓展发展空间，增强经济发展的长期动力，各国必须将经济增长建立在结构优化的基础之上，持续性得到增强。这是后金融危机时期赢得国际经济竞争主动权的根本途径。

“世界工厂”应按照现代企业管理大趋势，走向“以人为本、科技发展”的战略模式；二是重新审视企业文化和核心价值观，将企业长期可持续发展的基点真正放在“以人为本”的价值驱动上；三是将企业竞争战略逐渐由“低成本扩张”转向“高素质创新”的可持续发展优势方面。

古人云：“识时务者为俊杰”，如果“世界工厂”仍然沉浸于尽情享受着廉价劳动力带来的优势，停留在“中国组装”式的低附加值模式，而不主动向自主研发、自主品牌模式进行转型，必定面临可持续发展的问题。

跨国经营，新形势下的全球性趋势

跨国经营是指以国际需求为导向，以扩大为目标，进行的一切对外经营活动，即在获取、产品生产和销售、市场开发目标的确立等方面，将企业置身于并发挥自身比较优势，开展对外经济技术交流，参与国际协作和竞争等一系列经营活动。一般来说，跨国经营是指国内企业通过对外直接投资，在国外建立子公司或分支结构，并以此为基础所展开的跨国界的以赢利为目的的生产经营活动。

1979年6月1日，中国铁道建筑总公司所属中国土木工程公司经国务院批准正式成立，作为我国第一批参与国际市场竞争的四家外经公司之一走上了国际竞争的舞台。

27年间，中国铁建先后抓住了中东劳务合作、香港房地产开发、香港修建西部铁路、澳门回归、中非经济合作等几次重大机遇，经营领域不断拓宽，已逐步形成了以工程承包为主业，以铁路工程为特色，多业并举的经营格局。经营业务遍及世界20多个国家和地区，市场覆盖地域不断扩展，市场布局初具网络框架，并成功承揽实施了一大批投资金额大、建设周期长、技术复杂的大中型综合项目，资产规模不断扩大，净资产规模稳步增加，综合实力不断增强。

2006年以来，中国铁建先后中标土耳其高速铁路项目，合同金额12.7亿美元；与中信联合，中标阿尔及利亚东西高速公路中、西两个标段工程，框架合同总金额约62.5亿美元；10月30日，中标总投资83亿美元的尼日利亚拉各斯到卡诺现代化铁路项目；中国铁建对外工程承包事业由此跨入一个新的发展阶段。2006年1至10月，中国铁建新签署海外合同额136.3亿美元。2006年5月，该集团公司两位工程师由于工程质量优秀、工作出色获得尼日尔国家骑士勋章。

跨国经营已经有了悠久的历史，其最早可以追溯到17世纪在印度及远东进行掠夺性贸易的殖民地公司，以英国的东印度公司为先导，他们主要是输出产品和掠夺资源。18世纪下半叶，工业革命迅猛向前推进，一些拥有技术垄断优势的企业在国内站稳脚跟后相继到国外设厂开始跨国经营。1865年拜尔公司通过间接投资购买了美国纽约州爱尔班尼苯胺工厂的股票，不久又把它吞并为自己的分厂。1866年诺贝尔公司在德国汉堡投资办起了一家炸药工厂，从此走上了跨国经营的道路，创建了庞大的世界炸药工业体系。这几家企业是开展跨国经营的先驱。

19世纪末20世纪初，欧美先后完成了产业革命。新技术革命使企业的生产规模进一步扩大的同时还推动企业的资本输出，许多大企业纷纷抢占国际市场，加速海外扩张，如杜邦公司、通用电气公司、巴斯夫公司等都先后进入跨国经营的行列。到第一次世界大战以前，资本主义国家对外投资总额为440亿美元。那时资本输出只限于英、法、德等少数国家，跨国公司也主要集中在这些国家。

两次世界大战给世界经济和贸易带来极大的创伤，给跨国公司的经营带来了很大的困难。而美国借助于先进的新兴工业技术及“效率革命”加快了跨国经营的步伐。1914～1938年美国187家大公司新建了785家海外子公司，超过世界跨国公司总数的50%。

到1945年世界各国对外直接投资累计为200亿美元。

二战结束后，由于科学技术的显著进步，世界经济持续增长，欧美各国的跨国公司重整旗鼓，日本也开始大规模地开展海外经营，发展中国家如韩国、印度、墨西哥的跨国公司日益增多。企业再也没有必要在空间上集于一处，而是在成本最低的地点落脚，以高效的通讯设施组成整体，以求得产品价值链各环节总体最大收益。

而在经济一体化高度发展的今天，跨国经营已经成为一种全球性趋势，这对发展中国家影响重大，特别是发展中国家经济的向前发展还是会无情的打击发展中国家的经济发展，是每一个国家都在苦心研究的问题。

企业跨国经营根据对外直接投资的重点和面向海外经营的性质,可分为以下6种类型。

1. 资源确保型

一些企业为了取得本国稀缺的原材料等资源，直接投资于资源国进行生产开发，以确保廉价而稳定的资源供应。

2. 市场开拓型

向海外投资经营的目的旨在开拓新市场，扩大企业产品的市场覆盖面。

3. 劳动力指向型

企业将劳动密集的产品生产或加工转移到劳动力价格较低的国家和地区去，在这些国家和地区投资建厂，利用当地廉价劳动力来降低产品成本，获得比较利益，以谋取在国际竞争中的有利地位。

4. 贸易壁垒对应型

一些国家和地区为了平衡国际收支，保护本国经济，采取贸易保护主义措施。为了绕过种种障碍，企业都将产品出口改为在国外投资办厂生产、销售。

5. 技术指向型

通过到技术先进国家投资设厂的方式，利用当地科研机构和人才资源，获取国内难以得到的先进生产技术和管理技能。

6. 全球战略型

经济发达国家的大型跨国公司，为了以自己的优势称霸世界，采取全球性的发展战略，将企业的商品贸易、技术贸易、资本进出进行全球统筹，并根据不同的国际市场类型，采取多种发展方式，在世界范围内建立最佳的生产地区、销售地区和原材料供应基地。全球战略型，是企业跨国经营发展到成熟阶段的最高标志。

欧美已经从多边贸易体制中受益了几十年。尽管中国的贸易现在排在世界第二位，出口排在世界第一位，但我们绝大多数产品属于产业链低端，都是在为世界上的跨国公司打工干苦力。实现结构性转型，发展自己的跨国公司，充分的利用世界资源，将是中国经济今后长时期内面临的课题。

跨国公司给海外带来的是发展还是问题

翻开你穿的衣服，你会在衣角发现“made in”的字样，不出意外后面跟的一定是一个劳动力资源丰裕的国家的名称，如中国、孟加拉国或斯里兰卡。若果真如此，那么按西方标准，生产那些服装的工人只获得了很低的工资：据所能获得的最新数据显示，2002 年在斯里兰卡工厂的工人，其平均的报酬是每小时 0.33 美元。这是不是就意味着斯里兰卡的工人待遇很差？

大多数经济学家对此的回答是否定的。我们不应该将支付给贫穷国家出口产业工人的工资拿来与富裕国家工人的工资作比较，而应该与贫穷国家在没有出口产业的情况下工人所获的报酬进行比较。斯里兰卡人之所以愿意在如此低的报酬下工作，是由于在不发达的经济中拥有大量的劳动力及极少的如资本等其他生产要素，对于工人而言，他们可获得的机会是有限的。几乎可以肯定，国际贸易使斯里兰卡及其他低工资国家的工人获得了相对较高的工资，这减缓了他们不参与国际贸易的贫困程度。

尽管如此，发达国家里的许多人特别是学生，一想到他们所消费的产品是由所获报酬如此之低的工人所生产的，就会产生困扰，他们希望这些工人获得更高的报酬和更好的工作环境。在不阻碍国际贸易的前提下，保留工作岗位与高报酬和更好的工作环境同时并存是一种两难的局面。

全球最大的 500 家跨国公司中，已有近 400 家在华投资设厂。随着中国加入世贸组织，将有更多的跨国公司来华投资。这些跨国公司来华投资办企业，有效地促进了中国经济的发展，并加快了中国经济融入世界经济一体化的进程。跨国公司来华投资，对中国经济的影响还表现在就业、税收、国企改革等诸多方面。

我们以可口可乐公司与中国市场的关系为例进行分析。

外国直接投资为中国提供了大量的就业机会。1998 年中国的 41.4 万个就业机会同可口可乐的生产和销售有直接或间接的关系。可口可乐系统直接雇用了 1.4 万员工，可口可乐的独立供应商雇用了 35 万名中国员工，可口可乐的独立销售商、批发商和零售商则雇用了 5 万名中国员工。

外国直接投资对中国的经济总产值也产生了积极作用。可口可乐公司直接注入资金 80 亿元人民币，间接创造了 220 亿元人民币的增加值，每年通过乘数效应使中国经济增加 300 亿人民币的产值。据有关部门的统计，1999 年外商投资企业工业增加值增幅明显高于全国平均水平，占全国工业增加值的比重达到 20%。

外国直接投资对中国的税收也作出了贡献。1998 年可口可乐生产、经营和销售者直接和间接提供了 16 亿人民币的利税。据税务部门的统计，1999 年外商投资企业缴纳税收比上年增长 33.78%，纳税额占全国工商税收的 16%，并且成为增长最快的税源之一。北京大学林毅夫教授指出，调查中发现可口可乐通过其在全国 21 个省份和城市的装瓶厂网络，实现了对效率低下的国有企业向高效、成功合资企业的转型。引进了先进的管理和营销经验，提高了企业的生产技术。可口可乐在中国的经营还带动了玻璃、塑料、铝罐和制糖等相关产业的发展。

那么如何看待跨国公司进入中国市场的负面效应呢？可口可乐进入中国市场确实使国内的一些碳酸饮料企业陷入困境，甚至倒闭。但是中国目前国产饮料品种之多，市场销量之大，也与可口可乐进入中国市场所带来的竞争是分不开的。所以所，在面对跨国企业的竞争之时，只有不断地提高自身的竞争能力，才能保住生存空间。

那么，我们应该如何应对跨国公司的挑战呢?

（1）团结起来，组建上下游一体化的供应链网络，用整个产业的供应链来和跨国企业竞争，而不是一个企业和其竞争。

（2）做出品牌，中国人自己的民族品牌。

（3）差异化竞争，当正面竞争不过的时候可以细分领域，竞争差异化的竞争。

（4）走出去，到其老家去竞争，把其公司收购了，或者至少将其正面战场放在其大本营。

（5）加大自主研发投入和产品创新能力，只有技术上超过对方，成本上领先对方，品牌上有自主优势，又是全产业链的竞争，不管是什么跨国企业都可以应对。

而为了能够及时有效的抓住机遇，我们应该不断通过提高技术水平降低生产过程中的成本，扩张自身的经验规模，努力实现跨国发展和集团经营。只有这样，才能让跨国公司为我们带来机遇，而不是毁灭。

对廉价劳动力的恐惧和去工业化的误区

人们又重新热议所谓“血汗工厂”的话题：发达国家的工人们怎么可能和中国人竞争呢？工作机会流失到海外以后，人们怎么可能实现再就业呢？生产能力过剩、通货紧缩和大规模失业这些现象，我们如何可以避免？以下是一个在国际贸易中常见的争论：

孟加拉国能生产一些比我们生产要便宜得多的产品，如服装，但其成本优势只是建立在低工资的基础之上。事实上，在美国生产一件衬衫所花的劳动时间比在孟加拉国少。因此，进口由廉价劳动力（被支付很低工资的工人）生产的产品，引发了是否会降低美国生活水平的质疑。

产生这个错觉的原因在于比较优势和绝对优势被混淆了。生产一件衬衣，美国的确比孟加拉国花费更少的劳动力。但是对比较优势起决定作用的，并不是生产一件产品所使用资源的数量，而是生产该产品的机会成本——也就是生产一件衬衣，为此须放弃生产的其他产品的数量。

在像孟加拉国这样的国家，低工资反映出相对于国外，劳动生产率呈低水平。因为在孟加拉国的其他产业中，劳动生产率也非常低，使用很多劳动力去生产一件衬衫，不需要放弃大量其他产品的生产。但在美国，情况恰恰相反：其他产业（如高科技产品）具有的高生产率，意味着在美国生产一件衬衫需要牺牲很多其他的产品。所以在孟加拉国生产衬衫的机会成本比美国低。虽然美国拥有绝对优势，但劳动生产率较低的孟加拉国在服装生产上具有比较优势。从孟加拉国进口服装结果使美国的生活水平提高了。

去工业化或称为：非工业化、逆工业化。其本质是指制造业就业比重持续下降。

去工业化现象最早始于美国，其制造业劳动力占总劳动者的比例，从1965年最高值的28%下降至1994年的16%。在日本，其制造业就业比重的最高值是27%（1973年，比美国晚8年），而到1994年则下降到23%。在欧盟15个国家中，制造业就业比例的最高值是30%（1970年），到1994年则迅速地下降到20%。同时，发达国家服务业就业人数的比重均在上升。美国服务业中的就业人数占劳动者总数的比重，则从1960年的56%上升至1994年的73%。从1960年开始，其他发达国家均出现类似现象。

在工业发达国家和地区，受去工业化影响最大的主要是一些大城市地区以及那些以资源为基础、传统的衰退产业相对集中的老工业基地。这些地区出现去工业化的主要原因：

一是由于大城市地区土地和工资等生产成本较高，劳动和环境保护意识较强，加上市中心区生活和环境质量的下降，导致企业家把制造工厂由发达国家大城市迁移到中小城镇和农村地区，甚至迁移到国外；

二是由于资源的枯竭和生产成本的上升，工业发达国家的一些传统产业如钢铁、造船、工程机械和纺织等，逐步走向衰退。这些衰退产业主要集中在一些老工业基地，由此导致这些地区制造业出现严重的下降；

三是，随着技术发展，企业可以把生产过程的某些部分，尤其是劳动密集型的加工装配环节，分散到国外。虽然日本人一向有危机感，虽然“油断”和“列岛沉没”的噩梦时时使日本人担忧不已。但是，自泡沫经济破灭以来，日本仍然失去了前进的方向，仍然在谷底徘徊了20年而不能自拔。曾经发生的丰田汽车召回事件更对日本工业造成了严重冲击，大大地刺激了国民的神经。日本向何处去？——日本人惶恐不安。

就当今世界各国产业结构的现实来看，只有美国已经真正实现了整个国民经济的“去工业化”，在这之后美国最突出的特点是形成了以金融为立国之本的局面。凭借着美元的霸权地位，美国人以金融为法宝呼风唤雨，积累了巨额的物质财富，维持了国民极高的生活水平，而日本对此无疑是艳羡不已的。很多日本人都明白，在金融立国方面日本恐怕力有不逮。何况，本次金融危机已经暴露了以金融主导国民经济的风险性、脆弱性，美国人自己也察觉到这一点，奥巴马政府目前所推行的政策已经有“再工业化”的趋势。在除金融业外的其他现代服务业或者高端制造业上下工夫，对日本来说是一个很现实的选择。

所以我们可以得出这样的结论。首先，所谓“不可抗拒的中国竞争力”是头脑发热的臆想，因为真实劳动力成本必然会随着生产率提高。其次，发达国家的制造业就业岗位下降的主要原因是需求的相对疲软和生产力的迅速提高，而不是源于贸易赤字。第三，即使原材料商品价格的大幅上涨对于发达国家的贸易条件有极大影响，对于真实收入水平的影响还是有限的。总之，有关去工业化和廉价劳工的世界竞争的担忧并没有必要。

和而不同，跨国公司治理结构的全球化

1998年11月，奔驰汽车的制造者德国戴姆勒－奔驰公司，以400亿美元的价格收购了美国的克莱斯勒公司——这一价格比克莱斯勒当时的市值高出大约130亿美元。合并后的新公司被命名为戴姆勒－克莱斯勒公司。只有合并后的公司市值超过合并前两家公

司的市值之和，这一交易才有商业价值。事实上，考虑到戴姆勒－奔驰公司为获得克莱斯勒公司而付出的高价，这次兼并至少应该创造出130亿美元的市值。这市值从何而来？

尽管两个公司都处于汽车行业中，但它们占据的几乎是完全不同的市场：戴姆勒－奔驰公司主要在上等的豪华汽车这一档次有良好的品牌声誉，而克莱斯勒公司关注的则是低端市场：它的标志性车型是小型货车和越野车。所以不管在营销还是在生产效率方面是否能有大的收益，这一点并不清楚。

而由于国家风格的不同和相关人员性格的差异，这笔交易不仅未能取长补短，反而引发了一些新的问题：最初的交易被视为是同等地位的公司合并，但是事实很快表明德国公司是地位较高的一方，许多克莱斯勒的管理人员在合并后一年内就离开了公司；部分受到这些人离职的影响，克莱斯勒的产品研发和营销开始慢慢滞后，两年后，克莱斯勒由合并前的巨额赢利转为大幅亏损。新公司股票价格大幅下降。

合并完成的两年后，公司市值不仅没有超过合并前两家公司的市值之和，反而比合并前任何一家公司的单独市值都要小。

跨国公司在国际化的经营管理过程中，势必会遇到各式各样大大小小的阻力，其中文化差异就是不可小觑的一个方面。

从发展阶段角度看，处于多国阶段的跨国公司倾向于使用本土人才，而处于全球阶段的公司更倾向于忽略国籍差别。

目前，世界上的跨国企业发展程度参差不齐，其人员配置的本土化程度也有很大的区别。现在世界上处于在第三阶段，即国际阶段的跨国公司和日常生活最为接近。此时跨国公司在跨国经营中，对当地市场的反映相当灵敏。由于跨国公司在不少国家均有分支机构，因而其经营重点必然存在地区的分类，从而体现出多国国内战略，奉行这种战略的行业包括饮料、餐饮业、服装、食品和造纸等。这些行业中的跨国公司更倾向于聘请本土人员进行管理。而对于一些处于第四阶段，即全球阶段的跨国公司来讲，其经营的重点是在全球范围内寻求成本减少的最佳点，把全球作为一个统一的大市场看待，在节点的安排下寻找最佳生产、销售点，从而使整个行业获得最大经济利润。处于此阶段的行业一般有飞机制造业、化工、 计算机、家用电器和汽车制造业等，其经理人员日益呈多国籍趋势。

大部分全球阶段的行业、如计算机、化工、家用电器、石油天然气以及汽车业人员本土化比例都比较低，尤其以汽车业为典型。而大部分处于国际阶段，实行多国国内战略导向行业人员本土化比例都高于平均水平，如食品和造纸行业。金融业管理人员本土化程度最低，其原因可能在于跨国公司希望通过母国人员对金融业实施有效的控制，而当地市场知识的重要性则促使跨国公司在广告代理、商务和管理服务业大量启用东道国人员担任管理职位。

从人员配置的层次上看，跨国公司更倾向于在高职位上使用母国外派人员，同一级别的不同职位的人员配置也有所不同。

一般说来，跨国公司在高级管理职位上总是大量地使用母国外派人员，在中级管理职位上更多地使用东道国人员，而在低级管理职位上则主要是启用东道国人员，基本上不使用或仅使用少量外派人员。

同一级别的职位表现出来的本土化程度也不相同。根据哈尔茨网站对2689家跨国公司人员本土化问题的考察数据，总经理职位由东道国人员担任的比例为59.2%，本土化程度最低。而在级别相同的职位中，东道国人员担任财务总监的比例为82.8%，担任营销总监的比例为89.9%，担任人力总监的比例最高，达到97.8%. 人事职能是本土化程度最高的职能，因为人事工作需要遵守当地的雇用法律和规章制度，并且还要适应雇员的不同文化背景。营销职能也是以当地市场为导向的。相对于前两种职能，有关当地情况和偏好的知识对财务职能而言重要性是最低的，而且，许多跨国公司认为就外派人员的控制功能而言，财务总监和总经理所起的作用是同等重要的，所以财务总监的本土化比例相对较低。

根据上述阐释，我们可以总结出在华跨国公司人员配置的几个显著特征：

（1）外派人员在外商投资企业总体雇员人数中所占比例相对于企业建立初期呈下降趋势，其中美资企业甚至出现了外派人员绝对数量的减少。

（2）中方职员担任中高级管理职位的比例相对于企业建立初期有所提高，但目前该比例仍然偏低。

（3）专业技术人员本土化比例相对于企业建立初期都明显提高，其中美资企业甚至出现了外派技术人员绝对数量的减少。

（4）日资在华企业严重依赖母国人员进行经营管理，美资企业则比较多地依赖第三国人员，第三国人员在外派人员中所占比重甚至超过了母国外派人员，而欧盟企业中第三国人员在外派人员中所占比重则居于美资和日资企业之间。

在全球化的今天，中国经济日益与国际紧密接轨，我国企业不断走向国际市场，从事海外投资和跨国经营活动。与世界知名的跨国公司相比，我国大型企业的跨国经营还处于国际化经营的第二、三阶段，在人员的任命上更多地使用外派人员。我国企业的国外分支机构急需一大批既懂经济又懂技术，既懂贸易又懂工业的复合型的高级人才。而要解决这一问题，一是要加强和完善经贸高等院校教育，增设能适应跨国经营的课程，提高经贸院校毕业生的适应能力。二是加强海外企业在职人员的培训，进一步充实和更新他们的业务知识和外语水平，使其适应跨国经营的需要。

另外，可以采取必要的人才地化策略。就是直接聘用当地的我国海外留学人员和国外的高 科技人才，一方面获得人才的速度较快；另一方面，这些人熟悉经营环境、了解市场需求、善于同当地政府和有关部门打交道，能力较强。

但应该引起注意的是，人才当地化策略可能引起成本增加。其原因在于：我国是人均国民收入较低的国家之一，外方人员的工资一般要大大高于国内人员，增加了劳动力成本。同时由于中外方员工收入差距悬殊，可能 影响 中方人员工作的安定。同时，人员当地化与我国所处的国际化经营阶段的战略目标不相符。

这说明了我们企业在跨国经营的过程中，应该在分析本公司经营状况的基础上，全面考虑来自本国和东道国的诸多因素，在成本与收益、优点与不足的比较中作出选择。特别是在不同国度经营时，要充分考虑成本变动和政治局势变动带来的影响，把不同的策略结合起来，达到趋利避害的目的。

开阔视野，从民族企业上升到全球公司

如今在全球一体化的经济背景下，跨国生产经营已经成为一种新的经营战略和资源配置模式。生产经营的跨国化是生产领域中最显著的国际现象，也是国际经济关系向紧密方向发展得更深刻的表现。跨国公司在全球范围组织生产过程，民族、国家的市场障碍不断被跨国公司的全球战略所冲破。

2010年3月28日晚9点，吉利正式与美国福特汽车公司达成协议，以18亿美元收购福特旗下的沃尔沃轿车，获得沃尔沃轿车公司100%的股权以及相关资产。专家指出，正处于往高端汽车转型时期的吉利抓住金融危机的机遇，成功收购沃尔沃，这是中国民营汽车企业走向国际化道路上取得成功的标志性事件，而浙江吉利控股集团董事长李书福成为了人们眼中最幸福的中国人。

吉利收购沃尔沃并非一蹴而就。早在2002年，李书福就动了收购沃尔沃的念头，对其研究已有8年多，首次正式跟福特进行沟通也距今将近3年。在李书福看来，吉利对沃尔沃及汽车行业的理解，以及对于福特的理解等，都是福特选择吉利作为沃尔沃新东家非常重要的元素。

国内整车制造企业去收购境外整车制造企业，吉利虽然不是第一例，但影响却很大。另外，中国巨大的市场份额也是吸引沃尔沃的主要因素之一。

吉利收购沃尔沃是国内汽车企业首次完全收购一家具有近百年历史的全球性著名汽车品牌，并首次实现了一家中国企业对一家外国企业的全股权收购、全品牌收购和全体系收购。并不是有钱就能买到全球三大名车之一的沃尔沃，反过来讲，也并不是说钱不多就买不到。中国在采购与研发方面所蕴涵的成本优势，必将增强未来沃尔沃轿车的全球竞争力。

尽管吉利的技术实力不如沃尔沃，但是吉利有着巨大的国内市场作为支撑，对重振沃尔沃品牌有好处。中国的民族企业已经具有开展跨国经营的视野和能力，我们不能忽视民营企业在‘走出去’当中的地位和作用，这起并购案对中国制造业振兴会起到示范带动作用。

跨国并购是更多生产要素的国际流动，包括管理、技术、信息和市场等等。跨国并购在最终产品上减少了国际贸易，同时又在中间产品上通过市场内部化而增加了国际贸易。在此我们根据跨国企业在中国成功的经验，提出民族企业走向世界，成为全球公司的几点建议：

（1）总部对中国市场做好长期投资的打算。跨国公司能否在中国成功的发展下去，关键要看公司总部是否能够对公司在中国的经营给予长期支持。这是跨国公司在中国经营成功的第一要素。日本公司佳能，韩国公司三星，德国公司西门子，美国公司惠普、可口可乐、摩托罗拉、IBM等大型公司，从总裁到公司海外主管，对中国的投资前景持积极态度，致力于长远规划，十几年如一日，取得了令人瞩目的业绩。相反，得不到总部支持的跨国经营是不可能成功的。在过去20年中，许多到中国经营的企业由于未能在

短期内得到利润，失掉了总部的支持，最终败下阵来。

（2）对中国的经营环境和国情进行详细的可行性调查研究。跨国公司在华经营的第二个重要成功因素是，在来华之前，对中国的经营环境、国情、消费水准、经济发展和政府政策，作极为详细的第一手可行性调查报告。准确的信息对公司在华经营决策、管理判断、项目投资的准确性有很大的益处。法国公司家乐福在来华之前对中国的经济发展状况、人均收入水平、消费行为习惯、政府政策和法规进行了极为详细的调查，为后来的突出业绩打下了基础。本田汽车公司在几年前来广州投资之前，对中国汽车市场、零部件市场、消费者水准作了可行性调查，之后迅速在中国建立零部件工厂和零售网络，很短时间内就在中国市场做出了惊人的业绩。

（3）为中国消费者提供具有突出文化品味的世界级品牌产品。跨国公司在中国经营的第三个成功要素是能够在较短的时间内，为中国的消费者提供有文化特征、有品味、设计新颖、深受购买者喜爱的世界级名牌产品。三星公司手机在2002年在中国的销售额只有5亿美元，而今天它的手机销售额已达数十亿美元，其中最重要的原因无外乎是三星对中国市场的消费者心态和取向有很深刻的了解，能够针对中国的消费者设计、制造时尚而富有吸引力的产品。

（4）与政府搞好关系，熟悉中国的法律法规。每个国家都会制定符合自己国家国情和利益的法律法规，这对于外来公司而言非常重要。在中国环境下经营成功，外国公司必须有与中国各级政府保持好的关系的能力，熟悉中国政府不断变化的政策和法规，与各级政府官员不断接触和沟通。美国耐克鞋制造商早在1990年代中期就在北京建立了办事处，积极地发展和政府的关系，尽管耐克当时在中国的直接投资几乎等于零。

（5）要建立具有人情味的企业文化。中国的历史充满了丰富的人文主义色彩。外国公司在中国要想成功，必须能够真正地融入中国社会，理解中国人的心态、心理、渴望和需求，在企业中发展一套既具有国际准则，又有传统中国人情味的人力资源政策和企业文化。

跨国公司在华经营的成功案例给正在走向国际化的中国企业提供了丰富的经验和教训。中国企业到海外经营，必须熟悉了解当地的社会文化、政府法规和市场规则，作好可行性调研报告。另外与政府搞好关系也十分重要，因为经济合作扩张永远离不了政治。中国企业到国外一定要能提供国外市场奇缺商品，为当地消费者生产物美价廉的品牌产品。中国企业在海外经营时还要特别注意与当地经理、员工搞好关系，发展一套符合当地法规法律和员工心理追求的企业文化和人力资源政策。

面对国际分工，我们不应该盲目乐观

2008年12月10日，世界最大的集装箱货轮“爱玛·马士基号”抵达我国深圳盐田港，这艘货轮将载着至少1630集装箱有待循环加工的废塑料、废铁返航，这些废旧材料将在中国被加工成玩具、电脑外壳等商品，并再度运往欧洲销售。

而在此一个月前，这艘被戏称为“圣诞号”的货轮首站抵达英国，并沿途驶经荷兰、德国、瑞典、丹麦、西班牙，为欧洲各国送去了圣诞礼物——1.1万集装箱满载“中国制造”的商品。这些曾被西方媒体广泛列举的物品包括：“5 吨圣诞饼干、17 集装箱玩具、1 集装箱数码相机、1236 小箱日历、10800 件男式衬衫、1 集装箱化妆品、65 万个塑料包、12 吨厨房用具、188.6 万个圣诞装饰品、1939 双皮鞋、9000 双运动鞋以及 T 恤衫、裙子、皮沙发等。”

这也许能够描述出“全球化”的一个经典图景，在一个自由、开放的贸易世界里，“圣诞号”的往返，似乎也暗喻着中国在全球生产链条中所扮演的角色。

自 2001 年加入 WTO 以来，中国开始更加广泛地参与国际分工体系，并与世界经济紧密融合，不断攀升的贸易额更是从一个侧面反映出中国经济在扩大开放征途中愈加稳健的步伐。

中国目前稳居世界第二大贸易国之位，2001 年中国进出口贸易总额为 5000 亿美元，至 2005 年已经猛增到 1.4 万亿美元。然而，伴随着 WTO 的一声“中国，请进”，中国开放步伐不断加快的同时，也为自身经济发展带来一定的隐忧，面对当下中国在国际分工中所处的地位，我们实在不应该为几个数字所安慰，而感到盲目乐观。

纵观近 15 年来的 GDP 及进出口贸易数据，从 20 世纪 90 年代初至今，我国外贸依存度提高了 30 个百分点，而中国加入 WTO 这一年，成为外贸依存度增速上升的一个重要转折点，相关数据表明，2002 ~ 2004 年，我国外贸依存度几乎以每年增长 10 个百分点的速度上升，即使 2005 年略有下降，也达到了 63.89%。

事实上，持续增长的外贸依存度不仅反映了中国参与全球一体化进程的加速，也表明国外市场需求已经成为中国经济增长的一个重要动力。

对此，也有学者提出，由于我国出口产业中大多数是组装型的生产环节，增值率较低，如果用包含加工贸易的进出口额与 GDP 相比，计算出的外贸依存度夸大了国民经济对国际市场的依存度。

无论采取怎样的计算方式，我们都要正视中国外贸依存度过高的问题，即使剔除加工贸易的影响，我国仍旧保持着较高的外贸依存度。而作为邻国的日本在贸易立国时期，外贸依存度也没有超过 20%，而我国外贸依存度增长速度过快，对外部依赖越来越大，将增加经济的系统风险。过高的对外贸易依存度将使得我国产品供给结构受国际需求和国际分工约束较大。一方面中国经济更容易受到外部冲击，另一方面过多投资进入加工贸易部门，也将导致产品结构长期停留在中低端产品领域。

尽管中国制造业规模居世界前列，但国内拥有自主知识产权核心技术的企业数量少，对外技术依存度高，自有品牌产品出口较少。对此，有专家指出，贸易增长模式转变的前提，是整个国家经济增长方式的转变，产业结构的优化升级，也取决于中国的经济能力与人才储备。

为推动外贸增长方式的转变，商务部提出以自主创新为核心提高出口竞争力，提升对外贸易的综合效益，调整加工贸易发展模式，逐步从代加工向代设计和自创品牌发展，并引导加工贸易逐步向中西部地区转移。此外，商务部还提出要建立与转变外贸增长方式相适应的外贸调控机制。

除美、欧等中国传统的贸易伙伴外，中国也开始继续深化与其他贸易合作伙伴的战略关系。

第一代“世界工厂”英国逐步实现了以金融服务和创意产业为支柱的产业结构调整，服务业占GDP总量的74.4%，是国民经济的支柱产业。服务业比制造业更具活力和弹性，因此也成为GDP增长的主要源泉。钢铁、煤炭、纺织等传统制造业经过产业结构调整已严重萎缩，农业比重很小，人均GDP达到22467.09美元。

第二代“世界工厂”美国，第一产业比重进一步减小，第二产业比重逐步下降，只有第三产业比重处于不断增长的态势。进入21世纪以后，美国的产业结构仍然保持着这一发展方向，人均GDP达到47132亿美元。

中国目前在国际上的地位仍处于“世界加工厂”，而不是“世界工厂”的地位，人均GDP较少，中国的国际地位急待提升。目前中国是以制造业为主的劳动密集型产业，随着中国老龄化社会的加剧，中国人口红利消失，中国应该从劳动密集型产业转到技术密集型产业。

目前，中国服务业占全国GDP比重依然偏低。在这样的情况下，中国应该积极发展服务业，制定服务业相关法规，把中国现在依旧混乱的服务业规范起来。一些高端产品中国并没有掌握真正的技术，仅仅只是参与制造环节，其实中国在制造的过程中应该抓紧时间进行自己的研发，积极寻求发展自己的品牌，把中国从“世界加工厂”真正的变成“世界工厂”，才能让中国的生活水平显著提高。从中国上海把劳动密集型产业逐步地向内陆转移，并且发展新兴行业可以看出来，中国正在逐步实现技术密集型产业的发展中。

从不参与世界分工，到参加世界分工的外围环境，到积极寻求提升中国在国际分工中地位的方法，中国的GDP明显地显示出来了参与国际分工中国的生活水平显著的提高，而提升中国在国际分工中的地位使中国的生活水平进一步地提高。

第三章　谁在制造贸易障碍

开在故宫的星巴克和卖到美国的瓷器

1979年1月，中美两国正式建立外交关系。同年7月，两国政府签订《中美贸易关系协定》，相互给予最惠国待遇。中美经济贸易从此进入迅速发展时期。据中国方面的统计，1979年中美贸易额为24.5亿美元，1996年达到428.4亿美元，18年累计2606亿美元；从1979年起，美国成为中国第三大贸易伙伴，1996年成为第二大贸易伙伴。双方的贸易统计都表明，在过去18年中，两国贸易年均增长18%以上。这是中美经济贸易发展的主流。

1996年，按各自的统计，中国自美国的进口占中国进口总额的11.6%，美国自中国的进口占美国进口总额的5.42%。美国是中国出口增长最快的市场之一，中国也是美国出口增长最快的市场之一。从1990年至1996年，美国对华出口额，双方统计都是年均增长16%以上，大大高于同期美国出口增长速度，居美国对各国出口增长速度的前列。

中美两国贸易迅速增长的根本原因，在于两国资源条件、经济结构、产业结构以及消费水平存在着较大差异，经济具有互补性。中国是发展中国家，劳动成本低，但资金短缺，科技相对落后。美国是经济发达国家，资本充足，科技发达，但劳动成本高。中国主要向美国出口纺织品、服装、鞋、玩具、家用电器和旅行箱包等劳动密集型产品。美国主要向中国出口飞机、动力设备、机械设备、电子器件、通讯设备和化工等资本技术密集型产品，以及粮食、棉花等农产品。贸易产品结构的互补性和互利性，有力地推动了两国贸易的发展。

星巴克开在了中国，自然不会拿着枪逼迫喜爱喝茶的中国人接受咖啡。麦当劳开在曼谷，也不会逼着当地人接受汉堡。人们吃麦当劳是因为他们想吃。如果他们不想吃，他们就不会去吃。如果没人去吃，那么快餐店就会赔钱，然后关门。可以说，麦当劳改变了当地文化。

印度尼西亚有自己的快餐文化，而且比科诺内尔的纸板盒与泡沫盘更加实用。在小摊上买的食品是由香蕉叶和报纸包起来的。这种大绿叶可以保温而不渗油，还可以打成整齐的小包。但逐渐地，香蕉叶似乎败给了纸板盒。这是对贸易之中文化壁垒的一种突破。然而还有更加不可突破的因素存在于国际贸易之中。

自建交以来，中美贸易已经取得了长足的发展。然而多年来，美国对中国采取的一些歧视性出口管制政策，仍是制约美国对中国出口，影响双边贸易平衡的主要障碍。中国如今已经成为世界加工厂，“中国制造”更是遍布世界各地，但与此同时，国际社会不断传来对“中国制造”的反倾销、反补贴措施，世界空前的贸易壁垒正在袭击“中国制造”。

据世界贸易组织秘书处发布的数据显示，2008 年全球新发起反倾销调查 208 起、反补贴调查 14 起，中国分别遭遇 73 起和 10 起，占总数的 35% 和 71%。对我国实施反倾销的国家不仅有欧美、澳大利亚、加拿大、日本等发达国家，也包括土耳其、印度等一些发展中国家，案件涉及钢铁、鞋、玩具、轮胎、铝制品、日用品、机电、矿产、养殖品等中国在出口方面具有优势的行业。

美欧的各项措施，对我国出口行业带来了重大冲击。一个个贸易保护措施，将我国的产品拒之门外。这样的现象在全世界非常普遍，国与国之间的贸易摩擦也是频频上演。这些现象足以说明中国出口遭遇世界范围内的贸易壁垒。

贸易壁垒又称贸易障碍，是指对国与之国间商品劳务交换所设置的人为限制，主要是指一国对外国商品劳务进口所实行的各种限制措施。贸易壁垒一般分关税壁垒和非关税壁垒两类。所谓关税壁垒，是指进出口商品经过一国关境时，由政府所设置海关向进出口商征收关税所形成的一种贸易障碍。按征收关税的目的来划分，关税有两种：一是财政关税，其主要目的是为了增加国家财政收入；二是保护关税，其主要目的是为保护本国经济发展而对外国商品的进口征收高额关税。保护关税愈高，保护的作用就愈大，甚至实际上等于禁止进口。

除关税以外的一切限制进口措施所形成的贸易障碍被称为非关税壁垒，可分为直接限制和间接限制两类。直接限制是指进口国采取某些措施，直接限制进口商品的数量或金额，如进口配额制、进口许可证制、外汇管制、进口最低限价等。间接限制是通过对进口商品制定严格的条例、法规等间接地限制商品进口，如歧视性的政府采购政策，苛刻的技术标准、卫生安全法规，检查和包装、标签规定以及其他各种强制性的技术法规。

在世界经济日趋一体化的今天，贸易壁垒的存在为自由贸易添加了不和谐的因素。国际间竞争的加剧，导致发达国家和发展中国家都纷纷采取了各种贸易壁垒。但发达国家技术先进，这使得他们能够更有效地突破发展中国的贸易壁垒，冲击发展中国家的市场，相反，发展中国家的产品往往要受到发达国家的严苛管制。基于此，各国之间也产生了贸易争论。

作为发展中国家之一的中国，同样也面临众多贸易壁垒。并且，根据相关资料显示，我国因国外贸易壁垒所造成的损失十分巨大。

1990 年以来，针对中国的反倾销案件占世界总量的 1/7 ~ 1/6，而在中国加入 WTO 后，更成为各国反倾销的“众矢之的”。

中国有 3/5 以上的出口企业和 2/5 以上的出口产品面临技术性贸易壁垒的限制。且根据中国国家质检总局 2008 年 12 月 30 日公布的最新调查结果表明，仅 2007 年一年，国外技术性贸易措施让中国出口企业损失上百亿美元。全年出口贸易直接损失 494.59 亿美元，占同期出口额的 4% 以上，企业新增成本 264.31 亿美元，比 2006 年增长 72.76 亿美元。

诸多的调查结果显示，我国处于不利地位。在各国先后树立起来的贸易壁垒背后，中国很“受伤”。中国外贸发展面临的新挑战就是技术性贸易壁垒，而作为发展中国家，我国出口的产品多是低技术含量产品，被发达国家的众多指标卡在国门之外。

实际上，贸易壁垒的形成是对自由贸易经济的一种障碍。虽然贸易壁垒的形成有保护国内产业发展、增加政府财政收入及保住短期工作机会等好处，但从长期来说，会阻碍经济发展。在一来一往进出口贸易壁垒下，会使国际贸易形成恶性循环，使各国都不能真正获益。现代企业已经走向全球化分工，国家之间贸易的频繁往来，事实上就是执行专业化分工的结果，如果我们为了排除国际竞争的压力而建立贸易壁垒，必定会阻断国际间的贸易往来，等于放弃了专业分工的机会而导致整体生产力下降，可见，实施贸易壁垒保护，对长期的经济发展反而不利。

因此，必须从国家层面、地方政府以及出口企业层面上采取有效的应对之策。国家应该从国际合作层面在世贸组织等多边框架下，大力呼吁反对贸易保护主义，督促有关国家采取实际行动履行承诺。同时积极推动新一轮世贸谈判，与有关国家加强双边谈判，争取使更多国家承认我国的市场经济地位。

从企业层面来看，企业作为应对贸易保护主义的主体，应尽快努力提高技术创新和培育自主品牌的能力，变“以廉取胜”为“以质取胜”；同时，通过对外直接投资、兼并收购当地企业等方式，将跨境出口转化为企业的内部贸易，有效避免贸易摩擦。

其实，贸易保护主义也有潜在正确性

2004 年 4 月 14 日，在对外贸易领域同时发生了两件事：一是新西兰正式承认中国的市场经济地位；二是美国商务部对出口到美国的中国彩电作出终裁，裁定中国企业存在倾销行为。两件事都是有关反倾销中的市场经济地位问题，结果却迥然不同。为什么中国在经过 20 多年改革开放、已经建立起市场经济体制并加入 WTO 的情况下，仍被包括美国、欧盟在内的许多西方国家称为非市场经济国家呢？

这是因为，中国不断发展的对外贸易让许多国家暗怀戒心。当物美价廉的“中国制造”在世界市场遍地开花时，美国把中国视为非市场经济国家，从而采用对中国不利的反倾销规则。该规则规定，对非市场经济国家，“只要用来确定正常价值的方法是合适与合理的”，就可用某一市场经济国家相似产品的价格作为标准来确定是否是倾销以及倾销的幅度，并施以对应的高征税措施。这样一来，中国很多出口产品没有倾销而被判定为倾销，本来倾销幅度轻微而被裁定为高度倾销，从而经济受到严重打击。

实际上，这就是贸易保护主义的一种形式。贸易保护主义是一种为了保护本国制造业免受国外竞争压力而对进口产品设定极高关税、限定进口配额或其他减少进口额的经济政策。它与自由贸易模式正好相反，后者使进口产品免除关税，让外国的产品可以与国内市场接轨，而不使它们负担国内制造厂商背负的重税。

理论上，贸易保护会限制一国经济的发展，但为什么很多政府还是热衷于搞贸易保护呢？这是因为我们在理论证明时暗含了一个假设，就是假设政府在制定政策过程中都是以本国家的整体利益最大化为目的的，但实际上政府在一些势力的影响下也可能偏离这个目标。贸易保护对生产者有利，生产者虽然人数较少，但贸易保护分摊给每个生产者的平均收益较大，因而该利益集团要求政府实施贸易保护政策的热情高，对政府的影响就大；贸易保护对消费者不利，消费者虽然人数众多，但不实施贸易保护分摊给每个消费者的平均收益较小，所以该利益集团反对政府实施贸易保护政策的热情低，对政府的影响就小。这样一来，政府的贸易保护政策便得以盛行。

举个例子来说，美国番茄质次价高，墨西哥番茄质高价低，无论从哪个角度看，美国让墨西哥番茄进入都是有利的。但是1996年克林顿政府却限制墨西哥番茄出口到美国，番茄进口受益的是消费者，而每个消费者收益并不大；受损的却主要是佛罗里达州的种植者，他们虽然人数少，但分摊到每个人身上的损失却不小。

当然，有时为了保护国内某些行业的发展，适当的贸易保护主义还是必要的。在20世纪50年代时，日本汽车质次价高。为了扶植汽车工业，日本政府不仅限制外国汽车的进口，而且通过日本发展银行为国产车提供优惠贷款，其他促进出口的措施还包括出口补贴、出口贷款、特殊优惠税收条款等。这些措施帮助日本汽车工业快速发展，到20世纪60年代中期，日本汽车具有了国际竞争力，在美欧市场上占有了很大份额。

支持关税和进口配额有许多理由。三个最为普遍的理由是国家安全、创造就业和保护幼稚产业。

（1）国家安全的理由是基于海外产品的来源比较脆弱且易于受到国际冲突的阻断，因而国家应保护国内重要产品的供应商，以自给自足作为这些产品的目标。从20世纪60年代起，美国已经着手把进口石油作为国内石油减少的储备缓冲。美国对石油实施进口配额，证明是基于国家安全角度考虑的。一些人认为，我们应该再次制定不鼓励石油进口的政策，特别是对来自中东的石油。

（2）创造就业的理由指出新的就业机会的产生是贸易保护的结果。经济学家认为这些就业机会的产生抵消了其他产业的失业，如那些使用进口投入品的产业现在要面对更高的投入成本。但人们还未找到有关这一观点有说服力的证据。

（3）保护幼稚产业常常发生在新兴的工业化国家，它们认为新兴产业需要一段短暂的贸易保护时期才能建立。例如在 20 世纪 50 年代，许多拉丁美洲国家对制造业产品征收关税和实施进口配额，为的是从传统原材料出口者的角色向工业化国家新角色的转变。

尽管自由贸易对各国都是好事，但自由贸易的实现是有条件的。在条件不具备时通过征收关税、制定配额、出口补贴等措施限制进口，鼓励出口，以保护本国产业仍是必要的。这里一个很重要的问题是本国什么产业值得保护，什么产业不值得保护，因为不可能所有产业都保护。在这方面保护幼稚产业论值得借鉴。

所谓幼稚产业，是指处于成长阶段尚未成熟，但具有潜在优势的产业。当某一产业规模较小，其生产成本高于国际市场价格的时候，如果任其自由竞争，该产业必然会亏损。如果政府给予一段时间的保护，使该产业发展壮大具有一定规模了再去面对国际间的自由竞争，就有可能获得利润。比如上文所说的 20 世纪 50 年代日本的汽车工业就是幼稚产业，对这样的产业，政府加以保护是值得的。

无论动机如何，保护主义都是一种障碍

如果说有一种产品是欧盟和美国都没有比较优势的，那就是糖。生产糖最廉价的方法就是种植甘蔗，而甘蔗是一种适宜热带气候的农作物。在美国的一些地方能够种植甘蔗（在夏威夷和临近墨西哥湾的地方），但是它们的种植能力不能和典型的热带国家相比。而在欧洲西部种植甘蔗则根本不可能。

然而，欧洲却是糖的净出口者，并且美国在糖的消费中只有一部分是进口的。这怎么可能，又为何会发生？这是可能的，因为生产糖有另外一种效率稍低的方法：采用可以在寒冷的气候条件下生长的甜菜来进行生产。在大西洋两岸，糖的生产商受到政府的大力支持。在美国，进口配额使得糖的平均价格保持在世界市场价格的两倍以上。在欧洲，政府对农民实施巨额补贴来维护进口限制。这些贸易保护的原因是什么？政府几乎都懒得去找理由：大西洋两岸都有实力强大的农民议员。事实上，工业化国家对农业的巨额补贴，是以牺牲消费者和纳税人的利益为代价的。

消费者和纳税人的利益将会在贸易障碍中受到损害，这是毫无疑问的事情。而贸易保护主义同样会伤害一个国家整体的市场经济发展程度。

近年来，随着经济全球化的发展和多边贸易体制的逐步加强，关税、配额、许可证等传统贸易保护措施的作用大为削弱，而贸易保护主义并未因乌拉圭回合协议实施带来的贸易自由化的强化而退潮，反而正随着国际竞争的日趋激烈而更趋猖獗。

许多国家，特别是发达国家频频采取表面与国际贸易规则不直接冲突的各种保护措施，这些措施常常以保护人类健康、生态环境和消费者权益以及推进所谓的“公平贸易”面目出现，其理论依据、政策手段、目标对象和实施效果都与传统的贸易保护主义有着显著的区别，因而被冠以“新贸易保护主义”、“新重商主义”或“经济民族主义”等名称。

中国与墨西哥的工业状况及经济结构很相似，也同属于发展中国家。我们可以来分析一下两国之间的贸易关系存在哪些问题。

首先两国都担负着吸引外资、发展本国国民经济的重任。也就是说，为了生存和发展的需要，都存在着保护本民族工业、本国企业利益的问题，这突出表现在墨西哥对中国产品实行的反倾销关税即关税壁垒政策上，以保持其产品在国内市场上的垄断地位。

其次，鉴于中国产品对北美市场的冲击，迫使墨西哥政府采取一系列鼓励政策，比如以实行双重收税等手段来实现互惠国间的贸易。这就造成了中墨贸易和墨西哥与其他国家间的贸易起点的不一致。

最后，由于中墨两国的政治经济制度不同，墨西哥曾对中国运作市场经济的能力缺乏了解。比如银行系统、证券市场及对国际市场规则的了解，以及法律法规体系的建立等。

在主观上，两国都有达成贸易协议、增加贸易规模与数量的共同愿望。有专家提出，我国对北美市场的出口将以墨西哥为拓展基地。

从客观的角度来看，中国是亚洲的经济大国。近年来中国国民生产总值的增长和经济发展速度是有目共睹的，而且中国的市场需求及未来的市场潜力对每个国家都具有吸引力。同时，墨西哥也是拉美第二经济大国，是中国在拉美的重要合作伙伴。近年来中墨两国的双边贸易不断增长。对中墨双方来讲，从未来发展考虑，加强贸易合作，也是共同繁荣与发展的必由之路。

在这样的大环境下，势必要求我们采取一些措施来打破贸易保护的壁垒。

从政府的角度看，需要充分发挥政府的主导作用，强化职能部门的管理职能。我国政府应该着手尽快调整、制定与国际标准相一致的国家标准。中国的产品质量标准种类多、门槛低、不规范是事实，政府应借着入世有关法规大调整的有利时机，尽快调整、制定与国际标准相一致的国家标准。同时要组织专门人力研究国外技术性贸易壁垒体系、反倾销调查体系和绿色壁垒体系，建立国外贸易保护预警机制，及时向企业传递国际市场的新情况，及时发布预警信息，帮助并指导国内企业突破国外新贸易保护主义的障碍。此外，应坚决反对任何国家针对中国实施的歧视性政策，一旦发生贸易摩擦，政府应充分利用 WTO 解决双边和多边贸易纠纷的协商机制，帮助国内企业维护正当权益。

从企业的层面看，需要全面了解 WTO 规则，学会利用世界贸易组织规则依法保护企业自身合法权益，不能对新的贸易保护主义漠然置之，要成为“会哭”的孩子，而不是沉默的孩子。同时，中国的企业要注重支持和培育具有自主知识产权和自主品牌的商品出口，提高出口商品附加值。再有，中国企业不应盲目扩大出口，避免在国际贸易中打价格战，自相残杀，给新贸易保护主义者提供口实。除此之外，企业还应自觉增强环保意识，努力使自己的产品成为“绿色产品”；在遭遇技术性贸易壁垒时，加强与政府联系和代理商的沟通，争取他们的支持与帮助。惟其如此，才能在今后愈来愈激烈的国际竞争中立于不败之地。

在全球化经济的趋势下，贸易保护主义盛行，对任何国家都不是好事，我们一方面既要拆除贸易壁垒，同时又要采取必要措施，保护本国经济的健康发展。我们应该冲开贸易保护的种种壁垒，开创自由贸易的新时代。

商品倾销与反倾销的维权之争

位于西班牙东部的埃尔切市是个以制鞋业闻名的小城。从 2004 年 9 月 14 日开始，一向平静的埃尔切街头出现了一些匿名传单，在鞋店比较密集的商业区甚至还出现了一些标语。这些传单和标语的内容都差不多，让人触目惊心——“不用再为我们的鞋店担忧了，起来做点实事吧。让我们把那些进入我们城市的亚洲鞋倒出来烧掉吧！”另外，传单还鼓动当地鞋商于 16 日晚 7 时在卡鲁斯商业区进行示威游行。

尽管街头的大部分标语被一些善意的市民撕去，但到 16 日下午，卡鲁斯商业区还是聚集了四五百名当地鞋厂主、鞋商和工人。他们高举着“把亚洲鞋倒出来烧掉”的标语，喊着口号，向位于该区的几家中国鞋店拥来。

这时一辆载有一集装箱鞋子的货车正好停在华商陈九松的仓库门口准备卸货，这些游行的人见状立即包抄过来。他们一边向货车投掷石块，一边恶意谩骂。继而，人群中的一些过激分子拿来汽油将货车点燃。熊熊大火不仅吞没了整辆货车，还将旁边的仓库点燃。当地消防员和防暴警察接到消息后赶来驱散了闹事者，并花了几个小时将大火扑灭。然而，那辆货车上的一集装箱温州鞋子以及仓库已被付之一炬，直接经济损失达 80 万欧元。

西班牙“烧鞋事件”属于极端的民间反倾销行为，但近年来中国企业被国外指控倾销的事件屡屡发生，中国已经成为世界上遭受反倾销最多的国家。在关注反倾销事件的时候，我们首先应该明晰，“倾销”究竟是怎样的经济行为呢？

倾销是指某国的制造商或出口商将某种产品以低于正常价值的价格出口到另一国的贸易行为。1994 年关贸总协定第 6 条的协议规定，如果在正常的贸易过程中，一项产品从一国出口到另一国，该产品的出口价格低于在其本国内消费的相同产品的可比价格，即以低于其正常的价值进入另一国的商业渠道，则该产品将被认为是倾销。

按照倾销的目的，商品倾销可分为偶发性倾销、间歇性倾销和持续性倾销三种形式。其中偶然性倾销持续时间短、数量小，比如公司为了处理在国内市场上的积压库存，而以低价在国外市场上倾销就属这种情况。它对进口国没有明显的不利影响；相反，该国的消费者还会受益，所以，一般不会遇到反倾销的打击。而间歇性倾销是指为了打击竞争对手、形成垄断，以低价的方式在国外市场销售，一旦目的达到，就会利用垄断力量提升价格，从而获得高额利润。这种倾销显然破坏了公平的市场竞争原则，进而破坏了国际贸易秩序，所以是各国反倾销的打击对象。持续性倾销是指无期限的、持续的以低于国内市场的价格在国外市场销售商品。

由此可以看出，倾销通常具有以下若干特征：

第一，倾销是一种人为的低价销售措施。它是由出口商根据不同的市场，以低于有关商品在出口国的市场价格对同一商品进行差价销售。

第二，倾销的动机和目的是多种多样的，有的是为了销售过剩产品，有的是为了争夺国外市场，扩大出口，但只要对进口国某一工业的建立和发展造成实质性损害或实质性威胁或实质性阻碍，就会招致反倾销措施的惩罚。

第三，倾销是一种不公平竞争行为。在政府奖励出口的政策下，生产者为获得政府出口补贴，往往以低廉价格销售产品；同时，生产者将产品以倾销的价格在国外市场销售，从而获得在另一国市场的竞争优势并进而消灭竞争对手，再提高价格以获取垄断高额利润。

第四，倾销的结果往往给进口方的经济或生产者的利益造成损害，特别是掠夺性倾销扰乱了进口方的市场经济秩序，给进口方经济带来毁灭性打击。

从倾销的特征来看，温州鞋出口欧洲并不能构成倾销行为。温州鞋之所以价格如此低廉，在于中国产品具有成本优势。制鞋业是比较典型的劳动密集型产业，廉价的劳动力使得中国劳动密集型产品具有明显的比较优势。中国制造产业工人的每小时薪酬大约为 1 美元 / 小时。与此相对应，最高的联邦德国地区达到 28.28 美元 / 小时，最低的斯里兰卡为 0.5 美元 / 小时，就此而言，中国的劳动成本确实很具有优势。

但是，国际贸易中的倾销行为会破坏公平的市场竞争原则，进而破坏国际贸易秩序，所以各国都非常重视反倾销。反倾销是指进口国主管当局根据受到损害的国内工业的申诉，按照一定的法律程序对以低于正常价值的价格在进口国进行销售的、并对进口国生产相似产品的产业造成法定损害的外国产品，进行立案、调查和处理的过程和措施。

为了制止倾销而采取反倾销措施应该说是合理的，但如果反倾销措施的实施超过了其合理范围或合理程度，反倾销措施也会成为一种贸易保护主义措施，从而对国际贸易的扩展造成阻碍性影响。

随着中国外贸的不断扩大，中国正遭遇越来越多的反倾销案。对于中国出口企业而言，当务之急是在应对反倾销时，做好充分的准备，合理利用世界贸易组织的《反倾销协议》等条例，通过调节争端的机制维护自己的利益。

许多美国企业将制造基地设在中国或印度

曾有这样一个故事：美国从中国进口“芭比娃娃”玩具，进口价为 2 美元，在美国的零售价为 9.99 美元。在付给中国的这 2 美元中，1 美元是运输和管理费用，65 美分用于进口原材料，中国只获得 35 美分的劳务费。故事是 10 多年前的老故事，价格也是 10 多年前的旧价格，然而时至今日，中国对外贸易中加工贸易的情形并没有多大的改变，拿的依然是低利润，扮演的仍旧是“世界加工厂”的角色。

“中国制造”之所以遍布世界，其主要的原因在于价廉物美。“中国制造”的主体贸易有一半以上是加工贸易，其产品完全按照外国提供的要求和标准生产，产品的附加值很少。因此，即使有了这样辉煌的出口成绩，中国还不能称作真正的世界工厂，最多只能称作一个世界加工厂。

与日韩制造相比，客观而论，“中国制造”也有一些产品具有高端、高质、节能、环保和可持续发展的特性，但就整个出口产业来说，“中国制造”还普遍缺乏创新能力和自主知识产权。

美国汽车市场 2007 年的销售统计表明，排在前五位的汽车品牌中，日本汽车占据四席。在此之前的 2005 年，美国《消费者报告》便将现代索纳塔评为可信赖度第一的汽车。像丰田、本田、雅马哈、索尼、佳能、东芝、松下等日本产品，也被世界各地消费者接受。值得一提的是，在现代汽车刚刚进入美国市场的时候，曾经标着 5000 美元的低价，由此导致美国消费者对其质量产生怀疑，而“日本制造”在美国也经历过被认为“劣质产品”的阶段，但日本企业用了不到10年的时间便将其变为了高质量的代名词，现在许多美国人都觉得日本产品的质量已经高于本国。

我们再来看看下面这些数字：据统计，近年来我国设备投资的2/3依赖进口，光纤制造装备的100%、集成电路芯片制造设备的85%、石油化工装备的80%、轿车工业设备、数控机床、纺织机械、胶印设备的70%被进口产品占领；中国每年要花费6000亿元从国外进口重大设备；劳动生产率大概只是美国的1/23……世界知名品牌少，核心技术创新少，拥有自主知识产权企业少，依靠低廉的劳动力和价格占领市场，要摆脱这些问题，“中国制造”还有很长的路要走。

除了自身具有的短板之外，“中国制造”还面临着诸多挑战。第一，随着中国国家经济水平逐步缩短与西方发达国家的差距，人民生活水平不断提升，低工资、低待遇的中国劳动力初期开发阶段已经成为历史，以往的核心竞争力是拥有低劳动力成本优势，但目前这种优势正在衰退，而且这将是一个不可逆转的发展大势。第二，各种原材料、能源价格的不断上涨，成本优势更加面临丧失殆尽的危险。此外，全民环保意识的提升，以及知识产权保护的加强，更加对原有的中国制造业企业提出了挑战。

另外，在“中国制造”大规模经济的背后，是严重的资源和环境问题。现在的中国每日耗水量世界第一，污水排放量世界第一，能源消费和二氧化碳排放量世界第二，这些问题都已经对中国的长期发展产生严重影响。种种情况表明，“中国制造”必须走转型之路，摆脱“世界加工厂”的帽子，开拓一条新型工业化之路。只有在政府、企业、机构以及个人的共同努力下，才能真正提升“中国制造”的国际形象。

禁止贸易往来会让美国人生活得更美好吗

经济学家们用“自给自足”这个词来形容一个国家不和其他国家开展贸易的状况。

传说在古代，有一个国家的皇帝下了一道奇怪的圣旨，本国的大臣都得穿丝绸衣服，而老百姓却不能养蚕，只能种粮食。结果丝绸价格一涨再涨，仍然供不应求。见到这一情况，邻国几乎举国的老百姓都去养蚕制丝，再转而卖到这个国家，许多人发了大财。几年过后，这个国家的皇帝又下了第二道命令，本国大臣只能穿土布衣服，于是邻国的丝绸一下子卖不动了，不仅如此，由于举国造丝，无人种粮，他们只得向这个国家高价购买。然而紧接着，皇帝下了第三道命令：本国的粮食一粒都不能卖到外国去。结果可想而知，不动干戈，一个没有种粮食的国家便就此灭亡了。

在情人节赠送玫瑰给心爱的人是一种由来已久的传统。但在过去的美国，这可是一笔不小的花费：因为在北半球，情人节不是在玫瑰盛开的夏季，而是在寒冷的严冬，直到最近也是如此，这意味着从花店买来的玫瑰都是价值不菲的温室培育品种。然而如今，在美国售出的大部分情人节玫瑰花是从美国以南，大多是从哥伦比亚空运来的，那些地区2月份种植玫瑰是毫无问题的。

从国外购买冬季玫瑰是一件好事吗？绝大多数经济学家都认为答案是肯定的：通过

国际贸易，各国可专门生产不同的产品，并在彼此间进行交换，这就是参与国际贸易的国家互惠利益的来源。贸易增进福利，这个基本原理既适用于国家也适用于个人。

但政治家和公众常常不能认识到这一点。事实上，在1996年美国总统竞选期间，一位候选人在情人节访问了一个在新罕布什尔州的鲜花种植温室，在那里他公然抨击了从南美进口玫瑰，认为这对美国就业产生了威胁。这无疑是一种站不住脚的言论，难道断绝和所有国家的贸易往来，美国人民就能生活得更加幸福了么？

对任何一个单独的国家而言，自给自足的经济都未必适用了。40年前，美国生产的产品中只有很少一部分用于出口，而消费产品中也只有很少的部分源自进口。然而从那以后，美国的进口和出口的增长要比美国整体的经济增长快得多。并且，相对于经济规模而言，其他国家参与国际贸易的程度要远远大于美国。美国从其他国家购买玫瑰以及其他许多产品和服务，同时，美国也向其他国家出售许多产品和服务。从国外购买产品和服务是进口，将产品和服务卖到国外就是出口。

为了种植情人节的玫瑰，任何一个国家都需要使用劳动力、能源、资金等资源，这些资源也可以用于生产其他产品。一国生产一支玫瑰而必须放弃的其他潜在产品，就是玫瑰的机会成本。

在哥伦比亚种植情人节的玫瑰比美国要容易得多，那里1～2月份的气候环境太合适了。相反，哥伦比亚在其他产品的生产上却不比美国容易。例如，哥伦比亚缺少高技术人员和技术秘诀，而这恰恰是美国在高科技产品生产上如此出色的基础。所以相对于计算机等其他产品，情人节玫瑰的机会成本在哥伦比亚比在美国要低得多。

如果美国的苗圃能像哥伦比亚的一样在室外种植玫瑰，那成本大概会小一些。一般而言，气候差异是国际贸易的重要原因。热带国家出口如咖啡、糖和香蕉这样的热带产品，温带国家出口如小麦、玉米这样的农作物。有些南北半球间的贸易甚至就是被季节差异所推动：冬季在美国和欧洲超市里，随处可见智利的葡萄和新西兰的苹果。除了其他的要素差异之外，技术差异也是国际贸易存在不可避免的一个重要原因。尽管美国的生产技术大多领先于其他国家，但是也有力所不能及的领域，比如汽车工业。在20世纪的七八十年代，日本成为当时世界上最大的汽车出口国，它销售了大量汽车给美国和世界上的其他国家。日本在汽车产业上的比较优势来自于该国制造者发展起来的先进的生产技术，这种生产技术使得日本可以在给定数量的劳动力和资本下，比美国或欧洲同行生产出更多的汽车。

技术差异形成的原因有些神秘，有时候似乎是由经验而形成的知识积累。例如，瑞士在钟表行业的比较优势，反映出悠久的钟表工艺传统。但不管是气候条件因素，还是各种禀赋要素，或是技术要素的差异，都决定了一个国家的经济不可能独立地存在于日渐一体化的世界经济之中。国家之间展开贸易，可以比自给自足得到更加好的效果。

取消进口关税是否意味着本国产业会走衰

关税是销售税的一种，一种向进口产品征收的税。举个例子，美国政府宣布凡从哥伦比亚引进的玫瑰，必须征收每支2美元或一箱（100支）200美元的关税。在过去相当长的一段时间，关税是一种重要的政府收入来源，因为关税的征收相对容易。但在当今世界，除了作为政府收入的来源外，关税经常被用于阻止进口以保护国内进口竞争产业的生产商。

从 2010 年 1 月 1 日起，中国和东盟 6 个老成员（印度尼西亚、马来西亚、泰国、菲律宾、新加坡、文莱）之间，越来越多的产品实现零关税。中国对东盟平均关税将从之前的 9.8% 降到 0.1%。东盟 6 个老成员对中国的平均关税从 12.8% 降到 0.6%。中国与东盟 4 个新成员（缅甸、柬埔寨、老挝、越南）也将在 2015 年实现 90% 产品零关税的目标。

所谓的零关税，是指进出口商品在经过一国关境时，由政府设置的海关不向进出口国征收关税。如中国内地将自 2009 年 7 月 1 日起，分别对 CEPA（粤港两地紧密经贸关系）项下原产于中国香港、澳门的部分商品实施零关税。

众所周知，一国海关依法会对其进出境的货物或者物品征税，这也世界各国普遍征收的一个税种，即关税。征收关税是一国政府增加其财政收入的方式之一，也是通过收税抬高进口商品的价格，降低其市场竞争力，减少在市场上对本国产品的不良影响的重要途径。关税有着保护本国生产业的作用。既然关税的作用如此重要，又为何要实施零关税政策呢？实施零关税又会给我国带来哪些影响呢？

中国自 2001 年加入世界贸易组织之后，一直致力于逐步降低平均关税水平，实现自己的入世承诺。目前中国的平均关税水平虽仍高于发达国家的平均关税率，但与某些发展中国家相比已处于较低的水平；不仅如此，中国与某些贸易伙伴签署的零关税协议又进一步降低了中国的平均关税水平，帮助中国在双边或多边贸易自由化进程中获取更多的优势与利益。

2004 年 1 月 1 日，内地与香港《关于建立更紧密经贸关系安排协议（CEPA）》开始实施，该协议的第一阶段规定，374 项原产香港的货物获得零关税优惠，同时内地对香港服务提供者开放 18 个行业的市场。2004 年 10 月、2005 年 10 月，内地又分别与香港签署了 CEPA 补充协议，即第二、第三阶段的协议。其中，第二阶段协议规定对原产香港的 713 类进口货物给予零关税优惠，并继续扩大 11 个服务行业的开放措施，新增加 8 个开放的服务领域。自 2006 年 1 月开始实施的第三阶段协议安排，几乎所有符合原产地规则的香港进口货物都可获得零关税优惠，在服务贸易方面又增加了 23 项开放措施。此外，内地还与澳门签署了关于建立更紧密经贸关系的安排协议，规定对原产澳门的产品实行零关税。实践证明，内地与香港、澳门的零关税协议对双方都是有利的。对香港和澳门而言，CEPA 对两地区经济发展的刺激作用是十分显著的。

以香港为例，CEPA 第一阶段的顺利实施，有力地帮助香港经济摆脱了多年的困境，并走上蓬勃发展之路。2004 年，香港经济增长率达 8.1%，是 4 年来最高，并明显高于过去 2003 年 4.8% 的平均增长率。香港多项经济指标出现双位数的增长，其中，出口贸易全年实质增长达 15.3%，服务输出增长达 14.9%。

与此同时，CEPA 也有助于促进中国内地制造业的出口。虽然中国内地已经成为公认的世界制造业基地之一，但出口市场过于集中于欧美与日本市场，反倾销事件屡屡发生。CEPA 的实施有助于一些中国内地企业将部分生产工序设在香港，利用“香港制造”的产地来源地位，规避西方国家对中国大陆产品的歧视性政策和贸易保护措施。其次，中国内地制造业产品可以有机会更好地利用香港服务业走向国际市场，并获取从国际市场采购设备和原材料的便利，从而最终促进中国内地制造业产品的出口。由此可见，中国内地与香港、澳门的零关税协议的确带来了贸易创造效应。该效应有利于双方经济的发展，尤其是中国内地的消费者可以更优惠的价格获得更优质的香港原产品。

以上案例说明，实施零关税可以降低进出口交易的成本，产生贸易创造效应。零关税的实施还可能扩大协议成员国具有比较优势产品的生产规模和贸易规模，使其国内生产资源由非优势产业向优势产业转移，从而导致产业结构调整，并带来优势产业的规模经济效应。与此同时，零关税的实施有利于增强生产要素的流动性，加之"技术外溢"效应的发挥，将使资源配置更加合理、有效，不仅有助于国内外投资的增长，更有利于资源的优化组合，从而提高国内产业的国际竞争力。

在降低进口成本、促进国内消费的繁荣、促进进口减缓中国贸易顺差、缓解国际压力以鼓励消费者在国内购买而不是国外消费那些原本高关税的奢侈商品、促进利用国外的资源原料来促进我国的生产，缓解我国环保资源压力、扩大外国对我国市场的依存度、提升中国的国际影响力等方面，适当削减进口关税都将起到至关重要的作用。

现阶段我国零关税机制的发展仍处于初期阶段，虽产生了一定的贸易推动作用，但并未充分发挥零关税机制的贸易创造效应。随着国际贸易自由化的不断发展，零关税机制也越来越受到各国的普遍重视。2002 年 12 月，在世贸组织召开的市场准入谈判小组会议上，美国正式提交了"非农产品零关税"方案，建议所有成员在 2015 年前取消所有工业品和消费品的关税。对我国而言，不应消极拒绝"零关税"，因为这将使我国在世界经济发展的进程中面临被"孤立"和"边缘化"的危险。我国必须积极做好准备，以更主动、更策略和更有效的方式来发展和应对零关税机制，从而最大限度地获取经济利益，保障国家经济安全。

我们知道税收同时作用于产品购买者和销售者，销售税会产生非效率，或无谓损失，因为它阻碍了互惠贸易的发生。这同样适用于关税，而取消进口关税如上文所陈述，将减少这部分无谓损失，并一定程度上有利于合理规划资源的配置，促进国内经济的合理发展。因而认为取消进口关税会使本国产业陷入低迷的说法完全是片面的。

第四章　谁在维护贸易秩序

国际贸易组织之一：世界银行

世界银行（WBG）是世界银行集团的俗称，"世界银行"这个名称一直是用于指国际复兴开发银行（IBRD）和国际开发协会（IDA）。这些机构联合向发展中国家提供低息贷款、无息信贷和赠款。 它是一个国际组织，其一开始的使命是帮助在第二次世界大战中被破坏的国家的重建。今天它的任务是资助国家克服穷困，各机构在减轻贫困和提高生活水平的使命中发挥独特的作用。

中国是世界银行的创始国之一。1980年5月15日，中国在世界银行和所属国际开发协会及国际金融公司的合法席位得到恢复。1980年9月3日，该行理事会通过投票，同意将中国在该行的股份从原7500股增加到12000股。我国在世界银行有投票权。在世界银行的执行董事会中，我国单独派有一名董事。我国从1981年起开始向该行借款。此后，我国与世界银行的合作逐步展开、扩大，世界银行通过提供期限较长的项目贷款，推动了我国交通运输、行业改造、能源、农业等国家重点建设以及金融、文卫环保等事业的发展，同时还通过本身的培训机构，为我国培训了大批了解世界银行业务、熟悉专业知识的管理人才。

世界银行成立于1945年12月27日，1946年6月开始营业。凡是参加世界银行的国家必须首先是国际货币基金组织的会员国。世界银行集团目前由国际复兴开发银行（即世界银行）、国际开发协会、国际金融公司、多边投资担保机构和解决投资争端国际中心五个成员机构组成。总部设在美国首都华盛顿。国际银行家推动的美国联邦货币储备委员会也在此地。世界银行仅指国际复兴开发银行（IBRD）和国际开发协会（IDA）。“世界银行集团”则包括IBRD、IDA及三个其他机构，即国际金融公司、多边投资担保机构和解决投资争端国际中心。这五个机构分别侧重于不同的发展领域，但都运用其各自的比较优势，协力实现其共同的最终目标，即减轻贫困。

通过向国际金融市场借款、发行债券和收取贷款利息以及各成员国缴纳的股金三种渠道，世界银行获得资金来源。

在通过对生产事业的投资，协助成员国经济的复兴与建设，鼓励不发达国家对资源的开发方面，世界银行仍然发挥着不可小觑的作用。另外世界银行通过担保或参加私人贷款及其他私人投资的方式，促进私人对外投资。规定当成员国不能在合理条件下获得私人资本时，可运用该行自有资本或筹集的资金来补充私人投资的不足。并与其他方面的国际贷款配合，鼓励国际投资，协助成员国提高生产能力，促进成员国国际贸易的平衡发展和国际收支状况的改善。对经济的复兴和发展起到了重要的作用。

总结来看，世界银行提供的贷款具有以下几点特征：

第一，贷款期限较长。按借款国人均国民生产总值，将借款国分为4组，每组期限不一。第一组为15年，第二组为17年，第三、四组为最贫穷的成员国，期限为20年。贷款宽限期3～5年。

第二，贷款利率参照资本市场利率而定，一般低于市场利率，现采用浮动利率计息，每半年调整一次。

第三，借款国要承担汇率变动的风险。

第四，贷款必须如期归还，不得拖欠或改变还款日期。

第五，贷款手续严密，从提出项目、选定、评定，到取得贷款，一般要1年半到2年时间。

第六，贷款主要向成员国政府发放，且与特定的工程和项目相联系。

世界银行的工作经常受到非政府组织和学者的严厉批评，有时世界银行自己内部的审查也对其某些决定质疑。世界银行往往被指责为美国或西方国家施行有利于它们自己的经济政策的执行者，此外一些不正确的、按错误的顺序引入的或在不适合的环境下进行的市场经济改革对发展中国家的经济反而造成破坏。世界银行的真正掌控者是世界银行巨头，他们最终的目的是追逐利润，现在的状况可以说是一个妥协的结果。

今天世界银行的主要帮助对象是发展中国家，帮助它们建设教育、农业和工业设施。它向成员国提供优惠贷款，同时世界银行向受贷国提出一定的要求，比如减少贪污或建立民主等。

世界银行（WBG）与国际货币基金组织（IMF）和世界贸易组织（WTO）一道，成为国际经济体制中最重要的三大支柱。

国际贸易组织之一：自由贸易协定

自由贸易协定（英文：Free Trade Agreement，简称 FTA）是为了绕开 WTO 多边协议的困难，同时也为了另外开辟途径推动贸易自由化，由各国逐渐从实践中探索而出，它是独立关税主体之间以自愿结合方式，就贸易自由化及其相关问题达成的协定。在 WTO 文件中，FTA 与优惠贸易协定（PTA）、关税同盟协定（CUA）一道，都纳入 RTA（Regional Trade Agreement）的范围。就现实而论，因为很多 FTA 在协议内容上达成的可能也并不是完全自由贸易，因此 FTA、RTA 在概念上有混用倾向。有时 FTA、RTA 也指基于一定贸易协定的自由贸易区或准自由贸易区。

自由贸易协定是两国或多国间具有法律约束力的契约，目的在于促进经济一体化，其目标之一是消除贸易壁垒，允许产品与服务在国家间自由流动。这里所指的贸易壁垒可能是关税，也可能是繁杂的规则等等。

目前中国已经和智利、巴基斯坦、新西兰、新加坡、秘鲁签订了自由贸易协定。

2005 年 11 月 18 日中国和智利签署自由贸易协定。

2006 年 11 月 24 日中国和巴基斯坦签署自由贸易协定。

与新西兰的协定签署于 2008 年 4 月 7 日，是我国与发达国家签署的第一个自由贸易协定。

2008 年 10 月 23 日中国和新加坡签署自由贸易协定。

2008 年 11 月 19 日中国和秘鲁签署自由贸易协定。

依据自由贸易协定，来自协议伙伴国的货物可以获得进口税和关税减免优惠。无论在进口国还是出口国，自由贸易协定都有助于简化海关手续。当协议国间存在不公平贸易惯例时，自由贸易协定还可以协助贸易商进行补救。国内的税务与费用，如增值税、消费税，都不受自由贸易协定的影响。而只有原产于自由贸易协定成员国的货物，才有资格从自由贸易协定中受益。

自由贸易协定及相关经济合作兴起对世界经济与政治进程起到了至关重要的影响作用。首先，FTA 通过降低交易成本和流通费用，通过贸易自由化和便利化，通过推动新自由贸易协定的产生，最终促进了国际贸易的发展。

关税是国际贸易进行中发生的一种特殊交易成本。区域贸易协定和自由贸易协定会使这种交易成本大幅降低，并使它在不长的时间内趋向于零。区域贸易协定和自由贸易协定还使贸易者与所选择的贸易伙伴之间的物理距离拉近，由此节约了运输费用。通过降低交易成本和流通费用，自由贸易协定能够大幅促进内部成员之间的贸易。这种促进作用在欧洲经济共同体（EEC）和北美自由贸易区（NAFTA）上都得到了体现。

欧洲经济共同体。1957 ~ 1968 年间，欧洲经济共同体的成员一直是法国、比利时、联邦德国、卢森堡、荷兰、意大利 6 国。1959 年 1 月，欧洲经济共同体首次实现降低内部关税。1968 年 7 月，共同体内部关税完全取消。在 1958 ~ 1968 年期间，欧洲经济共同体成员国间的内部贸易额增至原来的 4 倍，年均增长 17%，大大高于当时各成员国的国际贸易总量的增长率。以法国为例，这一时期全部国际贸易总量的年均增长率在 9% 左右，全部资本主义体系国际贸易年均增长率大致也处于这一水平。

北美自由贸易区。北美自由贸易区形成历时较短。它于 1994 年初启动第一轮关税削减。有关研究表明，1994 年前 9 个月与 1993 年同期相比，美国与加拿大、墨西哥之间的贸易增长率大约是与非北美自由贸易区的国际贸易增长率的 2 倍。1980 年，北美货物和服务出口总额中区域内部出口占 34%，1996 年和 2002 年分别上升至 49% 和 56%。

当然，成员间贸易可能会对成员与非成员间贸易发生替代效应并在短期内使成员国与非成员国之间的贸易有减少的倾向，人们一般称这种影响为贸易转移或贸易替代。然而，全球贸易总成本毕竟得到降低，由此全球贸易量整体上有望增加。不仅如此，这种贸易替代效应会促使贸易受替代关税主体也积极地与贸易伙伴尽快达成自由贸易协定，由此促使世界贸易总成本进一步降低。而且，如果受替代者应对积极，替代效应影响并不大。有关人士曾经针对 NAFTA 的建立在多大程度上影响了对美国的出口进行研究，结果表明，总体影响很小，受到较大影响的产品种类非常少。

其次，自由贸易协议促进了国际投资，并且起到了优化世界产业结构和资源配置的效果。区域贸易和自由贸易对国际投资的促进和对产业组织的优化作用也是明显的：（1）影响跨国公司外国直接投资（FDI）区位选择的一个重要因素是无关税市场规模的大小。与无自由贸易协定时由多个关税区组成的市场格局相对比，自由贸易协定会使自由市场规模大为扩充，这无疑会促进某一自由贸易协定非成员国跨国公司对自由贸易协定成员的投资。（2）FTA 使得区域内企业在区域内的劳动力、自然资源、资本投向的地理选择决策再也不会受关税因素拖累。FTA 实施时，区域内企业会重新从成本最低化的目标出发，考虑通过再投资对劳动力、物质资本、自然资源的地理分布进行再选择。由此，自由贸易的实施会促使区域内对外直接投资有所增长。（3）自由贸易形成后，取消关税保护促使企业在产品市场、要素资源方面重新布局，提升了企业素质，改善了产业组织形态。

另外，自由贸易协议也是实现全世界产品贸易自由化、产品市场一体化、生产过程一体化的一个重要步骤。并能够推动成员间经济合作关系在贸易自由化的基础上继续得到发展深化，由此可能对区域共同货币、世界共同货币的产生，对世界各国经济利益共同性的强化，乃至对世界政治以和平方式实现一体化的进程产生积极影响。

国际贸易组织之一：国际货币基金组织

国际货币基金组织（International Monetary Fund，简称 IMF）于 1945 年 12 月 27 日成立，与世界银行并列为世界两大金融机构之一，其职责是监察货币汇率和各国贸易情况、提供技术和资金协助，确保全球金融制度运作正常；其总部设在华盛顿。我们常听到的“特别提款权”就是该组织于1969年创设的。

IMF是世界银行巨头们私有的欧美中央银行以及其他一些掌控了世界经济命脉的银行家们所掌握的国际金融组织。1946年3月正式成立。1947年3月1日开始工作，1947年11月15日成为联合国的专门机构，在经营上有其独立性。该组织宗旨是通过一个常设机构来促进国际货币合作，为国际货币问题的磋商和协作提供方法；通过国际贸易的扩大和平衡发展，把促进和保持成员国的就业、生产资源的发展、实际收入的高水平，作为经济政策的首要目标；稳定国际汇率，在成员国之间保持有秩序的汇价安排，避免竞争性的汇价贬值；协助成员国建立经常性交易的多边支付制度，消除妨碍世界贸易的外汇管制；在有适当保证的条件下，基金组织向成员国临时提供普通资金，使其有信心利用此机会纠正国际收支的失调，而不采取危害本国或国际繁荣的措施；按照以上目的，缩短成员国国际收支不平衡的时间，减轻不平衡的程度等。IMF设有16个职能部门，负责经营业务活动。此外，IMF还有两个永久性的海外业务机构，即欧洲办事处（设在巴黎）和日内瓦办事处。

中国是国际货币基金组织创始国之一。1980年4月17日，该组织正式恢复中国的代表权。中国在该组织中的份额为80.901亿特别提款权，占总份额的3.72%。中国共拥有81151张选票，占总投票权的3.66%。中国自1980年恢复在货币基金组织的席位后单独组成一个选区并派一名执行董事。1991年，该组织在北京设立常驻代表处。2010年中国的份额由3.65%升至6.19%，超越德、法、英，位列美国和日本之后。不过，改革后拥有17.67%份额的美国依旧拥有“否决权”。

提到国际货币基金组织，就不能不提到特别提款权。特别提款权是国际货币基金组织创设的一种储备资产和记账单位，亦称“纸黄金”。它是基金组织分配给会员国的一种使用资金的权利。会员国在发生国际收支逆差时，可用它向基金组织指定的其他会员国换取外汇，以偿付国际收支逆差或偿还基金组织的贷款，还可与黄金、自由兑换货币一样充当国际储备。但由于其只是一种记账单位，不是真正货币，使用时必须先换成其他货币，不能直接用于贸易或非贸易的支付。因为它是国际货币基金组织原有的普通提款权以外的一种补充，所以称为特别提款权。

世界银行和国际货币基金组织（IMF）长期以来一直致力于敦促发达国家采取切实有效的措施，消除金融危机，加强市场监管，防范信用风险，实施负责任的货币和汇率政策。美国次贷危机爆发以来，美元持续贬值，国际金融市场动荡，世界经济增长明显放缓，表现为主要经济体面临经济增长下滑与通胀加剧双重风险、大宗商品价格上涨、国际资本市场波动加剧以及贸易保护主义抬头。

世行和国际货币基金组织应认真评估当前世界经济形势对发展问题造成的战略影响。对此世行行长佐利克提出“具有包容性和可持续的全球化”理念。包容性和可持续的理念不仅仅适用于发展中国家，更应适用于包括发达国家的当前国际经济体系。

国际货币基金组织敦促发达国家采取措施消除金融危机，同时支持发展中国家转变增长方式，保持经济稳定增长，防范金融风险。此外，世行和国际货币基金组织也在积极注意发达国家为应对危机所采取的措施对发展中国家的影响，帮助发展中国家妥善应对通胀压力，加强对国际资本流动的监控，维护市场稳定。

世界银行和国际货币基金组织联合发展委员会发表公报，粮价大幅攀升使许多发展中国家受到冲击，发达国家应向受冲击严重的国家提供紧急援助，世界银行则应提高对农业领域的关注。该委员会会议当天在华盛顿结束后发表一项公报说，大宗商品价格攀升对各国影响不一，但在广大的发展中国家，许多穷人因粮食和能源价格高涨"受创严重"。公报表示欢迎世行行长佐利克提出的"全球粮食政策新建议"，即近期提供紧急粮食援助，在中长期则促进发展中国家提高粮食生产能力。

粮食价格大幅上升对一些贫困国家、贫困人口带来了很大损害，甚至威胁到一些国家的粮食安全。对于那些受到粮食和能源价格暴涨负面影响的最不发达国家和脆弱国家，国际社会尤其是多边开发银行加大专项援助力度，努力维护贫困人口的基本粮食安全和能源安全。

公报同时指出，世行和国际货币基金组织应做好准备，以便对受粮食和能源价格冲击的有关国家及时提供政策指导和经济援助。

从人际贸易到国际贸易，再到人际贸易

经济史上有几个绕不开的人物，琼斯和布朗就是其中之二。尽管他们都没听说过"比较优势法则"是什么，他们却急于遵循这一法则。英国经济学家大卫·李嘉图是亚当·斯密的继承者，在他 1817 年的著作《政治经济学及税收原理》当中，他首次明确表述了比较优势法则，并用它来解释国际贸易中的一些问题。事实上，我们已经看到，这个法则可以应用于普遍的交换和专业化，即双方最终都是以出口的东西支付进口的东西。

举例来说，琼斯住在槐树街，布朗住在橡树街。如果我们说，"橡树街从槐树街进口了淡啤酒，槐树街从橡树街进口了黑啤酒"，这种说法是越说越明白还是越说越糊涂？再换种说法，"槐树街和橡树街开展贸易"，又如何呢？这和说琼斯和布朗开展贸易是一回事。严格说，街道之间不做贸易，邻近的地区之间也不做贸易。只有个体之间做贸易，并从中获益，这就是我们所说的"人际贸易"。

如果琼斯住在洛杉矶，而布朗住在纽约，他们俩坐在家里，通过网络了解了对方的情况，签订了条约然后做了同样的交易，又怎样呢？也许我们会说"堪萨斯州从宾夕法尼亚州进口黑啤酒"，其实这和说琼斯和布朗开展贸易还是一回事。和街道、邻近地区一样，城市和城市之间也不做贸易，而是人与人之间跨越市、县和州的边界做贸易。

我们说我们国家和英国、德国、加拿大或是美洲开展贸易是什么意思呢？这是说，我们国家的公民和另一个国家的公民开展贸易。芬兰本身不生产诺基亚手机，也不会发生出口行为，而是芬兰人生产，芬兰人出口诺基亚手机。其实，说街际贸易、市际贸易、县际贸易、州际贸易、国际贸易也没什么错。经济学家经常被召集起来讨论复杂的国际贸易问题，讨论也有不同的复杂程度。说美国和芬兰开展贸易只是为了表述方便。我们心中则要时刻谨记，这种说法只不过是一个简略的表述，后面隐含着为数众多的人之间的数量庞大的交易，其中很多人跨越了不同的地区和政治边界，以大型机构的名义进行交换。

明确人际贸易的概念，更有助于我们理解国际贸易交易过程中的一些问题。比如有限的资源和无限的欲望。先看前边，根据我们的生活经验，能够投入生产的资源，比如土地、厂房、机器设备、劳动力等等，没有一样不是有限的。再看后边，因为贸易中大量的人为因素存在，而人的欲望看上去确实是无边无际的，所谓吃了碗里的又看锅里的，人心不足蛇吞象等说法，都是用来形容人的无限贪欲的。所以这个基本假设看起来是符合实际的。

贸易决定财富，制定贸易政策该警惕些什么

近十余年来，国际贸易的政策研究争端四起，讨论的焦点就是名噪一时的“战略性贸易政策”。所谓“战略性贸易政策”是指一国政府在不完全竞争和规模经济条件下，可以凭借生产补贴、出口补贴或保护国内市场等政策手段，扶持本国战略性工业的成长，增强其在国际市场上的竞争能力，从而谋取规模经济之类的额外收益，并借机劫掠他人的市场份额和工业利润，即在不完全竞争环境下，实施这一贸易政策的国家不但无损于其经济福利，反而有可能提高自身的福利水平。

显然，这有悖于自由贸易学说的经典结论，也给当前风行一时的新保护主义提供了某种遁词。认真研究和准确把握战略性贸易政策的基本内容、实施条件、政策效应及其局限性，将有助于我们科学、合理地制定贸易政策，进一步推进中国的经济发展。

贸易政策的正确与否对一个国家经济的运行有着重要的决定性意义。但是现实中会有很多因素制约其向正常的轨道前进，比如信息的不对称。

信息不完全会引起政府决策失误，是推行战略性贸易政策的一大障碍。一国政府制定战略性贸易政策的前提条件是搜集和掌握必要的、完整的信息，并能明智地驾驭和使用这些信息，舍此则无法制定恰如其分的干预政策。

以波音与空中客车的竞争为例，实行干预政策的政府必须对航空工业的产业组织结构和市场竞争方式作出正确估价，对制造新式飞机面临的市场需求和可能带来的利润心中有数。不管是本国公司决定单独生产，还是外国竞争厂商决定加入市场，在任何一种情况下只要出现计算错误，哪怕是极小的失误，都将使该国经济无法获得预想的改善，而只会不断地恶化。再者，战略性贸易政策要求政府事先作出补贴承诺，即使事后亏损也不得更弦易辙，而一般很难获得作政府决策所必需的全部信息，一旦政府判断有误，补贴失当，便会引起资源错置，效率降低。虽铸成大错，但政府还不得不自酿自饮苦酒。

其次，实施战略性贸易政策还必须考虑市场的组织结构。从市场结构特征来看，如果规模经济程度非常高，只能允许一家企业赢利，生产补贴或出口补贴可能有助于实现转移他人利润的初衷；但若世界市场可以同时容纳若干生产厂家，且各国都允许企业自由进入，则竞争机制便会自动消除企业梦寐以求的那部分经济利润，战略性贸易政策的效用就要大打折扣，甚至完全失效。

再者，因为本国政府一旦作出补贴承诺便不得改变，但他们没有充分考虑外国政府对本国政府的贸易干预政策可能作出的反应。所以有可能会造成轮番报复导致两败俱伤

的局面出现。

而在实际的经济生活中，一国实施战略性贸易政策不能不引起对方国家的强烈反应乃至报复，如果各国轮番采取保护主义的报复措施，那就不仅会彻底抵消战略性贸易政策的功效，不但使可能猎取的转移利润和获得的规模经济化为泡影，而且还会因报复性措施的实行造成国际贸易的剧烈萎缩，降低世界福利水平，在提高社会经济附加成本（指补贴）的同时减少国民收入，降低国民福利水平。可以预计，两国开展补贴战只能落得个两败俱伤的结局。

总而言之，战略性贸易政策的实施是有诸多限制条件的，有些条件如不完全竞争或规模经济在现实经济中是客观存在的，因而有可能得到满足，而另一些假设条件则需要接受现实生活的检验，它们常常是靠不住的。只有当各种条件都满足时，才能制定出真正有效的正确的贸易政策。

贸易谈判是解决贸易争端的有效途径

为有效执行 2005 年 6 月 11 日中欧在上海达成的《中国部分输欧纺织品和服装谅解备忘录》，本着巩固和发展中欧经贸关系的原则，中国商务部与欧盟委员会经过友好协商，于 9 月 5 日在京签署《磋商纪要》，商定采取过渡性灵活措施，妥善解决《备忘录》执行中出现的滞港问题。根据《磋商纪要》的规定，欧盟将全部放行所有滞港货物，对执行《备忘录》超过 2005 年协议数量的部分，中欧双方各自承担其签发的许可证数量。实际滞港货物数量双方各承担一半，其中欧方承担的部分，欧盟将通过增加 2005 年备忘录规定的数量解决。中方承担的部分，将通过个别品种的调剂来解决。

参与签订备忘录的工作人员指出，在这次中欧关于纺织品滞港问题的磋商中，双方都是理智的，大家都认识到中欧战略合作伙伴关系的重要性，最后达成的结果也是公平合理的，是各方都能接受的。6 月 11 日中欧在上海签署的备忘录和前几天在北京达成的协议，体现了互利互让的精神，为中欧纺织品贸易平衡过渡搭建了稳定的架构。今后，如果能继续理智地、公平地处理其他可能出现的问题，相信中欧纺织品贸易会有一个令人欣慰的前景，而且会成为我们合理解决其他贸易争端时可资借鉴的范例。

谈判在处理国际贸易争端中发挥着越来越重要的作用。通过一系列国际谈判，自战后以来贸易自由化取得了巨大的进展。这些协议把各国减少进口竞争行业的保护与降低针对这些国家出口行业的外国进口保护联系起来了。这种联系有助于消除那些可能会阻止各国采纳自由贸易政策的政治障碍。

谈判至少有两个优点可以说明为什么这种方式作为多边协定的一部分比作为一种单边政策要容易许多：（1）相互协定有助于调动对自由贸易的支持；（2）经过谈判达成的贸易协定，有助于各国政府避免卷入具有强大破坏力的贸易战。

国际商业活动需要与人打交道，商务谈判是使用最为广泛的一项管理技能。谈判的水平高超，就能获得超常的回报和成功。虽然客观条件起着重要的制约作用，但谈判者的创造性也发挥着不可忽视的作用，谈判高手在普通人认为不可能达成协议的局势下精心策划，运用正确的策略取得突破，从而实现超额的回报。

人们总结出一个规律，有经验的谈判者可以比新手为公司提高或节省 10% 的买卖价格。在市场竞争日趋激烈的今天，这一水平的收益率是相当可观的，非常值得努力去争取。正因为如此，工商界的成功人士通常都是谈判和沟通的高手，杰出的商界领袖们更是拥有许多驾驭谈判的非凡本领，创造了许多传奇故事。

国际谈判对自由贸易的正面影响是一目了然的。我们已注意到，出口竞争行业的生产者比消费者更容易组织起来，而且信息更充分。国际谈判则可通过让国内出口商参与，来起到一种平衡作用。例如，美国与日本可能会达成一项协议，其中规定美国应取消针对日本竞争者而设置的一些制造业的进口配额；作为回报，日本也要撤销针对美国农产品及高技术产品向日本出口的障碍。对于美国的消费者来说，即使承受很大损失，可能也无法从政治上有效地反对这些进口产品的配额。但是，希望打入外国市场的出口商则不然，他们会通过游说促成双方同时取消进口配额，从而间接保护消费者的利益。

其次，国际谈判还有助于避免贸易战。借助一个非常标准化的例子，我们能更好地阐明贸易战的含义。假定世界上只有两个国家美国和日本，而且这两国只有两种可选择的政策：自由贸易或者进行保护。还假定两国政府的头脑都异常清醒，因此可以对任何措施的满意程度用准确的数字价值进行衡量。

首先，我们假定，如果任何一国政府把别国的政策视为既定的话，它就一定会选择保护。无论日本政府采取何种措施，美国政府的保护政策都会增加其收益。这一假设显然是成立的。也许有很多经济学家会认为，无论别国政府怎么做，自由贸易对本国而言都是最好的政策。但是，政府的行为不仅要顾及公众的利益，而且还要考虑其自身的政治利益。

其次我们假设，即使各国政府单独行动时，采取保护政策都会使得损失更小，但如果两国都选择自由贸易则会使各自的收益更大。即美国政府从一个开放的日本市场中获得的收益比它开放自己市场的损失要多；日本也一样。我们只要看看从贸易中的所得，就会认识到这一假设的合理性。

对那些学过博弈论的人而言，这种情形就是所谓的囚徒困境。各国政府为了使得自己的决策最优都会选择保护。然而，若两国政府都不选择保护，那么它们的福利都会得到改善。各国政府的单边行为似乎可以使其利益最大化，但这样做恰恰无法达到最好的结果。若两国都实施单方面的保护措施，那么结果只能是形成贸易战以及双方社会福利的恶化。虽然贸易战不如真刀真枪那般可怕，但避免贸易战与避免武装冲突和军备竞赛的问题是相似的。

在这样的情况下，日本和美国都有必要达成一项协议来避免保护政策。如果两国政府都对自己的自由行为有所约束，那么两国的社会福利就会大为改善。签订条约就是一个十分有效的约束手段。

这是个高度简化的例子，在现实世界中不仅存在很多国家，而且在自由贸易与完全限制进口的保护之间还有许多过渡政策。但是，这个例子已足以表明，有必要通过国际协定来进行贸易政策的国际合作。而且，这些协定的确能发挥很大作用。贸易谈判，和平解决争端的方式，已经被越来越多的人所采纳，被应用到更多的国际事务解决方案中去。

第五章　构筑贸易风险的"防火墙"

大多数的人都不喜欢风险

大多数人都不喜欢风险，但是风险又是贸易过程中不可避免的一个因素。因此加强对风险的认识，才能更好帮助我们防范风险。

有关机构进行的抽样调查显示，中国出口业务的坏账率高达 5 %，是发达国家平均水平的 10 ~ 20 倍。按照 2004 年 5933.6 亿美元出口额推算，中国因出口产生的海外坏账高达 300 亿美元。

而在另一项对中国 1000 家外贸企业的调查中，68% 的企业曾因贸易对方信用缺失而利益受损，超过半数企业遭遇过"应收账款延迟收付"。

中国出口信用保险公司副总经理许复兴在中国国际信用和风险管理大会上演讲时说，起步于改革开放以后的中国国际贸易，无论是经验，还是金融、信用支持体系建设，风险管理基础研究及相关技术发展，都大大滞后于有数百年国际贸易历史的发达国家。而在企业层面，由于中国长期实施进出口经营权限制，许多伴随着中国入世脚步才涉足国际贸易行列的企业，面临更大的风险。

出口商品层次低、结构不合理，成为中国国际贸易风险的重要来源。低附加值、劳动密集型产品占有较高比重，出口商品产业集中度高，迫使企业不得不以降价及扩大风险为代价，来作为主要的竞争手段。

"出口产业集中度高带来的另一个弊端，是令中国备受国际贸易摩擦的困扰。"许复兴说。有统计显示，自世界贸易组织成立以来，中国遭遇相关反倾销、反补贴、保障措施及特保措施调查案件已经超过 700 起，成为涉案最多的国家之一。

实际上，中国企业在国际贸易中面临的信用困境，已经引起中国政府的高度关注。2001 年 12 月，国务院批准成立了中国出口信用保险公司，以帮助出口企业规避国际贸易中的政治和商业风险。4 年中，这家专门从事政策性出口信用保险业务的机构累计承保金额约 420 亿美元，出口企业通过出口信用保险从银行获得贸易融资超过 100 亿美元，投保企业的平均出口坏账率已低于 1%，接近发达国家水平。

1. 认清国际贸易风险的客观存在性

国际贸易风险在国际经济活动中是客观存在的。在国际贸易中，由于国际贸易受制于国际政治经济关系，因而在国际贸易中存在着政治风险；由于不同货币间的兑换和结算，因而在国际贸易中存在着汇率风险；由于贸易中经常遇到关税和非关税壁垒的阻碍，因而在国际贸易中存在着贸易壁垒风险；由于各国法律制度和社会文化的差异，因而在国际贸易中存在着法律风险；由于对国外市场情况、国外顾客的偏好、国外产品的收入弹性等背景资料收集难度较大，因而在国际贸易中存在信息障碍风险。诸如此类的风险，都增加了国际贸易运作的难度、成本和不可预见性。

2. 意识到国际贸易风险的复杂性

其一，国际贸易风险发生的原因、表现形式、影响力是复杂的，国际贸易经营者所采取的措施要具有较大的应变性；其二，国际贸易风险形成过程是复杂的。在国际贸易的各个流程和各个环节都可能产生风险事故，但风险事故的强弱、频度和表现形式则是不同的，经营者能否把握这些风险取决于许多因素；其三，国际贸易风险的结果对经营者的影响程度是各异的，有些经营者承受风险的能力强，有些经营者承受风险的能力则相对较弱。其四，国际贸易风险发生的概率较难准确计算，国际贸易风险产生的变数很多。

信息不对称是国际贸易风险产生的最主要的原因。以国际贸易海上货物风险为例，在CIF价格属于成交的进口业务中，通常会遇到自然灾害和意外事故以及运输欺诈等风险。

自然灾害是指恶劣气候、雷电、海啸、地震、火山爆发等，属于人为不可抗力，是我们不得不承担的风险；而意外事故则是指船舶搁浅、碰撞、沉没、失踪等现象；运输欺诈是指货物运输的过程中，由于合同一方当事人或承运人或其代理人，故意隐瞒事实，而是另一方当事人造成损失或失去其收益的行为。

可见，在地球上某一海面发生自然灾害的信息对于一家从事进口的企业来讲，基本上是不能确切掌握的。运输货物的船只会在何时何地搁浅、碰撞、沉没、失踪同样也是难以掌握的信息；而是否船方签发了假提单、是否会无单放货，合同的另一方当事人——卖方是否装运了劣质货物、是否与承运人合谋，一个善良的合同当事人对于这些情况无法得到充分、必要的信息，但是对于卖方和承运人来讲，信息较为充分。具有丰富经验的船长会了解很多的与航线有关的自然、气候、地理条件、航线状况、船舶性能等信息，承运人或其代理人会通过堆场、运输公司、仓库等渠道了解到货物、装运、船舶行驶状况，卖方会很了解产品的质量、包装、通关、结汇等情况。

通过以上的分析可以看出，买方所能掌握的信息很少，而卖方和承运人掌握的信息较多，信息出现了不对称现象，而恰恰是这种信息的不对称导致了国际贸易中的风险，但是既然掌握了风险的成因，我们也就可以尽量地减小风险发生的可能。

使风险消失的多样化力量

国际贸易是高收益与高难度、高风险并存的，如何做到既要拓展国际出口业务又能有效地防范风险？作为企业的核心与骨干必须准确把握上述问题。那么如何尽可能地规避贸易交往过程中的各种风险呢？

随着我国经济的快速发展，越来越多的国内企业与国际市场接轨，但机遇与挑战并存，在国际贸易中还存在不少风险。国际贸易业务中，由于受不可知因素的影响，与外方发生贸易纠纷是不可避免的。我们以FOB为例。在国际贸易中FOB是国际贸易中常用的贸易术语之一，其全称是Free On Board，即船上交货（指定装运港），习惯称为装运港船上交货。

进行船上交货时如何防止货款两空？

据统计，中国出口中以FOB成交的占到70%，但专家指出，FOB对出口商的风险更大，有可能造成货、款两空的结局。目前我国出口合同以FOB价格条款成交的比例越来越大，而且收货人指定船公司的少，指定境外货运代理的多，这并不符合FOB条款的含义。

自20世纪90年代我国对外开放航运市场以来，各外资班轮公司纷纷抢滩中国的主要沿海港口，特别是上海港。外资船公司的进入，为国外买家指定船公司提供了条件。同时三资企业的蓬勃发展，国家赋予生产企业和科研院所的进出口经营权，我国已不再是专业外贸公司一统天下的局面，而是形成了大经贸的格局。除国有企业有一定的传统影响外，其他企业是随行就市，使出口船上交货量有一定程度的上升。

FOB贸易术语的责任划分是以货物越过船弦为界，也就是卖方将货交给船公司。从目前FOB的实际使用情况看，指定船公司的少，绝大部分是指定境外货运代理。按照国际商会1990年和2000年的《国际贸易术语解释通则》，FOB指定境外货代应使用FCA术语，即货物承运人，其责任和费用的划分就不是以越过船舷为界，而是将货物在指定的地点交给由买方指定的承运人。虽然FCA术语已公布10年，但实际使用却寥寥无几。主要是贸易双方对FCA的认知程度，更多考虑的是使用习惯的约定，从卖方来讲使用FCA术语,仍是接受没有物权性质的货代提单。以上可能是FCA术语不能广泛应用的原因，而较长时间FOB术语的变形做法。

那么在FOB术语下，买方为何要指定货运代理呢？从买方来讲无非是出于几种考虑。有的是要求货代承担办理清关、分拨集运、物流等服务；有的是要求货代为其把握准确的交货付运情况；有的是可以通过货代获得优惠运价，当然也不排除少数不法商人利用货代或串通货代骗取卖方货物的。从上可知，被指定的境外货代是奉买方为“上帝”。在买方市场的情势下，卖方“明知前有虎，偏向虎山行”，也是不得已而为之。

据《国际商报》的消息，外经贸部提出以下几点运输及交货建议：

（1）尽量采取CIF或C&F，即运费采用到目的地港的费用计算支付方法，避免外商指定境外货代安排运输。

（2）如外商坚持FOB条款并指定船公司和货代安排运输，可接受指定的船公司，但对货运代理的资格应进行审查，只接受经政府批准的货代。

（3）如外商仍坚持指定境外货代，出口商应指定境外货代的提单必须委托经外经贸部批准的货运代理企业签发，并掌握货物的控制权，同时由代理签发提单的货代企业出具保函，承诺货到目的港后须凭信用证项下银行流转的正本提单放货，否则要承担无单放货的赔偿责任。

（4）外贸公司不要轻易接受货代提单，尤其是外商指定的境外货代提单。

据此我们总结出国际贸易中的风险规避方法：

1. 广泛咨询收集贸易中的对方相关信息

现代社会是信息社会，谁掌握的信息量越多，胜出的机会就大大增加，就能避免国际贸易活动中的盲目性。到海外投资，一定要请国际政治专家帮助考证当地政治环境是否稳定，与周边国家和地区关系如何等；与国外大公司、金融财团合作，一定要设法弄清楚他们与该国政府、议会之间的关系。这虽然不能完全消除这些风险，但可以了解这些风险的发生规律。

2. 风险转移

所谓风险转移，就是将风险转由其他主体承担，自己不承保。保险是一种最典型的风险转移技术，企业为避免火灾、水灾等可能带来的经济损失，通常会向保险公司购买保险。万一企业遭受这类损失，保险公司将给予相应的赔偿。这样，企业就可以不承担或不完全承担这类损失，风险得以转移。与保险类似的还有期权。对于将来准备以外币支付进口某项产品的企业来说，汇率上涨极为不利。于是，为避免汇率上涨带来的损失，该企业将愿意支付一定的费用用以购买“保险”，即买入一个买权。保险是防范贸易风险的重要工具，企业应加强认识，积极利用。出口信用保险主要通过承保出口过程中面临的政治风险和买家风险，为出口企业提供风险保障。此外，信用保险还有其他一些重要的衍生功能：一是通过对买方信用风险的承保，推进银行介入贸易融资，增强企业的融资能力；二是促进企业间交易由现金交易甚至易货交易模式，变为更高效经济的信用交易模式，润滑企业的交易过程，提高交易效率，降低交易成本；三是保险后的应收账款资产质量得以提高，从而改善企业总体财务状况，改善财务报表；四是帮助企业采用灵活的贸易条件，进而提高企业竞争力，巩固贸易关系。

3. 非保险技术

除了保险之外，风险转移还有许多非保险技术，这些技术一般需要通过签订契约或合同来转移风险。例如，在进出口贸易中，进口商要求货款以进口国货币支付，这一要求已在合同中确定下来，这样，进口国货币对出口国货币的汇率风险就被转移给出口商。又如，在某种商品的销售过程中，买方为防止卖方不能及时交货或提供不符合合同要求的商品，在合同中订立相应的违约金和赔偿条款。这类契约或合同还有很多，如租赁合同、转包合同、贷款担保等。总之，风险本身并未消失，而是从一方转移到另一方。

进口配额：另一种限制贸易的方法

进口配额又称进口限额。它是一国政府在一定时间内，对于某些商品一定时期内的进口数量或金额，事先加以规定的限额，超过规定限额的不准进口。

进口配额有两种表现形式：全球配额和国别配额。全球配额属于世界范围的绝对配额，对来自任何国家或地区的商品一律适用，即按进口商品的申请先后批给一定的额度，至总配额发放完为止。国别配额即在总配额内按国别和地区分配给固定的配额，超过规定的配额就不准进口。

这种限制表现在国家会向一些个人或公司颁发进口许可证。例如，美国对进口外国奶酪就有配额，有权进口奶酪的是一些贸易公司，各公司都被分配一个年度奶酪进口的最高限额。各公司得到的配额多少基于其上一年进口奶酪的数量。在一些重要贸易中，如食糖和服装，美国把外国商品在美国的销售权直接给予了那些出口国的政府。

我们必须避免一个概念错误，即认为进口配额虽会限制进口但不会抬高国内价格。事实上，进口配额总会抬高进口商品的国内价格。当进口被限制时，立即出现的结果就是在初始价位上，国内的需求会超过国内供给和国外进口，于是价格不断上升直到市场达到均衡时为止。最终，进口配额抬高国内价格的幅度与达到同样限制进口效果的关税抬高的幅度一样。

美国对中国纺织品和服装进口美国的配额于 2008 年 12 月 31 日过期，不过中国的纺织服装出口企业并不能盲目乐观，因为为了防止在“后配额时代”中国纺织品和服装产品大进入美国市场，美国纺织行业正在寻求新的贸易壁垒来限制中国纺织服装产品的进口。

美国全国纺织组织协会在其发布的最新年终行业报告中指出，随着中国纺织和服装进口配额的取消，几乎可以肯定，美国的纺织行业也将寻求新的限制方法阻碍受到中国政府补贴的纺织品和服装产品“洪水般”进入美国。

进口配额与关税之间的差别在于政府没有了收入。当不采用关税而采用配额限制进口时，先前采用关税时政府获取的那部分收益就会被持有进口许可证的个人和公司所获得。许可证持有者能够从外国购买进口品并在国内以高价出售，他们获取的利润就是所谓的配额租金。在评价进口配额的成本与收益时，确定谁获得了“租”非常关键。如果把在国内市场销售的权利给予出口国政府（这种情形经常出现），“租”也就会被转移到外国，致使配额的成本大大高于同等情形下关税的成本。

美国食糖问题的起因与欧洲农业问题有些相似：联邦政府保证的国内价格高于世界市场的价格水平。但与欧盟不同的是，美国国内的供给没有超出国内需求。因此，美国政府可以运用配额制度使其国内食糖价格一直保持在目标水平。

美国食糖进口配额的一个特别之处在于：在美国，销售食糖的权利被分配给了外国政府，然后由外国政府将这种权利分配给各自的厂商。因此食糖进口配额形成的“租”由外国人获得。

配额将美国食糖进口量限制在大约 213 万吨，因而美国市场的食糖价格比国际市场高出 40% 还多一点。这些估计是基于美国在世界食糖市场只是一个“小国”的假设，即美国取消配额也不会对世界食糖市场的价格产生重大影响。依照这种估计，实行自由贸易将使美国的食糖进口约翻一番，达到 412 万吨。

作为一个比较极端的例子，食糖进口配额说明了保护的倾向：给一小部分生产者提供保护，可以使得每个生产者获取很大的利益；由广大消费者来支付这些代价，但每个消费者只负担很少一点。在这个食糖例子中，消费者的年平均损失只有人均 6 美元，或者说一个典型的美国家庭一年只负担约 25 美元。因此，一般的美国选民根本不知道食糖进口配额的存在就毫不奇怪了，当然也不会出现有力的反对意见。

但是，从食糖生产者的角度而言，进口配额可是生死攸关的大事。美国的食糖工业只雇用了约 12000 人，食糖生产者从进口配额中的所得，表现为一种隐含的约每人 90000 美元的生产补贴。这也就难怪美国的食糖生产者会极力维护进口配额。

食糖进口配额使得美国的食糖进口量维持在自由贸易条件下的一半左右，结果使得美国的食糖价格达到每吨 466 美元（世界市场的价格为每吨 280 美元）。美国的食糖生产者因此获益，而消费者则蒙受更大的损失。并且，没有可以用来抵消一部分损失的政府收入，因为配额形成的“租”被外国政府拿走了。可见，进口配额也是一种不可小觑的限制贸易的方法。